[illegible] ༧༣

༄༅། །ངོར་ཨེ་ཝཾ་ཆོས་ལྡན་གྱི་གདན་རབས།

མཛད་པ་པོ། ངོར་ཆེན་སངས་རྒྱས་ཕུན་ཚོགས་སོགས།

སི་ཁྲོན་བོད་ཡིག་དཔེ་སྙིང་བསྡུ་སྒྲིག་ཁང་གིས་བསྒྲིགས།

XZCB བོད་ལྗོངས་མི་དམངས་དཔེ་སྐྲུན་ཁང་།

民族文字出版专项资金资助项目

图书在版编目（CIP）数据

鄂·艾旺历代高僧传：藏文 / 桑吉彭措著；四川藏文古籍整理室整理. -- 拉萨：西藏人民出版社，2019.6

（藏族历史典籍精选）

ISBN 978-7-223-06288-6

Ⅰ. ①鄂… Ⅱ. ①桑…②四… Ⅲ. ①萨迦派—僧侣—列传—日喀则—藏语 Ⅳ. ①B949.92

中国版本图书馆CIP数据核字(2019)第063350号

鄂·艾旺历代高僧传

编　　著：桑吉彭措等
搜集整理：四川藏文古籍搜集保护编务院
责任编辑：巴桑旺庆
封面设计：罗桑扎西
出版发行：西藏人民出版社（拉萨市林廓北路20号）
印　　刷：成都东江印务有限公司
开　　本：787×1092　1/16
印　　张：29.5
字　　数：370千
版　　次：2019年6月第1版
印　　次：2019年6月第1次印刷
印　　数：01-2,000
书　　号：ISBN 978-7-223-06288-6
定　　价：80.00元

ངོར་ཆེན་རྡོ་རྗེ་འཆང་ཀུན་དགའ་བཟང་པོ།

༄༅། །བོད་ལྗོངས་གཞིས་རྩེ་གྲོང་ཁྱེར་ངོར་དགོན་པ།
西藏日喀则市俄尔寺
Ngor Monastery Shigatse Tibet

༄༅། །ཕན་བདེའི་འབྱུང་གནས་རྒྱལ་བའི་བསྟན་པ་རིན་པོ་ཆེ་སྤྱི་དང་བྱེ་བྲག་དཔལ་ལྡན་ས་སྐྱ་པའི་མདོ་སྔགས་ཀྱི་བསྟན་པ་རིན་པོ་ཆེ་འདི་ཉིད། ལྷག་བསམ་རྣམ་པར་དག་པའི་ཀུན་ནས་བསླངས་ཏེ་འཛིན་སྐྱོང་སྤེལ་གསུམ་མཛད་བཞིན་པའི་ཁྲིམ་ཐར་མཁན་འཇམ་བློ་མཆོག་ནས་གདན་ས་ཆེན་པོ་དཔལ་ངོར་དགོན་ཨེ་ཝཾ་ཆོས་ལྡན་གྱི་ཁྲི་འཛིན་མཁན་རབས་རིམ་བྱོན་གྱི་རྣམ་ཐར་《ཨེ་ཝཾ་ཆོས་ལྡན་གྱི་གདན་རབས་》འདི་ཉིད་ད་རེས་ཆེད་མངགས་པར་སྐྲུན་གནང་བར་སྙིང་དབུས་ནས་ཐུགས་རྗེ་ཆེ་ཞུ་བ་དང་། དེ་ལྟར་བགྱིས་པའི་རྣམ་དཀར་ལེགས་བྱས་ཀྱི་མཐུ་ལས་རྒྱལ་བསྟན་སྤྱི་དང་བྱེ་བྲག་རྗེ་བཙུན་ས་སྐྱ་པའི་རིང་ལུགས་དྲི་མ་མེད་པ་འདི་ཉིད་སྲིད་པའི་ཕྱོགས་ཀུན་ཏུ་ཁྱབ་ཅིང་འགྲོ་རྣམས་གནས་སྐབས་འཆི་མེད་ཞི་བའི་བདེ་སྐྱིད་ཀྱི་དཔལ་ལ་སྤྱོད་པ་དང་། མཐར་ཐུགས་ས་ལམ་ཐམས་ཅད་མྱུར་དུ་བགྲོད་ནས་རྣམ་མཁྱེན་རྒྱལ་བའི་གོ་འཕང་རིན་པོ་ཆེ་ཐོབ་པའི་བསྔོ་སྨོན་དང་བཅས།

ངོར་དགོན་ཨེ་ཝཾ་ཆོས་ལྡན་ནས།
༢༠༡༨ ལོའི་ཟླ་བ་༤ པའི་ཚེས་༡༩

བསྡུ་སྒྲིག་ལས་མིའི་མིང་ཐོ།

བཀའ་འདྲི་ཞུ་ཡུལ། སྐྱབས་རྗེ་གཟན་དཀར་རིན་པོ་ཆེ། སྨིན་གླིང་དཔེ་སྙིང་བསྡུ་སྒྲིག་ཁང་།
མཁན་པོ་ཤེས་བྱ། འགྱུར་མེད་དོན་འགྲུབ།

སྤྱི་ཁྱབ་གཙོ་འགན་པ། ཁྲོ་ཕུར་འཇམ་བློ།

སྒྲིག་སྦྱོར་པ། གནམ་ལྷུག་མཚོ། ཟླ་ཆེ།

ཕྱི་ཤོག་ལག་རྩལ་པ། པད་རྡོ།

བསྡུ་སྒྲིག་ཁོངས་མི། བྱམས་པ་བསྟན་འཛིན། སྨིན་དབུས་པོ། བསྟན་པའི་རྒྱལ་མཚན། བཀྲ་ཤིས་ཆོས་མཚོ། འཇམ་དབྱངས་བཟང་པོ། དམ་ཆོས། ལྷུན་པོ། དཔལ་ཆེན་འཕྲིན་ལས། སྐལ་བཟང་དོན་འགྲུབ། ཚུལ་ཁྲིམས་དར་རྒྱས། ཚུལ་ཁྲིམས་བསྟན་འཛིན། ཡེ་ཤེས་ཆོས་སྐྱིད། ཟླ་བ་ལྷ་མོ། ཟླ་བ་ཚེ་རིང་། བློ་གྲོས། ཀ་ཀ། བསོད་ནམས་སྐྱབས། དཔལ་མོ། ཚེ་རིང་ལྷ་སྐལ། ཀུན་ལྷ། ཡེ་ཤེས་ཆོས་སྒྲོན། ཆོས་བཟང་ཉི་མ། ཞེར་ལོ་སོགས་སི་ཁྲོན་བོད་ཡིག་དཔེ་སྙིང་བསྡུ་སྒྲིག་ཁང་གི་ལས་མི་རྣམས་སོ།།

སྔོན་འགྲོའི་གཏམ།

ཁྲིཾ་ཐར་འཇམ་བློ།

སྙིང་སྟོབས་བཙན་པོའི་གོ་ཆ་བགོས་ནས་ལྷོ་གླིང་འཛིན་མར་ཞབས་ཀྱིས་བཅགས། །
འགྲོ་བའི་སྡུག་བསྔལ་ཁུར་དུ་བླངས་ནས་དཀའ་བའི་ལས་ལ་ངང་གིས་འཇུག །
ཆོས་རིག་སྒྲོན་མེ་ལག་ཏུ་ཐོགས་སྟེ་བྱང་ཕྱོགས་མུན་པའི་སྨག་ཆེན་བསལ། །
གངས་ཅན་མེས་པོའི་མཛད་རྗེས་དྲན་བཞིན་དགའ་དང་དད་པའི་མེ་ཏོག་འཐོར། །

དེ་ཡང་མཐའ་དང་ཟད་དུ་མེད་པའི་ངམ་ནག་པའི་འཁོར་བའི་གཏིང་རུམ་འདི་ན་སྡུག་བསྔལ་རྒྱུ་འབྲས་གཉིས་ལ་ལོངས་སུ་སྤྱོད་བཞིན་པའི་འགྲོ་བ་རྣམས་ཀྱི་ནང་གི་མུན་པའམ་རྨོངས་པ་མ་རིག་པ་སེལ་བའི་ཐབས་དམ་པ། སྟོན་པའི་གསུང་རབ་དྲི་མ་མེད་པ་དང་། འཆོས་སྐྱོབ་གཉིས་ལྡན་གྱི་བསྟན་བཅོས་ཚད་ལྡན་དག་ལ་ཐོས་བསམ་བསྒོམ་གསུམ་ཚུལ་བཞིན་བྱས་ཏེ། ཆོས་རྣམས་ཀྱི་རང་སྤྱིའི་གནས་ལུགས་ཤེས་པའི་ཤེས་རབ་ཁྱད་པར་ཅན་རྒྱུད་ལ་བསྐྱེད་པ་ཁོ་ན་ལ་རག་ལས་པས་ན། འཛམ་གླིང་མཐོ་སྒང་དུ་གནས་པའི་གངས་ཅན་བོད་ཀྱི་ཡུལ་འདིར་མཆོན་ན་འགྲོ་བ་མིའི་རིགས་ཐོག་མར་ཆགས་པ་ནས་བཟུང་ཐུན་མིན་གྱི་ཡུལ་སྲོལ་གོམས་གཤིས་དང་། རྣམ་དཔྱོད་ཀྱི་རིག་པ། བྱམས་དང་སྙིང་རྗེ། དྲང་བདེན་གྱི་གཤིས་ཀ །འགྲོགས་བདེ་གཤིབ་བདེ། དཔའ་མཛངས་བརྟུལ་ཕོད། རིགས་རུས་ལ་རྒྱ

སོགས་གཞན་དང་གཞན་ལས་ཁྱད་པར་དུ་འཕགས་པའི་མི་རིགས་ཤིག་ཏུ་ངོས་འཛིན་བྱེད་ཚོག་ལ། ཁྱད་པར་སྔོན་གྱི་ཆོས་རྒྱལ་ལོ་པཎ་མཁས་གྲུབ་དམ་པ་རྣམས་ཀྱིས་སྙིང་སྟོབས་དང་། བརྩོན་འགྲུས། ཤེས་རབ་སྟེ་དཀའ་བ་བརྒྱ་ཕྲག་ཁྱད་དུ་བསད། ངལ་བ་སྟོང་ཕྲག་ཐོད་དུ་བསྣུས་ཏེ། མཉམ་མེད་ཐུབ་པའི་རིང་ལུགས་ལུང་རྟོགས་ཀྱིས་བསྡུས་པའི་བསྟན་པ་རིན་པོ་ཆེ་ཐོག་མར་སྤྲོལ་བཏོད་དང་། བསྒྱུར་སྤེལ། ཉམས་བཞེས་བླ་ལྷག་མཛད་པའི་བཀའ་དྲིན་ལས། ཐུན་མོང་དང་། ཐུན་མིན། གསར་མ་དང་། རྙིང་མ། མདོ་སྔགས་རིག་གནས་བཅས་ལྷ་སྙོམ་སྤྱོད་པ་རྣམ་པར་དག་པའི་བཤད་སྒྲུབ་ཤིང་རྟ་བཅོ་བརྒྱད་ཀྱི་རིང་ལུགས་དྲི་མ་མེད་པ་རིམ་པར་དར་བ་དང་། ལྷག་ཏུ་མཁས་གྲུབ་སོ་སོའི་རྟོགས་པའི་འདྲ་འབག་འཆོས་སྐྱོབ་གཉིས་ལྡན་གྱི་གསུང་རབ་ནོར་བུའི་བང་མཛོད་ཆེན་པོ། འཛམ་གླིང་ན་འགྲན་ཟླ་བྲལ་བ་ཞིག་བསྟན་འགྲོའི་བཅས་སུ་བཞག་ཡོད།

འོན་ཀྱང་རིན་ཆེན་ཆོས་ཀྱང་དཀོན་ལ་རྟག་ཏུ་འཆི་བའང་མང་ཞེས་གསུངས་པ་ལྟར། བར་སྐབས་སུ་དུས་རབས་གཉན་འཕྲང་ཅན་གྱི་འཕོ་འགྱུར་དང་། མིའི་རིགས་ཀྱི་མེ་ལྟར་འབར་བའི་འདོད་རྫམ་དང་རྨམ་ཤེད་ཀྱིས་བསྐྱེད་དེ། རྩ་ཆེའི་རིག་གཞུང་མང་པོ་ས་ལ་བཏབ། ཆུ་ལ་བསྐྱུར། མེ་ལ་བསྲེག །རླུང་ལ་སྤུར་ཏེ་སྲོག་ལྡན་གྱི་འགྲོ་བ་མང་པོའི་བདེ་སྐྱིད་ལ་འབྲེལ་བ་ཡོད་པའི་མེས་པོའི་ལག་རྗེས་མང་པོ་རྫོག་པས་གསུབ་པ་ནི། སྟོང་གསུམ་གསེར་གྱིས་བཀང་སྟེ་གསབ་ཀྱང་གསབ་ཐབས་མེད་པའི་གྲོང་གྱུད་ཆེན་པོ་ཞིག་ཕོག་པ་རེད།

དེ་ཡང་སྔོན་པའི་བསྟན་པ་རིན་པོ་ཆེའི་གནས་ཚད་རྫོགས་མེད་པ་དང་། ས་སྟེང་སྐྱེ་འགྲོ་ཡོངས་ཀྱི་སྤྱི་མཐུན་གྱི་བསོད་ནམས་མི་དམན་པ། ལུང་རྟོགས་གཉིས་ལྡན་གྱི་བསྟན་པ་རིན་པོ་ཆེ་ལ་དངོས་སྟོབས་རིག་པའི་གནོད་པ་མེད་པ་བཅས་རྒྱུ་རྐྱེན་རྟེན་འབྲུང་མ་ཚང་མེད་པ་ལ་བརྟེན་བོད་ཀྱི་ཆོས་རིག་ཟླ་བའི་དཀྱིལ་འཁོར་སྐལ་བཟང་གདུལ་བྱའི་མཁའ་ལ་སླར་

ཡང་ཤར་ནས། བདེ་སྐྱིད་རྫོགས་ལྡན་གྱི་དུས་སྔོན་ལ་ལོངས་སུ་སྤྱོད་པའི་དུས་བཟང་ཞིག་བསྐྱར་དུ་ཆེས་པ་ནི། བོད་ཙམ་དུ་མ་ཟད་གནམ་འོག་གི་འགྲོ་བ་ཡོངས་ཀྱི་བསོད་ནམས་ཀྱི་བགོ་སྐལ་ཆེན་པོ་ཞིག་ཏུ་ངེས་འཛིན་བྱས་ན་འགྲིག །

ཁྱད་པར་མཁའ་དབྱིངས་དུས་རབས་སམ་བརྡ་འཕྲིན་དུས་རབས་ཞེས་ཚན་དཔལ་རིག་གསུམ་གྱི་ཚ་སྣབས་དྲག་ཏུ་འཕྱུར་བའི་དུས་རབས་ཉེར་གཅིག་པའི་འཛུམ་ཞལ་རྟོམ་པའི་སྐབས་འདིར། ཤར་ཕྱོགས་ཨེ་ཤ་ཡའི་གླིང་ཆེན་ལས་ཀྱང་མཆོང་བརྒྱལ་གྱིས། སྲིད་དཔལ་ལ་སྟོབས་འགྱུར་ཧ་ཅང་དར་རྒྱས་ཕྱུན་སུམ་ཚོགས་ཤིང་། སྐྲ་ལོ་དང་མིག་འབྲས། པགས་མདོག་དང་བྱད་གཟུགས། འཚོ་གནས་དང་ཡུལ་སྲོལ་གོམས་གཤིས། སེམས་ཁམས་ཀྱི་དད་མོས་དང་འཇིག་རྟེན་གྱི་ལྟ་ཚུལ་སོགས་ཐ་དད་པའི་འཛམ་གླིང་གི་ཡུལ་གྲུ་ཆེན་པོ་དག་ཏུའང་། རང་ཅག་བོད་ལྟར་སྲོལ་རྒྱུན་གྱི་དད་མོས་ཙམ་མིན་པར། ཚན་རིག་དང་མཐུན་པའི་དཔྱད་ཞིབ་སྣ་ཚོགས་བརྒྱུད། ནང་བསྟན་ཆོས་ལུགས་ནི། འགྲོ་བ་མིས་མཆོན་པའི་སྲོག་ལྡན་ཡོངས་ཀྱི་ལུས་སེམས་ལ་ཞི་བདེ་སྟེར་བའི་ཐུན་མིན་གྱི་རིག་གཞུང་མཆོག་ཏུ་གྱུར་པ་ལེགས་པར་རིག་ནས། ཚན་རིག་མཁས་ཅན་དང་སློབ་ཆེན་གྱི་སློབ་མ། ཚོང་ལས་པ་དང་གཞུང་ཞབས་པ་སོགས་ཀྱིས་བཙུགས་པའི་སྐེར་གཞུང་གི་ཚོགས་པ་ཆེ་ཕྲ་དུ་མས། སློབ་སྦྱོང་དང་། ཞིབ་འཇུག །ཉམས་ལེན་ཅི་རིགས་ལ་འབད་དང་འབད་བཞིན་པ་འདི་དག་ལ་བསམ་ན་དུས་རབས་ཀྱི་འཕེལ་རྒྱས་དང་བསྟུན་ནས་རྒྱུན་སྐྱོང་ཐུབ་པའི་ཆོས་ལུགས་དང་རིག་གནས་སུ་གྲགས་ཤིང་གྲུབ།

དེ་ལྟར་ཁྱིམ་མཚེ་རྒྱལ་ཁབ་མང་པོས་དོ་སྣང་བྱ་ཚུལ་ལ་བསམ་སྟེ་དེང་སང་ནང་བསྟན་ཆོས་ལུགས་ཀྱི་འབྱུང་ཁུངས་སུ་གྲགས་པའི་རང་ཅག་བོད་ཡུལ་འདིར་ཡང་། ཕ་མེས་བཞག་པའི་རིན་ཐང་བྲལ་བའི་རིག་དངོས་རྩ་ཆེན་དང་། ཁྱད་པར་འཚོས་སྐྱོབ་གཉིས་ལྡན་གྱི་གླིགས

བམ་བྲི་ཕྲག་དུ་མ་དུས་འགྱུར་ཆར་རླུང་གིས་ཁ་འཐོར་དུ་བཏང་ཞིང་། རྡུལ་སྨུག་ཕྱུག་མཆོད་ཀྱི་གོ་སར་འཛམ་གླིང་ངེར་བཞུགས་པ་རྣམས་སླར་སྐྱོབ་དང་། པར་བསྐྲུན་འགྲེམ་སྤེལ་གྱི་ལས་ལ་མ་ཞུགས་ན་ཡུན་རིང་མི་འགོར་བར་གཏན་མེད་དུ་འགྲོ་བར་ངེས་པས། སྲོལ་རྒྱུན་གྱི་ལྷ་སྒྱོད་བཟང་པོ་མ་ཉམས་པའི་ཐོག་ནས། དུས་རབས་དང་མཐུན་པ། ཚན་རིག་དང་མཐུན་པའི་སྣོ་ནས་ང་ཚོའི་ཕ་མེས་ཀྱི་རིག་གཞུང་དུ་གྲུབ་པའི་བཙུ་ཕྲག་རིག་པ་ཆ་ལག་དང་བཅས་པའི་ཞབས་ཏོག་ཏུ་འགྲོ་ངེས་པའི་བྱ་བ་ཆེ་ཕྲ་གང་རུང་ལ་འཇུག་དགོས་པ་དང་། ཡང་དེང་རབས་ཤར་ནུབ་ཀྱི་རིག་གཞུང་ངམ་ལེགས་ཆ་མང་པོ་ཞིག་བསྒྱུར་སྤེལ་བྱ་དགོས་པ་དུས་རབས་ཀྱིས་བྱིན་པའི་ཕྲག་ཏུ་བབ་པའི་འོས་འགན་རེད།

དེ་ལྟར་བྱུང་ན་ང་ཚོའི་རླབས་ཆེ་བའི་མེས་པོ་ཚོའི་ཐུགས་དགོངས་རྫོགས་པ་དང་། ད་ལྟ་དང་ཕྱི་རབས་པ་ཡོངས་ལ་ལེགས་སྐྱེས་བཟང་པོ་འཇོག་ཐུབ་པ། རང་ཉིད་ཆོས་ལྡན་མི་རིགས་སུ་སྐྱེས་པའི་དོན་འཁྱོངས་པ། དུས་རབས་ཤིག་གི་རིག་གནས་ཀྱི་སྟོང་ཆ་བཀང་ཐུབ་པ་བཅས་ལ་བསམ་སྟེ། ཆོས་བརྒྱུད་ཕྱོགས་རེ་བ་དང་། རིག་གནས་ཉི་ཚེ་བ་ཙམ་ལ་མགོ་མི་འཁོར་བར། སེར་སྐྱ་ཕོ་མོ་རིས་སུ་མ་མཆིས་པ་ཡོངས་ཀྱིས་སྟོབས་ཤུགས་ཆིག་སྒྲིལ་གྱིས་དཔལ་འབྱོར་དང་། ལག་རྩལ། ཤེས་ཡོན་འཛིན་ནུས་ཅི་ཡོད་འདོན་པ་དང་། དེང་དུས་འཛམ་གླིང་ཤར་ནུབ་ཀྱི་ཞིབ་འཇུག་བྱེད་པའི་ཐབས་ལམ་སྣ་ཚོགས་སྤྱད་དེ། བོད་ཀྱི་སྐད་ཡིག་གིས་མཚོན་པའི་ཆོས་རིག་ཀུན་ཡུན་ནས་ཡུན་དུ་གནས་པ་དང་། དར་རྒྱས་གོང་འཕེལ་གྱི་ལམ་ལ་ཕྱོགས་པར་འབད་དགོས་སོ། །

འདི་ཀའི་ལས་ཁུངས་ནས་ཉེ་བའི་ལོ་ཤས་རིང་ལ་བོད་ཀྱི་དཔེ་རྙིང་སླར་སྐྱོབ་དང་། འཚོལ་བསྡུ། དཔེ་སྐྲུན་གྱི་བྱ་བ་གཉེར་བཞིན་ཡོད་པ་དང་། དེ་ཡང་གསུང་འབུམ་ཕྱོགས་བསྒྲིགས་གངས་ཅན་རིག་བརྒྱུད་དང་། རིག་གནས་སྐོར་ཐུན་མོང་རིག་མཛོད། ལོ་རྒྱུའི་སྐོར

འཇིག་རྟེན་མིག །ཉམས་ལེན་སྒོར་ཟབ་དོན་ནོར་བུའི་མཛོད་ཁང་སོགས་དཔེ་ཚོགས་རིགས་མི་གཅིག་པ་བཅུ་ཕྲག་གསུམ་ལ་ཉེ་བ་བགྲམ་དང་འགྲེམ་བཞིན་ཡོད་པ་ལས། དཔེ་ཚོགས་འདི་ནི་ཆོས་བརྒྱུད་གྲུབ་མཐའ་རིས་སུ་མ་མཆིས་པའི་ཆོས་འབྱུང་དང་། གདན་རབས། རྟོགས་བརྗོད་དང་། རྣམ་ཐར། རྫུས་མཛོད་བཅས་ཀྱི་སྒོར་ལས་གལ་ཆེ་བ་དག་གཅེས་བཏུས་ཀྱི་རྣམ་པས་ཕྱོགས་གཅིག་ཏུ་བསྒྲིགས་པ་མེས་པོའི་ཕྲུག་རྗེས་ཞེས་མཚན་དུ་གསོལ་བའི་དཔེ་ཚོགས་ཆེན་པོ་ཞིག་ཡིན།

འདི་ལས་དཔའ་མཛངས་བརྟུལ་ཕོད་ཅན་གྱི་མེས་པོ་གོང་མ་དག་གི་ཡ་རབས་ཀྱི་སྤྱོད་བཟང་དང་། དྲང་བདེན་གྱི་གཤིས་ཀ །གཞན་ཕན་གྱི་ལྷག་བསམ། མདུན་སྐྱོད་ཀྱི་སྤོབས་པ། གསར་བཏོད་ཀྱི་སྙིང་སྟོབས། གཞན་ཡང་འཇིག་རྟེན་ཡང་དག་གི་ལྟ་བ། ཆོས་རབ་རྣམ་འབྱེད་ཀྱི་ཤེས་རབ། གུས་རྟག་སྒྲུངས་པའི་བརྩོན་འགྲུས་བཅས་ལ་བརྟེན་ཏེ། སྲིད་པ་འཁོར་བའི་གནས་ལས་ངེས་པར་འབྱུང་ཚུལ། ཞི་བ་མྱང་འདས་ཀྱི་ལམ་ལ་གོམས་ཁ་ཕྱོགས་ཚུལ། མཁས་པ་དང་གྲུབ་པའི་གོ་འཕང་བརྙེས་ཚུལ། ཐུན་མོང་དང་ཐུན་མིན་གྱི་དངོས་གྲུབ་ཐོབ་ཚུལ། རྟོགས་པས་བདག་གྲོལ་ཞིང་། ཐུགས་རྗེས་གཞན་སྨིན་ནུས་པའི་ཐབས་ཚུལ་ལ་བརྟེན་ཏེ་བསྟན་པ་དང་འགྲོ་བའི་དོན་མཛད་ཚུལ་བཅས། དུས་རབས་ཀྱི་འཕོ་འགྱུར་དང་། སྤྱི་ཚོགས་ཀྱི་གནས་བབ། རིག་གནས་ཀྱི་འཕེལ་འགྲིབ་སོགས་འདས་སོང་གི་གནས་ཚུལ་མང་པོའི་སྣང་བརྙན་འཆར་བའི་གཡའ་དག་པའི་དྲི་མེད་ཤེལ་དཀར་མེ་ལོང་ལྟ་བུ་ཞིག་ཏུ་ངོས་འཛིན་ཆོག་པས། བོད་ཀྱི་ཆོས་དང་རིག་གནས། ལོ་རྒྱུས་ཁྲིད་ཀྱི་མི་སྣ་བཅས་ལ་ཞིབ་འཇུག་དང་རྒྱུས་ལོན་བྱེད་མཁན་ཡོངས་ལ་སྤྲར་མེད་ལེགས་སྐྱེས་ཕུན་སུམ་ཚོགས་པ་དང་། ལྷག་ཏུ་སྔོན་བྱོན་དམ་པའི་རྣམ་ཐར། རྗེས་འཇུག་སྐྱེ་བོའི་ཉམས་ལེན་ཞེས་གྲགས་པ་ལྟར། དམ་པ་གོང་མ་དག་གི་རྣམ་ཐར་ནི་ཕྱི་རབས་གདུལ་བྱ་ཡོངས་ཀྱི་ལམ་སྟོན་གྱི་སྒྲོན་མེ་ཉག་གཅིག་ཏུ

ངེས་པས། ཕྱག་དཔེ་འདི་དག་ཕྱག་མཆོད་ཀྱི་ཡུལ་དང་། དཔེ་སྒྲོམ་འགེངས་བྱེད་ཙམ་གཙོ་བོ་མ་ཡིན་པར། ཅིས་ཀྱང་དཔེ་ཀློག་ལ་འབད་ན། འཕྲུལ་ཡུན་ཀུན་ཏུ་ཕན་པའི་སློབ་གསོ་དང་བློ་སྐྱེད་ཐོབ་པར་བརྟེན། ལུགས་གཉིས་ཀྱི་བླངས་དོར་ལ་མཁས་པ་སོགས་ལེགས་པའི་ཡོན་ཏན་དུ་མས་ཕྱུག་པར་འགྱུར་བ་ལས། ཉེས་པ་དང་འགལ་བའི་ཆ་ཏིལ་ཙམ་ཡང་མེད་དོ། །

དཔེ་ཚོགས་ཆེན་པོ་འདི་ནི་བོད་ལྗོངས་མི་དམངས་དཔེ་སྐྲུན་ཁང་གི་ཀྲུན་ཤེས་འཛིན་ལྷག་བསམ་གྱིས་ཕྱུག་པ་པ་སངས་དབང་ཆེན་ལགས་གཙོས་པའི་འབྲེལ་ཡོད་མི་སྣ་རྣམ་པས་རྒྱབ་སྐྱོར་བླ་མེད་ཐོབ་པར་བརྟེན། བོད་རབ་བྱུང་བཅུ་བདུན་པའི་མེ་བྱ་ལོ་ནས་བཟུང་ལོ་རེ་བཞིན་དེབ་བཅུ་གྲངས་རེ་དཔེ་སྐྲུན་བྱེད་འཆར་ཡོད་པས། སྤྱི་སྟངས་སོགས་གང་ཅིའི་ཐད་ནས་མཛུབ་སྟོན་དང་དགོངས་འཆར་ལྷུག་སྩོལ་དང་། འདིར་བསྡུ་འོས་ཀྱི་མ་དཔེ་དག་མཁོ་སྤྲོད་གནང་བར་ཞུའོ། །

མཇུག་ཏུ་རྩོལ་འདིར་འབྲེལ་བ་ཐོག་པ་རྣམས་ཀྱི་གཙོས་ལུས་ཅན་ཡོངས་ལ་གནས་སྐབས་མཐར་ཐུག་ཀུན་ཏུ་བདེ་སྐྱིད་འབྱུང་བ་དང་། འཛམ་གླིང་ཡངས་པའི་ས་གྲུ་ཀུན་ཏུ་ནད་མུག་འཁྲུགས་རྩོད་དང་། འབྱུང་བཞིའི་གནོད་པ་སོགས་རང་སར་ཞི་ཞིང་། བོད་གངས་ཅན་པའི་ཆོས་དང་རིག་གནས་དབྱར་མཚོ་དང་ཡར་ཟླ་ལྟར་གོང་ནས་གོང་དུ་འཕེལ་བའི་རྒྱུ་རུ་འགྱུར་བར་སྨོན།

དེ་ལྟར་མེས་པོའི་ཕྱག་རྗེས་ཀྱི་དཔེ་ཚོགས་ཆེན་མོའི་འགོ་བརྗོད་མདོར་བསྡུས་པ་འདི་བོད་ལྗོངས་མི་དམངས་དཔེ་སྐྲུན་ཁང་གི་དབུ་ཁྲིད་རྣམ་པའི་བཀའ་ལྟར་ཕ་མེས་རིག་གཞུང་ལ་དུང་བ་ཟབ་པའི་ཁྲོཾ་ཐར་འཛམ་བློར་འབོད་པས་སི་ཁྲོན་བོད་ཡིག་དཔེ་རྙིང་བསྡུ་སྒྲིག་ཁང་ནས་༢༠༡༧ལོའི་ཟླ་༧པའི་ཚེས་༣༠ཉིན་བྲིས་པ་དགེ་བར་གྱུར་ཅིག །

༄༅། །ངོར་ཨེ་ཝཾ་ཆོས་ལྡན་གྱི་གདན་རབས་སྤྱར་དུ་བསྒྲུབ་པའི་གསལ་བཤད་ནོར་ཕྲེང་མཛེས་པའི་རྒྱན་ཞེས་བྱ་བ།

བླ་མ་དང་གཉིས་སུ་མེད་པའི་རྗེ་བཙུན་རྡོ་རྗེ་འཆང་ཀུན་དགའ་བཟང་པོའི་ཞབས་ལ་གུས་པས་ཕྱག་འཚལ་ལོ། །རྒྱལ་བའི་དབང་པོས་དཔལ་གྱི་མགུར་ལས་བདེན་གསུང་ལུང་གིས་མེ་ཏོག་གཏོར། །རྒྱལ་སྲས་སྤྱོད་པ་རྒྱ་མཚོའི་མཐར་སོན་ལུང་རྟོགས་ཆོས་ཀྱི་མཛོད་གཅིག་པུ། །རྒྱལ་བ་ཇི་བཞིན་བསྟན་འགྲོའི་ཕན་བདེ་ཕྱོགས་བརྒྱར་སྤེལ་ལ་དབང་འབྱོར་པའི། །རྒྱལ་བ་གཉིས་པ་ཀུན་དགའ་བཟང་པོའི་ཞབས་པད་བདེ་ཆེན་འཁོར་ལོར་བསྟེན། །གང་གི་རྒྱལ་ཚབ་ཆོས་ཀྱི་ཁྲི་འཕངས་མངོན་པར་མཐོ་བའི་ག་ལ་བར། །བརྒྱུད་མར་བྱོན་པའི་མཁན་རབས་གསེར་རིའི་ཕྲེང་བ་ཚར་དུ་དངར་བ་ལས། །བསྟན་པའི་རྒྱལ་མཚན་སྲིད་རྩེར་བསྒྲེང་བའི་མཛད་རྗེས་རྡོ་ལ་རི་མོ་བཞིན། །དུས་འདིར་མཇལ་བའི་སྐལ་བ་བྱུང་བ་སྔོན་སྨོན་རྣམ་དཀར་མཐུ་ཡིས་སོ། །དམ་པའི་མཛད་ཚུལ་འོད་སྣང་འབར་བའི་གདན་རབས་ནོར་བུའི་ཕྲེང་བ་དང་། །ཞལ་སྙིང་ཡང་སྙིང་ཕྱོགས་གཅིག་བསྡུས་པའི་སྔོན་མེད་གླེགས་བམ་ཟ་མ་ཏོག །ཇི་ལྟར་བསྒྲུབ་པའི་གཏམ་ལས་བརྩམས་པའི་ངག་གི་རིག་བྱེད་མ་ཉམས་པ། །ནོར་ཕྲེང་མཛེས་པའི་རྒྱན་དུ་བྱས་པ་ལྷག་བསམ་གཙང་མའི་མཐུ་ལས་སོ། །

དེ་ལྟར་ཚིགས་སུ་བཅད་པའི་སྒྲོར་བ་འགའ་ཞིག་གིས་མདུན་བསུས་ཏེ། སྐབས་བབ་ཀྱི་དོན་དངོས་ལ་འཇུག་པ་ནི། ཇི་སྐད་དུ། ཤར་དྭགས་པོའི་པཎྜི་ཏ་རྗེ་བཙུན་ཕྲིན་ལས་པ་འཛིགས་བྲལ་གསུང་རབ་གཏེར་མཛོད་སྟྲས་པའི་སྟེ་ཕྱོགས་ལས་རྣམ་པར་རྒྱལ་བའི་ཞལ་ནས། ཨེ་ཡིག་རྣམ་ཀུན་མཆོག་ལྡན་བདག་མེད་མ། །ཝཾ་ཡིག་བདེ་ཆེན་མི་འགྱུར་དགེས་མཛད་ཡབ། །ཟུང་འཇུག་གསང

ཆེན་ཐེག་པའི་ཆོས་འཁོར་གྱིས། །སྐལ་ལྡན་འགྲོ་ཀུན་སྨིན་པར་མཛད་པའི་ས། །ཨེ་ཝཾ་ཆོས་ལྡན་ཡོངས་སྤྱོད་རྫོགས་སྐུའི་ཞིང་། །འདི་ནི་ས་ལ་གནས་པའི་འོག་མིན་ཞེས། །རིག་པ་འཛིན་པ་ཀུན་དུ་དགའ་བའི་དབྱངས། །དབྱར་སྐྱེས་སྤྲིན་གྱི་ཇ་སྒྲས་མཆོན་མ་གྱུར། །ཞེས་དང་། ངོར་ཆེན་སངས་རྒྱས་ཕུན་ཚོགས་ཀྱི་ཞལ་ནས། ཨེ་ཝཾ་ཆོས་ལྡན་རྡོ་རྗེའི་གདན་སྤོ་ལས། །ཕྲིན་ལས་འོད་སྟོང་ཕྱོགས་བརྒྱར་འགྱེད་མཁས་པའི། །ཆོས་ཀྱི་ཉིན་བྱེད་རིམ་པར་བྱོན་པ་རྣམས། །ངེས་པར་ཤཱཀྱའི་རྒྱལ་དང་བྱེ་བྲག་ཅི། །ཞེས་སོགས་རིས་མེད་མཁས་དང་གྲུབ་པའི་ཚོགས་ཀྱིས་བསྔགས་པའི་རོལ་མོ་ཕྱོགས་ཀུན་འཁྲོལ་བའི་གདན་ས་ཁྱད་པར་ཅན། འོག་མིན་གཉིས་པ་ཨེ་ཝཾ་ཆོས་ལྡན་ཞེས་མཚན་གྱི་སྙན་པས་རྒྱ་མཚོའི་གོས་ཅན་ཁྱབ་པ་དེའི་གདན་རབས་ཕྱོགས་བསྒྲིགས་ལས་འཕྲོས་ཏེ་གསལ་བཤད་ཅུང་ཙམ་ཞུ་བ་ལ།

དང་པོ། གདན་ས་ཕྱག་འདེབས་པ་པོའི་མཛད་རྣམ་མདོར་བསྡུས།

དམ་པའི་ཆོས་པདྨ་དཀར་པོ་ལས། ངས་ནི་དགེ་སློང་དགེ་འདུན་མོས་པར་བྱས། །ཀུན་དགའ་བཟང་པོ་ང་ཡི་ཆོས་འཛིན་པ། །བདེ་གཤེགས་བྱེ་བ་དྲུག་ཅུར་མཆོད་བྱས་ནས། །མ་འོངས་དུས་ཀྱི་ཚེ་ན་རྒྱལ་བར་འགྱུར། །ཞེས་དང་། འཕགས་པ་དགེ་བའི་རྩ་བ་ཡོངས་སུ་འཛིན་པའི་མདོ་ལས། གང་ཚེ་འཇིག་རྟེན་མགོན་པོའི་སྤྲུལ་པ་སྤྲུལ། །དེ་ཚེ་དགེ་སློང་ཀུན་དགའ་བཟང་པོ་འབྱུང་། །ཚུལ་ཁྲིམས་ཀྱིས་ཀྱང་ཁྱད་པར་འཕགས་གྱུར་ལ། །ཐོས་པ་མང་ཞིང་ཕ་རོལ་ཕྱིན་པས་འཕགས། །ཐབས་དང་ཤེས་རབ་ལ་ནི་ཤིན་ཏུ་བསླབས། །ཞེས་སོགས་མདོ་རྒྱུད་དུ་མ་ནས་ལུང་གིས་བསྔགས་པའི་སྐྱེས་བུ་ཆེན་པོ་ངོར་ཆེན་རྡོ་རྗེ་འཆང་ཀུན་དགའ་བཟང་པོ་ནི་ངོར་ཨེ་ཝཾ་ཆོས་ལྡན་གྱི་གདན་ས་ཕྱག་འདེབས་པ་པོ་དང་གདན་རབས་དང་པོ་ཡིན་ལ་དེ་ཡང་རབ་བྱུང་དྲུག་པའི་ཆུ་ཁྱི་སྤྱི་ལོ་༡༣༨༢ ལོར་ཡབ་དཀོན་ཚང་གྲུབ་པ་ཡོན་ཏན་དང་ཡུམ་བསོད་ནམས་དཔལ་འདྲེན་ཞེས་པ་གཉིས་ཀྱི་སྲས་སུ་དཔལ་ས་སྐྱར་སྐུ་འཁྲུངས། དགུང་ལོ་དགུ་པར་ཆོས་རྗེ་ཡེ་ཤེས་རྒྱལ་མཚན་གྱི་དྲུང་ནས་དགེ་བསྙེན་དང་དགེ་ཚུལ་གྱི་སྡོམ་པ་བཞེས། དེ་ནས་རིམ་བཞིན་ཆོས་རྗེ་ཡེ་ཤེས་རྒྱལ་མཚན་ལས་དགེ་སློང་དང་། བྱང་སེམས།

གསང་བ་སྔགས་ཀྱི་སྡོམ་པ་ཡང་དག་པར་བཞེས། མདོ་སྔགས་ཀྱི་ཆོས་མ་ལུས་པས་ཐུགས་རྒྱུད་གཏམས། དགུང་ལོ་ཉེར་དགུ་པ་རབ་བྱུང་བདུན་པའི་ལྕགས་སྟག་སྤྱི་ལོ་༡༩༡༠ལོར་ས་བཟང་དགོན་པའི་བདག་པོ་མཛད་དེ་གདན་སར་བཞུགས། བཤད་ཁྲིད་དང་། དབང་ལུང་། སྡོམ་པ་འབོགས་པ་སོགས་ཆོས་སྦྱིན་རྒྱ་ཆེར་མཛད། དགུང་ལོ་ཞེ་བརྒྱད་པ་ས་བྱ་སྤྱི་ལོ་༡༩༢༩ལོར་ངོར་ཨེ་ཝཾ་ཆོས་ལྡན་གསར་དུ་བཏབ། དཔལ་ལྡན་ས་སྐྱ་པའི་རྒྱུད་མན་ངག་དང་། རྒྱུད་སྡེ་བཞིའི་བསྟན་པ་སྤྱི། ཁྱད་པར་བྱ་སྤྱོད་ཀྱི་བསྟན་པ་ལེགས་པར་དར་སྤེལ་མཛད། སྐུ་གསུང་ཐུགས་ཀྱི་རྟེན་མང་དུ་བཞེངས། བཤད་གྲྭ་བཙུགས་པ་སོགས་མཛད། སྐལ་ལྡན་གྱི་སློབ་མ་ལ་མཆོན་ན་ས་སྐྱའི་གདུང་རྒྱུད་བཞི་ཐོགས་པ་ཀུན་དགའ་དབང་ཕྱུག །བདག་ཆེན་ཆུ་མིག་པ་བློ་གྲོས་དབང་ཕྱུག །མུས་ཆེན་དཀོན་མཆོག་རྒྱལ་མཚན། ཀུན་མཁྱེན་གོ་བོ་རབ་འབྱམས་པ་བསོད་ནམས་སེང་གེ་སོགས་བསྟན་འཛིན་གྱི་སྐྱེས་བུ་བསམ་གྱིས་མི་ཁྱབ་པ་བྱོན། གསུང་ཆོས་སྒྲུབ་ཐབས་ཀྱི་སྐོར་སོགས་ཨེ་ཝཾ་བཀའ་འབུམ་དུ་གྲགས་པ་པོད་བཞི་མཛད་མཐར་དགུང་ལོ་བདུན་ཅུ་དོན་ལྔ་ལ་ཕེབས་པ་རབ་བྱུང་བརྒྱད་པའི་མེ་བྱི་སྤྱི་ལོ་༡༩༥༨ལོར་ཨེ་ཝཾ་དགོན་དུ་སྐུ་མྱ་ངན་ལས་འདས་པའི་མཛད་པ་བསྟན།

གཉིས་པ། གདན་ས་ཕྱག་བཏབ་ཚུལ།

ངོར་ཆེན་རྡོ་རྗེ་འཆང་དགུང་ལོ་ཞེ་བརྒྱད་བཞེས་པ་བོད་རབ་བྱུང་བདུན་པའི་ས་མོ་བྱ་ཡི་ལོའི་དབྱར་སྤྱི་ལོ༡༩༢༩ལོར་མཁས་གྲུབ་འབུམ་ཕྲག་མང་པོའི་ཕ་ཁྱིམ། ཡོན་ཏན་རིན་པོ་ཆེ་དུ་མའི་འབྱུང་གནས་དཔལ་ཨེ་ཝཾ་ཆོས་ལྡན་གྱི་དགོན་པ་གེགས་མེད་ལྷུན་འགྲུབ་ཀྱིས་ཕྱག་བཏབ་པ་དང་། གདན་ས་མཛད་དེ་འཆད་རྩོད་རྩོམ་གསུམ་དང་བཤད་སྒྲུབ་ལས་གསུམ་གྱི་མཛད་པས་རྒྱལ་བའི་བསྟན་པ་རིན་པོ་ཆེ་སླག་ལ་སྒྲོན་མེ་བཏེགས་པ་ནང་བཞིན་མཛད་པ་སྟེ།

དེའི་ཚུལ་རྣམ་ཐར་ལེགས་བཤད་ཆུ་བོ་འདུས་པའི་རྒྱ་མཚོ་ལས་འདི་ལྟར་འབྱུང་སྟེ། དེ་ནས་ས་མོ་བྱ་ལོའི་དབྱར་ཨེ་ཝཾ་ཆོས་ལྡན་གྱི་རི་ཁྲོད་དུ་ཕེབས། མི་ཏོག་སྐྱེས་སར་བླ་བྲང་བཏབ། དེ་ཡང་དགོན་གནས་འདི་ཉིད་ས་དཔྱད་ཀྱི་རྟེན་འབྲེལ་ཡང་བཀྲ་ཤིས་རྟགས་བརྒྱད་པདྨ་འདབ་བརྒྱད།

གནམ་སྒོ་དང་གནམ་གཞུར་མ་དོད་པས་འཁོར་ལོའི་དབྱིབས་ཚང་། དངོས་གྲུབ་ཀྱི་ཆུ་མིག་མང་པོ། ནོར་ལྷ་དང་ཆོས་སྐྱོང་གི་གཟུགས་བརྙན་ཅན་གྱི་རི་དང་བྲག་མང་པོ། གནས་དངོས་ཆོས་འབྱུང་གི་དབྱིབས་ཅན། དངོས་གྲུབ་ཀྱི་རྫས་མཐའ་དག་ཚང་བ། ཨོ་རྒྱན་ཡུལ་ནའི་གནས་དང་དབྱེར་མེད་ཅིང་ཤིན་ཏུ་བཀའ་གཉན་ཏེ། སགཞིའི་དབྱིབས་བཀྲ་ཤིས་དུང་གཟུགས་འདྲ་བས་སྙན་གྲགས་ཆེན་པོ་དུང་ལ་ཡོད་ཟེར། རང་བཞིན་གྱི་ལྷུན་གྱིས་གྲུབ་པའི་གནས་ཆེན། གཙུག་ཏོར་རྣམ་པར་རྒྱལ་མ་དང་། གུར་གྱི་མགོན་པོ་ལ་སོགས་པ་ཡི་དམ་མཁའ་འགྲོས་ལུང་བསྟན་པའི་གནས་ཏེ། དེ་ཡང་རྗེ་དཔོན་སློབ་རྣམས་གནས་འདིར་ཕེབས་དུས་གནས་ཀྱི་དངོས་གཞི་གཟིགས་པའི་གནས་སྒོར་ཕེབས་ནས་གཟིགས་པའི་ཚེ། དགེ་བཤེས་དོན་གྲུབ་ལ་དུང་བུས་གསུངས་ནས་བུས་པས་ཤིན་ཏུ་ལེགས་ཤིང་ཐམས་ཅད་བླ་དྲོས་པ་ལྟ་བུ་བྱུང་བས། སཆའི་མིང་ཡང་བླ་རྫིང་དུ་གྲགས་ཤིང་རྗེ་ལ་རྗེའི་མཚན་བྱང་བཏགས་པ་ཡང་ཡོད་དོ། །ད་ལྟ་གཙུག་ལག་ཁང་ཡོད་ས་དེ་ནས་ཕན་ཚུན་ཡས་མར་དུ་གཟིགས་ནས། ཐོག་ཀ་བའི་སྤྱི་ཁང་ཡོད་ས་ཁང་འོག་ཟེར་དེ་ལ་ཕྱག་མཛུབ་གཏད་ནས། འདི་སྣོར་དུ་ཆུ་མིག་ཅིག་ཡོད་དགོས་ཏེ་མི་སྣང་། དེ་མིན་འདི་ག་ཡིན་ཚོད་དུ་འདུག་གསུངས། དེར་ཆོས་སྐྱོང་དང་གཞི་བདག་ལ་གཏོར་མ་མཛད་པས། གཏོར་ལེན་ལ་བྱ་རོག་ལྔ་བྱུང་ཟེར། ཁར་སང་མཁན་པོ་པས་ནས་སྤྱངས་སར་བྱོན་པས་སྣེ་མ་བཟང་པོ་གསུམ་འདུག་ཟེར། གནས་འདི་ཤིན་ཏུ་བཀའ་གཉན་པས་བྱ་ལོ་ཧོར་ཟླ་བཅུ་གཉིས་པའི་ཚེས་བཅུ་གཉིས་ལ་མཁར་ལས་བྱེད་མི་རྣམས་ས་སྐྱ་ནས་བཏེག །བཅོ་བརྒྱད་ལ་ངོར་དུ་སླེབ། ཟླ་བ་གསུམ་པའི་ཚེས་བདུན་ལ་བཟའ་སྐར་བཟང་བས། གཟིམས་ཁང་ཀ་དྲུག་མའི་རྨང་བཞག་ནས་མཁར་ལས་བྱས། ཟླ་བ་ལྔ་པའི་ཚེས་གཉིས་ལ་དགོན་པར་ཆུ་ཐོག་བབས། མིག་མཐོང་མཁན་གྱིས་མཐོང་སྣང་ལ་ཨ་ཙ་ར་ནག་པོ་ཆེན་པོ་གཅིག་གིས་སྲུང་ཞིང་འདུག་པ་རྨིས་པ། ཁང་པ་འཇིལ་རྒྱུ་ཡིན་ཟེར་བའི་གྲགས་པ་བྱུང་ངོ་། །

ཆོས་རྗེ་ཉིད་གཏིང་ཁེབས་ན་བཞུགས་པ་ལ་ཡང་དེའི་མཚན་མ་བྱུང་གསུངས། སྔ་ཕྱིར་བྱུང་བའི་ལྟས་འགའ་ཞིག་ལ་བསམ་ན། དགོན་པ་འདི་ས་སྐྱ་པའི་བཀའ་སྲུང་རྣམས་ཀྱིས་བདག་ཏུ་བཟུང་བ་ཞིག་ཡིན་པར་ངེས་ཏེ། ཆོས་རྗེ་གློ་བོར་བྱོན་ནས་མར་ལམ་ས་སྐྱར་ལམ་འབྲས་སོགས་གསུངས་ཚེ། ས་སྐྱའི་ཡང་དགོན་བླ་བྲང་ནས་སྲུང་ཁ་མདུང་ཚུགས་ཀྱི་བར་དེ་རྣམས་ཤིང་ནགས་ཆེན་པོ། ཁ་དོག

དམར་སེང་བྱས་པ་རྒྱ་ཆེན་པོ་ཅིག་འདུག་པ། འདི་ཅི་ཡིན་བྱས་པས་ཁྱེད་ཀྱི་བསྟན་འགྱུར་བཞེངས་པའི་སྒྲུ་གུ་ཡིན་ཟེར་བ་སྨི་གསུངས། དེ་ནི་དེང་སང་སྐྲུ་བསོད་དང་བསྟན་པ་ལ་ཕན་ཐོགས་ཆེན་པོ་འོང་བའི་ལྟས་ཡིན། གཞན་ཡང་རྗེ་བཙུན་རིན་པོ་ཆེའི་ཞལ་བུ་ལྷོ་ཕྱོར་དུ་གདད་པ། མ་ཧཱ་ཀཱ་ལའི་རས་བྲིས་རྙིང་པ་ཆེན་པོ་ཅིག་གི་རྒྱབ་ལ་ཡིག་ཕྲེང་དགུ་འདུག་པ་ལ། ད་ས་སྐྱ་པ་ལ་འདི་འདྲ་འོང་ཟེར་བ་འདུག་པ་ཚར་གཅིག་བཀླགས་པ་རྨིས་པ་དེ་མནལ་སད་ཙ་ན་བརྗེད་གསུངས། དེའི་ཚེ་བལ་པོ་དང་། ལྷ་བྲིས་པ་སོགས་ཀློ་བུར་དུ་དགོན་པར་སླེབ་བྱུང་བ་སོགས་རྒྱས་པར་འོག་ཏུ་འཆད། དབྱར་ཆོས་ལ་དགེ་འདུན་སུམ་བརྒྱ་ཙམ་ཚོགས་པ་རྣམས་ལ་ལམ་འབྲས་གནང་བས། ལམ་འབྲས་ཚོགས་པ་ལ་གསུངས་པའང་འདི་ནས་འགོ་ཟུག་པ་ཡིན་ནོ། །ཐུགས་དམ་མཛད་པ་དང་ལམ་དུས་ལེན་པ་བསྐྱང་འཛིན་བྱེད་པ་རྣམས་གཟིགས་ནས་ཆོས་རྗེ་ཉིད་ཀྱང་ཐུགས་དགེས་པར་ཕྱུར་ཏོ། །

གོང་དུ་བཤད་པའི་གནས་ཕུན་སུམ་ཚོགས་པ་དེར་དབེན་གནས་མཛད་ཅིང་དགོན་པའི་མིང་ཡང་སྟོད་ནས་བྱོན་ནས་གསོ་སྦྱོང་ཅིག་མཛད་པའི་སང་སྔ་དྲོ། མདང་ངའི་རྨི་ལམ་ལ་ཡི་གེ་ཨེ་དང་ཝཾ་གཉིས་ལས་ཆོས་ཀྱི་ཕུང་པོ་འབྱུང་བ་ཡིན་ཞེས་སོགས་ལ་བཤད་པ་བྱས་པ་རྨིས་པས། རང་རེའི་དགོན་པ་འདི་ལ་ཨེ་ཝཾ་ཆོས་ལྡན་འདོགས་པ་ཡིན་ནོ་ཞེས་གསུང་ཞིང་ཐུགས་དགེས་པའི་སྒོ་ནས་རབ་གནས་མཛད་དེ། དབྱར་གནས་པ་མཛད། དབྱར་ཆོས་ལ་འདུལ་བའི་བསླབ་བྱ་དང་། བྱང་ས་དང་། བསླབ་བཏུས་ལམ་འབྲས་སོགས་གསུངས། བདག་ཆེན་ཀུ་མིག་པས་ས་ཐམས་ཅད་བདེ་སྤྱོད་དུ་ཕུལ་བ་ཡིན་ནའང་ཀུ་མིག་ཏུ་བྱོན་ཏེ་བཀའ་ཤོག་ཞུས། ཤེལ་གྱི་ཕོར་པ་སོགས་ས་རིན་དུ་འབུལ་བ་མཛད། དགོན་པའི་ཁང་དུ་ཤ་ཆང་དང་ནག་མོ་འགྲིམས་ས་མེད་པ་དང་། དེར་བཞུགས་ཀྱི་དགེ་འདུན་ཐམས་ཅད་དང་ཚུགས་ལ་གནས་པ་དང་། ས་གཞན་དུ་འཕོན་རྩོད་ལ་སོགས་པ་ཅི་ཡོད་ཀྱང་། ཨེ་ཝཾ་ཆོས་ལྡན་དུ་འཕོན་རྩོད་ལ་སོགས་པ་བྱ་ས་མེད་པའི་བཅའ་ཁྲིམས་ལེགས་པོ་མཛད། དེའི་ཚེ་ཉིན་གཅིག་རོང་པོའི་སྤྱི་ཁང་འོག་མ་དེ་ལ་གཟིགས་ནས། ཞིང་སྐྱོང་ཡ་ཏྲ་ན། ས་སྐྱའི་གུར་མགོན་ལྕམ་དྲལ་གྱི་འཆམ་སྐུ་དེ་གཉིས་བཞུགས་འདུག་པ་ཡིན་ཏེ། ཁང་པ་ཡ་ཏྲ་ན་འོང་བ་ལ་བལྟ་བ་ཡིན་པར་འདུག །མགོན་ཁང་ཅིག་དགོས་པ་ཡོད་དེ་ཞེས་གསུངས་པ་ནི། སྔར་རི་ཁྲོད་ཐུགས་དམ་ལ་ཤར་

བའི་ཚེ་གཟིགས་པར་སྣང་ངོ་། །

ཕྱིས་འདུ་ཁང་ཅིག་བཞེངས་པར་དགོངས་དུས། ནུབ་གཅིག་མནལ་ལམ་དུ་འདུ་ཁང་ཆེན་མོ་མཛད་པར་དགོངས་པའི་གྲོང་ར་དེ་ན། བླ་མ་ས་ཆེན་ཡབ་སྲས་གསུམ་གྱི་སྐུ་རྟར་གྱི་ལྷ་བུ་དང་། ཆོས་རྗེ་ས་པཎ་གྱི་སྐུ་ཡང་དེ་ཚོ་དང་འདྲ་བའི་འོད་ཟེར་དང་གཟི་བརྗིད་མཐའ་ཡས་པ་དང་བཅས་གཟིགས་པ་རྨིས་ཞེས་གསུངས་པ་ནི། དེ་རྣམས་སྤྱིར་སངས་རྒྱས་ཀྱི་བསྟན་པ་དང་། བྱེ་བྲག་ཏུ་ས་སྐྱ་པའི་བསྟན་པ་ལ་ཕན་པ་དང་དར་རྒྱས་ཆེན་པོ་འོང་བའི་ལྟས་སུ་འདུག་གསུངས། འདི་ནི་ཪོར་ཆེན་སངས་རྒྱས་ཕུན་ཚོགས་ཀྱིས་མཛད་པའི་རྡོ་རྗེ་འཆང་ཀུན་དགའ་བཟང་པོའི་རྣམ་པར་ཐར་པ་ལེགས་བཤད་ཆུ་བོ་འདུས་པའི་རྒྱ་མཚོ་ལས་འབྱུང་བ་ལྟར་མཐར་ཆགས་སུ་བཀོད་པ་ཡིན་ནོ། །

གསུམ་པ། གདན་རབས་རིམ་བྱོན་གྱི་མཚན་ཐོ།

དེ་ཡང་ལུང་རྟོགས་བསྟན་པའི་འབྱུང་གནས་འོག་མིན་གཉིས་པ་དཔལ་ཨེ་ཝཾ་ཆོས་ལྡན་གྱི་ཆོས་ཀྱི་ཁྲི་འཕངས་མཐོན་པོར་ཞབས་པད་བཀོད་པའི་ཁྲི་ཆེན་རིམ་པར་བྱོན་པ་ལས། དང་པོ་ནི་རྒྱལ་བས་མདོ་རྒྱུད་དུ་མ་ནས་ལུང་གིས་བསྟགས་པའི་ཚད་མའི་སྐྱེས་བུ་ཆེན་པོ་ངོར་ཆེན་རྡོ་རྗེ་འཆང་ཀུན་དགའ་བཟང་པོའི་ཞབས་དང་། གདན་རབས་གཉིས་པ་རྡོ་རྗེ་འཆང་གི་ཐུགས་སྲས་སྨྲས་ཆེན་སེམས་དཔའ་ཆེན་པོ་དཀོན་མཆོག་རྒྱལ་མཚན། གདན་རབས་གསུམ་པ་ཐམས་ཅད་མཁྱེན་པ་འཇམ་དབྱངས་ཤེས་རབ་རྒྱ་མཚོ། གདན་རབས་བཞི་པ་རྒྱལ་ཚབ་དམ་པ་ཀུན་དགའ་དབང་ཕྱུག །གདན་རབས་ལྔ་པ་མཁས་གྲུབ་དཔལ་ལྡན་རྡོ་རྗེ། གདན་རབས་དྲུག་པ་ཀུན་མཁྱེན་གོ་རམས་པ་ཆེན་པོ་བསོད་ནམས་སེང་གེ། གདན་རབས་བདུན་པ་ཡོངས་འཛིན་དཀོན་མཆོག་འཕེལ་བ། གདན་རབས་བརྒྱད་པ་རྗེ་བཙུན་མུས་པ་ཆེན་པོ་སངས་རྒྱས་རིན་ཆེན། གདན་རབས་དགུ་པ་རྒྱལ་བ་ལྷ་མཆོག་སེང་གེ། གདན་རབས་བཅུ་པ་ངོར་ཆེན་ཐམས་ཅད་མཁྱེན་པ་དཀོན་མཆོག་ལྷུན་གྲུབ། གདན་རབས་བཅུ་གཅིག་པ་འཇམ་དབྱངས་སངས་རྒྱས་སེང་གེ། གདན་རབས་བཅུ་གཉིས་པ་མཚུངས་མེད་དཀོན་མཆོག་དཔལ་ལྡན། གདན་རབས་བཅུ་གསུམ་པ་བྲང་ཏི་པཎ་ཆེན་ནམ་མཁའ་དཔལ་བཟང་། གདན་

རབས་བཅུ་བཞི་པ་བྱམས་པ་ཀུན་དགའ་བཀྲ་ཤིས། གདན་རབས་བཅོ་ལྔ་པ་འཇམ་པའི་དབྱངས་ཀུན་
དགའ་བསོད་ནམས་ལྷུན་གྲུབ། གདན་རབས་བཅུ་དྲུག་པ་མཁས་གྲུབ་དཔལ་ལྡན་དོན་གྲུབ། གདན་
རབས་བཅུ་བདུན་པ་རྗེ་བཙུན་ནམ་མཁའ་སངས་རྒྱས། གདན་རབས་བཅོ་བརྒྱད་པ་ཤར་ཆེན་ཤེས་
རབ་འབྱུང་གནས། གདན་རབས་བཅུ་དགུ་པ་མཁན་ཆེན་ནམ་མཁའ་རིན་ཆེན། གདན་རབས་ཉི་ཤུ་
པ་རྒྱལ་རྩེ་བ་མཁན་ཆེན་ངག་དབང་བསོད་ནམས་རྒྱལ་མཚན། གདན་རབས་ཉེར་གཉིས་པ་ཐམས་
ཅད་མཁྱེན་པ་དཔལ་མཆོག་རྒྱལ་མཚན། གདན་རབས་ཉེར་གསུམ་པ་འདྲེན་མཆོག་ནམ་མཁའ་
དཔལ་བཟང་། གདན་རབས་ཉེར་བཞི་པ་འཇམ་མགོན་ལྷུན་གྲུབ་དཔལ་ལྡན། གདན་རབས་ཉེར་
ལྔ་པ་མཁས་གྲུབ་སངས་རྒྱས་ཕུན་ཚོགས། གདན་རབས་ཉེར་དྲུག་པ་ཤར་ཆེན་སངས་རྒྱས་བསྟན་
འཛིན། གདན་རབས་ཉེར་བདུན་པ་མཚུངས་མེད་ཤེས་བྱ་བཟང་པོ། གདན་རབས་ཉེར་བརྒྱད་པ་
བྱམས་པ་ཚུལ་ཁྲིམས་དཔལ་བཟང་། གདན་རབས་སུམ་ཅུ་པ་བྱམས་པ་བསོད་ནམས་བཟང་པོ།
གདན་རབས་སོ་གཅིག་པ་འཇམ་མགོན་བཀྲ་ཤིས་ལྷུན་གྲུབ། གདན་རབས་སོ་གཉིས་པ་འཇམ་པའི་
དབྱངས་ཚུལ་ཁྲིམས་ལྷུན་གྲུབ། གདན་རབས་སོ་གསུམ་པ་བྱམས་པ་ནམ་མཁའ་བསམ་གྲུབ། གདན་
རབས་སོ་བཞི་པ་བྱམས་པ་དཔལ་ལྡན་ཆོས་སྐྱོང་། གདན་རབས་སོ་ལྔ་པ་མཁས་གྲུབ་སངས་རྒྱས་
དཔལ་བཟང་། གདན་རབས་སོ་དྲུག་པ་འཇམ་མགོན་བསོད་ནམས་ལྷུན་གྲུབ། གདན་རབས་སོ་བདུན་
པ་རིན་ཆེན་མི་འགྱུར་རྒྱལ་མཚན། གདན་རབས་སོ་བརྒྱད་པ་འཇམ་མགོན་སངས་རྒྱས་ཡེ་ཤེས།
གདན་རབས་སོ་དགུ་པ་འཇམ་དབྱངས་དཀོན་མཆོག་གྲགས་པ། གདན་རབས་བཞི་བཅུ་པ་ངག་
དབང་ཆོས་སྐྱོང་བཟང་པོ། གདན་རབས་ཞེ་གཅིག་པ་མཁས་གྲུབ་སངས་རྒྱས་གྲགས་པ། གདན་
རབས་ཞེ་གཉིས་པ་མཚུངས་མེད་ཕུན་ཚོགས་དོན་གྲུབ། གདན་རབས་ཞེ་གསུམ་པ་མཁས་གྲུབ་ཀུན་
དགའ་བསོད་ནམས། གདན་རབས་ཞེ་བཞི་པ་བྱམས་པ་ནམ་མཁའ་འཆི་མེད། གདན་རབས་ཞེ་
ལྔ་པ་མཁས་གྲུབ་ངག་དབང་དམ་ཆོས། གདན་རབས་ཞེ་དྲུག་པ་བྱམས་པ་བསོད་ནམས་དཔལ་
འབྱོར། གདན་རབས་ཞེ་བདུན་པ་བྱམས་པ་ཀུན་དགའ་བསྟན་འཛིན། གདན་རབས་ཞེ་བརྒྱད་པ་ངག་
དབང་བློ་གྲོས་བཟང་པོ། གདན་རབས་ཞེ་དགུ་པ་དཔལ་ལྡན་ཆོས་ཀྱི་རྒྱལ་མཚན། གདན་རབས་ལྔ་

བཅུ་པ་བྱམས་པ་དཔལ་ལྡན་བཟང་པོ། གདན་རབས་ང་གཉིས་པ་ངག་དབང་བློ་གྲོས་བསྟན་འཛིན། གདན་རབས་ང་གསུམ་པ་ཀུན་དགའ་བསྟན་པའི་བློ་གྲོས། གདན་རབས་ང་ལྔ་པ་ངག་དབང་བསོད་ནམས་རྒྱལ་མཚན། གདན་རབས་ང་དྲུག་པ་འཇམ་པའི་དབྱངས་ཤེས་རབ་རྒྱ་མཚོ། གདན་རབས་ང་བདུན་པ་དཔལ་ལྡན་བློ་གྲོས་རྒྱལ་མཚན། གདན་རབས་ང་བརྒྱད་པ་འཇམ་དབྱངས་རིན་ཆེན་རྡོ་རྗེ། གདན་རབས་ང་དགུ་པ་ངག་དབང་བློ་གྲོས་སྙིང་པོ། གདན་རབས་དྲུག་ཅུ་པ་ངག་དབང་མཁྱེན་རབ་འཇམ་དཔལ་སྙིང་པོ། གདན་རབས་རེ་གཅིག་པ་ངག་དབང་ཀུན་དགའ་བསྟན་པའི་རྒྱལ་མཚན། གདན་རབས་རེ་གཉིས་པ་བྱམས་པ་དཔལ་ལྡན་ཆོས་མཛད། གདན་རབས་རེ་གསུམ་པ་འཇམ་དབྱངས་ཀུན་བཟང་བསྟན་པའི་རྒྱལ་མཚན། གདན་རབས་རེ་བཞི་པ་འཇམ་དབྱངས་ཀུན་བཟང་ཐུབ་བསྟན་ཆོས་ཀྱི་རྒྱལ་མཚན། གདན་རབས་རེ་ལྔ་པ་ངག་དབང་བློ་གྲོས་གཞན་ཕན་སྙིང་པོ། གདན་རབས་རེ་དྲུག་པ་རྒྱལ་སྲས་ཆོས་ཀྱི་ཉི་མ། གདན་རབས་རེ་བདུན་པ་འཇམ་དབྱངས་ཀུན་བཟང་ཐུབ་བསྟན་ཆོས་ཀྱི་རྒྱལ་མཚན། གདན་རབས་རེ་བརྒྱད་པ་ངག་དབང་བློ་གྲོས་ཐེག་མཆོག་བསྟན་པའི་རྒྱལ་མཚན། གདན་རབས་རེ་དགུ་པ་ཨེ་ཝཾ་ཁང་སར་མཁན་ཆེན་ངག་དབང་ཡོན་ཏན་རྒྱ་མཚོ། གདན་རབས་བདུན་ཅུ་པ་ཕན་བདེ་མཁན་ཆེན་ངག་དབང་མཁས་གྲུབ་རྒྱ་མཚོ། གདན་རབས་དོན་གཅིག་པ་ཐར་རྩེ་མཁན་ཆེན་བྱམས་པ་ནམ་མཁའ་ཀུན་བཟང་བསྟན་པའི་རྒྱལ་མཚན། གདན་རབས་དོན་གཉིས་པ་ཨེ་ཝཾ་ཀླུ་ལྡིང་མཁན་ཆེན་འཇམ་དབྱངས་ཐུབ་བསྟན་ལུང་རྟོགས་རྒྱལ་མཚན། གདན་རབས་དོན་གསུམ་པ་དཔལ་ཨེ་ཝཾ་ཁང་སར་མཁན་ཆེན་ངག་དབང་མཁྱེན་བརྩེ་ཐུབ་བསྟན་སྙིང་པོ། གདན་རབས་དོན་བཞི་པ་དཔལ་ཨེ་ཝཾ་ཐར་རྩེ་མཁན་ཆེན་འཇམ་དབྱངས་ཀུན་དགའ་བསྟན་པའི་རྒྱལ་མཚན། གདན་རབས་དོན་ལྔ་པ་ཤར་ཆེན་ཀླུ་ལྡིང་རྡོ་རྗེ་འཆང་ཆེན་པོ་འཇམ་དབྱངས་བསྟན་པའི་ཉི་མ། གདན་རབས་དོན་དྲུག་པ་ཀླུ་ལྡིང་པ་ཆེན་པོ་འཇམ་དབྱངས་ཆོས་ཀྱི་རྒྱལ་མཚན། གདན་རབས་དོན་བདུན་པ་ཐར་རྩེ་བ་ཆེན་པོ་ངག་དབང་བསོད་ནམས་མཆོག་ལྡན། གདན་རབས་དོན་བརྒྱད་པ་ཕན་ཁང་མཁན་ཆེན་འཇམ་དབྱངས་ཐུབ་བསྟན་སྙིང་པོ་བཅས་མཁས་གྲུབ་གསེར་རིའི་ཕྲེང་བ་ཚར་དུ་དངར་བ་བྱོན་པ་ལས་ཕྱི་མ་བཞིས་འཛམ་གླིང་ཡུལ་གྲུ་ཀུན་ཏུ་རྒྱལ་བ་ཨེ་ཝཾ་པའི་རིང་ལུགས་

གསེར་གྱི་རྒྱལ་མཚན་བླ་ནས་བླ་རུ་བསྒྲེང་བཞིན་འཚོ་ཞིང་གཞེས་ལ་ཆོས་ཀྱང་སྟོན་པའོ། །

བཞི་པ། འདིར་བསྡུས་པ་དག་ངོ་སྤྲོད་མདོ་ཙམ་བཤད་པ།

དེ་ལྟར་གདན་རབས་རིན་པོ་ཆེ་མུ་ཏིག་བསྟར་ལ་བརྒྱུས་པ་ལྟ་བུ་ཁྱོན་ཚུལ་གྱི་ཡིག་ཆ་གནའ་དེང་མཁས་པས་མཛད་པ་རྒྱས་བསྡུས་ཅི་རིགས་བཞུགས་པ་ལས། ཐེངས་འདིར་གལ་ཆེ་བ་ཁག་གཅིག་ཕྱོགས་བསྡུས་ཀྱི་རྣམ་པས་བཀོད་པ་ལ། ཐོག་མར་མུས་ཆེན་སེམས་དཔའ་ཆེན་པོ་དཀོན་མཆོག་རྒྱལ་མཚན་གྱིས་མཛད་པའི་སྐྱིགས་དུས་ཀྱི་རྡོ་རྗེ་འཆང་ཆེན་པོ་ཆོས་ཀྱི་རྗེ་ཀུན་དགའ་བཟང་པོའི་རྣམ་པར་ཐར་པ་མདོར་བསྡུས་པ་དང་། ངོར་ཆེན་སངས་རྒྱས་ཕུན་ཚོགས་ཀྱིས་མཛད་པའི་རྡོ་རྗེ་འཆང་ཀུན་དགའ་བཟང་པོའི་རྣམ་པར་ཐར་པ་ལེགས་བཤད་ཆུ་བོ་འདུས་པའི་རྒྱ་མཚོ། སྒྲུབ་ཁང་དཔལ་ལྡན་དོན་འགྲུབ་ཀྱིས་མཛད་པའི་རྗེ་བཙུན་རྡོ་རྗེ་འཆང་ཀུན་དགའ་བཟང་པོའི་ལམ་འབྲས་ཀྱི་བཀའ་རྒྱ་ཐེམ་པའི་གཟིགས་སྣང་གི་གསལ་བྱེད་བཅས་བསྟན་པ་འདི་ལ་ཐོག་མར་བཀའ་དྲིན་ཆེ་བའི་རྒྱལ་བ་ཀུན་དགའ་བཟང་པོའི་རྣམ་ཐར་གྱི་སྐོར་ཡིན་ལ།

བར་དུ་བཀའ་དྲིན་ཆེ་བ་གདན་རབས་བཅུ་པ་ངོར་ཆེན་ཐམས་ཅད་མཁྱེན་པ་དཀོན་མཆོག་ལྷུན་གྲུབ་ཀྱི་རྣམ་ཐར་ཁག་གཉིས་ཀྱི་དང་པོ་ནི། དཔལ་ས་སྐྱ་པ་ཆེན་པོ་འཇམ་མགོན་ཨ་མེས་ཞབས་ངག་དབང་ཀུན་དགའ་བསོད་ནམས་ཀྱིས་མཛད་པའི་རྗེ་བཙུན་མཁས་པའི་དབང་པོ་དཀོན་མཆོག་ལྷུན་གྲུབ་ཀྱི་རྣམ་པར་ཐར་པ་དང་འདོད་དད་པའི་ཆུ་གཏེར་ལས་འོང་བའི་ངོ་མཚར་ཟླ་ཀླབས་ཀྱི་འཕྲེང་མཛེས་ཞེས་བྱ་བ་དང་། མདོ་ཁམས་པ་ངག་དབང་བསྟན་པའི་རྡོ་རྗེས་མཛད་པའི་རྗེ་བཙུན་བླ་མ་དམ་པ་ངོར་ཆེན་ཐམས་ཅད་མཁྱེན་པ་དཀོན་མཆོག་ལྷུན་གྲུབ་ཀྱི་རྣམ་པར་ཐར་པ་རབ་སྣན་ལྷའི་རྔ་དབྱངས་ཞེས་བྱ་བ་སྟེ་ཆོས་ཚན་གཉིས་བཞུགས་སུ་གསོལ་ཡོད།

གདན་རབས་ཉེར་ལྔ་པ་ངོར་ཆེན་སངས་རྒྱས་ཕུན་ཚོགས་ཀྱིས་མཛད་པའི་གསུང་ངག་རིན་པོ་ཆེའི་བླ་མ་བརྒྱུད་པ་སྦྱིའི་རྣམ་ཐར་གྱི་འཕྲོས་དཔལ་ཨེ་ཝཾ་ཆོས་ལྡན་གྱི་གདན་རབས་ནོར་བུའི་ཕྲེང་བ་ཞེས་བྱ་བ་ལས་གདན་རབས་དང་པོ་ངོར་ཆེན་རྡོ་རྗེ་འཆང་ཀུན་དགའ་བཟང་པོའི་སྐོར་ནི། རྗེ་

རྡོ་རྗེ་འཆང་རྒྱལ་བས་ལུང་བསྟན་ཚུལ། རྒྱ་བོད་དུ་བསྟན་པ་ལ་བྱ་བ་བྱས་ཚུལ་སོགས་རྣམ་ཐར་མང་པོའི་བཅུད་བསྡུས་པ། ལེགས་བཤད་ཆུ་བོ་འདུས་པའི་རྒྱ་མཚོ་ཞེས་བྱ་བ་སྔར་བཀོད་ཟིན་ཞེས་ཞལ་འཕང་མཛད་ནས། གདན་རབས་གཉིས་པ་རྒྱལ་བ་རྡོ་རྗེ་འཆང་ཆེན་པོ་ཀུན་དགའ་བཟང་པོའི་རྒྱལ་ཚབ། རྗེ་བཙུན་མུས་ཆེན་འཁོར་ལོ་སྡོམ་པ་སེམས་དཔའ་ཆེན་པོ་དཀོན་མཆོག་རྒྱལ་མཚན་ནས་བཟུང་གདན་རབས་ཉེར་དྲུག་པ་མཁན་ཆེན་ཤེས་བྱ་བཟང་པོའི་བར་གྱི་རྣམ་ཐར་མདོར་བསྡུས་གདན་རབས་ནོར་ཕྲེང་དུ་གྲགས་པ་དང་། དེའི་ཁ་སྐོང་འཇམ་མགོན་སངས་རྒྱས་ཕུན་ཚོགས་ནས། གདན་རབས་སོ་གསུམ་པ་བྱམས་པ་དཔལ་ལྡན་ཆོས་སྐྱོང་གི་བར་གྱི་རྣམ་ཐར་དཔལ་ཆོས་ཀྱིས་མཛད་པ་རྟོགས་བརྗོད་འདོད་རྒུའི་དཔལ་སྟེར་དང་། གདན་རབས་སོ་ལྔ་པ་ཁང་སར་མཁན་ཆེན་བསོད་ནམས་ལྷུན་གྲུབ་ཀྱི་རྣམ་ཐར་དཔལ་ཆོས་པས་མཛད་པ། གདན་རབས་སོ་དྲུག་པ་ཤར་ཆེན་མི་འགྱུར་རྒྱལ་མཚན་གྱི་རྣམ་ཐར་རྗེ་རང་ཉིད་ཀྱིས་མཛད་པ། གདན་རབས་སོ་བརྒྱད་པ་འཇམ་དབྱངས་དཀོན་མཆོག་གྲགས་པའི་རྣམ་ཐར་རྗེ་རང་ཉིད་ཀྱིས་མཛད་པ་བཅས་དང་།

དེའི་འཕྲོ་ནས་གསང་ཆེན་བཀའ་ཡི་སྡུད་པོ་འཇམ་དབྱངས་བློ་གཏེར་དབང་པོས་མཛད་པའི་ཤྲཱི་ཨེ་ཝཾ་པའི་གདན་རབས་ནོར་བུའི་ཕྲེང་བའི་ཞལ་སྐོང་བདུད་རྩིའི་ཐིགས་ཕྲེང་ཞེས་པ་ལས། གདན་རབས་སོ་བཞི་པ་མཁས་གྲུབ་སངས་རྒྱས་དཔལ་བཟང་གི་རྣམ་ཐར་དང་། སོ་བདུན་པ་འཇམ་མགོན་སངས་རྒྱས་ཡེ་ཤེས་ནས་གདན་རབས་རེ་གཉིས་པ་འཇམ་དབྱངས་ཀུན་དགའ་བསྟན་པའི་རྒྱལ་མཚན་གྱི་བར་གྱི་མཛད་རྣམ་བསྡུས་ཙམ་གསུང་ཡོད།

གདན་རབས་དོན་ལྔ་པ་བདག་ཅག་རྣམས་ཀྱི་འདྲེན་པ་བླ་ན་མ་མཆིས་པ་ཁྱབ་བདག་འཁོར་ལོའི་མགོན་པོ་ཤར་ཆེན་ཀླུ་དབང་ལྷིང་ཅན་གྱི་མཁན་ཆེན་ཐམས་ཅད་མཁྱེན་པ་འཇམ་དབྱངས་བསྟན་པའི་ཉི་མའི་ཞལ་སྔ་ནས་མཛད་པའི་ཨེ་ཝཾ་པའི་མཁན་རབས་རིམ་བྱོན་གྱི་གདན་རབས་ནོར་བུའི་ཕྲེང་བའི་ཡང་སྐོང་ནོར་བུའི་ཕྲེང་རྒྱན་ཞེས་བྱ་བ་ལས། གདན་རབས་རེ་བཞི་པ་ཕན་བདེ་མཁན་རིན་པོ་ཆེ་འཇམ་དབྱངས་ཀུན་བཟང་ཐུབ་བསྟན་ཆོས་ཀྱི་རྒྱལ་མཚན་ནས་བཟུང་། གདན་རབས་དོན་བདུན་པ་ཐར་རྩེ་མཁན་རིན་པོ་ཆེ་ངག་དབང་བསོད་ནམས་མཆོག་ལྡན་གྱི་བར་གྱི་

མཛད་རྣམས་གསལ་བར་བཞུགས།

ཞལ་སྔྲུང་ཀུན་མཁྱེན་བསོད་ནམས་སེང་གེ་སོགས་མཁས་པ་དང་གྲུབ་པའི་སྐྱེས་ཆེན་མང་པོས་མཛད་པའི་ངོར་ཨེ་ཝཾ་ཆོས་ལྡན་གྱི་མཁན་རབས་རིམ་བྱོན་གྱི་གསོལ་འདེབས་ལས་གདན་རབས་དང་པོ་ངོར་ཆེན་རྡོ་རྗེ་འཆང་ནས་བཟུང་དོན་བརྒྱད་པ་མཁན་ཆེན་ཐུབ་བསྟན་སྙིང་པོའི་བར་གྱི་གསོལ་འདེབས་རྒྱས་བསྡུས་ཅི་རིགས་པ་ཞིག་ཆོས་སྡྲོད་མུ་ཐི་ལའི་ཕྲེང་བ་ལས་བཏུས་ཏེ་འདིར་བཀོད་པ་བཅས་སོ། །

ལྔ་པ། མཇུག་བསྡུ་བ།

དེ་ལྟར་སྔོན་མེད་དེབ་ཐེར་རིན་ཐང་བྲལ་བ་འདི་ཉིད་ལོ་རྒྱུས་ཀྱི་དཔེ་ཚོགས་ཆེན་མོ་མེས་པོའི་ཕྱག་རྗེས་ཀྱི་གྲས་སུ་བཅུག་སྟེ། གཅིག་ལས་དུ་མར་འཕྲུལ་པའི་འཛད་མེད་ཆོས་སྦྱིན་གྱི་སྒོ་འཕར་འབྱེད་པའི་རམ་འདེགས་སུ། གངས་ཅན་མཁས་པའི་འདུན་ས་རྫོང་སར་ཁམས་བྱེའི་བཤད་གྲྭ་ཆེན་པོའི་མཁན་སློབ་རྣམ་པ་དང་། ལྷ་ས་དཔལ་བརྩེགས་བོད་ཡིག་དཔེ་རྙིང་ཞིབ་འཇུག་ཁང་གི་འགན་འཛིན་རྣམ་པ་སོགས་འབྲེལ་ཡོད་ཁག་གིས་ཡིག་ཆ་མཁོ་སྒྲོད་ཐད་རམ་འདེགས་བླ་ན་མེད་པ་གནང་བ་དང་། ཁྱད་པར་རྒྱལ་བའི་རྒྱལ་ཚབ་ཆེན་པོ་མཁན་ཆེན་ཁྲི་བ་ཐུབ་བསྟན་སྙིང་པོ་མཆོག་གི་དབུས་པའི་གདན་ས་ཆེན་པོ་ངོར་ཨེ་ཝཾ་པའི་དབུ་ཁྲིད་རྣམ་པས་བྱ་བ་འདིར་མཐོང་གཟིགས་གནང་བ་དང་། བོད་ལྗོངས་མི་དམངས་དཔེ་སྐྲུན་ཁང་གི་རྒན་པ་སངས་དབང་ཆེན་ལགས་དང་། རྡོ་སྲིས་ཚེ་རིང་རྡོ་རྗེ་ལགས་གཙོས་པའི་འབྲེལ་ཡོད་མི་སྣ་རྣམ་པས་དཔེ་སྐྲུན་ཐད་མཐུན་སྦྱོར་གནང་བ། འདི་ཀའི་ལས་ཁུངས་ཀྱི་ལས་བཟོ་བ་ལྷག་བསམ་དང་ཤེས་འཛིན་གྱིས་ཕྱུག་པ་རྣམ་པས་ལོ་སྟེ་ལོ་མཐུད་ཀྱིས་འབད་བརྩོན་ལྷོད་མེད་གནང་བའི་ཉེར་ལེན་ལ་བརྟེན། ལུགས་འདི་ལ་དད་འདུན་ཆེ་བ་དང་། ཡང་ན་ལོ་རྒྱུས་ཉམས་ཞིབ་པ་རྣམ་པའི་གཅེས་རྒྱ་ཆེའི་ཀློག་པ་པོ་ཡོངས་ལ་སྔོན་མེད་ཀྱི་ལེགས་སྐྱེས་བཟང་པོ་ཞིག་ཕུལ་ཐུབ་ཡོད་ཅེས་བཤད་ན་ཐལ་མི་ཆེ་བར་སེམས་སོ། །

འདི་ལ་ཡི་གེ་མ་དག་པ་སོགས་ཉེས་པའི་སྐྱོན་ཅི་མཆིས་པ་རྣ་བ་དང་བརྒྱད་པའི་དཔལ་ལྡན་བླ

མ་དམ་པ་རྣམས་དང་དོན་གཉེར་ཅན་གྱི་ཀློག་པ་ཡོངས་ཀྱི་དྲུང་དུ་མཐོལ་ཞིང་འཆགས་པ་དང་། ཆུང་ཙམ་འབད་པ་ལས་ཐོབ་པའི་དགེ་བའི་རྩ་བ་ཇི་སྙེད་ཅིག་མཆིས་པ་ཐམས་ཅད་བསྟན་འགྲོའི་རྒུད་པ་སེལ་ཞིང་། འཕྲལ་ཡུན་ཀུན་ཏུ་ཆོས་འབྱོར་བདེ་སྐྱིད་ཀྱི་དཔལ་ལ་སྤྱོད་པའི་རྒྱུ་རུ་བསྔོ་བ་ལགས་སོ། །

ཏྲཱཾ་ཐར་འཛམ་གླིང་སི་ཁྲོན་བོད་ཡིག་དཔེ་རྙིང་བསྡུ་སྒྲིག་ཁང་ནས་མེ་ཁྱི་རྒྱལ་ཟླ་བའི་དཀར་ཕྱོགས་ཀྱི་དགའ་བ་གཉིས་པའི་ཉིན་བྲིས་པ་དགེ།། །

དཀར་ཆག

༄༅། །སྙིགས་དུས་ཀྱི་རྡོ་རྗེ་འཆང་ཆེན་པོ་ཆོས་ཀྱི་རྗེ་ཀུན་དགའ་བཟང་པོའི་རྣམ་པར་ཐར་པ་མདོར་བསྡུས་པ།

ཐུས་ཆེན་སེམས་དཔའ་ཆེན་པོ།

རྗེ་བཙུན་བླ་མ་ཐུགས་རྗེ་ཆེན་པོ་དང་ལྡན་པའི་ཞབས་ལ་གུས་པས་ཕྱག་འཚལ་ལོ། །དགེ་ལེགས་ཀུན་འབྱུང་ཚུལ་ཁྲིམས་ས་གཞིར་བྱང་ཆུབ་སེམས་ཀྱི་མྱུ་གུ་འཁྲུངས། །གསུང་རབ་མཁའ་ལ་ཐོས་བསམ་སྤྲིན་ཚོགས་ལྡིང་རིགས་སྨན་པའི་འབྲུག་སྒྲ་ཅན། །བསླབ་གསུམ་རིམ་གཉིས་ཟིམ་བུའི་ཆར་བབས་སྐལ་ལྡན་རྨ་བྱའི་ཚོགས་རབ་དགའ། །དོན་གཉིས་ལོ་ཏོག་བཟང་པོ་མཐར་ཕྱིན་བླ་མའི་ཞབས་ཀྱི་པདྨོར་འདུད། །རྒྱལ་བ་ཀུན་གྱི་མཁྱེན་བརྩེ་གཅིག་བསྡུས་མཐའ་ཡས་འགྲོ་བའི་གཉེན་གཅིག་པུ། །སྨོངས་པའི་མུན་པ་དྲུངས་ནས་རབ་འབྱིན་བདེ་གཤེགས་བསྟན་པའི་སྒྲོན་མེ་འཛིན། །དམིགས་མེད་ཐུགས་རྗེས་གཞན་དོན་ལ་དགའ་རྒྱ་ཆེན་ལྷུན་གྱིས་གྲུབ་པ་ཡི། །ཕྲིན་ལས་བཟང་པོའི་ནོར་བུ་རིན་ཆེན་སྙེ་དགུའི་གཙུག་ན་མཛེས་ལ་འདུད། །ཤེས་བྱ་ཀུན་ལ་ལེགས་སྦྱངས་མཐར་ཕྱིན་ནས། །མཁས་རྣམས་དགའ་བའི་འཆད་རྩོད་རྩོམ་པ་ཡིས། །བསྟན་པའི་ཁུར་ཆེན་རིང་དུ་ཁྱེར་བ་པོ། །ཕྱོགས་ལས་རྣམ་རྒྱལ་བཟང་པོའི་ཞབས་ལ་འདུད། །དེ་ཡི་རྣམ་ཐར་མཐའ་དག་སུ་ཡིས་སྤྱོབས། །རྒྱ་མཚོ་ཆེ་ལས་ཆུ་ཡི་ཐིགས་པ་ལྟར། །དེང་སང་ཡོངས་གྲགས་ཕྲིན་ལས་རྒྱ་མཚོ་ལས། །ཆ་ཤས་ཙམ་ཞིག་དང་བས་འདིར་བརྗོད་བྱ། །

འདིར་བདག་ཅག་གི་འདྲེན་པ་དམ་པ་བསྟན་པ་རིན་པོ་ཆེའི་མངའ་བདག །གསུང་རབ་

དགོངས་འགྲེལ་དང་བཅས་པ་མ་ལུས་པའི་བང་མཛོད་རྗེ་བཙུན་མཁྱེན་རབ་ཀྱི་དབང་ཕྱུག་ཀུན་དགའ་བཟང་པོ་པ་ཞེས་ཡོངས་སུ་གྲགས་པ་འདི་ཉིད་ནི། ཤེས་བྱ་ཐམས་ཅད་ཆགས་ཐོགས་མེད་པར་མངོན་སུམ་དུ་གཟིགས་པའི་ཡེ་ཤེས་ཀྱི་སྤྱན་བརྙེས་པར་གདོན་མི་ཟ་མོད། འོན་ཀྱང་དེང་སང་གི་སྐྱེ་བོ་རྣམས་ཀྱི་སྣང་ངོ་དང་མཐུན་པར་ཚུལ་བཟུང་བ་འདིའི་དབང་དུ་བྱས་པའི་རྣམ་པར་ཐར་པ་ཅུང་ཟད་ཅིག་བརྗོད་པར་བྱ་བ་ལ་གཉིས་ཏེ། རབ་ཏུ་མ་བྱོན་པ་དང་། རབ་ཏུ་བྱོན་པའི་རྣམ་པར་ཐར་པའོ། །

དང་པོ་ནི། འདིའི་རིགས་ནི་འབྲིང་མཚམས་ཀྱི་ཅོག་རོ་ཞེས་བྱ་བ་ཡིན་ལ། ཡབ་མེས་གོང་མ་རྣམས་འབྲིང་མཚམས་ནས་ས་སྐྱ་ཕྱོགས་སུ་བྱོན་ཏེ། ག་ར་ལ་སོགས་པར་འབྲོག་མཛད་ཅིང་བཞུགས་པ་ལས་རིམ་གྱིས་བདག་ཆེན་གཞི་ཐོག་པའི་གསོལ་ཇ་བར་གྱུར་པ་ཡིན་ལ། ཁྱད་པར་རྗེ་འདི་ཉིད་ཀྱི་ཡབ་ནི་ས་སྐྱ་ཚོགས་ཀྱི་ཉེ་གནས་ཆེན་པོ། དཔོན་ཚང་གྲུབ་པ་ཡོན་ཏན་ཞེས་བྱ་བ་ཡིན་ཞིང་། ཡུམ་ནི་བླ་བྲང་རིན་ཆེན་སྒང་པའི་དཔོན་སྐྱ་ཤབ་སྨད་ཀྱི་དཔོན་སེང་ཞེས་བྱ་བའི་སྲས་མོ་བསོད་ནམས་དཔལ་འཛིན་བྱ་བ་ཡིན་ནོ། །ཡུམ་གྱི་ལྷུམས་སུ་ཞུགས་པའི་ཚེ་སྐྱེས་བུ་དམ་པ་ཡུམ་གྱི་ལྷུམས་སུ་ཞུགས་པའི་མཚན་ལྟས་དང་ལྡན་པར་གྱུར་ཅིང་། དེའི་ཚེ་བྲང་ཁང་བྱེ་ཁྱུང་སྒོ་ན་བཞུགས་པའི་དགེ་སློང་ཚུལ་བཀྲས་ཞེས་བྱ་བ་ཞིག་ཡོད་པ་ན་རེ། ཡུམ་ལ་ཁྱེད་ཀྱི་ལྷུམས་ན་བཞུགས་པ་འདི་ལ་སྐྱེས་བུ་དམ་པ་ཅིག་བྱོན་པར་འདུག་པས་བར་ཆད་ཀྱི་དབང་དུ་མ་ཤོར་བ་མཛོད་ཅིག་ཅེས་ལུང་བསྟན་མཛད་དོ། །

དགེ་སློང་དེ་ཡང་གང་ཟག་བཟང་པོ་ཞིག་ཡིན་ཏེ། ཁོང་སྐུ་གཤེགས་པའི་ཚེ་ངོ་མཚར་བའི་ལྟས་དུ་མ་དང་བཅས་ཏེ་གཤེགས་སོ་ཞེས་གྲག་གོ །དེ་ནས་ཁོང་གི་གསུང་བཞིན་མཛད་པར་དགོངས་ཏེ། སྔར་ཡབ་མེས་གོང་མ་རྣམས་འབྲོག་མཛད་པའི་ཚེ་དགེ་བའི་བཤེས་གཉེན་སྤྲིན་པ་རྣམས་དང་དཔོན་སློབ་དང་ཡོན་མཆོད་ཀྱི་འབྲེལ་ཟབ་པས་དེའི་དུས་ན་སྤྲིན་པའི་གདན་ས་བ་བླ་མ་ཡོན་ཏན་དཔལ་ཞེས་བྱ་བ་བཅོམ་ལྡན་འདས་རྡོ་རྗེ་འཇིགས་བྱེད་ལ་མངའ་བརྙེས་པ་ཅིག་ཡོད་པ་གདན་དྲངས་ཏེ། ཡུམ་གྱི་འཇིགས་བྱེད་དང་ཚེ་དཔག་མེད་ཀྱི་དབང་ལན་མང་དུ་ཞུས་སོ། །

དེ་ནས་ཆུ་ཕོ་ཁྱིའི་ལོ་ལ་སྐུ་བལྟམས་པའི་ཚེ་བླ་མ་དེ་ཉིད་སྤྱན་དྲངས་ཏེ། བཅོམ་ལྡན་འདས་རྡོ་རྗེ་འཇིགས་བྱེད་ཀྱི་དབང་ཞུས་ནས་མཚན་ཡང་འཇིགས་བྱེད་བཟང་པོ་ཞེས་བཏགས་སོ། །རྗེ་རིན་པོ་ཆེ་འདི་ཉིད་ནི། བྱིས་པ་ཆུང་ཆུང་ནས་ཐ་མལ་གྱི་བྱིས་པའི་སྤྱོད་པ་ལ་འདས་པ་ཞིག་སྟེ། དགུང་ལོ་གསུམ་བཞི་ཙམ་བཞེས་པའི་དུས་སུ། འཕྲུལ་གྱི་རྩེ་མོའི་རྣམ་པ་མཛད་པ་ཀུན་ཆོས་འཆད་པ་དང་། ཉན་པ་དང་། བཅོམ་ལྡན་འདས་རི་ཁྲོད་མ་ལོ་མ་གྱོན་མའི་ཁྲུས་ཆོག་ལ་སོགས་པ་མཛད་པའི་རྣམ་པ་ལས། ཐ་མལ་གྱི་རྩེ་མོའི་རིགས་ཅི་ཡང་མི་མཛད་དོ་ཞེས་ཐོས་སོ། །

དགུང་ལོ་ལྔ་བཞེས་པའི་ཚེ་ཡབ་ཀྱི་གསུང་གིས། རང་རེ་གསོལ་ཇ་བའི་རིགས་ཡིན་པས། གསོལ་ཇ་བ་བྱེད་པ་ལ་དངུལ་གྱི་ཇ་འོ་ཐེག་མི་ཐེག་བརྟག་གོ་ཞེས་གསུངས་ནས། དངུལ་གྱི་ཇ་འོ་དང་ལྷིད་མཉམ་པའི་རྡོ་བསྐུར་ནས་སྐས་ལ་འགྲོན་བཞུད་མཛད་དུ་བཅུག་པ་ན། གསོལ་ཇ་བ་ལ་སོགས་པ་འཇིག་རྟེན་གྱི་བྱ་བ་ལ་ཐུགས་མི་འགྲོ་བས་རྡོ་ཕྱིར་འཕངས་ཏེ། མི་དགོས་པའི་རྣམ་འགྱུར་བསྟན་པས། བདག་ཆེན་ཀུན་དགའ་རིན་ཆེན་པའི་གསུང་གིས། འདིའི་གཟུགས་ཀྱང་གསོལ་ཇ་བ་ལ་མཛེས་རྒྱུ་ཡང་མི་འདུག་པ་དང་། ཁྱད་པར་ཁོ་རང་ཆོས་ལ་མོས་པར་འདུག་པས། འདི་ཆོས་བྱེད་དུ་བཅུག་ནས་གསོལ་ཇ་བ་འདི་ཉིད་ཀྱི་གཅུང་པོ་དཔོན་ཆེན་བསོད་ནམས་དཔལ་ཞེས་བྱ་བ་ཅིག་ཡོད་པ་དེ་བྱེད་དུ་བཅུག་པ་དག་པར་འདུག་ཅེས་གསུང་བའི་བཀའ་གནང་བས། ཐུགས་ལ་དགེས་ཚོར་ཆེན་པོ་དང་། བདག་ཆེན་ལ་ཡང་དད་པ་ཆེན་པོ་འཁྲུངས་སོ། །

དེ་ནས་དགུང་ལོ་དྲུག་བཞེས་པའི་ཚེ། བདག་ཆེན་ལ་ས་སྐྱར་བཞུགས་སྐབས་བདེ་མི་བདེ་ཅིག་བྱུང་ནས། ཆོས་རྗེ་ཡེ་ཤེས་རྒྱལ་མཚན་པ་བདག་ཆེན་པའི་སྐུ་མདུན་དུ་སྤྱན་དྲངས་ཏེ། བྱིས་པ་འདི་ལ་དགེ་བཤེས་བཟང་པོ་ཞིག་འོང་བ་བདོག་པས་ཁྱེད་ཀྱིས་མགོ་འདོན་ཡང་དག་པ་ཅིག་མཛད་པར་ཞུ་ཞེས་ཞལ་ཏ་དང་། གནང་སྦྱིན་མཛད་ནས་ཆོས་རྗེ་ཡེ་ཤེས་རྒྱལ་མཚན་པ་ལ་སྤྲད། ཆོས་རྗེ་ཡེ་ཤེས་རྒྱལ་མཚན་པས་དུས་ཀྱི་འཁོར་ལོ་དང་། ཡོ་ག་རྡོར་དབྱིངས་ཀྱི་དབང་བསྐུར་བ་ཡང་མཛད་དོ། །

དེ་ནས་སྐྱིད་འཕྲེང་ན་བཞུགས་པའི་སློབ་དཔོན་སངས་རྒྱས་རྒྱལ་མཚན་ཞེས་བྱ་བའི་དྲུང་དུ

ཀློག་བསླབས་པས་ལེགས་པར་མཁྱེན་ནས། དགུང་ལོ་བདུན་པ་ལ་སློབ་དཔོན་དེ་ཉིད་ཀྱི་དྲུང་དུ་བརྟག་གཉིས་ཀྱི་གཞུང་བཟུང་། དགུང་ལོ་བརྒྱད་པ་ལ་རྣམ་གཞག་མཛད་པར་དགོངས་ནས། ཆོས་རྗེ་ཡེ་ཤེས་རྒྱལ་མཚན་པ་གུ་ར་ན་བཞུགས་པའི་སྐུ་མདུན་དུ། ཉི་མའི་གུང་ལ་སློབ་དཔོན་སངས་རྒྱས་རྒྱལ་མཚན་པ་དང་གཉིས་ཀས་བྱོན་ནས། བརྟག་གཉིས་ཀྱི་མཇུག་ཁྲིད་རྣམས་རྫོགས་པར་མཛད་དོ། །རྣམ་གཞག་མཛད་པར་སྐབས་སུ་བབ་པ་ན། ཏའི་སི་ཏུ་བསོད་ནམས་དཔལ་བས་ཉེ་གནས་གྲུབ་པའི་བུ་རྣམ་གཞག་བྱེད་པའི་སྟོན་ཤོག་གི་དཀར་རྩམ་ངེད་ཀྱིས་བྱེད་པ་ཡིན་གསུངས་ནས་ཤོག་བུ་རྩེ་ཆེན་མ་བོང་རྒྱབ་དུ་མའི་དཀར་རྩམ་མཛད་དོ། །དེ་ལ་སྤྱིར་རྣམ་གཞག་མཛད་པ་རྣམས་ཀྱིས་སྟོན་ཤོག་ལ་ཤོག་ཡུག་ཕྱེད་རེ་འབུལ་བ་ཡིན་ཡང་ཆོས་རྗེ་རིན་པོ་ཆེ་པས་སྟོན་ཤོག་ལ་ཤོག་བུ་རྩེ་ཆེན་མ་རེ་ཕུལ་ཞིང་དེ་དང་མཐུན་པའི་དེ་ནས་གཞན་ལས་ཕུལ་དུ་བྱུང་བའི་རྣམ་གཞག་དང་དགའ་སྟོན་རྒྱ་ཆེན་པོ་མཛད་ནས། ཆོས་གསུངས་པས། ཆོས་དང་དགའ་སྟོན་གཉིས་ཀ་ལ་ཀུན་གྱིས་ངོ་མཚར་དུ་འཛིན་པར་གྱུར་ཏོ། །

གཉིས་པ་རབ་ཏུ་བྱུང་ནས་ཉིད་ཀྱི་རྣམ་ཐར་ལ་གསུམ་སྟེ། གཞི་ཚུལ་ཁྲིམས་རྣམ་པར་དག་པ་ཇི་ལྟར་ནོད་པའི་ཚུལ། དེ་ལ་བརྟེན་ནས་ཐོས་བསམ་ལ་སོགས་པ་ཇི་ལྟར་མཛད་པའི་ཚུལ། གཞན་དོན་ཕྲིན་ལས་ཇི་ལྟར་མཛད་པའི་ཚུལ་ལོ། །དང་པོ་ལ་སོ་སོར་ཐར་པའི་སྡོམ་པ་ཇི་ལྟར་ནོད་པའི་ཚུལ་ནི། དགུང་ལོ་དགུ་བཞེས་པའི་དུས། ཆོས་རྗེ་ཡེ་ཤེས་རྒྱལ་མཚན་པས་མཁན་པོ་མཛད། ཆོས་རྗེ་ས་བཟང་འཕགས་པ་གཞོན་ནུ་བློ་གྲོས་པས་ལས་ཀྱི་སློབ་དཔོན་དང་། ཀ་བཞི་འཛིན་པ་དཔལ་ལྡན་སེང་གེས་གྲིབ་ཚོད་པ་དང་། བླ་མ་ཀུན་དགའ་རིན་ཆེན་པ་དང་། མཁས་པའི་དབང་པོ་གཡག་སྟོན་སངས་རྒྱས་དཔལ་གྱིས་ཁ་སྐོང་གི་དགེ་འདུན་མཛད་ནས། དགེ་བསྙེན་དང་དགེ་ཚུལ་གྱི་སྡོམ་པ་རྣམ་པར་དག་པ་ནོད་ནས་ཉེས་བྱས་ཕྲ་ཞིང་ཕྲ་བས་ཀྱང་མ་གོས་པར་བསྲུང་བར་མཛད་པ་ཡིན་ནོ། །དེ་ལྟར་ཉེས་པ་ཕྲ་བས་མ་གོས་པ་དེ་ཡང་གཞན་རྐྱེན་ལ་བརྟེན་པའམ། རང་གིས་ཀྱང་རྩོལ་བ་དྲག་པོས་གཉེན་པོ་བསྟེན་དགོས་པ་མ་ཡིན་པར་སྟོན་བཅོམ་ལྡན་འདས་ཀྱི་སྤྱན་སྔར་དགེ་སློང་འགའ་ཞིག་ཚུར་ཤོག་ལ་སོགས་པས་བསྙེན་པར་རྫོགས་པ་ན། དེ་མ་ཐག་ཏུ་བསྙེན་པར་

རྫོགས་ནས་ལོ་བརྒྱ་ལོན་པ་ལྷ་བུའི་སྤྱོད་ལམ་དང་ལྡན་པར་གྱུར་ཏོ་ཞེས་པ་དང་ཚུལ་མཚུངས་པར་རབ་ཏུ་བྱུང་མ་ཐག་ནས་རང་གི་ངང་གིས་ཉེས་པས་མི་གོས་པ་ཡིན་ཏེ། སློབ་དཔོན་ཀུན་ལེགས་པའི་གསུང་གིས་ཟླ་མ་འདི་བཙུན་ཆུང་གི་དུས་ནས་སུ། གཞན་དང་མི་འདྲ་བ་ཅིག་བདོག་སྟེ། ཆོས་རྗེ་ཡེ་ཤེས་རྒྱལ་མཚན་པ་གཡས་གཡོན་དུ་ཆོས་བར་ལ་འབྲོན་པའི་ཕྲུག་ཕྱིར་བདག་ཅག་གྲྭ་པ་རྣམས་འགྲོ་བའི་ཚེ། ལམ་བར་སོགས་ཀྱི་གནས་མལ་དུ་ཕྱི་དྲོ་ཕེབས་པའི་དུས་སུ་བདག་ཅག་གྲྭ་པ་རྒན་པ་རྣམས་ནི་ཁ་སྙོམ་པ་དང་། གསུམ་པ་ལྟོགས་པས་བཟའ་བཏུང་གི་རྩོལ་བ་ག་བྱེད་ཀྱང་ཁོང་པ་བཙུན་ཆུང་ཆུང་ཤོས་ཡིན་ཏེ། ཕྱི་དྲོ་བཟའ་བཏུང་གི་སྦྱོར་པ་མི་བྱེད་པར་གནས་མལ་དུ་ཕེབས་ནས། ཁྲིས་པོ་ཕོག་མ་ཐག་ཕྱུ་སྐྱི་རེ་ཞལ་ཕྱེ་ནས་དཔེ་ཆ་རེ་ཕར་ལོག་ཚུར་ལོག་བྱེད་ཀྱིན་གཟིགས་པ་ཅིག་ག་བདོག་ཅེས་གསུངས་པ་དེ་ལྟ་བུས་མཚོན་པའོ། །

ཡང་ཆོས་རྗེ་ཡེ་ཤེས་རྒྱལ་མཚན་པས་མཁན་པོ་མཛད། མཁན་ཆེན་བློ་གྲོས་དཔལ་བས་ལས་ཀྱི་སློབ་དཔོན། ཆོས་རྗེ་འཕགས་པ་གཞོན་ནུ་བློ་གྲོས་པས་གསང་སྟོན་སློབ་དཔོན། གྲིབ་ཚོད་པ་འཇམ་དབྱངས་དཔལ་ལྡན་གཞོན་ནུ་ལ་སོགས་པ་དད་པའི་དགེ་འདུན་བདུན་གྱི་དབུས་སུ་བསྙེན་པར་རྫོགས་པ་དགེ་སློང་གི་སྡོམ་པ་རྣམ་པར་དག་པ་ནོད་དེ། ཉེས་ལྟུང་གི་དྲི་མ་རྣམ་པར་དག་པར་བཞུགས་པ་ཡིན་ནོ། །བྱང་ཆུབ་སེམས་དཔའི་སྡོམ་པ་ནོད་པའི་ཚུལ་ནི། ཆོས་རྗེ་ཡེ་ཤེས་རྒྱལ་མཚན་པའི་དྲུང་དུ། དབུ་མ་ལུགས་ཀྱི་སེམས་བསྐྱེད་ཀྱི་ཆོ་ག་ལན་ལྔ་ནོད་ཅིང་། ཆོས་ཀྱི་བུདྡྷ་བའི་དྲུང་དུ་དབུ་མ་ལུགས་དང་། སེམས་ཙམ་ལུགས་གཉིས་ཀ་གསན་ནས་སོ་སོའི་བསླབ་བྱ་རྣམས་རང་རང་གི་ལུགས་ལྟར་ལེགས་པར་བསྲུངས་ཏེ། ཤིན་ཏུ་རྣམ་པར་དག་པར་བཞུགས་སོ། །

དེ་ཡང་བྱང་ཆུབ་སེམས་དཔའི་སྡོམ་པ་ནི། བྱམས་པ་དང་སྙིང་རྗེ་ཆེན་པོའི་རྩ་བ་ཅན་ཡིན་པ་ལ། བདག་ཉིད་ཆེན་པོ་འདི་ཉིད་ཀྱི་ཐུགས་ནི། སེམས་ཅན་ཐམས་ཅད་ལ་བྱམས་པ་དང་སྙིང་རྗེ་ཆེན་པོའི་ངང་དུ་གྱུར་པ་སྟེ། ཐ་ན་གཞན་དག་ཤ་ཟ་བ་གཟིགས་པ་ཙམ་དང་། ཁྱད་པར་རབ་ཏུ་བྱུང་བས་ཤ་ཟ་བ་གཟིགས་པ་ན། ནང་དུ་མི་བཟོད་པའི་ཐུགས་ངེས་འབྱུང་ཆེན་པོ་འབྱུང་ཞིང་། ཞག་དུ་མའི་བར་དུ་གསོལ་དང་འགགས་པར་སྣང་བ་དང་། འགའ་ཞིག་གིས་ལོག་སྒྲུབ་ཤིན་ཏུ་འཇིགས་སུ་རུང་

བ་ཧེ་སྙེད་བྱུས་ཀྱང་། ཐུགས་ལ་ཁོང་ཁྲོ་དང་ཁོན་དུ་འཛིན་པའི་རྣམ་པ་ཙུང་ཟད་ཀྱང་མི་མངའ་བར། ལོག་སྒྲུབ་བྱེད་པ་པོ་ལ་ལྷག་པར་ཐུགས་བརྩེ་བར་སྣང་བའི་ཕྱིར་རོ། །རིག་པ་འཛིན་པའི་སྡོམ་པ་ནོད་པའི་ཚུལ་ནི། ཐོག་མར་ཆོས་རྗེ་ཡེ་ཤེས་རྒྱལ་མཚན་པའི་དྲུང་དུ། རྒྱུད་སྡེ་བཞིའི་དཀྱིལ་འཁོར་དུ་དབང་བསྐུར་བ་གསན་ནས། རིག་འཛིན་སྔགས་ཀྱི་སྡོམ་པ་རྣམ་པར་དག་པ་དང་ལྡན་པར་མཛད་པ་ཡིན་ཏེ། དེ་ལ་བླ་མེད་ཀྱི་སྐོར་ལ། གསང་བ་འདུས་པ་མི་བསྐྱོད་པ། ཡེ་ཤེས་ཞབས་ལུགས། གཤིན་རྗེ་གཤེད་དམར་པོ་ལྷ་ལྔ། ལྷ་བཅུ་གསུམ་མ། དཔལ་ཀྱི་རྡོ་རྗེ་མན་ངག་ལུགས། བདག་མེད་མ། གུར་རིགས་བསྡུས། བདེ་མཆོག་ལུ་ནག་དྲིལ་གསུམ། དྲིལ་བུ་ལྷ་ལྔ། སྒྲོལ་མ་ལྷ་བཅུ་བདུན་མ། དུས་ཀྱི་འཁོར་ལོ་རྣམས་ཀྱི་དབང་གསན། གཞན་ཡང་ཡོ་ག་རྡོར་དབྱིངས། འཇམ་དཔལ་གསང་ལྡན། ཀུན་རིག་རྩ་བའི་དབང་རྣམས་གསན། བྱ་སྤྱོད་ལ་ཚེ་དཔག་ལྷ་དགུ། གཟུངས་གྲྭ་ལྔ། འཇམ་དབྱངས་ཨ་ར་པ་ཙ་ན་ལྷ་ལྔ་རྣམས་ཀྱི་དབང་གསན་ནོ། །

གཞན་ཡང་བླ་མ་སོ་སོའི་དྲུང་དུ། རྒྱུད་སྡེ་བཞི་དང་འབྲེལ་བའི་དབང་བསམ་གྱིས་མི་ཁྱབ་པ་གསན་ནས། རིག་འཛིན་སྔགས་ཀྱི་སྡོམ་པ་ལ་ཉེས་པའི་དྲི་མས་མ་གོས་པར་ཐུགས་རྒྱུད་ལ་ལེགས་པར་བཞུགས་པ་ཡིན་ཏེ། དབང་སྐུར་ཕྱིན་ཅི་མ་ལོག་པར་ཐོབ་པའི་བླ་མ་རྡོ་རྗེ་འཆང་དང་དབྱེར་མི་ཕྱེད་པའི་མོས་པ་གཞན་གྱིས་དབྲོག་པར་མི་ནུས་པའི་ཕྱིར་རོ། །

དེ་ལྟར་གཞི་སྡོམ་པ་གསུམ་རྣམ་པར་དག་པ་ལ་བརྟེན་ནས། གཉིས་པ་ཐོས་བསམ་སོགས་ཇི་ལྟར་མཛད་ཚུལ་ནི། དགུང་ལོ་དགུ་པ་ལ་རབ་བྱུང་མཛད་པ་དེ་ནས་བཟུང་སྟེ་དགུང་ལོ་ཉི་ཤུ་རྩ་ལྔ་པའི་བར་དུ་གཙོ་ཆེར་ཆོས་རྗེ་ཡེ་ཤེས་རྒྱལ་མཚན་པའི་དྲུང་དུ་བཞུགས་ཏེ། སྔར་གྱི་བརྟག་གཉིས་མ་བསླེལ་བར་མཛད་ནས། ཐོག་མར་བཅོམ་ལྡན་འདས་དུས་ཀྱི་འཁོར་ལོ་དང་། ཡོ་ག་རྡོར་དབྱིངས་ཀྱི་ཕྱག་ལེན་རྣམས་མཐར་ཕྱིན་པར་མཛད་དོ། །

གསང་བ་འདུས་པའི་བཤད་རྒྱུད་དགོངས་པ་ལུང་སྟོན། རྡོ་རྗེ་ཕྲེང་བ། ལྷ་མོ་བཞིས་ཞུས། ཡེ་ཤེས་རྡོ་རྗེ་ཀུན་ལས་བཏུས་ཏེ་བཤད་རྒྱུད་རྣམ་པ་བཞིའི་ལུང་། སྒྲུབ་ཐབས་མདོར་བྱས། མདོ་བསྲེས། རྣམ་གཞག་རིམ་པ། ཀླུ་སྒྲུབ་ཀྱིས་མཛད་པའི་དཀྱིལ་ཆོག་ཉི་ཤུ་པ། ཀླུ་བྱང་གི་དཀྱིལ་

ཚོག་ཉི་ཤུ་པ། ཟུང་འཇུག་གསལ་བ། དཀྱིལ་ཆོག་དང་རྡོ་རྗེ་སེམས་དཔའི་མཆོད་ཆོག་གཉིས་ནག་པོ་པས་མཛད་པ། རྡོ་རྗེ་སེམས་དཔའི་སྒྲུབ་ཐབས་ཟླ་གྲགས་ཀྱིས་མཛད་པ་རྣམས་གསན། གཞན་ཡང་གསང་བ་འདུས་པའི་རྒྱུད་ཕྱི་མ། འགྲེལ་ཆེན་སྒྲོན་མ་གསལ་བ། འགྲེལ་བཤད་མཐའ་དྲུག་གསལ་བ། བཤད་ཐབས་ཀྱི་མན་ངག་གསང་བའི་སྒོ་འབྱེད་རྣམས་ཀྱི་སྟེང་ནས་བཤད་བཀའ་གསན། ཡང་རྫོགས་རིམ་རིམ་ལྔའི་གཞུང་འཕགས་པ་ཀླུ་སྒྲུབ་ཀྱིས་མཛད་པ། སྤྱོད་པ་བསྡུས་པའི་སྒྲོན་མ། བདག་བྱིན་རླབས། མངོན་པར་བྱང་ཆུབ་པའི་རིམ་པ་རྣམས་འཕགས་པ་ལྷས་མཛད་པ། རིམ་པ་ཁོང་བསྡུས་ཀླུ་བྱང་གིས་མཛད་པ་རྣམས་གསན། ཡང་རྫོགས་རིམ་ཟབ་མོ་ཤིན་ཏུ་སྤྲོས་པ་མེད་པའི་དེ་ཁོ་ན་ཉིད་ཀྱི་མན་ངག་གི་ཉམས་ཁྲིད་ལན་གསུམ་གྱི་བར་དུ་ཞུས་ནས། སྤྲོས་མེད་ཀྱི་བྱིན་རླབས། རྣམ་རྟོག་འོད་གསལ་གྱི་བྱིན་རླབས། དེའི་རྡོ་རྗེའི་ཚིག་རྐང་བིརྺ་པས་མཛད་པ། དེའི་འགྲེལ་པ་འཇུག་བདེ་རྣམ་གསལ། དེའི་ཁྲིད་ཡིག་ཐོར་བུ་བ་གློ་བོ་ལོ་ཙྪ་བས་མཛད་པ་རྣམས་གསན་ནོ། །

ཡང་རྩ་རྒྱུད་བརྟག་པ་གཉིས་པ། བཤད་རྒྱུད་རྡོ་རྗེ་གུར། སཾ་བུ་ཊ་རྣམས་བླ་མ་གོང་མའི་རྣམ་བཤད་ཀྱི་སྟེང་ནས། རྩ་རྒྱུད་ཀྱི་བཤད་པ་ལན་ལྔ། རྡོ་རྗེ་གུར་ལན་གཉིས། སཾ་བུ་ཊ་ལན་གསུམ་གསན། བདེ་མཆོག་ལཱུ་ཧི་པའི་སྒྲུབ་ཐབས་གྲགས་པ། རྒྱུན་བཤགས་ཧཱུ་རི་པས་མཛད་པ། ཁ་ཆེ་རིན་ཆེན་རྡོ་རྗེའི་བཀྲ་ཤིས། ནག་པོ་གཞུང་དྲུག །དྲིལ་བུ་སྐོར་གསུམ། བདེ་མཆོག་རྩ་རྒྱུད། འགྲེལ་པ་མུ་ཏིག་གི་ཕྲེང་བ། རྣལ་འབྱོར་མ་ཀུན་སྤྱོད་ཀྱི་རྒྱུད། འགྲེལ་པ་རྗེ་བཙུན་ཆེན་པོས་མཛད་པ་རྣམས་ཀྱི་སྟེང་ནས་བཤད་བཀའ། རིམ་ལྔའི་ཁྲིད། དྲིལ་བུ་ལྷ་ལྔའི་མངོན་རྟོགས་དྲིལ་བུ་པས་མཛད་པ། ལྭ་བ་པས་མཛད་པའི་དབང་ཆོག །ལཱུ་ཧི་པའི་སྒྲུབ་ཐབས་དཔལ་མངོན་པར་རྟོགས་པ། རྗེ་བཙུན་མ་ཀུ་རུ་ཀུལླེའི་རྗེས་གནང་། སྒྲུབ་ཐབས་ལྷན་སྐྱེས་སྣིག་པས་མཛད་པ། མན་ངག་ཆེན་པོ་ལྔ་སློབ་དཔོན་ཞི་བ་འཚོས་མཛད་པ། བསྟོད་པ་ཧྃ་བི་ཧེ་རུ་ཀས་མཛད་པ། ཀུ་རུ་ཀུལླེའི་གསང་སྒྲུབ་སོགས་ཀྱི་མན་ངག་རྣམས་དང་སྒྲུབ་ཐབས་ལྷན་སྐྱེས་རོལ་པས་མཛད་པ་ཆེ་བ། ལས་སྦྱོར་བསྟོད་པ། ལས་ཁ་ཚར་བཞི་དང་བཅས་པ་གསན། ཡང་ཀག་ཆོལ་འདོད་པའི་རྒྱལ་པོའི་རྗེས་གནང་། དེའི་ཆོས་སྐོར་ལ། སྔགས་ཀྱི་རྒྱལ་པོའི་དམ་ཚིག་དངོས་གྲུབ་ཀྱི་ཚོ་ག་ཞེས་བྱ་བ་རིན་ཆེན་

རྡོ་རྗེས་མཛད་པ། འཇིག་རྟེན་གྱི་དངོས་གྲུབ་ཆེན་པོ་སྒྲུབ་པའི་ཐབས་བ་རི་བའི་ཞལ་གདམས། འཁོར་ལོའི་སྒྲུབ་པ། ལས་སྦྱོར། གསང་སྔགས་རྩ་བའི་འཁོར་ལོ་སྒྲུབ་པ། སྦྱིན་སྲེག །རྗེས་གནང་གི་ཆོ་ག །གསལ་བྱེད་ཉི་མའི་འཁོར་ལོ་རྡོ་རྗེ་གདན་པས་མཛད་པ། རྒྱལ་པོ་དབང་དུ་བྱ་བའི་མན་ངག་དང་སྦྱིན་སྲེག །དངོས་གྲུབ་རྒྱུད་མི་ཟ་བར་བྱེད་པ། རབ་གནས་གནད་འབེབས་ཉི་ཟླའི་འཁོར་ལོ། ལས་བཞིའི་མན་ངག །རབ་གནས་ཁྱད་པར་ཅན། ཡི་དམ་ལ་བརྟེན་པའི་སྒྲུབ་ཡིག་གདམས་པ་གསུམ་གྱིས་སྟོན་པ། གསང་སྒྲུབ་དམ་པ། སྒྲུབ་ཡིག་བ་རི་བའི་གདམས་པ། ཐུན་མོང་མ་ཡིན་པའི་ལོ་རྒྱུས་རྣམས་གསན། ཚོགས་བདག་དམར་ཆེན་གྱི་རྗེས་གནང་། བསྙེན་པ། སྒྲུབ་པ། ལས་སྦྱོར། ཕྱོགས་ཆོག་སྟེ་བཞི་སྟོན་པའི་སྒྲུབ་ཐབས། སྦྱིན་སྲེག །སྒྲུབ་པའི་ཡན་ལག །འཕགས་པས་མཛད་པའི་བསྟོད་པ། ཕྱག་འཚལ་བཅུ་གཉིས་ཀྱི་ལས་ཚོགས། རྡོ་རྗེ་མཁའ་འགྲོ་ལེའུ་བཅུ་དགུ་པ་ནས་ཕྱུང་བའི་སྒྲུབ་ཐབས། ཞལ་གདམས། གནད་ལ་དབབ་པའི་སྦྱིན་སྲེག་གཞན་ཡང་གདམས་པ་འགའ། ཚོགས་བདག་གི་སྙིང་པོ་ཞེས་བྱ་བའི་གཟུངས་གསན།

ཡང་རྡོ་རྗེ་ནག་པོ་ཆེན་པོའི་རྗེས་གནང་། ཕྱུ་ཏྲའི་རྗེས་གནང་། འདིའི་མན་ངག་གི་སྐོར་ལ། གུར་མགོན་ལྷ་བརྒྱད་མ་དང་བཅུ་གཉིས་མའི་སྒྲུབ་ཐབས། ལྷ་བརྒྱད་འཁོར་དང་བཅས་པ་སྦྲགས་ཏེ་སྒྲུབ་པའི་ལག་ལེན། མན་ངག་ཞལ་གདམས་མར་གྲགས་པ་ལ། གཏོར་མ་ལ་བརྟེན་ནས་དགྲ་བསད་པ་དང་། གཏོར་མ་མེད་པར་ཁ་ཟས་ལ་བརྟེན་ནས་དགྲ་བསད་པ། གཞན་གྱི་རིག་སྔགས་ཐོད་གཏོང་བཟློག་པ། རྨི་ལམ་ངན་པ་དང་ལྟས་ངན་པ་བཟློག་པ། བྱད་ཤ་སྦྲགས་པ། དགྲ་བགེགས་ཚོགས་སུ་ཟ་བ་སྟེ། ཤིན་ཏུ་ཟབ་པའི་ཤོག་དྲིལ་དྲུག་དང་། ཟབ་གཏད་གནད་ཀྱི་གདམས་པ། རྟེན་གཏོར་གྱི་མན་ངག །རྩ་གསུམ་ལ་བརྟེན་ནས་བསྙེན་སྒྲུབ་ལས་གསུམ་དུ་སྒྲུབ་པ། གསང་རྟེན་ལུས་ལ་བཅང་བ། བྲམ་ཟེ་མཆོག་སྲེད་ཀྱིས་མཛད་པའི་མདོས་ཀྱི་ཆོ་ག །བླ་མ་སྤྱན་ཆེན་པོའི་བསྐང་བཟློག་གི་ཆོ་ག །ནག་པོ་ཆེན་པོ་ལྕམ་དྲལ་འཁོར་བཅས་ལ་བཀའ་བསྒོ་བ། གཟུངས་འཇུག་ཐབས། གཏོར་མ་ཟོར་དུ་འཕང་བའི་མན་ངག །ཕྱུ་ཏྲའི་སྒྲུབ་ཐབས། གཏོར་མ། དེའི་མདོས་ཆོག་དམ་པས་མཛད་པ། ལས་མགོན་ཟངས་གྲི་ཅན་གྱི་སྒྲུབ་ཐབས། ཆོས་སྐྱོང་རྣོ་ཞིང་ལས་ལ་ཉན་

པའི་གདམས་ངག །འཁོན་ནག་ཟས་སུ་ཟ་བའི་མན་ངག །གུར་གྱི་མགོན་པོའི་བཀའ་སྟོད་ཟངས་གྲི་ཅན་གྱི་སྒྲུབ་ཐབས། ཕྱུ་ཧྲ་མིང་སྲིང་གསུམ་གྱི་སྒྲུབ་ཐབས་དམ་པས་མཛད་པ། མནན་པའི་ཐུན་སྒྲུབ། མནན་པ་དངོས། ཟོར་གྱིས་བསད་པ། འཇམ་ཞིང་ཞི་བའི་ལས་ཀྱི་སྒྲུབ་ཐབས། ཕོ་རྒྱུད་དང་མོ་རྒྱུད་དུ་སྒྲུབ་པ་ཕྱུཧྲིས་མཛད་པ། མཁའ་འགྲོ་སྦྲགས་སྒྲུབ། རྟེན་བཅའ་ཐབས། མནན་པའི་ཡི་གེ །བསད་ལས་ཚ་བའི་ནད་ཀྱིས་བསད་པ། སྔགས་རིངས་ཀྱིས་བསད་པའི་ལས་སྦྱོར། ཟངས་གྲི་ཅན་གྱི་བསྙེན་སྒྲུབ། ལས་སྦྱོར་གྱི་རྒྱ་གཞུང་གཅིག །བསྙེན་སྒྲུབ་བསད་གསུམ་གྱི་མན་ངག།ལས་མགོན་ཟངས་གྲི་ཅན་གྱི་སྒྲུབ་ཐབས་གཅིག །ལྷ་མོ་རྒྱུད་སྒྲུབ། ལས་སྦྱོར་དམ་པས་མཛད་པ། ནག་པོ་ཆེན་པོ་ཕྱུར་བུའི་སྒྲུབ་ཐབས་ཀྱི་རྒྱ་གཞུང་། བྲམ་ཟེ་མཆོག་སྲེད་ཀྱི་ཕྱུར་བུ་སྒྲུབ་ཐབས་ཀྱི་རིམ་པ། ཕོ་རྒྱུད་བཀའ་སྟོད་དུ་སྒྲུབ་པ། བསྙེན་སྒྲུབ་ལས་སྦྱོར་མནན་པ་དང་བཅས་པ། གསེར་གྱི་སྤྱི་གྲིའི་གདམས་པ་དམ་པས་མཛད་པ། ངག་མནན། ངག་སྲུང་རྣམས་གསན།

གདོང་བཞི་པའི་རྗེས་གནང་། དེའི་ཆོས་སྐོར་ལ་ཞལ་བཞི་པའི་ལོ་རྒྱུས། བསྙེན་སྒྲུབ་ལས་གསུམ་གཅིག་ཏུ་བསྡེབས་པའི་སྒྲུབ་ཐབས། གཞུང་མཆན་བཤད་པ་དང་བཅས་པ། སྔགས་ཀྱི་ཐེམ་ཡིག །སྔགས་ཀྱི་གནད། གཡབ་པ་དང་དར་ཐོགས་ཀྱིས་ཁམས་གསུམ་དབང་དུ་བསྡུ་བ། ནོར་སྒྲུབ་འཁོར་ལོའི་ཞལ་གདམས། རྣ་ཟོར་སྔོང་ཟོར། རང་དང་སློབ་མ་དང་རྫས་ཡོ་བྱད་རྣམས་གཏད་པ། གཙུག་ལག་ཁང་གཏད་པ། གནས་མལ་དང་ནོར་རྫས་བསྲུང་བ། ཞལ་གདམས་དོན་དྲུག་མ། རྟེན་བཅའ་བའི་མན་ངག །ཐུགས་དམ་བསྐང་བའི་ཆོ་ག །མདོས་ཀྱི་ཆོ་ག །ལས་བཟློག །སྦྱིན་སྲེག །བསྐྲད་པ། མནན་པ། རང་བསྲུང་བ་དང་། རྟེན་གྱི་འཁོར་ལོའི་མན་ངག་ལ་སོགས་པ་ཚང་མ། གཉན་ལོ་ཙཱ་བ་དར་མ་གྲགས་ཀྱིས་མཛད་པའི་བསྟོད་པ་རྣམས་གསན།

ཡང་སྦྱོད་རྒྱུད་ཀྱི་མཚན་བྱུ། ས་བཅད་སྤྱི་དོན་རྣམས་རྗེ་བཙུན་གྱིས་མཛད་པའི་སྙིང་ནས་བཤད་བཀའ་གསན། འཇམ་དབྱངས་ཨ་ར་པ་ཙ་ན། འཇམ་དབྱངས་སྨྲ་སེང་། འཇམ་དབྱངས་དཀར་པོ། མི་གཡོ་བ་དཀར་པོ། གཙུག་ཏོར་རྣམ་རྒྱལ། རྣམ་འཇོམས་བ་རི་བའི་ལུགས་ཀྱི་རྗེས་གནང་། སྒྲོལ་མ་དཀར་མོའི་རྗེས་གནང་། ངག་དབང་གྲགས་པའི་སྒྲུབ་ཐབས་འཆི་བླུ་དང་བཅས་པ།

དོན་ཞགས་ལྷ་ལྔའི་རྗེས་གནང་། དོན་ཡོད་ཞགས་པའི་གཟུངས། ཕར་ཕྱིན་དྲུག་གི་གཟུངས། གཙུག་ཏོར་དྲི་མེད་ཀྱི་ཆོས་སྐོར། སྒྲུབ་ཐབས་ཀུན་ལས་བཏུས་སམ་རྒྱ་མཚོར་གྲགས་པའི་རྗེས་གནང་། སྒྲུབ་ཐབས་ཀྱི་རྣམ་གྲངས་ཉིས་བརྒྱ་སུམ་ཅུ་རྩ་བགྲངས་པའི་ལུང་དང་བཅས་པ། སྒྲུབ་ཐབས་བརྒྱ་རྩར་གྲགས་པའི་རྗེས་གནང་སྒྲུབ་ཐབས་དགུ་བཅུ་གོ་དྲུག་གི་ལུང་དང་བཅས་པ། རྗེ་བཙུན་ས་སྐྱ་པ་ཡབ་སྲས་གསུམ་ཆོས་རྗེ་ཁུ་དབོན་དང་བཅས་པའི་བཀའ་འབུམ་གྱི་ལུང་རྣམས་གསན། གཞན་ཡང་ཕར་ཕྱིན་འབུམ་ཏིཀ་དང་། མཁན་ཆེན་དྣ་ན་ཤྲཱི་བའི་ཟིན་བྲིས་ཀྱི་སྟེང་ནས་བཤད་པ་རྫོགས་པ་ལན་བཞི། མངོན་པ་ཀུན་ལས་བཏུས་ཀྱི་བཤད་པ། དབུ་མ་རྩ་ཤེར། འགྲེལ་པ་ཚིག་གསལ། དབུ་མ་འཇུག་པ་རང་འགྲེལ་དང་བཅས་པ། སྤྱོད་འཇུག་རྣམས་རྫོགས་པར་གསན་ནོ། །

སྐུ་ན་གཞོན་ནུའི་དུས་སུ་ས་སྐྱ་ན་བཞུགས་པའི་དགེ་བའི་བཤེས་གཉེན་བཟང་བ་ཕལ་ཆེ་བའི་སྐུ་མདུན་དུ་བྱོན་ཏེ། གྲུབ་མཐའ་དང་ཕྱག་ལེན་ལ་སོགས་པའི་དྲི་བ་དང་། ཕྱག་དཔེའི་རིགས་སུ་ལ་ཅི་འདུག་གི་རྟོག་དཔྱོད་མཛད་པ་ན། ཟུར་ཁང་པའི་དགེ་བའི་བཤེས་གཉེན་དགེ་སློང་མགོན་པོ་དཔལ་ཞེས་བྱ་བ་ས་དཀར་ཡོགས་ན་བཞུགས་པ་ཅིག་ཡོད་པ་ན་རེ། ས་སྐྱ་པའི་ཆོས་ལེགས་པོ་ཅིག་ཤེས་པར་འདོད་ན། བླ་མ་གོང་མའི་གསུང་རབ་ལ་ལྟ་རྟོག་ལེགས་པོ་བྱེད་དགོས་པ་ཡིན་ཞེས་གསུངས་པས། དེ་ལ་ཐུགས་ངེས་ཤེས་གཏིང་ནས་འཁྲུངས་ཏེ། དེ་ཤིན་ཏུ་བདེན། ཅི་ནས་ཀྱང་དེ་ལྟ་བུ་ཅིག་བྱ་དགོས་སྙམ་དུ་དགོངས་ཏེ། ཆོས་རྗེ་ཡེ་ཤེས་རྒྱལ་མཚན་པའི་དྲུང་དུ་ཡང་། འོ་སྐོལ་གྱི་བླ་མ་གོང་མའི་གསུང་རབ་འདི་ཚོ་དར་བ་ཅིག་བྱུང་ན། ས་སྐྱ་པའི་བསྟན་པ་ལ་ཁྱད་ཆེ་བར་གདའ་སྟེ། ཞེས་ཞུས་པས། དེ་བཞིན་ཅིས་ཀྱང་བྱེད་པས། ཁྱེད་ཀྱིས་ཀྱང་བླ་མ་གོང་མའི་དཔེ་ཆ་གང་ན་ཅི་འདུག་གི་རྩད་གཅོད་ལེགས་པོ་གྱིས་ཤིག་གསུངས། ཁོང་པ་རང་གི་སྔར་ལོ་དཔེ་རྟོར་བསོད་ཀྱི་ཏིཀྐའི་སྟེང་ནས་བརྟག་གཉིས་ལ་ཐུགས་སྦྱོང་མཛད་པའི་ཕྱིས་དག་ལྡན་ལ་བསྒྱུར་བ་སོགས་བླ་མ་གོང་མའི་གསུང་རབ་ལ་གཟིགས་རྟོག་ལེགས་པོ་མཛད་ནས་བཤད་ཉན་གྱིས་གཏན་ལ་ཕབ་ཅིང་། དག་ལྡན་ཁ་སྐོང་ལ་སོགས་པའི་ཡིག་ཆ་བཟང་པོ་ཡང་མཛད་ནས་ས་སྐྱ་པའི་དགེ་བའི་བཤེས་གཉེན་མང་པོ་ལ་གསུངས་པས། ཐམས་ཅད་ཡང་ཐུགས་སྐྱིད་ཆེན་པོ་བྱུང་། ཁྱད་པར་དུ་ཡང་ཆོས

རྗེ་འདི་ཉིད་དེ་དུས་ཀྱི་གསན་མཁན་རྣམས་ཀྱི་ནང་ན། སྐུ་ན་གཞོན་ཤོས་ཡིན་ཀྱང་ལྷག་པར་ཐུགས་བསྐྱེད་ཆེ་ཞིང་ཚིག་དོན་ཐམས་ཅད་ལ་ཕུལ་དུ་ཕྱིན་པར་ཐག་ཆོད་པ་ཡིན་ནོ། །

རྗེའི་ཞལ་སྔ་ནས་ཀྱང་། གོང་མའི་གསུང་རབ་ཀྱི་དཔེ་ཆའི་རྒྱུད་གཅོད་ལ་ཐུགས་རྩོལ་ལེགས་པོ་མཛད་ནས། དཔེ་ཆ་འགའ་རེ་ཆོས་རྗེ་ཡེ་ཤེས་རྒྱལ་མཚན་པ་ལ་ཡང་གཟིགས་པ་ཕུལ། ཆོས་རྗེ་པ་རང་གི་གཟིགས་རྟོག་མཐར་ཕྱིན་པར་མཛད་པས་གོང་མའི་གསུང་རབ་ཀྱི་དགོངས་པ་དཔྱིས་ཕྱིན་པར་ཐུགས་སུ་ཆུད་དེ། བླ་མ་གོང་མ་རྣམས་ཀྱི་གྲུབ་མཐའ་དང་། གསུང་རབ་ཀྱི་རྣམ་གྲངས་རྣམས་ཤིན་ཏུ་ཕྲ་མོ་ཙམ་ཚད་ཀྱང་ཐུགས་ལ་འཛིན་པར་བཞུགས་པ་ཡིན་ནོ། །ཡང་སྐབས་ཤིག་ཏུ་ཆོས་ལྡན་སེང་གེ་བྱ་བ། རབ་བྱུང་གི་ཆ་ལུགས་ལ། སྤྱོད་པ་ཁྲིབས་སེ་བྱས་པ་ཅིག་ཡོད་པའི་གོས་ཀྱི་མཐའ་སྐུ་ལུས་ལ་ཐོག་པའི་རྐྱེན་བྱས་ནས། ཐུགས་རྣལ་དུ་མི་ཕེབས་པ་སྡུག་བསྔལ་ཆེན་པོ་དང་བཅས་པའི་ཁམས་འདུས་དྲག་པོ་ཅིག་བྱུང་བ་ལ། ཆོས་རྗེ་ཡེ་ཤེས་རྒྱལ་མཚན་པ་ཡང་དགོན་ན་བཞུགས་པའི་དུང་དུ། རྗེ་བཙུན་མ་སྒྲོལ་མ་ལྷ་བཅུ་བདུན་མའི་དབང་ཅིག་ཞུས་པས། ཁམས་འདུས་དེ་ལས་གྲོལ་ནས། སྤྱིར་གསུང་རབ་དགོངས་འགྲེལ་དང་བཅས་པ་མཐའ་དག་ལ་ཐོས་བསམ་མཐར་ཕྱིན་པར་བྱས་ཏེ། བསྟན་པ་དང་སེམས་ཅན་གྱི་དོན་རྒྱ་ཆེན་པོ་བྱ་དགོངས་པའི་ཐུགས་ཀྱི་གོ་ཆ་ཆེན་པོ་དང་། ཐོས་བསམ་ལ་སོགས་པ་བྱེད་པ་ལ་དཀའ་ཚེགས་ཅི་ཡང་མེད་སྙམ་པའི་ཐུགས་ལ་གདེངས་ཆེན་པོ་ཡང་འཁྲུངས་ཏེ། བླ་བྲང་ཤར་ན་བཞུགས་པའི་ཕྱུག་དཔེ་རྣམས་ལ་གཟིགས་རྟོག་རྫོགས་པར་མཛད། སྣོ་རུམ་གྱི་ཕྱུག་དཔེ་རྣམས་ལ་གཟིགས་རྟོག་མཛད་པར་དགོངས་པའི་ཚེ། གཞི་ཐོག་ཏུ་བདག་ཆེན་ཀུན་རིན་པའི་དྲུང་དུ་བྱོན་པས། དེ་ན་དཔེ་ཆ་ཟང་ཟིང་ཕད་བུ་གང་འདུག་པ་ལ་གཟིགས་པས། དེའི་ནང་ན་དཔེ་ཆ་མགོ་ཆེམས་ཤིག་འདུག་པ། སྣོ་རུམ་གྱི་ཕྱུག་དཔེའི་དཀར་ཆག་ཏུ་འདུག་པས་ཐུགས་དགེས་ཏེ། བདག་ཆེན་དྲུང་དུ། བདག་སྣོ་རུམ་གྱི་ཕྱུག་དཔེ་རྣམས་ལ་ལྟ་རྟོག་ཚར་གཅིག་བྱེད་འདོད་ལགས་པ། སྣོ་རུམ་གྱི་དཀོན་གཉེར་དང་འབྲིས་ཟབ་པོ་མེད་པས། བདག་ཆེན་གྱི་དྲུང་ནས་དཀོན་གཉེར་ལ་ཁྱེད་ཕྱུག་དཔེ་རྣམས་ལ་ལྟ་རྟོག་ཚར་གཅིག་བྱེད་འདོད་པར་འདུག་པས། སྣོ་རུམ་དུ་བལྟ་ན་བལྟས་ཡོད་པ། གཞན་དུ་བལྟ་ན་དཔེ་ཆ་གཡར་པོ་གྱིས་གསུངས

པའི་ཞལ་ཏ་ཅིག་ཐུགས་རྗེས་འཛིན་པར་ཞུ་ཞེས་ཞུས་པས། དེ་བཞིན་བྱས་པ་ཆོག་གིས་གསུངས་ནས། བདག་ཆེན་གྱི་དྲུང་དུ་དཀོན་གཉེར་བོས་ཏེ། དེ་བཞིན་གྱི་ཞལ་ཏ་གནང་བས། ཁོང་གིས་ཀུང་ཧེ་ལྟར་དགོངས་པ་ལྟར་གྱི་གཡར་པོ་བྱུང་སྟེ། ལོ་གསུམ་གྱི་བར་དུ་རེས་སྒོ་རྫུམ་དུ་བྱོན་ནས་གཟིགས། རེས་གཞན་དུ་དཔེ་ཆ་གདན་དྲངས་ནས་གཟིགས་ཏེ། གཟིགས་རྟོག་མཐར་ཕྱིན་པར་མཛད་པས་སྤྱི་དང་བྱེ་བྲག་གི་གསུང་རབ་ཀྱི་དོན་ལ་ཐུགས་སྐྱིད་མཐའ་ཡས་པ་བྱུང་ཞེས་གསུངས་སོ། །

གཞན་ཡང་ཆོས་རྗེ་དཔལ་ལྡན་ཚུལ་ཁྲིམས་པའི་དྲུང་དུ། ཀྱེ་རྡོ་རྗེ་མན་ངག་ལུགས་ཀྱི་དབང་གསན་ཏེ། དཔལ་ལྡན་ས་སྐྱ་པའི་བསྟན་པ་ལ་འཇུག་པའི་སྒོ་དང་པོ་འདི་ཡིན་གསུངས། ཀྱེ་རྡོར་ལུས་དཀྱིལ་གྱི་དབང་། ཀྱེ་རྡོར་ནས་གླིང་མའི་དབང་། སློབ་དཔོན་ཀྲྀ་ཥ་ཀྲྀ་དྲས་མཛད་པའི་ཀྱེ་རྡོར་འགྲེལ་པ། སྒྲུབ་ཐབས་མཚོ་སྐྱེས། མི་ཐུབ་ཟླ་བས་མཛད་པའི་ཀྱེ་རྡོར་གྱི་རྒྱ་གཞུང་ཚང་མ། རིན་ཆེན་འབར་བ། སྐབས་ཀྱི་འགྲེལ་ཆུང་བརྒྱད། བདེ་མཆོག་དྲིལ་བུ་པའི་དབང་། བདེ་མཆོག་རྩ་རྒྱུད་དང་། རྣལ་འབྱོར་མ་ཀུན་སྤྱོད། ཕག་མོ་ཞལ་གཉིས་མའི་བྱིན་རླབས། ལས་བཅུའི་སྒྲུབ་ཐབས། སྔགས་ཀྱི་དེ་ཁོ་ན་ཉིད་དང་བཅས་པའི་གཞུང་། དེ་གསུམ་གྱི་དོན་འགྲེལ་རྗེ་བཙུན་ཆེན་པོས་མཛད་པ། ན་རོ་མཁའ་སྤྱོད་ཀྱི་བྱིན་རླབས། ན་རོ་པས་མཛད་པའི་སྒྲུབ་ཐབས། བླ་མ་གོང་མས་མཛད་པའི་སྐོར་ཚང་མ། རྩ་དབུ་མའི་ཁྲིད། འཕགས་པ་རིན་པོ་ཆེས་མཛད་པའི་ན་རོ་མཁའ་སྤྱོད་ཀྱི་སྐོར། མཻ་ཏྲི་མཁའ་སྤྱོད་ཀྱི་བྱིན་རླབས། ཉན་ཆེན་པས་མཛད་པའི་སྒྲུབ་ཐབས། བྱིན་རླབས་ཀྱི་ཆོ་ག་རྒྱལ་བ་ཐེས་མཛད་པ། དཀར་མོ་ཉི་ཟླའི་རྗེས་གནང་། བདུད་རྒྱལ་ཐོད་ཕྲེང་ཅན་གྱི་རྗེས་གནང་། སྦྱོང་དཀྱིལ་བཅུ་གཉིས་ཀྱི་དབང་། གཙུག་ཏོར་གདུགས་དཀར་གྱི་དབང་། དགའ་ལྡན་པ་བཀྲ་ཤིས་དཔལ་གྱིས་མཛད་པའི་དཀྱིལ་ཆོག །ཆོས་རྗེ་བླ་མ་དམ་པ་བསོད་ནམས་རྒྱལ་མཚན་པས་མཛད་པའི་བླ་མའི་རྣལ་འབྱོར་ཞལ་ཤེས་དང་བཅས་པ། ཡིག་བརྒྱའི་བཟླས་ལུང་། དེའི་མན་ངག་རྗེ་ས་ཆེན་གྱིས་མཛད་པ། ཨུཥྞཱི་ཥའི་བཟླས་ལུང་རྣམས་གསན། སྐབས་ཤིག་ན་ཆོས་རྗེ་ཡེ་ཤེས་རྒྱལ་མཚན་པ་གེགས་སེལ་འདྲ་དང་བཅས་པའི་ལམ་འབྲས་ཀྱི་ཆ་ལག་འགའ་ཞིག་ཞུ་བའི་ཚེ། སྐུ་འདུན་ན་དགེ་བཤེས་འགའ་རེ་བཞུགས་འདུག་པ་རྣམས་ལ། ངེད་འདིར་ལམ་འབྲས་ཀྱི་ཆོས

ཤིག་འཚད་པ་ཡིན་པས་ཁྱེད་རང་རྣམས་རེ་ཞིག་གཞན་དུ་གཤེགས་གསུངས་ནས། ཁོང་རྣམས་གཤེགས་སོང་། ཆོས་རྗེ་འདི་ཉིད་ལ་གཤེགས་ཀྱང་མི་གསུང་། རྗེས་ཀྱང་དེ་ཉིད་དུ་ཀ་བཞུགས་པས་དེ་ཉིན་ཆོས་རྗེ་ཡེ་ཤེས་རྒྱལ་མཚན་པ་ལ་གནང་བའི་ལམ་འབྲས་ཀྱི་ཆ་ལག་རྣམས་གསན་པས། བླ་མ་ལ་མོས་གུས་ཐུན་མོང་མ་ཡིན་པ་དང་། ཐུགས་ལ་དགེས་རྗེར་བསམ་གྱིས་མི་ཁྱབ་པ་སྐྱེས་སོ་གསུངས་སོ། །

གཞན་ཡང་བདེ་མཆོག་ལོ་ནག་དྲིལ་གསུམ་གྱི་ཕྱག་ལེན་དང་། བཤད་པ་རྣམས་གསན་ནས་ཐུགས་སྦྱོང་ལེགས་པོ་མཛད་པས། ཕྱག་ལེན་དང་གོ་རྒྱུ་རྣམས་ལ་ཐུགས་སྙིད་ལེགས་པོ་བྱུང་བས། བླ་མ་དམ་པ་དཔལ་ལྡན་པ་ཐུགས་དགེས་ཏེ། སློབ་དཔོན་ཉིད་དགེ་བཤེས་དགའ་མོ་ཞིག་བྱུང་འདུག་ནན་ཏར་བཟང་། ཕྱ་ཅག་བྲག་ཕུག་པའི་དགེ་བཤེས་ཤིག་བྱེད་པ་ཡིན་ནོ་ཞེས་གསུངས་སོ། །

དེ་ལྟར་དགུང་ལོ་དགུ་པ་ནས། དགུང་ལོ་ཉི་ཤུ་རྩ་ལྔ་པའི་བར་དུ་གཙོ་ཆེར་ཆོས་རྗེ་ཡེ་ཤེས་རྒྱལ་མཚན་པ་དང་། གཞན་ཡང་ཆོས་རྗེ་དཔལ་ལྡན་པ་ལ་སོགས་པའི་དྲུང་དུ་བཀའ་ལུང་མན་ངག་མཐའ་ཡས་པའི་བཀའ་དྲིན་ནོས་ཏེ། དེ་རྣམས་ཀྱི་ཕྱག་ལེན་བཤད་པ། མན་ངག་ཕྲ་མོ་ཚུན་ཆོད་ལ་སྒྲོ་འདོགས་ལེགས་པར་བཅད་དེ་ཤིན་ཏུ་མཁས་པར་མཛད་དོ། །

དགུང་ལོ་ཉི་ཤུ་རྩ་ལྔ་བཞེས་པའི་ཚེ་ཆོས་རྗེ་ཡེ་ཤེས་རྒྱལ་མཚན་པ་བདེ་བར་གཤེགས་ནས། ཐུགས་དགོངས་རྫོགས་པའི་ཐབས་རྣམས་ལེགས་པར་གྲུབ་པར་མཛད་དེ། སྔར་གསུང་ངག་རིན་པོ་ཆེ་མ་གསན་པས་གསུང་ངག་གསན་པར་དགོངས་པ་ལ། ཆོས་རྗེ་ལོ་ཙྪ་བ་སྐྱབས་མཆོག་པ་དེ། ཆོས་རྗེ་དཔལ་ལྡན་བླ་མ་དམ་པའི་ཐུགས་ཀྱི་སྲས་དགེ་བའི་བཤེས་གཉེན་མཐའ་ཡས་པ་ཡིན་ནོ་ཞེས་གྲགས་པ་ཆེ་བས། དེའི་དྲུང་དུ་གསུང་ངག་གསན་པར་བཞེད་དེ། ཤངས་ཆོས་འཁོར་སྒང་དུ་བྱོན་པས། གསུང་ངག་རྫོགས་པ་ནི་མ་བྱུང་། འོན་ཀྱང་བླ་མ་ལྔ་བཅུ་པ། །ཆོས་རྗེ་བླ་མ་དམ་པས་མཛད་པའི་བརྟག་གཉིས་ཊཱི་ཀ་ཆེན། གསང་འདུས་སྤྱི་དོན། རྩ་ལྟུང་བཅུ་བཞི་པ་རྣམས་ཀྱི་བཤད་པ། སྣང་བ་གསུམ་གྱི་ཁྲིད། བླ་མའི་རྣལ་འབྱོར་བཀའ་གདམས་ལམ་རིམ་གྱི་ཁྲིད་རྒྱས་པ། བློ་སྦྱོང་དོན་བདུན་མ། དབུ་མ་རྩ་ཤེ །འགྲེལ་པ་ཚིག་གསལ་གྱི་སྟེང་ནས་བཤད་པ། རིག་པ་དྲུག་ཅུ་པ

དང་། རྒྱུད་གཉིས་ཀྱི་ཊཱི་ཀ་ཆོས་རྗེ་ཉིད་ཀྱིས་མཛད་པའི་སྟེང་ནས་བཤད་པ། སོ་སོར་ཐར་པའི་མདོ། ཚུལ་ཁྲིམས་ཡང་དག་པར་ལྡན་པའི་མདོ་ལ་སོགས་པ་གསུང་རབ་སྤྱིའི་གོ་བ་ལ་ཐུགས་སྙིང་ཆེན་པོ་དང་། འདུལ་བའི་ཕྲུག་ལེན་ཡང་ལེགས་པར་མཁྱེན་པས་ཐུགས་ལེགས་པར་དགེས་པ་དང་། བླ་མ་ལ་དད་གུས་ཆེན་པོ་སྐྱེས་སོ། །

དེའི་ནུབ་གཅིག་མནལ་ལམ་ན། གཟུགས་འདི་ལྟར་ཡིན་གྱི་ངེས་པ་མེད་པའི་སྲ་ཞིག་ལ། བླ་མ་ཀུན་དགའ་བཟང་པོ་ལམ་འབྲས་ཞུ་ན་འདི་ན་ཡར་བྱོན་ཟེར་བ་ཞིག་བྱུང་བས། དེར་བྱོན་པས་རི་བོར་ཞིག་ན། དང་ར་སྒོ་བྱང་བསྟན་རྩིག་པ་ཁྲོལ་ལེ་བ་བྱས་པ། ནང་ན་ཡར་རྡོ་ཁྲིབ་སེ་བྱས་པ་ཞིག་གི་ནང་ན། ཁང་པ་སྒོ་ཤར་བསྟན་ཞིག་འདུག་པའི་སྐས་ཤིག་ལ་འཛེགས་བྱོན་པས། སྐས་མགོ་ན་དགེ་བཤེས་ཤ་རྩི་སྨུག་སེ་བ་ཞིག་གིས་སྤྱོས་སྣ་བྱས་གདན་དྲངས་བྱོན་པས། མཚམས་ཤིག་གི་ཁ་ལྷོར་བསྟན་ཞིག་ན། བླ་མ་སྐུ་བགྲེས་སེ་བ་པེར་ཐུལ་འདྲ་བ་བསྣམས་པ་ཞིག་དང་མཇལ་བ་རྨིས་སོ། །

དེ་ནས་ཡང་ས་སྐྱར་ཕེབས་ནས་གསུང་ངག་གསན་པར་བཞེད་པ་ལ། ཆོས་རྗེ་དཔལ་ལྡན་ཚུལ་ཁྲིམས་པ་ལ་མངའ་བའི་གསུང་ངག་གི་སྐོར་ཡོངས་སུ་རྫོགས་པར་གསན་པ། ཆོས་རྗེ་ཡེ་ཤེས་རྒྱལ་མཚན་པ་ནི་བདེ་བར་གཤེགས། མི་ཉག་གི་སྟོན་པ་རིན་ཆེན་རྡོ་རྗེ་ཞེས་བྱ་བ་ཞིག་ཡོད་པ་ནི་མདོ་ཁམས་སུ་གཤེགས་པས་ད་སུ་དྲག་སྐམ་དུ་དགོངས་པ་ན། སྔར་ཆོས་རྗེ་དཔལ་ལྡན་པའི་གསུང་ཞིག་ལ། ལམ་འབྲས་བུ་དང་བཅས་པའི་མན་ངག་གི་རྩད་གཅོད་པ་ལ། སློབ་དཔོན་ཆེན་པོ་ཡེ་ཤེས་རྒྱལ་མཚན་པས་ཀྱང་། སློབ་དཔོན་བུདྡྷ་ཤྲཱི་ངེས་ཀྱང་མཁས་པ་ཞིག་འདུག་གསུངས་པ་སྣང་ན་བཞུགས་པ་དང་། བླ་མ་དམ་པ་དཔལ་ལྡན་པ་བདེ་བར་གཤེགས་པ་ལ་ཉེ་བ་དེའི་ཚེ་ལམ་འབྲས་མ་རྫོགས་པའི་དགེ་བཤེས་ཤིག་ལ། ལམ་འབྲས་ཀྱི་འཕྲོ་རྣམས་སློབ་དཔོན་ཆེན་པོ་ཡེ་ཤེས་རྒྱལ་མཚན་པ་དང་། སློབ་དཔོན་བུདྡྷ་ཤྲཱི་གཉིས་ཀ་ལ་ཞུས་ཤིག་གསུངས་པ་གསན་པ་དང་། ཆོས་རྗེ་བུདྡྷ་བའི་དྲུང་དུ་གཤེགས་པའི་དགེ་བཤེས་དང་གསུང་གླེང་བྱུང་བས། ཆོས་རྗེ་བུདྡྷ་བ་དེ་དགེ་བའི་བཤེས་གཉེན་མཐའ་ཡས་པ་ཞིག་འདུག་ཟེར་བས། ཆོས་རྗེ་བུདྡྷ་བའི་དྲུང་དུ་ལམ་འབྲས

གསན་པར་དགོངས་ཏེ། བྱི་བའི་ལོ་ལ་ཞི་དགོན་དུ་བྱོན་པས། སྔར་ཆོས་འཁོར་སྒང་དུ་མནལ་ལམ་དུ་བྱུང་བའི། རི་བོར་དང་། དང་ར་དང་། ཁང་པ་རྣམས་ཇི་ལྟ་བ་བཞིན་དུ་འདུག་པའི་སྐབས་ལ་འཛོགས་བྱོན་པས། སྐབས་མགོ་ན་སློབ་དཔོན་ཉི་མ་ཟེར་བ་སྔར་མནལ་ལམ་དུ་བྱུང་བའི་རྣམ་པ་ཇི་ལྟ་བ་བཞིན་བྱས་པ་ཞིག་གིས་སྤོས་སྣ་བྱས་བྱོན་པས། མཚམས་ཤིག་གི་དབུས་ཞལ་ལྷོ་བསྟན་ཞིག་ན། ཆོས་རྗེ་བུདྡྷ་པ་བེར་ཐུལ་རྙིང་པ་ཅིག་བསྣམས་ནས་བཞུགས་འདུག་པ་དང་མཇལ་བས། སྔར་གྱི་མནལ་ལམ་དྲན་པ་དང་། དེ་ཉིད་དུ་དད་གུས་བསམ་གྱིས་མི་ཁྱབ་པ་བྱུང་བས་ལུས་ཉམས་མནན་གྱིས་མི་ནོན་པ་ལྟ་བུ་བྱུང་ཡང་། ཐུགས་དྲན་འཛིན་ཆེན་པོ་མཛད་པས་ནོན་ཙམ་བྱུང་། དེ་ནས་མཚམས་དེའི་ཤར་འགྲུག་ཅིག་ན་བཞུགས་གདན་ཞིག་མཛད་འདུག་པ་ལ་བཞུགས་ནས། འཕྲོས་གཏམ་དང་ཞུས་ལན་མང་དུ་གནང་ངོ་། །

དེ་ནས་ཞི་དགོན་དུ་བྱི་ལོའི་འཕྲོ་དང་གླང་ལོ་གཉིས་བཞུགས། སྟག་ལོ་ལ་ཆོས་རྗེ་བུདྡྷ་བ་ས་སྐྱར་བྱོན་ནས། ས་སྐྱ་ས་བཟང་གཉིས་སུ་ཟླ་བ་དགུ་བཞུགས་པ། དེའི་བར་ལ་གསུང་ངག་རིན་པོ་ཆེ་ལམ་འབྲས་བུ་དང་བཅས་པ་ལ་སོགས་པ་ཆོས་རྗེ་བུདྡྷ་བ་ཉིད་ལ་མངའ་བའི་གདམས་ངག་ཐམས་ཅད་ཡོངས་སུ་རྫོགས་པར་གསན་ཏེ། དེ་ཡང་ལམ་འབྲས་དང་འབྲེལ་བའི་དབང་། བཤད་པ། ཉམས་ཁྲིད། གེགས་སེལ་ལ་སོགས་པ་མན་ངག་ཕྲ་མོ་ཚུན་ཆད་མ་ལུས་པར་གསན་ཅིང་ཉམས་སུ་བླངས་ནས། ཉམས་སུ་མྱོང་སྟེ་སྙན་བརྒྱུད་བཞེས་གདམས་པ་ཡིན་ནོ། །

དེ་བཞིན་དུ་ལམ་སྐོར་རྣམས་དང་། ཞར་བྱུང་གི་མན་ངག་དང་བཅས་པ་གསན་ཅིང་། གཞན་ཡང་ཟབ་ལམ་རྡོ་རྗེའི་རྣལ་འབྱོར་སྦྱོར་བ་ཡན་ལག་དྲུག་པའི་ཁྲིད། བཤད་པ་གེགས་སེལ་ལ་སོགས་པའི་སྐོར་རྣམས་དང་། ནི་གུ་ཆོས་དྲུག་གི་ཁྲིད་ལ་སོགས་པའི་སྐོར་རྣམས་དང་། གསང་འདུས་མི་བསྐྱོད་པའི་དབང་འགོས་ནས་བརྒྱུད་པ། གསང་འདུས་ལུས་དཀྱིལ་གྱི་དབང་། རྫོགས་རིམ་ཟབ་མོ། གསང་འདུས་རིམ་ལྔ་དམར་ཁྲིད་དབང་གོང་མ་དང་བཅས་པ། མན་ངག་ནག་ཁྲིད་དུ་གྲགས་པ་རྣམས་གསན་ནོ། །

དེ་ལྟར་གསུང་ངག་ལ་སོགས་པ་དེ་རྣམས་ཀྱི་མན་ངག་གི་རྣམ་གྲངས་ནི་མཐའ་ཡས་པས།

འདིར་ཡི་གེ་མང་བས་འཇིགས་ནས་མ་བྲིས་པས་གསན་ཡིག་ཏུ་ཤེས་པར་བྱའོ། །གཞན་ཡང་དབུ་མ་ལུགས་ཀྱི་སེམས་བསྐྱེད་ཀྱི་ཆོ་ག །སེམས་ཙམ་ལུགས་ཀྱི་སེམས་བསྐྱེད་ཀྱི་ཆོ་ག །ཐུགས་རྗེ་ཆེན་པོའི་སྙིང་གནས། རྒྱལ་སྲས་སེམས་དཔའ་ཆེན་པོའི་བཀའ་འབུམ་ཐོར་བུ་བའི་ལུང་། གཤེད་དམར་ལྷ་བཅུ་གསུམ་མ། སྒྲོལ་མ་ལུས་དཀྱིལ། བདེ་མཆོག་དྲིལ་བུ་བ་རྣམས་ཀྱི་དབང་། ན་རོ་མཁའ་སྤྱོད་ཀྱི་བྱིན་རླབས། ཕག་མོ་ཞལ་གཉིས་མ། དོན་གྲུབ་མ། དབུ་བཅད་མ་གསུམ་གྱི་བྱིན་རླབས། གུར་མགོན་ལྕམ་དྲལ་གྱི་རྗེས་གནང་ཐུན་མོང་བ། གུར་མགོན་ལྷ་བརྒྱད་ཀྱི་རྗེས་གནང་ཐུན་མོང་མ་ཡིན་པ། གདོང་བཞི་པའི་རྗེས་གནང་། གཞན་ཡང་ཚེ་དཔག་མེད་ཀྱི་ཚེ་སྒྲུབ་ལ་སོགས་པ་གསན་ནོ། །དེ་ལྟར་གདམས་ངག་མ་ལུས་པ་བུམ་པ་གང་བྱོའི་ཚུལ་དུ་གནང་ཚར་བ་དང་། ཆོས་རྗེ་བུདྡྷ་བའི་གསུང་གིས། ངེད་ལ་ཆོས་རྗེ་དཔལ་ལྡན་ཚུལ་ཁྲིམས་པས་གནང་བའི་གདམས་ངག་འདི་རྣམས་ཁྱེད་ལ་རྫོགས་པར་འཕྲོད་ན་སྙམ་པ་དེ་དང་འཕྲོད་པས་སེམས་བདེ་ཞེས་གསུངས་ནས་ཐུགས་བཞེད་ལེགས་པར་གྲུབ་པར་མཛད་པ་ཡིན་ནོ། །

གཞན་ཡང་བདག་པོ་བླ་མ་ཆེན་པོ་ཀུན་དགའ་རྒྱལ་མཚན་པའི་དྲུང་དུ། ཀྱེ་རྡོ་རྗེ་ཊོམྦི་ལུགས། སྒྲོལ་མ་བཅུ་བདུན་མའི་དབང་། ཆོས་རྗེ་དཔལ་ལྡན་བླ་མ་དམ་པས་མཛད་པའི་དུས་འཁོར་ཊཱི་ཀ་ཆེན་གྱི་ལུང་། ས་སྐྱ་པའི་དགེ་བཤེས་མང་པོ་ལ་མཛད་པ་ལས། ཕལ་ཆེ་བས་རྫོགས་པ་གསན་པ་མ་བྱུང་། ཆོས་རྗེ་རིན་པོ་ཆེ་འདི་ཉིད་ནི་སྐུ་ནས་གཞོན་ནུ་ནས་དོན་གཉེར་དང་ཐུགས་རྩོལ་གཞན་དུ་མི་འདྲ་བས་ཡོངས་སུ་རྫོགས་པར་གསན་ནོ། །

གཞན་ཡང་འཕགས་པ་གཞོན་ནུ་བློ་གྲོས་པའི་དྲུང་དུ། རྡོ་རྗེ་ཕྲེང་བའི་དབང་ཡོངས་སུ་རྫོགས་པ། ཕྲེང་བ་སྐོར་གསུམ་གྱི་ལུང་། ཀྲི་ཡ་ས་མུཙྪའི་དབང་། དཀྱིལ་ཆོག་གི་ལུང་། གསང་འདུས་འཇམ་རྡོར། གཤིན་རྗེའི་གཤེད་དགྲ་ནག་རྭ་ལུགས། གདོང་དྲུག་རྭ་ལུགས། འཇིགས་བྱེད་རོ་ལངས་བརྒྱད་སྐོར་རྭ་ལུགས། འཇིགས་བྱེད་བཅུ་གསུམ་མ། འཇིགས་བྱེད་ལྷ་ཞེ་དགུ་མ། ལྷ་བཅུ་གསུམ་མ། དགྲ་ནག་ཞང་ལུགས། ཕྱག་ན་རྡོ་རྗེ་འཁོར་ལོ་ཆེན་པོ་རྣམས་ཀྱི་དབང་། སློབ་དཔོན་ནག་པོ་པའི་ལུགས་ཀྱི་ཀྱཻ་རྡོ་རྗེའི་དཀྱིལ་འཁོར་ཆེན་པོ་བཞིའི་དབང་། སཾ་བུ་ཊ་ནས་གསུངས་པའི་ཀྱེ་རྡོར་ལྷ་

བཅུ་བདུན་མ། སཾ་བུ་ཊ་རྡོར་དབྱིངས། ཀུར་རིགས་བསྡུས་རྫོག་ལུགས། བདེ་མཆོག་འཁྲུལ་སྤོང་། བདེ་མཆོག་རྡོ་རྗེ་མཁའ་འགྲོ། མཁའ་འགྲོ་རྒྱ་མཚོ། བདེ་མཆོག་སྡོམ་འབྱུང་། སངས་རྒྱས་མཉམ་སྦྱོར་རིགས་བསྡུས། མཉམ་སྦྱོར་རྡོ་རྗེ་སེམས་དཔའ། རྡོ་རྗེ་གདན་བཞིའི་ཡབ་བཀའ། ཡུམ་བཀའ། གདན་བཞིའི་དཀྱིལ་ཆོག་རྒྱས་པ། མ་ཧཱ་མཱ་ཡ། སངས་རྒྱས་ཐོད་པ་ལྷ་ཉེར་ལྔ་མ། ལྷ་དགུ་མ། མི་གཡོ་བ་བླ་མེད་ལྷ་དགུ་མ། ལྷ་བཅུ་གསུམ་མ། སྒྲོལ་མ་བཅུ་བདུན་མ། མཆོག་གི་སྒྲོལ་མ། གུར་མགོན་ལྷ་བཅུ་བདུན་མ། དུས་འཁོར། ཆོས་དབྱིངས་གསུང་དབང་། སྦྱོང་རྒྱུད་དཀྱིལ་འཁོར་བཅུ་གཉིས། རྣམ་སྣང་མངོན་བྱང་། མི་འཁྲུགས་པ་ལྷ་དགུ་མ་རྣམས་ཀྱི་དབང་གསན། དབང་དེ་རྣམས་དང་འབྲེལ་བའི་སྒྲུབ་དཀྱིལ་ལ་སོགས་པའི་རྒྱ་གཞུང་དང་། བོད་ཀྱི་ཡིག་ཆ་རྣམས་ཀྱང་གསན་ནོ། །

གཞན་ཡང་རྗེས་གནང་དང་། སྒྲུབ་ཐབས་ལ་སོགས་པ་མཐའ་ཡས་པ་དང་། ཨུ་རྒྱན་བསྙེན་སྒྲུབ་ཀྱི་སྐོར། བདེ་མཆོག་སྙན་བརྒྱུད་ཀྱི་སྐོར་ཚང་མ། རྒྱུད་འབུམ་ཡོངས་སུ་རྫོགས་པ། མདོ་སྡེ་ཡོངས་སུ་རྫོགས་པ་དང་། སངས་རྒྱས་ཕལ་པོ་ཆེ་ལ་སོགས་པ་མདོའི་རྣམ་གྲངས་བསམ་གྱིས་མི་ཁྱབ་པ། བསླབ་པ་ཀུན་ལས་བཏུས། སྤྱོད་འཇུག་མདོ་སྡེ་རྒྱན། རྒྱུད་བླ་མ། མངོན་པ་ཀུན་ལས་བཏུས་རྣམས་ས་བཟང་བའི་ཊཱི་ཀའི་སྟེང་ནས་གསན། ཡང་བྱང་ཆུབ་གཞུང་ལམ། མ་ཧེ་པཎ་ཆེན་གྱི་བཀའ་འབུམ་ལ་སོགས་པ་གསན་ནོ། །

ཡང་དེ་ལྷ་བུའི་སྐབས་ཤིག་ཏུ། སྔར་གྱི་ལྷ་བུའི་ཁམས་འདུས་ཞིག་བྱུང་བ་ལ། ཆོས་རྗེ་འཕགས་པའི་དྲུང་དུ། རྡོ་རྗེ་ཕྲེང་བ་ལ་སོགས་པའི་དབང་གཞན་མང་པོ་གསན་ཀྱང་མ་ཕན་པ། གསང་འདུས་འཇམ་རྡོར་ས་ལུགས་ཀྱི་དབང་གསན་པས་ཁམས་འདུས་དེ་ལས་གྲོལ་ཏེ། ཏིང་ངེ་འཛིན་ཁྱད་པར་ཅན་དུ་མ་འཁྲུངས་སོ། །

དེ་ནས་སྟག་གི་ལོ་ལ། ཆོས་རྗེ་འཕགས་པའི་གསུང་གིས་ངེད་ཀྱང་ཡུན་རིང་པོ་ཨེ་སྡོད་མི་ཤེས་པས། ཁྱེད་རང་ཡང་ཆོས་ཀྱི་འཕྲོ་རྣམས་ཞུ་བ་ལ་བརྩོན་འགྲུས་བསྐྱེད་པ་དང་། ས་བཟང་དགོན་བཟུང་ལ་བཀའ་ལུང་རྣམས་ཀྱིས་གཞན་ལ་ཕན་པ་རྒྱུན་མི་འཆད་པར་གྱིས་ཤིག་ཅེས་སོགས་ཞལ་ཏ་མང་པོ་གསུངས་ཤིང་། ཀྱཻ་ཡ་ས་མུ་ཏྲའི་གླེགས་བམ་དང་། དམ་ཚིག་རྡོ་རྗེ་དྲིལ་བུ

ཞིག་དང་། ཆོས་དུང་རྣམས་གནང་ནས་རྒྱལ་ཚབ་ཏུ་མངའ་གསོལ་བསྟན་པའི་ཁུར་ཕོག་པས་ཐུགས་ཀྱི་དགོངས་པ་མཐར་ཕྱིན་པར་གྲུབ་པར་གྱུར་པ་ཡིན་ནོ། །གཞན་ཡང་ཐམས་ཅད་མཁྱེན་པ་གཡག་སྟོན་ཆོས་རྗེའི་དྲུང་དུ། རྣམ་འགྲེལ། རིགས་གཏེར། རྒྱུད་བླ་མ་ལ་སོགས་པ་དུ་མ་གསན་ནོ། །

གཞན་ཡང་བླ་མ་དམ་པ་བཀྲ་ཤིས་རིན་ཆེན་པའི་དྲུང་དུ། གསང་འདུས། སྤྱན་རས་གཟིགས་ལྷ་བཅུ་དགུ་མའི་དབང་། སྒྲུབ་ཐབས་རྒྱས་པ་དང་བསྡུས་པའི་ཪྗེ་བོ་རྗེས་མཛད་པ། ཕྱག་ན་རྡོ་རྗེ་འཁོར་ལོ་ཆེན་པོའི་དབང་། བདེ་མཆོག་སྦྱངས་པའི་ཡོན་ཏན་གྱི་དབང་། ལ་བ་པས་མཛད་པའི་དཀྱིལ་ཆོག །མི་ཏྲི་པའི་བདེ་མཆོག་བཅུ་གསུམ་མའི་དབང་། སྒྲུབ་ཐབས་མི་ཏྲི་པས་མཛད་པ། རྟག་པའི་རྡོ་རྗེའི་ཆོས་གསུམ་ལ་སོགས་པ་གསན། བདེ་མཆོག་སྡོམ་འབྱུང་གི་འགྲེལ་པ་རཏྣ་རཀྵི་ཏས་མཛད་པ། རྡོ་རྗེ་གདན་བཞིའི་འགྲེལ་པ་བྷ་ཝ་པས་མཛད་པ། རྣལ་འབྱོར་ནམ་མཁའི་སྒྲུབ་ཐབས། ཡེ་ཤེས་མཁའ་འགྲོའི་སྒྲུབ་ཐབས། དཀྱིལ་ཆོག་སྙིང་པོ་མདོར་བསགས། ཤིང་གཅིག་གི་དཀའ་འགྲེལ་རྣམས་ཛྙཱ་ན་དེ་བས་མཛད་པ་ལ་སོགས་པ། སངས་རྒྱས་ཐོད་པའི་དཀའ་འགྲེལ་ཡེ་ཤེས་ལྡན། ལྷ་ཉི་ཤུ་རྩ་ལྔའི་སྒྲུབ་ཐབས། དཀྱིལ་མཆོག་གཏོར་ཆོག་རྣམས་ས་ར་ཧ་པས་མཛད་པ། མི་འཇིགས་པའི་གཞུང་འགྲེལ། མ་ཏྲྀ་ཡའི་སྒྲུབ་དཀྱིལ་ཀུ་ཀུ་རི་པས་མཛད་པ། རྫོགས་རིམ་དེ་ཁོ་ན་ཉིད་གསལ་བ། དུས་འཁོར་གྱི་དབང་། རྡོར་དབྱིངས་འགྲེལ་པ་ལུགས་ཀྱི་དབང་། ཁམས་གསུམ་རྣམ་རྒྱལ། རྩེ་མོ་རིགས་བསྡུས། དཔལ་མཆོག་རིགས་བསྡུས། དཔལ་མཆོག་རྡོར་སེམས། ཀུན་རིགས་རྩ་བའི་དཀྱིལ་འཁོར། ཕྱག་རྡོར་འཆི་འཇོམས། མི་འཁྲུགས་པ། འཇམ་དཔལ་ཡོན་ཏན་ཀུན་འབྱུང་རྣམས་ཀྱི་དབང་གསན་ནོ། །

གསན་པའི་རྣམ་གྲངས་འདི་རྣམས་ཀྱང་རགས་པ་ཙམ་མདོར་བསྡུས་ནས་བྲིས་པ་ཡིན་ལ། རྒྱས་པར་ཞིབ་ཏུ་གསན་ཡིག་ཏུ་ཤེས་པར་བྱ་ཞིང་། དེར་མི་བཞུགས་པའི་གསན་པའི་རྣམ་གྲངས་ཀྱང་མཐའ་ཡས་པར་ཤེས་པར་བྱའོ། །དེ་ལྟར་གསན་པ་རྣམས་ལ་གཟིགས་རྟོག་དང་ཐུགས་བསམ་དང་ཉམས་ལེན་མཐར་ཕྱིན་པར་མཛད་ཅིང་། གཞན་ཡང་དངོས་སུ་མ་གསན་པའི་གསུང་རབ་དགོངས་འགྲེལ་དང་བཅས་པ་ཐམས་ཅད་ལ་ཡང་གཟིགས་རྟོག་མཐར་ཕྱིན་པར་མཛད་ནས་སྒྲོ་འདོགས

ལེགས་པར་ཚོད་དེ། བཀའ་འགྱུར་དང་། བསྟན་འགྱུར་གྱི་གླེགས་བམ་རྣམས་ཀྱི་ནང་ན་བརྗུས་མ་མང་པོ་ཡོད་པ་རྣམས་ཚིག་རེ་ཡང་མ་འདྲེས་པར་རྒྱུ་མཚན་དང་བཅས་པ་གསལ་བར་རྟོགས་ནས་ཐུགས་སུ་ཆུད་པར་མཛད་པ་ཡིན་ནོ། །གཞན་ཡང་བོད་ཀྱི་དགེ་བའི་བཤེས་གཉེན་བསྟན་པ་ལ་བྱ་བ་བྱས་པ་ཕལ་ཆེ་བའི་གསུང་རབ་རྣམས་ཀྱང་གཟིགས་ནས་དེ་དག་གི་དགོངས་པ་ཡང་ལྷག་མ་མ་ལུས་པར་ཐུགས་ལ་མངའ་བ་ཡིན་ནོ། །མདོར་ན་རྒྱ་གར་དང་བོད་དུ་མདོ་སྡེ་དང་རྒྱུད་སྡེའི་བསྟན་པ་གང་དུ་བྱུང་ཞིང་དར་བ་དང་། གང་ལ་འཕེལ་བ་དང་། གང་ནས་བརྒྱུད་པ་དང་། ལམ་སྲོལ་ཇི་ལྟར་བཀྲལ་བ་དང་། དེ་དག་གི་སྲོག་འཛིན་ཇི་ལྟར་བྱུང་བ་ལ་སོགས་པ་ཐམས་ཅད་ལོ་རྒྱུས་དང་བཅས་པ་ཐུགས་སུ་ཆུད་ནས། འགྲེལ་ཚུལ་དང་ལམ་སྲོལ་ཇི་སྙེད་བྱུང་བ་ཀུན་སོ་སོའི་དགོངས་པ་ཇི་ལྟ་བ་བཞིན་ཁྱད་པར་ཕྲ་མོ་ཡོད་པ་ཡང་མ་འདྲེས་པར། མི་ལོང་གཡའ་དག་པ་ལ་གཟུགས་བརྙན་ལྟར། རྗེ་ཉིད་ཀྱི་ཐུགས་ཀྱི་དཀྱིལ་འཁོར་ལ་དུས་རྟག་ཏུ་གསལ་བར་བཞུགས་པ་ཡིན་ནོ། །

གསུམ་པ་ཕྲིན་ལས་གཞན་དོན་ཇི་ལྟར་མཛད་པའི་ཚུལ་ནི། དགུང་ལོ་བཅོ་ལྔ་པ་ལ་ཁམས་པའི་གྲྭ་པའི་ལག་ལེན་ཁྲིད་པའི་སློབ་དཔོན་མཛད་པ་ནས་བརྩམས་ཏེ། བསྟན་པ་དང་སེམས་ཅན་གྱི་དོན་འབའ་ཞིག་མཛད་ལ། དེ་ཡང་གདུལ་བྱའི་བསམ་པའི་དབང་གིས་ཁྲིད་ཚུལ་གྱི་རྣམ་པ་སྣ་ཚོགས་པས་ཁྲིད་པར་མཛད་མོད། འོན་ཀྱང་གཙོ་ཆེ་བའི་དབང་དུ་བྱས་ནས་གདུལ་བྱ་རྣམས་གཞི་ཚུལ་ཁྲིམས་རྣམ་པར་དག་པ་ལ་བཀོད་ནས། ལམ་ཉམས་ལེན་ལ་སྦྱོར་བར་མཛད་པ་ཡིན་ལ། དེ་ལ་སོ་སོར་ཐར་པའི་དབང་དུ་བྱས་ན་བསྙེན་པར་རྫོགས་པའི་དགེ་སློང་ཁྲི་ལྷག་པའི་མཁན་པོ་མཛད་ཅིང་། གཞན་དགེ་བསྙེན་དང་དགེ་ཚུལ་བགྲངས་ཡས་པ་མཛད་དོ། །མདོར་ན་བོད་ཀྱི་དགེ་བའི་བཤེས་གཉེན་ཞིག་ལ་རབ་བྱུང་བསྙེན་རྫོགས་ཀྱི་མཁན་པོ་མཛད་པའི་གྲངས་ཆོས་རྗེ་རིན་པོ་ཆེ་འདི་ལས་མང་བ་མ་བྱུང་བ་ཡིན་ནོ། །བྱང་ཆུབ་སེམས་དཔའི་སྡོམ་པ་ཡང་གདུལ་བྱ་སོ་སོའི་ཞེ་འདོད་ཀྱི་དབུ་མ་ལུགས་དང་། སེམས་ཙམ་ལུགས་ཀྱི་སེམས་བསྐྱེད་གང་རུང་རེ་ཞུ་བ་དང་། གཉིས་ཀ་ཞུ་བ་ལ་གང་ལ་གང་འདོད་ཀྱི་སྒོ་ནས་བྱང་སེམས་ཀྱི་སྡོམ་པ་དང་ལྡན་པར་མཛད་པ་མཐའ་ཡས་ཤིང་། ཁྱད་པར་གསུང་ངག་རིན་པོ་ཆེ་གནང་བའི་དུས་ཐམས་ཅད་དུ་སྔགས་ལམ་ལ་འཇུག་

པའི་སྦྱོན་དུ་རྗེ་བཙུན་གྲ་ཡ་ཧ་ར་ནས་བརྒྱུད་པའི་སེམས་བསྐྱེད་ཀྱི་ཆོ་ག་དག་ཅིང་རྒྱས་པར་གསལ་བར་མཛད་པས། བྱང་སེམས་ཀྱི་སྡོམ་པ་གནང་བ་ཡང་བསམ་ལས་འདས་པའོ། །

དེ་ལྟ་བུའི་སྡོམ་པ་གང་འབོགས་ཀྱང་། ལས་སླ་དང་། དཀའ་ཚེགས་ལ་ཅུང་ཟད་ཀྱང་མི་གཟིགས་པར་རང་རང་གི་ལུགས་ཀྱི་ཆོ་ག་གང་ཡིན་པ་དེ་འགལ་འཁྲུལ་ནོར་བ་དང་། སྲ་སྲིའི་ཉེས་པས་གཏན་ནས་མ་གོས་པར་ཆོ་གའི་ཡན་ལག་ཕྲ་མོ་ཙམ་ལ་ཡང་རྩིག་འདམ་ཆེན་པོ་མཛད་ནས་ཤིན་ཏུ་དག་པར་མཛད་པས་སྡོམ་པ་ཐོབ་པས་བཟང་བ་ཡིན་ནོ། །རིག་འཛིན་སྔགས་ཀྱི་སྡོམ་པ་ཡང་། དེ་སྔ་ཡན་ཆད་ལ་ཧེ་རྗེ་ཕྲེང་བ་གྲི་ཡ་ས་མུཙྪ་དང་བཅས་པའི་དབང་བསྐུར་ཡོངས་སུ་རྫོགས་པར་ཚར་དྲུག་ཅུ་ཙམ་མཛད་པ་དེའི་སྒོ་ནས་གདུལ་བྱ་སྔགས་ཀྱི་སྡོམ་ལྡན་དུ་བྱས་པ་ཡང་བསམ་གྱིས་མི་ཁྱབ་ཅིང་། གཞན་རྒྱུད་སྡེ་བཞི་དང་འབྲེལ་བའི་ཟུར་བཀའ་ནི། རྒྱུན་དུ་ཀ་མཛད་པ་སྔགས་ཀྱི་སྡོམ་པ་གནང་བའི་རྣམ་གྲངས་ཀྱང་རྗེ་རིན་པོ་ཆེ་ཉིད་ལས་མང་བ་འོང་ཐབས་ག་ལ་ཡོད། དེ་ལྟ་བུའི་དབང་བསྐུར་བ་དེ་ལ་སྤྱིར་རྒྱུད་སྡེ་བཞི་ལ། དབང་བསྐུར་གྱི་བབས་མི་འདྲ་བ་བཞི་ཡོད་པ་ལ། ནང་གསེས་ཀྱི་དབྱེ་བ་རྒྱུད་སྡེ་རེ་རེ་ལ་ཡང་མི་འདྲ་བ་མཐའ་ཡས་ཤིང་། བརྒྱུད་པའི་བཀའ་སྲོལ་གྱི་དབང་གིས་དཀྱིལ་འཁོར་རེ་རེ་ལ་ཡང་དབང་བསྐུར་གྱི་ཆོ་ག་མི་འདྲ་བའི་ཁྱད་པར་དུ་མ་ཡོད་པ་རྣམས་ལ། དཀྱིལ་འཁོར་གང་དུ་རྒྱུད་སྡེ་དང་། བརྒྱུད་པ་གང་གི་ལུགས་ཀྱི་དབང་བསྐུར་མཛད། ལུགས་ དེ་ ལ་ དགོངས་ ཤིང་ བཤད་ པའི་ ཆོ་ ག་ རྣམས་ ཚིག་ གཅིག་ ཀྱང་ མ་ ཚང་ བ་ མེད་ པ་ དང་། ལུགས་དེ་ལ་མི་དགོས་ཤིང་མ་བཤད་པ་རྣམས་ཚིག་རེ་ཡང་མ་འདྲེས་པར་ཤིན་ཏུ་དག་པར་མཛད་པས། དེ་ལྟ་བུའི་དབང་བསྐུར་བ་རེ་རེ་ཐོབ་ན་ཡང་རྒྱུད་སྡེ་ནས་བཤད་པའི་དབང་མཚན་ཉིད་པ་རེ་ཐོབ་པ་ཡིན་པས་ཤིན་ཏུ་དོན་ཆེའོ། །

ཕྱག་ ལེན་ གྱི་ རྣམ་ གཞག་ འདི་ གཅིག་ པུས་ ཀྱང་ བསྟན་ པའི་ བྱི་ དོར་ དང་ བླ་ མ་ གོང་ མའི་ དགོངས་པ་ལེགས་པར་གསལ་བར་བྱས་པ་ཡིན་ནོ། །དེ་ཡང་རྡོ་རྗེ་ཕྲེང་བ་ལ་སོགས་པ་དང་། ཟུར་བཀའི་རིགས་ཇི་སྙེད་ཡོད་པ་རྣམས་ཀྱི་དབང་བསྐུར་དུས་ན་མཛད་དགོས་ཀྱང་དེ་འཕྲུལ་ལ་ཐོགས་མེད་དུ་མཛད་པས་ཆོག་པ་ཡིན་ནོ། །དེ་ལྟར་སྡོམ་པ་གསུམ་གྱི་སྒོ་ནས་གདུལ་བྱ་སོ་སོའི་རྒྱུད་ཚོད་

དང་མཐུན་པའི་ཚུལ་ཁྲིམས་རྣམ་པར་དག་པ་ལ་བཀོད་ནས་ཉམས་ལེན་གྱི་རིམ་པ་དཔལ་ལྡན་ས་སྐྱ་པའི་བླ་མ་གོང་མ་རྣམས་ཀྱི་གསུང་རབ་གཙོ་བོར་གྱུར་པའི་ཆོས་ཀྱི་འཁོར་ལོ་སྣ་ཚོགས་པ་རྒྱུན་དུ་བསྐོར་བ་མཛད་ལ། དེ་ཡང་དགུང་ལོ་བཞི་བཅུ་རྩ་བརྒྱད་དུ་ཕེབས་པ་ཡན་ཆད་གཙོ་ཆེར་གདན་ས་ཆེན་པོར་བཞུགས་ཤིང་གནས་སྐབས་སུ་ས་བཟང་བ་དང་། གཞན་ཡང་ཆོས་བར་གྱི་གནས་གང་འཕྱད་དུ་བྱོན་ནས་ཆོས་གསུངས་པ་ནི། ཕལ་ཆེ་བའི་དབང་དུ་བྱས་ན། དབྱར་དགུན་གྱི་ཆོས་དུས་རྒྱུད་སྡེ་སོགས་པའི་བཤད་པ་དང་། སྒྲུབ་དཀྱིལ་ལ་སོགས་པའི་ལག་ལེན་གྱི་སྐོར་དང་། གསུང་ངག་ལ་སོགས་པའི་ཁྲིད་ཀྱི་རིམ་པ་སྣ་ཚོགས་པ་གསུང་ཞིང་། སྟོན་དཔྱིད་ཀྱི་དུས་སུ་རྡོ་རྗེ་ཕྲེང་བ་དང་། ཟུར་བཀའི་རིགས་སྣ་ཚོགས་པ་གང་སྐབས་སུ་བབ་པའི་དབང་བསྐུར་རྣམས་ཟང་ཟིང་མེད་པའི་ཆོས་སྦྱིན་མཛད་པས། དེ་ལ་གདང་ནས་ཕྱོགས་རིས་ཀྱི་དགེ་བའི་བཤེས་གཉེན་རབ་ཏུ་མང་པོ་བླ་མ་ས་བཟང་པས་དབང་སྦྱིན་གནང་གིན་ཡོད་པ་ཞུ་བ་ལ་འགྲོ་ཞེས་ཟེར་ཞིང་འབྱོན་པ་ཡིན་ནོ། །

དེས་མཚོན་ནས་ཆོས་གང་གསུངས་ཀྱང་བསྟན་པ་འབའ་ཞིག་ལ་དགོངས་ནས་ཟང་ཟིང་མེད་པའི་ཆོས་སྦྱིན་ཁོ་ན་མཛད་དེ། ཤཱཀྱ་བཟང་སྐྱ་འབུམ་དུ་སྟོན་གྱི་དུས་སུ་གསུང་ངག་ཞུ་བ་ལོངས་སྤྱོད་མང་པོ་འབུལ་དགོས་པའི་ལོ་རྒྱུས་ཤིག་བྱུང་བའི་ཚེ། རྗེའི་ཞལ་སྔ་ནས་སྟོན་གྱི་དུས་ན་བསྟན་པ་ཡར་སོའི་དུས་སུ་སོང་བས། གདུལ་བྱ་རྣམས་ཆོས་དོན་གཉེར་དང་ཆོས་ཕྱོགས་སུ་དཀའ་སྤྱད་དང་ལོངས་སྤྱོད་གཏོང་ཕོད་ཆེ་བས་གདུལ་བྱའི་རྒྱུད་ལ་རྟེན་འབྲེལ་ཁྱད་པར་ཅན་སྒྲིག་པའི་ཆེད་དུ། སྟོན་གྱི་བླ་མ་རྣམས་ཀྱིས་ལོངས་སྤྱོད་མང་པོ་འབུལ་བ་ཞེས་མཛད་པ་ཡིན་ལ། དེང་སང་བསྟན་པ་འགྲིབ་ནས་གསུང་ངག་ལ་སོགས་པའི་བཀའ་ཆད་ལ་ཁད་དུ་སོང་འདུག་པས། གདུལ་བྱ་སྣོད་ལྡན་བྱུང་ན་གསུང་ངག་དང་དབང་བསྐུར་ལ་སོགས་པས་བརྟལ་གཏོང་ལྷ་བུ་བྱས་ནས་ཀྱང་བསྟན་པའི་རྒྱུན་ལ་ཕན་དུ་རེ་བྱེད་དགོས་པའི་དུས་སུ་འདུག་པ་ཞེས་གསུང་ངོ་། །

གཞན་ཡང་སྐབས་སུ་རྒྱུད་འབུམ་དང་ས་སྐྱ་བཀའ་འབུམ་ལ་སོགས་པའི་ལུང་རྣམས་གསུངས་སོ། །སྐབས་ཤིག་ཏུ་ཤཱཀྱ་བཟང་སྐྱ་འབུམ་དུ་བདེ་མཆོག་རྩ་རྒྱུད་ཅིག་གསུངས་པའི་ཆོས་ཚུགས་ནས་ཞག་མང་རབ་སོང་བ་དང་། འདར་བའི་དགེ་བཤེས་མཁན་ཆེན་ཤཱཀྱ་འོད་པ་དཔོན་

སློབ་གཉིས་བྱོན་ནས། རྒྱུད་ཀྱི་བཤད་པ་གནང་དགོས་ཞུས་པས། རྒྱུད་ལ་དུམ་བུ་བྱས་ན་མི་དགའ་བས་ད་ལན་མི་འོང་ཞེས་ཞལ་ཏ་ནན་ཆེར་གནང་ཡང་མ་གསན་པར་རྒྱུད་བཤད་པ་དང་། རྒྱུད་མ་རྫོགས་པར་ཁོང་དཔོན་སློབ་གློ་བུར་དུ་འབྱོན་དགོས་པ་བྱུང་ནས། རྒྱུད་བཅད་པས་ཆོས་རྗེའི་སྐུ་ཁམས་ཡོག་ནས་འོ་བརྒྱལ་པོ་བྱུང་བ་དང་། ནུབ་ཅིག་མནལ་ལམ་དུ་བུད་མེད་སྔོན་དམར་བཞི་བྱུང་ནས། ཁྱོད་ཀྱིས་བླ་བྲང་ཤར་པའི་བདེ་མཆོག་གི་སྐུ་བཤུས་ནས་བཙོངས་ཞེས་ཟེར་ནས་མ་མཉེས་པའི་ཚུལ་མང་པོ་སྟོན་པ་བྱུང་བ་ལ། ངེད་ཀྱིས་བླ་བྲང་ཤར་པའི་བདེ་མཆོག་གི་སྐུ་བཤུས་པ་མེད། བླ་བྲང་ཤར་པ་ལ་བདེ་མཆོག་གི་སྐུ་གསེར་སྐུ་དེ་དང་བྲུམ་སྐུ་དེ་གཉིས་པོ་མིན་པ་ནི་མེད། དེ་གཉིས་ད་ལྟ་བླ་བྲང་ཤར་ན་ཡོད་ཅེས་གསུངས།

ཁོང་རྣམས་ཀྱིས་བདེ་མཆོག་གི་སྐུ་པད་གདན་ཕྲལ་བ་གཅིག་ཁྱེར་བྱུང་ནས་འདི་ཁྱེད་ཀྱིས་ཕྲལ་བ་ཡིན་ཞེས་ཟེར་བས། རྗེ་ལ་ཡང་དེ་བཤིག་པའི་ཉེས་པ་ཡོད་པའི་གནོང་ཞིག་བྱུང་བ་སྨིས་པ། སང་མནལ་སད་པ་དང་། རྒྱུད་བཅད་པའི་འཕྲུ་ལྡོག་ཏུ་དགོངས་ནས། ལ་བ་པའི་བདེ་མཆོག་གི་འགྲེལ་པ་ནས་བཤད་པའི་རིགས་ལྡན་མའི་མཆོད་ཆོག་རྒྱས་པ་དེ་མཛད་པས་རྗེའི་སྐུ་ཁམས་ལེགས་པར་དངས་སོ། །འདི་ལྟ་བུ་ནི་འཕྲལ་དུ་བར་ཆད་ཀྱི་རྣམ་པ་ལྟ་བུར་སྣང་ཡང་། ཐུགས་ཡི་དམ་གྱིས་རྗེས་སུ་གཟུང་བའི་མཚན་མ་ཡང་དག་པ་ཡིན་ནོ། །

ཡང་འབྲིང་མཚམས་ཀྱི་རི་བོ་སྒང་ཞེས་བྱ་བར་ལམ་འབྲས་གསུངས་པའི་ཚེ། ནུབ་གཅིག་མནལ་ལམ་དུ་ཁང་པ་བཟང་པོ་ཞིག་གི་ནང་ཞལ་ཤར་བསྟན་པ་ཞིག་ན། རྗེ་ས་ཆེན་ཡབ་སྲས་གསུམ་གྱི་སྐུ་ཤིན་ཏུ་མཚར་བ་འོད་དང་འོད་ཟེར་གྱི་རང་བཞིན་ཅན་གསུམ་དང་། ཆོས་རྗེ་ས་པཎ་གྱི་སྐུ་དེ་ཙོ་ལས་ཆུང་མོག་པ་ཞིག་བཞུགས་འདུག་པ་རྨི་ཞེས་གསུངས་སོ། །དེ་ནི་བླ་མ་ཡབ་སྲས་གསུམ་གྱི་གསུང་རབ་ཀྱི་བྱི་དོར་མཐར་ཕྱིན་པའི་རྟགས་ཡིན་ནོ། །

གཞན་ཡང་མེ་ཕོའི་རྟའི་ལོའི་དགུན་ཆོས་ལ་ཟབ་ལམ་དང་། བརྟག་གཉིས་གསུངས་པའི་ཚེ། གྲྭ་པ་མང་པོ་ལ་ཆོས་རྗེའི་དྲུང་ནས་ལ་སྐུ་ཆག་ཆུང་ཆེ་བའི་རྨི་ལམ་བྱུང་བ་དང་། གྲྭ་པ་འགའ་ཞིག་གིས་ལོགས་སུ་མོ་འདྲ་བཏབ་འདུག་པ་ལ་ཡང་། སྐུ་ཆག་ཆེ་བས་སྦྱོང་དག་དང་། སྐུ་མཚམས་དམ་

པོ་མཛད་དགོས་ཞེར་བ་ལ། བགྲེས་པ་འགའ་ཞིག་གིས་དེ་བཞིན་དུ་ཞུས་པས། མོ་ལ་ངེས་པ་མེད་ནའང་། སློང་དག་དང་མཚམས་བྱས་པས་ཚིག་གསུངས་ནས། ཕྱག་རྫས་མང་པོ་བླ་བྲང་ཤར་དུ་ས་སྐྱ་པའི་དགེ་འདུན་རྣམས་ལ་འགྱེད་མཛད། ཆོས་རྗེའི་ཞལ་སྔ་ནས་སྐུ་འབུམ་དུ་སྐུ་མཚམས་དམ་པོ་མཛད་ནས་ཐུགས་དམ་གྱི་རིམ་པ་སྔ་སྐད་འཁོར་ལོ་བདེ་མཆོག་གི་ཚེ་སྒྲུབ་དང་། ཕྱི་མ་རེད་ཨུཥྞི་ཥའི་སྲུང་འཁོར་མཛད་ནས། ཞག་པོ་འགའ་ཞིག་སོང་བའི་ཐོ་རངས་ཤིག །གཟུགས་མདོག་རྒྱུ་མེད་པའི་བར་སྣང་དུ་རྣམ་རྒྱལ་གྱི་གཟུངས་དག་པོ་ཚར་གཅིག་སྒྲ་ལྷང་པ་གསལ་པོར་གྲགས་བྱུང་བས། རྣམ་རྒྱལ་གྱི་སྒྲུབ་པ་གྱིས་ཤིག་པའི་བརྡར་དགོངས་ནས་དེ་ཕྱིན་ཆད་སྔ་སྐད་རྣམས་རྒྱལ་ལ་ཐུགས་དམ་མཛད། སྲུང་འཁོར་གུར་མགོན་གྱི་སྲུང་འཁོར་གྱིས་ཤིག་པའི་མཚན་མ་བྱུང་ནས་ཕྱི་མ་རེ་དགུར་མགོན་གྱི་སྲུང་འཁོར་མཛད་ནས། རྣམ་རྒྱལ་གྱི་བསྙེན་པ་ཉི་མ་རེ་ལ་ཤླཽ་ཀ་རེ་དང་། གུར་མགོན་ལྷུམ་དྲལ་དང་། གདོང་བཞི་པ་ལ་བསྙེན་པ་རེ་མཛད་པས། ཕྱུ་ཧྲན་རེ་ང་ལ་ཡང་བསྙེན་པ་བྱེད་དགོས་ཞེར་བྱུང་ནས་ཕྱུ་ཧྲའི་བསྙེན་པ་ཡང་མཛད་དོ། །

དེ་ལྟར་ཚོ་འཕྲུལ་ཆེན་པོ་ནས་དབོའི་ཟླ་ཡར་ཚེས་བཅོ་ལྔ་ཡན་ལ་བསྙེན་པ་རྣམས་རྫོགས་པ་དང་། མནལ་ལམ་དུ་ས་བཟང་ན་བཞུགས་འདུག་པའི་རྣམ་པ་ཞིག་ལ། མདོ་སྟེ་མཛངས་བླུན་གཅིག་ཕྱག་ཏུ་བྱུང་བ་ཡར་མར་གང་ནས་བགྲངས་ཀྱང་ཤོག་བུ་སུམ་ཅུ་རྩ་དགུ་རེ་བྱུང་སྟེ། ད་དུང་འང་སྐུ་ཚེ་དེ་ཙམ་གྱི་བར་དུ་བཞུགས་ཞེར་བ་བྱུང་ཞིང་། རྣམ་རྒྱལ་གྱི་བསྙེན་པ་ལ་ཡང་ཤླཽ་ཀ་སུམ་ཅུ་རྩ་དགུ་བྱུང་བ་ཡིན་ནོ། །

དེའི་ཚེ་སྨྱུག་མའི་ཡོན་པོ་ཞིག་ཀྱང་ཕྱག་ཏུ་ཕུལ་བྱུང་སྟེ་སྐུ་ཚེ་ལ་ཕན་མི་ཕན་གྱི་བཤད་པ་ཅི་ཡང་མ་བྱུང་ཞེས་གསུང་ངོ་། །ཞག་པོ་གཉིས་ནས་བྱིངས་པོ་ལ་མཇལ་ས་འོང་བའི་དོ་ནུབ་དགོངས་མོ་དེ་མངའ་རིས་པ་བླ་མ་དཀོན་མཆོག་འོད་ཟེར་དང་། བདག་གཉིས་ལ་སྐུ་མདུན་དུ་ཤོག་གསུངས་པ་བྱུང་ནས་ཕྱིན་པས། ཆོས་རྗེའི་ཞལ་སྔ་ནས། རང་རེས་གྲུབ་མཐའ་དགག་སྒྲུབ་རེ་ཙམ་མ་གཏོགས་སུ་ལ་ཡང་གནོད་པར་འགྱུར་བ་མ་བྱས་ཀྱང་འགའ་ཞིག་གིས་ཕྱག་དྲུག་པ་ལ་བརྟེན་པའི་བྱད་ཁ་འདྲ་བྱས་པར་འདུག །འདིའི་ཚོ་འཕྲུལ་ན་ཉིད་འོང་རྒྱུར་འདུག་ནའང་། ན་ཉིད་རང་དཔོན་སློབ་

རྣམས་ཀྱིས་ཆོས་སྐོར་པོ་བྱུང་བས་མ་ཚུགས་པར་གདའ། ཁར་སིང་ནས་ཀྱི་རྨི་ལམ་ཚབ་ཚུབ་དེ་པའང་། རང་རེ་ལ་དཀར་ཕྱོགས་འདྲའི་ཆོ་འཕྲུལ་འདྲ་ཡིན་ཚོད་དུ་འདུག །མཚམས་བྱེད་པ་བླ་ཕྱེད་ཀྱི་འཕྱིས་ན་སྐྱོན་དུ་འགྲོ་བར་གདའ། དེ་ལ་སྐྱོན་དུ་སོང་ནའང་གཞན་སེམས་ཀྱི་འཁྲི་བ་ཅི་ཡང་མི་འདུག །ད་ལྟ་བོད་ན་སྡེ་སྣོད་ཀྱི་བཤད་ཉན་དར་པོ་ཡོད་པས་ཕར་ཕྱིན་ཐེག་པའི་བསྟན་པ་ལེགས་པོ་ཡོད། གསང་སྔགས་བླ་མེད་ཀྱང་ས་སྐྱ་ལ་སོགས་པའི་དགོན་པ་སོ་སོ་ན་དཀའ་མོ་ཡོད། ཡོ་ག་འདི་བར་སྐབས་སུ་ཙུང་འགྲིབས་ནའང་། ཕྱིས་ཐམས་ཅད་མཁྱེན་པ་བུ་སྟོན་རིན་པོ་ཆེས་ཐུགས་རྩོལ་ཆེན་པོ་མཛད་ནས་གསོས་པའི་རྒྱུན་ད་དུང་ཡང་ཉམས་པར་ཡོད། བྱ་སྤྱོད་གཉིས་པོ་འདི་དིང་སང་བཀའ་མ་ཆད་ཙམ་ལས་མི་འདུག་པས། འདི་གཉིས་སོས་པ་ཞིག་བྱུང་ན་བོད་དུ་བསྟན་པ་ཡོངས་སུ་རྫོགས་པ་ལེགས་པོ་ཅིག་འོང་བ་འདུག་སྙམ་སྟེ། དེ་ལ་ཆོས་རྗེ་རི་བོ་དགེ་ལྡན་པ་ཆེན་པོ། དང་ཚུགས་གསང་སྔགས་ཀྱི་ཉམས་ལེན་ཕྱོགས་གཅིག་ཏུ་མཛད་པ་དང་། བྱ་སྤྱོད་ཀྱི་སྤྱོད་ལམ་དང་། དང་ཚུགས་མཐུན་ཤས་ཆེ་ཞིང་ཁོང་པ་གང་ཟག་སྟོབས་ཅན་ཡིན་པས་ཁོང་པས་ཐུགས་རྩོལ་མཛད་ན་སོས་པ་ཅིག་ཨེ་འོང་སྙམ་ནས། དེ་ཁོ་ན་ལ་རྐང་བཙུགས་ཏེ་རི་བོ་དགེ་ལྡན་དུ་ཕྱིན་ནས་བླ་མའི་དྲུང་དུ་རྒྱུ་མཚན་ཞུས་པས། བླ་མའི་གསུང་ནས་ཁྱེད་ཀྱི་བསྟན་པའི་ཁུར་ཐོ་མཚར་ཆེ་སྟེ། རང་རེ་གང་ལ་ཡིན་ཀྱང་སློབ་གཉེར་ནི་བྱེད་དགོས་པར་སྣང་། སློབ་གཉེར་བྱེད་པ་མཉམ་པོ་ལ་བླ་མེད་ལ་བྱེད་པ་འདི་ཁེ་ཆེར་བར་སྣང་བས། བླ་མེད་ལ་བྱེད་པ་ཡིན་གསུངས་ནས་རང་རེའི་བཞེད་པ་དེ་མ་བྱུང་། དེ་ནས་རང་རེས་རྩོལ་བ་བསྐྱེད་ནས་བྱ་སྤྱོད་ཀྱི་རྒྱུད་འགྲེལ་པ་རྒྱ་གཞུང་བོད་ཀྱི་དགེ་བའི་བཤེས་གཉེན་ཆེན་པོ་རྣམས་ཀྱིས་མཛད་པའི་ཡིག་ཆ་རྣམས་ལ་ལོ་བདུན་ཙམ་གྱི་བར་དུ་སློབ་གཉེར་བྱས། བྱ་སྤྱོད་གཉིས་ཀྱི་རྒྱུད་སྡེ་སྤྱིའི་རྣམ་བཞག་འདི་རྣམས་ཀྱང་བརྩམས་བྱས་པ་ཡིན་ཏེ། འདི་ད་དུང་ཡང་འདོད་པ་བཞིན་སོས་པ་ཅིག་བཞག་ས་མེད་པ་འདི་སེམས་ཀྱི་གཅེར་པ་ཙུང་ཆེ་བར་འདུག་ཅེས་གསུང་པ་འདི་ནི། བསྟན་པའི་ཁུར་ལ་ཐུགས་ཀྱི་འཇུག་ཚུལ་དང་ཐུགས་སྟོབས་གཞན་ལས་ཕུལ་དུ་ཕྱིན་པ་ཡིན་ནོ། །

ད་སྐྱ་ཆག་ལེགས་པར་སངས་ལགས་སམ་ཞེས་ཞུས་པས། ད་ཟླ་བ་དྲུག་པའི་ཆོས་གྲངས་

ငེས་པ་ཅན་ཅིག་གསུངས་ནས་དེའི་དུས་སུ་དེ་ལ་དམིགས་པའི་དགེ་སྦྱོར་ཅུང་ཟད་ཅིག་བྱས་པས། དེ་ནས་ཆག་སློ་ལེགས་པར་སངས་ཡོང་ཅེས་གསུངས་སོ། །དེ་ལྟར་དེ་ཡན་ཆད་གདན་ས་ཕྱོགས་སུ་གཞན་དོན་ཕྲིན་ལས་བསམ་གྱིས་མི་ཁྱབ་པ་མཛད་དོ། །

འོན་ཀྱང་གདན་ས་ཆེན་པོ་གཡེང་བ་དང་། ཆང་ས་ཆེ་བས་གྲྭ་པ་རྣམས་ཀྱི་སློབ་གཉེར་ལ་གནོད་པ་དང་། ཆས་ཁ་ལ་གཟན་ཅིང་གྲྭ་པ་གཉེན་པོ་ཆུང་བ་འགའ་རེ་ཆུད་ཟོས་པར་ཡང་འགྲོ་བར་འདུག་པས། དབེན་གནས་ཤིག་ཏུ་བཞུགས་ཏེ། བཤད་ཉན་མཛད་ན་བསྟན་པ་དང་གྲྭ་པ་ལ་ཕན་སྟོབས་ཆེ་བར་དགོངས་ནས་སྔར་ཆོས་རྗེ་དཔལ་ལྡན་ཚུལ་ཁྲིམས་པའི་གསུང་གིས། འུ་ཅག་བྲག་ཕུག་པའི་དགེ་བཤེས་གཅིག་བྱེད་པ་ཡིན་ནོ་ཞེས་གསུངས་པ་ལ་བརྟེན་ནས་ན་བཟའ་བྲག་ཕུག་དང་། གཞན་ཡང་བསམ་གླིང་ལ་སོགས་དབེན་གནས་དུ་མར་ཐུགས་འདུན་མཛད་ཀྱང་དེ་རྣམས་གང་དུ་ཡང་བརྟག་པ་མ་བྱུང་བར། ཐུགས་འདུན་མ་མཛད་པའི་ཨེ་ཝཾ་ཆོས་ལྡན་གྱི་རི་ཁྲོད་དེ་རང་གསལ་པོར་བྱུང་ཡང་། གནས་འདི་ན་ཡོད་གསལ་བ་རང་མ་བྱུང་བ་ལ། ནུབ་ཅིག་མནལ་ལམ་དུ་ཁྲིད་ཀྱི་དགོན་པ་དོན་གྲུབ་ཀྱིས་སྟོན་པ་ཡོད་ཟེར་བ་ཅིག་བྱུང་བ། ཕྱིས་ཉག་རེ་དགེ་བཤེས་དོན་གྲུབ་ཟེར་བ་ཅིག་ཡོད་པ་ཁོང་གིས་ཆུ་མིག་ཏུ་བསྟུད་ནས་ངོར་ན་ཡར་མེ་ཤིང་སྒྲུབ་པ་ལ་ཕྱིན་པས། ཨེ་ཝཾ་ཆོས་ལྡན་གྱི་ས་ཆ་དེ་མཐོང་། ཁོང་ས་སྐྱར་སླེབས་ནས་རྗེའི་སྐུ་མདུན་དུ་བྱུང་བ་དང་། ཁོང་གིས་མེ་ཤིང་ལ་ཕྱིན་པ་ལ་སོགས་པའི་ལོ་རྒྱུས་བྱུང་བས། སྔར་ཐུགས་དམ་དུ་བྱུང་བའི་ས་ཆ་དེ་ཡིན་པར་མཁྱེན་ནས། མཁན་ཆེན་ཤཱཀྱ་བཟང་པོ་དཔོན་སློབ་འགའ་ཞིག་སྔོར་དུ་བཏང་བས་ས་ཆ་དེ་ཞལ་ཏ་ཇི་ལྟར་གནང་བ་ལྟར་འདུག་ཅིང་དེའི་ཚེ་དགུན་ཡིན་ཀྱང་མེ་ཏོག་སོ་མ་ཅིག་སྐྱེས་པ་ཡང་གཟིགས་ཏེ་རྟེན་འབྲེལ་ལེགས་པོ་བྱུང་ཞེས་གསུངས་སོ། །

དེ་ནས་ས་མོ་བྱ་ལོའི་དབྱར་ཆོས་ལ་ཨེ་ཝཾ་ཆོས་ལྡན་གྱི་རི་ཁྲོད་དུ་ཕེབས། དེར་དབེན་གནས་མཛད་དེ་དགོན་པའི་ཁོངས་སུ་ཤ་ཆང་དང་ནག་མོ་འགྲིམ་ས་མེད་པ་དང་། དེར་བཞུགས་ཀྱི་དགེ་འདུན་ཐམས་ཅད་དང་ཚུགས་ལ་གནས་པ་དང་ས་གཞན་དུ་འཁོན་རྩོད་ལ་སོགས་པ་ཅི་ཡོད་ཀྱང་། ཨེ་ཝཾ་ཆོས་ལྡན་དུ་འཁོན་རྩོད་ལ་སོགས་པ་བྱ་ས་མེད་པའི་བཅའ་ཁྲིམས་ལེགས་པོ་མཛད་ནས།

འདུལ་བའི་བསླབ་བྱ་དང་། བྱངས་པ་དང་། བསླབ་པ་ཀུན་ལས་བཏུས་ལ་སོགས་པའི་སྒོ་ནས་སྡོམ་པ་འོག་མ་གཉིས་ཀྱི་བསླབ་བྱ་ཉམས་ལེན་དང་བཅས་པ་ཡང་སྐབས་སུ་གསུང་ཞིང་དབྱར་ཆོས་དེ་ལ་གསུང་ངག་གཅིག་གསུངས་སོ། །

དེའི་ཚེ་ཉིན་ཅིག་རོང་པོའི་སྐྱི་ཁང་འོག་མ་དེ་ལ་གཟིགས་ནས། ཞིང་སྐྱོང་ཕ་ཏ་ན་ས་སྐྱའི་གུར་མགོན་ལྕམ་དྲལ་གྱི་འཆམས་སྐུ་དེ་གཉིས་བཞུགས་འདུག་པ་ཡིན་ཏེ། ཁང་པ་ཕ་ཏ་ན་འོང་བ་ལ་བལྟ་བ་ཡིན་པ་འདུག་ཅེས་གསུང་བ་ནི། སྔར་རི་ཁྲོད་ཐུགས་དམ་དུ་ཤར་བའི་ཚེ་གཟིགས་པར་སྣང་ངོ་། །དབྱར་ཆོས་དེ་ནས་བཟུང་གཙོ་བོར་གསང་སྔགས་རྡོ་རྗེ་ཐེག་པ་རྒྱུད་སྡེ་བཞིའི་ཆོས་ཀྱི་འཁོར་ལོ་བསྐོར་བ་ལས་དབེན་གནས་འདིར་ཕེབས་ནས་རྡོ་རྗེ་ཐེག་པ་དོན་དུ་གཉེར་བའི་དགེ་བའི་བཤེས་གཉེན་ཕྱོགས་མཐའ་དག་ནས་དུས་དང་གནས་སྐབས་ངེས་པ་མེད་པར་བྱོན་པས་དབང་དང་བྱིན་རླབས། རྒྱུད་མན་ངག་ལ་སོགས་པ་རྣམས་ཀྱང་དུས་དང་གོ་རིམས་ངེས་པ་མེད་པར་དོན་གཉེར་བའི་ཤེས་འདོད་ཀྱི་སྐབས་ཀ་དང་བསྟུན་ནས་རྒྱུན་མི་ཆད་པར་གསུངས་ཤིང་། དེ་ལ་སྤྱིར་རྒྱུད་སྡེ་བཞི་ལ་ཆོས་སྐད་རང་རྐང་ཚུགས་པ་རེ་ཡོད་པ་དང་། འགྲེལ་བྱེད་ཚད་མ་རྒྱ་གར་བའི་པཎ་གྲུབ་རྣམས་ཀྱིས་འགྲེལ་ལུགས་སྣ་ཚོགས་མཛད་པ་རྣམས་ལ་རང་རང་གི་གྲུབ་མཐའ་གཞུང་ཚུགས་པའི་བཤད་པ་དང་། དེ་དང་རྗེས་སུ་འབྲེལ་བའི་ལག་ལེན་དང་། དེའི་མན་ངག་ཉམས་ལེན་གྱི་རིམ་པ་རྣམས་སོ་སོ་རང་གི་ལུགས་བཞིན་གཞན་དང་མ་འདྲེས་པར་བཤད་པ་ན། རྒྱུད་སྡེ་རེ་རེའི་འགྲེལ་ཚུལ་ཡང་ཕན་ཚུན་མི་འདྲ་བ་ཆེས་ཆེ་བ་སྣང་མོད། ཐམས་ཅད་ཀྱང་གསང་སྔགས་རྒྱུད་སྡེ་དང་མཐུན་པའི་བཤད་པ་འབའ་ཞིག་ཏུ་འགྲོ་བའི་འཆད་ཚུལ་འདི་ནི་རྒྱུད་གཞུང་དང་། སྔོན་གྱི་རྒྱུད་སྡེ་ཚུལ་བཞིན་དུ་སྨྲ་བའི་གོང་མ་རྣམས་ཀྱི་དགོངས་པ་ཕྱོགས་གཅིག་པར་འདུག་ནའང་། དེང་སང་ཆོས་རྗེ་རིན་པོ་ཆེ་ཁོ་ནའི་འཆད་སྲོལ་ཐུན་མོང་མ་ཡིན་པར་སྣང་ངོ་། །

དེ་ལྟ་བུའི་འཆད་ཚུལ་གྱིས་རྩ་བའི་རྒྱུད་བརྟག་པ་གཉིས་པ། བཤད་པའི་རྒྱུད་རྡོ་རྗེ་གུར། སམྦུ་ཊ་སྟེ་རྒྱུད་གསུམ་དང་། དཔལ་དུས་ཀྱི་འཁོར་ལོའི་རྒྱུད་འགྲེལ། འཁོར་ལོ་བདེ་མཆོག་རྩ་བའི་རྒྱུད་རྣལ་འབྱོར་མ་ཀུན་སྤྱོད་ལ་སོགས་པ་བཤད་པའི་རྒྱུད་དང་། མ་ཧཱ་མཱ་ཡའི་རྒྱུད། གསང་བ་

འདུས་པའི་རྒྱུད། རྒྱུད་ཕྱི་མ་ལ་སོགས་པའི་བཤད་པའི་རྒྱུད་དང་། རྡོ་རྗེ་འཇིགས་བྱེད་ཀྱི་རྒྱུད་རྟོག་བདུན་དང་། ངན་སོང་ཐམས་ཅད་ཡོངས་སུ་སྦྱོང་བའི་རྒྱུད་ལ་སོགས་པ་རྒྱུད་སྡེ་མཐའ་ཡས་པ་དང་། དེ་དག་དང་འབྲེལ་བའི་འགྲེལ་པ་དང་། གཞུང་གི་ཚོགས་རབ་ཏུ་མང་པོའི་བཤད་པ་དང་། གཞན་ཡང་གསུང་ངག་རིན་པོ་ཆེ་ལམ་འབྲས་ལམ་སྐོར་དང་བཅས་པ་ཡོངས་སུ་རྫོགས་པ་དེ་སྔ་ཡན་ལ་ཚར་བརྒྱད་ཙམ། ཟམ་ལམ་རྡོ་རྗེའི་རྣལ་འབྱོར་སྦྱོར་བ་ཡན་ལག་དྲུག་པའི་སྐོར་ཆ་ལག་དང་བཅས་པ་ཡོངས་སུ་རྫོགས་པ་དང་། རིམ་བཞི་དང་། རིམ་ལྔ་དང་། རྩ་དབུ་མ་བདེ་མཆོག་དཀར་པོ། བདེ་མཆོག་སྣན་བརྒྱུད་ལ་སོགས་པ་འཁོར་ལོ་བདེ་མཆོག་གི་རྫོགས་རིམ་གྱི་སྐོར་དང་། གཤིན་རྗེ་གཤེད་དམར་པོ་ལྷ་ལྔའི་རྫོགས་རིམ་ཤིན་ཏུ་སྦྲོས་མེད་དང་། འཇིགས་བྱེད་ར་ཁྲིད་ལ་སོགས་པ་རྫོགས་རིམ་གྱི་སྐོར་བསམ་གྱིས་མི་ཁྱབ་པ་ལན་གྲངས་རབ་ཏུ་མང་པོ་དང་། སྒྲུབ་ཐབས་བརྒྱ་རྩ་དང་རྒྱ་མཚོ་ལ་སོགས་པའི་རྗེས་གནང་གི་སྐོར་མང་པོ་དང་། རྒྱུད་འབུམ་དང་ས་སྐྱ་བཀའ་འབུམ་ལ་སོགས་ལུང་གི་ཚོགས་གྲངས་མེད་པ་ལ་སོགས་ཏེ། མདོར་ན་དབང་དང་བྱིན་རླབས་རྒྱུད་དང་མན་ངག་རྗེས་གནང་དང་རིགས་གཏད་སྒྲུབ་ཐབས་དང་ལུང་ལ་སོགས་པའི་ཆོས་ཀྱི་འཁོར་ལོ་ཉིན་མཚན་ཁོར་ཡུག་ཏུ་རྒྱུན་མི་འཆད་པར་བསྐོར་བར་མཛད་དོ། །

དེ་ལ་བརྟེན་ནས་སེམས་དཔའ་ཆེན་པོ་གཞོན་ནུ་རྒྱལ་མཆོག་དང་། མཁྱེན་རབ་དབང་ཕྱུག་གྲགས་པ་བཟང་པོ་དང་། ཆོས་རྗེ་གཞོན་ནུ་སེང་གེ་པ་ལ་སོགས་པ་བསྟན་པ་ལ་བྱ་བ་བྱས་པའི་དགེ་བའི་བཤེས་གཉེན་ཆེན་པོ་དུ་མ་དང་། ཁྱད་པར་རྒྱུད་སྡེ་ཆེན་པོ་བཞིའི་དོན་ལ་བཤད་པ་དང་། ལག་ལེན་དང་ཉམས་ལེན་གྱི་རིམ་པ་ཐམས་ཅད་འཁྲུལ་པ་མེད་པར་ཐུགས་སུ་ཆུད་ནས་བཤད་ཉན་གྱི་སྒོ་ནས་བསྟན་པའི་རྒྱུན་གནས་པ་དང་། ཉམས་ལེན་གྱི་སྒོ་ནས་སྒྲུབ་པའི་རྒྱལ་མཚན་བཙུགས་པའི་དགེ་བའི་བཤེས་གཉེན་འཇམ་པའི་དབྱངས་ཀྱི་རྣམ་འཕྲུལ་དཔལ་ལྡན་ས་སྐྱ་པའི་གདུང་བརྒྱུད་བདག་ཆེན་ཀུ་མིག་པ་གྲགས་པ་བློ་གྲོས་པ་དང་། བདག་ཆེན་མཐུ་སྟོབས་དབང་ཕྱུག་བསོད་ནམས་རྒྱལ་མཚན་པ་དང་། བདག་ཆེན་གཞི་ཐོག་པ་ཀུན་དགའ་དབང་ཕྱུག་པ་དང་། བདག་ཆེན་ཀུ་མིག་པ་བློ་གྲོས་དབང་ཕྱུག་པ་རྣམས་ཀྱིས་གཙོ་མཛད། སྟོད་མངའ་རིས། སྨད་མདོ་ཁམས།

བར་དབུས་གཙང་གི་ཕྱོགས་མཐའ་དག་ན་བསམ་གྱིས་མི་ཁྱབ་ཅིང་གྲངས་ལས་འདས་པ་བསྐྲུན་པར་མཛད་ཅིང་། ཆོས་རྗེ་རིན་པོ་ཆེ་རང་ཉིད་ཀྱིས་ཐུགས་རྒྱུད་ལ་ཡང་། སྨྱུན་ལམ་ན་ཡོད་པའི་བུམ་པ་ལ་སོགས་པ་ལ་རྟུལ་ཕྲ་རབ་ཪེ་སྙེད་ཡོད་པ་གསལ་བར་གཟིགས་པའི་ཏིང་ངེ་འཛིན་ལ་སོགས་པའི་ཏིང་ངེ་འཛིན་དུ་མ་ལ་མངའ་བརྙེས་ཏེ། དེའི་སྟོབས་ཀྱིས་གདན་ས་ཆེན་པོ་དང་། གཞན་ཡང་སྔེ་པ་འགའ་རེ་ལ་མ་འོངས་པ་ན་འདི་ལྟ་བུ་འབྱུང་བ་དང་། ཐ་ན་གྲྭ་པ་ཕལ་པ་ལ་འགྲོ་འདུག་བྱེད་པའི་ལུང་བསྟན་ཞུས་པ་ཡང་ཇི་ལྟར་ལུང་བསྟན་པ་ལྟར་ཐོག་ཏུ་འབབ་པ་ལ་སོགས་པ་མ་འོངས་པ་ལུང་བསྟན་པ་ཡང་མཐའ་ཡས་སོ། །

དེ་ལྟ་བུའི་བར་སྐབས་སུ་མངའ་རིས་གློ་བོ་ཕྱོགས་ནས་བསྟན་པའི་སྦྱིན་བདག་ཨ་མ་དཔལ་ཡབ་སྲས་ཀྱིས་ལན་གསུམ་གྱི་བར་དུ་གདན་འདྲེན་ཞུས་པ། བསྟན་པ་དང་སེམས་ཅན་གྱི་དོན་རྒྱ་ཆེན་པོ་འབྱུང་བར་དགོངས་ཏེ། མངའ་རིས་ཕྱོགས་ལ་ཆག་ཕེབས་ཏེ། ཟབ་པ་དང་རྒྱ་ཆེ་བའི་ཆོས་ཀྱི་འཁོར་ལོ་ཡུན་རིང་དུ་བསྐོར། དགེ་འདུན་གྱི་སྡེ་ཁྱད་པར་དུ་འཕགས་པ་དུ་མ་བཙུགས་ཏེ། བཤད་ཉན་གྱི་སྒོ་ནས་བསྟན་པ་སྤྱི་དང་བྱེ་བྲག་ཏུ་དཔལ་ལྡན་ས་སྐྱ་པའི་བསྟན་པ་གསལ་བར་མཛད་པ་དང་། གཞན་ཡང་གཙུག་ལག་ཁང་ཁྱད་པར་དུ་འཕགས་པ་དང་། རིན་ཆེན་གསེར་ལ་སོགས་པ་ལས་གྲུབ་པའི་བདེ་བར་གཤེགས་པའི་རྟེན་གསུམ་ངོ་མཚར་བ་དུ་མ་དང་། རིན་པོ་ཆེ་གསེར་དང་སྣག་ཚ་ལས་གྲུབ་པའི་བཀའ་འགྱུར་ཚར་དུ་མ་ལ་སོགས་པ་གསུང་རབ་མཐའ་ཡས་པ་བཞེངས་པའི་བཀའ་གནང་སྟེ། ཚུལ་བཞིན་དུ་བཞེངས་ནས་རབ་གནས་ལེགས་པར་མཛད་པ་ལ་སོགས་པའི་ཕྲིན་ལས་མཐའ་ཡས་པ་ཡིན་ནོ། །གཞན་ཡང་གོང་མ་ཆེན་པོ་གྲགས་པ་འབྱུང་གནས་པས་ཡར་ལུང་ཕྱོགས་སུ་གདན་འདྲེན་ཞུས་ནས། དབུས་ཕྱོགས་ཀྱི་དགེ་བའི་བཤེས་གཉེན་དཔག་ཏུ་མེད་པ་ལ་ཆོས་ཀྱི་འཁོར་ལོ་རྒྱ་ཆེན་པོ་ཡང་བསྐོར་བར་མཛད་དོ། །

དེ་ལྟར་འཆད་པའི་སྒོ་ནས་སངས་རྒྱས་ཀྱི་བསྟན་པ་གསལ་བར་མཛད་ནས་རྩོད་པའི་སྒོ་ནས་གཞན་གྱི་ལོག་པར་རྟོགས་པ་བཟློག་པ་ཡང་། སྔོན་གྱི་དུས་སུ་དཔལ་ལྡན་ཆོས་སྐྱོང་སེམས་ཅམ་གྱི་པཎྜི་ཏ་ཡིན་པས། པིཎྜ་པའི་རྒྱུད་གསུམ་མན་ངག་དང་བཅས་པའི་དགོངས་པ་སེམས་ཅམ་

དུ་བཀྲལ་བ་ཡིན་ནོ་ཞེས་པའི་ལོག་པར་རྟོགས་པ་བྱུང་བ། ལུང་རིགས་ཀྱིས་སུན་འབྱིན་པར་བྱེད་པའི་བསྟན་བཅོས་ཆེན་པོ་རྒྱུད་གསུམ་གནོད་འཇོམས་རྩ་འགྲེལ་མཛད། ཡང་ཕྱིས་ཀྱི་རྡོར་ལུས་དཀྱིལ་རྒྱུད་གཞུང་ལས་མ་བཤད་པའི་རྟོག་བཏགས་ཡིན་ནོ་ཞེས་པའི་ལོག་རྟོགས་འཇིགས་སུ་རུང་བ་བྱུང་བ་དེ། ལུང་རིགས་མན་ངག་གི་སྒོ་ནས་ལེགས་པར་སུན་ཕྱུང་ནས། རྒྱུད་གཞུང་གི་དགོངས་པ་བླ་ན་མེད་པར་སྒྲུབ་པར་བྱེད་པའི་བསྟན་བཅོས་ཆེན་པོ་ལུས་དཀྱིལ་རྩོད་སྤོང་སྨྲ་བ་ངན་འཇོམས་ཞེས་བྱ་བ་དང་། ལྟ་བ་ངན་སེལ་ཞེས་བྱ་བ་གཉིས་མཛད་དོ། །

དེ་བཞིན་དུ་དྲིས་ལན་སྣ་ཚོགས་ཀྱི་སྒོ་ནས་ལོག་རྟོགས་ཟློག་པར་བྱེད་པའི་བསྟན་བཅོས་དུ་མ་མཛད་དོ། །གཞན་ཡང་ལེགས་པར་བཤད་པ་རྩོམ་པའི་སྐོར་ཡང་། བླ་མ་ཡི་དམ་ཆོས་སྐྱོང་རྣམས་ཀྱི་བསྟོད་པའི་སྐོར་དང་། བྱ་བའི་རྒྱུད་རང་རྐང་གི་ཆོས་སྐད་དང་། འགྲེལ་ཚུལ་སྣ་ཚོགས་ཀྱི་དགོངས་པ་ལ་གསལ་བར་སྟོན་པ་བྱ་བའི་རྒྱུད་སྤྱིའི་རྣམ་པར་བཞག་པ་ལེགས་པར་བཤད་པའི་རྒྱ་མཚོ་ཞེས་བྱ་བ་དང་། དེ་བཞིན་དུ་སྤྱོད་རྒྱུད་སྤྱིའི་རྣམ་བཞག་ལེགས་པར་བཤད་པའི་སྒྲོན་མ་དང་། ཀྱེ་རྡོ་རྗེའི་སྒྲུབ་ཐབས་མཐའ་དག་གི་དགོངས་པ་གསལ་བར་སྟོན་པ་བསྐྱེད་རིམ་གནད་ཀྱི་ཟླ་ཟེར་ཡན་ལག་དང་བཅས་པ་ལ་སོགས་པ་རྒྱུད་གཞུང་གི་དགོངས་འགྲེལ་བསྟན་བཅོས་དུ་མ་དང་། བདེ་མཆོག་མཁའ་འགྲོ་རྒྱ་མཚོ། གསང་འདུས་མི་བསྐྱོད་པ། སུམྦྷ་ཏི། རྡོར་དབྱིངས། གཤེད་དམར་ལྷ་ལྔ་ལ་སོགས་པའི་སྒྲིན་བྱེད་དང་། གྲོལ་ལམ་བསྐྱེད་རིམ་ཡན་ལག་དང་བཅས་པའི་ལག་ལེན་གསལ་བར་སྟོན་པའི་སྐོར་རྣམས་དང་། གཞན་ཡང་སྒྲུབ་ཐབས་ཀྱི་རིགས་རབ་ཏུ་མང་པོ་རྣམས་དང་། གསུང་ངག་རིན་པོ་ཆེའི་བཤད་ཐབས་ཀྱི་མན་ངག་གསང་བའི་སྒོ་འབྱེད་དང་། བདེ་མཆོག་དཀར་པོའི་རྫོགས་རིམ་དང་། གསང་འདུས་རིམ་ལྔ། འཇིགས་བྱེད་ཀྱི་ར་ཁྲིད། སྦྲོས་མེད་མཛེས་རྒྱན་ལ་སོགས་པ་རྫོགས་རིམ་གྱི་སྐོར་དང་། གཞན་ཡང་གདམས་པ་སྣ་ཚོགས་ཀྱི་སྒོ་ནས་ཉམས་ལེན་གསལ་བར་སྟོན་པའི་སྐོར་དང་། བསྔོ་བ་དང་། སྨོན་ལམ་དང་། བཀྲ་ཤིས་ལ་སོགས་པའི་གསུང་རབ་མཐའ་ཡས་མཛད་པའི་རྣམ་གྲངས་ནི་བརྗོད་པར་མི་ནུས་པས་མ་བྲིས་སོ། །

དེ་ལྟར་དུས་དང་གནས་སྐབས་ཐམས་ཅད་དུ་གཡེལ་བ་མེད་པར་བསྟན་པའི་བྱ་བ་བྱས

པས་བསྟན་པ་སྤྱི་དང་བྱེ་བྲག་ས་སྐྱ་པའི་བསྟན་པ་ཤིན་ཏུ་གསལ་བར་བྱས་པ་ཡིན་ཏེ། ཡང་ནུབ་གཅིག་མནལ་ལམ་དུ། འདུ་ཁང་ཆེན་པོ་མཛད་པར་དགོངས་པའི་གྲྭ་ར་དེ་ན་བླ་མ་ས་ཆེན་ཡབ་སྲས་གསུམ་གྱི་སྐུར་སྣང་གྱི་ལྷ་བུ་དང་། ཆོས་རྗེ་ས་པཎ་གྱི་སྐུ་ཡང་དེ་ཚོ་དང་འདྲ་བའི་འོད་ཟེར་དང་། གཟི་བརྗིད་མཐའ་ཡས་པ་དང་བཅས་པ་ཅིག་གཟིགས་པ་རྨིས་སོ་ཞེས་གསུངས་པ་ལ་སོགས་པས་ཤེས་སོ། །

གཞན་ཡང་གྱུ་གེ་མངའ་བདག་ལྷ་བཙུན་པ་དང་། མངའ་རིས་རྫོང་ཁའི་མངའ་བདག་ལ་སོགས་པ་རྒྱལ་པོ་རྣམས་དང་། ཡར་ལུང་གོང་མ་ཆེན་པོ་ཡབ་སྲས་ལ་སོགས་པ་སྡེ་དཔོན་ཆེན་པོ་དང་། མི་དཔོན་ཆེན་པོ་རབ་ཏུ་མང་པོ་རྣམས་ལ་ཡང་སྐལ་བ་དང་འཚམ་པའི་ཆོས་ཀྱི་སྦྱིན་པ་རྒྱ་ཆེན་པོས་ཚིམ་པར་མཛད་པ་ཡིན་ནོ། །དེ་དག་གི་སྐབས་སུ་ལོངས་སྤྱོད་ཀྱི་དངོས་པོ་ཧ་སྐྱེད་ཕྱག་ཏུ་བྱུང་བ་ཀུན་ཀྱང་བླ་མ་གོང་མ་རྣམས་ཀྱི་ཐུགས་དགོངས་རྫོགས་པ་དང་། སངས་རྒྱས་ཀྱི་བསྟན་པ་གནས་པའི་ཐབས་འབའ་ཞིག་གི་ཕྱོགས་སུ་གཏོང་བར་མཛད་དེ། དེ་ཡང་ཆོས་རྗེ་ཡེ་ཤེས་རྒྱལ་མཚན་པའི་ཐུགས་དགོངས་རྫོགས་པའི་ཐབས་སུ་སྟོན་པའི་གསེར་སྐུ་ཆེན་མོ་ངོ་མཚར་བ་གཙོ་ལ་དང་བཅས་པ་དང་། གྲུབ་ཆེན་བིརྺ་པའི་ཐུགས་དགོངས་རྫོགས་པའི་ཐབས་སུ་གསུང་ངག་གི་བླ་མ་བརྒྱུད་པ་ཡོངས་སུ་རྫོགས་པའི་བྲིས་སྐུ་ཆེན་མོ་བཅུ་གཅིག་དང་། གཞན་ཡང་རྡོ་རྗེ་འཆང་གི་གསེར་སྐུ་ཁྲུད་པར་དུ་འཕགས་པ་དང་། བདག་མེད་མ་ནས་གྲུབ་ཆེན་བིརྺ་པའི་བར་དུ་ལྷ་སྐུ་ཁྲུད་པར་དུ་འཕགས་པ་ཆེ་བ་རྣམས་དང་། རྡོ་རྗེ་འཆང་ནས་གྲུབ་ཆེན་བིརྺ་པའི་བར་དུ་བརྒྱུད་པ་ཡོངས་སུ་རྫོགས་པའི་ལྤེར་སྐུ་ཆུང་བ་རྣམས་དང་། བླ་མ་རྣམས་བཞུགས་པའི་གཙང་ཁང་གི་ལོགས་བྲིས་ལ་ཀྱེ་རྡོ་རྗེ་དང་། འཁོར་ལོ་བདེ་མཆོག་དང་། གསང་བ་འདུས་པ་རྣམས་ཀྱི་བླ་མ་བརྒྱུད་པ་དང་། སངས་རྒྱས་དང་བྱང་ཆུབ་སེམས་དཔའ་དཔག་ཏུ་མེད་པ་བཞེངས།

ཆོས་རྗེ་འཕགས་པ་གཞོན་ནུ་བློ་གྲོས་པའི་ཐུགས་དགོངས་རྫོགས་པའི་ཐབས་སུ་བལ་པོའི་ལྷ་བཟོ་བ་མཁས་པ་རྣམས་ཀྱིས་བྲིས་སྐུ་རྡོ་རྗེ་ཕྲེང་བའི་དཀྱིལ་འཁོར་ཡོངས་སུ་རྫོགས་པ་ཀྱི་ཡ་ས་མུཎྜ་ནས་བཤད་པའི་དགེ་ལེགས་སུ་བྱེད་པའི་དཀྱིལ་འཁོར་གསུམ་དང་། གཞན་ཡང་ཟུར་བཀའི་

དཀྱིལ་འཁོར་གྱི་རིགས་མཐའ་ཡས་པ་རྣམས་དང་། ཞིང་ཁམས་མའི་སྐུ་ལ་སོགས་པ་རས་བྲིས་ཀྱི་སོགས་ཤིན་ཏུ་ཡ་མཚན་ཆེ་བ་གྲངས་མེད་པ་བཞེངས་པ་དང་། དགེ་འདུན་གྱི་འདུ་ཁང་དང་གཙུག་ལག་ཁང་ཁྱད་པར་དུ་འཕགས་པ་བཞེངས་པའི་གཙང་ཁང་གི་ནང་དུ། ཡུམ་ནས་བཤད་པའི་ཕྱོགས་བཅུའི་སངས་རྒྱས་ཀྱི་ལྷེར་སྐུ་ལ་སོགས་ཁྱད་པར་དུ་འཕགས་པ་དང་། ལོགས་རིས་ལ་གསེར་འོད་ནས་གསུངས་པའི་ཕྱོགས་བཅུའི་སངས་རྒྱས་ལ་སངས་རྒྱས་དང་བྱང་ཆུབ་སེམས་དཔའི་ཚོགས་བསམ་གྱིས་མི་ཁྱབ་པས་བསྐོར་བ་དང་། འདུ་ཁང་གི་ལོགས་རིས་ཞིང་ཁམས་ཉི་ཤུ་རྩ་བརྒྱད་ལ་དབུས་སུ་སྟོན་པ་བདུད་འདུལ་མ་དང་། ཆོས་འཆད་མ་གཉིས། དེ་དག་གི་གཡས་གཡོན་སྨན་བླའི་མདོ་བརྒྱད་བརྒྱ་པ་ནས་བཤད་པའི་དེ་བཞིན་གཤེགས་པ་དྲུག །ནུབ་ཕྱོགས་ཀྱི་ཞིང་ཁམས་དང་པོ་ལ་སྨན་པའི་རྒྱལ་པོ། ཤར་ཕྱོགས་ཀྱི་དང་པོ་ལ་བཅོམ་ལྡན་འདས་མི་འཁྲུགས་པ། ཞིང་ཁམས་ལྷག་མ་བཅུ་ལ་ཕྱོགས་བཅུ་མུན་སེལ་ནས་བཤད་པའི་ཕྱོགས་བཅུའི་སངས་རྒྱས། དེ་དག་གི་བར་རྣམས་སུ་བསྐལ་བཟང་ནས་བཤད་པའི་སངས་རྒྱས་སྟོང་ལ་སོགས་པ་སངས་རྒྱས་ཀྱི་སྐུ་རབ་ཏུ་མང་པོ་དང་། ཤར་ནུབ་ཀྱི་ཞིང་ཁམས་བཅུ་གཉིས་ཀྱི་དཔུང་ཟུར་གཡས་གཡོན་དུ་རྡོ་རྗེ་གདན་གྱི་གཏད་རབས་ཉི་ཤུ་རྩ་བཞི། ཕྱོགས་བཅུའི་སངས་རྒྱས་ཀྱི་ལྷེམ་ལ་མདོ་དགོངས་པ་ངེས་འགྲེལ་ནས་བཤད་པའི་ཉན་ཐོས་ཉི་ཤུ། ཕྱིའི་སྒོའི་ནང་གི་གཡས་གཡོན་གྱི་ཞིང་ཁམས་བརྒྱད་ལ། བྱང་ཆུབ་སེམས་དཔའ་ཉེ་བའི་སྲས་བརྒྱད། ལྷེམ་ལ་སྤྱང་སྐྱོང་ཕྱག་བརྒྱ་བ་ནས་བཤད་པའི་བྱང་སེམས་བཅུ་དྲུག །དེ་རྣམས་ཀྱི་བར་དང་འོག་རྣམས་སུ་འཇམ་དཔལ་རྩ་རྒྱུད་ནས་བཤད་པའི་རང་རྒྱལ་བཅུ་དྲུག །འདུལ་བ་ལུང་ནས་བཤད་པའི་ཉན་ཐོས་བརྒྱ། གཞན་ཡང་གནོད་སྦྱིན་གྱི་སྡེ་དཔོན་ལ་སོགས་པ་བསམ་གྱིས་མི་ཁྱབ་པ་བཞེངས་སོ། །

དེ་དག་གི་སྐབས་སུ་ལྷ་བཟོ་བ་ལ་སོགས་པའི་བཟོ་རིགས་པ་རྣམས་ལ་ཡོན་རྫོངས་དང་། སྟོན་མོ་དང་། བསྔོན་དང་། བསྐྱོན་ལ་སོགས་པ་བསམ་པ་ལེགས་པར་ཚིམ་པར་མཛད་པ་དང་། གཞན་ཡང་རྟེན་རྣམས་ཀྱི་ན་བཟའ་དང་། དེ་དག་གི་སྤྱན་སྔར་མཆོད་པའི་ཡོ་བྱད་མར་མེའི་ཕྲེང་བ་དང་། ཆེན་པོ་ལ་འོས་པའི་གདུགས་དང་། རྒྱལ་མཚན་དང་། བ་དན་དང་། དར་དང་། སྲུ་ཧྲིག་དང་བཅས

པའི་འཕན་གྱི་ཚོགས་དང་། དུང་དང་སིལ་སྙན་ལ་སོགས་པ་རོལ་མོའི་བྱེ་བྲག་སྣ་ཚོགས་པ་དང་། ཁྱད་པར་དུ་འཕགས་པའི་བླ་བྲེའི་ཚོགས་དང་། རིན་པོ་ཆེ་དངུལ་གྱི་མཎྜལ་ལ་སོགས་པ་མཎྜལ་གྱི་ཚོགས་གྲངས་མེད་པ་ལ་སོགས་པ་སྟེ། མདོར་ན་མཆོད་པའི་བྱེ་བྲག་བཟང་ཞིང་ངོ་མཚར་བ་དཔག་ཏུ་མེད་པ་དང་། བླ་མ་གོང་མ་རྣམས་ཀྱི་དུས་མཆོད་དང་། གཞན་ཡང་སྐྱིད་གྲོང་རྫོ་བོའི་དྲུང་དུ་མར་མེའི་ཕྲེང་བ་ཁོར་ཡུག་མང་པོ་ཟླ་གཅིག་གི་བར་དུ་ཕུལ་ཞིང་། ཁ་ཕྱུར་རྗོ་བོའི་དྲུང་དུ་ཡང་མར་མེའི་ཕྲེང་བ་རབ་ཏུ་མང་པོ་ཞག་ཉི་ཤུ་རྩ་ལྔའི་བར་དུ་ཕུལ་ལ། ཁྱད་པར་གདན་ས་ཆེན་པོ་དཔལ་ལྡན་ས་སྐྱའི་གཙུག་ལག་ཁང་རྣམས་སུ་གསེར་ག་ལྔས་གཙོ་བྱས། གསེར་ཞོ་སུམ་བརྒྱ་ཙམ་གྱི་རིན་གྱི་མར་མེ་ཧྲ་ལོ་ཆེ་འཕྲུལ་ཆེན་པོའི་ཆོས་བརྒྱད་ནས་བཙམས་ཏེ། ཉེར་ལྔའི་བར་དུ་རྒྱུན་མ་ཆད་པར་ཕུལ་ནས་སངས་རྒྱས་ཀྱི་བསྟན་པ་ཕྱོགས་ཐམས་ཅད་དུ་ཡུན་རིང་རྒྱས་པའི་སྨོན་ལམ་རྒྱ་ཆེན་པོ་མཛད་དོ། །

དེ་ལྟ་བུའི་མཛད་པ་མཐའ་ཡས་ཤིང་རྨད་དུ་བྱུང་བ་རྒྱུན་མི་ཆད་པ། བདེ་བླག་ཏུ་འགྲུབ་པའི་འགལ་རྐྱེན་སེལ་ཞིང་མཐུན་རྐྱེན་སྒྲུབས་པའི་ཕྲིན་ལས་ཆོས་སྐྱོང་རྣམས་ཀྱིས་འབད་མེད་ལྷུན་གྲུབ་ཏུ་མཛད་པ་ཡིན་ཏེ། སྔགས་བྱད་ཁ་ལ་བརྟེན་པའི་སྐྱུ་ཆག །གུར་མགོན་སྲུང་འཁོར་གྱི་བཟློག་པ་དང་། ཨེ་ཝཾ་ཆོས་ལྡན་གྱི་རི་ཁྲོད་དུ་ཕེབས་པའི་ཚེ། རྡོ་རྗེ་ཕྲེང་བའི་དཀྱིལ་འཁོར་ཡོངས་སུ་རྫོགས་པ་བཞེངས་པར་དགོངས་པ་ན་བལ་པོའི་ལྷ་བཟོ་བ་ཞཱཀྱ་སྦྱིན་ལ་སོགས་པ་མཁས་པ་དྲུག་འོང་བའི་གཏམ་མེད་པར་ཡང་གློ་བུར་དུ་སྐུ་མདུན་དུ་སླེབས་ནས། ཇི་ལྟར་དགོངས་པའི་དཀྱིལ་འཁོར་རྣམས་དང་། གཞན་ཡང་ཐུགས་དམ་གྱི་རིགས་མཐའ་ཡས་པ་འབད་མེད་དུ་གྲུབ་པའི་ཚེ་ལྷ་བཟོ་བ་ཨ་ཁེ་ར་རྫ་ཞེས་བྱ་བ་ཅིག་ཡོད་པ་ན་རེ། ངེད་འདི་རྣམས་ཕན་ཚུན་གཅིག་གིས་གཅིག་ལ་གླེངས་པ་མ་ཡིན་པར། ཐམས་ཅད་བོད་དུ་བླ་མ་འཕགས་པའི་བུ་ཅན་དུ་འགྲོ་ཞེས་ཕྱོགས་གཅིག་ཏུ་གྲོས་འཆམས་ཏེ་བོད་དུ་འོང་བའི་ཚེ། ལ་སྟོད་ཤེལ་དཀར་དང་། ཆུ་འདུས་དང་། ས་སྐྱ་རྣམས་སུ། ཁྱེད་རང་རྣམས་འདི་ཚོ་རུ་ལས་དཀའ་བྱས་ན། ཡོན་རྫོངས་ལེགས་པོ་སྟེར་ཟེར་ཡང་དེ་ཚོ་གང་དུ་ཡང་སྡོད་མ་འདོད་ཅིང་། གནས་པོ་མི་ཉག་པ་ཅིག་ཡོད་པ་ན་རེ། ཁྱེད་རང་ཨེན་ཚ་ཁར་ཕྱིན་ནས་ལས་དཀའ་བྱས་ན

ཡོན་རྫོངས་ཐམས་ཅད་གསེར་དུ་འོང་བས་འགྲོ་ན་ངས་བསྐྱལ་ཟེར་ཡང་། འགྲོ་མ་འདོད་པར་བླ་མའི་དྲུང་དུ་ཟང་སླེབས་པ་འདི་བླ་མས་སྨོམ་བྱས་པ་དེད་ཀྱི་སྙིང་ལ་ཡོག་པ་ཡིན་མོད་ཅེས་ཟེར་ཏེ། ཆོས་སྐྱོང་གིས་རང་དབང་མེད་པར་བཀུག་པ་ཡིན་ནོ། །

དེ་བཞིན་དུ་སྟོན་པའི་གསེར་སྐུ་ཆེན་མོ་བཞེངས་པར་དགོངས་པ་ན། ལྷ་བཟོ་བའི་སྨི་ལམ་དུ་ཁྲ་འབྲུག་གི་གཙུག་ལག་ཁང་ཡིན་སྙམ་པ་ཅིག་ན་འདུག་པ་ན། རྣ་བ་ལ་དུང་ལོང་དང་བཅས་པའི་ཨ་ཙ་རའི་གཟུགས་ཤིག་བྱུང་སྟེ། ངེད་ཀྱི་ལྷ་བཟོ་བ་ལ་འོང་དགོས་ཟེར་བ་ལ། ད་ལྷ་སྒོ་མི་འདུག །ལམ་ཡང་མི་ཕྱེད། མི་འགྲོ་བྱས་པས། ངའི་རྗེས་ལ་འོང་བས་མགོ་ཐོན་གྱིས་ཤོག་ཟེར་ནས་ཕྱིན་པ་རྨིས་པ། གསེར་སྐུ་ཆེན་མོ་བཞེངས་པ་ལ་འོང་བའི་ལྟས་ཡིན་ཚོད་དུ་འདུག་ཟེར་རོ། །

གཞན་ཡང་ཆོས་སྐྱོང་གི་རྣམ་འཕྲུལ་རེས་འགའ་ལས་བསྒྲུབས་ཀྱང་གདང་རག་རེ་ཡང་མ་བྱུང་ཟེར་ཞིང་འཁང་བའི་རྣམ་པ་དང་། རེས་འགའ་ཕྲིད་ཀྱིས་མ་བཅོལ་ཡང་དེད་རང་གིས་བྱས་པ་ཡིན་ཞེས་ཁ་པོ་འདོན་པའི་རྣམ་པ་ལ་སོགས་པ་རྣམ་འཕྲུལ་སྣ་ཚོགས་ཀྱི་སྒོ་ནས། ཕྲིན་ལས་འབད་མེད་ལྷུན་གྲུབ་ཏུ་བསྒྲུབས་པ་ཡིན་ནོ་ཞེས་པ་ཆོས་རྗེ་རིན་པོ་ཆེའི་རྣམ་པར་ཐར་པ་རྒྱ་མཚོ་ཆེན་པོ་ལས་ཆུའི་ཐིགས་པ་ཙམ་ཞིག་ཤིན་ཏུ་མདོར་བསྡུས་ཏེ་བྲིས་པ་འདི་ནི། རྗེ་རིན་པོ་ཆེ་ལ་མི་ཕྱེད་པའི་དད་པ་དང་ལྡན་པའི་དགེ་བའི་བཤེས་གཉེན་དུ་མས་ལན་མང་དུ་བསྐུལ་བ་ལ་བརྟེན་ནས་སློབ་འབངས་ཀྱི་ཐ་ཆུངས་སུ་གྱུར་པ། བྱ་བྲལ་དཀོན་མཆོག་རྒྱལ་མཚན་གྱིས་མཚུངས་མེད་རྗེ་བཙུན་དམ་པ་དགུང་ལོ་བདུན་ཅུ་དོན་བཞི་པའི་སྟེང་ནས་བཞུགས་པ། ཤིང་མོ་ཕག་གི་ལོ་ཐ་སྐར་གྱི་ཟླ་བའི་ཚེས་བཅུ་གསུམ་ལ། བས་མཐའི་རི་ཁྲོད་ཡང་དབེན་བསམ་གཏན་ཕུག་ཏུ་སྦྱར་བ་འདིས་སེམས་ཅན་ཐམས་ཅད་ཀྱི་རྒྱུད་ལ་བླ་མའི་བྱིན་རླབས་འཇུག་པར་གྱུར་ཅིག །

དེ་ལྟར་དགུང་ལོ་བཅོ་ལྔ་པ་ནས། དགུང་ལོ་བདུན་ཅུ་རྩ་ལྔའི་བར་དུ་བསྟན་པའི་བྱ་བ་འབའ་ཞིག་གིས་དུས་འདའ་བར་མཛད་ལ། དེ་ཡང་དགུང་ལོ་དགུ་པ་ལ་རབ་ཏུ་བྱུང་བ་ནས། གདན་གཅིག་རྡོར་དཀར་བསྙེན་ཏེ་རང་ཚུགས་དམ་པར་མཛད་པས་སྐུ་ལུས་ཤིན་ཏུ་ཉམ་ཆུང་ཞིང་། ཁྱད་པར་དུ་དགུང་ལོ་ཉི་ཤུ་རྩ་ལྔ་པའི་ཚེ། ཆོས་རྗེ་ཡེ་ཤེས་རྒྱལ་མཚན་པ་བསྟུང་བ་དང་། བདེ་བར

གཤེགས་ནས་དང་པོར་བསྟུང་གཡོག་དང་། ཕྱིས་ཐུགས་དགོངས་རྫོགས་པའི་ཐབས་ཡོངས་སུ་རྫོགས་པའི་བར་ལ། གདན་གཅིག་གི་གསོལ་བ་དེ་ཡང་ཇི་ལྟ་བ་བཞིན་མ་བྱུང་བས། ལྟོ་བ་རྒྱབས་པ་བཞིན་སོང་བ་ཡིན་པ་འདྲ། དང་ག་ཡང་མི་བདེ་བ་རང་གཅིག་བྱུང་གསུངས། ཕྱིས་གསོལ་དང་ཅུང་ཟད་བདེར་སོང་བ་ཡིན་གསུངས་ནའང་། སྐུ་གཟུགས་ཤེད་ལ་ཕན་པའི་གསོལ་ནི་མི་བཞེས་པར་འདུག་ཅིང་། ཞིབ་སྤྲོལ་ཉུང་ཟད་རེ་དང་། ལ་ཕུག་བཞིན་ཅུང་ཟད་རེ་མ་གཏོགས་བཞེས་པ་མི་འོང་བ་ཅིག་འདུག །

དེའི་སྟོབས་ཀྱིས་དང་པོ་ནས་སྐུ་ལུས་ལ་ཤེད་མེད་པ་ཅིག་གདའ་ནའང་། སྐུ་ལུས་འཚོ་སྐྱོང་མ་མཛད་པར། ཆོས་འཆད་པ་དང་དབང་བསྐུར་ལ་སོགས་མཛད་པའི་ཚེ། དགུན་གྲང་བའི་དུས་ཡིན་ནའང་། དབང་ཞུ་མཁན་རྣམས་གོས་མང་པོ་གཏུམས་ནས་འདུག་ཀྱང་། གྲང་བའི་སྣང་བ་ཆེན་པོ་འོང་བ་ལ། རྗེའི་ཞལ་སྔ་ནས་གཟན་ཆོས་སྒྲུག་མའི་ཐང་ཀྲུང་རེ་ལ་དབང་བསྐུར་བ་དང་དབང་རྫས་འགྲིམས་པ་མཛད་པས། སྐུ་ལུས་ལ་ཤིན་ཏུ་གཟན་པར་འདུག་ཅིང་། དབང་གྲོལ་བའི་ཚེ་གསོལ་ཇ་ཙམ་རེ་ཡང་བཞེས་རྒྱུ་མེད་པར་དབང་ཞུ་མཁན་རྣམས་རང་སར་གྱིས་འགྲོ་བ་དང་། ཆོས་རྗེ་རིན་པོ་ཆེ་གཟིམས་ཁང་དུ་འབྱོན་པ་མཉམ་པོ་བྱེད་དགོས་པ་ཡུན་རིང་པོ་བྱུང་བ་དང་། ཕྱིས་དགུང་ལོ་མཐོན་པོར་ཕེབས་ཀྱང་། དགེ་འདུན་བརྒྱ་ཕྲག་མང་པོ་ལ། རྒྱུ་དུས་ཀྱི་དབང་ཟླ་བ་རེ་ཙམ་ཉིན་རེ་ཞིང་སྤྲེལ་ནས་མཛད་དགོས་པ་བྱུང་བ་ན། སྟ་གོན་གྱི་དཔུང་སྐྱུད་འཆིང་བ་ཙམ་ཡང་བཞེངས་ནས་མཛད་པ་སྐུ་ལུས་ཀྱི་མི་ལྕོགས་པར། དབང་མིའི་སྟོན་དུ་བཞུགས་ནས་མཛད་དགོས་པ་ཡང་ལོ་དུ་མ་མཛད་ཅིང་། དེ་ལྟར་སྐུ་ལུས་ལ་ཤེད་ཅུང་ཟད་ཀྱང་མེད་ནའང་གསུང་ཆོས་འཆད་པ་དང་། དབང་བསྐུར་བ་ལ་སོགས་པ། སྐུ་ལུས་གསོ་ཐབས་མེད་པའི་འོར་དུ་མ་ལྷུང་གི་བར་དུ་ཅུང་ཟད་ཙམ་བཞུགས་པ་ཡང་ཐུགས་ཀྱིས་མ་བཟོད་པར་མཛད་པས་སྐུ་གཟུགས་ཀྱི་ཡེ་མ་ལྕོགས་པ་ན། ཤིང་མོ་ཕག་གི་སླེལ་པོའི་ཆོས་བཅོ་ལྔ་ནས་སྐུ་མཚམས་མཛད་དེ་མེ་ཕོ་བྱི་བའི་ས་གའི་ཉེར་ལྔའི་བར་དུ་བཞུགས་པ་ལ། འཕྲུལ་གྱི་རྐྱེན་སྣར་གྱི་བསྟུང་གཞི་བད་དཀན་སྐྱ་རྦབ་ཀྱི་རྣམ་པ་ཅིག་ཡོད་པ་དེས་བྱས་པ་ལྟ་བུར་སྣང་བ་དེ་ལ་སྐུ་རིམ་དང་གསོལ་སྨན་སོགས་ཅི་བསྒྲུབས་ཀྱང་སྐུ་སྐྱིད་ཅིག་ཀྱང་མ་བྱུང་བ་ནི།

དེ་ལ་སྤྱིར་ཡར་ལུངས་སུ་ཕེབས་པ་དེས་སྐུ་ཆེ་ལ་བར་ཆད་ཅུང་ཟད་ཅིག་བྱུང་འདུག་གསུངས་ནའང་། སྐུ་ལུས་ཐང་ན་ཡོད་ན་དེ་ལྟ་བུའི་བསླུང་རྐྱེན་དང་། སྐུ་ཆེའི་བར་ཆད་ལ་སོགས་པས་སྐྱོན་ཅན་དུ་འགྲོ་བ་མི་འདུག་ནའང་། སྐུ་གཟུགས་ལ་ཞེད་མེད་པ་ཁོ་ན་འདུག་སྟེ། སྐུ་མཚམས་མཛད་ནས་བཞུགས་པའི་དུས་ཐམས་ཅད་དུ། སྐུ་ལ་ཞེད་མེད་པ་མ་གཏོགས་བསླུང་ཟུག་གི་རིགས་ཅི་ཡང་མེད་ཅེས་གསུངས་སོ། །

དེ་དག་གི་སྐབས་སུ་ནམ་མཁའ་ལ་འཇའི་བྲེ་ཐག་སྣ་ཚོགས་ནི་རྒྱུན་དུ་བྱུང་ཞིང་། ཁྱད་པར་ས་ག་ཟླ་བའི་ཚེས་བཅུ་བཞི་དང་བཅོ་ལྔ་ལ་འཇའ་ཁ་དོག་དང་དབྱིབས་སྣ་ཚོགས་པ་བསམ་གྱིས་མི་ཁྱབ་པ་བྱུང་བས་སྐྱེ་བོ་ཕལ་ཆེར་ཆོས་རྗེ་རོར་པ་ཆེས་བཅུ་བཞིའམ་བཅོ་ལྔ་གང་རུང་ལ་བདེ་བར་གཤེགས་སོ་ཞེས་སྒྲོགས་པ་བྱུང་ངོ་། །ནང་དུ་ཡང་མནལ་ལམ་ལ་སོགས་པར་དག་པའི་སྣང་བའི་གཟིགས་སྣང་སྣ་ཚོགས་བྱུང་བར་སྣང་སྟེ། ནུབ་གཅིག་མནལ་ལམ་དུ། རྗེ་བཙུན་གྱི་སྐུ་ཅིག་ཁ་བུབ་ཏུ་བཞུགས་འདུག་པ། རྗེ་རང་ཡང་དེ་ཉིད་ཡིན་སྙམ་པ་ཞིག་ལ། མི་མང་པོ་ཞིག་ན་རེ། ད་འདི་བསླུང་རན་འདུག་སློངས་ཞེས་ཟེར་ནས་སློང་གིན་འདུག་པས་ལངས་པ་ན། འཛམ་རྡོར་གྱི་གསེར་སྐུ་ལྟ་བུ། གསེར་ཁ་ཤིན་ཏུ་ལེགས་པ་འོད་ཟེར་དང་བཅས་ཤིང་ཞལ་གསུམ་པ་ཅིག་ཏུ་གྱུར་པའི་རྒྱབ་ཀྱི་པདྨོ་ནས་མཐེ་བོང་ཙམ་ཅིག་མ་ཚང་བ་དེ་འདྲ་ཞིག་བྱུང་བ་རྨིས། ལངས་པ་དེ་ཙུང་དགའ་བ་སྲིད་དེ། འོན་ཀྱང་གཟུགས་འགྱུར་བྱུང་བས་ཇི་འདྲ་འོང་ངམ་ཞེས་གསུངས།

ཡང་ནུབ་གཅིག་སྲོད་ལ། ཆེན་པོ་ཀུན་བསོད་པ་དང་། བླ་མ་དཔལ་ལྡན་པ་གཉིས་སྐུ་མདུན་ན་ཡོད་པའི་ཚེ། སཾ་སྐྲི་ཏའི་སྐད་འགའ་ཞིག་གསུང་ཞིང་། དབུ་ཅོག་ཅོག་མཛད་པ་ན། ཆེན་པོ་ཀུན་བསོད་པས་གར་དང་དཔའ་བོ་མཛད་ཀྱིན་གདའ། ཇི་འདྲ་ཅིག་བྱུང་ལགས་ཞུས་པས། ཅི་ཟེར་ཀྱིན་འདུག་པ་གསུངས། ཞལ་ནས་བཛྲ་ཌཱ་ཀི་ནི་ཞེས་གསུང་ཞིང་། དབུ་ཡོན་ཡོན་མཛད་ཀྱིན་གདའ་ཞེས་ཞུས་པས། རྨི་ལམ་ཡིན་པ་འདུག །བླ་མ་ས་ཆེན་བདེ་བར་གཤེགས་པའི་ས། སྐུ་བོ་ཁ་གདངས་ཀྱི་བྱང་གི་རི་ངོས་དེ་ན་ཕར། རྗེ་བཙུན་ཆེན་པོ་འབྱོན་ཀྱིན་འདུག །དེའི་རྗེས་ལ་བུད་མེད་སྔོན་དམར་འགའ་ཞིག་ཡང་འགྲོ་ཡིན་འདུག་པ། དེ་ནས་ཕར་ཕྱིན་པ་རྨིས་ཞེས་གསུངས།

ཡང་གྲོ་རངས་ཤིག་དཔོན་ཆེན་ཀུན་དགའ་དབང་ཕྱུག་གིས་ལམ་འབྲས་ལྷ་ཁང་ནས་ནམ་ཅུང་མ་གསལ་བ་ཙམ་ལ་སྐུ་མདུན་དུ་སླེབས་པའི་ཚེ། སྐུ་གཟུགས་ཕྱུག་ཕྱུག་མཛད་ཅིང་སྨྱོན་འབྱུ་ཚུགས་སུ་མཛད་ཀྱིན་འདུག་པ། ཅུང་ཟད་ཅིག་ནས། དེ་ཀུན་དགའ་དབང་ཕྱུག་ཡིན་ནམ་གསུངས། ཡིན་ལགས་ཞུས་པས། གར་བྱེད་མཁན་དེ་པ་རིག་མ་བཅུ་དྲུག་ཡིན་པ་འདུག་གམ་གསུངས། ཡིན་མཆི་ལགས་ཞེས་ཞུས་ཟེར་རོ། །

ཡང་སྔ་དྲོ་ཅིག་གི་ཚེ། མདང་རྨི་ལམ་ན་ས་སྐྱའི་ཆུ་མིག་རྫིང་ཁ་ན་དཔེ་ཆ་མང་པོ་བསྒྲིག་གིན་འདུག་པས་ཕྱུ་སྡི་མང་པོ་ཞིགས་སྒྲིགས་ནས་ཚགས་བྱས། གདོང་དར་དང་བཅས་ཏེ་བརྩིགས་པ་ཡང་འདུག །དཔེ་ཆ་མང་རབ་ཅིག་མ་འགྲིགས་པར་བསྒྲིགས་གིན་འདུག་པ་ན། རྗེ་བཙུན་རིན་པོ་ཆེའི་ཟན་འབུམ་བཞུགས་པའི་འབུམ་པ་དེ་ཚོའི་གསེབ་ན་ཚུར་རྗེ་བཙུན་རིན་པོ་ཆེ། ན་བཟའ་རས་དཀར་པོའི་ཡོད་ཁ་ཅིག་བསྣམས། ཤིང་རྟ་ཆུང་ཆུང་ཅིག་ལ་ཆིབས་ནས་བྱོན་བྱུང་བ། ཆོས་རྗེའི་ཞལ་སྔ་ནས་ཀྱང་ཁག་བཞེངས་ཏེ། ཕྱག་འཚལ་བ་དང་། བྱིན་རླབས་ཞུས་པའི་གསལ་བ་ནི་མ་བྱུང་། རྗེ་བཙུན་གྱི་ཞལ་ནས། ད་མི་འགྲོའམ་གསུངས།

དེ་ནས་རྗེ་བཙུན་སྟག་བྱང་ཆུབ་སེམས་དཔའ་མཁའ་སྤྱོད་དུ་གཤེགས་པའི་ཕྱོགས་དེ་ན་ཡར་གཤེགས་སོང་བ་རྨིས། ད་འགྲོ་ནའང་སེམས་ཀྱི་འཁྲི་བ་ས་སྐྱའི་གདན་སྟོད་དེ་ལ་ཆོས་ཁྲིམས་གཙང་མ་ཅིག་བྱུང་ན་སྙམ་རྩོལ་བ་ཆེར་བྱས་པ་ཡིན་ཏེ། དེའི་སྦྲོས་པ་ནི་ཆོད་འདུག་གཞན་སེམས་ཀྱི་ལྷག་མ་ཅུང་ཟད་ཀྱང་མེད་ཅེས་གསུངས། དེ་ལྟ་བུ་ལ་སོགས་པ་དག་པའི་སྣང་བ་འབའ་ཞིག་སྣང་ཚོད་དུ་འདུག་གོ །

དེ་ལྟ་བུའི་སྐབས་སུ། སྐུ་མདུན་ན་བཞུགས་པ་རྣམས་ལ། སྔོན་གྱི་ལོ་རྒྱུས་འཕྲོས་གཏམ་གྱི་ཚུལ་གྱིས་བདེ་བར་གཤེགས་ནས་ཐུགས་དགོངས་རྫོགས་པར་བྱེད་པའི་ཐབས་དང་། ནང་རྟེན་དང་། ཕྱི་རྟེན་བདེ་གཤེགས་མཆོད་རྟེན་བརྒྱད་བཞེངས་པ་དང་བཞེངས་ལུགས་ལ་སོགས་པ་དང་། གདུང་རུས་གདུང་ཐལ་དང་བཅས་པ་ཅུང་ཟད་ཀྱང་མ་འཕྱུར་བ་ཚ་ཚར་ཐེབས་པ་གྱིས། གཞན་ལ་རྐྱེན་སྡུག་བྱུང་ཙན། ཐོང་བཏང་བ་ལ་སོགས་པ་ཡོང་གིན་འདུག་སྟེ། རང་རེས་དེ་འདྲའི་ཕྱོགས་སུ་རས་

ཁ་གང་ཡང་གཏོང་མ་སྨྲོང་བ་དང་། ཡོན་བདག་གྲྭ་པ་དང་བཅས་པའི་དཀར་པོ་ཡང་སྟར་གྱི་ཆོས་ཆོག་པ་ཡོད་པས། ད་མཆོད་སྦྱིང་དང་ཟོང་ཆ་ལེན་པ་ལ་སོགས་པ་ཡང་མ་བྱེད་རབ་ཏུ་བྱུང་བ་འདས་པའི་རྗེས་སུ་མྱ་ངན་གྱི་ཆ་ལུགས་བྱེད་པ་ལ་སོགས་པ་ཆོས་དང་ཤིན་ཏུ་མི་མཐུན་པས། དེ་ལྟ་བུའི་རིགས་གཅིག་ཀྱང་མ་བྱེད་གསུངས་པ་ལ་སོགས་པའི་ཞལ་ཏ་རབ་ཏུ་ཞིབ་པ་མཐའ་ཆོད་པར་གནང་འདུག །ས་གའི་ཉི་ཤུ་གསུམ་གྱི་ཉིན་པར་བདག་གིས་སླེབས་པ་ན། རྗེ་ས་ཆེན་གྱི་ཡིན་ཐང་ཅིག་དང་། རྒྱའི་རྡོ་རྗེ་དྲིལ་བུ་ཅིག་དང་། བླ་གོས་ཅིག་གནང་སྟེ། སྐུ་ལུས་ལ་ཤེད་མེད་པ་མ་གཏོགས་བསྙུང་ཟུག་ལ་སོགས་པ་ཅི་ཡང་མེད། སྐུ་ཤེད་མེད་པའི་སྟོབས་ཀྱིས་ཐམ་པ་རྒོད་བག་ཅན་ཅིག་འདུག །གཞན་རླུང་ལྟས་དང་མནལ་ལྟས་ལོག་པ་ཅི་ཡང་མེད་གསུངས།

དེ་ལྟ་ན་ཡང་། བདེ་བར་གཤེགས་ན་འདི་ལྟར་གྱིས་ཞལ་ཏ་ཐོགས་པ་ཅིག་ནང་གིན་འདུག །ཞིབ་ཏུ་སང་ནས་ཁྲིམས་པོ་འོང་ཞེས་གསུངས། བདག་གིས་ཞལ་ཏའི་ལན་གྱི་ཞུ་བ་ལ་མདོར་བསྡུས་ཤིག་ཕུལ། ཞིབ་ཏུ་སང་ནས་འབུལ་ཞེས་ཞུས་ནའང་ཞིང་འདིའི་བསྟན་པ་དང་གདུལ་བྱ་རྣམས་ཀྱི་བསོད་ནམས་རྫོགས་པ་དང་། ཞིང་ཁམས་གཞན་དུ་གདུལ་བྱ་ཤིན་ཏུ་རྒྱ་ཆེ་བ་ལ་དགོངས་ཏེ། ས་ག་ཟླ་བའི་ཉེར་ལྔའི་ཉི་མ་དྲོས་ཙམ་ན། རྒྱུད་སྡེ་ནས་གསུངས་པའི་འདའ་ཀ་མའི་ཐུགས་དམ་ཟབ་མོ་ལ་མཉམ་པར་བཞག་སྟེ། བདེ་བར་གཤེགས་པའི་ཚུལ་བསྟན་ནོ། །

དེར་རྗེས་གོང་གི་ཞལ་ཏ་གཞིར་བཞག་སྟེ། ཟོང་ཆ་ལེན་པ་དང་། མཆོད་སྦྱིང་ལེན་པ་ལ་སོགས་པ་མ་བྱེད་གསུང་པ་ཡིན་ཞེས་དྲིལ་བསྒྲགས། ཕྱག་རྗེས་གང་ཡོད་རྣམས་ཀྱི་སྟེང་ནས་གསོལ་འདེབས་ལ་སོགས་པའི་ཐུགས་དགོངས་རྫོགས་པའི་ཐབས་དང་། གདན་ས་ཆེན་པོ་དང་། གསང་ཕུ་དང་ན་ལེནྡྲ་ལ་སོགས་པར་ཡང་མང་ཇ་འགྱེད་དང་བཅས་པ་རྣམས་ཐུགས་ཀྱི་དགོངས་པ་བཞིན་ལེགས་པར་བསྒྲུབས་ཤིང་། ནང་རྟེན་སྟོན་པའི་གསེར་སྐུ་ཆེན་མོ་དང་། སྐུ་འདྲ་སེར་སྐུ་སྐུ་ཚད་མ་དང་། ཕྱི་རྟེན་བདེ་གཤེགས་མཆོད་རྟེན་བརྒྱད་རྣམས་བཞེངས་པའི་དབུ་གཙུགས་ཏེ། ལོ་གཅིག་ན་བར་ཆད་མེད་པར་ལེགས་པར་མཐར་ཕྱིན་པ་དང་། སྐུ་གདུང་མེ་མོ་གླང་གི་ནག་པའི་ཉེར་བཞིའི་བར་དུ་མཆོད་པའི་དངོས་པོ་བསམ་གྱིས་མི་ཁྱབ་པ་དང་། བཅོམ་ལྡན་འདས་ཀྱི་རྡོ་རྗེའི་སྒྲུབ་མཆོད་

རྒྱུན་མ་ཆད་པར་ཕྱུལ་ནས། ཉེར་བཞིའི་སྤྱ་སྐད་སྐུ་གདུང་ལ་ཞུགས་འབུལ་བའི་ཚེ། ནམ་མཁའ་ལ་འཇའ་དང་མེ་ཏོག་གི་ཆར་བསམ་གྱིས་མི་ཁྱབ་པ་བབ་ཅིང་། དེ་མན་ཆད་ཀྱང་མེ་ཏོག་གི་ཆར་རྒྱུན་མི་ཆད་པར་བབ་བོ། །

ས་ག་ཟླ་བའི་ཚེས་གཅིག་ལ་གདུང་ཁང་ཞལ་ཕྱེ་བའི་ཚེ་གདུང་རུས་ལ་རིང་བསྲེལ་དཀར་པོ་དང་། སེར་པོ་ལ་སོགས་པ་རབ་ཏུ་མང་པོ་བྱོན་འདུག་པ་རྣམས་གོས་དར་གྱི་ན་བཟའ་བཟང་པོ་དང་དྲི་བཟང་དང་བཅས་ཏེ། སྐུ་འདྲ་དང་སྟོན་པའི་གསེར་སྐུའི་ནང་དུ་བཞུགས་སོ། །གདུང་རུས་ལྷག་མ་གདུང་ཐལ་དང་བཅས་པ་རྣམས་ཞལ་ཏའི་ལུགས་བཞིན་ཙུང་ཟད་ཙམ་ཡང་མ་འཐོར་བར། གདུང་ཚ་ཁྲི་ཚོ་བདུན་མི་ཚད་པར་བཞེངས་སོ། །

གདུང་ཚ་ཆུང་དུའི་ཞབས་ལ་རྡོ་རྗེ་རྒྱ་གྲམ་དང་བཅས་པའི་ཁྲི་ཚོ་ཕྱེད་བཞི་ཙམ་བཏབ་པ་ན་བཟའ་གསེར་གསོལ་ཏེ། ཕྱོགས་ཕྱོགས་སུ་བྱིན་རླབས་ཀྱི་རྟེན་ལ་ཡང་འབུལ་བའི་ལུགས་སུ་བྱས། གདུང་ཚ་ལྷག་མ་རྣམས་གཙང་ཁང་གི་ནང་དུ་མཆོད་རྟེན་གསེར་འབུམ་ཅིག་བཞེངས་ཏེ། དེའི་ནང་དུ་བཞུགས་སུ་གསོལ་ལོ། །

དེ་ལྟར་གསོལ་འདེབས་ནས་བརྟམས་ཏེ། གསེར་འབུམ་གྱི་བར་དུ་བཞེངས་པ་ལ། བར་ཆད་ཀྱི་རྣམ་པ་ཙུང་ཟད་ཀྱང་མེད་པར་ལེགས་པར་མཐར་ཕྱིན་པ་འདི་ནི། རྗེ་རིན་པོ་ཆེ་ཉིད་ཀྱི་བྱིན་རླབས་དང་། ཐུགས་རྗེ་ལས་ཡིན་པར་ཀུན་གྱིས་མཐུན་སྣང་དུ་གྲུབ་བོ་ཞེས་པ་སྙིགས་དུས་ཀྱི་རྡོ་རྗེ་འཆང་ཆེན་པོ་ཆོས་ཀྱི་རྗེ་ཀུན་དགའ་བཟང་པོའི་རྣམ་པར་ཐར་པ་རྒྱ་མཚོ་ལྟ་བུ་ལས་ཆུ་ཐིགས་ཙམ་ཅིག་བླངས་ནས། ལམ་འབྲས་བླ་མ་བརྒྱུད་པའི་རྣམ་ཐར་གྱི་ཁ་སྐོང་དུ། རྗེ་ཉིད་ལ་མི་ཕྱེད་པའི་དད་པ་དང་ལྡན་པའི་བཤེས་གཉེན་དུ་མས་བཀས་གནང་བའི་ངོར། སློབ་འབངས་ཀྱི་ཐ་ཆུང་དཀོན་མཆོག་རྒྱལ་མཚན་གྱིས་མེ་མོ་གླང་གི་ལོ་གྲོ་བཞིན་གྱི་ཟླ་བའི་ཚེས་བཅོ་ལྔ་ལ་དཔལ་ཨེ་ཝཾ་ཆོས་ལྡན་གྱི་གཙུག་ལག་ཁང་དུ་བྲིས་པའོ།། །།

༄༅། །རྡོ་རྗེ་འཆང་ཀུན་དགའ་བཟང་པོའི་རྣམ་པར་ཐར་པ་ལེགས་བཤད་ཆུ་བོ་འདུས་པའི་རྒྱ་མཚོ་ཞེས་བྱ་བ་བཞུགས།

ངོར་ཆེན་སངས་རྒྱས་ཕུན་ཚོགས།

ཨོཾ་སྭ་སྟི་སིདྡྷཾ། རྒྱལ་བ་རྡོ་རྗེ་འཆང་ཀུན་དགའ་བཟང་པོའི་རྣམ་པར་ཐར་པ་ལེགས་བཤད་ཆུ་བོ་འདུས་པའི་རྒྱ་མཚོ་ཡོན་ཏན་ཡིད་བཞིན་ནོར་བུའི་འབྱུང་གནས་ཞེས་བྱ་བ། བླ་མ་དང་ལྷག་པའི་ལྷ་ལ་གུས་པས་ཕྱག་འཚལ་ཞིང་སྐྱབས་སུ་མཆིའོ། །བརྩེ་བ་ཆེན་པོས་བྱིན་གྱིས་བརླབ་ཏུ་གསོལ། །ཀུན་ཁྱབ་ཟབ་གསལ་གཉིས་མེད་ཆོས་ཀྱི་སྐུ། །དགའ་ཆེན་ཡན་ལག་བདུན་ལྡན་ལོངས་སྤྱོད་རྫོགས། །བཟང་པོའི་ཕྲིན་ལས་བསམ་ཡས་སྤྲུལ་པའི་སྐུ། །ཁྱབ་བདག་རྡོ་རྗེ་འཆང་ལ་ཕྱག་བགྱིའོ། །གང་དེའི་རྣམ་ཐར་སོ་སྐྱེའི་ཡུལ་མིན་ཡང་། །རང་དང་སྐལ་མཉམ་དད་པའི་ས་བོན་དུ། །སྐྱེས་ཆེན་བླ་མ་རྣམས་ཀྱི་གསུང་རབ་བཞིན། །ཅི་ནུས་དབྱེ་ལ་གེགས་མེད་གནང་བ་སྩོལ། །

ཞེས་མཆོད་པར་བརྗོད་ཅིང་བཤད་པར་དམ་བཅས་ནས། འདིར་རྒྱལ་བ་རྡོ་རྗེ་འཆང་ཀུན་དགའ་བཟང་པོ་ཞེས་སྙན་པའི་བ་དན་སྲིད་པ་གསུམ་ན་གཡོ་བའི་རྟོགས་པ་བརྗོད་པ་ལ་དོན་གཉིས་ཏེ། དངོས་དང་འཕྲོས་སོ། །དང་པོ་ལ་རྒྱལ་བས་ལུང་བསྟན་ཚུལ། སྐུ་སྐྱེ་བ་སྔ་མ་རྣམས་སུ་བསྟན་པ་ལ་བྱ་བ་བྱས་ཚུལ། སྐུ་སྐྱེ་བ་འདིར་སངས་རྒྱས་ཀྱི་བསྟན་པ་ལ་མཛད་ཚུལ་ལོ། །དང་པོ་ནི། དེ་ཡང་བདག་ཅག་གི་འདྲེན་པ་དམ་པ་འདི་ནི་བསྐལ་པ་དཔག་ཏུ་མེད་པའི་སྔོན་རོལ་དུ་མངོན་པར་རྫོགས་པར་སངས་རྒྱས་ཟིན་ཀྱང་། བསྐལ་པ་བཟང་པོ་འདི་ལ་རྫོགས་པའི་སངས་རྒྱས་སྟོང་འབྱུང་བའི་སྙིགས་མ་ལྔ་བདོ་བའི་དུས་སུ་སྟོན་པ་ཐུབ་པའི་དབང་པོ་སོགས་ཀྱི་བསྟན་པ་ལ་ཕན་པ་དང་། སེམས

ཅན་མང་པོ་སྨིན་གྲོལ་ལ་འགོད་པའི་ལུང་བསྟན་ནི། འཕགས་པ་དགེ་བའི་རྩ་བ་ཡོངས་སུ་འཛིན་པ་བྱང་ཆུབ་སེམས་དཔའི་སྡེ་སྣོད་ཀྱི་མདོ་ལས། དེ་ཚེ་འཇིག་རྟེན་མགོན་པོའི་སྤྲུལ་པ་སྤྲུལ། ། དེ་ཚེ་དགེ་སློང་ཀུན་དགའ་བཟང་པོ་འབྱུང་། །ཚུལ་ཁྲིམས་ཀྱིས་ཀྱང་ཁྱད་པར་འཕགས་གྱུར་ལ། ། ཐོས་པ་མང་ཞིང་ཕ་རོལ་ཕྱིན་པས་འཕགས། །ཐབས་དང་ཤེས་རབ་ལ་ནི་ཤིན་ཏུ་བསླབས། །དེ་དག་ཆོས་ཀྱི་སེམས་རྒྱུད་བརྟེན་མི་འགྱུར། །རྟག་ཏུ་འཕགས་པ་རྣམས་དང་འགྲོགས་པར་འགྱུར། ། དཔའ་བོ་དེ་ཡི་ཡོན་ཏན་གང་ཡོད་པ། །མང་དུ་ཐོས་ཀྱང་མཐར་ཐུག་འགྱུར་བ་མེད། །དཔའ་བོ་ཤིན་ཏུ་གནས་པ་དེ་ཡི་མིང་། །དེ་ཚེ་བུད་མེད་གང་གིས་ཐོས་གྱུར་པ། །དེ་ནི་ཕྱིན་ཆད་བུད་མེད་དངོས་མི་འགྱུར། །དེ་ལྟར་རྩེ་སྣན་འདྲ་བའི་མི་དེས་ནི། །མིང་གིའང་སངས་རྒྱས་མཛད་པ་བྱེད་པར་འགྱུར། ། དེ་ཚེ་ཕྱོགས་བཅུ་དག་ཏུ་བསྒྲགས་པ་ན། །དཔའ་བོ་དེ་ཡི་མིང་ནི་སུས་ཐོས་པ། །དེ་ཡི་མིང་གིས་ལས་ནི་དེ་བྱེད་དེ། །བུད་མེད་གང་ཟག་ལ་ནི་རེག་མི་འགྱུར། །གང་གིས་མཐོང་དང་བསྙེ་སྟང་བྱེད་ཅི་སྨོས། །དེས་ན་རྒྱལ་བས་དགེ་སློང་གང་སྤྲུལ་པ། །ཀུན་དགའ་བཟང་པོ་ཞེས་ནི་བྱ་བ་དེས། ། རྒྱལ་བས་དེ་སྐད་བསྒྲགས་པ་དེ་འདྲ་བ། །བྱང་ཆུབ་བཞུགས་པ་ཅི་མཆིས་དེ་ལ་ཞུས། །ཀུན་དགའ་བཟང་པོ་གོ་ཆ་དཔའ་བོའི་མིང་། །འཇིག་རྟེན་ཁམས་འདིར་ཡོངས་སུ་བསྒྲགས་པ་ན། །གང་དག་ཕྱི་དུས་དགེ་སློང་རྣམས་འབྱུང་བ། །རྩུབ་དང་གཏུམ་དང་ཤིན་ཏུ་རྩུབ་པ་ཡི། །དགེ་སློང་གཞན་གྱིས་འདི་ལ་རྩོད་པར་འགྱུར། །ཆོས་འདི་རྒྱལ་བས་གསུངས་པ་མ་ཡིན་ཞེས། །འཇིག་རྟེན་ཕྱིན་ཅི་ལོག་ལ་ཀུན་དགར་ལྟོས། །དེ་ཕྱིར་སྙིགས་མའི་དུས་ན་དེ་དག་ནི། །ང་དང་ལྡན་ཅིག་སངས་རྒྱས་ཞིང་དུ་ལྷགས། །ང་ཡི་བྱང་ཆུབ་མཆོག་འདི་ཐོབ་གྱུར་ཀྱང་། །དེ་ཚེ་སེམས་ཅན་ལྷ་ཅན་སྒྲོ་བ་མེད། །ཕྱི་དུས་འཇིགས་པ་ཆེན་པོ་དེ་ཡི་ཚེ། །སྒྲོག་ཀྱང་བཏང་ནས་དེ་བཞིན་བྱ་སྐམ་སྟེ། །ང་ཡི་ཆོས་མཆོག་སྤེལ་ཞིང་འཛིན་པར་བྱེད། །ཀུན་དགའ་བཟང་སྐྱོང་རིན་ཆེན་འབྱུང་གནས་དང་། །དཀོན་མཆོག་འབྱུང་གནས་དང་ནི་དེད་དཔོན་བཟང་། །ཡོན་ཏན་སྦས་པ་མཁས་དང་དེ་བཞིན་དུ། །དཔའ་བོ་བཟང་སྟོབས་གང་ཡིན་དེ་ལ་ལྟོས། །ཀུན་དགའ་གང་སུ་དག་གིས་དེ་དག་མཐོང་། །གང་དག་སུ་ཡིས་མིང་ཡང་ཐོས་གྱུར་པ། །དེ་དག་ནམ་ཡང་བྱང་ཆུབ་དོགས་པ་མེད། །དེ་དག་ནམ་དུའང་ལོག་

པར་ལྟུང་མི་འགྱུར། །དེ་དག་ཐམས་ཅད་བརྩོན་པས་ཚོགས་པ་ཡིན། །དེ་དག་ཐམས་ཅད་ཚོགས་པར་ཤེས་པར་འགྱུར། །ཞེས་གསུངས།

ཡང་དམ་ཚོས་པདྨ་དཀར་པོ་ལས། ངས་ནི་དགེ་སློང་དགེ་འདུན་མོས་པར་བྱས། །ཀུན་དགའ་བཟང་པོ་ང་ཡི་ཆོས་འཛིན་པ། །བདེ་གཤེགས་བྱེ་བ་དྲུག་ཅུ་མཆོད་བྱས་ནས། །མ་འོངས་དུས་ཀྱི་ཚེ་ན་རྒྱལ་བར་འགྱུར། །དེ་ཡི་མིང་ནི་རྒྱ་མཚོ་བློ་འཛིན་ཏེ། །མངོན་པར་ཤེས་ཐོབ་ཅེས་ཀྱང་དེ་ན་གྲགས། །ལྷ་ན་སྡུག་པ་ཡོངས་སུ་དག་པའི་ཞིང་། །མ་བསྐལ་རྒྱལ་མཚན་རྒྱལ་བའི་བ་དན་ནོ། ། བྱང་ཆུབ་སེམས་དཔའ་གང་གའི་ཀླུང་སྙེད་དེར། །དེ་བས་ལྷག་པ་ཡོངས་སུ་སྨིན་པར་བྱེད། །རྒྱལ་བ་དེ་ནི་རྫུ་འཕྲུལ་ཆེ་བར་འགྱུར། །ཕྱོགས་བཅུའི་འཇིག་རྟེན་དུ་ནི་སྒྲ་ཡང་བསྒྲགས། །དེ་ཡི་ཚེ་ཡང་དཔག་ཏུ་མེད་པར་འགྱུར། །འཇིག་རྟེན་རྣམས་ན་ཕན་ཞིང་བརྩེ་ཕྱིར་གནས། །སྐྱོབ་པ་དེ་ནི་མྱ་ངན་འདས་འོག་ཏུ། །ཉིས་འགྱུར་དེ་ཡི་དམ་ཆོས་གནས་པར་འགྱུར། །དེ་ནས་གཟུགས་བརྙན་དེ་ཡི་ཉིས་འགྱུར་དུ། །གནས་ཏེ་རྒྱལ་བ་དེ་ཡི་བསྟན་པ་ལ། །དེ་ན་སེམས་ཅན་གང་གའི་བྱེ་མ་སྙེད། །སངས་རྒྱས་འབྱུང་བ་དེ་ལ་རྒྱུ་ཡང་བསྐྱེད། །ཅེས་གསུངས་སོ། །

དེ་ལྟར་མདོ་གཉིས་ནས་ལུང་བསྟན་པའི་གཞུང་གི་སྐབས་དོན་ལ་དཔྱད་ན། སྔ་མ་ནི་འཇིག་རྟེན་མགོན་པོ་སྤྱི་འཕགས་པ་སྤྱན་རས་གཟིགས་ཀྱི་སྤྲུལ་པར་བསྟན་ཅིང་བཟང་སྐྱོང་སོགས་སེམས་དཔའ་ཆེན་པོ་རྣམས་དང་ཆོས་མཚུངས་སུ་བསྟན། །མདོ་ཕྱི་མ་ནི་ཉན་ཐོས་ཆེན་པོ་རྣམས་ལུང་བསྟན་པ་ལས་ཚིག་འདི་དག་འཕགས་པ་ཀུན་དགའ་བོ་ལུང་བསྟན་པའི་སྐབས་ན་སྣང་བས་འདི་དང་ཡང་ཐུགས་རྒྱུད་གཅིག་པར་སྣང་ངོ་། །

གཉིས་པ་སྐུ་སྐྱེ་བ་སྔ་མ་རྣམས་སུ་བསྟན་པ་ལ་བྱ་བ་བྱས་ཚུལ་ནི། བྱང་ཆུབ་སེམས་དཔའ་གཞོན་ནུ་རྒྱལ་མཆོག་གི་ཞལ་སྔ་ནས། རྒྱལ་བའི་མདུན་ན་དྲི་མ་མེད་པའི་དཔལ། །དགའ་ལྡན་གནས་ན་དུལ་བའི་དབང་པོ་སྟེ། །འཕགས་པའི་ཡུལ་ན་གསང་བའི་རྒྱ་མཚོ་ཉིད། །ཁ་བ་ཅན་ན་ཀུན་དགའ་བཟང་པོར་གྲགས། །ཞེས་གསུངས། གོང་པོར་གྲགས་པ་མདོ་ཁམས་སྟོད་པ་ཀུན་མཁྱེན་སངས་རྒྱས་རྒྱལ་མཚན་གྱིས། སྐྱེ་བ་བཅུ་གསུམ་བར་མ་ཆད་པ་སྭ །མཁས་པ་པཎྜི་ཏ་རུ་འཁྲུངས

གྱུར་ཏེ། །འགྲོ་མང་ཐར་པའི་ལམ་ལ་རབ་བཀོད་ནས། །འཕགས་ཡུལ་བསྟན་པ་གསལ་མཛད་དེ་ལ་འདུད། །ཅེས་རྒྱ་གར་ཤར་ནུབ་ཏུ་བསྟན་འགྲོའི་དོན་རྒྱ་ཆེན་པོ་མཛད་པར་བཤད། མཁན་ཆེན་ལེགས་འབྱུང་གི་གསུང་ལས་ཀྱང་། རྒྱ་གར་གྱི་པཎ་གྲུབ་བཅུ་བཞི་ཙམ་གྱི་སྐྱེ་བ་ཐུགས་ལ་དྲན་པ་ཡིན་པར་བཤད། གསུང་སྒྲོས་དག་ལས་ཀྱང་། རྗེ་འདི་དང་ཀུ་གེ་པཎྜི་ཏ་རྒྱ་གར་དུ་སྐུ་སྐྱེ་བ་མཉམ་དུ་བྱུང་བའི་ལོ་རྒྱུས་གསུངས་སོ། །

དེ་ལྟར་པཎ་གྲུབ་དེ་རྣམས་ཀྱི་རྣམ་ཐར་རེ་རེ་ནས་བྲིས་པ་ནི་མ་མཐོང་ངོ་། །བོད་དུ་ཡང་རྗེ་བཙུན་གྲགས་པའི་སློབ་མ་དཔྱལ་སྒོམ་ཚུལ་ཁྲིམས་རྒྱལ་པོར་འཁྲུངས་ནས་གསུང་ངག་སོགས་ཐུགས་ཉམས་སུ་བཞེས་ཤིང་། ལམ་འབྲས་ཀྱི་བཀའ་རྒྱ་ཐེམ་པའི་གཟིགས་སྣང་དུ། རྗེ་བཙུན་གྱི་ཕྱག་ནས་འོད་ཀྱི་དྲྭ་བ་བྱུང་ནས་རྗེའི་ཕྱག་ཏུ་བབས་པའི་མཚོན་བྱེད་ཀྱང་འདི་ཡིན་པར་བཤད། འདིའི་རྒྱུ་མཚན་རྒྱས་པར་མཁས་གྲུབ་དཔལ་ལྡན་དོན་གྲུབ་ཀྱིས་མཛད་པའི་ལམ་འབྲས་ཀྱི་བཀའ་རྒྱ་ཐེམ་པའི་གཟིགས་སྣང་གསལ་བྱེད་ཀྱི་ཡིག་ཆར་བལྟའོ། །དེ་ལ་སོགས་པ་དཔལ་ལྡན་ས་སྐྱ་པ་ཡབ་སྲས་གསུམ་གྱི་གསུང་གི་གསང་མཛོད་ཟབ་མོ་འཛིན་པའི་ཐུགས་སྲས་དུ་མར་འཁྲུངས་ཏེ། ཀུ་གེ་པཎ་ཆེན་གྱིས། དཔལ་ལྡན་ཐུགས་རྗེའི་བདག་ཉིད་ས་སྐྱ་པ། །ཤེས་བྱ་མཐའ་དག་ལེགས་གཟིགས་བསོད་ནམས་རྩེ། །རྡོ་རྗེ་ཐེག་པའི་མངའ་བདག་གྲགས་པ་འཛིན། །ཁྱོད་ཀྱི་མཁྱེན་བརྩེ་ལས་འཁྲུངས་སྲས་ཀྱི་གཙོ། །ཞེས་གསུངས་སོ། །

གསུམ་པ་སྐུ་ཚེ་འདིར་ཡང་སངས་རྒྱས་ཀྱི་བསྟན་པ་ལ་བྱ་བ་མཛད་ཚུལ་ལ། རྗེ་ཉིད་ཀྱི་སློབ་མ་རྣམས་ཀྱིས་མཛད་པའི་རྣམ་ཐར་གྱི་ཡི་གེ་མང་དུ་སྣང་བ་ལས། འདིར་ཐུགས་སྲས་སེམས་དཔའ་ཆེན་པོ་མུས་ཆེན་དཀོན་མཆོག་རྒྱལ་མཚན་གྱིས་མཛད་པའི་རྣམ་ཐར་གཞིར་བཞག་དེར་མི་གསལ་བ་རང་གིས་ཇི་ལྟར་མཐོང་བའི་ཡི་གེ་གཞན་གྱིས་ཁ་བསྐང་ནས་བཀོད་པ་ལ། རྒྱལ་ཚབ་མུས་པས་མཛད་པ་འདི་ལྟ་སྟེ།

༄༅། །རྗེ་བཙུན་ཀུན་དགའ་བཟང་པོའི་རྣམ་ཐར་བཞུགས་སོ། །

རྗེ་བཙུན་བླ་མ་ཐུགས་རྗེ་ཆེན་པོ་དང་ལྡན་པའི་ཞབས་ལ་གུས་པས་ཕྱག་འཚལ་ལོ། །དགེ་ལེགས་ཀུན་འབྱུང་ཚུལ་ཁྲིམས་ས་གཞིར་བྱང་ཆུབ་སེམས་ཀྱི་མྱུ་གུ་འཁྲུངས། །གསུང་རབ་མཁའ་ལ་ཐོས་བསམ་སྤྲིན་ཚོགས་ལྡིང་རིགས་སྟོན་པའི་འབྲུག་སྒྲ་ཅན། །བསླབ་གསུམ་རིམ་གསུམ་ཟིམ་བུའི་ཆར་བབས་སྐལ་ལྡན་རྨ་བྱའི་ཚོགས་རབ་དགའ། །དོན་གཉིས་ལོ་ཐོག་བཟང་པོ་མཐར་ཕྱིན་བླ་མའི་ཞབས་ཀྱི་པདྨོར་འདུད། །རྒྱལ་བ་ཀུན་གྱི་མཁྱེན་བརྩེ་གཅིག་བསྡུས་འཕའ་ཡས་འགྲོ་བའི་གཉེན་གཅིག་པོ། །རྨོངས་པའི་མུན་པ་དྭང་ནས་རབ་འབྱིན་བདེར་གཤེགས་བསྟན་པའི་སྒྲོན་མེ་འཛིན། །དམིགས་མེད་ཐུགས་རྗེས་གཞན་དོན་ལ་དགའ་རྒྱ་ཆེན་ལྡུན་གྱིས་གྲུབ་པ་ཡིས། །ཕྲིན་ལས་བཟང་པོའི་ནོར་བུ་རིན་ཆེན་སྐྱེ་དགུའི་གཙུག་ན་མཛེས་ལ་འདུད། ཤེས་བྱ་ཀུན་ལ་ལེགས་སྦྱངས་མཐར་ཕྱིན་ནས། །མཁས་རྣམས་དགའ་བའི་འཆད་རྩོད་རྩོམ་པ་ཡིས། །བསྟན་པའི་ཁུར་ཆེན་རིང་དུ་ཁྱེར་བ་པོ། །ཕྱོགས་ལས་རྣམ་རྒྱལ་བཟང་པོའི་ཞབས་པད་འདུད། །དེ་ཡི་རྣམ་ཐར་མཐའ་དག་སུས་བརྗོད་སྤོབས། །རྒྱ་མཚོ་ཆེ་ལས་ཆུ་ཡི་ཐིགས་པ་ལྟར། །དིང་སང་ཡོངས་གྲགས་ཕྲིན་ལས་རྒྱ་མཚོ་ལས། །ཆ་ཤས་ཙམ་ཞིག་དད་པས་འདིར་བརྗོད་བྱ། །

འདིར་བདག་ཅག་གི་འདྲེན་པ་དམ་པ་བསྟན་པ་རིན་པོ་ཆེའི་མངའ་བདག་གསུང་རབ་དགོངས་འགྲེལ་དང་བཅས་པ་མ་ལུས་པའི་བང་མཛོད། རྗེ་བཙུན་མཁྱེན་རབ་ཀྱི་དབང་ཕྱུག་ཀུན་དགའ་བཟང་པོ་པ་ཞེས་ཡོངས་སུ་གྲགས་པ་འདི་ཉིད་ནི་ཤེས་བྱ་ཐམས་ཅད་ཆགས་ཐོགས་མེད་པར་མངོན་སུམ་དུ་གཟིགས་པའི་ཡེ་ཤེས་ཀྱི་སྤྱན་མཉེས་པར་གདོན་མི་ཟ་མོད། འོན་ཀྱང་དེང་སང་གི་སྐྱེ་བོ་

རྣམས་ཀྱི་སྣང་ངོ་དང་མཐུན་པར་ཚུལ་བཟུང་བ་འདིའི་དབང་དུ་བྱས་པའི་རྣམ་པར་ཐར་པ་ཙུང་ཟད་ཅིག་བརྗོད་པར་བྱ་བ་ལ་གཉིས་ཏེ། རབ་ཏུ་མ་བྱོན་པ་དང་། རབ་ཏུ་བྱོན་པའི་རྣམ་པར་ཐར་པའོ། །གུ་གེ་པཎ་ཆེན་གྱིས་ས་བཅད་གསུམ་དུ་མཛད། ཆོས་དཔལ་བཟང་པོས་སྔར་མཛད་པ་སོགས་མང་ཡང་གནད་དོན་གཅིག་གོ །

དང་པོ་རབ་ཏུ་མ་བྱོན་གོང་གི་རྣམ་ཐར་ནི། རྗེ་འདིའི་རིགས་དང་གདུང་ནི། རྒྱལ་པོ་ཆེན་པོའི་སྐུ་ཞང་དུ་གྱུར་པ་ཅིག་རོའམ་ཅིག་གྲུར་གྲགས་པ་ཅིག་རོ་ཀླུའི་རྒྱལ་མཚན་ལ་སོགས་པ་མང་དུ་བྱུང་བའི་བརྒྱུད་པ་བཟང་པོའོ། །ཡབ་མེས་གོང་མ་རྣམས་འབྲིང་འཚམས་ནས་ས་སྐྱ་ཕྱོགས་སུ་བྱོན་ཏེ། ག་ར་ལ་སོགས་པར་འགྲོག་མཛད་ཅིང་བཞུགས་པ་ལས་རིམ་གྱིས་བདག་ཆེན་གཞི་ཐོག་པའི་གསོལ་ཇ་བར་གྱུར་པ་ཡིན་ལ། ཁྱད་པར་རྗེ་འདི་ཉིད་ཀྱི་ཕྱི་ལྟར་གྱི་ཡབ་ནི། ས་སྐྱ་ཚོགས་ཀྱི་ཉེ་གནས་ཆེན་པོ་དཔོན་ཚང་གྲུབ་པ་ཡོན་ཏན་ཞེས་བྱ་བ་དཔལ་ལྡན་བླ་མ་དམ་པའི་དྲུང་ནས་ཞུས་པའི་ཡོངས་རྫོགས་དགེ་བསྙེན་ཡིན་ཅིང་། ནང་ལྟར་ན་བདག་ཆེན་གཞི་ཐོག་པ་ཀུན་དགའ་རིན་ཆེན་ཡིན་ཏེ། གྲུབ་ཆེན་སྲིད་པ་ཀུན་གློས། ཕྱི་ལྟར་ཉེ་གནས་ཆེན་པོ་གྲུབ་པའི་སྲས། །སྦས་པའི་ཡབ་ནི་བདག་ཆེན་ཀུན་རིན་ཡིན། །དཔལ་ལྡན་ཀུན་དགའི་རིགས་བརྒྱུད་ས་སྐྱ་པ། །དཔལ་ལྡན་ས་སྐྱ་པ་ལ་གསོལ་བ་འདེབས། །ཞེས་གསུངས།

ངེས་དོན་གསང་བ་ལྟར་ན། གསེར་འོད་དམ་པར། སྐུ་ལ་རུས་པ་ཁྲག་མེད་ཅིང་། །ཞེས་སོགས་གསུངས་པ་ལྟར། ཡབ་ཡུམ་གྱི་ཚུལ་བསྟན་པ་ཙམ་མ་གཏོགས་སྤྲུལ་པར་སྣང་སྟེ། མཉམ་མེད་ཟས་གཙང་སྲས་པོ་ཡུམ་གྱི་ལྷུམས་སུ་འཇུག་པ་ན་ཡུམ་གསོ་སྦྱོང་ལ་གནས་པའི་ཚེ་གླང་ཆེན་ཐལ་ཀར་གྱི་རྣམ་པས་ཞུགས་པ་དང་ཚུལ་མཚུངས་ཏེ། རྗེ་འདི་ལྷུམས་སུ་འཇུག་པ་ན་ངོ་མཚར་བའི་ལྟས་དུ་མ་དང་བཅས་ཤིང་། དགེ་སློང་ཚུལ་བཀྲས་ཞེས་བྱ་བ་རྡོ་རྗེ་རྣམ་འཇོམས་ཀྱི་གྲུབ་ཐོབ་ཅིག་ཡོད་པ་དེའི་མནལ་ལམ་དུ། བླ་མ་རྗེ་བཙུན་གོང་མ་རྣམས་ཀྱི་ཕྱི་རྟེན་སྐུ་འབུམ་རྣམས་ཀྱི་བུམ་པ་ལས་འོད་ཟེར་ཁ་དོག་སྣ་ཚོགས་པ་དང་། ཁྱད་པར་རྗེ་བཙུན་གྲགས་པ་རྒྱལ་མཚན་གྱི་ཕྱི་རྟེན་བུམ་པའི་བུམ་པ་ནས་འོད་དཀར་པོ་དུ་མ་འཕྲོས་ཏེ། ས་སྐྱ་ཚོགས་ཀྱི་འགྲམ་ན་ཁང་པ་ཡོད་པའི་དབྱར་དུས

མཐོང་ཁའི་ཐད་དུ་ཡུམ་གཟིམས་པའི་ལུས་ལ་ཕོག་པ་རྨིས། དེ་དང་དུས་མཐུན་པར་སྐུ་ལུས་དང་ལྡན་པར་གྱུར་པས་དེ་ནས་ལུང་བསྟན་མཛད་པས་སོ། །ཡུམ་ནི་སྒྲོལ་མ་དཀར་མོའི་རྣམ་འཕྲུལ་བླ་བྲང་རིན་ཆེན་སྒང་པའི་དཔོན་སྐྱ་ཤབ་ཀྱི་སྨད་ཀྱི་སྐྱེ་ཡུལ་མ་དཔོན་སེང་གེ་ཞེས་བྱ་བའི་སྲས་མོ་བསོད་ནམས་དཔལ་འདྲེན་ཞེས་བྱ་བ། དཔལ་ལྡན་བླ་མ་དམ་པ་བསོད་ནམས་རྒྱལ་མཚན་གྱི་དྲུང་དུ་ཞུས་པའི་སྔ་འགའ་སྦྱོང་པའི་དགེ་བསྙེན་མ་ཡིན་ནོ། །དེ་སྐད་དུ་མཁས་པ་ཀུན་བློས། ཡུམ་གྱུར་སྒྲོལ་མ་དཀར་མོའི་སྤྲུལ་པ་མཆོག །སྐྱའི་ཞབས་འབྲིངས་བསོད་ནམས་དཔལ་འདྲེན་ཡིན། །ཞེས་སོ། །

གང་དུ་སྐྱེ་བ་བཞེས་པའི་གནས་ནི་དཔལ་ལྡན་ས་སྐྱ་ཞེས་སྙན་གྲགས་སྲིད་པ་གསུམ་ན་གསལ་བ་བོད་ཀྱི་རྡོ་རྗེ་གདན་ཉིད་ཡིན་ནོ། །ནམ་ལྷུམས་སུ་ཞུགས་པའི་དུས་ནི། ཡབ་མེ་ཕོ་སྤྲེལ་ལོ་པ་ཉི་ཤུ་རྩ་བདུན་པ་དང་། ཡུམ་ས་ཕོ་ཁྲི་ལོ་མ་ཉི་ཤུ་རྩ་ལྔ་མ་ལ་ལྷུམས་སུ་ཞུགས་དུས་སྐྱེས་བུ་དམ་པ་ཡུམ་གྱི་ལྷུམས་སུ་ཞུགས་པའི་མཚན་ལྟས་དང་ལྡན་པར་གྱུར་ཅིང་། བྲང་ཁང་བྱེ་ཁྲུང་སྒོ་ན་བཞུགས་པའི་དགེ་སློང་ཚུལ་བཀྲས་པ་ལ་སྔར་བཤད་པའི་རྨི་ལམ་དེ་བྱུང་ནས། ཡུམ་ལ་ཁྱེད་ཀྱི་ལྷུམས་ན་བཞུགས་པ་འདི་ལ་སྐྱེས་བུ་དམ་པ་ཅིག་འཁྲུན་པར་འདུག་པས་བར་ཆད་ཀྱི་དབང་དུ་མ་ཤོར་བར་མཛོད་ཅིག་ཅེས་ལུང་བསྟན་མཛད་དོ། །དགེ་སློང་དེ་ཡང་གང་ཟག་བཟང་པོ་ཞིག་ཡིན་ཏེ། ཁོང་སྐུ་གཤེགས་པའི་ཚེ་ཪིང་མཆར་བའི་ལྟས་དུ་མ་དང་བཅས་ཏེ་གཤེགས་སོ་ཞེས་གྲགས་སོ། །

དེ་ནས་ཁོང་གི་གསུང་བཞིན་མཛད་པར་དགོངས་ཏེ། སྔར་ཡབ་མེས་གོང་མ་རྣམས་འཁྲོག་མཛད་པའི་ཚེ། དགེ་བའི་བཤེས་གཉེན་སྔོན་པ་རྣམས་དང་སློབ་དཔོན་དང་ཡོན་མཆོད་ཀྱི་འབྲེལ་ཟབ་པས། དེའི་དུས་ན་སྲན་པའི་གདན་ས་པ་བླ་མ་ཡོན་ཏན་དཔལ་ཞེས་བྱ་བ་བྱས་འགྱུར་ན་བཞུགས་པ། བཅོམ་ལྡན་འདས་རྡོ་རྗེ་འཇིགས་བྱེད་ལ་མངའ་བརྙེས་པ་ཅིག་ཡོད་པ་གདན་དྲངས་ཏེ། ཡུམ་གྱིས་འཇིགས་བྱེད་དང་། ཚེ་དཔག་མེད་ཀྱི་དབང་ལན་མང་དུ་ཞུས་སོ། །དེ་ནས་ཆུ་ཕོ་ཁྱིའི་ལོ་ལ་ཡུམ་ལ་གནོད་པ་མེད་པ་ལ་སོགས་པ། བྱང་ཆུབ་སེམས་དཔའི་རྣམ་པར་ཐར་པ་དང་མཐུན་པར་འཁྲུངས་ནས་སྐུ་བལྟམས་པའི་ཚེ་བླ་མ་དེ་ཉིད་སྤྱན་དྲངས་ཏེ། འཇིགས་བྱེད་ཀྱི་ཞལ་གཟིགས་པའི་

བླ་མ་ཡོན་ཏན་དཔལ་ཟེར་བའི་གྲུབ་ཐོབ་དེ་ལ་འཇིགས་བྱེད་ཀྱི་དབང་ཞུས་ནས་མཚན་ཡང་འཇིགས་བྱེད་བཟང་པོ་ཞེས་བཏགས། བསྒྲུང་བའི་དོན་དུ་རྡོ་རྗེ་འཇིགས་བྱེད་ཕྱག་དྲུག་པ་རྒྱའི་ཡུལ་དུ་བཞེངས་པ་ཅིག་རྒྱུན་དུ་བཞུགས་པ་ལ། ད་ལྟ་ཡང་ཨེ་ཝཾ་གྱི་གཟིམས་ཁང་ན་བཞུགས་པ་ཡིན་ནོ། ། ཡུམ་གྱི་གསུང་ནས་འདི་ལ་གང་ཟག་བཟང་པོ་ཅིག་འོང་བས། ངེད་རང་རྣམས་དང་ཟས་གོས་མ་འདྲེས་པ་གྱིས་ཞེས་གཞན་དག་ལ་ཡང་ཡང་བསྒོ་ལ། ཁོང་གིས་ཀྱང་གཙང་སྦྲ་ཆེན་པོས་མཆོད་ཅིང་། ཚོགས་ཆེན་པོར་ཡང་དགའ་སྟོན་དང་སྐྱ་རིམ་ལ་གྲོ་བར་འདྲེན་པ་སོགས་སྐྱ་རིམ་ལ་བརྩོན་པས་བསྐྱེད་བསྲིངས་ལ། དེ་ལྟར་བྱེད་པ་ཡང་རྟ་ལྷེན་ཆེན་པོ་གཞི་ཐོག་པའི་སྲས་ཡིན་པར་གྲགས་ཞེས་ཁོང་པའི་གཟིམས་གཡོག་པའི་ངག་ལས་ཐོས་ཞེས་རྗེ་སངས་རྒྱས་རྒྱལ་མཚན་གྱིས་གསུངས།

དེ་ནས་ཀྱང་ལོ་གསུམ་ཙམ་གྱིས་བར་དུ་བླ་མ་དེ་ལ་འཇིགས་བྱེད་དང་ཚེ་དབང་མང་དུ་ཞུས་ཤིང་། རྗེ་རིན་པོ་ཆེ་འདི་ཉིད་ནི་བྱིས་པ་ཆུང་ཆུང་ནས་ཐ་མལ་གྱི་བྱིས་པའི་སྤྱོད་ཡུལ་ལས་འདས་པ་ཞིག་སྟེ། དགུང་ལོ་གསུམ་བཞི་ཙམ་བཞེས་པའི་དུས་སུའང་། ཞི་བ་དང་། དུལ་བ་དང་། དབེན་པ་ལ་དགེས་ཤིང་དམ་པའི་ཆོས་ལ་བརྩོན། རྩེད་མོའི་རྣམ་པ་མཛད་པ་ཀུན་ཀྱང་། ཆོས་འཆད་པ་དང་། ཉན་པ་དང་། བཅོམ་ལྡན་འདས་རི་ཁྲོད་མ་ལོ་མ་གྱོན་མའི་ཁྲུས་ཆོག་ལ་སོགས་པ་མཛད་པའི་རྣམ་ཐར་ལས། ཐ་མལ་གྱི་རྩེད་མོའི་རིགས་ཅི་ཡང་མི་མཛད་དོ་ཞེས་རྗེ་ཉིད་ཀྱི་མ་མ་བགྲེས་མོ་སློབ་དཔོན་ལེགས་རིན་གྱི་ཡུམ་ཡིན་པ་ཞིག་ལས་ཐོས་གསུངས། དགུང་ལོ་ལྔ་བཞེས་པའི་ཚེ་ཡབ་ཀྱི་གསུང་གིས། རང་རེ་གསོལ་ཇ་བ་བྱེད་པ་ལ་དཔྱལ་གྱི་ཇ་པོ་ཆེ་ཐེག་མི་ཐེག་བརྟག་གོ་གསུངས་ནས། དཔྱལ་གྱི་ཇ་པོ་དང་ལྡིད་མཉམ་པའི་རྡོ་བསྐུར་ནས། སྐས་ལ་འཁྱོན་བཞུད་མཛད་དུ་བཅུག་པ་ན། གསོལ་ཇ་བ་ལ་སོགས་པ་འཇིག་རྟེན་གྱི་བྱ་བ་ལ་ཐུགས་མི་འགྲོ་བས་རྡོ་ཕྱིར་འཕངས་ཏེ་མི་དགེས་པའི་རྣམ་འགྱུར་བསྟན་པས། བདག་ཆེན་ཀུན་དགའ་རིན་ཆེན་པའི་གསུང་གིས། འདིའི་གཟུགས་ཀྱང་གསོལ་ཇ་བ་ལ་མཛེས་རྒྱུ་མི་འདུག་པ་དང་། ཁྱད་པར་ཁོང་རང་ཆོས་ལ་མོས་པ་འདུག་པས། འདི་ཆོས་བྱེད་དུ་བཅུག་ནས་གསོལ་ཇ་བ་འདི་ཉིད་ཀྱི་གཅུང་པོ་དཔོན་ནེ་བསོད་ནམས་དཔལ་ཞེས་བྱ་བ་ཅིག་ཡོད་པ་དེ་ལ་བྱེད་དུ་བཅུག་པ་དྲག་པ་འདུག་ཞེས་གསུང་པའི་བཀའ་གནང་བས། ཐུགས་ལ་དགེས

ཚོར་ཆེན་པོ་དང་། བདག་ཆེན་ལ་ཡང་དད་པ་ཆེན་པོ་འཁྲུངས་སོ། །

དེ་ནས་དགུང་ལོ་དྲུག་བཞེས་པའི་ཚེ། བདག་ཆེན་ལ་ས་སྐྱར་བཞུགས་སྐབས་བདེ་མི་བདེ་ཅིག་བྱུང་ནས། ཆོས་རྗེ་ཡེ་ཤེས་རྒྱལ་མཚན་པ་བདག་ཆེན་གྱི་སྐུ་མདུན་དུ་སྤྱན་དྲངས་ཏེ། བྱིས་པ་འདི་ལ་དགེ་བཤེས་བཟང་པོ་ཅིག་འོང་བ་བདོག་པས། ཁྱེད་ཀྱིས་མགོ་འདོན་ཡང་དག་པ་ཅིག་མཛད་པ་ཞུ། ཞེས་ཞལ་ད་དང་གནང་སྦྱིན་མཛད་ནས་ཆོས་རྗེ་ཡེ་ཤེས་རྒྱལ་མཚན་པ་ལ་སྤྲད། ཆོས་རྗེ་ཡེ་ཤེས་རྒྱལ་མཚན་པས། དུས་ཀྱི་འཁོར་ལོ་དང་། གུར་དང་། ཡོ་ག་རྡོར་དབྱིངས་ཀྱི་དབང་བསྐུར་བ་ཡང་མཛད་དོ། །དེ་ནས་སྐྱེ་འཕྲང་ན་བཞུགས་པའི་རྙིང་མ་པའི་སློབ་དཔོན་སངས་རྒྱས་རྒྱལ་མཚན་ཞེས་བྱ་བའི་དྲུང་དུ། བྱིས་པ་འཛུག་པའི་སྒོ་ནས་ཇི་ལྟར་འབྱུང་བ་བཞིན་དུ་ཀློག་ཡིག་སློབ་པར་མཛད་ཅིང་ཐམས་ཅད་མཐར་ཕྱིན་པར་མཛད་དོ། །

དགུང་ལོ་བདུན་པ་ལ་སློབ་དཔོན་དེ་ཉིད་ཀྱི་དྲུང་དུ་བརྟག་གཉིས་ཀྱི་གཞུང་བཟུང་། ཤར་ཆེན་པས་མཛུབ་ཁྲིད་དང་། རྟ་ཐོག་སློབ་དཔོན་དཔལ་ལྡན་བཟང་པོས་ས་བཅད་བསྒྲེ་བའི་གྲོགས་མཛད་པ་ལ་སོགས་པ་མཐར་ཕྱིན་པར་མཛད། དགུང་ལོ་བརྒྱད་པ་ལ་རྣམ་གཞག་མཛད་པར་དགོངས་ནས། ཆོས་རྗེ་ཡེ་ཤེས་རྒྱལ་མཚན་གུར་ན་བཞུགས་པའི་དུས་སུ་སྐུ་མདུན་དུ། ཉི་མའི་གུང་ལ་སློབ་དཔོན་སངས་རྒྱས་རྒྱལ་མཚན་པ་དང་གཉིས་ཀ་བྱོན་ནས་མཛུབ་ཁྲིད་མཐར་ཕྱིན་ནས། རྣམ་གཞག་མཛད་པར་སྐབས་སུ་བབས་པ་ན། ཏའི་སི་ཏུ་བསོད་ནམས་དཔལ་བས། ཉེ་གནས་གྲུབ་པའི་བུ་རྣམ་གཞག་བྱེད་པའི་སྟོན་ཤོག་གི་དཀར་ཟུམ་ངེད་ཀྱིས་བྱེད་པ་ཡིན་གསུང་ནས། ཤོག་བུ་རྩེ་ཆེན་མ་པོང་རྒྱབ་དུ་མའི་དཀར་ཟུམ་མཛད་དོ། །

གཞི་ཐོག་པ་ཏ་ཞེན་ཀུན་དགའ་རིན་ཆེན་པ་ལ་དེའི་རྒྱུ་མཚན་ཞུས་པས། འོན་དེ་འཐད། བཙུན་པ་བྱས་མིང་ཀུན་དགའ་བཟང་པོ་ཐོགས། ངས་ཡི་གེ་བྱེད་གསུངས་ནས། །རང་རེ་གཞི་ཐོག་པ་ལ་གཏོགས་པ་རྣམས་ལ་སྦྲིངས་པ། ཀུན་དགའ་བཟང་པོ་རེ་ཞིག་སློབ་དཔོན་ཆེན་པོ་ཤར་པའི་དྲུང་དུ་སློབ་གཉེར་བྱེད་དུ་བཅུག་པ་ཡིན་པས། སུས་ཀྱང་རྩོད་པ་མ་བྱེད་བྱ་མ་གནང་། དེ་ཡང་ཕྱི་དེ་ལོ་ཆོས་དུས་ཚོགས་པ་དང་། དགུང་ལོ་དགུ་པ་ལ་རབ་བྱུང་མཛད་ནས་ལོ་དེ་ལ་ཆོས་ཁྲི་ཐང་དུ་རང་གི

སློབ་དཔོན་དེ་ལ་སོགས་པ་མཁས་པ་མང་པོས་གསོལ་བ་བཏབ་ནས་བརྟག་གཉིས་ཚིག་དོན་དང་བཅས་པ་ཐུགས་ལས་གསུངས་ལ། དེ་ཕྱིན་ཆད་ལོ་གྲངས་མང་དུ་རྒྱུད་ཚར་རེ་གསུངས། དེས་ན་གཞན་ལས་ཕུལ་དུ་བྱུང་བའི་རྣམ་གཞག་དང་དཀའ་སྟོན་ གྲུང་པོའི་རྣམ་ཐར་དུ་དགུང་ལོ་བཅུ་གཉིས་པ་ལ་ཡིན་པར་བཤད། རྒྱ་ཆེན་པོ་མཛད་ནས། ཆོས་གསུངས་པས་ཆོས་དང་དཀའ་སྟོན་གཉིས་ཀ་ལ་ཀུན་གྱིས་ངོ་མཚར་དུ་འཛིན་པར་གྱུར་ཏོ། །གཉིས་པ་རབ་ཏུ་བྱུང་ནས་ཀྱི་མཛད་པ་ལ་གསུམ་སྟེ། གཞི་ཚུལ་ཁྲིམས་རྣམ་པར་དག་པ་ཇི་ལྟར་ནོས་པའི་ཚུལ། དེ་ལ་བརྟེན་ནས་ཐོས་བསམ་ལ་སོགས་པ་ཇི་ལྟར་མཛད་པའི་ཚུལ། གཞན་དོན་ཕྲིན་ལས་ཇི་ལྟར་མཛད་པའི་ཚུལ་ལོ། །

དང་པོ་ལ་སོ་སོ་ཐར་པའི་སྡོམ་པ་ཇི་ལྟར་ནོས་པའི་ཚུལ་ནི། དགུང་ལོ་དགུ་བཞེས་པའི་དུས་ཆོས་རྗེ་ཡེ་ཤེས་རྒྱལ་མཚན་པས་མཁན་པོ་མཛད། ཆོས་རྗེ་ས་བཟང་འཕགས་པ་གཞོན་ནུ་བློ་གྲོས་པས་ལས་ཀྱི་སློབ་དཔོན་དང་། ཀ་བཞི་འཛིན་པ་དཔལ་ལྡན་སེང་གེས་གྲིབ་ཚོད་པ་དང་། བླ་མ་ཀུན་དགའ་རིན་ཆེན་པ་དང་། མཁས་པའི་དབང་པོ་གཡག་སྟོན་སངས་རྒྱས་དཔལ་གྱིས་ཁ་སྐོང་གི་དགེ་འདུན་མཛད་ནས། དགེ་བསྙེན་དང་། དགེ་ཚུལ་གྱི་སྡོམ་པ་རྣམ་པར་དག་པ་ནོས་ནས་ཉེས་བྱས་ཕྲ་ཞིང་ཕྲ་བས་ཀྱང་མ་གོས་པར་སྲུང་གྱི་འབྲས་བུ་ལྟར་སྲུང་བར་མཛད་པ་ཡིན་ནོ། །དེ་ལྟར་ཉེས་པ་ཕྲ་བས་མ་གོས་པ་དེ་ཡང་གཞན་རྐྱེན་ལ་བརྟེན་པའམ། རང་གིས་ཀྱང་རྩོལ་བ་དྲག་པོས་གཉེན་པོ་བསྟེན་དགོས་པ་མ་ཡིན་པར། སྟོན་བཅོམ་ལྡན་འདས་ཀྱི་སྤྱན་སྔར་དགེ་སློང་འགའ་ཞིག་ཚུར་ཤོག་ལ་སོགས་པས་བསྙེན་པར་རྫོགས་པ་ན། དེ་མ་ཐག་ཏུ་བསྙེན་པར་རྫོགས་ནས་ལོ་བརྒྱ་ལོན་པ་ལྟ་བུའི་སྤྱོད་ལམ་དང་ལྡན་པར་གྱུར་ཏོ་ཞེས་པ་དང་ཚུལ་མཚུངས་པར་རབ་ཏུ་བྱུང་མ་ཐག་ནས་རང་གི་ངང་གིས་ཉེས་པས་མི་གོས་པ་ཡིན་ཏེ། སློབ་དཔོན་ཀུན་དགའ་ལེགས་པའི་གསུང་གིས། བླ་མ་འདི་བཙུན་ཆུང་གི་དུས་ནས་སུ་གཞན་དང་མི་འདྲ་བ་ཅིག་བདོག་སྟེ། ཆོས་རྗེ་ཡེ་ཤེས་རྒྱལ་མཚན་པ་གཡས་གཡོན་དུ་ཆོས་དབར་ལ་འབྱོན་པའི་ཕྱག་ཕྱིར་བདག་ཅག་གྲྭ་པ་རྣམས་འགྲོ་བའི་ཚེ། ལམ་བར་སོགས་ཀྱི་གནས་མལ་དུ་ཕྱི་དྲོ་ཕེབས་པའི་དུས་སུ། བདག་ཅག་གྲྭ་པ་རྒན་པ་རྣམས་ནི་ཁ་སྙོམ་པ་དང་། གསུམ་པ་ལྟོགས་པས་བཟའ་བཏུང་གི་རྩོལ་བ་ག་བྱེད་ཀྱང་། ཁོང་པ

བཙུན་ཆུང་ཆུང་ཤོས་ཡིན་ཏེ། ཕྱི་དྲོ་བཟའ་བཏུང་གི་སྦྱོར་བ་མི་བྱེད་པར་གནས་མལ་དུ་ཕེབས་ནས། ཁྲིམས་པོ་ཕོག་མ་ཐག་ཕུ་སྟི་ར་ཞལ་ཕྱེ་ནས་དཔེ་ཆ་ར་ཕར་ལོག་ཚུར་ལོག་བྱེད་ཀྱིན་གཟིགས་པ་ཅིག་ཀ་བཏོག་ཅེས་གསུངས་པ་དེ་ལྷ་བུས་མཆོན་པའོ། །

ཡང་ཆོས་རྗེ་ཡེ་ཤེས་རྒྱལ་མཚན་པས་མཁན་པོ། མཁན་ཆེན་བློ་གྲོས་དཔལ་བས་ལས་ཀྱི་སློབ་དཔོན། །ཆོས་རྗེ་འཕགས་པ་གཞོན་ནུ་བློ་གྲོས་པས་གསང་སྟོན་སློབ་དཔོན། གྲིབ་ཚོད་པ་འཇམ་དབྱངས་དཔལ་ལྡན་གཞོན་ནུ་ལ་སོགས་པ་དད་པའི་དགེ་འདུན་བདུན་གྱི་དབུས་སུ་དགུང་ལོ་ཉི་ཤུ་པ་ལ་བསྙེན་པར་རྫོགས་པ་དགེ་སློང་གི་སྡོམ་པ་རྣམ་པར་དག་པ་ནོས་ཏེ་ཉེས་ལྟུང་གི་དྲི་མ་རྣམ་པར་དག་པར་བཞུགས་པ་ཡིན་ནོ། །བྱང་ཆུབ་སེམས་དཔའི་སྡོམ་པ་ནོས་ཚུལ་ནི། བསྙེན་རྫོགས་ཚར་མ་ཁད། ཆོས་རྗེ་ཡེ་ཤེས་རྒྱལ་མཚན་པའི་དྲུང་དུ། དབུ་མ་ལུགས་ཀྱི་སེམས་བསྐྱེད་ཀྱི་ཆོ་ག་ཞུས་ཤིང་རྗེས་ནས་བཞི་དང་ལན་ལྔ་ནོས་ཤིང་། ཆོས་རྗེ་བུདྡྷ་པའི་དྲུང་དུ་དབུ་མ་ལུགས་དང་། སེམས་ཙམ་ལུགས་གཉིས་ཀ་གསན་ནས། སོ་སོའི་བསླབ་བྱ་རྣམས་བྱང་བ་དང་། བསླབ་བཏུས་སྡོམ་པ་ཉི་ཤུ་པ་ལ་སོགས་གསན་ཅིང་ཐུགས་སུ་ཆུད་ནས། རང་རང་གི་ལུགས་ལྟར་ལེགས་པར་བསྲུངས་ཏེ་ཤིན་ཏུ་རྣམ་པར་དག་པར་བཞུགས་སོ། །

དེ་ཡང་བྱང་ཆུབ་སེམས་དཔའི་སྡོམ་པ་ནི། བྱམས་པ་དང་སྙིང་རྗེ་ཆེན་པོའི་རྩ་བ་ཅན་ཡིན་པ་ལས། བདག་ཉིད་ཆེན་པོ་འདི་ཉིད་ཀྱི་ཐུགས་ནི། སེམས་ཅན་ཐམས་ཅད་ལ་བྱམས་པ་དང་སྙིང་རྗེ་ཆེན་པོའི་ངང་དུ་གྱུར་པ་སྟེ། ཐ་ན་གཞན་དག་ཤ་ཟ་བ་གཟིགས་པ་ཙམ་དང་། ཁྱད་པར་དུ་རབ་ཏུ་བྱུང་བས་ཤ་ཟ་བ་གཟིགས་པ་ན་ནང་དུ་མི་བཟོད་པའི་ཐུགས་འབྱུང་ཆེན་པོ་འབྱུང་ཞིང་། ཞག་དུ་མའི་བར་དུ་གསོལ་དངས་འགག་པར་སྣང་བ་དང་། གཞོན་ནུ་དར་ལ་སོགས་པ་འགའ་ཞིག་གིས ལོག་སྒྲུབ་ཤིན་ཏུ་འཇིགས་སུ་རུང་བ་ཇི་སྙེད་བྱས་ཀྱང་། ཐུགས་ལ་ཁོང་ཁྲོ་དང་ཁོན་དུ་འཛིན་པའི་རྣམ་པ་ཅུང་ཟད་ཀྱང་མི་མངའ་བར། ལོག་སྒྲུབ་བྱེད་པ་པོ་ལ་ལྷག་པར་ཐུགས་བརྩེ་བར་སྣང་བས། སྤྱན་རས་གཟིགས་དང་ཚུལ་མཚུངས་པར་སྣང་བའི་ཕྱིར་རོ། །

དེ་ཡང་ཤ་གཅོད་པར་མཛད་པ་ནི། བྱིས་པའི་དུས་ནའང་ནང་ཆ་དང་། ཤ་རྗེན་ཟོས་པ་མི་

དྲན་ཞེས་གསུང་ཞིང་། ཆེ་བར་གྱུར་ནས་དགུང་ལོ་བདུན་ཕན་ཆད་ཤ་དང་ཁྲག་ལ་སོགས་པ་གཟིགས་པ་ཙམ་གྱིས་ཞག་མང་པོར་གསོལ་དངས་འགགས། རབ་ཏུ་བྱུང་བ་རྣམས་ཀྱི་འཚོ་བ་མ་ཡིན་ཞིང་། སངས་རྒྱས་ཀྱིས་ཀྱང་ཟ་བར་མ་གནང་བར་དགོངས་ནས། དགུང་ལོ་བཅུ་གསུམ་པ་ལ་ཤ་བཅད་ནས། ཕྱིས་ཤའི་དྲི་ཙམ་གྱིས་ཀྱང་སྐུ་ཁམས་ལ་གནོད་པར་སྣང་ངོ་། །རིག་པ་འཛིན་པའི་སྡོམ་པ་ནི། བླ་མ་རྣམས་ནས། གསང་སྔགས་རྡོ་རྗེ་ཐེག་པའི་རྒྱུད་སོ་སོ་ནས་བཤད་པ་ལྟར་དུ། མཁས་ཤིང་གྲུབ་པ་ཐོབ་པ་རང་རང་གི་ལུགས་ལས་འབྱུང་བ་བཞིན་སྨིན་བྱེད་ཀྱི་དབང་བོད་ན་ཡོད་པ་རྣམས་དང་། དེ་དག་ལ་བརྟེན་པའི་བསྐྱེད་རྫོགས་ཀྱི་ལམ་ཆ་ལག་དང་བཅས་པ་གྲོལ་སོ་སོ་མ་འདྲེས་པར་སོ་སོར་གསན་ཅིང་ཐུགས་སུ་ཆུད་པར་མཛད་པ་ཡིན་ལ། ཇི་ལྟར་གསན་ཚུལ་གསན་ཡིག་རྒྱ་མཚོར་བལྟའོ། །

འདིར་རགས་པ་ཙམ་བརྗོད་ན། ཐོག་མར་ཆོས་རྗེ་ཡེ་ཤེས་རྒྱལ་མཚན་པའི་དྲུང་དུ། རྒྱུད་སྡེ་བཞི་དང་འབྲེལ་བའི་དབང་བསྐུར་གསན་ནས། རིག་འཛིན་སྔགས་ཀྱི་སྡོམ་པ་རྣམ་པར་དག་པ་དང་ལྡན་པར་མཛད་པ་ཡིན་ཏེ། དེ་ཡང་བསླེན་པར་རྫོགས་མ་ཁད། གུར་རིགས་བསྡུས་ཀྱི་དཀྱིལ་འཁོར་དུ་སླར་ཡང་དབང་བསྐུར་བསྐུར་ཏེ་ཚར་གཅིག་གསན་ནོ། །དེའི་ཚེ་ཡབ་ཡུམ་ཤིན་ཏུ་ཕྱུག་པས་དཀྱིལ་འཁོར་རིན་པོ་ཆེ་ལས་བཞེངས་སོ། །དེ་ལས་བླ་མེད་ཀྱི་གསང་བ་འདུས་པ་མི་བསྐྱོད་པ། ཡེ་ཤེས་ཞབས་ལུགས། གཤིན་རྗེའི་གཤེད་དམར་པོ་ལྷ་ལྔ། ལྷ་བཅུ་གསུམ་མ། དཔལ་ཀྱི་རྡོ་རྗེ་མན་ངག་ལུགས། བདག་མེད་མ། གུར་རིགས་བསྡུས། བདེ་མཆོག་ལོ་ནག་དྲིལ་གསུམ། དྲིལ་བུ་ལྷ་ལྔ། སྒྲོལ་མ་ལྷ་བཅུ་བདུན་མ། དུས་ཀྱི་འཁོར་ལོ་རྣམས་ཀྱི་དབང་གསན། གཞན་ཡང་ཡོ་ག་རྫོར་དབྱིངས། །འཇམ་དཔལ་གསང་ལྡན། །ཀུན་རིག་རྩ་བའི་དབང་རྣམས་གསན། བྱ་སྤྱོད་ལ་ཚེ་དཔག་མེད་ལྷ་དགུ། གཟུངས་གྲྭ་ལྔ། འཇམ་དབྱངས་ཨ་ར་པ་ཙ་ན་ལྷ་ལྔ་རྣམས་ཀྱི་དབང་གསན་ནོ། །

གཞན་ཡང་བླ་མ་སོ་སོའི་དྲུང་དུ། རྒྱུད་སྡེ་དང་འབྲེལ་བའི་དབང་བསམ་གྱིས་མི་ཁྱབ་པ་གསན་ནས། རིག་འཛིན་སྔགས་ཀྱི་སྡོམ་པ་ལ་ཉེས་པའི་དྲི་མས་མ་གོས་པར་ཐུགས་རྒྱུད་ལ་ལེགས་པར་བཞུགས་པ་ཡིན་ཏེ། དབང་བསྐུར་བ་ཕྱིན་ཅི་མ་ལོག་པར་ཐོབ་པའི་བླ་མ་རྡོ་རྗེ་འཆང་དང་དབྱེར་མི་ཕྱེད་

པའི་མོས་པ་གཞན་གྱིས་དབྲོག་པར་མི་ནུས་པའི་ཕྱིར་རོ། །

དེ་ལྟར་གཞི་སྡོམ་པ་གསུམ་རྣམ་པར་དག་པ་ལ་བརྟེན་ནས། གཉིས་པ་ཐོས་བསམ་ཇི་ལྟར་མཛད་པའི་ཚུལ་ནི། དགུང་ལོ་དགུ་པ་ལ་རབ་བྱུང་མཛད་པ་དེ་ནས་བཟུང་སྟེ། དགུང་ལོ་ཉི་ཤུ་རྩ་ལྔའི་བར་དུ་གཙོ་ཆེར་ཆོས་རྗེ་ཡེ་ཤེས་རྒྱལ་མཚན་པའི་དྲུང་དུ་བཞུགས་ཏེ། སྔར་གྱི་བརྟག་གཉིས་མ་བསྒྲིལ་བར་མཛད་ནས། ཐོག་མར་དགུང་ལོ་བཅུ་གཅིག་པ་ལ་གུར་དང་། དུས་ཀྱི་འཁོར་ལོ་དང་། ཡོ་ག་རྗོར་དབྱིངས་ཀྱི་ཕྱག་ལེན་རྣམས་མཐར་ཕྱིན་པར་མཛད་དོ། །

གཞན་ཡང་། དགེ་བསྙེན་གྱི་སྡོམ་པ་བརྒྱད་པ་རྩ་འགྲེལ། ཀཱ་རི་ཀཱ་དང་། སུམ་བརྒྱ་པ་རྩ་འགྲེལ་རྣམས་གཞུང་དོན་དང་བཅས་པ་མཁྱེན་པར་མཛད། དགུང་ལོ་བཅུ་གསུམ་པ་ལ་ས་བཟང་འཕགས་པའི་དྲུང་དུ། སྒྲའི་བསྟན་བཅོས་ཀ་ལཱ་པའི་གཞུང་འགྲེལ་མ་ཏིས་མཛད་པའི་སྟེང་ནས་དང་། ཙནྡྲ་པ་བྱ་ཊཱི་ཀ་གི་སྟེང་ནས་གསན་ཅིང་། ཀ་ལཱ་པའི་འགྲེལ་པ་དུར་སིཾ་ཧ་མུ་ཁ་ས་སློབ་ཕན་རྣམས་ཀྱང་མཁྱེན་ཅིང་། སྙན་ངག་དཎྜིའི་གཞུང་མེ་ལོང་། མིང་གི་མངོན་བརྗོད་འཆི་མེད་མཛོད། ཟློས་གར་ལ་འཇིག་རྟེན་གསུམ་ཀུན་ཏུ་དགའ་བ། ཀླུ་ཀུན་ཏུ་དགའ་བ། སྤེལ་སྦྱོར་ཤཱཀྟི་པས་མཛད་པའི་རིན་ཆེན་ཆོས་ཁོལ་འབྱུང་གནས་དང་། ས་པཎ་གྱི་གསུང་རབ་མེ་ཏོག་ཆུན་པོ་སོགས་གསན་ཞིང་མཁས་པར་གྱུར་ཏོ། །བཅུ་བདུན་པ་ལ་ཤར་པའི་དྲུང་དུ། །སྤྲོས་མེད་ཀྱི་ཁྲིད་ཞུས། ཉི་མ་ཕྱེད་ཙམ་ནས་སྒོམ་མཛད་པས། སང་སྔ་དྲོ་ཙམ་ན་དུ་བ་ལ་སོགས་པའི་ལམ་རྟགས་ཐམས་ཅད་བྱུང་ཞེས་གུ་གེ་པཎ་ཆེན་གསུངས། ཆོས་དཔལ་བཟང་པོས། ཉི་མ་ཕྱེད་ཙམ་ན་རྟགས་བྱུང་བར་བཤད། ཟླ་བ་གཅིག་ལ་ལམ་རྟགས་རྣམས་མཐར་ཕྱིན་པར་མཛད་དོ། །

ཉི་ཤུ་པ་ལ་བསྙེན་རྫོགས་མཛད་ཚུལ་སོགས་སྔར་བཤད་ཟིན། གསན་ཡིག་ཏུ་མི་གསལ་བ་ཙུང་ཟད་བཤད་ན། ཆོས་རྗེ་ཡེ་ཤེས་རྒྱལ་མཚན་པའི་དྲུང་དུ། ཕར་ཕྱིན་བྱ་ཊཱི་ཀ་གི་སྟེང་ནས་ཚར་ལྔ་གསན་ཞེས་ཆོས་དཔལ་བ་གསུངས། པཎྜི་ཏས་ཕྱེད་དང་ལྔ། རྗེ་མུས་པས་བཞི་གསན་གསུང་ཞིང་། མཁན་ཆེན་བུདྡྷ་ཤྲཱི་པའི་ཟིན་བྲིས་ཀྱི་སྟེང་ནས་ཀྱང་གསན་གསུང་། མངོན་པ་ཀུན་ལས་བཏུས་ཀྱི་བཤད་པ། དབུ་མ་རྩ་ཤེ །འགྲེལ་པ་ཚིག་གསལ། དབུ་མ་འཇུག་པ་རང་འགྲེལ་དང་བཅས་པ།

རྒྱུད་བླ། སྤྱོད་འཇུག་རྣམས་རྗོགས་པར་གསན་ནོ། །གཞན་ཡང་གསང་བ་འདུས་པའི་བཤད་རྒྱུད་དགོངས་པ་ལུང་སྟོན། རྡོ་རྗེ་ཕྲེང་བ་ལྷ་མོ་བཞིས་ཞུས། ཡེ་ཤེས་རྡོ་རྗེ་ཀུན་ལས་བཏུས་ཏེ་བཤད་རྒྱུད་རྣམ་པ་བཞིའི་ལུང་དང་། སྒྲུབ་ཐབས་མདོར་བྱས། མདོ་བསྲེས། རྣམ་གཞག་རིམ་པ། ཀླུ་སྒྲུབ་ཀྱིས་མཛད་པའི་དཀྱིལ་ཆོག་ཉི་ཤུ་པ། ཀླུ་བྱང་གིས་དཀྱིལ་ཆོག་ཉི་ཤུ་པ། ཐུང་འཇུག་གསལ་བ། དཀྱིལ་ཆོག་དང་། རྡོ་རྗེ་སེམས་དཔའི་མཆོད་ཆོག་གཉིས་ནག་པོ་པས་མཛད་པ། རྡོ་རྗེ་སེམས་དཔའི་སྒྲུབ་ཐབས་ཟླ་གྲགས་ཀྱིས་མཛད་པ་རྣམས་གསན། །གཞན་ཡང་གསང་བ་འདུས་པའི་རྒྱུད་ཕྱི་མ་དང་། འགྲེལ་ཆེན་སྒྲོན་མ་གསལ་བ། འགྲེལ་བཤད་མཐའ་དྲུག་གསལ་བ། བཤད་རྒྱུད་ཀྱི་མན་ངག་གསང་བའི་སྒོ་འབྱེད་རྣམས་ཀྱི་སྟེང་ནས་བཤད་བཀའ་གསན། ཡང་རྫོགས་རིམ་རིམ་ལྔའི་གཞུང་འཕགས་པ་ཀླུ་སྒྲུབ་ཀྱིས་མཛད་པ། སྤྱོད་པ་བསྡུས་པའི་སྒྲོན་མེ། བདག་བྱིན་གྱིས་བརླབ་པ། མངོན་པར་བྱང་ཆུབ་པའི་རིམ་པ་རྣམས་འཕགས་པ་ལྷས་མཛད་པ། རིམ་པ་ཁོང་བསྡུས་ཀླུ་བྱང་གིས་མཛད་པ་རྣམས་གསན། ཡང་རྫོགས་རིམ་ཟབ་མོ་ཤིན་ཏུ་སྤྲོས་པ་མེད་པའི་དེ་ཁོ་ན་ཉིད་ཀྱི་མན་ངག་གི་ཉམས་ཁྲིད་ལན་གསུམ་གྱི་བར་དུ་ཞུས་ནས། སྤྲོས་མེད་ཀྱི་བྱིན་རླབས། དེའི་རྡོ་རྗེ་ཚིག་རྐང་པི་ཏྭ་པས་མཛད་པ། དེའི་འགྲེལ་པ་འཇུག་བདེ་རྣམ་གསལ། དེའི་ཁྲིད་ཡིག་ཐོར་བུ་བ་གློ་བོ་ལོ་ཙྪ་བས་མཛད་པ་རྣམས་གསན་ནོ། །

ཡང་རྩ་རྒྱུད་བརྟག་པ་གཉིས་པ། བཤད་རྒྱུད་རྡོ་རྗེ་གུར། སཾ་པུ་ཊ་རྣམས་བླ་མ་གོང་མའི་རྣམ་བཤད་ཀྱི་སྟེང་ནས་རྩ་རྒྱུད་བཤད་པ་ལན་ལྔ། རྡོ་རྗེ་གུར་ལན་གཉིས། སཾ་པུ་ཊ་ལན་གསུམ་གསན། བདེ་མཆོག་ལོ་ཧི་པའི་སྐད་ལྷུར་གྲགས་པ། རྒྱུན་བཤགས་ལྦུ་རི་པས་མཛད་པ། ཁ་ཆེ་རིན་ཆེན་རྡོ་རྗེའི་བཀྲ་ཤིས། ནག་པོ་གཞུང་དྲུག །དྲིལ་བུ་སྐོར་གསུམ། བདེ་མཆོག་རྩ་རྒྱུད་ཀྱི་འགྲེལ་པ་མུ་ཏིག་ཕྲེང་བ། རྣལ་འབྱོར་མ་ཀུན་སྤྱོད་ཀྱི་རྒྱུད། འགྲེལ་པ་རྗེ་བཙུན་ཆེན་པོས་མཛད་པ་རྣམས་ཀྱི་སྟེང་ནས་བཤད་བཀའ། རིམ་ལྔའི་ཁྲིད། དྲིལ་བུ་ལྷ་ལྔའི་མངོན་རྟོགས་དྲིལ་བུ་པས་མཛད་པ། ལཱུ་ཡི་པས་མཛད་པའི་དབང་ཆོག །ལོ་ཧི་པའི་སྒྲུབ་ཐབས་དཔལ་མངོན་པར་རྟོགས་པ། རྗེ་བཙུན་མ་ཀུ་རུ་ཀུལླེའི་རྗེས་གནང་། སྒྲུབ་ཐབས་ལྷན་སྐྱེས་སྣེག་པས་མཛད་པ། མན་ངག་ཆེན་པོ་ལཱུ་སློབ་དཔོན་

ཞི་བ་འཚོས་མཛད་པ། བསྟོད་པ་ཧཱུྃ་བི་ཧེ་རུ་ཀས་མཛད་པ། ཀུ་རུ་ཀུལླེའི་གསང་སྒྲུབ་སོགས་ཀྱི་མན་ངག་རྣམས་དང་། སྒྲུབ་ཐབས་ལྷན་སྐྱེས་རོལ་པས་མཛད་པ་ཆེ་བ། ལས་སྦྱོར་བསྟོད་པ། ལས་ཁ་ཚར་བ་བཞི་དང་བཅས་པ་གསན། ཡང་ཀག་ཆོལ་འདོད་པའི་རྒྱལ་པོའི་རྗེས་གནང་། དེའི་ཆོས་སྐོར་ལ། སྔགས་ཀྱི་རྒྱལ་པོའི་དམ་ཚིག་གི་དངོས་གྲུབ་ཀྱི་ཆོག་ཞེས་བྱ་བ་རིན་ཆེན་རྡོ་རྗེས་མཛད་པ། འཇིག་རྟེན་གྱི་དངོས་གྲུབ་ཆེན་པོ་སྒྲུབ་པའི་ཐབས་བ་རི་བའི་ཞལ་གདམས། འཁོར་ལོའི་སྒྲུབ་པ། ལས་སྦྱོར། གསང་སྔགས་རྩ་བའི་འཁོར་ལོའི་སྒྲུབ་པ། སྦྱིན་སྲེག །རྗེས་གནང་གི་ཆོག །གསལ་བྱེད་ཉི་མའི་འཁོར་ལོ་རྡོ་རྗེ་གདན་པས་མཛད་པ། རྒྱལ་པོ་དབང་དུ་བྱ་བའི་མན་ངག་དང་། སྦྱིན་སྲེག །དངོས་གྲུབ་ཆུད་མི་ཟ་བར་བྱེད་པ། རབ་གནས་གནད་འབེབས་ཉི་ཟླའི་འཁོར་ལོ། ལས་བཞིའི་མན་ངག །རབ་གནས་ཁྱད་པར་ཅན། ཡི་དམ་ལ་བརྟེན་པའི་སྒྲུབ་ཡིག་གདམས་པ་གསུམ་གྱིས་སྟོན་པ། གསང་སྒྲུབ་དམ་པ་སྒྲུབ་ཡིག་བ་རི་བའི་གདམས་པ། ཐུན་མོང་མ་ཡིན་པའི་ལོ་རྒྱུས་རྣམས་གསན། ཚོགས་བདག་དམར་ཆེན་གྱི་རྗེས་གནང་། བསྙེན་པ། སྒྲུབ་པ། ལས་སྦྱོར། སྤྱོགས་ཆོག་སྟེ་བཞི་སྟོན་པའི་སྒྲུབ་ཐབས། སྦྱིན་སྲེག །སྒྲུབ་པའི་ཡན་ལག །འཕགས་པས་མཛད་པའི་བསྟོད་པ། ཕྱག་མཚན་བཅུ་གཉིས་ཀྱི་ལས་ཚོགས། རྡོ་རྗེ་མཁའ་འགྲོ་ལེའུ་བཅུ་དགུ་པ་ནས་བྱུང་བའི་སྒྲུབ་ཐབས། ཞལ་གདམས། གནོད་ལ་དབབ་པའི་སྦྱིན་སྲེག །གཞན་ཡང་གདམས་པ་འགའ། ཚོགས་བདག་གི་སྙིང་པོ་ཞེས་བྱ་བའི་གཟུངས་རྣམས་གསན། ཡང་རྡོ་རྗེ་ནག་པོ་ཆེན་པོའི་རྗེས་གནང་། པུ་ཏྲའི་རྗེས་གནང་། འདིའི་མན་ངག་གི་སྐོར་ལ། གུར་མགོན་ལྷ་བརྒྱད་མ་དང་། བཅུ་གཉིས་མའི་སྒྲུབ་ཐབས། ལྷ་བརྒྱད་འཁོར་དང་བཅས་པ་སྔགས་ཏེ་སྒྲུབ་པའི་ལག་ལེན། མན་ངག་ཞལ་གདམས་མར་གྲགས་པ་ལ། གཏོར་མ་ལ་བརྟེན་ནས་དགྲ་བསད་པ། གཏོར་མ་མེད་པར་ཁ་ཟས་ལ་བརྟེན་ནས་དགྲ་བསད་པ། གཞན་གྱི་རིག་སྔགས་ཐོད་གཏོང་བཟློག་པ་རྨི་ལམ་ངན་པ་དང་ལྟས་ངན་པ་བཟློག་པ། བྱད་ཤ་སྤྲགས་པ། དགྲ་བགེགས་ཚོགས་སུ་ཟ་བ་སྟེ་ཤིན་ཏུ་ཟབ་པའི་ཚོག་དྲིལ་དྲུག་དང་། ཟབ་གཏད་གནད་ཀྱི་གདམས་པ། རྟེན་གཏོར་གྱི་མན་ངག །རྩ་གསུམ་ལ་བརྟེན་ནས་བསྙེན་སྒྲུབ་ལས་གསུམ་དུ་སྒྲུབ་པ། གསང་རྟེན་ལུས་ལ་བཅད་པ། བྲམ་ཟེ་མཆོག་སྲེད་

གྱིས་མཛད་པའི་མདོས་ཀྱི་ཆོ་ག །ཟླ་མ་སྦྱིན་ཆེན་པོའི་བསྐང་བཟློག་གི་ཆོ་ག །ནག་པོ་ཆེན་པོ་ལྷུམ་དྲལ་འཁོར་བཅས་ལ་བཀའ་བསྒོ་བ། གཟུངས་འཛུགས་ཐབས། གཏོར་མ་ཟོར་དུ་འཕང་བའི་མན་ངག ། ཕྱུ་ཏྲའི་སྒྲུབ་ཐབས། གཏོར་མ། དེའི་མདོས་ཆོག་དམ་པས་མཛད་པ། ལས་མགོན་ཞངས་གྲི་ཅན་གྱི་སྒྲུབ་ཐབས། ཆོས་སྐྱོང་རྣོ་ཞིང་ལས་ལ་ཉན་པའི་གདམས་ངག །ཁོན་ནག་ཟས་སུ་ཟ་བའི་གདམས་ངག །ཀུར་གྱི་མགོན་པོའི་བཀའ་སྡོད་ཞངས་གྲི་ཅན་གྱི་སྒྲུབ་ཐབས། ཕྱུ་ཏྲ་མིང་སྲིང་གསུམ་གྱི་སྒྲུབ་ཐབས་དམ་པས་མཛད་པ། མནན་པའི་ཐུན་སྒྲུབ། མནན་པ་དངོས། ཟོར་གྱིས་བསད་པ། འཇམ་ཞིང་ཞི་བའི་ལས་ཀྱི་སྒྲུབ་ཐབས། ཕོ་རྒྱུད་དང་མོ་རྒྱུད་ཕྱུཏྲེས་མཛད་པ། མཁའ་འགྲོ་སྣགས་སྒྲུབ། རྟེན་བཅའ་ཐབས། མནན་པའི་ཡི་གེ །བསད་ལས་ཚ་བའི་ནད་ཀྱིས་བསད་པ། སྔགས་རིངས་ཀྱིས་བསད་པའི་ལས་སྦྱོར། ཞངས་གྲི་ཅན་གྱི་བསྙེན་སྒྲུབ། ལས་སྦྱོར་གྱི་རྒྱ་གཞུང་གཅིག །བསྙེན་སྒྲུབ་བསད་གསུམ་གྱི་མན་ངག །ལས་མགོན་ཞངས་གྲི་ཅན་གྱི་སྒྲུབ་ཐབས་གཅིག །ལྷ་མོ་རྒྱུད་སྒྲུབ། ལས་སྦྱོར་དམ་པས་མཛད་པ། ནག་པོ་ཆེན་པོ་ཕུར་བུའི་སྒྲུབ་ཐབས་ཀྱི་རྒྱ་གཞུང་། བྲམ་ཟེ་མཆོག་སྲེད་ཀྱི་ཕུར་བུ་སྒྲུབ་ཐབས་ཀྱི་རིམ་པ། ཕོ་རྒྱུད་བཀའ་སྡོང་དུ་སྒྲུབ་པ། བསྙེན་སྒྲུབ་ལས་སྦྱོར་མནན་པ་དང་བཅས་པ། གསེར་གྱི་སྤུ་གྲིའི་གདམས་པ་དམ་པས་མཛད་པ། ངག་མནན་ངག་སྲུང་རྣམས་གསན། གདོང་བཞི་པའི་རྗེས་གནང་། དེའི་ཆོས་སྐོར་ལ། ཞལ་བཞི་པའི་ལོ་རྒྱུས། བསྙེན་སྒྲུབ་ལས་གསུམ་གཅིག་ཏུ་བསྡེབས་པའི་སྒྲུབ་ཐབས། གཞུང་མཚན་བཤད་པ་དང་། སྔགས་ཀྱི་ཐེམ་ཡིག །སྔགས་ཀྱི་གནད། གཡབ་པ་དར་ཐོགས་ཀྱིས་ཁམས་གསུམ་དབང་དུ་བསྡུ་བ། ནོར་སྒྲུབ་འཁོར་ལོའི་ཞལ་གདམས། རྟ་ཟོར། སྐྲོང་ཟོར། རང་དང་སློབ་མ་དང་རྫས་ཡོ་བྱད་རྣམས་གཏད་པ། གཙུག་ལག་ཁང་གཏད་པ། གནས་མལ་དང་ནོར་རྫས་བསྲུང་བ། ཞལ་གདམས་དོན་དྲུག་མ། རྟེན་བཅའ་བའི་མན་ངག །ཐུགས་དམ་བསྐང་བའི་ཆོ་ག །མདོས་ཀྱི་ཆོ་ག །ལས་འགྲིག །སྦྱིན་སྲེག ། བསྒྲད་པ། མནན་པ། རང་བསྲུང་བ་དང་། རྟེན་གྱི་འཁོར་ལོའི་མན་ངག་ལ་སོགས་པ་ཚང་མ། གཉན་ལོ་ཙྪ་བ་དར་མ་གྲགས་ཀྱིས་མཛད་པའི་བསྟོད་པ་རྣམས་གསན། ཡང་སྐྱོང་རྒྱུད་ཀྱི་མཚན་བྱ། ས་བཅད་ཀྱི་སྤྱི་དོན་རྗེ་བཙུན་གྱིས་མཛད་པའི་སྟེང་ན་བཤད་བཀའ་

གསན། འཇམ་དབྱངས་ཨ་ར་པ་ཙ་ན། འཇམ་དབྱངས་སྨྲ་སེང་། འཇམ་དབྱངས་དཀར་པོ། མི་གཡོ་བ་དཀར་པོ། གཙུག་ཏོར་རྣམ་རྒྱལ། རྣམ་འཇོམས་པ་རི་ལུགས་ཀྱི་རྗེས་གནང་། སྒྲོལ་མ་དཀར་མོའི་རྗེས་གནང་། ངག་དབང་གྲགས་པའི་སྒྲུབ་ཐབས་འཆི་བསླུ་དང་བཅས་པ། དོན་ཞགས་ལྷ་ལྔའི་རྗེས་གནང་། དོན་ཡོད་ཞགས་པའི་གཟུངས། ཕར་ཕྱིན་དྲུག་གི་གཟུངས། གཙུག་ཏོར་དྲི་མེད་ཀྱི་ཆོས་སྐོར། སྒྲུབ་ཐབས་ཀུན་ལས་བཏུས་སམ་རྒྱ་མཚོར་གྲགས་པའི་རྗེས་གནང་། སྒྲུབ་ཐབས་ཀྱི་རྣམ་གྲངས་ཉིས་བརྒྱ་སུམ་ཅུ་རྩ་བགྲངས་པའི་ལུང་དང་བཅས་པ། སྒྲུབ་ཐབས་བརྒྱ་རྩར་གྲགས་པའི་རྗེས་གནང་། སྒྲུབ་ཐབས་དགུ་བཅུ་གོ་དྲུག་གི་ལུང་དང་བཅས་པ། རྗེ་བཙུན་ས་སྐྱ་པ་ཡབ་སྲས་གསུམ་ཆོས་རྗེ་ཁུ་དབོན་དང་བཅས་པའི་བཀའ་འབུམ་གྱི་ལུང་རྣམས་གསན་ནོ། །

གཞན་ཡང་ཆོས་རྗེ་དཔལ་ལྡན་ཚུལ་ཁྲིམས་པའི་དྲུང་དུ། ཀྱེ་རྡོ་རྗེ་མན་ངག་ལུགས་ཀྱི་དབང་གསན་ཏེ། དཔལ་ལྡན་ས་སྐྱ་པའི་བསྟན་པ་ལ་འཇུག་པའི་སྒོ་དང་པོ་འདི་ཡིན་གསུངས། ཀྱེ་རྡོར་ལུས་དཀྱིལ་གྱི་དབང་། ཀྱེ་རྡོར་ནས་གླིང་མའི་དབང་། སློབ་དཔོན་ཌོ་མྦྷི་ཧེ་རུ་ཀས་མཛད་པའི་ཀྱེ་རྡོར་གྱི་འགྲེལ་པ། སྒྲུབ་ཐབས་མཚོ་སྐྱེས། མི་ཐུབ་ཟླ་བས་མཛད་པའི་ཀྱེ་རྡོར་གྱི་རྒྱ་གཞུང་ཚང་མ། རིན་ཆེན་འབར་བ། སྐབས་ཀྱི་འགྲེལ་ཆུང་བརྒྱད། བདེ་མཆོག་དྲིལ་བུ་པའི་དབང་། བདེ་མཆོག་རྩ་རྒྱུད། རྣལ་འབྱོར་མ་ཀུན་སྤྱོད། ཕག་མོ་ཞལ་གཉིས་མའི་བྱིན་རླབས། ལས་བཅུའི་སྒྲུབ་ཐབས། སྔགས་ཀྱི་དེ་ཁོ་ན་ཉིད་དང་བཅས་པའི་གཞུང་། དེ་གསུམ་གྱི་དོན་འགྲེལ་རྗེ་བཙུན་གྱིས་མཛད་པ། ནཱ་རོ་མཁའ་སྤྱོད་ཀྱི་བྱིན་རླབས། ནཱ་རོ་པས་མཛད་པའི་སྒྲུབ་ཐབས། བླ་མ་གོང་མས་མཛད་པའི་སྐོར་ཚང་མ། རྩ་དབུ་མའི་ཁྲིད། འཕགས་པ་རིན་པོ་ཆེས་མཛད་པའི་ནཱ་རོ་མཁའ་སྤྱོད་ཀྱི་སྐོར། མཻ་ཏྲི་མཁའ་སྤྱོད་ཀྱི་བྱིན་རླབས། མཻ་ཏྲི་པས་མཛད་པའི་སྒྲུབ་ཐབས། ཉན་ཆེན་པས་མཛད་པའི་སྒྲུབ་ཐབས། བྱིན་རླབས་ཚིག་རྒྱལ་བའི་རྡོ་རྗེས་མཛད་པ། དཀར་མོ་ཉི་ཟླའི་རྗེས་གནང་། སྡོམ་རྒྱུད་དཀྱིལ་འཁོར་བཅུ་གཉིས་ཀྱི་དབང་། གཙུག་ཏོར་གདུགས་དཀར་གྱི་དབང་། དགའ་ལྡན་པ་བཀྲ་ཤིས་དཔལ་གྱིས་མཛད་པའི་དཀྱིལ་ཆོག །ཆོས་རྗེ་བླ་མ་དམ་པས་མཛད་པའི་བླ་མའི་རྣལ་འབྱོར་ཞལ་ཤེས་དང་བཅས་པ། ཡིག་བརྒྱའི་བཟླས་ལུང་། དེའི་མན་ངག་རྗེ་ས་ཆེན་གྱིས་མཛད་པ།

ཨུཌྜི་ཁའི་བཟླས་ལུང་རྣམས་གསན། སྐབས་ཤིག་ན་ཆོས་རྗེ་ཡེ་ཤེས་རྒྱལ་མཚན་པས་གེགས་སེལ་འདྲ་དང་བཅས་པའི་ལམ་འབྲས་ཀྱི་ཆ་ལག་འགའ་ཞིག་ཞུ་བའི་ཚེ། སྐུ་མདུན་ན་དགེ་བཤེས་འགའ་རེ་བཞུགས་འདུག་པ་རྣམས་ལ། དེང་འདིར་ལམ་འབྲས་ཀྱི་ཆོས་ཤིག་འཆད་པ་ཡིན་པས། ཁྱེད་རང་རྣམས་རེ་ཞིག་ལ་གཞན་དུ་གཤེགས་གསུངས་ནས། ཁོང་རྣམས་གཤེགས་སོང་། ཆོས་རྗེ་འདི་ཉིད་ལ་གཤེགས་ཀྱང་མི་གསུང་། རྗེས་ཀྱང་དེ་ཉིད་དུ་ག་བཞུགས་པས། དེ་ཉིན་ཆོས་རྗེ་ཡེ་ཤེས་རྒྱལ་མཚན་པ་ལ་གནང་བའི་ལམ་འབྲས་ཀྱི་ཆ་ལག་རྣམས་གསན་པས་བླ་མ་ལ་མོས་གུས་ཐུན་མོང་མ་ཡིན་པ་དང་། ཐུགས་ལ་དགེས་རྗེར་བསམ་གྱིས་མི་ཁྱབ་པ་སྐྱེས་སོ་གསུངས་སོ། །

གཞན་ཡང་བདེ་མཆོག་ལོ་ནག་དྲིལ་གསུམ་གྱི་ཕྱག་ལེན་དང་བཤད་པ་རྣམས་གསན་ནས་ཐུགས་སྦྱོང་ལེགས་པོ་མཛད་པས། ཕྱག་ལེན་དང་གོ་རྒྱུ་རྣམས་ལ་ཐུགས་བསྐྱེད་ལེགས་པོ་བྱུང་བས། བླ་མ་དམ་པ་དཔལ་ལྡན་ཚུལ་ཁྲིམས་པ་ཐུགས་དགེས་ཏེ། སློབ་དཔོན་ཉིད་དགེ་བཤེས་དཀའ་མོ་ཅིག་བྱུང་འདུག་ནན་ཏར་བཟང་། འུ་ཅག་བྲག་ཕུག་པའི་དགེ་བཤེས་ཅིག་བྱེད་པ་ཡིན་ནོ་ཞེས་གསུངས་སོ། །དེ་ལྟར་བླ་མ་དཔལ་ལྡན་ཚུལ་ཁྲིམས་པ་འདི་ལ་ཤིན་ཏུ་ཐུགས་མོས་ཆེ་སྟེ། ལམ་འབྲས་ཕྱག་མཆོད་ཀྱི་ཁ་བསྐོང་དུ། དཔལ་ལྡན་རྩ་བའི་བླ་མ་མཆོག །ཚུལ་ཁྲིམས་ཐོས་བསམ་སྒོམ་པར་ལྡན། །བརྩེ་བས་མ་ནོར་ལམ་སྟོན་པའི། །བཀའ་དྲིན་ཅན་ཁྱོད་ལ་ཕྱག་འཚལ། །ཞེས་གསུངས་པར་སྣང་ངོ་། །དགུང་ལོ་དགུ་པ་ནས། དགུང་ལོ་ཉི་ཤུ་རྩ་ལྔའི་བར་དུ། གཙོ་ཆེར་ཆོས་རྗེ་ཡེ་ཤེས་རྒྱལ་མཚན་པ་དང་། གཞན་ཡང་ཆོས་རྗེ་དཔལ་ལྡན་པ་ལ་སོགས་པའི་དྲུང་དུ། བཀའ་ལུང་མན་ངག་མཐའ་ཡས་པའི་བཀའ་དྲིན་ནོས་ཏེ། དེ་རྣམས་ཀྱི་ཕྱག་ལེན་བཤད་པ། མན་ངག་ཕྲ་མོ་ཚུན་ཆད་ལ་སྒྲོ་འདོགས་ལེགས་པར་བཅད་དེ་ཤིན་ཏུ་མཁས་པར་མཛད་དོ། །

དགུང་ལོ་ཉི་ཤུ་རྩ་ལྔ་བཞེས་པའི་ཚེ། ཆོས་རྗེ་ཡེ་ཤེས་རྒྱལ་མཚན་པ་བདེ་བར་གཤེགས་ནས། ཐུགས་དགོངས་རྫོགས་པའི་ཐབས་རྣམས་ལེགས་པར་གྲུབ་པར་མཛད་དེ། སྔར་གསུང་ངག་རིན་པོ་ཆེ་མ་གསན་པས། གསུང་ངག་གསན་པར་དགོངས་པ་ལ། ཆོས་རྗེ་ལོ་ཙྪ་བ་སྐྱབས་མཆོག་པ་དེ། ཆོས་རྗེ་དཔལ་ལྡན་བླ་མ་དམ་པའི་ཐུགས་སྲས་དགེ་བའི་བཤེས་གཉེན་མཐའ་ཡས་པ་ཡིན་

ནོ་ཞེས་གྲགས་པ་ཆེ་བས་དེའི་དྲུང་དུ་གསུང་ངག་གསན་པར་བཞེད་དེ། ཤངས་ཆོས་འཁོར་སྒང་དུ་བྱོན་པས། དང་པོར་གཞན་ལ་འདུལ་བ་མི་རྟོག་ཕྲེང་རྒྱུད་གསུང་བའི་འཕྲོ་ལ་ཞུས་པས། ཁྲིམ་གྱི་འཆིང་བ་ལས་གྲོལ་ཏེ། །ཞེས་པའི་ཚིག་མཚམས་སུ་ཐེབས་པས། ཨ་ལ་ལ་ཉིད་ཁྱད་འཕགས་དགའ་མོ་ཞིག་ཡིན་ཟེར་བ་བདེན་པར་གདའ། ཚིག་མཚམས་བཟང་པོ་བྱུང་བས་བསྟན་པ་ལ་ཕན་པའི་འདུལ་འཛིན་བཟང་པོ་ཅིག་འབྱུང་གི་ཞེས་ལུང་བསྟན་ཏེ། གསུང་ངག་རྫོགས་པ་ནི་མ་བྱུང་། འོན་ཀྱང་བླ་མ་ལྔ་བཅུ་པ། ཆོས་རྗེ་བླ་མ་དམ་པས་མཛད་པའི་བརྟག་གཉིས་ཊཱི་ཀ་ཆེན། གསང་འདུས་སྤྱི་དོན། རྩ་ལྟུང་བཅུ་བཞི་རྣམས་ཀྱི་བཤད་པ། སྣང་བ་གསུམ་གྱི་ཁྲིད། བླ་མའི་རྣལ་འབྱོར། བཀའ་གདམས་ལམ་རིམ་གྱི་ཁྲིད་རྒྱས་པ། བློ་སྦྱོང་དོན་བདུན་མ། དབུ་མ་རྩ་ཤེ་འགྲེལ་པ་ཚིག་གསལ་གྱི་སྟེང་ནས་བཤད་པ། རིགས་པ་དྲུག་ཅུ་པ་དང་། རྒྱུད་བླ་གཉིས་ཀྱི་ཊཱི་ཀ་ཆོས་རྗེ་ཉིད་ཀྱིས་མཛད་པའི་སྟེང་ནས་བཤད་པ། ཀུན་ལས་བཏུས་ཀྱི་བཤད་པ། སོ་སོར་ཐར་པའི་མདོ། ཚུལ་ཁྲིམས་ཡང་དག་པར་ལྡན་པའི་མདོ་ལ་སོགས་པ་གསུང་རབ་སྤྱིའི་གོ་བ་ལ་ཐུགས་བསྐྱེད་ཆེན་པོ་དང་། འདུལ་བའི་ཕྱག་ལེན་ཡང་ལེགས་པར་མཁྱེན་པས། ཐུགས་ལེགས་པར་དགེས་པ་དང་། བླ་མ་ལ་དད་གུས་ཆེན་པོ་སྐྱེས་སོ།

དེའི་དུས་ནུབ་གཅིག་མནལ་ལམ་དུ། གཟུགས་འདི་ལྟར་ཡིན་གྱི་ངེས་པ་མེད་པའི་སྲ་ཅིག་ལ། བླ་མ་ཀུན་དགའ་བཟང་པོ་ལམ་འབྲས་ཞུ་ན་འདི་ན་ཡར་བྱོན་ཟེར་བ་ཞིག་བྱུང་བས། དེར་བྱོན་པས་རི་འབོར་ཅིག་ན། དང་ར་སྒོ་བྱང་བསྟན་རྩིག་པ་ཁྲ་ལེ་བ་བྱས་པ། ནང་ན་ཡར་རྫོ་ཁྲབ་སེ་བྱས་པ་ཅིག་གི་ནང་ན་ཁང་པ་སྒོ་ཤར་བསྟན་ཅིག་འདུག་པའི་སྐས་ཅིག་ལ་འཛེགས་བྱོན་པས་སྐས་མགོ་ན་དགེ་བཤེས་ཤ་རྩེ་སྨུག་སེ་བ་ཅིག་གིས་སྦྱོས་སྣ་བྱས་གདན་དྲངས་བྱོན་པས། མཚམས་ཤིག་གི་ཁ་ལྷོར་བསྟན་ཅིག་ན། བླ་མ་སྐུ་བགྲེས་སེ་བ་བེར་ཐུལ་འདྲ་བ་བསྣམས་པ་ཅིག་དང་མཇལ་བ་རྨིས་སོ། །

དེ་ནས་ཡང་ས་སྐྱར་ཐེབས་ནས་གསུང་ངག་གསན་པར་བཞེད་པ་ལ་ཆོས་རྗེ་དཔལ་ལྡན་ཚུལ་ཁྲིམས་པ་ལ་མངའ་བའི་གསུང་ངག་གི་སྐོར་ཡོངས་སུ་རྫོགས་པར་གསན་པ། ཆོས་རྗེ་ཡེ་ཤེས་

རྒྱལ་མཚན་པ་ནི་བདེ་བར་གཤེགས། མི་ཉག་གི་སྟོན་པ་རིན་ཆེན་རྡོ་རྗེ་གྲྭ་བ་ཅིག་ཡོད་པ་ནི། མདོ་ཁམས་སུ་གཤེགས་པས། ད་སུ་དྲག་སྙམ་དུ་དགོངས་པ་ན། སྔར་ཆོས་རྗེ་དཔལ་ལྡན་པའི་གསུང་ཅིག་ལ། ལམ་འབྲས་བུ་དང་བཅས་པའི་མན་ངག་གི་རྒྱུད་གཅོད་པ་ལ། སློབ་དཔོན་ཆེན་པོ་ཡེ་ཤེས་རྒྱལ་མཚན་པ་བས་ཀྱང་། སློབ་དཔོན་བུདྡྷ་ཤྲཱི་བ་ངེས་ཀྱང་མཁས་པ་ཅིག་འདུག་གསུངས་པ་སྔན་ན་བཞུགས་པ་དང་། བླ་མ་དམ་པ་དཔལ་ལྡན་པ་བདེ་བར་གཤེགས་པ་ལ་ཉེ་བ་དེའི་ཚེ་ལམ་འབྲས་མ་རྫོགས་པའི་དགེ་བཤེས་ཅིག་ལ། ལམ་འབྲས་ཀྱི་འགྲོ་རྣམས་སློབ་དཔོན་ཆེན་པོ་ཡེ་ཤེས་རྒྱལ་མཚན་པ་དང་། སློབ་དཔོན་བུདྡྷ་ཤྲཱི་བ་གཉིས་ཀ་ལ་ཞུས་ཤིག་གསུངས་པ་གསན་པ་དང་། ཆོས་རྗེ་བུདྡྷ་བའི་དྲུང་དུ་གཤེགས་པའི་དགེ་བཤེས་གཅིག་དང་གསུང་གླེང་བྱུང་བས། ཆོས་རྗེ་བུདྡྷ་བ་དེ་དགེ་བའི་བཤེས་གཉེན་མཐའ་ཡས་པ་ཅིག་འདུག་ཟེར་བས། ཆོས་རྗེ་བུདྡྷ་བའི་དྲུང་དུ་ལམ་འབྲས་གསན་པར་དགོངས་ཏེ། བྱི་བའི་ལོ་ལ་བྱང་གི་རྒྱ་ཁའི་ཞི་དགོན་དུ་བྱོན་པས། སྔར་ཆོས་འཁོར་སྒང་དུ་རྨི་ལམ་དུ་བྱུང་བའི་རི་འབོར་དང་། དང་ར་དང་། ཁང་པ་རྣམས་ཇི་ལྟ་བ་བཞིན་དུ་འདུག་པའི་སྐབས་ལ་འཛོགས་བྱོན་པས། སྐབས་མགོ་ན་སློབ་དཔོན་ཉི་མ་ཟེར་བ། སྔར་མནལ་ལམ་དུ་བྱུང་བའི་རྣམ་པ་ཇི་ལྟ་བ་བཞིན་བྱས་པ་ཅིག་གིས་སྦྱོས་སྣ་བྱས་བྱོན་པས། མཚམས་ཤིག་གི་དབུས་ཞལ་ལྟོར་བསྟན་ཅིག་ན། ཆོས་རྗེ་བུདྡྷ་བ་པེར་ཐུལ་རྙིང་པ་ཅིག་བསྣམས་ནས་འདུག་པ་དང་མཇལ་བས། སྔར་གྱི་མནལ་ལམ་དྲན་པ་དང་། དེ་ཉིད་དུ་དད་གུས་བསམ་གྱིས་མི་ཁྱབ་པ་བྱུང་བས། ལུས་ཉམས་མནན་གྱིས་མི་ནོན་པ་ལྟ་བུ་བྱུང་ཡང་། ཐུགས་དྲན་འཛིན་ཆེན་པོ་མཛད་པས་ནོན་ཙམ་བྱུང་། དེ་ནས་མཚམས་དེའི་ཤར་འགྲུག་ཅིག་ན་བཞུགས་གདན་ཅིག་མཛད་འདུག་པ་ལ་བཞུགས་ནས་འཁྲོས་གཏམ་དང་ཞུས་གནང་མང་དུ་བྱུང་ངོ་། །

དེ་ནས་ཞི་དགོན་དུ་བྱི་ལོའི་འགྲོ་དང་གླང་ལོ་སྟེ་ལོ་གཉིས་བཞུགས་ནས་ལམ་འབྲས་ཀྱི་གཞུང་ཁྲིད་ཚར་བར་གསན། སྟག་ལོ་ལ་ཆོས་རྗེ་བུདྡྷ་བས་ས་སྐྱར་བྱོན་ནས། ས་སྐྱ་ས་བཟང་གཉིས་སུ་ཟླ་བ་དགུ་བཞུགས་ཞེས་མུས་ཆེན་གསུང་། པཎ་ཆེན་གྲགས་རྒྱལ་དང་ཆོས་དཔལ་བས་ཟླ་བ་བཅུ་གཅིག་བཞུགས་པར་བཤད། དེའི་བར་ལ་གསུང་ངག་རིན་པོ་ཆེ་ལམ་འབྲས་བུ་དང་

བཅས་པ་ལ་སོགས་པ་ཆོས་རྗེ་བུདྡྷ་པ་ཉིད་ལ་མངའ་བའི་གདམས་ངག་ཐམས་ཅད་ཡོངས་སུ་རྫོགས་པར་གསན་ཏེ། དེ་ཡང་ལམ་འབྲས་དང་འབྲེལ་པའི་དབང་། བཤད་པ་ཉམས་ཁྲིད། གེགས་སེལ་ལ་སོགས་པ་མན་ངག་ཕྲ་མོ་ཚུན་ཆད་མ་ལུས་པར་གསན་ཅིང་། སྟན་ཐོག་གཅིག་གི་སྟེང་དུ་ཁྲིད་ཟླ་བ་དགུ་ཉམས་ལེན་མཛད། །ལམ་རྟགས་རྣམས་རྫོགས་པར་ཤར། དེ་དུས་ཆོས་རྗེ་བུདྡྷ་བའི་ཞལ་ནས་ཁྲིད་འཇུར་པོ་འདི་ལྟ་བུ་བྱས་པ་ལ། གནས་སྐྱོང་འཇམ་པ་མ་བྱུང་བ་སྡིག་ཤས་ཤིན་ཏུ་ཆུང་བའི་རྟགས་ཡིན་གསུང་། དེ་ལྟར་ཉམས་སུ་བླངས་ནས། ཉམས་སུ་མྱོང་སྟེ། སྟན་བརྒྱུད་བཞིའི་གདམས་པ་ཡིན་ནོ། །

དེ་བཞིན་དུ་ལམ་སྐོར་རྣམས་དང་། ཞར་བྱུང་གི་མན་ངག་དང་བཅས་པ་ཡོངས་རྫོགས་གསན་ཞིང་། གཞན་ཡང་ཟབ་ལམ་རྡོ་རྗེའི་རྣལ་འབྱོར་སྦྱོར་བ་ཡན་ལག་དྲུག་པའི་ཁྲིད། བཤད་པ། གེགས་སེལ་ལ་སོགས་པའི་སྐོར་རྣམས་དང་། ནཱ་རོ་ཆོས་དྲུག་གི་ཁྲིད་ལ་སོགས་པའི་སྐོར་རྣམས་དང་། གསང་འདུས་མི་བསྐྱོད་པའི་དབང་འགོས་ནས་བརྒྱུད་པ། གསང་འདུས་ལུས་དཀྱིལ་གྱི་དབང་། རྫོགས་རིམ་ཟབ་མོ་གསང་འདུས་རིམ་ལྔ་དམར་ཁྲིད་དབང་གོང་མ་དང་བཅས་པ། མན་ངག་ནག་ཁྲིད་དུ་གྲགས་པ་རྣམས་གསན་ནོ། །དེ་ལྟར་གསུང་ངག་ལ་སོགས་པ་དེ་རྣམས་ཀྱི་མན་ངག་གི་རྣམ་གྲངས་རྣམས་ནི་མཐའ་ཡས་པས་འདིར་ཡི་གེ་མངས་པས་འཇིགས་ནས་མ་བྲིས་པས་གསན་ཡིག་ཏུ་ཤེས་པར་བྱའོ། །

གཞན་ཡང་དབུ་མ་ལུགས་ཀྱི་སེམས་བསྐྱེད་ཀྱི་ཆོ་ག །སེམས་ཙམ་ལུགས་ཀྱི་སེམས་བསྐྱེད་ཀྱི་ཆོ་ག །ཕྱག་རྡོར་ཆེན་པོའི་སྒྲུབ་གནས། རྒྱལ་སྲས་སེམས་དཔའ་ཆེན་པོའི་བཀའ་འབུམ་ཐོར་བུ་བའི་ལུང་། གཤེད་དམར་ལྷ་བཅུ་གསུམ་མ། སྒྲོལ་མ་ལུས་དཀྱིལ། བདེ་མཆོག་དྲིལ་བུ་པ་རྣམས་ཀྱི་དབང་། ནཱ་རོ་མཁའ་སྤྱོད་ཀྱི་བྱིན་རླབས། ཕག་མོ་ཞལ་གཉིས་མ། དོན་གྲུབ་མ། དབུ་བཅད་མ་གསུམ་གྱི་བྱིན་རླབས། གུར་མགོན་ལྕམ་དྲལ་གྱི་རྗེས་གནང་ཐུན་མོང་བ། གུར་མགོན་ལྷ་བརྒྱད་ཀྱི་རྗེས་གནང་ཐུན་མོང་མ་ཡིན་པ། གདོང་བཞི་པའི་རྗེས་གནང་། གཞན་ཡང་ཚེ་དཔག་མེད་ཀྱི་སྒྲུབ་ཐབས་ལ་སོགས་པ་གསན་ནོ། །དེ་ལྟར་གདམས་ངག་མ་ལུས་པ་བུམ་པ་གང་འབྱོའི་ཚུལ་དུ

གནང་ཚར་བ་དང༌། ཆོས་རྗེ་ཞྭ་ལྷ་བའི་གསུང་གིས། ངེད་ལ་ཆོས་རྗེ་དཔལ་ལྡན་ཚུལ་ཁྲིམས་པས་གནང་བའི་གདམས་ངག་འདི་རྣམས་ཁྱེད་ལ་རྫོགས་པར་འཕྲོད་ན་སྙམ་པ་དེ་འཕྲོད་པས་སེམས་བདེ་གསུངས་ནས་ཐུགས་བཞེད་ལེགས་པར་གྲུབ་པར་མཛད་པ་ཡིན་ནོ། །

སྐབས་པ་ལུང་སྦྱིན་གྱི་སྐབས་སུ། ཁྱེད་ཀྱིས་རྒྱ་གཅིག་ཏུ་རང་ས་བྲག་ཕུག་ཏུ་སྒྲུབ་པར་བྱས་ན་ལུས་འདི་ཁོ་ན་ལ་གྲུབ་མཐའ་སློགས་ཤིང༌། བཤད་པ་དང་གཞན་དོན་བྱས་ན། སྤྱིར་སངས་རྒྱས་ཀྱི་བསྟན་པ་དང༌། བྱེ་བྲག་ཏུ་དཔལ་ལྡན་ས་སྐྱ་པའི་བཤད་སྒྲུབ་ཀྱི་བསྟན་པ་ཉིན་མོ་ལྟར་གསལ་བར་བྱེད་དོ། །དེ་ལྟ་ན་ཡང་བསྟན་པ་ཉམས་དམའ་བས་གཙོ་བོར་བཤད་ཉན་བྱེད་པ་གལ་ཆེའོ་ཞེས་དང༌། ལྷག་པར་མ་འོངས་པ་ན་ལམ་འབྲས་ཀྱི་སློབ་མ་དང་བརྒྱུད་འཛིན་མང་དུ་འབྱུང་བར་ལུང་བསྟན་ཏོ། །དེ་ཡན་ཆད་ཟླ་བ་བཅུ་གཅིག་སོང༌། དེ་རྗེས་ཟླ་བ་དྲུག་ཏུ་སྦྱོར་དྲུག་བསྐྱངས་པས་རྒྱུད་འགྲེལ་ལས་གསུངས་པའི། རི་ག་ནག་པོ་དྲི་མེད་འོད་ཟེར་འཕྲོ་བ་དུས་ཀྱི་རྒྱ་ལ་མཐོང་བར་འགྱུར་གྱི་བར་དུའོ་ཞེས་པ་དང༌། དེའི་དབུས་སུ་སངས་རྒྱས་གཟུགས་ནི་ཡུལ་དང་རྣམ་པར་བྲལ་བ་དུ་མ་ལོངས་སྤྱོད་རྫོགས་པའི་སྐུའོ་ཞེས་སོགས་ཀྱི་ཉམས་སྣང་རྣམས་འབྱུངས་སོ། །

དེ་དུས་ཕྱི་རོལ་དུ་སྟོང་གཟུགས་ལ་དཀྱིལ་འཁོར་དུ་མའི་ལྷ་ཐམས་ཅད་དང༌། སངས་རྒྱས་སྤྲུལ་པའི་སྐུའི་རྣམ་པ་སྤྱན་ནམ་མཁའ་ལ་ལོག་གེ་བྱས་པ་མང་དུ་བྱུང༌། སྤྱན་གྱེན་དུ་གཟིགས་པ་དེ་རྣམས་ཅི་ཡིན་ནམ་སྙམ་སྟེ། རང་གི་མིག་གི་བྱེད་པའི་རྟེན་འབྲེལ་ཡིན་པ་འདྲ་གསུངས་སོ། ནང་དུ་རྩ་དབུ་མ་སྒྲོག་ཤིང་གི་ཚུལ་དུ་གནས་པའི་ནང་དུ་དཀྱིལ་འཁོར་གྱི་ལྷ་དང་བཅས་པ་མང་དུ་གཟིགས་པ་ལ། རིམ་གྱིས་སྟེང་ནས་སྟེང་དུ་ཐུགས་གཏད་པས་ཤིན་ཏུ་དགེས་པ་ཆེན་པོ་བྱུང་མོད། དེ་དུས་དེ་ནས་བཤད་པའི་གེགས་བྱུང་བ་ལ། འགྲེལ་པ་ནས་བཤད་པའི་གེགས་སེལ་དབང་རྒྱལ་ལུགས་དེ་དྲན་པས་གེགས་ཐམས་ཅད་སེལ་ནུས་གསུངས། གཞན་ཡང་དེ་བཞིན་གཤེགས་པའི་སྐུ་དང་མཆོད་རྟེན། དཀྱིལ་འཁོར་གྱི་ལྷ་ཚོགས་དཔག་ཏུ་མེད་པ་གཟིགས་པ་སོགས་རྒྱས་ཤིང་ཡ་མཚན་ཆེ་བ་ཡོད་མོད་ཀྱི་རེ་ཞིག་དེ་ཙམ་མོ། །རྣམ་ཀུན་མཆོག་ལྡན་གྱི་སྟོང་གཟུགས་ཚད་མེད་པ་མཐོང་སྟེ། དཔལ་དམ་ཚིག་ཆེན་པོའི་རྒྱུད་དུ། སྐྱུ་མ་ལྟ་བུའི་ཏིང་ངེ་འཛིན་དང༌། །དཀྱིལ་འཁོར་རྣམས་ཀྱང་རྒྱ་ཆེ་བ། །

གཟུགས་སྒྲ་དེ་བཞིན་དྲི་དང་ནི། །རོལ་འབྱོར་པ་ཡིས་རྟག་བསྐྱང་བྱ། །ཞེས་པ་ལྟར་རོ། །

གཞན་ཡང་ཐམས་ཅད་མཁྱེན་པ་གཡག་སྟོན་ཆོས་རྗེའི་དྲུང་དུ། སྤྱི་ཕྱིར་ལོ་བཞི་ལྟ་ཅིག་གི་སྐུ་ལ་ཕར་ཕྱིན་གྱི་བཤད་པ་ཚར་ཕྱེད་དང་གཉིས་གཡག་ཊཱིཀ་དང་བཅས་པ་ཐུགས་སུ་ཆུད་པར་མཛད། རྒྱུད་བླ་མ། འཇུག་པར་རང་འགྲེལ། ཚད་མ་རྣམ་འགྲེལ། རིགས་གཏེར་ལ་སོགས་པ་དུ་མ་གསན་ནོ། །གཞན་ཡང་བདག་པོ་བླ་མ་ཆེན་པོ་ཀུན་དགའ་རྒྱལ་མཚན་པའི་དྲུང་དུ། ཀྱེ་རྡོར་ནཱ་བེ་ལུགས། སྒྲོལ་མ་བཅུ་བདུན་མའི་དབང་། ཆོས་རྗེ་དཔལ་ལྡན་བླ་མ་དམ་པས་མཛད་པའི་བཀའ་འབུམ་དུས་འཁོར་འགྲེལ་ཆེན་གྱི་འགྲེལ་བཤད་ཆེན་མོ་ལ་སོགས་པ་པུ་སྟི་སུམ་ཅུ་སོ་ལྔག་ཅིག་གི་ལུང་། ས་སྐྱ་པའི་དགེ་བཤེས་མང་པོ་ལ་མཛད་པ་ལས་ཕལ་ཆེ་བས་རྫོགས་པར་གསན་པ་མ་བྱུང་། ཆོས་རྗེ་རིན་པོ་ཆེ་འདི་ཉིད་ནི་སྐུ་ན་གཞོན་ནུ་ནས། དོན་གཉེར་དང་ཐུགས་རྩོལ་གཞན་དང་མི་འདྲ་བས་ཡོངས་སུ་རྫོགས་པར་གསན་ནོ། །

དེ་ནས་སྐུ་ན་གཞོན་ནུའི་དུས་སུ་ས་སྐྱ་ན་བཞུགས་པའི་དགེ་བའི་བཤེས་གཉེན་བཟང་བ་ཕལ་མོ་ཆེ་བའི་སྐུ་མདུན་དུ་བྱོན་ཏེ། གྲུབ་མཐའ་ཕྱག་ལེན་ལ་སོགས་པའི་དྲི་བ་དང་། ཕྱག་དཔེའི་རིགས་སུ་ལ་ཅི་འདུག་གི་རྟོག་དཔྱོད་མཛད་པ་ན། ཟུར་ཁང་པའི་དགེ་བའི་བཤེས་གཉེན་དགེ་སློང་མགོན་པོ་དཔལ་ཞེས་བྱ་བ་ས་དཀར་ལོགས་ན་བཞུགས་པ་ཅིག་ཡོད་པ་ན་རེ། ས་སྐྱ་པའི་ཆོས་ལེགས་པོ་ཅིག་ཤེས་པར་འདོད་ན། བླ་མ་གོང་མའི་གསུང་རབ་བལྟ་རྟོག་ལེགས་པོ་བྱེད་དགོས་པ་ཡིན་གསུངས་པས། དེ་ལ་ཐུགས་ངེས་ཤེས་གཏིང་ནས་འཁྲུངས་ཏེ། དེ་ཤིན་ཏུ་བདེན། ཅི་ནས་ཀྱང་དེ་ལྟ་བུ་ཅིག་བྱ་དགོས་སྙམ་དུ་དགོངས་ཏེ། ཆོས་རྗེ་ཡེ་ཤེས་རྒྱལ་མཚན་པའི་དྲུང་དུ་ཡང་ལོ་སྐོར་གྱི་བླ་མ་གོང་མའི་གསུང་རབ་འདི་ཚོ་དར་བ་བྱུང་ན། ས་སྐྱ་པའི་བསྟན་པ་ལ་ཁྱད་ཆེ་བར་གདའ་སྙེ་ཞེས་ཞུས་པས། དེ་བཞིན་ཅིས་ཀྱང་བྱེད་པས། ཁྱེད་ཀྱིས་ཀྱང་བླ་མ་གོང་མའི་དཔེ་ཆ་གང་ན་ཅི་འདུག་གི་རྩད་གཅོད་ལེགས་པོ་གྱིས་ཤིག་གསུང་། ཁོང་པ་རང་གིས་སྔར་ལོ་དཔེ་རྫོར་བསོད་ཀྱི་ཊཱི་ཀའི་སྙིང་ནས་བརྟག་གཉིས་ལ་ཐུགས་སྦྱོངས་མཛད་པ། ཕྱིས་དག་ལྡན་ལ་བསྒྱུར་བ་སོགས་བླ་མ་གོང་མའི་གསུང་རབ་ལ་གཟིགས་རྟོགས་ལེགས་པོ་མཛད་ནས་བཤད་ཉན་གྱིས་གཏན་ལ་ཕབ་ཅིང་།

དག་ལྡན་ཁ་བསྐོང་ལ་སོགས་པའི་ཡིག་ཆ་བཟང་པོ་ཡང་མཛད་ནས། ས་སྐྱ་པའི་དགེ་བའི་བཤེས་གཉེན་མང་པོ་ལ་གསུངས་པས། ཐམས་ཅད་ལ་ཡང་ཐུགས་སྐྱིད་ཆེན་པོ་བྱུང་ལ། ཁྱད་པར་དུ་ཡང་ཆོས་རྗེ་འདི་ཉིད་དེ་དུས་གསན་མཁན་རྣམས་ཀྱི་ནང་ནས། སྐུ་ན་གཞོན་ཤོས་ཡིན་ཀྱང་། ལྷག་པར་ཐུགས་བསྐྱེད་ཆེ་ཞིང་ཆོག་དོན་ཐམས་ཅད་ལ་ཕྱུལ་དུ་ཕྱིན་པར་ཐག་ཆོད་པ་ཡིན་ནོ། །

རྗེའི་ཞལ་སྔ་ནས་ཀྱང་གོང་མའི་གསུང་རབ་ཀྱི་དཔེ་ཆའི་རྩད་གཅོད་ལ་ཐུགས་རྩོལ་ལེགས་པོ་མཛད་ནས། དཔེ་ཆ་འགའ་རེ་ཆོས་རྗེ་ཡེ་ཤེས་རྒྱལ་མཚན་པ་ལ་ཡང་གཟིགས་པ་ཕུལ། ཆོས་རྗེ་པ་རང་གིས་གཟིགས་རྟོག་མཐར་ཕྱིན་པར་མཛད་པས་གོང་མའི་གསུང་རབ་ཀྱི་དགོངས་པ་དཔྱིས་ཕྱིན་པར་ཐུགས་སུ་ཆུད་དེ། བླ་མ་གོང་མ་རྣམས་ཀྱི་གྲུབ་མཐའ་དང་། གསུང་རབ་ཀྱི་རྣམ་གྲངས་རྣམས་ཤིན་ཏུ་ཕྲ་མོ་ཙམ་ཆད་ཀྱང་ཐུགས་ལ་འཛིན་པར་བཞུགས་པ་ཡིན་ནོ། །ཡང་སྐབས་ཤིག་ཏུ་ཆོས་ལྡན་སེང་གེ་བྱ་བ་རབ་བྱུང་གི་ཆ་ལུགས་ལ་སྤྱོད་པ་ཁྲིབ་སེ་བྱས་པ་ཅིག་ཡོད་པའི་གོས་ཀྱི་མཐའ་སྐུ་ལུས་ལ་ཕོག་པའི་རྐྱེན་བྱས་ནས། ཐུགས་མནལ་དུ་མི་ཕེབས་པ་སྡུག་བསྔལ་ཆེན་པོ་དང་བཅས་པའི་ཁམས་འདུས་དྲག་པོ་ཅིག་བྱུང་བ་ལ། ཆོས་རྗེ་ཡེ་ཤེས་རྒྱལ་མཚན་པ་ཡང་དགོན་ན་བཞུགས་པའི་དུང་དུ། རྗེ་བཙུན་སྒྲོལ་མ་ལྷ་བཅུ་བདུན་མའི་དབང་ཅིག་ཞུས་པས། ཁམས་འདུས་པ་དེ་ལས་གྲོལ་ནས་སྐྱིར་གསུང་རབ་དགོངས་འགྲེལ་དང་བཅས་པ་མཐའ་དག་ལ་ཐོས་བསམ་མཐར་ཕྱིན་པར་བྱས་ཏེ། བསྟན་པ་དང་སེམས་ཅན་གྱི་དོན་རྒྱ་ཆེན་པོ་བྱ་དགོས་པའི་ཐུགས་ཀྱི་གོ་ཆ་ཆེན་པོ་དང་། ཐོས་བསམ་ལ་སོགས་པ་བྱེད་པ་ལ་དཀའ་ཚེགས་ཅི་ཡང་མེད་སྙམ་པའི་ཐུགས་ལ་གདེངས་ཆེན་པོ་ཡང་འཁྲུངས་ཏེ། བླ་བྲང་ཤར་ན་བཞུགས་པའི་ཕྱག་དཔེ་མདོ་སྡེ་ལ་ཆོས་རྗེ་ས་པཎ་གྱིས་མཆན་བཏབ་པ་ལ་སོགས་པ་པུ་སྟི་དྲུག་བརྒྱ་བརྒྱད་ཅུ་ལྷག་ཙམ་ལ་གཟིགས་རྟོག་ལེགས་པར་མཛད། སྒོ་རུམ་གྱི་ཕྱག་དཔེ་རྣམས་ལ་གཟིགས་རྟོག་མཛད་པར་དགོངས་པའི་ཚེ། གཞི་ཐོག་ཏུ་བདག་ཆེན་ཀུན་རིན་པའི་དྲུང་དུ་བྱོན་པས། དེ་ན་དཔེ་ཆ་ཟང་ཟིང་ཕད་བུ་གང་འདུག་པ་ལ་གཟིགས་པས། དེའི་ནང་ན་དཔེ་ཆ་མགོ་ཆེམ་ཅིག་འདུག་པ། སྒོ་རུམ་གྱི་ཕྱག་དཔེའི་དཀར་ཆག་ཏུ་འདུག་པ་ཐུགས་དགེས་ཏེ། བདག་ཆེན་གྱི་དྲུང་དུ། བདག་སྒོ་རུམ་གྱི་ཕྱག་དཔེ་རྣམས་ལ་ལྟ་རྟོག་ཚར་གཅིག་བྱེད་

འདོད་ལགས་པ། སྒོ་རུམ་གྱི་དགོན་གཉེར་དང་འདྲིས་ཟབ་པོ་མེད་པས། བདག་ཆེན་གྱི་དྲུང་ནས་དགོན་གཉེར་ལ། ཁོང་ཕྱག་དཔེ་རྣམས་ལྟ་རྫོག་ཚར་གཅིག་བྱེད་འདོད་པར་འདུག་པས། སྒོ་རུམ་དུ་བལྟ་ན་བལྟ་ས་ཡོད་པ་དང་། གཞན་དུ་བལྟ་ན་དཔེ་ཆ་གཡར་པོ་གྱིས་གསུངས་པའི་ཞལ་ད་ཅིག་ཐུགས་རྗེས་འཛིན་པར་ཞུ་ཞེས་ཞུས་པས། དེ་བཞིན་བྱས་པས་ཆོག་གི་གསུངས་ནས། བདག་ཆེན་གྱི་དྲུང་དུ་དགོན་གཉེར་བོས་ཏེ། དེ་བཞིན་གྱི་ཞལ་ད་གནང་བས། ཇི་ལྟར་དགོངས་པ་ལྟར་གྱི་གཡར་པོ་བྱུང་སྟེ། གུ་གེ་པཎྜི་ཏས་དགུ་རིམ་ཞེས་གསུངས་ཤིང་ཆོས་རྗེ་ས་པཎ་གྱིས་ཕྱག་དཔེ་ཁང་དུ་བཤད། པོད་གྲངས་སུམ་སྟོང་ཟིན་ཙམ་ལོ་གསུམ་གྱི་བར་དུ་རེས་སྒོ་རུམ་དུ་བྱོན་ནས་གཟིགས། རེས་གཞན་དུ་དཔེ་ཆ་གདན་དྲངས་ཏེ་གཟིགས་ནས། གཟིགས་རྫོག་མཐར་ཕྱིན་པར་མཛད་པས་སྤྱི་དང་བྱེ་བྲག་གི་གསུང་རབ་ཀྱི་དོན་ལ་ཐུགས་སྐྱིད་མཐའ་ཡས་པ་བྱུང་གསུངས་སོ། །

གཞན་ཡང་འཕགས་པ་གཞོན་ནུ་བློ་གྲོས་པའི་དྲུང་དུ། ཏོར་དུས་ཀྱི་ཏ་ཧྭན་གྱི་ཆོས་གོས་ཕེར་ཐུལ། གོས་ཡུག་གན་རྒྱ་མ་ཉམས་པ་སོགས་ཞབས་ཏོག་དང་བསྙེན་བཀུར་གྱིས་ཤིན་ཏུ་མཉེས་པར་མཛད་དེ། རྡོ་རྗེ་ཕྲེང་བའི་དབང་ཡོངས་སུ་རྫོགས་པ། ཕྲེང་བ་སྐོར་གསུམ་གྱི་ལུང་། ཀྲི་ཡ་ས་མུཙྪཡའི་དབང་། དཀྱིལ་ཆོག་གི་ལུང་། གསང་འདུས་འཇམ་རྡོར། གཤིན་རྗེའི་གཤེད་དགྲ་ནག་རྭ་ལུགས། གདོང་དྲུག་རྭ་ལུགས། འཇིག་བྱེད་རོ་ལངས་བརྒྱད་སྐོར་རྭ་ལུགས། འཇིགས་བྱེད་བཅུ་གསུམ་མ། འཇིགས་བྱེད་ལྷ་ཞེ་དགུ་མ། གཤེད་དམར་ལྷ་ལྔ་མ། ལྷ་བཅུ་གསུམ་མ། དགྲ་ནག་ཞང་ལུགས། ཕྱག་ན་རྡོ་རྗེ་འཁོར་ལོ་ཆེན་པོ་རྣམས་ཀྱི་དབང་། སློབ་དཔོན་ནག་པོ་པའི་ལུགས་ཀྱི་ཀྱེ་རྡོ་རྗེའི་དཀྱིལ་འཁོར་ཆེན་པོ་བཞིའི་དབང་། སཾ་པུ་ཊ་ནས་གསུངས་པའི་ཀྱེ་རྡོར་ལྷ་བཅུ་བདུན་མ། སཾ་པུ་ཊ་རྡོར་དབྱིངས། ཀུར་རིགས་བསྡུས་རྫོག་ལུགས། བདེ་མཆོག་འཁྲུལ་སྤོང་། བདེ་མཆོག་རྡོ་རྗེ་མཁའ་འགྲོ། །མཁའ་འགྲོ་རྒྱ་མཚོ། བདེ་མཆོག་སྡོམ་འབྱུང་། སངས་རྒྱས་མཉམ་སྦྱོར་རིགས་བསྡུས། མཉམ་སྦྱོར་རྡོ་རྗེ་སེམས་དཔའ། རྡོ་རྗེ་གདན་བཞིའི་ཡབ་བཀའ། ཡུམ་བཀའ། གདན་བཞིའི་དཀྱིལ་ཆོག་རྒྱས་པ། མ་ཧཱ་མཱ་ཡ། སངས་རྒྱས་ཐོད་པ་ལྷ་ཉེར་ལྔ་མ། ལྷ་དགུ་མ། མི་གཡོ་བླ་མེད་ལྷ་དགུ་མ། ལྷ་བཅུ་གསུམ་མ། སྒྲོལ་མ་ལྷ་བཅུ་བདུན་མ། མཆོག་གི་སྒྲོལ་མ། གུར་མགོན་ལྷ་བཅུ་བདུན་མ། དུས

འཁོར་ཆོས་དབྱིངས་གསུང་དབང་། སྦྱོང་རྒྱུད་དཀྱིལ་འཁོར་བཅུ་གཉིས། རྣམ་སྣང་མངོན་བྱང་། མི་འཁྲུགས་པ་ལྷ་དགུ་མ་རྣམས་ཀྱི་དབང་གསན། དབང་དེ་རྣམས་དང་འབྲེལ་བའི་སྒྲུབ་དཀྱིལ་ལ་སོགས་པའི་རྒྱ་གཞུང་དང་། བོད་ཀྱི་ཡིག་ཆ་རྣམས་ཀྱང་གསན་ནོ། །གཞན་ཡང་རྗེས་གནང་དང་། སྒྲུབ་ཐབས་ལ་སོགས་པ་མཐའ་ཡས་པ་དང་། ཨུ་རྒྱན་བསྙེན་སྒྲུབ་ཀྱི་སྐོར། བདེ་མཆོག་སྙན་བརྒྱུད་ཀྱི་སྐོར་ཚང་མ། རྒྱུད་འབུམ་ཡོངས་སུ་རྫོགས་པ། མདོ་སྡེ་ཡོངས་སུ་རྫོགས་པ་དང་། སངས་རྒྱས་ཕལ་པོ་ཆེ་ལ་སོགས་པ་མདོའི་རྣམ་གྲངས་བསམ་གྱིས་མི་ཁྱབ་པ་དང་། བསླབ་པ་ཀུན་ལས་བཏུས། སྤྱོད་འཇུག །མདོ་སྡེ་རྒྱན། རྒྱུད་བླ་མ། མངོན་པ་ཀུན་ལས་བཏུས་རྣམས་ས་བཟང་བའི་ཊཱི་ཀའི་སྟེང་ནས་གསན། ཡང་བྱང་ཆུབ་གཞུང་ལམ། མ་ཧཱ་པཎ་ཆེན་གྱི་བཀའ་འབུམ་ལ་སོགས་པ་མང་དུ་གསན་ནོ། །སླར་ཡང་རྒྱུད་སྡེ་བཞི་དང་འབྲེལ་བའི་ཞུ་ལུ་པའི་ཆོས་སྐོར་བུ་སྟོན་རིན་པོ་ཆེས་མཛད་པ་ཕྲ་མོ་ཡན་ཆད་ཀྱང་མ་ལུས་པར་ཡོངས་སུ་རྫོགས་པར་གསན་ཞིང་། ཡོན་ཏན་ཐམས་ཅད་བུམ་པ་གང་བྱོར་གྱུར་པ་ཡིན་ནོ། །

ཡང་དེ་ལྷ་བུའི་སྐབས་ཤིག་ཏུ། སྟར་གྱི་ལྷ་བུའི་ཁམས་འདུས་ཤིག་བྱུང་བ་ལ། ཆོས་རྗེ་འཕགས་པའི་དྲུང་དུ་རྡོ་རྗེ་ཕྲེང་བ་ལ་སོགས་པའི་དབང་གཞན་ཡང་མང་པོ་གསན་ཀྱང་མ་ཕན་པ་ལ། གསང་འདུས་འཇམ་རྡོར་ས་ལུགས་ཀྱི་དབང་གསན་པས། ཁམས་འདུས་པ་ལས་གྲོལ་ཏེ། ཧིང་ངེ་འཛིན་ཁྱད་པར་ཅན་འཁྲུངས་སོ། །དེ་ནས་སྟག་གི་ལོ་དགུང་ལོ་ཉི་ཤུ་རྩ་བརྒྱད་པ་ལ། བཀའ་བཞི་པ་བསོད་ནམས་དོན་གྲུབ་དང་འཕགས་པ་བཀའ་གྲོས་མཛད་ནས། ཆོས་རྗེ་འཕགས་པའི་གསུང་གིས་ང་ཡུན་རིང་པོ་ཨེ་སྡོད་མི་ཤེས་པས། ཁྱེད་རང་ཡང་ཆོས་ཀྱི་འཕྲོ་རྣམས་ཞུ་བ་ལ་བརྩོན་འགྲུས་བསྐྱེད་པ་དང་། ས་བཟང་དགོན་པ་བཟུང་ལ་བཀའ་ལུང་རྣམས་ཀྱིས་གཞན་ལ་ཕན་པ་རྒྱུན་མི་ཆད་པར་གྱིས་ཤིག་ཅེས་སོགས་ཞལ་ད་མང་པོ་གསུངས་ཤིང་། ཀྱཻ་ཡ་ས་མུ་ཏྲའི་གླེགས་བམ་དང་། དམ་ཚིག་གི་རྡོ་རྗེ་དྲིལ་བུ་ཞིག །ཆོས་དུང་རྣམས་གནང་ནས་རྒྱལ་ཚབ་ཏུ་མངའ་གསོལ་ཏེ། བསྟན་པའི་ཁུར་ཐོག་པས་ཐུགས་ཀྱི་དགོངས་པ་མཐར་ཕྱིན་པར་གྲུབ་པར་གྱུར་པ་ཡིན་ཏེ། དེ་ཡང་སྐུ་གསུང་ཐུགས་ཀྱི་ཁུར་ཆེན་པོ་བཞེས་ཏེ་གཙུག་ལག་ཁང་རྣམས་ཀྱི་ཉ་ར། མར་མེ། མཆོད་པ། དགེ་རྒྱུན་

གོང་མ་རྣམས་ཀྱི་ཐུགས་དགོངས་རྫོགས་པའི་སྒྲུབ་མཆོད་སོགས་རྣམ་དཀར་གྱི་བྱ་བ་བསམ་གྱིས་མི་ཁྱབ་པ་མཛད་དོ། །

གཞན་ཡང་ཞ་ལུ་པའི་ཆོས་བརྒྱུད་འཛིན་པའི་བླ་མ་བཀྲ་ཤིས་རིན་ཆེན་པའི་དྲུང་དུ། གསང་འདུས་མྱུར་རས་གཟིགས་ལྷ་བཅུ་དགུ་མའི་དབང་། སྒྲུབ་ཐབས་རྒྱས་པ་དང་བསྡུས་པ་ཇོ་བོ་རྗེས་མཛད་པ། ཕྱག་ན་རྡོ་རྗེ་འཁོར་ལོ་ཆེན་པོའི་དབང་། བདེ་མཆོག་སྦྱངས་པའི་ཡོན་ཏན་གྱི་དབང་། ལཱུ་ཡི་པས་མཛད་པའི་དཀྱིལ་ཆོག །མཻ་ཏྲི་པའི་བདེ་མཆོག་བཅུ་གསུམ་མའི་དབང་། སྒྲུབ་ཐབས་མཻ་ཏྲི་པས་མཛད་པ། ནག་པའི་རྡོ་རྗེའི་ཆོས་གསུམ་ལ་སོགས་པ་གསན། བདེ་མཆོག་སྡོམ་འབྱུང་གི་འགྲེལ་པ་རཏྣ་རཀྵི་ཏས་མཛད་པ། རྡོ་རྗེ་གདན་བཞིའི་འགྲེལ་པ་བྷ་ཝ་པས་མཛད་པ། རྣལ་འབྱོར་ནམ་མཁའི་སྒྲུབ་ཐབས། ཡེ་ཤེས་མཁའ་འགྲོའི་སྒྲུབ་ཐབས། དཀྱིལ་ཆོག་སྙིང་པོ་མདོར་བསགས་ཞིང་གཅིག་གི་དཀའ་འགྲེལ་རྣམས་ཛཱཏྲ་དེ་ཝས་མཛད་པ། སངས་རྒྱས་ཐོད་པའི་དཀའ་འགྲེལ་ཡེ་ཤེས་ལྡན། ལྷ་ཉི་ཤུ་རྩ་ལྔའི་སྒྲུབ་ཐབས། དཀྱིལ་ཆོག་གཏོར་ཆོག་རྣམས་ས་ར་ཧ་པས་མཛད་པ། མི་འཇིགས་པའི་གཞུང་འགྲེལ། མ་ཧཱ་མཱ་ཡའི་སྒྲུབ་དཀྱིལ་ཀུ་ཀུ་རི་པས་མཛད་པ། རྫོགས་རིམ་དེ་ཁོ་ན་ཉིད་གསལ་བ། དུས་འཁོར་གྱི་དབང་། རྡོར་དབྱིངས་འགྲེལ་པ་ལུགས། ཁམས་གསུམ་རྣམ་རྒྱལ། རྩེ་མོ་རིགས་བསྡུས། དཔལ་མཆོག་རིགས་བསྡུས། དཔལ་མཆོག་རྡོར་སེམས། ཀུན་རིག་རྩ་བའི་དཀྱིལ་འཁོར། ཕྱག་རྡོར་འཆི་འཇོམས། མི་འཁྲུགས་པ། འཇམ་དཔལ་ཡོན་ཏན་ཀུན་འབྱུང་རྣམས་ཀྱི་དབང་གསན་ནོ། །

གཞན་ཡང་དུས་འཁོར་བསྡུས་རྒྱུད། འགྲེལ་ཆེན་བཤད་པ་བུ་སྟོན་ནས་བརྒྱུད་པ། སྡོམ་འབྱུང་གི་བཤད་པ། དབང་མདོར་བསྟན་གྱི་བཤད་པ། གཞན་སྒྲའི་ས་རིས་ཐོག་པ་མཛད་ཀྱང་། ལུང་ཞིབ་ཏུ་མ་གསན་ཁ་ཅིག་ཟེར་རོ། །སྒྲའི་ཊཱི་ཀ་ཆེན་མ་གཏོགས་ཆོས་རྗེ་བུ་སྟོན་གྱི་བཀའ་འབུམ་པུསྟི་སུམ་ཅུ་ཙམ་གྱི་ལུང་ཡོངས་སུ་རྫོགས་པར་གསན་ནོ། །བླ་མ་འདི་ཤཱཀ་བཟང་དུ་གདན་དྲངས་ནས་བཀའ་ཆོས་ཐམས་ཅད་ཡོངས་སུ་རྫོགས་པར་གསན་ཞིང་ཞབས་ཏོག་དང་བསྙེན་བཀུར་གྱིས་ཀྱང་མཉེས་པར་མཛད་དོ། །

གཞན་བླ་མ་བཅུ་ཕྲག་གཅིག་དང་ཉག་མ་གསུམ་མམ། གཉིས་ལ་སོགས་པ་རྣམས་ལས་ཆོས་འབྲེལ་དང་འབེལ་གཏམ་མཛད་དེ། དེ་ཡང་སློབ་དཔོན་ལེགས་རིན་གྱིས་བསྟོད་པར། གཉིས་མེད་གསུང་བ་སྨྲ་ཚོགས་གདུལ་བྱའི་ངོར། །ཐ་མལ་ཚུལ་འཛིན་མཁྱེན་བརྩེའི་བདག་ཉིད་ཅན། །བཅུ་ཕྲག་ཕྱེད་དང་གཉིས་རྣམས་ཚུལ་བཞིན་དུ། །བསྟེན་ནས་མཉེས་པར་མཛད་ལ་གསོལ་བ་འདེབས། །ཞེས་བཤད་ཅིང་། གྲོང་པོས་བླ་མ་བཅུ་གསུམ་ཙམ་བསྟེན་པར་བཤད། དེ་དག་ཀྱང་གང་ཞེ་ན། བླ་མ་དཔལ་ལྡན་པ། ཤར་པ། གཡག་པ། ལོ་ཙྪ་བ་སྐྱབས་མཆོག་དཔལ། གྲུབ་ཆེན་བུདྡྷ་པ། ས་བཟང་འཕགས་པ། མཁན་ཆེན་བཀྲ་ཤིས་རིན་ཆེན། རྗེ་རིན་པོ་ཆེ་ཤར་བཙོང་ཁ་པ་བློ་བཟང་གྲགས་པ། མཁན་ཆེན་བློ་གྲོས་དཔལ་བ། བླ་ཆེན་ཀུན་རྒྱལ་བ། ཏ་ཡེན་ཀུན་དགའ་རིན་ཆེན་ལ་ཚད་མའི་ཐུན་ཚགས་གསན། བླ་མ་ཡོན་ཏན་དཔལ་ལ་འཇིགས་བྱེད་ཀྱི་དབང་། ས་བཟང་བཀའ་བཞི་པ། བླ་མ་ཨ་ནནྡ་ལ་ཚེ་དབང་གསན་ཞེས་པ་དེ་རྣམས་ལ་ཆོས་གསན་པར་བཤད་ཅིང་། རྗེ་འདི་ཉིད་ས་པཎ་གྱི་སྤྲུལ་པར་ཡང་བཤད་དོ། །གསན་པའི་རྣམ་གྲངས་འདི་རྣམས་ཀྱང་རགས་པ་ཙམ་མདོར་བསྡུས་ནས་བྲིས་པ་ཡིན་ལ། རྒྱས་པར་ཞིབ་ཏུ་གསན་ཡིག་རྒྱ་མཚོར་ཤེས་པར་བྱ་ཞིང་། དེར་མི་བཞུགས་པའི་གསན་པའི་རྣམ་གྲངས་ཀྱང་མཐའ་ཡས་པར་ཤེས་པར་བྱའོ། །

དེ་ལྟར་གསན་པ་རྣམས་ལ་གཟིགས་རྟོག་དང་། ཐུགས་བསམ་དང་ཉམས་ལེན་མཐར་ཕྱིན་པར་མཛད་ཅིང་། གཞན་ཡང་དངོས་སུ་མ་གསན་པའི་གསུང་རབ་དགོངས་འགྲེལ་དང་བཅས་པ་ཐམས་ཅད་ལ་ཡང་གཟིགས་རྟོག་མཐར་ཕྱིན་པར་མཛད་ནས་སྒྲོ་འདོགས་ལེགས་པར་ཆོད་དེ་བཀའ་འགྱུར་དང་བསྟན་འགྱུར་གླེགས་བམ་རྣམས་ཀྱི་ནང་ན་བརྗེས་མ་མང་པོ་ཡོད་པ་རྣམས་ཚིག་རེ་ཡང་མ་འདྲེས་པར་རྒྱུ་མཚན་དང་བཅས་པ་གསལ་བར་རྟོགས་ནས་ཐུགས་སུ་ཆུད་པར་མཛད་པ་ཡིན་ནོ། །གཞན་ཡང་བོད་ཀྱི་དགེ་བའི་བཤེས་གཉེན་བསྟན་པ་ལ་བྱ་བ་བྱས་པ་ཕལ་ཆེ་བའི་གསུང་རབ་རྣམས་ཀྱང་གཟིགས་ནས། དེ་དག་གི་དགོངས་པ་ཡང་ལྷག་མ་མ་ལུས་པར་ཐུགས་ལ་མངའ་བ་ཡིན་ནོ། །བྲང་མོ་ཆེ་དང་། ཟུར་ཁང་། ཀུང་བླ་བྲང་སོགས་གདན་ས་སོ་སོའི་དཔེ་ཁང་སོ་སོའི་ཕྱག་དཔེ་ཐམས་ཅད་མ་ལུས་པ་ཐེབས་གསུམ་གཟིགས་པའི་ཚེ་སྐབས་ཤིག་ཏུ། ཆོས་སྐྱོང་གི་གྲུབ་

ཐོབ་ སྟགས་ འཆང་ ཀུན་ དགའ་ བླ་ བས་ བརྟག་ གཉིས་ ཀྱི་ ཊཱི་ ཀཱ་ ལོ་ སྒྲོ་ རྡོ་ བསོད་ མའི་ སྟོད་ སྐུ་ དྲུང་ དུ་ ཕུལ་ནས། ཕྱི་ཧྲན་རེ། བླ་མ་ཀུན་དགའ་བཟང་པོ་ལ་ཕུལ་ན་སྨད་ཁོང་གིས་རྙེད་ཟེར་གྱིན་གདའ་བས་ཁྱེད་ལ་འབུལ་བ་ལགས་ཟེར་ནས་ཕུལ། དེ་རྗེས་ལོ་གཅིག་གི་ཁོངས་སུ། དེའི་སྨད་བླ་བྲང་གྲང་མོ་ཆེ་བའི་དཔེ་གསེབ་ནས་རྙེད་ནས་འགྲིགས་རབ་བྱུང་ངོ་། །

མདོར་ན་རྒྱ་གར་དང་བོད་དུ་མདོ་སྔོ་དང་རྒྱུད་སྡེའི་བསྟན་པ་གང་དུ་བྱུང་ཞིང་དར་བ་དང་། གང་ལས་འཕེལ་བ་དང་། གང་ནས་བརྒྱུད་པ་དང་། ལམ་སྒྲོལ་ཇི་ལྟར་བཀྲོལ་བ་དང་། དེ་དག་གི་སྒྲོལ་ འཛིན་ ཇི་ ལྟར་ བྱུང་ བ་ ལ་ སོགས་ པ་ ཐམས་ ཅད་ ལོ་ རྒྱུས་ དང་ བཅས་ པ་ ཐུགས་ སུ་ ཆུད་ ནས། འགྲེལ་ཚུལ་དང་ལམ་སྒྲོལ་ཇི་སྙེད་བྱུང་བ་ཀུན་སོ་སོའི་དགོངས་པ་ཇི་ལྟ་བ་བཞིན་ཁྱད་པར་ཕྲ་མོ་ཡོད་པ་ཡང་མ་འདྲེས་པར་མི་ལོང་གཡའ་དག་པ་ལ་གཟུགས་བརྙན་ལྟར། རྗེ་ཉིད་ཀྱི་ཐུགས་ཀྱི་དཀྱིལ་འཁོར་ལ་དུས་རྟག་ཏུ་གསལ་བར་བཞུགས་པ་ཡིན་ནོ། །

མཉམ་པར་གཞག་པའི་སྐབས་འགའ་རེར། སྤྱན་ལམ་ན་ཡོད་པའི་བུམ་པ་དང་དེའི་ནང་གི་བུམ་ཆུ་སོགས་ཀྱི་རྫུལ་ཕྲ་རབ་ཇི་སྙེད་ཡོད་པ་གསལ་བར་གཟིགས་པ་དང་། གསེར་སྐུའི་ནང་ན་རྟེན་རྫོངས་འདི་དང་འདི་ཡོད་ཅེས་བྱ་བ་མཁྱེན་ཅིང་། དེ་ཡང་རྗེ་བཙུན་གྱི་ཕྱག་ནས་བཞུགས་པ་ཡིན་ཟེར་བ་བདེན་པར་འདུག་ཅེས་སོགས་གསུངས་པ་དང་། དབུས་གོང་མས་ཕུལ་བའི་དངུལ་གྱི་མཆོད་རྟེན་གྱི་ནང་ན་ག་ཡ་ཧྲ་རའི་རིང་བསྲེལ་བཞུགས་པ་མཁྱེན་པ་དང་། མཚན་མོ་ཕྱག་དཔེའི་གསེབ་ནས་གང་དགོས་པ་ཉིན་མོ་ལྟར་བདེ་བླག་ཏུ་གཟིགས་པ་དང་། གདན་ས་ཆེན་པོར་མི་ཉག་གི་དམག་བྱུང་བས། བྲང་ཁང་མང་པོ་ཞིག་པའི་ཆུ་རྫོལ་བྱུང་བ། གཞན་ཡང་རིན་སྤུངས་ནང་སོ་ལ་མོ་རྩིས་པ་དུ་མས་དེ་ལོ་གཤེགས་པར་ལུང་བསྟན་ཀྱང་། རྗེ་ཉིད་ཀྱིས་མི་འཆི་བར་ཞལ་གྱིས་བཞེས་པ་དང་། སྔོ་པ་འགའ་རེ་ལ་མ་འོངས་པ་ན་འདི་ལྟ་བུ་འབྱུང་། གྲྭ་པ་དུ་མ་ལ་མ་འོངས་ལུང་བསྟན་ཇི་ལྟ་བུ་བྱུང་བ་ལ་ཚད་མེད་དེ། རྗེ་མུས་པས་གླིང་ཁ་བདེ་བ་ཅན་གྱི་དགོན་པ་འདེབས་པའི་ལུང་བསྟན་ཞུས་པ་ན་དགོན་པ་གཉིས་འབྱུང་ཞེས་དང་། ཀུན་མཁྱེན་གོ་རམས་པ་ལ་སཾ་ཕུ་ཊའི་དབང་གི་རྗེས་གནང་ཆོ་དུང་ལན་གསུམ་འབུད་དུ་འཇུག་པར་གནང་ནས་རྟེན་འབྲེལ་བསྒྲིགས་པ་དང་། འཇམ་

དབྱངས་ཤེས་རབ་རྒྱ་མཚོ་བ་དང་། རྒྱལ་ཚབ་པ་གདན་ས་པ་གསུམ་པར་ལུང་བསྟན་པ་དང་། རྣལ་འབྱོར་དབང་ཕྱུག་གི་སྤྲུལ་པའི་གདན་ས་པ་དྲུག་ཙམ་དང་། རྗེ་བཙུན་གོང་མ་ལྔའི་སྤྲུལ་པའི་གདན་ས་པ་ལྔ་ཙམ་འབྱུང་གསུང་པ་སོགས་མཐའ་ཡས་ཀྱང་རེ་རེ་ནས་བརྗོད་པར་མ་ནུས་སོ།། །།

གསུམ་པ་གཞན་དོན་ཕྲིན་ལས་ཇི་ལྟར་མཛད་པའི་ཚུལ་ལ། སྡོམ་པ་གསུམ་གྱི་སྒོ་ནས་འགྲོ་བ་རྗེས་སུ་བཟུང་ཚུལ། ཕ་རོལ་གྱི་རྒོལ་བ་ངན་པའི་ལོག་རྟོག་བཟློག་ཚུལ། སྐུ་གསུང་ཐུགས་ཀྱི་རྟེན་བཞེངས་ཚུལ་དང་གསུམ། དང་པོ་ལ་རྒྱ་ཆེ་བ་སྡོམ་པ་གསུམ་གྱི་སྒོ་ནས་འགྲོ་བ་རྗེས་སུ་བཟུང་ཚུལ། ཟབ་པ་དབང་རྒྱུད་མན་ངག་གི་སྒོ་ནས་གདུལ་བྱ་དུ་མ་སྨིན་པར་མཛད་པ། དེ་དག་ལ་བརྟེན་ནས་མཁས་ཤིང་གྲུབ་པ་བརྙེས་པའི་སློབ་མ་དང་། བསྟན་པ་ལ་ཕན་པའི་སྦྱིན་བདག་ཇི་ལྟར་བྱུང་བའོ། །

དང་པོ་ལ་དགུང་ལོ་བཅོ་ལྔ་པ་ལ་ཁམས་པའི་གྲྭ་པའི་ལག་ལེན་ཁྲིད་པའི་སློབ་དཔོན་མཛད་པ་ནས་བཟུང་སྟེ། བསྟན་པ་དང་སེམས་ཅན་གྱི་དོན་འབའ་ཞིག་མཛད་ལ། དེ་ཡང་གདུལ་བྱའི་བསམ་པའི་དབང་གི་ཁྲིད་ཚུལ་གྱི་རྣམ་པ་སྣ་ཚོགས་པས་ཁྲིད་པར་མཛད་མོད། འོན་ཀྱང་གཙོ་ཆེ་བའི་དབང་དུ་བྱས་ན་གདུལ་བྱ་རྣམས་གཞི་ཚུལ་ཁྲིམས་རྣམ་པར་དག་པ་ལ་བཀོད་ནས། ལམ་ཉམས་ལེན་ལ་སྦྱོར་བར་མཛད་པ་ཡིན་ལ། དེ་ལ་སོ་སོར་ཐར་པའི་དབང་དུ་བྱས་ན། དང་པོ་ས་སྐྱར་སོ་སོར་ཐར་པའི་རབ་བྱུང་བསྙེན་རྫོགས་ཀྱི་སྡོམ་པ་ཐུབ་ངེས་ཀྱི་གང་ཟག་འགའ་རེ་ལ་གནང་བ་མ་གཏོགས། གང་ཡིན་དུ་མི་གནང་བས་ཤིན་ཏུ་དམ་པར་མཛད་པ་ལ། ཚུ་འདུས་ཀྱི་ཚེ་ཐོག་ཏུ་ཆོས་རྗེ་ཡེ་ཤེས་རྒྱལ་མཚན་པའི་སྐུ་མདུན་དུ། བསླབ་བྱ་ཕོག་པ་ཅིག་ཉེས་སྐྱོན་དུ་གྱུར་ནས། རྗེའི་དྲུང་དུ་བསླབ་སྦྱོར་ལ་བྱུང་བ་ཡུན་རིང་མ་གནང་ཡང་། ནུབ་གཅིག་མཚན་ལམ་དུ་བླ་བྲང་ཤར་གྱི་འོག་མིན་ན་ཆོས་རྗེ་ཡེ་ཤེས་རྒྱལ་མཚན་པ་དང་། ཆོས་རྗེ་བུདྡྷ་པ་གཉིས་པོ་ཁྲལ་ལ་བཞུགས། དེའི་དྲུང་ན་རྗེ་ཉིད་ཀྱང་བཞུགས་འདུག་པ་ལ། ཆོས་རྗེ་བུདྡྷ་ཤྲཱིའི་ཞལ་ནས། བླ་མ་ཀུན་དགའ་བཟང་པོ་འདིས་རབ་བྱུང་བསྙེན་རྫོགས་ཞུ་མཁན་སུ་བྱུང་ཐམས་ཅད་ལ་བྱིན་ན། མ་འོངས་པ་ན་དེ་ཐམས་ཅད་སངས་རྒྱས་ཀྱི་བསྟན་པ་དང་མཇལ། རབ་བྱུང་ཐོབ་པའི་རྟེན་འབྲེལ་ཅིག་གདའ་སྟེ། ཁོང་ཤིན་ཏུ་དམ་པར་བྱེད་ཀྱིན་འདུག་གསུངས། ཆོས་རྗེ་ཡེ་ཤེས་རྒྱལ་མཚན་གྱི་ཞལ་ནས་ཀྱང་དེ་ཀ་གདའ་

སྟེ་གསུང་། རྗེ་ལ་སྤྱན་གཟིགས་ཀྱིན་འདུག་པ་ཅིག་བྱུང་། དེའི་དང་ལ་མནལ་སད། དེ་མན་ཆོད་སྐུ་བསྐྱེལ་བ་དང་། ཐུགས་དེ་ལ་གཞན་ཐམས་ཅད་བཞག་ནས་རབ་བྱུང་བསྙེན་རྫོགས་ཞུས་ཚད་ལ་མཛད་པས་རྗེའི་དྲུང་དུ་བསྙེན་པར་རྫོགས་པ་ཐོབ་པའི་དགེ་སློང་ཁྲི་ར་ཅན་ལྷག་ཅིག་གི་མཁན་པོ་མཛད་ཅིང་། དེ་ཡང་། བླ་མ་སངས་རྒྱས་རྒྱལ་མཚན། སློབ་དཔོན་ལེགས་རིན། རྡོ་རྗེ་རྒྱལ་མཚན། གྲུབ་ཐོབ་ནམ་མཁའ་དཔལ་བཟང་རྣམས་ཀྱིས་བསྙེན་རྫོགས་པ་ནམ་བྱུང་རེས་ཀྱི་ཡི་གེར་བཏབ། གཏིང་སོར་དྲིལ་ནས་བརྩིས་པས། རྒྱ་ཡུལ་དུ་འཕགས་པའི་སློབ་མ་ཅིག་ལ་བསྙེན་རྫོགས་པ་མང་དུ་བྱུང་འདུག་སྟེ། དེ་ལས་ཀྱང་ལྷག་གོ །

གཞན་ཡང་དགེ་བསྙེན་དང་དགེ་ཚུལ་མཐའ་ཡས་པ་མཛད་དོ། །མདོར་ན་བོད་ཀྱི་དགེ་བའི་བཤེས་གཉེན་གཅིག་ལ་རབ་བྱུང་བསྙེན་རྫོགས་ཀྱི་མཁན་པོ་མཛད་པའི་གྲངས་ཚོས་རྗེ་རིན་པོ་ཆེ་འདི་པ་ལས་མང་བ་མ་བྱུང་བ་ཡིན་ནོ། །བྱང་ཆུབ་སེམས་དཔའི་སྡོམ་པ་ཡང་གདུལ་བྱ་སོ་སོའི་ཞེ་འདོད་ཀྱིས་དབུ་མ་ལུགས་དང་། སེམས་ཙམ་ལུགས་ཀྱི་སེམས་བསྐྱེད་གང་རུང་རེ་ཞུ་བ་དང་། གཉིས་ཀ་ཞུ་བ་གང་འདོད་ཀྱི་སྒོ་ནས་བྱང་སེམས་ཀྱི་སྡོམ་པ་དང་ལྡན་པར་མཛད་པ་མཐའ་ཡས་ཤིང་། དབུ་མ་ལུགས་ཀྱི་སེམས་བསྐྱེད་ནི་གང་ཟག་སྡིག་ཅན་ལ་ཡང་བྱེད་པར་བཤད་པས་སེམས་ཅན་གྲངས་མེད་པ་ལ་སེམས་བསྐྱེད་ཀྱི་ཆོ་ག་གནང་ཞིང་། སེམས་ཙམ་ལུགས་ནི། བྱང་ས་དང་། སྡོམ་པ་ཉི་ཤུ་པ་ནས་བཤད་པ་ལྟར་མཛད་པས་ལན་འགའ་རེ་ལས་མི་གནང་ངོ་། །

ཁྱད་པར་གསུང་ངག་རིན་པོ་ཆེ་གནང་བའི་དུས་ཐམས་ཅད་དུ་སྔགས་ལམ་ལ་འཇུག་པའི་སྔོན་འགྲོ། རྗེ་བཙུན་ག་ཡ་དྷ་ར་ནས་བརྒྱུད་པའི་སེམས་བསྐྱེད་ཀྱི་ཆོ་ག་མཐོལ་ལ་མ་བརྟེན་པ་དང་། བདེ་མཆོག་པ་རྣམས་ལ་བརྒྱུད་པ་མཐོལ་ལ་བརྟེན་པ་གཉིས་སྐབས་སུ་གང་བབས་དག་ཅིང་རྒྱས་པ་གསལ་བ་བསམ་གྱིས་མི་ཁྱབ་པ་མཛད་པས། བྱང་སེམས་ཀྱི་སྡོམ་པ་གནང་བ་ཡང་བསམ་ལས་འདས་སོ། །དེ་ལྟ་བུའི་སྡོམ་པ་གང་འབོགས་ཀྱང་། ལས་སླ་དང་། དཀའ་ཚེགས་ལ་ཕུང་ཟད་ཀྱང་མི་གཟིགས་པར་རང་རང་གི་ལུགས་ཀྱི་ཆོ་ག་གང་ཡིན་པ་དེ་འགལ་འཁྲུལ་ནོར་པ་དང་སྒྲ་སྦྱོར་ཉེས་པས་གཏན་ནས་མ་གོས་པར། ཆོ་གའི་ཡན་ལག་ཕྲ་མོ་ཙམ་ལ་ཡང་ཅིག་འདམ་ཆེན་པོ་མཛད་ནས

ཤིན་ཏུ་དག་པར་མཛད་པས་སྡོམ་པ་ཐོབ་ས་བཟང་བ་ཡིན་ནོ། །དེ་ལྟར་སྡོམ་པ་གནང་ནས་བསླབ་བྱ་རྣམས་སློབ་མ་རྣམས་ཀྱི་རྒྱུད་ལ་འགྱུར་ངེས་རེ་མཛད་པས་འདི་ནི་གཞན་ལས་ཁྱད་པར་དུ་འཕགས་པའི་ཕྱག་ལེན་ཡིན་ནོ།

རིག་འཛིན་སྔགས་ཀྱི་སྡོམ་པ་ཡང་། ཙ་རྒྱུད་ལས། དང་པོར་གསོ་སྦྱོང་སྦྱིན་པར་བྱ། །ཞེས་སོགས་དང་མཐུན་པར་རིམ་ཅན་གྱིས་བཀྲི་དགོས་པའི་གང་ཟག་རྣམས་ལ་ལམ་འབྲས་བུ་དང་བཅས་པའི་ཁྲིད་གནང་སྟེ་རྒྱས་པར་འོག་ཏུ་འཆད། གཞན་ཡང་རྡོ་རྗེ་ཕྲེང་བ་ཀྲི་ཡ་ས་མུཙྪཱ་དང་བཅས་པའི་དབང་བསྐུར་ཡོངས་སུ་རྫོགས་པ་དྲུག་ཅུ་ལྷག་ཙམ་མཛད་པ་དེའི་སྒོ་ནས་གདུལ་བྱ་སྔགས་ཀྱི་སྡོམ་ལྡན་དུ་བྱས་པ་ཡང་བསམ་གྱིས་མི་ཁྱབ་ཅིང་། དེ་ཡང་འབྲུག་ལོ་ཆོས་རྗེ་འཕགས་པས་ཤྲཱ་བཟང་སྐུ་འབུམ་དུ་རྡོ་རྗེ་ཕྲེང་བའི་དབང་མཛད་འཕྲོ་ལ་བདེ་བར་གཤེགས། སྐུ་བསྟུང་རིང་ནས་མ་འདས་བར་དུ་བསྟུང་གཡོག་སྨན་དཔྱད་སྐུ་རིམ་སོགས་རེ་ལ་མ་ཤོར་བར་མཛད། འདས་ནས་ཀྱང་སྐུ་གདུང་གི་ཞབས་ཏོག་གསང་བརྗོལ་བ་དང་། གཤེགས་རྫོངས་ལ་གདན་ས་ཆེན་པོའི་ཚོགས་ཆེན་པོར་གྲལ་འགྱེད་དང་འབུལ་གཏོང་རྒྱ་ཆེན་པོ་དང་། གསོལ་འདེབས་ལ་བླ་བྲང་ཉི་ཐོག་ཏུ་གདན་ས་ཆེན་པོ་ན་བཞུགས་པའི་བླ་མ་དགེ་བའི་བཤེས་གཉེན་རྣམས་སྤྱན་དྲངས་ཏེ་གསོལ་འདེབས་ཉི་མ་མང་པོའི་བར་དུ་མཛད། དགུང་ཞག་ལ་སློབ་དཔོན་ཆོས་སེང་ལ་སོགས་པ་མང་པོས་ཡན་ལག་བདུན་པ་ཕུལ་དུས་དྲན་གྱི་ཆོས་གྲངས་རྣམས་ལ་ཡང་མཆོད་ཆ་ལ་སོགས་དངོས་པོ་རྣམས་རིམ་པར་གཏོང་ཞིང་བདག་ཏུ་བཟུང་བ་མ་མཛད། ས་བཟང་དུ་ཡང་གདན་སར་ཇི་ལྟར་བྱས་པ་ལས་མི་ཞན་པའི་གཤེགས་རྫོངས་གསོལ་འདེབས་ལ་སོགས་པ་མཛད་དེ་འཁོར་གསུམ་ཡོངས་དག་མཛད་དོ།

དེར་མ་ཟད་ཁོང་པ་རང་ལ་ཡབ་ཀྱིས་ཕུལ་བའི་ཕྱག་རྫས་རྣམས་བླ་མ་རྣམས་ཀྱི་ཕྱག་ཏུ་ཕུལ་བར་མཛད་ཅེས་གསུངས་ལ། འདིར་ཡང་དངུལ་གྱི་བྱ་མ་བུམ་ལ་སོགས་པ་མང་པོ་ཐུགས་དགོངས་རྫོགས་ཐབས་སུ་གཏོང་བར་མཛད་དོ། །གཞན་ཡང་འདྲ་འབག་གི་སྐུ་ལྡེར་ཆེ་ཆུང་ལ་ན་བཟའ་བཞུགས་སྟན་ལ་སོགས་པ་དང་། ནང་རྟེན་དུས་གསུམ་སངས་རྒྱས་གཙོ་ལ་རྩེ་ལྔ་པ་ཟངས་གསེར་ལས་ཤིན་ཏུ་མཚར་བ། གདུང་ཐལ་དང་གདུང་རུས་ལ་སྐུ་གདུང་འབུམ་ཐེར་བཏབ་ནས།

བྱང་ཆུབ་ཆེན་པོའི་མཆོད་རྟེན་དཔལ་འབུམ་དུ་བཞུགས་པ་ལ་ཡང་བླ་བྲེ། སངས་རྒྱས་སྟོང་སྐུའི་དར་ཡོལ་གྱི་ན་བཟའ། མདུན་དུ་མཆོད་ཆ་དང་བཅས་པ་རྣམས་དང་། རབ་ཏུ་གནས་པ་ལེགས་པར་བསྒྲུབས་ཏེ། ད་ལྟ་ཡང་ཤཱཀྱ་བཟང་སྐུ་འབུམ་ན་བཞུགས་སོ།

དེའི་ཚེ་སྐྱེ་བོ་ངན་པའི་ལོག་བསྒྲུབ་ཀྱི་རླུང་གིས་མི་བསྐྱོད་པར་གདན་ས་ལོ་གསུམ་མཛད་དེ། བཀའ་བཞི་པ་རང་གི་ཕྱག་ཏུ་གཏད་ནས། གཞན་ལ་གནོད་པའི་སེམས་དང་། རྙེད་པ་མ་ཐོབ་པ་ཐོབ་པར་འདོད་པ་ལ་སོགས་པའི་ཐུགས་དང་། གྲགས་པ་དང་བསྙེན་བཀུར་ལ་སོགས་པ་བསྒྲུབ་པའི་སྤྲོས་པ་ཐམས་ཅད་སྤྲངས་ནས་བླ་མའི་གཟིམས་ཁང་སྐུ་འབུམ་དུ་བཞུགས་ནས་ལམ་འབྲས་ལ་སོགས་པའི་ཐེག་པ་གསུམ་གྱི་དམ་པའི་ཆོས་གསུངས་ཤིང་། བླ་མའི་ཐུགས་དགོངས་རྫོགས་པའི་ཆེད་དུ་བསྒོ་བ་མཛད་པ་ལ་བརྩོན་པར་མཛད་དོ། །

དེ་ནས་ཆོས་ནར་མར་གསུངས་པའི་ངང་ནས། ཆོས་རྗེ་བུཀྐ་བ་ལ་དབུས་སུ་འབྱོན་པའི་ལུང་བསྟན་ཞུས་པས། ལོ་གསུམ་ལ་ཕེབས་འབྱུ་དང་མཇལ་བ་གདའ་བ་བྱོན་གསུངས་པས། སུམ་ཅུ་སོ་གཉིས་པ་ལ་དབུས་སུ་བྱོན་ནས་ལྷ་སར་ཇོ་བོ་རིན་པོ་ཆེའི་དྲུང་དུ་གསེར་ཆབ་གསོལ་བ། མར་མེ་ཕུལ་ནས་ཕྱག་བསྐོར་དང་སྨོན་ལམ་མང་པོ་མཛད་དོ། །གསང་ཕུ་དང་། བདེ་བ་ཅན། དགའ་བ་གདོང་། སེ་ར། ཆོས་སྡིངས། མལ་གྲོ་རྣམས་སུ་རིམ་པར་བྱོན་ཏེ། དཔལ་སཾ་པུ་ཊིའི་རྒྱུད་དང་། རྡོ་རྗེ་འབྱུང་བ་ལ་སོགས་པའི་བཤད་པ། རྡོ་རྗེ་ཕྲེང་བ་ལ་སོགས་པའི་དབང་། སྒྲུབ་ཐབས་རྒྱ་མཚོ་ལ་སོགས་པའི་རིག་གཏད། མ་ཧཱ་མཱ་ཡ་ལ་སོགས་པའི་རྫོགས་རིམ། ལམ་འབྲས་ལ་སོགས་པའི་བསྐྱེད་རྫོགས། རྒྱུད་འབུམ་ལ་སོགས་ལུང་། གཞན་ཡང་ཆོས་འབྲེལ་ཞུ་བ་རྣམས་ལ་བླ་མའི་རྣལ་འབྱོར་ལ་སོགས་པའི་སྒོ་ནས། གསང་སྔེ་མཚུར་གསུམ་ལ་སོགས་པའི་དགེ་འདུན་མང་པོ་ལ་དམ་པའི་ཆོས་ཀྱི་དགའ་སྟོན་གྱིས་ཚིམ་པར་མཛད་ལ། རི་བོ་དགེ་ལྡན་དུ་བཙོང་ཁ་པ་བློ་བཟང་གྲགས་པའི་དྲུང་དུ་བྱོན་ཏེ། ལམ་རིམ་གཉིས། གསང་འདུས་ཀྱི་བཤད་རྒྱུད་གསུམ་གྱི་ཊཱི་ཀ །ངན་སོང་སྦྱོང་རྒྱུད། བསམ་གཏན་ཕྱི་མ་རྣམས་ཀྱི་ལུང་ཞུས་ལ། དེའི་ཚེ་གནས་བརྟན་རྒྱལ་འོད་ལ་སོགས་པ་རྣམས་ཀྱིས། དུས་འཁོར་ལ་སོགས་པའི་དབང་བསྐུར་རྣམས་གནང་དགོས་ཞུས་ཀྱང་མ་གནང་བར། བླ་

མའི་རྣལ་འབྱོར་ལ་སོགས་པའི་ཆོས་འབྲེལ་རེ་ཙམ་མཛད་ཅིང་སྣང་ངོ་། །

དེའི་ཚེ་མནལ་ལམ་དུ་མི་དཀར་པོ་གཞོག་གཡས་པ་ས་ལ་གཏད་ནས་ཉལ་བ་ཅིག་ན་རེ། ཁྱེད་འདིར་ཆོས་མ་འཆད། ཡུན་རིངས་མ་འདུག་ངས་གནོད་པ་མི་བྱེད་ཟེར་བ་ཅིག་བྱུང་གསུངས་སོ། །མདོར་ན་སྐྱི་ཤོད་དུ་ལོ་ངོ་བཞི་བཞུགས་ནས་གཙང་དུ་བྱོན་ནོ། །དེའི་ཡར་ལམ་དུ་བླ་མ་སངས་རྒྱས་རྒྱལ་མཚན་པའི་མནལ་ལམ་དུ། རོང་དུར་སླིག་དང་ཉེ་བར་མཚན་མ་བཟང་པོའི་རྨི་ལམ་དུ་དུར་སླིག་ཡོལ་ནས་མཁར་ཕུགས་མ་སླེབ་པའི་བར་དུ། གད་འཁྲིས་ཅིག་ཏུ་བསྟུད་པའི་ གྲོ་རངས་མི་མང་པོ་བན་བུན་འདུག་པའི་ནང་ནས་གཅིག་ན་རེ། ཁྱོད་རང་གི་བླ་མ་འདི་ས་སྐྱ་པཎྜི་ཏའི་སྤྲུལ་པ་ཡིན། དེ་ཡིན་པ་ལ་ཐེ་ཚོམ་མེད་ཅེས་ནན་ཏན་བྱེད་ཅིང་འདུག་པ་རྨི། དེ་ཕྱིན་ཆད་མཛད་སྤྱོད་རྣམས་ལེགས་པར་བརྟགས་པས་སྐྱོན་བརྗོད་དུ་མེད་པར་རྟོགས་སོ། །

དེ་ནས་རིམ་གྱིས་གདན་སར་ཕེབས། གདན་སའི་དགེ་འདུན་རྣམས་ལ་མང་ཇ། འབུལ་བ། གྲལ་འགྲེད་ཤར་པའི་སྐུ་འདྲ་ལ་གསེར་ཆབ། ན་བཟའ། ས་བཟང་བའི་དུས་མཆོད་ལ་སྒྲུབ་མཆོད། ཚ་འདྲེན་ལ་སོགས་པ། བུམྶ་བ་ལ་གསེར་གྱི་མེ་ཏོག་དང་བཅས་ཏེ་མཇལ་བ་རྣམས་མཛད་ནས། སྐུ་འབུམ་དུ་ས་སྐྱ་པ་ཡབ་སྲས་ཀྱི་བཀའ་འབུམ་ལ་སོགས་པའི་ལུང་དང་། དབང་བསྐུར་དང་སེམས་བསྐྱེད་ལ་སོགས་པའི་རང་རང་གི་འདོད་ཆོས་རྣམས་གསུངས་ལ། དེ་ནས་གཏིང་ཁེབས་དང་བྱང་ཕྱུག་རྣམས་སུ་བྱོན་ནས། མཁའ་འགྲོ་རྒྱ་མཚོ་དང་། རྡོ་རྗེ་མཁའ་འགྲོ་ལ་སོགས་པའི་དབང་ལུང་མང་པོ་གསུངས་ཤིང་། བླ་མ་ཀུན་ལེགས་པས་ སྔར་ཡང་ཐོབ་མོད། ཐོབ་པ་ཙམ་དུ་ཟད་འདུག །ལམ་འབྲས་ཤེས་ནས་བསྒོམ་པ་ཅིག་འདོད་པ་ལགས་པས་ཟབ་མོ་ཅིག་ཐུགས་ལ་འདོགས་པར་ཞུས་ཏེ། ཞིང་སྐྱོད་པའི་དུས་ནས་ལོ་ཕྱི་མ་གསར་ལ་ཁད་ཀྱི་བར་དུ་གསུངས། ཁོང་པ་རང་ཡང་གཟིགས་རྟོག་སློབ་གཉེར་དཔེ་ཆ་རྣམས་བྲི་བ་ལ་ཐུགས་རྩོལ་ཆེན་པོ་མཛད་ལ་གསུང་སྒྲོས་རྣམས་མཆན་དང་ཟིན་བྲིས་སུ་བྲི་ཡིན་འདུག་གོ །

ལམ་འབྲས་ཚར་གཅིག་ལ་དེ་ལས་ཡུན་རིང་བ་དང་། དབང་བྱིན་རླབས། ལུང་བཤད་པ། གདམས་ངག་ཕྲ་མོ་དང་བཅས་པ་རྒྱས་ཤིང་ཚང་བ་གནང་བ་མ་མཐོང་ངོ་། །རྗེ་རྗེ་ཕྲེང་བ་ཀྱི་ཡ་ས

མུ་ཚྭ་དང་བཅས་པ་ཡང་ས་བཟང་འཕགས་པ་གཤེགས་དུས་འདིའི་འཁྲོ་གྱིས་ཤིག་གསུངས་ནའང་སྐུ་གོན་ནས་བསྐུར་ཏེ་ཚར་གཅིག་མཛད། དེ་མན་ལ་ལོ་རེ་ལ་ཚར་རེ་མཛད། བླ་མ་སངས་རྒྱས་རྒྱལ་མཚན་ལ་སོགས་པས་གྲངས་སུ་བཏབ་ནས་བརྩིས་པས་སོ། །ཡང་སྦྱོང་རྒྱུད་ལས་གསུངས་པའི་དཀྱིལ་འཁོར་བཅུ་གཉིས་དང་བཅས་པའི་སྒོ་ནས་དབང་བསྐུར་གྲངས་མེད་པ་མཛད། གཞན་ཡང་རྒྱུད་སྡེ་བཞི་དང་འབྲེལ་བའི་ཟུར་བཀའ་ནི། ཀྱེ་རྡོ་རྗེ་ལུགས་བཞི་སོགས་རྒྱ་གར་ནས་བོད་དུ་འགྱུར་ཞིང་བཀའ་མ་ཆད་པའི་ཟུར་བཀའ་རྣམ་པར་དག་པ་བདུན་ཅུ་དོན་བརྒྱད་ཙམ་རྒྱུན་དུ་ཀ་མཛད་པ་བསམ་གྱིས་མི་ཁྱབ་པ་མཛད་པས་སྔགས་ཀྱི་སྡོམ་པ་གནང་བའི་གྲངས་ཀྱང་རྗེ་རིན་པོ་ཆེ་ཉིད་ལས་མང་བ་ཡོད་ཐབས་ག་ལ་ཡོད། དེ་ལྟ་བུའི་དབང་བསྐུར་བ་དེ་ལ་སྤྱིར་རྒྱུད་སྡེ་བཞི་ལ་དབང་བསྐུར་གྱི་བབས་མི་འདྲ་བ་བཞི་ཡོད་པ་ལས་ནང་གསེལ་གྱི་དབྱེ་བ་རྒྱུད་སྡེ་རེ་རེ་ལ་ཡང་མི་འདྲ་བ་མཐའ་ཡས་ཤིང་། བརྒྱུད་པའི་བཀའ་སྲོལ་གྱི་དབང་གིས་དཀྱིལ་འཁོར་རེ་ལ་ཡང་དབང་བསྐུར་གྱི་ཆོག་མི་འདྲ་བའི་ཁྱད་པར་དུ་མ་ཡོད་པ་རྣམས་ལ། དཀྱིལ་འཁོར་གང་དུ་རྒྱུད་སྡེ་དང་། བརྒྱུད་པ་གང་གི་ལུགས་ཀྱི་དབང་བསྐུར་མཛད་ཀྱང་། ལུགས་དེ་ལ་དགོས་ཤིང་བཤད་པའི་ཆོ་ག་རྣམས་ཚིག་གཅིག་ཀྱང་མ་ཚང་བ་མེད་པ་དང་། ལུགས་དེ་ལ་མི་དགོས་ཤིང་མ་བཤད་པ་རྣམས་ཚིག་རེ་ལ་ཡང་མ་འདྲེས་པར་ཤིན་ཏུ་དག་པར་མཛད་པས། དེ་ལྟ་བུའི་དབང་བསྐུར་བ་རེ་ཐོབ་ན་ཡང་རྒྱུད་སྡེ་ནས་བཤད་པའི་དབང་མཚན་ཉིད་པ་རེ་ཐོབ་པ་ཡིན་པས་ཤིན་ཏུ་དོན་ཆེའོ། །

ཕྱག་ལེན་གྱི་རྣམ་གཞག་འདི་གཅིག་པུས་ཀྱང་བསྟན་པའི་བྱི་དོར་དང་། བླ་མ་གོང་མའི་དགོངས་པ་ལེགས་པར་གསལ་བར་བྱས་པ་ཡིན་ནོ། །དེ་ཡང་རྡོ་རྗེ་ཕྲེང་བ་ལ་སོགས་པ་དང་། ཟུར་བཀའི་རིགས་ཇི་སྙེད་ཡོད་པ་རྣམས་ཀྱི་དབང་བསྐུར་དུས་ནམ་མཛད་དགོས་ཀྱང་དེ་འཕྲལ་ལ་ཐོགས་མེད་དུ་མཛད་པས་ཆོག་པ་ཡིན་ནོ། །དེ་ལྟར་སྡོམ་པ་གསུམ་གྱི་སྒོ་ནས་གདུལ་བྱ་སོ་སོའི་རྒྱུད་ཚོད་དང་མཐུན་པའི་ཚུལ་ཁྲིམས་རྣམ་པར་དག་པ་ལ་བཀོད་ནས། ཉམས་ལེན་གྱི་རིམ་པ་དཔལ་ལྡན་ས་སྐྱ་པའི་བླ་མ་གོང་མ་རྣམས་ཀྱི་གསུང་རབ་གཙོ་བོར་གྱུར་པའི་ཆོས་ཀྱི་འཁོར་ལོ་སྣ་ཚོགས་རྒྱུན་མི་འཆད་པར་བསྐོར་བར་མཛད་ལ། དེ་ཡང་དགུང་ལོ་བཞི་བཅུ་རྩ་བརྒྱད་དུ་ཕེབས་པ་ཡན་

ཚད་གཙོ་ཆེར་གདན་ས་ཆེན་པོར་བཞུགས་ཤིང་། གནས་སྐབས་སུ་ས་བཟང་དང་། གཞན་ཆོས་དབར་གྱི་གནས་གང་འཐད་དུ་བྱོན་ནས་ཆོས་གསུང་པ་ནི། ཕལ་ཆེ་བའི་དབང་དུ་བྱས་ན། ཀུ་འདུས། གཉིང་ཁེབས། རི་བོ་སྣང་། ཁྲོ་ཕུ། ཐར་པ་གླིང་ལ་སོགས་པ་རྣམས་སུ། ལམ་འབྲས་སོགས་ཁྲིད་ཀྱི་རིམ་པ། རྒྱུད་འབུམ་སོགས་ལུང་གི་རིམ་པ་མང་པོ། བདེ་ཀྱེ་གསང་གསུམ་སོགས་རྒྱུད་བཤད་ཀྱི་རིམ་པ་མང་པོ། དཀྱིལ་ཆོག་མང་པོའི་བཤད་པ་དང་ཕྱག་ལེན། རྡུལ་ཚོན་ལ་སོགས་པའི་དཀྱིལ་འཁོར་མང་པོའི་སྒྲུབ་མཆོད། དབང་བཀའ་དང་བྱིན་རླབས། རྗེས་གནང་མང་པོ། དགེ་འདུན་གྱི་སྡེ་འཛུགས་པ། གཙུག་ལག་ཁང་སོགས་རྟེན་གསུམ་བཞེངས་པའི་ཞལ་བཀོད་དང་རབ་གནས་ལ་སོགས་པ་བསམ་གྱིས་མི་ཁྱབ་པ་མཛད་དེ། དེ་ཡང་དབྱར་དགུན་གྱི་ཆོས་དུས་རྒྱུད་སྡེ་ལ་སོགས་པའི་བཤད་པ་དང་། སྒྲུབ་དཀྱིལ་ལ་སོགས་པའི་ལག་ལེན་གྱི་སྒོར་དང་། གསུང་ངག་ལ་སོགས་པ་ཁྲིད་ཀྱི་རིམ་པ་སྣ་ཚོགས་གསུང་ཞིང་། སྟོན་དཔྱིད་ཀྱི་དུས་སུ་རྡོ་རྗེ་ཕྲེང་བ་དང་། ཟུར་དཀའི་རིགས་སྣ་ཚོགས་གང་སྐབས་སུ་བབས་པའི་དབང་བསྐུར་རྣམས་ཟང་ཟིང་མེད་པའི་ཆོས་སྦྱིན་མཛད་པས། དེ་ལ་གཏད་ནས་ཕྱོགས་རིས་ཀྱི་དགེ་བའི་བཤེས་གཉེན་རབ་ཏུ་མང་པོ། བླ་མ་ས་བཟང་པས་དབང་སྦྱིན་གནང་གིན་ཡོད་པ་ཞུ་བ་ལ་འགྲོ་ཟེར་ཞིང་འབྱོན་པ་ཡིན་ནོ། །

ཡང་སྐབས་ཤིག་ཤཱཀ་བཟང་སྐུ་འབུམ་དུ་ལོ་བདུན་ཙམ་འདིག་རྟེན་གྱི་བྱ་བའི་ཕྱོགས་གང་གིའང་སྤྲོས་པའི་མཚམས་བཅད་ནས་ཆུ་ཤིང་འཚོ་བའི་རྒྱུན་ཙམ་ལེན་པའི་སྒོ་ཆུང་མཛད་ཅིང་། །ཆོས་ཁོ་ན་དོན་གཉེར་གྱི་གདུལ་བྱ་ཡོད་ན་ནང་དུ་གཏོང་ཞིང་གཞན་གང་ཡང་མི་གཏོང་བར་བཤད་སྒྲུབ་ལ་ཆིག་དྲིལ་མཛད་པ་ཡིན་གསུང་ངོ་། །དེ་ལྟ་བུས་མཚོན་ནས་ཆོས་གང་གསུངས་ཀྱང་བསྟན་པ་འབའ་ཞིག་ལ་དགོངས་ནས། སྐུ་སྲོག་བློས་གཏང་སྟེ་ཟང་ཟིང་མེད་པའི་ཆོས་སྦྱིན་ཁོ་ན་མཛད་དེ། ཤཱཀ་བཟང་སྐུ་འབུམ་དུ་སྟོན་གྱི་དུས་སུ་གསུང་ངག་ཞུ་བ་ལ་ལོངས་སྤྱོད་མང་པོ་འབུལ་དགོས་པའི་ལོ་རྒྱུས་ཅིག་བྱུང་བའི་ཚེ། རྗེའི་ཞལ་ནས། སྟོན་གྱི་དུས་ན་བསྟན་པ་ཡར་སོའི་དུས་སུ་སོང་བས་གདུལ་བྱ་རྣམས་ཆོས་དོན་གཉེར་དཀའ་སྤྱད་དང་། ལོངས་སྤྱོད་གཏོང་ཕོད་ཆེ་བས་གདུལ་བྱའི་རྒྱུད་ལ་རྟེན་འབྲེལ་ཁྱད་པར་ཅན་བསྒྲིགས་པའི་ཆེད་དུ་སྟོན་གྱི་བླ་མ་རྣམས་ཀྱིས་ལོངས་སྤྱོད་མང་

པོ་འབུལ་བཞེས་མཛད་པ་ཡིན་ལ། དེང་སང་བསྟན་པ་འགྲིབས་ནས་གསུང་ངག་ལ་སོགས་པའི་བཀའ་ཆད་ལ་ཁད་དུ་སོང་འདུག་པས། གདུལ་བྱ་སྨོན་ལྡན་བྱུང་ན། གསུང་ངག་དང་དབང་ལ་སོགས་པས་གདལ་གཏོང་ལྷ་བུ་བྱས་ནས་ཀྱང་བསྟན་པའི་རྒྱུན་ལ་ཕན་དུ་རེ་བྱེད་དགོས་པའི་དུས་སུ་སོང་འདུག་པ་གསུངས་སོ། །

གཞན་ཡང་སྐབས་སུ་རྒྱུད་འབུམ་དང་ས་སྐྱ་བཀའ་འབུམ་ལ་སོགས་པའི་ལུང་རྣམས་གསུང་ངོ་། །སྐབས་ཤིག་ཏུ་ཤཱཀྱ་བཟང་སྐུ་འབུམ་དུ་བདེ་མཆོག་རྩ་རྒྱུད་ཅིག་གསུངས་པའི་ཆོས་ཚུགས་ནས་ཞག་མང་རབ་སོང་བ་དང་། འདར་བའི་དགེ་བཤེས་མཁན་ཆེན་ཤཱཀ་འོད་པ་དཔོན་སློབ་གཉིས་ཐོན་ནས། རྒྱུད་ཀྱི་བཤད་པ་གནང་དགོས་ཞུས་པས་རྒྱུད་ལ་དུམ་བུ་བྱས་ན་མི་དགའ་བསད་ལེན་མི་འོང་ཞེས་ཞལ་ད་ནན་ཆེར་གནང་ཡང་མ་གསན་པར་རྒྱུད་བཤད་པ་དང་། རྒྱུད་མ་རྫོགས་པར་ཁོང་དཔོན་སློབ་གློ་བུར་དུ་འབྲོན་དགོས་པར་བྱུང་ནས། རྒྱུད་བཅད་པས། ཆོས་རྗེའི་སྐུ་ཁམས་ལོག་ནས་འོ་བརྒྱལ་པོ་བྱུང་བ་དང་། ནུབ་གཅིག་མནལ་དུ་བུད་མེད་སྔོ་དམར་བཞི་བྱུང་ནས་ཁྱེད་ཀྱིས་བླ་བྲང་ཤར་པའི་བདེ་མཆོག་གི་སྐུ་བཤུས་ནས་བཙོངས་ཞེས་ཟེར་ནས་མ་མཉེས་པའི་ཚུལ་མང་པོ་སྟོན་པ་བྱུང་བ་ལ། ངེད་ཀྱིས་བླ་བྲང་ཤར་པའི་བདེ་མཆོག་གི་སྐུ་བཤུས་པ་མེད། བླ་བྲང་ཤར་པ་ལ་བདེ་མཆོག་གི་སྐུ་གསེར་སྐུ་དེ་དང་། བྲུམ་སྐུ་དེ་གཉིས་པོ་མིན་པ་ནི་མེད། དེ་གཉིས་ད་ལྟ་བླ་བྲང་ཤར་ན་ཡོད་ཅེས་གསུངས་པས། ཁོང་རྣམས་ཀྱིས་བདེ་མཆོག་གི་གསེར་སྐུ་པད་གདན་བྲལ་བ་ཅིག་ཁྱེར་བྱུང་ནས། འདི་ཁྱེད་ཀྱིས་ཕྲལ་བ་ཡིན་ཟེར་བྱུང་བས། རྗེ་ལ་ཡང་དེ་བཤིག་པའི་ཉེས་པ་ཡོད་པའི་གནོང་ཅིག་བྱུང་བ་སྨིས་པས། སང་མནལ་སད་པ་དང་། རྒྱུད་བཅད་པའི་འཁྲུ་ལྡོག་ཏུ་དགོངས་ནས། ལྷ་བ་པའི་བདེ་མཆོག་གི་འགྲེལ་པ་ནས་བཤད་པའི་རིགས་ལྡན་མའི་མཆོད་ཚོག་རྒྱས་པ་དེ་མཛད་པས་རྗེའི་སྐུ་ཁམས་ལེགས་པར་དྭངས་སོ། །འདི་ལྟ་བུ་ནི་འཕྲལ་དུ་བར་ཆད་ཀྱི་རྣམ་པ་ལྟ་བུར་སྣང་ཡང་ཕྱུགས་ཡི་དམ་གྱིས་རྗེས་སུ་གཟུང་བའི་མཚན་མ་ཡང་དག་པ་ཡིན་ནོ། །

གསུང་ངག་ཇི་ལྟར་གསུངས་ཚུལ་ནི། མགྲོན་ལ་གཡུ་ཐོག་ཏུ་བཞུགས་པའི་ཚེ། ལམ་འབྲས

ལ་ལུང་སྦྱིན་ནས་བཞེད་པའི་བཀའ་རྒྱས་བཏབ་པའི་ལོ་གྲངས་ཐིམ་ནས། ད་གསུངས་པས་ཆོག་གམ་མི་ཆོག་དགོངས་པའི་ཚེ། ཞབ་གཅིག་གི་མཚན་ལམ་དུ་འོད་ཁ་དོག་ལྔའི་ཐིག་ལེ་ཟླུམ་པོར་འཁོར་བའི་ནང་དུ། དབུས་སུ་སྐུ་པ་ཆེན་པོ། དེ་ལ་རྗེ་བཙུན་སྐུ་མཆེད། ཆོས་རྗེ་ཁུ་དབོན་ཏེ་དེ་ལྟར་གོང་མ་ལྔ། བདེ་མཆོག །ཀྱེ་རྡོར། རིགས་ལྔའི་ཕྱག་མཚན། མཆོད་རྟེན་བཞི། དེའི་བྱང་ཆེན་མཆོད་རྟེན་ཆུང་ངུ་ཞིག་གཡོན་ཕྱོགས་ཀྱི་འཇའ་ལ་ཕལ་ཆེར་ཞབ་པ། འོག་ཏུ་ཆོས་སྐྱོང་ལྕམ་དྲལ་གཉིས་རྣམས་ཞལ་གཟིགས། རྗེ་བཙུན་གྱི་ཕྱག་ནས་ལམ་འབྲས་ཀྱི་གླེགས་བམ་ཅིག །དར་དཀར་གྱི་སྣལ་མ་གོང་བུ་ཅིག་རྗེ་ལ་གནང་། དེའི་སྣེ་མོ་གཅིག་ཕྱག་ཏུ་བཟུང་འདུག་པ་ལས་གྱེས་ཏེ་ཕན་ཚུན་འབྲེལ་བཞིན་དུ་རྣམ་པར་བཀྲ་བ་དང་བཅས་ཏེ་ཕྱོགས་ཀུན་ཏུ་ཁྱབ་པར་རྨིས། འདི་གུ་གེ་པཎ་ཆེན་སོགས་ཀྱིས་འབྲིང་མཚམས་རི་བོ་སྒང་དུ་ཡིན་པར་བཞེད་ཀྱང་། དེ་ནི་ལམ་འབྲས་གསུང་བཞིན་པའི་སྐབས་ཡིན་པས་སྨྲ་མ་ལེགས་སོ། །

དེ་ལྟར་བཀའ་རྒྱ་ཐིམ་ཚུལ་གྱི་གཟིགས་སྣང་འདི་ལ་རྗེའི་གསུངས། ཁྱད་པར་གྱི་ཐིག་ལེ་དྭངས་པའི་དབུས། །རྣལ་འབྱོར་གྱི་དབང་ཕྱུག་ས་སྐྱ་པ། །ཞེས་སོགས་ཚིག་རྐང་བདུན་ཡོད་པ་རྗེ་ལྷ་མཆོག་པའི་བར་སྙན་བརྒྱུད་ཡིན་ཞིང་། ལྷ་མཆོག་པས་ཞབ་ཀྱིས་དོགས་ནས་རི་མོའི་བཀོད་པ་དང་། གོང་གི་སྙན་བརྒྱུད་ཀྱི་གསུང་དེ་དག་དང་། རྗེ་སྐལ་ལྡན་གྱི་འདྲེན་མཆོག་ཀུན་དགའི་མཚན། །གནས་མགྲོན་ལ་གཡུ་ཐོག་ཏུ་བྱོན་པའི་ཚེ། །ཞེས་སོགས་ཀྱིས་གསལ་བྱེད་མཛད། དེ་དག་གི་དོན་རྒྱས་པར་མཁས་པའི་དབང་པོ་དཔལ་ལྡན་དོན་གྲུབ་ཀྱིས་མཛད་པར་བལྟའོ། །དེ་ནས་གསུང་ངག་བཤད་པས་ཆོག་པར་དགོངས་ནས། དེ་མན་ཆད་གསུངས་པས། གསུང་ངག་རིན་པོ་ཆེ་ལམ་འབྲས་བུ་དང་བཅས་པ་ཡོངས་སུ་རྫོགས་པ་ཚར་བརྒྱད་ཅུ་གྱ་གསུམ་ཙམ་སོང་། དེའང་ཕྱི་ལ་གསང་སེ་མཛད་ནས་ཤཱཀ་བཟང་སྐུ་འབུམ་དུ་ཚར་བརྒྱད། དེ་མིན་ཡོངས་གྲགས་དང་ལོ་འགའ་ཡར་ཚར་གཉིས་གཉིས་སོགས་བལྟབ་པ་ཚུན་བརྩིས་པས་སོ། །

ཅིག་ཅར་བའི་ལམ་གྱིས་བཀྲིར་རུང་བ་རྣམས་ལ་རང་རང་གི་སྨིན་བྱེད་སྔོན་དུ་སོང་ནས། ལམ་སྐོར་གཞན་ཆ་ལག་དང་བཅས་པ། གཞན་ཡང་སྦྱོར་དྲུག །རིམ་བཞི། རྩ་དབུ་མ། བདེ་མཆོག་

རིམ་ལྔ། གསང་འདུས་རིམ་ལྔ། སྦྱོར་མེད། འཛིགས་བྱེད་རྭ་ཁྲིད་སོགས་རྫོགས་རིམ་གྱི་ཁྲིད་བསམ་གྱིས་མི་ཁྱབ་པ་གནང་བ་ཡིན་ནོ། །འདིར་ཅིག་ཅར་བ་ཞེས་པ་ཡང་ལམ་ཐུན་མོང་བ་སྔོན་དུ་མ་སོང་ཡང་། སྨིན་བྱེད་ཀྱི་དབང་སྔོན་དུ་སོང་ནས། བསྐྱེད་རིམ་དང་རྫོགས་རིམ་གྱི་ལམ་ཉམས་སུ་ལེན་པ་ལ་ཟེར་གྱི་གཞན་འདོད་པ་ལྟར་གྱི་ཅིག་ཅར་བ་ནི་མ་ཡིན་ནོ། །ཡང་འབྲིང་མཚམས་ཀྱི་རི་བོ་སྣང་ཞེས་པར་ལམ་འབྲས་གསུངས་པའི་ཚེ། ནུབ་ཅིག་མནལ་ལམ་དུ་ཁང་པ་བཟང་པོ་ཅིག་གི་ནང་ཞལ་ཤར་བསྟན་ཅིག་ན་རྗེ་ས་ཆེན་ཡབ་སྲས་གསུམ་གྱི་སྐུ་ཤིན་ཏུ་མཚར་བ་འོད་དང་འོད་ཟེར་གྱི་རང་བཞིན་དང་། ཆོས་རྗེ་ས་པཎ་གྱི་སྐུ་དེ་ཆོ་ལས་ཅུང་ཟད་མོག་པ་ཅིག་བཞུགས་འདུག་པ་རྨིས་ཞེས་གསུངས་སོ། །དེ་ནི་བླ་མ་ཡབ་སྲས་གསུམ་གྱི་གསུང་རབ་ཀྱི་དྲི་དོར་མཐར་ཕྱིན་པའི་རྟགས་ཡིན་ནོ། །

གཞན་ཡང་མེ་ཕོ་རྟའི་ལོའི་དགུན་ཆོས་ལ་ཟབ་ལམ་དང་། བརྟག་གཉིས་གསུངས་པའི་ཚེ་གྲྭ་པ་མང་པོ་ཆོས་རྗེའི་དྲུང་ནས་ལ་སྐུ་ཆག་ཅུང་ཟད་ཆེ་བའི་རྨི་ལམ་བྱུང་བ་དང་། གྲྭ་པ་འགའ་ཞིག་གིས་ལོགས་སུ་མོ་འདྲ་བཏབ་འདུག་པ་ལ་ཡང་། སྐུ་ཆག་ཆེ་བས། སྦྱོང་དག་དང་། སྐུ་མཚམས་དམ་པོ་མཛད་དགོས་ཟེར་བ་ལ། བགྲེས་པ་འགའ་ཞིག་གིས་དེ་བཞིན་ཞུས་པས། མོ་ལ་ངེས་པ་མེད་ནའང་། སྤྱང་དག་དང་མཚམས་བྱས་པས་ཆོག་གསུངས་ནས། ཕྱག་རྫས་མང་པོ་བླ་བྲང་ཤར་དུ་ས་སྐྱ་པའི་དགེ་འདུན་རྣམས་ལ་འགྱེད་མཛད། ཆོས་རྗེའི་ཞལ་སྔ་ནས་ཤཱཀ་བཟང་སྐུ་འབུམ་དུ་སྐུ་མཚམས་དམ་པོ་མཛད་ནས་ཐུགས་དམ་གྱི་རིམ་པ། སྟོ་སྐད་འཁོར་ལོ་བདེ་མཆོག་གི་ཚེ་སྒྲུབ་དང་། ཕྱི་མ་རེད་ཨུཥྞཱི་ཥའི་སྲུང་འཁོར་མཛད་ནས། ཞག་པོ་འགའ་ཞིག་སོང་བའི་ཐོ་རངས་ཤིག་ལམ་འབྲས་པའི་བླ་མ་གོང་མ་འགའ་ཞིག་གིས་ཐུགས་དམ་རྣམ་རྒྱལ་མ་ལ་མཛད་འདུག་པ་དྲན་པ་དང་། གཟུགས་མདོན་རྒྱུ་མེད་པའི་བར་སྣང་དུ་རྣམ་རྒྱལ་གྱི་གཟུངས་དག་པོ་ཚར་གཅིག་སྒྲ་ལྷང་བ་གསལ་པོར་བསྒྲགས་པ་བྱུང་བས། རྣམ་རྒྱལ་གྱི་སྒྲུབ་པ་གྱིས་ཤིག་པའི་བརྡར་དགོངས་ནས། དེ་ཕྱིན་ཆད་སྟོ་སྐད་རྣམ་རྒྱལ་ལ་ཐུགས་དམ་མཛད། སྲུང་འཁོར་ཡང་ཀུར་མགོན་གྱི་སྲུང་འཁོར་གྱིས་ཤིག་པའི་མཚན་མ་བྱུང་ནས། ཕྱི་མ་རེད་ཀུར་མགོན་གྱི་སྲུང་འཁོར་མཛད་ནས། རྣམ་རྒྱལ་གྱི་

བསྟོད་པ་ཉི་མ་རེ་ལ་ཤློ་ཀ་རེ་དང་། གུར་མགོན་ལྷམ་དྲལ་དང་གདོང་བཞི་པ་ལ་བསྟོད་པ་རེ་མཛད་པས། ཕྱུ་ཏྲན་རིང་ལ་ཡང་བསྟོད་པ་བྱེད་དགོས་ཟེར་ནས་ཕྱུ་ཏྲའི་བསྟོད་པ་མཛད་དོ། །

དེ་ལྟར་ཆོ་འཕྲུལ་ཆེན་པོ་ནས་དབོ་ཟླའི་ཚེས་བཅོ་ལྔ་ཡན་ལ་བསྟོད་པ་རྣམས་རྫོགས་པ་དང་། མནལ་ལམ་དུ་ས་བཟང་ན་བཞུགས་འདུག་པའི་རྣམ་པ་ཅིག་ལ་མདོ་སྡེ་མཛངས་བླུན་ཅིག་ཕྱག་ཏུ་བྱུང་བ་ཡར་མར་གང་ནས་བགྲངས་ཀྱང་ཤོག་བུ་སུམ་ཅུ་རྩ་དགུ་རེ་བྱུང་སྟེ། ད་དུང་འང་སྐུ་ཚེའི་ཚད་དེ་ཙམ་བཞུགས་ཟེར་བ་བྱུང་ཞིང་། རྣམ་རྒྱལ་གྱི་བསྟོད་པ་ལ་ཡང་ཤློ་ཀ་སུམ་ཅུ་སོ་དགུ་བྱུང་བ་ཡིན་ནོ། །དེའི་སྐབས་མའི་ཡོན་པོ་ཅིག་ཀྱང་ཕྱག་ཏུ་ཕུལ་བྱུང་སྟེ། སྐུ་ཚེ་ལ་ཕན་མི་ཕན་གྱི་བཤད་པ་ཅི་ཡང་མ་བྱུང་གསུང་ངོ་། །

ཞག་པོ་གཉིས་ན་ཁྱིང་པོ་ལ་མཇལ་ས་འོང་བའི་དོ་ནུབ་མངའ་རིས་པ་བླ་མ་དཀོན་མཆོག་འོད་ཟེར་དང་། རྗེ་སྲས་པ་དཀོན་མཆོག་རྒྱལ་མཚན་གཉིས་ལ་སྐུ་མདུན་དུ་ཤོག་གསུང་བ་བྱུང་ནས་བྱོན་པས། ཆོས་རྗེའི་ཞལ་སྔ་ནས། རང་རེའི་གྲུབ་མཐའི་དགག་སྒྲུབ་རེ་ཙམ་མ་གཏོགས་སུ་ལ་ཡང་གནོད་པར་འགྱུར་བ་མ་བྱས་ཀྱང་། འགའ་ཞིག་གིས་ཕྱག་དྲུག་པ་ལ་བརྟེན་པའི་བྱད་ཁ་འདྲ་བྱས་པར་འདུག །འདིའི་ཆོ་འཕྲུལ་ན་ཞིང་འོང་རྒྱུར་འདུག་ནའང་ན་ཞིང་རང་རེ་དཔོན་སློབ་རྣམས་ཀྱིས་ཆོས་སྐོར་པོ་བྱུང་བས་མ་ཚུགས་པར་གདའ། ཁར་སིང་ནས་ཀྱི་རྨི་ལམ་ཚབ་ཚུབ་དེ་པའང་རང་རེ་ལ་དཀར་ཕྱོགས་འདྲའི་ཆོ་འཕྲུལ་འདྲ་ཡིན་ཚོད་དུ་འདུག །མཚམས་བྱེད་པ་ཟླ་ཕྱེད་ཀྱི་འཕྱིས་ན་སྐྱོན་དུ་འགྲོ་བར་གདའ། དེ་ལ་སྐྱོན་དུ་སོང་ནའང་གཞན་སེམས་ཀྱི་འཕྲི་བ་ཅི་ཡང་མི་འདུག །ད་ལྟ་བོད་ན་སྡེ་སྣོད་ཀྱི་བཤད་ཉན་དར་པོ་ཡོད་པས་ཕར་ཕྱིན་ཐེག་པའི་བསྟན་པ་ལེགས་པོ་ཡོད། གསང་སྔགས་བླ་མེད་ཀྱང་ས་སྐྱ་ལ་སོགས་པའི་དགོན་པ་སོ་སོ་ན་དགའ་མོ་ཡོད། ཡོ་ག་འདི་བར་སྐབས་ཙུང་ཟད་འགྲིབས་ནས། ཕྱིས་ཐམས་ཅད་མཁྱེན་པ་བུ་སྟོན་རིན་པོ་ཆེ་བས་ཐུགས་རྩོལ་ཆེན་པོ་མཛད་ནས་གསོས་པའི་རྒྱུན་ད་དུང་ཡང་མ་ཉམས་པ་ཡོད། བྱ་སྤྱོད་གཉིས་པོ་འདི་དེང་སང་བཀའ་མ་ཆད་ཙམ་ལས་མི་འདུག་པས། འདི་གཉིས་སོས་པ་ཅིག་བྱུང་ན་བོད་དུ་བསྟན་པ་ཡོངས་སུ་རྫོགས་པ་ལེགས་པོ་ཅིག་འོང་བ་འདུག་སྙམ་སྟེ། དེ་ལ་ཆོས་རྗེ་རི་བོ་དགེ་ལྡན་པ་ཆེན་པོ་དང་ཚུགས

དང་གསང་སྔགས་ཀྱི་ཉམས་ལེན་གཅིག་ཏུ་མཛད་པ་དང་། བྱ་སྤྱོད་ཀྱི་སྤྱོད་ལམ་དང་ཚུགས་མཐུན་ཤས་ཆེ་ཞིང་། ཁོང་པ་གང་ཟག་སྟོབས་ཅན་ཡིན་པས། ཁོང་པས་ཐུགས་རྩོལ་མཛད་ན་སོས་པ་ཅིག་ཨེ་འོང་སྙམ་ནས་དེ་ཁོན་ལ་རྐང་བཙུགས་རི་བོ་དགེ་ལྡན་དུ་ཕྱིན་ནས་བླ་མའི་དྲུང་དུ་རྒྱུ་མཚན་ཞུས་པས། བླ་མའི་གསུང་ནས་ཁྱེད་ཀྱིས་བསྟན་པའི་ཁུར་ངོ་མཚར་ཆེ་སྟེ་རང་རེ་ལ་གང་ལ་ཡིན་ཀྱང་སློབ་གཉེར་ནི་བྱེད་དགོས་པར་སྣང་། སློབ་གཉེར་བྱེད་པ་མཉམ་པོ་ལ་བླ་མེད་ལ་བྱེད་པ་འདི་ཁེ་ཆེ་བར་སྣང་བས། བླ་མེད་ལ་བྱེད་པ་ཡིན་གསུངས་ནས་རང་རེའི་བཞེད་པ་དེ་མ་བྱུང་། དེ་ནས་རང་རེས་རྩོལ་བ་བསྐྱེད་ནས་བྱ་སྤྱོད་ཀྱི་རྒྱུད། འགྲེལ་པ་རྒྱ་གཞུང་། བོད་ཀྱི་དགེ་བའི་བཤེས་གཉེན་ཆེན་པོ་རྣམས་ཀྱིས་མཛད་པའི་ཡིག་ཆ་རྣམས་ལ་ལོ་བདུན་ཙམ་གྱི་བར་དུ་སློབ་གཉེར་བྱས། བྱ་སྤྱོད་གཉིས་ཀྱི་རྒྱུད་སྡེའི་རྣམ་གཞག་འདི་རྣམས་ཀྱང་བརྩམས་བྱས་པ་ཡིན་ཏེ། འདི་ད་དུང་ཡང་འདོད་པ་བཞིན་སོས་པ་ཅིག་མ་བྱུང་བས། འདི་ལ་རང་གི་གྲོགས་མཆེད་དམ། གྲྭ་པ་ལྷ་བུ་ལ་ཁྱེད་ཀྱིས་བརྩོན་པ་བསྐྱེད་ལ་བྱ་སྤྱོད་ཀྱི་བསྟན་པ་འདི་སོས་པ་ཅིག་གྱིས་ཤིག་ཟེར་བའི་ཁ་ད་ཅིག་བཞག་ས་མེད་པས་འདི་སེམས་ཀྱི་རྩེ་ར་བ༷ཙུང་ཆེ་བར་འདུག་ཅེས་གསུང་པ་འདི་ནི་བསྟན་པའི་ཁུར་ལ་ཐུགས་ཀྱི་འཇུག་ཚུལ་དང་མཐུ་སྟོབས་གཞན་ལས་ཕུལ་དུ་ཕྱིན་པ་ཡིན་ནོ། །

ད་སྐུ་ཆག་ལེགས་པར་སངས་ལགས་སམ་ཞེས་ཞུས་པས། ད་ཟླ་བ་དྲུག་པའི་ཆོས་གྲངས་ངེས་པ་ཅན་ཅིག་གསུངས་ནས། དེའི་དུས་སུ་དེ་ལ་དམིགས་པའི་དགེ་སྦྱོར་ཙུང་ཟད་ཅིག་བྱས་པས་དེ་ནས་ཆག་སྒོ་ལེགས་པར་སངས་ཡོད་ཅེས་གསུངས་སོ། །རི་བོ་དགེ་ལྡན་དུ་བྱོན་སྐབས། རྗེ་བཙུན་ཙོང་ཁ་པ་ལ་བྱང་ཆུབ་ལམ་རིམ་སོགས་གསན་ཞིང་། དེར་དགེ་བཤེས་རྒྱལ་འོད་ལ་སོགས་པས་དུས་འཁོར་དབང་སོགས་དགོས་ཟེར་ནའང་། མནལ་ལམ་དུ་མི་དཀར་པོ་ཅིག་ན་རེ། ཁྱེད་རང་འདིར་ཡུན་རིང་པོ་མ་སྡོད། དེའི་བར་ལ་ངའི་བར་ཆད་མི་བྱེད་ཟེར་བ་ཅིག་བྱུང་ནས། ཁོང་རྣམས་ལ་བླ་མའི་རྣལ་འབྱོར་སོགས་ཆོས་འབྲེལ་ཅི་རིགས་རེ་བྱས་ཞེས་རྣམ་ཐར་ཁ་ཅིག་ཏུ་འབྱུང་སྟེ། རྒྱས་པར་གོང་དུ་བཤད་ཟིན་ཏོ། །གཉིས་པ་ནི་དབང་ལུང་མན་ངག་གིས་འགྲོ་བ་སྨིན་གྲོལ་ལ་བཀོད་ཚུལ་དང་། གསུམ་པ་ནི་དེ་ལས་བསྟན་པ་ལ་ཕན་པའི་སྦྱིན་བདག་དང་སློབ་མ་བྱུང་ཚུལ་འོག་ཏུ

འཆད་པར་འགྱུར་རོ།། །།

སྤྱི་དོན་གཉིས་པ་ཕ་རོལ་གྱི་རྒོལ་བ་ངན་པའི་ལོག་རྟོག་བཟློག་ཚུལ་ནི། འཆད་རྩོད་རྩོམ་གསུམ་གྱི་གོ་རིམ་དང་མཐུན་པར་འོག་ཏུ་འཆད་དོ། །སྐུ་གསུང་ཐུགས་ཀྱི་རྟེན་བཞེངས་ཚུལ་སོགས་ཀྱང་འོག་ནས་གསལ་བར་འབྱུང་ངོ་། །དེ་ལྟར་དེ་ཡན་ཆད་གདན་ས་ཕྱོགས་སུ་གཞན་དོན་ཕྲིན་ལས་བསམ་གྱིས་མི་ཁྱབ་པ་མཛད་དོ། །གདན་ས་ཆེན་པོར་གཞན་དོན་ཕྲིན་ལས་བསམ་གྱིས་མི་ཁྱབ་ཀྱང་། འོན་ཀྱང་གདན་ས་ཆེན་པོར་གཡེང་བ་དང་། ཚང་ས་ཆེས་པས་གྲྭ་པ་རྣམས་ཀྱི་སློབ་གཉེར་ལ་གནོད་པ་དང་། ཆས་ཀ་ལ་གཟན་ཅིང་། གྲྭ་པ་གཉེན་པོ་ཆུང་བ་འགའ་རེ་ཆུད་ཟོས་ལ་ཡང་འགྲོ་བར་འདུག་པས། ཚང་མ་མེད་པར་དབེན་གནས་ཤིག་ཏུ་བཞུགས་ཏེ་འཆད་ཉན་མཛད་ན། བསྟན་པ་དང་གྲྭ་པ་ལ་ཕན་ཆེ་བར་དགོངས་ནས། སྔར་ཆོས་རྗེ་དཔལ་ལྡན་ཚུལ་ཁྲིམས་པའི་གསུང་གིས་ཅུ་ཅག་བྲག་ཕུག་པའི་དགེ་བཤེས་ཅིག་བྱེད་པ་ཡིན་ནོ་ཞེས་གསུངས་པ་ལ་བརྟེན་ནས། ནམ་ཟ་བྲག་ཕུག་དང་། གཞན་ཡང་བསམ་གླིང་སོགས་དབེན་གནས་དུ་མར་ཐུགས་འདུན་མཛད་དེ། ཀུར་གྱི་མགོན་པོ་ལ་མཆོད་གཏོར་ཕུལ་ཞིང་གསོལ་བ་བཏབ་པས། དེ་རྣམས་གང་དུ་ཡང་བརྟག་པ་མ་བྱུང་བར། ཐུགས་འདུན་མ་མཛད་པའི་ཨེ་ཝཾ་ཆོས་ལྡན་གྱི་རི་ཁྲོད་དེ་རང་འོད་གསལ་ལ་གསལ་པོར་ཤར་བྱུང་ཀྱང་གནས་འདི་ན་ཡོད་གསལ་བ་རང་མ་བྱུང་བ་ལ། ནུབ་ཅིག་མནལ་ལམ་དུ་ཁྱོད་ཀྱི་དགོན་པ་དོན་གྲུབ་ཀྱིས་སྟོན་པ་ཡོད་དོ་ཟེར་བ་ཅིག་བྱུང་བ། ཕྱིས་ཞག་རེ་དགེ་བཤེས་དོན་གྲུབ་ཟེར་བ་ཅིག་ཡོད་པ་དང་གསུང་གླེང་བྱུང་བས། ཁོང་གིས་ཆུ་མིག་ཏུ་བསྡད་ནས་ངོར་ན་ཡར་མེ་ཤིང་བསྒྲུབ་ལ་ཕྱིན་པས། ཨེ་ཝཾ་ཆོས་ལྡན་གྱི་ས་ཆ་དེ་མཐོང་། ཁོང་པ་ས་སྐྱར་སླེབས་ནས་རྗེའི་སྐུ་མདུན་དུ་བྱུང་བ་དང་། ཁོང་གིས་མེ་ཤིང་ལ་ཕྱིན་པ་ལ་སོགས་པ་ལོ་རྒྱུས་བྱུང་བས། སྔར་གྱི་ཐུགས་དམ་དུ་བྱུང་བའི་ས་ཆ་དེ་ཡིན་པར་མཁྱེན་ནས་ཉེ་གནས་བཀྲ་ཤིས་རྒྱལ་མཚན་དང་། ཉི་མ་རྒྱལ་མཚན་གཉིས་བལྟར་བཏང་བ་ཟླ་རིང་མན་གྱི་ཉིན་སྲིབ་མཐོང་བས་འདི་འདྲ་བ་འདུག་ཞུས་པས། ད་དུང་ཚུང་མིན་གསུངས།

སྤྲེལ་ལོའི་དགུན་མཁན་ཆེན་ཤཱཀྱ་བཟང་པོ་དཔོན་སློབ་འགའ་ཞིག་སྐོར་དུ་བཏང་བས། ལ་

མགོ་མན་གྱི་ཉིན་སྲིབ་ཐམས་ཅད་གཟིགས། ད་ལྷ་ལྡན་མའི་སྤྱི་ཁང་དང་རྗེ་ཤིང་གི་བར་དེར་ཆོས་སྐྱོང་གི་གདན་ནས་སྤྱངས་ཏེ། ཡར་བྱོན་ནས་རྒྱུ་མཚན་ཞུས་པས། དེ་ག་ཡིན་ཚོད་དུ་འདུག་ཅེས་གསུངས། ཞལ་ད་ཇི་ལྟར་གནང་བ་ལྟར་འདུག་ཅིང་། དེ་ཚེ་དགུན་ཡིན་ཀྱང་མེ་ཏོག་སོ་མ་གཅིག་སྐྱེས་པ་ཡང་གཟིགས་ཏེ་རྟེན་འབྲེལ་ལེགས་པོ་བྱུང་ཞེས་གསུངས་སོ། །དེ་ནས་ས་མོ་བྱ་ལོའི་དབྱར་ཨེ་ཝཾ་ཆོས་ལྡན་གྱི་རི་ཁྲོད་དུ་ཕེབས། མེ་ཏོག་སྐྱེས་སར་བླ་བྲང་བཏབ། དེ་ཡང་དགོན་གནས་འདི་ཉིད་ས་དཔྱད་ཀྱི་རྟེན་འབྲེལ་ཡང་བཀྲ་ཤིས་རྟགས་བརྒྱད་པདྨ་འདབ་བརྒྱད། གནམ་སྒོ་དང་གནམ་གཞུར་མ་དོད་པས་འཁོར་ལོའི་དབྱིབས་ཚང་། དངོས་གྲུབ་ཀྱི་ཆུ་མིག་མང་པོ། ནོར་ལྷ་དང་ཆོས་སྐྱོང་གི་གཟུགས་བརྙན་ཅན་གྱི་རི་དང་བྲག་མང་པོ། གནས་དངོས་ཆོས་འབྱུང་གི་དབྱིབས་ཅན། དངོས་གྲུབ་ཀྱི་རྫས་མཐའ་དག་ཚང་བ། ཨོ་ཊི་ཡ་ནའི་གནས་དང་དབྱེར་མེད་ཅིང་ཤིན་ཏུ་བཀའ་གཉན་ཏེ། ས་གཞིའི་དབྱིབས་བཀྲ་ཤིས་དུང་གཟུགས་འདྲ་བས་སྐན་གྲགས་ཆེན་པོ་དུང་ལ་ཡོད་ཟེར། འདིར་ག་རིང་བས་བརྟག་པའི་ཡི་གེར། ས་འབུམ་དཀར་ནག །སྟག་ཕོ་གཤམ་མོ་གཤམ། ས་རྒྱུད་ཆེ་ཆུང་། ག་རིང་རྒྱལ་པོའི་བཞེད་གཞུང་བཞིན་བརྟགས་པར། གནམ་སྒོ་སོགས་མ་དོད་པ་ས་བཟང་དཔྱད་དུ་འགྲོ། །ས་གཞི་འཇོག་ལུང་པ་བྱིངས་ཤིང་སྟོང་གི་དབྱིབས་དང་མཚུངས་པས་ས་གཞི་ལྡོན་ཤིང་འདྲ་ཞིང་། སྤང་དང་བྲག་རི་རྒྱས་མི་རབས་རེ་རེ་དར་བའི་དཔྱད་ཡིན། ཕུའི་གདོང་བྱུང་ཕྱོགས་གྲོགས་རྩེ་ལ་ཁར་ཕྱིན་དང་མང་དུ་གྱིས། པད་སྟོང་ཨུཏྤལ་འདྲ་ན་བཤད་ཉན་འཕེལ། བཤད་ཉན་དགོན་པའི་གནས་སུ་བཤད་པ་ཡིན། བྱང་རི་སྐྱོབ་མཐོ་ལྷོ་ཕྱོགས་ཁ་ལྟ་བ་སོགས་བཤད་པ་མང་དུ་བྱུང་སྣང་། རང་བཞིན་གྱི་ལྷུན་གྱིས་གྲུབ་པའི་གནས་ཆེན། གཙུག་ཏོར་རྣམ་པར་རྒྱལ་མ་དང་། གུར་གྱི་མགོན་པོ་ལ་སོགས་པ་ཡི་དམ་མཁའ་འགྲོས་ལུང་བསྟན་པའི་གནས་ཏེ། དེ་ཡང་རྗེ་དཔོན་སློབ་རྣམས་གནས་འདིར་ཕེབས་དུས་གནས་ཀྱི་དངོས་གཞི་གཟིགས་པའི་གནས་སྐོར་ཕེབས་ནས་གཟིགས་པའི་ཚེ། དགེ་བཤེས་དོན་གྲུབ་ལ་དུང་བུས་གསུངས་ནས་བུས་པས་ཤིན་ཏུ་ལེགས་ཤིང་ཐམས་ཅད་བླ་དྲོས་པ་ལྟ་བུ་བྱུང་བས། ས་ཆའི་མིང་ཡང་བླ་རྗེ་ཤིང་དུ་གྲགས་ཤིང་རྗོ་ལ་རྗེའི་མཚན་བྱུང་བརྗོད་པ་ཡང་ཡོད་དོ། །

ད་ལྟ་གཙུག་ལག་ཁང་ཡོད་ས་དེ་ནས་ཕན་ཚུན་ཡས་མར་དུ་གཟིགས་ནས། ཐོག་ཀ་བའི་སྤྱི་ད་ལྟ་གཟིམས་ཁང་ཡོད་ས་ཁང་འོག་ཟེར་དེ་ལ་ཕྱག་མཛུབ་གཏད་ནས། འདི་སྐོར་དུ་ཆུ་མིག་ཅིག་ཡོད

དགོས་ཏེ་མི་སྣང་། དེ་མིན་འདི་ག་ཡིན་ཆོད་དུ་འདུག་གསུངས། དེར་ཆོས་སྐྱོང་དང་གཞི་བདག་ལ་གཏོར་མ་མཛད་པས། གཏོར་ལེན་ལ་བྱ་རོག་ལྔ་བྱུང་ཟེར། ཁར་སེང་མཁན་པོ་པས་ནས་སྤྱངས་སར་བྱོན་པས་སྐྱེ་མ། བཟང་པོ་གསུམ་འདུག་ཟེར། གནས་འདི་ཤིན་ཏུ་བཀའ་གཉན་པས་བྱ་ལོ་ཧོར་ཟླ་བཅུ་གཉིས་པའི་ཆོས་བཅུ་གཉིས་ལ་མཁར་ལས་བྱེད་མི་རྣམས་ས་སྐྱ་ནས་བཏེག །བཅོ་བརྒྱད་ལ་ཪོར་དུ་སླེབ། ཟླ་བ་གསུམ་པའི་ཆོས་བདུན་ལ་བཟའ་སྐར་བཟང་བས། གཟིམས་ཁང་ཀ་དྲུག་མའི་རྨང་བཞག་ནས་མཁར་ལས་བྱས། ཟླ་བ་ལྔ་པའི་ཆོས་གཉིས་ལ་དགོན་པར་ཚུ་ཐོག་བབས། མིག་མཐོང་མཁན་གྱིས་མཐོང་སྣང་ལ་ཨ་ཙ་ར་ནག་པོ་ཆེན་པོ་གཅིག་གིས་སྲུང་ཞིང་འདུག་པ་རྨིས་པ། ཁང་པ་འགྱེལ་རྒྱུ་ཡིན་ཟེར་བའི་གྲགས་པ་བྱུང་ངོ་། །

ཆོས་རྗེ་ཉིད་གཏིང་ཁེབས་ན་བཞུགས་པ་ལ་ཡང་དེའི་མཚན་མ་བྱུང་གསུངས། སྔ་ཕྱིར་བྱུང་བའི་ལྟས་འགའ་ཞིག་ལ་བསམ་ན། དགོན་པ་འདི་ས་སྐྱ་པའི་བཀའ་སྲུང་རྣམས་ཀྱིས་བདག་ཏུ་བཟུང་བ་ཞིག་ཡིན་པར་ངེས་ཏེ། ཆོས་རྗེ་གློ་བོར་བྱོན་ནས་མར་ལམ་ས་སྐྱར་ལམ་འབྲས་སོགས་གསུངས་ཚེ། ས་སྐྱའི་ཡང་དགོན་བླ་བྲང་ནས་སྲང་ཁ་མདུང་ཚུགས་ཀྱི་བར་དེ་རྣམས་ཤིང་ནགས་ཆེན་པོ། ཁ་དོག་དམར་སེང་བྱས་པ་རྒྱ་ཆེན་པོ་ཅིག་འདུག་པ། འདི་ཅི་ཡིན་བྱས་པས་ཁྱེད་ཀྱི་བསྟན་འགྱུར་བཞེངས་པའི་སྨྱུ་གུ་ཡིན་ཟེར་བ་རྨི་གསུངས། དེ་ནི་དེང་སང་སྐུ་བསོད་དང་བསྟན་པ་ལ་ཕན་ཐོགས་ཆེན་པོ་འོང་བའི་ལྟས་ཡིན། གཞན་ཡང་རྗེ་བཙུན་རིན་པོ་ཆེའི་ཞལ་སྔ་ལྷོ་ཕྱོར་དུ་གཏད་པ། མ་ཧཱ་ཀཱ་ལའི་རས་བྲིས་རྙིང་པ་ཆེན་པོ་ཅིག་གི་རྒྱབ་ལ་ཡིག་ཕྲེང་དགུ་འདུག་པ་ལ། ད་ས་སྐྱ་པ་ལ་འདི་འདྲ་འོང་ཟེར་བ་འདུག་པ་ཚར་གཅིག་བཀླགས་པ་རྨིས་པ་དེ་མནལ་སད་ཙ་ན་བརྗེད་གསུངས། དེའི་ཚེ་བལ་པོ་དང་། ལྷ་བྲིས་པ་སོགས་ཀློ་བུར་དུ་དགོན་པར་སླེབ་བྱུང་བ་སོགས་རྒྱས་པར་འོག་ཏུ་འཆད། དབྱར་ཆོས་ལ་དགེ་འདུན་སུམ་བརྒྱ་ཙམ་ཚོགས་པ་རྣམས་ལ་ལམ་འབྲས་གནང་བས། ལམ་འབྲས་ཚོགས་པ་ལ་གསུངས་པའང་འདི་ནས་འགོ་ཟུག་པ་ཡིན་ནོ། །

ཐུགས་དམ་མཛད་པ་དང་ལམ་དུས་ལེན་པ་བསྐྱང་འདྲེན་བྱེད་པ་རྣམས་གཟིགས་ནས་ཆོས་རྗེ་ཉིད་ཀྱང་ཐུགས་དགེས་པར་གྱུར་ཏོ། །གོང་དུ་བཤད་པའི་གནས་ཕུན་སུམ་ཚོགས་པ་དེར་དབེན་

གནས་མཛད་ཅིང་དགོན་པའི་མིང་ཡང་སྟོད་ནས་བྱོན་ནས་གསོ་སྦྱོང་ཅིག་མཛད་པའི་སང་སྔ་དྲོ། མདོང་ངའི་སྨི་ལམ་ལ་ཡི་གེ་ཨེ་དང་ཝཾ་གཉིས་ལས་ཆོས་ཀྱི་ཕུང་པོ་འབྱུང་བ་ཡིན་ཞེས་སོགས་ལ་བཤད་པ་བྱས་པ་རྨི་བས། རང་རེའི་དགོན་པ་འདི་ལ་ཨེ་ཝཾ་ཆོས་ལྡན་འདོགས་པ་ཡིན་ནོ་ཞེས་གསུང་ཞིང་ཐུགས་དགེས་པའི་སྒོ་ནས་རབ་གནས་མཛད་དེ། དབྱར་གནས་པ་མཛད། དབྱར་ཆོས་ལ་འདུལ་བའི་བསླབ་བྱ་དང་། བྱང་ས་དང་། བསླབ་བཏུས་ལམ་འབྲས་སོགས་གསུངས། བདག་ཆེན་ཆུ་མིག་པས་ས་ཐམས་ཅད་བདེ་སྐྱིད་དུ་ཕུལ་བ་ཡིན་ནའང་ཆུ་མིག་ཏུ་བྱོན་ཏེ་བཀའ་ཤོག་ཞུས། ཤེལ་གྱི་ཕོར་པ་སོགས་ས་རིན་དུ་འབུལ་བ་མཛད། དགོན་པའི་ཁང་དུ་ཤ་ཆང་དང་ནག་མོ་འགྲིམས་ས་མེད་པ་དང་། དེར་བཞུགས་ཀྱི་དགེ་འདུན་ཐམས་ཅད་དང་ཚུགས་ལ་གནས་པ་དང་། ས་གཞན་དུ་འགོན་རྫོང་ལ་སོགས་པ་ཅི་ཡོད་ཀྱང་། ཨེ་ཝཾ་ཆོས་ལྡན་དུ་འགོན་རྫོང་ལ་སོགས་པ་བྱ་ས་མེད་པའི་བཅའ་ཁྲིམས་ལེགས་པོ་མཛད། དེའི་ཚེ་ཉིན་གཅིག་རོང་པོའི་སྤྱི་ཁང་འོག་མ་དེ་ལ་གཟིགས་ནས། ཞིང་སྐྱེང་ཕ་ཏ་ན། ས་སྐྱའི་གུར་མགོན་ལྕམ་དྲལ་གྱི་འཚམ་སྐུ་དེ་གཉིས་བཞུགས་འདུག་པ་ཡིན་ཏེ། ཁང་པ་ཕ་ཏ་ན་འོང་བ་ལ་བལྟ་བ་ཡིན་པར་འདུག །མགོན་ཁང་ཅིག་དགོས་པ་ཡོད་དེ་ཞེས་གསུངས་པ་ནི། ཕྱར་རི་ཁྲོད་ཐུགས་དམ་ལ་ཤར་བའི་ཚེ་གཟིགས་པར་སྣང་ངོ་། །

ཕྱིས་འདུ་ཁང་ཅིག་བཞེངས་པར་དགོངས་དུས། ནུབ་གཅིག་མནལ་ལམ་དུ་འདུ་ཁང་ཆེན་མོ་མཛད་པར་དགོངས་པའི་གྲོང་ར་དེ་ན། བླ་མ་ས་ཆེན་ཡབ་སྲས་གསུམ་གྱི་སྐུ་ཐང་ཀྱི་ལྷ་བུ་དང་། ཆོས་རྗེ་ས་པཎ་གྱི་སྐུ་ཡང་དེ་ཚོ་དང་འདྲ་བའི་འོད་ཟེར་དང་གཟི་བརྗིད་མཐའ་ཡས་པ་དང་བཅས་གཟིགས་པ་རྨིས་ཞེས་གསུངས་པ་ནི། དེ་རྣམས་སྤྱིར་སངས་རྒྱས་ཀྱི་བསྟན་པ་དང་། བྱེ་བྲག་ཏུ་ས་སྐྱ་པའི་བསྟན་པ་ལ་ཕན་པ་དང་དར་རྒྱས་ཆེན་པོ་འོང་བའི་ལྟས་སུ་འདུག་གསུངས། གཙུག་ལག་ཁང་གི་ལོགས་བྲིས་སོགས་ཀྱི་དཀར་ཆག་འོག་ཏུ་འཆད། དབྱར་ཆོས་ལ་གསུང་ངག་གསུངས་པ་དེ་ནས་བཟུང་སྟེ། གཙོ་བོར་གསང་སྔགས་རྡོ་རྗེ་ཐེག་པ་རྒྱུད་སྡེ་བཞིའི་ཆོས་ཀྱི་འཁོར་ལོ་བསྐོར་བ་ལས། དབེན་གནས་འདིར་ཐེབས་ནས་རྡོ་རྗེ་ཐེག་པ་དོན་དུ་གཉེར་བའི་དགེ་བའི་བཤེས་གཉེན་ཕྱོགས་མཐའ་དག་ནས་དུས་དང་གནས་སྐབས་ངེས་པ་མེད་པར་འགྲོན་པས་དབང་དང་བྱིན་རླབས། རྒྱུད་

དང་མན་ངག་ལ་སོགས་པ་རྣམས་ཀྱང་དུས་དང་གོ་རིམ་ངེས་པ་མེད་པར་དོན་དུ་གཉེར་བའི་ཤེས་འདོད་ཀྱིས་སྐབས་ཀ་དང་བསྟུན་ནས་རྒྱུན་མི་ཆད་པར་གསུང་ཞིང་གསང་སྔགས་པའི་དམ་ཚིག་ཏུ་ཛམྦྷ་ལའི་ཆུ་སྦྱིན་སོགས་རྟེན་འབྲེལ་འགའི་དབང་ལས་མཚན་ཉིད་གྲྭ་ས་ལས་སྔགས་གྲྭ་ལོངས་སྤྱོད་ཆེ་བར་འོང་གསུང་པའི་ལོ་རྒྱུས་འདུག །དེ་ལ་སྤྱིར་རྒྱུད་སྡེ་བཞི་ལ་ཆོས་སྐད་རང་རྐང་ཚུགས་པ་རེ་ཡོད་པ་དང་། འགྲེལ་བྱེད་ཚད་མ་རྒྱ་གར་པའི་པཎ་གྲུབ་རྣམས་ཀྱིས་འགྲེལ་ལུགས་སྣ་ཚོགས་མཛད་པ་རྣམས་ལ་རང་རང་གི་གྲུབ་མཐའ་གཞུང་ཚུགས་པའི་བཤད་པ་དང་། དེ་དང་རྗེས་སུ་འབྲེལ་བའི་ལག་ལེན་དང་། དེའི་མན་ངག་ཉམས་ལེན་གྱི་རིམ་པ་རྣམས་སོ་སོ་རང་གི་ལུགས་བཞིན། གཞན་དང་མ་འདྲེས་པར་བཤད་པ་ན། རྒྱུད་སྡེ་རེ་རེའི་འགྲེལ་ཚུལ་ལ་ཡང་ཕན་ཚུན་མི་འདྲ་བ་ཆེས་ཆེ་བ་སྣང་མོད། ཐམས་ཅད་ཀྱང་གསང་སྔགས་རྒྱུད་སྡེ་བཞི་དང་མཐུན་པའི་བཤད་པ་འབའ་ཞིག་ཏུ་འགྲོ་བའི་འཆད་ཚུལ་འདི་ནི་རྒྱུད་གཞུང་དང་། སྔོན་གྱི་རྒྱུད་སྡེ་ཚུལ་བཞིན་དུ་སླ་བའི་གོང་མ་རྣམས་ཀྱི་དགོངས་པ་ཕྱོགས་གཅིག་པར་འདུག་ནའང་། དེང་སང་ཆོས་རྗེ་རིན་པོ་ཆེ་ཁོ་ནའི་འཆད་སྲོལ་ཐུན་མོང་མ་ཡིན་པར་སྣང་ངོ་། །

དེ་ལྟ་བུའི་འཆད་ཚུལ་གྱིས། རྒྱ་བའི་རྒྱུད་བརྟག་པ་གཉིས་པ། བཤད་པའི་རྒྱུད་རྡོ་རྗེ་གུར། སཾ་པུ་ཊ་སྟེ། ཀྱཻ་རྡོ་རྗེའི་རྒྱུད་ཆེ་བ་གསུམ་དང་། ཆུང་བ་གསུམ། དཔལ་དུས་ཀྱི་འཁོར་ལོའི་རྒྱུད་འགྲེལ། འཁོར་ལོ་བདེ་མཆོག་རྒྱ་བའི་རྒྱུད། རྣལ་འབྱོར་མ་ཀུན་ཏུ་སྤྱོད་པ། ཨ་བྷི་དྷ་ན། རྡོ་རྗེ་མཁའ་འགྲོ །སྡོམ་འབྱུང་། མ་ཧཱ་མཱ་ཡ་སོགས་རྒྱ་བཤད་ཀྱི་རྒྱུད་རྣམས་དང་། གསང་འདུས་རྩ་རྒྱུད། བཤད་རྒྱུད་བཞི་དང་བཅས་པ། དགྲ་ནག །རྡོ་རྗེ་འཇིགས་བྱེད་ཀྱི་རྒྱུད་རྟོག་བདུན་སོགས་དང་། དེ་ཉིད་འདུས་པ་གློ་བོ་བྲག་དཀར་དུ་བྲུང་ནམ་རྒྱ་བས་གཙོ་བོར་ཞུས་ནས་ཡོ་ག་དེ་ཉིད་འདུས་པའི་རྒྱུད་ཀྱི་འགྲེལ་ཆེན་ཀུན་དགའ་སྙིང་པོས་མཛད་པ། དེ་ཉིད་སྣང་ཆེན་པུཎྜི་བཞིའི་སྟེང་ནས་སོ། །

གཞན་ཡང་འཇམ་དཔལ་མཚན་བརྗོད། ངན་སོང་སྦྱོང་རྒྱུད། དཔའ་བོ་གཅིག་གྲུབ། རབ་གནས་ཀྱི་རྒྱུད། བྱ་བ་སྤྱིའི་རྒྱུད་བཞི་སོགས་རྒྱུད་སྡེ་མཐའ་ཡས་པ། དེ་དག་དང་འབྲེལ་པའི་འགྲེལ་པ་དང་། གཞུང་གི་ཚོགས་རབ་ཏུ་མང་པོའི་བཤད་པ་དང་། གསུང་ངག་གི་སྐོར་ཡོངས་རྫོགས་རྣམས་དང་། ཟབ་ལམ་རྡོ་རྗེའི་རྣལ་འབྱོར་སྦྱོར་བ་ཡན་ལག་དྲུག་པའི་སྐོར་ཆ་ལག་དང་བཅས་པ་

རྫོགས་པ་དང་། གསང་འདུས་ལུགས་གཉིས། རིམ་བཞི། རིམ་ལྔ། རྩ་དབུ་མ། བདེ་མཆོག་དཀར་པོ། བདེ་མཆོག་སྣན་བརྒྱུད་ལ་སོགས་པ་འཁོར་ལོ་བདེ་མཆོག་རྫོགས་རིམ་གྱི་སྐོར་རྣམས་དང་། གཤིན་རྗེ་གཤེད་དམར་ལྷ་ལྔའི་རྫོགས་རིམ་ཤིན་ཏུ་སྦྱོས་མེད། འཇིགས་བྱེད་ར་ཁྲིད་སོགས་རྫོགས་རིམ་གྱི་སྐོར་བསམ་གྱིས་མི་ཁྱབ་པ་ལན་གྲངས་རབ་ཏུ་མང་པོ་དང་། དེ་དག་གི་སྟོན་འགྲོ། གསང་འདུས། གཤེད་དམར། འཇིགས་བྱེད། ཀྱེ་རྡོར། བདེ་མཆོག་ལོ་ནག །མ་ཧཱ་མཱ་ཡ་ལ་སོགས་པ་བསྐྱེད་རིམ་གྱི་རྒྱ་གཞུང་དུ་མ་དང་། རྡོ་རྗེ་འབྱུང་བ། གསང་ལྡན་ལ་སོགས་པ་རྒྱུད་སྡེ་བཞི་སོ་སོ་དང་འབྲེལ་བའི་སྒྲུབ་ཐབས་ཀྱི་བཤད་པ་ཚན་ཆེ་བ་མཛད། དེ་ལས་གཞན་པའི་རྗེས་གནང་སོ་སོ་བ་མང་པོ་དང་། སྒྲུབ་ཐབས་བརྒྱ་རྩ། རྒྱ་མཚོ་སོགས་རྗེས་གནང་གི་སྐོར་མང་པོ་དང་། རྒྱུད་འབུམ་དང་། མདོ་སྡེའི་ལུང་དང་། སྔགས་ཀྱི་གཞུང་དང་འགྲེལ་པ་མང་པོ་དང་། སསྐྱ་པ་ཁུ་དབོན་ལྔའི་བཀའ་འབུམ་སོགས་ལུང་གི་ཚོགས་གྲངས་མེད་པ་ལ་སོགས་ཏེ། མདོར་ན་དབང་དང་བྱིན་རླབས། རྒྱུད་མན་ངག །རྗེས་གནང་དང་རིགས་གཏད། སྒྲུབ་ཐབས་དང་ལུང་ལ་སོགས་པའི་ཆོས་ཀྱི་འཁོར་ལོ་ཉིན་མཚན་ཁོར་ཡུག་ཏུ་རྒྱུན་མི་ཆད་པར་བསྐོར་བར་མཛད་དོ། །

རྒྱལ་པོ་ལ་སོགས་པ་འགྲོ་བ་ཕལ་མོ་ཆེ་ལ། མདོ་སྡེ་མཛངས་བླུན། ལས་བརྒྱ་པ། བསླབ་བཏུས་སོགས་ལས་འབྲས་སྟོན་པའི་གཞུང་། རྒྱལ་སྲས་ལམ་བཟང་དང་། བློ་སྦྱོང་སོགས་བསྟན་བཅོས་དུ་མ་ཡང་ཡང་གསུང་ཞིང་། བསྟན་པ་ལ་དད་པ་དང་། ལས་འབྲས་ལ་ཡིད་ཆེས་པར་མཛད་དོ། །དེ་ལྟར་ཁོར་ཡུག་ཏུ་དམ་པའི་ཆོས་བཤད་པ་ལ་བརྟེན་ནས། སློབ་མའི་ཚོགས་དང་། སྦྱིན་བདག་བསམ་གྱིས་མི་ཁྱབ་པ་བྱུང་ཞིང་། དེའང་ཙུང་ཟད་སྨོས་ན། སསྐྱའི་བདག་ཆེན་ཆུ་མིག་པ་གྲགས་པ་བློ་གྲོས། གཞི་ཐོག་པ་བློ་གྲོས་དབང་ཕྱུག །གཞི་ཐོག་པ་ཀུན་དགའ་བློ་གྲོས། ཆུ་མིག་པ་ཀུན་དགའ་དབང་ཕྱུག །བདག་ཆེན་མཐུ་སྟོབས་དབང་ཕྱུག །བསོད་ནམས་རྒྱལ་མཚན་སོགས། འཇམ་པའི་དབྱངས་ཀྱི་རྣམ་འཕྲུལ་དཔལ་ལྡན་ས་སྐྱ་པའི་གདུང་བརྒྱུད་རྣམས་དང་། ཤར་ཆེན་ཡེ་ཤེས་དབང་ཕྱུག་སོགས་ཤར་པ་དང་། གཞན་ཡང་མདོ་སྔགས་ཀྱི་དོན་ལ་མཁས་ཤིང་ལག་ལེན་དང་ཉམས་ལེན་གྱི་རིམ་པ་ཐམས་ཅད་འཁྲུལ་བ་མེད་པར་ཐུགས་སུ་ཆུད་ནས་བསྟན་པའི་རྒྱུན་

གནས་པ་དང་། ཉམས་ལེན་གྱི་སྒོ་ནས་སྒྲུབ་པའི་རྒྱལ་མཚན་འཛུགས་པའི་བཤེས་གཉེན། སེམས་དཔའ་ཆེན་པོ་གཞོན་ནུ་རྒྱལ་མཆོག་པ་དང་། རྗེ་ཉིད་ཀྱི་རྒྱལ་ཚབ་དམ་པ་རྒྱལ་བ་མུས་པ་ཆེན་པོ་དཀོན་མཆོག་རྒྱལ་མཚན་དཔལ་བཟང་པོ་དང་། མཁྱེན་རབ་དབང་ཕྱུག་སླར་ཁམས་པ་གྲགས་པ་བཟང་པོ་དང་། ཆོས་རྗེ་གཞོན་ནུ་སེང་གེ་པ་དང་། མཁས་པ་རཏྣ་ཤྲཱི་བྷ་དྲ་དང་། རོང་སྟོན་ཤེས་རབ་དཔལ་དང་། མཁན་ཆེན་འཇམ་པའི་དབྱངས་ཤེས་རབ་རྒྱ་མཚོ་བ་དང་། བྱང་ཆུབ་སེམས་དཔའ་ཁ་ཆར་མཁན་པོ་བསོད་ནམས་རྒྱལ་མཚན་པ་དང་། རོང་སྟོན་ཤེས་བྱ་ཀུན་རིག་དང་ཤཱག་བཟང་སྐྱ་འབུམ་དུ་མཛལ་ཙམ་ལས་བཀའ་ཆོས་ཕན་ཚུན་གསན་པ་ནི་མ་བྱུང་ལ། འོན་ཀྱང་ཐུགས་ཡིད་གཅིག་ཏུ་འདྲེས་པ་ཡིན་ཏེ། རོང་སྟོན་ཐམས་ཅད་མཁྱེན་པ་ཤཱཀྱ་རྒྱལ་མཚན་གྱི་ཞལ་སྔ་ནས། ངའི་དགོན་པ་ན་ལེནྡྲ་འདིར་ལུང་རིགས་ཀྱི་བཤད་པའུར་ཆེམ་ཆེམ་པ་གྱིས། སྔགས་ཕྱོགས་དོན་དུ་གཉེར་ན་ངོར་དགོན་གསར་དུ་སོང་། བླ་མ་ས་བཟང་པ་ཀུན་དགའ་བཟང་པོ་རྡོ་རྗེ་འཆང་དངོས་སུ་འདུག །ངས་ཐེག་ཆེན་ཆོས་ཀྱི་རྒྱལ་པོའི་དྲུང་དུ་ལམ་འབྲས་ཉན་ཆོས་ཞུས་པ་བས། བླ་མ་ཀུན་དགའ་བཟང་པོས་ཤཱག་བཟང་སྐྱ་འབུམ་དུ་ཇ་གྲལ་ལ་བོས་པའི་སར་འབེལ་གཏམ་བྱས་པ་གོ་རྒྱུ་ཆེ་བར་བྱུང་གསུང་ཞིང་བསྟོད་པ་རབ་དཀར་མ་ཡང་མཛད་དོ། །

ཕྱིས་རོང་སྟོན་ཉིད་ཀྱང་བདེ་མཆོག་གི་སྐོར་འགའ་ཞིག་གསན་པ་ལ་ཕེབས་དགོས་ཚུལ་ཨེ་ཝྃ་དུ་ཕྱག་བྲིས་འགྱུར་ཡང་ཞལ་བགྲེས་པ་དང་། ན་ལེནྡྲ་འདེབས་པའི་ཐུགས་བྲེལ་གྱི་སྐབས་ནས་མ་བྱུང་ཞེས་རྗེ་གྲོལ་མཆོག་གསུང་། ན་ལེནྡྲའི་གདན་ས་པ་བདག་པོ་དབོན་པོ་པཎ་ཆེན་བཀྲ་ཤིས་རྣམ་རྒྱལ་དང་། མཁས་པ་དགེ་བ་རྒྱལ་མཚན་པ་དང་། སྤྱན་སྔ་ཀུན་དགའ་རྡོ་རྗེ་དང་། གུང་རུ་ཤེས་རབ་བཟང་པོ། རྗེ་ཉིད་ཀྱི་སྐུའི་དབོན་པོ་རྣལ་འབྱོར་དབང་ཕྱུག་གི་སྤྲུལ་པ་ཆོས་རྗེ་རྒྱལ་ཚབ་དམ་པ་ཀུན་དགའ་དབང་ཕྱུག་དང་། འདྲེན་མཆོག་དཀོན་མཆོག་འཕེལ་བ་ཡང་འཁྲུངས་ཙམ་གྱི་དུས་སུ་གཤེད་དམར་ཚེ་དཔག་མེད་སོགས་ཀྱི་དབང་གནང་། རྒྱལ་ཚབ་ཏུ་ལུང་བསྟན་ཏེ། ཆོས་རྗེ་གློ་བོ་མཁན་ཆེན་པས་བསྟོད་པར། རྒྱལ་བས་ལུང་བསྟན་དེ་ཉིད་གཟིགས་པས་ཕུལ། །རྒྱལ་བ་གཉིས་པ་བསྟན་པའི་རྒྱལ་ཚབ་ཏུ། །སྲས་ཀྱི་ཐུ་བོ་ཁྱོད་ཉིད་ལུང་བསྟན་ནས། །རྟག་པར་ཆོས་ཀྱི་

རྒྱལ་སྲིད་སྐྱོང་ལ་འདུད། །ཅེས་སོ། །

གཞན་ཡང་བོ་དོང་བྱ་རྒོད་གཤོངས་ཀྱི་གྲྭ་ཚང་འཛུགས་མཁན་པཎ་ཆེན་འབུམ་ཕྲག་གསུམ་པ་བྱམས་པ་ཆོས་དོན་གྲུབ་དང་། གུ་གེ་པཎྜི་ཏ་གྲགས་པ་རྒྱལ་མཚན་དང་། བཞི་སྡེ་ཆོས་སྡེར་དྲུང་ནམ་རྩེ་བ་དང་། མཁྱེན་རབ་དབང་ཕྱུག་ནམ་མཁའ་འོད་ཟེར་དང་། གུ་གེ་ཆོས་དཔལ་བཟང་པོ། ལྷ་རིགས་གུ་གེ་ལྷ་བཙུན་པ་དང་། གློ་བོ་པ་ཐུགས་སྲས་བླ་མ་དཔལ་ལྡན་པ་དང་། བདེ་ལེགས་རྒྱལ་མཚན་པ་དང་། བླ་མ་དཔལ་ལྡན་རྒྱལ་པོ་པ་དང་། བསམ་རྩེ་ཆོས་རྗེ་དང་། རྭ་སྟོན་ཡོན་ཏན་དཔལ་བཟང་སོགས་དང་། གཞན་ཡང་གོ་བོ་རབ་འབྱམས་པ་བསོད་ནམས་སེང་གེ་དང་། དམར་སྟོན་རྒྱལ་མཚན་འོད་ཟེར་དང་། བཟང་ཆེན་ཕྱོགས་ལས་རྣམ་རྒྱལ་དང་། ཆོས་ལུང་བཀའ་བཅུ་པར་གྲགས་པ་ཀུན་མཁྱེན་དགའ་གདོང་པ་ཆོས་རྒྱལ་དཔལ་བཟང་དང་། ཤཱཀ་བཟང་ནས་མཁས་གྲུབ་དཔལ་ལྡན་རྡོ་རྗེ་དང་། སྣེ་མོ་རུ་པ་བཀའ་བཞི་པ་དང་། གསང་མདའ་བ་ཆོས་གྲྭ་གསེར་མདོག་ཅན་འཛུགས་མཁན་པཎ་ཆེན་ཤཱཀྱ་མཆོག་ལྡན་པ་དང་། གསང་ཕུ་གདན་ས་པ་པཎྜི་ཏ་ཤེས་རབ་དཔལ་ལྡན་པ་སོགས་དང་། ཞྭ་ལུ་མཁྱེན་རབ་རྗེ། ཇོ་ནང་། ངམ་རིང་། རིན་སྤུངས། རྒྱ་མཁར་རྩེ། བྱམས་ཆེན་རབ་འབྱམས་པ་སངས་རྒྱས་འཕེལ་དང་། དེའི་གདན་ས་པ་འཇམ་དབྱངས་པ། སེ་ར་སོགས་ཆོས་སྡེ་ཆེན་པོའི་ཆོས་དཔོན་དང་། གཞན་ཡང་ཉག་རེའི་དགེ་བཤེས་གྲུབ་ཐོབ་དོན་གྲུབ་ཞེས་པ་འདི་ཉིད་ཀྱིས། དང་པོར་རྗེ་ཉིད་ལ་དགོན་གནས་འདི་ཉིད་འདི་ལྟར་ཡོད་ཚུལ་གྱི་ཞིབ་ཆ་རྣམས་ཞུས། ཕྱིས་རྗེ་ཉིད་ཀྱིས་རྗེས་སུ་བཟུང་ཞིང་། ཉག་རེ་ཁང་གི་མུན་ཁང་དུ་སྒོམ་ཡུན་རིང་དུ་མཛད། ལྷོ་རོང་དུ་བྱོན་ནས་ཉམས་རྟོགས་གོང་ནས་གོང་དུ་འཕེལ་ཞིང་གྲུབ་པ་བརྙེས་ཏེ། རི་ཚོགས་ཆོས་སྡིངས་ནས་བམ་གསུམ་གྱི་བླ་མ་མཛད། དགོན་གང་དུ་བཞུགས་ལ་གྲྭ་རིགས་རྣམས་མ་འཆམས་པས། གསུམ་ཀ་རུ་བཞུགས་པར་ཞལ་གྱིས་བཞེས་ཤིང་འཕྱུར་ནས་དགོན་པ་གསུམ་ཀ་རུ་བཞུགས། ཞིང་བརྗེ་དུས་སྐུའི་བཀོད་པ་གསུམ་དུ་སྤྲུལ་ཏེ་དགོན་གསུམ་དུ་རེ་རེ་གཤེགས་པའི་ཚུལ་བསྟན། མཚན་ལ་གྲུབ་ཆེན་དམར་རི་བ་ཞུ་ཞེས་ཐོས་སོ། །

གཞན་ཡང་གྲགས་པ་རིན་ཆེན་དང་། དཔལ་གྱི་རྒྱལ་མཚན་དང་། གུ་ཎ་པྲ་བྷ་འདི་རྗེའི་སྐུ་དཔོན

རྒྱལ་ཚབ་དམ་པའི་སློབ་དཔོན་ཡིན་དང་། སཾ་གྷ་མ་ཏི་དང་། ལྡན་གྱི་ཕྱོགས་སུ་དམ་པ་ཀུན་སྤྱངས་པར་གྲགས་པ་དྲུང་ཆོས་ཀྱི་རྗེ་ཀུན་དགའ་རིན་ཆེན་པ་དང་། ཀ་དྲུག་པ་དྲུང་རིན་པོ་ཆེར་གྲགས་པ་དང་། ལྡན་མ་བཀའ་བཅུ་པར་གྲགས་པ་བསོད་ནམས་དཔལ་ལྡན་པ་དང་། ཆེན་པོ་སངས་རྒྱས་བློ་གྲོས་པ་དང་། མདོ་སྟོད་རྭ་མདོ་པ་གྱོང་པོ་སངས་རྒྱས་རྒྱལ་མཚན་པ་དང་། ཤྲད་པ་གྲུབ་ཆེན་ཀུན་བློ་པ་དང་། མཁའ་གྲུབ་ཟླ་བ་བཟང་པོ་སྐྱ་མཆེད་སོགས་དང་། འབྲིང་མཚམས་སུ་ཏིང་སྐྱེས་བྲག་དཀར་དགོན་པར་བྱང་སེམས་བསོད་ནམས་རིན་ཆེན་པ་དང་། ཆུ་འདུས་སུ་ཆོས་རྗེ་མཁས་བཙུན་པ་སོགས་དང་། ཚེ་འདི་ལ་གྲུབ་པ་བརྙེས་པ་ནི། བླ་མ་དཔལ་ལྡན་པའི་གསུང་གིས། ཚ་བ་རོང་པ་ཤཱཀྱ་རྒྱལ་མཚན་འཕན་ཡུལ་གྱི་རི་ལ་མཁའ་སྤྱོད་ཀྱི་གདམས་ངག་ལ་བརྟེན་ནས་སྒྲུབ་པ་མཛད་ཅིང་བཞུགས་པ་ལ། སྐབས་ཤིག་ཏུ་རོལ་མོའི་སྒྲ་དང་འཇའ་ཚོན་བྱུང་ནས་བལྟར་ཕྱིན་པས་ལུས་མ་སྤྱངས་པར་མཁའ་སྤྱོད་དུ་གཤེགས་སོ་ཞེས་དེའི་ཡོན་བདག་སོགས་ཀྱི་མཐུན་སྣང་དུ་གྲུབ་པར་གྱུར་ཏོ། །

ཚ་མོ་རོང་པ་བསོད་ནམས་བཟང་པོ་ཚ་རོང་གི་རི་ལ་འཆི་ཁར་མཁའ་སྤྱོད་དུ་གཤེགས་སོ་ཞེས་དེའི་གྲོགས་བརྟན་མེད་པ་རྣམས་ཀྱིས་སྐུ་དྲུང་དུ་གླེང་གིན་སྣང་ལ། ཨ་མདོ་བའི་མཛོ་ཟླི་ལས་ཅན་གཅིག །ཛོ་རྗེ་བདག་མེད་མའི་དབང་མཛད་དུས་རྟུལ་ཚོན་གྱི་དཀྱིལ་འཁོར་ལ་ལྷ་ཐམས་ཅད་ཞལ་ཕྱག་རྫོགས་པར་མངོན་སུམ་དུ་མཐོང་བ་བྱུང་ཞེས་བླ་མ་དཔལ་ལྡན་པ་གསུངས། གཞན་ཡང་ལམ་འབྲས་དང་མཁའ་སྤྱོད་མའི་འདའ་ཀ་མ་ལ་བརྟེན་ནས་གྲུབ་མཐའ་སྙོགས་པ་ནི་མང་དུ་བྱུང་ངོ་། །རྣལ་འབྱོར་པ་བརྟུལ་ཞུགས་ཀྱི་སྤྱོད་པ་མཛད་པ་ཡང་མཚན་དངོས་བརྗོད་འགྲུས་བཟང་པོ་གཞན་དུ་ཐང་སྟོང་རྒྱལ་པོ་དང་། ལུང་སྟོང་སྨྱོན་པ་དང་། གྲུབ་ཐོབ་ལྕགས་ཟམ་པར་གྲགས་པ་ལོ་བརྒྱ་དང་སོ་བརྒྱད་ཙམ་བཞུགས་པ་དེ་ལ་སོགས་དུ་མ་བྱུང་བར་མངོན་ནོ། །མདོར་ན་སྟོད་མངའ་རིས། སྨད་མདོ་ཁམས། བར་དབུས་གཙང་སོགས་ཉི་འོག་གི་རྒྱལ་ཁམས་ཐམས་ཅད་དུ་རྗེ་འདིའི་ཕྲིན་ལས་ཁྱབ་ཅིང་སློབ་ཚོགས་བསམ་གྱིས་མི་ཁྱབ་པ་བྱུང་མོད། རེ་རེ་ནས་སུས་བརྗོད་པར་ནུས། འདིར་ནི་རགས་པ་ཙམ་ཞིག་བརྗོད་པའོ། །

དེ་ལྟ་བུའི་སློབ་ཚོགས་དེ་དག་ཀྱང་རྗེའི་ཡོན་ཏན་བུམ་པ་གང་འབྱོར་བཞུགས་པ་ནི། རྗེ་

 མུས་ཆེན་དང་མཁན་ཆེན་ཤེར་རྒྱམ་པ་སོགས་ཡིན་ལ། གཞན་ཕལ་ཆེར་ཀྱང་མདོ་སྔགས་བསྟན་པའི་གསལ་བྱེད་ཁོ་ན་ཡིན་ཅིང་། སློབ་མ་ཆུང་ཤོས་རྣམས་ཀྱང་། བདེ་མཆོག །ཀྱེ་རྡོར། དུས་འཁོར་སོགས་ཆོས་སྐོར་རེ་རེ་འཛིན་སྐྱོང་སྤེལ་གསུམ་ཐུབ་པ་མཐའ་ཡས་སོ། །ཆོས་རྗེ་རིན་པོ་ཆེ་རང་ཉིད་ཀྱི་ཐུགས་རྒྱུད་ལ་ཡང་། སྤྱན་ལམ་ན་ཡོད་པའི་བུམ་པ་ལ་སོགས་པའི་རྟུལ་ཕྲ་རབ་ཇི་སྙེད་ཡོད་པ་གཟིགས་པའི་ཏིང་ངེ་འཛིན་ལ་སོགས་པའི་སྒོ་དུ་མ་ལ་མངའ་བརྙེས་ཏེ། དེའི་སྟོབས་ཀྱིས་གདན་ས་ཆེན་པོ་དང་། སྔེ་པ་འགའ་རེ་ལ་མ་འོངས་ལུང་བསྟན་དང་། ཐ་ན་གྲྭ་བ་ཕལ་པ་འགྲོ་འདུག་བྱེད་པའི་ལུང་བསྟན་ཞུས་པ་ཡང་ཇི་ལྟར་ལུང་བསྟན་པ་ལྟར་ཐོག་ཏུ་བབས་པ་ལ་སོགས་པ་མ་འོངས་ལུང་བསྟན་པ་ཡང་མཐའ་ཡས་སོ། །

མདོར་ན་རང་དང་དུས་མཉམ་པའི་དགེ་བའི་བཤེས་གཉེན་དུ་མས་ཞབས་བསྟེན་ཅིང་། རང་རང་གི་ཤེས་འདོད་དང་མཐུན་པར་དམ་ཆོས་བདུད་རྩིའི་དགའ་སྟོན་ལ་སྤྱོད་པར་བྱས་ནས་མཁས་མང་ཐམས་ཅད་ཀྱི་གཙུག་གི་ནོར་བུའི་རྒྱན་དམ་པར་གྱུར་པ་ཡིན་ནོ། །བསྟན་པ་ལ་ཕན་པའི་སྤྱིན་བདག་སྟོབས་ལྡན་བྱུང་བ་ནི། རབ་ཏུ་བྱུང་བ་དགེ་ཚུལ་གྱི་སྡོམ་པ་དང་། དབུ་མ་ལུགས་ཀྱི་སེམས་བསྐྱེད། གུར་རིགས་བསྡུས། བདེ་མཆོག །ཀྱེ་རྡོར་སོགས་ཀྱི་དབང་བསྐུར་དུ་མ་དང་། རྩ་རྒྱུད་བརྟག་གཉིས་བཤད་པ། དུས་འཁོར་འགྲེལ་ཆེན་དྲིལ་བུ་རིམ་ལྔ་སོགས་ཁྲིད་བཀའི་ལུང་ལ་སོགས་པ་དུ་མས་རྗེས་སུ་བཟུང་བ། གུ་གེ་ཆོས་ཀྱི་རྒྱལ་པོ་དང་། གཞན་ཡང་མངའ་རིས་རྫོང་ཀའི་རྒྱལ་པོ། ཧོར་སེ་ཆེན་གྱི་བརྒྱུད་པ་ལེགས་རིན། དབུས་ཀྱི་གོང་མ་ཆེན་པོ་གྲགས་པ་འབྱུང་གནས། ཁམས་གོ་འཇོའི་བདག་པོ། གླིང་དཔོན་ཆེན་རིན་སྤུངས་པ། ཤར་རྒྱལ་མཁར་རྩེའི་བདག་པོ། ཆུ་འདུས་སྡེ་པ་སྒྲོལ་སྐྱོན་དུ་གྲགས་པ་སོགས་མང་དུ་བྱུང་ཞིང་། རྗེ་འདིས་འཆད་ཉན་མཛད་ནས་ཕྲིན་ལས་བསྐྱངས་ན་བསྟན་འགྲོ་ལ་ཕན་ནམ། རྩེ་གཅིག་ཏུ་སྒྲུབ་པ་བྱས་ན་ལེགས་ཐུགས་དམ་བརྟག་པར་མཛད་པས་འཆད་ཉན་དང་ཕྲིན་ལས་བསྐྱངས་པ་ལུང་བསྟན་གཟིགས་ཏེ། དེ་སྐད་དུ། དཔོན་པོ་ཨ་ཙ་ར་ཞེས་ཀྱང་བྱ། དཔོན་པོ་ནམ་མཁའ་བློ་གསལ་ཞེས་ཀྱང་བྱ། མ་ཏི་ཙྪ་ཏྲ་ཞེས་ཀྱང་བྱ། གུ་གེ་པཎ་ཆེན་ཞེས་ཀྱང་བྱ་བ་མཚན་གྱི་རྣམ་གྲངས་དུ་མ་དང་ལྡན་པ་དེའི་བསྟོད་པ་མཛད་པ་ལས། མདོར་ན་ཁྱོད་

གྱིས་མཛད་ཕྲིན་གོང་སྨྲུབ་ཀྱང་། །བྱང་ཆུབ་སེམས་ནི་མངོན་དུ་ཡོངས་བཏང་ནས། །ཐུབ་པས་བསྔགས་པའི་ཆོས་ཀུན་སྒྲུབ་པར་མཛད། །ཅེས་སོ། །

ཡང་དེ་ལྟར་འཆད་ཉན་ཁོ་ན་ལ་དྲིལ་བ་ལས་རྗེ་འདིའི་དུང་དུ། རྒྱ་ཧོར། མདོ་ཁམས། གློ་བོ་སོགས་ནས་སྤྱན་འདྲེན་པ་མང་དུ་བྱུང་ཡང་། བསྟན་པའི་གཞི་མ་འཆད་ཉན་མཛད་ཅིང་གཞན་དུ་མི་འབྱོན་པར་དགོངས་མོད། འོན་ཀྱང་ཞུ་ནན་ཆེས་པས་སྨད་མདོ་ཁམས་དང་། སྟོད་མངའ་རིས་གང་འཐད་གཟིགས་པས། སྟོད་མངའ་རིས་ལ་ཐུགས་དམ་ལ་ཤར་ནས་བྱོན་པ་ཡིན་ཏེ། བྲག་དཀར་སེམས་དཔའ་ཆེན་པོ་བསོད་ནམས་རིན་ཆེན་གྱི་ཞལ་ནས། དེ་དག་རྩེ་གཅིག་སྒྲུབ་པ་འཆད་ཉན་སོགས། །གང་འཐད་གཟིགས་པས་འཆད་ཉན་ཕན་གཟིགས་ནས། །དྲི་མེད་བསྟན་པ་རབ་ཏུ་རྒྱས་མཛད་པ། །སྟོད་སྨད་གདུལ་བྱ་གང་འཐད་གཟིགས་གསུང་བ། །སྟོད་ཕྱོགས་འཐད་པར་དགོངས་ནས་སྤྱན་དྲངས་བྱོན། །བསྟན་པ་དར་རྒྱས་གདུལ་བྱ་སྨིན་གྲོལ་མཛད། །ཅེས་གསུངས་སོ། །

དེ་ཡང་ཞིབ་ཏུ་བཤད་ན་གློ་བོར་ལན་གསུམ་ཕེབས་པའི་དང་པོ་ས་སྐྱ་ནས་ཡིན་ཅིང་། ཕྱི་མ་གཉིས་ཨེ་ཝཾ་ནས་ཡིན་ནོ། །དེ་ཡང་སྟོད་ཕྱོགས་སུ་ཕེབས་པའི་ལུང་བསྟན་བྱུང་ཚུལ་ནི། སྔར་བཤད་པ་ལྟར་འཆད་ཉན་ཆག་དོགས་དང་། ཁྱད་པར་ལོ་ཙྪ་བ་ངག་དབང་གིས་མངའ་རིས་སུ་ཕྱིན་ཀྱང་ཕན་ཐོགས་མི་འོངས་པའི་རྒྱ་མཚན་ཞུས་ནས་སྟོད་ཕྱོགས་སུ་མི་ཕེབས་པའི་ཐུགས་ཐག་ཆོད། གློ་བོ་ཕྱོགས་སུ་ཡིག་ལན་མཛད་པར་དགོངས་པའི་ནུབ་མོ་མནལ་ལམ་དུ་མངའ་རིས་ལ་འགྲོ་ཟེར་ནས་ཟི་ཐང་གི་ཐད་ཀ་ལ། གདུགས་དཀར་པོ་བཅུ་གསུམ་གཅིག་ཞོ་ལེ་བྱས་འདུག་གསུངས། ཐམས་ཅད་གསེར་ཏོག་དང་བཅས་པ་འཛིན་མཁན་མེད་པར་འགྲོ་བ་རྨིས། དེ་ནས་ཡར་ཕེབས་པར་དགོངས་སོ། །

འདི་གདན་ས་པ་གདུགས་ཐོག་བཅུ་གསུམ་འབྱུང་བའི་རྟགས་སུའང་གསུངས། དེའང་སྤྱན་འདྲེན་པ་གློ་བོ་སྟེ་པ་བསྟན་པའི་སྦྱིན་བདག་ཆེན་པོ་དགེ་སྦྱོང་ཨ་མེ་དཔལ་ཞེས་པ་ཡབ་སྲས་ཀྱི་ལོ་རྒྱུས་ནི། དུང་དགེ་སྦྱོང་བ་འདི་འཇམ་དཔལ་རྩ་རྒྱུད་དང་། སློབ་དཔོན་པདྨའི་ལུང་བསྟན་ལ་ཡོད་གསུང་ཞིང་། ཁོང་མངའ་རིས་རྫོང་ཀའི་དུང་སྐོར་ཡིན། གདུང་རུས་གནམ་རུ་ཁྱུང་ཡིན། སྔོན་གྱི་

གྲུབ་ཐོབ་རྡོ་རྗེ་བཙུན་མོ་ལ་སོགས་དང་གཅིག །ཨ་མེ་དཔལ་འདི་མཁྱེན་པ་ཡོད་པས། བོད་ཆོས་རྒྱལ་གྱི་གདུང་བརྒྱུད་དྲི་མ་མེད་པ་མངའ་རིས་རྫོང་ཀར་གྱི་ཆོས་རྒྱལ་འབུམ་སྡེ་མགོན་གྱིས་སྐྱོང་གི་ལས་ཐབས་བཅུ་གསུམ་ཡོད་པར་བཤད་པའི་གློ་བོར་གཙང་རང་བྱ་ཕོའི་ཟེ་བ་ཞེས་པའི་རྫོང་རྒྱབ་ཡོད་པའི་རྫོང་དཔོན་ལ་བརྙས་པ་ལས། ཁྲིམས་གློ་བོ་ཁོང་གིས་སྐྱེར་དུ་ཆོང་། དོལ་པོ་ཕྱུ་རྫངས། ཀུ་གེ་སོགས་ལའང་ལྷུང་འགྲོ་བ་བྱུང་། ཁོང་གིས་དང་པོར་བོ་དོང་པཎ་ཆེན་སྤྱན་དྲངས་ཀྱང་། དེ་ཙམ་བསྟན་པ་ལ་ཕན་པ་མ་བྱུང་། རྗེ་རྡོ་རྗེ་འཆང་འདིའི་སྙན་པ་ཐོས་ནས་དད་འདུན་དང་བཀའ་སྤྲོད་ཆེན་པོས་ཡང་ཡང་སྤྱན་དྲངས་ཀྱང་། སྟ་མ་ས་སྐྱ་པའི་རྒྱུད་གསུམ་མན་ངག་དང་བཅས་པའི་ལྟ་བ་སེམས་ཙམ་ཡིན་ཟེར་བ་དང་། ས་སྐྱ་པའི་ལུས་དཀྱིལ་རྒྱུད་གཞུང་ནས་མ་བཤད་ཟེར་བའི་རྩོད་པ་བྱུང་ནས། ས་སྐྱ་པའི་དགེ་བཤེས་རྣམས་འཐོར་ས་མེད་པའི་བཅའ་ཁྲིམས་བྱས་ནས་འབྱོན་སྐབས་མ་བྱུང་། དེའི་དུས་སུ་གནང་བའི་ཡིག་ལན་བཀའ་ཤོག་དང་། ཆོས་བསྐུལ་ཕྱུ་སྡེ་གནང་ཚུལ་སོགས་རྗེ་མཁན་ཆེན་པའི་རྣམ་ཐར་དུ་བལྟ། དེ་ནས་ཀུང་ནན་ཆེན་པོས་སྤྱན་དྲངས་པས། གློ་བོར་ལན་གསུམ་ཕེབས་པའི་དང་པོ་ནི། སྔར་གྱི་མཚན་ལམ་ལ་བརྟེན་ནས་བསྟན་པ་ལ་ཕན་པ་འོང་བར་དགོངས་ནས་དེ་བས་ཧེ་ལུག་ལོའི་སྟོན་རྗེ་མུས་ཆེན་ཤཱཀ་བཟང་དུ་སྐུ་ཚབ་ལ་བཞག་ནས་ཆོས་གསུངས། རྗེ་རིན་པོ་ཆེ་དཔོན་སློབ་རྣམས་ཀྱིས་ཟླ་བ་དྲུག་ལ་འཁོར་བར་མཛད། དང་པོ་ཡུལ་དེར་བཀའ་འགྱུར་ཚང་མ་མི་བཞུགས་པ་ལ། རྒྱུད་འབུམ་ས་སྐྱ་ནས། གཞན་རྣམས་ཕྱོགས་མཐའ་དག་ནས་མ་ཕྱི་བཙལ་ནས་ཚང་བར་བཞེངས། རྒྱས་པར་རྗེས་མཛད་པའི་བཀའ་འགྱུར་དཀར་ཆག་ཏུ་བལྟ། དཀྱིལ་ཁང་དུ་བཀའ་འགྱུར་ལྷ་ཁང་སྤྱོད་རྒྱུད་དཀྱིལ་འཁོར་བཅུ་གཉིས་སོགས་ལོགས་རིས་ལ་བཞེངས། སྙིང་ཆེན་འདུལ་གྲྭར་ཆོས་སྡེ་བཙུགས། གཙུག་ལག་ཁང་བཞེངས། དགེ་འདུན་བརྒྱ་ཕྲག་ལ་རྒྱུན་གྱི་འཚོ་བ་བཙུགས། འདུལ་བ་དང་བྱང་ཆུབ་སེམས་དཔའི་སྡེ་སྣོད་ཀྱི་བཤད་པ་གཙོ་བོར་མཛད། བྲག་དཀར་གྱི་ཆོས་སྡེ་ཐེག་ཆེན་དར་རྒྱས་གླིང་བཏབ་ཅིང་ལྷ་ཁང་གི་གཞི་བཏིང་། རབ་བྱུང་བསྙེན་རྫོགས་གྲངས་མང་པོ་ལ་སོགས་པ་ལམ་ཐུན་མོང་བའི་སྒོ་ནས་གདུལ་བྱ་མང་པོ་སངས་རྒྱས་ཀྱི་བསྟན་པ་ལ་བཀོད། བསྟན་པའི་སྦྱིན་བདག་ཨ་མེ་དཔལ་ཡང་རབ་ཏུ་བྱུང་སྟེ་མཚན་བཟང་པོ་རྒྱལ་

མཚན་དུ་བཏགས། ཁོང་རབ་བྱུང་མ་མཛད་གོང་གི་སྲས་ཆོས་རྒྱལ་ཨ་མགོན་བཟང་པོ། དེའི་སྲས་ཚངས་པ་བཀྲ་ཤིས་མགོན་དང་གློ་བོ་མཁན་ཆེན་སོགས་ཡིན་ནོ། །

ལན་བར་མ་ཕེབས་དུས་ནི་འབྲུག་ལོ་སྟེ་དེ་དུས་ཀྱང་མུས་ཆེན་ངོར་དུ་སྤྱན་དྲངས། ལམ་འབྲས་སོགས་གསུངས། རྗེ་ཉིད་ཀྱིས་གློ་བོར་བྱོན། ཕྲེང་བའི་དབང་དང་ཟུར་བཀའ་འགའ་ཞིག །ས་སྐྱ་བཀའ་འབུམ་གྱི་ལུང་། སྦྱོང་རྒྱུད་ཀྱི་བཤད་པ་ལ་སོགས་ཆོས་ཀྱི་འཁོར་ལོ་མང་དུ་བསྐོར་ཞིང་། སྦྱིན་བདག་ཆེན་པོ་ལ་སོགས་པ་མང་པོ་བསྐྱེན་པར་རྫོགས་པར་མཛད་ཅིང་། སྐལ་པ་དང་ལྡན་པའི་གདུལ་བྱ་འགའ་ལ་ལམ་འབྲས་ཀྱི་ཁྲིད་ལ་སོགས་པ་ཐུན་མོང་མ་ཡིན་པ་ཡང་གསུངས། སྦྱིན་བདག་ཆེན་པོ་ལ་ཀྱེ་རྡོར་གྱི་མངོན་རྟོགས་ཁྱད་འཕགས་ཞིག་མཛད་ནས་གནང་འདུག་སྟེ་བཀའ་འབུམ་དུ་མཚུད་ཡོད་དོ། །

སྔར་གྱི་བཀའ་འགྱུར་བཞེངས་པའི་ཞལ་ད་ཡང་མཛད། གསེར་རྐྱང་གིས་བཀའ་འགྱུར་གྱི་དབུ་བཙུགས། རྣམ་རྒྱལ་ཆོས་སྡེ་གསོ་བ་སོགས་མཛད། གཞན་ཡང་དགེ་སྦྱོང་ཆེན་པོས་ཆོ་འཕྲུལ་ཟླ་བར་སྒྲུབ་མཆོད་བཙུགས་པའི་བདག་རྐྱེན། ས་དཀར་ནས་ཞིང་ཁལ་བརྒྱའི་ས་དང་། ཐད་མང་པོ་བཙུགས་བླ་མ་རྗེས་རྒྱུད་སྡེ་སོ་སོ་ནས་གསུངས་པའི་དཀྱིལ་འཁོར་ལྔ་བཅུ་ང་བདུན་ཙམ་གྱི་དབང་བཀའ་གནང་། དེ་དག་གི་སྒྲུབ་ཐབས་དཀྱིལ་ཆོག་རྣམས་ཀྱི་ཡིག་ཆ་གང་དང་གང་གི་ཐོ་ཆེ་དང་། ཉེ་བར་མཁོ་བ་སྦྱིན་སྲེག་སོགས་ཕྱག་ལེན་རྣམ་པར་དག་པ། དགོན་སྡེ་སོ་སོའི་དགེ་འདུན་རྣམས་ལ་གནང་ཞིང་། སྒྲུབ་དཀྱིལ་གང་བྱེད་སོགས་ཀྱི་དྲིལ་ཆེན་པོ་མཛད་དོ། །

ད་ལྟ་མངའ་རིས་སྐོར་གསུམ། དབུས་གཙང་ཁམས་གསུམ་ན་སྒྲུབ་མཆོད་ཀྱི་ཕྱག་ལེན་གཙང་མ་རྣམ་པར་དག་པ་ནི་གློ་བོ་ཁོ་ན་ཡིན་པར་འདུག་ཅེས་གྲགས་པ་ལྟར་གྱི་དོན་དང་ཡང་མཐུན་པར་སྣང་ལགས་སོ། །ལན་བར་མའི་སྐབས་འདིར་བཞི་སྟེ་པ་དྲུང་ནམ་རྩེས། གུ་གེ་རྒྱལ་པོ་ཁྲི་ནམ་མཁའི་དབང་པོ་དང་བཀའ་བགྲོས་ཏེ། གུ་གེའི་མཁན་ཆེན་ཆོས་ཉིད་སེང་གེ་དཔོན་སློབ་རྣམས་གདན་འདྲེན་པར་བཏང་ངས། ཆོས་རྗེ་རིན་པོ་ཆེ་དཔོན་སློབ་བརྒྱ་ཙམ་ཞིག་པུ་ཧྲངས་སུ་སྤྱན་དྲངས། རྒྱལ་དེ་ཁུར་ཟླ་བ་གསུམ་གྱི་བར་བཞུགས། གུ་གེ་ནས་བླ་མ་ཐུལ་སྐུ་བ་སོགས་དང་། པི་ཏི་ནས་མཁན་པོ་རིན་

བསྐོད། མར་ཡུལ་བའི་དགེ་བཤེས་འགའ་སོགས་ཕྱུ་རྒྱངས་དང་བཅས་པའི་དགེ་འདུན་མང་པོ་ལ། དུས་འཁོར་མཁའ་འགྲོ་རྒྱ་མཚོ་གུར་རིགས་བསྡུས་སོགས་ཀྱི་དབང་གནང་། ཉ་རྩེ་རིག་ཏུ་དུས་འཁོར་སྒྲུབ་མཆོད། བཞི་སྡེ་རུ་མཁའ་འགྲོ་རྒྱ་མཚོའི་སྒྲུབ་མཆོད་བཙུགས། བརྟག་གཉིས། སྦྱོར་རྒྱུད། དུས་འཁོར་འགྲེལ་ཆེན་སོགས་ཀྱི་བཤད་བཀའ། གཞན་ཡང་འགྲོ་བ་མང་པོ་ལ་སེམས་བསྐྱེད་ཆེན་པོ་བློ་སྦྱོང་སོགས་ཆོས་འཁོར་རྒྱ་ཆེན་པོ་བསྐོར། གུ་གེ་རྒྱལ་པོ་རབ་ཏུ་བྱུང་ཞིང་ཆོས་སྡེ་ཆེན་པོ་གསར་དུ་བཙུགས། དེའི་ཚེ་བསྟན་རྩིས་ཁྲིད་པར་ཅན་མཛད་པའང་ཡོད་དོ། །ཁ་ཆར་ཇོ་བོའི་དྲུང་དུ་མར་མེའི་ཕྲེང་བ་གྲངས་མེད་པ་ཕུལ་ནས་སངས་རྒྱས་ཀྱི་བསྟན་པ་དར་བའི་སྨོན་ལམ་མཛད། སྐྱིད་གྲོང་དུ་ཡང་དེ་ལྟར་མཛད་དོ། །

དེ་ནས་ཐེང་གསུམ་གྱི་རྗེས་མ་ཡོས་ལོ་ལ། བསྟན་པའི་སྦྱིན་བདག་ཆེན་པོ་ཨ་མགོན་བཟང་པོས་སྤྱན་དྲངས། བཀའ་འགྱུར། བསྟན་འགྱུར་ཚང་མར་བཞེངས་པའི་ཞལ་ད་དང་། གསེར་གྱི་བཀའ་འགྱུར་གྱི་འཕྲོ་ཚར་བའི་ཞལ་ད་སོགས་འཛད། ལྷག་པ་རྣམས་བཏོན། མ་ཚང་བ་རྣམས་གསོས་ནས་དཀར་ཆག་ཀྱང་མཛད། གསེར་གྱི་བྱམས་པ་ཆེན་པོ། ལམ་འབྲས་བརྒྱུད་པ། ཀུན་རིག་གི་གཞལ་ཡས་ཁང་སོགས། སྐུ་གསུང་ཐུགས་ཀྱི་རྟེན་དུ་མ་རབ་གནས་མཛད། ཐུབ་བསྟན་དར་རྒྱས་གླིང་གི་ཆོས་སྡེར་དགེ་འདུན་སྟོང་ཕྲག་ཏུ་ལངས་པ་འཛུགས་པའི་ཞལ་ད་དང་། ཆོས་དཔོན་འཇམ་དབྱངས་ཤེས་རབ་རྒྱ་མཚོ་བཀོད་པ་མཛད། གཞན་ཡང་རབ་བྱུང་བསྙེན་རྫོགས་སེམས་བསྐྱེད། ཡོ་ག་རྡོ་རྗེ་རྩེ་མོ། ཁམས་གསུམ་རྣམ་རྒྱལ། ཆོས་དབྱིངས་གསུང་དབང་། ཡོན་ཏན་ཀུན་འབྱུང་སོགས་ཀྱི་དབང་བསྐུར། རྒྱུད་དང་བསྐྱེད་རྫོགས་ཀྱི་བཤད་པ་སོགས་མང་དུ་མཛད་ཅིང་། མདོ་སྔགས་ཀྱི་ཆོས་འཁོར་རྒྱ་ཆེན་པོ་བསྐོར་ནས་གདུལ་བྱ་དཔག་ཏུ་མེད་པ་རྣམས་སྨིན་གྲོལ་གྱི་ལམ་ལ་འགོད་པར་མཛད་པ་ཡིན་ནོ། །

སྦྱིན་བདག་ཆེན་པོ་དང་ར་ཁ་ཆེ་སོགས་སྐུ་མཆེད་ཀྱི་གསེར་གྱི་གཙུ་ལྷས་གཙོ་བྱས་གསེར་སྲང་ལྔ་བརྒྱ་ལ་སོགས་པའི་འབུལ་བ་གྲངས་མེད་པ་ཕུལ། དེ་ལྟར་མངའ་རིས་གློ་བོའི་ཕྱོགས་ནས་བསྟན་པའི་སྦྱིན་བདག་ཨ་མེ་དཔལ་ཡབ་སྲས་ཀྱིས་ལན་གསུམ་གྱི་བར་དུ་གདན་འདྲེན་ཞུས་པས།

བསྟན་པ་དང་སེམས་ཅན་གྱི་དོན་རྒྱ་ཆེན་པོ་འབྱུང་བར་དགོངས་ཏེ། མངའ་རིས་ཕྱོགས་ལ་ཆག་ཕེབས་ཏེ། ཟབ་པ་དང་རྒྱ་ཆེ་བའི་ཆོས་ཀྱི་འཁོར་ལོ་ཡུན་རིང་དུ་བསྐོར། དེའང་གློ་བོར་དང་པོར་རབ་བྱུང་གི་ཆོས་བཀའ་ཚང་བ་བཞིར་ལངས་པ་ཡང་དགོན་པ་ལ། དགེ་འདུན་གྱི་སྡེ་ཁྱད་པར་དུ་འཕགས་པ་བཙུགས་ཏེ། ད་ལྟ་འདུལ་བ་འཛིན་པ་སྟོང་ཕྲག་ཏུ་ལངས་པ། མདོ་སྔགས་ཀྱི་བཤད་ཉན་སྒོམ་སྒྲུབ་ལ་སོགས་པ་དབུས་གཙང་དང་འདྲ་བར་ཡོད་པ་དང་། བསྟན་པ་སྤྱི་དང་། ཁྱེ་ཕྲག་ཏུ་དཔལ་ལྡན་ས་སྐྱ་པའི་བསྟན་པ་གསལ་བར་མཛད་པ་དང་། རིན་ཆེན་གསེར་ལ་སོགས་པ་ལས་གྲུབ་པའི་བདེ་བར་གཤེགས་པའི་རྟེན་གསུམ་ངོ་མཚར་བ་དུ་མ་དང་། རིན་པོ་ཆེ་གསེར་དང་སྣག་ཚ་སོགས་ལས་གྲུབ་པའི་བཀའ་འགྱུར་དུ་མ་ལ་སོགས་པའི་གསུང་རབ་མཐའ་ཡས་པ་མང་དུ་བཞེངས་པའི་བཀའ་གནང་སྟེ། རྩུལ་བཞིན་དུ་བཞེངས་ནས་རབ་གནས་མཛད་པ་ལ་སོགས་པའི་མཛད་ཕྲིན་བཟང་པོས་མངའ་རིས་སྐོར་གསུམ་འཕགས་ཡུལ་སངས་རྒྱས་བཞུགས་པའི་དུས་དང་མཚུངས་པ་བྱུང་བ་ནི་རྗེ་ཉིད་ཀྱི་བཀའ་དྲིན་ནོ། །

གཞན་ཡང་སྟེང་ཁེབས་སུ་ཆོས་སྡེ་གཉིས། ཁྱད་པར་སྟེང་ཁེབས་བྲག་དཀར་དུ་ཨ་ཙ་བྱང་ཆུབ་སེམས་དཔས་གཙོ་མཛད་འདུལ་གྲྭ་རྣམས་ཀྱང་བཙུགས། དཀྱིལ་འཁོར་སོ་སོའི་སྒྲུབ་མཆོད། དོན་ཞགས་གཟུངས་སྒྲུབ་སོགས་མང་དུ་ཡོད། ཁྱད་པར་བྲག་དཀར་སེམས་དཔའ་ཆེན་པོ་བསོད་ནམས་རིན་ཆེན་པ་འཇམ་དབྱངས་སྟོན་པོའི་རྣམ་འཕྲུལ་ཡིན་པར་ངེས་ཤིང་། དེའི་གང་དུ་བཞུགས་སར་གླུ་གཉན་ས་བདག་གི་གནོད་པ་མི་འབྱུང་བར་གྲགས། ཁོང་ལ་ངོར་དུ་ཡང་རྗེ་བླ་མས་ཡུན་རིང་དུ་བཞུགས་དགོས་པའི་བཀའ་ཕེབས་བྱུང་བ་ལ་ཅུང་ཟད་མགྱོགས་སྟབས་བྱོན་དགོས་བྱུང་བས། ཁོང་གིས་མཛད་པའི་བསྟོད་པར་དེའི་ཉེས་པ་བཟོད་གསོལ་ཡང་འབྱུང་ངོ་། །འདི་ནི་ངག་སྒྲོས་དང་བསྟོད་པ་དེའི་འགྲོས་ལས་རྟོགས་སོ། །བྲག་དཀར་དགོན་པར་དགེ་འདུན་ནི་ཉིས་བརྒྱ་ཙམ་ཚོགས་པ་བྱུང་ངོ་། །

སྟེང་ཁེབས་བྲག་དཀར་དགོན་པ་དུས་ཕྱིས་མིང་དང་གྲུབ་མཐའ་བསྒྱུར་ཏེ་བཀྲ་ཤིས་ཆོས་འཕེལ་ཟེར་གྱིན་འདུག །ཀུ་འདུས་སུ་ཆོས་སྡེ་ཆེན་པོར་སྡེ་སྣོད་འཛིན་པ་ལྔ་བརྒྱར་ལངས་པ་བཙུགས།

བཀའ་འགྱུར། བསྟན་འགྱུར། ཐུབ་པའི་གསེར་སྐུ་ཆེན་མོ་དང་ལྷ་ཁང་བཞེངས་པའི་ཞལ་བཀོད་མཛད། གཉིང་སོར་དེ་རྣམས་ཀྱི་རབ་གནས་མཛད། དུང་ཆེན་སྒྲོལ་མའི་སྒྲིབ་སྦྱོང་ལ། དྲི་མེད་འབུམ་ཐེར་ཆོ་ག་དང་བཅས་པ། རྒྱུན་ལྡན་གྱི་ཕྱག་ལེན་སོགས་བཙུགས། དེ་ལྟར་སྦྱིན་བདག་དེ་རྣམས་ཀྱི་མངའ་འོག་སོ་སོར། རི་རྒྱ་ཉ་རྒྱ་བསྡོམས་པ། ཞ་ཁྲག་གི་མཆོད་སྦྱིན་འགོགས་པ། དགེ་འདུན་སྡེར་ལངས་པའི་ཚོགས་སུ་ཤ་ཆང་མི་འགྲིམ་པ་ལ་སོགས་པ་བསྟན་པ་དང་སེམས་ཅན་གྱི་དོན་རྒྱ་ཆེན་པོ་མཛད་མོད་རེ་རེ་ནས་གྲངས་མང་བས་མ་བྲིས་སོ། །

དེ་ཡང་ཡོས་ལོ་ལ་མངའ་རིས་སུ་ཆིབས་ཁ་བསྒྱུར་ནས་སྤྲུལ་ལོ་དགུང་ལོ་དྲུག་ཅུ་རེ་བརྒྱད་པ་ལ་མངའ་རིས་ནས་ཤར་ལམ་ལ་ཆིབས་ཁ་བསྒྱུར། གདན་ས་ཆེན་པོར་ཕེབས་ཏེ་དགེ་འདུན་རྣམས་ལ་འབུལ་བ་རྣམ་གཞག་གྲལ་འགྲེད་དང་བཅས་པ་མཛད། དེ་ནས་དབྱུག་པ་ཟླ་བའི་ཆོས་གསུམ་ལ་ཨེ་ཝཾ་ཆོས་ལྡན་གྱི་རི་ཁྲོད་དུ་ཕེབས་ཏེ་ཆོས་བཅུ་བཞིའི་ཉིན་པར་ཆོས་རྗེ་ས་སྐྱ་པ་ཆེན་པོའི་དུས་དྲན་མར་མེ་དང་། ཞལ་ཟས་དང་། རོལ་མོ་དང་། གདུགས་དང་། རྒྱལ་མཚན་ལ་སོགས་པའི་མཆོད་པ་རྒྱ་ཆེན་པོ་ཕུལ་ཞིང་། དགེ་འདུན་འདུས་པ་རྒྱ་མཚོའི་ཚོགས་དང་བཅས་པ་རྣམས་ལ་མང་བསྐོལ་དང་། དཀར་རས་དྲི་མ་མེད་པ་ཕུན་སུམ་ཚོགས་པའི་འབུལ་བ་གྲལ་འགྲེད་དང་བཅས་པ་བསྒྲུབས་ནས། ཕྱོགས་ནས་བྱོན་པ་བླ་མ་དགེ་བའི་བཤེས་གཉེན་རྣམས་ལའང་ཆོས་ཀྱི་འབྲེལ་པ་དང་། ཟང་ཟིང་གི་གནང་སྦྱིན་རྣམ་པར་དག་པས་རང་རང་རྣམས་མགུ་བར་མཛད་ཅིང་། གཞུག་མར་གནས་པའི་ཐུན་བཞིའི་རྣལ་འབྱོར་ལ་མི་གཡོ་བར་མཛད་པའི་སློབ་པ་པོ་རྣམས་ལ་ལམ་འབྲས་བུ་དང་བཅས་པ་ཁ་སྐོང་དཀར་ཆག་ཏུ་གསལ་བ་རྣམས་ཀྱི་ལུང་དང་། མཚམས་སྦྱོར་གྱི་བཤད་པ་དཔྱིས་ཕྱིན་པར་མཛད་ལ། རྒྱལ་གྱི་ཟླ་བའི་ཆོས་བཅུ་ལ་ཨེ་ཝཾ་ནས་ཆག་བཏེག་སྟེ་གདན་ས་ཆེན་པོར་བྱོན་ནས། ཧ་ཟླ་བའི་ཚེ་འཕྲུལ་ལ། མངའ་རིས་ནས་ཕུལ་བའི་གསེར་ཞོ་སུམ་བརྒྱ་ཙམ་གྱིས་མར་ཚན་ཆེ་བར་བསྒྲུབས་ཏེ། ཆོས་བརྒྱད་ཀྱི་ཉིན་པར་བཞུས་ཏེ། དབུ་རྩེ་རིམ་པ་གསར་རྙིང་། སྒོ་རུམ་སྙིང་ཤོད། བླ་བྲང་ཤར། བླ་བྲང་གཞི་ཐོག ། བླ་མ་གོང་མ་རྣམས་ཀྱི་ནང་རྟེན་གསེར་ཐོག་གཡུ་ཐོག་ལ་སོགས་པའི་ལྟུགས་རི་ཕྱིའི་སྐུ་འབུམ་རྣམས་དང་། རིན་ཆེན་སྒང་ལྷ་ཁང་། བླ་བྲང་མགོན་

ཁང་། བླ་བྲང་ཁང་སར་ཆེན་མོ། ཉི་ཐོག་དང་། གྲུང་ལ་སོགས་པ་བརྒྱ་ཚོའི་བླ་བྲང་རྣམས་དང་བཅས་པར། ཀོང་བུ་ཆེ་ཆུང་བཞི་བརྒྱ་ལྷག་ཙམ་བཀང་ནས་ཆོས་བརྒྱུད་ཀྱི་ཐོ་རངས་ནས་ལེགས་པར་སྦྲར་ཏེ། ཞག་པོ་བཅུ་གཉིས་ཙམ་གྱི་བར་དུ་ཁ་གསོ་ཞིང་ཁོར་ཡུག་ཏུ་འབར་བར་མཛད་ལ། དྲི་མ་མེད་པའི་ལྷ་བཤོས་ཉི་མ་རེ་ལ་འང་བརྒྱ་བས་ལྷག་པ་ཕུལ་ཅིང་། མཆོད་ཡོན་ལ་སོགས་པ་གཞན་གྱི་བློ་འབུལ་བ་བཤམས་ཏེ། དེ་དག་གི་སྐབས་སུ་བླ་མ་དམ་པ་གཞི་ཐོག་པས་གཙོ་མཛད་གཞུག་མར་གནས་པའི་དགེ་འདུན་རྒྱ་མཚོ་ལྷ་བུ་དང་། མདོ་དབུས་མངའ་རིས་དང་བཅས་པ་གློ་བུར་དུ་བྱོན་པའི་དགེ་འདུན་རྣམས་དང་། བླ་མ་དཔལ་ལྡན་རྒྱལ་པོ་སོགས་ཀྱང་འདི་དུས་མཇལ་བའོ། །

ཟླ་བ་དེའི་ནང་དུ་དམ་པ་དེ་ཉིད་ཀྱི་དྲུང་དུ་རབ་ཏུ་བྱུང་བ་དང་བསྙེན་པར་རྫོགས་པའི་གསར་བུ་ལྔ་བརྒྱ་ལྷག་བྱུང་བ་རྣམས་ལ་མང་བསྐོལ་དང་། རས་དཀར་གྱི་འབུལ་བ་དང་། གྲལ་འགྲེད་རྣམ་པར་དག་པ་མཛད་ཅིང་། དཀོན་མཆོག་གསུམ་དང་བླ་མ་བརྒྱུད་པ་དང་བཅས་པ་རྣམས་ལ་ཡན་ལག་བདུན་པ་འབུལ་ཞིང་། བསྟན་པ་དར་བའི་སྨོན་ལམ་རྣམ་པར་དག་པ་འདེབས་པ་ལ་བརྩོན་པ་ཆེན་པོ་མཛད་དོ། །དེའི་ཚེ་རྗེ་ཉིད་རང་ཡང་འཁོར་གྱི་ཚོགས་དང་བཅས་ཏེ་ཞག་བཅུ་གཉིས་ཀྱི་བར་དུ་གཙུག་ལག་ཁང་རྣམས་སུ་རིམ་པར་བྱོན་ཏེ། ཡན་ལག་བདུན་པ་སྔོན་དུ་འགྲོ་བས་སངས་རྒྱས་ཀྱི་བསྟན་པ་སྤྱི་སྒོས་དར་བའི་སྨོན་ལམ་རྣམ་པར་དག་པ་འདེབས་པ་ལ་སྔ་དྲོ་ཕྱི་དྲོ་མི་གཡེལ་བར་མཛད་པ་སྣང་ཞེས་ཐོས་སོ། །དེའི་ཚེ་གདན་ས་ན་ཡོད་པའི་དགེ་བའི་བཤེས་གཉེན་རྣམས་ལ་ཐོས་བསམ་སྒོམ་གསུམ་ལ་བརྩོན་པར་མཛད་པའི་ཞུ་བའི་སྐན་བསྐུལ་མཐའ་དག་པ་འབུལ་ལ། རང་རང་གིས་འདོད་པའི་ཆོས་རྣམས་ཀྱིས་ཀྱང་ཚིམ་པར་མཛད་དོ། །

དེ་དག་མཐར་ཕྱིན་པར་བྱེད་པའི་ཐབས་སུ། མ་ཧཱ་ཀཱ་ལ་གུར་གྱི་མགོན་པོའི་དྲུང་དུ་གཏོར་ཚོགས་ཟན་དང་། ཤ་སྐམ་མར་དུ་བཙོས་པ་དང་། བུ་རམ་སྐར་མ་དང་། བག་གི་ཕྱེ་སྐམ་ཆ་མར་དུ་བཙོས་པ་དང་། ཀ་ར་དང་། སྨན་སྣ་ཚོགས་པ་དང་བཅས་པ་ལྔ་ཚར་རེ་རེ་བཤམས་པ་དུས་གཅིག་ཏུ་བྱིན་གྱིས་བརླབས་ནས། རེ་རེ་ཕུལ་བ་སྟོད་ཆེན་པོར་བླུག་ཅིང་། ཡང་བཤམས་པ་ལ་སོགས་པ་མཛད་པ་བརྒྱ་རྩ་བརྒྱད་དུ་གྲངས་ཚང་བ་འབུལ་ཞིང་སངས་རྒྱས་ཀྱི་བསྟན་པ་སྤྱི་སྒོས་སུ་དར་ཞིང་།

ཡངས་པའི་རྒྱལ་ཁམས་ཆེན་པོ་རྣམས་སུ་འབྲུགས་ལོང་དང་གནོད་འཚེ་མཐའ་དག་ཞི་བའི་བཀའ་བསྒོ་བ་དང་། ཕྱིན་ལས་ཞུ་བ་དཔྱིས་ཕྱིན་པར་མཛད་དོ་ཞེས་ཐོས་སོ། །

དེ་ནས་ཧ་ལོ་བྲ་ཟླ་བའི་ཉི་ཤུ་བཞི་ལ་ཨེ་ཝཾ་ཆོས་ལྡན་དུ་ཆག་ཕེབས་ནས། ཕྱོགས་ནས་བྱོན་པའི་དགེ་བའི་བཤེས་གཉེན་རྣམས་དང་། གཞུག་མར་གནས་པ་རྣམས་ལ་བརྟག་པ་གཉིས་པའི་རྒྱུད་མན་ངག་དང་བཅས་པ་ལ་སོགས་པ། ཐེག་པ་གསུམ་གྱི་དམ་པའི་ཆོས་ཉི་མ་རེ་ལ་སྤྱི་སྐོར་སུ་ཐུན་གསུམ་ལ་སོགས་པའི་སྒོ་ནས་འདོམས་པར་མཛད་དོ། །མདོར་ན་རིམ་གཉིས་ཟབ་མོ་ལ་གཡེལ་བ་མེད་པས་རྟོགས་པའི་ཡོན་ཏན་མཐའ་ཡས་པ་དང་ལྡན་པའི་ངང་ནས། གདན་ས་ཆེན་པོ་དང་། ཆོས་དབར་གྱི་ས་མངའ་རིས་པུ་ཧྲངས་ཆོས་འཁོར་ཁ་ཆར་མན་ཆད། དབུས་ཀྱི་འབྲི་གུང་གི་མལ་གྲོ་ཡན་ཆད་དུ་བཞུགས་པ་དང་། བྱོན་པའི་དགོན་སྡེ་རྣམས་སུ་འདུལ་བའི་རབ་ཏུ་བྱུང་བ་དང་། བསྙེན་པར་རྫོགས་པའི་སྡོམ་པ་ལེགས་པར་ཐོབ་པ་མདོ་དབུས་མངའ་རིས་དང་བཅས་པ་ན་གྲངས་ལས་འདས་པ་དང་། ཐེག་པ་ཆེན་པོའི་སེམས་བསྐྱེད། རིག་པ་འཛིན་པའི་དམ་ཚིག་ཐོབ་སྐྱེ་ཉམས་སུ་ལེན་པ་ལ་བཀོད། དེ་དག་གི་སྐབས་སུ་དད་པ་ཅན་རྣམས་ཀྱིས་བཞེངས་པ་དང་། རྗེ་ཉིད་ཀྱིས་བཞེངས་པའི་བདེ་བར་གཤེགས་པའི་སྐུ་གསུང་ཐུགས་ཀྱི་རྟེན་མཐའ་ཡས་པ་རབ་ཏུ་གནས་པ་ལེགས་པར་བསྒྲུབས་ཏེ། བསྟན་པ་གནས་པ་དང་། ཡོན་བདག་དགེ་ལེགས་འཕེལ་བ་དང་། ཡུལ་ཕྱོགས་བཀྲ་ཤིས་པའི་ཐབས་ཁོ་ན་ལ་དགོངས་པ་ཡིན་ནོ། །

གཞན་ཡང་གོང་མ་ཆེན་པོ་གྲགས་པ་འབྱུང་གནས་པས་བྱའི་ལོར་ཡར་ལུངས་སོགས་སུ་གདན་འདྲེན་ཞུས་ནས། དབུས་ཕྱོགས་ཀྱི་དགེ་བའི་བཤེས་གཉེན་དཔག་ཏུ་མེད་པ་ལ་ཆོས་ཀྱི་འཁོར་ལོ་རྒྱ་ཆེན་པོ་བསྐོར་བ་སོགས་མཛད། དེའང་སྣེ་གདོང་དུ་ཟླ་བ་བདུན་བཞུགས། གོང་མ་ཉིད་དང་ཐེལ་གྱི་ཆོས་སྒོ་བ། རྩེ་ཐང་། གསང་ཕུ་བྲག་ནག་གི་གདན་ས་པ། དྭགས་པོ་ཆོས་རྗེ་བཀྲ་ཤིས་རྣམ་རྒྱལ་བ་ལ་སོགས་ཕྱོགས་ཀྱི་དགེ་བའི་བཤེས་གཉེན་གྲངས་མང་བ་ལ་སེམས་བསྐྱེད། རྒྱུད་སྡེ་བཞི་དང་འབྲེལ་པའི་དབང་མང་དུ་བསྐུར་བ་དང་། བརྟག་གཉིས་དང་གུར་སྦྲགས་པའི་བཤད་པ་དང་། ས་སྐྱ་བཀའ་འབུམ་གྱི་ལུང་ལ་སོགས་པའི་ཆོས་ཀྱི་རྣམ་གྲངས་རྒྱ་ཆེ་བ་མང་དུ་གསུངས། བདེ་གཤེགས

ཕག་མོ་གྲུ་པའི་སྐུ། དུས་ཀྱི་འཁོར་ལོ། བདེ་མཆོག །ཆོས་དབྱིངས་གསུང་དབང་རྣམས་ཀྱི་གསེར་སྐུ་ཆེན་པོ་རྡོ་རྗེ་ཕྲེང་བའི་གཙོ་བོ་གཞན་རྣམས་ཀྱང་གསེར་སྐུ་བཞེངས་པ། ཕྲེང་བའི་བྲིས་སྐུ་ཚང་བ། བཀའ་འགྱུར་བསྟན་འགྱུར་རྣམས་ཀྱི་རབ་གནས་རྒྱས་པ་ལན་གསུམ་གྱི་བར་དུ་མཛད་ལ། དེ་དུས་གོང་མ་ཆེན་པོའི་སྐུ་རིམ་དུ་སྔེ་གདོང་རྩེ་དེ་ཉིད་དུ། དྭགས་པོ་བཀྲ་ཤིས་རྣམ་རྒྱལ། ཆོས་རྗེ་དགེ་བ་རྒྱལ་མཚན་སོགས་ཕྱག་ཕྱིར་བཀྲ་ཤིས་པའི་འཇིགས་བྱེད་དྲུག་ཅུ་པ་མཛད། དེ་དུས་ཀྱི་མཆོད་དཔོན་གུ་གེ་པཎྜི་ཏ་ཡིན་པས་ཕྱག་ལེན་གྱི་ཐོ་དང་མཐོང་བརྒྱུད་ཕྱག་ལེན་དེ་ནས་སོ། །གོང་དཀར་རིན་སྤུངས་སོགས་སུ་ཡང་ཡར་ཕྱིན་ཟླ་བ་བཞི་ཙམ་ཐོགས་ཤིང་། དམ་པའི་ཆོས་ཀྱིས་སེམས་ཅན་རྣམས་ལ་ཕན་པ་རྒྱ་ཆེན་པོ་མཛད་དོ། །

རྒྱལ་བའི་གསང་གསུམ་གཅིག་བསྡུས་རྡོ་རྗེ་འཆང་། །མཁས་ཀུན་དགའ་བའི་འདྲེན་པ་བཟང་པོ་ནི། །གང་འདུལ་སྤྲུལ་པའི་རྣམ་རོལ་དཔག་མེད་ཀྱིས། །མཁའ་ཁྱབ་ཕྲིན་ལས་སུ་ཡིས་བརྗོད་པར་སྤྱོབས། །འོན་ཀྱང་གླིང་འདིར་ཀུན་གྱིས་གསལ་མཐོང་བའི། །དཔྱོད་ལྡན་དགའ་བསྐྱེད་གཏམ་གྱི་ཕུལ་བཟང་པོ། །སྔོན་དང་ད་ལྟའི་མཛད་པའི་ལེགས་དཔྱད་མཆོག །སྐྱེ་བ་བརྟེས་དང་བསླབ་གསུམ་བདུད་རྩིས་གཏམས། །ཤེས་བྱ་ཀུན་ལ་བསླབ་སྦྱངས་མཐར་ཕྱིན་དང་། །བསྟན་འགྲོའི་དགའ་བ་མཆོག་ཏུ་རྒྱས་བྱེད་པའི། །སྡོམ་པ་གསུམ་དང་འཆད་པའི་ཉི་འོད་ཀྱི། །ཕྲིན་ལས་བཟང་པོའི་དཀྱིལ་འཁོར་འདིར་ཤར་ཏོ། །

ཞེས་བྱ་བ་ནི་བར་སྐབས་ཀྱི་ཚིགས་སུ་བཅད་པའོ། །དེ་ལྟར་འཆད་པའི་སྒོ་ནས་སངས་རྒྱས་ཀྱི་བསྟན་པ་གསལ་བར་མཛད་ནས། རྩོད་པའི་སྒོ་ནས་གཞན་གྱིས་ལོག་པར་རྟོག་པ་བཟློག་པ་ཡང་། ཁ་ཅིག་སྔོན་གྱི་དུས་སུ་དཔལ་ལྡན་ཆོས་སྐྱོང་སེམས་ཙམ་གྱི་པཎྜི་ཏ་ཡིན་པས། བིནྡྷ་པའི་རྒྱུད་གསུམ་མན་ངག་དང་བཅས་པའི་དགོངས་པ་སེམས་ཙམ་དུ་བཀྲལ་བ་ཡིན་ནོ་ཞེས་པའི་ལོག་པར་རྟོག་པ་བྱུང་བ། ལུང་རིགས་ཀྱིས་སུན་འབྱིན་པར་བྱེད་པའི་བསྟན་བཅོས་ཆེན་པོ་རྒྱུད་གསུམ་གནོད་འཇོམས་རྩ་འགྲེལ་མཛད། ཡང་ཕྱིས་ཀྱིས་ཀྱེ་རྡོ་རྗེའི་ལུས་དཀྱིལ་རྒྱུད་རྒྱ་གཞུང་གང་ནས་ཀྱང་མ་བཤད་པའི་རྟོག་བཏགས་ཡིན་ནོ་ཞེས་པའི་ལོག་རྟོག་འཛིགས་སུ་རུང་བ་ལམ་དུས་བླངས

པ་མཐོལ་བཤགས་བྱེད་པའི་སྐབས་བྱུང་བ་དེ་ལུང་རིགས་མན་ངག་གི་སྒོ་ནས་ལེགས་པར་སྲུན་ཕྱུང་ནས། རྒྱུད་གཞུང་གི་དགོངས་པ་བླ་ན་མེད་པ་སྒྲུབ་པར་བྱེད་པའི་བསྟན་བཅོས་ཆེན་པོའི་ལུས་དཀྱིལ་རྟོད་སྤོང་སྨྲ་བ་ངན་འཛེམས་ཞེས་བྱ་བ་དང་། ལྷ་བ་ངན་སེལ་ཞེས་བྱ་བ་གཉིས་མཛད་དོ། །

གཞན་ཡང་བླ་མ་གོང་མའི་ལུགས་ཀྱི་བདེ་ཀྱེ་གསང་གསུམ་གྱི་དོན་མ་རྟོགས་པ་དང་། ལོག་པར་རྟོགས་པ་མཐའ་དག་སུན་འབྱིན་པའི་བསྟན་བཅོས་ཆེན་པོ་ལེགས་བཤད་གནད་ཀྱི་ཟླ་ཟེར། སྤྲིང་ཡིག་དབང་པོའི་རྡོ་རྗེ། དེ་བཞིན་དུ་དྲིས་ལན་སྣ་ཚོགས་ཀྱི་སྒོ་ནས་ལོག་རྟོག་ཟློག་པར་བྱེད་པའི་བསྟན་བཅོས་དུ་མ་མཛད་དོ། །དཔལ་ལྡན་ཀུན་དགའི་ལུང་རིགས་ལྷ་དབང་གི། །རྡོ་རྗེས་ལོག་རྟོག་ལྷ་མིན་ཀུན་བཅིལ་ནས། །ཐུབ་བསྟན་སྐབས་གསུམ་རྒྱས་པར་མཛད་པ་ཡིས། །མཛད་པ་བཟང་པོ་ཨེ་མ་ངོ་མཚར་ཕུལ། གཞན་ཡང་ལེགས་པར་བཤད་པ་རྩོམ་པའི་སྐོར་ཡང་། བླ་མ་ཡི་དམ་ཆོས་སྐྱོང་རྣམས་ཀྱི་བསྟོད་པའི་སྐོར་དང་། བྱ་བའི་རྒྱུད་རང་རྐང་གི་ཆོས་སྐད་ལ་བདག་བསྐྱེད་སྒྲུབ་པ་སོགས་བཀག་ནས་འགྲེལ་ཚུལ་སྣ་ཚོགས་ཀྱི་དགོངས་པ་གསལ་བར་སྟོན་ཅིང་བྱ་རྒྱུད་བསྟན་པ་རྒྱས་པར་བྱ་བའི་ཕྱིར། བྱ་རྒྱུད་སྤྱིའི་རྣམ་པར་གཞག་པ་ལེགས་པར་བཤད་པའི་རྒྱ་མཚོ་ཞེས་བྱ་བ་དང་། དེ་བཞིན་དུ་སྤྱོད་རྒྱུད་ལ་ཡེ་ཤེས་པ་འཇུག་པ་སོགས་བཀག་ནས་སྤྱོད་རྒྱུད་བསྟན་པའི་གསལ་བྱེད། སྤྱོད་རྒྱུད་སྤྱིའི་རྣམ་པར་གཞག་པ་ལེགས་པར་བཤད་པའི་སྒྲོན་མེ་དང་། རྣལ་འབྱོར་རྒྱུད་ཀྱི་སྐོར་དང་། ཕ་རྒྱུད་གཤིན་རྗེའི་གཤེད་སྐོར། གསང་བ་འདུས་པའི་སྐོར། སཾ་པུ་ཊའི་སྐོར། མཁའ་འགྲོ་རྒྱ་མཚོ་སོགས་བདེ་མཆོག་གི་སྐོར། ཀྱེ་རྡོ་རྗེའི་སྐོར་ལ། ཀྱེ་རྡོ་རྗེའི་སྒྲུབ་ཐབས་མཐའ་དག་གི་དགོངས་པ་གསལ་བར་སྟོན་པ་བསྐྱེད་རིམ་གནད་ཀྱི་ཟླ་ཟེར་ཡན་ལག་དང་བཅས་པ་ལ་སོགས་པ་རྒྱུད་གཞུང་གི་དགོངས་འགྲེལ་བསྟན་བཅོས་དུ་མ་དང་། གྲོལ་ལམ་བསྐྱེད་རིམ་ཡན་ལག་དང་བཅས་པའི་ལག་ལེན་གསལ་བར་སྟོན་པའི་སྐོར་རྣམས་དང་། གཞན་ཡང་སྒྲུབ་ཐབས་ཀྱི་རིགས་རབ་ཏུ་མང་པོ་དང་། གསུང་ངག་རིན་པོ་ཆེའི་བཤད་ཐབས་གསང་བའི་སྒོ་འབྱེད་དང་། བདེ་མཆོག་དཀར་པོའི་རྫོགས་རིམ་དང་། གསང་འདུས་རིམ་ལྔ། འཇིགས་བྱེད་ར་ཁྲིད། འདི་ཤཱཀྱ་རྒྱལ་མཚན་གྱིས་བྲིས་པ་ཡིན་ཀྱང་རྗེའི་གསུང་ཡིན་པས་བཀའ་འབུམ་དུ་བཞུགས། སྤྲོས་མེད་མཛེས་

རྒྱན་ལ་སོགས་པ་རྫོགས་རིམ་གྱི་སྐོར་དང་། གཞན་ཡང་གདམས་པ་སྣ་ཚོགས་ཀྱི་སྒོ་ནས་ཉམས་ལེན་གསལ་བར་སྟོན་པའི་སྐོར་དང་། བསྔོ་བ་དང་སྨོན་ལམ་དང་། བཀྲ་ཤིས་ལ་སོགས་པའི་གསུང་རབ་མཐའ་ཡས་པ་མཛད་པའི་རྣམ་གྲངས་བརྗོད་པར་མི་ནུས་པས་མ་བྲིས་སོ། །དེང་སང་ལུང་རྒྱུན་ཡོད་པ་བོད་བཞི་མར་གྲགས་པའི་གླེགས་བམ་བཞིའི་དཀར་ཆག་ཏུ་ཤེས་པར་བྱ་ཞིང་། དེར་མ་འདུས་པའང་དཔག་ཏུ་མེད་པ་ཤེས་པར་བྱའོ། །

གང་གིས་རྒྱལ་ཀུན་མཛད་པ་མཛད་ནུས་པའི། །དྲི་མེད་ལེགས་བཤད་ཕྲེང་བའི་ཕུསྟ་ཀ །སུ་ཡིས་མཐོང་ན་དགའ་བ་སྐྱེད་བྱེད་པ། །བཟང་པོའི་སྐུ་ཚབ་ཁྱོད་གསུང་ལེགས་བཤད་ལགས། །དེ་ལྟར་དུས་དང་གནས་སྐབས་ཐམས་ཅད་དུ་གཡེལ་བ་མེད་པར་བསྟན་པའི་བྱ་བ་བྱས་པས། བསྟན་པ་སྤྱི་དང་བྱེ་བྲག་ས་སྐྱ་པའི་བསྟན་པ་ཤིན་ཏུ་གསལ་བར་བྱས་པ་ཡིན་ཏེ། འདུ་ཁང་ཆེན་མོ་མཛད་པའི་སྐབས་སུ་མཚན་ལྡན་རྗེ་བཙུན་གོང་མ་ལྔ་བྱུང་ཚུལ་སྤྱར་བཤད་པ་ལྟར་རོ། །སློབ་མ་དང་སྦྱིན་བདག་སོགས་ཀུང་ཆོས་བཤད་པའི་ཕྲིན་ལས་ཀྱི་རྒྱུན་ཡིན་པར་སྤྱར་བཤད་ཟིན་ཏོ། །དེ་དག་གི་སྐབས་སུ་ལོངས་སྤྱོད་ཀྱི་དངོས་པོ་ཇི་སྙེད་ཕྱག་ཏུ་བྱུང་བ་ཀུན་ཀྱང་བླ་མ་གོང་མ་རྣམས་ཀྱི་ཐུགས་དགོངས་རྫོགས་པ་དང་། སངས་རྒྱས་ཀྱི་བསྟན་པ་གནས་པ་འབའ་ཞིག་གི་ཕྱོགས་སུ་གཏོང་བར་མཛད་དེ། དེ་ཡང་ཆོས་རྗེ་ཡེ་ཤེས་རྒྱལ་མཚན་པའི་ཐུགས་དགོངས་རྫོགས་པའི་ཐབས་སུ་འདུ་ཁང་གི་གཙོ་ཁང་འོག་མར། སྟོན་པའི་གསེར་སྐུ་ཆེན་པོ་ངོ་མཚར་བ་གཙོ་ལ་དང་བཅས་པ་དང་། གྲུབ་ཆེན་བིརྺ་པའི་ཐུགས་དགོངས་རྫོགས་པའི་ཐབས་སུ། གསུང་ངག་གི་བླ་མ་བརྒྱུད་པ་ཡོངས་སུ་རྫོགས་པའི་བྲིས་སྐུ་ཆེན་མོ་བཅུ་གཅིག་དང་། གཞན་ཡང་གཙང་ཁང་སྟེང་མ་དཔལ་ལྡན་ལྷ་ཁང་དུ་གྲགས་པར། རྡོ་རྗེ་འཆང་གི་གསེར་སྐུ་ཁྲུད་པར་དུ་འཕགས་པ་དང་། བདག་མེད་མ་ནས་གྲུབ་ཆེན་བིརྺ་པའི་བར་ལྗིར་སྐུ་ཁྲུད་པར་དུ་འཕགས་པ་ཆེ་བ་རྣམས་དང་། རྡོ་རྗེ་འཆང་ནས་གྲུབ་ཆེན་བིརྺ་པའི་བར་དུ་བརྒྱུད་པ་ཡོངས་སུ་རྫོགས་པའི་ལྗིར་སྐུ་ཆུང་བ་རྣམས་ལམ་ཟབ་ལྷ་ཁང་དུ་བཞུགས་པ་དང་། བླ་མ་རྣམས་བཞུགས་པའི་གཙང་ཁང་གི་ལོགས་བྲིས་ལ། ཀྱཻ་རྡོ་རྗེ་དང་། འཁོར་ལོ་བདེ་མཆོག་དང་། གསང་བ་འདུས་པ་རྣམས་ཀྱི་བླ་མ་བརྒྱུད་པ་དང་། སངས་རྒྱས་དང་བྱང་ཆུབ་སེམས་

དཔའ་དཔག་ཏུ་མེད་པ་བཞེངས། ཆོས་རྗེ་འཕགས་པ་གཞོན་ནུ་བློ་གྲོས་པའི་ཐུགས་དགོངས་རྫོགས་པའི་ཐབས་སུ། བལ་པོའི་ལྷ་བཟོ་བ་མཁས་པ་རྣམས་ཀྱིས་བྲིས་པའི་རྡོ་རྗེ་ཕྲེང་བའི་དཀྱིལ་འཁོར་ཡོངས་སུ་རྫོགས་པ། ཀྱི་ཡ་ས་མུ་ཊྚཱ་ནས་བཤད་པའི་དགེ་ལེགས་སུ་བྱེད་པའི་དཀྱིལ་འཁོར་གསུམ་དང་བཅས་པ་འདི་དང་། གྲུབ་ཆེན་བིརྺ་པའི་དགོངས་རྫོགས་ཐབས་ལམ་འབྲས་ཐང་ཀ་བཅུ་གཅིག །བླ་མ་ཕྱི་མའི་ཁ་སྐོང་དང་བཅས། གསུང་ངག་གི་ལམ་དབང་སྐབས་སུ། རྗེ་དཀོན་མཆོག་དཔལ་ལྡན་པས་བཞེངས་པའི་གསེར་ཐང་རྣམས་དང་རེས་མོས་སུ་འགྲེམས་པ་འདི་ཡིན། གསེར་ཐང་འཕྲོས་རྣམས་བྱམས་པ་ཀུན་དགའ་བཀྲ་ཤིས་ཀྱིས་བཞེངས་པ་འདུག །བཞུགས་ས་སྟེར་གྱི་གཟིམས་ཆུང་ཀ་གཉིས་མ་ད་ལྟ་ལམ་ཟབ་ལྷ་ཁང་དུ་གྲགས་པར་བཞུགས། འདི་ལས་གཞན་དུ་འཁྱེར་བཅོམ་བྱེད་ན་རྡོ་རྗེ་ཆོས་སྐྱོང་རྣམས་ཀྱིས་ཚར་གཅོད་ཀྱི་ལས་མཛད་པར་འགྱུར་རོ། །

གཞན་ཡང་ཟུར་བཀའི་དཀྱིལ་འཁོར་གྱི་རིགས་མཐའ་ཡས་པ་རྣམས་དང་། ཞིང་ཁམས་མའི་སྐུ་ལ་སོགས་པ་རས་བྲིས་ཀྱི་ཚོགས་ཤིན་ཏུ་ཡ་མཚན་ཆེ་བ་གྲངས་མེད་པ་བཞེངས་པ་དང་། དགེ་འདུན་གྱི་འདུ་ཁང་དང་གཙུག་ལག་ཁང་ཁྱད་པར་དུ་འཕགས་པ་བཞེངས་པའི་གཙང་ཁང་གི་ནང་དུ། ཡུམ་ནས་བཤད་པའི་ཕྱོགས་བཅུའི་སངས་རྒྱས་ཀྱི་ལྟེར་སྐུ་ལ་སོགས་པ་ཁྱད་པར་དུ་འཕགས་པ་དང་། ལོགས་རིས་ལ་གསེར་འོད་ནས་གསུངས་པའི་ཕྱོགས་བཅུའི་སངས་རྒྱས་ལ། སངས་རྒྱས་དང་བྱང་ཆུབ་སེམས་དཔའི་ཚོགས་བསམ་གྱིས་མི་ཁྱབ་པས་བསྐོར་བ་དང་། འདུ་ཁང་གི་ལོགས་རིས་ཞིང་ཁམས་ཉི་ཤུ་རྩ་བརྒྱད་ལ། དབུས་སུ་སྟོན་པ་བདུད་འདུལ་མ་དང་། ཆོས་འཆད་མ་གཉིས། དེ་དག་གི་གཡས་གཡོན་དུ་སྨན་བླའི་མདོ་བརྒྱད་བརྒྱ་པ་ནས་བཤད་པའི་དེ་བཞིན་གཤེགས་པ་དྲུག །ནུབ་ཕྱོགས་ཀྱི་ཞིང་ཁམས་དང་པོ་ལ། སྨན་པའི་རྒྱལ་པོ། ཤར་ཕྱོགས་ཀྱི་དང་པོ་ལ་བཅོམ་ལྡན་འདས་མི་འཁྲུགས་པ། ཞིང་ཁམས་ལྷག་མ་བཅུ་ལ་ཕྱོགས་བཅུ་མུན་སེལ་ནས་བཤད་པའི་ཕྱོགས་བཅུའི་སངས་རྒྱས། དེ་དག་གི་བར་རྣམས་སུ་བསྐལ་བཟང་ནས་བཤད་པའི་སངས་རྒྱས་སྟོང་ལ་སོགས་པ་སངས་རྒྱས་ཀྱི་སྐུ་རབ་ཏུ་མང་པོ་དང་། ཤར་ནུབ་ཀྱི་ཞིང་ཁམས་བཅུ་གཉིས་ཀྱི་དཔུང་ཟུར་གཡས་གཡོན་དུ་རྡོ་རྗེ་གདན་གྱི་གདན་རབས་ཉི་ཤུ་རྩ་བཞི། ཕྱོགས་བཅུའི་སངས་རྒྱས་ཀྱི་ལྟེམ་ལ། མདོ་

དགོངས་པ་ངེས་འགྲེལ་ནས་བཤད་པའི་ཉན་ཐོས་ཉི་ཤུ། ཕྱིའི་སྒོའི་ནང་གི་གཡས་གཡོན་གྱི་ཞིང་ཁམས་བརྒྱད་ལ། བྱང་ཆུབ་སེམས་དཔའ་ཉེ་བའི་སྲས་བརྒྱད། ལྟེམ་ལ་དབང་སྐྱོང་ཕྱུག་བརྒྱ་པ་ནས་བཤད་པའི་བྱང་སེམས་བཅུ་དྲུག །དེ་རྣམས་ཀྱི་བར་དང་འོག་རྣམས་སུ་འཇམ་དཔལ་རྩ་རྒྱུད་ནས་བཤད་པའི་རང་རྒྱལ་བཅུ་དྲུག །འདུལ་བ་ལུང་ནས་བཤད་པའི་ཉན་ཐོས་བརྒྱ། གཞན་ཡང་གནོད་སྦྱིན་གྱི་སྡེ་དཔོན་ལ་སོགས་པ་བསམ་གྱིས་མི་ཁྱབ་པ་བཞེངས་སོ། །

དེ་དག་གི་སྐབས་སུ་ལྷ་བཟོ་བ་ལ་སོགས་པའི་བཟོ་རིགས་པ་རྣམས་ལ་ཡོན་བརྫོངས་དང་། སྟོན་མོ་དང་། སྣོན་དང་། བསྐྱོན་ལ་སོགས་པས་བསམ་པ་ལེགས་པར་ཆེམ་པར་མཛད་པ་དང་། གཟིམས་ཆུང་དེང་སང་ལམ་ཟབ་ལྷ་ཁང་དུ་གྲགས་པའི་གསུང་ངག་བརྒྱུད་པའི་ལྡེར་སྐུ་ཆུང་བ་རྣམས་བཞུགས་ས་འདི་ཡིན་ནོ། །དེ་དག་གི་སྤྱན་སྔར་མཆོད་པའི་ཡོ་བྱད་མར་མེའི་ཕྲེང་བ་ཁོར་ཡུག་རྒྱུན་ལྡན་དུ་བཙུགས་པ་དང་། ཆེན་པོ་ལ་འོས་པའི་གདུགས་དང་། རྒྱལ་མཚན་དང་། བ་དན་དང་། དར་དང་། མུ་ཏིག་དང་བཅས་པའི་འཕན་གྱི་ཚོགས་དང་། ཁྱད་པར་དུ་འཕགས་པའི་གོས་བཟང་བསྟུས་པའི་བླ་བྲེ་དང་། ན་བཟའ་དང་། རིན་པོ་ཆེ་དངུལ་གྱི་མཎྜལ་ལ་སོགས་པ་གསེར་དངུལ་གྱི་མཆོད་ཆ་གྲངས་མེད་པ་ལ་སོགས་པ་སྟེ། མདོར་ན་མཆོད་པའི་བྱེ་བྲག་བཟང་ཞིང་ངོ་མཚར་བ་དཔག་ཏུ་མེད་པ་དང་། བདོག་པའི་དངོས་པོ་ཐམས་ཅད་དེ་དག་དང་། བླ་མ་གོང་མ་རྣམས་ཀྱི་དུས་མཆོད་དང་། གཞན་ཡང་ལྷ་ས། བྱ་རྒོད་གཤོང་། བོ་དོང་། ཟར་བྱང་ཕུག །སྐྱིད་གྲོང་། ཁ་ཆར་སོགས་སུ་མར་མེའི་ཕྲེང་བ་དཔག་ཏུ་མེད་པ། ཁྱད་པར་གདན་ས་ཆེན་པོ་དཔལ་ལྡན་ས་སྐྱའི་གཙུག་ལག་ཁང་རྣམས་སུ་གསེར་ག་ལྡེས་གཙོ་བྱས་གསེར་ཞོ་སུམ་བརྒྱ་ཙམ་གྱི་རིན་གྱིས་མར་མེ་ཧ་ལོ་ཆེ་འཕྲུལ་ཆེན་པོའི་ཆོས་བརྒྱད་ནས་བརྩམས་ཏེ། ཉེར་ལྔའི་བར་དུ་རྒྱུན་མ་ཆད་པར་ཕུལ་ནས་སངས་རྒྱས་ཀྱི་བསྟན་པ་ཕྱོགས་ཐམས་ཅད་དུ་ཡུན་རིང་རྒྱས་པའི་སྨོན་ལམ་རྒྱ་ཆེན་པོ་མཛད་དེ་རྒྱས་པར་གོང་དུ་བཤད་ཟིན་ཏོ། །

གཞན་ཡང་དགེ་འདུན་གྱི་བསྙེན་བཀུར་དབྱུལ་ཕོངས་ལ་སྦྱིན་པ་སོགས་དོན་ཅན་ཁོ་ན་ལས་འཇིག་རྟེན་གྱི་ཕྱོགས་སུ་གཏན་ནས་མི་རྫོང་བ་ཡིན་ནོ། །དེ་ལྟ་བུའི་མཛད་པ་མཐའ་ཡས་ཤིང་རླད

དུ་བྱུང་བ་རྒྱུན་མི་ཆད་པ་བདེ་བླག་ཏུ་འགྲུབ་པའི་འགལ་རྐྱེན་སེལ་ཞིང་མཐུན་རྐྱེན་སྒྲུབ་པའི་ཕྲིན་ལས་ཆོས་སྐྱོང་རྣམས་ཀྱི་འབད་མེད་ལྷུན་གྲུབ་ཏུ་མཛད་པ་ཡིན་ཏེ། སྔར་ཤཱཀ་བཟང་སྐུ་འབུམ་དུ་བྱོན་ཁ་ལ་བརྟེན་པའི་སྐུ་ཆགས་གུར་གྱི་སྲུང་འཁོར་གྱིས་བཟློག་པ་དང་། ཨེ་ཕྃ་ཆོས་ལྡན་གྱི་རི་ཁྲོད་དུ་ཐེབས་པའི་ཚེ། རྡོ་རྗེ་ཕྲེང་བའི་དཀྱིལ་འཁོར་ཡོངས་སུ་རྫོགས་པ་བཞེངས་པ་དགོངས་པ་ན། བལ་པོའི་ལྷ་བཟོ་བ་ཟླ་ཧྲུ་ལི་སྤྱན་ལ་སོགས་པ་མཁས་པ་དྲུག་ཡོད་པའི་གདམ་ཡང་མེད་པར་གློ་བུར་དུ་སྐུ་མདུན་དུ་སླེབས་ནས་ཇི་ལྟར་དགོངས་པའི་དཀྱིལ་འཁོར་རྣམས་དང་། གཞན་ཡང་ཐུགས་དམ་གྱི་རིགས་མཐའ་ཡས་པ་འབད་མེད་དུ་གྲུབ་པའི་ཚེ། ལྷ་བཟོ་བ་ཨ་ཁེ་རཏྣ་ཞེས་བྱ་བ་ཅིག་ཡོད་པ་ན་རེ། ངེད་འདི་རྣམས་ཕན་ཚུན་གཅིག་གིས་གཅིག་གླིང་བམ་ཡིན་པར། ཐམས་ཅད་བོད་དུ་བླ་མ་འཕགས་པའི་བུ་ཅན་དུ་འགྲོ་ཞེས་ཕྱོགས་གཅིག་ཏུ་གྲོས་འཆམས་ཏེ་བོད་དུ་འོང་བའི་ཚེ། ལ་སྟོད་ཤེལ་དཀར་དང་། ཆུ་འདུས་དང་། ས་སྐྱ་རྣམས་སུ་ཁྱེད་རང་རྣམས་འདི་ཚོ་ར་ལས་དཀའ་བྱུས་ན་ཡོན་རྫོངས་ལེགས་པོ་སྟེར་ཟེར་ཡང་། དེ་ཚོ་གང་དུའང་སྡོད་མ་འདོད་ཅིང་། གནས་པོ་མི་ཉག་ཅིག་ཡོད་པ་ན་རེ། ཁྱེད་རང་ཨན་ཚ་ཁར་ཕྱིན་ནས་ལས་དཀའ་བྱུས་ན་ཡོན་རྫོངས་ཐམས་ཅད་གསེར་དུ་འོང་བས་འགྲོ་ན་ངས་སྐྱེལ་ཟེར་ཡང་འགྲོ་མ་འདོད་པར། བླ་མའི་དྲུང་དུ་ཟངས་སླེབ་པ་འདི། བླ་མས་སྐྲོམ་བྱུས་པ་ངེད་ཀྱི་སྙིང་ལ་ཕོག་པ་ཡིན་མོད་ཟེར་ཏེ་ཆོས་སྐྱོང་གིས་རང་དབང་མེད་པར་བཀུག་པ་ཡིན་ནོ། །

དེ་བཞིན་དུ་སྟོན་པའི་གསེར་སྐུ་ཆེན་མོ་བཞེངས་པར་དགོངས་པ་ན། ལྷ་བཟོ་བའི་སྨི་ལམ་ན་ཁྲ་འབྲུག་གི་གཙུག་ལག་ཁང་ཡིན་སྙམ་པ་ཅིག་ན་འདུག་པ་ན། རྣ་བ་ལ་དུང་ལོ་དང་བཅས་པའི་ཨ་ཙ་རའི་གཟུགས་ཤིག་བྱུང་སྟེ། ངེད་ཀྱི་ལྷ་བཟོ་བ་ལ་འོང་དགོས་ཟེར་བ་ལ། ད་ལྷ་སྒོ་མི་འདུག །ལམ་ཡང་མི་ཕྱེད། མི་འགྲོ་བྱས་པས། ངའི་རྗེས་ལ་འོང་བས་མགོ་ཐོན་གྱིས་ཤོག་ཟེར་ནས་ཁྲིད་ཕྱིན་པ་རྨིས། རྨི་ལམ་དན་ཟེར་ནས་རིམ་གྲོ་བྱེད་པའི་གྲབ་བྱས་པས། དེའི་ཞག་ལྷ་བཟོ་བ་འབོད་མཁན་མངའ་རིས་པ་དཔོན་པོ་ཨ་ཙ་ར་གྲོགས་མཆེད་གསུམ་གྱིས་སླེབས་པས་གསེར་སྐུ་ཆེན་པོ་བཞེངས་པ་ལ་འོང་བའི་ལྟས་ཡིན་ཚོད་དུ་འདུག་ཟེར། ས་སྐྱ་པའི་ཆོས་སྐྱོང་གི་རྣམ་འཕྲུལ་དུ་ཤེས

པ་དང་། ཁྱད་པར་ཐུབ་དབང་གི་རབ་གནས་མཛད་དུས་སྐུ་སྟོད་ལ་ནས་གསུམ་ཆོམ་བུར་ཆགས་པ་ཆོས་རྗེ་ཤེས་རབ་རྒྱ་མཚོ་བ་དང་། མཁར་ཆེན་སྟེང་པའི་མཁན་པོ་སོགས་ཀྱིས་གཟིགས། དེ་ཕྱིན་ས་ཕྱོགས་དེར་ཐོག་འབབ་པའི་འཕྲོ་ཆད་པ་སོགས་ཀྱི་དགེ་མཚན་དང་ལྡན་ཞིང་ཐོག་འབབ་པ་དང་། ས་གཡོ་བ་ཨེ་ཝཾ་དུ་མི་འབྱུང་བར་གྲགས་ལ། གལ་ཏེ་བྱུང་ན་གཞན་གྱི་མནན་གཏད་སོགས་བཟློག་པའི་མཚན་མར་གྲགས་སོ། །

གཞན་ཡང་ཆོས་སྐྱོང་གི་རྣམ་འཕྲུལ་ལས་མགོན་རྣམས། རེས་འགའ་ལས་བསྐུལ་ཀྱང་གཏང་རག་རེ་ཡང་མ་བྱུང་ཟེར་ལབ་པའི་རྣམ་པ་དང་། རེས་འགའ་ཁྱེད་ཀྱིས་མ་བཅོལ་ཡང་ངེད་རང་གིས་བྱས་པ་ཡིན་ཞེས་ཁ་པོ་འདོན་པའི་རྣམ་པ་དང་། ཡང་ལམ་འབྲས་བརྒྱུད་པའི་བླ་མའི་སྐུ་འདྲ་རྣམས་བཞེངས། སྦྲ་རྩི་བདང་སྟེ་ཐང་དཀྱིལ་དུ་བཞུགས་པ་ལ་མཚན་མོ། མོན་པ་དུང་ཡོང་བདགས་པ་གཅིག་བྱུང་ནས་དབོན་ལྷ་བཟོ་བ་མྱུར་དུ་ཡོངས། ལྷེར་སྐུ་རྣམས་ཀ་དྲུག་མར་སྦྱིན་འདྲེན་གྱིས་ཟེར་བ་དེ་ལྟར་བྱས་ནས་ཡུན་མི་རིང་བ་ནས་དྲག་ཆར་ཆེན་པོ་བྱུང་ངོ་། །ཁྱད་པར་ཨེ་ཝཾ་ཆོས་ལྡན་གྱི་དགོན་པའི་གཉེར་གཏད་བསྟན་སྲུང་ནི་ཆོས་སྐྱོང་ཞལ་བཞི་པས་བྱེད་པ་ཡིན་ལ། དེའི་རྒྱུ་མཚན་གྱིས་ཆོས་སྐྱོང་འདིའི་བཀའ་གཏད་ཀྱང་རྗེའི་བཞུགས་ཁྲི་ལ་བཞུགས་པ་རེ་ལ་མ་ཐོབ་ན་ཨེ་ཝཾ་གྱི་ཁྲིར་འཁོད་དག་ལ་འཚུ་ལྟོག་འབྱུང་བར་བཤད། དེའང་རྗེའི་གསུང་ནས་འཇམ་དབྱངས་ཤེར་རྒྱམ་པ་ལ། ཁྱེད་ཅི་དང་མི་འདྲ་དགོན་པ་འདི་རང་རེ་དཔོན་སློབ་རྣམས་ཀྱིས་ལྟོ་རྒྱ་རི་ལ་ཕྱུག་ལ་བྱས་ནས་རྒྱབ་པ་ཡིན། ངེད་ཀྱི་སྟོད་ས་འདིར་ཁྱེད་ཀྱང་བཞུགས་དགོས་པ་འོང་གསུངས་ནས་ཞལ་གྱི་རྗེས་གནང་གིན་འདུག །དེ་དུས་གུ་གེ་པཎྜི་ཏས་ཀྱང་ཞུས་པས་ཁྱོད་ལ་མི་འོང་གསུངས་ནས་མ་གནང་། ཨུ་རྒྱུགས་བྱས་པས་ཨ་ཙ་ར་འདིས་སོ་བསོད་དུ་མི་འཇུག་པར་སྣང་གསུངས་ནས་སྔགས་ཀྱི་བཟླས་ལུང་ཙམ་རྗེ་པཎྜི་ཏས་ཀྱང་གསན་ཞེས་འབྱུང་། དེས་མཚོན་ཏེ་རྒྱུ་མཚན་མང་ཡང་རེ་ཞིག་དེ་ཙམ་མོ། །

གུར་ལྷམ་དྲལ་དང་ཞལ་རྣམས་ཀྱི་བསྟོད་པ་མཛད་ཚེ། ནུབ་གཅིག་ཕྱུ་ཏྲ་ན་རེ། ང་ལ་ཡང་བསྟོད་པ་བྱེད་དགོས་ཟེར། དེའི་བསྟོད་པ་ཡང་མཛད་པས་བར་ཆད་ལས་གྲོལ་བ་དང་། གཞན་ཡང་ཕྱུ་ཏྲ་ན་རེ། སྔགས་འཆང་ཀུན་དགའ་བླ་བ་ནི་མི་སྟོད་པར་འདུག །ང་ལ་གཏོར་མ་ཟུར་དུ་སྟེར

དགོས་ཟེར་བ་དང༌། མདོར་ན་དེ་དག་ལ་སོགས་པ་ཆོས་སྐྱོང་རྣམས་ཀྱི་རྣམ་འཕྲུལ་སྣ་ཚོགས་ཀྱི་སྒོ་ནས་ཕྲིན་ལས་ཐམས་ཅད་འབད་མེད་ལྷུན་གྲུབ་ཏུ་བསྒྲུབ་པ་ཡིན་ནོ། །གང་ཟག་དབང་པོ་ཀུན་གྱི་ཡང་རབ་ལ། །ཆོས་སྐྱོང་དགའ་བས་ཕྲིན་ལས་འབད་མེད་གྲུབ། །བསྙེན་སྒྲུབ་ལས་སྦྱོར་དག་ལ་མི་ལྟོས་པ། །དཔལ་ལྡན་བཟང་པོའི་ཕྲིན་ལས་ཨེ་མ་མཚར། །ཞེས་པ་ཆོས་རྗེ་རིན་པོ་ཆེའི་རྣམ་པར་ཐར་པ་རྒྱ་མཚོ་ཆེན་པོ་ལས་ཆུའི་ཐིགས་པ་ཙམ་གཅིག་ཏུ་མདོར་བསྡུས་ཏེ་བྲིས་པ་འདི་ནི་རྗེ་རིན་པོ་ཆེ་ལ་མི་ཕྱེད་པའི་དད་པ་དང་ལྡན་པའི་བཤེས་གཉེན་དུ་མས་ལན་མང་དུ་བསྐུལ་བ་ལ་བརྟེན་ནས་སློབ་འབངས་ཀྱི་ཐ་ཆུངས་སུ་གྱུར་པ་བྱ་བྲལ་བ་དཀོན་མཆོག་རྒྱལ་མཚན་གྱིས་མཚུངས་མེད་རྗེ་བཙུན་དམ་པ་དགུང་ལོ་བདུན་ཅུ་དོན་བཞི་པའི་སྟེང་ན་བཞུགས་པ། ཤིང་མོ་ཕག་གི་ལོ་ཐ་སྐར་གྱི་ཟླ་བའི་ཡར་ཚེས་བཅུ་གསུམ་ལ་བས་མཐའི་རི་ཁྲོད་ཡང་དབེན་བསམ་གཏན་ཕུག་ཏུ་སྦྱར་བ་འདིས་སེམས་ཅན་ཐམས་ཅད་ཀྱི་རྒྱུད་ལ་བླ་མའི་བྱིན་རླབས་འཇུག་པར་གྱུར་ཅིག །ཅེས་རྗེ་བཙུན་མུས་པ་ཤིང་ཕག་ཡན་གྱི་རྣམ་ཐར་མཛད་པའི་སྦྱོར་བྱང་ངོ། །

འདི་ཡན་གྱི་རྣམ་ཐར་གྱུ་གེ་པཎ་ཆེན་གྱིས་ཀུང་ཁོང་རང་གིས་ལོ་བཅུ་བདུན་བསྙེན་ཅིང་མཆོད་གཡོག་དང་གོ་རེ་ལེན་བགྱིས་པ་དང༌། གཞན་སྟ་ཕྱིའི་མཛད་པ་མང་པོ་རྗེ་རིན་པོ་ཆེ་ལོ་བཅོ་ལྔའི་བར་བརྟེན་པའི་བླ་མ་དཔལ་ལྡན་པ་དང༌། རྒྱལ་ཚབ་ཆོས་རྗེ་ཀུན་དབང་པ་སོགས་ཀྱི་གསུང་སྒྲོས་བཞིན་བཀོད་པ་ཡིན་གསུངས་སོ། །དེ་ལྟར་རྗེ་མུས་པ་དང༌། པཎ་ཆེན་གྱི་རྣམ་ཐར་གཉིས་ཟུང་ཟད་ཞིབ་པར་སྣང་བས་ཁུངས་བཙད་པའོ། །དེ་ལྟར་དགུང་ལོ་དགུ་པ་ལ་བཤད་གསར་མཛད་པ་སོགས་དང༌། ཁྱད་པར་དགུང་ལོ་བཅོ་བརྒྱད་པ་ནས། དགུང་ལོ་བདུན་ཅུ་དོན་ལྔའི་བར་དུ་བསྟན་པའི་བྱ་བ་བཤད་སྒྲུབ་སོགས་རྣམ་པར་དཀར་བའི་ཕྲིན་ལས་འབའ་ཞིག་གིས་ཉིན་མཚན་ཁོར་ཡུག་ཏུ་དུས་འདའ་བར་མཛད་ཅིང༌། དེ་ལ་ཡང་དགུང་ལོ་དགུ་པ་ལ་རབ་ཏུ་བྱུང་བ་ནས་རྟག་པར་གདན་གཅིག་ཇོར་དཀར་ཁོ་ན་ལ་བརྟེན་ཏེ་དང་ཚུགས་དམ་པར་མཛད་པས། སྐུ་ལས་ཤིན་ཏུ་ཉམ་ཆུང་ཞིང༌། ཁྱད་པར་དགུང་ལོ་ཉི་ཤུ་རྩ་ལྔ་པའི་ཚེ། ཆོས་རྗེ་ཡེ་ཤེས་རྒྱལ་མཚན་པ་བསྙུང་བ་དང༌། བདེ་བར་གཤེགས་ནས་དང་པོར་བདེ་བར་མ་གཤེགས་པར་བསྙུང་གཡོག་དང༌། བདེ་བར་གཤེགས

ནས་ ཕྱིས་ ཐུགས་ དགོངས་ རྫོགས་ པའི་ ཐབས་ ཡོངས་ སུ་ རྫོགས་ པའི་ བར་ ལ་ གདན་ གཅིག་ གི་ གསོལ་བ་དེ་ཡང་ཇི་ལྟ་བ་བཞིན་མ་བྱུང་བས་ལྷོ་རྒྱབ་པ་བཞིན་སོང་བ་ཡིན་པ་འདྲ། ངོར་ག་ཡེ་མི་བདེ་བ་རང་ཅིག་བྱུང་གསུངས། ཕྱིས་གསོལ་ཙུང་བདེར་སོང་བ་ཡིན་ནའང་། སྐུ་གཟུགས་ཀྱི་ཤེད་ལ་ཕན་པའི་གསོལ་ནི་མི་བཞེད་པར་འདུག་ཅིང་། ཞིབ་སྤྱོལ་ཞུང་ཟད་རེ་དང་། ལ་ཕུག་བཞིན་ཙུང་ཟད་རེ་མ་གཏོགས་བཞེས་པ་མི་འོངས་ཅིག་འདུག །དེའི་སྟོབས་ཀྱིས་དང་པོ་ནས་སྐུ་ལུས་ལ་ཤེད་མེད་པ་ཅིག་གདའ་ནའང་། སྐུ་ལུས་ཀྱི་འཚོ་སྐྱོང་མི་མཛད་པར། སྐུ་སྲོག་གྲྭ་པ་ཆོས་དོན་གཉེར་ཡོད་པའི་སློམ་ཆུང་རྣམས་དང་བསྟན་པའི་དོན་དུ་བློས་གཏོང་བ་མཛད་ནས་ཆོས་འཆད་པ་དང་། དབང་བསྐུར་བ་དང་། རབ་བྱུང་བསྙེན་རྫོགས་ལ་སོགས་པ་གང་མཛད་ཀྱང་ལས་སླར་མ་ཤོར་བ་དང་། བསྲི་བསླད་དུ་མ་སོང་བ་མཛད་དོ། །

དགུན་གྲང་བའི་དུས་ཡིན་ནའང་དབང་ཞུ་མཁན་རྣམས་གོས་མང་པོས་གཏུམས་ནས་འདུག་ཀྱང་། གྲང་བའི་སྣང་བ་ཆེན་པོ་འོང་བ་ལ། རྗེའི་ཞལ་སྔ་ནས་གཟན་ཆོས་སྦྲགས་མའི་ཐང་ཀྲང་རེ་ལ་དབང་བསྐུར་བ་དང་། དབང་རྫས་འགྲིམ་པ་མཛད་པས་སྐུ་ལུས་ལ་ཤིན་ཏུ་གཟན་པར་འདུག་ཅིང་། དབང་གྲོལ་བའི་ཚེ་གསོལ་ཇ་ཙམ་རེ་ཡང་བཞེས་རྒྱུ་མེད་པར། དབང་ཞུ་མཁན་རྣམས་རང་སར་གྱེས་འགྲོ་བ་དང་། ཆོས་རྗེ་རིན་པོ་ཆེ་གཟིམས་ཁང་དུ་བྱོན་འགྲོ་བ་མཉམ་པོ་བྱེད་དགོས་པ་ཡུན་རིང་པོ་བྱུང་བ་དང་། དུས་ཕྱིས་སྐུ་བགྲེས་ནས་དགུང་ལོ་མཐོན་པོར་ཕེབས་ཀྱང་། རྒྱུ་དུས་ཀྱི་དབང་བསྐུར་ཟླ་རེ་ཙམ་སྐྱིལ་ནས། དགེ་འདུན་བརྒྱ་ཕྲག་མང་པོ་ལ་མཛད་དགོས་བྱུང་བས། སྐུ་ལུས་ལ་བབ་ཤིན་ཏུ་ཆེ་ཡང་། ཕྱག་ལེན་སླ་ཆོས་སུ་མ་སོང་བར་མཛད་དེ། སྔ་གོན་གྱི་དཔུང་སྐྱུད་འཆིང་བ་ཙམ་ཡང་བཞེངས་ནས་མཛད་པ་སྐུ་ལུས་ཀྱིས་མི་ལྕོགས་པར། དབང་མིའི་སྔོན་དུ་བཞུགས་ནས་མཛད་དགོས་པ་ཡང་ལོ་དུ་མ་མཛད་ཅིང་། དེ་ལྟར་སྐུ་ལུས་ལ་ཤེད་ཙུང་ཟད་མེད་ཀྱང་། གསུང་ཆོས་འཆད་པ་དང་། དབང་བསྐུར་ལ་སོགས་པ་སྐུ་ལུས་གསོ་ཐབས་མེད་པའི་འོར་དུ་མ་ལྷུང་གི་བར་དུ་ཙུང་ཟད་ཙམ་བཞུགས་པ་ཡང་ཐུགས་ཀྱིས་མ་བཟོད་པར་མཛད་པས། སྐུ་གཟུགས་ཀྱིས་ཡེ་མ་ལྕོགས་པ་ན། ཤིང་མོ་ཕག་གི་ལོ་སླལ་པོའི་ཆོས་བཅོ་ལྔ་ནས་དགུན་ཆོས་བཙུགས། འཆད་ཉན་

ཡང་དེ་ཙམ་ཡིན། སོས་འདིར་མཚམས་ཞིག་བྱེད་གསུངས་པ་ལ། བདག་པོ་ཆེན་པོ་སོགས་འགྲེས་པ་རྣམས་ཀྱིས་དཀྱུན་སྟོད་འདི་སྐུ་མཚམས་མཛད། སྐུ་གཟུགས་བཟང་པོ་བྱུང་ན་སོས་ཆོས་གསུང་བར་ཞུ་ཞེས་ཡང་ཡང་ཞུས་ནས་མཚམས་བསྟོམས་ཏེ། དེ་ཡང་ཤིང་ཕག་སྐལ་པོའི་ཆོས་བཅོ་ལྔ་ནས་ཡིན་ནོ། །

དེ་ནས་མེ་ཕོ་བྱི་བའི་ས་གའི་ཉེར་ལྔའི་བར་དུ་བཞུགས་པ་ལ། སྐུ་ཤེད་ཆུང་བས་ཚོགས་ཆོས་ཙམ་མ་གཏོགས། ནང་དུ་ལམ་འབྲས་ཀྱི་ཆོས་འཁྲོ། བྱིན་རླབས་གེགས་སེལ་གདམས་ངག་ལུང་སྦྱིན་སོགས་ཆར་བར་མཛད་ཅིང་། ལམ་འབྲས་ལྷ་ཁང་སོགས་རྟེན་གསུམ་སོ་སོའི་བླ་བྲེ། བདུན་ཚར། ཀོང་བུ། དངུལ་གྱི་མཇལ་ཁྲུ་སྒོར་མོ་ཙམ་སོགས་མཆོད་པའི་ཡོ་བྱད་ཐམས་ཅད་ཀྱི་བཞུགས་ཚགས་མཛད་པ་སོགས་ལས། བསྐྱང་བའི་རྣམ་པ་ནི་ཅི་ཡང་མེད་མོད། འོན་ཀྱང་འཕྲུལ་གྱི་རྐྱེན་ སྣང་ཀྱི་བསྐྱང་གཞི་བད་ཀན་སྐྱ་ཐབ་ཀྱི་རྣམ་པ་ཅིག་ཡོད་པ་དེས་བྱས་པ་ལྟ་བུ་སྣང་བ་དེ་ལ། སྐུ་རིམ་དང་གསོལ་སྨན་སོགས་ཅི་བསྒྲུབས་ཀྱང་སྐྱ་སྐྱེད་ཅིག་ཀྱང་མ་བྱུང་བ་ནི། དེ་ལ་སྤྱིར་ཡར་ལུངས་སུ་ཕེབས་པ་དེས་སྐུ་ཚེ་ལ་བར་ཆད་ཛུང་ཟད་ཅིག་བྱུང་འདུག་གསུངས་ནའང་། སྐུ་ལུས་ཐང་ལ་ཡོད་ན་དེ་ལྟ་བུའི་བསྐྱང་རྐྱེན་དང་། སྐུ་ཚེའི་བར་ཆད་ལ་སོགས་པས་སྐྱོན་ཅན་དུ་འགྲོ་བ་མི་འདུག་ནའང་སྐུ་གཟུགས་ལ་ཤེད་མེད་པ་ཁོ་ནར་འདུག་སྟེ། སྐུ་མཚམས་མཛད་ནས་བཞུགས་པའི་དུས་ཐམས་ཅད་དུ་སྐུ་ལ་ཤེད་མེད་པ་མ་གཏོགས། བསྐྱང་ནུག་གི་རིགས་ཅི་ཡང་མེད་ཅེས་གསུང་པས་སོ། །

འོན་ཀྱང་ཁམས་བཟང་ངན་བྱུང་ན། རྗེས་ཀྱི་བུ་སློབ་ཉེ་འཁོར་ན་ཡོད་པ་རྣམས་ལ་མི་གཞན་གྱིས་འཐབ་སྲིད་པ་དང་། གློ་བོར་དྲུང་ཆེན་ལ་ཡང་བརྡ་ཅིག་བཏང་བར་བྱས་པས། སྟོད་ནས་ལྷ་རྗེ་ཅིག་པོས། དེས་དོན་གོ་བ་ཡིན་གསུངས། ལྷ་རྗེ་ཡང་ཟླ་བ་གཅིག་གི་ཁོངས་སུ་སླེབ། ཕྱག་རྩ་ཞུས་ནས་བསྐྱང་གཞི་ཆེར་མ་མཆིས་ཞུས་པས། དེ་ཁྱེད་ཀྱིས་མི་ཕན། ཨ་མེ་དཔལ་བཟང་པོས་དྲུང་ནས་བསྐྱང་གཞི་བྱུང་ན། འདི་ནས་ལྷ་རྗེ་མཁས་པ་ཅིས་ཀྱང་འབོད་པར་ཞུ་ཟེར་བའི་ཞུ་བ་བྱེད་ཀྱིན་འདུག་པས། དེའི་བསམ་པ་རྫོགས་པའི་ཆེད་ཡིན་གསུང་། གསོལ་དང་འབྱེད་པའི་སྨན་རེ་ཙམ་ལམ་བསྐྱང་གཞི་འདི་ཡིན་མི་འདུག་པས། སྨན་དཔྱད་གཞན་གང་ཡང་མ་བྱས། ནག་པའི་ཉེར་བཞིའི་དུས། ད་ངས་ཆོས་འཆད་ཉན་འོང་བ་དཀའ་བས། ས་གཙང་མ་ལ་ས་ཕག་ཐོབ། མཆོད་རྟེན

བྱེད་དགོས་པ་ཡིན་གསུངས། ནག་པ་ཟླ་བ་ལ་མཆོད་གཏོར་ཡང་ཡང་བཤམས་ནས་ཉིན་རེ་ལ་ལན་གསུམ་ཙམ་མཛད། སློབ་དཔོན་དཀོན་རྒྱལ་གདན་དྲངས། ཟླ་བ་གཅིག་ལ་འཁོར་བ་གྱིས་གསུངས། ཁོང་པ་མུས་སུ་བཞུགས་པ་ལ་གདན་འདྲེན་བཏང་། དེའི་བར་དུ་བདག་ཆེན་ཆུ་མིག་པ་རིན་པོ་ཆེ་སོགས་དེར་བཞུགས་ཀྱི་བུ་སློབ་དྲག་པ་སོ་སོ་ལ་ཞལ་ད། གནང་སྦྱིན་ཆོས་འཕྲོ་རྣམས་ཚང་མར་མཛད། གཞི་ཐོག་པ། ཤར་པ། གློ་བོ་སོགས་ལ་ཕྱག་རྟགས། སྐུ་དྲུང་ན་ཡོད་པ་རྣམས་ལ། སྔོན་གྱི་ལོ་རྒྱུས་དང་འཕྲོས་གཏམ་གྱི་ཚུལ་གྱིས། གཤེགས་རྗེས་སྐུ་གདུང་གི་ཞབས་ཏོག་བསྒྲུབ་ལུགས། དགོངས་པ་རྫོགས་པར་བྱེད་པའི་ཐབས་དང་། ནང་རྟེན་དང་ཕྱི་རྟེན་བདེ་གཤེགས་མཆོད་རྟེན་བཞེངས་པ་དང་། བཞེངས་ལུགས་ལ་སོགས་པ་དང་། གདུང་རུས་གདུང་ཐལ་དང་བཅས་པ་ཙུང་ཟད་ཀྱང་མ་འཁྱུར་བ་སྣ་ཚོགས་ཐེབས་པ་གྱིས། གཞན་ལ་སྐྱིད་སྡུག་བྱུང་ཙ་ན། ཟིང་གཏོང་བ་ལ་སོགས་པ་འོང་གི་འདུག་སྙེ་རང་རེས་དེ་འདྲའི་ཕྱོགས་སུ་རས་ཁ་གང་ཡང་གཏོང་མ་མྱོང་བ་དང་། ཡོན་བདག་གྲྭ་པ་དང་བཅས་པའི་སྐོར་ཡང་སྟར་གྱི་ཆོས་ཆོག་པ་ཡོད་པས། ད་མཆོད་སྦྱོང་དང་ཟིང་ཆ་ལེན་པ་ལ་སོགས་པ་ཡང་མ་བྱེད་ཅེས་དང་། དཀར་མེའི་རྒྱ་ལ་དངུལ་དམ་ལྷ་ལ་སོགས་པ་སོ་སོར་དམིགས་མཛད་ཅིང་། རབ་ཏུ་བྱུང་བ་འདས་པའི་རྗེས་སུ་མྱ་ངན་གྱི་ཆ་ལུགས་བྱེད་པ་ལ་སོགས་པ་ཆོས་དང་ཤིན་ཏུ་མི་མཐུན་པས། དེ་ལྟ་བུའི་རིགས་གཅིག་ཀྱང་མ་བྱེད་གསུངས་པ་ལ་སོགས་པའི་ཞལ་ད་རབ་ཏུ་ཞིབ་པ་མཐའ་ཆོད་པར་གནང་འདུག །དེ་དག་གི་སྐབས་སུ་ནམ་མཁའ་ལ་འཇའི་བྱེ་བྲག་སྣ་ཚོགས་ནི་རྒྱུན་དུ་བྱུང་ཞིང་། ཁྱད་པར་ས་ག་ཟླ་བའི་ཆེས་བཅུ་བཞི་དང་བཅོ་ལྔ་ལ། འཇའ་ཁ་དོག་དང་དབྱིབས་སྣ་ཚོགས་པ་བསམ་གྱིས་མི་ཁྱབ་པ་བྱུང་བ་དང་། མེ་ཏོག་སྣ་ཚོགས་ཀྱི་ཆར་འབབ་པ། རི་དྭར་བ། འོད་ཆེན་པོ་ལྗུང་པའི་ཕྱུ་མཐར་འགྲོ་བ། ནམ་མཁའ་ལ་རོལ་མོའི་སྒྲ་མང་པོ་སྒྲོགས་པ། དགོན་གནས་ཐམས་ཅད་དྲི་བཟང་པོས་ཁྱབ་པ་ལ་སོགས་པ་ངོ་མཚར་བའི་ལྟས་དུ་མ་དག་བྱུང་བས་སྐྱེ་བོ་ཕལ་མོ་ཆེས། དེའི་ཞག་ཕྱི་རོལ་གྱི་རྟགས་ལ་དཔགས་ནས་ཆོས་རྗེ་ངོར་པ་ཆེས་བཅུ་བཞིའམ་བཅོ་ལྔ་གང་རུང་ལ་བདེ་བར་གཤེགས་སོ་ཞེས་སྒྲོགས་པ་བྱུང་ངོ་། །

དེའི་ཚེ་རྗེའི་ཞལ་ནས་ཆོས་རྗེ་ཤར་པ་ཆེས་བཅུ་ལ་བདེ་བར་གཤེགས་པ་ཡིན། སློབ་དཔོན་

དགོན་རྒྱལ་བ་ཡུན་རིང་ཞེས་ཡང་ཡང་གསུངས། ནང་དུ་ཡང་མནལ་ལམ་ལ་སོགས་པ་དག་པའི་སྣང་བའི་གཟིགས་སྣང་སྣ་ཚོགས་བྱུང་བར་སྣང་སྟེ། ནུབ་གཅིག་མནལ་ལམ་དུ་རྗེ་བཙུན་རིན་པོ་ཆེ་གྲགས་པ་རྒྱལ་མཚན་གྱི་སྐུ་གཅིག་འཁྲིལ་ནས་ཁ་བུབ་ཏུ་བཞུགས་འདུག་པ། རྗེ་རང་ཡང་དེ་ཉིད་ཡིན་སྙམ་པ་ཅིག་ལ་མི་མང་པོ་ཞིག་ན་རེ། ད་འདི་བསླང་རན་འདུག་སློངས་ཟེར་ནས་སློང་གིན་འདུག་པས་ལངས་པ་ན། འཇམ་རྡོར་གྱི་གསེར་སྐུ་ལྷ་བུ་གསེར་ཁ་ཤིན་ཏུ་ལེགས་ཤིང་དྭངས་པ་འོད་ཟེར་འཕྲོ་བ་དང་བཅས་པ་ཞལ་གསུམ་ཕྱག་དྲུག་ལ་ཕྱག་མཚན་འདི་ཡིན་མི་གསལ་བ་ཅིག་ཏུ་སྒྱུར་པའི་རྒྱབ་ཀྱི་པད་གདན་ནས་མཐེ་བོང་ཙམ་ཅིག་མ་ཚང་བ་དེ་འདྲ་བ་ཅིག་བྱུང་བ་རྨིས། ལངས་པ་དེ་ཙུང་ཟད་དགའ་བ་སྲིད་དེ་འོན་ཀྱང་གཟུགས་འགྱུར་བྱུང་བས་ཅི་འདྲ་འོང་ངམ་ཞེས་གསུངས།

ཡང་ནུབ་གཅིག་སྲོད་ལ་ཆེན་པོ་ཀུན་བསོད་པ་དང་། བླ་མ་དཔལ་ལྡན་པ་གཉིས་སྐུ་མདུན་ན་ཡོད་པའི་ཚེ། སཾ་སྐྲི་ཏའི་སྐད་འབའ་ཞིག་གསུང་ཞིང་དབུ་ཅོག་ཅོག་མཛད་པ་ན། ཆེན་པོ་ཀུན་བསོད་པས། གར་དང་དཔའ་བོ་མང་པོ་མཛད་ཀྱིན་གདའ། ཅི་འདྲ་ཞིག་བྱུང་ལགས་ཞུས་པས། ཅི་ཟེར་གྱིན་འདུག་པ་གསུངས། ཞལ་ནས་བཛྲ་ཌཱ་ཀི་ནཱི་སོགས་རྒྱ་གར་གྱི་སྐད་འདྲ་གསུང་ཞིང་དབུ་ཡོན་ཡོན་མཛད་ཀྱིན་གདའ་ཞེས་ཞུས་པས། རྨི་ལམ་ཡིན་པ་འདུག །བྱང་གི་བླ་མ་ས་ཆེན་བདེ་བར་གཤེགས་པའི་ས། སྐྱོ་བོ་ཁ་གདངས་ཀྱི་བྱང་གི་རི་ངོས་དེ་ན་ཕར། རྗེ་བཙུན་ཆེན་པོ་འབྱོན་གྱིན་འདུག །དེའི་རྗེས་ལ་བུད་མེད་སྔོ་དམར་འགའ་ཞིག་ཀྱང་འགྲོ་ཡིན་འདུག་པ། དེ་ན་ཕར་ཕྱིན་པ་ཅིག་རྨིས་ཞེས་གསུངས། དེ་ཡང་དབུ་ཅོག་ཅོག་མཛད་པ་སོགས་ནི། བདེ་མཆོག་གི་གཞུང་ལས། ཀུན་རྫོབ་བྱང་ཆུབ་སེམས་ཀྱི་ཐིག་ལེས་ལྟེ་བའི་འོག་གི་རྩ། གཏུམ་མོ་མེའི་དྲོད་ཅན་དུ་གང་བས། ལོངས་སྤྱོད་རྫོགས་པའི་སྐུ་ནམ་མཁའ་གང་བ་མཐོང་ངོ་། །

ཆོས་ཉན་པ་དང་ཞིང་ཁམས་དཔག་ཏུ་མེད་པར་འགྲོ་སྟེ། ནང་རྟགས་སུ་ལུས་འོད་ཀྱི་དཀྱིལ་འཁོར་དུ་འགྱུར་བ་དང་། གར་བྱེད་སྙིང་འདོད་པ་འབྱུང་ངོ་། །དེ་ཟག་བཅས་ཀྱི་རླུང་ཉི་ཁྲི་ཆིག་སྟོང་དྲུག་བརྒྱ་འགགས་ཏེ། དེའི་དུས་སུ་ཕ་མའི་ཁུ་ཁྲག་གི་ཐིག་ལེ་བྱེ་ནས། མའི་ཁྲག་རྐང་འོག་ཏུ་ཉེ་མའི་དཀྱིལ་འཁོར་དུ་སོང་ནས། ཕའི་ཐིག་ལེ་ཉེ་མའི་དཀྱིལ་འཁོར་དུ་སོང་བ་དང་། ཕ་མ་གཉིས་

ཀྱི་ཁུ་ཁྲག་གིས་རྐྱེན་བྱས་པའི་རྣམ་སྨིན་གྱི་ལུས་པོར་ནས་ཡེ་ཤེས་ཀྱི་ལུས་སུ་འགྱུར་བ་དང་ཞེས་གསུངས་སོ། །གཞུང་ཆེ་བ་དག་ཏུ་ནི་ཟླ་བ་འོག་དང་རཀྟ་གྲེན་དུ་འགྲོ་བར་བཤད་དོ། །འདི་རིམ་བཞི་ལོ་རྒྱུད་ལུགས་སུ་བཀོད་པའོ། །

ཡང་གོ་རངས་ཤིག །དཔོན་ནེ་ཀུན་དགའ་དབང་ཕྱུག་གི་ལམ་འབྲས་ལྷ་ཁང་ནས། ནམ་ཙུང་མ་གསལ་ཙམ་ལ་སྐུ་མདུན་དུ་སླེབ་པའི་ཚེ་སྐུ་གཟུགས་གར་གྱི་རྣམ་པ་ཕྲུག་ཕྲུག་པ་མཛད་ཅིང་། སྤྱན་འབྲུ་ཚུགས་སུ་མཛད་ཀྱིན་འདུག་པ། ཙུང་ཟད་ཅིག་ནས་དེ་ཀུན་དགའ་དབང་ཕྱུག་ཡིན་ནམ་གསུངས། ཡིན་ལགས་ཞུས་པས། གར་བྱེད་མཁན་དེ་པ་རིག་མ་བཅུ་དྲུག་ཡིན་པར་འདུག་གམ་གསུངས། ཡིན་མཆིས་ལགས་སམ་ཞེས་ཞུས་ཟེར་རོ། །ཡང་སྔ་དྲོ་ཅིག་གི་ཚེ། མདང་རྨི་ལམ་ན། རྗེའི་དྲུང་ནས་ས་སྐྱའི་ཆུ་མིག་རྗེང་ཁ་ནས་ཕྱུག་དཔེ་མང་རབ་ཅིག་མ་འགྲིགས་པ་བསྒྲིག་གིན་འདུག་ཅིང་། ཕུ་སྟི་མང་པོ་གདོང་དར་བཅས་པ་ཡང་མང་པོ་འགྲིག་འདུག་པ་ལ། རྗེ་བཙུན་རིན་པོ་ཆེའི་ཟན་འབུམ་བཞུགས་པའི་འབུམ་པ་དེ་ཚོའི་གསེབ་ན་ཚུར། རྗེ་བཙུན་རིན་པོ་ཆེ་ན་བཟའ་ཧྲུས་དཀར་པོ་ཕོད་ཀ་ཅིག་བསྣམས། བ་སོའི་ཤིང་ཧྲ་རྒྱང་རྒྱང་ཅིག་ལ་ཆིབས་ནས་ཁྲིད་མཁན་མེད་པར་བྱོན་བྱུང་བ་ལ། ཆོས་རྗེའི་དྲུང་ནས་ཁག་བཞེངས་ནས་ཕྱག་འཚལ་བ་དང་། བྱིན་རླབས་ཞུས་པའི་གསལ་བ་ནི་མ་བྱུང་། རྗེ་བཙུན་ཆེན་པོའི་ཞལ་ནས་ད་མི་འགྲོའམ་ཤོག་གསུངས། དེ་ནས་རྗེ་བཙུན་སྟག་བྱང་ཆུབ་སེམས་དཔའ་མཁའ་སྤྱོད་དུ་གཤེགས་པའི་ཕྱོགས་དེ་ན་ཡར་གཤེགས་སོང་བ་རྨི། ད་འགྲོ་ནའང་ས་སྐྱའི་བསྐྱེད་འཕྲང་ཡན་གདན་སྟོད་དེ་ལ་ཆོས་ཁྲིམས་གཙང་མ་ཅིག་བྱུང་ན་སྣམ་རྩོལ་བ་ཆེར་བྱས་པ་ཡིན་ཏེ། དེའི་སྨྲོས་པ་ནི་ཆོད་འདུག །གཞན་སེམས་ཀྱི་ལྷག་མ་ཙུང་ཟད་ཀྱང་ལུས་པ་མེད་ཅེས་གསུངས། འདི་ནི་རྗེ་བཙུན་ཆེན་པོས་བསུ་བ་མཛད་པ་ཡིན་གསུངས་སོ། །

ཡང་ཉིན་གཅིག་ཉི་མ་ཕྱེད་ཡོལ་ཙམ་ལ་དབྱངས་གསལ་གྱི་ཡི་གེ་མང་དུ་གསུང་ཞིང་། བདག་མེད་ཧེ་ལ་ཀ་ཞེས་བརྗོད། །ཅེས་ཡང་ཡང་གསུངས་སོ། །དེ་ལ་ཧེ་ལ་ཀ་ནི་བྱང་ཆུབ་ཀྱི་སེམས་ཀྱི་ཐིག་ལེ་སྟེ། དེ་སྐུ་ལུས་ལ་བརྟན་པའོ། །དེའི་སྟོབས་ཀྱིས་མི་འགྱུར་བའི་བདེ་བ་ཆེན་པོ་རབ་ཏུ་རྒྱས་པ་ནི་བདག་མེད་པ་སྟེ། བདེ་བ་བདག་མེད་ཚུལ་ཅན་ཉིད། །ཅེས་གསུངས་པས་སོ། །

དེས་ན་བདེ་བས་དྲངས་པའི་ཡུལ་སྟོང་ཉིད་མངོན་སུམ་དུ་མཛད་ལ། དེའི་ཚེ་གྲུབ་མཐའ་སློགས་པ་ཡིན་ཏེ། འདིའི་ཚུལ་རྒྱས་པར་བླ་མ་དམ་པའི་རྣམ་ཐར་ཆོས་རྗེ་དཔལ་ལྡན་ཚུལ་ཁྲིམས་ཀྱིས་མཛད་པ་ལྟར་ཤེས་པར་བྱའོ། །དེ་དུས་བླ་མ་དཔལ་ལྡན་གྱིས་ཅི་གདའ་ཞུས་པས། །ཁ་རོག་སྡོད་གསུངས། མདོར་ན་དེ་ལྟ་བུ་ལ་སོགས་པ་དག་པའི་སྣང་བ་འབའ་ཞིག་འཆར་ཞིང་ཐ་མལ་གྱི་སྣང་བ་ནུབ་ཅིང་། ནང་ཏིང་ངེ་འཛིན་གྱི་རྟོགས་པ་ཁོ་ནས་དུས་འདའ་བ་ཡིན་ནོ། །

དེ་ནས་ས་གའི་ཉེར་གསུམ་གྱི་ཉིན་པར་ཆོས་རྗེ་དཀོན་རྒྱལ་བ་ཕེབས་ནས། ངོ་དགོངས་མི་མཐལ་གསུངས་པ་ལ། རྗེ་ཉིད་ཀྱི་ཞལ་ནས། འགྲུལ་སྣ་ཅིག་བྱུང་དོགས་མེད། སྨུག་ཡུན་རིངས་ད་ལྟ་ཤོག་གྱིས་གསུངས། སྐུ་དྲུང་དུ་ཕེབས་འཕྲལ་ལ། ང་ཆོས་བཅུ་ལ་འགྲོ་བསམ་པ་ཡིན་ཏེ། ཁྱེད་མ་བྱོན་པས་ལན་གསུང་ཞིང་། རྗེ་ས་ཆེན་གྱི་ཡིན་ཐང་ཅིག་དང་། རྒྱའི་རྡོ་རྗེ་དྲིལ་བུ་ཅིག་དང་། བླ་གོས་སྲབ་མོའི་སྐུ་ཆོས་ཤིག་གནང་སྟེ། ཁྱེད་སླེབ་པ་ལེགས། ང་ན་བྱས་ཀྱང་ཤེད་ཆུང་བ་ལས་ཟུག་ཅི་ཡང་མེད། དེའི་སྟོབས་ཀྱིས་ཇམ་པ་ཐོད་བག་ཅན་ཅིག་འདུག །གཞན་མནལ་ལྟས་དང་རླུང་གི་མདོག་དང་རྒྱུ་ཚུལ་གྱི་ལྟས་ལོག་པ་ཅི་ཡང་མེད། དེ་ལྟ་ན་ཡང་དེད་འདས་ནས་ཟླ་བ་ཆོས་འཕྲུལ་མན་ལམ་འབྲས་ཚུགས། ཆོས་འཆད་པ་མ་ཆག་པར་གྱིས། སངས་རྒྱ་བ་ལ་བདག་མེད་ཀྱི་ལྟ་བ་རྟོགས་དགོས་ཤིང་། དེ་རྫོགས་རིམ་ཟབ་མོ་རྣམས་ལ་བརྟེན་ནས་མྱུར་དུ་འགྲུབ་ཀྱང་ལག་ཏུ་ལོངས་པ་དཀའ། གཞན་རང་གིས་སྒོམ་ལོ་བྱས་པ་བས་ཀྱང་གཞན་ལ་བཤད་ན་གདར་ཤ་ཆོད་ཅིང་བོགས་ཆེ་བ་ཡིན་གསུང་། རྗེས་ཀྱི་བྱ་བ་རྣམས་ཁྱེད་ལ་འཆེར་མི་དགོས། ཁོང་འདི་པ་ལ་ཁད་ཞིག་ཏུ་བྱས་ཡོད། བཞུགས་ས་དེད་ཉལ་སར་མཛོད་ལ་རྡོ་རྗེ་བདག་མེད་མའི་སྒྲུབ་མཆོད་རེ་མ་ཆག་པ་གྱིས་གསུངས་པ་སོགས་གཤེགས་ན་འདི་ལྟར་གྱིས་ཀྱི་ཞལ་ད་ཐོག་པ་ཅིག་གནང་གིན་འདུག །ཞིབ་ཏུ་སང་ནས་ཁྲིམས་སོ་འོང་ཞེས་གསུངས།

གདན་ས་པས་ཀྱང་བདག་ལ་དེ་ལྟ་བུའི་ནུས་པ་མེད་ཅིང་། དེ་འདྲ་དགོས་པ་མི་འོང་མཆི། དེ་ལྟ་ན་ཡང་ལོ་གཉིས་གསུམ་ཞལ་དའི་ལུགས་བཞིན་བགྱིད་ཅེས་ཞལ་དའི་ལན་གྱི་ཞུ་བ་མདོར་བསྡུས་ཤིག་ཕུལ། ཞིབ་ཏུ་སང་ནས་འབུལ་ཞེས་ཞུས། དེ་ཡང་ཆོས་རྗེའི་དགོངས་པ་ལ། ཆོས་བཅུ

ཙམ་ལ་ཕེབས་སྐབས་ནས་བྱ་བྲལ་བ་ཨེ་བྱུང་ལྟོས་ཞེས་ཡང་ཡང་གསུང་ཞིང་། འཇའ་འོད་མེ་ཏོག་གི་ཆར་ཡང་འབབ། ཉེར་ལྔའི་བར་བརྟན་པར་བཞུགས་པ་ནི། རྗེ་འདི་ཉིད་ལ་བསྟན་པ་གཏད་པའི་ཆེད་དུ་ཡིན་པར་ངེས་སོ། །

དེ་ནས་ཉི་ཤུ་བཞིའི་ཉིན་ལྷན་མ་དྲུང་རིན་པོ་ཆེ་ལ་བསྟན་འགྱུར་འདིའི་ཞུ་དག་དང་གྲོགས་ལྷན་བྱེད་བསམ་ནའང་། ད་ཉེ་གནས་པ་ལ་དཔེ་ཆ་སྒྲིངས་ལ་འབྲི་བའི་ཞལ་ད་མཛོད་ལ་ཁྱེད་རང་ཡུལ་དུ་བྱོན་དང་། ཕེབས་ཙམ་ཅིག་འོང་གསུང་བའི་ཞལ་ད་མཛད་དོ། །དེའི་ཉིན་རྗེ་མུས་པས་ཞོ་བཅོ་བརྒྱད་ཡོད་པའི་གསེར་ཐིག་པོ་གཅིག་གིས་མགོས་བྱས། གསེར་ཞོ་སུམ་ཅུ་སོ་བགྲངས་ཅིག་དང་བརྟན་བཞུགས་ཅིག་འབུལ་བར་མཛད་པ་ཡིན་ནའང་། ཞིང་འདིའི་བསྟན་པ་དང་གདུལ་བྱ་རྣམས་ཀྱི་བསོད་ནམས་རྫོགས་པ་དང་། ཞིང་ཁམས་གཞན་དུ་གདུལ་བྱ་ཤིན་ཏུ་རྒྱ་ཆེ་བ་ལ་དགོངས་ཏེ། ས་ག་ཟླ་བའི་ཉེར་ལྔའི་སྔ་དྲོ། དེ་རིང་ཉེར་ལྔ་ཡིན་ཨ་གསུངས། ཡིན་ལགས་ཞུས་པས། ད་ལྟ་ཁམས་ཤིན་ཏུ་བདེ། ཇ་ཞིམ་པོ་ཅིག་བསྐོལ་གསུངས། ཚ་བ་ཚར་ནས་ཇ་སྲུབ་གཉིས་སེང་བ་དང་། ལྷ་རྗེ་གཉིས་པོ་ལ་ཆབ་ཐོང་། ཁྱེད་རང་སྟེང་དུ་ཇ་གསོལ། ད་ལྟ་གདན་འདྲེན་བྱུང་ན་བྱོན་གསུངས། ཁོང་གཉིས་སྟེང་དུ་སོང་རྗེས། སྐུ་དྲུང་ན་ཡོད་པ་རྣམས་ལ་ན་བཟའ་ལྭ་བ་རྣམས་ལོགས་སུ་ཞོག །ལུས་གནད་བཅོ་རོགས་གྱིས་ལ་སྐམ་སྦྱར་ཁོ་བ་གསུངས། གཞན་རྣམས་ཕྱིར་སོང་གསུངས། དེ་ལྟར་བྱས་པས་ཞིང་འདིའི་སྐུ་དངོས་ཀྱི་གདུལ་བྱའི་དོན་རྣམས་རེ་ཞིག་མཐར་ཕྱིན་ནས། སྐྱེ་བོ་རྟག་འཛིན་ཅན་རྣམས་དགེ་བ་ལ་བསྐུལ་བ་སོགས་ཀྱི་ཕྱིར། རྒྱུད་སྡེ་ནས་གསུངས་པའི་འདའ་ཀ་མའི་ཐུགས་དམ་ཟབ་མོ་ལ་མཉམ་པར་བཞག་སྟེ། ལྷུང་སངས་པ་ཅིག་འབུད་པ་མཛད་པ་དང་། མཐོང་ཀུན་འོད་སྐུ་གསལ་བ་ཅིག་བྱུང་། དེ་མ་ཁད་ལྟར་ཕྱིན་པས་མུ་ངན་ལས་འདས་ཟིན་འདུག་ཅེས་ཟེར་ཏེ། ཐུམ་དབང་གི་འོད་ཀྱི་གོང་བུའི་འདའ་ཀ་མ་མཛད་པ་ཡིན་ཏེ། འདི་ནི་གློ་བོའི་ལྷ་རྗེས་མཐོང་བའོ། །

དེ་ལྟར་བདེ་བར་གཤེགས་པའི་ཚུལ་བསྟན་ནས། དེའི་ཤངས་བུག་གཡོན་ནས་བྱང་ཆུབ་ཀྱི་སེམས་མང་དུ་བྱུང་ལ། དེ་ཡང་གདམས་ངག་ཟབ་མོ་ཡོད་པའི་དབང་ལས་ཏེ། བདེ་མཆོག་གི་གཞུང་དུ། ཆོས་ཀྱི་སྐུ་ལ་ཆོས་སྐུར་ངོ་ཤེས་པ་འཆི་ཁ་ཉིད་དུ་ཕྱག་རྒྱ་ཆེན་པོ་མཆོག་གི་དངོས་གྲུབ་ཐོབ་ནས

རྣམ་ཤེས་སྤྱི་གཙུག་ཏུ་སོང་སྟེ། ལོངས་སྤྱོད་རྫོགས་པའི་སྐུའི་ཞིང་ཁམས་སུ་འགྲོ་བར་འགྱུར་རོ་ཞེས་གསུངས་སོ། །དེའི་རྟགས་པའི་ཁུ་བའི་ཐིག་ལེ་སྣ་བུག་གཡོན་ན་མར་འབྱུང་ངོ་། །སྐུ་གཤེགས་རྗེས་ཉི་ཤུ་དྲུག་གི་ཉིན་ཕྱུར་གྱི་ཞབས་ཏོག་པ་རྣམས་ཀྱིས་གསང་བའི་གནས་བལྟར་མི་མངོན་པར་གྱུར་ཏོ། །དེ་རྗེས་གོང་གི་ཞལ་ད་གཉེར་བཞག་སྟེ། གདན་ས་པས་ཆོས་གསུངས། གཤེགས་རྫོགས་བྱེད་པ་ལ་མཆོད་སྤྱོད་ལེན་པ་ལ་སོགས་པ་མ་བྱེད་གསུངས་པ་ཡིན་ཞེས་དྲིལ་བསྒྲགས། ཕྱག་རྫས་གང་ཡོད་ཀྱི་སྟེང་ནས་གསོལ་འདེབས་ལ་སོགས་པའི་ཐུགས་དགོངས་རྫོགས་པའི་ཐབས་དང་། གདན་ས་ཆེན་པོ་དང་། གསང་ཕུ་དང་། ནཱ་ལེནྡྲ་ལ་སོགས་པར་མང་ཇ་འགྱེད་དང་བཅས་པ་རྣམས་ཐུགས་ཀྱི་དགོངས་པ་བཞིན་ལེགས་པར་བསྒྲུབས་ཤིང་། ནང་རྟེན་སྟོན་པའི་གསེར་སྐུ་ཆེན་མོ་རྒྱུར་མཐོ་བཅུ་གསུམ་བྱས་པ། རྗེ་ཉིད་ཀྱི་སྐུ་ཚད་ཀྱི་འདྲ་འབག་གསེར་སྐུར་བསྒྲུབ་པ། ཕྱི་རྟེན་བདེ་གཤེགས་མཆོད་རྟེན་བརྒྱད་གདུགས་ཏོག་དང་། བཅས་པ་ཟངས་གསེར་ལས་སྒྲུབ་པ་སོགས་དབུ་བཙུགས་ཏེ། ལོ་གཅིག་ན་བར་ཆད་མེད་པར་ལེགས་པར་མཐར་ཕྱིན་པ་དང་སྐུ་གདུང་མེ་མོ་གླང་གི་ནག་པའི་ཉེར་བཞིའི་བར་དུ་མཆོད་པའི་དངོས་པོ་བསམ་གྱིས་མི་ཁྱབ་པ་དང་། བཅོམ་ལྡན་འདས་ཀྱི་རྡོ་རྗེའི་སྒྲུབ་མཆོད་རྒྱུན་མ་ཆད་པར་ཕུལ་ནས་ཉེར་བཞིའི་སྲ་སྐད་སྐུ་གདུང་ལ་ཞུགས་ཕུལ་བའི་ཚེ་ནམ་མཁའ་ལ་འཇའ་དང་མེ་ཏོག་གི་ཆར་བསམ་གྱིས་མི་ཁྱབ་པ་བབས་ཤིང་། དེ་མན་ཆད་ཀྱང་མེ་ཏོག་གི་ཆར་རྒྱུན་མི་ཆད་པར་བབས་སོ། །

ས་ག་ཟླ་བའི་ཚེས་གཅིག་ལ་གདུང་ཁང་ཞལ་ཕྱེ་བའི་ཚེ། གདུང་རུས་ལ་རིང་བསྲེལ་དཀར་པོ་དང་། སེར་པོ་ལ་སོགས་པ་ཁ་དོག་སྣ་ཚོགས་པ་རབ་ཏུ་མང་པོ་གྲངས་མེད་པ་བྱོན་ཞིང་། བྱེ་བྲག་ཏུ་ཕྱག་སོར་གྱི་ཚིགས་གཅིག་དང་། ཚེམས་འོག་མའི་རྩ་བ་རྣམས་སུ་རིང་བསྲེལ་གྲངས་མེད་དུ་བྱུང་བ་རྣམས། གོས་དར་གྱི་ན་བཟའ་བཟང་པོ་དང་། དྲི་བཟང་དང་བཅས་ཏེ། རྗེའི་སྐུ་འདྲ་དང་སྟོན་པའི་གསེར་སྐུའི་ནང་དུ་བཞུགས་སོ། །གདུང་རུས་ལྷག་མ་གདུང་ཐལ་དང་བཅས་པ་རྣམས་ཞལ་དའི་ལུགས་བཞིན་ཙུང་ཟད་ཙམ་ཡང་མ་འཐོར་བར་གདུང་ཚ་ཁྲི་ཚོ་བདུན་མི་ཆད་པར་བཞེངས་སོ། །

གདུང་ཚ་ཆུང་བ་ཞབས་ལ་རྡོ་རྗེ་རྒྱལ་གྲམ་དང་བཅས་པ་ཁྲི་ཚོ་ཕྱེད་བཞི་ཙམ་བཏབ་པ་ན་

བཟའ་གསེར་གསོལ་ཏེ། བུ་སློབ་རྣམས་ལ་ཕྱོགས་སུ་བྱིན་རླབས་ཀྱི་རྟེན་ལ་ཡང་འབུལ་བའི་ལུགས་སུ་བྱས། གདུང་ཚ་ལྷག་མ་རྣམས་གཙང་ཁང་གི་ནང་དུ་མཆོད་རྟེན་གསེར་འབུམ་ཅིག་བཞེངས་ཏེ་དེའི་ནང་དུ་བཞུགས་སུ་གསོལ་ལོ། །གྲྭ་པ་འགའ་རེའི་གདུང་ཚའི་སྐལ་བ་ལ་རིང་བསྲེལ་བྱོན་པ་ཡང་སྣང་ངོ་། །དེ་ལྟར་གསོལ་བ་འདེབས་པ་ནས་བརྟམས་ཏེ། གསེར་འབུམ་གྱི་བར་དུ་བཞེངས་པ་ལ་བར་ཆད་ཀྱི་རྣམ་པ་ཙུང་ཟད་ཀྱང་མེད་པར་ལེགས་པར་མཐར་ཕྱིན་པ་འདི་ནི་ཆོས་རྗེ་རིན་པོ་ཆེ་ཉིད་ཀྱི་བྱིན་རླབས་དང་། ཐུགས་རྗེ་ལས་ཡིན་པར་ཀུན་གྱིས་མཐུན་སྣང་དུ་གྲུབ་བོ། །མདོར་ན་བསྟན་པ་ཇི་སྲིད་གནས་ཀྱི་བར་དུ་ལོ་རེ་བཞིན་ས་ག་ཟླ་བའི་ཉེར་ལྔར་བསྟུན་པའི་ངོར་ལུགས་དཀྱིལ་འཁོར་ལྔའི་སྒྲུབ་མཆོད་རྟུལ་ཆོན་མ་ཞག་བདུན་དང་ཟླ་བ་རེ་བཞིན་ཉེར་ལྔའི་དུས་ཟ་སོགས་ཀུན་ལ་གསལ་བ་ཉིད་དོ། །

རྒྱལ་ཚབ་མུས་པ་ཆེན་པོས་རྣམ་ཐར་གྱི་མཛད་བྱུང་སྨོས་པ་ནི་ཞེས་པ་སྐབས་དུས་རྡོ་རྗེ་འཆང་ཆེན་པོ་ཆོས་ཀྱི་རྗེ་ཀུན་དགའ་བཟང་པོའི་རྣམ་པར་ཐར་པ་རྒྱ་མཚོ་ལྟ་བུ་ལས་ཆུ་ཐིགས་ཙམ་ཅིག་བླངས་ནས་ལམ་འབྲས་བླ་མ་བརྒྱུད་པའི་རྣམ་ཐར་གྱི་ཁ་སྐོང་དུ་རྗེ་ཉིད་ལ་མི་ཕྱེད་པའི་དད་པ་དང་ལྡན་པའི་བཤེས་གཉེན་དུ་མས་བཀའ་གནང་བའི་ངོར། སློབ་འབངས་ཀྱི་ཐ་ཆུང་དགོན་མཆོག་རྒྱལ་མཚན་གྱིས་མེ་མོ་གླང་གི་ལོ་གྲོ་བཞིན་གྱི་ཟླ་བའི་ཆོས་བཅོ་ལྔ་ལ་དཔལ་ཨེ་ཝཾ་ཆོས་ལྡན་གྱི་གཙུག་ལག་ཁང་དུ་བྲིས་པའོ་ཞེས་གསུངས། དེ་དུས་ཀྱི་ཡི་གེ་པ་ནི་གྲུབ་ཆེན་སྲིད་པ་ཀུན་བློ་ཡིན་པར་སྣང་ངོ་། །དེ་ལྟར་གཟུགས་ཀྱི་སྐུ་དེ་ཉིད་ཆོས་ཀྱི་དབྱིངས་སུ་བསྡུས་ཀྱང་། བླ་མ་ཉིད་ཀྱི་ཐུགས་རྗེའི་ཕྲིན་ལས་ཀྱི་སྐུའི་བཀོད་པ་སྣ་ཚོགས་ཀྱི་འཁོར་ལོ་ནི་རྒྱུན་མི་འཆད་པ་ཉིད་དོ། །

དེ་སྐད་དུ་མཁས་པ་ཀུན་བློས། རྗེས་སུ་གདན་ས་ཕྱི་ནང་རྟེན་བཞེངས་སོགས། །ཕན་རྩུན་རྟོད་བྲལ་འབད་མེད་ལྷུན་གྱིས་གྲུབ། །ཕྲིན་ལས་རྒྱུན་གྱི་མཛད་པ་ས་སྐྱ་པ། །དཔལ་ལྡན་ས་སྐྱ་ལ་གསོལ་བ་འདེབས། །ས་སྐྱ་པ་ཡི་གཞུང་ལུགས་མཐའ་དག་དང་། །རྗེ་ཡི་གསུང་རབ་རྫོགས་པར་སྲུས་ཤེས་ནུས། །རང་གིས་གང་ཐོས་གང་ལ་སྦྱངས་པ་རྣམས། །ཆོས་དང་རང་སེམས་འདྲེས་པར་བྱིན་གྱིས་རློབས། །ཞེས་གསུངས་པ་ལྟར་ཏེ། ཕྱོགས་ཐམས་ཅད་དུ་བུ་སློབ་སྨིན་བདག་རྣམས

གྱིས་དགོངས་རྫོགས་མཛད་པ་ཡང་བསམ་གྱིས་མི་ཁྱབ་སྟེ། དཔེར་མཚོན་ན་མདོ་ཁམས་པ་བླ་མ་སངས་རྒྱས་རྒྱལ་མཚན་གྱིས་ཀུང་ཐོས་མཆོད་རྒྱས་པ་དང་། བསམ་གྲུབ་དཔལ་འབར། ཆོས་གླིང་ལ་སོགས་པའི་ཆོས་སྡེ་རྣམས་སུ་མང་ཛ་གྲལ་འགྲེད་དང་བཅས་པ་དང་། གླང་ལོ་ཟླ་བ་གསུམ་པ་སངས་རྒྱས་དབང་བསྒྱུར་བའི་དུས་ཆེན་ནག་པ་ཟླ་བ་ལ་རི་མགོ་དགོན་པར་བདེ་ཀྱེ་གསང་གསུམ་གྱི་རྒྱུད་ནས་གསུངས་པའི་ངོར་ལུགས་དཀྱིལ་འཁོར་ལྷའི་སྒྲུབ་མཆོད་ས་ཆོག་ནས་བརྩམས་ཏེ་དཀྱིལ་འཁོར་རྫུལ་ཚོན་མའི་སྟེང་ནས་རིག་པ་འཛིན་པ་བཅུ་ཕྲག་བརྒྱད་ཀྱིས་ཆོས་བཅུ་གཉིས་ནས་བཟུང་ཏེ། ཉེར་དྲུག་གི་བར་དུ་ལེགས་པར་བསྒྲུབས་པ་དེ་ལྟ་བུའི་མཚོན་པའོ།། །།

སྤྱི་དོན་གཉིས་པ་འཕྲོས་པའི་དོན་ནི། དེ་ལྟ་བུའི་འདྲེན་པ་མཆོག་དེའི་ཕྲིན་ལས་ཀྱི་རྒྱུན་གྱི་གཙོ་བོ་དཔལ་ཨེ་ཝཾ་ཆོས་ལྡན་དེ་འཛིན་གྱི་སྐྱེས་ཆེན་དམ་པ་རྣམས་ཀྱི་རྟོགས་པ་བརྗོད་པ་སྟེ། སྤྱིར་ཨེ་ཝཾ་གྱི་དོན་ལ་ཞིབ་ཏུ་དཔྱད་ན་མཐའ་ཡས་ཤིང་། འདིར་མདོ་ཙམ་བརྗོད་ན། ཨེ་ཝཾ་འདི་སྤྱིར་མདོ་དང་། བྱེ་བྲག་སྔགས་ལས་བཤད་པའོ། །དང་པོ་ནི། རྒྱ་གར་འཕགས་པའི་ཡུལ་ན་ཨེ་ཝཾ་ཞེས་བརྗོད་པ་དང་། དེ་བོད་སྐད་དུ་བསྒྱུར་ན། འདི་སྐད་ཅེས་གླེང་གཞི་དེ་ལས་འཕྲོས་པའི་འདི་སྐད་བདག་གིས་ཐོས་པ་ཞེས་པས། ཆོས་ཀྱི་ཕུང་པོ་བརྒྱད་ཁྲི་བཞི་སྟོང་གི་སྒོ་ཡིན་ལ། དེ་ལ་སྒོའི་ཐ་སྙད་ཇི་ལྟར་ཞེ་ན། སྟོན་པ་སངས་རྒྱས་ཀྱིས་འཁོར་དགྲ་བཅོམ་པ་རྣམས་ལ་ང་ཉིད་མྱ་ངན་ལས་འདས་པའི་རྗེས་སུ། ངའི་བཀའ་རྣམས་བསྡུས་ལ་ཐོག་མར་འདི་སྐད་བདག་གིས་ཐོས་པ་ཞེས་པ་དང་། བར་དུ་མཚམས་སྦྱོར། མཇུག་ཏུ་ཡི་རང་དང་མངོན་པར་བསྟོད་ཅེས་གྱིས་ལ་བསྟན་པ་བསྡུས་ཤིག་ཅེས་གསུངས་པ་རྗེས་སུ་གནང་བའི་བཀའ་ཡིན་ཞིང་། གཞན་ཡང་སངས་རྒྱས་ཀྱི་གསུང་རྣམས་ཨེ་ཝཾ་དུ་འདུས་ཤིང་། དེའི་རྒྱུ་མཚན་ཡང་། ཨཱ་ལི་ཨེ་ཤེས་རབ་དང་། ཀཱ་ལི་ཝཾ་ཐབས་ཀྱི་རང་བཞིན། དབྱངས་གསལ་འདི་རྣམས་ལས་ཡི་གེ་འབྱུང་། དེ་ལས་མིང་འབྱུང་། མིང་ལས་ཚིག་འབྱུང་། ཚིགས་ལས་ངག་འབྱུང་། ངག་ལས་རབ་ཏུ་བྱེད་པ་སོགས་འབྱུང་བ་ཡིན་ཏེ། ལྷའི་བུས་ཞུས་པའི་ཐེག་པ་ཆེན་པོའི་མདོ་ལས། ཆོས་ཀྱི་ཕུང་པོ་བརྒྱད་ཁྲི་དང་། །བཞི་སྟོང་གི་ནི་གྲངས་སྙེད་ཀུང་། །ཀུན་གྱི་གཞི་དང་ཕ་མ་ནི། །ཡི་གེ་གཉིས་སུ་དེ་རབ་བསྡུས། ཡི་གེ་ཨེ་ནི་མར་གྱུར་པ། །

ཝཾ་ནི་ཡ་ཞེས་བྱ་བར་གྲགས། །ཐིག་ལེ་དང་ནི་སྦྱོར་བ་སྟེ། །སྤྱོད་དང་ཤིན་ཏུ་རྨད་བྱུང་བའོ། །ཞེས་སོ། །

གཉིས་པ་ནི་བརྗོད་པ་སྒྲའི་ཨེ་ཝཾ་དང་། བྲིས་པ་གཟུགས་ཀྱི་ཨེ་ཝཾ་དང་། མཚོན་པ་བརྡའི་ཨེ་ཝཾ་དང་། གནས་ལུགས་དོན་གྱི་ཨེ་ཝཾ་དང་བཞི་ཡོད་པ་ལས། དང་པོ་བརྗོད་པ་སྒྲའི་ཨེ་ཝཾ་ནི། སྟོང་ཉིད་མཚོན་པར་བྱེད་པ་ལ། རྒྱུད་ཐམས་ཅད་དུ་ཨེ་ཝཾ་གྱི་སྒྲ་གཅིག་ཁོ་ནར་མ་ངེས་ཏེ། ཨེའི་མིང་གི་རྣམ་གྲངས་ལ། ནམ་མཁའ་དང་། གསང་ཆེན་དང་། པདྨ་དང་། ཆོས་འབྱུང་དང་། རྐ་ག་དང་། བདེ་བ་ཆེན་པོའི་གནས་དང་། སེང་གེའི་ཁྲི་ལ་སོགས་པར་བརྗོད་དེ། ཨེ་དང་མཚུངས་པར་ཐམས་ཅད་མཁྱེན་པའི་ངོ་བོ་ཉིད་སྟོན་པར་བྱེད་པའི་ཕྱིར། བདེ་བ་ཆེན་པོ་མཚོན་པར་བྱེད་པ་ལ། ཝཾ་ཡིག་ཁོ་ནའི་སྒྲར་མ་ངེས་ཏེ། བདེ་བ་དང་། ཆགས་པ་དང་། སྙིང་རྗེ་དང་། ཐིག་ལེ་དང་། ལྷན་ཅིག་སྐྱེས་པ་དང་། མཆོག་མི་འགྱུར་བ་དང་། དེ་ཁོ་ན་ཉིད་ལ་སོགས་པས་ཀྱང་ཝཾ་དང་མཚུངས་པའི་མི་འགྱུར་བའི་བདེ་བ་སྟོན་པའི་ཕྱིར་རོ། །དེ་སྐད་དུ། དུས་འཁོར་རྩ་རྒྱུད་ལས། ཨེ་དང་གསང་ཆེན་ནམ་མཁའི་ཁམས། །རྐ་ག་ཆོས་འབྱུང་ཆུ་སྐྱེས་དང་། །སེང་གེའི་ཁྲི་བཞུགས་རྡོ་རྗེ་ཅན། །ཝཾ་དང་རྡོར་འཛིན་རྡོ་རྗེ་སེམས། །དུས་ཀྱི་འཁོར་ལོ་ཧེ་རུ་ཀ །རྒྱུད་རྣམས་ཀུན་གྱི་གནས་སུ་གསུངས། །ཡུལ་ཅན་དུ་མའི་མིང་རྣམས་དང་། །སེམས་ཅན་དུ་མའི་བསམ་པའོ། །ཞེས་གསུངས་སོ། །

གཉིས་པ་བྲིས་པ་གཟུགས་ཀྱི་ཨེ་ཝཾ་ནི། བཅོམ་ལྡན་འདས་ཀྱིས་བདེ་སྟོང་མཚོན་པར་བྱེད་པའི་ཡི་གེ་གཉིས་བསྟན་ཏེ། ཡི་གེ་འདི་གཉིས་ཀྱི་གཟུགས་སྒྲུབ་པ་ནི། དབུས་སུ་ཨ་གྲི་གུག་གི་རྣམ་པ་ལྟ་བུ་དང་། ཤར་དུ་ཨེ་དབྱུག་ཏོའི་རྣམ་པ་ལྟ་བུ་དང་། ལྷོར་རི་ཆོག་དྲག་གི་རྣམ་པ་ལྟ་བུ་དང་། ནུབ་ཏུ་ལི་དགྲ་སྟའི་དབྱིབས་ལྟ་བུ་དང་། བྱང་དུ་ཨོ་ཐིག་ལེའི་རྣམ་པ་ལྟ་བུར་བྲིས་པའོ། །དེ་ནས་དབུས་ཀྱི་ཨ་གྲི་གུག་གི་རྣམ་པ་ལྟ་བུ་ལ། སྟེང་དུ་ནུབ་ཀྱི་ལི་དགྲ་སྟའམ་མཐོང་གུག་ལྟ་བུ་བྱིན་པས་མགོར་འགྱུར་རོ། །ཤར་གྱི་དབྱུག་ཏོ་ལྟ་བུ་དེ་བྱིན་པས་ཨའི་གཡོན་གྱི་ཕྱོགས་སུ་འགྱུར་ཏེ་ཨེའོ། །ལྷོའི་རི་ཆོག་དྲག་ལྟ་བུ་དེ་བྱིན་པས་ཟླ་ཚེས་སུ་འགྱུར་རོ། །བྱང་གི་ཨོ་ཐིག་ལེ་ལྟ་བུ་བྱིན་པས་ཀླད་ཀོར་དུ་འགྱུར་རོ། །སྟོང་པ་ཆེན་པོ་ཡི་གེ་ལྔ་པའི་ཨེ་ཝཾ་གཅིག་བསྒྲུབ་པའོ། །དུས་འཁོར་རྩ་རྒྱུད་ལས། ཡི་གེ་ཨེ་དབུས་སེང་གེ་ཝཾ། །སངས་རྒྱས་ཀུན་གྱི་བདེ་བའི་གནས། །སྐུ་གསུམ་ཐུགས་ཀྱི་

སྦྱོར་བ་ཡིན། །ནམ་མཁའི་ཁམས་སུ་རྡོ་རྗེ་སེམས། །ཟླ་བ་ས་བོན་ཡི་གེ་ལུས། །ཉི་མ་རྡུལ་དང་ཆོག་དྲག་དང་། །སེམས་ཀྱི་རྣམ་པ་ཡི་གེ་ལ། །ཨེ་ཝཾ་ནམ་མཁའི་ཁམས་ན་གནས། །ཞེས་སོ། ། གསུམ་པ་མཚོན་པ་བརྡའི་ཨེ་ཝཾ་ནི། རྡོ་རྗེ་དྲིལ་བུ་ཡབ་ཡུམ་ཞལ་སྦྱོར་དང་། ཐབས་ཤེས་རབ་དང་། རྡོ་རྗེ་པདྨ་སོགས་ཏེ། ཆོས་ཐམས་ཅད་བདེ་སྟོང་དུ་མཚོན་པར་བྱེད་པའི་བརྡའི་ཨེ་ཝཾ་སྟེ། བྱང་ཆུབ་སེམས་གང་དེ་རྡོ་རྗེ། །ཤེས་རབ་དྲིལ་བུ་ཞེས་བཤད་དོ། །ཞེས་དང་། ཀྱེ་རྡོ་རྗེ་ལས། བུད་མེད་ཀཀྐོ་ལ་བདེ་བ་ཅན། །ཨེ་ཝཾ་རྣམ་པར་རབ་ཏུ་གནས། །ཞེས་སོ། །

བཞི་པ་གནས་ལུགས་དོན་གྱི་ཨེ་ཝཾ་ནི། བདེ་སྟོང་ཟུང་འཇུག་ལྷན་ཅིག་སྐྱེས་པའི་ཡེ་ཤེས་མཚོན་པར་བྱེད་པ་ཡིན་ཏེ། དྲི་མེད་འོད་ལས། དེ་བཞིན་དུ་ཨེ་ཡིག་ཝཾ་ཡིག་རྣམ་པ་ཐམས་ཅད་ཀྱི་མཆོག་དང་ལྡན་པའི་སྟོང་ཉིད་བདེ་བ་ཆེན་པོ་དང་། རྡོ་རྗེ་སེམས་དཔའ་དང་། ཀུན་དུ་བཟང་པོ་དང་། རིགས་བརྒྱའི་མགོན་པོ་ཞེས་སོགས། མདོར་ན་གནས་འདི་ཉིད་ལ་ཨེ་ཝཾ་འདོགས་པའི་རྒྱུ་མཚན། རྒྱལ་བའི་ལུང་ཟིན་གྱི་སྐྱེས་བུ་དམ་པ་ཀུན་དགའ་བཟང་པོ་དེ་ཉིད་མངའ་རིས་སྟོད་སྨད་རྣམས་སུ་སྤྱན་དྲངས་ཤིང་། གདུལ་བྱ་རྣམས་ཀྱི་དོན་མཛད། སླར་ཡང་གནས་མཆོག་འདི་ཀར་ཆག་ཕེབས་པའི་སང་ཉིན་གསོ་སྦྱོང་རྒྱས་པ་ཞིག་མཛད་པའི་ཚེ། མདང་གི་རྨི་ལམ་དུ། ཡི་གེ་ཨེ་དང་ཝཾ་གཉིས་ལས། །ཆོས་ཀྱི་ཕུང་པོ་འབྱུང་བར་འགྱུར། །ཞེས་སོགས་ཨེ་ཝཾ་ལ་བཤད་པ་བྱེད་པ་རྨིས་ཤིང་། ཨེ་ཝཾ་འདི་ཆོས་ཐམས་ཅད་འབྱུང་བའི་གནས་ཡིན་པས་ངའི་དགོན་པ་འདི་ལ་ཨེ་ཝཾ་ཐོགས་ཞེས་གསུངས་པ་ཡིན་ནོ། །

ཨེ་ཝཾ་གྱི་སྒྲ་དོན་ཞིབ་པར་ཤེས་པར་འདོད་པས་ཞ་ལུ་ལོ་ཙཱ་བ་ཆོས་སྐྱོང་བཟང་པོ་སོགས་ཀྱི་ཡིག་ཆ་དང་། དུས་འཁོར་ཕྱི་ནང་གཞན་གསུམ་གྱི་བཤད་པར་བལྟའོ་ཞེས་པ་དེ་རྣམས་ཀྱིས་ཨེ་ཝཾ་གྱི་སྒྲ་དོན་མདོར་བསྡུས་བཤད་ནས། ད་ནི་གནས་ཀྱི་ཡོན་ཏན་མདོ་ཙམ་བརྗོད་ན། རྗེ་བླ་མའི་ཐུགས་སྲས་ཀུ་གེ་པཎ་ཆེན་གྱི་གསུང་རྒྱུན་ཆོས་རྗེ་གློ་བོ་མཁན་ཆེན་གྱིས་བཀོད་པར་མཛད་པ་ནི། ཨོཾ་སྭ་སྟི་སིདྡྷཾ། ཀུན་མཁྱེན་དགའ་མཛད་དཔལ་འབྱོར་བཟང་པོ་ཅན། །སྐྱེས་ཆེན་བླ་མའི་ཞབས་ལ་གུས་བཏུད་ནས། །ཐེག་ཆེན་སྒྲ་དབྱངས་རྟག་ཏུ་སྒྲོགས་པའི་གཞི། །མཁས་མང་འབྱུང་བའི་ཞིང་འདིར

བསྔགས་པར་བགྱི། ཨེ་ཝཾ་ཐམས་ཅད་ཤེས་ཡིག་རྒྱལ་པོ་ཡིན། །ཟབ་ཡངས་དམ་ཆོས་ཇི་སྙེད་འབྱུང་
བའི་གནས། །སངས་རྒྱས་རིན་ཆེན་ཁང་བཟང་ཟ་མ་ཏོག །དོན་ཀུན་སྒྲུབ་བྱེད་བདེ་ཆེན་ལྡན་པ་
འདི་ར། །ཡང་དག་མཐའ་དག་ཐུགས་རྗེའི་རང་བཞིན་ཅན། །ཨེ་ཝཾ་འཁོར་ལོའི་མངའ་བདག་
ཆེན་པོ་ནི། །མི་འགྱུར་ཆོས་ཀྱི་ཕྱག་རྒྱར་རྣམ་རོལ་ཞིང་། །སངས་རྒྱས་རྣལ་འབྱོར་སེང་གེའི་ཁྲི་ལ་
བཞུགས། །སྲིད་ཞིའི་དགའ་བདེ་སྒྲུབ་བྱེད་ཐུབ་བསྟན་ཡང་། །ཡབ་གཅིག་འགྱུར་མེད་ཨེ་དང་ཤེས་
རབ་ཡུམ། །རྣམ་འཕྲུལ་མཐའ་ཡས་སྤྲུལ་པའི་དཔལ་ཡོན་ལས། །བརྒྱད་ཁྲི་བཞི་སྟོང་ཆོས་ཀྱི་ཕུང་
པོར་ལྡན། །ཧྲག་པར་གསུང་དབྱངས་ཡན་ལག་དྲུག་ཅུ་ཡི། །རྒྱ་ཆེན་ཆོས་འཁོར་རིང་དུ་བསྐོར་བ་
འདིས། །ཀུན་གཟིགས་ཞིང་དང་འོག་མིན་བདེ་བ་ཅན། །འདི་ཉིད་ཐ་དད་ཙམ་སྟེ་ཁྱད་པར་ཅི། །
རྒྱབ་རི་རིན་ཆེན་དབང་གི་རྒྱལ་པོ་ཡིས། །སྐྱེ་དགུའི་དགོས་འདོད་མ་ལུས་སྒྲུབ་པར་བྱེད། །ཁམས་
གསུམ་ཀུན་ལས་རྒྱལ་བ་གཡས་ཀྱི་རི། །ཐུབ་བསྟན་རྒྱལ་མཚན་མངོན་མཐོ་འཛུགས་པ་ལགས། །
མདུན་རི་དགའ་ལྡན་དབང་པོ་འཁྱིལ་བ་ནི། །བསླབ་གསུམ་རིན་ཆེན་ཁུར་ལྡན་འདུལ་བའི་ཚུལ། །
ལྷག་པར་རིན་ཆེན་འབྱུང་བའི་རྒྱུན་ལམ་ཡང་། །ལྷ་ཡི་ལག་འགྲོའི་ལོངས་སྤྱོད་ཀུན་འདུས་བཞིན། །
ནོར་འཛིན་ཁྲོན་རྣམས་ཀླུ་དབང་དཔལ་འབྱོར་དབྱིབས། །ཐེག་ཆེན་ཆོས་ཀྱི་སྒྲ་ཆེན་སྒྲོགས་པའི་དུང་། །
ལེགས་བཤད་བདུད་རྩིའི་དགའ་སྟོན་སྤྱོད་པ་ལ། །མཁས་མང་མཐའ་དག་འདུས་འདྲ་གཡོན་
ཟུར་རི། །རབ་བརྟེན་ལྷུན་ཆགས་དབུས་ཀྱི་གཡོ་མེད་མཆོག །ལྷར་བཅས་འགྲོ་ཀུན་སྐྱོབ་པའི་དཔལ་
ཡོན་ཅན། །ཀུན་ནས་ཆུ་ཀླུང་རྣམ་བཞིའི་རྒྱུན་ལྡན་པ། །གྲུབ་མཐའ་རྣམ་བཞིའི་བཤད་རྒྱུན་རིང་
བའི་རྒྱུ། །རི་དྭགས་དཔག་བསམ་དབང་པོ་རྒྱས་འདྲ་ནི། །ཀུན་གཞིའི་ས་བོན་ཟབ་ལམ་བདུད་རྩིས་
བསྐྱེད། །ཉམས་རྟོགས་འདབ་རྒྱས་སྐུ་བཞིའི་འབྲས་བཟང་ཅན། །སྒྲུབ་པའི་དྲང་སྲོང་ལྡོན་པ་རྒྱས་
པའི་དཔལ། །བསམ་འཕེལ་ཡིད་བཞིན་མཛོད་འཛིན་ཀླུ་དབང་གིས། །རྒྱ་མཚོའི་གོས་ཅན་བདག་
ཏུ་བྱས་པ་འདི། །བཤེས་གཉེན་མཁས་མང་རྒྱུན་དུ་འབྱུང་བའི་དཔལ། །འཛིན་མའི་ཁྲོན་རྣམས་
འདབ་རྒྱས་འདྲ་བ་སྟེ། ལུང་རིགས་སྒྲ་བའི་བུང་བ་ཀུན་འདུའི་གཞི། །རྩེ་སྨན་འབྲུ་བཅུད་ཧྲག་པར་
འཕེལ་བའི་ས། །གདུལ་བྱའི་དཔལ་འཛིན་སྐྱེ་དགུའི་ཉེར་འཚོར་གྱུར། །ཆོས་སྒྲ་ཆེན་པོའི་རྒྱ་ཁྱོན་ཇི་

སྐྱིད་པ། །མཐུ་ལྡན་དཔའ་བོ་དབང་ཕྱུག་རིག་བྱེད་བཞིན། །དུས་གསུམ་རྒྱལ་བའི་ཞིང་ཁམས་ཇི་སྙེད་ཀུན། །ཆོས་བཞིན་སྐྱོང་མཛད་གང་དེས་དབང་མཛད་རྒྱལ། །དེ་ལྟའི་གནས་འདི་སངས་རྒྱས་ཀུན་གྱི་ཞིང་། །འཆི་མེད་ཆོས་སྒྲ་སྒྲོགས་པ་གདུལ་བྱའི་དཔལ། །རྣལ་འབྱོར་དབང་ཕྱུག་ལམ་བཟངས་བདུད་རྩིའི་སྒོ། །འཛམ་དབྱངས་རྣམ་འཕྲུལ་ས་སྐྱའི་གདན་ས་ཉིད། །ཡོན་ཏན་ཕུལ་བྱུང་ཁྱེད་ཀྱི་ཞིང་ཁམས་ཆེ། །དབྱངས་ཅན་པིར་གྱིས་བཀྲ་བའི་གསེར་མིག་གིས། །ཕྲིང་དུ་འགོད་མཁན་གྲགས་པ་རྒྱལ་མཚན་དཔལ། །བཟང་པོའི་གསུང་བཞིན་ལེགས་པའི་འབྱུང་གནས་སོ། །

ཞེས་གསུངས་ཏེ་འདི་ཞིབ་ཏུ་བཤད་ན་ཨེ་ཝཾ་གྱི་སྒྲ་དོན་དང་གནས་ཀྱི་ཡོན་ཏན་གཉིས་རྒྱས་པར་སྟོན་པར་འགྱུར་རོ། །ཡང་ཨེ་ཝཾ་ཆོས་ལྡན་གྱི་ཟུར་ཆེན་བླ་མ་སངས་རྒྱས་ལྷུན་གྲུབ་ཀྱིས་བསྟགས་པ་འདི་ལྟར་མཛད་དེ། དཔལ་ཨེ་ཝཾ་ཆོས་ལྡན་ལ་བསྟོད་པ་ཀཱ་ལིའི་རྒྱན་རྣམ་པར་བཀྲ་བ་ཞེས་བྱ་བ། འཕགས་པ་ངག་གི་དབང་ཕྱུག་ལ་ཕྱག་འཚལ་ལོ། །

ཀ་ལཱ་པ་ཡི་ལྐོ་ཡི་ཕྱོགས། །ཁ་བ་ཅན་གྱི་རི་ཡི་ལྗོངས། །ག་ཤ་སོགས་ཀྱི་དབེན་པའི་གནས། །ང་ཡི་བླ་མའི་དགོན་པ་འདི། །ཙ་ཙོ་སྤྱངས་ནས་ཆོས་སྒྲ་སྒྲོགས། །ཚ་ལུགས་མི་གཙོ་མཁས་པ་བཀུར། །ཛ་བཟང་ལོངས་སྤྱོད་ཆང་དང་བྲལ། །ཉ་ཤ་སོགས་སྤངས་དཀར་གསུམ་བསྟེན། །ཏ་ལའི་ལྗོན་ལྟར་བུ་སློབ་རྒྱས། །ཐ་མལ་སྐྱེ་བོས་རྒྱུ་བ་ཉུང་། །ད་ལྟ་བདེ་སྐྱིད་ཕུན་སུམ་ཚོགས། །ན་ནའི་རྒྱ་མཚོ་དང་གིས་སྐེམས། །པ་ཏྲའི་རི་མོ་ལྟར་བཀྲའི་བློས། །ཕ་རོལ་ཕྱིན་དང་སྔགས་ཀྱི་གཞུང་། །བ་མོའི་གྲངས་མཉམ་ལ་མཁས་པ། །མ་ལུས་འདི་ན་དང་གིས་འདུ། །ཙ་རི་ཏྲ་སོགས་རབ་བགྲོད་པའི། །ཚ་གྲང་ངལ་དུབ་མེད་པ་ཡང་། །ཛ་ལང་སེམས་རྒྱུན་འདུལ་བའི་ཆོས། །ཝ་ཀའི་ཆུ་བཞིན་འདི་ན་འབབ། །ཞ་ཉེ་ཟངས་ལྟུགས་གསེར་དངུལ་དང་། ཟ་འོག་ལ་སོགས་འཛོམ་པ་འདི། །འ་ཅག་གཟུ་བོར་གནས་པའི་བློས། །ཡ་རབས་སྐྱེ་བོའི་གནས་སུ་མཐོང་། །ར་གན་གསེར་དུ་བརྫུས་པ་ལྟའི། །ལ་ལའི་གྲུབ་མཐའ་སྣ་ཚོགས་པ། །ཤ་པའི་གནས་ལྟར་བཟྲིགས་པ་ཡང་། །ས་ཡི་སྙིང་ན་འདི་ཁོ་ན། །ཧ་ཡིག་ཐིག་ལེར་ལྡན་པ་དང་། །ཨ་ཐུང་ཙཎྜ་ལཱི་ཡི་ཆོས། །འདི་ན་ཚོགས་པ་མ་ཡིན་པར། །སུ་ཞིག་གིས་ནི་རྣམ་པར་དབྱེ། །དེ་ལྟར་སྨད་དུ་བྱུང་བའི་ཆོས། །ཚུལ་བཞིན་བསྟགས་པའི་དགེ་བ་ཡིས། །

སྐྱེ་བོ་སྨྲེད་པའི་ནད་བརྒྱ་ལས། །སྒྲོལ་བའི་དགའ་བདེ་སྤྱོད་བར་ཤོག །ཅེས་སོགས་གསུངས།
ཡང་མཁས་པའི་དབང་པོ་དཀོན་མཆོག་ལྷུན་གྲུབ་ཀྱི་ཞལ་སློབ་ཤར་དགས་པོའི་པཎྜི་ཏ་རྗེ་
བཙུན་ཕྲིན་ལས་པ་འཇིགས་བྲལ་གསུང་རབ་གཏེར་མཛོད་སྨྲས་པའི་སྡེ་ཕྱོགས་ལས་རྣམ་པར་
རྒྱལ་བས། དཔལ་ཨེ་ཝཾ་ཆོས་ལྡན་གསང་སྔགས་ཀྱི་ཕོ་བྲང་ཆེན་པོའི་རྟེན་གདན་རབས་དང་བཅས
པ་ལ་བསྟོད་པ་ཊཱ་ཀི་རྣམ་པར་བཞད་པའི་གླུ་དབྱངས་ཞེས་བྱ་བ་ལས་བརྗོད་བྱ་རགས་པ་ཙམ
བཤད་ན། གནས་སམ་རྟེན་ལ་བསྟོད་པ་ཐུན་མོང་མིན་པའི་རྒྱན། །ཨེ་ཡིག་རྣམ་ཀུན་མཆོག་ལྡན་བདག་མེད་མ། །
ཝཾ་ཡིག་བདེ་ཆེན་མི་འགྱུར་དགེས་མཛད་ཡབ། །ཟུང་འཇུག་གསང་ཆེན་ཐེག་པའི་ཆོས་འཁོར་གྱིས། །
སྐལ་ལྡན་འགྲོ་ཀུན་སྨིན་པར་མཛད་པའི་ས། །ཁྱད་པར་ཡུལ་བྱུང་གི་རྒྱན། ཨེ་ཝཾ་ཆོས་ལྡན་ལོངས་སྤྱོད་རྫོགས
སྐུའི་ཞིང་། །འདི་ནི་ས་ལ་གནས་པའི་འོག་མིན་ཞེས། །རིག་པ་འཛིན་པ་ཀུན་དུ་དགའ་བའི་དབྱངས། །
དབྱར་སྐྱེས་སྤྲིན་གྱི་ང་སྒྲས་མཆོན་མ་གྱུར། །གཟུགས་ཅན་རྒྱན་ནི། དེ་ལྟར་ཡོན་ཏན་རྒྱས་པའི་དྲི་བཟང་
སྤྲོས། །དབང་པོ་ཀུན་ནས་ཆེམ་པའི་བྷྲ་མ་རཿ། །ཉམ་ཆུང་འདི་ཀོ་དད་པའི་འདབ་བརྒྱད་སྐྱེ། །
བསྟོད་ཚིག་མཁྲིན་པའི་པི་ཝང་ཙུང་ཟད་བརྡུང་། །གཟུགས་ཅན། རྗེ་བཙུན་ཀུན་དགའི་ཐུགས་དགོངས
ཟབ་པའི་མཁར། །རྣམ་པར་རྒྱལ་མའི་ལུང་བསྟན་བདུད་རྩིའི་ཟེར། །ཐུགས་རྗེའི་དྲི་བཞོན་གར་གྱི
རོལ་མོ་ལས། །དགེ་མཚན་འོད་དཀར་བྱེ་བས་སྣིག་པའི་དཔལ། །ས་གཞིའི་དབྱིབས་ལ་སེམས་མེད་ཀྱི་རབ
བརྟགས། རྒྱལ་ཀུན་བྱིན་རླབས་འདུས་པའི་ལྷུན་པོ་ནི། །གྱིན་དུ་འདེགས་བཞེད་ནོར་གྱི་བློ་གྲོས་མ། །
རང་གཟུགས་དམན་པ་བཏང་ནས་དགེ་བའི་ལུས། །འདབ་རྒྱས་པདྨའི་དཀྱིལ་འཁོར་ཡངས་པར
སྤྲུལ། །བཞིན་སྣ་ཅན་གྱི་རབ་བརྟགས་ནི། དེ་མཐོང་ལྷ་རྣམས་བཞད་པའི་ངོ་མཚར་ལ། །འགྲན་པ་བཞིན་དུ
ཁྱབ་འཇུག་རྩེ་བའི་གནས། །བཻཌཱུརྻ་སྔོན་མ་ཀྐཏ་འཛེ་སྣིག་བཅས། །རྩིབས་བརྒྱད་འཁོར་ལོའི
གཟུགས་ཀྱིས་བླ་ནས་ཕུབ། །ཕྱོགས་ཀྱི་དགེ་མཚན་ལ་སྲིད་པ་ཅན་གྱི་རྒྱན་ནི། དེ་ཚེ་ཕྱོགས་ཀྱི་མཛེས་མའི
འགྲམ་པ་ལ། །བཀྲ་ཤིས་རྟགས་ཀྱི་བྱེད་པོ་སྣང་བརྙན་བརྒྱད། །བྲིས་པ་མེད་པར་རྣམ་བཀྲའི
མཛེས་སྡུག་གིས། །བྱེད་པོའི་རྫུ་འཕྲུལ་པིར་ཡང་སྐྱེངས་པ་སྐམ། །གཟིགས་ལམ་གྱི་སྣང་རི་ལ་རབ་བརྟགས།
མ་ར་ག་ཏའི་རིན་པོ་ཆེ་ལྡང་གྱུ། མདངས་ཚོགས་རྒྱས་པའི་ཚོན། །ཕྱོགས་ཀུན་ཁྱབ་པར་སྤྲོལ་བའི་ནེའུ

ཐང་། །ཉོན་མོངས་རྫུབ་པོའི་རིག་བྱ་སྐྱོབ་པའི་ཆེད། །ཆུ་ལྷའི་བློ་གོས་ས་ལ་བཀྲམ་པ་བཞིན། །
གྲོགས་སྲུལ་དམར་བའི་མཚོན་བྱེད་དེས་བསྟན་གྱི་རྒྱན། བསྡུ་དངོས་བཞི་ཡིས་སྐལ་བཟང་གདུལ་བྱའི་ཁམས། །
མ་ལུས་དབང་དུ་བསྡུས་པས་དབང་གི་མདངས། །བྱུ་རུའི་འཁྲི་ཤིང་དཀྲིས་པའི་ནགས་ཀླུང་ལྟར། །
རི་བོའི་སལ་སྲུལ་ཡར་ཆེར་དམར་བའི་མདོག །ཆུ་སྲིན་སྦ་ཚོགས་འབབ་ཚུལ་ནི། ཤང་ཤོང་རི་སྲུལ་ཤེལ་གྱི་
འབབ་སྟེགས་ལས། །དབང་བཞིའི་ཆུ་རྒྱུན་ཉེར་མཚོན་དལ་འབབ་ཀླུང་། །དབུ་བ་དཀར་པོའི་མེ་
ཏོག་འཁྲིམ་བཞིན་དུ། །ལྷུང་ལྷུང་ཆབ་སྒྲ་སྙན་པའི་རྒྱུད་མངས་བསྒྲེངས། །མེ་ཏོག་ཙེ་སྙན་སོགས་མང་བ་ལ་
གཟུགས་ཅན་གྱི་རབ་བརྟགས། དབང་པོའི་ཚོན་བཀྲས་བཀྲ་བའི་མེ་ཏོག་ཚལ། །ལེགས་སྦྱིན་ལོ་ཏོག་ཙེ་
སྙན་སྨུ་གུའི་ཚོགས། །དངོས་གྲུབ་འདོད་འཇོའི་དགའ་སྟོན་མ་སྨད་པའི། །ཚོག་བསྟར་བ་མཐོ་རིས་
ལེགས་སྤྱོད་བཞིན། །རྒྱབ་རིའི་དབྱིབས་ནི། ལྷ་གྲུབ་ཀུན་གྱི་ཡང་རྩེ་བླ་མེད་ཀྱི། །བསྟན་པ་རྒྱས་པའི་
དགེ་མཚན་རྒྱབ་ཀྱི་རི། །བརྗིད་ཅིང་ལྷུན་ཆགས་རིན་ཆེན་རྡུལ་བརྩེགས་ཀྱིས། །ཁེངས་པ་སྤྱོད་
བྱེད་དབང་གི་རྒྱལ་པོ་བཞིན། །གཡས་རིའི་དབྱིབས། དམ་པའི་གདུང་འཚོབ་ཕྲིན་ལས་སྲིད་སྐྱོང་བའི། །
ཆོས་ཀྱི་སྲས་ཚ་རིགས་བརྒྱུད་སྤྱེལ་བའི་ཕྱིར། །གཡས་རི་བུ་སྡུག་པང་དུ་འཛིན་མཁས་པའི། །
བཙུན་མོ་རིན་ཆེན་སྟན་ལ་རོལ་པ་བཞིན། །གཡོན་རིའི་དབྱིབས། ཐེག་ཆེན་ཤིང་རྟའི་འགྲོས་ཀྱིས་སྐལ་
ལྡན་ཀུན། །རྣམ་གྲོལ་ཐར་པའི་ལམ་དུ་དྲངས་པའི་ཆེད། །གཡོན་རི་སྤྱི་གཙུག་རིན་ཆེན་གྱིས་སྤྲས་
པའི། །མཆེ་བ་དྲུག་ལྡན་གྱེན་དུ་འདེགས་པ་བཞིན། །མདུན་རིའི་དབྱིབས། ཁ་ན་མ་ཐོའི་དྲི་བྲལ་ཆོས་
བཞིན་པའི། །ལོངས་སྤྱོད་གཏེར་སྒོ་བརྒྱ་ཕྲག་དབྱེ་བའི་སྐད། །མདུན་རི་བློན་པོ་རིན་ཆེན་འདུད་པ་
དང་། །འབྲུ་དང་ནོར་བུའི་ཕུང་པོ་སྤུངས་པ་བཞིན། །འདི་ཡན་ཤློ་ཀ་བཞི་དེས་བསྟན་ནམ་རབ་བརྟགས་སོ། །ཁོར་
ཡུག་གི་རིའི་དབྱིབས་ལ་ཉམས་ལྡན་གྱི་རྒྱན་ནི། ཀུན་ནས་ཟླུམ་འཁྱིལ་འཁོར་ཡུག་རི་བོའི་རྒྱུད། །པདྨའི་སྙེ་
གནས་འཁོར་ལོའི་མུ་ཁྱུད་ལྟར། །བྲག་རི་དབྱིབས་མཛེས་དུང་དང་རྒྱལ་མཚན་སོགས། །བཀྲ་
ཤིས་མཚན་མ་ཆེད་དུ་བཀོད་འདྲས་མཛེས། །ལམ་རིང་ཞིང་བགྲོད་དཀའ་བ་ལ་བརྒྱུད་པ་ནི། ཀུན་དཀྲིས་ཉེས་
བརྒྱུས་གཟེངས་པའི་གྲོང་ཁྱིམ་ལས། །ལམ་རིང་བགྲོད་དཀས་ཕྱིན་པ་ཉེར་ཞིའི་གནས། །ངན་
འགྲོའི་འཇིགས་ལས་རྒྱལ་བྱེད་ཚལ་དང་ནི། །མྱང་འདས་ཐར་པ་མཆོག་གི་གཞལ་མེད་ཁང་། །

དེར་སླེབ་ཚེ་ཤིན་ཏུ་དབེན་པ་རང་བཞིན་བརྗོད་པའི་རྒྱན། འདུ་འཛིའི་ཀླུང་བརྒྱ་བརྒྱལ་བ་རིའི་བོའི་ཕང་། །བྱ་དང་རི་དགས་རྩེ་བའི་དོ་ར་མཆོག །གྲུབ་པ་རིག་འཛིན་དྲང་སྲོང་དགའ་བའི་ཚལ། །འབྲོག་དགོན་ཤིན་ཏུ་དབེན་པའི་བསྟི་གནས་གང་། །དགེ་སྦྱོར་འཕེལ་ཞིང་དངས་སྦྲོ་ཚུལ་སེམས་མེད་ཀྱི་རབ་བརྟགས་སླམ་སྦྲ་ཅན་ནི། ཏིང་འཛིན་ངང་གིས་འཕེལ་བ་སྲིད་ཉེན་གྱི། །གདུང་སྐྱེབ་དཔལ་གྱི་དུམ་བུའི་ལྡིང་ཁང་ཉིད། །ལྷོ་ཕྱོགས་མ་ལ་ཡ་ཡི་ནགས་ཀླུངས་ལས། །བྱང་ཕྱོགས་དཔལ་མོའི་རྒྱན་དུ་འཕོས་པ་སླམ། །ཤ་ཆང་ནག་གསུམ་མི་འགྲིམ་པའི་ཚུལ། སྲིད་པའི་འདམ་རྫབ་ན་ཕྱད་མེད་རིའི་བགྲོད་པ་དང་། མཚན་སྲིན་པོ་རྒྱ་སྲིད་བྱེད་ཁ་ཟས་མཾ་ཤ་སའི་དུམ། །སྨོས་འགྱུར་དུག་གི་ཚང་ཁུ་བའི་ཐིགས་པ་སྟེ། །ཉེས་བརྒྱའི་བསྐྱེད་རྩ་བདུད་ཀྱི་ལོངས་སྤྱོད་དག་རང་བཞིན་བརྗོད་པའི་རྒྱན། རྟག་པར་རིང་དུ་སྤོང་བ་བཅའ་ཁྲིམས་དམ་བཅའ་ཚུལ་ཁྲིམས་ཀྱི། །ར་བ་བརྩེགས་པའི་གོ་སྐབས་མི་ཕྱེད་པ། །ཞི་དྲང་སྲོང་འཕྲུང་རྡུས་པའི་དུམ་བུ་གོ་བིནྡྷའི་ནི་ཕྱུགས་བདག་སྟེ་ཁྲབ་འཛུག །མཆོད་གྱི་འཁོར་ལོ་ཡིས་ཀྱང་གཞི་ནུས་མིན། །དཀར་གསུམ་མངར་གསུམ་ཁ་ཟས་རྫོར་དཀར་ལ་བརྟེན་ཚུལ་འཕགས་པ་དགེས་པའི་ཟས། །ཟླ་བའི་དུམ་བུ་བདུད་རྩིའི་ཟེའུ་མངར་དང་། །བཟའ་ཤིང་འཕྲུར་མ་བཟང་པོ་འགྲུངས་པའི་ཆབ། །ལྷ་ཡི་ཞལ་སྐྱེམས་བཏུང་བས་ཉེར་འཚོ་བའི། །ཉམས་ལྡན་གྱི་རྒྱན། གླིང་གསེབ་ཏུའང་ཚུལ་ཁྲིམས་ཀྱི་དྲི་བྲོ་ཚུལ། གཙང་སྦྱངས་ས་ཏ་ཀ་རའི་སྒྲེ་མ་དག །ཡོངས་སུ་སླིན་པའི་ཚུལ་ཁྲིམས་དྲི་བཟང་པོ། །ཕྱོགས་བརྒྱར་འཕྲུལ་བས་ལྷ་རྫས་སྤོས་དད་ཀྱིས། །སྲིད་ལམ་དུབ་པའི་མགྲོན་པོ་དབུགས་འབྱིན་བཞིན། །གཟུགས་ཅན་གྱི་རང་བརྟགས། གནས་སུ་སླེབ་པས་སྣང་བ་འགྱུར་ཚུལ། གུགས་པའི་ཕོ་ཉས་མགྲོན་གཉེར་ལམ་རིང་གིས། །ངལ་བརྒྱའི་ཁུར་བཅས་ལམ་དུ་བགྲོད་མ་ཐག །ཐོས་བསམ་སྒོམ་པའི་བྱ་བ་ལྷུར་བྱེད་ལས། །ཚེ་འདིའི་ཟང་ཟིང་གཡེངས་པ་དང་གིས་སྤོང་། །མ་འོངས་པ་འགོག་པ། འདོད་ལྡན་གྱི་སྐྱེ་བོ་མི་འདུ་ཞིང་། །བུད་ཤིང་ལ་སོགས་ཉེར་སྤྱད་བཙལ་དཀའ་བས། །བཟའ་བཏུང་རྙེད་བཀུར་ལྷུར་བྱེད་མི་འདུ་ཞིང་། །དབང་ལུང་མན་ངག་ཆོས་ཀྱི་ཆར་འབབ་པས། །ཐར་འདོད་སྐལ་ལྡན་སྐྱེ་བོ་ངང་གིས་འདུ། །ཆོས་ལྡན་ཡིད་ཆགས་ཚུལ། ཆོས་བརྒྱད་གཡེང་བའི་བུན་ལོང་མི་ལྡན་པས། །གཡེར་བག་ཅན་རྣམས་བག་ཕེབས་མི་འགྱུར་ཡང་། །ནགས་མཐོང་དབེན་པས་ལྷ་དང་རི་ཁྲི་ལྟར། །རྣལ་འབྱོར་ཅན་གྱི་ཡིད་ལ་དང་རྒྱུ་དཔེ་སྤྲོ་སྐྱེད། །ཁམས་པ་རྣམས་ཐུལ་ཚུལ། ཁྲུང་མཛོད་དཀར་གླང་

ཕ་ལྷར་གྱོང་བ་བོད་ཆེན་གྱི། །སྐྱེ་བོའི་ཚོགས་ཀུང་གཙང་གནས་འདིར་ཕྱིན་ཆེ། །གཉེན་ཞིང་དུལ་བའི་ཀུན་སྤྱོད་མཐོ་རིས་ཀྱི། །ཡོན་ཏན་མངོན་འགྱུར་འགོག་མངར་ལྡན་རྩིང་སྤྱོད་དྲི་ཡང་ཅི། མངའ་རིས་པ་རྣམས་ཐུལ་ཚུལ། ཞང་ཞུང་སྐྱེ་བོ་ཡལ་གའི་རི་དྭགས་སྤྲེའུ་བཞིན། །དྲན་རིག་གསལ་ཡང་རྩུང་ཟད་སྒྲོ་ཐུང་བ། །དེ་དག་མ་ལུས་གནས་འདིར་ལྷ་ལག་དོན་གྱི་དཔེ་བཞིན་དུ། །རྒྱུད་འཇམ་དང་ཚུལ་བཟང་པོའི་དཔལ་གྱིས་སྐྱིག །དབུས་གཙང་བ་ཐུལ་ཚུལ། རྣམ་དཔྱོད་གསལ་ཡང་ལྦུགས་བྱ་ཕ་ཕང་འདབ་ཅན་ལྷ་བུར། །གཡོ་སྒྱུའི་བློ་འཆང་དབུས་གཙང་ཞིང་སྐྱེས་རྣམས། །འདིར་ནི་བཟང་པོའི་མིག་བླུས་ཕྱོས་དྲང་སྲོང་ལྟར། །གྱ་གྱུའི་བསམ་སྦྱོར་རིང་དོར་ཆོས་དོན་སེམས། །མདོར་ན་ས་བཤད་ཀུང་ཉེས་སྐྱོན་འགྲིབ་ཅིང་། མ་ལ་ཡར་སྐྱེས་ཤིང་ཕལ་པ་ལའང་ཙནྡན་གྱི་དྲི་དང་། །ལྗོན་པོའི་ངོགས་སུ་བཤད་པའི་འདབ་ཆགས་ཀུང་། གསེར་ཁ་དོག་ཅུ་ལྷ་སྣང་ལག་དོན་གྱི་དཔེ་བཞིན། །གནས་གཙང་གཉིས་པའི་ཞིང་འདིར་སུ་ཡང་རུང་། །ལན་རེ་ཕྱིན་ནམ་ཡུན་དུ་བསྟེན་པ་དག །ཉེས་སྤྱོད་དྲི་མ་ཡང་དག་སེམས་ཀྱི་རྒྱུད། །གཙང་མའི་རས་ལ་དམ་པའི་ཡོན་ཏན་གྱི། །ཚོན་བརྒྱུའི་ཁ་དོག་ཚང་བ་སྲིད་མཐར་ཡང་། །ཉམས་པ་མེད་པ་ངོ་མཚར་རྨད་ཀྱི་གཏམ་རྨད་བྱུང་གི་དཔེ། སྤྱིལ་པོ་རྣམས་ཀྱི་བཀོད་པ། རྐང་ཤིང་འཕུང་ཕྲེང་མཛེས་ལོ་འབྲས་མེ་ཏོག་གི །སྐྱེད་ཚལ་ར་བས་ཀུན་ནས་བསྐོར་བའི་གཞིར། །རིག་པ་འཛིན་པ་སྟོང་ཕྲག་འཚོ་གཞིས་པའི། །སྒྲོང་ཁང་འཆི་མེད་མངོན་དགའི་བསྐྱི་གནས་ཚོགས། །ས་རྩེའི་མཚོན་དོན། ལྷག་པའི་ལྷ་མཆོག་རྡོ་རྗེ་གཞོན་ནུའི་ཞལ། །རྒྱ་གསུམ་དག་པའི་ཁ་དོག་མཚོན་པའི་མདངས། །ཟླ་ཤེལ་པདྨ་རཱ་གའི་ཕྲ་ཚོམ་ཅན། །ཨིནྡྲ་དབང་པོ་སྔོན་པོ་ནཱི་ལའི་སྒྲོམ་བུ་སྤྱངས་རིས་བསྟན་གྱི་རབ་བརྟགས་བཞིན། །དབུས་ཀྱི་གཙུག་ལག་ཁང་གི་བཀོད་པ། གང་གི་དབུས་ན་ལི་ཁྲིའི་གཞལ་མེད་ཁང་། །མཐོན་ཀ་ཆེན་པོའི་མདའ་ཡབ་དགོད་པའི་རྩེར། །བཅོ་སྦྱངས་དག་པའི་གསེར་མཆོག་ཧཱ་ཏྲི་རའི་ནི་བུམ་པ་ཅན་ཏེ་དེང་སང་སྒྲ་ཉམས་པས་འགག་འཛིན་ཟེར། གཟི་བྱིན་ནམ་མཁའི་ཁ་དོག་བསྒྱུར་བའི་དཔལ། བཞིན་སྒྲ་གཅིག་པའི་ངག་དོན་གྱི་དཔེ་ནི། གནམ་སྟོན་ཞུ་བ་འཕྲུལ་འདྲ་མཇུག་ཀྱི། །དབའ་གློངས་འཕྲུག་པའི་ཆུ་གཏེར་ཆེ་དབུས་ནས། །པདྨ་རཱ་གའི་ལྗོན་པོ་ཕྱུར་བའི་རྩེར། །ཉིན་བྱེད་འོད་ཀྱི་ཐིག་ལེ་ཤར་བཞིན་མཛེས། །ཁྲམས་ཆེན་དགེ་འདུན་གྱིས་གང་ཚུལ་ནི།

ཀ་ཆེན་བརྒྱ་ཕྲག་གིས་བཏེག་ཡངས་པའི་ཁྲམས། །སྲས་བཅས་རྒྱལ་བའི་སྐུ་བརྙན་ཚོགས་

བརྒྱའི་མདངས། །འཕགས་པ་གང་ཟག་ཁྲིམས་ལྡན་འདུས་ཚོགས་ཀྱིས། །ཡོངས་གང་ཀུ་གྲོ་རྣ་ཤིང་
ཆུ་ཞེང་གབ་པ་ཡི་ཀུན་ར་བཞིན་དངོས་པོའི་དཔེ། །འཆད་རྩོམ་ཤར་སྦྱངས་སོགས་ཀྱི་ཆོས་སྒྲ་ཉིན་མཚན་དུ་སྒྲོགས་ཚུལ། རྒྱུ་དཔེའི་
རྒྱན་ནི། ཡང་ན་ཉིན་མཚན་ཀུན་ཏུ་ཐེག་ཆེན་གྱི། །ཆོས་སྒྲ་རྒྱུན་མི་ཆད་པའི་སིལ་སྙན་ཅན། །དགའ་
ལྡན་ཆོས་ཀྱི་མངོན་མཐོའི་ཁང་བཟངས་ཉིད། །ས་སྟེང་སྐྱེ་དགུའི་སྐལ་བས་རྙེད་པ་སྙམ་རབ་བརྟགས།
གཙང་ཁང་བརྩེགས་པའི་བཀོད་པ་རང་བཞིན་བརྗོད་པ། ཙནྡན་སྤྲུལ་གྱི་སྙིང་པོའི་དྲི་བཟངས་ངར། །ཅི་ཡང་ལྡང་
བའི་གཙང་ཁང་བརྩེགས་པའི་ནང་། །ལྷ་མིའི་སྟོན་པ་ཤཱཀྱ་སེང་གེ་སོགས། །རྒྱལ་བ་རྒྱ་མཚོའི་སྐུ་གསུང་
ཐུགས་རྟེན་དང་། །གཙང་ཁང་སྟེང་མའི་ལམ་འབྲས་ལྷ་ཁང་། ལྷག་པར་གསུང་ངག་བླ་མ་བརྒྱུད་པའི་ཕྲེང་། །
གསེར་གྱི་མཆོད་སྡོང་ལེགས་པར་བསྒྲིགས་པ་ཚར་དུ་དངར་བ་ལྟར། །ཐུགས་རྗེ་རྒྱལ་བའི་འོད་ཀྱི་དཀྱིལ་
འཁོར་དང་། །བྱིན་རླབས་ཆེ་འཕྲུལ་བསམ་ཡས་མངོན་སུམ་དངོས་པོའི་དཔེ། བཞིན། མཆོད་རྫས་བསམ་གྱི་
མི་ཁྱབ་པས་རྒྱན་ཚུལ། ལྷ་དང་ཀླུ་དང་མི་ཡི་འཇིག་རྟེན་ན། །རིན་ཐང་ཆེ་བའི་མཆོད་རྫས་འགྱུར་པ་ཆེ་བའི་
དཔེ་རྒྱན་དབྱིག་གི་ནི། །སྙིང་པོའི་ལྷ་ཚངས་པ་ཡིད་ཀྱང་ངོ་མཚར་བྱེད་པའི་ཚོགས། །ཀུན་བཟང་མཆོད་
པའི་སྤྲིན་གྱིས་ཅི་ཡང་ཀླུབས། །ཆོས་སྐྱོང་དངོས་སུ་བཞུགས་ཚུལ་འཇིགས་རུང་གི་ཉམས་ལྡན། རྡོ་རྗེ་ཅན་གྱི་དམ་
ཚིག་རྗེས་སྐྱོང་བའི། །ཡོངས་རྫོགས་བསྟན་པའི་དཔལ་འདི་བསྲུང་བའི་ཆེད། །རྫུ་འཕྲུལ་དཔག་
ཡས་མ་ཧཱ་ཀཱ་ལའི་ཚོགས། །མངོན་སུམ་བཞུགས་ནས་བདུད་སྡེའི་གླད་པ་འཐག །དུང་དང་གཎྜིའི་སྒྲས
དགེ་འདུན་འདུ་ཚུལ། ཆོས་ཀྱི་དུང་དང་རྔ་ཆེན་གཎྜིའི་སྒྲ། །སྤྲིན་ཆེན་འབྲུག་གི་གད་རྒྱངས་ལས་ལྷག་
པས། །ཚུལ་བཞིན་མགྲོན་གཉེར་དུར་སྒྲིག་འཛིན་པའི་དཔུང་། །ལི་ཁྲིའི་ཆུ་གཏེར་གཡོ་བའི་དབའ་
ཀློང་བཞིན། དགེ་འདུན་ལྷག་པར་མང་བའི་དུར་སྒྲིག་གིས་ནམ་མཁའི་མདོག་ཀྱང་བསྒྱུར་ཚུལ་ཉམས་ལྡན་གྱི་རྒྱན། །འདུས་པ་
རྒྱ་མཚོའི་སྣུམ་སྤྲུར་འཕགས་པའི་གོས། །གུར་གུམ་གཞོན་ནུའི་ཚོན་གྱིས་ནམ་མཁའི་ཁམས། །
སིནྡྷཱུ་དམར་སེར་ལྟ་ར་ལི་ཁྲིའི་རྡུལ་ཚོགས་ལྟར། །དམར་སེར་འོད་ཀྱི་དཀྱིལ་འཁོར་རྒྱ་ཆེའི་དབུས།
བཞུགས་གདན་སེང་གེའི་ཁྲི་ལ་འགྲིང་ཚུལ་ཆོས་དཔེ། མི་འཇིགས་བཞི་ཡི་ལག་ལྡན་དགྲས་བཏེག་པའི། །
གསེར་གྱི་ཁྲང་རྟེན་དང་བཅས་རིན་ཆེན་ཁྲིར། །གཉའ་ཤིང་འཛིན་རིའི་ཕྲག་པར་ཉིན་བྱེད་ལྟར། །
ཀུན་ནས་བརྗིད་པའི་ཞབས་ཟུང་བརྟན་བཞིན་དུ། །སེང་གེའི་ཁྲིའི་སྟེང་ནས་ཆོས་འཁོར་བསྐོར་ཚུལ། དབང་

བཞིའི་ཀླུང་ཆེན་འབེབས་ལ་མ་ཐོགས་པས། །མཐའ་དྲུག་རྒྱུད་སྡེའི་ཕྱག་རྒྱ་བདེར་བཀྲོལ་ནས། །
གསུང་ངག་གདམས་པ་རྒྱ་མཚོའི་ཆོས་འཁོར་གྱིས། །འགྲོ་ཀུན་སྨིན་གྲོལ་མཛད་པའི་རྡོ་རྗེ་འཛིན། །
གདན་རབས་རིམ་པར་ཕེབས་ཚུལ། གསེར་རིའི་ཕྲེང་བ་ཇི་བཞིན་ལྷུན་ཆགས་ཉིད། །སྐལ་བཟང་བསོད་ནམས་རྒྱས་པའི་རྣམ་འདྲེན་དུ། །རྒྱལ་ཀུན་དགེས་པའི་འཁོར་ལོས་མངའ་གསོལ་གཞི་བརྗིད་ཅན་གྱི་རྒྱན་ནས། །སྤྲེལ་ལེགས་རིམ་གྱིས་ཕེབས་པ་རྒྱུན་མི་ཆད། །འདིར་གདན་རབ་རྣམས་ཀྱི་རྟོགས་བརྗོད་དང་བསྟོད་པ་མདོར་བསྡུས་ཤིག་བརྗོད་པར་སྤྲོ་མོད། འདིར་ཡི་གེ་མངས་ཀྱིས་དོགས་དང་ཁྱད་པར་ལམ་འབྲས་ཆོས་འབྱུང་གསུང་ངག་བསྟན་པ་རྒྱས་པའི་ཉི་འོད་ཀྱི་ཁ་སྐོང་ཀུན་མཁྱེན་གུང་རུ་དང་ཆོས་རྗེ་གོ་བོ་རབ་འབྱམས་པས་མཛད་པ་གཉིས་ཀྱིས་ཁ་སྐོང་དུ་བྱས་པ་ཞིག་གསུང་ངག་སྟོན་འཁོར་ཅིས་ཀྱང་དགོས་པར་སྣང་བས་ཁོ་བོ་ཅག་གིས་ཀྱང་པར་ཆད་མ་བྱུང་ཞིང་། མཐུན་རྐྱེན་རྟེན་འབྲེལ་འགྲིགས་ན་འདྲི་བར་སྤྲོ་ལ། གལ་ཏེ་མ་གྲུབ་ན་ཕྱི་ནས་འབྱོན་འགྱུར་དག་གིས་མཛད་པར་གསོལ་བ་འདེབས་སོ། །ཨེ་ཝཾ་ཆོས་ལྡན་རྡོ་རྗེའི་གདན་སྤྱི་ལས། །ཕྲིན་ལས་འོད་སྟོང་ཕྱོགས་བརྒྱར་འགྱེད་མཁས་པའི། །ཆོས་ཀྱི་ཉིན་བྱེད་རིམ་པར་བྱོན་པ་རྣམས། །ངེས་པར་ཤཱཀྱའི་རྒྱལ་དང་བྱེ་བྲག་ཅེ། །བར་སྐབས་ཀྱི་ཚོགས་སུ་བཅད་པའོ། །དེ་རྣམས་ཀྱིས་ནི་རྒྱལ་བས་ལུང་བསྟན་ཀུན་དགའ་བཟང་པོའི་རྣམ་པར་ཐར་པ་རགས་པ་ཙམ་བསྟན་ཟིན་ཏོ།། །།

དཔལ་ལྡན་ཁྲབ་བདག་རྡོ་རྗེ་འཆང་དབང་གི །དེ་རྟེན་སྟོན་པའི་ཡོན་ཏན་མཁའ་འདྲ་བ། །
འཕགས་བློའི་མཁའ་ལྡིང་བགྲོད་པས་གཞལ་མིན་ན། །བློ་ཆུང་སྦྲང་བུའི་འདབ་མས་ག་ལ་ཞིག །
འོན་ཀྱང་ཚུར་མཐོང་བྱིས་བློའི་ངོ་མཚར་གཏམ། །སྒྲ་རྩེའི་ཆུ་ཐིགས་ཙམ་ཞིག་གུས་འཐོར་བས། །
ཕྱོགས་ལྷུང་ཚ་བའི་རིམས་ལ་ག་བུར་བཞིན། །དག་སྣང་བསིལ་བའི་དངོས་པོས་ཀུན་དགེར་ཤོག །
ཨེ་ཝཾ་ཆོས་ལྡན་ཡོངས་སྐྱའིཞིང་མཆོག་འདིར། །ཕུན་ཚོགས་ལྷ་ལྡན་འབྱོར་པ་ཆེར་རྒྱས་ཤིང་། །
བཟང་འཇུག་གསང་ཆེན་ཐེག་པའི་ཆོས་འཁོར་གྱིས། །འཁོར་བ་ཇི་སྲིད་གདུལ་བྱ་སྨིན་གྲོལ་ཤོག །
ཡངས་པའི་འཇིག་རྟེན་ཁམས་ཀུན་དུས་འཁྲུགས་སོགས། །སྙིགས་མའི་རྒུད་པ་ཀུན་ལས་རྣམ་གྲོལ་ཞིང་། །བདེ་འབྱོར་དཔག་ཡས་དཀོན་མཆོག་རྣམ་གསུམ་གྱི། །ཐུགས་རྗེ་དཀར་པའི་སྣང་བས་ཁྱབ

པར་ཤོག །ཁོ་བོ་ཅག་ཀྱང་དེང་ནས་བྱང་ཆུབ་བར། །བཅོ་བརྒྱད་དལ་འབྱོར་སྡོམ་གསུམ་བསླབ་པས་བརྟུམས། །ཐོས་བསམ་སྒོམ་པའི་ནོར་བུས་ཡོངས་བཀང་ནས། །རིས་མེད་འགྲོ་ལ་ཕན་བདེའི་བྱེད་པོར་ཤོག །ཁྱད་པར་ཚེ་འདིར་བསྟན་འགྲོར་ཕན་པ་ཡི། །ལས་འབྲེལ་ཡོད་ན་འགལ་རྐྱེན་ཀུན་ཞི་ཞིང་། །མཐུན་པའི་རྐྱེན་གྱུར་སྲིད་ཞིའི་དཔལ་འབྱོར་རྣམས། །དབྱར་མཚོ་ཧི་བཞིན་དང་གིས་འཕེལ་རྒྱས་ཤོག །ལས་དབང་རྟེན་འབྲེལ་མེད་ན་ད་ཀོ་ནི། །བློ་བའི་བར་དུའང་འགྱུང་བའི་སྐབས་མེད་པར། །ཟག་སྡོད་འཁྲུལ་འཁོར་འདི་དང་བྲལ་བྱས་ནས། །ཡིད་ལ་གཅགས་པའི་གནས་དེར་མྱུར་བགྲོད་ཤོག །ས་འཛིན་སྐྱ་བོར་ངོ་མཚར་རོལ་རྩེད་མཁན། །བརྒྱུད་པར་བཅས་པའི་ཕྲིན་ལས་རྩ་ལག་མཆོག །ཡིག་གཉིས་དོན་ལྡན་འདྲེན་པའི་རིང་ལུགས་མཆོག །སྲིད་མཐའི་བར་དུ་མི་ཉམས་རྒྱས་པར་ཤོག །ཀྱེ་མ་ད་དུང་སྨྲེ་སྔགས་སྨོན་ལམ་ནི། །སྨོམ་བརྩོན་བྱུང་བས་དད་ལྡན་མི་རྟག་ལས། ། བླངས་པའི་སྦྲང་རྩི་མཆོག་གསུམ་མཆོད་པའི་ཐེབས། །འཛོམས་པ་རྣམས་ཀྱི་བསམ་སྦྱོར་ཀུན་ཞི་ཤོག །སེམས་ཅན་གཅིག་ལ་ཕན་ནའང་བདག་ཅག་ལུས། །གཏོང་བའི་དམ་བཅས་ཡོད་ན་བསྟན་འགྲོ་ལ། །ཕན་ན་སེ་གོལ་གཏོགས་པའི་ཚེ་མེད་ཀྱང་། །བསྟན་འགྲོའི་གླུད་དུ་བདག་ཅག་འགྱུར་བར་ཤོག །བདག་གིས་བསམ་པ་ཐག་པའི་སྨོན་ལམ་འདི། །མཐོང་ཐོས་དྲན་པར་འགྱུར་རོ་ཅོག་ཀུན་གྱི། །རྒྱུད་ལ་ངེས་འབྱུང་བློ་ཡིས་རྒྱུད་བསྐུལ་ནས། །མངོན་མཐོ་ངེས་ལེགས་ས་བོན་ཐེབས་པར་ཤོག །བདག་ལ་བློ་གཏད་ཤེ་གསོན་གྲངས་མེད་ཀུན། །མཆོག་གསུམ་ཐུགས་རྗེའི་གཟིགས་པ་དྲི་མེད་དང་། །ཆོས་ཉིད་འགྱུར་མེད་རྟེན་འབྲེལ་བསླུ་མེད་མཐུས། །གནས་སྐབས་མཐར་ཐུག་དོན་གཉིས་ལྷུན་གྲུབ་ཤོག །མདོར་ན་ནམ་མཁའི་མཐའ་ཁྱབ་ཡིད་ཅན་རྣམས། །གང་འདུལ་ཐབས་ཀྱིས་མཐར་ཐུག་གནས་ཁྲིད་པའི། །ཀུན་མཆོག་རྡོ་རྗེ་འཆང་གི་གོ་འཕང་མཆོག །འགྱུང་མེད་མྱུར་དུ་ཐོབ་པའི་བཀྲ་ཤིས་ཤོག །དངོས་བརྒྱུད་བླ་མ་ལྷ་དང་དཀོན་མཆོག་གསུམ། །བསྟན་སྲུང་ནོར་ལྷའི་བྱིན་རླབས་མཐུ་དཔལ་གྱིས། །ཕྱོགས་དུས་ཀུན་དུ་སྲིད་དང་ཞི་བ་ཡི། །དགེ་ལེགས་ཕུན་སུམ་ཚོགས་པའི་བཀྲ་ཤིས་ཤོག །

ཅེས་པ་རྒྱལ་བས་ལུང་བསྟན་པའི་སྐྱེས་བུ་ཆེན་པོ་རྡོ་རྗེ་འཆང་ཀུན་དགའ་བཟང་པོའི་རྣམ་པ

ར་ཐར་པ་ལེགས་བཤད་ཆུ་བོ་འདུས་པའི་རྒྱ་མཚོ་ཡོན་ཏན་ཡིད་བཞིན་ནོར་བུའི་འབྱུང་གནས་ཞེས་བྱ་བ་འདི་ནི་དམ་པ་གོང་མ་རྣམས་ཀྱིས་རྣམ་ཐར་གྱི་ཡི་གེ་དུ་མ་མཛད་ཀྱང་། དེང་སང་དཔེ་རྣམས་འཛོམ་དཀའ་ཞིང་སྐབས་དོན་རྣམས་རྟོགས་དཀའ་བས་རྣམ་ཐར་སྔ་མ་རྣམས་ཀྱི་ལེགས་ཆ་བསྡུས་པའི་ཡི་གེ་ཞིག་བགྱིས་ཞེས་རྒྱལ་ཚབ་དམ་པ་ཕྲིན་ལས་ཡུན་རིང་དུ་བསྐྱངས་པའི་ཁྲབ་བདག་བླ་མ་ལྷུན་གྲུབ་དཔལ་ལྡན་གྱི་ཞལ་སྔ་ནས་ཀྱི་བཀའི་ཅོད་པན་གནང་བ་སྤྱི་བོར་བླངས་ཤིང་། རང་ཉིད་ཀྱང་མོས་པའི་རྒྱུ་བྱས་ནས་བྱ་བྲལ་སྒོམ་ལས་པ་སངས་རྒྱས་ཕུན་ཚོགས་ཀྱིས་སྙན་དངགས་ཀྱི་སྒྲོ་བཏགས་ཀྱི་ཚིག་སྦྱོར་སྤྲངས་ཤིང་། མ་བཅོས་པ་ཉིད་རྒྱན་གྱི་དམ་པར་བྱས་ཏེ། བླ་མ་གོང་མ་རྣམས་ཀྱི་གསུང་རབ་ལས་ཇི་ལྟར་འབྱུང་བ་བཞིན་རྣམ་བྱུང་ཞེས་པ་ས་ཕོ་འབྲུག་གི་ལོའི་དབྱུ་གུའི་ཟླ་བའི་རྒྱུ་སྐར་རྒྱལ་པོ་ཆ་ཤས་ཡོངས་སུ་རྫོགས་པའི་ཚེས་ལ། ཡོན་ཏན་རིན་པོ་ཆེ་དུ་མའི་འབྱུང་གནས། དཔལ་ཨེ་ཝཾ་ཆོས་ལྡན་གྱི་གཙུག་ལག་ཁང་དུ་སྦྱར་བའོ། །

སྨྲས་པ། སྲས་བཅས་རྒྱལ་བའི་རྟོགས་བརྗོད་རྣམ་ཐར་རྣམས། །ཐར་འདོད་ལམ་གྱི་ཇུ་ལག་ཡིན་ན་ཡང་། །གདམ་བརྒྱུད་ཙམ་དུ་བསམས་ནས་འདོར་བྱེད་པ། །དེ་དག་སེམས་ནི་ཡིད་སྲུབ་བྱེད་པོས་བསླད། །འཕེལ་གདམ་འདི་ལ་ངེས་ཤེས་འདྲོངས་འདོད་ན། །ལེགས་གསུང་འདུལ་བ་ལུང་དང་མདོ་སྡེ་སོགས། །བགྲང་ཡས་གསུང་རབ་བལྟ་ཞིང་རིགས་པས་དཔྱོད། །དེས་ན་བདག་ལ་ཡི་རང་ཅིས་མི་སྐྱེ། །ཨ་ཧོ་འགྲོ་བ་ཕལ་གྱི་སྣང་ཚུལ་གཟིགས། །གདན་དུ་བདེ་བའི་དམ་ཆོས་ཡིད་བཞིན་དབང་། །ཞར་བྱུང་ཙམ་ལས་སྙིང་ནས་དོན་གཉེར་དཀོན། །ལོངས་སྤྱོད་སྐན་གྲགས་ཙམ་ཞིག་དོན་གཉེར་མཚར། །ཞེས་ཀྱང་ཤུགས་བྱུང་ཐལ་བ་ལགས། ཤུ་བྷ་མསྟུ་སརྦ་ཛ་གཏྲཾ།། །།

༄༅། །རྗེ་བཙུན་རྡོ་རྗེ་འཆང་ཀུན་དགའ་བཟང་པོའི་ལམ་འབྲས་ཀྱི་བཀའ་རྒྱ་ཐིམ་པའི་གཟིགས་སྣང་གི་གསལ་བྱེད་བཞུགས་སོ། །

དཔལ་ལྡན་དོན་འགྲུབ།

ན་མཿསྭསྟི་རཏྣ་དྷྭ་ཡ། འདིར་རྗེ་བཙུན་རྡོ་རྗེ་འཆང་ཀུན་དགའ་བཟང་པོའི་ཞལ་སྔ་ནས་ཀྱི་རྣམ་པར་ཐར་པ་རྒྱ་མཚོ་ལྟ་བུའི་ནང་ནས་གཅེས་པའི་ནོར་བུ་ལྟ་བུ། གསུང་ངག་ལམ་འབྲས་ཀྱི་བཀའ་རྒྱ་ཐིམ་པའི་ཚེ་དག་པའི་གཟིགས་སྣང་ཁྱད་པར་ཅན་ཇི་ལྟར་བྱུང་བའི་ཚུལ་བཤད་པ་འདི་ལ་གཉིས་ཏེ། བཤད་པའི་གཞི་བཀོད་པ་དང་། དེའི་དོན་བཤད་པའོ། །

དང་པོ་ནི། ཁྱད་པར་གྱི་ཐིག་ལེ་དངས་མའི་དབུས། །རྣལ་འབྱོར་གྱི་དབང་ཕྱུག་ས་སྐྱ་པ། །རྗེ་བླ་མ་བརྒྱུད་པ་འགའ་རེ་དང་། ཡི་དམ་དཀྱིལ་འཁོར་ལྷ་ཚོགས་དང་། །ཕྱག་རྒྱའི་གཟུགས་དང་མཆོད་རྟེན་དང་། །བདག་བུ་བཞིན་སྐྱོང་བའི་ལྷམ་དྲལ་རྣམས། །ལྟར་སྣང་གཅིག་གི་སྣང་བ་བསམ་མི་ཁྱབ། །རྗེ་བཙུན་རྡོ་རྗེ་འཆང་ཀུན་དགའ་བཟང་པོས་གསུང་ངག་གི་བཀའ་རྒྱ་ཐིམ་ནས་གསུངས་པས་ཚིག་གམ་མི་ཚིག་ཐུགས་ལ་འབྲུངས་པའི་ཚེ། མགོན་ལྷ་གཡུ་ཐོག་ཏུ་རྗེ་བཙུན་ཆེན་པོས་གསུངས་ཚིག་པའི་བརྡ་དྲུ་བུ་སྣ་ལྡེའི་ཞལ་གཟིགས་འདི། སྐལ་ལྡན་གྱི་གདུལ་བྱ་རྣམས་དད་པ་གསལ་འདེབས་པའི་ཕྱིར། བླ་མ་བརྒྱུད་པ་དང་བཅས་པ་ལ་གསོལ་བ་བཏབ་ཅིང་། མཁའ་འགྲོ་ཆོས་སྐྱོང་ལ་མཆོད་གཏོར་ཕུལ་ཏེ། ལྷ་མཆོག་སེང་གེས་གསང་བརྟོལ་བ་ལ་མཁའ་འགྲོ་རྣམས་ཀྱིས་བཟོད་པར་གསོལ་ཞིང་། དད་ལྡན་རྣམས་ཡིད་ཆེས་པའི་གནས་སུ་མཛོད་ཅིག །མངྒ་ལཾ་བྷ་ཝནྟུ་ཞེས་པ་སྟེ། འདིའི་ཁྱད་པར་གྱི་ཐིག་ལེ་ཞེས་པ་ནས། །བསམ་མི་ཁྱབ་ཅེས་པའི་བར་ཚིག་རྐང་བདུན་ནི་རྡོ་རྗེ་འཆང་

ཉིད་ཀྱི་གསུང་ཡིན་ནོ། །འདི་ལ་ཚིག་བར་མི་མཉམ་པ་ཁ་ཅིག་སྣང་བ་ནི་དང་པོ་ཉིད་ནས་ཤུགས་འབྱུང་མ་བཅོས་པར་གསུངས་པ་ཡིན་པས་སླན་ཆད་ཀྱང་བཅོས་པར་མི་བྱའོ། །

དེ་ནས་ཀྱང་རྗེ་བཙུན་རྡོ་རྗེ་འཆང་ཀུན་དགའ་བཟང་པོས་ཞེས་པ་ནས། ཧྲཱ་ཕཊ྄་ཞེས་པའི་བར་ནི་རྗེ་ལྷ་མཆོག་སེང་གེ་པའི་གསུང་ཡིན་ལ། དེ་ཡང་ཚིག་རྐང་བདུན་གྱིས་བསྟན་པའི་གཟིགས་སྣང་ཁྱད་པར་ཅན་འདིའི་གནས་ཚུལ་ཚིགས་བཅད་དེ་ཉིད་བཅས་པ། རྗེ་ལྷའི་མཚན་ཅན་གྱི་བར་སྐབས་བརྒྱད་དུ་བཞུགས་པ། རྗེ་འདིས་ཕྱི་རབས་ཀྱི་གདུལ་བྱ་ལ་དགོངས་ནས། གཟིགས་སྣང་རི་མོར་འབྲི་བའི་ཞལ་བཀོད། དེའི་ཞབས་སུ་རྗེ་དེའི་གསུང་དང་། རང་གིས་གསལ་བྱེད་དང་བཅས་པ་འདི་དཀར་ཆག་གི་ཚུལ་དུ་འབྲི་བར་མཛད་པའོ། །

གཉིས་པ་དེའི་དོན་བཤད་པ་ནི། གཟུང་བདེ་བའི་ཕྱིར་ཚིགས་སུ་བཅད་པ་འདི་དག་གིས་རྟོགས་པར་བྱ་སྟེ། རྗེ་སྐལ་ལྡན་གྱི་འདྲེན་མཆོག་ཀུན་དགའི་མཚན། །གནས་མགྲོན་ལྷ་གཡུ་ཐོག་ཏུ་ཕེབས་པའི་ཚེ། །ཆོས་གསུང་ངག་ལམ་འབྲས་ཀྱི་བཀའ་རྒྱ་དེ། །དུས་དེ་ལོ་ཡན་ཚོད་ཀྱིས་ཐིམ་པར་དགོངས། །སྐྱེ་དྲང་བའི་ཕྱག་གཡས་མཆོག་སྦྱིན་ཚུལ། །གཡོན་མཉམ་གཞག་གླེགས་བམ་འཛིན་བཞིན་དུ། །ངས་བཤད་པས་ཚིག་གམ་མི་ཚིག་སྙམ། །ཐུགས་ཐེ་ཚོམ་ཅུང་ཟད་འཁྲུངས་པ་ན། །འཕྲུལ་དེ་ལ་གདམས་པ་བདུད་རྩིའི་རྒྱུན། །སྟོད་སྐལ་ལྡན་རྣམས་ལ་བཤད་རུང་ཞིང་། སྲོལ་རྨད་བྱུང་ཡུན་རིངས་གནས་སོ་ཞེས། །བརྡ་དོན་ཟབ་སྟོན་པ་འདི་ལྟར་ཤར། །དབྱིངས་སྦྲིས་པ་ཀུན་བྲལ་ནམ་མཁའ་ལ། །འཇའ་ཁ་དོག་ལྔ་ལྡན་གུར་ཁང་ན། །དཔལ་སྒྲུ་འཕྲུལ་དྲ་བའི་རོལ་པ་མཆོག །དོན་བླ་མ་ལྷར་བཅས་འདི་དག་གཟིགས །རྗེ་རྣལ་འབྱོར་དབང་ཕྱུག་ས་སྐྱ་པ། །མཚན་ཀུན་དགའ་སྙིང་པོར་གྲགས་ལྡན་དེ། །གཡས་མཆོག་སྦྱིན་ཕྱག་རྒྱས་དགོས་འདོད་སྩོལ། །གཡོན་པད་དཀར་འཛིན་པས་ཉེས་ཀུན་སེལ། །སྐུ་ཟག་མེད་བདེ་བའི་གཟི་མདངས་གསལ། །ཐུགས་རབ་ཞི་ལས་བྱུང་འཛུམ་ཞལ་དང་། །ཡོངས་འགྲོ་ལ་བརྩེ་བའི་གཟིགས་སྟངས་ཅན། །དཔལ་མཐོང་བ་དོན་ཡོད་དེ་བཞུགས་སོ། །

མགོན་དེའི་གཡས་བསོད་ནམས་རྩེ་མོའི་མཚན། །སྐུ་དར་བབ་ལང་ཚོའི་གཟི་འབར་ཞིང་། །

ཕྱག་ཟབ་རྒྱས་ཆོས་ཀུན་འཆད་པའི་ཚུལ། །རྗེ་མཁས་པའི་དབང་པོ་དེ་བཞུགས་སོ། །གཡོན་གྲགས་
དཀར་རྒྱལ་མཚན་འཛིན་པའི་རྗེ། །ཕྱག་གཡས་པ་ཡེ་ཤེས་རྡོ་རྗེ་བསྣམས། །གཡོན་སྟོང་ཉིད་དྲིལ་
བུ་དཀྲུར་བརྟེན་པའི། །དཔལ་གྲུབ་པའི་གཙུག་རྒྱན་དེ་བཞུགས་སོ། །གཡས་འོག་ཆར་ཐུབ་བསྟན་
འཛིན་པའི་གཙོ། །ཕྱི་གནས་ལྔ་རིག་པའི་པཎྜི་ཏ། །ནང་ཡེ་ཤེས་ལྔ་ལྡན་འཛམ་པའི་དབྱངས། །
ཆོས་གནས་ལྔ་འཆད་པའི་ཕྱག་རྒྱ་ཅན། །སྐུ་དུར་སྨྱིག་ན་བཟས་རྣམ་པར་མཛེས། །ཞལ་མཛོད་སྤུ་
དཀར་པོས་ལེགས་པར་བརྒྱན། །དབུ་པཎ་ཆེན་ཞྭ་ཡི་ཅོད་པན་འཛིན། །ཀུན་དང་བ་སྐྱེད་མཛད་དེ་
བཞུགས་སོ། །གཡོན་འོག་ཆར་དཔལ་ལྡན་འཕགས་པའི་མཚན། །ཕྱག་གཡས་པ་མཆོག་སྦྱིན་ཆེན་
པོའི་ཚུལ། །གཡོན་ཏིང་འཛིན་གཡོ་མེད་མཉམ་གཞག་ཅན། །མགོན་ཐུབ་པའི་བརྟུལ་ཞུགས་འཛིན་
དེ་བཞུགས། །སྟེང་གཡས་ཆར་དགེས་མཛད་ཡུམ་དང་བཅས། །ཆོས་སྐྱོང་རྗེ་བསྲུ་དངོས་རྣམ་ཐར་
སོགས། །ཐབས་དག་པ་རབ་འབྱམས་གར་མཁན་ཚུལ། །དེ་ཡེ་ཤེས་མེ་དཔུང་དབུས་ན་བཞུགས། །
དཔལ་བདེ་མཆོག་ཡུམ་བཅས་གཡོན་གྱི་ཆར། །སྐུ་ཚངས་གནས་རྟེན་འབྲེལ་སོགས་རོལ་པས། །
ལས་སྒྱུ་འཕྲུལ་ཆེན་པོའི་དོན་བསྒྲུབ་པ། །མི་རབ་འབར་དབུས་ན་ལྷམ་མེར་བཞུགས། །གཞི་ལམ་
དང་འབྲས་བུའི་ཆོས་ལྔ་ཚན། །ཀུན་མཁྱེན་བྱེད་འཁོར་ལོ་ལ་སོགས་པའི། །ལྷ་རིགས་ལྔའི་ཕྱག་
མཚན་གཙོ་བོ་ཡི། །ལོགས་གཡས་གཡོན་སྟེང་གི་ཆ་ན་བཞུགས། །རྒྱུད་དཀྱིལ་འཁོར་རྣམ་བཞི་
ལམ་བཟངས་བཞེས། །འགྲོས་རྣམ་བཞི་ཐིམ་པའི་སྐུ་བཞི་ཡི། །རྟགས་མཆོད་རྟེན་རྣམ་བཞི་འཛའི་
ནང་གི །ཕྱོགས་གཡས་གཡོན་ཆ་ན་ལེགས་པར་བཞུགས། །དེ་གཡས་ཕྱོགས་སྟེང་ན་རྣམ་རྒྱལ་
དང་། །དེའི་འོག་གི་ཆ་ན་བྱང་ཆེན་གཅིག །གཡོན་དབུས་ཆར་བྱང་ཆེན་ཆེ་བ་དང་། །དེའི་ཕྱི་ཐད་
ཆུང་བ་འཛའ་ལ་བརྟེན། །འོག་གཡས་ཕྱོགས་བསྟན་དང་འགྲོ་བ་ལ། །ལས་གནོད་བྱེད་གདུག་པ་
ཀུན་འདུལ་པའི། །དཔལ་ནག་པོ་ཆེན་པོ་ལྕམ་དྲལ་གཉིས། །དུས་ཐ་མའི་མེ་འདྲའི་དབུས་ན་
བཞུགས། །རྗེ་བླ་མའི་ཚོགས་དང་ཕྱག་རྒྱ་ལྔ། །གདན་པདྨ་ཟླ་བའི་སྟེང་ན་མཛེས། །ལྷ་ཡི་དམ་
ཆོས་སྐྱོང་ལྕམ་དྲལ་བཅས། །དོན་རྣམ་དག་མཚོན་པའི་གདན་ལ་བཞུགས། །འདི་ཐར་ལམ་སྟོན་
པའི་བླ་མ་དང་། །མཆོག་དངོས་གྲུབ་སྩོལ་བའི་ཡི་དམ་ལྷ། །ལས་ཅི་བསམ་སྒྲུབ་པའི་ཆོས་སྲུང་

སོགས། །ཡུལ་རྣམ་དག་གཟིགས་ཚུལ་མདོ་ཙམ་ཡིན། །ཁྱད་པར་རྗེ་བཙུན་གྲགས་པའི་ཐུགས་གསས་ནས། །འོན་དཀར་གཅིག་འཕྲོས་སྤོ་དང་གཉིས་སུ་གྱུར། །དེ་རྒྱུན་ལྟར་འཕེལ་དེའི་ཁ་དོག་ཀྱང་། །རྣམ་ལྔ་ལྡན་པ་འཇའ་ཚོན་ལྟ་བུ་བྱུང་། །མགོན་དེའི་ཐུགས་གསས་མཐིལ་དུ་བབས་ཙམ་གྱིས། །སྐད་ཅིག་དེ་ལ་དྲུ་བུ་ལྟ་བུ་ཡི། །འོད་ཀྱི་གོང་བུ་གཅིག་ཏུ་འཁྱིལ་བ་ལས། །ཕྱོགས་བཅུར་འཕྲོ་བའི་རྣམ་པ་ཅན་དུ་གྱུར། །འོད་ཕུང་དེ་ལས་སླར་ཡང་འོད་རྣམ་ལྔ། །རྒྱུན་ཆད་མེད་པར་འཕྲོས་པ་དེ་ཡི་སྣ། །ཐུགས་གཡོན་གནས་པའི་གླིགས་བམ་ལ་ཐིམ་པའི། །གཟིགས་ཚུལ་ཟབ་ཡངས་ངོ་མཚར་དེ་རྣམས་བྱུང་། །ཨེ་མ་བརྗོད་འདིས་མཚོན་པའི་དོན་མཐའ་དག །བདག་འདྲ་བྱིས་པའི་བློ་ཡི་ཡུལ་ལས་འདས། །འོན་ཀྱང་ཕྱོགས་ཙམ་རྟོགས་ན་འགའ་ཞིག་ལ། །དོན་ཆེན་འདྲེན་ཕྱིར་ཙུང་ཟད་འདི་གསོན་ཅིག །དེ་ལྟར་གཟིགས་པའི་བླ་མ་ལྟར་བཅས་ལ། །མཁྱེན་བརྩེ་ནུས་པ་ཉེ་རིང་མ་མཆིས་ཀྱང་། །རྗེ་བཙུན་མཆོག་ལ་འོད་ཟེར་སྤྲོ་བ་སོགས། །ལས་འབྲེལ་ཟབ་མོ་ཉེ་བའི་དབང་གིས་ཏེ། །སྟོན་ཆེ་འཕྲུལ་ཟད་གྲགས་པའི་ཞབས་དྲུང་དུ། །མགོན་འདི་དབྱིལ་སྒོམ་ཚུལ་ཁྲིམས་རྒྱལ་པོར་འབྱུངས། །ལམ་འདི་ཉོས་ནས་ཐོས་བསམ་སྒོམ་པས་བཟུང་། །སླིན་གྲོལ་མཛད་དེའི་མཚོན་བྱེད་འདི་ལགས་སོ། །

འོད་དཀར་གཅིག་ལས་རིམ་གྱིས་གཉིས་དང་ལྔར། །འཕེལ་ཞིང་འཕྲོ་བའི་ཚུལ་ཅན་བརྗོད་འདི་ཡིས། །སྤྲོས་བྲལ་དབྱིངས་ལ་ཐབས་ཤེས་རྣམ་གཉིས་དང་། །ཡོན་ཏན་དབྱེ་བས་ཡེ་ཤེས་རྣམ་ལྔས་མཚོན། །དེ་རྒྱུན་འདྲེན་པའི་ཐུགས་ཏུ་བབས་པའི་དབྱིབས། །དྲུ་བུ་ལྟ་བུར་འདྲིལ་བའི་བརྗོད་འདི་ཡིས། །ལམ་བཟངས་མཆོག་འདི་ཡན་ལག་དང་བཅས་ཀུན། །གཅིག་ཏུ་འདུས་པའི་མངའ་བདག་ཡིན་ཞེས་སྟོན། །གོང་བུ་དེ་ལས་སླར་ཡང་འོད་ཀྱི་རྒྱུན། །ཕྱོགས་བཅུར་འཕྲོ་བའི་ཚུལ་ཅན་བརྗོད་འདི་ཡིས། །ཕྱོགས་བཅུར་གནས་པའི་སྐལ་ལྡན་མ་ལུས་པ། །སླིན་གྲོལ་མཆོག་ལ་འགོད་ཅེས་ལེགས་པར་སྟོན། །འོད་དེའི་རྒྱུན་གྱི་རྩེ་མོ་གླིགས་བམ་ལ། །ཐིམ་པའི་རྣམ་རོལ་ངོ་མཚར་བརྗོད་འདི་ཡིས། །སྲོལ་བཟང་འགྲོ་བའི་དོན་དུ་བསྐལ་པའི་མཐར། །མི་ཉམས་ལེགས་པར་གནས་ཞེས་སྟོན་པ་ཡིན། །ཨ་ཧོ་སྟོན་དགེའི་ལས་ཅན་བློ་ལྡན་རྣམས། །བརྗོད་འདི་བཟུང་ནས་དོན་འདི་བསམ་མཛོད་

དང་། །སྟོན་དང་བསྟན་པ་འདི་ལ་བདུད་ལས་ཀྱིས། །མི་ཕྱེད་དད་པའི་ནོར་དང་ལྡན་པར་འགྱུར། །
མ་རྟོགས་ལོག་རྟོགས་རྟོག་མའི་རྒྱུས་གང་བའི། །ཁྲོན་པར་གནས་པའི་སྦལ་ཆུང་དང་ཚུལ་ཅན། །
དེ་དག་ཀུན་གྱི་སྙིང་གི་སྟོང་དུམ་ལ། །འཁྱོད་པའི་མེ་ཆེན་རབ་ཏུ་འབར་བར་འགྱུར། །དེ་སླད་
མགོན་དེའི་བཀའ་སྲོལ་བདུད་རྩི་དང་། །ཉི་འོད་ཡིན་བཞིན་ནོར་ལྟར་འགྲོ་ཀུན་གྱི། །ཉོན་མོངས་
ནད་དང་རྨོངས་པའི་མུན་སེལ་ཞིང་། །ཕན་བདེའི་འབྱུང་གནས་མཆོག་འདི་གཅེས་པར་ཟུངས། །
བདག་ཀྱང་དེང་ནས་ཡང་སྲིད་ཐམས་ཅད་དུ། །འདྲེན་པ་མཆོག་དེའི་ཞབས་པད་གུས་མཆོད་ཅིང་། །
དགོངས་དོན་དྲི་མེད་གྲུ་ཆེན་ལེགས་བཟུང་ནས། །འགྲོ་ཀུན་སྲིད་པའི་མཚོ་ལས་སྒྲོལ་བར་ཤོག །

ཅེས་བྱ་བ་དེ་དག་གིས་ནི་འདྲེན་པ་དམ་པ་དེ་ཉིད་ཀྱི་གསུང་ཚིག་རྐང་བདུན་པོའི་དོན་འོལ་ཕྱི་ཙམ་དུ་བཀྲོལ་བ་ཡིན་ལ། འདི་ལ་གསུང་སྒྲོས་འགའ་ཞིག་ལས། གཙན་ལུང་གི་རི་བོ་སྐྱང་དུ་རྗེ་བཙུན་དཀར་པོ་རྣམ་གསུམ་ས་པཎ་དང་བཞི་གཟིགས་པ་དེ་ཉིད་བཀའ་རྒྱ་ཐེམ་པའི་གཟིགས་སྣང་ཡིན་གསུང་པ་ནི་སྒྲོས་མ་ངེས་པར་སྣང་སྟེ། རི་བོ་སྐྱང་དུ་གཟིགས་པ་ནི། ཐོག་མའི་ལམ་འབྲས་གསུངས་བཞིན་པའི་སྐབས་ཡིན་ཞིང་། གཟིགས་པའི་རྒྱུ་མཚན་ཡང་གཞན་ཡིན་ལ། འདིར་བཤད་པ་ནི་ལམ་འབྲས་གཏན་ནས་མ་གསུངས་པའི་བཀའ་རྒྱ་ཐེམ་ནས་གསུངས་པས་ཚིག་གམ་མི་ཚིག ཐེ་ཚོམ་ཅུང་ཟད་འཁྲུངས་པའི་ཚེ། གསུང་པས་ཚིག་པའི་རྟགས་སུ་གཟིགས་པ་ཡིན་ནོ། །དེས་ན་འདི་གཉིས་ལ་གནས་དང་དུས་དང་གཟིགས་པའི་ལྷ་རྣམས་ལ་ཁྱད་པར་ཤིན་ཏུ་ཆེ་བ་ཡོད་པས་གཅིག་ཏུ་གཟུང་བར་མི་བྱའོ་ཞེས་པ་འདི་ནི་དགེ་སློང་དཔལ་ལྡན་དོན་གྲུབ་ཀྱིས་དཔལ་ཨེ་ཝཾ་ཆོས་ལྡན་དུ་བྲིས་པའོ།། །།མངྒ་ལཾ།།

༄༅། །རྗེ་བཙུན་མཁས་པའི་དབང་པོ་དཀོན་མཆོག་ལྷུན་གྲུབ་ཀྱི་རྣམ་པར་ཐར་པ་ དྲངས་འདོད་དད་པའི་ཆུ་གཏེར་ལས་འོང་བའི་ངོ་མཚར་ཐ་རླབས་ཀྱི་ འཕྲེང་མཛེས་ཞེས་བྱ་བ་བཞུགས་སོ། །

ངག་དབང་ཀུན་དགའ་བསོད་ནམས།

རྒྱ་གར་སྐད་དུ། ཤྲཱི་ཛམྦུ་ཥྭ་མི་སཏ་ཛྙཱ་ཛཱ་ཏ་ར་ཀ་རཏྣ་ཊཱི་ར་ཧྣཱ་ག་ཡེ་ན་མཿབོད་སྐད་དུ། དཔལ་ཆོས་ཀྱི་རྗེ་ཐམས་ཅད་མཁྱེན་པ་རྗེ་བཙུན་དཀོན་མཆོག་ལྷུན་གྲུབ་ལ་ཕྱག་འཚལ་ལོ། །གང་སྐུ་ཉི་མ་འབུམ་གྱི་གཟི་འབར་ཞལ་དཀྱིལ་ཟླ་བ་རྒྱས་པ་ཅན། །གང་གསུང་ལེགས་བཤད་སྒྲོག་པའི་རྔ་ཆེན་ཐམས་ཅད་མཁྱེན་པའི་གསུངས་དབྱངས་མཚུངས། །གང་ཐུགས་ཟབ་ཅིང་གཏིང་དཔག་དཀའ་བས་ཀུན་མཁྱེན་རྒྱལ་བའི་སྤྱོད་ཡུལ་བ། །གང་ཞིག་རྗེ་བཙུན་མཁས་པའི་དབང་པོ་མཚུངས་མེད་ཨེ་ཝཾ་པ་དེ་རྒྱལ། །ཡོངས་འཛིན་གང་གི་ངོ་མཚར་རྣམ་ཐར་ལ། །དད་འདོད་དད་པའི་ཆུ་གཏེར་རབ་གཡོས་ཏེ། །ལེགས་པར་བཤད་པའི་ངོ་མཚར་ཐ་རླབས་འཕྲེང་། །ཙུང་ཟད་སྤེལ་འདིས་བློ་གསལ་ཀུན་དགར་བྱེས། །

དེ་ལ་འདིར་ལྷར་བཅས་འགྲོ་བ་ཀུན་གྱི་སྐྱབས་གནས་དམ་པ་རྗེ་བཙུན་ཨེ་ཝཾ་པ་ཆེན་པོ་རྡོ་རྗེ་འཆང་དཀོན་མཆོག་ལྷུན་གྲུབ་ཅེས་སྙན་པའི་གྲགས་པས་ས་སྟེང་མ་ལུས་པ་ཁྱབ་པ་དེ་ཉིད་ཀྱི་རྣམ་པར་ཐར་པ་མདོ་ཙམ་སྤེལ་བ་འདི་ལ་དོན་བཅུ་སྟེ། སྐུ་སྐྱེ་བ་ཇི་ལྟར་བཞེས་པའི་ཚུལ། སངས་རྒྱས་ཀྱི་བསྟན་པ་ལ་ཇི་ལྟར་བཞུགས་པའི་ཚུལ། དགེ་བའི་བཤེས་གཉེན་ཇི་ལྟར་བསྟེན་པའི་ཚུལ། ཐོས་བསམ་མཐར་ཕྱིན་ནས་བསྒོམ་པ་ཉམས་བཞེས་ཇི་ལྟར་མཛད་པའི་ཚུལ། མཁས་བཙུན་བཟང་གསུམ་གྱི་ཡོན་ཏན་ཇི་ལྟར་བརྙེས་པའི་ཚུལ། འཆད་རྩོད་རྩོམ་གསུམ་གྱི་བསྟན་པའི་བྱ་བ་ཇི་ལྟར

མཛད་པའི་ཚུལ། མཁས་བཙུན་བཟང་གསུམ་གྱི་སློབ་མ་ཇི་ལྟར་བསྐྱོན་པའི་ཚུལ། རྣམ་དཀར་གྱི་ཕྲིན་ལས་གཞན་ཡང་ཇི་ལྟར་མཛད་པའི་ཚུལ། གཟུགས་སྐུ་ཆོས་དབྱིངས་སུ་ཇི་ལྟར་ཐིམ་པའི་ཚུལ། མཛད་པ་ཕྲིན་ལས་ཀྱི་འཁོར་ལོ་རྒྱུན་མི་ཆད་པ་ཇི་ལྟར་བྱུང་བའི་ཚུལ་ལོ། །དང་པོ་ནི། འགྲོ་བ་རྣམས་ཀྱི་འདྲེན་པ་དམ་པ་རྗེ་བཙུན་ཨེ་ཝཾ་པ་ཆེན་པོ་འདི་གང་དུ་སྐྱེ་བ་བཞེས་པའི་གནས་ནི། མཁས་པ་དང་གྲུབ་པའི་སྐྱེས་བུ་རྒྱུན་མི་འཆད་པ་འབྱུང་བའི་དགེ་མཚན་དང་ལྡན་པ། བོད་ཀྱི་རྡོ་རྗེ་གདན་དཔལ་ལྡན་ས་སྐྱའི་སའི་ཆ་འབྲོར་པ་ཕུན་སུམ་ཚོགས་པ་དང་ལྡན་པ་གཉན་གྱི་ཡོ་བྲང་ཡིན་ལ། ཡབ་མདོ་སྔགས་སྨྲ་བ་དགེ་བའི་བཤེས་གཉེན་ཆེན་པོ་བློ་གྲོས་རྣམ་རྒྱལ་བའི་རིགས་སུ་འཁྲུངས་པ་ཀུན་དགའ་དོན་གྲུབ་པ་དང་། ཡུམ་རྡོ་རྗེ་འཆང་ཀུན་དགའ་བཟང་པོའི་དབོན་མོ་དཔོན་ནེ་ལྷ་མོ་བུ་འདྲེན་ཞེས་བྱ་བ་མཁའ་འགྲོའི་མཚན་དང་ལྡན་པ་གཉིས་ཀྱི་སྲས་སུ། འཕགས་པའི་ཡུལ་ན་དམར་སེར་ཅན་ཞེས་བྱ་བ། མེ་མོ་སྤྲུལ་གྱི་ལོར་ངོ་མཚར་བའི་ལྟས་དུ་མ་དང་བཅས་ནས་བལྟམས་ཏེ་མཚན་ལྷ་གྲོད་དར་ཞེས་གསོལ་ལོ། །

དམ་པ་འདི་ཉིད་ལྷུམ་ན་བཞུགས་པའི་ཚེ། ཡུམ་ཟློ་མདོག་བདེ་བ་དང་། ལྷང་བ་ཡང་བ་དང་། དད་པ་དང་སྙིང་རྗེ་སྡང་ལས་ཆེ་བ་ལ་སོགས་པའི་ཡོན་ཏན་དང་ལྡན་པར་གྱུར་ཏོ། །ཡུམ་དེ་ཉིད་ཡོངས་འཛིན་དམ་པའི་མགོན་གྱིས་བཟུང་བ་ཞིག་སྟེ། ཀུན་མཁྱེན་རིན་པོ་ཆེ་བསོད་ནམས་སེངྒེ་གདན་ས་ཆེན་པོར་ཆོས་དབར་ལ་ཐེབས་སྐབས། འཁར་རྫ་བཟང་པོ་གཅིག་གི་ཐོག་དྲངས་འབུལ་བ་དང་བསྔེན་བཀུར་གྱིས་མཉེས་པར་མཛད་པ་དང་། རྡོ་རྗེ་འཆང་ཆེན་པོའི་དབོན་མོ་ཡིན་པ་སོགས་ནས། ཞལ་གྱི་བདུད་རྩི་མང་དུ་ཐོབ་སྟེ་ཐུགས་བརྩེ་བས་རྗེས་སུ་བཟུང་བ་ཞིག་ཡིན་ཞེས་ཐོས་སོ། །

ཟླ་མ་དམ་པ་དེ་ཉིད་སྐུ་བལྟམས་པའི་ཚེ་ནམ་མཁའ་གཡའ་དག་པ་དང་། མེ་ཏོག་གི་ཆར་འབབ་པ་ལ་སོགས་པ་དང་། ཡབ་ཡུམ་འབྱོར་པ་རྒྱས་པ་དང་། ཡུལ་ཕྱོགས་ལོ་ལེགས་པ་དང་། མི་ནད་ཕྱུགས་ནད་མེད་པ་ལ་སོགས་པ་བཀྲ་ཤིས་པའི་དགེ་མཚན་དུ་མ་དང་ལྡན་པར་གྱུར་ཏེ། གཞོན་ནུ་དེ་ཡང་ཉེས་པའི་སྐྱོན་ཐམས་ཅད་དང་བྲལ་ཞིང་། སྐུ་ལུས་མཛེས་ལ་བརྗིད་ཆགས་པ། ཀུ་ཞིང་འགབ་པ། ཞལ་གྱི་དཀྱིལ་འཁོར་དཀར་ཞིང་སྨུམ་ལ་དྲི་མ་མེད་པ་ཕྱག་དང་ཞབས་པདྨ་ལྟར་འཇམ་ཞིང་ཁོང

ལག་ཡངས་པ་ལ་སོགས་པ་སྐྱེས་བུ་ཆེན་པོའི་མཚན་དང་ལྡན་པ་དང་སྤྱོད་ལམ་ཕུན་སུམ་ཚོགས་ཀུན་གྱི་ཡིད་དུ་འོང་བ་གཅིག་ཡོད་ཅེས་ཐོས་སོ། །

དགུང་ལོ་གསུམ་ཙམ་བཞེས་པའི་ཚེ། སྔོན་གྱི་བག་ཆགས་བཟང་པོའི་སྟོབས་ཀྱིས་ཆོས་འཆད་པ་དང་། ཉན་པ་དང་། མདོ་ཀློག་པ་དང་། བསམ་གཏན་བསྒོམ་པ་དང་། རྒྱ་བོད་ཀྱི་ཡི་གེ་བྲི་བ་ལ་སོགས་པ་ཆོས་དང་མཐུན་པའི་སྤྱོད་པ་རྣམས་ཀུན་ལ་གསལ་བར་སྟོན་པས་འདི་ནི་ཐེག་པ་ཆེན་པོའི་ཆོས་སླ་བའི་དགེ་བའི་བཤེས་གཉེན་ཆེན་པོ་ཞིག་ཏུ་འགྱུར་བའོ། །ཞེས་ཀུན་གྱིས་བསྟོད་བཀུར་བསྔགས་གསུམ་བྱེད་པ་ཞིག་ཡོད་ཅེས་ཐོས་སོ། །དེ་ནས་དགུང་ལོ་ལྔ་དྲུག་ཙམ་གྱི་དུས་མཚན་མོ་གཉིད་དུ་སོང་བ་ལྷ་བུའི་ཚུལ་གྱིས་ས་སྐྱ་ལྷ་ཁང་ཆེན་མོ་དང་བཅས་པའི་གྲོང་པ་རྣམས་ཀྱི་མི་ཕྱུགས། ནང་གི་ཕུ་སོགས་ན་ཡོད་པའི་དངོས་པོ་ཕྲ་རགས་ཚང་མ་འོད་གསལ་གྱིས་གསལ་པོར་མཐོང་བ་ཞིག་བྱུང་ཞེས་ཀྱང་གསུང་བར་གྲགས་སོ། །

དེ་ནས་དགུང་ལོ་བདུན་ཞེས་པའི་ཚེ་སློབ་དཔོན་དཔལ་ལྡན་ཆོས་སྐྱོང་བའི་དྲུང་དུ་ཀློག་ཡིག་ལ་སོགས་པ་བསླབས་སྦྱངས་མཛད་པའི་ཚུལ་བསྟན་པས་ཆེགས་མེད་པར་མཁྱེན་ནོ། །དགུང་ལོ་བརྒྱད་བཞེས་པའི་དུས་སྐུ་ཞང་བཅས་ཕྱུགས་འཚོ་བ་ལ་ཕེབས་པའི་ཚེ། ཆུ་ནང་དུ་ཟླ་བའི་གཟུགས་བརྙན་ཤར་བ་དེ་དམ་པ་འདི་ཉིད་ཀྱིས་གཟིགས་ཏེ་སྐུ་ཞང་ལ་གསུངས་པས་ཞང་པོ་ན་རེ། ནམ་མཁའ་ལ་ཟླ་བ་ཡོད་པའི་གཟུགས་བརྙན་ཡིན་ཟེར་བས། རྟེན་འབྲེལ་ཟབ་མོའི་དོན་ལ་ངེས་ཤེས་བསྐྱེད་པ་དེ་དུས་ནས་བྱུང་གསུངས། དེ་ནས་དགུང་ལོ་བཅུ་གསུམ་མ་བཞེས་བར་དུ་གནས་དེ་ཉིད་དུ་བཞུགས་ཏེ་ཀློག་ཡིག་དང་རྗེ་བཙུན་གོང་མའི་སྐུ་བསྟོད་སོགས་ཆོས་སྤྱོད་ཀྱི་རིམ་པ་རྣམས་ལ་བསླབ་སྦྱངས་མཐར་ཕྱིན་པར་མཛད་དོ་ཞེས་ཐོས་སོ། །

གཉིས་པ་སངས་རྒྱས་ཀྱི་བསྟན་པ་ལ་ཇི་ལྟར་བཞུགས་པའི་ཚུལ་ནི། སྔོན་གྱི་བག་ཆགས་བཟང་པོའི་མཚམས་སྦྱར་ཏེ། དགུང་ལོ་བཅུ་གསུམ་བཞེས་པ་འཕགས་པའི་ཡུལ་ན་དཀར་པོ་ཞེས་གྲགས་པ་ས་མོ་སྦྲུལ་གྱི་ལོ། དཔལ་ཨེ་ཝཾ་ཆོས་ལྡན་དུ་ཕེབས་ཏེ་འདྲེན་མཆོག་ཆོས་ཀྱི་རྒྱལ་པོ་དཀོན་མཆོག་འཕེལ་བའི་ཞབས་ཀྱི་པདྨ་ལ་བཏུགས་ནས་སྐུ་གསུང་ཐུགས་ཀྱི་མཛད་སྤྱོད་གང་ལ་ཡང་ཉེས

པའི་སྐྱོན་དུ་སྐད་གཅིག་ཙམ་ཡང་མི་རྟོག་ཅིང་། ཪོ་མཚར་བའི་ཡོན་ཏན་ཁོ་ནར་གཟིགས་པས་ཐུགས་བརྩེ་བ་ཆེན་པོས་རྗེས་སུ་བཟུང་ཞིང་། ཕྱི་ནང་གི་རྟེན་འབྲེལ་ཐམས་ཅད་རང་འགྲིག་པས་ཡོན་ཏན་ཐམས་ཅད་ཀྱི་འབྱུང་གནས་སུ་འགྱུར་པ་ཡིན་ཏེ། གནས་སྐབས་ཐམས་ཅད་དུ་ཆོས་ཀྱི་རྒྱལ་པོ་དེ་ཉིད་ཀྱི་རྣམ་ཐར་གནང་བ་ལ་སོགས་པའི་ཡོན་ཏན་བརྗོད་པ་དང་། མཚན་ཐོས་པའི་ཚེ་དད་པ་དང་གུས་པ་རང་དབང་མེད་པར་གཡོས་ཏེ་སྤྱན་ཆབ་གནང་བ་ལ་སོགས་པ་སྐུ་གསུང་ཐུགས་ཤིན་ཏུ་དང་པའི་རྣམ་འགྱུར་མ་བཅོས་ལྷུན་གྲུབ་ཏུ་འབྱུང་བ་ནི་ཀུན་ལ་མངོན་དུ་གྱུར་པ་ཡིན་ནོ། །ལོ་དེའི་སྟོན་ཟླ་བའི་ཆོས་བརྒྱད་ཀྱི་ཉིན་འདྲེན་མཆོག་དམ་པ་དཀོན་མཆོག་འཕེལ་བའི་ཞལ་སྔ་ནས་ལ་མཁན་པོ་ཞུས་ཤིང་། རྗེ་གློ་བོ་མཁན་ཆེན་ཐམས་ཅད་མཁྱེན་པ་བསོད་ནམས་ལྷུན་གྲུབ་ལེགས་པའི་འབྱུང་གནས་རྒྱལ་མཚན་དཔལ་བཟང་པོ་ལ་སློབ་དཔོན་ཞུས། ཆོས་ལུང་བཀའ་བཅུ་པ་ཕྲིན་ལས་དབང་ཕྱུག་པས་གྲིབ་ཆོད་པ་དང་། འདུལ་བ་འཛིན་པ་ཡོན་ཏན་རྒྱ་མཚོ་སོགས་དགེ་སློང་གི་དགེ་འདུན་བརྒྱ་ཕྲག་གཅིག་གི་དབུས་སུ། དཔལ་ཨེ་ཝཾ་ཆོས་ལྡན་གྱི་གཟིམ་ཁང་གཡབ་ཆེན་དུ། བསྟན་པའི་རྩ་བ་སོ་སོར་ཐར་པ་དགེ་བསྙེན་དང་། དགེ་ཚུལ་གྱི་སྡོམ་པ་རྣམ་པར་དག་པ་ཐོབ་ཅིང་། མཚན་དཀོན་མཆོག་ལྷུན་གྲུབ་ཅེས་གསོལ་ལོ། །དེ་ནས་བཟུང་སྟེ་ལྷག་པ་ཚུལ་ཁྲིམས་ཀྱི་བསླབ་པ་མིག་གི་འབྲས་བུ་བས་ཀྱང་གཅེས་པར་བཟུང་ནས། བསླབ་པར་བྱ་བ་ཕྲ་ཞིང་ཕྲ་བ་མཐའ་དག་མ་ཉམས་པར་སྐྱོང་པའི་སྟོན་གྱི་འཕགས་པ་དགྲ་བཅོམ་པ་རྣམས་དང་ཚུལ་མཚུངས་པར་བཞུགས་པ་ཡིན་ནོ། །

དེ་ནས་ལྷ་བྲང་དུ་བཞུགས་ན་ཡེངས་རྐྱེན་ཆེ་བར་དགོངས་ཏེ། དགེ་བའི་བཤེས་གཉེན་རྐྱང་ཐུར་བ་དགེ་ལེགས་བཤེས་གཉེན་པ་སྐུ་མདུན་དུ་འབོད་པར་མཛད་དེ། འདྲེན་མཆོག་ཆོས་རྗེའི་ཞལ་ནས། ངེད་ཀྱི་བུ་ཚ་འདི་ལ་རེ་ཆོད་ཆེན་པོ་ཡོད་པས་རྒྱུད་ཟོས་སུ་མ་སོང་བ་དང་། ཐོས་བསམ་ཚུལ་བཞིན་ཡོང་བའི་གྲོགས་དན་ཡང་དག་པ་ཅིག་ཁྱེད་ཀྱི་གྱིས་གསུངས་པ་སོགས་བསླབ་བྱ་དཔག་མེད་ཐུགས་བརྩེ་བས་སྣ་ནས་གནང་ངོ་། །དེ་ནས་བླ་མ་དམ་པ་འདི་ཉིད་ཀྱི་ཡང་དགེ་བའི་བཤེས་གཉེན་དེ་ཉིད་ཀྱི་ཟུར་སློབ་ཀྱི་ཚུལ་དུ་བསྟེན་ནས། བསླབ་བྱ་མཛད་པ་རྣམས་ལ་ཚུལ་བཞིན་གསན་ཏེ། ཤིན་ཏུ་བཙུན་པའི་ངང་ནས་ཐོས་བསམ་ལ་བརྩོན་པ་ཆེན་པོས་མཛད་པས། དགུང་ལོ་བཅུ་བདུན་བཞེས

པའི་ཚེ་ཨེ་ཝཾ་ཆོས་ལྡན་གྱི་བླ་མེད་ཀྱི་བསྒྲུབ་མཆོད་ཀྱི་ཇོར་གྱུར་སོ། བདེ་མཆོག་གསང་འདུས་ལྷའི་ཆོག་ཁྲིགས་ཆ་ལག་དང་བཅས་པ་རྣམས་དང་། དཔལ་དགེས་པ་རྡོ་རྗེ་རྒྱུད་གསུམ། ཀུན་ཏུ་དགོས་པའི་གཞུང་བདུན། འགྲེལ་པ་དག་ལྡན། སྤྱོད་འཇུག་མངོན་པ་མཛོད། དབུ་མ་འཇུག་པ། སྡོམ་གསུམ་རབ་དབྱེ་ལ་སོགས་པའི་གཞུང་ལུགས་ཆེན་པོ་དེ་རྣམས་དཀྱུས་ཐོག་གཅིག་ལ་ཐུགས་ལ་བྱང་བར་བཞུགས་ཏེ་འདྲེན་མཆོག་ཆོས་རྗེའི་དྲུང་དུ་རྒྱུགས་འབུལ་མཛད་པས་ཤིན་ཏུ་མཉེས་ཚོར་ཆེ་བ་བྱུང་གསུང་ངོ་། །དམ་པ་ཉིད་ཀྱི་ཞལ་ནས་ཡོན་ཏན་ཡོང་བ་ལ་བློ་ཚོགས་གང་ཡོད་མ་བརྗེད་པ་ལོ་གསུམ་གསུམ་བསྐྱོར་དགོས། དཔེ་ཆ་གང་བཟུང་འཕྲུལ་ལ་བརྗེད་དུ་བཅུག་པས་ཡོན་ཏན་གང་ལ་འབྱུང་སྙེ། ངེད་ཀྱི་ལོ་བཅུ་ལོན་པའི་ཚེ་གོང་དུ་སློས་པའི་གསུང་རབ་དེ་རྣམས་དཀྱུས་ཐོག་ཅིག་ལ་ཤིན་ཏུ་བྱང་བར་ཡོད་གསུང་ངོ་ཞེས་ཐོས་སོ། །

གསུམ་པ་དགེ་བའི་བཤེས་གཉེན་ཇི་ལྟར་བསྟེན་པའི་ཚུལ་ནི། ཐོག་མར་འདྲེན་མཆོག་ཆོས་ཀྱི་རྒྱལ་པོ་དཀོན་མཆོག་འཕེལ་བའི་དྲུང་དུ་སོ་སོར་ཐར་པའི་སྡོམ་པ་དང་འབྲེལ་བ་ལ་དགེ་ཚུལ་གྱི་རགས་སྡོམ་བཅུ། སྤྲིངས་ཡིག་སློབ་མ་ལ་ཕན་པའི་ལུང་། བྱང་ཆུབ་སེམས་དཔའི་སྡོམ་པ་དང་རྗེས་སུ་འབྲེལ་བ་ལ། དབུ་མ་ལུགས་ཀྱི་སེམས་བསྐྱེད་ཀྱི་བསླབ་བྱ་མདོ་ནམ་མཁའི་སྙིང་པོ་ལས་ལོགས་སུ་བཀོལ་བ་བྱང་ཆུབ་ལྟུང་བཤགས། དེའི་འདོན་ཐབས། དབུ་མ་ལུགས་ཀྱི་སེམས་བསྐྱེད་ཀྱི་ཆོག་ལུང་སྦྱོར་དང་བཅས་པ་ས་པཎ་གྱིས་མཛད་པ་ལུང་སེ་བུ་བ་བཅུ་བདུན་དུ་གྲགས་པ་དང་། དེ་རྣམས་ཀྱི་ས་བཅད་མཆིམས་ནམ་མཁའ་གྲགས་ཀྱིས་མཛད་པ། བསླབ་པ་ཀུན་ལས་བཏུས། སྤྱོད་འཇུག་དེའི་ས་བཅད་རྗེ་བཙུན་གྱིས་མཛད་པ། དེའི་ཊཱི་ཀ་གསུང་བགྲོས་མ། ཇོ་བོའི་ཐུགས་དམ་ཆོས་ཆུང་བརྒྱ་རྩར་གྲགས་པ། སྡོམ་པ་ཉི་ཤུ་པ། དེའི་འགྲེལ་པ། བཟང་སྤྱོད་སྨོན་ལམ། བྱམས་སྨོན། མདའ་ཁ་ཡེ་ཤེས། ཤེར་ཕྱིན་རྣམས་ཀྱི་ལུང་། ཞེན་པ་བཞི་བྲལ་གྱི་ཁྲིད། དེའི་ལོ་རྒྱུས་དང་ཁྲིད་ཡིག་སོགས་བླ་མ་གོང་མས་མཛད་པ་རྣམས་གསན་ནོ། །ཞེས་ཐོས་སོ། །

དེ་ལྟར་ན་དགུང་ལོ་བཅུ་གསུམ་པ་ནས་བཅོ་བརྒྱད་བཞེས་ཀྱི་བར་དུ་འདྲེན་མཆོག་དམ་པ་དེ་ཉིད་ཀྱི་ཞབས་ཀྱི་པདྨོ་ལ་བཏུགས་ཏེ། གསུང་ངག་རིན་ཆེན་གཙོ་བོར་གྱུར་པའི་མདོ་སྔགས་ཀྱི་ཆོས

ཚུལ་མཐའ་ཡས་པ་ཞིག་གསན་པར་མཛད་ཅིང༌། ཉེ་འབྲེལ་གྱི་རྟོག་པ་དང༌། སྨིན་གྱི་རྣམ་པ་ཐམས་ཅད་སྤངས་ཏེ། ལྷག་པའི་ལྷ་དང་དབྱེར་མེད་པའི་འདུ་ཤེས་ཀྱི་སྐུ་གསུང་ཐུགས་ཀྱི་མཛད་སྤྱོད་ཐམས་ཅད་སངས་རྒྱས་ཀྱི་མཛད་པ་ཁོ་ནར་གཟིགས་པས། རྟེན་འབྲེལ་ཐམས་ཅད་རང་འགྲིག་ནས་དངོས་གྲུབ་རྣམ་པ་གཉིས་བདེ་བླག་ཏུ་ཐོབ་པར་མཛད་པ་ཡིན་ལ། རྗེ་རིན་པོ་ཆེ་དགེ་ལེགས་བཤེས་གཉེན་པ་ལ་སྨྲོར་དོད་མཛད་དུས་བུ་ཚ་འདི་ལ་རེ་ཧྲོད་ཆེན་པོ་ཡོད་གསུངས་པ་དང༌། རྣམ་པ་ཐམས་ཅད་དུ་ཐུགས་རྗེའི་སྤྱན་རས་ཀྱིས་ལྷག་པར་གཟིགས་པ་དང༌། ཆོས་དང་ཟང་ཟིང་གི་བཀའ་དྲིན་ཚད་མེད་པ་སྐྱོང་བ་ནི་སྲས་ཀྱི་མཐུ་བོ་འདི་ཉིད་རྡོ་རྗེ་འཆང་ཆེན་པོའི་རྒྱལ་ཚབ་ཏུ་གྱུར་ཏེ། མཚུངས་པ་མེད་པའི་འཆད་རྩོད་རྩོམ་གསུམ་གྱི་སྒོ་ནས་སྤྱི་སྒོས་ཀྱི་བསྟན་པ་རྒྱས་པར་མཛད་པའི་བསྟན་འཛིན་མཆོག་ཏུ་ལུང་བསྟན་པ་ཡིན་ནོ། །

ཉིད་ཀྱི་ཞལ་ནས། དེ་ལྟར་དཀོན་མཆོག་གསུམ་དངོས་རྡོ་རྗེ་འཆང༌། །བསམ་འཕེལ་དབང་གི་རྒྱལ་པོ་རིགས་བརྒྱའི་མགོན། །བཀའ་དྲིན་མཉམ་མེད་རྗེ་བཙུན་གང་དེ་ཡི། །ཞབས་སེན་དབང་གི་རྒྱལ་པོར་ཕྱག་བགྱིའོ། །གང་གི་དང་པོར་སྡོམ་གསུམ་བཀའ་དྲིན་སྩལ། །བར་དུ་མ་ནོར་ལེགས་བཤད་སྣང་བ་བསྟན། །ཐ་མར་ཆོས་དང་ཟང་ཟིང་དུ་མས་བསྐྱངས། །དེ་སྐད་དངོས་པོ་ཀུན་གྱི་སྙིང་ནས་འདུད། །ད་དུང་བླ་མེད་བྱང་ཆུབ་མ་ཐོབ་པར། །ཚེ་རབས་ཀུན་ཏུ་དྲིན་ཅན་ཆོས་ཀྱི་རྗེ། །ཁྱེད་ལས་གཞན་པའི་སྐྱབས་མགོན་མ་མཆིས་པས། །ཚད་མེད་ཐུགས་རྗེའི་སྤྱན་གྱིས་གཟིགས་སུ་གསོལ། །ཞེས་གསུངས་སོ། །

དེ་ནས་དགུང་ལོ་བཅོ་བརྒྱད་བཞེས་པའི་སྟེང་དུ། འདྲེན་མཆོག་རིན་ཆེན་སྐུ་གཤེགས་པའི་ཚེ། ཉེ་གནས་པ་ལ་སོགས་པ་ནི་གཞན་དུ་ཡོངས་སྤྱོད་ལ་གཡེངས། ཟླ་བ་དུ་མའི་བར་དུ་སྐུ་གདུང་གི་དྲུང་དུ་ཉིན་མོ་རྡོ་རྗེ་འཛིན་པ་གཞན་དང་མཉམ་དུ་གྲུབ་མཆོད་མཛད། མཚན་མོ་རྗེ་ཉིད་སྐུ་རྐྱང་ལས་མེད་པས། བླ་མ་འདི་གཤེགས་པས་ཁོ་བོ་གཅིག་པུ་མགོན་དང་བྲལ་བ་ཡིན་པར་འདུག་དགོངས་ནས་ཤུམ་ཞིང༌། སྐུ་གདུང་ལ་དབུ་གཏུགས་ནས་གདུང་གི་དྲུང་དུ་ཀྱཻ་རྡོར་རྒྱུད་གསུམ་བརྒྱ་ཚར་གཅིག་ཞལ་འདོན་མཛད་པ་ལ་སོགས་པའི་སྒོ་ནས་གསོལ་བ་དྲག་ཏུ་བཏབ་པས་ཐུགས་རབ་ཀྱི་མཚོ་རྡོལ་ཏེ

གསུང་རབ་ཐམས་ཅད་ལ་མི་འཇིགས་པའི་སྤོབས་པ་བརྙེས་པ་ཡིན་ཞེས་ཐོས་སོ། །སླར་ཡང་བླ་མ་དམ་པ་འདི་ཉིད་ཀྱི་དམ་ཆོས་འཚོལ་བ་ལ་ངོམ་པ་མེད་པར་འཕགས་པ་འཇིག་རྟེན་དབང་ཕྱུག་གི་རྣམ་འཕྲུལ་མུས་ཆེན་སེམས་དཔའ་ཆེན་པོ་སངས་རྒྱས་རིན་ཆེན་དཔལ་བཟང་པོའི་ཞབས་ལ་གཏུགས་ཏེ། ལོ་ངོ་བརྒྱད་ཀྱི་བར་དུ་ལུས་དང་གྲིབ་མ་ལྟར་འགྲོགས་ནས། དཔལ་ཨེ་ཝཾ་ཆོས་ལྡན་དང་། མུས་རྟ་མོ་གླིང་དགའ་སོགས་གང་བཞུགས་སུ་ཆོས་ཀྱི་འཁོར་ལོ་བསྐོར་བ་རྣམས་དམ་པ་འདི་ཉིད་དམ་པའི་ཆོས་ཀྱི་སྣོད་དུ་གཟིགས་ནས་བུ་གཅིག་པ་ལ་བརྩེ་བའི་མ་ལྟར་ཐུགས་བརྩེ་བ་ཆེན་པོས་རྗེས་སུ་བཟུང་སྟེ། བཀའ་ཆོས་བསམ་གྱིས་མི་ཁྱབ་པ་བཀའ་དྲིན་བསྐྱངས་པ་ཡིན་ལ། དེར་དུ་བཞུགས་སྐབས་རྗེ་བཙུན་སངས་རྒྱས་རིན་ཆེན་པའི་གསོལ་ལྷུང་གསོལ་བ་དང་བཅས་པ་གནང་སྟེ། ཁྱེད་འདིར་བསྡོད་རྟག་པར་གྱིས་ཤིག ཁྱེད་ལ་དགོན་པ་འདིར་འཕྲིན་ལས་ཆེན་པོ་ཞིག་ཡོང་བ་ཡིན་ནོ་གསུངས་ཏེ། ཁྱབ་བདག་རྡོ་རྗེ་འཆང་ཆེན་པོའི་རྒྱལ་ཚབ་ཏུ་ལུང་བསྟན་པ་དང་། རྟ་མོ་གླིང་དགར་ཡུན་རིང་བཞུགས་པའི་སྐབས། དེ་ཕྱོགས་ཀྱི་གྲྭ་པ་རྣམས་ཀྱི་འདིར་བཞུགས་ན་འཕྲིན་ལས་ཆེན་པོ་ཡོང་ཞེས་མུས་ཕྱོགས་སུ་བཞུགས་སུ་རེ་བའི་ཞུ་ཆ་མང་པོ་ཕུལ་བ། རྗེ་བཙུན་སངས་རྒྱས་རིན་ཆེན་པས་གསན་ཏེ། ཁྱེད་ཀྱི་བསྡོད་ས་དང་འཕྲིན་ལས་ཡོང་ས་ཨེ་ཝཾ་ཆོས་ལྡན་ཡིན་གསུངས་ནས་གནང་སྦྱིན་བསླབ་བྱ་དཔག་མེད་དང་བཅས་ཏེ་དེ་འཕྲལ་ངོར་དུ་རྫོང་ཐར་མཛད་པ་ཡིན་ནོ། །བླ་མ་དམ་པ་འདི་ཉིད་ཀྱིས་རྗེ་བཙུན་སངས་རྒྱས་རིན་ཆེན་པའི་དྲུང་དུ་སོ་སོར་ཐར་པའི་སྡོམ་པ་དང་རྗེས་སུ་འབྲེལ་བའི་ཆོས་གསན་ཚུལ་ནི། དགེ་ཚུལ་གྱི་བརྟུལ་ཞུགས་ལ་གནས་ཀྱང་བསྙེན་པ་ལ་ཞུགས་ལ་མ་རྫོགས་པ་ཡིན་པས་གཞན་གྱི་མཁན་པོ་དང་སློབ་དཔོན་ལ་མི་དབང་བ་ཡིན་པ་དང་། རྟེན་ལ་གསུམ་སྟེ་དགེ་སློང་མཆོག། ཅེས་གསང་སྔགས་རྡོ་རྗེ་འཛིན་པའི་སྡོམ་པའི་རྟེན་ཏུ་དགེ་སློང་མཆོག་ཏུ་བསྔགས་པ་དང་། དུར་སྒྲིག་འཛིན་པ་གྲུབ་ཀྱི་མཆོག། དགེ་སློང་རྣམས་ནི་ཡིན་ཕྱིར་རོ། །ཞེས་སོགས་ཀྱི་དོན་དགོངས་པ་ལ་བཞག་ནས་གསུམ་ལྡན་དགེ་སློང་རྡོ་རྗེ་འཛིན་པའི་སྒོ་ནས་གདུལ་བྱ་རྣམས་ཐམས་ཅད་མཁྱེན་པའི་ས་ལ་འགོད་པར་བཞེད་པའི་ཐུགས་བསྐྱེད་ཆེན་པོའི་ཀུན་ནས་བླངས་ཏེ་སེམས་དཔའ་ཆེན་པོ་སངས་རྒྱས་རིན་ཆེན་དཔལ་བཟང་པོའི་དྲུང་དུ་མཁན་པོ་ཞུས་ཤིང་། ལས་ཀྱི་

སློབ་དཔོན་ཆོས་ཀྱི་རྗེ་རིན་པོ་ཆེན་ཀུན་དགའ་ཆོས་ལྡན། གསང་སྔགས་སྟོན་པའི་སློབ་དཔོན་རྗེ་བཙུན་ལྷ་མཆོག་སེང་གེ་པ། གྲིབ་ཚོད་པ་སྦྱི་སྟོད་འཛིན་པ་འཕྲིན་ལས་དབང་ཕྱུག་པ། དད་པའི་དགེ་འདུན་འདུལ་བ་འཛིན་པ་ཤེས་རབ་རིན་ཆེན་དང་། ལུང་རིགས་སྨྲ་བ་དགེ་ལེགས་བཤེས་གཉེན་པ་ལ་སོགས་པ་ཁ་སྐོང་བར་འོས་པའི་དགེ་སློང་དུ་མ་དང་བཅས་པའི་དབུས་སུ། དགུང་ལོ་ཉི་ཤུ་བཞེས་པ་འཛིན་བྱེད་ཅེས་པ་མེ་ཕོ་བྱི་བའི་ལོ་ས་ག་ཟླ་བའི་ཡར་ཚེས་བཅུ་གསུམ་གྱི་ཉི་མ་ཕྱེད་ཡོལ་དུས་སུ། ཡོན་ཏན་རིན་པོ་ཆེ་དུ་མའི་འབྱུང་གནས་དཔལ་ཨེ་ཝཾ་ཆོས་ལྡན་གྱི་གཟིམ་ཁང་གཡབ་ཆེན་དུ་དགེ་སློང་གི་སྡོམ་པ་ལེགས་པར་ཐོབ་པ་ཡིན་ནོ། །སྐྱེས་བུ་དམ་པ་འདི་བསྙེན་པར་རྫོགས་པས་སངས་རྒྱས་ཀྱི་བསྟན་པ་དང་། དཀར་ཕྱོགས་ཀྱི་ལྷ་རྣམས་ནི་ཟླ་བ་ཡར་གྱི་ངོ་བཞིན་འཕེལ་བར་འགྱུར་ལ། ནག་པོའི་ཕྱོགས་དང་། ལྷ་མ་ཡིན་རྣམས་འགྲིབ་པར་འགྱུར་ཏེ། སྟོན་པའི་གྲགས་པ་ས་སྟེང་ཁྱབ་པར་གྱུར་ཏོ། །

དེ་ནས་བཟུང་སྟེ་ཚུལ་ཁྲིམས་ཀྱི་ཕུང་པོ་མིག་གི་འབྲས་བུ་ལྟར་གཅེས་པར་བཟུང་ནས་ཤ་ཆང་སྒོག་པ་གསུམ་ལ་སོགས་པ་བསླབ་པར་བྱ་བའི་ཆ་ཕྲ་ཞིང་ཕྲ་བ་རྣམས་ཀྱང་སྤྱངས་བླངས་ཚུལ་བཞིན་མཛད་དེ། དེ་ཡང་གཞན་རྐྱེན་གྱིས་བསླུབ་པ་ལ་མི་ལྟོས་པར། སྔོན་གྱི་བག་ཆགས་བཟང་པོའི་སྟོབས་ཀྱིས་སྐུ་གསུང་ཐུགས་ཀྱི་དབང་པོ་ཞི་ཞིང་དུལ་བ་དང་། སྤྱོད་ལམ་ཐམས་ཅད་བག་ཡོད་ཀྱི་ཀུན་སྤྱོད་དང་ལྡན་ཞིང་། ཚུལ་ཁྲིམས་ཀྱི་དྲི་བཟང་གིས་ས་སྟེང་མ་ལུས་པ་ཁྱབ་པར་བཞུགས་པ་ཡིན་ནོ། །ཞེས་ཐོས་སོ། །ཡང་འདྲེན་པ་དམ་པ་འདི་ཉིད་ཀྱི་རྗེ་ཐམས་ཅད་མཁྱེན་པ་གློ་བོ་མཁན་ཆེན་བསོད་ནམས་ལྷུན་གྲུབ་པའི་དྲུང་དུ་ཆོས་གསན་པར་ཕེབས་ཚུལ་ནི། སྤྱིར་རྗེ་ཐམས་ཅད་མཁྱེན་པ་འདི་ཉིད་མཁས་གྲུབ་མཚུངས་མེད་ཡིན་པ་དང་། ཁྱད་པར་རྗེ་བཙུན་ས་པཎ་ནས་བརྒྱུད་པའི་ཟབ་ལམ་མཐར་ཐུག་དཔལ་དུས་ཀྱི་འཁོར་ལོའི་སྦྱོར་བ་ཡན་ལག་དྲུག་པ་བཞུགས་པ་གསན་ནས། དེ་ཞུ་བར་དགོངས་ཏེ་མར་པ་ལོ་ཙྪའི་ན་རོ་པཎ་ཆེན་བསྟགས་པ་བཞིན་ལམ་བགྲོད་དཀའ་བ་དང་། ཐག་རིང་བ་སོགས་ཀྱི་བཀའ་ཚོགས་གང་ལ་ཡང་མ་གཟིགས་པར་ཆེར་གདོང་མངའ་རིས་བསྐོད་དུ་ཕེབས་ཏེ། ཞལ་མཇལ་མ་ཐག་ནས་ཐུགས་དགེས་ཚོར་ཆེན་པོ་དང་བཅས་རྗེས་སུ་བཟུང་ཡང་། སྦྱོར་དྲུག་ནི

ཉམས་ལེན་ཆེར་མ་བྱས་པས་མི་བདེ་གསུངས་ནས་མ་གནང་། འོན་ཀྱང་ཆོས་དང་ཟང་ཟིང་དུ་མའི་སྒོ་ནས་བཀའ་དྲིན་ཚད་མེད་པ་བསྐྱངས་གསུངས་སོ། །ཞེས་ཐོས་སོ། །

ཡང་དམ་པ་འདི་ཉིད་ཀྱིས་སྐྱ་འབོན་གྱི་གདུང་བརྒྱུད། དུར་སྒྲིག་འཛིན་པའི་གཙུག་རྒྱན། རིག་གནས་མཐའ་དག་གི་དབང་ཕྱུག་མཚན་གང་གཅིག་སངས་རྒྱས་ཀྱི་ཞིང་ཁམས་གྲངས་མེད་པ་བགྲོད་པར་ནུས་པའི་ཏིང་ངེ་འཛིན་ནི་བརྟན་པོ་དང་ལྡན་པ་ས་སྐྱ་པཎ་ཆེན་གཉིས་པ་ས་ལོ་འཇམ་པའི་རྡོ་རྗེའི་ཞབས་པད་ཡུན་རིང་བསྟེན་ཏེ། བརྩེ་བ་ཆེན་པོས་རྗེས་སུ་བཟུང་ནས་སྐུ་གསུང་ཐུགས་མཛད་པ་འཕྲིན་ལས་ཀྱིས་ལེགས་པར་བསྐྱངས་པས་མཁས་བཙུན་བཟང་གསུམ་དང་། འཆད་རྩོད་རྩོམ་གསུམ་ལ་སོགས་ཏེ་ཡོན་ཏན་མཐའ་དག་ལ་དབང་འབྱོར་པ་ཡིན་ཏེ། དེ་ཡང་བླ་མ་འདི་ཉིད་དམ་པའི་ཆོས་གསན་པའི་སྣོད་དུ་དགོངས་ནས། གཞན་ལ་ཚོགས་བཤད་དུ་མི་རུང་བ་རྣམས་སློབ་བཤད་ཀྱི་ཚུལ་གྱིས་ཅིས་ཕྱིན་པར་གནང་བ་དང་། ཁྱད་པར་ས་ལོ་ཉིད་ཀྱི་གསུང་ངག་ཞིག་གནང་དུས། ཁྱོད་ཀྱིས་ལམ་འབྲས་པ་འདི་རྣམ་ལ་ལྟ་ཧེ་པའི་དབང་བསྐུར་གཅིག་གིས་གསུངས་ཐམས་ཅད་མཁྱེན་པ་དེ་ཉིད་ཀྱི་གདུལ་བྱ་རྣམས་ཀྱི་རྡོ་རྗེ་སློབ་དཔོན་དུ་བཀས་གནང་བ་དང་། གནས་སྐབས་ཐམས་ཅད་དུ་མཁས་བཙུན་བཟང་གསུམ་གྱི་འཕོར་ཇི་ཙམ་ཚོགས་ཀྱང་། དམ་པ་འདི་ཉིད་ལ་སྤྱན་འགྲོས་ལེགས་པར་གཟིགས་པ་དང་། གསུང་སྔན་པར་སྣང་བ་ལ་སོགས་པ་ཐུགས་བརྩེ་བས་རྗེས་སུ་འཛིན་པ་ཀུན་ལ་གྲགས་ཤིང་། རྗེ་ས་ལོ་ངོར་ན་བཞུགས་སྐབས་ངོར་དཔེ་ཁང་དུ་ཐེབས་པའི་ཚེ། རིག་གནས་མཐའ་དག་གི་དཔེ་ཚོགས་རྣམས་ལ་གཟིགས་ཏེ། འདི་རྣམས་ལ་བེད་སྤྱོད་ཐུབ་པ་ཞིག་ཁྱེད་ལ་རེའོ། །བློ་ཁུར་བསྐྱེད་ཅིག་ཅེས་སོགས་གསུངས་པ་ནི་རྒྱལ་བ་རྡོ་རྗེ་ཆེན་པོའི་རྒྱལ་ཚབ་ཏུ་གྱུར་ནས་རིགས་གནས་མཐའ་དག་ལ་དབང་འབྱོར་ཏེ། སྐལ་ལྡན་གྱི་གདུལ་བྱ་མཐའ་དག་གི་འདྲེན་པ་དམ་པར་ལུང་བསྟན་པ་ཡིན་ནོ་ཞེས་ཐོས་སོ། །

གསུམ་པ་དགེ་བའི་བཤེས་གཉེན་གཞན་ཡང་ཇི་ལྟར་བསྟེན་པའི་ཚུལ་ནི། དེ་ལྟར་གོང་དུ་སྨོས་པའི་ཡོངས་འཛིན་དེ་རྣམས་ནི་བཀའ་དྲིན་མཆོག་ཏུ་ཆེ་བ་རྣམས་ཡིན་ལ། གཞན་ཡང་རྗེ་རི་ཁྲོད་པ་ཀུན་དགའ་མཆོག་ལྡན། རྗེ་ལྷ་མཆོག་སེངྒེ། ཆོས་རྗེ་ནམ་མཁའ་དཔལ་བཟང་། འཇམ་དབྱངས

ནམ་མཁའ་བསྟན་པ་སོགས་མཁས་གྲུབ་ཀྱི་བླ་མ་མང་དུ་བསྟེན་ནས་མདོ་རྒྱུད་མ་ལུས་པའི་ཟབ་དོན་གཅིག་ཏུ་འདུས་པ་བསྟན་པ་ཡོངས་རྫོགས་ཀྱི་ཉམས་ལེན་གསུང་ངག་རིན་པོ་ཆེ་ཆོས་སྐོར་ཡོངས་རྫོགས་གཙོ་བོར་གྱུར་པའི་སྡེ་སྣོད་གསུམ་དང་། རྒྱུད་སྡེ་བཞི་དང་འབྲེལ་བའི་དབང་། རྗེས་གནང་། རིགས་གཏད། མདོ་བཤད། རྒྱུད་བཤད། ལུང་མན་ངག་སོགས་ཀྱི་བསྟུས་པའི་ཆོས་ཚུལ་རྒྱ་མཚོ་ལྟ་བུ་ཞིག་མནོས་པར་མཛད་དེ་ཞིབ་པར་ནི་གསན་ཡིག་ཆེན་མོ་ཐུབ་བསྟན་རྒྱས་པའི་ཉིན་བྱེད་ལས་ཤེས་པར་བྱའོ། །དེ་ལྟར་གང་གསན་པའི་ཆོས་དེ་ཐམས་ཅད་ཀྱང་ཐོས་པ་ཙམ་དུ་མ་བཞག་གིད་ངང་པོ་གསན་པ་ཉིད་ནས་ཚིག་སྨྲ་ཕྱིའི་འབྲེལ་དང་། དོན་གྱི་ཆ་དག་ལ་བསམ་བྱུང་གི་རིགས་པས་ལེགས་པར་དཔྱད་དེ་གཞན་གྱིས་མི་འཕྲོགས་པའི་ངེས་ཤེས་གཏིང་ནས་བརྟེན་པར་མཛད་པ་དང་། ཕྱག་ལེན་མཐོང་བ་བརྒྱུད་པ་ཚུན་ཆད་པར་བཏབ་པ་ལྟར་ཐུགས་ལ་བཞུགས་པར་མཛད་པ་ཡིན་ནོ། །

ཞེས་ཐོས་སོ། །

བཞི་པ་ཐོས་བསམ་མཐར་ཕྱིན་ནས་བསྒོམ་པ་ཉམས་བཞེས་ཇི་ལྟར་མཛད་པའི་ཚུལ་ནི། སྤྱིར་བདག་ཉིད་ཆེན་པོའི་འདིས་ལམ་གྱི་ཉེས་ལེན་ཐམས་ཅད་ལ་དབང་གི་ཡེ་ཤེས་ཀྱིས་རྒྱས་ཟིན་པའི་ལྟ་བ་བདེ་སྟོང་ཟུང་འཇུག་གི་རྒྱས་བཏབ་ནས་ཉམས་སུ་ལེན་པར་མཛད་ཅིང་། དེ་ཡང་ཕྱི་བསྐྱེད་པའི་རིམ་པ་བསྒོམ་པའི་ཚེ་སྦྲ་ཚུལ་དང་མངོན་བྱང་ལ་སོགས་པའི་བསྐྱེད་ཆོག་ཐམས་ཅད་སྦྱང་གཞི་སྦྱོང་བྱེད་སྦྱོར་བ་ལ་གནད་དུ་བསྣུན་ནས་བསྒོམ་པས་རགས་པ་ཞུང་ཁམས་བསྐྱེད་བྱེད་དམ། སྣང་གྲགས་ཀྱི་ཆོས་ཐམས་ཅད་ལྷ་དང་སྔགས་ཀྱི་རྣམ་རོལ་དུ་འཆར། ནང་བསྐྱེད་པའི་རིམ་པ་བསྒོམ་པའི་ཚེ། འཁོར་ལོ་ལྔ་དང་ཡུལ་ཆེན་ཉི་ཤུ་རྩ་བཞི་ལ་སོགས་པའི་རྩ་ཐིག་རླུང་གསུམ་ལ་གནད་དུ་བསྣུན་ནས་བསྒོམ་པས་ཕྲ་བ་དཀྱིལ་འཁོར་བཞིའམ། ཐ་མལ་གྱི་སྣང་བ་སྐུ་བཞིའི་ཡེ་ཤེས་ལྟར་བྱིན་གྱིས་རློབས། རྫོགས་རིམ་ཉམས་སུ་ལེན་པའི་ཚེ་རྒྱུད་སྡེ་ཟབ་མོ་ནས་གསུངས་པའི་རྩ་རླུང་ཐིག་ལེའི་རྣལ་འབྱོར་དང་། རྡོ་རྗེ་ལུས་ཀྱི་འཕྲུལ་འཁོར་ལ་སོགས་པས་གཟུང་འཛིན་བསྐྱེད་པའི་རླུང་སེམས་དབུ་མར་བཅུག་སྟེ། བདེ་སྟོང་མཆོག་གི་ཡེ་ཤེས་མངོན་དུ་མཛད་ནས་མཆོག་ཏུ་མི་འགྱུར་བའི་བདེ་བ་ཆེན་པོ་ལས་མ་གཡོས་པར་དུས་རྟག་ཏུ་བཞུགས་པ་ཡིན་ལ། དེ་ལྟར་རིམ་གཉིས་ཟབ་མོའི་ཉམས

ལེན་བསམ་གྱིས་མི་ཁྱབ་པ་ལ་དུས་རྒྱུན་དུ་བརྩོན་པའི་སྟོབས་ཀྱིས། ལུས་ཉམས་དང་། སེམས་ཉམས་དང་། གཞན་སེམས་ཤེས་པའི་མངོན་པར་ཤེས་པའི་མངོན་ཤེས་ལ་སོགས་པའི་ཡོན་ཏན་དཔག་ཏུ་མེད་པ་ལ་དབང་འབྱོར་བ་ཡིན་ནོ། །

ཁྱད་པར་དགུང་ལོ་ཉེར་གཅིག་བཞེས་པ་གླང་གི་ལོ་མུས་རྡ་མོ་གླིང་དགར་རྗེ་བཙུན་སངས་རྒྱན་རིན་ཆེན་པའི་ཞལ་སྔ་ནས་བཀའ་ལུང་དང་བསླབ་བྱ་གནང་། མཐུན་རྐྱེན་སྒྲུར་ཧེ་ཨཱཿཧཱའི་གསུང་བསྐེན། བདེ་མཆོག་ནག་པོ་པའི་གསུང་བསྐེན། མགོན་པོའི་གསུང་བསྐེན་སོགས། གཞན་ཡང་ཨེ་ཝཾ་གསེར་སྐྱ་ལྷ་ཁང་དུ་གསང་འདུས་ཀྱི་གསུང་བསྐེན། གཤེད་དམར་ལྷ་ལྔའི་གསུང་བསྐེན། འཇིགས་བྱེད་ཀྱི་གསུང་བསྐེན། ཀུན་རིག་གི་གསུང་བསྐེན། ཚེ་དཔག་མེད་ལྷ་དགུའི་གསུང་བསྐེན། སྒྲོལ་དཀར་གྱི་གསུང་བསྐེན། འཇམ་དབྱངས་དམར་སེར་གྱི་གསུང་བསྐེན། ཚེ་སྒྲུབ་ཟབ་མོའི་གསུང་བསྐེན། དབྱངས་ཅན་ལྷ་མོའི་གསུང་བསྐེན་ལ་སོགས་པ་བསྙེན་བསྒྲུབ་ཐམས་ཅད་གྲངས་དང་མཚན་མའི་བསྙེན་པ་དགེ་ལྟས་མངོན་དུ་མ་གྱུར་གྱི་བར་དུ་མཛད་དེ། ཡི་དམ་གྱི་ལྷ་ཐམས་ཅད་དང་དབྱེར་མེད་དུ་བཞུགས་པ་དང་། ལྷག་པར་འཇམ་དབྱངས་དཀར་པོའི་གསུང་བསྙེན་མཛད་དུས་མ་ཤ་ཀ་ལ་མུ་གུ་བྱུང་ཞིང་ཞལ་ཡང་གཟིགས་པ་ཡིན་ལ། རྗེས་ཐོབ་ཏུ་ཆོས་ཐམས་ཅད་རྨི་ལམ་སྒྱུ་མ་ལྟ་བུའི་ངང་ནས་ཆོས་འཆད་པ་དང་། གསུང་རབ་རྩོམ་པ་ལ་སོགས་པའི་སྒོ་ནས་དུས་འདའ་བར་མཛད་པ་མ་གཏོགས། འཇིག་རྟེན་གྱི་བྱ་བ་ངན་པས་གཡེངས་བ་དང་། ཐ་མལ་དུ་སྐད་གཅིག་ཙམ་ཡང་བཞུགས་པ་མི་སྲིད་དོ། །ཁྱད་པར་རྗེས་ཐོབ་སྐྱེ་བུས་དབེན་པའི་གནས་སྐབས་ཐམས་ཅད་དུ་གཏོང་ལེན་བྱང་ཆུབ་ཀྱི་སེམས་ལ་ནན་ཏན་དུ་མཛད་དེ། སྐུ་ལུས་ཉམས་ང་བའི་རྣམ་པར་བཞུགས་པ་འཕྲལ་དུ་སྐྱ་མདུན་དུ་ཕྱིན་པ་རྣམས་ལ་མངོན་དུ་གྱུར་པ་དང་། རྗེ་བཙུན་གྱི་མགུར་ལས། བདག་གཅིག་པུ་ཐར་བས་ཕན་པ་མེད། །ཁམས་གསུམ་གྱི་སེམས་ཅན་ཕ་མ་ཡིན། །ཕ་མ་སྡུག་བསྔལ་གྱི་སེབ་ཏུ་བཞག། བདག་བདེ་བར་འདོད་པ་ཐེ་ལེ་ལེ། །ཞེས་གསུངས་པ་ལྟར་སེམས་ཅན་ཐམས་ཅད་ཕ་མར་མ་གྱུར་པ་མེད་ཅིང་། མའི་དྲིན་ལན་མཐའ་དག་བསྐལ་པའི་བར་དུ་བརྗོད་ཀྱང་མི་རྫོགས། འཛམ་གླིང་གསེར་གྱིས་བཀང་ནས་བྱིན་ཡང་དྲིན་ལན་ཁྱེར་བར་མི་ནུས་པས། དམ་པའི་ཆོས་ཀྱིས

དྲིན་ལན་འཇལ་བར་དགོངས་ཏེ། བྱམས་པ་དང་སྙིང་རྗེ་ཆེན་པོས་ཀུན་ནས་བླངས་ཏེ་བྱང་ཆུབ་ཀྱི་མཆོག་ཏུ་སེམས་བསྐྱེད་ནས། རྫོགས་པའི་བྱང་ཆུབ་བསྒྲུབ་པའི་ཐབས་ཀྱི་གཙོ་བོ་བདག་གཞན་མཉམ་པ་བསྒོམ་པ། བརྗེ་བ་བསྒོམ་པ་ལས་དུས་བརྟག་ཏུ་མ་གཡོས་བཞིན་དུ་རྒྱལ་སྲས་ཀྱི་སྤྱོད་པ་ཕ་རོལ་ཏུ་ཕྱིན་པ་དྲུག་དང་། བསྡུ་བའི་དངོས་པོ་བཞི་ལ་སོགས་པའི་སྤྱོད་པ་ཁྱད་པར་ཅན་རྣམས་ཉམས་སུ་ལེན་པས་དུས་འདའ་བར་མཛད་པ་དང་། རང་ཉིད་ལ་བྱང་ཆུབ་ཀྱི་སེམས་རིན་པོ་ཆེན་ཐུགས་ལ་འཁྲུངས་པའི་སྟོབས་ཀྱིས། རྒྱལ་སྲས་ཆོས་རྗོངས་པ་ལ་སོགས་པ་བྱང་ཆུབ་ཀྱི་སེམས་ལ་ནན་ཏན་དུ་མཛད་པའི་སྐྱེས་བུ་དམ་པ་རྣམས་ལ་ལྷག་པར་གུས་པ་དང་། འགྲོ་བ་མཐོ་དམན་གང་གཟིགས་ཀྱང་ཕན་པར་བཞེད་པའི་ལྷག་བསམ་དང་སྙིང་རྗེ་ཆེན་པོ་རྒྱུན་མ་ཆད་པར་འབྱུང་ཞིང་། བྱམས་པའི་སྤྱན་འགྲོས་ལེགས་པར་གཟིགས་པ་དང་། སྙན་པའི་གསུང་གནང་བ་དང་། རང་རང་བློ་དང་འཚམས་པར་ཆོས་དང་ཟང་ཟིང་གི་ཚིམ་པར་མཛད་པས་དྲུང་དུ་འདུག་པ་ཀུན་ལོ་དང་ཟླ་བ་ལ་སོགས་པའི་བར་དུ་བསྡད་ཀྱང་ཡིད་ཆེས་པ་དང་ངོམ་པ་མེད་པ་དང་། བླ་མ་འདིས་སྐུ་གསུང་ཐུགས་ཀྱི་མཛད་སྤྱོད་ལ་ཉེས་པའི་སྐྱོན་འདི་ལྟ་བུ་ཞེས་སུས་ཀྱང་མ་མཐོང་ཞིང་། བདག་ཁོ་ན་ལ་དགེས་པ་ཞིག་འདུག་གོ་སྙམ་པ་དང་། འབྲལ་མི་ཕོད་པའི་བསམ་པས་ཕྱིར་མིག་བལྟ་བཞིན་པའི་ངང་ནས་འགྲོ་བ་ལ་སོགས་པ་ཐམས་ཅད་ལ་འབྱུང་བ་ཡིན་ནོ། །ཞེས་ཐོས་སོ། །

ལྔ་པ་མཁས་བཙུན་བཟང་གསུམ་གྱི་ཡོན་ཏན་ཇི་ལྟར་བརྙེས་པའི་ཚུལ་ལ་གསུམ་ལས། དང་པོ་མཁས་པའི་ཡོན་ཏན་ཇི་ལྟར་བརྙེད་པའི་ཚུལ་ལ། ཚིག་ལ་མཁས་པ་དང་། དོན་ལ་མཁས་པའོ། །དང་པོ་ནི། ཤེས་བྱའི་གནས་ཐམས་ཅད་ལ་མཁས་པའམ། ཐེ་བྲག་སྦྱངས་པའི་ཆོས་ལ་མཁས་པ་སྟེ། མཁས་གང་ཤེས་བྱའི་དེ་ཁོ་ན། །ཇི་བཞིན་རྟོགས་པ་ཡིན་པར་འདོད། །ཁྱེ་བྲག་སྦྱངས་པའི་དོན་ཤེས་པ། །དེ་དང་དེ་ལ་མཁས་པ་ཡིན། །ཞེས་དང་། དེ་ཡུལ་རྟོག་གེ་བརྟའ་སྤྱོད་དང་། །གསོ་བ་ཕྱི་ནང་རིག་ཅེས་བྱ། །ཞེས་གསུངས་པ་ལྟར་མཁས་པར་བྱ་བའི་གནས་སམ། ཡུལ་ནི་རིག་པའི་གནས་ལྔ་ཡིན་ལ། བདག་ཉིད་ཆེན་པོ་འདིས་ནི་རིག་པའི་གནས་ལྔ་དེ་དགའ་དང་པོར་འཛིན་པ་དང་། བར་དུ་འཆད་པ་དང་། ཐ་མར་ཀུན་ཆུབ་པར་མཛད་པ་ལ་རྩོམ་པ་རབ་ཀྱི་ཐར་ཕྱིན་པར་འགྱུར་པ་དང་། སྙེད་

པ་དང་བཀུར་བསྟི་དང་། བཟའ་བ་དང་བཏུང་བ་དང་། གཉིད་རྨུགས་ལ་སོགས་པའི་རོ་མྱོང་བ་དང་། འཇིག་རྟེན་ཆོས་བརྒྱད་ཀྱི་རྣམ་པར་རྟོག་པ་གང་ཡང་མི་མཛད་པར། མདོ་རྒྱུད་བསྟན་བཅོས་རྣམས་ལ་སྦྱངས་པ་མཐར་ཕྱིན་པར་མཛད་པས། དུས་སྐབས་ཐམས་ཅད་དུ་ཆོས་གང་འཆད་ཀྱང་ཚིག་ཕྱིད་ཀྱང་མ་འཁྲུལ་བར་ཐུགས་ནས་གསུང་བ་ལ་ཐོགས་པ་མེད་པ་མངོན་སུམ་གྱིས་གྲུབ་པ་ཡིན་ནོ། །དོན་ལ་མཁས་པ་ཡང་ཡིན་ཏེ། རིག་པའི་གནས་ལྔའི་བསྡུས་པའི་གཞུང་ལུགས་གང་དང་གང་ཡིན་པ་དེའི་ཚིག་དོན་རྣམས་ཕྱིན་ཅི་མ་ལོག་པ་ཁོང་དུ་ཆུད་ནས་དེའི་དབང་དུ་བྱས་པའི་བསྟན་བཅོས་རྩོམ་མཁྱེན་པ་དང་། ཚིག་ཐུགས་སུ་ཚུད་མ་ཐག་ཏུ་དོན་ཕྱིན་ཅི་མ་ལོག་པ་མཁྱེན་ཅིང་། དོན་ལ་མཁྱེན་པ་དེ་སྲིད་དུ་ཚིག་ཙམ་གྱིས་ཚོག་པར་འཛིན་པ་ནི་དམ་པ་འདི་ལ་མི་མངའ་བའི་ཕྱིར་རོ། །དེའི་རྒྱུ་མཚན་གྱིས་གསུང་རབ་གང་འཆད་ཀྱང་མཐའ་ཆོད་པའི་བཤད་པ་མཛད་ནས། དེ་དང་དེའི་སྙིང་པོའི་དོན་ནི་འདི་ཡིན་ནོ་ཞེས་འཆད་པ་ལ་གཞན་དང་མཚུངས་པ་མེད་པ་མངོན་སུམ་གྱིས་གྲུབ་པ་དང་། འཆད་རྩོད་རྩོམ་གསུམ་གྱི་བྱ་བ་གང་མཛད་ཀྱང་ཚིག་ལ་མ་འཆོལ་བར་དོན་ཁོ་ན་ལ་གཙོ་བོར་མཛད་པའི་སྒོ་ནས་གདུལ་བྱ་རྣམས་ཐར་པའི་ལམ་ལ་འགོད་པར་མཛད་པ་ཡིན་ནོ། །གཉིས་པ་བཙུན་པའི་སྡོམ་ནི། སྤྱིར་བླ་མ་དམ་པ་འདིས་སྡོམ་སྐྱེ་བ་དཔག་ཏུ་མེད་པ་ནས་གོམས་པའི་ཤུགས་ཀྱིས་སྒོ་གསུམ་གྱི་ཁ་ན་མ་ཐོ་བ་ཅི་ཡང་མི་མཛད་ལ། ཁྱད་པར་ཚུལ་ཁྲིམས་ཀྱི་བསླབ་པ་རིན་པོ་ཆེ་བསྟན་པའི་རྩ་བ་ཡིན་པར་དགོངས་ནས། བསླབ་པར་བྱ་བའི་གནས་མཐའ་དག་ཕྲ་ཞིང་ཕྲ་བ་ནས་བླང་དོར་ཚུལ་བཞིན་དུ་མཛད་པ་དང་། རྟགས་དང་ཆ་ལུགས་ཚུལ་ཆད་རུང་བ་ཚད་དང་ལྡན་པར་མཛད་པ་དང་། ཀུན་སྤྱོད་ཐམས་ཅད་དམ་པའི་ཆོས་འདུལ་བ་དང་མཐུན་པར་ཉམས་སུ་ལེན་པར་མཛད་པ་དང་། སྐུ་གསུང་ཐུགས་ཀྱི་དབང་པོ་ཞི་ཞིང་དུལ་ལ་བག་དང་ལྡན་པར་བཞུགས་པ་དང་། སྤྱོད་ལམ་ཐམས་ཅད་ཀུན་ཏུ་མཛེས་ཤིང་བརྗིད་ཆགས་པ་དང་། ཚུལ་ཁྲིམས་ཀྱི་དྲི་བཟང་ཁྱད་པར་ཅན་ཟ་ཕྱོགས་མ་ཡིན་པ་ཀུན་ཏུ་བསྣམས་པ་དང་། གང་དུ་བཞུགས་པའི་ས་ཕྱོགས་ཐམས་ཅད་གཙང་ཞིང་སྣུམ་ལ་ཡིད་དུ་འོང་བ་དང་། མཐོ་དམན་གྱི་སྐྱེ་བོ་སུ་ལ་ཡང་ཟུར་གྱིས་འཁུ་བ་དང་། ཞེ་གཅོད་པའི་ཚིག་དང་། ཕ་རོལ་གྱི་ཡིད་དུ་མི་འོང་བའི་རྣམ་འགྱུར་ཙམ་ཟད་ཀྱང་མི་མཛད་ལ། རྙེད་པ་དང་བཀུར་བསྟིར་མ

ཆགས་པའི་བསམ་པས་ཕ་རོལ་བསླུ་བའི་བསམ་སྦྱོར་ངན་པ་ཐམས་ཅད་དུག་བཞིན་སྤངས་ཏེ། དེའི་དྲི་མ་ཙམ་ཡང་མི་མངའ་བ་དང་། ཁྱད་པར་དང་པོར་རབ་བྱུང་བསྙེན་རྫོགས་མཛད་ནས། མཐར་མྱུ་ངན་ལས་འདས་ཀྱི་བར་དུ་ཤ་ཆང་སྒོང་གསུམ་གྱི་དྲི་མ་ཙམ་ཡང་མི་མཛད་པ་དང་། རྒྱ་རླུང་ཐིག་ལེའི་རྣལ་འབྱོར་གྱིས་བྱང་ཆུབ་ཀྱི་སེམས་རང་གནས་སུ་འཕེལ་བར་མཛད་དེ། ཡོན་ཏན་འདི་གཉིས་ཀྱིས་ཀྱང་མཁས་བཙུན་བཟང་གསུམ་དུ་ནོམ་པ་ཐམས་ཅད་ཞེལ་གྱིས་མནན་པ་ཡིན་ནོ། །

དེ་ལྟ་བས་ན་བདག་ཉིད་ཆེན་པོ་འདིའི་སྐུ་གསུང་ཐུགས་ཀྱི་མཛད་པ་དང་། ཀུན་སྤྱོད་གང་ལ་ཡང་སྐྱོན་དེ་ལྟར་སྣང་བ་འདི་ལྟ་བུ་ཞིག་གོ་སྙམས་པ་ཞབས་དྲུང་དུ་ཡུན་རིང་དུ་བསྟད་པའི་སྐྱེ་བོ་སུས་ཀྱང་ཡེ་མ་མཐོང་ཞིང་། བསྙེན་པར་རྫོགས་ནས་ལོ་བརྒྱ་ལོན་པ་ལྟ་བུའི་སྤྱོད་ལམ་དང་ལྡན་པར་གྱུར་ཏེ། བསླབ་པ་ལ་གུས་པ་རྣམས་ཀྱི་ནང་ནས་མཆོག་ཏུ་ལུང་བསྟན་པ་འཕགས་པ་ཀཱ་ཏྱཱ་ཡ་ནའི་བུ་ལྟ་བུ་དང་། སྦྱངས་པའི་ཡོན་ཏན་གྱི་མཛེས་པ་རྣམས་ཀྱི་ནང་ནས་ཕྱུལ་དུ་ཕྱིན་པ་འོད་སྲུང་ཆེན་པོ་ལྟ་བུ་དང་། སྤྱོད་ལམ་དུལ་བ་རྣམས་ཀྱི་ནང་ནས་མཆོག་གི་ཏུ་བསྔགས་པ་ཧྲ་ཐུལ་ལྟ་བུར་ཉེས་ལྟུང་གི་དྲི་མས་མ་གོས་ཤིང་བཏྟན་མཁས་ཀྱི་ཡོན་ཏན་གཉིས་དང་ལྡན་པར་བཞུགས་པས་དུར་སྒྲིག་འཛིན་པ་རྣམས་ཀྱི་ནང་ནས་མཆོག་ཏུ་གྱུར་པ་ཡིན་ནོ། །

གསུམ་པ་བཟང་པོའི་ཡོན་ཏན་ཇི་ལྟར་བརྙེས་པའི་ཚུལ་ནི། བླ་མ་དམ་པ་འདི་ནི་མཚན་མོ་བསྐྱེད་རྫོགས་ཟུང་འབྲེལ་གྱི་རྣལ་འབྱོར་མང་པོ་ལ་གཡེལ་བ་མི་མངའ་ཞིང་། ཉིན་མོ་འཁོར་འདས་དབྱེར་མེད་ཀྱི་ལྟ་བ་ཟབ་མོའི་ངང་ནས་འཆད་རྩོད་རྩོམ་གསུམ་ལ་སོགས་པ་སངས་རྒྱས་ཀྱི་བསྟན་པའི་བྱ་བ་ཁོ་ནས་དུས་འདའ་བར་མཛད་པ་དང་། མགོ་དམན་ཐམས་ཅད་ལ་ལྷག་པར་བྱམས་ཤིང་། གཞན་ལ་གནོད་པའི་ལས་ཙུང་ཟད་ཀྱང་མི་མཛད། གཞན་ལ་མགོ་འཚམས་པ་དང་ཕྲག་དོག་གི་རྣམ་པ་གང་ཡང་མི་མངའ། སྙིད་བཀུར་དང་ཆེ་ཐབས་ཀྱི་རྩོལ་བསྒྲུབ་གཏན་ནས་མི་མཛད། ཁྱད་པར་འདྲེན་མཆོག་ཆོས་རྗེ། རྗེ་བཙུན་སངས་རིན། འཇམ་དབྱངས་ས་ལོ་སྟེ། རྩ་བའི་བླ་མ་རྣམ་གསུམ་ཐུགས་ཀྱི་དཀྱིལ་དུ་བཞུག་ནས། ལྷག་པའི་ལྷ་དང་དབྱེར་མེད་པའི་འདུ་ཤེས་ཀྱིས་གསོལ་བ་རྒྱུན་དུ་བཏབ་པས་ལེགས་ཉེས་ཀྱི་བྱ་བ་ཐམས་ཅད་ལུང་སྟོན། བར་སྐབས་ཙུང་ཟད་སྐུ་སྙེལ་བའི་ཚུལ་སྟོན་

པའི་ཚེ། དང་པོར་སྣང་རྐྱེན། བར་དུ་བཙོས་ཐབས། ཐ་མར་འདི་ཙམ་ལ་དྲག་གསུངས་པ་སོགས་དང་ལན་གཅིག་ཨེ་ཝྃ་དགོན་པའི་བླ་བྲང་གི་སྟེང་དུ་ཀུན་མཁྱེན་བུ་སྟོན་ཞལ་གཟིགས་པ་དང་། ཡང་རྗེ་སངས་རྒྱས་རིན་ཆེན་མནལ་ལམ་དུ་བྱོན་ནས་ཕྱག་བཞི་པ་ལ་ཡིག་ཆ་གྱིས། གཏོར་མ་བྱིན་གཞན་གྱི་མཐུ་མི་ཡོང་ཞེས་ལུང་བསྟན་པ་དང་། སྟོན་པོ་གཏོར་བསྔོ་བརྒྱ་ཚར་དུས་སྤྱན་ཟུར་ལ་ཨེ་ཝྃ་མགོན་ཁང་ནས་མི་ནག་དྲུང་ལོང་ཅན་ཞིག་ལམ་ཟབ་ལྷ་ཁང་ལ་སོང་། ཆེར་དེ་གཟིགས་པས་ཕྱུ་ཧྲར་འདུག་ཅེས་གསུངས་པར་གྲགས་པ་དང་། གཞན་ཡང་རྒྱ་མཚོ་བླ་ཆེན་བདག་མེད་མའི་དབང་ཞུ་བར་འབྱོན་པ་ཐུགས་མཁྱེན་གྱིས་དགོངས་པ་དང་ཞལ་སློབ་ཐུགས་དམ་པ་ཞིག་ལ་ཁམས་འདུས་དྲག་པོ་ལན་གཉིས་བྱུང་བའི་ཚེ། རྗེ་ཉིད་ལ་གསོལ་བ་བཏབ་པས། དགེ་སློང་ཞིག་གིས་ལྷུང་བའི་རྣམ་པ་ཞིག་དང་། ཡི་གེ་ཞིག་གཏད་བྱུང་ནས་རྗེ་ཉིད་ཀྱིས་གནང་བ་ཡིན་ཟེར་བས་དེ་མ་ཐག་ནད་ལས་གྲོལ་བ་དང་། ཡང་བསྒོམ་ཆེན་ཞིག་གི་རྨི་ལམ་དུ་ཨེ་ཝྃ་འདུ་ཁང་ན་རྗེ་བསོད་ནམས་རྩེ་མོ་ཆོས་གསུང་གིན་ཡོད་ཟེར་ནས་ཕྱིན་པས་རྗེ་ཉིད་ཆོས་གསུང་གིན་འདུག་པ་རྨི་བ་སོགས་རྗེ་བཙུན་གོང་མ་ཞིག་གི་རྣམ་འཕྲུལ་ལམ་ངོ་བོར་བཞུགས་པ་ལ་ཐེ་ཚོམ་དང་བྲལ་བ་ཡིན་ནོ། །

མདོ་སྡེ་རྒྱན་ལས། ལུས་ཅན་ཀུན་གྱིས་ཁྱོད་མཐོང་ན། །སྐྱེས་བུ་དམ་པ་ལེགས་པར་འཚལ། །མཐོང་བ་ཙམ་གྱིས་རབ་དྭངས་བར། །མཛད་པ་ཁྱོད་ལ་ཕྱག་འཚལ་ལོ། །ཞེས་གསུངས་པ་ལྟར་ཕྱག་དང་ཞབས་ལ་སོགས་པ་སྐུའི་ཆ་ཤས་ཐམས་ཅད་འཛམ་ཞིང་གཞོན་ཤ་ཆགས་པ་དང་། རྩ་དང་གཉེར་མ་ལ་སོགས་པ་མི་མངོན་ཞིང་རིན་པོ་ཆེ་བྱི་དོར་བྱས་པ་ལྟར་གཙང་ཞིང་ཡོངས་སུ་དག་ལ་གཟི་འོད་འབར་བ་དང་། ཟླ་བ་དྲི་མ་མེད་པ་ལྟར་ཤིན་ཏུ་དཀར་ཞིང་དྭངས་ལ་འོད་ཟེར་འཕྲོ་བར་བཞུགས་པས། སྐུ་མཐོང་བ་ཙམ་གྱིས་དད་པ་རང་དབང་མེད་པར་འབྱུང་བ་ཡིན་ལ། དགུང་ལོ་དྲུག་ཅུ་རེ་གཅིག་བཞེས་པའི་ཚེ་ཡང་སྐུའི་ཆ་ཤས་གང་ན་ཡང་གཉེར་མ་སྨྲུ་ཉག་ཙམ་ཡོད་པ་སུས་ཀྱང་མ་མཐོང་བ་ནི་དུས་མཚུངས་པའི་སྐྱེ་བོ་ཞབས་དྲུང་ན་གནས་པ་ཀུན་གྱིས་མངོན་སུམ་དུ་གྲུབ་པ་དང་། སྐུ་མདུན་ལ་འདའ་ཁར་གསང་གནས་འདོམ་གྱི་སྦ་བ་དང་བཅས་པ་སྦུགས་སུ་ནུབ་པ་ལ་སོགས་པ་སངས་རྒྱས་ཀྱི་མཚན་དཔེ་དང་དངོས་སུ་ལྡན་པ་འདི་ནི། བདག་ཉིད་ཆེན་པོ་ས་སྐྱ་པཎ་ཆེན་མདུན་

ལས་འདས་པའི་འོག་ཏུ། །ཁ་བ་ཅན་གྱི་ཁྲོད་འདིར་འདྲེན་མཆོག་དམ་པ་འདི་ཉིད་ལས་གཞན་མ་བྱུང་བ་ཡིན་ནོ། །

གཞན་ཡང་སྔོན་སྐུ་ཚེ་དཔག་ཏུ་མེད་པ་ནས་སྦྱངས་པའི་སྟོབས་ཀྱིས་རིག་གནས་མཐའ་དག་དང་། མཁས་བཙུན་བཟང་གསུམ་དང་མཆོད་རྩོད་རྩོམ་གསུམ་རྣམས་ལ་སྐུ་ཚེ་འདིར་སྦྱངས་ཚུལ་དང་། གསལ་འདེབས་ཙམ་མཛད་པ་དེ་ཐམས་ཅད་ལ་མི་འཛིགས་པའི་སྤོབས་པ་ཐོབ་པ་ཡིན་ཏེ། ཉིད་ཀྱི་ཞལ་ནས། རྣམ་མང་ཤེས་བྱའི་རི་མོ་ངོ་མཚར་བ། །རྣམ་དཔྱོད་དཔྱལ་དཀར་དྭངས་པའི་མེ་ལོང་དུ། །རྣམ་དཀར་ཚོགས་གཉིས་དབང་གིས་ལེགས་ཤར་བའི། །རྣམ་མཁྱེན་འདྲེན་པ་མཆོག་ལ་གསོལ་བ་འདེབས། །ཞེས་དང་། སྔོན་ཚེ་གོམས་པའི་སྤོབས་པ་མི་དམན་པས། །འཆད་རྩོད་རྩོམ་ལ་བསྙེངས་བྲལ་བློ་གྲོས་རྒྱས། །ཀུན་སྤྱོད་རྣམ་དག་བྱང་ཆུབ་སེམས་གཉིས་འབྱོངས། །བསྟན་པའི་ཉི་མར་གྱུར་ལ་གསོལ་བ་འདེབས། །ཞེས་གསུངས་པ་ཡིན་ནོ། །ཞེས་ཐོས་སོ། །

དྲུག་པ་འཆད་རྩོད་རྩོམ་གསུམ་གྱི་སྒོ་ནས་སངས་རྒྱས་བསྟན་པའི་བྱ་བ་ཇི་ལྟར་མཛད་པའི་ཚུལ་ལ་གསུམ། དང་པོ་འཆད་པའི་སྒོ་ནས་བསྟན་པའི་བྱ་བ་མཛད་ཚུལ་ལ་གཉིས་སྟེ། དཔལ་ཨེ་ཝཾ་ཆོས་ལྡན་དུ་ཆོས་འཁོར་བསྐོར་ཚུལ་དང་། ཡུལ་དགོན་གཞན་དུ་བསྐོར་ཚུལ་ལོ། །དང་པོ་ལ་གཉིས། ཐོག་མར་བསྐོར་ཚུལ་དང་། བསྟན་པའི་བདག་པོར་མངའ་གསོལ་ཚུལ་ལོ། །དང་པོ་ནི། དགུང་ལོ་ཉི་ཤུ་རྩ་ལྔ་བཞེས་པ་འཕགས་པའི་ཡུལ་ན་ཁྲུ་མཆོག་ཅེས་པ་ལྕགས་མོ་སྦྲུལ་གྱི་ལོ་ནས། ལོ་བཅུ་གཉིས་བར་དུ་དཔལ་ཨེ་ཝཾ་ཆོས་ལྡན་གྱི་ཟུར་འཆད་པ་འཛད་དེ། རྡོ་རྗེ་འཕྲེང་བ་དང་། ཀྲི་ཡ་ས་མུ་ཙ་ནས་གསུངས་པའི་དབང་བསྐུར་བཞི་བཅུ་ཞེ་ལྔ་དང་། ཟུར་བཀའི་དབང་བཞི་བཅུ་ལྷག་ཙམ་ལ་སོགས་པ་དང་། གསུང་ངག་རིན་པོ་ཆེའི་ཁྲིད་བཀའ་མང་པོ་དང་། ཀྱེ་རྡོ་རྗེ་རྒྱུད་གསུམ་ལ་སོགས་པའི་རྒྱུད་ཀྱི་བཤད་བཀའ་མང་པོ་དང་། སྒྲུབ་ཐབས་བརྒྱ་རྩ་དང་། རྒྱ་མཚོ་དང་། ཟུར་བཀའི་རྗེས་གནང་གི་རིགས་རྣམས་དང་། རིགས་གཏད་ལ་སོགས་པ་དང་། ལུང་གི་རིགས་བསམ་གྱིས་མི་ཁྱབ་པ་རྒྱུན་མི་འཆད་པ་གསུངས་པས་སྐལ་ལྡན་གྱི་གདུལ་བྱ་མཐའ་ཡས་པ་སྨིན་གྲོལ་ལ་འགོད་པར་མཛད་པ་ཡིན་ནོ། །

གཉིས་པ་བསྟན་པའི་བདག་པོར་མངའ་གསོལ་ཚུལ་ནི། དགུང་ལོ་སོ་བདུན་བཞེས་པ་རྣམ་རྒྱལ་ཞེས་པ་ཆུ་མོ་སྦྲུལ་གྱི་ལོ་ཟླ་བ་གཉིས་པའི་ཉེར་གཅིག་གི་ཉིན་རྗེ་བཙུན་དམ་པ་ལྷ་མཆོག་སེངྒེས་ཐུབ་པའི་གསེར་སྐུ་གཟི་འོད་འབར་བ་གཅིག་གནང་། དབུ་ལ་མེ་ཏོག་གི་ཆར་མང་པོ་ཕབ་ནས་རབ་ཏུ་གནས་པར་མཛད་དེ། ད་ལོ་ལམ་འབྲས་པ་རྣམས་ལ་ལམ་འབྲས་བཤད། བླ་བྲང་ཆེན་མོའི་གཟིམ་ཆུང་དུ་བསྒོད་ལ་དབྱར་ཆོས་དགུན་ཆོས་དང་། སྔོན་ཆོས་མ་ཆགས་པ་གྱིས་གསུངས་པ་སོགས་བསྟན་པའི་རྒྱུན་ལ་ཕན་པའི་ལུགས་གཉིས་ཀྱི་བཀའ་ལུང་འཐེམ་ཆེ་བ་གནང་ནས་བསྟན་པའི་བདག་པོར་མངའ་གསོལ་ལོ། །དེ་ནས་བླ་མ་དམ་པ་འདིས་རྗེ་བཙུན་ལྷ་མཆོག་སེངྒེའི་བཀའ་བཞིན་བསྒྲུབ་སྟེ། དགེ་འདུན་ཚོགས་པ་ལ་གསུང་ངག་རིན་པོ་ཆེ་ཆ་ལག་དང་བཅས་པ་ཟབ་རྒྱས་སུ་གནང་། གསུང་ངག་གྲོལ་བ་དང་བསྟུན་བླ་བྲང་ཆེན་མོའི་གཟིམ་ཆུང་དུ་བཞུགས་ཏེ། དབྱར་ཆོས་ལ་དཔལ་ཀྱཻ་རྡོ་རྗེ་རྒྱུད་གསུམ་གྱི་བཤད་པ་ལ་སོགས་པ་ཟབ་པ་དང་རྒྱ་ཆེ་བའི་དམ་པའི་ཆོས་གསུངས། སྔོན་ཆོས་ལ་རྡོ་རྗེ་དྲིལ་བུ་པའི་དབང་། ཀྱཻ་རྡོ་རྗེའི་བཀའ་བབས་བཞིའི་དབང་། དག་པ་གསུམ་གྱི་ཁྲིད། རྡོ་རྗེ་འཆང་གི་བཀའ་འབུམ་པོད་བཞི་མའི་ལུང་། ཤིན་ཏུ་སྤྲོས་མེད་ཀྱི་ཁྲིད། ཞེན་པ་བཞི་བྲལ་གྱི་ཁྲིད། དེ་རྣམས་དང་འབྲེལ་བའི་ཡིག་ཆའི་ལུང་རྣམས་གསུངས། དེ་ནས་དགུང་ལོ་སོ་བརྒྱད་བཞེས་པ་ཤིང་ཕོ་རྟའི་ལོ་ཟླ་བ་བཅུ་པའི་ཆོས་བརྒྱད་ཀྱི་ཉིན་རྗེ་བཙུན་རྡོ་རྗེ་འཆང་ཆེན་པོ་ཀུན་དགའ་བཟང་པོའི་ཞབས་ཀྱི་རྒྱལ་ཚབ་དམ་པར་དབང་བསྐུར་ཏེ་དགེ་འདུན་ཚོགས་པ་ཐམས་ཅད་ཀྱིས་བཀྲ་ཤིས་དང་། རབ་གནས་ཀྱི་མངའ་གསོལ་ཞིང་། ལྷ་རྣམས་ཀྱིས་ཀྱང་མེ་ཏོག་གི་ཆར་ཆེན་པོ་བབས་ནས་མངོན་པར་མཆོད་དེ་བསྟན་པའི་བདག་པོ་ཆེན་པོར་མངའ་གསོལ་ལོ། །

དེ་ནས་བཟུང་ལོ་གྲངས་ཉི་ཤུ་རྩ་བཞིའི་བར་དུ་བར་མ་ཆད་པར་སྐྱོད་མངའ་རིས། སྨད་མདོ་ཁམས། བར་དབུས་གཙང་གི་གདུལ་བྱ་བསྐལ་བ་དང་ལྡན་པ་སྨིན་བཞིན་དུ་འདུས་པ་རྣམས་ལ་རང་རང་གི་བློ་དང་འཚམས་པའི་ཆོས་ཀྱི་སྦྱིན་པ་རྒྱ་ཆེན་པོ་རྒྱུན་ཆད་མེད་པ་གནང་སྟེ། དེ་ཡང་ལོ་རེ་བཞིན་དགུན་གྱི་དུས་སུ་མདོ་རྒྱུད་ཐམས་ཅད་ཀྱི་བཅུད་ཕྱུང་བ་རྗེ་བཙུན་ས་སྐྱ་པའི་ཟབ་ལམ་གྱི་མཐར་ཐུག་གསུང་ངག་རིན་པོ་ཆེ་ལམ་འབྲས་བུ་དང་བཅས་པའི་གདམས་ངག་ཡོངས་སུ་རྫོགས་པ

ཚར་རེ་རེ་དང་། ཞུ་བ་པོའི་སྐོབས་ཀྱིས་སྐབས་འགར་ཚར་གཉིས་གཉིས་གནང་ཞིང་། དེ་དག་དང་འབྲེལ་བའི་སེམས་བསྐྱེད། སློབ་མ་རྗེ་འཛིན། དབང་བསྐུར། བྱིན་རླབས། ལུང་། ལག་ལེན་གྱི་རིམ་པ་རྣམས་ཤིན་ཏུ་ཞིབ་ཅིང་མཐའ་ཆོད་པར་གནང་། དབྱར་དུས་རྣམས་སུ་ཀྱཻ་རྡོར་རྒྱུད་གསུམ། བདེ་མཆོག་རྩ་བཤད། གསང་འདུས་རྩ་རྒྱུད། ངན་སོང་སྦྱོང་རྒྱུད་ལ་སོགས་པ་རྗེ་བཙུན་ས་སྐྱ་པ་ཡབ་སྲས་ཀྱི་བཤད་སྲོལ་དང་མཐུན་པའི་རྒྱུད་སྡེའི་བཤད་བཀའ་མང་པོ་དང་། ནག་པོ་རིམ་བཞི། དྲིལ་བུ་རིམ་ལྔ། རྩ་དབུ་མའི་ཁྲིད། དག་པ་གསུམ་གྱི་ཁྲིད། ལམ་སྐོར་ཕྱི་མ་བརྒྱད་ཀྱི་ཁྲིད་ལ་སོགས་པ་ཁྲིད་བཀའ་མང་པོ་དང་། དེ་རྣམས་ཀྱི་ཡིག་ཆའི་ལུང་ལག་ལེན་དང་བཅས་པ་དང་། སྒྲུབ་ཐབས་བརྒྱ་རྩ་དང་རྒྱ་མཚོ་དང་། ཟུར་བཀའི་རྗེས་གནང་ལ་སོགས་པ། རྗེས་གནང་དང་རིགས་གཏད་མཐའ་ཡས་པ་དང་། དེ་རྣམས་ཀྱི་རྒྱ་གཞུང་། སྒྲུབ་ཐབས་རྗེས་གནང་དང་བཅས་པའི་ཡི་གེའི་ལུང་སྔོན་འགྲོད་ལ་སོགས་པའི་སྐབས་སུ་ཞུ་བ་པོའི་བློ་དང་བསྟུན་པའི་དབང་བཀའ་དུ་མ་དང་། ཁྲིད་དང་རྗེས་གནང་ལ་སོགས་མཐའ་ཡས་པ་དང་། རྗེ་བཙུན་གོང་མ་ལྔའི་བཀའ་འབུམ། མུས་ཆེན་སེམས་དཔའ་ཆེན་པོའི་བཀའ་འབུམ། ཀུན་མཁྱེན་བསོད་ནམས་སེང་གེའི་བཀའ་འབུམ། འདྲེན་མཆོག་ཆོས་རྗེ་དང་། རྗེ་བཙུན་སངས་རྒྱས་རིན་ཆེན་གྱི་བཀའ་འབུམ་ལ་སོགས་པ་ལུང་གི་ཚོགས་ཡང་ནས་ཡང་དུ་གསུངས་པ་དང་། གཞན་ཡང་དབུ་སེམས་ཀྱི་སྲོལ་ཆེན་པོ་གཉིས་ལས་འོང་བའི་སེམས་བསྐྱེད་ཀྱི་སྡོམ་པ་དང་། བཀའ་གདམས་གཞུང་དྲུག་ལ་སོགས་པ་རྣམས་ཡང་ཡང་དུ་གསུངས་ཏེ་གདུལ་བྱ་རྣམས་བྱང་ཆུབ་ཀྱི་སེམས་རིན་པོ་ཆེ་རྣམ་པ་གཉིས་ཀྱིས་རྒྱུད་ཕྱུག་པར་མཛད་པ་དང་། སོ་སོ་ཐར་པའི་སྡོམ་པའི་སྒོ་ནས་གདུལ་བྱའི་དོན་མཛད་པ་ཡང་བསམ་གྱིས་མི་ཁྱབ་སྟེ། ལོ་རེ་བཞིན་དགུན་ཐོག་རེ་ལ་རབ་བྱུང་བསྙེན་རྫོགས་དོན་དུ་གཉེར་བ་སུམ་བརྒྱ་ལྷག་ཙམ་དང་། གཞན་ཡང་གནས་དང་དུས་ངེས་མེད་དུ་བློ་བུར་དུ་ལྷགས་པ་དང་བཅས་པས་དགེ་ཚུལ་ཁྲི་ཕྲག་གཅིག་ཙམ་དང་། བསྙེན་པར་རྫོགས་པ་སྟོང་ཕྲག་གསུམ་ལྷག་པའི་མཁན་པོ་མཛད་ལ། དེ་ལྟར་ན་རབ་བྱུང་བསྙེན་རྫོགས་ཀྱི་མཁན་པོ་མཛད་པ་ཡང་། བླ་མ་དམ་པ་འདི་ལས་མང་བ་གཞན་མ་བྱུང་བ་ཡིན་ནོ། །

གསུང་ངག་རིན་པོ་ཆེ་ལམ་འབྲས་བུ་དང་བཅས་པའི་གདམས་ངག་ཆ་ལག་ཡོངས་སུ་རྫོགས་

པ་ཚར་གསུམ་ཅུ་རྩ་ལྔ་བཀའ་སྩལ་ཏེ་བསྟན་པ་དང་སེམས་ཅན་གྱི་དོན་དཔག་ཏུ་མེད་པ་མཛད་པ་སོགས་གདུལ་བྱ་གང་ལ་གང་འདུལ་གྱི་ཆོས་ཀྱི་ཆར་བབ་ཏེ་སྐལ་ལྡན་གྱི་འགྲོ་བ་རྣམས་སྨིན་གྲོལ་གྱི་ལམ་ལ་འགོད་པར་མཛད་པ་ཡིན་ནོ། །གཉིས་པ་ཡུལ་དགོན་གཞན་དུ་ཆོས་འཁོར་བསྐོར་ཚུལ་ནི། གདན་ས་ཆེན་པོ་དཔལ་ལྡན་ས་སྐྱ། རྩེ་གདོང་སྲིད་གསུམ་རྣམ་རྒྱལ། དཔལ་ན་ལེནྡྲ། མུས་རྗེ་མོ་གླིང་དགའ། ཡར་འབྲོག་མཐར་གླིང་། འབྲས་ཡུལ་རྫིང་དཀར། གཞའ་རི་དགོན་པ། ཐུབ་བསྟན་བསྐྱེད་ཚལ། ཐུབ་བསྟན་རིན་ཆེན་གླིང་ལ་སོགས་པའི་དགོན་པ་རྣམས་སུ་ཡུན་རིང་པོ་ནས་གསོལ་བ་ཡང་ཡང་དུ་བཏབ་ནས་སྤྱན་དྲངས་ཏེ། གདུགས། རྒྱལ་མཚན། ཕྱེ་མ་འཕྱུར་མ། རོལ་མོའི་བྱེ་བྲག་སྣ་ཚོགས་ལ་སོགས་པ་མཆོད་པའི་ཡོ་བྱད་བསམ་གྱིས་མི་ཁྱབ་པ་དང་བཅས་ཏེ། རྣམ་སྤྲུར་དང་ཆོས་གོས་གྱོན་པའི་དུར་སྨྲིག་འཛིན་པའི་ཚོགས་དང་། སྐྱེ་བོའི་ཚོགས་དཔག་ཏུ་མེད་པས་བསུས་ཏེ། འཕགས་པ་རིན་པོ་ཆེའི་བཞུགས་ཁྲི་པདྨ་ཅན་ལ་སོགས་པ་སྐྱེས་བུ་དམ་པ་རྣམས་ཀྱི་ཆོས་ཀྱི་ཁྲི་ཆེན་པོ་རྣམས་ལ་ཞབས་ཀྱི་པདྨོ་འཁོར་ལོས་མཚན་པ་རྣམ་པར་འཁོད་དེ། གསུང་ངག་རིན་པོ་ཆེ་གཙོ་བོར་གྱུར་པའི་ཁྲིད། དབང་རྒྱུད། མན་ངག་རྗེས་གནང་། རིགས་གཏད་ལ་སོགས་པ་ཆོས་ཀྱི་རྣམ་གྲངས་བསམ་གྱིས་མི་ཁྱབ་པ་གསུངས་པའི་སྒོ་ནས་གདུལ་བྱ་སོ་སོའི་དབང་པོ་ཚིམ་པར་མཛད་དེ་རྣམ་གྲོལ་གྱི་འབྲས་བུ་ལ་འགོད་པར་མཛད་པ་ཡིན་ནོ། །

མདོར་ན་དགུང་ལོ་ཉེར་ལྔ་ནས་དྲུག་ཅུ་རེ་གཅིག་གི་བར་ལོ་གྲངས་སུམ་ཅུ་རྩ་བདུན་གྱི་བར་དུ་ཉམས་བཞེས་ཟབ་མོ་བསམ་གྱིས་མི་ཁྱབ་པ་ལ་མ་གཡོས་པའི་ངང་ནས། ཉིན་མཚན་ཁོར་ཡུག་ཏུ་འཆད་རྩོད་རྩོམ་གསུམ་ལ་སོགས་པའི་སྒོ་ནས་སངས་རྒྱས་བསྟན་པའི་བྱ་བ་འབའ་ཞིག་མཛད་དེ། སྤྱི་སྒོས་ཀྱི་བསྟན་པ་ཡར་ངོའི་ཟླ་ལྟར་འཕེལ་རྒྱས་སུ་མཛད་དེ། ཨེ་ཝཾ་ཆོས་ལྡན་གྱི་ཁྲི་ཐོག་ཏུ་ཕེབས་པ་ལ་འཆད་ཉན་གྱི་རྒྱུན་དང་། བསྟན་པའི་འཕེལ་རྒྱས་རྗེ་བཙུན་ཀུན་དགའ་བཟང་པོའི་རྗེས་སུ་ཟླ་མ་དམ་པ་འདི་ལས་ལྷག་པ་གཞན་བྱོན་པ་མེད་དོ། །གཉིས་པ་རྩོད་པའི་སྒོ་ནས་སངས་རྒྱས་ཀྱི་བསྟན་པ་ལ་བྱ་བ་མཛད་པའི་ཚུལ་ནི། སྤྱིར་རྩོད་པའི་ཚུལ་ནི་གཞུང་ལུགས་རྣམ་པར་དག་པ་དབང་དུ་བཙུགས་ཏེ། ལུང་དང་རིག་པའི་སྒོ་ནས་རང་གི་འདོད་པ་བསྒྲུབ་ཅིང་ཕྱོགས་སྔ་མ་སུན་འབྱིན་པར་

བྱེད་པ་ཡིན་ནོ། །འདིར་ནི་བླ་མ་དམ་པ་འདིས་མངོན་རྟོགས་ལྗོན་ཤིང་ལས་འཕྲོས་པའི་དྲི་ལན་ངེས་དོན་གསལ་བ། གསང་བ་སྙིང་འབྱེད་ལས་འཕྲོས་པའི་དྲི་ལན་ཟབ་དོན་སྙིང་པོ། བརྟག་ཤིང་བརྟགས་པའི་ལན་རྣམ་པར་ངེས་པ་ཚངས་པའི་རིགས་སྔགས་དང་། དེའི་བསྡུས་དོན་ཚན་བརྒྱད་པ། གསུང་ངག་ལམ་འབྲས་བརྩམས་ཏེ་བྲིས་ཤིང་བརྟགས་པའི་ལན་རྣམ་པར་ངེས་པ་མཐའ་བྲལ་བདུད་རྩིའི་རོལ་མཚོ་རྣམས་ལས་གསུངས་པའི་རིག་པ་རྣམས་ནི་མཁའ་ཀློང་སུས་ཀྱང་འགྲན་པར་མི་ནུས་པ་སྟེ་གསུང་རབ་དེ་དག་ཏུ་བལྟས་པས་ཤེས་སོ། །

གསུམ་པ་རྩོམ་པའི་སྒོ་ནས་སངས་རྒྱས་ཀྱི་བསྟན་པ་ལ་བྱ་བ་མཛད་པའི་ཚུལ་ནི། སྤྱིར་རྩོམ་པ་ཞེས་བྱ་བ་རྒྱལ་བ་སྲས་དང་བཅས་པའི་ཡོན་ཏན་བརྗོད་པ་དང་། བདེ་བར་གཤེགས་པའི་གཞུང་ལུགས་དྲི་མ་མེད་པ་དགོངས་འགྲེལ་དང་བཅས་པའི་བརྗོད་བྱ་རྣམས་ཡུལ་དུ་བྱས་ཏེ། སྡེབ་སྦྱོར་གྱི་གཙུག་ལག་དང་མཐུན་པར་རྩོམ་པ་ཡིན་པ་ལས་བདག་ཉིད་ཆེན་པོ་འདིས་མཛད་པའི་རྩོམ་པ་རྣམས་ཀྱང་རང་གིས་བརྗོད་བདེ་ཞིང་། གཞན་གྱིས་རྟོགས་སླ་བ། གཉིས་ཀའི་རྣ་བར་སྙན་པ་སྟེ་སྡེབ་སྦྱོར་གྱི་གཙུག་ལག་དང་མཐུན་པ་ཁོ་ན་ཡིན་ལ། རྩོམ་པ་ཇི་ལྟར་མཛད་པའི་རྣམས་གྲངས་ཀྱང་། རྩ་བརྒྱུད་ཀྱི་བླ་མ་རྣམས་ཀྱི་བསྟོད་ཚོགས། རྣམ་ཐར། གསན་ཡིག་ཡི་དམ་གྱི་ལྷ་མང་པོའི་སྒྲུབ་དཀྱིལ། རྗེས་གནང་རིགས་གཏད་ཞལ་གདམས་ཆབ་ཤོག་གི་སྐོར་སོགས་མང་པོ་དང་། ཁྱད་པར་ཀྱེ་རྡོར་རྒྱུད་གསུམ་མན་ངག་དང་བཅས་པའི་གོང་མའི་གསུང་རབ་རྣམས་ཀྱི་རྒྱས་འགྲེལ། དོན་དུས་དཀའ་གནས་ཀྱི་མཐའ་ཆོད་སོགས་སྐྱེས་སྦྱངས་ཀྱི་བློ་གྲོས་དང་ལྡན་པ་སུ་ཞིག་གིས་མཐོང་ཡང་རྩོམ་པ་པོ་ཉིད་ལ་མི་ཕྱེད་པའི་དད་པ་དབང་མེད་དུ་བསྐྱེད་པ་ཤ་སྟག་སྟེ། ཞིབ་པར་ནི་བཀའ་འབུམ་པོ་ཏི་གསུམ་བཞུགས་པའི་སོ་སོའི་དཀར་ཆག་ནས་འབྱུང་བ་བཞིན་ནོ། །དེ་དག་ཀྱང་མིང་གི་མངོན་བརྗོད་ཀྱི་སྤྲས་པས་བྱིང་ཆེ། ཚིག་སྙན་ངག་གི་བརྒྱན་པས་རྣ་བར་སྙན། དོན་བརྗོད་བྱ་དང་འབྲེལ་བས་རྟོགས་སླ། གཅོད་མཚམས་སྡེབ་སྦྱོར་དང་མཐུན་པས་བརྗོད་བདེ་བ་ལ་སོགས་པ་བསྟན་བཅོས་རྩོམ་པའི་ཡོན་ཏན་ཐམས་ཅད་ཚང་བས་མཁས་པ་རྣམས་ཡིད་འཕྲོག་པར་བྱེད་པ་ཡིན་ནོ། །

བདུན་པ་མཁས་བཙུན་བཟང་གསུམ་གྱི་སྒོ་ནས་ཇི་ལྟར་བསྐྱན་པའི་ཚུལ་ནི། ལྟར་བཅས་འགྲོ་

བའི་སྐྱབས་མཆོག་རིགས་ལྡན་འཇམ་པའི་དབྱངས་ཀྱི་རྣམ་པར་སྤྲུལ་པ་ས་སྐྱ་འཁོན་གྱི་གདུང་བརྒྱུད་བདག་ཆེན་ཀུན་དགའ་བསམ་འགྲུབ་པ་དང་། ཕྱོགས་འཆང་བསྟན་པའི་ཉི་མ་ངག་དབང་ཀུན་དགའ་རིན་ཆེན་སྐུ་མཆེད་ཞལ་རྣམ་པ་གཉིས་ཀྱིས་གཙོ་མཛད། དུས་དེ་ཙམ་གྱི་ས་སྐྱ་པའི་བསྟན་འཛིན་གྱི་ཁོངས་སུ་གཏོགས་པའི་སྟོད་མངའ་རིས། བར་དབུས་གཙང་། སྨད་མདོ་ཁམས་ཀྱི་སའི་ཆ་ལ་ཡོད་པའི་ཆོས་སྡེ་ཆེན་པོའི་མཁན་པོ་དང་། གྲྭ་ཚངས་སོ་སོའི་སློབ་དཔོན་དང་། བློ་གསལ་མང་པོའི་འདྲེན་པ་དང་། མི་ཆེན་མང་པོའི་བླ་མ་སོགས་བསྟན་འཛིན་དུ་ཁས་ཆེ་བ་ཀུན་གྱིས་རྗེ་ཉིད་ཀྱི་ཞབས་ཟུང་ལ་བཏུགས་ཏེ་ཉིད་ཀྱི་གསུང་ཐུབ་པའི་བཀའ་བཞིན་དུ་འཛིན་པའི་བུ་སློབ་མཁས་གྲུབ་ཀྱི་ཚོགས་རྒྱ་མཚོའི་གོས་ཅན་མ་ལུས་པ་ཁྱབ་པར་གྱུར་པ་ཡིན་ནོ། །ཞེས་ཐོས་སོ། །

བརྒྱུད་པ་རྣམ་དཀར་གྱི་མཛད་པ་གཞན་ཡང་ཇི་ལྟར་མཛད་པའི་ཚུལ་ནི། བླ་མ་གོང་མ་ཞི་བར་གཤེགས་པ་རྣམས་ཀྱི་ཟླ་བ་བྱུང་ངོ་ཚོག་གི་ཟླ་མཆོད་དང་། ལོ་མཆོད་དང་། ལྷ་ཁང་རྣམས་ཀྱི་དཀར་མེ་ཆག་མེད་དང་། སྔར་ཡོད་རྣམས་གོང་འཕེལ་དང་། འཕགས་པ་རིན་པོ་ཆེའི་དུས་ཆེན་གསར་བཙུགས་དང་། ཟླ་རེ་བཞིན་ཆོས་བཅུ་བཞི་ལ་ལྗོན་ཤིང་མཛེས་རྒྱན་གསར་བཙུགས་དང་། ཁྱད་པར་བརྒྱུད་པའི་གསོལ་འདེབས་དང་། ཚུལ་གསུམ་གསལ་བྱེད་སྟོན་དུ་བཏང་ནས། དཔལ་དགེས་པ་རྡོ་རྗེ་རྩ་རྒྱུད་ཟླ་བ་བྱུང་ངོ་ཚོག་གི་ཆོས་བཅུ་ལ་གསར་བཙུགས་མཛད་པའི་ཚེ། དམ་པ་དེ་ཉིད་ཀྲུང་ཁྲི་ཁར་ཕེབས་ཏེ། དགེ་འདུན་རྣམས་ལ་བསྙེན་བཀུར་ཕུན་སུམ་ཚོགས་པ་མཛད་པ་ན་མེ་ཏོག་གི་ཆར་པ་ཁ་བ་ལྟ་བུ་བབས་པ་དེ་སྐབས་ཀྱི་དགེ་འདུན་ཐམས་ཅད་དབང་དུ་གྱུར་པ་ཡིན་ནོ། །ཞེས་ཐོས་སོ། །གཞན་ཡང་བླ་མ་དང་དཀོན་མཆོག་གསུམ་གྱི་རྟེན་གསུམ་མང་དུ་བཞེངས་པ་དང་། དེ་དག་ལ་རབ་ཏུ་གནས་པ་དང་མཆོད་པའི་འཕྲེང་བ་བསམ་གྱིས་མི་ཁྱབ་པ་ཕུལ་བ་དང་། དཔལ་ཨེ་ཝཾ་ཆོས་ལྡན། དཔལ་ལྡན་ས་སྐྱ། ཁའུ། བསྐྱིད་ལྷས། སྣར་ཐང་བྱང་ཆེན། དཔལ་ལྡན་རྩེ་ལ་སོགས་པའི་གནས་ཁྱད་པར་ཅན་རྣམས་སུ་བསྟན་སྲུང་རྣམས་ལ་ཐུགས་དམ་བསྐང་བའི་ཚོ་ག་སོགས་རྒྱས་པར་མཛད་ནས། སངས་རྒྱས་ཀྱི་བསྟན་པ་ཡུན་རིང་དུ་གནས་པའི་འཕྲིན་ལས་འཚོལ་བ་སོགས་རྣམ་དཀར་གྱི་མཛད་པ་ཁོ་ནས་དུས་འདའ་བར་མཛད་པ་དང་། གཞན་ཡང་བསྟན་པ་སྐྱོབས་ཀྱིས་འཛིན་

པའི་མི་དབང་ཆེན་པོ་རིན་ཆེན་དབང་གི་རྒྱལ་པོ་སྐུ་མཆེད་དང་། རྒྱ་མ་ཁྲི་དཔོན། གྲྭ་ལྔ་རྒྱལ་པོ་དང་། དཔལ་རྣམ་སྡེ་པ། ཧོར་ཆེ་བརྟན་དོན་འགྲུབ། རྣར་ཐང་སྡེ་པ་དོན་གྲུབ་རྡོ་རྗེ་ལ་སོགས་པ་རིགས་རུས་ཕུན་སུམ་ཚོགས་པའི་སྐྱེས་བུ་འབྱོར་པ་དང་ལྡན་པ་མཐའ་དག་གིས་དམ་པ་ཉིད་ཀྱི་ཞབས་པད་སྤྱི་བོར་བླངས་ཏེ་རྙེད་པ་དང་བཀུར་བསྟི་ཆེན་པོས་མཆོད་ནས་མཉེས་པར་བྱས་ཏེ། ཆོས་ཀྱི་འཁོར་ལོ་བསྐོར་བར་གསོལ་བ་བཏབ་པས་རང་རང་བློ་དང་འཚམས་པའི་དམ་པའི་ཆོས་ཟབ་མོ་མང་དུ་གནང་སྟེ་སྐལ་བ་དང་ལྡན་པར་མཛད་པ་ཡིན་ནོ། །

ཁྱད་པར་བདག་ཉིད་ཆེན་པོ་འདིས་ནི་དབེན་པ་ལ་ཐུགས་གཞོལ་བ་དང་། བསྟན་པའི་བྱ་བ་འཆད་རྩོད་རྩོམ་གསུམ་གྱིས་དུས་འདའ་བར་མཛད་པ་མ་གཏོགས། ཆེ་འདོད་དང་གྲགས་འདོད་སོགས་འཇིག་རྟེན་ཆོས་བརྒྱད་ཀྱི་དྲི་མ་མི་མངའ་ཡང་། སྡེ་འབྲུག་ལ་སོགས་པ་ལས་ངན་ཅན་གྱི་སེམས་ཅན་རྣམས་སྡུག་བསྔལ་དྲག་པོས་ཉེ་བར་གདུང་བའི་ཚེ། མི་ཕོ་འབྲུག་གི་ལོ་བདག་ཆེན་རིན་པོ་ཆེ་ཀུན་དགའ་རིན་ཆེན་པ་དང་། ཆོས་རྒྱལ་ནམ་མཁའ་ཚེ་དབང་རྡོ་རྗེ་གཉིས་ཀྱིས་གསོལ་བ་ནན་ཅན་བཏབ་པ་ལ་རྟེན་པ་བླ་མ་དམ་པ་འདི་ཉིད་ལ་མཁྱེན་བརྩེ་ནུས་གསུམ་གྱི་ཡོན་ཏན་ཕུལ་དུ་ཕྱིན་པ་མངའ་བའི་སྟོབས་ཀྱིས་ལུགས་གཉིས་ལ་རྟེན་པའི་བཀའི་བདུད་རྩི་ལེགས་པར་ཕེབས་པས་སྡེ་སྲིད་ཐ་དད་ནས་སྒོ་གསུམ་གྱི་དབང་པོ་ཆེམ་སྟེ། བླ་མ་དམ་པ་འདིའི་བཀའ་ཐམས་ཅད་མཁྱེན་པའི་གསུང་བཞིན་དང་དུ་བླངས་ཏེ། སྡེ་འབྲུག་ཉེ་བར་ཞི་ནས་འགྲོ་བ་མ་ལུས་པ་ཕན་བདེ་ལ་འགོད་པར་མཛད་པ་ཡིན་ནོ། །དེ་ནས་འབྲུག་ལོ་ཟླ་བ་བརྒྱད་པའི་ཉེར་ལྔའི་སྔ་དྲོ། བླ་མ་རིན་པོ་ཆེ་ལུང་རིགས་རྒྱ་མཚོ་འདྲེན་མཆོག་དམ་པ་དེ་ཉིད་དང་མཇལ་སྐབས། ལོ་ཆེན་རཏྣ་བྷ་དྲ་དང་། ཆོས་རྒྱལ་ནམ་མཁའ་ཚེ་དབང་རྡོ་རྗེ་སོགས་ཀྱི་བྱང་ཕྱོགས་སུ་འཆད་ཉན་རྒྱུན་བསྲིང་དགོས་ཚུལ་བཀའ་ཕེབས་ནན་ཅན་བྱུང་ནའང་། ཆོས་ཀྱི་ཐུག་པ་འཕགས་པ་འཇམ་དཔལ་དང་། ཉ་མོའི་ཐུག་པ་གངས་དཀར་ཏེ་སེ་ཡིན་བསམ་ཞབས་དྲུང་བསྐུགས་པ་ཡིན་ལགས་པ་གསུངས། ཆོས་ཀྱི་བཀའ་དྲིན་བློ་ཁ་ཆེམ་པ་རང་མཁྱེན་ཞུས་པས། ད་ཀ་འཕགས་པ་འཇམ་དཔལ་ཁོ་རྐྱས་གདའ་འབྱོན་པ་ཕྱིས་པ་ནས་དགོངས་པ་བཞིན་ཡོང་བ་དཀའ། ཆོས་འབྲུལ་གང་ཐུབ་དག་ལོས་བྱེད་དེ་གསུངས། དེ་དུས་ནས་སྨུར་དུ་ཕེབས

པ་ལ་ཐུགས་རྗེ་གཏད་འདུག་གོ། དེ་ནས་སྟོན་ཆོས་སྐབས་སུ་བདག་ཆེན་རིན་པོ་ཆེ་ཀུན་དགའ་རིན་ཆེན་པའི་གཙོས་པའི་ཚོགས་པ་རྣམ་ལ་དག་པ་གསུམ་གྱི་ཁྲིད། དབང་རྗེས་གནང་། ལུང་གི་ཚོགས་དུ་མ་བཀའ་དྲིན་བསྐྱངས། ལོ་དེའི་ཟླ་བ་བཅུ་གཉིས་པའི་ཉེར་ལྔ་ལ་གསུང་ངག་རིན་པོ་ཆེ་བཙུགས་ནས་དགེ་འདུན་ཚོགས་པ་བརྒྱད་བརྒྱ་ཁ་ཆར་གསུང་ངག་ཞིབ་ཏུ་རྒྱས་པ། དབང་གོང་མའི་ཁྲིད་ཆ་ལག་ཡོངས་སུ་རྫོགས་པ་ལུང་གི་སྐོར་དང་བཅས་པ་དང་། ཁོག་ཕུབ་སོགས་ལ་བསྐྱོར་ཆོས་སུ་སྦྱལ་ལོ་སག་ཟླ་བའི་ཆོས་བཅུ་བཞིའི་བར་དུ་གནང་། གཞན་ཡང་དགེ་ཚུལ་ཉིས་བརྒྱ་ལྷག་ཙམ་དང་། བསྙེན་རྫོགས་པ་བརྒྱ་སུམ་ཅུ་ཙམ་དཀྱུས་ཐོག་གཅིག་ལ་བསྒྲུབ་པའི་མཁན་པོ་མཛད། གཞན་ཡང་དབང་རྗེས་གནང་དུ་མ་དང་། ཀུན་མཁྱེན་རིན་པོ་ཆེའི་བཀའ་འབུམ་སོགས་ལུང་གི་སྐོར་མཐའ་ཡས་པ་བཀའ་དྲིན་བསྐྱངས། ཟླ་བ་དྲུག་པའི་ངོ་གང་ལ་རྩ་རྒྱུད་བརྟག་པ་གཉིས་པའི་བཤད་བཀའ་ཞིབ་ཏུ་རྒྱས་པ་རྒྱུད་གསུམ་འབའ་ཞིག་གི་སྟེང་ནས་གནང་། གཞན་ཡང་ཀུན་ཏུ་དགོས་པའི་གཞུང་བདུན། འགྲེལ་པ་དགའ་ལྡན་འཕགས་པའི་བསྡུས་དོན་མཆན་བུ་རྣམས་ཀྱི་སྟེང་ནས་བཤད་བཀའ་ཞིབ་ཏུ་རྒྱས་པ་བསྐྱོར་ཆོས་སུ་གནང་། གཞན་ཡང་ལམ་སྐོར་ཕྱི་མ་བརྒྱད་ཀྱི་ཁྲིད། བྱིན་རླབས། དེ་སྐོར་གྱི་ཡིག་ཆའི་ལུང་རྣམས་བཀའ་དྲིན་ཚད་མེད་པ་བསྐྱངས་སོ། །

དེ་ནས་འབྲས་ཡུལ་སྐྱེད་མོས་ཚལ་དུ་ཀུན་མཁྱེན་ཤེས་རབ་འོད་ཟེར་གྱི་དབྱུལ་གདུང་ལ་རབ་གནས་དང་། དགེ་འདུན་ཚོགས་པ་ལ་ཆོས་འཁོར་བསྐོར་བ་ལ་གསོལ་བ་ཡང་ཡང་དུ་བཏབ་ནས། ཟླ་བ་བདུན་པའི་ཆོས་གསུམ་ལ་ཤར་དུ་ཕེབས། རབ་གནས་དང་སྐྱེད་ཚལ་གོང་འོག་ཏུ་ཆོས་འཁོར་བསྐོར་གྲུབ་ནས། རིན་སྤུངས་སྡེ་སྲིད་ཡབ་ཡུམ་ལ་བཀའ་ཆོས་ཐུགས་ཁ་ཆེམ་པ་གནང་། བཀྲ་ཤིས་རྫོངས་ཁ་ལྟུགས་སུ་བཀའ་དབང་གནང་རྗེས། ཐ་སྐར་ཟླ་བའི་ཆོས་བཞི་ལ་ཨེ་ཝཾ་ཆོས་ལྡན་དུ་དགེ་འདུན་ཆོས་སྡེའི་བསུ་བ་དང་བཅས་ཏེ་ཕེབས་སོ། །ཆོས་ལྔ་ནས་ཉི་མ་ལྔའི་བར་ཐུགས་སྲས་ཆོས་རྗེ་དཀོན་མཆོག་རྒྱལ་མཚན་པ་གསེར་སྐུ་ལྷ་ཁང་དུ་སྐུ་མཚམས་དམ་པོ་མཛད་པ་ལ་གང་ཅིའི་བཀའ་ལུང་བསླབ་བྱ་གནང་བ་ལ་ཕེབས། ཆོས་པ་བཅུའི་ཉིན་རྒྱུད་འདོན་པ་རྣམས་ལ་སྒྲུ་འགྲེད་ཀྱི་མང་ཇ་དང་བཞེས་སྒྲོ་མང་པོའི་གནང་སྦྱིན་མཛད། གཞན་གླིང་བསྐོར་ལ་ཆེར་མི་འགྲོན་ནའང་དགོངས་པ་

སྟོན་དུ་བཏང་ནས། ཆོས་བཅུ་གཅིག་ནས་ཉི་མ་གསུམ་གྱི་བར་ལ་ཕྱག་ཕྱི་བ་ཞུང་ཤས་དང་བཅས་ཏེ་གླིང་བསྐོར་ལ་ཐེབས་སྐབས་ནམ་མཁའ་ཤིན་ཏུ་དྭངས་པ་ལ་མེ་ཏོག་གི་ཆར་ཤིན་ཏུ་འཐུག་པ་རང་འབབ་པར་སྣང་། ཆོས་བཅུ་བཞིའི་ཉིན་ས་མཆོད་ཆེན་མོའི་གླིང་བསྐོར་ལ་ཐེབས་པའི་ཚེ་གླིང་གི་མཐའ་སྐོར་ལ་སྐྱེས་པོ་མོའི་ཚོགས་གྲངས་མེད་འདུས་པ་རྣམས་ལ་བཀའ་ཆོས་མཆོན་ཙམ་རེ་གནང་སྟེ་དངོས་པོ་མང་པོའི་འབུལ་བཞེས་མཛད། གླིང་བསྐོར་འཁོར་འཕྲུལ་མཆོད་པའི་སྤྲིན་ཕུང་དཔག་ཏུ་མེད་པའི་དབུས་སུ་སྤྱོད་འཇུག་ནས་གསུངས་པའི་སྨོན་འཇུག་སྐབས་གཅིག་ལེན་པའི་ཚོགས་བྱུང་ཚུལ་གྱི་མཆོག་ཏུ་ཐུགས་བསྐྱེད་མཛད་པའི་ཚེ། མེ་ཏོག་གི་ཆར་ཁ་བ་ལྟ་བུར་བབས་སོ། །དེ་ཉིན་ཁྲི་ཁ་ནས་བཀའ་ལུང་ལ། སང་ཉིན་སངས་རྒྱས་ཀྱི་ལྷ་བབས་ཀྱི་དུས་ཆེན་ཡིན་སྨོན་ལམ་གང་བཏབ་བྱ་བ་ཕྲག་བརྒྱའི་འགྱུར་དུ་གསུངས་པས། ཛ་དུང་བྱུང་དུས་དགེ་འདུན་ཚང་མ་འདུ་ཁང་དུ་ཐོན་ལ་སྨོན་ལམ་མཛོད། རང་ཅག་དཔོན་སློབ་རྣམས་ལྷན་གཅིག་ཏུ་འཚོགས་ནས་སྨོན་ལམ་བྱེད་པ་སྐལ་བ་བཟང་པ་ཡིན་གསུངས། ཆོས་བཅོ་ལྔའི་མང་ཇའི་སྐེང་ཁྲི་ཁར་ཐེབས་ནས། བསྔོ་རྒྱུའི་དགེ་རྩའི་སྐབས་སུ་རང་ཅག་དཔོན་སློབ་རྣམས་ཀྱིས་དུས་གསུམ་དུ་བསགས་པའི་དགེ་རྩ་འདིས་མཚོན་ནས་གསུངས་ཏེ། བསྟན་པ་ཡུན་རིང་དུ་གནས་པ་དང་། མཐའ་ཡས་པའི་སེམས་ཅན་གྱི་དོན་དུ་ཐུར་ནས་མ་བྱུང་བ་ལྟ་བུའི་བསྔོ་བ་སྨོན་ལམ་ཤིན་ཏུ་རྒྱས་པར་མཛད་དོ། །

དགུ་པ་གཟུགས་སྐུ་ཆོས་དབྱིངས་སུ་ཐིམ་པའི་ཚུལ་ནི། སྤྲ་སོར་དགུང་ལོ་ལྔ་ཅུ་ཙམ་བཞེས་པའི་ཚེ་ངོར་དབང་ཁང་དུ་ཁྲིས་གདམ་གཅིག་ལ། ང་ནི་དྲུག་ཅུ་རེ་གཅིག་པ་ལ་འགྲོ་གསུངས་པའི་བཀའ་ལུང་གསལ་པོ་གནང་བ་ནང་སོ་དོན་གྲུབ་རྡོ་རྗེ་ལ་བརྒྱུད་ནས་ཐོས་པ་དང་། འབྲུག་ལོ་བླ་མ་རིན་པོ་ཆེ་ལུང་རིགས་རྒྱ་མཚོའི་གསུང་ཆོས་ཀྱི་གསོལ་བ་བཏབ་དུས། འབྱོན་པ་ཕྱིས་ནས་ཐུགས་དགོངས་རྫོགས་པ་བཞིན་ནི་ཡོང་བ་དཀའ་གསུངས་པ་དང་། སྤྲེལ་ལོ་ཟླ་བ་དང་པོའི་ཚེས་བཅུ་དྲུག་ལ་སྣང་གསུམ་གྲོལ་ནས་སང་ཉིན་སེམས་བསྐྱེད་ཆེན་མོ་ཡོང་རྒྱུའི་དོ་ནུབ་རྗེ་ཉིད་ལ་དེ་ཐོབ་ཀྱི་དངོས་སློབ་ལྷོག་ཆོས་འཁོར་སྣང་གི་བླ་མ་ཆོས་རྗེ་བྱམས་པ་བློ་གྲོས་རྒྱལ་མཚན་པའི་རྨི་ལམ་དུ། ཨེ་ཝཾ་ཆོས་ལྡན་གྱི་སྲང་ཁྲིད་ཀྱི་སྡུག་སྡུག་ཐམས་ཅད་ན་བུད་མེད་ལ་ལྦུས་བླངས་པའི་སྐྱེ་བོའི་ཚོགས

གྲངས་མེད་པ་ལྷུགས་ཀྱུ་དང་བཅས་པའི་མདའ་དར་སྣ་ལྔ། སིལ་སྙན་ཆུང་ཆུང་། གསང་བའི་ཛ་ཆུང་། ཕེག་བརྡབ་པ་དང་བཅས་པའི་རོལ་མོའི་ཚོགས་མང་དུ་ཐོགས་ཏེ། གབ་པའི་ཚུལ་དུ་འདུག་པ་ལ་ཅི་ཡིན་དྲིས་པས། རྗེ་བཙུན་བླ་མ་རིན་པོ་ཆེ་ཞིང་གཞན་དུ་སྤྱན་འདྲེན་པ་ཡིན་ཟེར། དེ་ནས་བླ་མ་རིན་པོ་ཆེ་སྐུའི་གཟི་མདངས་ཉི་ཟླ་ཟིལ་གྱིས་གནོན་ནུས་པ་ལྟ་བུའི་ས་ཞུ་དང་བཅས་བླ་བྲང་གི་ནུབ་སྒོ་ནས་ཕེབས་བྱུང་བས་མི་དེ་ཐམས་ཅད་ཡང་ནས་མདའ་དར་གྱི་གཡབ་མོ་ཁྲ་ཐིབ་ཐིབ་པ་དང་། རོལ་མོ་སྣ་ཚོགས་ཀྱི་སྒྲས་བེར་འགྲོ་བ་ལྟ་བུ་བྱས་ནས། ཆོས་ཁྲི་ཐང་ཡིན་སྙམ་པ་གཅིག་གི་ལྷོ་ཕྱོགས་ལ་སྤྱན་དྲངས་སོང་བ། ཆོས་ཁྲི་མཐོན་པོ་སྤྱོས་ཞལ་གྱི་བང་རིམ་དུ་མ་དང་ལྡན་པ་ཁ་ལྷོ་བལྟས་གཅིག་གི་སྟེང་དུ་ཕེབས་བྱུང་སྟེ། བང་རིམ་རྣམས་ལ་བུད་མེད་མང་པོ་བསྡད། བུད་མེད་ཀྱི་གཙོ་མོ་སྨུག་ཚོན་མ་གཉིས་ཀྱིས་ཞབས་ཕྱུས་གཡས་གཡོན་མནན་ནས་འདུག། དེ་ནས་སྐྱེ་བོའི་ཚོགས་གྲངས་མེད་པ་རྣམས་ལ་ཐེག་པ་ཆེན་པོའི་སེམས་བསྐྱེད་ཀྱི་ཆོ་ག་མཛད་ཀྱིན་འདུག་པ་རྨི་བ་དང་། ཆོས་བཅུ་བདུན་ནས་སྐུ་མཚམས་མཛད་པའི་སྐབས། ཉེར་གཅིག་གི་ཉིན་མགུལ་ཆམ་ལ་བསྙད་པའི་སྐུ་ཁམས་ཤིན་ཏུ་ལྡེམ་པ་གཅིག་བྱུང་འདུག་པ་ནས། སྔ་སོའི་ཐུགས་བཞེད་བཞིན་ཡིན་ན་དགུང་ལོ་རེ་གཅིག་བཞེས་པ་དང་། ཧ་ཟླའི་ཉེར་གཅིག་ལ་ཕེབས་རྒྱུར་འདུག་ནའང་། ཐ་སྐར་ཟླ་བའི་ཉེར་གཅིག་བར་བཞུགས་པ་ནི་གསར་དུ་སློབ་པའི་སློབ་མ་དགའ་ཞིག་གི་དོན་ལ་ཐུགས་བརྩེ་བས་དགོངས་པར་འདུག་ཅིང་། སྤྲུལ་ལོ་ཟླ་བ་དྲུག་པའི་ཆོས་བདུན་སྐོར་ལ་རྗེ་བཙུན་སྤྱན་སྔ་རིན་པོ་ཆེ་དཀོན་མཆོག་རྒྱ་མཚོ་ལོ་དགོན་པར་བཞུགས་སྐབས། ཆོས་མཛད་པ་སྙིང་པ་ཞབས་དྲུང་དུ་བསླབ་བྱ་ཞུ་བ་དང་ཞུགས་ཤེག་འབྱུལ་བ་ལ་གནང་བའི་ཞུ་ལན་དུ། ཁྱེད་སེམས་ལ་ལྷང་ལྷང་ཡོད་ནའང་སགད་འགྱངས་པ་ནས། ད་ནི་རང་ཅག་དཔོན་སློབ་གཉིས་ཆེ་འདིར་མ་འཕྲད་ཀྱིས་དོགས་གསུངས་པ་གནང་འདུག་པ་དང་། གང་ལྟར་དེ་ལོ་མི་བཞུགས་པ་ལ་སྔ་མོ་ནས་ཐུགས་བརྩེ་གཏད་འདུག་པ་བཞིན། ཐ་སྐར་ཟླ་བའི་ཆོས་བཅོ་ལྔའི་དགོང་ཆོས་ཁྲི་ཐང་ལ་ཞབས་སྐོར་ལ་ཕེབས་སྐབས་སྐུ་ཅུང་ཟད་ཁྲུགས་པའི་རྐྱེན་བྱས་ཆོས་བཅོ་ལྔའི་ཐོ་རངས་ཅུང་ཟད་སྔོང་སྔེ་བཅུ་དྲུག་གི་ཉིན། གཉེར་ཆེན་དགེ་སློང་ཆེན་མོས་བཀོད་པ་མཛད་དེ། དཔལ་ལྡན་ས་སྐྱ་ཆོས་འཁོར་ལྷུན་པོ། ཐུབ་བསྟན་ཡངས་པ་ཅན་གྲྭ་ཚངས་ཆེན་མོ། ཐུབ་

བསྟན་རྣམ་རྒྱལ། གསེར་མདོག་ཅན་འབྲས་ཡུལ་གོང་འོག་ན་ལེཊྲ་རྣམས་སུ་སྐུ་རིམ་གྱི་མང་ཇ་བརྟེན་བཅས་དང་། སྒོ་རུམ་དང་། ཁའུ་བསྐྱེད་ལྷས་སུ་གཏོར་གསོས་གོས་དར་དང་བཅས་པ་ཕུལ། དཔལ་ཨེ་ཝཾ་ཆོས་ལྡན་དུ་ཚོགས་པ་ལྔ་བརྒྱ་སྐོར་ལ་སྐུ་རིམ་གྱི་མང་ཇ་སྤྱི་ཇ་དགོང་ཇ་ཆོས་བཅུ་དྲུག་ནས་ཉེར་ལྔའི་བར་དུ་སྟང་སྟེ། སྐུ་བཞུགས་པའི་ལུགས་སུ་བྱས་ནས་སྐུ་རིམ་འབའ་ཞིག་བསྒྲུབ། དེ་སྐབས་མེ་ཏོག་གི་ཚར་རྒྱུན་མར་བབས་པས་ཁམས་པ་རྣམས་ན་རེ། ངའི་བླ་མ་འདི་སྟོང་བ་དང་ནམ་མཁའ་འདི་ལ་འདི་འདྲ་བ་དགོས་རྒྱུ་མེད་ཟེར་མཆི་མ་གཏོང་མི་ཡང་མང་པོ་བྱུང་། ཆོས་བཅུ་དགུའི་ཉིན་གསོལ་དཔོན་སོགས་སྐུ་མདུན་ན་ཡོད་པའི་ཚེ། བྱང་པ་ཆོས་རྒྱལ་ཆེན་པོ་ཤིན་ཏུ་སྟོང་བའི་ངོ་བརྒྱལ་བར་རང་འདུག་ནའང་། ད་ལྟ་མནལ་གཅིག་བྱུང་འདུག་གསུངས་ཞལ་འཛུམ་མཛད། སྡེ་སྲིད་སྟོང་བའི་གཏམ་ཡི་མ་གསན་ནའང་དེ་ནི་ཐུགས་མངོན་པར་ཤེས་པས་མཁྱེན་པ་གདོན་མི་ཟའོ། །

དེ་ཉིན་བཀའ་ཆེམ་གྱི་ཚུལ་དུ་གྲྭ་པ་སོ་སོའི་ལག་ཏུ་གོས་གཟན་དུམ་བུ་ལེབ་ཙམ་རེ་བྱུང་ན་དཀའ་སློབ་ཆེན་པོ་ཡོངས་བས་ང་རང་ད་ལྟ་གྱོན་བཞིན་པའི་གོས་གཟན་ཆ་ཚང་ཞིག་སྐུ་རིམ་གྱི་ཚུལ་དུ་ཐོངས། ངེད་ད་ལན་བསྡོད་ཤས་ཆུང་བས་བླ་མ་སྟོང་བའི་སྐུ་རིམ་དང་། གཤེགས་ནས་དགེ་རྩ་བྱེད་པ་ཡིན་ཟེར་སྤྲིན་དཀར་པོ་ལ་ཚད་བཙུགས་ནས་འོང་བའི་གྲྭ་པ་སློམས་ཆུང་རྣམས་ཀྱི་ཆས་ཁ་ཟད་ནས་ལོག་འགྲོ་བ་འདི་སེམས་ལ་ཤིན་ཏུ་ཟན་པ་ཞིག་ཡོད་པས་གྲྭ་པ་སྦྱིན་བདག་དང་བཅས་པ་ལ་བསྟོད་མོའི་རིགས་ཡི་མ་ལེན་གསུང་བ་ཡིན་གྱིས་ལ་དྲིལ་སྒྲོགས། ངེད་ལ་དུས་ཇ་ཟུར་པ་མི་དགོས་ཤིང་། ཕྱི་རྟེན་དང་ནང་རྟེན་སོགས་ཀྱི་སྦྱོར་པ་ཡང་ཆེར་བྱེད་མི་དགོས། བླ་མ་གོང་མ་རྣམས་ཀྱི་དུས་རྗེའི་དམིགས་ཟུར་ན་ཡོད་པའི་སྟེང་ནས་ངེད་ཀྱི་དགེ་རྩ་ལ་ཡི་མ་གཏོང་། བླ་མ་གོང་མ་རྣམས་ཀྱི་དུས་ཇ་ཏལ་པོ་རྣམས་དང་། ངེད་རང་གིས་གསར་བཙུགས་ཀྱི་དགེ་རྒྱུན་རྣམས་མ་ཆག་ན་ངེད་ཀྱི་དགེ་རྩ་དེ་ཀ་ཡིན། ད་ལན་ང་རང་བསྐུར་ཙམ་གྱི་དངོས་པོ་ཟུར་ན་ཡོད་པའི་སྟེང་ནས་ཐོངས་ལ། གྲྭ་པ་རྣམས་ཅི་དགའ་དགར་ལོངས་སྤྱོད་དུ་ཆུག་རབ་ཏུ་བྱུང་བ་ཤི་བའི་རྗེས་སུ་མྱ་ངན་བྱེད་པ་ཆོས་དང་མི་མཐུན་པས་དེ་འདྲའི་རིགས་ཡི་མ་བྱེད། ད་ལན་གྱི་གཏོར་བསྒྲུབ་ཆེན་མོ་སོགས་བསྟན་པའི་བྱ་བ་རྣམས་ཡར་འཕེལ་དུ་ཡོང་བ་གྱིས་གསུངས་པ་སོགས་བཀའ་ཆེམས་ཞིབ་པར་ཕེབས་སྐབས། དགེ་སློང་ཆེན་

མོ་བ་སོགས་ཀྱིས་ད་ལོ་སྐུ་དོག་ཆེན་པོ་ཡོད་ཟེར་བ་ནས། སྤྱི་དགོས་ཀྱི་གྲྭ་དགོན་རྣམས་སུ་སྐུ་རིམ་མང་ཙམ་སུམ་བརྒྱ་ཙམ་བསྒྲུབས། ད་ལན་མ་བཞུགས་པའི་དཔེ་མི་འདུག་ལགས་ཞུ་བ་སོགས་ཀྱི་ངོ་འབོད་མང་དུ་ཞུས་པས། རིམ་གྲོ་དེ་བཞིན་བགྱིས་པས་ངེད་དགོན་པར་སླེབ། དཔོན་སློབ་འཕྲད་བྱུས་པ་འདི་ཀ་དཀོན་མཆོག་གི་ཐུགས་རྗེ་ཡིན་མོད། བར་ལམ་དུ་ཤི་ན་རུས་པ་ཡང་མཐོང་བ་འདུག་གམ། གཏན་དུ་འགྲོགས་རྒྱུ་སུ་ལ་ཡང་མི་འདུགའགྲོགས་ཡུན་རིང་པོ་ཡིན། རྫོགས་པའི་སངས་རྒྱས་སྐྱེ་འཆི་དངོས་སུ་སྟོངས་ཀྱང་གཞན་ངོར་འགྲོངས་པའི་ཚུལ་བསྟན་པ་ཡིན་གསུངས་བ་སོགས་ཕེབས་འདུགཆོས་ཉི་ཤུའི་ཉིན་གཡབ་ཆེན་དུ་བཞུགས་ཉི་མ་ཕེབས་པའི་ཚེ། ཐུགས་སྲས་དགེ་སློང་ཆེན་མོ་བ་ལ། ངེད་ཀྱི་འོག་འདི་བཞིན་དུ་སོང་འདུག་གསུངས། དགེ་སློང་པས་བལྟས་པས་གསང་གནས་ལྷྭ་བ་དང་བཅས་པ་སྦྲུབས་སུ་ནུབ་ནས་ཤུལ་ཁབ་སྒྲོམ་ཤོང་བ་ཙམ་ཞིག་འདུག་ཟེར་བ་རྗེ་དཔོན་དཀོན་མཆོག་དཔལ་ལྡན་པ་ནས་བརྒྱུད་དེ། དེའི་དངོས་སློབ་རྣམས་ཀྱི་གསུང་ལས་ཐོས་སོ། །

ཉེར་གཅིག་གི་སྔ་དྲོ་སྔ་བར་རྗེ་དཔོན་པས་སྐུ་དྲུང་དུ་བྱོན་ནས། སྐུ་ཁམས་ཤིན་ཏུ་སྙེལ་བ་ཡོད་པ་འདྲ་ཞུས་པས། ད་ལྟ་ན་རྒྱུ་མེད། ཆོས་བཅོ་བརྒྱད་ཀྱི་ཉིན་ན་བ་བྱུང་གསུངས། ཐུགས་དམ་གྱི་ལྟས་ཇི་ལྟར་བྱུང་ཞུས་པས། བཙུ་དྲུག་གི་ཐོ་རངས་ཙུང་ཟད་གཉིད་པའི་རྨི་ལམ་དུ་གཅེར་བུ་འདོམ་དཀྲིས་ལས་མེད་པ་རལ་པའི་ཐོར་ཅོག་ཅན་ཞིག་ལ་ཕྱག་གཅིག་བྱས་པ་རྨིས། ཕྱི་ཐལ་ཡིན་པ་འདུག་གསུངས། འོན་སྔར་གྱི་སྐུ་ཁམས་མ་བདེ་བ་བྱུང་དུས། ས་ལོ་འཇམ་དབྱངས་ཆེན་པོ་མནལ་ལམ་དུ་འབྱོན་གྱིན་ཡོད་འདུག་པ་བྱུང་ལགས་སམ་ཞུས་པས། ནམ་ཟེར་གྱིས་འདུག་གསུངས། ན་ཉིང་ལམ་འབྲས་ཀྱི་སྐབས་ཞིག་ཏུ་གྲིབ་ལ་རྟེན་ནས་སྐུ་ཁམས་སྙེལ་དུས་གསུང་གི་འདུག་ལགས་ཞུས་པས། ཁྱེད་དྲན་པ་གསལ། གཞན་ཡོང་གི་ཡོད་རྗེ་ཡབ་སྲས་གསུམ་ཀའི་ཞལ་དངོས་སུ་སྟོན། རྗེ་སངས་རྒྱས་རིན་ཆེན་ཐུགས་བརྩེ་བ་ཡིན་ནམ། ཁྱེད་ཀྱི་ཁམས་འདུས་འདི་དང་པོ་རྐྱེན་འདི་ལ་རྟེན་ནས་བྱུང་། བར་དུ་སྨན་སྤྱད་རིམ་འགྲོ་འདི་བཞིན་གྱིས། ཐ་མར་བཞག་འདི་ཙམ་ལ་ཕན་གསུང་བ་ཡོང་གིན་ཡོད་དེ། ན་ཉིང་འཆིངས་ལ་ཐེ་བ་ནས། ལང་ལོང་མང་དུ་བྱུས་འཇིག་རྟེན་པ་རང་རྒྱུད་པ་ལྟར་དུ་སོང་། ཁ་བཏོན་ཀྱང་གནད་དུ་མི་འགྲོ་བ་བྱུང་བས། རྗེ་བླ་མ་གསུམ་གྱིས་ཐུགས་ཀྱིས་བཏང་པ་འདྲ། ད་

བར་ཞལ་བསྟན་མ་བྱུང་གསུངས་པས། ཤིན་ཏུ་འཇིགས་ཤིང་གསོལ་བ་མི་ཐེབ་པ་འདྲ་སྣམ་པ་རྗེ་དཔོན་ཉིད་ཀྱི་ཐུགས་ལ་ཤར། ཡང་ལན་གཅིག་རྗེ་དཔོན་དཀོན་མཆོག་དཔལ་ལྡན་ལ་སྤྱན་ཆེར་ཏེ་གཟིགས་ནས། དང་པོ་ང་ལོ་བཅུ་གསུམ་ལ་ཆོས་སློར་ཞུགས། ཉི་ཤུ་རྩ་ལྔ་ལ་འཆད་ཉན་བྱས། སུམ་ཅུ་རྩ་བདུན་ལ་ཨེ་ཝཾ་གྱི་གདན་ས་བྱས། བཞི་བཅུ་རྩ་དགུ་ལ་བདག་ཆེན་སྐུ་མཆེད་གཉིས་ཀྱི་བླ་མ་བྱས། རང་ལོའི་འཕར་བ་ཡིན་ཏེ། ད་ལོ་ཙུང་ཟད་དོག་པ་འདྲ། ལར་ཁྲི་ཐོག་ཏུ་སླེབ་ནས་ལོ་གསུམ་ཙམ་ཕྱི་ནང་ཀུན་ནས་ཟག་བསོག་བྱེད་མི་མང་རབ་བྱུང་སྟེ། རང་གི་བྱེད་རྒྱུ་ཆོས་འཆད་པའི་ཁུར་མ་གཏོགས་མེད་སྙམ་པ་བྱས། གང་ལ་ཡང་འཇུག་རྟོགས་མ་བྱས་པས། ཕྱིས་སུ་བྲོ་རིགས། སྟེ་དཔོན་སོགས་སུས་ཀྱང་ཚད་མར་འཛིན། དེ་བླ་མའི་བཀའ་དྲིན་ཡིན་པར་གོད་བླ་བྲང་གི་ལྟོ་སྐྱུ་སྤོ་བ་དང་། ཞིག་གསོས་འདྲ་མ་ཐུབ། ཚ་ཁང་འདི་རྣམས་ལ་བཅོས་མ་ཐུབ། བདག་ཆེན་སྐུ་མཆེད་གཉིས་འདི་བས་ཐུགས་མཐུན་ཙམ་བྱུང་ན་བསམ་པ་ཡོད། འདི་ཙམ་སེམས་འཁྲུང་བ་འདུག་གཞན་གདན་ས་བྱས་ནས་ལོ་ཉི་ཤུ་རྩ་བཞི་སོང་སྟེ། དུས་ཆོས་གསུམ་མ་ཆག་པ་བྱས། བླ་མ་གོང་མའི་དུས་ཇ་དཀར་མི་རྣམས་ཀྱང་ཡར་ལྡན་དུ་སྤར། དུས་ཕྱིས་དག་ལྡོན་སྒྲི་གསུམ་དང་། གཏོར་མ་བརྒྱ་རྩ་ཚོང་ཨེ་བྱེད་ཟེར་བའི་དུས་སུ། ངས་སྤྱི་དོན། སློས་དོན། བསྡུས་དོན་ཙམ་བཤད་ཉན་བྱས། ས་སྐྱ་པའི་བསྟན་པ་མ་ཉམས་ཙམ་བྱུང་། ངའི་བརྩམས་ཆོས་རྣམས་བལྟ་རྟོག་གྱིས། བརྒྱལ་ལན་ངེས་དོན། ཐ་སྙད་སོགས་གང་ལ་ཡང་ཐོགས་པ་མི་ཡོངས་གསུངས་པའི་ཞལ་ལྟ་འདས་མ་འོངས་དུ་མ་གནང་། ཉི་མ་གུང་ལ་ཉེ་ཙམ་ན་འཇིགས་བྱེད་ཀྱི་གཏོར་བཟློག་གཅིག་དགེ་འདུན་བཅུ་ལྷག་ཙམ་གྱིས་མཛད་ཀྱི་ཡོད་ཚེ། དུང་ཆེན་འབུད་པའི་སྐད་གཅིག་འདུག་གསུངས། དྲུག་ཅུ་པའི་ལགས་ཞུས་པས། རིམ་གྲོ་འདྲ་གྱིས་དང་། ད་ལན་དཀར་ཕྱོགས་དང་ནག་ཕྱོགས་གཉིས་སུ་ཐབ་ཞིག་འདུག་སྟེ། ནག་ཕྱོགས་ཀྱིས་ཐོབ་པ་འདྲ་གསུང་། དེ་ནས་ཉེར་གཅིག་གི་ཉི་མ་གུང་ཡོལ་ཙམ་ལ་རྗེ་དཔོན་སོགས་སྐུ་འཁོར་ཉུང་ཤས་ཞབས་དྲུང་ན་ཡོད་ཚེ། མཆོད་གཡོག་པས་ཐུགས་དམ་གཏོར་འབུལ་མཛད་ལགས་སམ་ཞུས་པ་ན། ད་ལྷ་ཁམས་དང་བ་རང་མི་འདུག་ཙུང་ཟད་གཅིག་ནས་ཐུགས་དམ་དང་གཏོར་འབུལ་རྣམས་ཚ་ཚ་གདབ་གདབ་བྱེད་པའི་དུས་གཅིག་ཡོང་གསུངས། དཔོན་ཆེན་གྱི་ཐུགས་ལ་ད་རང་

གསོལ་བ་མི་ཐེབ་པ་འདྲ་དགོངས། གསེར་སྐྱ་ལྷ་ཁང་ནས་ཐུགས་སྲས་དཀོན་མཆོག་རྒྱལ་མཚན་པ་སྤྱན་དྲངས། དུམ་ཅིག་ནས་སྐུ་འཁྲུས་ཅུང་ཟད་བྱུང་བའི་རྣམ་སྣང་དང་གསོལ་ཞོ་བསྲེས་ནས་རྗེ་ཉིད་ཀྱིས་གསོལ། རྗེ་དཔེན་སོགས་སྐུ་འཁོར་བ་རྣམས་ལའང་ཅུང་ཟད་རེ་གནང་། ལྷག་མ་སེར་སྐྱ་ནས་ལ་གནང་། དབང་བསྐུར་བ་ཐོབ་པའི་སློབ་དཔོན་གྱི་དྲི་ཆེན་དྲི་ཆུ་ལ་གཙང་ཙོག་མེད་པར་བཟའ་ནུས་ན་དངོས་གྲུབ་སྣ་རེ་ཡོང་གསུངས། སོ་སོ་སྐྱེ་བོས་བླ་མའི་རྣལ་འབྱོར་བསྒོམ་པ་འདི་སྣང་ལ་རང་བཞིན་མེད་པ་ཡི་དམ་དང་དབྱེར་མེད་དུ་མི་མཐོང་བ། ཤ་རུས་ཀྱི་གདོས་བཅས་འདི་ཀ་མཐོང་དམ་གསུངས། སྐུ་གཤེད་ཆུང་བས་དབུ་ཚུགས་མི་ཐུབ་སྐྱམ་བྱེད་པ་ལ། དཔོན་ཆེན་གྱི་དབུ་ལམ་ནས་བཏེག་པས། ཅུང་ཟད་མི་གསལ་བའི་ཚུལ་གྱིས། འདི་ན་གོ་བོ་རབ་འབྱམས་པ་ཞེས་ཐང་གཉིས་ཙམ་གསུངས་པ། རྗེ་དཔོན་གྱིས་གསལ་པོ་གོ་བ་རང་མ་བྱུང་བས། བདེ་བ་ཅན་ལགས་སམ་ཞུས་པས། འོ་འོ་བདེ་བ་ཅན་ཡིན། འདི་ན་གོ་བོ་རབ་འབྱམས་པ་བཞུགས་གསུངས། ལན་གཅིག་སྤྱན་བར་སྣང་ལ་ཧད་ཀྱིས་གཟིགས་ནས། འོང་ལ་ཨ་མ་ར་ཐེབ་བྱུང་། འཆི་བ་མེད། གཞན་ལ་མ་ཟེར་ཡིད་མི་ཆེས་གསུངས། སྐུ་འཁོར་གཞན་རྣམས་ནི་བཀའ་དྲིན་ཆེ་ལགས་ཟེར་གྱིན་འདུག་དཔོན་ཆེན་གྱི་ཐུགས་ལ་ངེས་དོན་དུ་སྐྱེ་འཆི་སྤངས་པ་ཡིན་ཞེས་གསུངས་བར་གོ་དེ་ནས་གཏོར་མ་ལ་ཆབ་ཐོངས་གསུངས། ཐུགས་དམ་རྣམས་ཚང་མ་མཛད། གཞན་ཡང་བདེ་མཆོག་གི་སྔགས། ཆོ་གཟུངས། ཨ་མ་ར་ཎི། མ་ཎི་སོགས་སྔགས་མང་དུ་གསུངས། གཏོར་འབུལ་རྣམས་སྐད་ཅིག་གི་བསྐྱེད་ཅིང་འབུལ་བར་མཛད། འོ་ངའི་རུས་པ་འདི་མེས་བཞུ། ཚ་ཚ་བཏབ་ནས་སྟོད་སྨད་ཀུན་ལ་བསྐུར། ཡིད་བཞིན་གྱི་ནོར་བུ་ལག་ཏུ་བྱུང་བ་ལྟ་བུའི་དགའ་སྟོན་བྱེད་པའི་དུས་ཡོང་ཞིང་། སྡེ་སྲིད་སོ་སོར་དུས་འཁྲུགས་ཀྱི་དབང་གི་ཆིངས་འཛུགས་འདི་རྣམས་བརྟན་པར་ཡོང་བའི་སྙན་འབུལ་ནན་ཆགས་ཕུལ། དེས་བསམ་པ་རྫོགས་གསུངས། རྗེ་དཔོན་ལ་ཐར་པ་རྩེ་པ་ཨ་འབྲོན་ལྟོས་གསུངས། ཡང་ཡང་གཟིགས་སུ་ཕེབས་པས་མ་བྱུང་། ཉི་མ་བཞུད་ནས་ཡང་དཔོན་ཆེན་ལ་ལྟོས་ཤོག་གསུངས། གཟིགས་པས་ཕེབས་མ་བྱུང་། རྗེ་དཔོན་གྱིས་སྐུ་དྲུང་དུ་བྱོན་ནས་ད་བར་ཕེབས་མ་བྱུང་ཞུས་པས། ཉི་མ་ག་ཙམ་འདུག་གསུངས། ཉི་མ་བཞུད་འདུག་ཞུ་མ་ནུས་པ་ནས། ཉི་མ་ཅུང་ཟད་ཅིག་འདུག་ཞུས་ལས། ཐུ་ཚོས་བརྟན་བྱས། ཉི་མ

བཞུད་ནས་མེད། ད་རང་མི་འགྲོན་པ་ཨེ་ཡིན་གསུངས། ང་ལ་བདེ་སྡུག་ཅི་བྱུང་ཡང་རྗེ་བཙུན་རིན་པོ་ཆེ་དང་། རྒྱལ་སྲས་རིན་པོ་ཆེའི་བཀའ་དྲིན་དང་སྨོན་ལམ་སུ་གོ་གསུངས། དེ་ནས་དག་པའི་གཟིགས་སྣང་གི་དུས་འདའ་ཞིང་། ཐུགས་དམ་གྱི་རིམ་པ་ཐམས་ཅད་རྫོགས་པར་མཛད་དེ། མདའ་ཁ་མ་ཟབ་མོའི་དང་ནས་ཉེར་གཅིག་གི་མཚན་སུམ་གཉིས་ཙམ་སོང་བའི་དུས་སུ་སྐུ་གཤེགས་པའི་ཚུལ་བསྟན་པར་འགྱུར་ཏེ། དེའང་གཞི་སེམས་དཔའི་སྐྱིལ་ཀྲུང་ལ་ཕྱག་གཉིས་མཉམ་གཞག་ལ་སྐུ་རྒྱབ་དབུ་སྙེལ་ལ་ཅུང་ཟད་བསྙེན་པའི་རྣམ་པར་བཞུགས་སོ། །དེ་ནས་བཟུང་སྟེ་དྲི་བཟང་དང་། རོལ་མོའི་སྒྲ་དང་མེ་ཏོག་འབབ་པ་ལ་སོགས་པ་ཀུན་གྱིས་མཐོང་ཞིང་ཐོས་པ་བྱུང་ཞིང་། ཉི་ཟླ་ཡང་འོད་ཉམས་པར་གྱུར་ཏོ། །

དེ་ནས་ཉེར་གསུམ་གྱི་ཉིན་ཐུགས་དམ་གྲོལ་ཏེ་དབུའི་གཙུག་ནས་བྱང་སེམས་དཀར་པོ་ནས་འབྲུ་ཙམ་ཞིག་བྱོན། དེ་ཉིན་སྐུ་གདུང་རིན་པ་ཆེའི་གདུང་སྒྲོམ་དུ་སྤྱན་འདྲེན་ཞུས་ནས་གོས་དར་བསམ་གྱིས་མི་ཁྱབ་པ་ན་བཟའི་ཚུལ་དུ་གཡོགས་ཏེ། མཆོད་སྤྲིན་རྒྱ་མཚོའི་དབུས་སུ་གཟིམ་ཚང་དུ་བཞུགས་སུ་གསོལ་ལོ། །དེ་ནས་ཉེར་ལྔའི་སྔ་དྲ་མ་གྲོལ་བར་སྐུ་གཤེགས་པ་གསང་སྟེ་སྐུ་རིམ་འབའ་ཞིག་བསྒྲུབ། དེ་ཉིན་ཚ་རྡིང་མ་ལ་བླ་བྲང་ཐར་པ་རྩེ་ནས་མང་ཇ་གདན་བཞེས་བཟང་པོ་དང་བཅས་པ་གནང་བའི་སྟེང་དུ། རྗེ་བཙུན་སངས་རྒྱས་སེང་གེ་པའི་དྲུང་ཕེབས་ཏེ་བཀའ་ཆེམས་རྣམས་བསྒྲོར་བ་མཛད་པས། དགེ་འདུན་ཚོགས་པ་ཐམས་ཅད་གདུང་ཤུགས་དྲག་པོའི་སྒོ་ནས་སྤྱན་ཆབ་ཀྱིས་འདུ་ཁང་གང་བ་ལྟ་བུ་མཛད། དེ་རྟིང་རྗེ་བཙུན་སངས་རྒྱས་སེང་གེ་བ་འོ་རྒྱལ་བ་ཅུང་ཟད་སངས་པ་ན། བླ་བྲང་ལ་བསྐོར་བ་མང་དུ་གྱིས་ལ་གདུང་མཇལ་ལ་བྱོན་གསུངས་པ་སོགས་ཀྱི་བཀའ་ལུང་མང་དུ་གནང་རྗེས། མཆོད་ཚོགས་དཔག་ཏུ་མེད་པ་བཤམས་ནས་བླ་མ་མཆོད་ཚོག་ཡན་ལག་བདུན་པ་སོགས་འདུན་པ་རྩེ་གཅིག་པའི་སྒོ་ནས་གསོལ་བ་བཏབ་རྗེས་ཚོགས་པ་རྣམས་ཀྱི་གདུང་མཇལ་ལ་བྱོན། དེ་ཉིན་ན་བཟའ་འབུལ་བ་ལ་དགེ་འདུན་སྤྱི་བོའི་ཚོགས་དང་བཅས་པ་སྟོང་ཕྲག་ཙམ་ལ། ནས་ཁལ་གཉིས་རེ་བླ་བྲང་ནས་གནང་། སྐུ་གདུང་རིན་པོ་ཆེའི་དྲུང་དུ་ཐུགས་སྲས་དཀོན་མཆོག་རྒྱལ་མཚན་པ་དཔོན་སློབ་བདུན་ཕྲག་རེའི་དགེས་པ་རྡོ་རྗེའི་བསྒྲུབ་མཆོད་སྟ་ཆོག་དགོང་ཆོག་དང་གསོལ་

འདེབས་གདུང་བཞུམ་གྲུབ་ཀྱི་བར་དུ་ཕུལ། གཟིམ་ཁང་གཡབ་ཆེན་དུ་བླ་མ་རིན་པོ་ཆེ་ལྗང་རིགས་རྒྱ་མཚོ་དང་། རྡོ་ཤར་ཁང་ནས་གཉིས་ཀྱི་གཙོས་པའི་དགེ་འདུན་ལྔ་བཅུ་ཙམ་རེའི་དགོས་པ་རྡོ་རྗེའི་བསྒྲུབ་མཆོད་སྟ་ཚོག་དགོང་ཚོག་ཉེར་ལྔ་ནས་ཟླ་བ་ཕྱི་མའི་ཆེས་བཅོ་བརྒྱད་ཀྱི་བར་དུ་ཕུལ་ཏེ། གསོལ་འདེབས་པ་རྣམས་ལ་བསྙེན་བཀུར་ཕྱུན་སུམ་ཚོགས་པ་གནང་སྦྱིན་དང་བཅས་པ་བསྒྲུབ། དེ་ནས་ཕྱོགས་ཀྱི་དགོན་པ་ཆེ་ཕྲ་ཕར་ཆེར་དུ་མང་ཇ་འགྱེད་བཅས་སྟོབས་ཆེ་བ་དང་། ཆེས་བཅུ་ནས་གསོལ་འདེབས་ཆེན་མོ་བཙུགས་ཏེ་དགེ་འདུན་སྟོང་ཕྲག་དུ་མ་དང་། རྟོགས་ལྡན་པོ་མོ་ལྔ་བརྒྱ་ཙམ་ལ་མང་ཇ་སྙེད་བཀུར་འབུལ་ནོད་བློའི་རབ་ལས་འདས་པ་དག་བསྒྲུབ་ཅིང་། གཞན་ཡང་ལོ་དུས་ཟླ་དུས་ཀྱི་དུས་མཆོད། ཕྱི་རྟེན་ནང་རྟེན་བཞེངས་པ་སོགས་ཆོས་རྗེ་གདན་ས་པ་དང་། རྗེ་དཔོན་རྣམ་པ་གཉིས་དང་བཅས་པའི་དོ་དམ་རྐྱང་ལེན་མཛད་ནས་ཕུལ་དུ་ཕྱིན་པ་བསྒྲུབ་པར་མཛད་དོ། །སྐུ་གདུང་རིན་པོ་ཆེ་རྒྱལ་ཟླ་བའི་ཉེར་གཅིག་ལ་བཞུ་ལ་ཕུལ་བའི་ཚེ་དུད་སྤྲིན་ཐམས་ཅད་རྡོ་རྗེ་དང་རལ་གྲི་དང་། མཆོད་སྤྲིན་གྱི་རྣམ་པ་དཔག་ཏུ་མེད་པར་གྱུར་ནས་ནམ་མཁའི་ཕྱོགས་ཁྱབ་པ་བྱུང་ཞིང་། གདུང་རིང་བསྲེལ་འབྲེལ་དཔག་ཏུ་མེད་པ་བྱུང་བ་རྣམས་རྟེན་སོ་སོའི་ནང་དུ་བཞུགས་སུ་གསོལ། གདུང་རུས་ལྷག་མ་རྣམས་ལ་གདུང་ཚ་ཆེ་ཆུང་ཁྲི་ཁྲག་དུ་མ་བཏག་ནས་གསེར་གྱི་ན་བཟའ་ཅན་དུ་བྱས་ཏེ། དེར་བཞུགས་ཀྱི་དགེ་འདུན་རྣམས་ལ་གདུང་ཐལ་ཚོན་པ་རེ། བཞུ་རིལ་བུ། ན་བཟའི་དུམ་བུ། གདུང་ཚ་རེ་དང་བཅས་འགྱེད་པར་མཛད་ཅིང་། དད་ལྡན་གྱི་སློབ་མ་རྣམས་ལ་ཕྱོགས་སུ་ཡང་བསྐུར་བ་གནང་། གདུང་ཚ་ལྷག་མ་རྣམས་རྟེན་སོ་སོའི་ནང་དུ་བཞུགས་སུ་གསོལ། བཅུ་པ་མཛད་པ་འཕྲིན་ལས་ཀྱི་འཁོར་ལོ་རྒྱུན་མི་འཆད་པའི་ཚུལ་ནི། ཀུན་གྱི་སྐྱབས་གནས་དམ་པ་དེ་ཉིད་ཞི་བར་གཤེགས་ཀྱང་། ཉིད་ཀྱི་སློབ་མ་རྣམས། ཡང་སློབ་དང་། ཉིང་སློབ་སོགས་ཀྱི་དམ་པ་དེ་ཉིད་ཀྱི་འཕྲིན་ལས་སངས་རྒྱས་ཀྱི་བསྟན་པ་གནས་ཀྱི་བར་དུ་ཆུ་བོ་ཆེན་པོའི་རྒྱུན་ལྟར་སྤེལ་ཏེ་མཛད་པ་འཕྲིན་ལས་ཀྱི་འཁོར་ལོ་རྒྱུན་མི་འཆད་པ་འབྱུང་བ་འདི་ནི་རྨད་དུ་བྱུང་བའི་རྟེན་འབྲེལ་གྱི་སྒོ་བླ་ན་མེད་པར་ཤེས་པར་བྱའོ། །དེ་ལྟར་རྡོ་རྗེ་འཆང་དངོས་ཨེ་ཝཾ་པ། །ཐམས་ཅད་མཁྱེན་པ་དཀོན་མཆོག་ལྷུན་གྲུབ་ཀྱི། །རྣམ་ཐར་མདོ་ཙམ་བཤད་པའི་དགེ་བ་ཡིས། །བདག་ཅག་དཔོན་སློབ་སྒྲིབ་ཀུན་བྱང་གྱུར་ཅིག། དེ་

ལ་བརྟེན་ནས་དུས་འདིར་ཚེ་རིང་ཞིང་། །ལྷ་ཕྱུང་བྲོ་ནད་དང་བྲལ་དབང་པོ་གསལ། །བསྟན་པ་འཛིན་པའི་རིགས་བརྒྱུད་མྱུར་འབྱུང་ཞིང་། །དེ་རྒྱུན་བསྐལ་པར་རྒྱུན་མི་འཆད་པར་ཤོག། བདག་དང་གདུལ་བྱར་བཅས་པའི་འགྲོ་བ་རྣམས། །ནམ་ཞིག་ཚེ་འདིའི་སྣང་བ་ནུབ་མ་ཐག། ཀུན་ཀྱང་ལྷན་ཅིག་བདེ་བ་ཅན་སྐྱེས་ནས། །སླར་ཡང་སྤྲུལ་པས་བསྟན་པ་རྒྱས་བྱེད་ཤོག།

ཅེས་མཁས་པའི་དབང་པོ་རྗེ་དཀོན་མཆོག་ལྷུན་གྲུབ་ཀྱི་རྣམ་པར་ཐར་པ་མདོ་ཙམ་བཤད་པ་འདི་ཡང་། ས་སྐྱ་པ་ཤཱཀྱའི་དགེ་བསྙེན་ཐེག་པ་མཆོག་གི་རྣལ་འབྱོར་པ་སྔགས་འཆང་ངག་དབང་ཀུན་དགའ་བསོད་ནམས་གྲགས་པ་རྒྱལ་དཔལ་བཟང་པོས་རྗེ་ཉིད་ཀྱི་རྣམ་ཐར་མཐོང་བའི་ཚེ། ངོ་མཚར་བའི་མཛད་པ་རྣམས་དང་། མཁས་པའི་དབང་པོ་དེ་ཉིད་ཀྱི་གསུང་རབ་མཐའ་དག་ལ་ཐོས་བསམ་བྱས་པས། དང་འདོད་ཀྱི་དད་པ་དབང་མེད་དུ་སྐྱེས་པའི་རྐྱེན་བྱས། རྗེ་ཉིད་ཀྱི་དངོས་སློབ་ཆོས་རྗེ་བློ་གྲོས་རྒྱལ་མཚན་པས་མཛད་པའི་རྣམ་ཐར་ཆེན་མོ་ནས་བཏུས་ཏེ། རང་ལོ་ཞེ་གཅིག་ལོན་པ་མེ་མོ་གླང་གི་ལོ་དཔལ་ས་སྐྱར་གསུང་ངག་ཚར་བདུན་པ་བཤད་དུས་ཐ་སྐར་གྱི་ཟླ་བའི་ཚེས་ཉེར་གཅིག། རྗེ་བཙུན་དཀོན་མཆོག་ལྷུན་གྲུབ་དེ་ཉིད་ཟབ་མོ་ཆོས་དབྱིངས་སུ་མཉམ་པར་བཞག་པའི་དུས་དྲན་གྱི་མཆོད་པ་འབུལ་བའི་ཉིན་བཞི་ཐོག་བླ་བྲང་གི་ཡང་སྟེང་བཀྲ་ཤིས་བརྩེགས་སུ་སྦྱར་བའི་ཡི་གེ་པ་ནི་གསོ་བ་རིག་པ་དང་ཡི་གེའི་འདུ་བྱེད་ལ་མཁས་པའི་ཕྱུལ་དུ་ཕྱིན་པ་གདོང་དགའ་བ་བསམ་པ་དོན་ཆེན་གྱིས་བགྱིས་སོ། །འདིས་བདག་ཅན་དཔོན་སློབ་རྣམས་ཀྱི་འདི་ཕྱིའི་དོན་ཐམས་ཅད་ཡིད་བཞིན་དུ་འགྲུབ་པའི་རྒྱུར་གྱུར་ཅིག། ༎ སརྦ་མངྒ་ལཾ།། ༎

༄༅། །རྗེ་བཙུན་བླ་མ་དམ་པ་ངོར་ཆེན་ཐམས་ཅད་མཁྱེན་པ་དཀོན་མཆོག་ལྷུན་གྲུབ་ཀྱི་རྣམ་པར་ཐར་པ་རབ་སྣང་ལྷའི་རྔ་དབྱངས་ཞེས་བྱ་བ།

ངག་དབང་བསྟན་པའི་རྡོ་རྗེ།

བླ་མ་དང་རྗེ་བཙུན་འཇམ་པའི་དབྱངས་དབྱེར་མེད་པའི་ཞབས་ལ་གུས་པས་ཕྱག་འཚལ་ལོ། །མཁྱེན་བཟང་འཇམ་དབྱངས་ཐུགས་ཀྱི་མཚོ་ལས་འཁྲུངས། །དམིགས་མེད་ཐུགས་རྗེའི་པད་དཀར་འདབ་མ་རྒྱས། །གསང་ཆེན་སྣང་རྩེའི་བཅུད་ཀྱིས་བུང་བ་གསོ། །ཐུབ་བསྟན་འཛིན་མའི་རྒྱན་གྱུར་དེར་ཕྱག་འཚལ། །དཀོན་ལས་ཆེས་དཀོན་ལེགས་བཤད་རྩོམ་ལ་དགེས། །མཆོག་གི་རབ་མཆོག་མདོ་རྒྱུད་འཆད་ལ་མཁས། །ལྷུན་པོ་ལས་ཀྱང་ལྷུན་ཆགས་སྡོམ་གསུམ་གྱིས། །གྲུབ་པའི་སར་གཤེགས་གྲུབ་དབང་གང་དེ་རྒྱལ། །རྣལ་འབྱོར་དབང་ཕྱུག་དཔལ་ལྡན་བི་རཱུ་པའི། །གཟུགས་གཞན་ཟློས་པ་ངུར་སྨྲིག་འཛིན་པའི་གཙོ། །ངེས་བསྟན་རྒྱུད་དང་མན་ངག་ཐམས་ཅད་ཀྱི། །བདག་པོར་གྱུར་པ་གང་དེའི་རྣམ་ཐར་ཚོགས། །མཁས་པ་སྔ་མས་ཡང་ཡང་བསྔགས་མོད་ཀྱི། །བློ་དམན་བདག་འདྲའང་དུང་དུང་དད་པའི་ཤུགས། །རྒྱ་ཆེར་འཕེལ་བས་གསལ་གསལ་བསྐྱེད་པའི་ཚུལ། །འདིས་ཀྱང་བརྗོད་བྱ་ངེས་ངེས་སྟོན་ལ་རེ། །གངས་ཅན་མཛེས་པའི་རྒྱན་གྱིས་གངས་རིའི་ཁྲོད། །ཁྱབ་པར་གྱུར་མོད་ཁྱབ་བདག་རྡོ་རྗེ་འཆང་། །ཀུན་དགའི་བསྟན་ལ་སྙིགས་དུས་འདི་ཀུན་དུ། །བཀའ་དྲིན་ཆེ་ཕྱིར་ངོ་མཚར་ཆེ་བརྗོད་འོས། །

ལྷ་དང་བཅས་པའི་འགྲོ་བའི་འདྲེན་པ་དམ་པ་ཀུན་མཁྱེན་ཤཱཀྱའི་རྒྱལ་པོའི་རྒྱལ་ཚབ།མདོ་རྒྱུད་རིག་གནས་མཐའ་དག་གི་མངའ་བདག །དཔལ་ལྡན་ས་སྐྱ་པའི་བསྟན་པ་གསལ་བའི་ཉི་མ། རྗེ་

བཙུན་ཨེ་ཝཾ་པ་ཆེན་པོ་དཀོན་མཆོག་ལྷུན་གྲུབ་ཅེས་ཡོངས་སུ་གྲགས་པ་དེ་ཉིད་ཀྱི་རྣམ་པར་ཐར་པ་
ཙུང་ཟད་ཙམ་བརྗོད་པ་ལ་དོན་གསུམ་སྟེ། ཞིང་འདིར་སྐུ་སྐྱེ་བ་བརྟེན་པའི་རྣམ་ཐར། ཚུལ་གནས་
ཐོས་བསམ་བསྒོམ་གསུམ་མཛད་པའི་རྣམ་ཐར། འཆད་རྩོད་རྩོམ་གསུམ་གྱིས་བསྟན་པ་གསལ་བའི་
རྣམ་ཐར་རོ། །དང་པོ་ནི། རྗེ་བཙུན་དམ་པ་འདི་སྐུ་འཁྲུངས་པའི་ཡུལ་ནི། བོད་ཀྱི་རྡོ་རྗེ་གདན་གྲམ་པ་
ལ་སྟོད་དཔལ་ལྡན་ས་སྐྱའི་གཉན་བླ་བྲང་གི་འདབ་གཉན་འོག་ཅེས་པའི་གཟིགས་ཁང་དུ་ཡབ་ཞང་
ཞུང་པོན་གྱི་རིགས་སུ་པོན་གྱི་གཞུང་ལུགས་ལ་མཁས་ཤིང་མ་གཅིག་སྲིད་པའི་རྒྱལ་མོ་སོགས་པོན་
སྲུང་བྲན་དུ་འཁོལ་བའི་ནུས་པ་ཅན། དམ་པའི་ཆོས་ལ་མོས་ཤིང་དད་པ་དང་ལྡན་པ་ཀུན་གྲུབ་དར་
ཞེས་བྱ་བ་དང་། ཡུམ་རྡོར་ཆེན་རྡོ་རྗེ་འཆང་གི་དཔོན་རིགས་ཡོངས་འཛིན་དཀོན་མཆོག་འཕེལ་གྱི་
དཔོན་མོ་ལྷ་མོ་བུ་འདྲེན་ཞེས་བྱ་བའི་སྲས་ཡིན་ལ། ཡུམ་གྱི་ལྷུམས་སུ་བཞུགས་དུས་ཡུམ་ལ་གནོད་
པ་མེད་ཅིང་སྐྱེས་བུ་དམ་པ་ཞིག་འབྱུང་བའི་ལྟས་ཁྱད་པར་ཅན་མངོན་དུ་གྱུར་པའི་སྒོ་ནས། དམར་
སེར་ཅན་ཞེས་པ་མེ་མོ་སྦྲུལ་གྱི་ལོ་གཟའ་ཕུར་བུ་དང་སྐར་མ་རྒྱལ་འཛོམ་པའི་འགྲུབ་སྦྱོར་བཟང་
པོའི་དུས་བདེ་བར་བལྟམས་པས་ཡབ་ཀྱིས་མཚན་ལྷ་མགོན་དར་ཞེས་བྱ་བར་གསོལ། ཡབ་ཀྱི་བང་
མཛོད་རྣམས་ཀྱང་གང་ཞིང་འཕེལ་བས་ངོ་མཚར་བའི་གནས་སུ་གྱུར་ཏོ། །ཀུན་མཁྱེན་གོ་བོ་རབ་
འབྱམས་པ་བསོད་ནམས་སེང་གེ་ས་སྐྱར་ཆོས་དབར་ལ་ཕེབས་སྐབས་ཡུམ་འདི་རྗེ་རྡོ་རྗེ་འཆང་གི་
དཔོན་མོ་ཡིན་པས་ཐུགས་བརྩེ་བས་དགོངས་ཏེ་ཆོས་ཀྱི་བདུད་རྩི་མང་དུ་གསན་ནས། ཁར་རྡ་བཟང་
པོ་ཞིག་གིས་ཐོག་དྲངས་རྟེན་བཀུར་གྱིས་མཉེས་པར་མཛད་པ་ཞིག་ཡིན་པར་སྣང་ངོ་། །གཞོན་ནུ་དེ་
རིམ་གྱིས་བསྐྱེད་བསྲིངས་ཏེ་སྐུ་ནར་སོན་པའི་བྱིས་པའི་དུས་རྩེད་མོ་སོགས་ལའང་སྟོན་གྱི་བག་
ཆགས་སད་པའི་རྟགས། བྱིས་པ་བླ་པོ་རྣམས་ལ་ངས་ཆོས་བཤད་ཀྱིས་ཁྱེད་རང་རྣམས་ཉོན་གསུང་
བ་སོགས་མཛད་ཅིང་སྤྱོད་ལམ་ཕུན་སུམ་ཚོགས་པ་དང་ངོ་མཚར་བའི་སྤྱོད་པས་བྱིས་པ་གཞན་ལས་
ཁྱད་པར་དུ་འཕགས་པར་གྱུར་པས་ཀུན་ཡ་མཚན་དུ་བྱེད་དོ། །

དགུང་ལོ་ལྔ་དྲུག་ཙམ་གྱི་དུས་མཚན་མོ་གཉིད་དུ་སོང་བའི་དུས་ཤིག་ས་སྐྱ་ལྷ་ཁང་ཆེན་མོ་
དང་བཅས་པའི་གྲོང་པ་རྣམས་ཀྱི་མི་ཕྱུགས་ནང་གི་ཕུ་མདའ་སོགས་ན་ཡོད་པའི་དངོས་པོ་ཕྲ་རགས་

ཚང་མ་གསལ་པོར་མཐོང་བ་ཞིག་བྱུང་གསུང་ཞིང་། དེ་སྐབས་ཡོངས་འཛིན་དམ་པ་ས་སྐྱར་ཕེབས་པ་ཞིག་གི་དུས། རྗེ་འདི་གཟིམས་མལ་དུ་གཟིམས་ནས་ཡོད་པ་ལ་སྟག་ཕྲུག་ཞིག་ཉལ་བསྡད་པའི་གཟིགས་སྣང་བྱུང་ནས། མལ་ས་དེ་ན་སུ་འདུག་གསུང་། ཁྱེས་པ་དེ་འདུག་ཞུས་ཞེས་གྲག་གོ། དགུང་ལོ་བདུན་ནས་ཀློག་གི་སློབ་དཔོན་དཔལ་ལྡན་ཆོས་སྐྱོང་ཞེས་བྱ་བས་ཀློག་ཕྱུལ་བས་བཛ་བསྟན་པ་ཙམ་གྱིས་མཁྱེན་ཅིང་། དགུང་ལོ་བརྒྱད་པའི་དུས་སྐུ་ཞང་དང་བཅས་ཕྱུགས་འཚོ་བའི་སར་ཕེབས་པའི་ཚེ། ཆུ་ནང་དུ་ཟླ་བའི་གཟུགས་བརྙན་ཤར་བ་གཟིགས་པའི་ཚེ། ཞང་པོ་ན་རེ། ནམ་མཁའ་ལ་ཟླ་བ་ཡོད་པའི་གཟུགས་བརྙན་ཡིན་ཟེར་བས་རྟེན་འབྲེལ་ཟབ་མོའི་དོན་ལ་ངེས་ཤེས་སྐྱེད་པ་དེ་དུས་ནས་བྱུང་གསུང་། དེ་ནས་ཀློག་ཡིག་དང་ཆོས་སྤྱོད་ཀྱི་རིམ་པ་སོགས་ལ་བསླབ་སྦྱང་མཛད་ཅིང་གཞོན་ནུ་ཉིད་ནས་ཆོས་ཀྱི་བག་ཆགས་ཆེ་བ་དང་དམ་པའི་སྤྱོད་པས་དུས་འདའ་བར་གནས་དེ་ཉིད་དུ་བཞུགས་སོ། །གཉིས་པ་ཚུལ་གནས་ཐོས་བསམ་སྒོམ་གསུམ་མཛད་པའི་རྣམ་ཐར་ནི། དགུང་ལོ་བཅུ་གསུམ་བཞེས་པ་དཀར་པོ་ཞེས་པ་ས་མེ་སྦྲུལ་གྱི་ལོ་འོག་མིན་གཉིས་པ་དཔལ་ཨེ་ཝཾ་ཆོས་ལྡན་གྱི་ཆོས་གྲྭར་ཕེབས་ཏེ། རྗེ་ཡོངས་འཛིན་དམ་པ་དཀོན་མཆོག་འཕེལ་བའི་ཞལ་སྔ་ནས་མཁན་པོ་མཛད། དེ་སྐབས་གློ་བོ་མཁན་ཆེན་དབུས་གཙང་དུ་རྗེས་མ་ཕེབས་ཏེ་རྩེ་གདོང་ནས་ཡར་ཕྱོགས་སུ་ཕེབས་པའི་ཞར་ལ་ངོར་དུ་ཕེབས་པའི་སྐབས་དང་འགྲིག་པས། མཁན་ཆེན་ཐམས་ཅད་མཁྱེན་པ་བསོད་ནམས་ལྷུན་གྲུབ་ལེགས་པའི་འབྱུང་གནས་རྒྱལ་མཚན་དཔལ་བཟང་པོས་སློབ་དཔོན་མཛད། ཆོས་ལུང་བཀའ་བཅུ་པ་ཕྲིན་ལས་དབང་ཕྱུག་པས་གྲིབ་ཆོད་འདུལ་འཛིན་ཡོན་ཏན་རྒྱ་མཚོ་སོགས་དགེ་སློང་བརྒྱ་ཕྲག་གཅིག་གི་དབུས་སུ་ལོ་དེ་ཉིད་ཀྱི་སྟོན་ཟླ་བའི་མར་ངོའི་གྲལ་ཆེས་བརྒྱད་ཀྱི་ཉིན་བསྟན་པའི་རྩ་བ་དགེ་བསྙེན་དང་དགེ་ཚུལ་གྱི་སྡོམ་པ་རྣམ་པར་དག་པ་མནོས་ཏེ། མཚན་མཁན་སློབ་གཉིས་ཀྱི་མཚན་ལས་གྲུབ་ཏེ་དཀོན་མཆོག་ལྷུན་གྲུབ་ཅེས་དོན་དང་མཐུན་པར་གསོལ་ལོ། །

དེ་ནས་བཟུང་སྐྱེ་ལྷག་པར་ཚུལ་ཁྲིམས་ཀྱི་བསླབ་པ་སྨྱན་གྱི་འབྲས་བུ་ལྟར་གཅེས་པར་བཟུང་བའི་ངང་ནས་ཐོས་བསམ་མཛད་པའི་ཚུལ་ནི། རྗེ་ཡོངས་འཛིན་དམ་པ་དེ་ཉིད་ཀྱིས་དབྱུང་གནས་རྒྱུང་འདུར་བ་བྱམས་པ་དགེ་ལེགས་བཤེས་གཉེན་ལ། བུ་ཚ་འདི་ལ་རི་ཆོད་ཆེན་པོ་ཡོད་པས་ཆུད་ཟོས་སུ་

མ་སོང་བ་དང་། ཐོས་བསམ་ཚུལ་བཞིན་དུ་འོང་བའི་གྲོགས་ལྡན་ཡང་དག་པ་ཅིག་གྱིས་གསུངས་ནས་ཁོང་ལ་སྤྲད་པ་ལྟར། ཟུར་སློབ་དུ་བསྟེན་ཏེ་གསན་སྦྱོང་ལ་བརྩོན་པར་མཛད་དེ། ཨེ་ཝཾ་ཉིད་དུ་ལོ་དུས་སུ་གནང་བའི་སྒྲུབ་མཆོད་ཀྱེ་རྡོར་མན་ངག་ལུགས། ཀུར་རིགས་བསྡུས། སཾ་པུ་ཊའི་རྡོ་རྗེ་དབྱིངས་ཏེ་ཀྱེ་རྡོར་རྒྱུད་གསུམ་ནས་འབྱུང་བའི་དཀྱིལ་འཁོར་གསུམ་དང་། བདེ་མཆོག་ཁོ་ནག་གཉིས། གསང་འདུས་མི་བསྐྱོད་པ་དང་འཇམ་རྡོར་གཉིས་ཏེ་ངོར་ལུགས་ཀྱི་དཀྱིལ་འཁོར་བདུན་དུ་གྲགས་པའི་ཆོག་ཁྲིགས་ལ་སྦྱངས་ཏེ་ཆོག་གྲལ་དུ་ཕེབས་ནས་མཐར་ཕྱིན་པར་མཛད། ཀུན་རིག་ས་ལུགས་ཀྱི་དཀྱིལ་ཆོག་དང་། མགོན་པོ་ཆེ་ཆུང་གི་བསྐང་གསོའི་སྐོར་གྱི་དབྱངས་རོལ་སོགས་ཕྱག་ལེན་རྣམས་ལ་ལེགས་པར་སྦྱངས་ཤིང་། ཀྱེ་རྡོ་རྗེའི་རྒྱུད་གསུམ་དང་། ཀུན་དུ་དགོས་པའི་གཞུང་བདུན་དང་། ངག་ལྡན་ཀུར་རྒྱན་གནད་ཀྱི་གསལ་བྱེད་དེ་རྒྱུད་གསུམ་གྱི་འགྲེལ་པ་གསུམ་རྣམས་ཐུགས་ལ་བཟུང་སྟེ་ཤིན་ཏུ་བྱང་བར་མཛད་ཅིང་། སྡོམ་གསུམ་རབ་དབྱེ། དབུ་མ་འཇུག་པ། སྤྱོད་འཇུག །མངོན་པ་མཛོད་རྣམས་ཀྱི་གཞུང་རྣམས་ཐུགས་ལ་བཟུང་ནས་ཤིན་ཏུ་བྱང་བར་མཛད་དེ། དེ་རྣམས་ཀྱི་རྒྱུག་འབུལ་འདྲེན་མཆོག་དམ་པའི་དྲུང་ཉིད་དུ་མཛད་པས་མཉེས་ཚོར་ཤིན་ཏུ་ཆེ་བ་བྱུང་གསུང་ངོ་། །ཉིད་ཀྱི་ཞལ་ནས། ཡོན་ཏན་འོང་བ་ལ་བློ་ཚོགས་གང་ཡོད་མ་བརྟེད་པར་ལོ་གསུམ་གསུམ་བསྐྱར་དགོས། དཔེ་ཆ་གང་བཟུང་འཕྲལ་ལ་བརྟེད་དུ་བཅུག་པས་ཡོན་ཏན་ག་ལ་འབྱུང་། ངེད་ཀྱིས་ལོ་བཅུ་བདུན་ལོན་པའི་ཆེ་གོང་དུ་སློབས་པའི་གསུང་རབ་དེ་རྣམས་དཀྲུས་ཐོག་གཅིག་ལ་ཤིན་ཏུ་བྱང་བར་ཡོད་གསུང་ངོ་། །དེ་ནས་མཆོག་གི་འདྲེན་པ་དམ་པ་ཡོངས་འཛིན་ཆོས་ཀྱི་རྗེ་དཀོན་མཆོག་འཕེལ་དེ་ཉིད་ཀྱི་དྲུང་དུ་དམ་པའི་ཆོས་ཀྱི་སྒོ་བསམ་གྱིས་མི་ཁྱབ་པ་གསན་པའི་ཚུལ་ནི། རབ་བྱུང་མཛད་འཕྲལ་ནས་བཟུང་སྟེ་མདོ་སྔགས་ཀྱི་ཆོས་སྒོ་དུ་མ་གསན་ཅིང་། ལྕགས་ཕོ་རྟ་ལོ་ནས་བརྩམས་ཏེ་གསུང་ངག་ལམ་འབྲས་ཚར་བཞི་གསན་པའི་རྒྱུ་དབང་ལན་ལྔ། ལམ་དབང་ལ་སོགས་པའི་དབང་བཀའ། ཡུམ་གྱི་དབང་བཀའ། ཁྲིད་ཀྱི་རིམ་པ། ལུང་གི་རིམ་པ། ཆ་ལག་ཕལ་ཆེ་བ་དང་བཅས་པ་རྣམས་གསན་ཏེ། ལམ་འབྲས་གླེགས་བམ་ལ་སོགས་པ་ཐུགས་ལ་བྱང་བར་བཟུང་ནས། སྐུ་བཞིའི་ས་བོན་ནུས་ལྡན་དུ་ཐེབས་ཏེ་ཁྲིད་རིམ་རྣམས་ཐུགས་ཉམས་སུ་བཞེས་པས་སྣན་རྒྱུད་

བཞེས་རྒྱུད་གཏམས་པར་གྱུར་ཏོ། །

ཀྱེ་རྡོ་རྗེའི་རྒྱུད་གསུམ་གོང་མའི་གསུང་རབ་ཀྱི་སྙིང་ནས་བཤད་བཀའ་རྒྱས་པར་གསན་ཅིང་གཞུང་རྣམས་ཐུགས་ལ་བྱང་བར་བཞུགས་པས་ཐེ་ཚོམ་མེད་པར་གཞུང་དོན་མཐའ་དག་ཐུགས་སུ་ཆུད་པར་གྱུར་ལ། བདེ་མཆོག་རྩ་རྒྱུད་ཀྱི་བཤད་བཀའ་གསན་ཅིང་ཐུགས་སུ་ཆུད་པར་མཛད་ལ། བདེ་དགྱེས་གསང་གསུམ་གྱི་རྒྱ་གཞུང་མཐའ་ཡས་པའི་ལུང་དང་མཐའ་ཆོད་གསན་ནས་གཟིགས་རྟོག་ཀྱང་ལེགས་པར་མཛད། གཤེད་དམར་ལྷ་ལྔའི་དབང་དང་ཤིན་ཏུ་སྤྲོས་མེད་ཀྱི་ཁྲིད་ལན་གཉིས་གསན་ནས་ཚུལ་བཞིན་བསྒོམས་པས་ལྷན་སྐྱེས་ཀྱི་ཡེ་ཤེས་ངོ་འཕྲོད་པར་མཛད་ཅིང་། རྒྱ་གཞུང་བོད་གཞུང་དུ་མའི་ལུང་དང་མཐའ་ཆོད་ཀྱང་གསན། གཞན་ཡང་དབང་རྗེས་གནང་ལུང་མན་ངག་དུ་མ་གསན་ཅིང་ཐུགས་ཉམས་སུ་བཞེས་པར་མཛད། དབུ་མ་ལུགས་ཀྱི་སེམས་བསྐྱེད་ལན་བཞི། བརྒྱུད་པའི་ཁྱད་པར་གཉིས་ལྡན་གྱི་སེམས་བསྐྱེད་ལན་དུ་མ་གསན་དེ་དག་གི་ཡིག་ལུང་། མདོ་དང་བསྟན་བཅོས་དུ་མའི་ལུང་རྣམས་གསན་ཏེ་མཐའ་ཡས་པའི་སེམས་ཅན་ལ་བྱམས་པ་དང་། སྙིང་རྗེའི་ཐུགས་དང་བྱང་ཆུབ་ཀྱི་སེམས་གཉིས་མུ་མཐའ་མེད་པར་འབྱོངས་པ་གྱུར་ཏོ། །དགེ་ཚུལ་གྱི་བསླབ་བྱ་སོགས་གསན་ཅིང་བཙུན་པའི་སྤྱིན་ལྟོས་རྨད་དུ་བྱུང་བའང་བརྙེས་པར་མཛད་དོ། །

དེ་ལྟར་རྗེ་བཙུན་དམ་པ་དེ་ཉིད་དགུང་ལོ་བཅུ་གསུམ་ནས་བཅུ་བདུན་གྱི་མཐར་ཐུག་པའི་བར་དུ་བརྟེན་ཏེ། དད་པ་དང་གུས་པ་ཆེན་པོས་རྩ་བའི་བླ་མའི་མཆོག་ཏུ་འཛིན་ཅིང་གསོལ་བ་བཏབ་པས་རྗེ་དེས་སྐུ་དངོས་ཀྱིས་ཐུགས་བརྩེ་བ་ཆེན་པོས་དགོངས་ཤིང་ཆོས་དང་ཟང་ཟིང་གི་བཀའ་དྲིན་ཚད་མེད་པས་བསྐྱངས་ཏེ་ཐུགས་ཀྱི་སྲས་ཀྱི་དམ་པ་ལྟ་བུར་གྱུར་པ་ཡིན་ནོ། །དགུང་ལོ་བཅུ་བདུན་པ་ཆུ་མོ་བྱ་ལོའི་དུས་ཆོས་ཀྱི་ལམ་འབྲས་རྗེ་མུས་ཆེན་སངས་རྒྱས་རིན་ཆེན་ཁྲི་ཐོག་ཏུ་བསྐོ་གཞག་དང་བཀས་གནང་ནས་གསུང་བ་ལེགས་པར་གསན་ཅིང་། དབྱར་ས་ལོ་སྐུ་མཆེད་ཀྱིས་གསོལ་བ་བཏབ་ནས་རྗེ་ཡོངས་འཛིན་དམ་པ་ཉིད་ཀྱིས་ལམ་འབྲས་གསུང་བ་གསན་པ་ཡིན་ནོ། །དེ་ནས་དགུང་ལོ་བཅོ་བརྒྱད་པ་ཤིང་ཕོ་ཁྱི་ལོ་ཧོར་ཟླ་དང་པོའི་ཚེས་བཅུ་གཅིག་ལ་རྗེ་ཡོངས་འཛིན་ཞི་བར་གཤེགས་པའི་དུས་སྐུ་གདུང་གི་དྲུང་དུ་གསོལ་བ་བཏབ་ཅིང་སྤྱན་ཆབ་མང་པོ་ཕྱུང་སྟེ་མོས་གུས་དང་དད་པའི་

ཡུས་ཆེན་པོ་མཛད་པའི་སྒོ་ནས་སྐུ་གདུང་གི་ཞབས་ཀྱི་མཐེ་བོ་ལ་ཞལ་གྱིས་འཇིབ་ཅིང་ཁོངས་སུ་མེད་པས་ཐུགས་རབ་ཟབ་ཅིང་གཏིང་དཔག་དཀའ་བའི་ཆོས་གང་ལའང་མི་འཇིགས་པའི་སྤོབས་པ་ཐོབ་པའི་མཁྱེན་རབ་སྔར་ལས་ལྷག་པ་མངོན་དུ་གྱུར་ཞེས་ཐོས་སོ། །

དེ་ནས་སྨུས་ཆེན་སངས་རྒྱས་རིན་ཆེན་ལ་ལོ་དུས་ཀྱི་ལམ་འབྲས་རྣམས་དང་བཅས་པའི་གསུང་ངག་རིན་པོ་ཆེའི་ཁྲིད་ཚར་ལྔ། དེ་དག་དང་འབྲེལ་བའི་དབང་བྱིན་རླབས་ལུང་མན་ངག་ཆ་ལག་ཕྲ་མོ་དང་བཅས་པ་ཡོངས་སུ་རྫོགས་པར་གསན་ཅིང་ཐུགས་དམ་ཆག་མེད་ཀྱི་རིམ་པ་རྣམས་ཀྱང་ཐུགས་ཉམས་སུ་བསྐྱར། བདེ་མཆོག་ལུགས་གསུམ་གྱི་དབང་ཁྲིད་ལུང་མན་ངག་སོགས་དམ་པའི་ཆོས་ཀྱི་སྒོ་བསམ་གྱིས་མི་ཁྱབ་པ་གསན་ནས་ཐུགས་རྒྱུད་ཡོངས་སུ་སྨིན་ཅིང་གྲོལ་བར་མཛད། དགུང་ལོ་ཉི་ཤུ་བཞེས་པ་འཛིན་བྱེད་ཅེས་པ་མེ་ཕོ་བྱི་བའི་ལོ་ས་ག་ཟླ་བའི་ཡར་ཚེས་བཅུ་གསུམ་གྱི་ཉིན། མཁན་པོ་ཆོས་ཀྱི་རྗེ་སྨུས་ཆེན་སངས་རྒྱས་རིན་ཆེན། ལས་སློབ་བྱ་བཏང་ཀུན་དགའ་མཆོག་ལྡན། གསང་སྟོན་ཆོས་རྗེ་ལྷ་མཆོག་སེང་གེ། གྲིབ་ཚོད་པ་ཆོས་ལུང་པ་ཕྲིན་ལས་དབང་ཕྱུག །དང་པའི་དགེ་འདུན་འདུལ་འཛིན་ཤེས་རབ་རིན་ཆེན་དང་། རྐྱང་འདུར་བ་བྱམས་པ་དགེ་ལེགས་བཤེས་གཉེན་སོགས་དགེ་སློང་དུ་མའི་དབུས་སུ་ཉི་མ་ཕྱེད་ཡོལ་གྱི་དུས་སུ་དཔལ་ཨེ་ཝཾ་ཆོས་ལྡན་གྱི་གཙུག་ལག་ཁང་དུ་བསྙེན་པར་རྫོགས་པ་དགེ་སློང་གི་སྡོམ་པ་རྣམ་པར་དག་པ་བཞེས་ཏེ། དེ་ནས་བཟུང་ཤ་ཆང་དགོངས་གསུམ་སྤངས་ཏེ་འཚོ་བ་རྣམ་པར་དག་པ་དང་། གཞན་གནོད་གཞི་བཅས་མཐའ་དག་སྤོང་བའི་ངང་ཚུལ་ལས་མ་གཡོས་བཞིན་དུ་འདུལ་བ་མདོ་རྩ་དང་མེ་ཏོག་ཕྲེང་རྒྱུད་ལ་སོགས་པའི་ཚིགས་ལ་འགྲེལ་པ་དུ་མ་དང་བཅས་ཏེ་གསན་སྦྱོང་མཛད་པས་ཚིག་དོན་ཇི་ལྟ་བ་དང་ཇི་སྙེད་པ་ཐུགས་སུ་ཆུད་པར་གྱུར་ཏོ། །

གཞན་ཡང་ཕ་རོལ་ཏུ་ཕྱིན་པ་དང་རྡོ་རྗེ་ཐེག་པའི་ཆོས་ཚུལ་མཐའ་ཡས་པ་ཞིག་དམ་པ་འདི་ཉིད་ལ་གསན་ཅིང་། ཐུགས་ཉམས་སུ་བཞེས་པས་ཐུགས་རྒྱུད་ཞི་བ་དང་དུལ་བ་དང་། བྱང་ཆུབ་ཀྱི་ཐུགས་འབྱོངས་པ་དང་རིམ་གཉིས་ཀྱི་རྟོགས་པ་ཁྱད་པར་ཅན་འཕེལ་བ་ལ་སོགས་པའི་ཡོན་ཏན་གྱི་ཚོགས་དུ་མས་རྒྱུད་ཕྱུག་པར་མཛད། དེ་ནས་ལོ་དེའི་ས་ག་ཟླ་བའི་ཆོས་གསུམ་ལ་ཨེ་ཝཾ་ཆོས་ལྡན་གྱི་

གདན་སར་རྒྱལ་བ་ལྷ་མཆོག་སེང་གེ་བསྐོས་ནས་མུས་ཆེན་ཉིད་དབུས་ཕྱོགས་སུ་ཆིབས་ཁ་བསྒྱུར་ནས་དཔལ་ན་ལེནྡྲར་ཕེབས་ཏེ། ས་ལོ་འཛམ་པའི་དབྱངས་ཀྱིས་གཙོ་མཛད་དགེ་འདུན་འདུས་པའི་ཚོགས་ལ་གསུང་ངག་ལམ་འབྲས་སྩོལ་བར་མཛད་དོ། །རྗེ་འདི་ཉིད་ཀྱིས་རྒྱལ་ཚབ་དམ་པ་ལྷ་མཆོག་པའི་དྲུང་དུ་གསུང་ངག་ལམ་འབྲས་ལ་སོགས་པའི་དམ་པའི་ཆོས་ཀྱི་སྒོ་བསམ་གྱིས་མི་ཁྱབ་པ་གསན་ཅིང་ཐུགས་སུ་ཆུད་པར་མཛད་དེ་གསན་སྦྱོང་དང་ཐུགས་དམ་ལ་ཤིན་ཏུ་བརྩོན་པར་ཨེ་ཝཾ་ཉིད་དུ་བཞུགས་ཏེ། ཡང་དག་པའི་དགེ་བའི་བཤེས་གཉེན་མདོ་སྔགས་རབ་འབྱམས་སྨྲ་བ་རྒྱང་འདུར་བ་བྱམས་པ་དགེ་ལེགས་བཤེས་གཉེན་པའི་དྲུང་དུ་ཕྱག་ཕྲིད་དང་གསན་སྦྱོང་མཛད་པས་གསུང་རབ་ཀྱི་དོན་ལ་རྣམ་དཔྱོད་ཀྱི་བློ་གྲོས་ཤིན་ཏུ་རྒྱས་པར་གྱུར་ལ། མངའ་རིས་བཞི་སྡེ་བའི་དགེ་བའི་བཤེས་གཉེན་མཁས་པ་ཞིག་ལ་སྒྲའི་བསྟན་བཅོས་ཀ་ལཱ་པའི་མཚམས་སྦྱོར་གྱི་རི་མོ་དང་སྙན་ངག་གི་སྙིར་ཙུང་ཟད་གསན་ནོ་ཞེས་ཐོས་སོ། །དེ་ནས་སྐབས་ཤིག་མུས་ལ་ཕེབས་ཏེ་ཧྲ་མོ་གླིང་ཁར་དཔལ་ཀྱི་རྡོ་རྗེའི་གཞིའི་བསྙེན་པ་སྦྱིན་སྲེག་དང་བཅས་པ་མཛད། བསྙེན་རྒྱབ་རྗེ་སངས་རྒྱས་རིན་ཆེན་པས་མཛད། གསུང་ཆོས་གསན་ཅིང་ཡུན་རིང་བ་བཞུགས་སྐབས་གླིང་ཁའི་གྲྭ་པ་རྣམས་ཀྱིས་འདིར་བཞུགས་ན་ཕྲིན་ལས་ཆེན་པོ་འོང་ཞེས་མུས་ཕྱོགས་སུ་བཞུགས་སུ་རེ་བའི་ཞུ་ཆ་མང་པོ་ཕུལ་བ་རྗེ་སངས་རིན་པས་གསན་ཏེ། ཁྱེད་ཀྱི་སྡོད་ས་དང་ཕྲིན་ལས་འོང་ས་ཨེ་ཝཾ་ཆོས་ལྡན་ཡིན་གསུངས་ནས་གནང་སྦྱིན་དང་བསླབ་བྱ་མང་པོ་མཛད་དེ་ངོར་དུ་རྫོང་བར་མཛད་དོ། །

གསུམ་པ་འཆད་རྩོད་རྩོམ་གསུམ་གྱིས་བསྟན་པ་གསལ་བའི་རྣམ་ཐར་ལ། ཐུར་འཆད་མཛད་སྐབས་ཀྱི་རྣམ་ཐར་དང་། མཁན་ཐོག་ཏུ་ཕེབས་ནས་མཛད་པའི་རྣམ་ཐར་དང་། སྐབས་སུ་བབ་པའི་རྣམ་ཐར་གཞན་བརྗོད་པ་དང་གསུམ་ལས། དང་པོ་ནི། ལུགས་མོ་སྤྲེལ་གྱི་ལོའི་དབྱར་མུས་ཆེན་སངས་རྒྱས་རིན་ཆེན་པ་ཨེ་ཝཾ་དུ་ཕེབས་ཏེ་གསུང་ངག་ལམ་འབྲས་གནང་བ་གསན། དེ་དུས་རྗེ་འདི་དགུང་ལོ་ཉེར་ལྔར་ཕེབས་པ་ཡིན་པས་ཨེ་ཝཾ་གྱི་ཐུར་ཆོས་པར་བཀའ་གནང་སྟེ། རྗེ་རང་གིས་གསོལ་ལྷུང་ཅིག་སོགས་གནང་སྦྱིན་མཛད་དེ། ཨེ་ཝཾ་རང་དུ་སྡོད། ཕྱོགས་གཞན་ལ་མ་འགྲོ་བར་བསྟན་པ་ལ་བསམ་པའི་འཆད་ཉན་གྱིས། སྙིང་རུས་བསྐྱེད་གསུང་བ་སོགས་ཀྱི་ཞལ་ཏ་མང་དུ་གནང་། དེ་ནས

བཟུང་སྟེ་གསེར་སྐུ་ལྷ་ཁང་གི་ཤར་ལམ་འབྲས་ལྷ་ཁང་གི་སྟེང་དུ་བཞུགས་ཡུལ་མཛད། རྗེ་རང་གི་གསོལ་ཚས་ནི་བླ་བྲང་ནས་རྒྱུན་ལྡན་དུ་འོང་ཞིང་། མཆོད་གཡོག་སོགས་ཀྱི་ཕྱག་གཡོག་ནི་བཀྲ་ཤིས་རྫོང་ཁབ་ཀུན་དགའ་རྒྱལ་མཚན་པས་མཛད་དེ། ཟུར་ཆོས་ཀྱི་མཐིལ་ལེན་མཛད་དེ་འཆད་ཉན་དམར་བ་བཞུགས། སྐབས་འགར་ཀུན་རིག །ཚེ་དཔག་མེད། འཇིགས་བྱེད། གསང་འདུས། གཤེད་དམར་སོགས་དཀྱིལ་འཁོར་འགའ་ཞིག་གི་བསྙེན་པ་སྦྱིན་སྲེག་དང་བཅས་པ་དང་། འཇམ་དབྱངས་དམར་སེར། སྒྲོལ་དཀར། དབྱངས་ཅན་ལྷ་མོ་སོགས་ལྷ་ཕྲན་མང་པོའི་བསྙེན་པ་དང་། ཚེ་སྒྲུབ་ཟབ་མོའི་བསྙེན་པ་སོགས་མཛད། སྒྲུབ་མཆོད་ཟུར་པ་རྣམས་ཀྱི་ཆོག་དཔོན་ཡང་མཛད་དེ། ཨེ་ཝཾ་བླ་བྲང་གི་ཡང་སྟེང་ཤིན་ཏུ་དབེན་པའི་གནས་དེར་གསུང་རྩོམ་ཡང་མང་དུ་མཛད། དབང་ཁྲིད་རྗེས་གནང་སོགས་གསུང་། ཆོས་གང་གནང་བ་ཐམས་ཅད་ཕྱག་ལེན་རྣམ་པར་དག་ཅིང་བཤད་པ་ཤིན་ཏུ་རྒྱས་པ་དོན་ཐོག་ཏུ་ཕེབས་པར་མཛད་པས། དེ་དུས་བསྟན་པ་དར་བའི་སྐབས་སུ་འདུག་པས་གྲྭ་པ་རྣམས་ཀྱང་སྐུ་ཡོན་ཆེ་ཞིང་ཆོས་ཀྱི་འདུན་པ་དང་དོན་གཉེར་ལྷུར་ལེན་པ་ལ་སྐྱོ་བ་དང་ངལ་བ་མེད་པ་བྱེད་པ་ཅིག་ཡོད་འདུག་པས་དེ་རིང་བྲེལ་བ་མ་བྱེད། ཇ་སོགས་མང་པོ་མ་འཐུངས། དཔོན་ཆེན་གསེར་སྐྱ་པའི་སར་སྟ་གོན་སོགས་ཆོས་ཨེ་ཐོབ་བལྟ་ཟེར་བ་ཡོད་འདུག་ཅེས་བགྲེས་པོ་རྣམས་གསུང་། རྗེ་ལྷ་མཆོག་པའི་དྲུང་དུ་རྡོ་རྗེ་ཕྲེང་བ་ལ་སོགས་པའི་དཀྱིལ་འཁོར་དུ་མའི་དབང་བཀའ། ཁྲིད་རྗེས་གནང་ལུང་སོགས་མཐའ་ཡས་པ་གསན། དེ་ནས་དགུང་ལོ་ཉེར་བརྒྱད་པ་ཤིང་པོ་སྤྲེའུ་ལོ་ལ་རྗེ་ལྷ་མཆོག་པ་མངའ་རིས་གློ་བོར་མཁན་ཆེན་ཐམས་ཅད་མཁྱེན་པའི་དྲུང་དུ་གསུང་ཆོས་གསན་པ་ལ་ཕེབས། རྗེ་སངས་རྒྱས་རིན་ཆེན་པས་ས་ལོ་ཆེན་པོ་ལ་ངོར་དུ་ལམ་འབྲས་གསུང་མཛོད་ཕེབས་པ་བཞིན། ས་སྐྱ་ལོ་ཙྪ་བ་འཇམ་དབྱངས་ཀུན་དགའ་བསོད་ནམས་གྲགས་པ་རྒྱལ་མཚན་དཔལ་བཟང་པོ་ཨེ་ཝཾ་དུ་ཕེབས་ཏེ་བླ་བྲང་དུ་བཞུགས་ནས། སྔ་ཆོས་ལ་ཀྱེ་རྡོར་རྒྱུད་ཀྱི་བཤད་པ་རླབས་ཆེ་བ་དང་། ཕྱི་ཆོས་ལ་གསུང་ངག་རིན་པོ་ཆེ་ལམ་འབྲས་བུ་དང་བཅས་པའི་གདམས་ངག་ཡོངས་རྫོགས་ཆོས་དབར་ལ་རྗེ་ཉིད་ལ་ཀ་ལཱ་པ་དང་ཙནྡྲ་པའི་བཤད་པ་དང་ས་རིས། སྡེབ་སྦྱོར་དང་སྙན་ངག་ལ་སོགས་པའི་རིག་གནས་རྒྱ་མཚོ་ལྟ་བུ་གསན། ས་ལོ་དེ་ཉིད་ཀྱིས་དཔེ་ཁང་ནས་རྒྱུད་དཔེ་དུམ་དང་རིག་གནས་མཐའ་

དག་གི་ཕྱག་དཔེ་རྣམས་གཟིགས་པ་མཛད་དུས། རྗེ་འདི་ལ་དཔེ་ཆ་འདི་རྣམས་ལ་བེད་གཅོད་ཐུབ་པ་ཞིག་ཁྱེད་ལ་རེའོ། །བློ་ཁུར་བསྐྱེད་ཅིག་ཅེས་གསུང་ཞིང་ལུང་བསྟན་པར་མཛད། རྒྱ་དཔེ་ལ་སྔོན་སྦྱང་གི་སྟོབས་ཀྱིས་བོད་དཔེ་དང་ཁྱད་མེད་དུ་ཀློག་ཐུབ་པ་བྱུང་བས་སྔགས་ཕལ་ཆེར་རྒྱ་དཔེ་དང་བསྟུན་ནས་ཞུ་དག་མཛད་ཆོག་པར་གདའ། གཞན་སྔ་དགོངས་སུ་རྗེས་གནང་བྱིན་རླབས་ལུང་དུ་མ་གསན་ཏེ་ཆོས་ཀྱི་མཛོད་དུ་གྱུར་པ་དང་། སག་ཟླ་བའི་དཀར་ཕྱོགས་ལ་དུས་ཀྱི་འཁོར་ལོའི་དབང་ཡང་གསན།

ལོ་དེའི་ཁྲིམས་སྟོད་ཟླ་བའི་ཚེས་བཅུ་ལ་རྗེ་མུས་ཆེན་ཞིང་ཁམས་སུ་གཤེགས། ས་ལོ་སྐུ་གདུང་གི་ཞུགས་འབུལ་ལ་ཕེབས། རྗེ་འདི་གདུང་མཇལ་འབྲུམ་སུ་ཕེབས་ཏེ། ཛ་སིག་གསུམ་ལ་སོགས་པའི་དངོས་པོ་མང་པོ་མཆོད་པར་ཕུལ་ཞིང་གསོལ་བ་འདེབས་པར་མཛད། དེ་ནས་གློ་བོ་མཁན་ཆེན་པ་ལ་རྗེ་ས་པཎ་ནས་བརྒྱུད་པའི་དུས་འཁོར་སྦྱོར་དྲུག་བཞུགས་པ་གསན་ནས། དེ་ཞུ་བར་དགོངས་ཏེ་དཀའ་ཚོགས་ལ་མ་གཟིགས་པར་མངའ་རིས་ཕྱོགས་སུ་ཕེབས་ཏེ་མཁན་ཆེན་འཇམ་པའི་དབྱངས་བསོད་ནམས་ལྷུན་གྲུབ་ལེགས་པའི་འབྱུང་གནས་རྒྱལ་མཚན་དཔལ་བཟང་པོ་དེ་ཉིད་ཀྱིས་ཐུབ་བསྟན་དར་རྒྱས་གླིང་དུ་ཤིང་མོ་བྱ་ལོའི་དབྱར་གསུང་ངག་ལམ་འབྲས་གནང་བའི་སྣང་གསུམ་གྲོལ་མཚམས་སུ་ཕེབས། ཞལ་མཇལ་མ་ཐག་ནས་ཐུགས་དགེས་པ་ཆེན་པོས་རྗེས་སུ་བཟུང་། མ་འོངས་པ་མཁྱེན་པའི་སྒོ་ནས་ཞབས་དྲུང་ན་ཡོད་པའི་དགེ་བའི་བཤེས་གཉེན་དུ་མས་བསུ་བའི་བཀའ་བགོད་གནང་བ་སོགས་བཀུར་སྟི་མཛད། དཔོན་སློབ་རྣམས་ལ་སྣང་གསུམ་བསྐྱུར་ཆོས་སུ་གནང་སྟེ། སྔགས་ལམ་མན་ཆད་ཚོགས་པ་བྱིངས་དང་ལྷན་ཅིག་ཏུ་གསན། གསུང་ངག་ཡོངས་རྫོགས་དང་གཞན་ཆོས་ཕྲན་དུ་མ་གསན། དགུན་སྟོན་སེར་སྟོམ་གསུམ་གླིང་དུ་ཕེབས་ནས་འོད་ཟེར་ཅན་ལྔ་ལྔའི་དབང་དང་རྣ་བོད་ཀྱི་ལུང་སོགས་གསན། དགུན་སྟོད་བསམ་གྲུབ་གླིང་དུ་ཕེབས་ནས་འཇིགས་བྱེད་སྐྱོ་ལུགས་ཀྱི་ཁྲིད་གནང་བ་གསན་ཅིང་གསུང་རྒྱུན་ཟིན་བྲིས་མཛད་པ་གཟིགས་ཕུལ་བས་ཤིན་ཏུ་མཉེས། མགོན་པོའི་ཡིག་ཆའི་ལུང་སོགས་གསན། མགོན་པོའི་གསེར་སྐྱུའི་རབ་སྟོན་ལ་གཏོར་སྒྲུབ་མཛད་པའི་གཙོ་བོར་མངའ་གསོལ། བཀྲ་ཤིས་སྒོ་ཁང་གི་གྲུང་རིས་ལ་ཕྱག་ནས་མཛོད་གསུང་བའི་བཀའ་སྐུལ་ཐུབ་པའི་གསེར་ཐང་ཤིན་ཏུ་ལེགས་པ་དང་། རྗེ་ཉིད་ཀྱི་སྣམ་སྦྱར་སོགས་དངོས་པོ་

དུ་མའི་གནང་སྦྱིན་མཛད། སྦྱོར་དྲུག་གསོལ་བ་བཏབ་ཀྱང་ཉམས་ལེན་ཆེར་མ་བྱས་པས་མི་བདེ་གསུངས་ནས་མ་གནང་། ཐུགས་བརྩེ་བའི་བསླབ་བྱ་མང་དུ་མཛད་དེ་ཕྱིར་བྱོན་ཏེ་མེ་ཕོ་ཁྱིའི་ལོ་ཧོར་ཟླ་གསུམ་པ་ལ་ཨེ་ཝཾ་དུ་ཕེབས་སོ། །

དེ་ནས་འཆད་ཉན་དང་གཟིགས་རྟོག་ཐུགས་དམ་ལ་བརྩོན་པའི་ངང་ནས་ས་ཕོ་བྱི་བ་དང་ས་མོ་གླང་ལོ་ལ་བརྒྱལ་ལན་ཚངས་པའི་རིག་སྔགས་སོགས་ཀྱི་གསུང་རྩོམ་མང་པོ་མཛད། ལྕགས་ཕོ་སྟག་ལོའི་སྟོན་དཔལ་ས་སྐྱར་ཕེབས་ཏེ་ས་ལོ་འཇམ་པའི་དབྱངས་ཀྱི་དྲུང་དུ་དུས་འཁོར་རྒྱུད་འགྲེལ་གྱི་བཤད་པ་དང་སྦྱོར་དྲུག་གནང་བར་གསོལ་བ་བཏབ་ནས། འཇིགས་བྱེད་ཀྱི་སྐོར་གྱི་དབང་དང་མགོན་པོ་དང་རྒྱུད་ཀྱི་སྐོར་གྱི་ལུང་དུ་མ་གསན། ཚག་མེད་ཀྱི་ཁ་གསོ་གནང་། ལྕགས་མོ་ཡོས་ལོ་གསར་ནས་གསུང་ངག་ལམ་འབྲས། ནག་པ་ཟླ་བའི་ཉ་ལ་དུས་འཁོར་གྱི་དབང་ཡོངས་རྫོགས་རྟུལ་ཚོན་སྟེང་ནས་དང་། སྦྱོར་དྲུག་གི་ཁྲིད་ཉམས་ཁྲིད་དུ་གསན། གཞན་ཁྲིད་དང་ལུང་སོགས་ཆོས་བཀའ་མང་དུ་གསན་ཏེ་དེ་སྐབས་ས་ལོའི་བཀའ་ལས། ཁྱེད་ཀྱིས་བདེ་མཆོག་ལཱུ་ཡི་པའི་དབང་མཛོད་གསུང་བ་བཞིན་མཛད་དེ་ཨེ་ཝཾ་དུ་ཕེབས། དེ་ནས་འབྲས་ཡུལ་སྐྱིད་མོས་ཚལ་ནས་སྡེ་སྡོད་རྒྱ་མཚོའི་སྒྲ་བ་པོ་འཇམ་གསར་ཤེས་རབ་འོད་ཟེར་བས་གསུང་ངག་ལམ་འབྲས་གསན་པར་བཞེད་དེ་སྤྱན་འདྲེན་གྱི་ཕོ་ཉ་བྱུང་བ་དང་བསྟུན། འབྲས་ཡུལ་གྱི་ཆོས་གྲྭ་ཆེན་པོར་ཕེབས་ཏེ་མཁས་པ་ཆེན་པོ་ལྷ་དབང་བློ་གྲོས་པ་དང་། ཀུན་མཁྱེན་འཇམ་གསར་གཉིས་ཀྱིས་གཙོ་མཛད་ཚོགས་ཆེན་ལ་གསུང་ངག་རིན་པོ་ཆེ་རྒྱས་པར་གནང་། རྡོ་རྗེའི་ཚིག་རྐང་གི་ས་བཅད་ཀྱང་དེ་དུས་མཛད། མཁས་པ་ལྷ་དབང་བློ་གྲོས་ལ་བྱམས་ཆོས་ལྔའི་ལུང་དང་བཀའ་གདམས་ཐིག་ལེའི་དབང་དང་བཀའ་གདམས་གླེགས་བམ་གྱི་ལུང་ལ་སོགས་པ་གསན། དེ་ནས་ཨེ་ཝཾ་དུ་ཕེབས་ཏེ་འཆད་ཉན་མཛད་དོ། །

དེ་ལྟར་འདྲིན་པ་དམ་པ་དེ་རྣམས་དང་གཞན་ཡང་བྱ་བཏང་ཀུན་དགའ་མཆོག་ལྡན་པ་ལ་སྨྱུང་གནས་ལ་སོགས་པའི་ཆོས་སྐོར་རྣམས་གསན། མཁས་པའི་དབང་ཕྱུག་འཇམ་དབྱངས་ནམ་མཁའ་བརྟན་པ་ལ་རྡོ་རྗེ་ཕུར་རིགས་བསྡུས་ཀྱི་དབང་དང་སྒྲུབ་ཐབས་རྒྱ་མཚོའི་རྗེས་གནང་དང་ལུང་ལ་སོགས་པ་གསན། མུས་ཀྱི་དགོན་པ་ཡ་མ་བདེ་ལྡན་དུ་ཕེབས་ཏེ་ཆོས་རྗེ་ནམ་མཁའ་དཔལ་བཟང་པོ་

ལ་ལམ་སྐོར་ཕྱི་མ་བརྒྱད་ཀྱི་ཁྲིད་དང་བདེ་མཆོག་སྐོར་གྱི་དབང་ལུང་མན་ངག་དུ་མ་གསན། དེ་ནས་ཆུ་ཕོ་འབྲུག་གི་ལོ་ཧྲ་མོ་གླིང་ཁར་བདེ་མཆོག་གི་བསྙེན་པ་མཛད་པའི་སྐབས་སུ་གློ་བོར་མཁན་ཆེན་ཐམས་ཅད་མཁྱེན་པ་ཞིང་གཞན་དུ་གཤེགས་པའི་ཞལ་ཆེམས་ལ། ངེད་ཀྱི་ཕུང་པོ་འདི་ལ་ཞུགས་འབུལ་བྱེད་པར་ངོར་ནས་དཔོན་པོ་གཉིས་པོ་གང་རུང་ཞིག་སྤྱན་འདྲེན་གྱིས་གསུང་པ་ཕེབས་པས། སྤྱན་འདྲེན་བྱུང་བ་ལ་རྗེ་འདི་གསུང་བསྙེན་གྱི་སྐབས་ཀྱིས་ཞལ་བཞེས་མ་གནང་། རྗེ་སངས་རྒྱས་སེང་གེ་ཡར་ཕྱོགས་སུ་ཕེབས་པར་མཛད་དོ། །ལོ་དེའི་དབྱར་དཔལ་ལྡན་ས་སྐྱར་ཕེབས་ནས་འཇམ་དབྱངས་ས་ལོའི་དྲུང་དུ་བདེ་མཆོག་རྩ་རྒྱུད་ཀྱི་བཤད་པ་ཊཱི་ཀ་མུ་ཏིག་ཕྲེང་བའི་སྟེང་ནས་གསན། གཞན་དབང་ལུང་བྱིན་རླབས་སོགས་གསན་དགོས་ཀྱི་ཆོས་འཕྲོ་རྣམས་ཡོངས་སུ་རྫོགས་པར་གསན་ཏེ་ཨེ་ཝཾ་དུ་ཕེབས་སོ། །

དེ་ནས་དགུང་ལོ་སུམ་ཅུ་སོ་བདུན་དུ་ཕེབས་པ་ཆུ་མོ་སྦྲུལ་གྱི་ལོ་ལ་རྗེ་ལྷ་མཆོག་སེང་གེ་པས་ལམ་འབྲས་གནང་བའི་ལམ་དབང་རྫོགས་མཚམས་སུ་སྐུ་ཁམས་མ་བདེ་ནས་སྐུ་མཚམས་སུ་བཞུགས། རྗེ་འདིས་ཁམས་འགྲོས་པ་གཙོ་བོར་གྱུར་པའི་གྲྭ་པ་རྣམས་ལ་ཆག་མེད་སྐོར་སོགས་ཆོས་ཀྱི་བཀའ་དྲིན་མང་དུ་སྩལ། ལོ་དེའི་ཧོར་ཟླ་དྲུག་པའི་ཡར་ཚེས་བཅུའི་ཉིན་ས་ལོ་ཆེན་པོ་ཞིང་གཞན་དུ་གཤེགས་པའི་སྐད་ཆ་གསན་པས་དགོངས་པ་རྫོགས་ཐབས་དང་གསོལ་འདེབས་རྣམས་མཛད། དགུང་ལོ་སོ་བརྒྱད་པ་ཤིང་ཕོ་རྟའི་ལོ་ལ་རྗེ་ལྷ་མཆོག་པས་ལམ་འབྲས་ཀྱི་སྣང་གསུམ་མགྱོགས་ཆོས་སུ་གནང་ནས། རྒྱུད་དབང་སྐབས་སུ་སླར་སྐུ་ཁམས་བསྙེལ་དུ་སོང་བས་ཐར་རྩེར་ཕེབས་ཏེ་སྐུ་མཚམས་ལ་བཞུགས། རྗེ་འདི་ལ་ལམ་འབྲས་ཀྱི་འཕྲོ་རྣམས་ཞོད་གསུང་བའི་བཀའ་བཀོད་ཕེབས་པས། འདུ་ཁང་དུ་ཐུར་ཁྲིད་མཛད་དེ་གསུང་ངག་ལམ་འབྲས་སྣང་གསུམ་ནས་དབུ་བཙུགས་ཏེ་ཡོངས་སུ་རྫོགས་པ་གནང་། ལམ་འབྲས་གྲུབ་ནས་ཀྱང་དབྱར་ཆོས་སོགས་ལ་གསུང་ཆོས་དུ་མ་གནང་ནས་བཞུགས་པའི་སྐབས་སུ། ཁམས་ནས་ཆོས་རྗེ་གཉན་ཆེན་གྲགས་པ་བློ་གྲོས་པ་འབུལ་སྣོད་འཁོར་ནས་འབུམ་མཚོ་ཆུ་ཁར་ཕེབས་ཀྱིན་ཡོད་པའི་བང་ཆེན་སླེབ་པས་གྲྭ་རིགས་རྣམས་ཀྱང་འདོད་པ་ཐ་དད་ཀྱིས་ཐུགས་ཁྲེལ་དང་གཡེང་བ་ཆེ་བར་གྱུར་ཏོ། །

གཉིས་པ་མཁན་པོ་ཐོག་ཏུ་ཕེབས་ནས་བསྟན་པའི་བྱ་བ་མཛད་ཚུལ་ནི། དེ་ནས་དྲུང་གནས་རྒྱང་འདུར་བ་བྱམས་པ་དགེ་ལེགས་བཤེས་གཉེན་པ་མགོ་སྣང་མཛད། ཕུ་འབོར་དགེ་རྒན་བསམ་པ་ཆེ་བ་ཞིག་ཡོད་འདུག་པ་དེས་གྲོས་བསྒྱུར་ཏེ་རྗེ་འདི་ཁྲི་ཐོག་ཏུ་བསྐོ་བའི་བཀའ་གྲོས་འཆམ་ནས། རྗེ་ལྷ་མཆོག་པ་སྐུ་ཁམས་ཞིབ་ཏུ་བསྐྱེལ་བ་ཡོད་འདུག་པའི་སྐུ་མདུན་དུ་ཕེབས་ནས། སྔོན་པའི་གསེར་སྐུ་དང་ལམ་འབྲས་གླེགས་བམ་གསོལ་ལྷུང་སོགས་གནང་ནས་བསྟན་པའི་ཁུར་བསྣམས་དགོས་ཚུལ་གྱི་བཀའ་གནང་བྱུང་བ་ལ་བརྟེན་ནས། རྗེ་ཉིད་དགུང་ལོ་སོ་བརྒྱད་པ་རྒྱལ་བ་ཞེས་པ་ཤིང་ཕོ་རྟའི་ལོ་ཧོར་ཟླ་བཅུ་པ་སྨིན་དྲུག་གི་ཟླ་བའི་ཡར་ཚེས་བརྒྱད་རྗེ་སེམས་དཔའ་ཆེན་པོ་དཀོན་མཆོག་རྒྱལ་མཚན་པའི་དུས་མཆོད་ཆེན་མོའི་ཉིན་རྒྱལ་བ་རྡོ་རྗེ་འཆང་ཆེན་པོ་ཀུན་དགའ་བཟང་པོའི་མི་འཇིགས་སེང་གེའི་ཁྲི་སྟེང་དུ་བསྐོས་ཏེ། བསྟན་པའི་བདག་པོར་མངའ་གསོལ་ནས། དབུ་མཛད་ཤར་ཁང་པ་ཤེས་རབ་རྒྱལ་མཚན་པས་གཙོ་མཛད་པའི་དགེ་འདུན་འདུས་པ་རྒྱ་མཚོས་བཀྲ་ཤིས་ཀྱི་ཕྲེང་བ་བརྗོད་ཅིང་མེ་ཏོག་གི་ཆར་ཕབ་སྟེ་དེ་ནས་ཨེ་ཝཾ་བླ་བྲང་དུ་བཞུགས། དེ་ནས་ཡུན་མི་རིང་བ་ནས་ཆོས་རྗེ་གཉན་ཆེན་པ་ཕེབས་དུས་ཐུགས་ཁམ་རྫོགས་དོགས་ནས་རྗེ་འདིས་རྗོ་གཅལ་དུ་བསུ་བ་ལ་ཕེབས་པ་སོགས་མཛད་ཀྱང་། གཉན་ཆེན་པས་ཚོགས་སུ་ཞལ་འཚོས་མང་པོ་མཛད་པ་ཞིག་བྱུང་འདུག །ཐར་པ་རྩེར་འབུལ་བ་མང་པོ་མཛད་དེ། གྲྭ་རིགས་ཁ་ཡར་དང་བཅས་ཏེ་སྟོད་ཀྱི་དགོན་པ་རིན་ཆེན་གླིང་དུ་ཕེབས། རྗེ་འདིས་སྔོན་ཆོས་དང་ལུག་ལོའི་ལམ་འབྲས་འཛུགས་པ་གནང་། ལུག་ལོ་དེའི་ཧོར་ཟླ་བཞི་པའི་ཡར་ཚེས་གསུམ་གྱི་ཉིན་རྗེ་ལྷ་མཆོག་སེང་གེ་པ་ཞིང་གཞན་དུ་གཤེགས་པའི་དགོངས་པ་རྫོགས་ཐབས་ལ། རྗེ་ཉིད་ཀྱིས་དབུ་མཛད་པའི་བླ་མ་སློབ་དཔོན་རྣམས་དང་། དགེ་འདུན་སྟོང་ཕྲག་བཞིར་ལངས་པ་རྣམས་ཀྱིས་རྗེ་རྡོ་རྗེ་འཆང་གི་དུས་ཆེན་མཆོད་པ་དང་སྦྲེལ་ཏེ། ཞག་གྲངས་དུ་མར་དཀྱིལ་འཁོར་ཆེན་པོ་ལྔའི་སྒྲུབ་མཆོད་མཛད། ལམ་འབྲས་ལྷ་ཁང་དུ་བཞུགས་པའི་རྗེ་སངས་རྒྱས་རིན་ཆེན་གྱི་སྐུ་འདྲ་མདའ་གང་ལྷག་ཙམ་དང་། རྗེ་ལྷ་མཆོག་སེང་གེའི་སྐུ་འདྲ་མདའ་གང་ལྷག་ཙམ། ཟངས་གསེར་ལས་གྲུབ་པ་དང་། གཙང་ཁང་དུ་གསེར་ཟངས་དང་དངུལ་ལས་གྲུབ་པའི་རྣམ་རྒྱལ་མཆོད་རྟེན་མི་ཚད་ལྷག་ཙམ་དང་། དུས་ཇའི་ཐང་ཀ་བཞེངས་ནས་རབ་གནས་མཛད། ཟླ་ཇ

དང་དུས་ཆེན་གྱི་བླ་མཆོད་བཙུགས་པ་སོགས་ཐུགས་ཀྱི་དགོངས་པ་ཡོངས་སུ་རྫོགས་པར་མཛད་དོ། །

དེ་ནས་དུས་ཛའི་ཁྲུར་ཆེ་བས་དཀའ་ལས་བྱུང་དོགས་ཏེ། དཔལ་ཚོགས་ཀྱི་བདག་པོའི་བསྙེན་སྒྲུབ་སྐུ་མཚམས་དམ་པོའི་ངང་ནས་མཛད་པས་ལྟས་བཟང་པོ་བྱུང་ཞིང་། ཁྱད་པར་བཞུགས་ཁྲིའི་འོག་ཏུ་བྱི་བས་ནས་དང་མར་དང་ཟས་སྣ་མང་པོ་བསགས་ནས་བཞག་འདུག་པས། ད་རང་དུས་ཛ་སོགས་དགེ་འདུན་གྱི་བསྙེན་བཀུར་ལའང་དཀའ་ལས་མི་འོང་རྒྱུར་འདུག་ཅེས་གསུང་། དེ་ནས་བཟུང་སྟེ་དཀྱུན་གསུང་ངག་ལམ་འབྲས་དབང་ཁྲིད་ལུང་མན་ངག་རྒྱས་ཤིང་། ཤིན་ཏུ་ཟབ་པའི་བཤད་པ་དང་བཅས་པ་སྐབས་འགར་དྲག་བསྡུས་རྣམས་ལ་ཆ་ལག་དང་བཅས་པ་གནང་ཞིང་། ཁོག་ཕུབ་ཀྱི་སྐོར་ལ་ཟིན་ཐུན་འཛུགས་པ་གནང་སྟེ། དགེ་བཤེས་ཆེ་བ་རེ་ལ་བསྐུར་མགོ་གྱིས་གསུངས་ནས་དེ་བཞིན་མཛད། དབྱར་ཆོས་ལ་ཧེ་རྒྱུད་བརྟག་གཉིས་དང་། བཤད་རྒྱུད་རྡོ་རྗེ་གུར་དང་། སཾ་པུ་ཊའི་རྒྱུད་ཀྱི་བཤད་པ་རེ་མོས་ཀྱིས་མཛད་ཅིང་། དབྱར་ཆོས་འགའ་རེ་ལ་རྡོ་རྗེ་ཕྲེང་བའི་དབང་བསྐུར་ཕྱག་ལེན་རྒྱས་པའི་སྟེང་ནས་གནང་། སྟོན་ཆོས་ལ་གཤེད་དམར་སྤྲོས་མེད་དང་། འཇིགས་བྱེད་ཀྱི་ཁྲིད་དང་། བདེ་མཆོག་ལཱུ་ནག་དྲིལ་གསུམ་གྱི་ཁྲིད་ལ་སོགས་པ་ཁྲིད་བཀའ་མང་དུ་གནང་། ཆོས་མཚམས་རྣམས་སུ་སྐུ་མཚམས་དང་གསུང་སྣན་འགའ་རེ་མཛད་པ་དང་། ངོར་ལུགས་བདུན། ཀྱེ་རྡོར་བཀའ་བབས་གཞན་གསུམ། སྦྱོང་དཀྱིལ་བཅུ་གཉིས་ལ་སོགས་པ་དཀྱིལ་འཁོར་ཆེན་པོ་རྣམས་ཀྱི་དབང་བསྐུར་གནང་བ་དང་། ཕྱག་ལེན་གྱི་ཕྱག་ཁྲིད་གནང་བ་དང་། གསུང་རྩོམ་རྣམས་མཛད་པ་སོགས་ཀྱིས་དུས་འདའ་བར་མཛད། ལོ་རེ་བཞིན་རབ་བྱུང་བསྙེན་རྫོགས་བརྒྱ་ཕྲག་ལྷག་ལྷག་དང་། སྐབས་རེར་དེ་ལས་ཀྱང་ཆེས་མང་བ་བྱུང་བ་རྣམས་ཀྱི་མཁན་པོ་མཛད་དེ་ཁྲིམས་ལྡན་མཆོག་ཏུ་སྒྱུར་བར་མཛད། དབུ་མ་ལུགས་ཀྱི་སེམས་བསྐྱེད་སྐབས་འགར་གནང་བ་དང་། ལམ་འབྲས་ཀྱི་སྐབས་སུ་གསང་སྔགས་ལུགས་ཀྱི་སེམས་བསྐྱེད་རྒྱུན་ལྡན་དུ་གནང་བ་དང་། བློ་སྦྱོང་སྐོར་གྱི་ཁྲིད་རྣམས་གནང་བའི་སྒོ་ནས་བྱང་ཆུབ་ཀྱི་སེམས་ཀྱིས་རྒྱུད་ཕྱུག་པར་མཛད། རྗེ་སངས་རྒྱས་རིན་ཆེན་པའི་དུས་ཆེན་ལ་ཚེ་དཔག་མེད་ལྷ་དགུའི་སྒྲུབ་མཆོད་ཉི་མ་གསུམ་གྱི་བར་ཚོགས་ཆེན་དུ་འཛུགས་པར་མཛད། དབྱར་ཆོས་ཤིག་ལ་ཧེ་རྒྱུད་བརྟག་གཉིས་ཀྱི་བཤད་པ་ཚུལ་བཞི་སྟོན་འགྲོའི་

སྐོ་ནས་ས་བཅད་དང་། གཞུང་ལ་ཟིན་ཐུན་འཛུགས་པ་གནང་། བླ་མ་ཡབ་སྲས་གསུམ་གྱི་དུས་མཆོད་ལ་དམིགས་ནས། ཆོས་བཅུ་ལ་དཔོན་སློབ་ཞུང་ཤས་ཀྱིས་གཟིམས་ཆུང་དུ་རྒྱུད་ལ་ཞལ་འདོན་མཛད་པས། དེའི་ཉིན་མེ་ཏོག་གི་ཆར་བབ་ཅིང་ངོ་མཚར་དུ་བྱེད་པ་བྱུང་འདུག །

དེ་ནས་བཟུང་སྟེ་ཟླ་བ་བྱུང་ངོ་ཅོག་གི་ཆོས་བཅུ་ལ་ཀ་དྲུག་མར་དགེ་འདུན་རྣམས་ཀྱིས་རྩ་རྒྱུད་དང་། ཚུལ་གསུམ་མཛེས་རྒྱན་ལ་ཞལ་འདོན་མཛད་པ་ལ་བསྐེན་བཀུར་མཛད་དེ། དེང་སང་གི་བར་དུ་མང་དུས་དགེ་འདུན་བརྒྱ་ཕྲག་ལྷག་པ་རེ་འབྱུང་། ཆོས་བཅུ་བཞི་ལ་ལྡོན་ཤིང་མཛེས་རྒྱན་ལ་ཞལ་འདོན་བཙུགས། བླ་མ་གོང་མའི་རྒྱུན་དང་དུས་ཀྱི་མཆོད་པ་རྣམས་ཤིན་ཏུ་གཟབ་པར་མཛད། འཕགས་པ་རིན་པོ་ཆེའི་ལོ་དུས་ལ་ཚོགས་སུ་མང་ཇ་བཙུགས། དབྱར་དགུན་རྣམས་སུ་གྲྭ་པ་རྣམས་ལ་ཀ་དྲུག་མར་བཞུགས་གྲལ་གནང་བ་དང་། དུས་རྒྱུན་དུ་སྔ་དྲོ་གྲྭ་པ་མང་ཉུང་ཇི་ལྟར་རིགས་པ་ལ་བཞུགས་གྲལ་གནང་བའི་སྐོ་ནས་གྲྭ་པ་ཐམས་ཅད་མ་ལུས་པ་མེད་པར་མཉམ་སྐྱོང་མཛད། རྒྱུད་དང་རྒྱུད་འགྲེལ་སོགས་ཀྱི་ཡིག་ཆ་རྒྱུག་འབུལ་བ་རྣམས་ལ་གནང་སྦྱིན་གྱི་ནོམ་པའི་བདག་རྐྱེན་མཛད། ཐམས་ཅད་ལ་སློབ་གཉེར་གྱི་བསྐུལ་བཅག་གནང་ཞིང་རྒྱུད་ལ་སློབ་གཉེར་མཛད་པ་རྣམས་ཤིན་ཏུ་མཉེས། དུས་ཐམས་ཅད་དུ་ནམ་གྱང་མནལ་ཚུང་ཟད་རེ་མཛད་ནས་ནམ་ཕྱེད་ཡོལ་ཙམ་ནས་ཐུགས་དམ་ཆག་མེད་ཀྱི་རིམ་པ་རྣམས་མཛད། ཐོ་རངས་ནས་ནམ་ལངས་བར་ལ་ཆོས་འཆད་རྒྱུ་དང་ཐུགས་རྩོམ་མཛད་རྒྱུ་ལ་ཐུགས་བསམ་དང་ནན་ཏན་མཛད། ནམ་ལངས་ནས་བཞུགས་གྲལ་རན་པའི་བར་ལ་ཕྱག་དཔེའི་གཟིགས་རྟོག་མཛད། དེ་ནས་སྔ་དྲོའི་བཞུགས་གྲལ་ཐོག་ཏུ་དགེ་བཤེས་ཆེ་བ་ཡོད་ན་འཕྲོས་གཏམ་མཛད། གྲྭ་པ་དཀྲུས་མ་ལ་ཆོས་སྤྱོད་མཛད། དེ་གྲོལ་ནས་སྔ་ཆོས་གནང་དེ་ནས་ཐུགས་བྲེལ་གཞན་མཛད་དགོས་རྣམས་ཆོས་དང་མཐུན་པར་མཛད། གུང་ཚིགས་མ་ཡོལ་བར་མཛད་ནས་ཚུང་ཟད་ཅིག་ནས་ཕྱི་ཆོས་ཡུན་རིང་གནང་། དེ་གྲོལ་ནས་ཐུགས་དམ་གྱི་རིམ་པ་རྣམས་སྲོད་ཀྱི་བར་མཛད་པ་དང་། སྔ་དགོངས་དེ་རྣམས་སུ་རྗེས་གནང་སོགས་ཆོས་ཆུང་གནང་དགོས་སོགས་ཀྱིས་ཕན་གདགས་པར་མཛད། ཆུ་ཕོ་བྱི་བའི་ལོ་ཐུབ་བསྟན་རྣམ་རྒྱལ་ནས་མཁན་ཆེན་བློ་གྲོས་འབྱུང་གནས། ཨེ་ཝཾ་དུ་ཕེབས་ནས་ལས་གྲལ་གྱི་ལས་སློབ་མཛད། རྗེ་འདིའི་དྲུང་དུ་ཀྱེ་རྡོར་རྒྱུ་ལམ་གྱི་དབང་།

གྱུར་སམ་གཉིས་ཀྱི་དབང་། ཕྱག་རྡོར་འཁོར་ཆེན་གྱི་དབང་། སྒྲོལ་མ་ལུས་དཀྱིལ་གྱི་དབང་། ལམ་ཟབ་ནང་མའི་བྱིན་རླབས། རྡོ་རྗེ་ཕྲེང་བ་ཀྲི་ཡ་དང་བཅས་པའི་དབང་བསྐུར་ཞེ་ལྔ། རྣམ་སྲས་སོགས་རྗེས་གནང་དང་ལུང་མང་དུ་གསན་ནོ། །

ཕྱོགས་གཞན་དུ་འགྲོ་དོན་མཛད་ཚུལ་ནི། རྩེ་གདོང་ནས་བདག་ཆེན་ཀུན་དགའ་བསམ་གྲུབ་པས་སྟག་ཚང་རྫོང་དང་། ཆོས་འཁོར་སྒང་དང་རྩེ་གདོང་དུ་ཡང་ཡང་སྤྱན་དྲངས་པར་ཕེབས་ཏེ་གསུང་ཆོས་དུ་མ་གནང་། སྙེད་ཚལ་གོང་འོག་ཏུ་ཡང་ཡང་སྤྱན་དྲངས་ཏེ་གསུང་ཆོས་མང་དུ་གནང་། མུས་ཀྱི་དགོན་པ་གླིང་ཁ་བདེ་བ་ཅན་དུ་བྱ་ལོའི་དབྱར་ཞིག་ལ་སྤྱན་དྲངས་ནས་རྡོ་རྗེ་ཕྲེང་བ་སོགས་ཀྱི་དབང་ཁྲིད་ལུང་དུ་མ་དང་། རབ་བྱུང་བསྙེན་རྫོགས་མང་དུ་གནང་། དབུས་སུ་དཔལ་ནཱ་ལེནྡྲར་སྤྱན་དྲངས་ཏེ་རྡོ་རྗེ་ཕྲེང་བ་ལ་སོགས་པའི་གསུང་ཆོས་ཡུན་རིང་དུ་གནང་། ལྷ་སར་དཀར་མེ་སྟོན་དར་སོགས་མཆོད་པ་དུ་མ་ཕུལ་ཡར་འབྲོག་སྟག་ལུང་པ་ནང་སོ་སྐྱབས་པས་སྤྱན་དྲངས་ནས་གསུང་ངག་ལམ་འབྲས་སོགས་ཆོས་དུ་མ་གསུངས་པ་རྣམས་དང་འབྲོང་རྩེར་ཡང་སྤྱན་དྲངས་ནས་ཆོས་མང་དུ་གསུངས། རྒྱལ་མཁར་རྩེ་དང་རིན་སྤུངས་སུའང་སྤྱན་དྲངས་ནས་ཆོས་ཀྱིས་ཚིམ་པར་མཛད་ཅིང་། སྡེ་པ་རིན་ཆེན་དབང་རྒྱལ་ངག་དབང་འཇིགས་གྲགས་སྐུ་མཆེད་ཁུ་དབོན་གྱིས་བཀའ་བཞིན་བསྒྲུབས་ཏེ་ཇ་ཁྲལ་མི་ལེན་པ་དང་། ཆོས་གཞིས་ལ་གནོད་པ་མེད་པར་མཛད། པ་རྣམ་སྡེ་པ་རྒྱལ་དབང་རྡོ་རྗེ་ཡབ་ཡུམ་སྲས་བཅས་ཀྱིས་གུས་པས་བསྙེན་ཏེ་འདུ་ཁང་གི་བཞུགས་ཁྲི་སོགས་ཕུལ། སྣར་ཐང་སྡེ་པ་ཡབ་ཡུམ་སྲས་བཅས་ཀྱིས་ཡང་ཡང་སྤྱན་དྲངས་ཏེ་ཆོས་མང་དུ་ཞུས་ཏེ་གུས་པར་མཛད། དཔལ་ས་སྐྱ་པ་སྔགས་འཆང་ངག་གི་དབང་པོ་ཀུན་དགའ་རིན་ཆེན་པས་ཡབ་མེས་གོང་མའི་རྟེན་གསུམ་དང་ལྷ་ཁང་གཟིམས་ཁང་རྣམས་ལ་ཞིག་གསོས། གསེར་ཐོག་དང་གསེར་འཕྲུ་འཛུགས་པའི་ཞལ་བཀོད་རྒྱ་ཆེར་གནང་བ་རྣམས་ལ་རབ་གནས་དང་། ཁྱད་པར་ས་སྐྱར་བཞུགས་པའི་དགེ་འདུན་རྣམས་ལ་སྡོམ་པ་གསུམ་གྱི་བཀའ་དྲིན་སྐྱོལ་བའི་ཕྱིར་སྤྱན་འདྲེན་པའི་གསོལ་བ་ནན་ཆེར་བཏབ་པ་ལ་བརྟེན། སྟག་ལོའི་དབྱར་རྗེ་འདི་ཉིད་མཁས་བཙུན་མང་པོའི་འཁོར་དང་བཅས་གདན་ས་ཆེན་པོར་ཕེབས་ཏེ། བདག་ཆེན་ཆོས་ཀྱི་རྗེ་ཉིད་ཀྱིས་གཙོ་མཛད། ཤར་ནས་བདག་པོ། བརྒྱ་

དཔོན་བཅུ་དཔོན་དགེ་འདུན་འདུས་པ་རྣམས་ཀྱིས་བསུ་བ་སེར་ཕྲེང་། བཀའ་སྲུངས་རྣམས་ཀྱི་འཆམ་སྐུ་སྤྲིན་དྲངས་ཏེ། གདུགས། རྒྱལ་མཚན། ཕྱེ་མ། འཕན། དར་ཆེན་སོགས་མཆོད་སྤྲིན་རྒྱ་མཚོ་ལྟ་བུ་དང་བཅས་བསུས་ཏེ། ཆོས་ཀྱི་རྒྱལ་པོ་འཕགས་པ་རིན་པོ་ཆེའི་གཟིམས་ཁང་བཞི་ཐོག་ཏུ་ཕེབས། དགེ་འདུན་རྣམས་ལ་དགེ་བསྙེན། དགེ་ཚུལ་དགེ་སློང་རྣམས་གང་ལ་གང་མོས་ཀྱི་སྡོམ་པ་འབོགས་པར་མཛད་ནས་སྡོམ་བརྩོན་མཆོག་ཏུ་བསྒྱུར། དཔོན་སློབ་སྐྱ་སེར་ཀུན་ལ་ལྷ་ཁང་ཆེན་མོར་ཐེག་པ་ཆེན་པོའི་སེམས་བསྐྱེད་གནང་ནས། བྱང་ཆུབ་སེམས་དཔའ་ཆེན་པོར་མཛད། དཔལ་ཀྱེ་རྡོ་རྗེའི་རྒྱུ་ལམ་གྱི་དབང་དང་། རྡོ་རྗེ་ཕྲེང་བའི་དཀྱིལ་འཁོར་ཆེན་པོ་རྣམས་སུ་དབང་བསྐུར་ཏེ། སྐྱ་བཞིའི་ས་བོན་འདེབས་པ་རྣམས་གོང་འཕེལ་དུ་མཛད། ཐུགས་དམ་ཉམས་བཞེས་ཀྱི་ཁ་གསོ། བྱིན་རླབས་རྗེས་གནང་མང་དག་དང་། ཀྱེ་རྡོར་རྒྱུད་གསུམ་གྱི་བཤད་པ། མཚན་བརྗོད་ཀྱི་འགྲེལ་པ་ཐུགས་དོན་རྣམ་གཟིགས་སོགས་ལུང་གི་ཚོགས་དུ་མ་གནང་སྟེ། རྡོ་རྗེ་ཐེག་པའི་རྣལ་འབྱོར་པ་ཆེན་པོར་བསྒྱུར། གསུང་ཆོས་ཀྱི་སྐབས་གསེང་ལ་སྒོ་རུམ་དུ་ནག་པོ་ཆེན་པོའི་བསེ་འབག་གི་དྲུང་དུ་གཏོར་འབུལ་བརྒྱ་ཚར་མཛད་ནས། བསྟན་པ་དར་བ་དང་བསྟན་འཛིན་སྐུ་ཚེ་བརྟན་པ་དང་། སྐྱེ་དགུ་བདེ་ཞིང་སྐྱིད་པ་སོགས་ཀྱི་ཕྲིན་བཅོལ་རྒྱ་ཆེར་མཛད། ལྷ་ཁང་རྣམས་སུ་དཀར་མེ་སྣང་དར་དང་བཅས་རྟེན་མཇལ་དང་དགེ་འདུན་ལ་མང་ཇ་དང་འགྱེད་སོགས་དགེ་རྩ་རྒྱ་ཆེར་བསྒྲུབ། དབྱུག་པ་ཟླ་བའི་ཡར་ཚེས་བཅུ་བཞིར་རྗེ་ས་སྐྱ་པ་ཆེན་པོ་ཀུན་དགའ་སྙིང་པོའི་དུས་ཆེན་གྱི་ཐོ་རངས་ཀྱི་ཆ་ལ། གཙུག་ལག་ཁང་དང་རྟེན་གསུམ་ཞིག་གསོས་གྲུབ་པ་རྣམས་ལ་དཔལ་ཀྱེ་རྡོ་རྗེ་ལ་བརྟེན་པའི་རབ་གནས་རྒྱས་པར་མཛད། ཕྱི་དྲོ་གདན་ས་ཆེན་པོར་ཕྱི་སྐོར་མཛད་པའི་སེར་ཕྲེང་གི་གཙོ་བོ་ལ་ཕེབས་ཏེ། གསོལ་བ་འདེབས་པ་སོགས་རྣམ་དཀར་གྱི་མཛད་པ་ངོ་མཚར་བ་དུ་མས་དཔལ་ལྡན་ས་སྐྱ་པའི་བསྟན་པ་ཉི་མ་ཤར་བ་ལྟར་གསལ་བར་མཛད་པས། བདག་ཆེན་རིན་པོ་ཆེའི་བཞེད་པ་གང་ཞིང་སྙན་པའི་གྲགས་པས་ཕྱོགས་ཐམས་ཅད་ཁྱབ་པར་གྱུར་ཏེ་སླར་ཨེ་ཝཾ་དུ་ཕེབས་པར་མཛད་དོ། །

གསུམ་པ་སྐབས་སུ་བབ་པའི་རྣམ་ཐར་གཞན་བརྗོད་པ་ལ། ངོ་མཚར་ཞིང་ཁྱད་པར་དུ་འཕགས་པའི་རྣམ་ཐར་དང་། གཟུགས་སྐུའི་བཀོད་པ་ཆོས་དབྱིངས་སུ་བསྡུས་པའི་རྣམ་ཐར་དང་། ཕྲིན་ལས་

རྒྱུན་མི་ཆད་པས་བསྟན་པ་སྤེལ་བའི་རྣམ་ཐར་དང་གསུམ་ལས། དང་པོ་ལ། ཐོས་བསམ་སྒོམ་གསུམ་གྱིས་ཁྱད་པར་དུ་འཕགས་པའི་རྣམ་ཐར་དང་། འཆད་རྩོད་རྩོམ་གསུམ་གྱིས་ཁྱད་པར་དུ་འཕགས་པའི་རྣམ་ཐར་གཉིས་ལས། དང་པོ་ནི། རྗེ་བཙུན་བླ་མ་དམ་པ་འདི་ཉིད་དངོས་དང་བརྒྱུད་པའི་བླ་མ་རྣམས་དང་། ཡི་དམ་ཆོས་སྐྱོང་རྣམས་ཀྱིས་བྱིན་གྱིས་བརླབས་ཤིང་རྗེས་སུ་གནང་བ་ཡིན་ཏེ། ཡོངས་འཛིན་དམ་པ་དཀོན་མཆོག་འཕེལ་བས་བུ་ཚ་འདི་ལ་རེ་ཆོད་ཆེ་བ་ཡིན་གསུང་བ་དང་། ཐུགས་བརྩེ་བ་ཆེན་པོའི་སྒོ་ནས་ཆོས་དང་ཟང་ཟིང་གི་བཀའ་དྲིན་ཚད་མེད་པ་བསྐྱང་པ་དང་། མུས་ཆེན་སངས་རྒྱས་རིན་ཆེན་པས་ངོར་དུ་སྡོད་ཕྱོགས་གཞན་དུ་མ་འགྲོ་ཞེས་སོགས་ཀྱི་བསླབ་བྱ་དང་ཆོས་དང་ཟང་ཟིང་ཚད་མེད་པས་བསྐྱངས་པ་དང་། གློ་བོ་མཁན་ཆེན་པས་ཀུང་རྟེན་འབྲེལ་བཟང་པོ་བསྒྲིགས་ཤིང་བཀུར་སྟི་མཛད་པ་དང་། ས་ལོ་འཇམ་པའི་དབྱངས་ཀྱིས་ཐུགས་བརྩེ་བས་བསྐྱངས་ཤིང་གསུང་ཆོས་མ་ལུས་པ་སྩོལ་བར་མཛད་པ་དང་། ཨེ་ཝཾ་བླ་བྲང་དུ་དཔེ་ཆ་འདི་རྣམས་ཀྱི་བདག་པོ་བྱེད་པ་ཁྱེད་ལ་རེ་གསུང་བ་དང་། རྒྱལ་བ་ལྷ་མཆོག་སེང་གེས་ཆོས་དང་ཟང་ཟིང་གི་བཀའ་དྲིན་བླ་ན་མེད་པས་བསྐྱང་བ་དང་། ཁྱད་པར་རྗེ་ཉིད་སྐུ་བསྐྱེལ་ནས་ཐར་པ་རྩེར་ཕེབས་སྐབས་ཏོར་ཟླ་གཉིས་པའི་ཉེར་གཅིག་གི་ཉིན་སྐུ་མདུན་དུ་བོས་ཏེ། དབུ་ལ་མེ་ཏོག་གི་ཆར་ཕབ་ནས་རབ་ཏུ་གནས་པ་མཛད་དེ། ལམ་འབྲས་ཤོད། བླ་བྲང་གི་གཟིམས་ཆུང་དུ་སྡོད་ལ་དུས་ཆོས་རྣམས་མ་ཆག་པ་གྱིས་གསུང་བ་དང་། གདན་སར་བསྐོ་གཞག་མཛད་པ་སོགས་ཀྱིས་རྗེས་སུ་བཟུང་ཞིང་། རྗེ་ཉིད་ཀྱིས་ཀུང་དྲན་པ་དང་འདུན་པ་བསམ་གྱིས་མི་ཁྱབ་པས་བླ་མ་རྣམས་མཉེས་པར་མཛད་ཅིང་། བཀའ་བཞིན་དང་དུ་ལེན་པ་དང་། དུས་མཆོད་དང་གསུང་ཆོས་ཀྱི་རྒྱུན་སྤེལ་བའི་སྒོ་ནས་ཐུགས་དགོངས་རྫོགས་པར་མཛད་པས་བྱིན་རླབས་བསམ་གྱིས་མི་ཁྱབ་པ་ཞུགས་པ་ཡིན་ཏེ། ཉིད་ཀྱི་གསུང་ལས། རྗེ་བླ་མ་ཡབ་སྲས་གསུམ་ཀས་ཞལ་དངོས་སུ་སྟོན། རྗེ་སངས་རྒྱས་རིན་ཆེན་ཐུགས་བརྩེ་བ་ཡིན་ནམ། ཁྱོད་ཀྱི་ཁམས་འདུས་པ་དང་པོ་རྐྱེན་འདི་ལ་བརྟེན་ནས་བྱུང་། བར་དུ་སྣན་དཔྱད་རིམ་གྲོ་འདི་བཞིན་གྱིས། ཐ་མར་ཞག་འདི་ཙམ་ལ་ཕན་གསུང་བ་འོང་གིན་ཡོད་ཅེས་གསུང་བ་དང་། ལན་ཅིག་རྗེ་སངས་རྒྱས་རིན་ཆེན་པས་མནལ་ལམ་དུ་ཞལ་བསྟན་ཏེ། ཕྱག་བཞི་པ་འདི་ལ་གཏོར་བསྔོ་ཟུར་དུ་གྱིས། གཞན་གྱིས

མཐུ་མི་འོང་བ་ཡིན་གསུང་བས་དེ་བཞིན་མཛད་པ་དང་། གསུང་ངག་གི་ལམ་དབང་གི་སྐབས་ཤིག་ཏུ་སྐུ་གྲིབ་ལ་བརྟེན་ནས། སྐུ་ཁམས་ཤིན་ཏུ་ཉོག་ཅིང་སྐུ་ཤེད་ཆུང་བ་ཞིག་གི་དུས། གཟིམས་ཁང་གི་གདུགས་ལ་བཞུགས་ཏེ་སྐུ་ལ་ཁྲུས་མཛད་པའི་ཚེ། སྐུ་འཁོར་ན་འཇམ་དབྱངས་དཀོན་མཆོག་རྒྱ་མཚོ་དང་། དཔོན་ཆེན་དཀོན་མཆོག་དཔལ་ལྡན་གཉིས་བཞུགས་པ་ལ། ད་དུང་རེ་ཞིག་ཁམས་འདི་བདེར་མི་འགྲོ་བ་འདྲ། ད་ནང་པོ་རངས་ཀྱི་ཆ་གཉིད་ཙུང་ཟད་ཐུང་ཚེ་བྲག་རི་སྔོ་སངས་པ་ཞིག་གི་བྲེ་སྐྱིབས་ན་ས་ལོ་ཐམས་ཅད་མཁྱེན་པ་བེར་ཐུལ་དྲག་ཁྱེར་ཞིག་བཞེས། ས་ཞུ་དབུའི་ལྷག་ཕྱོགས་ལ་ཉེ་བ་ཙམ་མཛད། ཞལ་རས་ཕྱུར་ནས་མ་བསྟན་བྱུང་། ང་རང་ཡང་སྐུ་དྲུང་དུ་འདུག་པ་སྙམ་གསུངས། དེ་ནས་སྐུ་འཁོར་བ་རྣམས་ཀྱིས་སྐུ་རིམ་མང་ཛ་དང་ན་བཟའི་འགྱེད་སོགས་རྒྱ་ཆེར་བྱས། དེ་ནས་ཞག་མང་པོ་མ་སོང་བར་ཉིན་ཅིག་སྔར་བཞིན་སྐུ་ཁྲུས་ཀྱི་ཕྱག་ཕྱི་མཛད་པས། ད་རང་ཁམས་བདེར་འགྲོ་བ་འདུག ད་ནང་པོ་རངས་ཀྱི་དུས་གཉིད་ཙུང་ཟད་ཐུང་བའི་རྨི་ལམ་ན་སྔར་གྱི་བྲག་སྔོ་སངས་པ་དེའི་དཀྱིལ་ན་ས་ལོ་ཐམས་ཅད་མཁྱེན་པ་ཞལ་རས་དཀར་མདངས་དང་བཅས། ན་བཟའ་ཡང་ཤིན་ཏུ་བཟང་བ་མཛད། ཞལ་འཛུམ་མེ་བཞུགས་འདུག་པའི་ཕྱག་ཕྱིར་ང་རང་ཡང་འདུག་པ་སྙམ་གསུང་བ་ལྟ་བུས་མཚོན་ཏེ་དངོས་བརྒྱུད་ཀྱི་བླ་མ་རྣམས་ཀྱི་གཟིགས་སྣང་ངོ་མཚར་ཅན་དུ་མ་ཡོད་པར་གདོན་མི་ཟའོ། །

གསེར་སྐུ་ལྷ་ཁང་དུ་གུར་མགོན་གྱི་བསྙེན་པ་མཛད་དུས། དགེ་སློང་ཞིག་གིས་གོས་བེམས་སེར་པོ་ཞིག་བཀབ་ནས་དེ་བཞིན་ཏེ་འདུ་ཁང་གི་ཁྲི་ཐོག་ཏུ་ཕྱིན་པ་རྨིས་ཞེས་གསུངས་པས། ཆོས་རྗེ་བཟང་པོའི་ཞབས་ཀྱི་བཀའ་སྲུང་གིས་གདན་སར་བསྐྱོ་བའི་མཚན་མར་སྣང་ངོ་། །སྟོན་གཏོར་བསྔོ་བརྒྱ་ཚར་མཛད་དུས་ཤིག །སྤྱན་ཟུར་ལ་གསང་བའི་མགོན་ཁང་ནས་མི་ནག་པོ་དུང་ལོང་ཅན་ཞིག་ལམ་ཟབ་ལྷ་ཁང་ལ་སོང་། ཆེར་ཏེ་གཟིགས་པས་ཡུ་ཧུར་འདུག །ཆོས་སྲུང་འདི་རྣམས་ཤིན་ཏུ་འཇིགས་གསུངས། གསེར་སྐུ་ལྷ་ཁང་དུ་འཇམ་དབྱངས་དཀར་པོའི་བསྙེན་པ་དང་ལས་སྦྱོར་མཛད་པས་ཞལ་གཟིགས་ཤིང་མ་ཤ་ཀ་ལ་མྱུ་གུ་ཡང་བྱུང་བ་དང་། དབྱངས་ཅན་ལྷ་མོ་ཡང་ཞལ་གཟིགས། སྒྲོལ་དཀར་གྱི་ཚེ་སྒྲུབ་མཛད་དུས་ཞལ་གཟིགས་པ་སོགས་ཡི་དམ་ཆོས་སྐྱོང་གི་ཞལ་གཟིགས་དང་

མཚན་མ་དུ་མ་བརྟེན་པར་སྣང་། སྐབས་ཤིག་ཨེ་ཝཾ་གྱི་གཟིམས་ཁང་སྟེང་དུ་ཞབས་འཆག་མཛད་པའི་ཚེ། ཀུན་མཁྱེན་བུ་སྟོན་ཆེན་པོ་སྐུ་དངར་ལ་བབ་པ་ན་བཟའ་ཆོས་གོས་རྣམ་གསུམ་གསོལ་བ་པཎ་ཞྭ་རྩེ་རིང་བཞེས་པ་ཞིག་ཞལ་གཟིགས། གསུང་རབ་འགའ་ཞིག་ལ་དོགས་གཅོད་ཞུ་དགོས་དགོངས་པ་ལ། རྐྱེན་ཅུང་ཟད་ཅིག་གིས་ཡལ་སོང་། ཕྱིས་ན་ལུའི་སྐུ་འདྲ་གཟིགས་པ་དང་དབྱེར་མེད་དུ་འདུག་གསུང་། དེ་ལྟར་ན་བླ་མ་དང་ལྷག་པའི་ལྷའི་ཞལ་མང་དུ་གཟིགས་པར་མངོན་ཏེ། སྒྱིར་རྟོགས་པའི་ཡོན་ཏན་སྦེད་པ་ལ་གཙོ་བོར་མཛད་པ་དང་། ཐུགས་ཤིན་ཏུ་སྙམ་ཞིང་ཞལ་བཙུན་པས་ཅལ་ཅོལ་དུ་མི་གསུང་། སྐུ་ཟིལ་ཆེ་བས་ཞུ་ཡང་མི་ནུས་པས་གསལ་བར་བཀོད་པ་མི་སྣང་ངོ་། །འོད་གསལ་གྱི་སྣང་བ་རྒྱུན་ཆད་མེད་པ་མང་འབར་སྣང་སྟེ། གཟིམས་ཁྱུང་གི་སྐུའི་ལོགས་ལ་མཚན་མོ་གསུང་རྩོམ་ལྷོ་ཀ་འགའ་རེ་ཐོད་ལོ་ཀོར་གྱིས་བྲིས་པ་ཕྱི་ཉིན་བཟུ་སྦྱོད་པ་བློ་གྲོས་བཀྲ་ཤིས་ལ། སྐུ་ལོགས་ལ་ཡི་གེ་ཞིག་ཡོད་པ་དེ་བཤུས་ལ་ཤོག་གསུང་བ་ལ། ཁོང་གིས་བཤུས་པས་ཉིན་མོ་བྲིས་པ་ལྟ་བུ་འདུག་ཅེས་ཟེར་རོ། །རྣལ་འབྱོར་གྱི་དབང་ཕྱུག་བིརྺ་པའི་བྱིན་རླབས་ལྷག་པར་ཞུགས་ཏེ། དཔལ་འཁོར་བདེ་ཆེན་དུ་ཕེབས་དུས་བསུ་བ་སེར་ཕྲེང་སོགས་མི་འཚོག་མང་པོ་བྱུང་བས། ཆིབས་གོང་དུ་རྣལ་འབྱོར་དབང་ཕྱུག་གི་ང་རྒྱལ་བརྟན་པོས་ཆིབས་པ་འགྲོ་མི་ཐུབ་པ་བྱུང་ཟེར། རྗེ་ས་སྐྱ་པ་ཡབ་སྲས་རྣམས་དང་རྡོ་རྗེ་འཆང་ཀུན་དགའ་བཟང་པོ་ཡབ་སྲས་རྣམས་ལ་ཐུགས་དད་གུས་ཆེན་པོའི་སྒོ་ནས་གསོལ་བ་འདེབས་པ་དང་། གསུང་རབ་རྣམས་ལ་ཐོས་བསམ་སྒོམ་གསུམ་དང་འཆད་རྩོད་རྩོམ་གསུམ་ལ་རྩལ་འདོན་དུ་མཛད་པས་དེ་དག་གི་དགོངས་པ་ཕྱིན་ཅི་མ་ལོག་པ་ལོངས་ཏེ། གསུང་ནས་འཆད་པ་དང་གསུང་རྩོམ་རྣམས་སུ་བཀོད་པ་སོགས་བློ་ལྡན་རྣམས་ལ་ངེས་ཤེས་ཡོད་པ་བཞིན་ཡིན་ལ། རྗེ་ས་སྐྱ་པ་རྣམས་ཀྱི་ལྷ་གྲུབ་ཐུན་མོང་མ་ཡིན་པ་ཀུན་མཁྱེན་བསོད་ནམས་སེང་གེས་གསལ་བར་མཛད་པ་བཞིན། གཞུང་དང་ཕྱག་ལེན་གང་ལའང་རྗེ་འདིའི་གསུང་རབ་ལ་ཐུགས་གཏད་མཛད་པ་ནི་རྣམ་དཔྱོད་དང་ལྡན་པ་རྣམས་ལ་གསལ་ལོ། །

དུས་རྒྱུན་པར་སྦྱ་དགོངས་ལམ་འབྲས་དང་འབྲེལ་པའི་ཆག་མེད་རྣམས་དང་། བདེ་མཆོག་ཡབ་ཡུམ་གྱི་བསྐྱེད་རྫོགས་དང་། ལྷ་ཁྲན་རྣམས་ཀྱི་ཉམས་ལེན་འགའ་ཞིག་དང་། ཆོས་སྲུང་རྣམས

ཀྱི་བདག་མདུན་སོགས་ཀྱི་མངོན་རྟོགས་བཟླས་པ་དུ་མ་མཛད་ཅིང་། ལྷ་བ་འཁོར་འདས་དབྱེར་མེད་ཀྱི་ཉམས་བཞེས་ལྷུར་མཛད་པ་དང་། དུས་སྐབས་གཞན་དུ་དཀྱིལ་འཁོར་གཞན་གྱི་བསྐྱེད་རྫོགས་ཀྱི་རྣལ་འབྱོར་དང་། ལྟ་བ་སོ་སོ་ལ་ཉམས་ལེན་མཛད་པ་དང་། རླུང་གི་རྣལ་འབྱོར་སོགས་རྫོགས་རིམ་གྱི་ཉམས་བཞེས་ལྷུར་མཛད་པས་སྣང་བ་ལྷག་པའི་ལྷའི་དཀྱིལ་འཁོར་དུ་གཟིགས་ཤིང་། རྡོ་རྗེ་ལུས་ཀྱི་དཀྱིལ་འཁོར་མངོན་དུ་གྱུར་པ་དང་ལྷན་ཅིག་སྐྱེས་པའི་ཡེ་ཤེས་མངོན་དུ་མཛད་པར་ནི་གསུང་རབ་རྣམས་ལས་རྗེས་སུ་དཔག་པར་ནུས་ཤིང་། མངོན་པར་ཤེས་པའང་ཐོགས་མེད་དུ་མངའ་སྟེ། སྐབས་ཤིག་རྡོ་རྗེ་བདག་མེད་མའི་དབང་བསྐུར་མཛད་པའི་ཚེ། གྲུང་ཚོགས་གྲུབ་ཙམ་ལ་སྟ་གོན་གནང་རྒྱུ་ཡིན་པ་ལ། ཉིང་བསྐུལ་ཞུལ་བས་རེ་ཞིག་ལྷོད་གྱིས་གསུང་ཕྱིར་བརྒྱངས་པས། བརྒྱ་ཚོ་ནས་བླ་ཆེན་འཇམ་དཔལ་རྒྱ་མཚོ་ཕེབས་བྱུང་བ་དང་བསྟུན། ད་སྟ་གོན་གྱི་གྲབས་གྱིས་མགྲོན་གྱི་གཙོ་བོ་ཐོས་པ་དགའ་བྱ་བ་ཡིན་གསུངས་ནས་བླ་ཆེན་སྟ་གོན་ལ་བྱོན། བླ་ཆེན་འབྱོན་པའི་ས་བཅད་སྔ་མོ་ནས་ཡོད་པ་ལགས་སམ་ཞུས་པས་མེད་གསུངས། རྗེ་ཉིད་དྲུག་ཅུ་རེ་གཅིག་ལ་སྐུ་གཤེགས་པའི་དགོངས་པ་མངོན་དུ་མཛད་ཚུལ་དང་། གྲྭ་པ་སྦྱིན་བདག་རྣམས་ལ་བཀའ་ལུང་གནང་ཚུལ་སོགས་ལས་ཤེས་པ་དུ་མ་བྱུང་བར་གསལ་ལོ། །ཟློལ་མེད་དད་དང་གྲུས་པའི་རྫིང་བུ་ཆེར། །བླ་མ་ལྷག་པའི་ལྷ་དང་ཆོས་སྲུང་གི། རྣམ་འཕྲུལ་ལུང་བསྟན་དུ་མའི་ཆབ་ཀྱིས་གཏམས། །སྲིད་ཞིའི་གདུང་སེལ་བདུད་རྩིའི་རྒྱ་མཚོར་བསྒྱུར། །གང་ཐུགས་མགོན་དེ་རྣམས་དང་དབྱེར་མེད་པས། །གསུང་གི་གསང་བ་རྒྱུད་སྡེའི་ང་རོར་སྒྲོགས། །ཁྱོད་སྐུ་དགེ་སློང་ཟོལ་གྱིས་མ་འོངས་པ། །ལུང་སྟོན་ཐོགས་མེད་མངོན་ཤེས་རྗེས་དཔོག་གྱུར། །

གཉིས་པ་འཆད་རྩོད་རྩོམ་གསུམ་གྱིས་ཁྱད་པར་དུ་འཕགས་པའི་རྣམ་ཐར་ནི། གོང་དུ་སྨོས་པ་དེ་ལྟར་རྗེ་འདིས་དགུང་ལོ་ཉེར་ལྔ་བཞེས་པ་ནས་ཟླ་སྲིད་ཞིང་གཞན་དུ་མ་གཤེགས་ཀྱི་བར་དུ་ཨེ་ཝཾ་ཉིད་དང་ཕྱོགས་གཞན་དུ་ཆོས་ཀྱི་འཁོར་ལོ་རྒྱ་ཆེན་པོ་བསྐོར་ཏེ། གསུང་ངག་ལམ་འབྲས་ཚར་ཉི་ཤུ་རྩ་བདུན་ཙམ་དང་། རྡོ་རྗེ་ཕྲེང་བའི་དབང་བཀའ་ཚར་དུ་མ་དང་། གཞན་དབང་བཀའ་གྲངས་མེད་པ་མཛད་ཅིང་། ལམ་སྐོར་ཕྱི་མ་བརྒྱད་ཀྱི་ཁྲིད་ཚར་དུ་མ་དང་། མེ་ཕོ་རྟ་ལོར་ས་སྐྱ་ནས་ཞབས་དྲུང་ངག

དབང་ཀུན་དགའ་རིན་ཆེན་པས་གསོལ་བ་བཏབ་སྟེ། འདུས་པའི་ཚོགས་ལ་བདེ་མཆོག་ལོ་ནག་དྲིལ་གསུམ་གྱི་ཁྲིད་དང་བཤད་པ་རྒྱ་ཆེར་མཛད་པ་དང་། ཕྱིས་ཤིག་འཛམ་གསར་ཤེས་རབ་འོད་ཟེར་བས་གསོལ་བ་བཏབ་སྟེ། བདེ་མཆོག་སྐོར་གྱི་ཁྲིད་དང་བཤད་པ་ཟིན་ཐུན་རྒྱས་པར་མཛད་ལ། དེ་དུས་འཛམ་དབྱངས་དཀོན་མཆོག་རྒྱ་མཚོས་ཟིན་བྲིས་མཛད་པའང་ཡོད་ཟེར། ཀྱེ་རྡོར་གྱི་ཕྱི་བསྐྱེད་རིམ་གྱི་བཤད་པ་ལ་སློབ་མ་ཞིག་གིས་ཟིན་བྲིས་བྱས་པ་ཤིན་ཏུ་རྒྱས་པ་ཞིག་ཀྱང་ཁོ་བོས་མཐོང་ཞིང་། གསུང་ངག་གི་ཁོག་ཕུབ་ཀྱི་ཟིན་བྲིས་ཀྱང་སློབ་མ་སོ་སོས་མཛད་པ་བཅོ་ལྔ་ཙམ་བྱུང་ཟེར་ལ། ཁོ་བོས་མཐོང་བའང་སྔ་དུས་ཀྱི་ཟིན་ཐུན་གནང་བ་ཡི་གེར་བྲིས་པ་ཤིན་ཏུ་རྒྱས་པ་ཞིག་དང་། ཕྱིས་ཁོག་ཕུབ་ཀྱི་ཟིན་ཐུན་གནང་བ་བསྐུར་མགོ་བ་སོ་སོར་ཡི་གེར་བཀོད་པའང་འཛམ་དབྱངས་དཀོན་མཆོག་རྒྱ་མཚོ་དང་། བཙ་སྒྲོད་པ་བློ་གྲོས་བཀྲ་ཤིས་དང་། ལྷོང་ག་བ་ཀུན་དགའ་མཆོག་ལྡན་དང་། ཁམས་སྟོན་ཤཱཀྱ་ལྷུན་གྲུབ་དང་བླ་མ་བློ་གྲོས་རྒྱལ་མཚན་གྱིས་བྲིས་པ་རྣམས་མཐོང་བ་ཚིག་རིས་འདྲ་བར་སྣང་ངོ་། །ལམ་སྐོར་ཕྱི་མའི་ཟིན་བྲིས་ཀ་བཅུ་པ་མགོན་པོ་རིན་ཆེན་གྱིས་བྲིས་པ་སྣང་ཞིང་ཁོང་གི་ཁོག་ཕུབ་ཀྱི་ཟིན་ཐུན་བྲིས་པའང་ཡོད་པར་སྣང་ངོ་། །རྗེ་ལྷ་མཆོག་པས་བདུད་རྩི་རིལ་བུ་བསྒྲུབ་པའི་ཆག་ཕྱི་མཛད་ཡོད་པ་འདྲ་ཞིང་། རྗེ་ཉིད་ཀྱིས་བདུད་རྩི་རིལ་བུ་བསྒྲུབ་པ་མ་གནང་བར་འདུག་ཀྱང་ཞབས་དྲུང་ཐུགས་འཆང་ཀུན་དགའ་རིན་ཆེན་པས་བདུད་རྩི་རིལ་བུ་བསྒྲུབ་ཚུལ་ཞུས་ནས་གནང་བའི་བསྒྲུབ་ཚུལ་གྱི་ཡི་གེ་ཞིབ་པའང་སྣང་། ཚུལ་གསུམ་མཛེས་རྒྱན་ཚིག་ལྷུག་བཏང་བ་ལྷ་བུའི་སྤྱི་དོན་གྱི་ཡི་གེ་སྣང་བས་དེའང་ཟིན་ཐུན་གནང་བ་ཡིན་པ་འདྲ། བདེ་མཆོག་ནག་པོ་པའི་དབང་ནི་བཀའ་གཉན་པར་དགོངས་ནས་མ་གནང་འདུག་ལ། ཁྲིད་ཀྱི་དུས་ཞབས་དྲུང་ཐུགས་འཆང་རིན་པོ་ཆེ་དང་རྗེ་སངས་རྒྱས་སེང་གེ་དང་རྗེ་ཤར་ཁང་པ་རྣམས་ལ་བཀའ་བགོད་གནང་ནས་ཁོང་རྣམས་ཀྱིས་མཛད་པ་ཡོད་པར་འདུག །རྩ་རྒྱུད་བརྟག་གཉིས་ཀྱི་བཤད་པ་ཚར་དུ་མ་གནང་བ་དང་། བཤད་རྒྱུད་གཉིས་ཀྱི་བཤད་པའང་ཚར་ཁ་ཡར་གནང་བར་འདུག །དཔལ་དུས་ཀྱི་འཁོར་ལོའི་དབང་ཡོངས་སུ་རྫོགས་པའང་ཚར་འགའ་རེ་མཛད་ཟེར། ལུང་གི་ཚོགས་དུ་མ་མཛད་པ་སོགས་མདོར་ན་ཆོས་གང་འཆད་ཀྱང་མཁྱེན་རབ་མཆོག་ཏུ་ཕྱུར་པས་ཚིག་དོན་གང་ལའང་མ་འཁྲུལ་བ་དང་ནོར་བ་ལ་སོགས་པའི་

སྐྱོན་གྱི་དྲི་མ་མེད་པར་དོན་སྙིང་དུ་འབབ་ཅིང་ཚིག་ཡིད་ལ་བཟུང་བདེ་ལ་མ་འཆོལ་བ་བཤད་པ་མཐའ་ཆོད་ཅིང་བསྒོམ་དོན་ཡིད་ལ་གསལ་བར་འཆར་བ། ཚིག་དོན་ཐམས་ཅད་ཤིན་ཏུ་རྒྱས་པར་ཐུགས་ཐོག་ནས་གསུངས་པས་ཞེས་ལྡན་རྣམས་ཀྱིས་ཡིད་ཆེས་པར་འགྱུར་བ་ཡོད་པར་སྣང་སྟེ། ལམ་འབྲས་ཀྱི་སྐབས་ཀྱི་ཕྱི་ཆོས་སྐབས་འགར་སྐར་མ་ཤར་ཙམ་གྲོལ་བའང་བྱུང་ཟེར། ཆོས་གསུང་བའི་སྐབས་སུའང་ཐ་མལ་པའི་ཚིག་མ་ཤོར་བ་བྱེད་པའི་ལུགས་ཡིན་ཞེས་གསུངས་ཏེ། བསླབ་བྱའི་བཀའ་བཀོད་རྣམས་གནང་དགོས་ཡོད་ནའང་ཆོས་ཐུན་དངོས་གཞི་གྲོལ་མཚམས་སུ་གནང་བར་མཛད།།གསུང་ཆོས་གང་གནང་ཀྱང་སྐྱོ་བ་དང་ངལ་བ་མི་མངའ་ཞིང་དེ་ཁོ་ན་ལྟར་མཛད་པ་མ་གཏོགས། ལས་སླ་དང་བཏང་སྙོམས་སུ་འཇོག་པ་གཏན་ནས་མི་མངའ་བ་ཡིན་ནོ། །དུས་དེར་དམ་པའི་ཆོས་འཆད་པ་ལ་དམ་པ་འདི་ཁོ་ན་མཆོག་ཏུ་གྱུར་པས་ས་སྐྱ་པའི་ཞལ་ངོ་སྐུ་མཆེད་ཀྱིས་གཙོ་མཛད་དབུས་གཙང་གི་ཆོས་སྡེ་ཆེན་པོ་ས་ལུགས་སུ་གཏོགས་པ་ཐམས་ཅད་ཀྱི་མཁན་པོ་དང་སློབ་དཔོན་དུས་མཚུངས་ཐམས་ཅད་ཀྱིས་གསུང་གི་བདུད་རྩི་གསན་པར་མཛད་པས་ཐུགས་རྒྱུད་ཆེམ་པ་ཤ་སྟག་ཏུ་གྱུར་ཏོ། །

རྩོད་པའི་སྙོ་ནས་ཕ་རོལ་གྱི་ལོག་རྟོག་སུན་ཕྱུང་བའང་གསུང་ཆོས་འཆད་པའི་སྐབས་སུ་རྒྱས་པར་གསུང་ཞིང་ཁྱད་པར་བརྟག་ལན་ཚངས་པའི་རིག་སྔགས་ཀྱིས་རྗེ་བཙུན་ས་སྐྱ་པའི་གསང་སྔགས་ཀྱི་ཕྱག་ལེན་དང་གསུང་སྒྲོས་མ་དག་པ་སུན་ཕྱུང་བ་དང་། བརྟག་ལན་མཐའ་བྲལ་བདུད་རྩིའི་རོལ་མཚོས་ས་སྐྱ་པའི་ལྟ་གྲུབ་མ་དག་པ་སུན་ཕྱུང་བ་དང་། ལམ་འབྲས་ཀྱི་དྲིས་ལན་ཉུང་དུས་ཁྲིད་ཚུལ་མ་དག་པ་སུན་ཕྱུང་བ་དང་། ཀུན་གཞིའི་སྐབས་ཀྱི་དཀའ་གནས་གསལ་བྱེད་ཀྱིས་ཀུན་མཁྱེན་བསོད་ནམས་སེང་གེའི་གསུང་ལ་འཆད་ཚུལ་མ་དག་པ་སུན་ཕྱུང་བ་དང་། དྲིས་ལན་མང་པོས་ལོག་རྟོག་དང་ཐེ་ཚོམ་བསལ་བས་མཆོན་ཏེ་རྒོལ་ངན་ཐམས་ཅད་སུན་ཕྱུང་ནས་རྗེས་འཇུག་སྐལ་བཟང་རྣམས་ཡང་དག་པའི་ལྟ་གྲུབ་ལ་འགོད་པར་མཛད་དོ། །ལེགས་པར་བཤད་པ་གསར་དུ་རྩོམ་པའི་ཚུལ་ཡང་བརྒྱལ་ལན་དེ་དག་ནི་དགུང་ལོ་སུམ་ཅུ་སོ་གཅིག་གཉིས་དུས་མཛད་པ་ཡིན་ལ། དགུང་ལོ་སུམ་ཅུ་སོ་བདུན་པའི་དུས་ཚུལ་གསུམ་མཛེས་རྒྱན་མཛད། དགུང་ལོ་ཞེ་གཅིག་པ་མེ་མོ་བྱ་

ལོར་མངོན་རྟོགས་ལྗོན་ཤིང་གི་གསལ་བྱེད་གོང་མའི་དགོངས་རྒྱན་མཛད། ཞེ་ལྔ་པ་ལྕགས་མོ་གླང་ལོར་ལྗོན་ཤིང་མཛེས་རྒྱན་མཛད། ཞེ་བདུན་པ་ཡོས་ལོར་རྒྱ་གདོང་བདག་ཆེན་འཇམ་དབྱངས་ཀུན་དགའ་བསམ་གྲུབ་པས་ཞུས་ནས་སྣང་གསུམ་མཛེས་རྒྱན་མཛད། དགུང་ལོ་དྲུག་པ་ཆུ་ཕོ་བྱི་བའི་ལོར་རྒྱ་གདོང་ནས་བདག་པོས་ཞུས་པ་དང་། ས་སྐྱ་ནས་བདག་ཆེན་ཀུན་དགའ་རིན་ཆེན་པ་ན་ལེཏྲུར་བཞུགས་པས་ཞུས་ནས་རྒྱུད་གསུམ་མཛེས་རྒྱན་མཛད། ཀྱེ་རྡོ་རྗེའི་དབང་བཤད་རྒྱས་འབྲིང་ཡང་མཛད་དེ། རྒྱུད་སྡེའི་དགོངས་པ་རྗེ་བཙུན་ས་སྐྱ་པ་ཡབ་སྲས་ཀྱི་དགོངས་པ་མ་ནོར་མ་འཁྲུལ་གསལ་བར་སྟོན་པའི་ལེགས་བཤད་ཚིག་དོན་གྱི་ཆ་ངོ་མཚར་བ་མངོན་སུམ་དུ་སྣང་བ་འདི་ཡིན་ལ། དབང་ཆུ་མཛེས་རྒྱན་དང་། མངོན་རྟོགས་ཡན་ལག་བཞི་དྲུག་དང་ལུས་དཀྱིལ་མཛེས་རྒྱན་སོགས་ཀྱི་རྟོར་མན་ངག་ལུགས་དང་། ཌོཾ་བི་དང་མཚོ་སྐྱེས་དང་ནག་པོ་རྣམས་ཀྱི་མཛེས་རྒྱན་ཏེ་བཀའ་བབས་གཞན་གསུམ་དང་། བདེ་མཆོག་ལ་བ་པ། འཇིགས་བྱེད་ལུགས་གཉིས། ཚེ་དཔག་མེད་སོགས་དཀྱིལ་ཆོག་དང་། བདེ་མཆོག་གསང་འདུས་གཤེད་དམར་གུར་སམ་རྣམས་ཀྱི་ཟུར་འདེབས། ཀུན་རིག་གི་མཚམས་སྦྱོར་སོགས་སྒྲུབ་ཐབས་བརྒྱ་རྩའི་རྗེས་གནང་། ལྷ་ཕྲན་མང་པོའི་སྒྲུབ་ཐབས་དང་རྗེས་གནང་སོགས་དུ་མ་དང་། གསུང་ངག་ལམ་འབྲས་སྐོར་གྱི་ཡིག་ཆ་ཕྲན་དུ་མ་དང་། རྗེ་ཡོངས་འཛིན་དཀོན་མཆོག་འཕེལ་དང་ས་ལོ་ཐམས་ཅད་མཁྱེན་པའི་རྣམ་ཐར། ས་སྐྱ་པའི་གདུང་རབས། ཧོར་གྱི་རྒྱལ་རབས་འཕྲོས་དང་བཅས་པ། བསྟན་རྩིས་ལུགས་གཉིས། རྗེ་ཉིད་ཀྱི་གསན་ཡིག་རྣམས་དང་གཞན་ཡང་རྩ་བའི་བླ་མ་རྣམས་ཀྱི་བསྟོད་པ་དང་གསོལ་འདེབས། དབྱངས་ཅན་མའི་བསྟོད་པ་སྙན་ངག་གི་དོན་རྒྱན་སོ་ལྔ་ཚང་བ་དང་། འཇམ་དབྱངས་ཀྱི་བསྟོད་པ་དོན་རྒྱན་ལ་སྦྱར་བ་དང་། བྱམས་མགོན་སོགས་ཀྱི་བསྟོད་པ་རྒྱུད་འདེབས་འགའ་ཞིག་རྗེ་ཉིད་ཀྱི་བསྟོད་པ་སློབ་མ་སོ་སོས་ཞུས་པ་གསུམ། མཁན་ཆེན་ཐམས་ཅད་མཁྱེན་པ་དང་བདག་ཆེན་འཇམ་པའི་དབྱངས་ལ་ཞུ་ཡིག །ཀུན་མཁྱེན་ཤེས་རབ་འོད་ཟེར་སོགས་དུས་མཚུངས་ཀྱི་བཤེས་གཉེན་མང་པོ་ལ་གནང་བའི་བཀའ་ཤོག །བླ་མ་དེ་རྣམས་སོ་སོའི་བསྟོད་པ། རིན་སྤུངས་པ་ངག་དབང་རྣམ་རྒྱལ་སོགས་སྡེ་དཔོན་མང་པོ་ལ་བཀའ་ཤོག་ཞལ་གདམས་གནང་བ་འགའ་ཞིག་དང་། བསྔོ་བའི་བསྟན་བཅོས་སོགས་དུ་མ་མཛད་

པའི་རྣམ་གྲངས་ནི་བཀའ་འབུམ་གྱི་དཀར་ཆག་ན་གསལ་ཞིང་། བཀའ་འབུམ་བསྒྲིགས་ནས་ལྷུང་མཛད་པ་པུ་སྟི་ཆེ་བ་གསུམ་ཡོད་པ་རྣམས་སྒྲ་དང་སྙན་ངག་དང་སྡེབ་སྦྱོར་དང་མིང་གི་མངོན་བརྗོད་སོགས་ཐ་སྙད་ཀྱི་གཙུག་ལག་དང་མཐུན་པ་རྒྱུད་སྡེའི་དགོངས་པ་གསལ་བ་བཤད་པ་དང་ཉམས་ལེན་གང་བྱེད་ཀྱང་ཉེ་བར་མཁོ་ཞིང་མེད་ཐབས་མེད་པ། ཚིག་དང་དོན་ལ་སྐྱོན་གྱི་རྣམ་པ་ཙུང་ཟད་ཀྱང་མེད་ཅིང་རྣ་བར་སྙན་ལ་མཁས་རློམས་ཐམས་ཅད་ཡིད་འཛིན་པ་རྩོམ་པ་པོའི་ཡོན་ཏན་ཐམས་ཅད་ཚང་ནས་བརྩམས་པ་ཤ་སྟག་སྟེ་གསུང་རབ་དེ་རྣམས་མཐོང་བས་ཤེས་པར་འགྱུར་ཏེ། མཁས་པ་ཐམས་ཅད་ཀྱི་ཡིད་འཕྲོག་ཅིང་བསྔགས་པ་དུ་མས་བསྔགས་པ་མངོན་དུ་གྱུར་པ་འདི་ཉིད་ཡིན་ལ། བཀའ་འབུམ་དཀྱུས་ལ་མི་བཞུགས་པ་ཆོས་འབྱུང་ཆེན་མོ་རྩོམ་འཕྲོ་ཤོག་བུ་བརྒྱ་ལྷག་པ་དང་། རྗེ་སངས་རྒྱས་རིན་ཆེན་པའི་རྣམ་ཐར་རྩོམ་འཕྲོ་ཤོག་བུ་བཅུ་དྲུག་ཙམ་དང་། ཞ་ལུ་ལོ་ཙཱ་བའི་རྣམ་ཐར་དང་། སྡོམ་གསུམ་རབ་དབྱེའི་བླ་མ་བརྒྱུད་པ་མ་ཉམས་ཤིང་ཞེས་པའི་སྐབས་དང་སྦྲུར་བ་རྩོམ་འཕྲོ། ལམ་འབྲས་ཀྱི་ཁོག་ཕུབ་དོན་ཚན་སུམ་ཙུ་ཙམ་བྱས་པའི་ཚིགས་བཅད་ཙུང་ཟད་རྒྱས་པ་དང་། སྔ་དུས་སུ་གྲྭ་པ་སོ་སོ་ལ་གནང་བའི་གཤེད་དམར་གྱི་དབང་གི་སྐབས་སོ་སོའི་གོ་དོན་དང་། ཀུན་རིག་དབང་གི་མཚམས་སྦྱོར་གཞན་ཞིག་དང་བཅས་པ་སྣང་ཞིང་ཕྲན་བུ་དུ་མ་ཞིག་བྱུང་བར་གསལ་ལོ། །སློབ་མ་སོ་སོས་ཟིན་བྲིས་བྱས་པའང་ཀ་ལྔ་པའི་མཚམས་སྦྱོར་གྱི་རི་མོ་གནང་དུས་ཀྱི་ཟིན་བྲིས་དང་། བདེ་མཆོག་དྲིལ་བུ་པའི་ཁྲིད་ཀྱི་ཟིན་བྲིས་སོགས་ཀྱང་སྣང་བ་དང་། སྒྲུབ་ཐབས་རྒྱ་མཚོའི་ཟིན་བྲིས་ཀ་བཅུ་པ་མགོན་པོ་རིན་ཆེན་གྱིས་བགྱིས་པའང་ཡོད་ཟེར་རོ། །དེ་ལྟར་འཆད་རྩོད་རྩོམ་གསུམ་གྱི་སྒོ་ནས་སངས་རྒྱས་ཀྱི་བསྟན་པ་ཉིན་མོ་ལྟར་གསལ་བར་མཛད་ཅིང་དེ་དག་གི་རྒྱུན་དེང་སང་གི་བར་དུ་མ་ཉམས་པར་གནས་པ་འདི་ཉིད་ཡིན་ནོ། །

ཁྱད་ཞལ་པད་དཀར་བཞད་པའི་ཟློ་འབྲུ་ལས། །ལེགས་བཤད་སྦྲང་རྩིའི་དོག་པ་གང་ཕྱུང་བ། །མཁས་མང་བུང་བའི་ཚོགས་ཀྱིས་ལེགས་གཞིབས་ཏེ། །ཐུབ་བསྟན་མཁའ་ལ་ལང་ལིང་ཅི་ཡང་བསྒྱུར། །དེ་དོན་ཉམས་སུ་བསྟན་པའི་བརྩོན་ལྡན་འགའ། །བསྐྱེད་རྫོགས་ཡེ་ཤེས་དབང་ལམ་རྒྱུད་ཕྱུག་པས། །ཐ་མལ་སྣང་བའི་རྨི་ལམ་འཁྲུལ་པ་ལས། །གཉིད་སད་བདེན་པ་མཐོང་བས་སྐལ་

བཟང་ཀྱུར། །

གཉིས་པ་གཟུགས་སྐུའི་བཀོད་པ་ཆོས་དབྱིངས་སུ་བསྡུས་པའི་རྣམ་ཐར་ནི། ཤིང་མོ་ཡོས་ལོ་ཉང་ཕྱོགས་སུ་སྡེ་འབྲུགས་ཀྱིས་མི་དང་དུད་འགྲོ་དུ་མ་བསད་པ་དང་ཤི་བའི་གཏམ་གསན་པས་ཐུགས་སྙིང་རྗེ་ཆེན་པོ་འཁྲུངས་ཤིང་། དེ་ནས་ས་སྐྱ་ནས་བདག་ཆེན་ཀུན་དགའ་རིན་ཆེན་པ་དང་། བྱང་བདག་པོ་ནམ་མཁའ་ཚེ་དབང་རྡོ་རྗེ་མཆོད་ཡོན་གཉིས་ཀྱིས་གསོལ་བ་དྲག་ཏུ་བཏབ་པས་རྐྱེན་བྱས་ཏེ། མེ་ཕོ་འབྲུག་ལོར་ཆིངས་འཇགས་ཀྱི་ཞལ་བཀོད་ལ་པ་རྣམ་ལྷུན་གྲུབ་རྩེར་ཕེབས། ལུགས་གཉིས་ཀྱི་བཀའ་ཁྲབ་སྡེ་སྲིད་སོ་སོར་གནང་ནས་འགྱིས་ཆིངས་མཛད། དེ་ནས་ཨེ་ཝཾ་དུ་ཕེབས་ཏེ་བདག་ཆེན་རིན་པོ་ཆེ་དང་བྱང་ནས་ཆོས་རྒྱལ་གྱི་སྐུ་ཚབ་རྣམས་ཀྱིས་ཞབས་འབྲིང་མཛད་དེ་ས་འབྱེད་ཀྱི་ཕྲ་མའི་གཞི་བཏིངས། སླར་འདུས་བྱུང་དུ་ཆག་ཕེབས། ཆོས་སྡེ་དཔལ་འཁོར་བདེ་ཆེན་གྱི་གཞི་རྟེན་གྱིས་གཙོ་བྱས་པའི་ས་འདྲེས་རྣམས་དབྱེ་གསལ་མཛད་པ་སོགས་བདེ་ཐབས་ཀྱི་ཆིངས་ལུགས་མཛད་པའི་ཚེ་ཉིང་ངེ་འཛིན་དང་ཐུགས་རྗེའི་དབང་གིས་སྡེ་སྲིད་ཆེན་པོ་རྣམས་ཀྱིས་ཀྱང་བཀའ་ལས་མི་འདའ་ཞིང་ཅི་གསུང་དང་དུ་བླངས། སྡེ་སྲིད་ཀུན་མཐུན་པར་པ་རྣམས་ཤོལ་པོ་ཆོས་གཞིས་ལ་ཕུལ་ཞིང་སྐྱེ་དགུ་རྣམས་བདེ་ལེགས་ལ་བཀོད་པས་དགའ་སྤྲོ་སྐྱེས་ཏེ་རྗེ་ཉིད་བྱང་ཆུབ་སེམས་དཔའ་ཆེན་པོར་སྣན་པའི་གྲགས་པ་སྒྲོགས་པར་གྱུར། ཁྲ་མའི་མགོ་རྒྱུད་ལ་བསྟན་པ་དར་ལུགས་སོགས་ངོ་མཚར་བ་མཛད་སྣང་ཞིང་། ཕྱིས་ཤོལ་པོའི་ཚབ་ནི་རྟ་ནག་རྣམ་རྒྱལ་སྒང་གི་ཆོས་གཞིས་འདི་ཡིན་ནོ། །

དེ་ནས་ཐུབ་བསྟན་ཡངས་པ་ཅན་གྱི་དགེ་བའི་བཤེས་གཉེན་མཁས་པ་ལུང་རིགས་རྒྱ་མཚོ་བ་ཆོས་གསན་པའི་ཆེད་དུ་ཕེབས་ཏེ། འབྲུག་ལོ་དེའི་ཟླ་བ་བརྒྱད་པའི་ཉེར་ལྔའི་སྔ་དྲོ་རྗེ་ཉིད་དང་མཇལ་སྐབས་ཁོང་ངམ་རིང་གི་གྲྭ་ཚང་ཞིག་གི་སློབ་དཔོན་ཡིན་པས་ཞུ་བ་འདི་བཞིན་ཕུལ་ཏེ། བདག་ལ་ལོ་ཆེན་རཏྣ་བྷ་དྲ་དང་ཆོས་རྒྱལ་ནམ་མཁའ་ཚེ་དབང་རྡོ་རྗེ་སོགས་ཀྱིས་བྱང་ཕྱོགས་སུ་འཆད་ཉན་རྒྱུན་བསྲིངས་དགོས་ཚུལ་བཀའ་ཕེབས་ནན་ཅན་བྱུང་ནའང་ཆོས་ཀྱི་ཐུགས་འཕགས་པ་འཇམ་དཔལ་དང་ཉ་མོའི་ཐུགས་གངས་དཀར་ཏི་སེ་ཡིན་བསམ་ཞབས་དྲུང་དུ་བསྐུགས་པ་ཡིན་

ལགས་པས་གསུང་ཆོས་ཀྱི་བཀའ་དྲིན་བློ་ཁ་ཆེམ་པ་རང་ཞིག་མཁྱེན་ཞུས་པས། ད་ཀ་འཕགས་པ་འཇམ་དཔལ་ཁོ་ནས་གདའ། འགྲོན་པ་འཕྱིས་པ་ནས་དགོངས་པ་བཞིན་འོང་བ་དཀའ། ཆོས་འབྱུལ་གང་ཐུབ་དག་ཡོས་བྱེད་དེ་ཞེས་གསུངས། དེ་ནས་སྟོན་ཆོས་ཀྱི་སྐབས་བདག་ཆེན་ཀུན་དགའ་རིན་ཆེན་པས་གཙོ་མཛད་ཚོགས་ཆེན་ལ་དག་པ་གསུམ་གྱི་ཁྲིད་དང་དབང་རྗེས་གནང་ལུང་དུ་མ་གནང་། དེ་ནས་ཧོར་ཟླ་བཅུ་གཉིས་པའི་ཉེར་ལྔ་ལ་གསུང་ངག་ལམ་འབྲས་བཙུགས་ཏེ་ཚོགས་པ་བརྒྱད་བརྒྱ་ཁ་ཡར་ལ་ལམ་འབྲས་ཤིན་ཏུ་རྒྱས་པ་དབང་གོང་མ་དང་འབྲས་བུའི་ཁྲིད་ཆ་ལག་ཡོངས་རྫོགས་དང་བཅས་པ་གནང་། ཁོག་ཕུབ་སོགས་ལ་ཟིན་ཐུན་སྐྱོར་མགོ་བ་བྱས་ནས་སྤྱིལ་ལོ་ས་ག་ཟླ་བའི་ཚེས་བཅུ་བཞིའི་བར་གནང་། དེ་ནས་དགེ་ཚུལ་ཉིས་བརྒྱ་ལྔག་ཙམ་དང་བསྙེན་རྫོགས་པ་བརྒྱ་སུམ་ཅུ་ཙམ་དཀྲུས་ཐོག་གཅིག་ལ་གནང་། སྒྲུབ་མཆོད་ཆེན་མོ་ལ་ཕེབས་ཏེ་དེ་གྲོལ་ནས་དབང་རྗེས་གནང་དུ་མ་དང་། ཀུན་མཁྱེན་བསོད་ནམས་སེང་གེའི་སྡོམ་གསུམ་སོགས་ལུང་གི་ཚོགས་མཐའ་ཡས་པ་གནང་། ཧོར་ཟླ་དྲུག་པའི་ངོ་གང་ལ་རྒྱ་རྒྱུད་བརྟག་པ་གཉིས་པའི་བཤད་བཀའ་ཤིན་ཏུ་རྒྱས་པ་རྒྱུད་གསུམ་ཀ་འབའ་ཞིག་གི་སྟེང་ནས་གནང་། རྗེ་བཙུན་གོང་མའི་གསུང་རབ་རྣམས་ཀྱི་ལུང་བཤད་པ་ས་བཅད་སོགས་ལ་སྐྱོར་མགོ་བ་བྱས་ཏེ་གནང་། ལམ་སྐོར་ཕྱི་མ་བརྒྱད་ཀྱི་ཁྲིད་བྱིན་རླབས་ལུང་མན་ངག་རྒྱས་པར་གནང་། སྐབས་ཤིག་སྟར་ཐང་དུ་མིའི་དབང་པོ་དོན་གྲུབ་རྡོ་རྗེས་གསེར་གྱི་རྣམ་རྒྱལ་མཆོད་རྟེན་ཐོག་ཚད་བཞེངས་པའི་རབ་གནས་ལ་སྤྱན་དྲངས་ཏེ། ཀྱེ་རྡོ་རྗེའི་སྒྲུབ་མཆོད་ལ་བརྟེན་པའི་རབ་གནས་རྒྱས་པར་མཛད་དེ་ཡར་ཕེབས། དེ་ནས་ཧོར་ཟླ་བདུན་པའི་ཚེས་བཅུ་དགུ་ལ་འབྲས་ཡུལ་སྐྱིད་ཚལ་དུ་ཀུན་མཁྱེན་འཇམ་གསར་གྱི་ནང་རྟེན་གྱི་རབ་གནས་ལ་སྤྱན་དྲངས་ཏེ་ཆིབས་ཁ་བསྒྱུར་ནས་ཉེར་བཞི་ལ་ཆོས་སྡེར་ཕེབས། མིའི་དབང་པོ་ངག་དབང་འཇིག་རྟེན་དབང་ཕྱུག་ཁུ་དབོན་གྱིས་སྤྱིན་བདག་མཛད། ཀུན་མཁྱེན་འཇམ་གསར་གྱི་སྐུ་གདུང་རིལ་པོ་མཆོད་རྟེན་ནང་དུ་བཞུགས་སུ་གསོལ། གཟུངས་གཞུག་ཀྱང་མ་ཚང་བ་མེད་པར་ཕུལ། དཔོན་སློབ་དུ་མས་ཀྱེ་རྡོར་གྱི་དཀྱིལ་འཁོར་རྟུལ་ཚོན་ལ་བརྟེན་པའི་རབ་གནས་རྒྱས་པ་མཛད། དེར་བཞུགས་དཔོན་སློབ་ལ་ཆོས་བཀའ་དང་བསླབ་བྱ་མང་དུ་གནང་། མིའི་དབང་པོ་དཔོན་བློན་ལ་འང་དབང་བཀའ་མང་དག་གནང་།

བསྟན་པ་སྤྱི་སྒོས་ཀྱི་ཞབས་ཏོག་མཛད་དགོས་པའི་བཀའ་བཀོད་ནན་ཆེར་མཛད་དོ། །

འབྲས་ཡུལ་དུ་བཞུགས་དུས་གསོལ་བ་མ་འཕྲོད་པ་ལ་བརྟེན་ནས་སྐུ་ཁམས་ཤིན་ཏུ་སྲིད་པ་ཞིག་བྱུང་། དཔོན་ཆེན་དཀོན་མཆོག་དཔལ་ལྡན་པས་རྒྱུན་རིང་ན་མི་འོང་ཨེ་ཡོང་དུ་གང་མྱུར་ཕེབས་པ་ལེགས་ཚུལ་ནན་གྱིས་ཞུས་ཀྱང་ལུགས་གཉིས་ཀྱི་ཐུགས་བྲེལ་ཆེས་པས་མྱུར་བར་ཕེབས་མ་ཐུབ། ཟླ་བ་བརྒྱད་པའི་ཚེས་བཅུ་དགུའི་ཉིན་འབྲས་ཡུལ་ནས་ཡར་ཕེབས། ལམ་ན་ཡོད་པའི་སྦྱིན་བདག་རྣམས་ལ་དབང་བཀའ་རྗེས་གནང་མང་དུ་གནང་། ལམ་བར་དུའང་སྐུ་ངལ་བའི་ཚུལ་མང་དུ་མཛད་བཞིན་པས་ཐ་སྐར་ཟླ་བའི་ཡར་ཚེས་ལྔ་ལ་ཨེ་ཝཾ་དུ་ཕེབས། དེའི་སང་ཉིན་དཔོན་ཆེན་ཞབས་དྲུང་དུ་ཕྱིན་པས་གཟིམས་ཆུང་རང་ན་བཞུགས་འདུག །སྐུ་མདངས་ཀྱང་ཆེར་མི་འདུག །སྐུ་བསྙེལ་བ་མེད་ལགས་སམ་ཞུས་པས་མེད་གསུང་། འོན་འབྲས་ཡུལ་ཕྱོགས་ནས་བྱུང་བའི་དངོས་པོ་རྣམས་སྤྱན་ལམ་དུ་འབེབས་པ་ལགས་ཞུས་པས། གཡབས་ཆེན་དུ་འགྲོ་གསུང་ཆག་ཕེབས་ནས་བཞུགས་གདན་ལ་བཞུགས། དངོས་པོ་རྣམས་སྤྱན་ལམ་དུ་ཕབ། གསེར་མཆེན་པ་དང་དངུལ་ཕོར་སོགས་དངོས་པོ་རྣམས་དགེ་སློང་གཉེར་ཆེན་ལ་གནང་ནས་དུས་ཇ་དཀར་མིའི་ཐེངས་ཀྱིས་གསུང་། གོས་ཡུག་དམར་པོ་ཅིག་ལ་ལམ་འབྲས་དུས་བཞེས་རྒྱུའི་ན་བཟའ་ཞིག་བཟོ་ཞུས་པས། གོས་བེབས་ཀྱོན་པའི་ལང་ཨེ་ཡོད་མི་ཤེས། དཀར་མིའི་ཐེངས་ལ་ཞོག་གསུང་། ཚེས་བཅུའི་ཉིན་རྒྱུད་འདོན་པ་རྣམས་ལ་སྐུ་འཁྲིས་ཀྱི་མང་ཇ་དང་བཞེས་སྒྲོ་སོགས་གནང་། ཚེས་བཅུ་བཞིའི་ཉིན་སྐུ་ཤེད་ཆེར་མེད་པའི་ངང་ནས་ས་མཆོད་ཆེན་མོའི་སེར་ཕྲེང་གི་དབུ་འཛིན་དང་གླིང་བསྐོར་ལ་ཕེབས། མཆོད་རྟེན་ནང་གི་བཞུགས་ཁྲི་ལ་བཞུགས། རྗེ་སངས་རྒྱས་སེང་གེ་པ་ཆབ་ཚན་དང་སྒྲུབས་སྟོད་ཕྱོགས་ལ་ཕེབས་པའི་ཕྱག་འབུལ་དེ་ཁར་མཛད་ནས་ཕེབས་སོང་། ཕེབས་ཚར་བའི་རྗེས་སུ་ཡུ་ཐར་པ་རྩེ་པ་ད་ལན་མ་ཕེབས་པར་བཞུགས་ཟེར་དགོས་རྒྱུ་ཡིན་པར་འདུག་པས་གསུངས། བདེ་ཡངས་ཀྱི་ཁང་ཟུར་དུ་ཕེབས་པ་དང་འོ་བྲལ་ཁྱེར་གསུངས། ཚེས་བཅུ་དྲུག་གི་ཐོ་རངས་ནས་སྐུ་ཁམས་ཤིན་ཏུ་མ་བདེ་བ་ཅིག་བྱུང་། ཚེས་ཉི་ཤུའི་ཉིན་གཡབས་ཆེན་དུ་བཞུགས་ཉེ་ལ་ཕེབས་པའི་ཚེ་ཐུགས་སྲས་དགེ་སློང་ཆེན་མོ་ལ་ངེད་ཀྱི་འོག་འདི་བཞིན་སོང་འདུག་གསུངས། དགེ་སློང་པས་བལྟས་པས་གསང་གནས་སྦྲུབས་སུ་ནུབ་ནས་ཤུལ

དུ་ཁབ་སྒྲོམ་ཤོང་བ་ཙམ་གྱི་བུ་ག་འདུག་ཟེར། ཉེར་གཅིག་གི་ཉིན་སྔ་བར་རྗེ་དཔོན་སྐུ་དྲུང་དུ་ཕྱིན་ནས། སྐུ་ཁམས་ཤིན་ཏུ་བསྐྱེལ་བ་ཡོད་པ་འདྲ་ཞུས་པས། ད་ལྟ་ན་རྒྱུ་མེད། བཅོ་བརྒྱད་ཀྱི་ཉིན་ན་བ་བྱུང་གསུང་། ཐུགས་དམ་གྱི་ལྟས་བཞིན་ཅི་འདྲ་བྱུང་ཞུས་པས། བཅུ་དྲུག་གི་ཐོ་རངས་ཙུང་ཟད་གཉིད་པའི་རྨི་ལམ་དུ། གཅེར་བུ་མདོམས་དཀྲིས་ལས་མེད་པ་རལ་པའི་ཐོར་ཅོག་ཅན་ཞིག་ལ་ཕྱག་ཅིག་བྱས་པ་རྨིས། ཕྱི་ཐལ་ཡིན་པ་འདུག་གསུང་། འོན་སྔར་ནི་སྐུ་ཁམས་མ་བདེ་བ་བྱུང་ན་ས་ལོ་འཇམ་དབྱངས་ཆེན་པོ་མནལ་ལམ་དུ་འབྱོན་གྱིན་ཡོད་འདུག་པ་བྱུང་ལགས་སམ་ཞུས་པས། ནམ་ཟེར་གྱིན་འདུག་གསུང་། ན་ནིང་ལམ་འབྲས་ཀྱི་སྐབས་ཤིག་ཏུ་སྐུ་གྲིབ་ལ་བརྟེན་པའི་སྐུ་ཁམས་བསྐྱེལ་དུས་གསུང་གིན་འདུག་ཞུས་པས། ཁྱོད་དྲན་པ་གསལ། གཞན་འོང་གིན་ཡོད། རྗེ་ཡབ་སྲས་གསུམ་གའི་ཞལ་དངོས་སུ་སྟོན། རྗེ་སངས་རྒྱས་རིན་ཆེན་ཐུགས་བརྩེ་བ་ཡིན་ནམ། ཁྱོད་ཀྱི་ཁམས་འདུས་པ་འདི་དང་པོ་རྐྱེན་འདི་ལ་བརྟེན་ནས་བྱུང་། བར་དུ་སྨན་དཔྱད་རིམ་གྲོ་འདི་བཞིན་གྱིས། ཐ་མར་ཞག་འདི་ཙམ་ལ་ཕན་གསུང་བ་འོང་གིན་ཡོད་དེ། ན་ནིང་ཆེངས་ལ་ཐེ་བ་ནས་ལང་ལོང་མང་དུ་བྱས། འཇིག་རྟེན་པ་རང་རྒྱུད་པ་ལྟར་དུ་སོང་། ཁ་ཏོན་ཡང་གནད་དུ་མི་འགྲོ་བ་བྱུང་བས་རྗེ་བླ་མ་གསུམ་གྱི་ཐུགས་ཀྱིས་བཏང་བ་འདྲ། ད་བར་ཞལ་བསྟན་མ་བྱུང་གསུངས། སྐུ་རིམ་ཡང་དཔལ་ལྡན་ས་སྐྱས་གཙོ་བྱས་མཁས་བཙུན་འདུ་བའི་གྲྭ་ས་ཐམས་ཅད་དུ་མང་ཇ་འགྱེད་བཅས་བསམ་ལས་འདས་པ་བཏང་། ཁྱད་པར་ཨེ་ཝཾ་རང་དུ་སྟོ་ཁོངས་ཀྱི་ཟླ་བ་གཅིག་ཙམ་ནས་བཟུང་། སྐུ་རིམ་མང་ཇ། ཆོས་སྲུང་རྣམས་ལ་གཏོར་སྐྱབས། ཁྲོ་བཅུའི་བསྲུང་བཟློག །དྲུག་ཅུ་པའི་གཏོར་བཟློག །སོགས་མང་དུ་མཛད། གསོལ་སྨན་གྱི་འཕྲོད་བསྟེན་ཀྱང་གང་འཚམ་ཞུལ་ཡང་སྐུ་ཁམས་བདེ་སྐྱིད་ཆེར་མེད་པ་ཞིག་བྱུང་། དཔོན་ཆེན་ལ་སྤྱན་ཆེར་ཏེ་གཟིགས་ནས་དང་པོ་ང་ལོ་བཅུ་གསུམ་ལ་ཆོས་སྒྲོར་ཞུགས། ཉི་ཤུ་རྩ་ལྔ་ལ་འཆད་ཉན་བྱས། སུམ་ཅུ་རྩ་བདུན་ལ་ཨེ་ཝཾ་གྱི་གདན་ས་བྱས། བཞི་བཅུ་ཞེ་དགུ་ལ་བདག་ཆེན་སྐུ་མཆེད་གཉིས་ཀྱི་བླ་མ་བྱས། རང་ལོའི་སྟེང་དུ་འཕར་བ་དེ་ཡིན་ཏེ། ད་ལོ་ཙུང་ཟད་དོག་པ་འདྲ། ལར་ཁྲི་ཐོག་ཏུ་སླེབ་ནས་ལོ་གསུམ་ཙམ་ཕྱི་ནང་ཀུན་ནས་ཟག་གསོག་བྱེད་མི་མང་རབ་བྱུང་སྟེ། རང་གི་བྱེད་རྒྱུ་ཆོས་འཆད་པའི་ཁུར་མ་གཏོགས་མེད་སྙམ་པ་བྱས། གང་ལའང་འཇིག་རྟོག་མ་བྱས་པས

ཕྱིས་སུ་གྲྭ་རིགས་སྡེ་དཔོན་སོགས་སུས་ཀྱང་ཚད་མར་འཛིན་པ་བྱུང་།   དེ་བླ་མའི་བྱིན་རླབས་ཡིན་པར་གོ། ད་བླ་བྲང་གི་ལྷོ་སྐྱ་སྒོ་བ་དང་ཞིག་གསོས་འདྲ་མ་གྲུབ། ཚ་ཁང་འདི་རྣམས་ལ་བཅོས་མ་ཐུབ། བདག་ཆེན་སྐྱ་མཆེད་འདི་བས་ཐུགས་མཐུན་ཙམ་བྱུང་ན་བསམ་པ་ཡོད། འདི་ཙམ་སེམས་འཕྲེང་བ་འདུག །གཞན་གདན་ས་བྱས་ནས་ལོ་ཉི་ཤུ་རྩ་བཞི་སོང་འདུག་སྟེ། དུས་ཚོས་གསུམ་མ་ཆག་པ་བྱས། བླ་མ་གོང་མའི་དུས་ཇ་དཀར་མེ་རྣམས་ཡར་ལྡན་དུ་སྤར། དུས་ཕྱིས་དག་ལྡོན་སྤྱི་གསུམ་དང་གཏོར་མ་བརྒྱ་རྩ་ཚོང་ཨེ་བྱེད་ཟེར་བའི་དུས་སུ། ངས་སྤྱི་དོན། ཁོས་དོན་བསྡུས་དོན་བརྩམས། བཤད་ཉན་བྱས། ས་སྐྱ་པའི་བསྟན་པ་མ་ཉམས་ཙམ་བྱུང་། ངའི་བརྩམས་ཆོས་རྣམས་ལ་ལྷ་རྟོག་གིས། བརྒལ་ལན། ངེས་དོན། ཐ་སྙད་སོགས་གང་ལའང་ཐོགས་པ་མི་འོང་གསུང་། ཉི་མ་གུང་ལ་ཉེ་བ་ཙམ་ན་དུང་ཆེན་འབུད་པའི་སྐད་ཅིག་འདུག་གསུང་། དྲུག་རྩུ་པའི་ལགས་ཞུས་པས། རིམ་གྲོ་འདྲ་གྱིས་དང་། ད་ལན་དཀར་ཕྱོགས་དང་ནག་ཕྱོགས་གཉིས་སུས་ཐོབ་ཅིག་བྱེད་འདུག་སྟེ་ནག་ཕྱོགས་ཀྱིས་ཐོབ་པ་འདྲ་གསུང་། སྔ་གོང་ནས་ནམ་མཁའ་ལ་ལྷའི་མེ་ཏོག་དང་འཇའ་དཀར་གྱི་གུར་ཕུབ་པ་སོགས་བྱུང་། ཁྲིད་པར་བཅོ་བརྒྱད་ནས་ཉེར་གཅིག་གི་བར་ལ་མེ་ཏོག་གི་ཆར་ཁ་བ་ལྟར་བབས།   འཇའ་ཚོན་གྱི་གུར་ཕྱོགས་ཀུན་ནས་འདུད་པའི་ཚུལ་དུ་བྱུང་བས། ཁམས་པ་རྣམས་ན་རེ། ངའི་བླ་མ་འདི་བསྟུང་བ་དང་། ནམ་མཁའ་ལས་འདི་འདྲ་བ་འོང་བ་གོ་རྒྱུ་མེད་ཟེར་མཆི་མ་གཏོང་མཁན་མང་པོ་བྱུང་། བཀའ་བཀོད་ལ་གྲྭ་པ་སོ་སོའི་ལག་ཏུ་གོས་གཟན་དུམ་བུ་ལེབ་ཙམ་རེ་བྱུང་ན་དགའ་སྤྲོ་ཆེན་པོ་འོང་བས། ང་རང་ད་ལྟ་གྲོན་བཞིན་པའི་གོ་ཟས་ཆ་ཚང་ཞིག་སྐུ་རིམ་གྱི་ཚུལ་དུ་ཐོང་།   ངེད་ད་ལན་སྟོང་ཤས་ཆུང་བས་བསྟུང་བའི་སྐུ་རིམ་དང་གཤེགས་ནས་དགེ་རྩ་བྱེད་པ་ཡིན་ཟེར། སྤྲིན་དཀར་པོ་ལ་ཚོད་བཙུགས་ནས་འོངས་པའི་གྲྭ་པ་སློམ་ཆུང་རྣམས་ཀྱི་ཆས་ཁ་ཟད་ནས་ལོག་འགྲོ་བ་འདི་སེམས་ལ་ཤིན་ཏུ་གཟན་པ་ཞིག་ཡོད་པས།   གྲྭ་པ་སྦྱིན་བདག་དང་བཅས་པ་ལ་སྤུད་མོའི་རིགས་ཡེ་མ་ལེན་གསུང་བ་ཡིན་གྱིས་ལ་དྲིལ་སྒྲོགས་ཞེས་སོགས་ཀྱི་བཀའ་ཆེམས་ཕེབས་སྐབས། དགེ་སློང་ཆེན་མོ་སོགས་ཀྱིས་ད་ལོ་སྐུ་དོག་ཆེན་པོ་ཡོད་ཟེར་བ་ནས་སྤྱི་སློས་ཀྱི་གྲྭ་དཀོན་རྣམས་སུ་སྐུ་རིམ་མང་ཇ་སུམ་བརྒྱ་ཙམ་བསྒྲུབས། ད་ལན་མ་བཞུགས་པས་དཔེ་མི་འདུག་ལགས་ཞུས་པས། རིམ་གྲོ་དེ་བཞིན་བགྱིས་པས་

ངེད་དགོན་པར་སླེབ། དཔོན་སློབ་འཕྲད་བྱུས་པ་འདི་ཀ་དཀོན་མཆོག་གི་ཐུགས་རྗེ་ཡིན་མོད། བར་ལམ་དུ་ཤི་ན་རུས་པ་མཐོང་བ་འདུག་གམ། གཏན་དུ་འགྲོགས་རྒྱུ་སུ་ལའང་མི་འདུག །འགྲོགས་ཡུན་རིང་པོ་ཡིན། རྟོགས་པའི་སངས་རྒྱས་སྐྱེ་འཆི་སྤྱངས་ཀྱང་གཞན་ངོར་འགྲོངས་པའི་ཚུལ་བསྟན་པ་ཡིན་གསུང་། ཉེར་གཅིག་གི་ཉི་མ་གྱུང་ཡོལ་ཙམ་ན་མཆོད་གཡོག་པས་ཐུགས་དམ་གཏོར་འབུལ་མཛད་ལགས་སམ་ཞུས་པས། ད་ལྟ་ཁམས་དངས་པ་རང་མི་འདུག །ཚུང་ཟད་ཅིག་ནས་ཐུགས་དམ་དང་གཏོར་འབུལ་རྣམས་ཚ་ཚ་གདབ་གདབ་བྱེད་པའི་དུས་ཤིག་འོང་གསུང་། ཀ་བཙུ་པ་གཙུག་ཏོར་བ་ལ་བཤལ་སྨན་ཡོད་དམ་གསུང་། ཡོད་ལགས་ཞུས་པས་དེ་ནས་མཆོད་པས་སྐུ་འཁྲུས་ཚུང་ཟད་ཕྱུང་བ་གསོལ་ཞོ་དང་བསྲེས་ནས་རྗེ་ཉིད་ཀྱིས་ཀྱང་གསོལ། སྐུ་འཁོར་བ་རྣམས་ལའང་ཚུང་ཟད་རེ་གནང་། ལྷག་མ་དཔོན་ཆེན་གསེར་སྐྱ་པ་ལ་གནང་། དབང་བསྐུར་བ་ཐོབ་པའི་སློབ་དཔོན་གྱི་དྲི་ཆེན་དྲི་ཆུ་ལ་བཙང་བཙོག་མེད་པར་ཟ་ནུས་ན་དངོས་གྲུབ་སྣ་རེ་འོང་གསུང་། སོ་སོ་སྐྱེ་བོས་བླ་མའི་རྣལ་འབྱོར་བསྒོམ་པ་འདི་སྣང་ལ་རང་བཞིན་མེད་པ་ཡི་དམ་དང་དབྱེར་མེད་དུ་མི་མཐོང་བར་ཤ་རུས་ཀྱི་གདོས་བཅས་འདི་ཀ་མཐོང་ངམ་གསུང་། སྐུ་ཤེད་ཆུང་བས་དབུས་ཚུགས་མི་ཐུབ་སྐམ་བྱེད་པ་ལ། དཔོན་རིན་པོ་ཆེ་དཀོན་མཆོག་དཔལ་ལྡན་པས་དབུ་མལ་ནས་བཏེག་པས་ཚུང་ཟད་མི་གསལ་བའི་ཚུལ་གྱིས། འདི་ན་གོ་བོ་རབ་འབྱམས་པ་ཞེས་ཐེངས་གཉིས་ཙམ་གསུང་བ་གསལ་པོ་གོ་བ་རང་མ་བྱུང་བས་བདེ་བ་ཅན་ལགས་སམ་ཞུས་པས་འོ་འོ་བདེ་བ་ཅན་ཡིན། འདི་ན་གོ་བོ་རབ་འབྱམས་པ་བཞུགས་གསུང་། ལན་ཅིག་སྤྱན་བར་སྣང་ལ་རྡད་ཀྱིས་གཟིགས་ནས། འོང་ལ་ཨ་མར་ཐེབ་བྱུང་འཆི་བ་མེད་གཞན་ལ་མ་ཟེར་ཡིད་མི་ཆེས་གསུངས། དེ་ནས་གཏོར་མ་ལ་ཆབ་ཐོང་གསུང་། ཐུགས་དམ་རྣམས་ཚང་མ་མཛད། གཞན་ཡང་བདེ་མཆོག་གི་ཕྱགས། ཆོ་གཟུངས། ཨ་མ་ར་ཧི། མ་ཧི་སོགས་ཕྱགས་མང་དུ་གསུངས། གཏོར་འབུལ་རྣམས་སྐད་ཅིག་གིས་བསྐྱེད་ཅིང་འབུལ་བར་མཛད་དོ། །

དེ་ནས་འོ་ངའི་རུས་པ་འདི་མེས་ཞུས། ཚ་ཚ་བཏབ་ནས་སྟོད་སྨད་ཀུན་ལ་བསྐུར། ཡིད་བཞིན་གྱི་ནོར་བུ་ལག་ཏུ་བྱུང་བ་ལྟ་བུའི་དགའ་སྟོར་བྱེད་པའི་དུས་འོང་། ང་ལ་དུས་ཇ་འཛིན་མི་དགོས། རྟེན་བཞེངས་བྱེད་མི་དགོས། བླ་མ་གོང་མའི་དུས་ཇའི་ཐབས་ཀྱིས་ངའི་དགོངས་རྫོགས་བྱུས་པས་མི་འོང་།

ང་རང་ལ་ཟུར་དུ་ཡིག་རྟེན་བྱུང་བ་འདྲ་ཡོད་ལགས་ཆེ། དེའི་སྐྱེང་ནས་ཐོན། དགོངས་རྫོགས་ལ་དམིགས་ནས་ཁང་ཚན་གྱིས་མང་ཇ་མ་བྱེད། འཁོར་པས་ལས་སླ་སྟེ་གཞན་མ་རྣམས་ལ་ཁྲལ་དུ་གོ་སྟེ་གཟན་རྒྱལ་ཚུན་ཆོང་དགོས་པ་འོང་། བླ་མ་གོང་མ་རྣམས་ཀྱི་དུས་ཇ་ཏལ་པོ་རྣམས་དང་། ངེད་་རང་གིས་གསར་བཙུགས་ཀྱི་དགེ་རྒྱུན་རྣམས་མ་ཆག་པ་གྱིས་དང་ངེད་ཀྱི་དགེ་རྩ་དེ་ཀ་ཡིན། ད་ལན་གྱི་གཏོར་སྒྲུབ་ཆེན་མོ་སོགས་བསྔན་པའི་བྱ་བ་རྣམས་ཡར་འཕེལ་དུ་འོང་བ་གྱིས། ཆེངས་འཛུགས་འདི་རྣམས་བརྟན་པར་འོང་བའི་སྔན་བསྐུལ་སྟེ་སྲིད་རྣམས་ལ་ཕུལ། དེས་བསམ་པ་རྫོགས་གསུངས། རྗེ་སངས་རྒྱས་སེང་གེ་པ་སྤྱན་འདྲེན་པར་བཏང་བ་ཡིན་པས། ཡང་ཡང་ཐར་པ་རྩེ་པ་ཨེ་འབྱོན་ལྟོས་གསུང་། ཡང་ཡང་བལྟས་པས་ཕེབས་མ་བྱུང་། ཉི་མ་བཞུད་ཙམ་ན་ལྟོས་གསུང་། བལྟས་ནས་ཕེབས་མ་བྱུང་ཞུས་པས། ད་རང་མི་འབྱོན་པ་ཨེ་ཡིན་གསུང་། ང་ལ་བདེ་སྡུག་ཅི་བྱུང་ཀྱང་རྗེ་བཙུན་རིན་པོ་ཆེ་དང་རྒྱལ་སྲས་རིན་པོ་ཆེའི་བཀའ་དྲིན་དང་སྨོན་ལམ་སུ་གོ་གསུང་། ལན་ཅིག་སྐྱེང་ན་བུད་མེད་རྒྱན་མེད་པ་ཞིག་འདུག་སྟེ། ཨ་ཕྱི་མ་ཡིན་པར་འདུག །ལན་ཆགས་པའི་ལྷ་ཡིན་གསུང་། དེ་ནས་དག་པའི་གཟིགས་སྣང་དུ་མས་དུས་འདའ་བའི་ངང་ནས་ཉེར་གཅིག་གི་ནམ་ཕྱེད་ཙམ་སྐར་མ་རྒྱལ་ལ་བབ་པའི་ཚེ། སྐུ་དྲང་པོར་བསྲངས། ཞབས་སྐྱིལ་ཀྱང་། ཕྱག་ས་གནོན་དང་མཉམ་གཞག་མཛད་ནས་འདའ་ཁ་མའི་ཐུགས་དམ་ཟབ་མོ་དང་བཅས་ཏེ་ཐུགས་ཀྱི་དགོངས་པ་ཆོས་དབྱིངས་སུ་བསྡུ་བར་མཛད་དོ། །

དེ་ནས་ཉེར་གསུམ་གྱི་ནུབ་མོ་རྗེ་དཔོན་དཀོན་མཆོག་དཔལ་ལྡན་པ་གཟིམས་ཆུང་མདོན་ཙུང་ཟད་མནལ་བའི་མནལ་ལམ་ན་ཨེ་ཝཾ་འདི་ཉིད་ཀྱི་གཙུག་ལག་ཁང་ན་དགེ་འདུན་རྒྱ་མཚོ་ལྟ་བུའི་དབུས་ན་ཁྲི་རིན་པོ་ཆེའི་རང་བཞིན་ལས་གྲུབ་པ་ཞིག་གི་སྟེང་ན་རྗེ་བཙུན་དེ་ཉིད་བེར་སེར་པོ་གསར་པ་ཞིག་སྐུ་ལ་བཞེས། སྐུ་ཙུང་ཟད་གཡོན་དུ་ཡོ་ཙམ་མཛད་དེ། ཁྱོད་ཀྱིས་མོ་ལྷ་ཐོང་གསུང་། དཔོན་ཆེན་གྱིས་མོ་ལྷ་ཕུལ་བས། དེ་མིན་གསུང་། ས་པཎ་གྱིས་འདི་ལྟར་གསུངས་ལགས་ཞུས་པས་དེ་བཞིན་ཡིན་པ་འདུག་གསུང་བ་རྨི། དེ་མ་ཐག་ཏུ་ཐག་སྒྲ་ཞིག་བྱུང་ནས་མནལ་སད། སྐུ་གདུང་ལ་གཟིགས་པས་ཚངས་བུག་ནས་བྱང་སེམས་དཀར་པོ་བྱོན་འདུག །ཕྱི་རོལ་ཏུ་མེ་ཏོག་གི་ཆར་དང་། དྲི་

ཞིམ་པོའི་ངད་ཀྱིས་ཕྱོགས་ཀུན་དུ་ཁྱབ་པར་གྱུར་ཏེ་བདེ་བ་ཅན་གྱི་ཞིང་ཁམས་སུ་གཤེགས་པར་གྱུར་ཏོ། །དགུང་ལོ་ལྔ་བཅུ་བཞེས་པའི་དུས་རོང་གི་དབང་ཁང་དུ་ནང་སོ་དོན་གྲུབ་རྡོ་རྗེ་སོགས་ལ་འཕྲོས་གཏམ་གྱི་སྐབས་སུ། ངའི་དྲུག་ཅུ་རེ་གཅིག་པ་ལ་འགྲོ། །ཞེས་གསུངས་པ་དང་། བླ་མ་ལུང་རིགས་རྒྱ་མཚོ་ལ་བཀའ་ལུང་གནང་ཚུལ་སོགས་ལ་དཔགས་ན་ལོ་དེ་ལ་ཞིང་གཞན་དུ་གཤེགས་པ་མཁྱེན་པ་དང་། ཨ་མར་ཐེབས་བྱུང་གསུང་བ་ནི་མཆོན་བྱེད་དཔེའི་ཡེ་ཤེས་མངོན་དུ་མཛད་པར་སྣང་སྟེ། རྒྱུད་ལས། ལོངས་སྤྱོད་ཀྱི་ནི་ རླབས་གཉིས་ལ། །རང་གིས་གཡས་དང་ལག་གཞན་གྱི། །མཐེ་བོང་གིས་ནི་དེ་བཞིན་བཙིར། །དེ་ལས་ཡེ་ཤེས་སྐྱེ་བར་འགྱུར། །ཞེས་གསུངས་པ་དང་། གསང་གནས་ཀྱི་སྦྱ་བ་སྦྱབས་སུ་ནུབ་པ་ནི། རྗེ་ས་པཎ་སྐུ་གཤེགས་ཁ་བྱུང་བ་དང་། རྗེ་རྡོ་རྗེ་འཆང་སྐུ་གཤེགས་རྗེས་ན་བཟའ་གཡེངས་པས་མདོམས་ཀྱི་སྦྱ་བ་སྦྱབས་སུ་ནུབ་འདུག་ཅེས་རྣམ་ཐར་ལས་འབྱུང་བས་ཡེ་ཤེས་ཀྱི་སྐུ་མངོན་དུ་མཛད་པའི་རྟགས་ཁྱད་པར་ཅན་ཡིན་པར་གསལ་ལོ། །

མགོན་པོ་གང་གི་ཐ་མའི་བཀའ་ལུང་ལས། །འདས་དང་མ་འོངས་ད་ལྟའི་བླང་དོར་ཀུན། །དམ་པའི་ཆོས་དང་མཐུན་པར་བསྒྲུབ་པའི་ཚུལ། །བདེན་པའི་གསུང་གི་བདུད་རྩི་སྙིང་ལ་བབ། །རང་ཉིད་གལ་ཆེ་རང་དུ་འཛིན་པ་ཡི། །བསྟན་འཛིན་ཕལ་གྱིས་བསྟན་ལ་སྨན་པ་དཀའ། །ཉིད་ཀྱི་བཀའ་སྩལ་ཉིད་ལས་གཞན་སུས་ཀྱང་། །གསུང་བར་དཀའ་འདི་གསུང་གི་བཅུད་དུ་གོ། རང་གཞན་ཀུན་ལ་ངོ་མཚར་ལྟད་མོ་ནི། །རང་བཞིན་སྟོན་པའི་ཀུ་མུད་ཚར་ཆེན་ཕབ། །རང་སྣང་གསལ་བའི་འཇའ་འོད་གུར་ཁྱིམ་ཕུབ། །རང་རེའི་སྟོན་པ་དབྱིངས་སུ་གཤེགས་པའི་བརྡ། །ཁྱེད་འདྲའི་བསྟན་འཛིན་མི་རྟག་ཚུལ་བསྟན་པས། །འཇིག་རྟེན་ཆོས་ཀྱི་སྣང་བ་འགྲིབ་པ་སྙམ། །འོན་ཀྱང་བསྟན་པའི་མེ་རོ་ཙམ་ཟད་སྣང་། །ཀྱེ་ཧོ་བསྟན་ལ་སོམས་དང་སེམས་ཡོད་ཀུན། །

དེ་ནས་ཉེར་ལྔའི་ཉིན་སྐུ་གདུང་ལ་སྐུ་ཁྲུས་གསོལ་བ་དང་། ཆོས་ཞུགས་ཕུལ་ནས་སྒྲོམ་བུར་སྤྱན་དྲངས་ཏེ་ན་བཟས་བསྒྲུབས་ཏེ་མཆོད་རྫོགས་ཀྱི་དབུས་སུ་བཞུགས་སུ་གསོལ། ཚ་རྟིང་མ་ལ་ཐར་པ་རྩེ་ནས་མང་ཇ་གདན་བཞེས་བཟང་པོ་དང་བཅས་གནང་སྟེ། རྗེ་སངས་རྒྱས་སེང་གེ་པས་བཀའ་ཆེམས་རྣམས་བསྒྲེར་བར་མཛད་པས། དགེ་འདུན་ཚོགས་པ་རྣམས་སྤྱན་ཆབ་དང་བཅས་

གྱིས་འདུ་ཁང་གང་བར་གྱུར། རྗེ་སངས་རྒྱས་སེང་གེ་པ་ཉིད་འོ་བརྒྱལ་བ་ཙུང་ཟད་སངས་པ་ན། འདུ་ཁང་ལ་བསྐོར་བ་གནང་ནས་གདུང་མཇལ་ལ་བྱོན་གསུང་བ་ལྟར་གདུང་མཇལ་ལ་ཚོགས་པ་རྣམས་བྱོན་ཏེ་སྣན་དར་དང་དཀར་མེ་སོགས་ཕུལ། དགེ་འདུན་སྐྱེ་བོའི་ཚོགས་དང་བཅས་པ་སྟོང་ཕྲག་ཙམ་ལ་བླང་བྲང་ནས་ནས་ཁལ་གཉིས་རེ་གནང་། སྐུ་གདུང་གི་དྲུང་དུ་དཔོན་ཆེན་རྣམ་གཉིས་སོགས་དཔོན་སློབ་བཅུ་ལྷག་པས་ཀྱི་རྡོར་སྒྲུབ་མཆོད་ཉིན་རེ་ཚར་གཉིས་རེ་དང་བླ་མ་མཆོད་ཆོག་ཟླ་བ་བཞིའི་བར་མཛད། གཟིམས་ཚུང་མདོར་ཆོས་རྗེ་ཤར་ཁང་པ་ཤེས་རབ་རྒྱལ་མཚན་པས་གཙོ་མཛད་དགེ་འདུན་བརྒྱ་ཕྲག་ལྷག་པས་ཀྱི་རྡོར་སྒྲུབ་མཆོད་ཟླ་བ་ལྷག་ཙམ་མཛད། དེ་ནས་ས་སྐྱ་ནས་བདག་ཆེན་ཀུན་དགའ་རིན་ཆེན་ཕེབས་པ་དང་། དེ་མཐུན་རྩེ་གདོང་ནས་བདག་ཆེན་ཀུན་དགའ་བསམ་གྲུབ་ཀྱང་ཕེབས། དཀར་མེ་སྣན་དར་བསམ་ལས་འདས་པ་སྐུ་གདུང་ལ་ཕུལ། སྐུ་མཆེད་གཉིས་སྐུ་འཁོར་དང་བཅས་པས་བླ་མ་མཆོད་ཆོག་རྒྱས་པར་མཛད། དགོངས་རྫོགས་དངོས་གཞི་ཧོར་ཟླ་བཅུ་པའི་ཉི་ཤུ་ལ་ཨེ་ཝཾ་རང་དུ་བདེ་དགེས་གསང་གསུམ་གྱི་སྒྲུབ་མཆོད་ཚོགས་ཆེན་དུ་བཙུགས། གཞིར་བཞུགས་ཀྱི་གྲྭ་པ་དྲུག་བརྒྱ་ལྷག་པ་དང་། ཕྱོགས་ནས་བྱོན་པ་སུམ་སྟོང་ཙམ་ལ་ཞག་ལྔའི་བར་མང་ཇ་གདན་བཞེས་འགྱེད་ཁལ་གཉིས་རི་བ། ཆེ་མགོ་རྣམས་ལ་འབུལ་བ་རྣམ་གཞག་ཕྱོགས་ཀྱི་ཆོས་སྡེ་ཆེ་བར་གྲགས་པ་རྣམས་སུ་མང་ཇ་བསྔོ་རྟེན་འགྱེད་སོགས་བསམ་ལས་འདས་པར་མཛད། དགོངས་རྫོགས་དངོས་གཞིའི་མང་ཇ་ལ་ཇ་ཁལ་བཅོ་བརྒྱད་རེ་སོགས་དངོས་པོ་བསམ་ལས་འདས་པ་བཏང་། མདོར་ན་སྤྲུལ་ལོ་ཟླ་བ་དགུ་པའི་ཉེར་ལྔ་ནས་རྟ་ལོ་ཧོར་ཟླ་དང་པོའི་ཉེར་གཅིག་གི་བར་དགུང་ཞག་དུས་མཆོད་རྣམས་རྒྱ་ཆེར་བསྒྲུབས། རྟ་ལོ་ཟླ་བ་དང་པོའི་ཉེར་གཅིག་གི་ཐོ་རངས་སྐུ་གདུང་ལ་ཞུགས་འབུལ་དཔོན་ཆེན་གསེར་སྐྱ་ནས་དཀོན་མཆོག་རྒྱལ་མཚན་པས་མཛད། གདུང་ལོག་ཆུ་ཤེལ་ལྟར་དངས་པ་དང་རིང་བསྲེལ་མང་དུ་བྱོན། གདུང་ཞུན་བསམ་ལས་འདས་པ་བྱུང་བ་ཕྱེད་ཙམ་རིལ་བུ་བྱས་དང་རྟེན་དུ་ཕུལ། ལྷག་མ་ལ་སྣག་ཚ་བཅོས་ཏེ་བརྟག་གཉིས་སོགས་སུམ་འབིད་མང་དུ་བཞེངས། ནང་རྟེན་སྐུ་འདྲ་མདའ་ཚད་མ་དང་དངུལ་དང་ཟངས་གསེར་གྱི་མཆོད་རྟེན་ཆེ་ལེགས་བཞེངས་། དཔོན་ཆེན་གསེར་སྐྱ་པས་ཙནྡན་སོགས་ལས་སྨན་སྐུ་སྐུ་ཚད་མ་བཞེངས། བྲིས་ཐང་མང་

པོ་བཞེངས། མཆོད་རྟེན་དང་འབུར་སྐུ་རྣམས་ལ་གཟུངས་གཞུག་ཚད་ལྡན་བགྱིས། རྒྱལ་ཚབ་དམ་པ་སངས་རྒྱས་སེང་གེ་བས་གཙོ་མཛད་དཔོན་སློབ་བཅུ་ལྷག་པས་རབ་གནས་རྒྱས་པར་མཛད་དེ་བྱིན་རླབས་ཀྱི་དཔལ་འབར་བར་བཞུགས་སོ། །

ཟླ་དུས་ལ་རྩུལ་ལྗོན་གཉིས་ཀྱི་གཞུང་དོན་དང་། ལོ་དུས་ལ་རྡོ་རྗེ་མི་འཁྲུགས་པའི་སྒྲུབ་མཆོད་ཉི་མ་གསུམ་གྱི་བར་མཛད། རྗེ་གདོང་དུ་བདག་ཆེན་ཀུན་དགའ་བསམ་གྲུབ་པས་ཟླ་དུས་ལ་རྩུལ་གསུམ་འདོན་པ་དང་། ལོ་དུས་ལ་ཚེ་དཔག་མེད་ཀྱི་སྒྲུབ་མཆོད་ཉི་མ་གསུམ་མཛད་པའི་རྒྱུན་དེང་སང་གི་བར་ཡོད་ཅིང་། ས་སྐྱར་ཡང་ཐུགས་འཆང་རིན་པོ་ཆེས་དུས་མཆོད་མཛད་པའི་རྒྱུན་དེང་སང་བར་ཡོད་པ་སློབ་མ་རྣམས་ཀྱིས་གསོལ་འདེབས་དགོངས་རྫོགས་རྒྱ་ཆེར་སྒྲུབ་པར་མཛད་དོ། །

གསུམ་པ་ཕྲིན་ལས་རྒྱུན་མི་འཆད་པས་བསྟན་པ་སྤེལ་བའི་རྣམ་ཐར་ནི། རྗེ་འདི་ཉིད་ཀྱི་ཞབས་ལ་གཏུགས་ཏེ་གསུང་གི་བདུད་རྩི་གསོལ་ནས་བསྟན་པའི་བྱ་བ་མཛད་པའི་དགེ་བའི་བཤེས་གཉེན་གྱིས་དབུས་གཙང་ཁམས་གསུམ་མངའ་རིས་དང་བཅས་པ་ཁྱབ་པར་གྲངས་མེད་པ་བཞུགས་ཤིང་ཐུགས་དམ་ཉམས་ལེན་མཛད་དེ་སྒྲུབ་པའི་རྒྱལ་མཚན་འཛིན་པའང་དུ་མ་བྱོན་པས། དེ་དག་ཐམས་ཅད་ཀྱི་མཚན་བགྲང་བར་མི་སྤྱོད་ལ། རྩུང་ཟད་ཙམ་སྨོས་ན་དཔལ་ལྡན་ས་སྐྱ་པའི་གདུང་བརྒྱུད་རྗེ་གདོང་བདག་ཆེན་འཇམ་དབྱངས་ཀུན་དགའ་བསམ་གྲུབ། དེའི་གཅུང་རིན་པོ་ཆེ་བདག་ཆེན་ཐུགས་འཆང་ཀུན་དགའ་རིན་ཆེན། ཉིད་ཀྱི་བླ་མར་ཡང་གྱུར་པ་པཎ་ཆེན་ལྷ་དབང་བློ་གྲོས། ཨེ་ཝཾ་ཆོས་ལྡན་གྱི་མཁན་ཆེན་རྗེ་ཉིད་ཀྱི་རྒྱལ་ཚབ་དམ་པ་འཇམ་དབྱངས་སངས་རྒྱས་སེང་གེ། རྗེ་ཉིད་ཀྱི་སློབ་དཔོན་བྱམས་པ་དགེ་ལེགས་བཤེས་གཉེན། རྗེ་ཉིད་ཀྱི་གཅུང་ཐུགས་སྲས་དཀོན་མཆོག་རྒྱལ་མཚན། དབོན་རིན་པོ་ཆེ་རྗེ་བཙུན་དཀོན་མཆོག་དཔལ་ལྡན། ཤར་ཁང་པ་ཤེས་རབ་རྒྱལ་མཚན། བྲང་ཏི་བ་ནམ་མཁའ་དཔལ་བཟང་སྟེ་ངོར་གྱི་འཆད་ཉན་པ་རྣམས་དང་། སྐྱིད་ཚལ་མཁན་པོ་འཇམ་གསར་ཤེས་རབ་འོད་ཟེར། གུང་པ་ཆོས་རྗེ་བཀྲ་ཤིས་གྲགས་པ། གསང་ཕུ་གླིང་སྟོད་ཀྱི་མཁན་ཆེན་བློ་གྲོས་འབྱུང་གནས། ཐུབ་བསྟན་རྣམ་རྒྱལ་གྱི་མཁན་ཆེན་འབུམ་རབ་འབྱམས་པ་དཔལ་ལྡན་རྒྱལ་མཚན། ཆོས་རྗེ་བྱམས་པ་རབ་བརྟན། ཀུ་བོ་ཆོས་རྗེ་འཇམ་དབྱངས་ཆོས་འོད་ཟེར

ཏེ་མཁན་རབ་བཞི། ཐུབ་བསྟན་གསེར་མདོག་ཅན་གྱི་མཁན་ཆེན་འཇམ་དབྱངས་དཔལ་བཟང་། མཉན་ཡོད་བྱ་གཤོངས་མཁན་ཆེན་བློ་གྲོས་རྣམ་རྒྱལ། ཆོས་འཁོར་ལྷུན་པོའི་མཁན་ཆེན་བྱམས་པ་ལྷ་བཙུན་གྲགས་པ། ས་སྐྱ་ལྷ་ཁང་ཆེན་མོའི་མཁན་ཆེན་བྱམས་པ་ལྷ་དབང་བཟང་པོ། ཞ་ལུའི་མཁན་ཆེན་ཚར་པ་ཆེན་པོ་བློ་གསལ་རྒྱ་མཚོ། ལོ་དགོན་པ་དང་གླིང་ཁ་བདེ་བ་ཅན་གྱི་མཁན་ཆེན་སྤྱན་སྔ་འཇམ་དབྱངས་དཀོན་མཆོག་རྒྱ་མཚོ། ལྗོང་ག་སློབ་དཔོན་ཀུན་དགའ་མཆོག་ལྡན། ཤངས་བརྒྱ་ཚོའི་བླ་ཆེན་སོགས་བསམ་གྱིས་མི་ཁྱབ། ཁམས་ཕྱོགས་སུ་སྤྱི་སྤྱོང་མཁན་ཆེན་ཀུན་དགའ་ལྷུན་གྲུབ། གནས་འཇེ་ཆོས་རྗེ་ཤེས་རབ་གྲགས་པ། ར་མདོ་མཁན་ཆེན་ཀ་བཙུ་པ་མགོན་པོ་རིན་ཆེན། ཀ་བཞིའི་འཆད་ཉན་པ་དཀོན་མཆོག་བློ་གྲོས། གསེར་མདོག་ཆོས་རྗེ་སྐྱ་མཆེད་ཆོས་དཔོན་རྣམས་དང་བཅས་པ། འགོ་ཐམ་མཁན་ཆེན་ཤཱཀྱ་ལྷུན་གྲུབ་སོགས་དུ་མ། མངའ་རིས་ཕྱོགས་ན་རྫུ་ཐོག་མཁན་ཆེན་རྡོ་རྗེ་སྒྲོལ་མ། ཤེའུ་རི་ཆོས་རྗེ་བློ་གྲོས་རྒྱལ་མཚན་སོགས་དུ་མ་བཞུགས་ཤིང་བརྡ་སྤྲོད་པ་བློ་གྲོས་བཀྲ་ཤིས་དང་། ཞ་ལུ་སྒྲུབ་པ་བ་སོགས་ཉམས་རྟོགས་ཀྱི་དབང་ཕྱུག་དུ་མ་བྱོན་ཏེ་དེ་དག་གིས་བསྟན་པ་རྒྱ་ཆེར་སྤེལ་བར་མཛད་དོ། །

དེ་དག་གི་སྐུ་དངོས་དང་བརྒྱུད་པའི་སློབ་མ་ཡང་སློབ་ཉིད་སློབ་དང་བཅས་པས་རྗེ་ཉིད་ལས་བརྒྱུད་པའི་ཆོས་རྣམས་ལ་བཤད་སྒྲུབ་མཛད་པ་དང་། གསུང་རྩོམ་རྣམས་ཀྱི་སྟེང་ནས་མཁས་བླུན་མང་པོས་བཤད་པ་དང་ཕྱག་ལེན་མཛད་པ་ནི་མངོན་དུ་གྱུར་པ་འདི་ཉིད་དོ། །

རབ་འབྱམས་མདོ་རྒྱུད་རྒྱ་མཚོའི་སྙིང་པོ་མཆོག །ཟབ་དོན་ཡིད་བཞིན་ནོར་བུ་མང་བླངས་ཏེ། །འཕྲུལ་མེད་འཆད་པའི་རྒྱལ་མཚན་རྩེར་མཆོད་པས། །གསོལ་འདེབས་བྱེད་པོའི་རེ་བ་གང་བར་མཛད། །ལེགས་བཤད་ཚར་དུ་དངར་བའི་ཉིན་བྱེད་དབང་། །བྱེ་བ་ཕྲག་བརྒྱ་བླང་དོར་གསལ་བའི་ཕྲེང་། །རིས་མེད་མཁའ་དབྱིངས་ཡངས་པར་བཀོད་པ་དེས། །སྟོང་གསུམ་ཞིང་གི་མུན་པ་མཐའ་དག་བཅོམ། །འཇམ་དབྱངས་བསྟན་པའི་མངའ་བདག་ས་སྐྱ་པའི། །གསང་ཆེན་བསྟན་པ་རྒྱས་མཛད་ཨེ་ཝཾ་པ། །གང་དེའི་བསྟན་པ་གཅེས་པར་བཟུང་བ་ཁྱོད། །ཐུབ་དབང་བསྟན་པའི་རྩ་ལག་དམ་པར་བྱོན། །མཁས་དང་གྲུབ་པའི་སློབ་མ་གྲངས་མེད་པས། །ཟབ་དང་རྒྱ་ཆེའི་ཆོས་ཚུལ་ཀུན་བཟུང་ནས། །

བཤད་དང་སྒྲུབ་ལས་སྙིགས་མའི་དུས་འདི་ཡང་། །རྫོགས་ལྡན་ལྟ་བུར་བསྒྱུར་བ་ངོ་མཚར་རྨད། །མགོན་པོ་མཆོག་དེ་དམར་སེར་ཅན་གྱི་ལོར། །ཞིང་ཁམས་གཞན་དུ་གཤེགས་ནས་ལོ་ཡི་གྲངས། །དགུ་བཅུ་རྩ་བདུན་ལོན་པ་རྣམ་རྒྱལ་ཞེས། །གྲགས་པའི་ལོ་ཡི་སྟོན་ཟླའི་བཅུ་བདུན་ཉིན། །དངོས་སློབ་མཁས་པ་རྣམས་ཀྱི་གསུང་སྒྲོས་ལས། །ངོ་མཚར་དུ་མ་འཕེལ་བ་དང་བཅས་ཏེ། །རྣམ་ཐར་ཡི་གེར་བཀོད་པ་ལས་བླངས་ནས། །ཚུལ་འདི་སྤེལ་བ་དད་དང་སྤྲོ་བས་ཡིན། །ཡུན་རིང་དུས་ནས་ཡིད་ལ་བརྣག་པའི་དོན། །འདི་ལྟར་གྲུབ་པ་འདི་ཡི་བྱེད་པ་པོ། །ངག་དབང་བརྟན་པའི་རྡོ་རྗེ་མདོ་ཁམས་པས། །ཐུབ་བསྟན་རྣམ་པར་རྒྱལ་བའི་ཆོས་གྲྭར་བྲིས། །དགེ་དེས་བསྟན་པ་ཡུན་རིང་གནས་པ་དང་། །ཚེ་རབས་ཀུན་ཏུ་མགོན་དེའི་རྗེས་སློབ་ཅིང་། །ཟབ་ལམ་བཤད་དང་སྒྲུབ་པས་ཐར་པའི་ལམ། །མངོན་དུ་བྱས་ཏེ་སངས་རྒྱས་སར་བགྲོད་ཤོག །

ཅེས་རྗེ་བཙུན་བླ་མ་དམ་པ་ངོར་ཆེན་ཐམས་ཅད་མཁྱེན་པ་དཀོན་མཆོག་ལྷུན་གྲུབ་ཅེས་མཚན་གྱི་དགེ་ལེགས་སྲིད་པ་གསུམ་ན་ཡོངས་སུ་གསལ་བ་དེ་ཉིད་ཀྱི་རྣམ་པར་ཐར་པ་རབ་སྣང་ལྷའི་རྔ་དབྱངས་ཞེས་བྱ་བ་འདི་ནི་རྗེ་བཙུན་དམ་པ་དེ་ཉིད་ཀྱི་དངོས་སློབ་དང་ཉེར་སློབ་མཁྱེན་རབ་དང་ཐུགས་རྗེའི་དབང་ཕྱུག་ཕྲིན་ལས་ཀྱི་མངའ་བདག་དུ་མའི་ཞལ་གྱི་བུམ་བཟང་ལས། རྗེ་འདི་ཉིད་ཀྱིས་གསོལ་བར་མཛད་པའི་གསང་ཆེན་བདུད་རྩིའི་ཆུ་རྒྱུན་དུ་མ་འཐུང་བས་བློ་གྲོས་ཀྱི་ལུས་སྟོབས་ཅུང་ཟད་རྒྱས་པའི་བཀའ་དྲིན་རྗེས་སུ་དྲན་ཏེ། མཁྱེན་རབ་ཀྱི་དབང་ཕྱུག་དཀོན་མཆོག་དཔལ་ལྡན་པས་མཛད་པའི་རྣམ་ཐར་ལ་གཞི་བྱས། རྣམ་ཐར་གཞན་ནས་ཀྱང་ཅུང་ཟད་བླངས། གསུང་སྒྲོས་ཁྱད་པར་དུ་འཕགས་པ་དུ་མས་བརྒྱན་ཏེ་ལེགས་པར་བྲིས་པ་འདི་ལ་ཉེས་པའི་ཆ་མཆིས་ན་བཟོད་པར་གསོལ་ཞིང་། ལེགས་པའི་ཆ་མཆིས་པ་དང་རྩེ་གཅིག་དད་པའི་ཡིད་ཀྱིས་བསྡེབས་པའི་དགེ་བས་དྲིན་ཅན་རྩ་བ་དང་བརྒྱུད་པར་བཅས་པའི་བླ་མ་དམ་པ་རྣམས་ཀྱི་ཐུགས་ཀྱི་དགོངས་པ་ཡོངས་སུ་རྫོགས་ཏེ། བདག་ཅག་གདུལ་བྱར་གྱུར་པ་རྣམས་ཀྱི་རྒྱུད་ལ་ཡེ་ཤེས་གཟིགས་པའི་བྱིན་རླབས་ཁྱད་པར་ཅན་འཇུག་པར་གྱུར་ཅིག །།།

༄༅། །གསུང་ངག་རིན་པོ་ཆེའི་བླ་མ་བརྒྱུད་པ་སྤྱིའི་རྣམ་ཐར་གྱི་འཕྲོས་དཔལ་ཨེ་ཝཾ་ཆོས་ལྡན་གྱི་གདན་རབས་ནོར་བུའི་ཕྲེང་བ་ཞེས་བྱ་བ་བཞུགས་སོ། །

ངོར་ཆེན་སངས་རྒྱས་ཕུན་ཚོགས།

ཨོཾ་སྭ་སྟི། ཕུན་ཚོགས་དགེ་ལེགས་ཀུན་གྱི་ཡིད་བཞིན་གཏེར། །དབང་གི་རྒྱལ་པོ་རྩ་བརྒྱུད་བླ་མ་ལ། །གུས་པས་བཏུད་ནས་ངཡི་བརྒྱུད་དོན་བྲི། །བྱིན་རླབས་དངོས་གྲུབ་གྲུ་ཆར་དེང་འདིར་སྩོལ། །

འདིར་གསུང་ངག་རིན་པོ་ཆེ་ལམ་འབྲས་བུ་དང་བཅས་པའི་གདམས་ངག་གཏན་ལ་འབེབས་པ་ལ། ཐོག་མར་མན་ངག་གི་བྱུང་ཚུལ། བྱུང་བའི་ཆོས་ལ་བཤད་སྒྲུབ་བྱ་ཚུལ། སྒྲུབ་པ་མཐར་ཕྱིན་ནས་གཞན་དོན་བྱ་ཚུལ་དང་གསུམ་ལས། དང་པོ་ལ། བླ་མ་སྤྱིའི་ལོ་རྒྱུས་དང་། སོ་སོའི་ལོ་རྒྱུས་གཉིས་ལས། དང་པོ་ལ་ལམ་འབྲས་གླེགས་བམ་ན་བཞུགས་པའི་བླ་མ་རྒྱ་བོད་ཀྱི་ལོ་རྒྱུས། དམར་གྱིས་ཞིབ་མོ་རྡོ་རྗེ་བར་སྟོན་གྱིས་མཛད་པའི་ལོ་རྒྱུས། བླ་མ་དམ་པ་བསོད་ནམས་རྒྱལ་མཚན་གྱིས་མཛད་པའི་རྣམ་ཐར་ངོ་མཚར་སྣང་བ། རྡོ་རྗེ་འཆང་ཀུན་དགའ་བཟང་པོས་མཛད་པའི་གསུང་ངག་བསྟན་པ་རྒྱས་པའི་ཉི་འོད་དེའི་ཁ་བསྐང་མཁས་མཆོག་གུང་རུས་མཛད་པ་དང་། གོ་རམ་བསྟན་པའི་ཉི་མ་བསོད་ནམས་སེང་གེས་མཛད་པ་དང་། མངའ་རིས་པ་ཚུལ་ཁྲིམས་འོད་ཟེར་གྱིས་མཛད་པའི་ལམ་འབྲས་ཆོས་འབྱུང་། མང་ཐོས་ཀླུ་སྒྲུབ་རྒྱ་མཚོས་མཛད་པ། དཔལ་ས་སྐྱ་པ་སྔགས་འཆང་ངག་དབང་ཀུན་དགའ་བསོད་ནམས་ཀྱིས་མཛད་པའི་ཆོས་འབྱུང་རྒྱས་བསྡུས་སོགས་སྤྱིའི་རྣམ་ཐར་རྣམས་དང་། གཉིས་པ་སོ་སོའི་རྣམ་ཐར་ནི། རྗེ་ས་སྐྱ་པ་ཆེན་པོའི་རྣམ་ཐར་ནས་བཟུམས་ཏེ། རྩ་བའི་

བླ་མའི་བར་གྱི་རྣམ་ཐར་པུསྟི་ལོགས་ན་བཞུགས་པའི་ལུང་མཛད་པ་དེ་ཡིན། འདིར་སྤྱིའི་ལོ་རྒྱུས་སམ། ཆོས་འབྱུང་གསུང་ངག་བསྟན་པ་རྒྱས་པའི་ཉི་འོད་མཇུག་མ་རྫོགས་པ་འཕྲོ་ཅན་དུ་ཡོད་ཅིང་། དེ་ལ་གསུམ་པ་རྗེ་བཙུན་ས་སྐྱ་པ་ཡབ་སྲས་རྣམས་ཀྱིས་དར་བར་བྱས་ཚུལ་ནི་ཞེས་པ་མན་གྱི་ཁ་བསྐང་རྗེ་བཙུན་གྲུབ་རྒྱ་དང་། ཀུན་མཁྱེན་གྱིས་མཛད་པ་གཉིས་ཡོད་པ་ལས། འདིར་ཡང་དེའི་འཕྲོས་ཁ་བསྐང་བ་སྟེ། རྗེ་རྡོ་རྗེ་འཆང་ཡན་གྱི་རྣམ་པར་ཐར་པ་རྣམས་དེང་སང་ཕྱོགས་གཅིག་ཏུ་ལུང་བྱེད་པ་ཤས་ཆེ་ཞིང་། དེ་མན་ཚང་འགྲིག་དཀའ་བར་འདུག་པས། འདིར་མདོར་བསྡུས་ཏེ་བརྗོད་ན། སྤྱིར་སྔོན་ལམ་འབྲས་ལུགས་སྲོལ་བཅོ་བརྒྱད་སོགས་འབྱུང་བ་ཡིན་ནའང་། དེང་སང་ས་ལུགས་མ་གཏོགས་གཞན་ཆེར་མི་སྣང་། ས་ལུགས་འདི་ལས་ས་སྐྱ་འཁོན་གྱི་གདུང་བརྒྱུད་རྣམས་དང་། བསྟན་འཛིན་ངོར་རྫོང་ཚར་གསུམ་སོགས་མཁས་གྲུབ་མང་པོའི་རྣམ་པར་ཐར་པའི་ལེགས་བྱས་དཔག་མེད་སྣང་མོད། འདིར་སྐབས་སུ་བབས་པ། རྒྱལ་བས་ལུང་བསྟན་པ། འཇིག་རྟེན་དབང་ཕྱུག་གི་སྤྲུལ་པའི་སྐུ། རྒྱལ་བ་གཉིས་པ་རྗེ་བཙུན་རྡོ་རྗེ་འཆང་ཀུན་དགའ་བཟང་པོ་ཞེས་སྙན་པའི་བ་དན་སྲིད་པ་གསུམ་ན་གསལ་བ་དེ་ཉིད་ཀྱི་ཕྲིན་ལས་རྒྱུན་མའི་གཙོ་བོ་དཔལ་ཨེ་ཝཾ་ཆོས་ལྡན་གྱི་ཆོས་གྲྭ་ཆེན་པོ་འདི་ཉིད་ཀྱི་གདན་ས་པ་རིམ་ཕེབས་རྣམས་ཀྱིས་གསུང་ངག་རིན་པོ་ཆེ་འཛིན་སྐྱོངས་སྤེལ་གསུམ་མཛད་པའི་རི་མོ་ཙུང་ཟད་ཅིག་སྤེལ་བ་ལ། རྗེ་རྡོ་རྗེ་འཆང་རྒྱལ་བས་ལུང་བསྟན་ཚུལ། རྒྱ་བོད་དུ་བསྟན་པ་ལ་བྱ་བ་བྱས་ཚུལ་སོགས་རྣམ་ཐར་མང་པོའི་བཙུད་བསྡུས་པ། ལེགས་བཤད་ཆུ་བོ་འདུས་པའི་རྒྱ་མཚོ་ཞེས་བྱ་བ་སྤར་བཀོད་ཟིན་པའི་འཕྲོས་དོན་ལ། རྗེ་བླ་མས་བྱ་ལོ་ལ་དགོན་གནས་བཏབ་ནས་དགུང་ལོ་དོན་ལྔའི་བར་འགྲོ་དོན་མཛད་ཅིང་། གདན་ས་གློ་བོ་སོགས་སྟོ་ཕྱི་ཀུན་ཁྱིལ་བས་ལམ་འབྲས་ཀྱང་ཚར་བརྒྱད་ཅུ་གྱ་གསུམ་ཙམ་སོང་ཞིང་། དེ་ལ་སོགས་པའི་རྣམ་པར་དཀར་བའི་ཕྲིན་ལས་བསམ་གྱིས་མི་ཁྱབ་སྟེ། རྗེ་མུས་པས་མཛད་པ། གུ་གེ་པཎ་ཆེན། སངས་རྒྱས་རྒྱལ་མཚན། སྲིད་པ་ཀུན་གློ། གུ་གེ་ཆོས་དཔལ་བཟང་པོ་སོགས། སློབ་མ་རྣམས་ཀྱིས་མཛད་པའི་ཡི་གེ་རྣམས་དང་། དེ་ཐམས་ཅད་ཀྱི་སྡུད་པ་ཁོ་བོས་བྲིས་པའི་རྣམ་ཐར་ལེགས་བཤད་རྒྱ་མཚོར་ཤེས་པར་བྱའོ། །དེ་ནས་གདན་རབས་རིམ་པར་བརྗོད་པ་ནི་རྒྱལ་བ་རྡོ་རྗེ་འཆང་ཆེན་པོ་ཀུན་དགའ་བཟང་པོའི་རྒྱལ་ཚབ། རྗེ་

བཙུན་མུས་པ་སེམས་དཔའ་ཆེན་པོ་དཀོན་མཆོག་རྒྱལ་མཚན་ནི། གཡས་རུ་བྱང་གི་ཆ་མུས་སྟོད་སྟག་མོ་གླིང་སྐུ་ཞེས་པར་ཡབ་དཀོན་མཆོག་བཟང་པོ་དང་། ཡུམ་ནམ་མཁའ་སྐྱོང་གཉིས་ཀྱི་སྲས་སུ་ས་ཕོ་འབྲུག་ལ་འཁྲུངས། མཚན་དཀོན་མཆོག་དར་ཟེར་རུས་སྟོང་། རིགས་ཞང་སྟེ་བོད་རྒྱལ་པོའི་སྐུ་ཞང་གི་རིགས་སོ། །ཡབ་མེས་རྣམས་ཀྱང་ཞི་དུལ་དང་ལྡན་ཞིང་། ཐུགས་རྡོ་རྗེ་ཆེན་པོ་ལ་ཐུགས་དམ་མཛད་ཅིང་། སྐུ་ཚེ་རིང་པོ་བཞུགས་པ་རེ་བྱུང་གསུང་། རྗེ་འདི་ཉིད་གཞོན་ནུ་ནས་འཁོར་བ་མཐའ་དག་སྡུག་བསྔལ་མཐའ་མེད་དུ་རྟོགས་ནས། ཆོས་ཀྱི་སྣང་བས་དུས་འདའ་བ་ལ། གཞན་གྱིས་དེའི་དོན་མ་གོ་བར་ཕོ་མ་སྐྱེས་སུ་བྱེད་པ་དང་། ཨ་རྗེས་སུན་འབྱིན་ཀྱང་བྱས་གསུངས་སོ། །དགུང་ལོ་དགུ་པར་རྒྱལ་སྲས་ཐོགས་མེད་པའི་སློབ་མ། དབང་འོད་བཟང་པོས་མཁན་པོ་དང་། སློབ་དཔོན་དཔལ་འོད་པ་ལ་དགེ་ཚུལ་གྱི་སྡོམ་པ་ནོས། མཚན་དཀོན་མཆོག་རྒྱལ་མཚན་དཔལ་བཟང་པོར་གསོལ། དགུང་ལོ་བཅུ་གསུམ་པ་ལ་ཡུམ་འདས། དེ་ཡན་གླིང་སྐུར་བཞུགས། དེ་ནས་གླེ་ལུང་། ངམ་རིངས། གནས་གསར། བོ་དང་པོ་ལ་སྟོད། དཔུལ་ཚུ། ས་སྐྱ། ཇོ་ནང་། དབུས། ཉང་སོགས་གནས་མང་པོར་བྱོན་ཞིང་། བླ་མ་ནམ་མཁའི་རྣལ་འབྱོར། རོང་སྟོན། རྗེ་གཞོན་ནུ་རྒྱལ་མཆོག་སོགས་དགེ་བའི་བཤེས་གཉེན་བཞི་བཅུ་ཙམ་བསྟེན་ནས། ཐོས་པ་རྒྱ་མཚོའི་ཕ་རོལ་ཏུ་སོན་པར་མཛད། ས་སྐྱ་སོགས་སུ་གྲྭ་སྐོར་མཛད་དེ་མཁས་པར་ཐག་ཆོད། གཅོད་དང་བློ་སྦྱོང་སོགས་ཐུགས་ཉམས་སུ་བཞེས་པས་ཉམས་རྟོགས་བསམ་གྱིས་མི་ཁྱབ་པ་འཁྲུངས། དགུང་ལོ་སོ་ལྔ་པར་ལྷ་སར་བསྐོར་བ་འབུམ་གཏེར་མཛད། ཡར་ལམ་ཉང་སྟོད་དུ། རེད་མདའ་བའི་བཤེས་གཉེན་བདུན་གྱི་གཙོ་བོ་གངས་ཆེན་ཀུན་དཔལ་གྱི་མཁན་པོ་གནས་སྙིང་དོན་གྲུབ་རིན་ཆེན་དང་། རྒྱལ་ཚབ་དར་མ་ལས་གསང་། ཆོས་རྗེ་རྒྱལ་མཆོག་པས་གྲིབ་ཆོད་པ་སོགས། དགེ་འདུན་རྒྱ་མཚོའི་དབུས་སུ་བསྙེན་པར་རྫོགས། དེ་ནས་འཁོར་ལོ་བདེ་མཆོག་ལོ་ནག་དྲིལ་གསུམ་ལ་སྒྲུབ་པ་སྙིང་པོར་དྲིལ་བར་བཞེད་ནས། སྙིགས་དུས་ཀྱི་རྡོ་རྗེ་འཆང་ཆེན་པོ་ཀུན་དགའ་བཟང་པོ་ཤཱཀྱ་བཟང་སྐུ་འབུམ་ན་བཞུགས་པར་བསྙེན་ཏེ་དཔོན་སློབ་ཐུགས་ཡིད་གཅིག་ཏུ་འདྲེས། དེ་ནས་བཟུང་སྟེ་ས་སྐྱ་དང་། ངོར་དགོན་པ་བཏབ་པ་ནས་རྗེ་མ་འདས་བར་དུ་མུས་དང་ཡར་འབྱོན་མར་འབྱོན་ལན་བརྒྱད་སོགས་མཛད། ཆོས་ཐམས་ཅད་ཐུམ་པ་གང་འབྱོར་གསན།

ངོར་པའི་བུ་སློབ་ཐམས་ཅད་ཀྱིས་བླ་མར་ཁུར་ཏེ། བླ་མ་ཡབ་སྲས་ཞེས་འབོད། རྗེ་སྐུ་གཤེགས་པའི་ཆེ་རྒྱལ་ཚབ་ཏུ་དབང་བསྐུར། ཉི་གླང་སྟག་གསུམ་ངོར་དུ་བཞུགས་ནས་དགོངས་རྫོགས་རྒྱ་ཆེན་པོ་བསྒྲུབས། དེ་ནས་མུས་སུ་གྲུབ་པ་གཙོ་བོར་མཛད་པའི་ངང་ནས་ངམ་རིངས་དང་། སླར་ཡང་ངོར་དུ་ཕེབས། འཇམ་དབྱངས་ཤེར་རྒྱམ་པ་རྒྱལ་ཚབ་ཏུ་བསྐོས། ལམ་འབྲས་སོགས་གནང་མཐར་མུས་ཀྱི་བསམ་གཏན་ཕུག་ཏུ་དགུང་ལོ་བརྒྱད་ཅུ་རྩ་གསུམ་པ་ལ་གླང་ལོ་སྨིན་དྲུག་ཟླ་བའི་ཚེས་བརྒྱད་ལ་བདེ་བར་གཤེགས། ཁ་རག་སྒོམ་ཆུང་བ་དང་། གཉན་ཕུལ་བྱུང་བ་སོགས་ཀྱི་སྐྱེ་བར་གྲགས། མངོན་ཤེས་དང་གྲུབ་རྟགས་བསམ་གྱིས་མི་ཁྱབ་པ་མངའ། མདོར་ན་འཆད་རྩོད་རྩོམ་གསུམ་མཁས་བཙུན་བཟང་གསུམ་སོགས་ཡོན་ཏན་བསམ་གྱིས་མི་ཁྱབ་པས། རྗེ་ངོར་པའི་སློབ་རིགས་ཐམས་ཅད་དང་། ས་སྐྱ་འཁོན་གྱི་གདུང་བརྒྱུད་རྣམས་དང་། རིན་སྤུངས་པ་དང་། བྱང་པ་སོགས་སྡེ་བདག་ཆེན་པོ་རྣམས་ལ་སོགས་པ་གངས་ཅན་གྱི་ཆེ་དགུ་ཐམས་ཅད་ཀྱི་འདྲེན་པ་དམ་པར་གྱུར་པའོ། །རྗེ་འདིའི་རྣམ་ཐར་མཁས་པ་གྲུང་རྣམས་མཛད་པ། གོ་བོ་རབ་འབྱམས་པ་བསོད་ནམས་སེང་གེས་མཛད་པའི་རྩ་འགྲེལ་ཁ་བསྐང་དང་བཅས་པ། བྱམས་ཆེན་རབ་འབྱམས་པས་མཛད་པའི་གསོལ་འདེབས་སྲིད་པ་ཀུན་གྲོལ་མཛད་པ། རྡ་དབོན་ཡོན་ཏན་དཔལ་བཟང་གིས་མཛད་པ་སོགས་ཡིག་ཆ་བཟང་ལ་མང་བ་ཡོད་པས། དེ་རྣམས་སུ་ཤེས་པར་བྱའོ། །འདི་ནི་མང་པོ་བློ་ལ་མི་འཇུགས་པ་ལ་ས་བོན་ཙམ་ཞིག་མི་བརྗེད་པའི་ཆེད་དུའོ།། །།

དཔལ་ཨེ་ཝཾ་ཆོས་ལྡན་གྱི་གདན་ས་ལ། གསུམ་པ་འཇམ་དབྱངས་ཤེས་རབ་རྒྱ་མཚོ་ནི། གཙང་ཆུ་མིག་གི་བྱ་འདབ་ཕྱུག་གྲོང་དུ་སྐུ་འཁྲུངས། ཡབ་རྒྱལ་མཚན་དར་དང་། ཡུམ་ལྷུན་གྲུབ་རྒྱལ་མོ་ཟེར། སྲས་གསུམ་འཁྲུངས་པ་ལས། བདག་ཉིད་ཆེན་པོ་འདི་ཆུང་ཤོས་བྱི་ལོ་པ་ཡིན། བདག་ཆེན་ཀུན་རིན་ལ་མཚན་ཞུས་པས་བསོད་ནམས་འཕེལ་ཞེས་པ་གནང་དབང་བྱིན་རླབས་རིམ་པར་གནང་ཞིང་བསྟན་འཛིན་གྱི་སྐྱེས་བུ་ཞིག་ཏུ་འབྱུང་བར་ལུང་བསྟན། གདུང་ནི་འགར་ཏེ། འགར་མི་ཡེ་ཤེས་གཡུང་དྲུང་སོགས་ཀྱི་དབོན་རྒྱུད་ཡིན། རྒྱ་སྟོན་ཙནྡྲ་དེ་ཝའི་དྲུང་དུ་འབྲི་གློག་སྦྱངས། དགུང་ལོ་བཅུ་བཞི་པ་ལ་སྨར་ཐང་གི་གདན་ས་བཅུ་བཞི་པ་གྲུབ་པ་ཤེས་རབ་ཀྱིས་མཁན་པོ། ཤེས་རབ་དཔལ་

བས་སློབ་དཔོན། རྒྱ་སྟོན་ཙནྡྲ་དེ་ཝ་སོགས་ཀྱི་དབུས་སུ་རབ་བྱུང་མཛད། མཚན་ཤེས་རབ་རྒྱ་མཚོ་གྲགས་པ་དཔལ་དུ་གསོལ། དགུང་ལོ་ཉི་ཤུ་པར་སྔར་གྱི་མཁན་པོ་དེ་ཉིད་ལ་སློབ་དཔོན་གྲུབ་གྲགས། གསང་སྟོན་དཀོན་མཆོག་རིན་ཆེན། སྤྱན་སྔ་སྦྱིན་པ་དཔལ་བཟང་སོགས་ཀྱིས་དགེ་འདུན་མཛད་དེ། བསྙེན་རྫོགས་མཁན་པོ་དེ་ཉིད་ལ་ཆོས་ཀྱང་མང་དུ་གསན། རྡོ་རྗེ་འཆང་ཀུན་དགའ་བཟང་པོ་སོགས་བླ་མ་མང་དུ་བསྟེན། ཐུགས་རྒྱུད་སྡོམ་པ་གསུམ་གྱིས་གཏམས་ཐོས་བསམ་བསྒོམ་པ་མཐར་ཕྱིན། ས་སྐྱ། སྣར་ཐང་སོགས་སུ་གྲྭ་སྐོར་མཛད། ཆོས་རྗེ་རྒྱལ་མཆོག་པ་ལ་དོན་གསལ། གཡག་ཊཱིཀ་སོགས་གསན། རོང་སྟོན་ཆེན་པོའི་དྲུང་དུ་བསྙེན་ཆེ་འཛུག་པ་གསུང་འགྲོ། དེ་ཉིད་ཉེ་བར་སྟོན་པའི་སྟོད་ནི་འདི་ཡིན་ཏེ། །དེ་ལ་དམ་པའི་དོན་གྱི་བདེན་པ་བསྟན་པར་བྱ། །ཞེས་པའི་ཐད་དུ་ཕེབས་པས་རྟེན་འབྲེལ་འགྲིགས། ཆོས་རྗེ་ས་པཎ་གྱིས་རྗེས་སུ་བཟུང་། ཚད་མ་ལ་དབང་འབྱོར། རིགས་གཏེར་གྱི་སྤྱི་དོན་མཛད། བླ་མ་གཞན་ཡང་བདག་ཆེན་གྲགས་པ་བློ་གྲོས། མཁན་ཆེན་གཡག་པ། སྤོས་ཁང་རིན་རྒྱལ། ཆོས་རྗེ་བསོད་ནམས་བློ་གྲོས། པཎ་ཆེན་ནགས་རིན། མཁན་ཆེན་ཀུན་དགའ་རིན་ཆེན། ཀུན་མཁྱེན་ཤེས་རབ་དཔལ། ཆོས་རྗེ་དཔོན་སྟོན་ཐུབ་པ། ཆོས་རྗེ་གྲགས་པ་དོན་གྲུབ་སོགས་བླ་མ་མང་པོར་ཆོས་གསན། དྲུག་པ་རྡོ་རྗེ་འཆང་ཆེན་པོའི་ངོ་བོ་ཀུན་དགའ་བཟང་པོའི་ཞབས་དྲུང་དུ་དགུང་ལོ་སོ་བཞི་པ་བྱ་ལོར་ཨེ་ཝཾ་ཆོས་ལྡན་འདེབས་པ་དང་མཚུངས་པར་བསྟེན། གདམས་ངག་བཀའ་ཆོས་ཐམས་ཅད་བུམ་པ་གང་འབྱོར་གསན། ལམ་འབྲས་ཚར་བཅུ་གསུམ་གསན། ཉང་སྟོད་དགོན་གསར་དུ་རོང་སྟོན་མཇལ་བར་ཕེབས་དུས་ཛ། སྣ་རྗེ་ལ་གནང་ནས་རྟེན་འབྲེལ་བསྒྲིགས། སྣར་ཐང་དུ་གྲྭ་ཚང་ཟུར་དུ་གནང་། མཁས་པ་ལྷུན་གྲུབ་གྲགས་པ་ལ་སྐྱུལ། རྗེ་ཉིད་ཨེ་ཝཾ་ཁོ་ནར་བཞུགས། རྗེ་རྡོ་རྗེ་འཆང་དགུང་ལོ་ང་གཉིས་པ་ལ་མངའ་རིས་སུ་གདན་དྲངས། རྗེའི་སློབ་མ་དྲག་ཤོས་ཅིག་ཐུབ་བསྟན་དར་རྒྱས་གླིང་དུ་རྗེའི་བཞུགས་ཁྲི་ལ་འཛོག་དགོས་ཚུལ་བྱུང་བ་ལ། རྗེ་འདི་ལ་བསླབ་སྟོན་གནང་སྟེ། འཕགས་པ་རིན་པོ་ཆེའི་བེར་ཐུལ་དང་ཆོས་དུང་སོགས་གནང་སྟེ་རྟེན་འབྲེལ་འགྲིགས། ཡབ་སྲས་གཉིས་ཀྱིས་ཆོས་འཁོར་རྒྱ་ཆེན་པོ་བསྐོར། ས་མོ་སྦྲུལ་ལོ་ཟླ་བ་དྲུག་པ་ལ་རྡོ་རྗེ་འཆང་ཆེན་པོ་ཨེ་ཝཾ་ལ་འབྱོན་ཁར། ཁྱེད་རང་རེ་ཞིག་འདིར་བསྡད་པའི་བྱ་བ་མཛོད།

དེ་ནས་ཨེ་ཝཾ་གྱི་གདན་ས། སློབ་དཔོན་དཀོན་མཆོག་རྒྱལ་མཚན། ཁ་ཆར་མཁན་པོ་ཉིད་ཅག་གསུམ་སྐུ་ཚེ་གང་རིང་ཡིན། དེ་མཚམས་ཀུན་དགའ་དབང་ཕྱུག་འོས་ཡིན་གསུངས། རྗེ་འདི་མངའ་རིས་སུ་རྡོ་རྗེ་འཆང་ཆེན་པོ་དང་ཚུལ་མཚུངས་འགྲོ་དོན་མཛད་དེ། ཐུབ་བསྟན་དར་རྒྱས་གླིང་དུ་ལོ་བཅུ་གཅིག་བཞུགས། སླར་མེ་གླང་ལ་རྗེའི་སྐུ་གདུང་མཇལ་བ་སོགས་ལ་ཨེ་ཝཾ་དུ་བྱོན། རྒྱལ་ཚབ་དམ་པ། དཀོན་མཆོག་རྒྱལ་མཚན་ལ་འབུལ་བ་དང་། དགེ་འདུན་བསྙེན་བཀུར་སོགས་རྡོ་རྗེ་འཆང་གི་དགོངས་རྫོགས་སུ་བསྒྲུབས། སྔར་ཐང་དུ་ཡང་དེ་བཞིན་མཛད། རྒྱལ་ཚབ་མུས་ཆེན་ལ་རྡོ་རྗེ་འཆང་གི་རྣམ་ཐར་སོགས་བཀའ་ཆོས་འགའ་རེ་གསན། རྗེ་མུས་པས་ཀྱང་རྗེ་འདི་ལ་བདེ་བ་ཅན་གྱི་ཞིང་གི་བཀོད་པའི་ལུང་གསན། སླར་རྗེ་བཟང་པོའི་ཞབས་ཀྱི་ལུང་བསྟན་རྗེ་མུས་ཆེན་ལ་རེ་ཞིག་ཉིད་ཀྱིས་འདིར་ཆོས་གསུངས། དེ་མཚམས་མཁན་ཆེན་ཤེས་རབ་རྒྱ་མཚོ་འོས་ཡིན། དགོན་པ་འདི་དེང་དཔོན་སློབ་རྣམས་ཀྱི་རྒྱ་རི་ལ་ཕྱུག་ལ་བརྟེན། དཀའ་ལས་བྱས་ཐེབས་པ་ཡིན་ཞིང་། དེད་ལ་རྗེས་བཀོད་བཞག་གནང་དུས་སྐུ་ཆོས་འདི་ཡིན་ཞིང་། དེད་ཀྱིས་ལོངས་མ་སྤྱད་པར་ད་ལན་བྱིན་རླབས་རྟེན་ལ་གནང་གསུངས་ཤིང་གནང་། རྗེ་དབོན་ཀུན་དགའ་དབང་ཕྱུག །ཆོས་རྗེ་དཔལ་རྡོར་བ། སློབ་དཔོན་བསོད་ནམས་དབང་ཕྱུག་སོགས་ཀྱིས་གསོལ་བ་བཏབ་སྟེ། ཆུ་སྤྲེལ་གྱི་ལོ་སངས་རྒྱས་ཀྱིས་ཆོས་འཁོར་བསྐོར་བའི་དུས་ཟླ་བ་དྲུག་པའི་ཚེས་བཞི་ལ་ཨེ་ཝཾ་ཆོས་ལྡན་གྱི་བཞུགས་ཁྲི་ལ་མངའ་གསོལ། ཏ་ལོར་མུས་ཆེན་སྤྱན་དྲངས་ནས་གསུང་ངག་གནང་། རྗེ་འདིས་བཤད་བཀའ་རྣམས་གནང་། གློ་བོ་ཚུན་སྔ་ཕྱིར་གསུང་ངག་ཚར་བཅོ་ལྔ་ཙམ་གནང་། ཨེ་ཝཾ་གྱི་གདན་ས་ལོ་ལྔ་མཛད། འཆད་རྩོད་རྩོམ་གསུམ་སོགས་ཀྱིས་བསྟན་པ་སྤེལ། རྗེ་འདིས་མཛད་པའི་ཡིག་ཆ་རྗེ་རྡོ་རྗེ་འཆང་གི་བསྟོད་པ་དུ་མ། འཇམ་དབྱངས་དཀོན་མཆོག་རིན་ཆེན་ལ་བསྟོད་པ་སོགས་བསྟོད་ཚོགས་རྣམས་དང་། མཛོད་ཀྱི་ཊཱི་ཀ། འདུལ་བའི་སྤྱི་དོན་སོགས་དང་། མངོན་རྟོགས་རྒྱན་འགྲེལ་པ་དང་བཅས་པའི་ས་དཔྱད། འགྲེལ་ཊཱི་ཀ་ཡན་ལག་རྒྱས་བཤད་སོགས་དབུ་མ་འཇུག་པའི་ཊཱི་ཀ། སྤྱོད་འཇུག་གི་ཊཱི་ཀ། རྣམ་འགྲེལ་གྱི་ཊཱི་ཀ། རིགས་གཏེར་གྱི་ཊཱི་ཀ་སོགས། བློ་གྲོས་རྣམ་འབྱེད་སོགས་དང་། ཐ་སྙད་ཀྱི་སྒོར་ལ། རིག་པ་ཀློག་ཐབས། སླ་བ་ངན་འཛོམས་ལ་སོགས་པའི་སྒྲའི་བསྟན་བཅོས་རྒྱན་གསལ་བྱེད་ལ་སོགས་པ་

སྙན་ངག་གི་བསྟན་བཅོས། གཞན་སྤྲོས་དང་གཙུག་ལག་གི་བསྟན་བཅོས་ལ་སོགས་པ་དང་། གསན་ཡིག་དགོས་པ་ཀུན་འབྱུང་སོགས་མང་པོ་དང་། སློབ་མ་ཆེ་བ་ཞར་པ་བདག་ཆེན་རྡོ་རྗེ་འཆང་ཆེན་པོའི་སྐུའི་དཔོན་པོ་རྒྱལ་ཚབ་དམ་པ་ཀུན་དགའ་དབང་ཕྱུག །ཁ་ཆར་བ་བསོད་ནམས་རྒྱལ་མཚན། མཁས་གྲུབ་དཔལ་ཧོར་བ། སྤྱན་སྔ་ཀུན་དགའ་རྡོ་རྗེ་སྐུ་མཆེད། བྱམས་ཆེན་མཁན་པོ་ཆོས་རྗེ་ཀུན་དགའ་བཀྲ་ཤིས། ཆུ་འདུས་མཁས་བཙུན་ཡོན་ཏན་རྒྱ་མཚོ། པཎ་ཆེན་ཤཱཀྱ་མཆོག །ཉག་བྲེ་ཡོན་ཏན་འོད་ཟེར་གྲགས་པ་རིན་ཆེན། རྐྱང་ཐུར་མཁན་པོ་དཀོན་མཆོག་དཔལ། སློབ་དཔོན་བསོད་ནམས་དབང་ཕྱུག །ཨ་གར་ཆོས་རྗེ་གྲགས་པ་དཔལ་བཟང་། མཁས་པ་ལྷུན་གྲུབ་གྲགས་པ། ཐུབ་བསྟན་དར་རྒྱས་གླིང་གི་མཁན་པོ་ཡོན་ཏན་ཆོས་རྒྱལ། བྱམས་གླིང་མཁན་པོ་ཡོན་ཏན་ཚུལ་ཁྲིམས་རྒྱལ་མཚན། སོ་སྟོད་འཛིན་པ་ལེགས་པའི་ཤེས་རབ། སྙིང་ཆེན་མཁན་པོ་ནམ་མཁའ་དཔལ་བཟང་། པཎ་ཆེན་གྲགས་རྒྱལ། ཆོས་འཁོར་རྒྱལ་བྱེད་ཚལ་གྱི་མཁན་པོ་ཤེས་རབ་འབུམ་ལ་སོགས་པ་རབ་ཏུ་མང་ངོ་། །བསྟན་པའི་སྦྱིན་བདག་ཨ་མགོན་བཟང་པོ་སྐུ་མཆེད་ཡབ་སྲས་རྣམས་དང་། ཆུ་འདུས་བདག་པོ་སོགས་སོ། །དགུང་ལོ་བདུན་ཅུ་ས་བྱའི་ལོར་རྒྱལ་བ་ཡབ་སྲས་གསུམ་གྱིས་མགྲིན་གཅིག་ཏུ་དབང་བསྐུར་བ་རྒྱལ་ཚབ་དམ་པ་ཀུན་དགའ་དབང་ཕྱུག་ཨེ་ཝཾ་བཞུགས་ཁྲི་ལ་མངའ་གསོལ། རྗེ་ཉིད་ཨེ་ཝཾ་གཟིམས་ཁང་འོག་ཏུ་ཐུགས་དམ་ལ་བཞུགས། དགུང་ལོ་བདུན་ཅུ་དོན་དགུ་ས་རྟ་དགུན་ཟླ་ར་བའི་ཆོས་གསུམ་ལ་བསྡུང་བ་མེད། འདའ་ཀ་མ་གསལ་བཏབ་སྟེ་སྐུ་གཤེགས་པའི་ཚུལ་བསྟན། རྒྱལ་ཚབ་དམ་པ་ཀུན་དགའ་དབང་ཕྱུག་གིས་ཞུ་འབུལ་དང་། གཤེགས་རྫོངས་ཡང་དག་པར་མཛད་དོ། རྒྱས་པར་རྣ་སྟོན་ཡོན་ཏན་དཔལ་བཟང་གིས་མཛད་པའི་རྣམ་ཐར་དུ་བལྟའོ།། །།

རྒྱལ་ཚབ་དམ་པ་ཀུན་དགའ་དབང་ཕྱུག་ནི། ཆོས་རྗེ་རྡོ་རྗེ་འཆང་དང་གདུང་རིགས་གཅིག་པ། ཆོས་རྗེ་ཤར་པ་ཡེ་ཤེས་རྒྱལ་མཚན་གྱི་གསོལ་དཔོན། དྲུང་ཆེན་བདེ་ལེགས་དང་། མུས་ཀྱི་མཐོང་བ་སྲས་བཙུན་དཔལ་ལྡན་བཟང་མོའི་སྲས་སུ་ཆུ་མོ་ཡོས་ལ་ལྷུམས་སུ་ཞུགས་ནས། ཤིང་ཕོ་འབྲུག་ལ་འཁྲུངས་ཏེ། སེམས་དཔའ་ཆེན་པོ་ཤཱཀྱ་བཟང་གི་སྐུ་འབུམ་དུ་ཆོས་གསན་དུ་ཕེབས་པ་དང་དུས་མཉམ་མོ། །དགུང་ལོ་དྲུག་བདུན་བཞེས་པར་དགེ་བསྙེན་ཀུན་དགའ་གྲུབ་ཅེས་གསོལ། ཁའུ་སྐྱེས

ལྷས་སུ་སློབ་དཔོན་དཔལ་ལྡན་དོན་གྲུབ་ཀྱི་དྲུང་དུ་བསླབ་སྦྱོང་མཛད། དེའི་ཚེ་མགོན་པོ་གདོང་བཞི་བ་བྲག་ལ་ཐིམ་པའི་སྒོ་ཆུང་དམ་འབྱུར་བཞིག་ནས་བལྟས་ཀྱང་འབྱུ་ལྡོག་ཡི་མ་བྱུང་གསུང་ངོ། ། དགུང་ལོ་བཅུ་གཉིས་ཤིང་ཡོས་ལ་བླ་བྲང་ཤར་དུ་རྡོ་རྗེ་འཆང་ཀུན་དགའ་བཟང་པོས་མཁན་པོ་དང་། བྱང་ཕུག་ཀུན་ལེགས་པས་སློབ་དཔོན་མཛད་དེ་རབ་ཏུ་བྱུང་། མཚན་ཀུན་དགའ་དབང་ཕྱུག་ཏུ་གསོལ། བྱང་ཕུག་ཏུ་ཀྱེ་རྡོར་རྒྱུད་གསུམ་ལ་ཐུགས་སྦྱང་མཛད། ཆོས་རྗེ་རྡོ་རྗེ་འཆང་དག་པའི་ཞིང་དུ་མ་ཕེབས་པར་འབྲལ་མེད་དུ་བརྟེན་ནས། གསོལ་ཞའི་མཛོ་མོ་འཚོ་བ་སོགས་ཕྱི་ནང་གི་ལས་སུ་བྱ་བ་མཐའ་ཡས་པ་ཞིག་ལ་དཀའ་བ་ཆེན་པོ་སྤྱད། དགུང་ལོ་ཉེར་བདུན་ས་རྟ་ལོར་མཁྱེན་རབ་ཀྱི་དབང་ཕྱུག་ཀུན་དགའ་བཟང་པོས་མཁན་པོ། མུས་ཆེན་པས་ལས་སློབ། ཁ་ཆར་སེམས་དཔའ་ཆེན་པོ་བསོད་ནམས་རྒྱལ་མཚན་པས་གསང་སྟོན། གྲུབ་ཆེན་ནམ་མཁའ་དཔལ་བཟང་པས་གྲིབ་ཚོད་པ་སོགས། དགེ་འདུན་གྱི་དབུས་སུ་བསྙེན་པར་རྫོགས། སྡོམ་པ་གསུམ་གྱི་བསླབ་བྱ་ལ་གཅེས་སྤྲས་སུ་མཛད། རྡོ་རྗེ་འཆང་ཆེན་པོ་ལས་ཆོས་ཐམས་ཅད་བུམ་པ་གང་འབྱོར་གསན། ཕྱག་ལེན་སོགས་བྱིན་རླབས་ཀྱི་དྲོད་རྟགས་མ་ཡལ་བར་བཞུགས། རྗེ་མུས་ཆེན་འཇམ་དབྱངས་ཤེར་རྒྱམ་པ་དང་། ཉག་བྲེ་ཡོན་ཏན་འོད་ཟེར་སོགས་ལའང་ཆོས་མང་དུ་གསན། མདོར་ན་ཐོས་བསམ་མཐར་ཕྱིན་ནས། ཀྱེ་རྡོར་ཡབ་ཡུམ་སོགས་བསྙེན་སྒྲུབ་མཐར་ཕྱིན། ཤིང་མོ་བྱ་ལོ་སེམས་དཔའ་ཆེན་པོའི་དྲུང་དུ་ཕེབས་པར་བརྩམས་པའི་ཚེ། རྗེ་བཙུན་རྡོ་རྗེ་འཆང་ཆེན་པོའི་ཤིང་ཐོག་པིལ་བ་བཟང་པོ་ཞིག་ཕྱག་ཏུ་བསྣམས། པིལ་བ་རྒྱུ་རྐྱེན་འབྲས་བུར་ལྡན་པའི་སོགས་ཀྱིས་བཀྲ་ཤིས་མཛད་པ་བྱུང་། དེ་ནས་ཨེ་ཝཾ་གྱི་གདན་སར་ཕེབས་ཏེ། ཤིས་བརྗོད་དང་མཐུན་པའི་དོན་མངོན་དུ་གྱུར། ངོར་དང་མངའ་རིས་སོགས་སུ་སྔ་ཕྱིར་ལམ་འབྲས་ཚར་བཅུ་བདུན་རྒྱུད་བཤད་ཉི་ཤུ་རྩ་ལྔ་སོགས་ཆོས་ཀྱི་འཁོར་ལོ་བསམ་གྱིས་མི་ཁྱབ་པ་དང་། ཟང་ཟིང་གི་དཔལ་འབྱོར་རྒྱས་པ་སོགས་ལུགས་གཉིས་ཀྱི་དཔལ་འབྱོར་བསམ་གྱིས་མི་ཁྱབ། མངའ་རིས་གློ་བོར་ལན་གཉིས་ཕེབས་པའི་རྗེས་མ་བྱམས་པ་གླིང་དུ་ས་ག་ཟླ་བའི་ཉེར་གཅིག་ལ་སྐུ་གཤེགས། སྐུ་གདུང་བཞུགས་པའི་མཆོད་ཁང་ལ་ཡུ་ཏྲ་སྐུ་གཉེར་གྱི་ཚུལ་དུ་བྱུང་བར་གྲགས། གདུང་རྣམས་ཨེ་ཝཾ་དུ་གདན་དྲངས་ཏེ་གདུང་ཚ་དཔག་མེད་དང་། རྗེའི་གཟིམས

མལ་སྐུ་འདྲ་གསེར་སྐུ་དང་ཕྱི་རྟེན་སོགས་དགོངས་རྫོགས་རྒྱ་ཆེན་པོ་བསྒྲུབས་སོ། །བླ་མ་འདི་རྣལ་འབྱོར་དབང་ཕྱུག་གི་སྤྲུལ་པར་གྲགས་ཤིང་། རང་གི་སྤྱི་བོའམ་སྙིང་གར་བསྒོམས་པས་བྱིན་རླབས་ཚར་རེ་དང་བྱིན་རླབས་མཉམ་གསུངས་སོ། །རྒྱས་པར་རྣ་སྟོན་ཡོན་ཏན་དཔལ་བཟང་། ཆོས་རྗེ་གློ་བོ་མཁན་ཆེན། ས་སྐྱ་པ་སྔགས་འཆང་ངག་དབང་ཀུན་དགའ་བསོད་ནམས་ཀྱིས་མཛད་པའི་རྣམ་ཐར་གྱི་ཡི་གེར་ཞིབ་པར་བྱའོ།། །།

མཁས་གྲུབ་དཔལ་ལྡན་རྡོ་རྗེ་ནི། ས་སྐྱར་ཡབ་དཔལ་འབྱོར་བཟང་པོ་དང་། ཡུམ་སྐྱིད་པ་དཔལ་གྱི་སྲས་སུ་ལྕགས་ཡོས་ལོར་འཁྲུངས། ས་བཟང་འཕགས་པ་ལ་ཚེ་དབང་ཞུས། བླ་མ་ཉིད་ཀྱི་སྐུ་མིང་རྡོ་རྗེ་སྲ་བརྟན་ཟེར་གསུངས་ནས་དེར་བཏགས། ལུང་བསྟན་མཛད། དགུང་ལོ་བརྒྱད་པ་ལ་ཐེག་ཆེན་ཆོས་རྗེ་ལས་རབ་ཏུ་བྱུང་། མཚན་དཔལ་ལྡན་རྡོ་རྗེར་བཏགས། ཤཱཀ་བཟང་དུ་རྡོ་རྗེ་འཆང་ལས་རྡོ་རྗེ་ཕྲེང་བ་ནས་བརྩམས་གདམས་ངག་ཐམས་ཅད་བུམ་པ་གང་འབྱོའི་ཚུལ་དུ་གསན། བཙོ་ལྔ་པར་ས་སྐྱར་གྲྭ་སྐོར་མཛད། བཟང་ལྡན་དགེ་འཕེལ་གྱི་འཆད་ཉན་ཀྱང་མཛད་དགོས་བྱུང་ཀྱང་ཆེན་པོ་ལ་མི་མཉེས་པས་ལོ་གཅིག་ལས་མ་མཛད། རྗེ་འདི་དགུང་ལོ་བཅུ་དགུ་དང་རྗེ་རྡོ་རྗེ་འཆང་ཞེ་བདུན་པ་ཞི་བ་ས་བྱ་ལ་ཨེ་ཝཾ་དུ་ཕེབས། རྗེ་རྒྱལ་མཆོག་པ་ལ་ཚད་མ་སོགས་མང་དུ་གསན། ཆོས་རྗེ་གཞོན་ནུ་སེང་གེ་ལ་གསང་འདུས། བདེ་མཆོག་སྒྲུབ་ཐབས་རྒྱ་མཚོ་སོགས་གསན། ཉི་ལྔེ་བ་གྲུ་ཤྲཱི་པ་ཆེན་པོ་ལ་ཐེག་ཆེན་ནས་བརྒྱུད་པ་དང་། བླ་མ་ནམ་མཁའ་དཔལ་བཟང་ནས་བརྒྱུད་པའི་ལམ་འབྲས་སོགས་གསན། ངོར་དུ་རྒྱལ་རྩེ་བའི་བདག་མོ་སྲིད་ཁ་དཔེ་མ་དགོན་འདབས་སུ་རབ་བྱུང་མ་ཞུས་པའི་རབ་སྟོན་གྱི་སར་རྗེ་འདིས་སྔར་ཐང་པའི་བཀའ་བཅུ་པ་ལྷུན་གྲུབ་བྱ་བ་རིགས་པས་བཙོམ་པས། རྗེ་རྡོ་རྗེ་འཆང་གིས་ཐུགས་རྟེས་ཤིན་ཏུ་ཆེ་ཞིང་མཁས་གྲགས་ཐམས་ཅད་དུ་ཁྱབ་པར་མཛད་དོ། །དེ་ལྟར་རྗེའི་ཆག་ཕྱིར་བྱེད་སྐབས་བསྙེན་རྫོགས་ཀྱང་མཛད་དོ། །རྗེ་མུས་པ་དང་། ཁ་ཆར་བ་དང་། ཆོས་རྗེ་ཤེར་རྒྱམ་ལ་སོགས་ལའང་ཆོས་མང་དུ་གསན། རྗེ་ངོར་པ་གཤེགས་དུས་ཤཱཀ་བཟང་བླ་བྲང་གི་གདན་ས་འདི་ལ་གནང་ནས། ངོར་དང་ས་སྐྱ་རེ་མོས་སུ་བཞད་སྒྲུབ་ཀྱི་ཐུགས་དམ་མཛད། ཉིན་རེ་ཆག་མེད་ཀྱི་རིམ་པ་སུམ་ཅུ་རྩ་གཉིས་ཙམ་རེ་ཡོད། སྤྱན་རས་གཟིགས་མིག་གི

གཟུངས་ལའང་ཐུགས་དམ་མཛད་དེ། དེ་ལྟར་ཐུགས་དམ་ཟབ་མོ་རྣམས་ཀྱི་ཐུན་བར་ལ་རྒྱུད་སྡེ་བཞི་དང་འབྲེལ་བའི་དབང་བཀའ། རྒྱུད་རྒྱ་གཞུང་མང་པོའི་བཤད་པ། ཁྲིད་ཡིག་རྣབས། ལུང་མན་ངག །སྒྲ་དང་སྙན་ངག་གི་ལག་ཁྲིད་སོགས་ཆོས་ཀྱི་སྦྱིན་པ་དང་། ཟང་ཟིང་མི་འཛེམས་བྱམས་པ་སྟེ། སྦྱིན་པ་རྣམ་བཞི་སོགས་ལ་རྟག་འགྲུས་མཛད། ལ་ལན་རེ་དབང་བསྐུར་ཚེའི་སག་དར་ཡིན་ཟེར་བ་མུན་སྤྲུལ་ཡིན། དེ་འདྲ་གང་ནས་ཀྱང་བཤད་པ་མེད། གངས་རིའི་ཁྲོད་ནས་ས་བཟང་འཕགས་པ་ལས་དབང་བསྐུར་མཛད་པ་མང་བ་མེད་དེ་དགུང་ལོ་བརྒྱད་ཅུ་གྱ་གྲངས་བཞུགས་པ་ཡིན། ངེད་རང་ཡང་བདུན་ཅུ་དོན་བགྲངས་སྡོད་པའི་རྩིས་ཡིན་གསུངས་མདོར་ན་ཆོས་དེ་རྣམས་ཀྱང་རེ་རེ་ནས་རྣམ་གྲངས་མང་དུ་གནང་བ་ཡིན་ཏེ། གསུང་ངག་ཆ་ལག་དང་བཅས་པ་ཡོངས་རྫོགས་སུམ་ཅུ་སོ་གསུམ་ལ་སོགས་པ་བསམ་གྱིས་མི་ཁྱབ་བོ། །དེ་ཡང་ཨེ་ཝཾ་དུ་རྡོ་རྗེ་འཆང་ཡབ་སྲས་གསུམ་གྱི་རིང་ལ་ཟུར་ཆོས་ཀྱི་མཐིལ་ལེན་མཛད། ཆོས་རྗེ་རྒྱལ་མཚན་པ་མངའ་རིས་སུ་ལན་གཉིས་ཕེབས་དུས་མཁན་ཚབ་མཛད། མི་མོ་ཕག་ལ་མཁན་པོར་མངའ་གསོལ། སྟག་ལོར་སྟེང་འགོབས་སུ་ལམ་འབྲས་གནང་བའི་ཚེ་ཐམས་ཅད་ཀྱིས་སྐུ་ཁམས་ངན་ཚུལ་དང་དོགས་ཆེ་ཚུལ་ཞུས་པས། ལམ་འབྲས་ཀྱི་རིང་ལ་བར་ཆད་མི་འོང་། དེ་ནས་ཆོས་འཚམས་བྱེད་གསུངས་ཤིང་། ལམ་འབྲས་གྲོལ་ནས་བསྔོ་སྨོན་རྒྱས་པར་མཛད་ཅིང་། རྗེ་བཙུན་རྡོ་རྗེ་འཆང་ཆེན་པོ་ཀུན་དགའ་བཟང་པོའི་ཞལ་སྔ་ནས་ཀྱི་ཐུགས་དགོངས་ཡོངས་སུ་རྫོགས་པར་གྱུར་ཅིག་གསུང་ཞིང་སྨྲུན་ཆབ་མང་དུ་བསིལ་ལོ། །དེ་ནས་ཆོས་བདུན་ནས་ཤཱཀ་བཟང་དུ་སྐུ་མཚམས་མཛད་དེ། དེ་དག་གི་སྐབས་སུ་འཇའ་དང་མེ་ཏོག་སོགས་ཀྱི་ལྟས། ཡི་དམ་གྱི་དཀྱིལ་འཁོར་མང་པོའི་ཞལ་གཟིགས་པ་སོགས་བརྗོད་ཀྱིས་མི་ལང་། ཆུ་ཕོ་སྟག་གི་ལོའི་ས་ག་ཟླ་བའི་ཚེས་བཅུ་བདུན་གྱི་སྔ་དྲོ་ལ་མྱ་ངན་ལས་འདས་ཏེ། དགུང་ལོ་བདུན་ཅུ་དོན་གཉིས་པའི་ཆུ་ཕོ་སྟག་ལོའི་ཐོག་ཏུ་ཡིན་ནོ། །སྐུ་གཤེགས་པའི་མེ་ཏོག་གི་ཆར་ལ་སོགས་པ་འབབ་པ་གཟིགས་པས། སྔོན་རྗེ་སེམས་དཔའ་ཆེན་པོ་བདེ་བ་ཅན་དུ་གཤེགས་པ་དང་། སློབ་དཔོན་གྲུང་རྫུ་གྲོངས་པའི་དུས་རྣམས་སུ་བབས་པ་ཡིན་པར་འདུག །འོ་ཅག་ལ་ཨེ་བབས་ཨང་གསུངས། སྐུ་རྗེས་རྣམས་བདག་ཆེན་རྡོ་རྗེ་འཆང་བློ་གྲོས་རྒྱལ་མཚན་གྱིས་བཀའ་ཁྱབ་གནང་། རྒྱས་པར་མི་ཉག་པཎ་

ཆེན་གྲགས་པ་རྡོ་རྗེ་སོགས་སློབ་མ་རྣམས་ཀྱིས་མཛད་པའི་རྣམ་ཐར་དུ་བལྟའོ།། ||

ཀོ་བོ་རབ་འབྱམས་པ་བསོད་ནམས་སེང་གེ་ནི་མདོ་ཁམས་འབོམ་གྱི་ཡུལ་དུ། ཡབ་ཞང་སྐྱབས། ཡུམ་རྒྱལ་བ་སྨན་གྱི་སྲས་སུ་ས་མོ་བྱ་ལོར་འཁྲུངས། མཚན་མི་ཉག་དཔལ་ལྡན་དུ་བཏགས། ཨེ་ཝཾ་ཆོས་ལྡན་བཏབ་ལོ་དང་རྗེ་འདི་འཁྲུངས་ལོ་གཅིག །དགུང་ལོ་བརྒྱད་པར་མཁན་པོ་བསོད་ནམས་འོད་ཟེར་སློབ་དཔོན་ཀུན་དགའ་འབུམ་ལ་རབ་ཏུ་བྱུང་། མཚན་བསོད་ནམས་སེང་གེར་བཏགས་སོ། །ཀོ་བོ་རབ་འབྱམས་པ་ཤེས་རབ་དཔལ་བའི་དྲུང་དུ་སློབ་གཉེར་མཛད། ཆོས་མང་པོ་གསན་འཛམ་དབྱངས་ཀྱི་བསྙེན་པ་མཛད་དུས་མནལ་ལམ་དུ་རལ་གྲི་ཅིག་ཕྱག་ཏུ་བྱུང་འཕྲལ་ཤུབས་ནས་ཕྱུང་ནམ་མཁར་ཕྱར་བས་དབུས་གཙང་ཁམས་སུ་ཁྱབ་པར་སྣང་བ་བྱུང་། དེ་དུས་ནས་གོ་རམ་གྱི་མཚན་ཐོགས། འབྲུག་ལོ་ལ་ནཱ་ལེནྡྲར་བྱོན། རོང་སྟོན་དང་མཇལ་ནས་ཆོས་གསན། གསང་ཕུ་དང་འབྲས་ཡུལ་སྐྱེད་ཚལ་དུ་ཆོས་ཐོབ་དང་སློབ་གཉེར་མཛད། དགུང་ལོ་ཉེར་དྲུག་པ་ཁྲི་ལོར་ཨེ་ཝཾ་ཆོས་ལྡན་དུ། རྡོ་རྗེ་འཆང་ཀུན་དགའ་བཟང་པོས་མཁན་པོ། མུས་ཆེན་དང་རྗེ་ཁ་ཆར་བས་ལས་གསང་མཛད་དེ་བསྙེན་པར་རྫོགས། མཁན་སློབ་དེ་དག་ལས་ཆོས་དཔག་ཏུ་མེད་པ་གསན། དགུང་ལོ་ཞེ་ལྔ་པ་ཆུ་སྦྲུལ་ལ་རྟ་ནག་ཐུབ་བསྟན་རྣམ་རྒྱལ་བཏབ། ཡོས་ལོ་ནས་ལོ་བཞིར་ཨེ་ཝཾ་གྱི་གདན་ས་ཡང་མཛད། རྟ་ལོར་རྗེ་དཀོན་མཆོག་འཕེལ་བ་ཨེ་ཝཾ་གྱི་གདན་སར་བཀོད། ས་སྐྱར་ཆོས་འཁོར་མཛད་ནས། ཚུར་ལམ་བྱ་ལོ་ཧོར་ཟླ་དང་པོའི་ཉེར་གཅིག་ལ་སྟོན་མོ་རྫོང་དུ་སྐུ་གཤེགས་ཕུར་ཐུབ་བསྟན་དུ་སྤྱན་དྲངས། དེའི་དབྱར་རྗེ་དཀོན་མཆོག་འཕེལ་བ་ཐུབ་བསྟན་དུ་བྱོན་ནས། རྟེན་བཞེངས་དང་སྐུ་གདུང་ཞུགས་འབུལ་སོགས་དགོངས་རྫོགས་མཛད་དེ། དེ་ལྟ་བུའི་ཀུན་མཁྱེན་གོ་རམ་པ་འདི་རྗེ་བཙུན་གྲགས་པའི་སྤྲུལ་པར་གྲགས། ས་སྐྱ་པའི་བསྟན་པའི་གནད་ལ་ཤིན་ཏུ་བཀའ་དྲིན་ཆེའོ། །རྒྱས་པར་གོང་སྟོན། ཡིག་མཁན་གཞོན་ནུ། རི་ཁྲོད་པ་ཀུན་དགའ་མཆོག་ལྡན། གློ་བོ་མཁན་ཆེན་སོགས་ཀྱིས་མཛད་པའི་རྣམ་ཐར་གྱི་ཡི་གེར་ཤེས་པར་བྱའོ།། ||

རྗེ་རིན་པོ་ཆེ་དཀོན་མཆོག་འཕེལ་བ་ནི། ཡབ་རྡོ་རྗེ་འཆང་ཀུན་དགའ་བཟང་པོའི་ཐུས་དཔོན། དཔོན་ནེ་བཀྲ་ཤིས་ལེགས་པ་དང་། ཡུམ་བུ་འདྲེན་སྐྱིད་ཀྱི་སྲས་སུ་ཤིང་མོ་གླང་ལ་ས་སྐྱའི་གུ་རར

འཁྲུངས། དགུང་ལོ་བདུན་པར་རྡོ་རྗེ་འཆང་དང་མཇལ། དགེ་བསྙེན་ཞུས་ཏེ་ཨ་རིན་འཕེལ་དུ་བཏགས། ཚེ་དཔག་མེད་ཀྱི་དབང་སོགས་གསན། ལུང་བསྟན་གནང་། སྐུ་ན་ཆུང་དུ་ནས་ངོར་དུ་བྱོན་ཏེ། ཁུ་བོ་ཆོས་རྗེ་ཀུན་དགའ་དབང་ཕྱུག་པའི་ཞབས་པད་བརྟེན་རྗེ་སེམས་དཔའ་ཆེན་པོ་དང་། འཇམ་དབྱངས་ཤེར་རྒྱམ་སོགས་མཁན་སློབ་ལས་རབ་ཏུ་བྱུང་། མཚན་གསོལ་དུས་འཕེལ་ལ་བཅས་བཅོས་མི་བྱེད། དཀོན་མཆོག་ལྷག་པར་ཐོགས་གསུང་བྱེ་ལོ་དགུང་ལོ་སོ་དྲུག་པར་མཁན་པོ་མཁས་གྲུབ་དཔལ་ལྡན་རྡོ་རྗེ། ལས་སློབ་ཀུན་མཁྱེན་བསོད་ནམས་སེང་གེ། གསང་སྟོན་སློབ་དཔོན་བསོད་ནམས་དབང་ཕྱུག །དུས་བསྒྲོ་བ་སངས་རྒྱས་དཔལ་གྲུབ་སོགས་ལས་བསྙེན་པར་རྫོགས། བླ་མ་དེ་རྣམས་ལས་གསན་པ་རྒྱ་མཚོའི་མཐར་སོན། བསམ་པ་དང་བསྒོམ་པ་མཐར་ཕྱིན་ཆོས་རྗེ་ཀུན་དགའ་དབང་ཕྱུག་པའི་ཆག་ཕྱིར་གློ་བོར་བྱོན་ནས་ཧ་ལོར་རྡོ་རྗེ་འཆང་གི་བཞུགས་ཁྲིར་མངའ་གསོལ་ཏེ་ལོ་ཉེར་བརྒྱད་ཁྲིན་ལས་བསྐྱངས། རྗེ་ཀུན་དགའ་དབང་ཕྱུག་སོགས་ཀྱིས་ས་སྐྱ་པའི་བསྟན་པ་དཀར་འབྱམས་སུ་གཏང་བའི་ལུང་བསྟན་ཡོད་པ་ལྟར་བསྟན་པ་ལ་དར་རྒྱས་ཤིན་ཏུ་ཆེ་བར་བྱུང་། བྱ་ལོ་ཧོར་ཟླ་དང་པོའི་ཚེས་བཅུ་བཞི་ལ་མུས་ཆེན་སངས་རྒྱས་རིན་ཆེན་ངོར་གྱི་གདན་སར་བསྐོས། རྗེ་ཉིད་ཐར་རྩེར་སྐུ་མཚམས་ལ་བཞུགས། ཁྱི་ལོ་ཧོར་ཟླ་དང་པོའི་ཚེས་བཅུ་གཅིག་ལ་ཐར་རྩེར་སྐུ་གཤེགས། བདེ་བ་ཅན་དུ་བྱོན་པའི་གཏན་ཚིགས་ངེས་པ་ཅན་དུ་མ་ཡོད་དགོངས་རྫོགས་ཀྱང་ཁྱད་པར་གྲུབ། ཕུར་བཞུ་སོགས་གདན་ས་པས་མཛད། རྒྱས་པར་སངས་རྒྱས་རིན་ཆེན་དང་། རྗེ་དཀོན་མཆོག་ལྷུན་གྲུབ་ཀྱིས་མཛད་པའི་རྣམ་ཐར་དུ་བལྟའོ།། །།

རྗེ་མུས་པ་སངས་རྒྱས་རིན་ཆེན་ནི། ཧ་ལོ་གླིང་སྨྲ་སེམས་དཔའ་ཆེན་པོ་དཀོན་མཆོག་རྒྱལ་མཚན་གྱི་སྐུ་དབོན་དཀོན་མཆོག་ལེགས་དང་། ཡུམ་ཆེན་ཆོས་སྐྱོང་རྒྱལ་མོའི་སྲས་སུ་དཔལ་གདོང་ཞེས་པ་ཆུ་མོ་བྱ་ལོར་འཁྲུངས། དགུང་ལོ་བཅུ་གཅིག་པར་སེམས་དཔའ་ཆེན་པོར་རབ་ཏུ་བྱུང་། ཉེར་བརྒྱད་པར་ལྷུགས་ཧར་གྲུབ་ཆེན་དཀོན་མཆོག་བློ་གྲོས་པས་མཁན་པོ། སློབ་དཔོན་བླ་མ་དཔལ་ལྡན་རྒྱལ་པོ་སོགས་ལས་བསྙེན་པར་རྫོགས། དགེ་བའི་བཤེས་གཉེན་མང་པོ་བསྟེན་ཏེ་གསན་པ་རྒྱ་མཚོའི་ཕ་རོལ་ཏུ་སོན། མཁས་བཙུན་བཟང་གསུམ་གྱི་ཡོན་ཏན་དཔག་ཏུ་མེད་པ་བརྙེས། མུས་ཀྱི་

དགོན་པ་གོང་འོག་རྣམས་དང་། ངོར་ནཱ་ལེནྡྲ། ལོ་དགོན་པ་སོགས་དབུས་གཙང་གི་ས་རིགས་ཀྱི་དགོན་པ་མང་པོར་ཕྲིན་ལས་བསྐྱངས། སྔ་ཕྱིར་ལམ་འབྲས་ཚར་ལྔ་བཅུ་གཅིག་སོགས་དམ་པའི་ཆོས་ཀྱི་འཁོར་ལོ་བསམ་གྱིས་མི་ཁྱབ་པ་བསྐོར། དགུང་ལོ་བདུན་ཅུ་དོན་གཉིས་པ་སྦྲུལ་བྱེད་ཅེས་པ་ཤིང་ཕོ་སྤྲེའུའི་ལོ། ཁྲིམས་ཀྱི་ཟླ་བའི་ཚེས་བཅུ་ལ་གླིང་ཁ་བདེ་བ་ཅན་དུ་སྐུ་གཤེགས། དགོངས་རྫོགས་རྒྱ་ཆེན་པོ་བསྒྲུབས། སྐུ་གདུང་ཞུགས་འབུལ་སོགས་ཀྱང་ས་ལོ་ཐམས་ཅད་མཁྱེན་པས་མཛད་དོ། །རྒྱས་པར་ས་ལོ་ཙྪ་བ་དང་། གཞུང་བརྒྱ་པ་དངོས་གྲུབ་དཔལ་འབར་སོགས་ཀྱིས་མཛད་པར་བལྟའོ།། །།

རྗེ་ལྷ་མཆོག་སེང་གེ་ནི། འཁྲུངས་ཡུལ་ས་སྐྱ། རིགས་རུས་རྗེ་བཙུན་ཀུན་དགའ་བཟང་པོའི་དབོན་རིགས་དཔོན་ནེ་ཀུན་དགའ་རྒྱལ་མཚན་ཞེས་པ་ཡབ་ཡིན་ལ། ཡུམ་ནི་གྲུ་ཤྲཱི་ནམ་མཁའ་བཟང་པོའི་དབོན་མོ་དགེ་བསྙེན་མ་དཀོན་མཆོག་འབུམ་གྱི་སྲས་སུ་ས་ཕོ་བྱི་བའི་ལོ་ལ་སྐུ་འཁྲུངས། ཀུན་མཁྱེན་གོ་བོ་རབ་འབྱམས་པ་བསོད་ནམས་སེང་གེ་གདན་སར་ཕེབས་པ་ལ། དགུང་ལོ་བཅུ་གཅིག་པར་རབ་ཏུ་བྱུང་། དེའི་ཚེ་བྱ་གསུམ་ལས་རྗེ་འདི་ལ་ལྷ་མཆོག་སེང་གེ། གཞན་གཉིས་ལ་མི་མཆོག་སེང་གེ་དང་། ཀླུ་མཆོག་སེང་གེར་བཏགས་སོ། །རབ་ཏུ་བྱུང་ནས་བླ་བྲང་ཤར་དུ་མ་བཞུགས་པར་ཨ་ཞང་གི་བཞུགས་གནས་ཉེ་ལྗེ་བླ་བྲང་དུ་བཞུགས་ནས་གསན་སྦྱོང་མཛད། སྐབས་ཤིག་དབུ་རྩེ་རྙིང་མར་ཀུན་མཁྱེན་ལས་དབུ་མ་ལུགས་ཀྱི་སེམས་བསྐྱེད་ཐོབ། སློ་རུམ་དུ་རྗེ་བཙུན་གྱི་སྐུ་འདྲའི་མདུན་དུ་ཀྱེ་རྡོར་མན་ངག་ལུགས་རྫུལ་ཚོན་གྱི་དཀྱིལ་འཁོར་དུ་དབང་བསྐུར་བ་ཐོབ། གསང་མཚན་ལ་བླ་བྲང་ཤར་དུ་བདག་ཆེན་བློ་གྲོས་རྒྱལ་མཚན་ལས་ཕུར་པའི་དབང་གསན་དུས་དཔལ་ཐུགས་རྡོ་རྗེ་ཟེར་བ་དེ་ཞུས་པས། ས་སྐྱ་པའི་ཡབ་ཆོས་ས་སྐྱ་པའི་གདུང་རབས་རིན་པོ་ཆེ་ལས་ཐོབ་པ་ངོ་མཚར་ཆེ་ཡང་། འཕོན་དཀོན་མཆོག་རྒྱལ་པོ་མན་འདི་འདྲ་ཅིག་དགོས་པ་ཅིག་བྱུང་གསུངས་ནས། དཔལ་ཀྱེ་རྡོ་རྗེ་ཞེས་བཏགས། སློབ་བྱེད་དབང་གི་མགོ་འདི་ནས་འཛིན་གསུངས། དེའི་ཕྱིར་ཉིན་བསེ་འབག་གི་དྲུང་དུ་ལྷམ་དྲལ་གྱི་རྗེས་གནང་ཐོབ། ངོ་མཚར་ཆེན་པོ་བྱུང་། གཞན་ཡང་བཀའ་ཆོས་མང་པོ་ཐོབ། ཨེ་ཝཾ་དུ་སོང་ཞེས་པའི་བཀའ་མང་པོ་གནང་། ཡང་རྗེ་ཡོངས་འཛིན་ས་སྐྱར་བྱོན་པ་ལ

གཤེད་དམར་གྱི་དབང་ཐོབ། རྗེ་འདི་ལ་ཆོས་གསན་པའི་ཐོག་མ་ཡིན། དེ་ཉིད་ནས་གཤེད་དམར་གྱི་ཐུགས་དམ་མ་ཆག་གོ། ཕྱི་ལོ་ཡོངས་འཛིན་ཆུ་འདུས་ནོར་བུ་གླིང་དུ་བྱོན་པ་དང་བསྟུན་ཨེ་ཝཾ་དུ་བྱོན། ལྔེ་དཔོན་བླ་བྲང་གི་སྐབས་རྩ་ནས་རྙེད་པ་རྟེན་འབྲེལ་བཟང་བར་ཡོངས་འཛིན་གྱིས་ལུང་བསྟན། ཆོས་བརྒྱུད་ལ་དབང་ཁང་དུ་བསྐང་གསོ་མཛད་དུས་དཔལ་མགོན་གདོང་བཞི་པ་ལ་ཁྱོད་ངོ་སྤྲོད་གསུངས་ནས་རྟེན་འབྲེལ་བསྒྲིགས། ཀུན་མཁྱེན་ངོར་དུ་བྱོན་ནས་མཁའ་འགྲོ་རྒྱ་མཚོ་སོགས་ཐོབ། དེའི་ཡིག་ཆ་རྣམས་བློ་འཛིན་མཛད། ཀུན་མཁྱེན་ལ་བཤར་གནོན་ཞུལ། ལམ་འབྲས་སོགས་ཆོས་མང་པོ་ཐོབ་མཚན་ཉིད་སློབ་པར་ཞུས། མི་འོང་གསུངས། ཟུར་འཆང་སངས་རྒྱས་དཔལ་གྲུབ་ལ་སྨོམ་འབྱུང་གི་དབང་རྡོ་རྗེ་འཆང་ལས་གསན་པ་ཡོད་པས་ཞུ་གསུངས་ནས་ཞུས་ཤིང་། མགོན་པོའི་དབྱངས་སོགས་ཕྱག་ལེན་མང་པོ་སྦྱངས། མདོར་ན་ཟུར་ཆེན་པ་དང་། ཡོངས་འཛིན་རིན་པོ་ཆེ་དང་། དྲུང་ནས་དོན་གྲུབ་ཤེས་རབ་པ་དང་། རྒྱལ་བ་དཀའ་ཐུབ་པ་དང་། ཆོས་རྗེ་གློ་བོ་མཁན་ཆེན་པ་དང་། མུས་ཆེན་སངས་རིན། གཏིང་ཁེབས་བྱ་བཏང་བ་ལས་ཆོས་ཀྱི་གསན་པ་རྒྱ་མཚོ་ལྟ་བུར་མཛད། ཞིབ་པར་བླ་མ་རྣམས་ཀྱི་གསན་ཡིག་ལྟར་ཡིན་ཞིང་། ཕྱག་ལེན་ཤིན་ཏུ་ཕྲ་བ་ཡང་ཐུགས་ལ་གསལ་ཞིང་ཤིན་ཏུ་ཁྱུངས་བཙུན་ནོ། །བདག་མེད་ལྷ་མོ་བཅོ་ལྔ་ལྷག་པའི་ལྟར་ཡོངས་འཛིན་དྲུང་གིས་གནང་། དེའི་རྟལ་ཚོན་མདངས་ཇེ་ཆེར་འགྲོ་བ་བྱུང་། ཀུན་མཁྱེན་གྱི་གདུང་བཞུ་དུས་མེ་ཏོག་འབབ་པ་རྗེ་འདིའི་སྟོད་དུ་བཙུག་པ་བྱུང་། གཞི་བསྙེན་སོགས་དང་སྦྱིན་སྲེག་རབ་གནས་སོགས་ཐམས་ཅད་ཀྱི་ཕྱག་ལེན་དེ་ཉིད་མངོན་དུ་མཛད། གླང་ལོ་སྟོན་གྱི་ཟླ་བའི་ཆོས་གཅིག་གི་སྤྱི་དྲོ་ཨེ་ཝཾ་གྱི་གཙུག་ལག་ཁང་དུ་མཁན་པོ་རྗེ་ཡོངས་འཛིན། ལས་སློབ་བྱ་བཏང་ཀུན་དགའ་མཆོག་ལྡན་སོགས་ལ་བསྙེན་རྫོགས་མཛད། ཡོངས་འཛིན་བཞུགས་རིངས་བཀའ་གང་གནང་གི་ཆོས་གནང་བ་ལས་རང་ཚོང་བྱེད་མ་མྱོང་གསུངས། རྗེ་ཡོངས་འཛིན་གྱིས་མུས་ཆེན་སངས་རིན་ལ་གདན་ས་གནང་ནས། ཐར་རྩེ་ནས་ཁྱི་ལོ་ཧོར་ཟླ་དང་པོའི་ཆོས་བཅུ་གཅིག་གི་ཉི་རྩེ་ཤར་ཙམ་སྐུ་གཤེགས་དུས་རྗེ་འདི་ལ་ཁྱེད་རང་ཆོས་མཐུན་གྱིས། ཆོས་འབྲེལ་རྣམས་རྗེ་སངས་རིན་གློ་བོ་མཁན་ཆེན། བྱ་བཏང་བ་གསུམ་ལ་ཞུས་གསུངས་སོ། ། ཡོངས་འཛིན་གྱིས་དགོངས་རྫོགས་གྲུབ་ནས། གློ་བོར་གདུང་འབྱེད། མཁན་ཆེན་རིན་པོ་ཆེ་ལ་ཆོས

གསན་པར་ཕེབས་འགྲོ་དོན་ཆེན་པོ་བྱུང་། ཀུན་མཁྱེན་གྱི་བཀའ་འབུམ་སོགས་གནང་ནས་ཨེ་ཝཾ་དུ་ཕེབས་ནས་རྗེ་སངས་རྒྱས་རིན་ཆེན་གྱིས་ངོར་གྱི་གདན་སར་བཀོད་ནས་ཐོག་མར་ལྷ་དཀར་པོ་འབའ་ཞིག་གི་རྗེས་གནང་མཛད་པ་ནས་བཟུང་། ཨེ་ཝཾ་པའི་བསྟན་པ་ལ་ཤིན་ཏུ་དར་རྒྱས་ཆེ་བ་བྱུང་བ་རྣམ་རྒྱལ་དབང་གིས་ཞུས་ནས་དགའ་གདོང་གི་ཞལ་བདག་གནང་ཞིང་ཧྲིབ་ཙམ་ཕེབས་ནས་ཆོས་འཁོར་ཅུང་ཟད་བསྐོར། བླ་བྲང་གིས་ཕྱག་ལྤེ་རྣམས་ཀྱང་རྗེ་རང་གི་ཕྱག་ནས་བརྒྱུད་པ་མ་གཏོགས་གང་བྱུང་བྱེད་ས་མེད། ལོག་འཚོར་ཡོ་བྱད་འབྲུ་གཅིག་ཀྱང་མི་གཏོང་། ཐུགས་དམ་བཅུད་རྒྱུའི་ཐོག་མཐའ་ལམ་ཁྱད་པར་ཅན་ལ་བརྟེན། ཟུར་ཆེན་བཞི་ལ་བསྙེན་རྒྱས་ལ་བརྟེན་པའི་དུ་ཏྲ་འབུམ་ཕྲག་དྲུག་རེ་བསྙེན་པ་ཁོ་བོས་བྱེད་དུ་བཙུག་སྟེ། ཁམས་མངའ་རིས་ཀྱི་གྲྭ་པ་འདས་གྲོངས་བྱུང་བ་ཉིས་བརྒྱ་ལྷག་ཙམ་གྱི་གདུང་ཐབ་བཞི་བརྩིགས་ཏེ། ཟུར་ཆེན་བཞིས་ཀུན་རིག་ཞི་བའི་སྦྱིན་སྲེག་མཛད་པས་འཇའ་དང་མེ་ཏོག་སོགས་ངོ་མཚར་བའི་ལྟས་མང་པོ་བྱུང་། སླར་ཡང་གློ་བོ་ནས་གདན་འདྲེན་བྱུང་བ་དང་། མཁན་ཆེན་རིན་པོ་ཆེ་ལ་ཆོས་འཕྲོ་རྣམས་ཞུ་བར་ཕེབས། འགྲོ་དོན་རྒྱ་ཆེན་པོ་བྱུང་ཀྱང་ཨེ་ཝཾ་དུ་རྡོ་རྗེ་འཆང་གི་དམ་ཚིག་བྲིས་སྐུ་སོགས་རྟེན་དང་བྱིན་རླབས་རྟེན་ཁུངས་མེད་པ་མང་པོ་འཁྲུར་བས་ཐུགས་སྐྱོ་བར་བྱུང་གསུང་ཞིང་། གློ་བོ་ནས་དགེ་སློང་ཆོས་དཔལ་བསོད་ནམས་ཚབ་ཙམ་བཞེངས་པ་མཛད། ཐར་རྩེར་གསང་ཐབས་སུ་བདུད་རྩི་རིལ་བུ་བསྒྲུབ་དུས་ཚོགས་འཁོར་གྱི་ལྷག་གཏོར་ཕ་དམར་གཉིས་ཀྱིས་རྟག་པར་ལེན་པ་བྱུང་བ། རྒྱ་གར་དུ་མངའ་བདག་མེ་ཏྲི་བ་ཚོགས་འཁོར་མཛད་དུས་ཅེ་སྤྱང་གིས་ལེན་པ་དང་མཚུངས་སོ། །དེ་ལྟར་བདུད་རྩི་རིལ་བུ་གྲུབ་པའི་རྟགས་ངོ་མཚར་བ་ཆེན་པོ་བྱུང་བས། ཞིལ་གནོན་སྒྲུབ་པོས་ཐར་རྩེའི་སྟེང་ནས་མདུང་རྩེ་ལ་ཆོས་གོས་ཕྱར་ནས། ཆོས་རྗེ་སངས་རྒྱས་རིན་ཆེན་ལ་བུ་ཆེན་ཨེ་སྐྱེས་འདུག་ཟེར་ནས་སྐད་བཏང་ངོ་། །ཡང་སེང་གེ་རྩེ་བས་སྐད་འདོགས་བྱས་དུས་ཆོས་སྐྱོང་གི་ཕྲིན་ལས་བསྒྲུབ་པ་དང་། བྱད་ཁས་ལྟས་བྱུང་བར་འཇིགས་བྱེད་དྲུག་ཅུ་པ་རྡོ་རྗེ་འཆང་གིས་ཕྱག་བཞེས་ལྟར་བཙུགས་པ་དང་། ཡང་མཁན་རིན་པོ་ཆེ་མཇལ་བར་གློ་བོར་ཕེབས་རྩིས་མཛད་རུང་། མཁན་ཆེན་བདེ་བར་གཤེགས་པའི་བང་ཆེན་བྱུང་ནས་དགོངས་རྫོགས་རྒྱ་ཆེན་བསྒྲུབས། དེ་ནས་རེ་ཞིག་གསུང་ངག་ལམ་དབང་སྐབས་ཤིག་བླ་མ་བརྒྱུད་

པའི་བྱིན་རླབས་ཀྱི་ཐད་ཙམ་དུ། བླ་བྲང་ནང་འཁོར་བ་འགའ་རེས་ཞུས་པ་ལ་དམ་སེལ་ལ་བརྟེན། སྐུ་ཁམས་ཡོག །དེ་ལོ་ལམ་འབྲས་འགྲོ་ཙན་དུ་ལུས་པ་བྱུང་ཞིང་། ཕྱིས་ཐར་རྩེ་ར་སྐུ་མཆམས་ལ་བཞུགས། དེ་དུས་ཁམས་ནས་འབུལ་སྡུད་བ་བླ་མ་གཉན་ལོ་གྲགས་པ་བློ་གྲོས་པ་མཁན་པོ་མཛད་འདོད་བཅས་སྟག་གྲུ་ཁར་ཕེབས་དུས་ཨེ་ཝཾ་པ་གཞིར་འཁོད་རྣམས་ཀྱིས་མཁས་པའི་དབང་པོ་དཀོན་མཆོག་ལྷུན་གྲུབ་མཁན་པོར་མངའ་གསོལ། དེ་དུས་གཉན་ལོས་རྗེ་གདན་ས་པ་ལ་བཀུར་བཟོས་མི་བྱེད་པ་སོགས་ཐུགས་གཡས་ཆུང་འགའ་རེ་མཛད་སྣང་། རྗེ་ཉིད་སྐུ་མཚམས་དམ་མུ་ནས་དག་སྣང་ལ་འབྱམས་ཞིང་། ངས་གནས་སྐབས་ཐམས་ཙད་དུ་རྗེ་བཙུན་གྲགས་པ་ལ་གསུས་ཞེན་བྱས་སྣང་། ད་ལྟ་སློབ་དཔོན་རིན་པོ་ཆེ་བསོད་ནམས་རྩེ་མོས་ཐུགས་རྗེས་བཟུང་ཞེས་གསུང་བ་སོགས་མཐའ་ཡས་སོ། །འཇམ་དབྱངས་ཤེས་རབ་རྒྱམ་པ་ལ་དུས་ཇ་མེད་པས་དེའི་དུས་ཆེན་ལ་གཤེགས་པའི་རྒྱུ་མཚན་ཞིབ་ཏུ་གསུངས་ནས། ཤིང་མོ་ལུག་ལོ་ས་ག་ཟླ་བའི་ཚེས་གསུམ་ལ་གཤེགས་སོ། །དགོངས་རྫོགས་ཀྱང་དངུལ་གདུང་དང་། སྐུ་འདྲ་སོགས་བསམ་གྱིས་མི་ཁྱབ་པ་གྲུབ་བོ། །རྣམ་ཐར་ཐུན་མོང་མ་ཡིན་པ་རྣམས་གསུང་རྒྱུན་ལས་ཡི་གེ་མེད་ལ། ཐུན་མོང་བ་རྣམས་རྒྱས་པར་ཤེས་པར་འདོད་ན་རྗེ་བཙུན་ཀུན་དགའ་གྲོལ་མཆོག་དང་། རྗེ་ཐར་རྩེ་ནས་ནམ་མཁའ་དཔལ་བཟང་གིས་མཛད་པར་བལྟའོ།། ||

ངོར་ཆེན་ཐམས་ཅད་མཁྱེན་པ་དཀོན་མཆོག་ལྷུན་གྲུབ་ནི། དཔལ་ས་སྐྱའི་གཉན་བླ་བྲང་དུ་ཕ་མ་ཅིག་སྲིད་རྒྱལ་སོགས་བོན་སྲུངས་བྲན་དུ་འཁོར་བའི་གྲུབ་ཐོབ་ཀུན་འགྲུབ་དར་དང་། ཡུམ་ཡོངས་འཛིན་དཀོན་མཆོག་འཕེལ་བའི་དབོན་མོ་ལྷ་མོ་བུ་འདྲེན་གྱི་སྲས་སུ་མེ་སྤྲེལ་ལོ་རྒྱལ་ཕུར་འཛོམ་པའི་ཚེས་ལ་སྐུ་འཁྲུངས། མཚན་ལྷ་རྒོད་དར་དུ་གསོལ། གཞོན་ནུ་ནས་འབྲི་ཀློག་སོགས་ཡོན་ཏན་མང་པོར་དབང་འབྱོར། དགུང་ལོ་བཅུ་གསུམ་པར་ངོར་དུ་རྗེ་དཀོན་མཆོག་འཕེལ་བ་དང་། གློ་བོ་མཁན་ཆེན་སོགས་མཁན་སློབ་དགེ་འདུན་དང་བཅས་པ་ལས་རབ་ཏུ་བྱུང་། མཚན་དཀོན་མཆོག་ལྷུན་གྲུབ་ཏུ་གསོལ། དགུང་ལོ་ཉི་ཤུ་པར་མུས་ཆེན་སངས་རྒྱས་རིན་ཆེན་གྱིས་མཁན་པོ་དང་། རྗེ་བྱ་བཏང་བ་དང་། རྗེ་ལྷ་མཆོག་སེང་གེ་དང་། ཆོས་ལུང་པ་ཕྲིན་ལས་དབང་ཕྱུག་སོགས་ཀྱིས་ལས་གསང་སོགས

མཛད་དེ་བསྙེན་པར་རྫོགས། གོང་སློས་ཀྱི་བླ་མ་དེ་དག་དང་། ས་ལོ་འཇམ་དབྱངས་ནམ་མཁའ་བརྟན་པ། མུས་ཆེན་ནམ་མཁའ་དཔལ་བཟང་སོགས་ལས་དམ་པའི་ཆོས་ཀྱི་གསན་རྒྱ་མཐར་ཕྱིན་ཏེ་སངས་རྒྱས་རིན་ཆེན་གྱིས་བདག་རྐྱེན་མཛད་ནས་མུས་སུ་བདེ་ཀྱེ་སོགས་ཀྱི་བསྙེན་པ་མཛད་ཅིང་ལྔ་ནས་ངོར་གྱི་ཟུར་འཚད་སོ་བདུན་ཚེ་བླ་བྲང་དུ་བཞུགས། སོ་བརྒྱད་ལ་ཁྲིར་འཁོད། མཁས་བཙུན་བཟང་གསུམ། འཆད་རྩོད་རྩོམ་གསུམ་སོགས་རྣམ་པར་དཀར་བའི་ཕྲིན་ལས་ཀུན་ལ་གསལ་ཞིང་། བཀའ་འབུམ་དུ་བལྟས་པས་ངོ་མཚར་ཤིན་ཏུ་ཆེའོ། །དེའི་ཚེ་གདན་ས་ཡས་མན། ཉང་སྟོད་མུས། དབུས་ན་ལེནྡྲ་སོགས་ཡུལ་གྲུ་ཐ་དད་དུ་ཆོས་ཀྱི་འཁོར་ལོ་བསྐོར། ས་སྐྱ་འཁོན་གྱི་གདུང་རྣམས་དང་། རིན་སྤུངས་ལ་སོགས་དཔོན་རིས་རྣམས་དང་། མདོར་ན་སྟོད་མངའ་རིས། སྨད་མདོ་ཁམས། བར་དབུས་གཙང་ཐམས་ཅད་དུ་རྗེ་འདིའི་སློབ་མའི་ཚོགས་ཀྱིས་ཁྱབ་བོ། །གདན་ས་ལ་ལོ་ཉེར་བཞི་མཛད། ལམ་འབྲས་ཚར་སུམ་ཅུ་རྩ་གསུམ་སོགས་ཕྲིན་ལས་བསམ་གྱིས་མི་ཁྱབ། རེ་གཅིག་ས་སྦྲུལ་ཧོར་ཟླ་དགུ་པའི་ཉེར་གཅིག་ལ་སྐུ་གཤེགས་སོ། །

རྒྱས་པར་དགོན་མཆོག་དཔལ་ལྡན་པ་སོགས་ཀྱིས་མཛད་པའི་རྣམ་ཐར་དུ་བལྟའོ།། །།

ངོར་ཆེན་སངས་རྒྱས་སེང་གེ་ནི། དཔལ་ལྡན་ས་སྐྱའི་གུ་རུ་བདེ་ལྡན་དུ། ཡབ་རྗེ་ཀུན་དགའ་བཟང་པོའི་དཔོན་རྒྱུད། དཔོན་ནེ་ཚེ་དབང་དཔལ་འབྱོར་དང་། ཡུམ་གཡུང་དྲུང་སྲས་འཛོམས་ཀྱི་སྲས་སུ། མིག་དམར་ཞེས་པ་བྱི་བའི་ལོ་ལ་འཁྲུངས། མཚན་ལྷ་མོ་ཚེ་རིངས་ཞེས་གསོལ། དགུང་ལོ་བརྒྱད་པར་རྗེ་ཡོངས་འཛིན་ས་སྐྱ་བླ་བྲང་ཤར་དུ་ཕེབས་པ་ལ་དགེ་བསྙེན་གྱི་སྡོམ་པ་དང་། ཚེ་དཔག་མེད་གྱི་དབང་ཐོབ། འབྲི་ཀློག་སོགས་བརྡ་བསྟན་པ་ཙམ་གྱིས་མཁྱེན། དགུང་ལོ་བཅུ་གསུམ་པར་ཨེ་ཝཾ་དུ་ཕེབས། མཁན་པོ་རྗེ་སངས་རྒྱས་རིན་ཆེན་དང་། ལས་སློབ་རྗེ་ལྷ་མཆོག་སོགས་ལས་རབ་ཏུ་བྱུང་། མཚན་སངས་རྒྱས་སེང་གེར་གསོལ། ཐུབ་བསྟན་རྣམ་རྒྱལ་དུ་བྱོན་ནས། རབ་འབྱམས་སྨྲ་བ་ཆོས་གྲགས་རྒྱ་མཚོ་དང་། བློ་གྲོས་རབ་ཡངས་སོགས་ལས་མཚན་ཉིད་ཀྱི་གསན་སྦྱོང་མཐར་ཕྱིན་མཛད། དཔལ་ལྡན་ས་སྐྱར་ས་ལོ་འཇམ་དབྱངས་ཆེན་པོ་དབུ་ལ་བཞུགས་པའི་འདུས་པ་རྒྱ་མཚོའི་དབུས་སུ་རབ་འབྱམས་གྲྭ་སྐོར་རྣམ་གཞག་མཛད། ཡང་ཨེ་ཝཾ་དུ་ཕེབས་སྐར་གྱི་སློབ་དཔོན་གྱིས་མཁན་པོ་རྗེ་

བློ་གྲོས་རབ་ཡངས་པས་སློབ་དཔོན། གཉན་ལོས་གསང་སྟོན། རྗེ་དཀོན་མཆོག་ལྷུན་གྲུབ་པས་དུས་བསྒོ་བ་མཛད་ནས་བསྙེན་རྫོགས་མཛད། ཉི་སྒྲོལ་ཞེས་པ་ཤིང་ཕོ་སྤྲེལ་ལོར། དམ་པའི་ཆོས་གསན་ཚུལ་ནི། རྣལ་འབྱོར་དབང་ཕྱུག་གི་སྤྲུལ་པ་མུས་ཆེན་སངས་རྒྱས་རིན་ཆེན་དང་། རྗེ་ལྷ་མཆོག་པ་གཉིས། གཞན་ཡངས་ལོ། ཐུབ་བསྟན་སློབ་དཔོན་གཉིས། གཉན་ལོ་བདག་ཆེན་ངག་གྲགས། བདག་ཆེན་ནམ་མཁའ་དོན་གྲུབ། རི་པ་ཀུན་དགའ་མཆོག་ལྡན། བཞི་སྡེ་ཆོས་རྗེ་འཇམ་དབྱངས་ནམ་མཁའ་བརྟན་པ། རྗེ་དཀོན་མཆོག་ལྷུན་གྲུབ། མཁས་པ་ལྷ་དབང་བློ་གྲོས། ཆོས་རྗེ་ཤཱཀྱ་འོད་ཟེར་སོགས་ལས་གསན་པ་རྒྱ་མཚོའི་ཕ་རོལ་དུ་སོན་པ་མཛད། བསམ་པ་ཇི་ལྟ་བ་བཞིན་མཁྱེན། སྨོན་པ་ཡང་དོན་མངོན་དུ་གྱུར། དགུང་ལོ་ཉེར་ལྔ་ནས་ཆོས་འཆད་པའི་སྒོ་དབྱེ། གློ་བོར་མཁན་ཆེན་རིན་པོ་ཆེའི་གདུང་བཞུ་བར་ཕེབས་རུང་། གློ་བོ་སྡེ་པ་ཐུགས་ཅུང་ཟད་མི་ཟིན་པ་དང་། མི་ངན་འགའི་བྱེད་པས། གདུང་བཞུ་ཚར་འདུག །འོན་ཀྱང་ཡུལ་དེར་འགྲོ་དོན་རྒྱ་ཆེན་པོ་བྱུང་། མཁན་ཆེན་པའི་ཞལ་ཆེམས་ཀྱི་རྟེན་གསུམ་སོགས་ངོར་དུ་སྤྱན་དྲངས་ནས་བྱོན། སྐྱིད་ཚལ་འོག་ཏུ་རྗེ་བློ་གྲོས་ཆོས་འཕགས་གཞུག་ལ་བ་དང་བཅས་མཆོད་ཡོན་གྱི་ཕོ་ཉས་སྤྱན་དྲངས་ཆོས་འཁོར་བསྐོར། ཟླ་བ་དྲུག་བཞུགས། ཆུ་འདུས་སོགས་སུའང་སྤྱན་དྲངས་ནས་འགྲོ་དོན་རྒྱ་ཆེན་པོ་མཛད། མུས་སྟོང་དཔོན་སོགས་ཀྱིས་སྤྱན་དྲངས་ནས་དེ་ཕྱོགས་སུ་ཆོས་འཁོར་བསྐོར། ཐུབ་བསྟན་ཡངས་ཅན། ཐུབ་བསྟན་རྣམ་རྒྱལ་རྣམས་སུའང་ཆོས་འཁོར་བསྐོར། དགོན་པ་རྣམ་ཐོས་སུ་ཕེབས་ཞོར་ལྷ་རྩེ་བྱང་པ་ཆོས་རྒྱལ་མཛད། ཆོས་ཀྱི་བགྲོ་བས་ཚིམ་པར་མཛད། ག་ཡ་དྷ་རའི་སྒྲུབ་ཕུག་ཟར་བྱང་ཕུག་རྣམས་སུ་གནས་མཇལ་དང་འགྲོ་དོན་མཛད། ཁྱད་པར་བྱང་ཕུག་ཇོ་བོའི་དྲུང་དུ་དགེ་འདུན་ལྔ་བརྒྱ་སྐོར་གྱིས་སྨོན་ལམ་ཉི་ཤུ་ཙམ་གནང་བ་ལན་མཛད། མུས་གསང་ཕུགས་རྡོ་རྗེ་གླིང་གི་མཁན་པོ་མཛད། སྤྲུལ་ལོ་ཟླ་བ་དགུ་པའི་ཉི་ཤུ་གཅིག་ལ་རྗེ་དཀོན་མཆོག་ལྷུན་གྲུབ་སྐུ་གཤེགས་ནས་སྤྲེལ་ལོ་དེའི་སྨིན་དྲུག་ཟླ་བའི་ཡར་ཚེས་བཅུ་གསུམ་ལ་ཨེ་ཝཾ་གྱི་བཞུགས་ཁྲིར་རྗེ་འདི་མངའ་གསོལ། དཔལ་ལྡན་ས་སྐྱ་པ་ངག་དབང་ཀུན་དགའ་རིན་ཆེན་སོགས་ཀྱིས་བཀྲ་ཤིས་མེ་ཏོག་འཐོར་བ་མཛད། དེ་ལྟར་ཨེ་ཝཾ་དུ་ཆོས་འཁོར་བསྐོར་བཞིན་པ་ནས་འབྲས་ཡུལ་སྐྱིད་ཚལ་དུ་སྤྱན་དྲངས་ནས་འགྲོ་དོན་མཛད། གཞན་

ཡང་རྒྱ་མཁར་རྩེ་པ་རྣམ་བཀྲ་ཤིས་རྫོང་ཁ་སོགས་སུའང་སྤྱན་དྲངས་ནས་བྱོན་ཞིང་འགྲོ་དོན་མཛད། ནུ་ལེཊྚར་སྤྱན་དྲངས་ནས། རོང་སྟོན་ཆེན་པོའི་བཞུགས་ཁྲིའི་སྟེང་ནས་གསུང་ངག་སོགས་ཆོས་འཁོར་བསྐོར། ལོ་དགོན་པར་སྤྱན་སྔ་ཆོས་ཀྱི་གྲགས་པ་སྤྱན་དྲངས་ནས་སྤྱན་སྔ་རིན་པོ་ཆེ་ལ་བཀའ་གདམས་ལྷ་བཞི་སོགས་ཀྱི་བཀའ་ཆོས་གསན། རྗེ་འདིས་ཀྱང་སྤྱན་སྔ་རིན་པོ་ཆེ་ལ་ཚེ་དཔག་ལྷ་དགུ་ཀྱི་རྡོར་རྒྱུ་ལམ་སོགས་ཀྱི་དབང་ཕུལ་ལོ། །རོང་སྟོན་གྱི་དུས་མཆོད་ཐོག་སྐྱེ་བོ་ཁྲི་ཕྲག་འདུས་པར་ཐུགས་རྗེ་ཆེན་པོའི་སྒོམ་ལུང་གནང་། མཁར་རྩེ་པ་ཚེ་ཡང་སྨིན་གྲོལ་ལ་བཀོད་དེ་དུས་ཨེ་ཝྃ་གྱི་དབྱར་ཆོས་ཤར་ཁང་བ་ཤེས་རབ་རྒྱལ་མཚན་གྱིས་རྡོ་རྗེ་ཕྲེང་བ་ཞེན་པ་བཞི་བྲལ་བློ་སྦྱོང་བཀའ་གདམས་གླེགས་བམ་སོགས་གནང་། ཟླ་བ་བཅུ་གཉིས་པ་ལ་གཙང་ལ་ཆིབས་ཁ་བསྒྱུར། ལྷོ་ལམ་ནས་ཚུ་ཤུལ་ཕག་གདོང་། གཞུག་ལ་སྐྱིད་ཚལ་གོང་འོག་གཉིས་ཁ་བྱམས་ཆེན་སོགས་སུ་འགྲོ་དོན་རྒྱ་ཆེན་པོ་བྱུང་། ཟླ་བ་དང་པོར་ངོར་དུ་ཕེབས་ནས་གསུང་ངག་སོགས་གནང་། ཡང་རྒྱལ་རྩེ་ཆོས་རྒྱལ་ཡུམ་སྲས་ཀྱིས་གཙེད་ལུང་རྫོང་དཀར་དུ་སྤྱན་དྲངས་འབྲིང་མཚམས་སུ་འགྲོ་དོན་ཆེན་པོ་བྱུང་། ས་སྐྱ་པ་ངག་དབང་ཀུན་དགའ་རིན་ཆེན་སྐུ་མཆེད་རྣམས་ཨེ་ཝྃ་དུ་ཕེབས་ནས་ཀྱེ་རྡོར་རྟུལ་ཆོན་ལ་སོགས་དབང་རྗེས་གནང་མང་པོ་གསན་ནས་སོ་སོར་ཕེབས། གཞན་ཡང་སྣར་ཐང་དང་། ཞ་ལུ་མཁན་ཆེན་མཁྱེན་བརྩེ་བས་རི་ཕུག་ཏུ་སྤྱན་དྲངས་ནས་ཆོས་འཁོར་བསྐོར། ཚོང་དུས་སུ་འགྲོ་དོན་རྒྱ་ཆེན་པོ་མཛད། ཚུ་སྒོ་གཞུང་དུས་འཕྲུགས་འདུམས་པར་ཕོ་བྲང་བསམ་འགྲུབ་རྩེར་ཕེབས་ནས་འགྲོ་དོན་རྒྱ་ཆེན་པོ་གྲུབ། ཐག་གདོང་དཀར། སྲད་ཀྱི་ཆོས་སྡེ་གོང་འོག་ཏུའང་འགྲོ་དོན་མཛད། མདོར་ན་ཡང་ན་སྐུ་མཚམས། ཡང་ན་ཕྱུག་དཔེའི་གཟིགས་རྟོག་ཕྱོགས་ཕྱོགས་ལ་འགྲོ་དོན་ལ་སྤྱན་དྲངས་ནས་ཆོས་འཁོར་བསྐོར་བ། ཨེ་ཝྃ་ཉིད་དུ་དུས་ཆོས་ཀྱི་འཛིན་སྐྱོངས་སོགས་བརྗོད་ཀྱིས་མི་ལངས་པའི་རྣམ་པར་དཀར་བའི་མཛད་པ་རླབས་པོ་ཆེ་མཛད་དེ། གསུང་ངག་ཚར་བཅུ་བདུན་གྱི་ཐོག་དྲངས་འཆད་པ་དང་། མཁས་པའི་ཡིད་འཕྲོག་པའི་རྩོམ་པ་དང་། ཕ་རོལ་གྱི་ལོག་རྟོག་བཟློག་པའི་རྩོད་པའི་རིགས་པ་དང་། འཁོར་ལོ་གསུམ་བསྐྱུ་དངོས་བཞི་སོགས་རྒྱལ་བའི་སྲས་ཀྱི་རྣམ་ཐར་རྒྱ་མཚོ་ལྟ་བུ་མངའོ། །རྗེ་འདིའི་སློབ་ཚོགས་ཀྱང་ས་སྐྱ་པའི་གདུང་རྣམས་ཀྱི་གཙོ་མཛད། ཡ་གི་མངའ་རིས། མ་གི་མདོ་

ཁམས། བར་དབུས་གཙང་གི་ཆེ་དགུ་དཔག་ཏུ་མེད་ཅིང་འགྲོ་མགོན་འཕགས་པའི་སྐུའི་རྣམ་འཕྲུལ་དུ་ངེས་པའི་གཏན་ཚིགས་གསུམ་ཡོད་པ་དང་། ཆོས་སྐྱོང་རྣམ་འགྱུར་དངོས་སུ་སྟོན་ཏེ། ལན་ཅིག་ཆོས་བརྒྱད་བསྐང་གསོ་མ་བྱུང་འདུག་པར་མཚན་ཕྱེད་དབང་ཁང་ནས་རྐང་གླིང་བྱུང་ནས་མཆོད་སྣམ་ནས་རྒྱལ་མོ་ཀ་ར་རྫོག་པོ་ཞིག་བཏོན་ནས་བསྐང་གསོ་མཛད་དགོས་བྱུང་གསུངས་སོ། །ཐུགས་དམ་ཀུང་གུར་མགོན་གྱི་ཤཱ་སན་ལ་གཙོ་བོར་མཛད། དེ་ནས་དགུན་ཆོས་ཅིག་གིས། སྣང་གསུམ་ནས་དབང་ཚར་གཉིས་ཙམ་སོང་སྐུ་གཟུགས་ཀྱིས་གཏན་མ་ལྡོགས་པ་ཐར་རྩེར་ཕེབས་ནས་སྐུ་མཚམས་མཛད། དགུང་ལོ་དྲུག་ཅུ་རེ་དྲུག་པ་ལ་ས་སྦྲུལ་སག་ཟླ་བའི་ཉེར་བདུན་གྱི་སྲོད་གཟའ་ཕུར་བུ་སྐར་མ་དབྱུག་པ་བབས་པའི་ཚེ་སྐུ་གཤེགས་སོ། །དེ་ནས་པཎ་ཆེན་ནམ་མཁའ་དཔལ་བཟང་པས་སྐུ་གདུང་ཚས་འཛུག །གཞན་བདུད་རྩི་ལྷར་ཕུལ་ནས་བླ་བྲང་གཟིམས་ཆུང་དུ་སྤྱན་དྲངས། དགོངས་རྫོགས་རྣམས་རྒྱ་ཆེར་བསྒྲུབས་རྒྱལ་ཚབ་ཏུ་རྗེ་དཀོན་མཆོག་དཔལ་ལྡན་པ་བཀོད། ཧོར་ཟླ་དྲུག་པའི་ཚེས་བཅུའི་སྔ་དྲོ་རྗེ་ཐར་རྩེ་ནས་ཀྱིས་སྦྱིན་སྲེག་ཕུལ། གདུང་རུས་གདུང་ཐལ་སོགས་ཀུང་གདུང་ཚ་དང་རྟེན་བཞེངས་ཕུལ་ཕྱིན་གྲུབ་བོ། །རྒྱས་པར་རྗེ་ཐར་རྩེ་ནས་ཀྱིས་མཛད་པའི་རྣམ་ཐར་དང་། གཟིམས་དཔོན་མུས་པ་འཚོ་བྱེད་ནམ་མཁའ་དཔལ་བཟང་གིས་མཛད་པའི་རྣམ་ཐར་གཉིས་སུ་བལྟའོ།། །།

རྗེ་དཀོན་མཆོག་དཔལ་ལྡན་ནི། ས་སྐྱའི་གཉན་ཁང་སར་དུ་ཡབ་རྗེ་དཀོན་མཆོག་ལྷུན་གྲུབ་ཀྱི་གཅུང་པོ་ལྷ་མོ་དར་དང་ཡུམ་རྗེ་རྡོ་རྗེ་འཆང་གི་དབོན་རིགས་དཔལ་ལྡན་བུ་དགའི་སྲས་སུ་མི་ཟད་པ་ཞེས་པ། མེ་ཕོ་ཁྱི་ལ་འཁྲུངས། མཚན་ལ་ཆེ་བརྟན་དོན་གྲུབ་ཞུ། དགུང་ལོ་བཅུ་གསུམ་པ་ལ་ཨེ་ཝཾ་དཀོན་མཆོག་ལྷུན་གྲུབ་ཀྱིས་མཁན་པོ་དང་། ཆོས་རྗེ་དགེ་ལེགས་བཤེས་གཉེན་པས་ལས་སློབ་མཛད་ནས་རབ་ཏུ་བྱུང་། བཅུ་དྲུག་པ་ལ་འབྲས་ཡུལ་སྐྱིད་ཚལ་དུ་ཀུན་མཁྱེན་ཤེས་རབ་འོད་ཟེར་ལས་མཚན་ཉིད་བསླབ་སྦྱོང་མཐར་ཕྱིན་མཛད། དགུང་ལོ་ཉེར་བཞིའི་བར་བཞུགས། དེ་ནས་ས་སྐྱར་རྣམ་གཞག་རྒྱ་ཆེན་མཛད། ཉེར་དགུ་ལ་མཁན་པོ་སྔར་གྱི་དེ་ཉིད་ལས་སློབ། འཇམ་དབྱངས་ཤེས་འོད་སོགས་ལས་བསྙེན་པར་རྫོགས་རྗེ་དཀོན་མཆོག་ལྷུན་གྲུབ། སངས་རྒྱས་སེང་གེ་སྟགས

འཆང་ཆེན་པོ་ཤེར་འོད་བྱང་སེམས་དཀོན་རྒྱལ་སྤྱན་སྔ་དཀོན་མཆོག་རྒྱ་མཚོ་སོགས་ལས་ཐོས་པ་རྒྱ་མཚོའི་ཕ་རོལ་དུ་སོན་པར་མཛད་ནས། སྒྲུབ་པ་ལ་བརྩོན། དགུང་ལོ་སུམ་ཅུ་སོ་གྲངས་ནས་ཨེ་ཝཾ་གཙོ་བོར་གྱུར་གནས་རྣམས་སུ་འཆད་ཉན་མཛད། ཨེ་ཝཾ་གཟིམས་ཁང་ཕྲུག་གུར་བཞུགས། ས་མོ་སྦྲུལ་ལོ་སག་ཟླ་བའི་ཉེར་བདུན་ལ་རྗེ་སངས་རྒྱས་སེང་གེ་སྐུ་གཤེགས་ནས། ཤར་ཁང་པ་ཆོས་རྗེ་ཤེས་རབ་རྒྱལ་མཚན་སོགས་ཀྱིས་གསོལ་བཏབ་དགུང་ལོ་བཞི་བཅུ་རྩ་བཞི་པ་དཀར་པོ་ཞེས་པ་ས་མོ་སྦྲུལ་དེ་ཉིད་ཀྱི་སྟོན་ཟླ་བའི་ཆོས་གསུམ་ལ་ཨེ་ཝཾ་གྱི་མཁན་པོར་བསྐོས་ཐོག་ལོ་དེའི་དབྱར་ཆོས་སྟོན་ཆོས་སོགས་གནང་ནས་མདོ་མཁར་དུ་རྗེ་དཀོན་མཆོག་རྒྱ་མཚོ་སྤྱན་དྲངས་ནས་གསུང་ངག་སོགས་གསན། དེ་ནས་ཨེ་ཝཾ་དུ་གཙོ་བོར་བཞུགས་ཤིང་། གཅེན་ལུང་རྫོང་དཀར་དཔོན་ཀུན་དགའ་བཟང་པོས་སྤྱན་དྲངས་ནས་འབྲིང་མཚམས། གཟར་སོགས་ཀྱི་ཆོས་སྡེ་མི་སྡེ་ཐམས་ཅད་ཀྱིས་གུས་པས་མཆོད། སྐྱིད་ཚལ་གང་མཁན་པོ་འཕོལ་སྟོན་ངག་དབང་གྲགས་པས་སྤྱན་དྲངས་ནས་གསུང་ངག་སོགས་བྱམས་ཆེན་རབ་འབྱམས་པའི་ཁྲིའི་སྟེང་ནས་སོ། །ས་ཡོས་ཧོར་ཟླ་ལྔ་པའི་ཆོས་གསུམ་ལ་བྲང་ཏི་ནས་ངོར་མཁན་པོར་བསྐོས། འབྲུག་སྦྲུལ་ར་གསུམ་ངོར་པ་ལ་སྲི་ངན་གསུངས་ནས་གཟིམས་ཁང་ཕྲུག་གུར་བྱང་པ་བཀྲ་ཤིས་སྟོབས་རྒྱལ། སྤྱན་སྔ་དཀོན་མཆོག་རྒྱ་མཚོ་བཅས་བྱོན་ནས་ཆོས་རྗེ་ཤར་པ་དང་བྱང་པ་བདག་པོ་གཉིས་སྤྱན་སྔ་རྗེ་མཁན་པོ། འདྲེན་མཆོག་འདི་ལས་སློབ། བྲང་ཏི་པས་གསང་སྟོན་སོགས་མཛད་ནས་བསྙེན་པར་རྫོགས་རྩེ་གདོང་གདུང་རྒྱུད་རིན་པོ་ཆེ་དང་འཇམ་དབྱངས་བསོད་ནམས་དབང་པོ་སོགས་བྱོན་ནས་འདོད་ཆོས་མཇལ་འཕྲད་སོགས་ལུགས་ཟུང་རྒྱ་ཆེན་པོ་མཛད། དེ་ནས་སྟོད་ཕྱོགས་ས་སྐྱ་སོགས་སུ་བྱོན་ནས། རྩེ་གདོང་དུ་ལོ་གསུམ་གནང་། ལུག་ལ་ཨེ་ཝཾ་གྱི་ཁུར་མཛད་དགོས་བྱུང་། སྤྲེའུ་ལོར་ཤན་ཆེན་ཁམས་སུ་འབུལ་སྡུད་ལ་འབྱོན་པའི་བརྟག་པ་ཚུད་ནས་གནང་། ཐུབ་བསྟན་ཡངས་ཅན་དུ་སྤྱན་སྔ་མཇལ་བར་བྱོན། རྗེ་འདི་མུས་རབ་འབྱམས་པའི་ཆོས་ཁྲིའི་སྟེང་ནས་བཀའ་ཆོས་གནང་། ཡང་ཆབ་ཚན་ཞོར་ཐུབ་བསྟན་མཁན་ཆེན་ཆོས་འོད་ཟེར་བས་སྤྱན་དྲངས་ནས། ཀུན་མཁྱེན་གོ་རམ་པའི་བཞུགས་ཁྲིའི་སྟེང་ནས་ཀྱང་ཆོས་གནང་། གདན་སར་བྱོན་ནས་ངག་དབང་བསོད་ནམས་དབང་པོ་སོགས་གདན་ས་འོག་གི་ཞལ་ངོ་

ཐམས་ཅད་ག་ར་མཉྫལ་སྒོང་དུ་མཇལ་འཕྲད་མཛད། དེ་ནུབ་བཀྲ་ཤིས་མཐོང་སྨོན་དུ་བཞུགས། གདན་སའི་ཆོས་སྡེ་ལྔོ་བྱང་ཕྲེང་གིས་བསུས་ཏེ་རྩེ་གདོང་གདུང་རྒྱུད་ཆེ་འདོན་མཛད། རྣམ་གཞག་ཐུབ་དགོངས་གསུངས། ཕག་ལོ་ལ་བྱམས་པ་བསོད་ནམས་དབང་པོ་ངོར་དུ་བྱོན་ནས་རྗེ་ཕྲེང་སོགས་ཀྱི་བཀའ་ཆོས་དཔག་མེད་ཕུལ། ས་སྐྱ་པས་ཀྱང་ངོར་པ་ཚོགས་ཆེན་ལ་ཕུར་པ་དང་། དྲག་པོ་སྒྲོལ་དབང་སོགས་གནང་ངོ་། །ཞ་ལུར་བྱོན་ནས་རི་མཐིལ་དུ་བཀའ་ཆོས་སོགས་བསྟན་པའི་བྱ་བ་མཛད། འཆད་རྩོད་ཀྱི་ཡོན་ཏན་མངོན་གསལ་དུ་གྱུར། རྩོམ་པའི་ཕྲེང་བ་དཀར་ཆག་ཏུ་བལྟ། རེ་ལྡེ་པ་སྟག་གི་བར་དུ་བཞུགས། ལོ་དེའི་ཟླ་བ་བརྒྱད་པའི་ཚེས་གཉིས་ཀྱི་སྔོད་ཆར་སྐུ་གཤེགས། སྐུ་གདུང་ཞུགས་འབུལ་སོགས་བྲང་ཏི་པས་མཛད་དོ། །

རྒྱས་པར་ཤར་ཆེན་བྱམས་པ་ཀུན་དགའ་བཀྲ་ཤིས་ཀྱིས་མཛད་པའི་རྣམ་ཐར་དུ་བལྟའོ།། །།

ཐར་རྩེ་ནས་བྲང་ཏི་པཎ་ཆེན་ནམ་མཁའ་དཔལ་བཟང་ནི། བསྟན་པ་སྔ་དར་གྱི་དུས་ནས་སྨན་དཔྱད་ལ་མཁས་པ་མི་དགུའི་ནང་ཚན། བྲང་ཏིའི་བརྒྱུད་དེ། ཆོས་རྒྱལ་ཁྲི་སྲོང་ལྡེ་བཙན་ནས་བཟུང་། བོད་ཆོས་རྒྱལ་རྣམས་བླ་སྨན། བྲང་ཏི་རྒྱལ་བསྙེན་ཁར་ཕུག་དང་། བྲང་ཏི་སྲས་པོ་དང་། ཛ་ཡ་རཀྵི་ཏ་སོགས་དབུས་ལྷུང་རབ་བརྟན་རྩེ་སོགས་སུ་བྱུང་། རྒྱལ་པོས་ཀྱང་ལ་ཐོད་ཕུད་པ་སོགས་ཀྱིས་བཀུར་སྟི་མཛད། གདུང་རབས་བཅུ་གཅིག་ཙམ་དབུས། གསུམ་བཞི་ཙམ་ཉང་སྟོད་སྨད་སྨོན་གྲོ་སོགས་སུ་བྱུང་། གང་ལྟར་དཔལ་ལྡན་འཚོ་བྱེད་ཀུན་དགའ་བཟང་པོ་སོགས་ནས་རྗེ་འདིའི་ཡབ་ཀྱི་བར་སྨན་པ་མཁས་པ། དམ་ཚིག་གི་སེལ་མེད་རྒྱུན་མ་ཆད་པ། རྗེ་ས་སྐྱ་པ་ཆེན་པོ་ལ་སོགས་པ་དམ་པ་མང་པོའི་བླ་མར་གྱུར་པ་དགེ་འདུན་ཁྲི་ཕྲག་འདུས་པའི་བྲང་ཏི་དར་མ་སྙིང་པོ་དང་། ཆོས་རྒྱལ་འཕགས་པའི་བླ་མ་ལྷ་རྗེ་དར་མ་སེང་གེ་སོགས་དགེ་བའི་བཤེས་གཉེན་ཀུན་དུ་མ་བྱོན་ནོ། །ས་སྐྱའི་བླ་མ་བདག་ཉིད་ཆེན་པོ་བཟང་པོ་དཔལ་གྱིས་བྲང་ཏི་འཇམ་དཔལ་བཟང་པོ་ས་སྐྱར་སྤྱན་དྲངས་ནས། བླ་སྨན་དུ་དབང་བསྒྱུར་བ་ནས་བཟུང་སྟེ། རྗེ་འདི་སྐུ་མཆེད་ཡན་ས་སྐྱ་སྨན་གྲོང་པར་གྲགས་སོ། །དེ་ལྟ་བུའི་གནས་ཁྱད་པར་ཅན་རྡོ་རྗེ་གདན་གཉིས་པ་དཔལ་ལྡན་ས་སྐྱའི་མདོ་བརྗོད་བཀྲ་ཤིས་གླིང་དུ། ཡབ་འདྲེན་མཆོག་རཏྣ་ཨཱཙཱརྻའི་དགེ་བསྙེན། སྨན་བླ་གཉིས་པ་ཀུན་དགའ་དོན་གྲུབ་དང་། ཡུམ་ལྷ་མོ་བུ་

འདྲེན་གྱི་ཐྲས་སུ་ཤིང་མོ་ལུག་གི་ལོ། རེས་གཟའ་ཕུར་བུ། རྒྱ་སྐར་དབྱུག་པར་དགེ་མཚན་དང་བཅས་འཁྲུངས། མཚན་ཆོས་སྐྱོང་དཔལ་འབྱོར་རོ། །རྗེ་ཡོངས་འཛིན་གྱི་སློབ་མ་ཀུན་མཁྱེན་བཟང་པོ་ཞབ་ཞིག་གིས་མཚན་གསོལ། ཁྲུས་དང་སྲུང་འཁོར་མཛད། དགུང་ལོ་གསུམ་བཞི་ཙམ་བསྐྱང་བ་ཀུན་རིག་དབང་གིས་གྲོལ། མ་འོངས་པའི་ལུང་བསྟན་འགའ་རེ་ཡང་མཛད་ཅེས་རྗེའི་གཅེན་ནང་སོ་སྟག་རྒྱལ་དོན་གྲུབ་གསུངས་ཞེས་ཐོས། ཆུང་ངུ་ནས་བྱིས་པའི་སྤྱོད་པ་མི་མངའ། རོང་པ་རྒྱ་ལོའི་དགོན་རིགས་སྔགས་འཆང་བླ་མ་ངོར་པས་ཀློག་ཡིག་ཕྱུལ་བཟླ་བསྟན་པ་ཙམ་གྱིས་མཁྱེན། སྐྱིད་ལྷས་སུ་རྗེ་བཙུན་བྲག་ཁུང་སོགས་སུ་མཉམ་འཛོག་དང་ཐོས་བསམ་མཛད། དགེ་འདུན་གྱི་སྡེ་ལ་ལྷག་པར་དགེས། ང་ཡང་འདི་འདྲ་ཞིག་བྱུང་ན་སྙམ་པ་ལྷང་ལྷང་བྱུང་། འཇིག་རྟེན་མཐའ་དག་ལ་སྐྱོ་ཤས་དྲག་པོ་མངའ་བས། དབེན་གནས་དང་ཆོས་གྲྭ་ལ་ཐུགས་རིངས་པར་ཆས། མུས་ཆེན་སངས་རིན་གྱི་བུ་ཆེན་ནམ་མཁའ་སངས་རྒྱས་ལྷ་ས་རྫོང་དུ་ཕེབས་པར། རྗེ་འདི་དགུང་ལོ་བཅུ་གསུམ་པར་བར་མ་རབ་བྱུང་དང་། ཀུན་རིག་དབང་ནོས། མཚན་ནམ་མཁའ་དཔལ་བཟང་གསོལ། ལྷ་རྗེ་སློབ་གཉེར་མ་བྱེད། མདོ་རྒྱུད་ལ་སློབ་གཉེར་གྱིས། བསྟན་པ་དང་སེམས་ཅན་ལ་ཕན་པ་སྲིད་གསུངས། དེ་ནས་དགུང་ལོ་བཅུ་དྲུག་པར་མངོན་རྟོགས་རྒྱན་འགྲེལ་པ་དོན་གསལ་དང་བཅས་པ། བརྟག་གཉིས་གུར་སོགས་གཞུང་དུ་མ། ཀུན་རིག་སོགས་ཀྱི་ཆོ་ག་འགའ་ལ་སློབ་གཉེར་མཛད། རྗེའི་ཡབ་ལ་འབྲས་ཡུལ་སྐྱིད་ཚལ་མཁན་པོ་གྲུང་པ་ཆོས་རྗེ་བྱམས་པ་བཀྲ་ཤིས་གྲགས་པ་རྒྱལ་མཚན་དཔལ་བཟང་པོས་སྐྱིད་ཚལ་དུ་སློབ་གཉེར་ལ་གཏང་དགོས་གསུངས་པ་དང་། དེ་སྐབས་ངོར་ཆེན་དཀོན་མཆོག་དཔལ་ལྡན་གདན་སར་བསྟན་པའི་རྣམ་གཞག་ལ་ཕེབས་དུས། སྐྱིད་ཚལ་དུ་བྱོན་ན་ཐབ་ཆ་སོགས་འོང་གསུངས། རྗེ་རང་ཐུབ་བསྟན་རྣམ་རྒྱལ་ལ་ཕེབས་འདོད་ཡོད་པས། ཡབ་ཐེ་ཚོམ་དུ་གྱུར་ཆེ་ལོ་ཆེན་རཏྣ་བྷ་དྲས་ཆོས་མཛད་འདི་མཚན་ཉིད་གྲྭ་སར་བཏང་ཀྱང་དཀའ་ལས་ཆེ་ལ་ངོ་མཚར་ཆུང་བ་ཞིག་ལས་མི་འོང་། དེ་བས་ངོར་དུ་བཏང་ན་འཕྲུལ་ཞུགས་སུ་ལེགས་ཆ་ཆེ་གསུངས་ནས། རྡོ་རྗེ་འཆང་གི་དཔོན་བརྒྱུད་རྗེ་སངས་རྒྱས་སེང་གེའི་དྲུང་དུ་སྐྱོར་གཏོང་ཞུས་ནས། དགུང་ལོ་བཅུ་དྲུག་པ་དབྱུག་ཟླའི་དུས་ཆོས་བཟང་པོ་ལ་ཡབ་ཀྱིས་ཨེ་ཝཾ་ཆོས་ལྡན་དུ་བསྐྱལ། དགུང་ལོ་བཅུ་བདུན་པ་ནག་

ཟླའི་དུས་ཆེས་བཟང་པོ་ལ་ཐམས་ཅད་མཁྱེན་པ་དཀོན་མཆོག་ལྷུན་གྲུབ་ཀྱིས་མཁན་པོ་རྗེ་སངས་རྒྱས་སེང་གེས་སློབ་དཔོན་གྱིབ་ཆོད་པ་ཤེས་རབ་རྒྱལ་མཚན་སོགས་ལ་རབ་བྱུང་མཛད། སླར་ཉེར་བཞི་པ་ལ་རྗེ་སངས་རྒྱས་སེང་གེས་མཁན་པོ། རྗེ་ཤར་ཁང་པས་ལས་སློབ། དཀོན་མཆོག་དཔལ་ལྡན་པས་གསང་སྟོན། གྲིབ་ཆོད་པ་དཀོན་མཆོག་རིན་ཆེན་སོགས་ལས་བསྙེན་པར་རྫོགས་པར་མཛད། མཁན་པོ་དེ་རྣམས་དང་སྔགས་འཆང་ངག་དབང་ཀུན་རིན། གཉན་ཆེན་གྲགས་པ་བློ་གྲོས། ཆོས་རྗེ་བློ་གྲོས་གྲགས་པ་མངའ་རིས་པ་བློ་གྲོས་བཟང་པོ། །བྱང་གླིང་པ་རིན་ཆེན་བཀྲ་ཤིས་རྒྱལ་མཚན། ཚར་ཆེན་རྣམས་ལ་གསན་རྒྱ་དང་། ཡབ་ལ་ཡང་སྨན་གྱི་རྒྱུད་བཞི་སོགས་གསན། མདོར་ན་དགེ་བའི་བཤེས་གཉེན་མང་པོ་ལས་དབང་། རྗེས་གནང་། ལུང་མན་ངག་དཔག་ཏུ་མེད་པ་གསན་ཏེ་རྒྱས་པར་གསན་ཡིག་དཔག་བསམ་ལྗོན་ཤིང་དུ་ཤེས་པར་བྱའོ། །

སྡོམ་པ་གསུམ་ལ་ཉེས་ལྟུང་གི་དྲི་མས་མ་གོས་པས། སྐུ་ཤིན་ཏུ་བཙུན་ཞིང་། བདག་བས་གཞན་གཅེས་ཀྱི་ཐུགས་མངའ་བས། ཡོག་སྐྱབ་མཁན་ལ་དགའ་བ་བསྐྱེད་པར་མཛད་ནས། ཁང་ཚན་གྱི་དགེ་རྒན་ཞིག་ན་རེ། སྨན་གྲོང་པར་དགྲ་བྱས་པ་དང་གཉེན་བྱས་པ་ལ་ཁྱད་ཨེ་འདུག་ལྟོས་ཟེར་རོ། །ཐོས་བསམ་སྒོམ་གསུམ་ལ་སྐྱོ་ངལ་དང་དཀའ་ཚེགས་མི་གཟིགས་པར་ཉིན་མཚན་ཁོར་ཡུག་ཏུ་འདའ། ཉིན་མོ་གསོལ་བ་མཛད་དུས་ཀྱང་དལ་བར་མི་བཞུགས། མཚན་ལ་ཡང་འམ་བུ་ནམ་འཆི་མི་ཤེས་པས། གཉིད་དེ་ཙམ་ཡོག་ཡོང་མེད་གསུངས་ཤིང་ཐུགས་དམ་མཛད། གང་དུ་བཞུགས་པའི་ས་ཕྱོགས་གཙང་ཞིང་ཡིད་དུ་འོང་། ཚུལ་ཁྲིམས་ཀྱི་དྲི་བསུང་ལྡན། སུས་ཀྱང་ཆོས་ཀྱི་སྐྱོན་གླིང་རྒྱུ་མེད། ཉིད་ཀྱི་གསུངས་ལས། ཁོ་བོ་ལས་དང་པོ་པའི་དང་པོ་པ་རང་དུ་སོང་བས། ལས་འབྲས་ཀྱི་བླང་དོར་ཚུལ་བཞིན་དུ་འགྲུབ་པར་དཀའ་ཡང་། ལས་འབྲས་ལ་ཡིད་ཆེས་པ་ཙམ་ཡོད་གསུངས། འཇིག་རྟེན་ཡང་དག་གི་ལྟ་བ་ནི་དེའོ། །ཡོན་ཏན་གྱི་ཆ་རྣམས་གཞན་ལ་གསང་བ་ཁོ་ན་མཛད། གཞན་ལ་ཏིང་ངེ་འཛིན་མ་སྐྱེས་པ་སྐྱེད་པ་དང་། བགེགས་འདོན་དང་། ནད་གདོན་གྱིས་ཉེན་པ་རྣམས་ལ་བྱིན་རླབས་ལྟགས་ཆབ་ཙམ་རེས་ཕན་པ་མང་པོ་བྱུང་། དགུང་ལོ་ཉེར་བཞི་ནས་སོ་ལྔའི་བར་རྗེ་སངས་རྒྱས་སེང་གེ་འབྲལ་མེད་དུ་བསྟེན། སྤྱལ་ལོར་རྗེ་སངས་རྒྱས་སེང་གེ་དག་པའི་ཞིང་དུ་

གཤེགས་ཁར་ཐར་རྩེ་པ་གནང་ནས། དགོངས་རྫོགས་ཀྱི་དཀའ་བ་དང་ལེན་དང་། རང་ལ་ཡོད་པའི་དངོས་པོ་གང་ཡོད་ཀྱང་བཏང་། དེ་ནས་བླ་མ་སྐད་བྱས་ཀྱང་ལུགས་གཉིས་ཆར་ནས་བསྟན་པར་ཕན་པ་དཀའ། སྙིགས་མའི་དུས་འཛིག་རྟེན་ཟང་ཟིང་ཐབ་སྐྱོང་མེད་ན། ཆོས་དང་མི་མཐུན་པའི་གྲྭ་མང་སྦྱིན་བདག་གི་བསམ་པ་རྫོགས་པ་དཀའ། དེ་བྱས་ནས་དད་རྫས་ལོག་འཚོ་དང་། རྙེད་པས་རྙེད་པ་ཚོལ་བར་འགྲོ། དེ་བས་འཚོ་བ་ངན་འདྲངས་ཙམ་འོང་བ་འདུག་པས། རི་ཁྲོད་དགའ་ལྡན་དུ་ཕྱིན་ནས་ཚེ་དང་སྒྲུབ་པ་མཉམ་པར་ཐུགས་ལ་དགོངས་ནས། བླ་བྲང་དུ་རྗེ་དཀོན་མཆོག་དཔལ་ལྡན་གྱི་དྲུང་དུ་ཐར་རྩེའི་དཔེ་ཆ་རྟེན་མཆོད་སོགས་ཕུལ་བར། གདན་ས་པའི་གསུང་གིས་དེ་མི་འོང་། སྐུ་ཆས་བླ་བྲང་ནས་འབུལ། ངེད་ལ་རོག་རམ་དགོས། གྲྭ་པ་ལ་ཡང་ཕན་ཆེ། འདི་རང་དུ་བཞུགས་དགོས་གསུངས་ནས། དགོངས་པ་མ་གནང་། རྗེ་ཤར་ཁང་པས་ཀྱང་དེ་བཞིན་གསུང་ཞིང་། ངོར་པ་ལ་ཁྲིད་དྲག །ཁྲིད་རང་ལ་ཡང་བཞུགས་ས་འདི་ལས་ལྷག་པ་མེད་གསུངས་ནས། བླ་མ་གཉིས་བཀའ་མ་ཆོགས་པས་བསྡད་པ་ཡིན་གསུངས། རྗེ་ཤར་ཁང་པ་གཤེགས་པའི་གདུང་ཞུགས་དགོངས་རྫོགས་རོག་རམ་སོགས་མཛད། གདན་ས་གོང་འོག །ཚོང་དུས་པ་རྣམ་རྒྱ་ཚོ་སོགས་སུ་སྙོར་ཙམ་རེ་ཕེབས་ནས་ཆོས་འཁོར་བསྐོར། དེ་མ་གཏོགས་དགོན་པ་འདིར་བཤད་སྒྲུབ་རྒྱུན་ཆགས་གནང་། དེ་ནས་རྒྱལ་ཚབ་དཀོན་མཆོག་དཔལ་ལྡན་པས་གཙོ་བོར་བཀའ་སྩལ། དབུ་ཆེན་པོ་ཆོས་རྒྱལ་སོགས་དགེ་འདུན་ཐམས་ཅད་ཀྱིས་ཨེ་ཝཾ་གྱི་གདན་སར་གསོལ་བ་བཏབ་སྟེ་ས་མོ་ཡོས་ལོ་ཧོར་ཟླ་ལྔ་པའི་གཟའ་སྐར་བཟང་ཐོག་འཛམ་དབྱངས་ཤེར་རྒྱམ་དང་རྗེ་ལྷ་མཆོག་སེང་གེའི་དུས་ཆེན་ཐོག །རྡོ་རྗེ་འཆང་ཀུན་དགའ་བཟང་པོའི་རྒྱལ་ཚབ་ཏུ་མངའ་གསོལ། ཧ་ལོའི་བར་ཁྲུར་བཞེས་གནང་། དུས་ཐམས་ཅད་དུ། གསུང་ངག །རྡོ་ཕྲེང་། སྒྲུབ་ཐབས་བརྒྱ་རྩ། རྒྱ་མཚོ། བདེ་ཀྱེ་གསང་གསུམ་སོགས་བཀའ་ཆོས་གནང་བ་ལ་ནི་ཚད་མེད། སྤྲུལ་ལོར་རྗེ་སངས་རྒྱས་སེང་གེའི་དུས་ཆེན་ལ་སྦྱང་དག་མཛད། རྒྱུ་རྟའི་ལོའི་སྟོན་གདན་ས་རྗེ་དཀོན་མཆོག་དཔལ་ལྡན་ཉིད་ལ་ཕུལ། ལོ་དེའི་ཟླ་བ་བཅུ་པའི་གཞུག་ནས་ཞིང་སྤྱོལ་ནག་ཟླའི་བར་སྐུ་མཚམས་མཛད། ཡང་དེ་བར་བྱུང་བའི་དངོས་པོ་གཏོང་བ་དང་། དུས་འཁོར་གྱི་དབང་གནང་བར་སྐུ་མཚམས་གྲོལ། མི་སྟག་ལ་རྗེ་དཀོན་མཆོག་དཔལ་ལྡན་སྐུ་

བསྐྱེལ། རྗེ་འདིས་དབུར་ཆོས་ཀྱེ་རྡོར་རྒྱུད་བཤད་གནང་། མཁན་ཆེན་སྐུ་ག་ཤེགས་ནས་གདུང་བཞུ་སོགས་དགོངས་རྫོགས་དང་། སླར་གདན་སའི་ཁྲུར་བཞེས་གནང་། རྗེ་འདི་གང་དུ་བཞུགས་ཀྱང་ལོངས་སྤྱོད་ཆར་བཞིན་འབབ། འཛིན་ཆགས་མི་མངའ། དད་ཅན་གྱི་འབུལ་བ་རྣམས་ཆུད་མི་ཟ་བར་ལག་ལེན་བྱེད་པ་གལ་ཆེ་གསུང་ཞིང་། བསྔོ་རྟེན་ཆོས་ཡོན་དར་ཁ་གང་བྱུང་ཀྱང་དྲུང་ཆེན་རང་ལ་གནང་བ་མ་གཏོགས་ཏིལ་འབྲུ་ཙམ་ཡང་མི་འཛིན། སྔ་སོར་དུས་ཇ་ཆགས་པ་དང་། ཇ་མར་ནས་ཀྱི་བུན་བུག་པ་རྣམས་བསབས། དེ་ལྟར་ལོ་བཞིར་བླ་བྲང་གི་ཁྲུར་བཞེས། རྟ་ལོར་འབུལ་སྡུད་པའི་བསྔོ་བ་མཛད་ནས། ཁོང་ཚོའི་འདོད་ཆོས་གནང་། ཧོར་ཟླ་བཅུ་གཉིས་པའི་ཚེས་བཅོ་ལྔ་ནས། སྤྲེལ་ལོ་ཧོར་ཟླ་བརྒྱད་པའི་ཡར་ཚེས་བར་སྐུ་མཚམས་བསྡམས། ལྷག་པར་ཤིང་ལུག་དབྱུག་ཟླའི་ཉེར་གསུམ་ནས་གནམ་སྟོང་བར་བདུད་རྩི་རིལ་བུའི་སྒྲུབ་པ་མཛད་འཕེལ་ཆེ་བ་དང་། དྲི་བསུང་ཕྱོགས་མཐར་ཁྱབ་པ། རི་དྭགས་མང་པོ་འཁོར་བ་དང་། ལྷག་གཏོར་གཏང་བ་ཅེ་སྤྱང་གིས་མི་ལ་མི་འཛེམ་པར་ལེན་པ་བྱུང་། སྔ་སོར་སྒྲུབ་པ་ཅིག་ལའང་དེ་ལྟར་བྱུང་། སྔ་ཕྱི་ཀུན་ལ་འཇའ་དང་མེ་ཏོག་གི་ཆར་ཀུན་ལ་གསལ། སྔ་སོར་སྐུ་མཚམས་མ་བསྡམས་གོང་གདན་ས་པ་བཀོད་ཨེ་ཐུབ་དགོངས་ཀྱང་། དགེ་འདུན་རྣམས་དང་ཐུབ་བསྟན་རྣམ་རྒྱལ། སྐྱིད་ཚལ་སོགས་མི་སྣ་བཅས། ལོ་གཅིག་ཙམ་སྐུ་མཚམས་རིངས་ཆོས་འཆད་ཅིག་བསྐུལ། དེ་ནས་སྐུ་ཚེ་ནམ་རིངས་པར་བསྐྱིལ་དགོས། ཐ་ནའང་ལོ་བཅུ་སྐོར་ཁྲུར་མ་བཞེས་པའི་ཐབས་མེད་ཟེར་དགོངས་ཐོག་ཏུ་མ་ཁེལ། དེ་ནས་སྐུ་མཚམས་ནང་དུ་བདག་པོ་ཤར་པ་བྱམས་པ་ཀུན་དགའ་བཀྲ་ཤིས་ལ་གདན་ས་པའི་ཁྲུར་འབོགས་ཀྱི་ཞལ་བཀོད་གནང་དོན་འགྲུབ། སྐུ་མཚམས་གྲོལ་ནས་ཟང་ཟིང་གང་ཡོད་རྣམས་ལྟོས་བཅས་རྣམས་སྙིང་རྗེ། འདི་ཕྱིར་ཕན་རེ་ཡིན་གསུངས་ནས། ངམ་རིངས་གདན་ས་གོང་འོག་སོགས་གཙང་གི་ས་དགེ་ལྡན་གྱི་ཆོས་སྡེ་མང་པོར་མང་ཇ་འགྱེད་བཅས་གནང་། བླ་མ་རྣམས་ཀྱི་སྐུ་བརྙན་དང་། དཀྱིལ་ཐང་མཆོད་ཆ་སོགས་མང་དུ་བསྒྲུབས། ལྷ་ས་བསམ་ཡས་སོགས་སུ་གསེར་ཆབ་དཀར་མེ། དགོན་པ་འདིར་ངོར་ལུགས་ལྷའི་སྒྲུབ་མཆོད་སོགས་གནང་བ་ནི་བསམ་ལས་འདས། མཁས་པའི་བྱ་བ་རྣམ་གསུམ་ལ་མངའ་བརྙེས་གསུང་རྩོམ་བཀའ་འབུམ་པུསྟི་ཆེ་བ་གསུམ་བཞུགས། ད་ལྟའང་ཕྱག་ལེན་མ་ནུབ་པར་དར་རྒྱས་སུ་

བཞུགས། འཆད་ཉན་གྱི་འབྲས་བུ་བསྟན་འཛིན་སློབ་མ་ནི་ སྔགས་འཆང་གྲགས་པ་བློ་གྲོས་ཡབ་སྲས་སོགས་གདན་ས་ཕྱོགས་ཀྱི་བླ་མ་རྣམས་དང་། ཁྲི་ཆེན་ཀུན་དགའ་བསོད་ནམས་ལྷུན་གྲུབ་སྐུ་མཆེད་སོགས་རྩེ་གདོང་ཕྱོགས་དང་། ཐུབ་བསྟན་སྙིང་ཚལ་སོགས་མདོར་ན། རྗེ་རང་དང་ཐོག་མཇལ་བའི་དུས་ནས་སྐུ་བའི་དགེ་བཤེས་མང་པོའི་བླ་མར་གྱུར་ལ། ཁམས་མངའ་རིས་རྣམས་ན་ཡང་མཐའ་ཡས་སོ། །དེ་ནས་སྐུ་ཚེའི་མཇུག་ཕྲིན་ལས་བསམ་གྱིས་མི་ཁྱབ་ནའང་། སྤྱན་བདེ་རྒྱུ་མེད་པ་ཅིག་བྱུང་། སྤྱན་འབྱེད་སོགས་ཀྱང་ཕུལ། ཁྱད་ཆེ་བ་རང་ནི་མ་བྱུང་། དུས་རྒྱུན་རྫོར་དཀར་དང་གདན་གཅིག་གནང་བས་སྐུ་ཤེད་ཆུང་། བསྙུང་ནྲུག་ཆེ་བ་རང་ནི་མེད། གསོལ་དང་མནལ་མ་བྱུང་། སྨན་དཔྱད་རིམ་གྲོ་བྱེད་པར་ཞུས་པས། སྨན་པ་འབོད་བསམ་ན་པོས། རིམ་གྲོ་བྱས་ན་འདི་ཕྱི་ཀུན་དུ་ཕན། ཚེ་འདི་ཁོ་ན་དོན་གཉེར་གྱིས་ནི་ཕན་ཤས་ཆུང་གསུངས་དྲུང་ཆེན་བསོད་ནམས་ཤེས་རབ་ཀྱིས་བླ་མ་རིན་པོ་ཆེ། བདག་རྣམས་བསྒྲུར་བ་འདྲ་ཞུས་དུས་ཙུང་ཟད་ཅིག་ནས་དྲན་ནས་ད་བར་ཆོས་དང་འགལ་བ་གཅིག་ཀྱང་བྱས་པ་མི་དྲན། མི་བསྒྱུར་རམ་གསུངས། གང་ལྟར་སྐུ་རིམ་སྨན་དཔྱད་སོགས་བསྒྲུབ་རུང་རྗེ་ཉིད་ཀྱི་ཞིང་འདིའི་གདུལ་བྱ་རྫོགས་པར་བསྟན་ཞིང་། ཞིང་ཁམས་གཞན་དུ་དགོངས་ནས་ཡོངས་གྲགས་དགུང་ལོ་རེ་བརྒྱད། འདུལ་བའི་ལུགས་ཀྱི་རེ་དགུར་ཕེབས་པ་ཆུ་ཕོ་སྟག་ལོ་ཧོར་ཟླ་བཅུ་གཅིག་པ་སྨལ་པོ་ཟླ་བར་ས་པཎྜི་ཏ་ཆེན་པོའི་ལོ་དུས་ཀྱི་དུས་མཆོད་དང་ཉེ་བ། ཆོས་བཅུ་གསུམ་གྱི་སྐྱ་རེངས་དང་པོ་ཤར་བ་ཡན་ཆད་ལ་དཀར་ཆ་བཞི་མ་གཏོགས་པའི་ཐུགས་དམ་རྣམས་ཚང་འགྲིགས་གྲུབ་ནས། སྐྱ་རེངས་དང་པོ་ཤར་ནས་ཞབས་སྐྱིལ་ཀྲུང་ཕྱག་གཉིས་རྡོ་རྗེ་ཁྱུར་ཚུར་བརྣ་སྙིང་དུ་བཞག །སྐུ་དྲང་པོར་བསྲང་སྟེ། གཡོ་འགུལ་མེད་པར་བཞུགས་སོ། །

ཆོས་བཅུ་བཞིའི་ནམ་གསལ་དག་པ་ལ་འདའ་ཁ་མ་གསལ་བཏབ་སྟེ་གཤེགས་སོ། །ཟླ་བ་ཕྱེད་ལྷག་པར་ཞལ་མདངས་ཇེ་གསལ་བྱུང་། དེ་ནས་འགྱུར་གདན་ས་པ་བྱམས་པ་ཀུན་དགའ་བཀྲ་ཤིས་ཀྱིས་སྐུ་གདུང་ཚས་འཇུག་ཞུལ་ནས། དཔོན་སློབ་རྣམས་ཀྱིས་ཞག་བདུན་སྔ་དྲོ་ཀྱེ་རྡོར་སྒྲུབ་མཆོད་ཕྱི་དྲོ་བླ་མཆོད་ཕུལ། དེ་ནས་གདན་ས་པས་གཙོ་མཛད་དགེ་འདུན་དགུ་བརྒྱ་ཙམ་གྱིས་ཞག་བཅུ་ངོར་ལུགས་ལྟའི་དཀྱིལ་འཁོར་རྟུལ་ཆེན་ལས་བསྒྲུབས། གཞན་ཡང་ལོ་དུ་མར་འདི་བཞིན་

སྒྲུབས་དགུང་ཞག་རིང་རྩེ་གདོང་བདག་ཆེན་དཔོན་སློབ་རྣམས་ཀྱིས་སྒྲུབ་མཆོད་དང་། བླ་མཆོད་མཛད་ཟླ་བ་བཅུ་གཉིས་པའི་ཉེར་བདུན་ཕོ་རངས་འཛམ་དབྱངས་རྩེ་གདོང་པ་དཔོན་སློབ་རྣམས་ཀྱིས་སྐུ་གདུང་ཞུགས་འབུལ་མཛད། ལམ་འབྲས་དང་། ལམ་ཟབ་ཀྱི་ཁ་སྐོང་། སྐུ་རྟེན་དུས་ཐང་གསུང་རྟེན་བཀའ་འབུམ་པུསྟི་གསུམ། ཐུགས་རྟེན་གསེར་དངུལ་ར་མ་ལུག་གི་རྣམ་རྒྱལ་མཆོད་རྟེན་སོགས་དགོངས་རྫོགས་ལེགས་པར་གྲུབ་ཅིང་ཕྲིན་ལས་རྒྱུན་མི་འཆད་པ་ཉིད་དོ། །རྒྱས་པར་ཤར་ཆེན་བྱམས་པ་ཀུན་དགའ་བཀྲ་ཤིས་ཀྱིས་མཛད་པ་དང་། དྲུང་ཆེན་བསོད་ནམས་ཤེས་རབ་ཀྱིས་མཛད་པའི་རྣམ་ཐར་དུ་བལྟའོ།། །།

ཤར་ཆེན་བྱམས་པ་ཀུན་དགའ་བཀྲ་ཤིས་བ་ནི། ས་སྐྱའི་ཤར་ལོགས་སུ་གུ་ར་བླ་བྲང་དུ་ཡབ་བདག་པོ་ཀུན་དགའ་ཡེ་ཤེས་དང་། ཡུམ་དབང་ལྡན་མའི་ལྷུམ་མོ། དབང་ལྡན་རྒྱལ་མོའི་སྲས་སུ་ས་ཕོ་རྟའི་ལོ་ལ་བྲོན། ཡབ་ཀྱི་མཚན་ཀུན་དགའ་དཔལ་འབྱོར་དུ་གསོལ། དགུང་ལོ་བདུན་བརྒྱད་ཙམ་ནས་དགེ་སློང་གཡུ་ཐོག་པ་ཞེས་བྱ་བ་ལས་འདྲི་ཀློག་སོགས་བཟ་བསྟན་པ་ཙམ་གྱིས་མཁྱེན། དགུང་ལོ་དགུ་བཅུའི་དུས་རྩ་རྒྱུད་བརྟག་གཉིས་ཚུལ་ལྡོན་སོགས་ཐུགས་ལ་སྦྱང་བར་བཟུང་། དགུང་ལོ་བཅུ་གཅིག་པ་ས་ཕོ་འབྲུག་གི་ལོར་ཨེ་ཝཾ་དུ་ཕེབས། བླ་བྲང་དུ་བཞུགས། དཔལ་ཀྱེ་རྡོ་རྗེའི་སྒྲུབ་དཀྱིལ་སོགས་ཐུགས་སྦྱང་མཛད། རྗེ་སངས་རྒྱས་སེང་གེའི་དྲུང་དུ་ལམ་འབྲས་ཡོངས་རྫོགས་བརྟག་གཉིས་ཀྱི་བཤད་བཀའ་སོགས། ཆོས་དང་འཇིག་རྟེན་གཉིས་ཀའི་བཀའ་དྲིན་སྐྱུལ། ལོ་དེའི་ནག་པ་ཟླ་བའི་ཚེས་ཉི་ཤུའི་ཉིན། མཁན་པོ་རྗེ་སངས་རྒྱས་སེང་གེ། སློབ་དཔོན་རྗེ་ཤར་ཁང་པ། དུས་བསྒོ་བ་བྲང་ཧེ་ནམ་མཁའ་དཔལ་བཟང་སོགས་ལས་རབ་བྱུང་མཛད། མཁན་པོའི་ཞལ་ནས་ཁྱེད་རང་གི་ཁུ་མེས་བདག་པོ་ཀུན་དགའ་བཀྲ་ཤིས་ཞུ་བ་ཡག་པོ་ཅིག་བྱུང་བ་དེ་བཞིན་བྱེད་གསུངས་ནས་མཚན་ཀུན་དགའ་བཀྲ་ཤིས་གསོལ། སྤྱིལ་ལོ་ལ་རྗེ་སངས་རྒྱས་སེང་གེ་ཐར་རྩེར་བདེ་བར་གཤེགས། དེ་ཡན་ཆད་རྗེ་སངས་རྒྱས་སེང་གེ་པས་ལུགས་གཉིས་ཀྱི་དབུ་འདོན་མཛད། དེ་ནས་མཚུངས་མེད་དཀོན་མཆོག་དཔལ་ལྡན་ཨེ་ཝཾ་པའི་གདན་སར་ཕེབས་པས་དེ་ཉིད་ཀྱི་ཐུགས་སྲས་སྤྱན་གྱི་འབྲས་བུ་ལྟར་འཚོ་བ་མཛད། དགུང་ལོ་བཅུ་གསུམ་པ་ལྕགས་རྟ་ལ་ཤར་ཁང་པས་མཁན་ཚབ་མཛད་པའི་དྲུང་

དུ་གསུང་ངག་སོགས་ཆོས་མང་དུ་གསན། དེ་ནས་རྗེ་དཀོན་མཆོག་དཔལ་ལྡན་པའི་ཆོས་ཐུམ་པ་གང་འགྱེའི་ཚུལ་དུ་གསན། དགུང་ལོ་བཅུ་དགུ་པ་ལ་རྗེ་གདོང་བདག་ཆེན་ཀུན་དགའ་བདེ་ལེགས་པས་གསོལ་ཆས་ཀྱི་མཐུན་རྐྱེན་དང་བསྙེན་རྫུས་མཛད། དྲུང་ཡིག་ཀུན་དགའ་ལྷུན་གྲུབ་ཀྱིས་སློབ་གཡོག་བྱས་ཏེ་ཀྱེ་རྡོར་གཞི་བསྙེན་སྦྱིན་སྲེག་དང་བཅས་པ་མཛད། དེ་ནས་ཨེ་ཝཾ་དུ་ཕེབས་ཏེ་བཞུགས་ས་གཟིམས་ཕྲུག་ཏུ་མཛད། དགུང་ལོ་བཅུ་དྲུག་པ་ནས་བཟུང་སྟེ་གསུང་ཆོས་གསན་པ་དང་། ཐུགས་སྒྲུབ་དང་། ཐུགས་དམ་མ་ཆག་པའི་ངང་ནས་ཨེ་ཝཾ་པའི་ཟུར་ཆོས་པ་མཛད་དེ། ཁམས་མངའ་རིས་དབུས་གཙང་གི་ཕྱོགས་རྣམས་ནས་འདུས་པ་ལ། གང་འདོད་ཀྱི་ཆོས་འཁོར་བསྐོར་བར་མཛད། རྗེ་དཀོན་མཆོག་དཔལ་ལྡན་གྱིས་རྗེ་འདི་དང་བྲང་ཏེ་ནམ་མཁའ་དཔལ་བཟང་གཉིས་ཆར་ལ་བདེ་མཆོག་ནག་པོ་པའི་རྟུལ་ཆོན་དུ་དབང་གནང་ནས། རྗེ་ནམ་མཁའ་དཔལ་བཟང་ལ་བ་སོའི་ཁ་ཊྭཱཾ་ག་དང་། རྗེ་འདི་ལ་ལྷུགས་ལ་གསེར་ཆགས་དངུལ་ཆགས་ཡོད་པའི་རྒྱའི་ཁ་ཊྭཱཾ་ག་གནང་། ཁྱེད་གཉིས་ཀྱིས་བདེ་མཆོག་གི་བསྟན་པའི་རྒྱུན་ལ་ཕན་པར་གྱིས་གསུངས། རྗེ་ཐར་རྩེ་ནས་ཀྱི་དྲུང་དུ་བཀའ་ལུང་ཐམས་ཅད་བུམ་པ་གང་འབྱོའི་ཚུལ་དུ་གསན། ངོར་ལུགས་ཀྱི་སྒྲུབ་མཆོད་བསྐང་གསོ། ཁྲིས་ཐིག་དབྱངས་གསུམ། དཀྱིལ་འཁོར་བློས་བསླང་། དམིགས་རིམ་གོ་དོན་ཐམས་ཅད་ཕྲ་ཞིང་ཕྲ་བ་ཡང་ཐུགས་སུ་ཆུད་པར་མཛད། སྒྲུབ་ཁང་དུ་ཞྭ་ལུ་དགེ་སློང་པ་ལས་ལམ་འབྲས་ཀྱི་ལུས་སྦྱོང་། འཁྲུལ་འཁོར་སོགས་ཀྱང་གསན། རྗེ་དཀོན་མཆོག་དཔལ་ལྡན་པས་གསུང་ངག་གནང་དུས་རྗེ་འདིས་ཚོགས་སུ་འཁྲུལ་འཁོར་སྟོན་པ་སོགས་མཛད། བརྟ་སྦྱོད་པ་བློ་གྲོས་བཀྲ་ཤིས་ཀྱི་དྲུང་དུ་སྒྲ་དང་སྙན་ངག་སོགས་སྦྱོང་བ་མཛད། དགུང་ལོ་བཅུ་དགུ་པ་ན་དགོན་པ་རྣམ་སྲས་ཀྱི་ཞལ་བདག་མཛད་ནས། སྐབས་རེ་བཞུགས་ནས་བསྙེན་སྒྲུབ་དང་། ལྡོན་ཤིང་ཆེན་མོ་ཐུགས་སྒྲོང་མཛད། སྲང་དགོན་གསར་གྱི་ཞལ་བདག་ཀྱང་མཛད། རྗེ་དཀོན་མཆོག་དཔལ་ལྡན་པའི་ཞབས་ཕྱིར་འབྲས་ཡུལ་སྐྱིད་ཚལ་དུ་ཡང་བྱོན། དགུང་ལོ་ཉེར་གཉིས་པ་ཡོས་ལོའི་དབྱར་བྱང་པ་བདག་པོ་བཀྲ་ཤིས་སྟོབས་རྒྱལ་བའི་དགུ་འདོན་ལ་འཇམ་དབྱངས་སངས་རིན་དབོན་པོ་ཨེ་ཝཾ་དུ་བྱོན། སངས་རིན་དབོན་པོ་འཇམ་དབྱངས་དཀོན་མཆོག་རྒྱ་མཚོ་མཁན་པོ། ལས་སློབ་རྗེ་དཀོན་མཆོག་དཔལ་ལྡན། གསང་སྟོན་བྲང

ཧེ་ནམ་མཁའ་དཔལ་བཟང་། གྲིབ་ཚོད་པ་དབུ་མཛད་མགོན་པོ་བཀྲ་ཤིས་སོགས་དགེ་འདུན་གྱི་དབུས་སུ་བསྙེན་པར་རྫོགས་པར་མཛད་དོ། །མཚན་བྱམས་པ་ཀུན་དགའ་བཀྲ་ཤིས་གྲགས་པ་རྒྱལ་མཚན་དཔལ་བཟང་པོར་གསོལ། ལུགས་འབྲུག་རྗེ་དཀོན་མཆོག་དཔལ་ལྡན་རྩེ་གདོང་དུ་ཕེབས་པའི་ཆག་ཕྱིར་བྱོན། སྤྲུལ་ལོར་རྗེ་དེ་ཉིད་ཀྱི་དམ་རྫས་རིལ་བུ་སྒྲུབ་པའི་ཆག་ཕྱི་མཛད། ཆུ་ལུག་ཧོར་ཟླ་དགུ་པའི་ནང་དུ་ཡབ་སྲས་གཉིས་ཆར་ཨེ་ཝཾ་དུ་ཕེབས། གཞན་ཡང་སྟག་ཚང་ངག་གི་དབང་པོ་ཀུན་དགའ་རིན་ཆེན། སངས་རིན་དཔོན་པོ། འཇམ་དབྱངས་ཀུན་དགའ་བསོད་ནམས་ལྷུན་གྲུབ། ཁྲི་ཆེན་བསོད་ནམས་དབང་པོ་སོགས་ལས་དམ་པའི་ཆོས་གསན་ཚུལ་བསམ་གྱིས་མི་ཁྱབ་མོད་ཀྱང་། རྒྱས་པར་གསན་ཡིག་ལས་ཤེས་པར་བྱའོ། །དགུང་ལོ་ཉེར་དགུ་པ་ཤིང་ཕོ་སྤྲེའུ་ལོ་རྗེ་དཀོན་མཆོག་དཔལ་ལྡན་པའི་བཀའ་བགོད་ལ་ཁམས་ཕྱོགས་སུ་དུས་ཛའི་དགེ་བསྐུལ་ལ་འབྱོན་དགོས་ཞེས་ཕེབས། བརྟག་པ་ཞུས་ནས་ཆུད་ན་དང་ལེན་ཞུ། མ་ཆུད་ན་དགོངས་ཁྲེལ་མི་གནང་དགོས་པའི་ཞུ་ཕུལ། དེ་རྗེས་བརྟག་པ་ཆུད་ནས་ཁམས་ལ་འབྱོན་ཁར། ཁྱེད་རང་བསྙེན་རྫོགས་ཀྱི་མཁན་པོ་ལ་སྡོམ་པ་གསུམ་གྱི་བཀའ་དྲིན་ཐོབ་དགོས་པས། སྟག་མོ་གླིང་ཁར་བྱོན་ལ། འཇམ་དབྱངས་དཔོན་ཆེན་པའི་དྲུང་དུ་སེམས་བསྐྱེད་སོགས་འདོད་ཆོས་འདྲ་ཞུས། ངེད་ཀྱང་མཇལ་འདོད་པ་ཙམ་འདུག་པས་ཐུགས་འབྲེལ་དང་བསྟུན་ནས་ཐུབ་བསྟན་ཡངས་པ་ཅན་དུ་ཕེབས་དགོས་པའི་སྐན་ཞུས་ཀྱང་ཞུལ་གསུངས་པ་བཞིན་ཧོར་ཟླ་གསུམ་པའི་ཚེས་བཅོ་ལྔ་ལ་བྱོན་ཏེ། གླིང་ཁའི་དགེ་འདུན་རྣམས་ཀྱི་སེར་ཕྲེང་གིས་བསུས། མུས་ཆེན་གྱི་ཕྱག་ལེན་སོགས་བཀུར་སྟི་རྒྱ་ཆེན་པོ་མཛད། དབུ་མ་ལུགས་ཀྱི་སེམས་བསྐྱེད་སོགས་ཇི་ལྟར་བཞེད་པའི་ཆོས་རྣམས་གསན། ཧོར་ཟླ་བཞི་པའི་ཚེས་བཅུ་ལ་ཨེ་ཝཾ་དུ་ཕེབས། སྐྱབ་མཆོད་གྲོལ་ནས་ཁམས་ལ་འབྱོན་ཁར་རྗེ་དཀོན་མཆོག་དཔལ་ལྡན་གྱིས་གསང་བའི་མགོན་ཁང་དུ་ཁྲིད་དེ་བཀའ་བསྒོ་དང་སྔན་དར་གྱིས་ཕྱག་མདུད་ཅིག་གནང་། གཏོར་བཟློས་དང་ཕྲིན་ལས་བཅོལ། བཞུགས་གདན་སྒོར་བ་སོགས་མཛད་དེ་རྟེན་འབྲེལ་བསྒྲིགས། ཁམས་སུ་ལམ་འབྲས་མ་བཤད། ལོ་ལྔ་ནས་སླེབ་པར་གྱིས། དེ་བར་གཞི་བྱེས་གང་དུའང་བར་ཆད་མི་འོང་། དེ་ལས་འགྱུར་ན་རང་གཞན་ཐམས་ཅད་འགྱུར་ཚས་སུ་འགྲོ་ཉེན་ཡོད་ཅེས་སོགས་ཀྱི་བསླབ་དོན་མཐིལ་བྱོན་གནང་། སྤྲེལ་ལོའི་

ཧོར་ཟླ་དྲུག་པའི་ཚེས་བཅུ་ནས་ཨེ་ཝྃ་ནས་ཆིབས་ཁ་བསྒྱུར། ཤར་ལམ་ལྷ་སར་མར་མེ་སྣན་དར་སོགས་ཀྱིས་མཆོད་པ་དང་། ཕྱག་བསྐོར་སྨོན་ལམ་རྒྱ་ཆེར་མཛད། དེ་ནས་རིམ་གྱིས་མདོ་ཁམས་ལྷོ་སྟོད་དུ་ཐེབས། ཆོས་རྗེ་རི་བོ་དགའ་ལྡན་པའི་གྲུབ་མཐའ་འཛིན་པའི་བླ་མ་དགེ་འདུན་སྦྱིན་བདག་རྣམས་ཀྱིས་གསང་འདུས་དང་། དམག་ཟོར་སོགས་ཞུས་ཏེ། དངུལ་སྐོབས་ཆེའི་འབུལ་བ་དཔག་མེད་བྱུང་། སྐྱོ་མདའ་བསམ་འགྲུབ་ཀྱི་ཆོག་སྡེར་དཔལ་ས་སྐྱ་པ་འཇམ་དབྱངས་ཀུན་དགའ་བློ་གྲོས་ལེགས་པའི་འབྱུང་གནས་རྒྱལ་མཚན་དཔལ་བཟང་པོ་བཞུགས་པ་དང་མཇལ། བདག་རྐྱེན་དང་གནང་སྦྱིན་དཔག་མེད་མཛད། བདག་ཆེན་དེའི་དྲུང་དུ་གུར་དྲག །ཚེ་དཔག་མེད་ལྷ་དགུ། འཇམ་དབྱངས་དམར་སེར་སོགས་གསན། བདག་ཆེན་འདི་ནི་བྱང་སེམས་འཕྲོངས་ཤིང་གུར་དྲག་བསྙེན་པ་དུང་ཕྱུར་མཛད་པས་ཞལ་གཟིགས་པ་སོགས་ཡོན་ཏན་བསམ་གྱིས་མི་ཁྱབ་ཁམས་ཕྱོགས་སུ་ས་སྐྱ་པའི་བསྟན་པ་ལ་སྐུ་དྲིན་ཤིན་ཏུ་ཆེ། ལྷ་ཁང་གདུང་བརྒྱུད་ཀྱི་རྗེས་མ་ཡིན་ནོ། །དེ་ནས་ཁམས་སྟོད་སྨད་སོགས་མདོ་ཁམས་ཀྱི་ས་ཆ་ཐམས་ཅད་དུ་བྱོན་ཏེ། རྒྱ་བོད་ཀྱི་འབྲུགས་གཟིངས་འདུམས་མཛད། བསྙེན་བཀུར་འབུལ་ནོད་བློས་མི་འཁྱུད་པ་བྱུང་། འབུལ་སྐྱེལ་ཀུང་ལེན་འགའ་ཞིག་མཛད། ལྕུགས་སྟག་ལ་རྗེ་དགོན་མཆོག་དཔལ་ལྡན་པའི་ཕྱག་རྟགས་གནང་བྱུང་བ་ལས། ཁྱེད་དཔོན་སློབ་གདུལ་བྱ་དང་འཁོར་མངས་ཀྱི་བློ་ཁྲིད་ནས་ད་བར་འགྱུར་པ་ཞིག་བྱུང་། ངེད་རང་གི་བསམ་པ་ལ་ངེད་ཀྱི་ཕུང་པོ་འདི་ལ་ཆས་ཞུགས་དང་། སྦྱིན་སྲེག་ཞིག་ཁྱེད་ཀྱིས་བྱེད་པའི་རེ་བ་ཡོད་ཀྱང་། རེ་བ་སྟོན་ཀའི་སྤྲིན་བཞིན་དེངས་སོང་གསུངས་བྱུང་ནས་དབུས་གཙང་དུ་འབྱོན་གྲབས་བྱས་པ་ནས་རྗེ་དགོན་མཆོག་དཔལ་ལྡན་ས་སྟག་ལོ་ཧོར་ཟླ་བརྒྱད་པའི་ཚེས་གཉིས་ལ་གཤེགས་པའི་སྐད་ཆ་སླེབ། ཡར་ལམ་དགེ་འདུན་གྱི་སྡེ་ཐམས་ཅད་ལ་མང་ཇ་འགྱེད་ཆས་བསྒྲུབ། སྒོམ་སྡེ་ནང་ཆེན་དང་གཞུང་མགྲོན་མ་འཚམས་པའི་འདུམས་མཛད། དེ་ལྟར་སྤྲེལ་ལོ་ནས་ཡོས་ལོའི་བར་ལོ་བརྒྱད་སོང་། གསུང་ངག་མ་གཏོགས་པའི་རང་རང་གང་འདོད་ཀྱི་ཆོས་ཆར་ཕབ། རྗེ་འདི་ཁམས་དང་དབུས་གཙང་སོགས་གང་དུ་བྱོན་སར་ནད་ཡམས་དང་འབྲུགས་རྩོད་སོགས་ཞི་ཞིང་། ལོ་ཕྱུགས་ལེགས་པ་དང་། ཆོས་འཆད་ཐུགས་དམ་སོགས་སྐད་ཅིག་ཀྱང་གཡེལ་བ་མེད་དོ། །ཡོས་ལོ་ཧོར་ཟླ་བཅུ་གཉིས་པའི་ནང་དུ་ཨེ་ཝྃ་

དུ་ཕེབས། གཟིམས་ཁང་བདེ་ཡངས་སུ་མཛད། པཎ་ཆེན་ནམ་མཁའ་དཔལ་བཟང་ཁྲི་ཐོག་ཏུ་བཞུགས་པ་ལ་བཀྲ་ཤིས་ཁ་དར་ལྔ་བཅུ། སྐུ་གསུང་ཐུགས་རྟེན་དུ་མ། མཆོད་ཆ་ཁྱད་འཕགས་དུ་མ། གོས་ཆེར། ཐླ་བྲེ། སྣམ་སྦྱར། གོས་ཡུག །དར་ཡུག་ཇ་བཟང་འབྲིང་སོགས་པའི་དངོས་པོ་སྟོབས་ཆེར་ཕུལ། ཚོགས་པ་སྤྱི་མང་ལ་མང་ཇ་གོས་དར། སྤྱིས་ལ་སོགས་པའི་འགྱེད་མང་པོ། ལྷ་ཁང་རྣམས་སུ་འཕན་ཐླ་བྲེ། སྣན་དར་དཀར་མེའི་གཞི་རྟེན། འདུ་ཁང་དུ་འཕན་ཐླ་བྲེ་དུ་མ། སྒྲུབ་མཆོད་ཆེན་མོའི་སྐྱེད་དུ་འགྲེམ་རྒྱུའི་གོས་འཕན་ལ་སོགས་པ་བསམ་གྱིས་མི་ཁྱབ་པ་ཕུལ། དུས་ཇའི་རྟེན་ཐླ་བྲང་ལ་ཇ་སིགས་བཞི་བརྒྱ་བཞི་བཅུ་སོགས་ཕུལ། རྗེ་དཀོན་མཆོག་དཔལ་ལྡན་པའི་ཆོས་གཉིས་དུས་ཇ་བཟང་ཧོར་ཟླ་བརྒྱད་པའི་གཤེད་དམར་སྒྲུབ་མཆོད། ཟླ་བ་བྱུང་ངོ་ཙོག་གི་ཐླ་མཆོད། གསེར་སྐུར་བཞུགས་པའི་ནང་རྟེན་དངུལ་གདུང་ལ་དངུལ་ཨེ་ཝཾ་གྱི་ལྷུགས་སྲང་ཁལ་ལྔ་ཉག་བཞི། གསེར་ཞོ་བརྒྱད་ཅུ་གྱ་ལྔ། ཟངས་ཁལ་ཉི་ཤུ་སོགས་དཔག་མེད་སོང་། ལམ་འབྲས་བརྒྱུད་པའི་གསེར་རིས་བཅུ་བདུན། ཤིང་ལུག་ལ་ལམ་འབྲས་ཟུར་ཆོས་གནང་། དབྱར་ཐར་རྩེ་ན་སྐུ་མཚམས་ནང་དུ་སྤྱིན་དྲངས་ཏེ་གདན་སའི་ཞལ་བཀོད་གནང་། དེ་བསྟུན་ས་ངོར་ཐམས་ཅད་ཀྱིས་གསོལ་བ་བཏབ་སྟེ་དགུང་ལོ་སོ་བརྒྱད་པ། ཆུ་སྟོད་ཟླ་བའི་ཉེར་ལྔར་རྡོ་རྗེ་འཆང་གི་གདན་ས་མཛད། དེ་ནས་བཟུང་སྟེ་དགུང་ལོ་ང་བརྒྱད་པ་ཡོས་ལོ་ནག་པའི་ཆོས་བརྒྱད་ལ་གཤེགས་ཀྱི་བར་ངོ་མཚར་མཁས་པའི་བགྱི་བ་གསུམ་དང་། འཁོར་ལོ་གསུམ་གྱིས་བསྟན་པ་གསལ་བར་མཛད། བསྟན་འཛིན་སློབ་མ་སྤྱིན་བདག་སོགས་བསམ་གྱིས་མི་ཁྱབ་བོ། །གཤེགས་ལོའི་ཧོར་ཟླ་གཉིས་པར་རྗེ་གདོང་ཞབས་དྲུང་ཀུན་དགའ་བསོད་ནམས་ལྷུན་གྲུབ་སྤྱན་དྲངས་ཏེ། ཐུགས་དམ་ཁ་གསོ་དང་ངོར་པ་ལ་ལམ་འབྲས་གནང་བ་དང་མཁན་པོར་བཀོད་པའི་ཞལ་བཀོད་མཛད་དེ་གཤེགས། དཔོན་ཆེན་ཤེས་རབ་འབྱུང་གནས་ཀྱིས་དགོངས་རྫོགས་ལེགས་པར་བསྒྲུབ་པར་མཛད་དོ། །རྒྱས་པར་མཁས་པའི་དབང་པོ་ངག་དབང་བརྟན་པའི་རྡོ་རྗེས་མཛད་པར་བལྟའོ།། །།

རྗེ་གདོང་ཁྲི་ཆེན་འཇམ་དབྱངས་ཀུན་དགའ་བསོད་ནམས་ལྷུན་གྲུབ་ནི། རིགས་ཁྱད་པར་ཅན་ས་སྐྱ་འཁོན་གྱི་གདུང་བརྒྱུད་པ་རྣལ་འབྱོར་དབང་ཕྱུག་གི་སྤྲུལ་པར་གྲགས་པ་ཀུན་དགའ་བདེ་

ལེགས་དང་། ཡུམ་དཔལ་བུ་ཁྲིད་ཀྱི་ཐུགས་སུ། སྐྱེས་བདག་གི་ལོ་རྒྱལ་གྱི་ཟླ་བའི་ཚེས་བརྒྱད། རེས་གཟའ་ལྷག་པ་སྐར་མ་དབྱུག་པར་བྱོན། ཐུགས་གསུམ་གྱི་ཆེ་བ་ཡིན། རྗེ་གདོང་གཟིམས་ཁང་། ས་ལོ་ཆེན་པོ་འཁྲུངས་པའི་གཟིམས་ཆུང་ཕུན་ཚོགས་གླིང་གི་ཤར་ཟུར་གཡོན་དུ་འཁྲུངས། སྐུ་ན་ཕྲ་མོའི་དུས་ཡུམ་ལ་ངའི་གནས་པོ་ཏ་ལ་ཡིན་གསུངས། མཚན་རྡོ་རྗེ་རྒྱ་སོག་ཏུ་གསོལ། མཐའ་མིའི་མིང་སློས་ནས་དགེ་ཟེར་རོ། །དགུང་ལོ་དགུ་པ་ལ་ངོར་དུ་ཡབ་དང་ལྷན་ཅིག་ཨེ་ཝཾ་དུ་བྱོན། རྗེ་འདི་གཟིམས་ཕྱུག་ཏུ་མཁན་པོ། །རྗེ་དཀོན་མཆོག་དཔལ་ལྡན་དང་། སློབ་དཔོན་བྲང་ཏི་པ། གྲིབ་ཚོད་སྨུས་ཆེན་ནམ་མཁའ་དཔལ་བཟང་སོགས་ལས་རབ་ཏུ་བྱུང་། མཚན་ཀུན་དགའ་བསོད་ནམས་ལྷུན་གྲུབ་བཀྲ་ཤིས་གྲགས་པ་རྒྱལ་མཚན་དཔལ་བཟང་པོར་གསོལ། རྗེ་རྡོ་རྗེ་འཆང་གི་ཁྲི་ཐོག་ནས་ཚོགས་ཆེན་ལ་འཇམ་དབྱངས་ཨ་ར་པ་ཙ་ནའི་རྗེས་གནང་གནང་། ཤིང་རྟའི་ལོ་ནཱ་ལེནྡྲའི་མཁན་པོ་ལུམ་པ་བྱམས་པ་ཀུན་དགའ་ཆོས་གྲགས། ཤེའུ་ལོ་ཙྪར་གྲགས་པས་དོ་དམ་མཛད་ནཱ་ལེནྡྲའི་མཁན་པོར་མངའ་གསོལ། ཤར་ཆེན་བྱམས་པ་ཀུན་དགའ་བཀྲ་ཤིས་འདས་མ་ཐག་ངོར་གྱི་གདན་སར་མངའ་གསོལ། ངོར་དུ་ལམ་འབྲས་ཚར་བཞི་ཙམ་གནང་། ས་ལོའི་རྗེས་ནས་རྗེ་གདོང་དུ་རྗེ་འདི་པ་ཕོ་ན་ཕྱིན་ལས་ཆེ། བླ་མ་གོང་སློས་ཀྱི་མཁན་སློབ་དེ་དག་དང་། ཐུབ་བསྟན་མཁན་ཆེན་རྗེ་བྱམས་པ་ཀུན་དགའ་རབ་བརྟན་སོགས་བསྙེན། ཐར་རྩེ་པཎ་ཆེན་གྱི་མཁན་པོ་དང་། བྱམས་པ་རབ་བརྟན་པས་སློབ་དཔོན་མཛད་དེ། དགེ་འདུན་གྲངས་ཚང་བ་ལ་བསྙེན་པར་རྫོགས། དགུང་ལོ་དོན་གཉིས་པ་ལ་གཤེགས། དུས་མཆོད་ཚེས་བཅུ་ལ་འཛིན། རྒྱས་པར་རྗེ་ངག་དབང་བརྟན་པའི་རྡོ་རྗེས་འཛད་པའི་རྣམ་ཐར་དུ་བལྟའོ།། །།

སྒྲུབ་ཁང་ནས་མཁས་གྲུབ་དཔལ་ལྡན་དོན་གྲུབ་ནི། གཙང་ལུང་མཁས་སྟར་རིགས་ས་སྐྱའི་དཔོན་ཆེན་འོད་ཟེར་སེང་གེའི་བརྒྱུད་པ་ཆུ་འདུས་སྒྲོལ་སྒྲོན་གྱི་ཟུར་བུ་ནམ་མཁའ་གྲགས་ཀྱི་བརྒྱུད་པ་བསོད་ནམས་ཞེས་བྱ་བ་ཡབ། ཡུམ་དཔལ་ལྡན་བུ་འདྲེན་གྱི་ཐུགས་སུ་ཆུ་ཕག་ལ་སྐུ་འཁྲུངས། མཚན་བསམ་འགྲུབ་དར་པོ་ཞུ། ཆུང་ངུ་ནས་ཆོས་ཀྱི་བག་ཆགས་བརྟན། འབྲི་ཀློག་སོགས་བཟང་བསྟན་པ་ཙམ་གྱིས་མཁྱེན་པར་ཐུགས་རབ་ཆེ། དགུང་ལོ་བཅུ་བཞི་པར་ཨེ་ཝཾ་ཆོས་ལྡན་དུ་ཐེབས།

རྗེ་དཀོན་མཆོག་དཔལ་ལྡན་གྱིས་མཁན་པོ། གདོང་ཁ་སློབ་དཔོན་ཀུན་དགའ་མཆོག་ལྡན་པས་སློབ་དཔོན་མཛད་དེ་རབ་ཏུ་བྱུང་མཚན་དཔལ་ལྡན་དོན་གྲུབ་ཅེས་གསོལ། ཨེ་ཝཾ་གྱི་འདོན་ཆོས་སྤྱོད་བསྒྲིག་ཀུན་མྱུར་དུ་ཐུབ་པར་མཛད། དགུང་ལོ་ཉེར་དགུ་པ་ལ་ལྷུགས་ཡོས་ཟླ་བ་དགུ་པའི་གྲྭལ་ཚེས་ཉིན། བྲང་ཏི་ནམ་མཁའ་དཔལ་བཟང་གིས་མཁན་པོ། །མུས་ཆེན་ནམ་མཁའ་དཔའ་བཟང་གིས་སློབ་དཔོན། བཅོ་བརྒྱད་ཆོས་རྗེ་ངག་དབང་མཆོག་ལེགས་རྡོ་རྗེས་གསང་སྟོན། གྲིབ་ཚོད་པ་དབུ་མཛད་མགོན་པོ་བཀྲ་ཤིས་སོགས་ལས་ཐར་པ་རྫོར་བསྙེན་པར་རྫོགས། གང་གིས་མཁན་སློབ་དེ་རྣམས་དང་། གཞན་ཡང་ཞྭ་ལུ་བ་དཔལ་ལྡན་ཆོས་བཟང་ལོ་ཆེན་འགྱུར་མེད་བདེ་ཆེན་དེའི་གཙུང་ངག་དབང་པས་ཁྲིད་ལ་ཁྲིན་ལས་ཆེན་པོ་འོང་། པེང་དམར་ཆེ་བསྒྲུབ་མཛོད་གསུངས། རལ་ཆེན་དཔལ་འབྱོར་ཤེས་རབ། སྟགས་འཆང་དཀོན་མཆོག་ལེགས་འཛིན། རྩེ་གདོང་ཁྲི་ཆེན་ཀུན་དགའ་བསོད་ནམས། འཇམ་དབྱངས་བསོད་ནམས་དབང་པོ། །ཤར་ཆེན་ཀུན་དགའ་བཀྲ་ཤིས། འཇད་ཤར་ཕྱོགས་བླ་མ་བསོད་ནམས་ལྷུན་གྲུབ། རྗེ་དབང་ཕྱུག་རབ་བརྟན་སོགས་ལས་གསན་པ་རྒྱ་མཚོའི་མཐར་སོན། མུས་ཆེན་ནམ་མཁའ་དཔལ་བཟང་གིས་ཆག་ཕྱི་ཡུན་རིང་མཛད། རྫོར་དཀར་གདན་གཅིག་སོགས་དཔྱད་པ་གཙང་། སྔ་ཕྱིར་བསྙེན་སྒྲུབ་མང་པོ་མཛད། ཨེ་ཝཾ་ཆོས་འཁོར་རྩེར་ཟུར་འཆང་མཛད། དངོས་པོ་གང་བྱུང་ཀུད་ཟོས་སུ་མ་སོང་བར་དགེ་བ་ལ་གཏོང་། འཛིན་ཆགས་མི་མངའ། དགུང་ལོ་ལྔ་བཅུ་ང་དྲུག་པ་ས་ཕོ་རྟའི་ལོའི་དབྱར་ངོར་གྱི་ཁྲི་ཐོག་ཏུ་ཕེབས། ནག་ཕྱོགས་རྣམས་ཀྱིས་ཐུགས་སོ་བསོད་དུ་མ་བཟུག་པས་ལོ་གསུམ་ཙམ་ལས་བླ་བྲང་དུ་མ་བཞུགས། གཙང་པ་ཕུན་ཚོགས་རྣམ་རྒྱལ་གྱི་བདག་མོ་ཧོར་མོ་འདས་པའི་དགོངས་རྫོགས་ལ། ངོར་གསེར་མདོག་ཅན་ཐུབ་བསྟན་སོགས་ས་དགེ་བཀའ་གསུམ་གྱི་ཚོགས་པ་མང་པོའི་དབུ་ལ་རྗེ་འདི་སྤྱན་དྲངས། དེར་བྱུང་བའི་དངོས་པོ་རྣམས་ངོར་བླ་བྲང་དུ་སྦྱོར་འཇགས་མཛད། དེ་ནས་སླབ་ཁང་དུ་ཕེབས་ཏེ་གདན་ས་པ་ནམ་མཁའ་སངས་རྒྱས་དང་ཤེས་རབ་འབྱུང་གནས་གཉིས་དང་། གནས་གསར་བ་བསོད་ནམས་མཆོག་ལྡན། ཞ་ལུ་སྨན་ཁང་རིན་ཆེན་བསོད་ནམས་མཆོག་གྲུབ་སོགས་ཀྱི་ཆོས་འཁྲོ་རྫོགས་པར་མཛད། དེ་ཙམ་མ་གཏོགས་ལོ་བཅུ་བཞིར་སྒྲུབ་པ་ཁོ་ན་མཛད་དེ། དགུང་ལོ་དོན་བཞི་པ་མེ་ཕོ་བྱི་

བའི་ལོའི་ཧོར་ཟླ་བཅུ་པའི་ཚེས་བཞི་ལ་སྐུ་གཤེགས་མཁན་ཆེན་ཤེས་རབ་འབྱུང་གནས་ཀྱིས་གདུང་ཞུ་གནང་། དཔོན་རིན་པོ་ཆེ་དཔལ་མཆོག་རྒྱལ་མཚན་གྱིས་སྐུ་འདྲ་དུས་ཐང་། དངུལ་གདུང་། དུས་ཟ་སོགས་དགོངས་པ་ཡོངས་སུ་རྫོགས་པར་མཛད། བསྟན་འཛིན་གྱི་སློབ་མ་ས་སྐྱ་བདག་ཆེན་མཐུ་སྟོབས་དབང་ཕྱུག །ངོར་ཐུབ་བསྟན། སྐྱིད་ཚལ་སོགས་དགོན་པ་སོ་སོའི་བླ་མ་མང་པོ་དང་། ཁམས་མངའ་རིས་སོགས་ནས་མང་དུ་བྱུང་། གསུང་རྩོམ་པུསྟི་གཅིག་ཡོད་པ་ཞིན་ཏུ་ལེགས་པར་མངོན་ནོ། །རྒྱས་པར་མཁས་པ་ངག་དབང་བརྟན་པའི་རྡོ་རྗེས་འཛད་པའི་རྣམ་ཐར་དུ་བལྟའོ།། །།

བྲང་ཧི་ནམ་མཁའ་སངས་རྒྱས་ནི། པཎ་ཆེན་ནམ་མཁའ་དཔལ་བཟང་གི་སྐུ་དཔོན་ཡིན། འཁྲུངས་ཡུལ་ཤབ་སྟོད་རྫི་ལུང་ཡིན། སྐུ་ཆུང་དུ་ནས་ཐར་རྩེ་ར་བྱོན། ཁུ་བོ་རིགས་བརྒྱའི་མགོན་པོ་ནམ་མཁའ་དཔལ་བཟང་དེ་ཉིད་ལས། རྩེ་གདོང་ཁྲི་ཆེན་སྐུ་མཆེད་རྣམས་དང་། འཇམ་དབྱངས་བསོད་ནམས་དབང་པོ། ཤར་ཆེན་ཀུན་དགའ་བཀྲ་ཤིས། རྗེ་དཔལ་ལྡན་དོན་གྲུབ། རྗེ་སྙིང་རྗེ་བཟང་པོ་སོགས་ལས་བཀའ་ཆོས་དཔག་མེད་གསན། སྡོམ་པ་གསུམ་གྱིས་རྒྱུད་ཕྱུག །ཁམས་ཕྱོགས་ལ་ཡང་འགྲོ་དོན་ལ་བྱོན། པཎ་ཆེན་གཤེགས་ནས་ཐར་རྩེའི་འཛིན་བདག་བྱོན། ཆུ་ཕོ་བྱི་ལོར་ངོར་གྱི་ཁྲི་ཐོག་ཏུ་ཕེབས། ཞིང་གླང་ལ་ཤར་ཆེན་ཤེས་རབ་འབྱུང་གནས་ལ་ཁྲི་ཕུལ། དེ་ནས་ཐར་རྩེ་ར་བཤད་སྒྲུབ་སྤྱིལ་མ་གནང་། སྐབས་ཤིག་ཤངས་པའི་སྒྲུབ་གནས་ལྷུགས་ཕོ་རྩེ་ར་སྒྲུབ་པ་མཛད། ཕྱིས་ཐར་རྩེ་ཉིད་དུ་ཚེས་བཅུ་གཅིག་ལ་སྐུ་གཤེགས། སློབ་མ་ངོར་ཐུབ་བསྟན་ཞ་ལུ་རྣམས་ཀྱི་མཁན་པོ། གནས་སར་བ་དཔོན་རིན་པོ་ཆེ་སོགས་མང་དུ་བྱོན། རྗེ་དེའི་རྣམ་ཐར་གྱི་ཡི་གེ་ཞིབ་རྒྱས་མ་མཐོང་། ཙུང་ཟད་རྙེད་པ་ཚོ་བདག་གིས་ཐར་རྩེའི་བླ་མ་གསུམ་གྱི་རྟོགས་བརྗོད་ལོགས་སུ་བྲིས་ཡོད་པར་བལྟའོ།། །།

ཤར་ཆེན་ཤེས་རབ་འབྱུང་གནས་ནི། རིགས་ལྡན་སུམ་ཚོགས་པ་བདག་ཆེན་ཤར་པའི་གདུང་བྱང་ཆུབ་སེམས་དཔའ་ཀུན་དགའ་དཔལ་ལྡན་དང་། ཡུམ་ནང་སོ་ཤར་ཕྱོགས་ནས་ཀྱི་སྲས་མོ་པདྨ་ཚེ་རིང་གཉིས་ཀྱི་སྲས་ལྟུམ་སྲིང་བཞི་འཁྲུངས་པའི་ཆེ་བའོ། །འཁྲུངས་ས་བཞད་ཀྱི་ཁྲིལ་ཞེས་པར། མེ་ཕོ་སྤྲེའུའི་ལོར་བལྟམས། དགུང་ལོ་བརྒྱད་པར་ཁུ་བོ་བདག་ཆེན་པས་མཁན་པོ་དང་། རྒྱ་ཆོས་བླ་ཆེན་དཀོན་མཆོག་རྒྱ་མཚོས་སློབ་དཔོན་སོགས་ལས་རབ་ཏུ་བྱུང་། རྩེ་གདོང་ཕྱོགས་ལས་རྣམ་རྒྱལ་

དུ་དགུང་ལོ་ཉེར་གཅིག་པ་ལ་ཁྲི་ཆེན་ཀུན་དགའ་བསོད་ནམས་ལྷུན་གྲུབ་ལས་བསྙེན་པར་རྫོགས་ཏེ། གོང་དུ་སྨོས་པའི་བླ་མ་དེ་རྣམས་དང་། གཞན་ཡང་མཁས་གྲུབ་དཔལ་ལྡན་དོན་གྲུབ། ལོ་པ་སྤྲུལ་སྐུ་ཀུན་དགའ་དོན་གྲུབ། དཔལ་ལྡན་ས་སྐྱ་པ་སྔགས་འཆང་ངག་དབང་ཀུན་དགའ་བསོད་ནམས་སོགས་ལས་དམ་པའི་ཆོས་མང་པོ་གསན། མཁས་བཙུན་བཟང་གསུམ་གྱི་གོ་འཕང་བརྙེས། བདག་ཉིད་ཆེན་པོ་ཛྷ་བོ་རྗེ་དཔལ་ལྡན་ཨ་ཏི་ཤའི་རྣམ་འཕྲུལ་དུ་གྲགས། གླང་ལོ་ཧོར་ཟླ་གསུམ་པའི་རྒྱལ་བ་གསུམ་པའི་ཚེས་ལ་ངོར་གྱི་ཆོས་ཁྲིར་འཁོད། གདན་ས་ལོ་ཉེར་བརྒྱད་མཛད། དེ་སྐབས་ཞ་ལུ་མཁན་པོའང་ཐོག་ཅིག་གནང་། ལུགས་གཉིས་ཀྱི་སྒོ་ནས་ཞལ་ངོར་གཉིས་ལ་ཕན་ཐོགས་ཤིན་ཏུ་ཆེ་བ་བྱུང་། ཆུ་སྤྲེལ་གྱི་ལོ་ཆོ་འཕྲུལ་ཟླ་བའི་ཉེར་གཅིག་ལ་སྐུ་གཤེགས། སྐུ་དབོན་བདག་ཆེན་ཡེ་ཤེས་བཟང་པོ་སྐུ་མཆེད་དང་། གཉེར་ཆེན་ཀུན་དགའ་དཔལ་བཟང་སོགས་ཀྱིས་དགོངས་རྫོགས་ཀྱང་རྒྱ་ཆེན་པོ་བསྒྲུབ་པ། ཤར་པ་གོང་མ་རྣམས་ཀྱི་རྣམ་ཐར་ནི་རྡོ་རྗེ་འཆང་སོགས་བླ་མ་གོང་མ་རྣམས་ཀྱིས་མཛད་པའི་རྣམ་ཐར་དུ་ཤེས་ལ། རྗེ་འདིའི་རྣམ་ཐར་རྒྱལ་རྩེ་ཞབས་དྲུང་ངག་དབང་བསོད་ནམས་ཀྱིས་མཛད་པར་བལྟའོ།། ༎

མཁན་ཆེན་ནམ་མཁའ་རིན་ཆེན་ནི། ཐང་ཏི་ནམ་མཁའ་སངས་རྒྱས་ཀྱི་སྐུ་དབོན་ཏེ་ཤབ་སྟོད་རྗེ་ལུང་དུ་འཁྲུངས། ཆུང་དུ་ནས་ཐར་རྩེ་ར་ཁུ་བོའི་དྲུང་དུ་བསྙེན། རིགས་བརྒྱའི་མགོན་པོ་དེ་ཉིད་དང་། ཤར་ཆེན་ཤེས་རབ་འབྱུང་གནས་སོགས་ལས་བཀའ་ཆོས་མང་པོ་གསན། སྐུ་བཙུན་ཞིང་ཚུལ་ཁྲིམས་ཀྱི་དྲི་བསུང་མངའ། དངོས་པོ་ལ་ཆགས་འཛིན་མི་མངའ། མངོན་པར་ཤེས་པ་དང་ལྡན། ཨེ་ཝཾ་བཞུགས་ཁྲིར་སྤྲུལ་ལོར་འཁོད། དགུང་ལོ་ཞེ་དྲུག་པ་བྱ་ལོ་ཧོར་ཟླ་དྲུག་པའི་ཉེར་གསུམ་ལ་ལྷོ་བོད་མཚམས་སུ་སྐུ་གཤེགས། སྐུ་གདུང་ཨེ་ཝཾ་དུ་སྤྱན་དྲངས། རྗེ་ནམ་མཁའ་དཔལ་བཟང་པས་དགོངས་རྫོགས་ལེགས་པར་བསྒྲུབས་སོ།། ༎

བདག་པོ་རྒྱལ་རྩེ་བ་བྱང་པ་ངག་དབང་བསོད་ནམས་རྒྱལ་མཚན་ནི། ཤར་ཁ་བདག་པོའི་རིགས། ཡབ་བདག་པོ་མཐུ་སྟོབས་པ་དང་། ཡུམ་གཡས་རུ་བྱང་པའི་ལྷམ་ཡིད་འཛིན་དབང་མོའི་སྲས་སུ་ཁྲི་ལོ་ཧོར་ཟླ་ཚེ་འཕྲུལ་ཟླ་བའི་ཚེས་བཅུ་ལ་འཁྲུངས། ཆུང་དུ་ནས་ཆོས་ཀྱི་བག་ཆགས་བརྟན།

འཇམ་དབྱངས་བསོད་ནམས་དབང་པོར་རབ་ཏུ་བྱུང་། ས་སྐྱའི་ལྷ་ཁང་ཆེན་མོར་མཚན་ཉིད་སྦྱངས། གདན་ས་གོང་འོག་རྫོང་དང་མཁན་ངག་དབང་ཆོས་གྲགས་སོགས་ལས་གསན་རྒྱ་ཆེ་བར་མཛད། ཐུགས་དམ་སྒྲིན། ལུག་ལོར་རྫོང་དུ་ལམ་འབྲས་གནང་། བྱ་ལོར་རྫོང་གི་ཆོས་ཁྲིར་ཡང་ཕེབས་ཡུན་རིངས་མ་བཞུགས། དགུང་ལོ་དོན་བདུན་པ་སྟག་ལོའི་ནག་པ་ཟླ་བའི་ཚེས་བཅུ་གསུམ་ལ་མང་མཁར་ཐུབ་བསྟན་དགེ་འཕེལ་དུ་སྐུ་གཤེགས། རྗེ་འདིའི་རྣམ་ཐར་རྗེ་རང་གི་གསུང་ལ་བོ་བོས་ཁ་སྐོང་བྱས་པར་བལྟའོ།། །།

དཔལ་ཨེ་ཝཾ་ཆོས་ལྡན་གྱི་གདན་ས་ཉེར་གཅིག་པ་དཔལ་གླིང་ཆོས་རྗེ་བསོད་ནམས་རྒྱ་མཚོ་ནི། སྣར་ཐང་གི་དཔལ་འབྱོར་གླིང་དུ་ཡབ་ཆོས་རྒྱལ་འཕགས་པའི་ཞབས་ཏོག་རྒྱ་ནག་གི་གྱད་ཅིག་གི་རིགས་ཡིན་པར་བྱེད་པ་རྒྱལ་པོ་བཀྲ་ཤིས་དང་། ཡུམ་དཔལ་མོ་སྒྲོལ་མ་ཞེས་པའི་སྲས་སུ་མེ་སྤྲེལ་ལ་བྲོན་ནོ། །མཚན་ཆེ་རིང་རྡོ་རྗེར་གསོལ། དགུང་ལོ་བརྒྱད་པ་ཤིང་ཕོ་བྱ་ལོར་སྣར་ཐང་ཟུར་ཁང་གི་སློབ་དཔོན་བསོད་ནམས་རྡོ་རྗེའི་དྲུང་དུ་རབ་ཏུ་བྱུང་། མཚན་བསོད་ནམས་རྒྱ་མཚོར་གསོལ། ཐོག་མ་འབྲི་ཀློག་ནས་བྱ་བ་ཆོས་སྤྱོད་ཀྱི་སྐོར་རྣམས་ཐུགས་སུ་ཆུད་པར་མཛད། དེ་ནས་ཐུབ་བསྟན་གསེར་མདོག་ཅན་དུ་བྱོན་ནས། བསྡུས་པ་བརྩི་བ་ནས་བརྩམས་ཏེ་བྱམས་ཆོས་སོགས་ལ་སྦྱངས། བྱ་རྒོད་ཕུང་པོའི་ཆོས་ར་སོགས་སུ་རིགས་པར་སྨྲ་བ་རྣམས་ལས་མཆོག་ཏུ་གླེང་ཡང་། གནམ་སྐྱོན་ལྷ་བུའི་བསྟུང་གཞི་ཅིག་བྱུང་ནས་དཔལ་འབྱོར་གླིང་དུ་བྱོན། སྐབས་རྗེ་ངག་དབང་ཆོས་གྲགས་དང་མཇལ། ཚེ་དབང་ལྷུགས་སྟོང་མ་ཐོབ། ཐུགས་ཕྱོགས་ལ་སློབ་གཉེར་གྱིས་ཕན་སླེབ་ཆེ་བར་འོང་གསུངས། ཐུར་གྱི་བསྟུང་གཞི་དེ་ལོངས་ནས་མོ་རྩིས་བྱས་པས། གནམ་སྐྱོན་མིན། ཆོས་སྐྱོང་རྗེས་སུ་འབྲང་བ་ཡིན་ངོར་དུ་བསྐང་བཤགས་སོགས་བྱས་ན་ཕན་ཟེར། དེའི་གནས་ཚུལ་ཟུར་ཆེན་ལ་ཞུས་པས། ཐུར་གྱི་བསླབ་སྦྱངས་འཕྲོ་བསྐྱངས་དགོས་གསུངས་ནས། ངོར་དུ་ཕེབས་པའི་དགོངས་པ་མ་གནང་བར། ཐུར་གྱི་སློབ་གཉེར་གྱི་འཕྲོ་མཐར་ཕྱིན་མཛད། ཡང་སྟོན་ཐུ་རུ་སོང་མོ་རྩིས་པས་ཐུར་ལྷར་ཡིན་པས་ངོར་དུ་ཕྱིན་ན་སྐྱོན་མེད་ཟེར་ནས། ཡབ་ཡུམ་གྱིས་ཡོ་བྱད་མང་པོ་དང་བཅས་ངོར་དུ་བྱོན་ཟུར་ཆེན་སློབ་དཔོན་རྡོར་དཔལ་བ་ལ་གཏད་དེ་ཨེ་ཝཾ་པའི་ཆོས་ལུགས་རྣམས་བསླབ་སྦྱངས་མཐར་ཕྱིན་པར་

མཛད་ལ། དེའི་ཆེ་མཁས་གྲུབ་དཔལ་ལྡན་དོན་གྲུབ་སྐུ་མཚམས་དམ་པར་མཛད་ཀྱང་། རྗེ་འདི་ལ་མཇལ་ཁ་བྱུང་ནས། བསྟུང་གཞི་ལ་ཕན་པ་དང་། ཤེས་རབ་ཆེ་བའི་ཐབས་དགོས་ཞུས། ཕྱག་ཟིན་ལྷུགས་སྤུགས་གནང་བ་ཞིག་དང་། འཇིགས་བྱེད་བླ་མ་བརྒྱུད་པའི་བཀའ་བསྒོ་ཞིག །འཇམ་དབྱངས་དམར་སེར་གྱི་སྒྲུབ་ཐབས་རྗེས་གནང་ལས་ཚོགས་དང་བཅས་པ་གནང་། ནད་གཞིས་སྐྱོན་མི་འོང་། ཤེས་རབ་འཕེལ་བ་ལ་ཐེ་ཚོམ་མེད། བསྟན་པ་ལ་ཕན་པ་ཞིག་འོང་སྲིད་གསུངས་སོ། ། དགུང་ལོ་བཅུ་གསུམ་པ་ལ་རྗེ་ནམ་མཁའ་སངས་རྒྱས་ལ་དགེ་ཚུལ་ནོས། ཉེར་ལྔ་པ་ལུགས་སྲོལ་ལ་རྗེ་ནམ་མཁའ་སངས་རྒྱས་བས་མཁན་པོ། ཤར་ཆེན་ཤེས་རབ་འབྱུང་གནས་ཀྱིས་ལས་སློབ། ཞབས་དྲུང་རྒྱལ་རྩེ་བ་ངག་དབང་བསོད་ནམས་རྒྱལ་མཚན་གྱིས་གསང་སྟོན། ཆོས་རྗེ་དམ་ཆོས་བཀྲ་ཤིས་པས་གྲིབ་ཚོད། ཐར་རྩེ་ནས་ནམ་མཁའ་རིན་ཆེན་པ་རྣམས་ཀྱི་དབུས་སུ་བསྙེན་པར་རྫོགས། བླ་མ་ལ་བསྟེན་ནས་ཆོས་གསན་ཚུལ་ནི། མཁན་སློབ་གསང་གསུམ་དང་། གཞན་ཡང་རྒྱལ་དབང་མཆོག་གི་སྤྲུལ་སྐུ་ངག་དབང་བློ་བཟང་རྒྱ་མཚོ། དཔལ་ས་སྐྱ་པ་ངག་དབང་ཀུན་དགའ་བསོད་ནམས། དེའི་སྲས་ངག་དབང་བསོད་ནམས་དབང་ཕྱུག །གསེར་མདོག་མཁན་ཆེན་ཤཱཀྱ་བཀྲ་ཤིས་སོགས་བླ་མ་བཅུ་གསུམ་ཙམ་བསྟེན་ནས་གསན་པ་རྒྱ་མཚོའི་ཕ་རོལ་དུ་སོན་པར་མཛད་དེ་རྒྱས་པར་གསན་ཡིག་ཏུ་བལྟའོ། །བདེ་ཀྱེ་ལ་སོགས་པའི་ལྷག་པའི་ལྷ་དང་། ཆོས་སྲུང་ནོར་ལྷ་རྣམས་བསྙེན་སྒྲུབ་མཐར་ཕྱིན་མཛད་པས། བདེ་མཆོག་གི་བསྙེན་པའི་དུས་ཊ་མ་རུའི་སྒྲ་དང་ཉེ་སྙིང་གི་སྔགས་གསལ་པོ་ཐོས་པ་དང་། འཇམ་དཀར་གྱི་རྒྱ་ཕྲན་ལ་བསྙེན་པའི་བསྙེན་སྒྲུབ་བྱེད་དུས་མྱུ་གུ་སྐྱེས་པ་དང་ལྷ་སར་ཡི་གེ་དྲུག་མ་གསེར་གྱི་མདོག་ཅན་གཟིགས་པ་དང་། ཆོས་སྐྱོང་རྣམས་འཕྲུལ་མང་དུ་གཟིགས་པ་དང་། མགོན་དཀར་གྱི་བསྙེན་པ་ལན་མང་དུ་མཛད་པས་ཟས་ནོར་ལོངས་སྤྱོད་ཀྱི་སིདྡྷི་མང་དུ་བྱུང་ཞིང་དགུང་ལོ་སོ་བཞི་པ་ལ་སམྦུ་ཏའི་སློབ་དཔོན་མཛད་པ་ནས་བཟུང་སྟེ་ཨེ་ཝཾ་ཆོས་གདན་གྱི་ཟུར་འཆད་མཛད་ནས་ཆོས་ཀྱི་འཁོར་ལོ་བསྐོར། མཁན་པོར་མ་བྱོན་གོང་དུས་ཕོ་ཁྲི་ལོ་ལ་ལམ་འབྲས་ཚར་གཅིག་གནང་། དེ་ནས་རྒྱལ་དབང་མཆོག་གི་བཀའ་ཤོག་ཕེབས་ནས། ལོ་དེ་ཉིད་ཀྱི་ས་ག་ཟླ་བའི་ཉེར་གཅིག་ལ་ཨེ་ཝཾ་གྱི་མཁན་པོར་འཁོད་དེ། དགུང་ལོ་ཞེ་གཉིས་བཞེས་ཚོའོ། །དེ་ནས་བཟུང་ལྔ་

བཅུ་ང་གཅིག་པ་མེ་ལུག་གི་བར་བསྟན་པ་འཛིན་སྐྱོང་སྤེལ་གསུམ་མཛད། ལོ་དེའི་ནག་པ་ཟླ་བའི་ཚེས་དྲུག་གི་སྔ་དྲོ་ཉི་མ་རི་རྩེ་ལ་ཤར་ཙམ་སྐུ་གཤེགས། ཆོས་བདུན་གྱི་ཉི་མ་དྲོས་ཙམ་ལ་ཞལ་མདངས་འགྱུར་ཏེ་ཐུགས་དམ་ལས་གྲོལ་བའི་རྟགས་དབུ་གཡས་ཕྱོགས་སུ་ཅུང་ཟད་ཡོ་བ་དང་། ཤངས་བུག་གཡོན་ནས་བྱང་སེམས་ནར་ཙམ་འཛག་འདུག་གསུངས། དེ་ནས་ས་ག་ཟླ་བའི་ཚེས་བཅོ་ལྔ་ལ་མཁན་ཆེན་ལྷུན་གྲུབ་དཔལ་ལྡན་པས་ཀྱི་ཇོར་ལ་བརྟེན་པའི་སྐུ་གདུང་སྲེག་སྦྱོང་གི་ཆོ་ག་ཕུལ། ཕྱག་གཡོག་རྣམས་ཀྱིས་དགོངས་རྫོགས་ཀྱི་རིམ་པ་རྗེ་ཉིད་ཀྱིས་བཞེངས་པའི་བཀའ་འགྱུར་གྱི་འཕྲོས་རྒྱུད་འབུམ་དང་། ལམ་འབྲས་བརྒྱུད་པའི་ཁ་སྐོང་གི་སྨན་སྐུ་དུས་ཐང་དང་། དུས་ཐའི་རྒྱུན་འཛུགས་པ་སོགས་དགོངས་རྫོགས་ཡང་དག་བསྒྲུབས་སོ། །ཞེས་པར་མཁན་ཆེན་ལྷུན་གྲུབ་དཔལ་ལྡན་གྱིས་མཛད་པའི་རྣམ་ཐར་དུ་བལྟའོ།། །།

སློབ་ཁང་ནས་འཇམ་མགོན་དཔལ་མཆོག་རྒྱལ་མཚན་ནི། གཙན་ལུང་མཁས་སྟར་མཁས་གྲུབ་དཔལ་ལྡན་དོན་གྲུབ་ཀྱི་སྐུ་དབོན་དུ་བྱོན། དེ་ཡང་ཡབ་ཆོས་སྐྱོང་བཀྲ་ཤིས། ཡུམ་ཨ་ཁྲིད་ཟེར་ཞེས་ཐོས་དཀྱུང་རྟ་ས་ཕག་ལ་བྱོན། རིགས་སད་པའི་ཡོན་ཏན་དང་ལྡན། སྐུ་ན་གཞོན་ནུ་ནས་ཨེ་ཝཾ་དུ་ཁྱུ་བོ་རིགས་དང་དཀྱིལ་འཁོར་ཐམས་ཅད་ཀྱི་བདག་པོ་དཔལ་ལྡན་དོན་གྲུབ་ཀྱི་དྲུང་དུ་བསྙེན། ཨེ་ཝཾ་བའི་འདོན་ཆོས་སྦྱོད། གཞུང་ལུགས་ཆེན་པོ་རྣམས་དང་བཅས་པ་ཀུན་ཆུབ་པར་མཛད། འཇམ་གླིང་བྱང་ཕྱོགས་ཀྱི་སྐྱེ་དགུ་ཀུན་གྱི་གཙུག་རྒྱན་དཔལ་ས་སྐྱ་པ་རྩེ་གདོང་ཁྲི་ཆེན་འཇམ་དབྱངས་ཀུན་དགའ་བསོད་ནམས་ཀྱིས་མཁན་པོ། མཁས་གྲུབ་དཔལ་ལྡན་དོན་གྲུབ་ཉིད་ཀྱིས་ལས་སློབ་སོགས་དགེ་འདུན་གྱི་དབུས་སུ་བསྙེན་པར་རྫོགས། མཁན་སློབ་དེ་དག་དང་། བྲང་ཏི་ནམ་མཁའ་སངས་རྒྱས། ཤར་ཆེན་ཤེས་རབ་འབྱུང་གནས་སོགས་ལ་གསན་པ་རྒྱ་ཆེར་མཛད། ཁྲིད་རིམ་དང་ལྷ་བསྙེན་མང་པོ་མཐར་ཕྱིན། མཁས་གྲུབ་ཉིད་ཀྱི་གསུང་གིས་ཁྱེད་རང་ཆོས་མཐུན་གྱིས་ཚེ་ཚད་ཀྱང་ང་རང་ཙམ་འོང་། ཕྱིན་ལས་ཀྱང་དགའ་མོ་འོང་གསུངས་ཐོག་ཏུ་ཕེབས་ཏེ་སྐུ་ཚེ་ཁུ་བོ་ལས་ལོ་གཅིག་གིས་རིང་བ་བྱུང་མདོ་ཁམས་སུ་སྤྱི་དགོར་བྱོན་ནས་བསྟན་འགྲོའི་དོན་རྒྱ་ཆེན་པོ་ཡུན་རིངས་མཛད། དེ་ནས་འཆི་ས་དབུས་གཙང་དུ་བྱེད་གསུངས་ནས་ནན་ཏན་ཆེན་པོས་ངོར་དུ་བྱོན། སྟོན་གྱི་ཐུགས་

བསྐྱེད་ལེགས་སྨོན་མཐུས་དགུང་ལོ་རེ་དགུ་པ་ལུག་ལོའི་སྟོན་ཨེ་ཝཾ་ཁྲིར་ཕེབས། གསུང་ངག་ཚར་བཞི་ལ་སོགས་པའི་བཀའ་དྲིན་སྐྱུལ། སྟར་སྡེ་དགེ་དང་། འདི་གཉིས་ཆར་མཆོད་རྟེན་བཞེངས་པའི་ཕན་ཡོན་མདོ་ནས་གསུངས་པ་ལ་དགོངས་ནས་གནང་བར་མཛོན། དེ་ནས་ཕག་ལོར་ཐར་རྩེ་ནས་རྗེ་ནམ་མཁའ་དཔལ་བཟང་ངོར་གྱི་ཁྲི་འདོན་མཛད། རྗེ་རང་སྒྲུབ་ཁང་དུ་ཐུགས་དམ་མཛད་དེ། དགུང་ལོ་དོན་ལྔ་བ། གླང་ལོ་ཧོར་ཟླ་བཞི་པའི་ཉེར་བརྒྱད་ལ་སྐུ་གཤེགས། སྐུ་གདུང་བཞུ་བ་དཔྱལ་གདུང་སོགས་དབོན་ཆེན་ཤཱཀྱ་དོན་གྲུབ་ཀྱིས་དགོངས་རྫོགས་ལེགས་པར་བསྒྲུབ་བོ། །རྗེ་འདིའི་རྣམ་ཐར་ཁོ་བོས་ལོགས་སུ་བྲིས་པར་བལྟའོ།། །།

དཔལ་ཨེ་ཝཾ་ཆོས་ལྡན་གྱི་གདན་ས་པ་སེ་ཆེན་གན་གྱི་བརྒྱད་པ། འཇམ་དབྱངས་ནམ་མཁའ་དཔལ་བཟང་ནི། འུ་ཡུག་གི་ཕུའི་འབྲོག་གསེབ་ཏུ། ཡབ་ཁོར་ཚོད་ར་དང་། ཡུམ་ཁོར་མོ་ནོར་འཛོམ་གྱི་སྲས་སུ། དགུང་ཧ་ལྕགས་ཕག་ལོར་འཁྲུངས་སྐུ་མཆེད་གསུམ་ཡོད་པའི་འབྲིང་པོ་ཡིན། ཆུང་དུ་ནས་རྩེ་གདོང་དུ་བྱོན། དེའི་དུས་མཚན་ཀརྨ་ཞུ། དེ་ནས་ཨེ་ཝཾ་ཐར་རྩེར་ཁུ་བོ་ཆོས་རྗེས་བླངས་ནས་བྲང་ཏི་ནམ་མཁའ་སངས་རྒྱས་ལས་རབ་ཏུ་བྱུང་ཞིང་བསྙེན་པར་རྫོགས། ངའི་ཁུ་བོ་བྲང་ཏི་པཎ་ཆེན་ནམ་མཁའ་དཔལ་བཟང་གི་མཚན་དེ་ཁྱོད་ལ་འདོགས། མ་འོངས་པ་ན་ངེད་ཀྱི་གདན་ས་འོང་གསུང་པའི་ལུང་བསྟན་མཛད། ལུགས་གཉིས་ཀྱི་སྒོ་ནས་ཐུགས་སྲས་མཆོག་ཏུ་མཛད། རྗེ་འདི་ལས་དམ་པའི་ཆོས་དཔག་ཏུ་མེད་པ་གསན། གཞན་ཡང་ཤར་ཆེན་ཁུ་དབོན། རིན་པོ་ཆེ་དཔལ་ལྡན་དོན་གྲུབ་ཁུ་དབོན་སོགས་བླ་མ་མང་པོ་ལ་ཆོས་ཀྱི་གསན་པ་རྒྱ་ཆེར་མཛད། ཐར་རྩེའི་དཀར་མེ་དུས་ཧའི་ཕེབས་སུ་ཁམས་ཀྱི་ཆུ་འབུམ་ངོས་སུ་འབུལ་སྟོད་ལ་ཡང་བྱོན། དེ་ནས་ངོར་དུ་བྱོན་ཏེ་བྲང་ཏི་པ་མཁན་ཆེན་ནམ་མཁའ་རིན་ཆེན་ཨེ་ཝཾ་གྱི་གདན་ས་ལ་འཁོད་རྗེ་འདིས་ཐར་རྩེའི་གདན་ས་པ་མཛད། དེ་ནས་ཕྱིས་རྗེ་འདིས་དགུང་ལོ་རེ་གཅིག་པ་ཕག་ལོར་ཨེ་ཝཾ་གྱི་གདན་སར་འཁོད། རེ་གཉིས་པ་བྱི་ལོའི་ཧོར་ཟླ་བཞི་པའི་ཚེས་བཅུ་དགུའི་སྲོད་ལ་ཐར་རྩེའི་གཟིམས་ཁང་དུ་གཤེགས་པ་ཡིན། སྐུ་གདུང་ཞུགས་འབྱུལ་ཤར་ཆེན་ཡེ་ཤེས་བཟང་པོས་མཛད། དགོངས་རྫོགས་དུས་ཧ་སོགས་ཀྱི་རྒྱུན་ད་ལྟ་ཡང་བཟང་པོ་ཡོད་པ་འདིའོ། །བླ་མ་བསྟེན་པའི་ཆེད་དུ་བརྗེ་ཐོར་བྲིས་པའོ།། །།

མཁན་ཆེན་ལྷུན་གྲུབ་དཔལ་ལྡན་ནི། ཤར་མི་ཉག་གི་ཡུལ་འདུན་པ་ཞེས་པར་རིགས་སྟག་ར་པ་ཚན་བཅུ་གཉིས་ནང་སྟག་མ། ཡབ་རྡོ་རྗེ་ཐར། ཡུམ་རྒྱ་ཟག་ཅེས་པའི་སྲས་སུ་ཤིང་བྱིར་འབྲུངས། སྐྱིད་ཚལ་བའི་རབ་འབྱམས་པ་ཅིག་ལ་ཆེ་དབང་ཞུས་ནས་མཚན་དཀོན་མཆོག་བཀྲ་ཤིས་སུ་གསོལ། ཆུང་དུ་ནས་བྱིས་པའི་སྤྱོད་པ་མི་མངའ། འཇིག་རྟེན་གྱི་སྤྱོད་པ་ལ་ངེས་འབྱུང་དང་སྐྱོ་ཤས་དྲག་པོ་མངའ། བྱ་བྱེད་ཐམས་ཅད་བསྐྱེལ་བ་མེད། སྐུ་ཆུང་དུ་ནས་ཡི་གེའི་ཕྱི་མོ་ནས་བརྩམས་ཏེ་འདོན་ཆོས་སྦྱོང་། མདོན་རྟོགས་རྒྱན་སོགས་གཞུང་ཆེན་དུ་མ་ཐུགས་སུ་ཆུད། དགུང་ལོ་ཉེར་བཞི་པར་ཨེ་ཝཾ་དུ་རྗེ་ཤེས་རབ་འབྱུང་གནས་དང་མཇལ། སྡོམ་པ་གསུམ་བཀའ་དྲིན་ནོས། མཚན་ལྷུན་གྲུབ་དཔལ་ལྡན་དུ་གསོལ། དེ་ལྟར་ཤར་ཆེན་ཉིད་དང་། ས་སྐྱ་ཞབས་དྲུང་ཨ་མི་ལགས་ཡབ་སྲས། མཁན་ཆེན་བསོད་ནམས་རྒྱ་མཚོ་སོགས་ལས་གསན་རྒྱ་ཆེར་མཛད། དགུང་ལོ་སོ་བདུན་པར་ངོར་གྱི་དབུ་མཛད་དང་ཟུར་ཆེན་མཛད། མཁན་ཆེན་བསོད་ནམས་རྒྱ་མཚོ་གཤེགས་ནས། སྐུ་གདུང་བཞུ་བ་དུས་ཧའི་ཐེབས་སུ་མདོ་ཁམས་ཐང་དཀར་དགོན་དུ་འབྱུལ་སྟད་ལ་བྱོན། གླང་ལོ་ཧོར་ཟླ་དགུ་པའི་ཚེས་བདུན་ལ་ངོར་གྱི་གདན་སར་འཁོད། སྟག་ལོའི་བར་ཕྲིན་ལས་བསྐྱངས། དེ་ནས་ཨེ་ཝཾ་ཕན་བདེ་ཁང་གསར་དུ་བཤད་སྒྲུབ་ལ་སྐུ་ཚེ་དྲིལ། དགུང་ལོ་དོན་བཞི་པར་མེ་མོ་གླང་ལོའི་ཟླ་བ་དྲུག་པའི་ཉེར་བདུན་ལ་སྐུ་གཤེགས་སོ། །རྒྱས་པར་རྗེ་འདིའི་རྣམ་ཐར་ཁོ་བོས་ལོགས་སུ་བྲིས་པར་བལྟའོ།། ༎

བདག་ཤཱཀྱའི་དགེ་སློང་སངས་རྒྱས་ཕུན་ཚོགས་ནི། ས་མོ་གླང་གི་ལོར་མངའ་རིས་སྨད་ཀྱི་ཏེ་བའི་འབྲོག་གསེབ་ཏུ་ཕ་གནམ་རུ་གཡུང་དྲུང་སྐྱབས་དང་། མ་འ་ཕམ་བུ་འདྲེན་གྱི་བུར་སྐྱེས། ལོ་བཅུ་གསུམ་པར་སྒྲུབ་པ་བ་སངས་ལྷུན་ཞུ་བར་དགེ་བསྙེན་གྱི་སྡོམ་པ་ནོས། མིང་ལ་སངས་རྒྱས་ཕུན་ཚོགས་གནང་། ལོ་བཅུ་དྲུག་པར་མཁས་བཙུན་དམ་པ་ཀུན་དགའ་ལེགས་པ་ལས་རབ་ཏུ་བྱུང་ཆོས་མང་དུ་ཐོབ། གཉག་སྟོན་ཕུན་ཚོགས་རྡོ་རྗེས་གཙོད་སོགས་གནང་། ཉེར་གཅིག་པར་ཨེ་ཝཾ་དུ་སླེབ། འཇམ་མགོན་དཔལ་མཆོག་རྒྱལ་མཚན་ལས་སྡོམ་པ་གསུམ་གྱི་བཀའ་དྲིན་ནོས། གཞན་ཡང་སྔ་ཕྱིར་དགེ་བའི་བཤེས་གཉེན་བཅུ་ཕྲག་གཉིས་ལྷག་ཙམ་བསྟེན། ཐོས་པ་གང་འགྲུབ་བྱས་གླང་ལོ་ནས་སྟག་ལོའི་བར་ཁམས་དགའ་སྟོད་དུ་འབྱུལ་སྟད་དང་། སྒྲུབ་པ་སྤེལ་མར་བྱས། སྟག་ལོ་ཟླ་བ་བཅུ

གཅིག་པའི་ཉེར་གཉིས་ནས་ངོར་གྱི་གདན་སའི་ཁྲུར་ལེན་བྱས། སྤྱིལ་ལོ་ལ་ཤར་ཆེན་སངས་རྒྱས་བསྟན་འཛིན་ལ་གདན་ས་ཕུལ། སྤྱི་ཕྱིར་ལམ་འབྲས་ཚར་བཅུ་གཅིག་སོང་། དེ་ནས་ད་ལྟ་ཡན་བཤད་སྒྲུབ་སྤེལ་མའི་ཁྲུལ་ལགས། ཕྱིས་འབྱུང་བཛོད་བྲལ་ཞི་བའི་དབྱིངས་སུ་ཕ༹ཏ། བདག་གིས་བྱས་བྱུང་རྣམས་བདག་རང་གིས་ཀྱང་ཅུང་ཟད་བྲིས་ལ། ཁོང་སློབ་རིས་ཚོས་ཡི་གེ་རྒྱས་པར་སྤེལ་གདའ་ལགས་སོ།། །།

བདག་ཆེན་སངས་རྒྱས་བསྟན་འཛིན་ནི། རིགས་ཁྱད་པར་ཅན་བདག་ཆེན་ཤར་པའི་རིགས། ཡབ་ཞབས་དྲུང་སྲི་ཐར་ལགས་དང་། ཡུམ་དབོན་མོ་རྒྱ་རྐན་ཟ་པདྨ་ལྷ་ལེགས་ཀྱི་སྲས་སུ་ལྷུག་ལོ་བཞད་ཆོས་སུ་ཐོན། བྱམས་སྙིང་རྗེ་བྱང་ཆུབ་ཀྱི་སེམས་དང་ལྡན། འཇིག་རྟེན་གྱི་སྤྱོད་པ་མི་མངའ། ཁུ་བོ་བདག་ཆེན་ཡེ་ཤེས་བཟང་པོ་མཁན་པོ་དང་ཁོ་བོས་ལས་སློབ། མུས་བ་ཆོས་རྗེ་ཀུན་དགའ་རྒྱ་མཚོས་གསང་སྔོན་མཛད་པ་དགེ་འདུན་གྲངས་ཚང་པ་ལས་བསྙེན་པར་རྫོགས། མཁན་ཆེན་ལྷུན་གྲུབ་དཔལ་ལྡན་དང་། བདག་ཅག་གིས་ཆོས་བཀའ་རྣམས་ཕུལ། སྤྲུལ་ལོ་དབྱུག་ཟླའི་ཚེས་བཅུ་ལ་ཨེ་ཝཾ་ཆོས་ཁྲིར་འཁོད། བྱ་ལོ་ཟླ་བ་བཅུ་གཅིག་པའི་ཚེས་བཅོ་ལྔ་ལ་སྐུ་གཤེགས་སོ།། །།

མཁན་ཆེན་ཤེས་བྱ་བཟང་པོ་ནི། ཤབས་སྟོད་རྗེ་ལུང་རྒྱ་མཚོ་གླིང་དུ་ཡབ་ཨ་རྒྱན་ཡུམ་བྲང་ཏི་དབོན་རིགས་དཔལ་འཛོམ་གྱི་སྲས་སུ་ཉུགས་གླང་ལོར་འཁྲུངས། སྐུ་ན་ཆུང་དུས་ནས་སྐུ་ཞང་མཁན་ཆེན་ཤེས་རབ་རྒྱ་མཚོས་ཐར་རྩེར་བླངས། མཁན་ཆེན་ལྷུན་གྲུབ་དཔལ་ལྡན་དང་། སློབ་དཔོན་རྗེ་ཤེས་རབ་རྒྱ་མཚོ་སོགས་ལས་བསླབ་ཚོགས་སྒྲ་ཕྱི་རྣམས་རིམ་གྱིས་ནོས། ངོར་པའི་གཞུང་དོན་བཞི་སོགས་བསླབ་སྦྱངས་མཛད། ཉེར་གསུམ་པ་ཕག་ལོར་མདོ་ཁམས་དགའ་སྟོད་དུ་འབུལ་སྡུད་ལ་ཐོན། སླར་སོ་ལྔ་པ་ཤིང་ཕག་ལོར་ངོར་གྱི་གདན་སར་འཁོད། གོང་དུ་སྨོས་པའི་མཁན་པོ་དང་། བདག་ཅག་གིས་ཆོས་བཀའ་རྣམས་འབུལ་གང་ཐུབ་བྱས། ད་ལྟ་ཕྲིན་ལས་བསྐྱངས་པ་འདི་ཉིད་དོ། །

འདིར་སྨྲས་པ། བླ་མ་བརྒྱུད་པ་དང་ནི་རྒྱུད་དོན་རིག །ཅེས་སོགས་དྲི་མེད་ལུང་གིས་གྲུབ་པ་བཞིན། །ལེགས་པར་བསམས་ནས་ཁོ་བོས་རྩུལ་འདི་སྦྱར། །དགེ་དེས་བསྟན་དང་འགྲོ་བའི་དོན་འགྲུབ་ཤོག །

ཅེས་གསུང་དག་བླ་མ་བརྒྱུད་པའི་སྤྱིའི་ལོ་རྒྱུས་ཀྱི་ཁ་བསྐང་། ཨེ་ཝཾ་ཆོས་ལྡན་གྱི་གདན་རབས་ནོར་བུའི་ཕྲེང་མཛེས་ཞེས་བྱ་བ་འདི་ཡང་། དགེ་སློང་སངས་རྒྱས་ཕུན་ཚོགས་ཀྱིས་དཔལ་ཨེ་ཝཾ་ཆོས་ལྡན་གྱི་ཆོས་གྲྭ་ཆེན་པོར་སྦྱར་བའི་ཡི་གེ་པ་ནི་རང་གི་ཆོས་ཀྱི་བུར་གྱུར་པ་མདོ་ཁམས་པ་ཞེས་རབ་ལྷུན་གྲུབ་ཀྱིས་བགྱིས་པའོ། །ཇི་སྲིད་མཁའ་ལ་ཉི་ཟླའི་བགྲོད་པ་མ་ཆད་ཀྱི་བར་དུ། དེ་སྲིད་ཆོས་འདིའི་ཕྲིན་ལས་ཀྱིས་རྒྱ་མཚོའི་གོས་ཅན་ཁྱབ་པར་གྱུར་ཅིག །།།

༄༅། །ཨེ་ཝཾ་པའི་གདན་རབས་རིན་ཆེན་ཕྲེང་མཛེས་ཀྱི་ཁ་སྐོང་རྟོགས་བརྗོད་བྱིན་རླབས་འདོད་དགུའི་དཔལ་སྟེར་ཞེས་བྱ་བ་བཞུགས།

མཁན་ཆེན་དཔལ་ལྡན་ཆོས་སྐྱོང་།

ན་མོ་གུ་རུ་ཛྙཱ་ནཱ་ར་ཀ་ཧྨཱ་ཤྲཱ་མི་ཡུཧྤ་ཤྲི་ཡཀྵ་དྷཱ་ཡ། དཔལ་ལྡན་རིགས་བརྒྱའི་གཙོ་བོ་རྡོ་རྗེ་འཆང་། །ཐ་མལ་གདུལ་བྱའི་སྣང་ངོར་དྲིན་ཅན་རྗེ། །ཟབ་རྒྱས་དམ་ཆོས་བདུད་རྩིས་བདག་སོགས་བརྒྱུད། །སྨིན་མཛད་བླ་མའི་ཞབས་ཀྱི་པདྨོར་འདུད། །འཇིག་རྟེན་མགོན་པོ་མར་མེ་མཛད་བཟང་པོས། །སྙིགས་དུས་འགྲོ་ལ་ཕན་བདེའི་སྒོ་འཕར་བརྒྱ། །འབྱེད་ཕྱིར་སླར་ཡང་མཁས་དང་གྲུབ་པའི་གཙོ། །སངས་རྒྱས་ཕུན་ཚོགས་ཞེས་སྤྲུལ་གཙུག་ན་རྒྱལ། །དེས་གསུངས་གདན་རབས་རྟོགས་བརྗོད་ནོར་ཕྲེང་གི། །གྲལ་དུ་ཕལ་ཆེར་མཆིང་བུས་མཛེས་མིན་ཀྱང་། །དད་པའི་རྒྱ་མཚོ་བསྲུབས་པ་ལས་བྱུང་བའི། །ཁ་སྐོང་སྒྲིག་འདིར་མཁས་རྣམས་དགེས་པར་མཛོད། །

ཅེས་མཆོད་པར་བརྗོད་ནས། འདིར་གསུང་ངག་ལམ་འབྲས་བླ་མ་བརྒྱུད་པའི་རྣམ་ཐར་གདན་རབས་ནོར་བུའི་ཕྲེང་བ་ཅེས་བྱ་བ། འཇམ་པའི་དབྱངས་སངས་རྒྱས་ཕུན་ཚོགས་ཀྱིས་མཛད་པའི་འཕྲོས་ཀྱི་ཁ་སྐོང་ལས། གདན་རབས་ཉེར་ལྔ་པ་འཇམ་མགོན་སངས་རྒྱས་ཕུན་ཚོགས་ཉིད་ཀྱི་སྐུ་ཚེ་སྟོད་ཀྱི་རྣམ་ཐར་གསུང་འཕྲོ་དང་། ཉེར་བདུན་པ་ཤེས་བྱའི་རྣམ་ཐར་གྱི་འཕྲོ་ནས་བཟུང་གདན་རབས་རིམ་བྱོན་གྱི་རྣམ་ཐར་མདོ་ཙམ་འདྲི་བར་བྱའོ། །དེ་ལ་དགོས་པ་ཅི་ཡོད་ཅེ་ན། དགོས་པ་དཔག་ཏུ་མེད་པ་ཡོད་དེ། གསུང་ངག་རྒྱུན་དུ་འཆད་པ་ལ་བླ་མ་ཚད་མའི་སྐབས་སུ། བརྒྱུད་པ་བར་མ་ཆད་པའི་རྣམ་ཐར་གྱིས་སློབ་མ་རྣམས་མོས་གུས་བསྐྱེད་དགོས་པར་མ་ཟད། རྡོ་རྗེ་འཆང་གི་ངོ་

བོར་རྒྱ་བརྒྱུད་ཀྱི་བླ་མ་དམ་པ་རྣམས་མཆོད་ཅིང་རྟོགས་པ་བརྗོད་པ་ལ་བསོད་ནམས་དཔག་ཏུ་མེད་པ་ཐོབ་པར་ཤེས་ནས་ལྷག་བསམ་བསྐྱེད་པར་བྱ་བའི་ཕྱིར་ཏེ། གསང་བ་འདུས་པ་ལས། མཆོད་པ་ཐམས་ཅད་སྤངས་ནས་ནི། བླ་མ་མཆོད་པ་ཡང་དག་བརྩམས། །དེ་མཉེས་པས་ནི་ཀུན་མཁྱེན་གྱི། །གོ་འཕང་མཆོག་ཉིད་ཐོབ་པར་འགྱུར། །ཞེས་དང་། ཧེ་བཛྲ་ལས། གཞན་གྱིས་བརྗོད་མིན་ལྷན་ཅིག་སྐྱེས། །གང་དུ་ཡང་ནི་མི་རྙེད་དེ། །བླ་མའི་དུས་ཐབས་བསྟེན་པ་དང་། །བདག་གི་བསོད་ནམས་ལས་ཤེས་བྱ། །ཞེས་དང་། གང་གི་རྣལ་འབྱོར་མ་ཀུན་སྤྱོད་སོགས་རྒྱུད་འགའ་ཞིག་ལ་སྣང་། ཧཱ་རི་ཀ་པས་མཛད། དྲིན་གྱིས་བདེ་ཆེན་ཉིད། །སྐད་ཅིག་ཉིད་ལ་འཆར་བ་གང་། །བླ་མ་རིན་ཆེན་ལྟ་བུའི་སྐུ། །རྡོ་རྗེ་ཅན་ཞབས་པད་ལ་འདུད། །ཅེས་དང་། བ་ཚ་ཆུ་ཀླུང་གི་མདོ་ལས། ལྷ་བརྒྱ་ཐམར་གྱུར་པ་ན། །ང་ཉིད་སློབ་དཔོན་གཟུགས་ཀྱི་ནི། །ཞེས་སོགས་དཔག་ཏུ་མེད་པར་གསུངས་པའི་ལུང་ལ་བརྟེན་ནས། །བདག་ཅག་ལ་ཟབ་ཆོས་སྟོན་པའི་རྒྱ་བརྒྱུད་ཀྱི་བླ་མ་རྣམས། །རྡོ་རྗེ་འཆང་དང་དབྱེར་མེད་པའི་དད་པ་དང་མོས་གུས་སྐྱེས་ཤིང་། །ལྷག་པར་རང་ལ་བཀའ་དྲིན་དཔག་ཏུ་མེད་པར་ཆེ་བའི་ཡོན་ཏན་སྙིང་ནས་དྲན་པའི་དབང་གིས་གདན་རབས་ཕྲེ་མ་རྣམས་ཀྱིས་རྣམ་ཐར་ཁ་སྐོང་མདོར་བསྡུས་པའི་ཚུལ་གྱིས་ཅི་རིགས་པར་འདྲི་བར་བྱའོ། །

དེ་ལ་ཐོག་མར་མཁན་ཆེན་འཇམ་པའི་དབྱངས་སངས་རྒྱས་ཕུན་ཚོགས་ཞེས་མཚན་བརྗོད་པར་དཀའ་བའི་བླ་མ་དམ་པ་དེ་ཉིད་འཁྲུངས་ཡུལ་ནི། སྟོད་ཕྱོགས་མངའ་རིས་ཀྱིའི་འབྲོག་གསེབ་ཏུ་ཡབ་གནམ་རུ་གཡུང་དྲུང་སྐྱབས་དང་། ཡུམ་འཕ་མོ་བུ་འདྲེན་ཞེས་པ་གཉིས་ཀྱི་སྲས་སུ་ས་མོ་གླང་གི་ལོར་སྐུ་བལྟམས། དེ་འཕྲལ་རང་ཉིད་ཀྱི་ཞང་པོས། རྗོང་ཆུང་པ་ཕྲིན་ལས་ཕུན་ཚོགས་ཀྱི་དྲུང་དུ་བྱོན་ནས། ཕས་མི་འདོད་པའི་བུ་བདག་མེད་ཅིག་བཙས་འདུག་པ། དེ་ལ་མིང་ཞིག་ཞུ་ཞུས་པས། དེ་ཉིད་ཀྱིས་མིང་ལ་བདག་མེད་ཀྱིས་གསུངས་ནས་མཚན་བདག་མེད་དུ་གསོལ། །སྐུ་ན་ཆུང་ངུའི་དུས་སྐྱེ་བ་སྔོན་མ་ཐུགས་ལ་མངའ་ཞིང་ཞལ་ནས་མ་ཎི་གསུངས་པ་སོགས་བྱིས་པའི་སྤྱོད་པ་སྤངས་ཏེ་ཆོས་འཆད་པ་སོགས་ངོ་མཚར་བའི་སྤྱོད་པ་མང་དུ་མངའ་ཞིང་། དགུང་ལོ་བརྒྱད་པར་འཆར་སྟོན་ཕྲིན་ལས་ཕུན་ཚོགས་ཀྱིས་བཀའ་བསྒོ་དང་བྱིན་རླབས་མཛད་དེ། བར་ཆད་བསལ་ཞིང་ལེགས་

ཚོགས་ཀྱི་རྟེན་འབྲེལ་བསྒྲིགས། །དགུང་ལོ་བཅུ་གསུམ་ལ་གྲུབ་ཆེན་སངས་རྒྱས་ལྷུན་གྲུབ་ལ་གཙུག་ཕུད་ཕུལ་ནས་དགེ་བསྙེན་གྱི་སྡོམ་པ་ཞུས་པས་མཚན་སངས་རྒྱས་ཕུན་ཚོགས་ཞེས་གསོལ་ཞིང་། གཉགས་སྟོན་རྡོ་རྗེ་ཕུན་ཚོགས་ལ་ཀ་སྐད་བསླབས་ནས་བརྩམས་ཡི་གེ་འདྲི་ཀློག་ཐམས་ཅད་བརྡ་བསྟན་པ་ཙམ་གྱིས་མཁྱེན། ངོར་གྱི་བྱ་ཧ་ཆོས་སྐྱོང་ནས་བཟུང་། རྒྱུད་ཀྱུང་བཞི་མན་ངག་རྣམ་བཤད་སོགས་གཞུང་ཕལ་ཆེར་དཀའ་ཚོགས་མེད་པར་མཐར་ཕྱིན་པ་མཛད། དེ་སྐབས་ཀྱང་དབྱར་ཉ་བསྒྲུངས་སོགས་དགེ་བ་ཁོ་ན་སྤེལ་བར་མཛད་དོ། །

དགུང་ལོ་བཅུ་དྲུག་གི་ཐོག་མཁས་བཙུན་ཀུན་དགའ་ལེགས་པ་ལས་རབ་ཏུ་བྱུང་། བཀའ་ཆོས་ཀྱང་མང་དུ་གསན། ཉེར་གཅིག་པ་ས་མོ་བྱ་ལོར་གྲུབ་ཐོབ་སྐོ་ཕྲུག་པ་ཀུན་དགའ་ལྷུན་གྲུབ་དང་མཇལ་ནས། དཔོན་སློབ་གཉིས་ཀས་འབྲོག་པ་ཞིག་གི་བླ་མ་མཛད་པས་དེས་འབྲི་གཅིག་དང་གསེར་ཕུལ་བས་གྲུབ་ཐོབ་ཀྱིས་བདག་འཛིན་མ་གནང་། རྗེ་འདི་ཉིད་ཀྱི་སྦྱིན་བདག་གིས་འབྲི་དེ་མི་གཞན་ཞིག་དང་བོང་བུ་དང་བརྗེས་ནས། གྲུབ་ཐོབ་ལ་གྲྭ་སར་ཁྲིད་པའི་མགོ་འདྲེན་ཞུས་པས། ཐུགས་མཉེས་ནས་ངོར་དུ་སྐྱེལ་བར་ཞལ་གྱི་བཞེས་སོ། །

དེའི་ཚེ་ཡུམ་ནི་བུ་དང་འབྲལ་བའི་མྱ་ངན་གྱིས་ནོན་པར་གྱུར་ཀྱང་ཆོས་ལ་འགྲོ་བར་གནང་ཞིང་། ཞང་པོས་ཨེ་ཝཾ་ཐར་རྩེར་སྤྱོར་གཏོད་ཀྱི་ཞུ་ཡིག་མཛད་དེ། བོང་བུ་དེ་ལ་ཆོས་བརྒྱགས་བཀལ་ནས་གྲུབ་ཐོབ་དཔོན་སློབ་འཁོར་བཅས་རིམ་པར་བྱོན་ཏེ། གདན་ས་ཆེན་པོས་གཙོས་བླ་མ་དང་གནས་ཆེན་རྣམས་མཇལ། ལམ་བར་རྣམས་སུའང་ཆོས་འབྲུག་དང་རྣམ་ཐར་གྱི་རིགས་སོགས་ལ་ཉན་བཤད་ཁོ་ན་མཛད་ཅིང་བྱོན་པས་ལོ་དེའི་ཧོར་ཟླ་བཅུ་པའི་ཚེས་བཅུའི་ཉིན་ཨེ་ཝཾ་ཆོས་ལྡན་དུ་ཐོག་མར་ཕེབས་སྐབས་བླ་བྲང་ནས་རྒྱུད་ཇ་རྟིང་བ་དང་ཐུག་པས་རྟེན་འབྲེལ་ཤིན་ཏུ་ལེགས་པར་གྱུར་ཏོ། །

སྤྱ་ཕྱིར་ཡང་མཁས་བཙུན་དུ་མ་ལ་བསྙེན་ནས་མདོ་སྔགས་ཕལ་པོ་ཆེའི་ལག་ལེན་ཕྲ་མོ་ཚུན་ཆད་ལེགས་པར་བསླབས་ཤིང་། སྒྲ་སྙན་ངག་སྡེབ་སྦྱོར། མངོན་བརྗོད་ཟློས་གར་སོགས་རིག་གནས་ཐ་དག་ལ་སྦྱངས་ཤིང་མཐར་ཕྱིན་པར་མཛད་པས་འགྲན་ཟླ་བྲལ་བའི་མཁས་པ་ཆེན་པོར་ཡོངས་ལ་

གྲགས་པར་གྱུར་ཞིང་། དེ་ནས་འཇམ་མགོན་དཔལ་མཆོག་རྒྱལ་མཚན་པས་མཁན་པོ་མཛད། འཇམ་དབྱངས་ནམ་མཁའ་དཔལ་བཟང་པས་ལས་སློབ་སྟེ། དགེ་འདུན་གྲངས་ཚང་བའི་དབུས་སུ་རབ་ཏུ་བྱུང་བ་དང་བསྙེན་པར་རྫོགས་པར་མཛད་ཅིང་། གཞན་ཡང་མཁན་སློབ་དེ་རྣམས་དང་། ངག་དབང་བསོད་ནམས་རྒྱལ་མཚན། མཚུངས་མེད་དམ་ཆོས་བསམ་འགྲུབ་སོགས་མཁས་གྲུབ་མང་པོ་ལ་ཟབ་ཅིང་རྒྱ་ཆེ་བའི་དམ་པའི་ཆོས་གསན་པའི་ཚུལ་ནི་གསན་ཡིག་ཆེན་མོ་ལོགས་སུ་བཞུགས་པར་ཤེས་སོ། །ཁྱད་པར་ཡི་དམ་ཆོས་སྐྱོང་དུ་མའི་བསྙེན་སྒྲུབ་མཐར་ཕྱིན་པར་མཛད། བར་སྐབས་སུ་གཙང་དབུས་ཀུན་གྱི་གནས་གཟིགས་མཆོད་འབུལ་སོགས་གནང་བར་ཕེབས། ཉེར་ལྔ་པ་ཆུ་མོ་གླང་གི་ལོར་ཐར་པ་རྩེའི་བཀའ་ཕེབས་དང་ལན་གྱི་སྒོ་ནས། ཀ་སྡོད་གདོང་སྤྲད་བསམ་གླིང་སྐོར་དུ་འབུལ་སྡུད་ལ་ཕེབས་ཏེ། བཤད་སྒྲུབ་སྤེལ་མས་ཕྲིན་ལས་རྒྱ་ཆེའི་སྒོ་ནས་འབུལ་སྐྱེལ་ལན་བཅུ་གཅིག་གནང་ཞིང་སྟག་ལོ་བར་བཞུགས། དེ་ནས་གདན་ས་ཤེས་བྱ་བཟང་པོ་ལ་ཞུལ་ནས་བསྙེན་སྒྲུབ་ཁོ་ན་ལ་ཆེག་སྒྲིལ་གནང་སྟེ་བཞུགས་པས། ལོ་དེར་ཨེ་ཝྃ་ནས་སྤྱན་འདྲེན་པའི་ཕོ་ཉ་དང་མཆོད་ཡོན་གྱི་བཀའ་ཤོག་ཕེབས་པར་བརྟེན། དེ་འཕྲལ་ཡར་བྱོན་ཏེ་རིམ་གྱིས་དབུས་སུ་ཕེབས། ལྷ་སར་མཆོད་ཡོན་མཇལ་ཁ་དང་། ཐོན་འཇུགས་སོགས་ལེགས་པར་གྲུབ་ནས་རིམ་པར་བྱོན་ཏེ། ངོར་གྱི་ལ་ཆུང་ཁར་ཕེབས་པ་དང་ཚོགས་དུང་གི་སྒྲ་སྒྲོགས་པ་དང་དུས་མཉམ་པ་སོགས་རྟེན་འབྲེལ་དཔག་མེད་དུ་འགྲིགས། ལོ་དེའི་ཧོར་ཟླ་བཅུ་གཅིག་པའི་ཚེས་ཉེར་གཉིས་ལ་རྡོ་རྗེ་འཆང་ཆེན་པོའི་ཆོས་ཁྲིར་བྱོན་ནས། གསུང་ངག་ལམ་འབྲས་སོགས་ཟབ་ཅིང་རྒྱ་ཆེ་བའི་ཆོས་ཀྱི་ཆར་པ་ཕབ། ཁྱད་པར་སོ་སོ་ཐར་པའི་སྡོམ་པ་སྣ་ཕྱིར་སྤྲུལ་བ་བགྲང་བ་ལས་འདས་པ། གཞན་ཡང་བྱང་ཆུབ་སེམས་དཔའི་སེམས་བསྐྱེད་ལུགས་གསུམ། རྡོ་རྗེ་ཐེག་པའི་དབང་བསྐུར། ཟབ་ཁྲིད། རྗེས་གནང་། ལུང་མན་ངག་སོགས་བསམ་གྱིས་མི་ཁྱབ་པའི་ཆོས་ཀྱི་འཁོར་ལོ་བསྐོར་ནས། སྐལ་ལྡན་གྱི་གདུལ་བྱ་རྣམས་རྗེས་སུ་བཟུང་བ་མཛད་པའི་ཚེ། གངས་ཅན་གྱི་མགོན་པོ་དཔལ་ས་སྐྱ་པ་ཆེན་པོའི་གདན་ས་གོང་འོག་གི་ཞབས་དྲུང་རྣམས་ཀྱིས་གཙོས། གཙང་དབུས་ཀྱི་གྲུབ་མཐའ་རིས་སུ་མ་ཆད་པའི་མཁན་སློབ་དགེ་བའི་བཤེས་གཉེན་གྲགས་ཆེ་བ་ཕལ་མོ་ཆེ་རྣམས་དང་། གཞན་ཡང་དམ་པ་དེ་ཉིད་ཀྱི་ཞབས་པད

གཙུག་གིས་ལེན་པའི་ས་སྐྱོང་ཆོས་ཀྱི་རྒྱལ་པོ་དུ་མ་སོགས་མཁས་གྲུབ་ཀྱི་སློབ་མ་ཡོངས་སུ་གྲགས་པ་དང་མ་གྲགས་པ་བགྲང་བ་ལས་འདས་སོ། །

རྩོད་པའི་སྒྲོ་ནས་ཕ་རོལ་གྱི་རྒོལ་བ་རྣམས་ང་རྒྱལ་དང་དྲེགས་པ་བཅོམ་ནས་རྗེ་ཉིད་ཀྱི་ཞབས་རྟུལ་སྤྱི་བོས་ལེན་པ་དཔག་ཏུ་མེད་པ་བྱུང་ཞིང་། རྩོད་ཆོས་ལུང་རིགས་བཟང་པོས་འཐད་སྒྲུབ་ཀྱི་བསྟན་བཅོས་དང་། མཁས་བཙུན་མང་པོས་རང་རང་གི་ཐུགས་བཞེད་ལྟར་འཁྲུལ་པ་སེལ་བའི་དྲིས་ལན་དཔག་མེད། སོ་སོའི་གཞུང་དང་མཐུན་པར་བཀའ་དང་བསྟན་བཅོས་ཀྱི་དགོངས་པ་ཕྱིན་ཅི་མ་ལོག་པ་དེ་འདི་ལྟར་རོ་ཞེས་ལེགས་པར་བཀྲལ་ནས་གནང་བ་ཡང་མཐའ་ཡས་སོ། །གཞན་ཡང་གྲགས་ཆེའི་བུ་སློབ་རྣམས་ཀྱིས་བསྐུལ་བ་དང་། ཁྱད་པར་དུ་དགོངས་ནས་གསུངས་པའི་བསྟན་བཅོས་ཀྱང་དཔག་ཏུ་མེད་ཅིང་། སློབ་མའི་ཚོགས་རྣམས་ཀྱིས་ཕྱོགས་གཅིག་ཏུ་བསྡུས་པའང་ཡིད་བཞིན་གྱི་ནོར་བུ་རིན་པོ་ཆེ་ལྟ་བུའི་བཀའ་འབུམ་པུ་སྟི་བཞི་ཙམ་བཞུགས་སོ། །

དེ་ལྟར་ལུགས་གཉིས་ཀྱི་མཛད་པ་རྒྱ་ཆེན་པོས་བླ་བྲང་སྐྱོངས་ཤིང་། སྤྱལ་ལོར་ཤར་ཆེན་ཆོས་ཀྱི་རྒྱལ་པོ་སངས་རྒྱས་བསྟན་འཛིན་རྒྱལ་ཚབ་ཏུ་བཀོད་ནས། རྗེ་ཉིད་ཨེ་ཝཾ་གཟིམས་ཕུག་ཁང་དུ་ཟུར་བཞུགས་གནང་། གདན་ས་ཆེན་པོ་རྩེ་གདོང་། དབུས་ཕྱོགས་རྣམས་སུའང་བྱོན་ཏེ་བཤད་སྒྲུབ་ཀྱི་ཕྲིན་ལས་རྒྱ་ཆེར་མཛད་ཅིང་བཞུགས་སྐབས། སྟེ་དགེ་ས་སྐྱོང་བླ་མ་ཚེ་དབང་རྡོ་རྗེས། རྒྱལ་དབང་མཆོད་ཡོན་གྱི་བཀའ་ཤོག་དང་བཅས་ཕེབ་དགོས་པར་གསོལ་བ་བཏབ་པས། བྱོན་པར་ཡང་ཞལ་བཞེས་ཏེ། ས་སྐྱར་ཕེབས་ནས་རྒྱུ་མཚན་ཞུས་པས། བདག་ཆེན་ཀུན་དགའ་བཀྲ་ཤིས་པའི་གསུང་གིས། ས་རོང་རྣམས་སུ་བཞུགས་ནས་བཤད་སྒྲུབ་གནང་ན་བསྟན་ཕན་ཆེ་བར་འབྱུང་གསུང་ཞིང་ཕེབས་པ་ལ་ཐུགས་དགེས་པ་མི་གནང་ཀྱང་། སྡེ་དགེ་བླ་མས། བསྟན་པ་དཔང་དུ་བཙུགས་པའི་སྒྲོ་ནས་ནན་ཆེར་ཞུས་པས་ཞལ་བཞེས་གྲུབ་ཟིན་པར་བརྟེན་མཛད་ཐབས་དཀའ་རྫུང་རིམ་གྱིས་ཕེབས་པར་ཐག་ཆོད་དོ། །

དེ་ལྟར་ཕེབས་པའི་གཏམ་དེ་ཀུན་གྱིས་ཐོས་ནས་གཙང་དབུས་ཀྱི་བླ་མ་དགེ་བའི་བཤེས་གཉེན། མི་ཆེན་སོགས་དུ་མ་ཡང་ཆོས་ཞུ་བར་ངོར་དུ་འདུས་པ་རྣམས་དང་། ཤར་ཆེན་བློ་གྲོས

གྲགས་པ་སོགས་གཞིར་བཞུགས་རྣམས་ལ་སྟོན་གྱི་ཆོས་འཕྲོ་དང་། གཞན་ཡང་གང་ལ་གང་དགོས་པའི་དམ་པའི་ཆོས་ཀྱི་དགའ་སྟོན་དཔག་ཏུ་མེད་པ་སྩལ། བར་སྐབས་མགོན་ཁང་རྣམས་སུ་བསྟན་པ་རྒྱས་པའི་ཕྲིན་བཅོལ་ཡང་དག་པར་མཛད་དེ། ཡོས་ལོ་ཟླ་བ་དྲུག་པའི་ནང་དུ་མདོ་ཁམས་སུ་ཆིབས་སྒྱུར་གནང་ནས། ལྷ་ས་གཙོས་ལམ་བར་གྱི་གནས་ཆེན་རྣམས་སུ་གནས་གཟིགས་མཛད་ཅིང་ཕེབས། འབྲས་སྤུངས་དགའ་ལྡན་ཕོ་བྲང་དུ་རྒྱལ་དབང་མཆོད་ཡོན་ཞལ་མཇལ་བས་ཐུགས་རྗེས་རྗེས་སུ་སྐྱོང་བའི་བདག་རྐྱེན་རྒྱ་ཆེར་སྩལ། དེ་ནས་རིམ་གྱིས་བྱང་ལམ་བརྒྱུད་དེ་ཐོག་མར་ཏྭ་སྟོད་དུ་ཕེབས། ལམ་བར་རྣམས་སུ་ཕྲིན་ལས་རྒྱ་ཆེ་བའི་དབང་གིས་ཡུན་རིང་བས་ཕེབས་བསུ་སྟོན་རྗེས་མང་དུ་གླེབས་པར་བརྟེན། སྨར་དུ་བྱོན་ནས་རྒྱལ་ཁབ་ཆེན་པོ་ལྷུན་གྲུབ་སྟེང་དང་ཉེ་བར་བླ་དཔོན་རྣམས་ཀྱིས་གཙོས་སེར་སྐྱ་ཀུན་གྱིས་བསུ་བ་སེར་ཕྲེང་དཔག་ཏུ་མེད་པས་སྤྱན་དྲངས་ཏེ་ཕོ་བྲང་ཆེན་པོར་ཕེབས། མཆོད་ཡོན་ཞལ་མཇལ་བས་ཐུགས་ཡིད་གཅིག་ཏུ་འདྲེས། ས་སྐྱོང་ཆེན་པོས་གཙོས་མངའ་ཞབས་ཀུན་དང་། ཁམས་སྟོད་སྨད་ཐམས་ཅད་ནས་དད་མོས་ཀྱིས་འབུལ་ནོད་བསམ་གྱིས་མི་ཁྱབ་པ་བྱུང་བ་ཀུན་དེ་ཕྱོགས་ཀྱི་ས་དགེ་གར་འབྲུག་རྙིང་མ། མདོ་རན་བོན་སོགས་རིས་སུ་མ་ཆད་པའི་དགོན་སྡེ་ཐ་དག་ལ་མང་འགྱེད་སོགས་བསྙེན་བཀུར་རྒྱ་ཆེར་མཛད་ཅིང་། ལྷག་པར་འབྲུག་ལོར་དཔལ་ལྡན་ཤེས་རབ་དང་། ལུག་ལོར་ཤེས་རབ་ལྷུན་གྲུབ་སྟེ་ཁོང་གཉིས་འབུལ་སྐྱེལ་ལ་བཏང་ནས། ས་ངོར་རྩེ་གསུམ་སོགས་གཙང་དབུས་ཀྱི་དགོན་སྡེ་ཕལ་ཆེ་བའི་བླ་སློབ་གྲྭ་རིགས་ཀུན་ལ་མང་ཇ་འགྱེད་སོགས་དཔག་ཏུ་མེད་པ་དང་། ས་སྐྱ་ལྷ་ཁང་དུ་གསེར་གྱི་རྒྱལ་མཚན་ཆ། ངོར་བླ་བྲང་དུ་གསེར་ཟངས་ཀྱི་རྒྱལ་མཚན་ཆ་འཛུགས་པ་སོགས་མཛད་དོ། །དེ་ཡང་འབུལ་སྐྱེལ་དང་པོའི་དུས་ཉིད་ཀྱི་ཕྱག་རྫས་གཟིམས་ཞུག་ཁང་ན་ཡོད་པ་རྣམས་བླ་བྲང་དུ་རྗེ་ཉིད་ཀྱིས་དུས་ཧའི་རྟེན་དུ་སྦྱོར་འཇགས་དང་། རྟེན་གསུམ་རྣམས་ཞིང་ཁམས་རྒྱ་མཚོར་བཞུགས་སུ་གསོལ་ལོ། །དེ་སྐབས་སྡེ་དགེར་ས་སྐྱོང་བླ་མས་ཐུབ་བསྟན་མཁན་ཆེན་བཟང་པོ་རྒྱལ་མཚན་སྤྱན་དྲངས་ནས་རྗེ་འདི་པ་དང་ཐུགས་ཡིད་གཅིག་འདྲེས་ཀྱིས། བཀའ་ཆོས་ཕར་གསན་ཚུར་གསན་དཔག་མེད་གནང་། དེ་ཉིད་ཞིང་དུ་ཕེབས་ནས་གདུང་མཆོད་སོགས་རྗེ་འདི་པས་མཛད། རྗེ་འདི་ཉིད་སྟོན་དུ་སྤྲེལ་ལོར་བསྟུང་གཞི་བྱུང་

བ་ནས་བཟུང་སྐུ་རིམ་སྒྲུབས་དག་སོགས་སྤྱི་ཕྱིར་ཕྱོགས་རིས་མེད་པའི་དགེ་འདུན་ལ་ཕུལ་བ་བློས་ཟིན་པ་ཙམ་དོན་འབྲུ་ཐོག་ཏུ་ཕབ་ནས་བསྡམས་པར། འབྲུ་ཁལ་བྱེ་བར་ལོངས་པ་བྱུང་ཞིང་། བློས་མ་ཟིན་པ་ཡང་བསམ་ལས་འདས་སོ། །

གཞན་ཡང་རྣམ་རྒྱལ་སྟོང་མཆོད་དུ་མ། ཀུན་རིག་ཁྲི་ཚར་དུ་མ། མ་ཎི་ཞལ་ནས་བགྲངས་པ་རང་དུང་གཅིག་དང་། ཡོན་གནང་ནས་གཞན་འདྲེན་དུ་བཅུག་པ་སོགས་བསྡོམས་ན་དུང་ཕྱུར་ཉི་ཤུ་ལྷག་ཙམ་དང་། བརྒྱད་སྟོང་པ་ཞལ་ནས་གསུངས་པ་དང་ཀློག་ཏུ་བཅུག་པ་བཅས་བརྒྱ་ཕྲག་དུ་མ་དང་། མཚན་བརྗོད་འབུམ་ཐེར། སི་ཏྲི་དུང་། ཟབ་མདོ། སྨོན་ལམ་རྣམ་ལྔ་བཅས་བྱེ་བ་ཕྱེད་གཉིས་རེ། གཞན་ཡང་མར་མེ། གསེར་ཆབ། དར་འཕན། བླ་རེ་སོགས་མཆོད་རྫས་ཕུལ་བ་བགྲང་བ་ལས་འདས་སོ། །མདོར་ན་དངོས་རྫས་དར་ཁ་གང་ལོངས་པ་ཡན་ཆད་ལའང་བདག་འཛིན་གྱི་དྲི་མ་གཏན་ནས་སྤངས་པར་བཟེན། ཆོས་ཕྱོགས་ཁོ་ནར་གཏོང་བ་མ་གཏོགས་ཚུད་ཟོས་སུ་ཁབ་སྐུད་ཙམ་ཡང་གཏོང་བར་མ་མཛད་ཅིང་། བླ་བྲང་འདི་ཁོ་ན་ལ་སྦྱོར་འཛུགས་གནང་བའང་བརྗོད་པར་མི་ནུས་སོ། །

བར་སྐབས་སུ་མདོ་ཁམས་སྟོད་སྨད་རྣམས་ཀྱི་དགོན་ཁག་ཕལ་ཆེར་ཉམས་ཆགས་ཆེ་བར་བྱུང་ཀྱང་། རྒྱལ་སྲས་བྱང་ཆུབ་སེམས་དཔའ་འདི་ཉིད་ཀྱི་ཐུགས་བསྐྱེད་རྨད་དུ་བྱུང་བའི་བཀའ། ས་སྐྱོང་ཁུ་དབོན་གྱི་སྔན་དུ་དེངས་པ་ཙམ་གྱིས་བསྟན་པ་ཤིན་ཏུ་དར་ཤིང་རྒྱས་པའི་ལས་བསྒྲུབ་པ་དང་། བསྟན་པའི་སྦྱིན་བདག་ཆོས་ཀྱི་རྒྱལ་པོ་ཁུ་དབོན་གྱིས་ལྷུན་གྲུབ་སྟེང་གི་གཙུག་ལག་ཁང་ཆེན་པོས་གཙོས། དགོན་སྡེ་ཆེ་ཕྲ་ཐམས་ཅད་དུ་གཙུག་ལག་ཁང་རེ་རེ་དང་། གཞན་ཡང་ལྷ་ཁང་བརྒྱ་ཕྲག་དུ་མར་སྐུ་གསུང་ཐུགས་རྟེན་བཞེང་ལས་འདས་པ་བཞེངས་ཤིང་། དེ་དག་གི་སྤྱན་སྔར་མཆོད་རྫས་ཚར་དུ་དངར་བ་དཔག་ཏུ་མེད་པ་དང་། འཕགས་པ་བརྒྱད་སྟོང་པའི་གླེགས་བམ་སུམ་སྒྲིག་པར་དུ་འགོད་པ་ལ་དཀར་ཆག་བསྡུགས་བརྗོད་རྩོམ་པ་གནང་བ་དང་། རྒྱལ་བའི་བཀའ་འགྱུར་གྱི་པར་བསྒྲུབ་དགོས་ཚུལ་ཡང་རྗེ་ཉིད་ཀྱིས་བཀའ་གནང་ཞིང་། ཀུན་དགའ་ཆོས་འཕེལ་གྱིས་ཀྱང་བསྐུལ་ནས། ས་སྐྱོང་ཆེན་པོས་མཁན་ཆེན་རྣམ་གཉིས་ཀྱི་དགོངས་བཞེད་ལྟར། ཐུགས་སུ་གཡར་དམ་གྱིས་ཕྱིས་སུ་རྒྱལ་བའི་བཀའ་འགྱུར་རོ་འཚལ་སོགས་ངོ་མཚར་བའི་པར་དུ་མ་བསྒྲུབས་པར་མཛད་དོ། །གཞན་

ཡང་དགེ་འདུན་གྱི་སྡེ་སྤྱིལ་བ་ཡང་སྡེ་དགེའི་མངའ་ཞབས་ཀྱི་གྲུབ་མཐའ་སོ་སོའི། དགོན་སྡེ་རྣམས་སུ་སྡུར་བཅུ་ཕྲག་ཁ་ཡར་ཙམ་འཚོགས་པའི་སར། དེང་སང་སྟོང་ཕྲག་དང་། ལྔ་བརྒྱ་ཕྲག་དང་། ཉུང་བ་རྣམས་སུའང་བརྒྱ་ཕྲག་ལྷག་ཙམ་འཚོགས་པར་འགྱུར་ཞིང་། དེ་དག་སོ་སོར་ལ་ཆོས་གཞི་དང་། འབུལ་བ་སོགས་རྒྱ་ཆེ་བའི་བསྙེན་བཀུར་ཞུས་ན། སྐབས་རྣམས་སུ་དབང་ལུང་ཁྲིད་གསུམ་གྱི་རིགས་རྒྱ་ཆེ་བ་སོ་སོར་འདོད་པ་ཚུལ་བཞིན་དུ་བསྐངས་པ་དང་། རབ་ཏུ་བྱུང་བ་སྟོང་དུ་ཉེ་བར་བསྒྲུབས། རང་ལུགས་ཀྱི་དགོན་སྡེ་རྣམས་སུ། བདེ་ཀྱེ་གསང་གསུམ་སོགས་རྡོར་ལུགས་དཀྱིལ་འཁོར་བདུན་དུ་གྲགས་པ་དང་། མཁའ་འགྲོ་རྒྱ་མཚོ་གཙོས་རྒྱུད་སྡེ་ཆེན་པོ་རྣམས་ཀྱི་སྒྲུབ་མཆོད་དུ་མ། སྒྲོད་འཇུག །འཕགས་པ་སྟོད་པ། སྡོམ་གསུམ་རབ་དབྱེ་སོགས་མདོ་རྒྱུད་མང་པོའི་ཞལ་འདོན། ནོར་བུའི་ཕྲེང་བ་ལ་སོགས་པའི་ཆོས་སྤྱོད་མང་པོ་གསར་དུ་འཛུགས་པ་དང་། སྔར་ཡོད་སྤེལ་མར་མཛད་དོ། །

གཞན་ལུགས་རྣམས་ལ་ཡང་གང་ལ་གང་འོས་ཀྱི་སྒྲུབ་མཆོད་རང་བློ་དང་འཚམས་པ་མང་དུ་བཙུགས་ནས་མི་ཉམས་པར་དར་རྒྱས་སུ་མཛད། དགེ་འདུན་དེ་དག་གི་ སྒྲིག་ལམ་ལ་ཆེད་དུ་དགོངས་ནས་གསུངས་པའི་བཅའ་ཡིག་ལྷག་བསམ་རབ་དཀར་གྱི་དགོངས་དོན་ལྟར། སྨིན་བྱེད་མ་ཐོབ་པར་ཆོ་ག་ལ་མི་འཇུག་པ་སོགས་ཕྱག་ལེན་རྣམ་པར་དག་པ་མཛད་དེ། ཤ་ཆང་སོགས་ལོག་འཚོའི་བསྙེན་བཀུར་གྱི་རྒྱུན་བཅད་ནས། གཙང་ཁྲིམས་ཡང་དག་པར་གནང་བ་དེང་སང་སྡེ་དགེའི་ཕྱོགས་སུ་སངས་རྒྱས་ཀྱི་བསྟན་པ་དར་ཞིང་རྒྱས་པར་གྱུར་ཏོ་ཞེས་ཀུན་གྱིས་བླ་ན་བསྔགས་པ་འདི། རྗེ་ཡབ་སྲས་རྣམས་ཀྱི་བཀའ་དྲིན་ལས་བྱུང་བར་ཤེས་པར་བྱའོ། །དེ་ལྟར་མཁས་པའི་བྱ་བ་འཆད་རྩོད་རྩོམ་གསུམ་གྱི་སྒོ་ནས་གངས་ཅན་གྱི་ལྗོངས་སུ་རྒྱལ་བའི་བསྟན་པ་ཉིན་མོ་ལྟར་ཆེས་གསལ་བར་མཛད་དོ།། །།

གཞན་ཡང་ཐོས་བསམ་བསྒོམ་གསུམ་གྱིས་སྒོ་ནས་མཁས་བཙུན་བཟང་གསུམ་གྱི་ཡོན་ཏན་དཔག་ཏུ་མེད་པ་མངའ་བའི་ཚུལ་ནི། རྒྱལ་བ་ཡིན་ཀྱང་བསྐལ་པར་བརྗོད་ཀྱང་རྫོགས་པར་མི་ནུས་ན། བདག་ཅག་གིས་ལྟ་ག་ལ་ཞིག །འོན་ཀྱང་རྒྱ་མཚོ་ལས་ནི་ཆུ་ཐིགས་ཙམ་ཞིག་གྲུས་པའི་སྒོ་ནས་བརྗོད་

པར་བྱ་སྟེ། དམ་པ་འདི་ཉིད་ནི་གཞི་ཚུལ་ཁྲིམས་ལ་གནས་པས། རྩ་བཞི་ཤ་ཆང་སོགས་ཉེས་བཅས་ཕྲ་མོས་ཀྱང་མ་གོས་ཤིང་ཚུལ་ཁྲིམས་ཀྱི་དྲི་བསུང་མངར་པོས་རྒྱུད་རིང་པོའི་བར་ཁྱབ་ཅིང་། གྲུབ་མཐའ་རིས་མེད་ཀྱི་བླ་མ་དང་། དགེ་བཤེས་སུ་གྲགས་པ་ཐ་དག་ལ་མོས་གུས་དང་། ཆོས་གསན་པ་དང་ཆོས་ཚིགས་བཞིའི་ཕྱིར་དུའང་སྐུ་སྲོག་འདོར་ནུས་པའི་བློ་སྟོབས་སོགས་རྒྱས་སྲས་ཀྱི་སྤྱོད་པ་ཁོ་ན་མངའ་ཞིང་། གསན་པའི་གཞུང་ཐ་དག་ལ་སྒྲོ་འདོགས་མ་ལུས་པར་ལེགས་པར་བཅད། སྔ་ཕྱིར་རྒྱལ་བའི་བཀའ་དང་བསྟན་བཅོས་སོགས་པུ་སྟི་ལྔ་བརྒྱ་ལྷག་ཙམ་སྤྱན་སྔར་བསྟར་བའི་ཚིག་དོན་ཐམས་ཅད་ཕྱིན་ཅི་མ་ལོག་པར་ཐུགས་ལ་ཆུད་པར་མཛད་པས། ཡོངས་རྫོགས་བསྟན་པའི་མངའ་བདག་ཆེན་པོར་གྱུར་ཏོ། །

སྒོམ་པ་ཉམས་སུ་བླང་བའི་ཚུལ་ནི། རྒྱུན་དུ་ཀྱཻ་རྡོ་རྗེ། རྡོ་རྗེ་བདག་མེད་མའི་བསྐྱེད་རྫོགས་ཀྱི་བཟླས་བསྒོམ། བླ་མ་རིན་འབྱུང་། བིར་སྲུང་ཕྱི་ནང་། ལམ་ཟབ་བླ་མའི་རྣལ་འབྱོར་ཕྱི་ནང་། ཨུ་རྒྱན་བླ་མའི་རྣལ་འབྱོར་སོགས་བླ་མའི་རྣལ་འབྱོར་དུ་མ། མཁའ་སྤྱོད་མ་རྡོ་རྗེ་འཇིགས་བྱེད། དམར་པོ་སྐོར་གསུམ། བདེ་མཆོག་ལུ་ནག་དྲིལ་གསུམ། འཇམ་དབྱངས་དཀར་སེར། སྨྲ་སེང་། དབྱངས་ཅན་མ། ཚེ་དཔག་མེད་དཀར་དམར། ཚེ་དཔག་ཞག་བདུན་མ། སྒྲོལ་མ་དཀར་ལྗང་། སྤྱན་རས་གཟིགས་ཕྱག་བཞི་པ། བཅུ་གཅིག་ཞལ། འཇམ་དཔལ་ནག་པོ། །ནོར་རྒྱུན་མ། མགོན་པོ་བྲག་རྫོང་མ་ཕྱི་ནང་ཡང་གསང་བཅས། ཞལ་བཞིའི་ཚེ་སྒྲུབ་སོགས་སྒྲུབ་ཐབས་དུ་མ་དང་། ཨོ་རྒྱན་བླ་མའི་རྣལ་འབྱོར་ཞི་དྲག །གཞན་ཡང་ཡི་དམ་ཆོས་སྐྱོང་རྣམས་ལ་མཆོད་གཏོར་བསྐང་བཤགས་ཀྱི་རིམ་པ། འཇམ་སྤྱད་སྐོན་གསུམ། ནོར་བུའི་ཕྲེང་བ་སོགས་ཆོས་སྤྱོད་གཏོར་མའི་རིམ་པ་དཔག་ཏུ་མེད་པ། ཟ་བྱེད་མཁའ་འགྲོའི་སྦྱིན་སྲེག །སྭཱཧཱ ཕྱག་དང་བསྐོར་བ་སོགས་ཐུགས་དམ་ཁོ་ནས་ཉིན་མཚན་དུས་འདའ་བར་མཛད་དོ། །

གཞན་ཡང་། དཔལ་ཀྱཻ་རྡོ་རྗེ། འཁོར་ལོ་བདེ་མཆོག་ལོ་ནག་དྲིལ་གསུམ་གྱི་གཞིའི་བསྙེན་པ་སྦྱིན་སྲེག་བཅས། ན་རོ་མཁའ་སྤྱོད་ཀྱི་བསྙེན་པ་འབྲུ་འབུམ་དང་བཞི་འབུམ། རིག་བྱེད་མ། མགོན་དཀར། རྡོ་རྗེ་འཇིགས་བྱེད། ལས་གཤིན། གུར་གྱི་མགོན་པོ་བྲག་རྫོང་མ། ལྷ་དགུ་གསང་ཁྲིད་ལྷར་

ལྷུམ་དྲལ་བཀའ་སྡོད་ལྷར་གྱི་བསྙེན་པ། འབྱུང་འདུལ། མི་གཡོ་བ། འཇམ་དབྱངས་དམར་སེར། འཇམ་དབྱངས་དཀར་པོ། དབྱངས་ཅན་དཀར་མོ། སྨྲ་བའི་སེང་གེའི་རིལ་བུ་སྒྲུབ་པ་དང་བཅས། སྤྱན་རས་གཟིགས་བཅུ་གཅིག་ཞལ་དང་ཕྱག་བཞི་པ། ཀུན་རིག །འཆི་བདག་འཇོམས་པ། ཚེ་དཔག་མེད་ལྷ་དགུ། གྲུབ་རྒྱལ་ལུགས། ཞག་བདུན་མ། སྒྲོལ་མ་དཀར་མོ། སྒྲོལ་མ་དམར་མོ། ལྷ་མོ་ཏེ་ནུ། མི་འཁྲུགས་པ། རྣམ་འཇོམས་པ་རི་ལུགས་ལ་སོགས་པ། ཡི་དམ་དཔག་ཏུ་མེད་པའི་བསྙེན་སྒྲུབ་སྦྱིན་སྲེག་དང་བཅས་མཐར་ཕྱིན་པར་མཛད་ཅིང་། མདུན་བསྐྱེད་ལ་བརྟེན་པའི་ཀྱཻ་རྡོ་རྗེའི་དཀྱིལ་འཁོར་ཆེན་པོ་སྒྲུབ་མཆོད་བདག་འཇུག་བླང་བ་བརྒྱ་ཕྲག་སོགས་དང་། ཡུམ་གྱི་དོན་དུ་ཀུན་རིག་གི་སྒྲུབ་མཆོད་བརྒྱ་ཕྲག་དུ་མ་དང་། ཞལ་ནས་གསུངས་པ་རང་མཚན་བརྗོད་ཁྲི་ཕྲག་སྨོན་ལམ་འབུམ་ཕྲག་ལྷག་ཙམ། མ་ཎི་དུང་ཕྱུར་གཉིས་གསུངས་པ་སོགས་བརྗོད་ཀྱིས་མི་ལང་ཞིང་ཞིབ་པ་རྣམ་ཐར་རྒྱས་པར་ཤེས་སོ། །རྗེ་བླ་མ་འདི་སྐུ་ན་ཆུང་དུའི་དུས་ནས་སྔོན་གྱི་ལས་འཕྲོ་སད་པས། འཁོར་བ་ལ་ ཞེན་ཆགས་དང་བྲལ་བའི་དབང་གིས། མི་འདོད་ཞེན་ཅན་དང་། ཆོས་དང་གང་ཟག་ལ་སྐུར་པ་འདེབས་པའི་སྡིག་པ་ཅན་གཟིགས་པའམ་གསན་པ་ཙམ་གྱིས། ཕྱག་གིས་སྤྱན་དང་སྙན་བཀབ་ནས སྤྱན་ཆབ་བསིལ་ཞིང་དེ་དག་ལ་བྱམས་སྙིང་རྗེ་དཔག་ཏུ་མེད་པ་སྐྱེས་ནས་ངན་སོང་ལས་ལྡོག་པའི་ཐབས་གཟུངས་སྔགས་ཟབ་མོ་དུ་མ་དང་མ་ཎི་སོགས་འདྲེན་པར་མཛད། ས་ཕྱོགས་གང་དུ་བླ་མ་ཚད་ལྡན་བྱོན་བཞུགས་དང་། ཆོས་ཉན་བཤད་མཛད་པ། རྟེན་གསུམ་བཞེངས་པ། གང་ཟག་ཆོས་ལ་འདུན་པ་སོགས་རྣམ་དཀར་དགེ་བའི་ལས་གཟིགས་པའམ་གསན་པ་ཙམ་གྱིས། ཕྱག་ཐལ་མོ་སྦྱར་ནས་རང་རེའང་སྐྱེ་བ་ཀུན་ཏུ་མཛད་སྤྱོད་དེ་ལྟ་བུའི་རྗེས་སུ་སློབ་པར་ཤོག་ཅིག་གསུངས་ནས་སྨོན་ལམ་ཡང་ཡང་མཛད། ཆོས་འཆད་ཉན་སོགས་ཀྱི་དུས་རྒྱལ་སྲས་བྱང་ཆུབ་སེམས་དཔའི་མཛད་སྤྱོད། རྗེ་བླ་མ་གོང་མའི་མཛད་པ་རྣམ་ཐར་ཁྱད་པར་ཅན་མཐོང་ངམ་ཐུགས་ལ་དྲན་པའམ། གསན་པ་ཙམ་གྱིས་དད་པའི་གདུང་ཤུགས་དྲག་པོས་ཕྱག་ཐལ་མོ་སྦྱར་ནས་སྤྱན་ཆབ་རང་དབང་མེད་པར་བསིལ། དེ་བཞིན་དུ་ཁམས་གསུམ་འཁོར་བའི་སྡུག་བསྔལ། འཆི་བ་མི་རྟག་པ། ལས་རྒྱུ་འབྲས་ཀྱི་ཉེས་དམིགས་སོགས་གཞན་ལ་གསུངས་པའམ་དྲན་པ་ཙམ་ལའང་སྤྱན་ཆབ་འཆོར། གཞན་ཤི་བ་གསན་

པའམ་ཉེ་སྐོར་དུ་ཤི་བའི་རོ་དང་རུས་པ་གོས་སོགས་གཟིགས་པ་ཙམ་གྱིས་སྤྱན་ཆབ་ཁོ་ན་མཛད། ཁྱད་པར་སྡིག་སྤྱོད་ཀྱི་རྒྱལ་པོ། ཤེན་པ། རྔོན་པ། ལོག་ལྟ་ཅན་དང་། དབུལ་ཕོངས་དང་། ནད་པ། མགོན་མེད་པའི་མི་དང་སེམས་ཅན་སྲིན་བུ་ཡན་ཆད་ལ་བྱམས་སྙིང་རྗེ་ཤིན་ཏུ་ཆེ་བ་གནང་ཞིང་དེ་དག་གི་སྡིག་པ་སྦྱོང་བའི་ཐབས་དུ་མ་དང་། རུས་པ་མང་པོ་གཅིག་ཏུ་བསྡུས་ནས་སྦྱིན་སྲེག་དང་སཱ་ཚྭ་གདབ་པ་སོགས་གནང་། སྟོན་དུས་འབུ་སྲིན་མང་པོ་ཤི་བ་རྣམས་ཀྱི་དོན་དུ་མི་འབྲུགས་པའི་ཚོ་ག་མཛད། གཞན་ཡང་རི་རྒྱ། གླང་རྒྱ་སོགས་གནང་སྦྱིན་དང་ཐབས་སྣ་ཚོགས་ཀྱིས་སྒོ་ནས་སྡོམ་པར་མཛད་པའི་དགེ་རྒྱུན་རྣམས་མ་ཆད་པར་ད་ལྟ་ཡང་ཁམས་ཕྱོགས་ཕལ་ཆེར་ན་སྣང་ངོ་། །

གཞན་ཡང་སྐུ་རྣམ་པར་དག་པས་སྲིན་བུ་སོགས་ཉེས་སྐྱོན་མི་མངའ་ཞིང་། གསུང་རྣམ་པར་དག་པས་ཆོས་ཀྱི་ཚིག་དོན་ལ་འཁྲུལ་པ་མེད་པར་གདུལ་བྱ་རྣམས་ཀྱི་རྣ་བར་སྙན་ཅིང་འཇེབས་པ་ཚངས་པའི་དབྱངས་སུ་ལྷང་ལྷང་སྟོན་པ་ལས་འཆལ་པའི་དྲི་མ་མི་མངའ་ཞིང་། ཐུགས་རྣམ་པར་དག་པས་ཇི་ལྟ་ཇི་སྙེད་མཁྱེན་ཅིང་ཡི་དམ་གྱི་ལྷ་དུ་མའི་ཞལ་གཟིགས་ལུང་བསྟན་པ་སོགས་གསང་བའི་རྣམ་པར་ཡོགས་ན་བཞུགས་པར་ཤེས་ཤིང་། ཆགས་ཐོགས་མེད་པའི་མངོན་པར་ཤེས་པ་ཡང་ཚད་མེད་པ་མངའ་སྟེ། མཁན་ཆེན་ཚུལ་ཁྲིམས་དཔལ་བཟང་། མཁན་ཆེན་བཀྲ་ཤིས་ལྷུན་གྲུབ། རྡོ་རྗེ་འཆང་བསོད་ནམས་དཔལ་ལྡན་རྣམས་ཨེ་ཝཾ་པའི་རྒྱལ་ཚབ་རིམ་འོང་སྔོན་ནས་ལུང་བསྟན་པ་དང་། མཚུངས་མེད་བསྟན་འཛིན་ལྷུན་གྲུབ་ལ་ངོར་དུ་བསྟན་ཕན་འབྱུང་བ་སོགས་དང་། གཙང་དབུས་ཁམས་སོགས་ཀྱི་སློབ་མ་སྦྱིན་བདག་མང་པོ་ལ་ལེགས་ཉེས་ལུང་བསྟན་པ་ཐམས་ཅད་ཇི་ལྟ་བ་བཞིན་དུ་གྲུབ་པ་དང་གསོན་འདྲེའམ་ཤི་འདྲེ་སོགས་སེམས་ཅན་དང་ཡུལ་ཁམས་ལ་གནོད་པ་ལ་སྙིང་རྗེ་ཆེན་པོའི་སྒོ་ནས་བྱང་ཆོག་ཙམ་གནང་བས་གནོད་པ་ཐ་དག་ཞི་ཞིང་འདྲེ་གདོན་དེ་རྣམས་མིའམ་གནས་འདི་ལྟ་བུ་ཞིག་ཏུ་སྐྱེས་སོང་ཞེས་ལག་མཐིལ་དུ་སྐྱུ་རུ་ར་བཞག་པ་བཞིན་བསྒྲིབས་མེད་དུ་གཟིགས་ཤིང་། སེམས་ཅན་ལ་འདྲེ་གདོན་བབས་པའི་གནོད་པ་སོགས་ལ་ལྷོགས་ཆབ། ལྷོགས་གྲུལ་ལམ། སྲུང་སྐུད་དམ། བཀའ་བསྒོ་ཙམ་གནང་བས་ཀྱང་ཚད་མེད་དུ་ཞི་ཞིང་སླར་འཛུག་མི་ནུས་པ་སོགས་མཁྱེན་བརྩེ་ནུས་གསུམ་གྱི་ཡོན་ཏན་བརྗོད་ཀྱིས་མི་ལང་ཞིང་སོ་སོ་སྐྱེ་བོའི་བློ་ཡུལ་

ལས་འདས་པ་ཉིད་དོ། །དེ་ལྟ་བུའི་བླ་མ་འཇམ་པའི་དབྱངས་དེ་ཉིད་གདུལ་བྱ་རྟག་འཛིན་ཅན་ལ་དགོངས་པའི་དབང་གི་ཤིང་ཕོ་སྤྲེའུའི་ལོར་བསྡུང་བའི་ཚུལ་བསྟན་ནས། སྨན་དཔྱད་དང་སྐུ་རིམ་སྦྱངས་དག་སོགས་ཇི་ལྟར་བསྒྲུབས་ཀྱང་སྙིད་མ་བྱུང་། བུ་སློབ་སྦྱིན་བདག་རྣམས་ཀྱིས་ཞབས་པད་བསྐལ་བརྒྱར་བརྟན་ཅིང་བཞུགས་དགོས་ཚུལ་ལེགས་འབུལ་དཔག་མེད་བཅས་མགྲིན་གཅིག་ཏུ་གསོལ་བ་བཏབ་པས། ལོ་གཅིག་ཙམ་བཞུགས་པར་ཞལ་གྱིས་བཞེས། དེ་ནས་ས་སྐྱོང་ཁྲུ་དབོན་གྱིས་དགོངས་པར། སྦུ་སོར་ས་རྡོར་རྩེ་གསུམ་སོགས་གཙང་དབུས་ཀྱི་མཁས་གྲུབ་མང་པོས་ལོ་གསུམ་ནས་ཡར་ཕེབས་དགོས་ཚུལ་དང་། ལྷག་པར་ས་སྐྱ་ནས་མར་ཕེབས་སྐབས་དགོངས་ཁྲོལ་ཡང་དག་པར་རང་མ་བྱུང་ཐོག །རྗེས་སུ་ཡང་། ཕར་སྨྱུར་དུ་བྱོན་དགོས་གཙང་དབུས་ཁམས་མདའ་རིས་རྒྱ་བོད་སོགས་ཐམས་ཅད་ལ་ཕྲིན་ལས་དང་བསྟན་ཕན་འདི་ར་ཆེ་གསུངས་ནས་བཀའ་ཤོག་ཡང་ཡང་ཕེབས་པར་བརྟེན། བཀའ་སྲུང་རྣམས་ཀྱི་འཕྲུ་ལྡོག་འདྲ་ཨེ་ཡིན་དགོངས་ནས་མགོན་ཁང་རྣམས་སུ་བསྐོང་གསོ་བསྐང་བཤགས་དཔག་མེད་དང་། གཞན་ཡང་སྐུ་རིམ་ཚད་མེད་པ་བསྒྲུབས་ཀྱང་ཕན་པ་ཆེར་མ་བྱུང་། རྗེ་ཉིད་ཀྱིས་ཞལ་ནས་དེད་ཤི་ས་དབེན་གནས་ཞིག་ཏུ་དགའ་གསུང་ཞིང་ས་སྐྱོང་ནས་ཀྱང་ཆིབས་ཁ་ནུབ་ཕྱོགས་སུ་བསྐྱོད་ཙམ་བྱས་པས་ཨེ་ཕན་རེ་བ་བཅས། ལོ་གཅིག་ཙམ་རི་ཁྲོད་དྲམ་སྒང་ཞེས་པར་ཕེབས་ནས་བཞུགས། དམ་བཅའ་བརྟན་པའི་སྨོན་ལམ་ལྟར་ཐུགས་དམ་འཕེལ་བར་གྱུར་ཀྱང་། སླར་ནད་ཀྱིས་ཞུས་ཏེ་ལྷུན་གྲུབ་སྟེང་དུ་སྤྱན་དྲངས་ནས་བླ་བྲང་དུ་བཞུགས་ཤིང་། བསྟུང་གཞི་ནི་ཐབས་གང་གིས་ཀྱང་མ་སེལ་བར་གནས་ཁང་དེ་རང་དུ་དགུང་ལོ་ང་བདུན་པ་ཤིང་མོ་བྱ་ལོ། །ཧོར་ཟླ་བརྒྱད་པའི་ཚེས་བཅོ་བརྒྱད་ལ། ཞིང་འདིའི་མཛད་པ་རེ་ཞིག་རྫོགས་པའི་ཚུལ་སྟོན་པར་ཉེ་བའི་དུས། བཀྲ་ཤིས་དབང་ཕྱུག་སོགས་སློབ་མ་རྣམས་ཀྱིས་རྗེ་བླ་མ་ཅིས་ཀྱང་མི་བཞུགས་ན་ཞིང་ཁམས་གང་དུ་ཕེབས། བདག་ཅག་བུ་སློབ་རྣམས་གསོལ་བ་གང་དུ་འདེབས་ཞུས་པས། ཁོ་བོས་མ་ཧེ་དུང་གཉིས་ལ་ཉེ་བ་སོང་བས་པོ་ཏ་ལར་འགྲོ། དེར་གསོལ་བ་ཐོབ་ཅེས་གསུངས། །དབུ་པོ་ཏ་ལར་ཕྱོགས་ཤིང་སྟོན་པ་མྱ་ངན་ལས་འདས་པའི་གཟིམས་སྟབས་ཀྱིས་ཞི་བར་གཤེགས་སོ། །

སྐུ་གདུང་མཆོད་འབུལ་སོགས་གཙོ་ཆེར་མཁན་ཆེན་བསོད་ནམས་དཔལ་ལྡན་གྱིས་མཛད།

གཞན་རྗེས་ཀྱི་བྱ་བ་རྣམས་ཡེ་ཤེས་ཕྲིན་ལས་ལ་སོགས་པ་ཉེ་གནས་རྣམས་དང་། ས་སྐྱོང་ཆེན་པོ་སོགས་ནས་མངའ་ཞབས་ཀྱི་བླ་མ་དགེ་འདུན་རྣམས་དང་། གཙང་དབུས་གྲྭ་པ་ཆེ་གྲངས་ཀྱི་མཁན་སློབ་དགེ་འདུན་ལ་འབུལ་ནོད། མང་ཇ་གྲལ་འགྱེད་སོགས་དཔག་མེད་མཛད་འབུལ་སྐྱེལ་རྒྱ་ཆེ་བ་དང་། ལྷག་པར་གསེར་དངུལ་ལ་རིན་པོ་ཆེའི་ཕྲ་ཚོམས་དུ་མས་སྤྲས་པའི་གདུང་འབུམ་ཐོག་ཚད་དང་། ཟངས་གསེར་གྱི་སྐུ་བརྙན་ཁྲིད་དུ་མཚར་བ་མཆོད་རྫས་རྒྱ་ཆེ་བ་བཅས་ཨེ་ཝཾ་པའི་དངུལ་གདུང་ལྷ་ཁང་དུ་བཞུགས་སུ་གསོལ་ཞིང་། ཟླ་བ་རེ་བཞིན་ཚེས་བཅོ་བརྒྱད་ལ་དུས་མཆོད་ཀྱི་རྟེན་སྒྲོར་འཛུགས་དང་། དུས་ཇའི་རྟེན་སྣར་འཛིན་གོ་རེ་ལེན་ཡེ་ཤེས་ཕྲིན་ལས་རྗེས་འཛིན་བཅས་པས་གྲུབ་བཞེད་མཛད་དེ། ད་ལྟ་བར་རྒྱུན་མ་ཆད་པ་ཡོད་པ་འདི་ཉིད་དང་། གཞན་ཡང་ཁམས་ཕྱོགས་སུ་གདུང་འབུམ་ཆེན་མོས་གཙོས་ལྷ་ཁང་སྐུ་བརྙན། དུས་ཐང་དུས་མཆོད་རྒྱུན་ལྡན་ལོ་དུས་ཀྱི་མཆོད་པ་དཀྱིལ་འཁོར་ཆེན་པོའི་སྒྲུབ་མཆོད་སོགས། གཙོ་ཆེར་ས་སྐྱོང་ཡབ་སྲས་དང་། དད་ལྡན་གྱི་སློབ་མ་ཆེ་བགྲེས། སྦྱིན་བདག་རྣམས་དང་བཅས་སོ་སོའི་བློ་དང་འཚམས་པར་སྟོད་སྨད་ཀྱི་དགོན་གནས་རྣམས་སུ་དཔག་ཏུ་མེད་པ་བཙུགས་པ་སོགས་མདོར་ན་རྗེ་བླ་མ་ཉིད་དགོངས་པ་ཆོས་དབྱིངས་སུ་རྫོགས་པའི་ཐབས་མཆོག་བླ་ན་མེད་པ་བསྒྲུབས་པ་ལེགས་པར་མཐར་ཕྱིན་པ་ཉིད་དོ། །རྒྱས་པར་རྗེ་རང་གསུང་རྒྱུན་ལྟར། མཁན་ཆེན་ཚུལ་ཁྲིམས་དཔལ་བཟང་གིས་མཛད་པ་སོགས་ལས་ཤེས་པར་བྱའོ། །མང་ལཾ།། །།

མཁན་ཆེན་མཚུངས་མེད་ཤེས་བྱ་བཟང་པོ་ནི། ཤབ་སྟོད་རྗེ་ལུང་རྒྱ་མཚོའི་གླིང་དུ། ཡབ་ཨུརྒྱན་ཞེས་པ་དང་། ཡུམ་བྲང་ཏི་པའི་དཔོན་རིགས་དཔལ་འཛོམ་ཞེས་པ་གཉིས་ཀྱི་སྲས་སུ་གླང་གི་ལོར་སྐུ་འཁྲུངས། སྐུ་ན་ཆུང་དུ་ནས་སྐུ་ཞང་མཁན་ཆེན་ཤེས་རབ་རྒྱ་མཚོས་ཐར་རྩེར་བླངས་ཏེ་ཡིག་ཀློག་སོགས་ཅི་རིགས་པ་བསླབས། རིམ་གྱིས་ངོར་པའི་ཆོས་སྤྱོད་ཆོ་གའི་རིམ་པ་ནས་བརྩམས། གཞུང་དོན་བཞི་སོགས་བསླབས་སྦྱངས་མཐར་ཕྱིན་པར་མཛད་དེ། མཁན་ཆེན་ལྷུན་གྲུབ་དཔལ་ལྡན་དང་། སློབ་དཔོན་ཡེ་ཤེས་བཟང་པོ་སོགས་ལས་བསླབས་ཚིག་རྣམས་རིམ་གྱིས་ནོས། །མཁན་ཆེན་ལྷུན་གྲུབ་དཔལ་ལྡན་དང་། མཁས་གྲུབ་སངས་རྒྱས་ཕུན་ཚོགས་སོགས་ལས་དམ་པའི་ཆོས

མཐའ་ཡས་པར་གསན། བསྙེན་སྒྲུབ་མཐར་ཕྱིན་པར་མཛད་དེ། ཕག་ལོར་མདོ་ཁམས་རྒྱ་སྟོད་དུ་འབྱུལ་སྐྱོད་ལ་བྱོན་ཞིང་། ཡར་བྱོན་ནས་ཕག་གི་ལོར་ངོར་གྱི་གདན་སར་འཁོད། ཨེ་ཝཾ་པའི་བསྟན་པར་འཛིན་སྐྱོང་སྤེལ་གསུམ་གྱི་སྒོ་ནས་དར་ཞིང་རྒྱས་པར་མཛད། གསུང་ངག་ལམ་འབྲས་གཙོས་ཟབ་ཅིང་རྒྱ་ཆེའི་ཆོས་ཆར་ཕབ་ནས། གསེར་ཐ་ཉི་ཤུ་རྩ་ལྔ་སོགས་དང་། དགེ་འདུན་ལ་བསྙེན་བཀུར་དཔག་མེད་གནང་བ་ནི་དཔལ་འབྱོར་རྣམ་ཐོས་ཀྱི་བུ་ལ་འགྲན་པ་བྱུང་ཞེས་དེང་སང་ཡང་ཆེ་བགྲེས་རྣམས་གླེང་ངོ་། །ཧྲ་ལོར་བླ་བྲང་ཉིད་དུ་ཞི་བར་གཤེགས་ཤིང་། སྐུ་གདུང་ཞུགས་འབུལ་སོགས་མཁན་ཆེན་ཚུལ་ཁྲིམས་དཔལ་བཟང་གིས་མཛད། རྗེས་ཀྱི་བུ་བ་རྣམས་ཕྱག་མཛོད་དཔལ་ལྡན་ལྷུན་གྲུབ་པས་ལམ་འབྲས་སུ་ཁ་སྐོང་སྐུ་བརྙན་བཞེངས་པ། བླ་མ་དགེ་འདུན་ཕྱོགས་རིས་སུ་མ་ཆད་པ་ལ་མང་འགྱེད་སོགས་དང་། དངོས་རྫས་གཞན་རྣམས་བླ་བྲང་དུ་སྒྱུར་འཇགས་བཅས་དགོངས་པ་རྫོགས་པའི་ཐབས་བླ་ན་མེད་པར་བསྒྲུབས་སོ།། །།

མཐུ་སྟོབས་ཀྱི་དབང་ཕྱུག་དཔལ་མགོན་པེ་ཧ་ར་དང་གཉིས་སུ་མེད་པའི་བདག་ཅག་གི་མགོན་པོ་ཚུལ་ཁྲིམས་དཔལ་བཟང་པོ་དེ་ཉིད་ནི་དཔལ་འབྱོར་དུ་མའི་འབྱུང་གནས་ཤར་མི་ཉག་རབ་སྒང་ཞེས་པར་རུས་ཀྱང་མི་ཉག་སྟེ། ཡབ་བཀྲ་ཤིས་དགའ་ཞེས་པ་དང་། ཡུམ་ཨ་སྐྱིད་ཅེས་པ་གཉིས་ཀྱི་སྲས་སུ་དགེ་མཚན་དུ་མ་དང་བཅས་སྐྱེ་སྐུ་བལྟམས། ཁྱེ་བོ་དགེ་བཤེས་བཟང་པོ་ཞིག་ཡོད་པ་དེས་མཚན་དཀའ་ཐུབ་རྒྱལ་དུ་གསོལ། ཡབ་ཡུམ་གྱིས་བསྐྱེད་བསྲིངས་ནས་ཆེར་ཕེབས་པ་དང་ཁྱེ་བོ་ཉིད་ཀྱིས་ཡིག་ཀློག་སོགས་བསླབས་པས་ཚེགས་མེད་དུ་མཁྱེན། ཆུང་དུ་ནས་འཁོར་བ་ལ་ངེས་འབྱུང་དང་ལྷག་པར་སྔོན་གྱི་བག་ཆགས་སད་པས་ངོར་དགོན་ལ་ཕེབ་བཞེད་སྒོམ་པ་ཆུ་འདོད་པ་ལྟར་གདུངས་པའི་དབང་གིས་དགུང་ལོ་བཅུ་བདུན་པ་ལ་ངོར་དུ་ཕེབས། དེའི་ཚེ་རྗེ་གྲགས་སྔར་ནས་བདག་ཆེན་ཤར་པ་ལ་མགོ་འདྲེན་དགོས་པའི་ཡི་གེ་རྟེན་བཅས་ཕུལ་བ་ལྟར། ཨེ་ཝཾ་གླུ་སྡིངས་དུ་ཤར་པ་ཡེ་ཤེས་བཟང་པོའི་ཞལ་མཇལ་བས་མཚན་ཚུལ་ཁྲིམས་དཔལ་བཟང་པོ་གསོལ་ནས། དེར་ཛ་མཆོད་ལ་ཐོས་པ་རྒྱ་མཚོ་མ་སྔར་གདངས་སུ་མཛད་པས། རྗེ་འདི་གསུང་བཟང་ཞིང་སྦྱོབས་པ་དང་གོ་ཤེད་ཆེ་བ་སོགས་ཡོན་ཏན་ཐུགས་ཤིན་ཏུ་མཉེས་ཏེ་ལུགས་གཉིས་ཀྱི་སྒོ་ནས་མིག་འབྲས་ལྟར

གཅེས་པར་སྐྱོང་། བཅོ་བརྒྱད་པ་ཨཱཪྻ་ར་ཞེས་པ་ཆུ་ཕོ་སྤྲེའུ་ལོར། འཇམ་དབྱངས་སངས་རྒྱས་ཕུན་ཚོགས་ཀྱིས་མཁན་པོ་མཛད་ནས་དགེ་འདུན་གྲངས་ཚང་བའི་དབུས་སུ་ཚོགས་སྡེ་མ་དགེ་ཚུལ་དུ་བསྒྲུབས། དགུང་ལོ་ཉི་ཤུ་པ་དངོས་པོ་ཞེས་པ་ཤིང་ཕོ་ཁྱིའི་ལོ་ནག་པ་ཟླ་བའི་ཆོས་བཅུ་ལྔའི་ཉིན་ཤར་ཆེན་ཆོས་ཀྱི་རྒྱལ་པོ་ཡེ་ཤེས་བཟང་པོས་མཁན་པོ་དང་། འཇམ་དབྱངས་སངས་རྒྱས་ཕུན་ཚོགས་ལས་ཀྱི་སློབ་དཔོན། གར་དབང་བསོད་ནམས་ལྷུན་འགྲུབ་གསང་སྟོན་པ། མུས་ཆེན་ཆོས་རྗེ་ཀུན་དགའ་རྒྱ་མཚོས་དུས་བགོ་བ་སྟེ་དགེ་འདུན་གྲངས་ཚང་བའི་དབུས་བསྙེན་པར་རྫོགས་ཤིང་། སོ་ཐར་གྱི་སྡོམ་པ་མིག་འབྲས་ལྟར་གཅེས་པར་བསྲུང་། སྔོན་དུ་གྲྭ་སར་ཕེབས་ནས་བཟུང་བཤེས་གཉེན་སངས་རྒྱས་དཔལ་ལྡན་སོགས་དམ་པ་རྣམས་ལ་ཉེ་བར་བསྟེན་ནས། ཨེ་ཝཾ་པའི་ཚོགས་འདོན་སྒྲིག་ལམ་ཀུན་སྦྱོང་། དབྱར་ཆོག་རྒྱུད་འདོན་བཞི་སོགས་དང་། གདངས་དབྱངས་རོལ་མོ་ཐིག་རྩལ་ཆོན་བཅས་ལག་ལེན་ཕྲ་མོ་ཚུན་དཔྱིས་ཕྱིན་པར་སྦྱངས། གཞན་ཡང་ཀུན་ཏུ་དགོས་པའི་གཞུང་བདུན། དག་ལྡན། དགོངས་རྒྱན། དགོངས་གསལ། སྣང་རྒྱུད་སོགས་རྒྱུད་ཆེན་མང་པོ་དང་ཐེག་པ་ཆེ་ཆུང་གི་གཞུང་ཕལ་ཆེར་ཐུགས་ལ་ཆུད་པར་མཛད་པས་མཁས་པ་ཆེན་པོར་གྲགས་སོ། །

ཐ་སྙད་རིག་པ་ཡང་མུས་ཆེན་ཀུན་དགའ་རྒྱ་མཚོའི་དྲུང་དུ་སྙན་ངག་སོགས་རིག་གནས་མང་པོ་མཐར་ཕྱིན་པར་མཛད་གཞན་ཡང་རྡོ་རྗེ་འཆང་སངས་རྒྱས་ཕུན་ཚོགས་སོགས་མཁས་གྲུབ་དཔག་ཏུ་མེད་པར་བརྟེན་ཏེ་དབང་ལུང་མན་ངག་ཟབ་ཅིང་རྒྱ་ཆེ་བ་གསན། ཡི་དམ་ཆོས་སྐྱོང་གི་བསྙེན་སྒྲུབ་མང་པོ་མཐར་ཕྱིན་པར་མཛད། ཉེར་གཉིས་པ་མེ་བྱི་ལོར། ས་སྐྱ་སོགས་གཙང་ཕྱོགས་ཀྱི་གནས་ཆེན་རྣམས་མཇལ་བ་ནས་བཟུང་སྟེ་ཕྱིར། ལྷ་ས། བསམ་ཡས་སོགས་དབུས་གཙང་གི་གནས་ཆེན་རྣམས་ལ་ཞབས་བསྐོར་དང་མཆོད་འབུལ་རྒྱ་ཆེར་མཛད། ཉེར་གསུམ་པ་དབང་ཕྱུག་ཅེས་པ་མེ་གླང་ལོར་ཨེ་ཝཾ་ཆོས་ལྡན་གྱི་རྡོ་རྗེ་སློབ་དཔོན་དུ་མངའ་གསོལ་ནས་ཨེ་ཝཾ་པའི་སྒྲིག་ལམ་ཀུན་སྦྱོང་རྣམ་པར་དག་པའི་སྒོ་ནས་བསྟན་པ་ཤིན་ཏུ་ཡར་འཕེལ་དུ་མཛད། ཉེར་དགུ་པ་ཆུ་མོ་ལུག་གི་ལོར། གདན་ས་གོང་སོགས་ཀྱི་བཀའ་ཕེབས་དང་། འདི་ཁའི་བླ་བྲང་ཁག་དང་། གྲྭ་ཚང་རྣམས་ཀྱིས་གསོལ་བ་བཏབ་པར་བརྟེན་མཚུངས་མེད་ཤེས་བྱ་བཟང་པོའི་རྒྱལ་ཚབ་ཏུ་ཆོས་ཀྱི་ཁྲི་ཆེན་པོ་ཕེབས་ཏེ། ལམ་འབྲས་ཚང་

དགུས་གཙོས་ཟབ་ཁྲིད། དབང་ལུང་མན་ངག་དཔག་མེད་དང་། ཁྱད་པར་གཙུག་ལག་ཁང་ཆེན་པོར་དགེ་བའི་བཤེས་གཉེན་སུམ་བརྒྱ་ལོངས་པ་ལ། གྲུབ་པའི་སློབ་དཔོན་ཆེན་པོ་ཨ་བྷ་ཡ་ཀཱ་རའི་ཞལ་སྔ་ནས་བཀྲལ་བའི་རྡོ་རྗེ་ཕྲེང་བའི་དཀྱིལ་འཁོར་ཡོངས་རྫོགས་ཀྱི་དབང་བསྐུར་བཀའ་དྲིན་སྩལ་བ་སོགས་སྐལ་ལྡན་གྱི་སློབ་མ་རྣམས་ཟབ་ཆོས་དཔག་མེད་ཀྱིས་ཚིམ་པར་མཛད་པས་བསྟན་པའི་སྲོག་ཤིང་ཆེན་པོར་གྱུར་ཏོ། །

བརྒྱུད་འཛིན་གྱི་སློབ་མ་ཡང་སྟགས་འཚང་ཆེན་པོ་ཡབ་རྗེ་ཀུན་དགའ་བཀྲ་ཤིས་རྩེ་གདོང་ཞབས་དྲུང་རིན་པོ་ཆེ། ཐུབ་བསྟན་མཁན་ཆེན་ཚུལ་ཁྲིམས་བཟང་པོ། བྱམས་པ་བསོད་ནམས་བཟང་པོ། ཐར་རྩེ་མཁན་ཆེན་ནམ་མཁའ་བསམ་འགྲུབ། འཛམ་མགོན་བཀྲ་ཤིས་ལྷུན་གྲུབ། སྐུ་དཔོན་བསོད་ནམས་ཆོས་འཕེལ། མོས་གུས་ཅན་མི་ཉག་དཀོན་མཆོག་རྒྱལ་མཚན་སོགས་སློབ་ཚོགས་དཔག་ཏུ་མེད་དོ། །བླ་བྲང་དུ་རས་ཀྱི་རྒྱལ་མཚན་ཆེ་བ་ཟངས་གསེར་གྱི་ཏོག་དང་བཅས་པ། དུང་ཆེན་ཚོགས་ཟངས་སོགས་གསར་འཛུགས་མང་དུ་མཛད། བསྟན་ཆོས་ཀུན་རྣམ་འགྱུར་དབང་ཕྱུག་སོགས་རྩ་བརྒྱུད་ཀྱི་བླ་མ་རྣམས་ལ་བསྟོད་པ་ངོ་མཚར་བ་དུ་མ། སངས་རྒྱས་ཕུན་ཚོགས་ཀྱི་རྣམ་ཐར། ཀྱི་རྡོ་རྗེ་འབྲེལ་པ་ལུགས། མཚོ་སྐྱེས། ནག་པོ་ལུགས་གསུམ་གྱི་སྒྲུབ་དཀྱིལ་དབང་གི་འཚམས་སྦྱོར་བཅས་པ། མཆོག་གསུམ་ལ་སྐྱབས་ཤལ་ཕུལ་བའི་འདོད་གསོལ་འགའ་ཞིག །སྙན་དངགས་ཀྱི་རྩོམ་རྒྱུད་སོགས་མཁས་རྣམས་དགེས་པའི་ལེགས་བཤད་ཀྱང་མང་དུ་ཡོད་དོ། །སོ་དྲུག་པ་རྣམ་འགྱུར་ཞེས་པ་ལྕགས་ཕོ་སྟག་གི་ལོར་འཛམ་དབྱངས་བསོད་ནམས་དཔལ་ལྡན་རྒྱལ་ཚབ་ཏུ་བསྐོས་ནས་ཕན་ཁང་དུ་བཞུགས་ནས་འགྲོ་དོན་རྒྱ་ཆེ་བར་མཛད། ལོ་དེ་གའི་ནག་པ་ཟླ་བའི་ཚེས་ཉེར་ལྔར་ཞིང་འདིའི་མཛད་པ་རྫོགས་ནས་ཞི་བར་གཤེགས་སོ། །སྐུ་གདུང་ཞུགས་འབུལ་སོགས་ཁྲི་ཐོག་པས་མཛད། གཞན་རྗེས་ཀྱི་བྱ་བ་དགོངས་རྫོགས་རྣམས་ཕྱུག་མཛོད་རྗེ་དྲུང་སྟོང་བཟང་བ་དང་། དཔོན་པོ་བསོད་ནམས་ཆོས་འཕེལ་སོགས་ཀྱིས་ལེགས་པར་བསྒྲུབས་ཏེ། བླ་བྲང་ལམ་འབྲས་ལྷ་ཁང་དུ་ཁ་སྐོང་སྐུ་བརྙན་དང་། དུས་ཐང་གསར་བཞེངས་དུས་མཆོད་དེང་སང་བར་དུ་བླ་བྲང་གདན་ས་རིམ་བྱོན་པ་རྣམས་དང་། བླ་མ་དཀོན་མཆོག་རྒྱལ་མཚན་ཁུ་དཔོན་གྱིས་ཁུར་བཞེས་མཛད་དོ། །

ཁྲིར་བཞུགས་སྐབས་སོག་པོ་སེ་ཆེན་དང་ཆོས་སྐྱིད་སོགས་ཀྱིས་སྤྱབས་བསིག་གིས་ཐུགས་སུན་མང་དུ་ཞུས་པའི་ཆེ་མཛོད་ནག་མ་ནས་དངོས་རྫས་མང་དུ་སོང་འདུག་ཀྱང་། རྗེ་ཉིད་ཀྱི་དགོངས་པ་རྫོགས་ཕྱིར། ངེད་རང་དཔལ་ལྡན་ཆོས་སྐྱོང་ནས་ཕྱག་དེབ་ཏུ་ལེགས་པར་སྦྱར། རྣམ་པར་རྒྱས་པ་འཇམ་དབྱངས་བསོད་ནམས་བཟང་པོས་མཛད་པ་བལྟ་བར་བྱའོ། །བདག་ཅག་གི་འདྲེན་པ་དམ་པ་ཁམས་གསུམ་གྱི་མགོན་པོ་མཚུངས་མེད་བསོད་ནམས་དཔལ་ལྡན་ནི། ངེས་དོན་དུ་དཔལ་དགེས་པ་རྡོ་རྗེ་དང་དབྱེར་མ་མཆིས་ཀྱང་། ཐ་མལ་གདུལ་བྱའི་སྣང་ངོར་ཁ་བ་ཅན་གྱི་ལྗོངས་ལས་དགེ་བཅུའི་དཔལ་གྱིས་འབྱོར་པའི་གཙང་གི་ས་ཡི་ཆ་ཕྱུག་གཞུང་སྤྱིལ་སྐྱ་ཞེས་པར། ཡབ་དོན་ཡོད་དཔལ་ཞེས་པ་དང་། ཡུམ་ཤེས་དཀར་ནང་པའི་རིགས་ལས་ཆད་པ་ཨ་སྒོས་ལགས་ཞེས་པ་གཉིས་ཀྱི་སྲས་སུ་བཀྲ་ཤིས་པའི་ལྟས་དུ་མ་དང་བཅས་ཏེ། ལེགས་སྦྱར་སྐད་དུ་སཱཾ་ཝཏྶ་ཞི་བ་ཞེས་པ་ས་མོ་བྱའི་ལོར་སྐུ་བལྟམས། ཡབ་ཡུམ་གྱིས་བསྐྱེད་བསྲིངས་ནས་ཆེར་ཕེབས་པ་དང་སྔོན་གོམས་ལས་བཟང་སད་པའི་མཐུས། ཆོས་ལ་ཤིན་ཏུ་དད་པས་ཨེ་ཝཾ་དུ་ཆོས་སྒོར་ཞུགས། འཇམ་མགོན་ལྷུན་གྲུབ་དཔལ་ལྡན་ལ་གཙུག་ཕུད་ཕུལ་ནས་མཚན་བསོད་ནམས་དཔལ་ལྡན་དུ་གསོལ། བཞི་སྡེའི་དགེ་སློང་སྤྲས་པའི་རྣལ་འབྱོར་ཀུན་བཟང་ལྷུན་གྲུབ་སོགས་མཁས་བཙུན་གྱི་བཤེས་གཉེན་མང་པོ་བསྟེན་ནས་ཡིག་གློག་ཆོས་སྤྱོད་ཀྱི་རིམ་པ་རྣམས་དང་། གཞུང་ལུགས་དུ་མ་ཐོས་བསམ་གྱིས་སྒྲོ་ནས་སྒྲོ་འདོགས་ལེགས་པར་བཅད་པས་སྨད་དུ་བྱུང་བའི་མཁས་པར་གྲགས། གཞན་ཡང་འཇམ་མགོན་ལྷུན་གྲུབ་དཔལ་ལྡན། ཤར་ཆེན་ཡེ་ཤེས་བཟང་པོ། མཁས་གྲུབ་སངས་རྒྱས་ཕུན་ཚོགས། ཤར་ཆེན་སངས་རྒྱས་བསྟན་འཛིན། བྱམས་པ་ཚུལ་ཁྲིམས་དཔལ་བཟང་པོ་སོགས་ཡོངས་འཛིན་དུ་མའི་ཞབས་པད་གཙུག་གིས་བླངས་ནས། སོ་སོ་ཐར་པའི་སྡོམ་པ། བྱང་ཆུབ་སེམས་དཔའི་སེམས་བསྐྱེད། གསང་སྔགས་ལམ་འབྲས་ཀྱིས་གཙོས་པའི་རྡོ་རྗེ་ཐེག་པའི་དབང་ཁྲིད། ལུང་མན་ངག་ཕྲ་མོ་ཙམ་ཆད་ཀྱང་དཔག་ཏུ་མེད་པ་གསན་ཞིང་། དམ་ཚིག་དང་སྡོམ་པ་རྣམས་སྲོག་ལས་གཅེས་པར་བསྲུངས། དགེས་པ་རྡོ་རྗེ་སོགས་ཡི་དམ་ཆོས་སྐྱོང་མང་པོའི་བསྙེན་སྒྲུབ་མཐར་ཕྱིན་པར་མཛད། དགུང་ལོ་ཉེར་གཅིག་པར་ཨེ་ཝཾ་གདན་ས་པས་བཀའ་དང་ལེན་གྱི་སྒོ་ནས་སྡེ་དགེ་ལྕགས་ར་ཟིལ་གནོན་སྒར་དུ

ཀར་མེ་དུས་བསྟན་གྱི་སྣར་འཛིན་ལ་ཕེབས། དེ་སྐབས་གདུལ་བྱ་བློ་དམན་པས་བྱང་ཆུབ་སེམས་དཔའི་ཡོན་ཏན་གྱི་ཆ་མ་རྟོགས་པའི་དབང་གིས་རེ་ཞིག་ཕྲིན་ལས་རྒྱ་ཆེ་བ་རང་མ་བྱུང་ཀྱང་། འོན་ཀྱང་འཇམ་དབྱངས་སངས་རྒྱས་ཕུན་ཚོགས་ཀྱིས་ལུགས་གཉིས་ཀྱི་སྒོ་ནས་མགོ་འདྲེན་མཛད་ཅིང་། སྐབས་ཞིག་རྡོ་བུདྡྷ་བ་ཚོགས་དབུས་ལ་བཞུགས། སྡེ་དགེའི་གྲྭ་ཚང་རྣམས་དང་རྡོ་འདི་ཉིད་བཅས་བསྐང་གསོ་གནང་བའི་བསྐང་བཤགས་བཟླས་པའི་དུས། མཁན་ཆེན་གྱིས་རྡོ་འདི་པ་ལ་སྤྱན་ཆེར་གཟིགས་ཏེ། སྣང་རྒྱུད་བརྗེད་མ་འཇུག་ཨ་ཙ་རའི་བརྡ་ནམ་ཡང་མི་ཤེས་གསུངས། ཡང་སྐབས་ཞིག་དཔལ་མགོན་ཞལ་གྱི་རྗེས་གནང་མཛད་དུས། ཞལ་གྱི་བྲིས་ཐང་རྡོ་འདི་པའི་སྐུ་ལ་ལྷུང་བས་རྡོ་བླ་མའི་ཞལ་ནས། སྔོན་དུའང་ལབས་ཡོད་པས་དེ་ཡང་ཨ་ཙ་རའི་བརྡ་ཡིན་ལས་ཆེ་གསུངས་པ་སོགས། མ་འོངས་པ་ན་ཨེ་ཝཾ་པའི་བསྟན་འཛིན་ཆེན་པོ་ཡོང་བར་ལུང་བསྟན་ཡང་ཡང་མཛད་པ་སོགས་ལ་བརྟེན་ཕྲིན་ལས་ཀྱང་ཡར་འཕེལ་དུ་གྱུར་ཞིང་། སྡེ་དགེ་ནས་ཀྱང་བསྙེན་བཀུར་བདག་རྐྱེན་ཅི་རིགས་པར་གནང་། གྲྭ་ཚང་གི་བླ་མར་བཀོད་ནས་འབུལ་ནོད་སོགས་ཀྱང་རྒྱ་ཆེར་ཕུལ། རྡོ་རྗེ་འཆང་སངས་རྒྱས་ཕུན་ཚོགས་ཞི་བར་གཤེགས་པས་སྐུ་གདུང་ཞུགས་འབུལ་སོགས་དགོངས་པ་ཆོས་དབྱིངས་སུ་རྫོགས་པའི་ཐབས་རྣམས་ཡང་དག་པར་བསྒྲུབས། འབུལ་སྐྱེལ་ཀྱང་རིམ་པས་གྲུབ་ནས་གླང་ལོར། ཝཾ་ཨེ་ཝཾ་ཆོས་ལྡན་དུ་ཕེབས། འབུལ་བ་བསྙེན་བཀུར་སོགས་རྒྱ་ཆེར་མཛད། རྣམ་འགྱུར་ཞེས་པ་ལུགས་ཕོ་སྟག་ལོར་ངོར་བླ་བྲང་། ཟུར་བཞི་འདུས་ཚོགས་དང་། གཙོ་ཆེར་གཞུང་ས་ཆེན་པོ། གདན་ས་གོང་སོགས་ནས་ཀྱང་བཀའ་རྒྱ་ཕེབས་པར་བརྟེན་བྱམས་པ་ཚུལ་ཁྲིམས་དཔལ་བཟང་པོའི་རྒྱལ་ཚབ་ཏུ་མངའ་གསོལ། གསུང་ངག་ལམ་འབྲས་རྒྱས་པ་དང་རྒྱུད་སྡེ་མཐའ་དག་གི་སྨིན་བྱེད་ཀྱི་དབང་ཁྲིད་རྗེས་གནང་། བཀའ་འབུམ་དུ་མའི་ལུང་སོགས་ཟབ་པ་དང་རྒྱ་ཆེ་བའི་ཆོས་ཀྱི་འཁོར་ལོ་བསྐོར་ནས་གདུལ་བྱ་རྣམས་སྨིན་གྲོལ་གྱི་ལམ་ལ་བཀོད་དོ། །

བསྟན་འཛིན་གྱི་སློབ་བུའི་ཚོགས་ནི། གཙོ་ཆེར་སྨོས་ན་བྱམས་པ་བསོད་ནམས་བཟང་པོ་ཐུབ་བསྟན་རྣམ་པར་གསལ་བའི་སྡེ། བྱམས་པ་ནམ་མཁའ་བསམ་གྲུབ། སྨྲས་པའི་རྣལ་འབྱོར་བཀྲ་ཤིས་ལྷུན་གྲུབ། འཇམ་མགོན་ཚུལ་ཁྲིམས་ལྷུན་གྲུབ། ཞབས་དྲུང་དཔལ་ལྡན་བཟང་པོ། ཞབས་དྲུང་ནམ

མཁའ་རྒྱལ་མཚན། ཆོས་རྗེ་རྡོ་རྗེ་གདན་པ། དབུ་མཛད་སངས་རྒྱས་ཚུལ་ཁྲིམས་སོགས་མཁས་གྲུབ་རྣམས་དང་། སློབ་མའི་ཐ་ཆུང་བདག་དཔལ་ལྡན་ཆོས་སྐྱོང་སོགས་དཔག་ཏུ་མེད་པ་ཉིད་དོ། །གཙུག་ལག་ཁང་དུ་འབོལ་དང་། གྲུམ་ཙེ་བཅས་ཚོགས་གདན་ཡོངས་རྫོགས་གསར་བཞག་དང་། རིགས་ལྔ་དར་དཔྱངས་མེ་ཏོག་ཕྲེང་བ་བཅས་ཚང་འགྲིགས་ཉེར་ལྔ། དབང་ཁང་དུའང་དེ་མཚུངས་ཉེར་ལྔ་བཅས། ཁྲོན་ལྔ་བཅུ་སྐོར་གསར་བཞེངས། མགོན་ཁང་སྟེང་དུ་ཐུགས་ལྡུགས་སྦྱུས་ལེགས་གསུམ་སོགས་མདོར་ན་མཛད་པ་དང་ཕྲིན་ལས་བཟང་པོའི་འོད་དཀར་རབ་ཏུ་རྒྱས་པས་བསྟན་འགྲོའི་ཀུནྡའི་ཚལ་རྣམས་ཆེས་ཆེར་བཞད་པའི་ཕན་བདེའི་དྲི་བསུང་བཟང་པོས་ནོར་འཛིན་གྱི་ཁྱོན་རྣམས་ཡོངས་སུ་ཁྱབ་པར་གྱུར་ཏོ། །

དགུང་ལོ་ཞེ་ལྔ་པ་རྣམ་རྒྱལ་ཞེས་པ་ཆུ་མོ་སྦྲུལ་ལོའི་ཧོར་ཟླ་གཉིས་པའི་ཉེར་བཞིར་ཞིང་འདིའི་མཛད་པ་རེ་ཞིག་རྫོགས་པའི་ཚུལ་གྱིས་ཞི་བར་གཤེགས་ནས་ཞག་ལྔར་སྐུ་དྲུང་པོར་བསྲུང་། ཞབས་རྡོ་རྗེ་སྐྱིལ་དཀྲུང་གིས་བཞུགས་ཏེ་གཟི་མདངས་མ་ཉམས་པར་བཞུགས་སོ། །དེའི་བར་རྡོ་རྗེ་འཛིན་པ་ཆེན་པོ་བསྟན་འཛིན་ལྷུན་གྲུབ་ཀྱིས་གཙོས་དཔོན་སློབ་བཅུ་གསུམ་ཙམ་གྱིས། ཧེ་བཛྲ་གྱི་རས་བྲིས་དཀྱིལ་འཁོར་ཆེན་པོ་སྒྲུབ་ཅིང་མཆོད་པ་དང་། གཞན་ཡང་མཆོད་པའི་ཡོ་བྱད་དཔག་ཏུ་མེད་པས་ཀྱང་མཆོད་དོ། །

སྐུ་གདུང་ཞུགས་འབུལ་གྱི་རིམ་པ་རྣམས་མཚུངས་མེད་ཆོས་ཀྱི་རྗེ་བསྟན་འཛིན་ལྷུན་གྲུབ་པས་མཛད་ཅིང་། རྗེས་ཀྱི་བྱ་བ་དགོངས་རྫོགས་ཀྱི་རིམ་པ་ལམ་འབྲས་ལྷ་ཁང་དུ་སྐུ་བརྙན་དང་། དུས་ཐང་བཞེངས་པ་སོགས་རྗེ་རང་གི་ཕྱག་མཛོད་དཔལ་ལྡན་ལྷུན་གྲུབ་པས་ལྷག་པའི་བསམ་པ་རྣམ་པར་དག་པའི་སྒོ་ནས་ལེགས་པར་བསྒྲུབས་སོ། །དུས་མཆོད་ཡང་ཟླ་བ་རེ་བཞིན་ཉེར་དྲུག་ལ་དད་ལྡ་བར་གདན་ས་རིམ་བྱོན་རྣམས་ཀྱི་འཛིན་གྲྭས་བཀའ་དྲིན་ཆེ་འདུག་ཀྱང་། དུས་རྟེན་ཞིག་མེད་ན་དུས་མཆོད་རྒྱུན་བསྲིང་དཀའ་ཞིང་སྣང་མའི་གདན་ས་རིམ་ཕེབས་རྣམས་འཛིན་གྲྭས་འོ་བརྒྱལ་བ་བཅས། བདག་དགེ་སློང་དཔལ་ལྡན་ཆོས་སྐྱོང་གིས། ལྡན་ས་དཀར་དུ་སྨར་གཞི་གསར་འཛུགས་དང་ཟླ་བྲང་ཕྱག་མཛོད་ཇ་འཁོར་དྲུག་མ་བརྒྱ་ཐམ་པར་སྒྲོར་འཛུགས་ཞུས།། ||

བདག་ཅག་གི་འདྲེན་པ་དམ་པ་མཚན་བརྗོད་པར་དཀའ་བ་ཁྱབ་བདག་རིགས་བརྒྱའི་མགོན་པོ་བྱམས་པ་བསོད་ནམས་བཟང་པོ་འདི་ཉིད་ནི། ངེས་དོན་དུ་བྱང་ཆུབ་སེམས་དཔའ་སེམས་དཔའ་ཆེན་པོ་མ་ཕམ་པ་ཉིད། ཞིང་འདིར་རང་ཅག་གདུལ་བྱ་རྣམས་ཀྱི་བློ་མཐུན་པར་རིགས་ཀྱི་སྐུ་འཕྲུངས་པའི་ཚུལ་བསྟན་པའི་ཡུལ་ནི། གཙང་རོང་གི་གླིང་མ་ཁ་ཞེས་པ་གདུང་རུས་འགྲོ་མགོན་ཆོས་རྒྱལ་འཕགས་པ་རྒྱ་ཡུལ་ནས་ཆིབས་བསྒྱུར་གནང་བའི་ཞབས་འབྲིང་དུ་ཕེབས་པ་རྒྱ་ནག་གྲུད་ཀྱི་རིགས། ཁྱད་པར་འཇམ་དབྱངས་བསོད་ནམས་རྒྱ་མཚོའི་སྐུའི་དཔོན་བརྒྱུད་དུ་ཡབ་སྐྱེ་པ་ཀུན་དགའ་བསོད་ནམས་ཞེས་པ་དང་། ཡུམ་དཔོན་མོ་པ་སངས་གཉིས་ཀྱི་སྲས་སུ་དཀར་པོ་ཞེས་པ་ས་མོ་སྦྲུལ་གྱི་ལོར་དགེ་མཚན་དུ་མ་དང་བཅས་ཏེ་སྐུ་བལྟམས། མཚན་ཚེ་རིང་དགོས་སྐྱེས་སུ་གསོལ་ཏེ་སྐུ་ན་ཆེར་ཕེབས་པ་ནས། ཡི་གེ་འདྲི་ཀློག་སོགས་ཀྱང་བཟང་བསྟན་པ་ཙམ་གྱི་ཚེགས་མེད་དུ་མཁྱེན། དགུང་ལོ་བཅོ་ལྔ་པར་ཨེ་ཝཾ་ཆོས་ལྡན་དུ་ཕེབས་ཏེ། མཁན་ཆེན་བྱམས་པ་ཚུལ་ཁྲིམས་དཔལ་བཟང་ལ་གཙུག་ཕུད་ཕུལ་ནས་དགེ་བསྙེན་དང་། དགེ་ཚུལ་གྱི་སྡོམ་པ་ཞུས་པའི་ཚེ་ཨེ་ཝཾ་པའི་བསྟན་པའི་སྲོག་ཤིང་ཆེན་པོར་ལུང་བསྟན། མཚན་ཡང་། བྱམས་པ་བསོད་ནམས་བཟང་པོ་ཐུབ་བསྟན་རྣམ་པར་གསལ་བའི་སྡེ་ཞེས་གསོལ། རང་གི་ཁུ་བོ་བསོད་ནམས་རྒྱལ་མཚན་སོགས་བཤེས་གཉེན་དུ་མ་བསྟེན་ནས་ཐོག་མར་ཨེ་ཝཾ་པའི་བྱ་ཛ་ཆོས་སྤྱོད་ཚོགས་འདོན་ཆོ་གའི་རིམ་པ་སོགས་དང་། གཞན་ཡང་ཐེག་པ་ཆེ་ཆུང་གི་གཞུང་ལུགས་ཐ་དག་ལག་ལེན་ཕྲ་མོ་ཚུན་ཆད་ཐོས་བསམ་གྱི་སྒོ་ནས་སྒྲོ་འདོགས་ལེགས་པར་བཅད། སྔ་ཕྱིར་མཁས་བཙུན་ཀུན་དགའ་བསོད་ནམས་པ་ལ་སོགས་པ་མཁས་པ་མང་པོ་བསྟེན། ཡིག་རིགས། སྒྲ་སྙན་དངགས་སོགས་རིག་པའི་གནས་དུ་མ་ཐུགས་ཉམས་སུ་བཞེས་པས་གཙང་དབུས་ཀུན་དུ་ཕུལ་དུ་བྱུང་བའི་མཁས་པར་གྲགས་ཤིང་།

དགུང་ལོ་ཉེར་གཅིག་པ་ཆུ་མོ་གླང་གི་ལོར་བྱམས་པ་ཚུལ་ཁྲིམས་དཔལ་བཟང་གི་མཁན་པོ། །འཇམ་དབྱངས་བསོད་ནམས་དཔལ་ལྡན་ལས་ཀྱི་སློབ་དཔོན། མཚུངས་མེད་བསྟན་འཛིན་ལྷུན་གྲུབ་ཀྱིས་གསང་སྟོན་པ་སྟེ་དགེ་འདུན་ཁ་སྐོང་དང་བཅས་པའི་དབུས་སུ་བསྙེན་པར་རྫོགས་ཤིང་།

མཁན་ཆེན་དེ་ཉིད་རང་ལ་གསུང་ངག་ལམ་འབྲས་རྡོ་རྗེ་ཕྲེང་བ་སོགས་ཟབ་ཆོས་དཔག་མེད་

གསན། སླར་ཡང་འཇམ་མགོན་བསོད་ནམས་དཔལ་ལྡན་ལའང་གཙོ་བོར་ལམ་འབྲས་དང་གཞན་ཡང་ཟབ་ཆོས་མང་དུ་གསན་ཞིང་། འཇམ་དབྱངས་འཕགས་སྟོན་ཆེན་པོ་དཔལ་ས་སྐྱ་པ་སྔགས་འཆང་ཀུན་དགའ་བཀྲ་ཤིས་ཡབ་སྲས། རྗེ་ཉིད་ཀྱི་ཁུ་བོ་སྒྲུབ་པའི་རྣལ་འབྱོར་བསོད་ནམས་རྒྱལ་མཚན་དཔལ་བཟང་པོ། །རྡོ་རྗེ་འཛིན་པ་བསྟན་འཛིན་ལྷུན་གྲུབ་པ། སྨོར་ཆེན་ཐམས་ཅད་མཁྱེན་པ་ཀུན་དགའ་ལྷུན་གྲུབ། ཐུབ་བསྟན་མཁན་ཆེན་ངག་དབང་ཚུལ་ཁྲིམས་བཟང་པོ། །སྨོན་བརྩོན་སངས་རྒྱས་དཔལ་བཟང་སོགས་མཁས་གྲུབ་མང་པོ་ལ་རྡོ་རྗེ་ཐེག་པའི་དབང་བསྐུར། རྗེས་གནང་མདོ་སྔགས་ཀུན་གྱི་ཁྲིད་ལུང་། མན་ངག་སོགས་བསམ་ལས་འདས་པ་གསན་པས་མདོ་སྔགས་ཐ་དག་གི་མངའ་བདག་ལྟ་བུར་གྱུར་པའི་ཚུལ་ནི་གསན་ཡིག་ལོགས་སུ་བཞུགས་པར་ཤེས་དགོས་ཤིང་། གསན་པའི་དམ་ཚིག་དང་སྡོམ་པ་ཡང་མིག་འབྲས་ལྟར་སྲུང་ཞིང་། དཔལ་ཀྱི་རྡོ་རྗེ། རྡོ་རྗེ་རྣལ་འབྱོར་མ། མགོན་པོ་ཆེ་ཆུང་། ཀུན་རིག །ཚེ་དཔག་མེད་སོགས་ཡི་དམ་དུ་མའི་བསྙེན་པ་སྒྲིན་སྒྲིག་བཅས་མཐར་ཕྱིན་པར་མཛད་ཅིང་། རྒྱུན་དུ་ཐུགས་ཉམས་སུ་བཞེས་པའི་རིམ་པའང་ཡི་དམ་ཆོས་སྐྱོང་མང་པོའི་བསྙེན་རྫོགས། གཏོར་བསྔོས་སོགས་ཉིན་རེ་བཞིན་ཆོས་དེའི་སུམ་ཆ་ཙམ་ཐུགས་དམ་ཁོ་ནས་འདའ་བར་མཛད་པས་ཡི་དམ་ཀུན་གྱི་ངོ་བོ། །ཆོས་སྐྱོང་ཐམས་ཅད་བྲན་དུ་བཀོལ་ནུས་ངེས་པ་ཡིན་ནོ། །

དགུང་ལོ་ཉེར་ལྔ་པར་ཨེ་ཝཾ་ཆོས་ལྡན་གྱི་ཆོས་ཀྱི་ཁྲི་ཆེན་པོར་མངའ་གསོལ་ནས། གཙོ་བོར་གསུང་ངག་ལམ་འབྲས་ཚར་དགུ་ལྷག་ཙམ་དང་། སོ་ཐར་གྱི་སྡོམ་པ་སྤེལ་བ་བགྲང་བ་ལས་འདས་པ། ཀྵ་ཕྱིར་རྡོ་རྗེ་ཕྲེང་བ་སོགས་དཀྱིལ་འཁོར་མང་པོའི་དབང་དང་ཁྲིད་རླབས། སྒྲུབས་ཐབས་བརྒྱ་རྩ་རྒྱ་མཚོ་སོགས་རྗེས་གནང་དུ་མ། ངོར་ཆེན་རྡོ་རྗེ་འཆང་གི་བཀའ་འབུམ་སོགས་དཔག་ཏུ་མེད་པའི་ལུང་། གུར་ཞལ་ཕྱི་ནང་གསང་གསུམ་གྱི་ཁྲིད་ཀྱི་གཙོས་ཤིན་ཏུ་གསང་བའི་མན་ངག་ལག་ལེན་བཅས། ཟབ་ཆོས་དཔག་ཏུ་མེད་པས་མཐའ་ཡས་པའི་གདུལ་བྱ་རྣམས་ཚིམ་པར་མཛད་དེ། དེའི་ཚེ་སློབ་མའི་གཙོ་བོར་གྱུར་པ་ནི། གངས་ཅན་བསྟན་པའི་མངའ་བདག་དཔལ་ས་སྐྱ་པ་སྔགས་འཆང་ངག་དབང་ཀུན་དགའ་བསོད་ནམས་རིན་ཆེན་བཀྲ་ཤིས་གྲགས་པའི་རྒྱལ་མཚན་དཔལ་བཟང་པོ་ཡབ་སྲས།

ཀླུ་ཨེ་ཝཾ་པ་འཇམ་མགོན་བཀྲ་ཤིས་ལྷུན་གྲུབ་ཁུ་དབོན།   མཚུངས་མེད་ཚུལ་ཁྲིམས་ལྷུན་གྲུབ། མཁན་ཆེན་ནམ་མཁའ་བསམ་འགྲུབ། ཐུབ་བསྟན་མཁན་ཆེན་ངག་དབང་ཚུལ་ཁྲིམས་དཔལ་བཟང་པོ། །ཤར་པ་བདག་ཆེན་དང་། རྗེ་ཉིད་ཀྱི་སྐུ་དབོན་རྣམ་གཉིས། དགེ་བའི་བཤེས་གཉེན་ཆེན་པོ་སངས་རྒྱས་དཔལ་བཟང་སོགས་མཁས་བཙུན་གྱི་སློབ་མ་རྣམས་དང་། བདག་དཔལ་ལྡན་ཆོས་སྐྱོང་དང་། བསྟན་པའི་སྦྱིན་བདག་གློ་བོ་རྒྱལ་པོ་ཡུམ་སྲས། ས་སྐྱོང་སྡེ་དགེ་སྐུ་སེར་སྐྱ་སོགས་མི་ཆེན་དུ་མ་དང་བཅས་པ་བགྲང་བ་ལས་འདས་སོ། །

དེ་ལྟར་ལུགས་གཉིས་ཀྱི་མཛད་ཕྲིན་དཔག་ཏུ་མེད་པས་གདན་ས་ལོ་དགུའི་བར་དུ་བསྐྱངས་ཤིང་། དེ་སྐབས་སུ་དུས་འཁྲུག་གི་བོད་ལྗོངས་སྤྱི་སྐོར་ཐམས་ཅད་སྡུག་བསྔལ་གྱིས་ཉམ་ཐག་པར་གྱུར་ཀྱང་། རྗེ་འདི་ཐོག་མ་མེད་པའི་དུས་ཉིད་ནས་བསོད་ནམས་ཡེ་ཤེས་ཀྱི་ཚོགས་གཉིས་རླབས་པོ་ཆེ་བསགས་པའི་སྟོབས་ཀྱིས།   ཨེ་ཝཾ་པའི་ཆོས་སྲིད་ཀྱི་འཛིན་སྐྱོང་སྤེལ་གསུམ་ལ་རྒྱས་སྲས་བྱང་ཆུབ་སེམས་དཔའི་ཐུགས་བསྐྱེད་ཀྱི་གོ་ཆ་བཙན་པོས་ངལ་བ་ཅུང་ཟད་ཙམ་ཡང་མི་མངའ་བར་དམ་པ་གཞན་ལས་ཀྱང་སྐུ་དྲིན་ཆེས་ཤིན་ཏུ་ཆེ་བ་ཞིག་གི་སྒོ་ནས་གདན་སར་ཡུན་དུ་བཞུགས་པ་དང་། བླ་བྲང་དམར་པོའི་རྫི་གཙལ་ལྷ་ཁང་ཤིན་ཏུ་ཟམ་པ་ཉམས་བཟོས་དང་། མཛོད་གཉེར་རིམ་བཞུགས་ཀྱི་ཨེ་ཝཾ་རབ་གསལ་མདོ་སྔགས་སློབ་གཙང་གསར་བཀོད་དང་།   མཛོད་ནག་དང་གཟིམས་ཆུང་ཁག་རྣམས་སུ།   སྐུ་གསུང་ཐུགས་རྟེན་རིན་པོ་ཆེའི་ཕྲེང་བའི་རིགས་མཆོད་པའི་ཡོ་བྱད་བསམ་གྱིས་མི་ཁྱབ་པ། དངུལ་གྱི་བྲེ་བོ་ཆེ། ཉེར་མཁོའི་དངོས་ཆས་དུ་མ་གསར་དུ་བསྒྲུན་པ་སོགས་ལུགས་གཉིས་ཀྱི་གནང་ཁྱབ་ཞུལ་དུ་བྱུང་བ་མཛད་ཅིང་། རྩོམ་པ་གསུང་རབ་ཀྱི་ཕྲེང་བ་སྤེལ་བ་ལའང་། རྩ་བརྒྱུད་ཀྱི་བླ་མ་རྣམས་ཀྱི་གསོལ་འདེབས། བྱམས་པ་ཚུལ་ཁྲིམས་དཔལ་བཟང་གི་རྣམ་ཐར། དམར་པོ་སྐོར་གསུམ། མགོན་དཀར། གུར་ཞལ་སོགས་ཡི་དམ་ཆོས་སྐྱོང་མང་པོ་ལ་ཕྲིན་བཅོལ་གྱི་ཡི་གེ། ཡིག་བསྐུར་གྱི་རྣམ་གཞག །བུ་སློབ་དུ་མ་ལ་གནང་བའི་ཞལ་གདམས་ཀྱི་ཡི་གེ། སྔན་དངགས་ཀྱི་རྩོམ་རྒྱུད་སྣ་ཕྲེ་སོགས་ཅི་རིགས་པ་བཞུགས་པའི་བསྟན་བཅོས་དེ་དག་ཀྱང་ཚིག་དོན་ཀུན་གྱི་སྒོ་ནས་ཁྱད་པར་འཕགས་པ་ཉིད་དོ། །

དགུང་ལོ་སོ་བཞི་པ་དགེ་བྱེད་ཅེས་པ་ཆུ་ཕོ་སྟག་གི་ལོར་མཁས་གྲུབ་ཆེན་པོ་འཇམ་མགོན་བཀྲ་ཤིས་ལྷུན་གྲུབ་པ་རྒྱལ་ཚབ་དམ་པར་མངའ་གསོལ་ནས། རྗེ་ཉིད་ཁང་སར་ཕྱུན་ཚོགས་གླིང་དུ་བཞུགས་ནས་བཤད་སྒྲུབ་སྤེལ་མས་དུས་འདའ་བར་མཛད། སོ་བརྒྱད་པ་མེ་རྟ་ལོར་ལྷ་ས་བསམ་ཡས། ཡར་ལུང་ཁྲ་འབྲུག་སོགས་གནས་ཆེན་རྣམས་ལ་ཞབས་བསྐོར་རྒྱས་པ་དང་། མཆོད་འབུལ། བསྟན་འགྲོའི་དོན་དུ་སྨོན་ལམ་རྒྱ་ཆེར་མཛད་པ་དང་། སྨོར་ཆེན་རྡོ་རྗེ་འཛིན་པའི་ཞབས་པད་ཡུན་རིང་བརྟེན་པའི་གདམས་པ་རྒྱ་མཚོས་ཕ་རོལ་དུ་སོན་ཅིང་ལོ་དོ་ཙམ་ནས་ཡར་ཕེབས། དགུང་ལོ་སོ་དགུ་པ་སྤྲེའུ་ཞེས་པ་མེ་མོ་ལུག་གི་ལོར། གློ་བོ་དང་མོན་པ་འབྲུགས་པས་ཐུགས་བསྐྱེད་རྒྱ་ཆེན་པོས་འདུམ་པར་ཕེབས། ཉིད་ཀྱི་བཀའ་ཕན་ཚུན་གཉིས་ཀས་སྤྱི་བོར་བླངས་ཏེ། དུས་འབྲུག་ཞི་ཞིང་རྒྱལ་ཁམས་བདེ་སྐྱིད་ཀྱི་དཔལ་ལ་བཀོད། རྡོ་རྗེ་ཕྲེང་བ་ལ་སོགས་པའི་དབང་བསྐུར་དང་། བཤད་སྒྲུབ་སྤེལ་མ་མཛད་ཅིང་ལོ་གསུམ་བཞུགས། སླར་ཡང་རོང་དུ་ཕེབས་ནས་ཁང་སར་ཕྱུན་ཚོགས་གླིང་དུ་བླ་མ་ཡི་དམ་ཆོས་སྐྱོང་ནོར་ལྷ་སོགས་ཀྱི་ཁྲིམས་ཐང་དུ་མ་དང་། རྡོ་རྗེ་ཕྲེང་བའི་དཀྱིལ་ཐང་ཡོངས་རྫོགས། གསེར་ཟངས་ལས་གྲུབ་པའི་ཐུབ་པའི་སྐུ་ཐོག་ཚད། གཞན་ཡང་ཅཱན་ཏན་གྱི་སྐུ་འགའ་ཞིག་བཅས་རྟེན་བཞེངས་དཔག་མེད་དང་། བཤད་སྒྲུབ་སྤེལ་མ་མཛད་ཅིང་ལོ་བཞི་བཞུགས། ཡང་བསྐྱར་གློ་བོ་པ་དང་མོན་བ་འབྲུག་གཟིངས་ཆེ་བར་གྱུར་ཅིང་།

མི་བསད་དཔག་མེད་བྱུང་བས་སེམས་ཅན་གྱི་སྡུག་བསྔལ་ལ་གཟིགས་ནས་བྱམས་སྙིང་རྗེ་ཚད་མེད་པས་ཐུགས་རྒྱུད་བསྐུལ་བ་དང་། གློ་ཡུལ་ནས་ཀྱང་སྤྱན་འདྲེན་པའི་ཕོ་ཉ་བྱུང་བ་དང་། གཞུང་ས་སྐྱེ་སྲིད་མིའི་དབང་པོས་བཀའི་བསྐུལ་བ་རྣམས་རྟེན་འབྲེལ་འཛོམ་པས། སྟག་ལོར་གློ་བོར་ཆིབས་བསྒྱུར་གནང་སྟེ། གཉིས་ཆར་ལ་བཀའ་སྨྲུལ་བ་ཙམ་གྱིས། མཐའ་མི་མོན་པ་རྣམས་ལས་འཁྲས་སྨོངས་ཤིང་དམུ་རྒོད་གདུལ་དཀའ་ཡང་། རྗེ་འདིའི་ཐུགས་རྒྱུད་ལ་བྱང་ཆུབ་ཀྱི་སེམས་ཚད་མེད་པ་མངའ་བའི་མཐུ་སྟོབས་ཀྱིས། མཐའ་མི་རྣམས་དད་པས་ཡིད་ཕྲོགས་ཏེ་མོས་གུས་ཀྱི་སྒོ་ནས་བླ་མའི་བཀའ། ཅི་གསུངས་དང་དུ་བླངས་པར་བརྟེན། སེམས་ཅན་རྣམས་བདེ་སྐྱིད་ལ་བཀོད་པ་འདི་ཕོ་ནའང་རྒྱལ་སྲས་ཀྱི་མཛད་པ་སྨད་དུ་བྱུང་བའི་རྣམ་པར་ཐར་པའོ། །

དེ་ནས་རིམ་གྱིས་བལ་བོ། སྐྱི་རོང་། གངས་ཏི་སེ་སོགས་མངའ་རིས་སྟོད་སྨད་ཀྱི་གནས་ཆེན་རྣམས་ལ། གནས་གཟིགས་དང་དེ་དག་ལ་གཱར་མེ་གསེར་ཆབ་སྣན་དར་མཆོད་འབུལ་བསམ་གྱིས་མི་ཁྱབ་པ་དང་བཅས་པའི་སྒོ་ནས། བསྟན་པ་སྤྱི་སྒེར་དར་ཞིང་རྒྱས་པ་དང་། སེམས་ཅན་ལ་བདེ་སྐྱིད་འབྱུང་བའི་སྨོན་ལམ་རྒྱ་ཆེན་པོ་མཛད་ནས་རིམ་གྱིས་བྱོན་ནས་གདན་ས་ཆེན་པོར་འཛམ་དབྱངས་མིའི་ཚུལ་འཛིན་ཡབ་སྲས་ལ་ལེགས་འབུལ་མང་འགྱེད། རྟེན་གསུམ་རྣམས་ལ་མཆོད་འབུལ་ཕྲིན་བཅོལ་སོགས་རྒྱ་ཆེར་མཛད། གདན་ས་ནས་ཀྱང་བཀའ་ཆོས་ཀྱི་འབྲེལ་པ་གཙོ་བོར་གྱུར་པའི་བཀུར་གཟོས་ལེགས་འབུལ་དཔག་མེད་དང་བཅས་ཕེབས་པའི་སྐན་པའི་གཏམ་གྱི་ཕོ་ཉ་བྱུང་འཕྲལ། ཨོ་ཕྱཾ་པའི་བླ་སྤྱི་ཐམས་ཅད་ཀྱི་ཆིབས་བསུས་ཏེ་ཕེབས། བླ་བྲང་གཙོ་བོར་གྱུར་པའི་ཟུར་བཞི་རྣམས་ལ་གནང་སྐྱེལ་ཟབ་པ་དང་། དགེ་འདུན་རྣམས་ལ་གྲྭ་འགྱེད་སེར་སྐྱ་སྤྱིར་གང་འཚམས་ཀྱི་གནང་ཆ་བཀའ་དྲིན་སྐྱོང་། དེ་འཕྲལ་ལྷ་ལྡན་དུ་ཆིབས་བསྒྱུར་ཏེ་མཆོད་ཡོན་རྣམས་ལ་མཇལ་ཕྱག་ལྷ་ལྡན་དུ་མཆོད་འབུལ། གློ་འཛུམ་གཉིས་ཀྱི་གནས་ཚུལ་ཞིབ་རྒྱས་དང་། ཁ་ཆེའི་ཡུལ་གྱི་ཧ་ཏི་པི་བཅག་ངོ་མཚར་བ་སྟོན་དུ་ཕུལ་བ་བཅས། གོང་ས་ཡས་ཕྱིན་ནས་བཀུར་གཟོས་ལུགས་གཉིས་ཀྱི་བདག་རྐྱེན་ཀུན་གྱི་མགྲིན་གཅིག་ཏུ་སྒྲོགས་པ་དང་། ལྷག་པར་ཨོ་ཕྱཾ་གྱི་བསྟན་སྤྱིར་ཕན་པའི་བཀའ་རྟེན་རིམ་ཅན་ལ་རྒྱབ་སྐྱོར་ཤེལ་ཐམ་བཀའ་དྲིན་ཞུ་ཕྱིས་བདག་ལས་ཐོག་དཔལ་ཆོས་ནས་ཀྱང་ཟང་ཟིང་གི་ཕྱག་རྟེན་སྤུམ་མི་དམན་པ་དང་བཅས་ཞུ་སྐྱོར་མགོ་འདྲེན་ཞུས་པའང་རེ་འབྲས་སྨིན་པའི་སྐུ་དྲིན་གཞལ་དུ་མེད་པ་སོགས་ལེགས་ལམ་ཕུན་སུམ་ཚོགས་པའི་ཁར། སླར་ཡང་ཨོ་ཕྱཾ་ཕུན་ཚོགས་ཁང་སར་དུ་སྐུ་ཆག་ཕེབས་ཤིང་།

དེ་སྐབས་སུ་ཉིད་ཀྱི་སྐུ་དབོན་ཞབས་དྲུང་བསོད་ནམས་ལྷུན་གྲུབ་ཁམས་གླིང་དབོན་གྱི་གདན་དྲངས་པ་ནས་རྒྱལ་བའི་བཀའ་འགྱུར་རོ་ཅོག་དང་། རྗེ་བཙུན་གོང་མ་ལྔའི་གསུང་འབུམ་ངོ་མཚར་ཅན་ཕེབས་པ་སོགས་རྟེན་འབྲེལ་ཤིན་ཏུ་ལེགས་ཆ་ཆེ་བ་དང་བཤད་སྒྲུབ་ཀྱིས་དུས་འདའ་བའི་སྐབས་དེར། བསྟན་པའི་སྦྱིན་བདག་ས་སྐྱོང་སྡེ་དགེ་བླ་མ་ཀུན་དགའ་ཕྲིན་ལས་རྒྱ་མཚོ་ཆིབས་ཀྱི་ཁ་ལོ་དབུས་གཙང་དུ་བསྒྱུར་ཏེ།

ཆོས་གྲྭ་ཆེན་པོ་ཨེ་ཝཾ་དུ་ཕེབས། འབུལ་འབྱེད་བསམ་གྱིས་མི་ཁྱབ་པ་དང་། དབང་ལུང་མན་ངག་མཐའ་དག་གསན་ནས་མདོ་ཁམས་སུ་ཆིབས་བསྒྱུར་སྐབས་སྡེ་དགེར་རྡོ་རྗེ་འཆང་བཀྲ་ཤིས་ལྷུན་གྲུབ་ཞིང་འདིའི་གདུལ་བྱའི་དོན་རེ་ཞིག་རྫོགས་པས་ཞིང་གཞན་དུ་མཛད་པ་རྒྱུན་མི་ཆད་པའི་འགྲོ་བའི་དོན་ལ་ཕེབས་པའི་སྐོར་སྡེ་དགེ་ནས་བརྫངས་པའི་བང་མི་ལྷ་ལྡན་དུ་འབྱོར་ཐོག །དེ་གའི་གདན་ཚབ་ཏུ་བདག་དཔལ་ལྡན་ཆོས་སྐྱོང་འོང་དགོས་ཀྱི་གནས་ཚུལ་གཞུང་ས་མཆོག་ཏུ་ཞུས་པར་མི་དབང་ཆེན་པོས་རེ་སྐྱིན་གྱི་བཀའ་ཤོག་ཕེབས་པར་བརྟེན་ཨེ་ཝཾ་པའི་བླ་སྤྱི་ཐམས་ཅད་ནས་ཐུགས་བཞེད་ཆིག་སྒྲིལ་གྱིས། སླར་ཡང་ཨེ་ཝཾ་ཆོས་ཁྲི་ག་ལ་བ་དེར་ཕེབས་དགོས་པར་གསོལ་བ་བཏབ་པས་ཐུགས་བསྐྱེད་བླ་ན་མེད་པས་བསྟན་དང་འགྲོ་ལ་བརྩེ་བའི་སྒོ་ནས་དེ་འཕྲལ་ཞལ་གྱིས་བཞེས་ཏེ། ཐ་སྐར་ཟླ་བའི་ཚེས་བཅོ་ལྔའི་ཉིན་བཀྲ་ཤིས་པའི་དུས་ཚོད་ཉི་ཤར་ཙམ་ལ། འདུས་པ་རྒྱ་མཚོའི་དབུས་སུ་རྡོ་རྗེ་འཆང་ཆེན་པོའི་ཁྲི་ལ་ཕེབས་ཏེ་ལེགས་འབུལ་དང་། དེ་ནས་རིམ་གྱིས་གཟིམས་ཆུང་གཡབ་ཆེན་དུ་མཁན་ཆེན་དཔོན་སློབ་དང་གཞུང་ས་སྐྱའི་སྐུ་ཚབ་བཅས་ལ་ཞལ་དཀར་འབུལ་བ་དགའ་སྟོན་གྲུབ་འཕྲལ། འཇིག་རྟེན་མགོན་པོ་ཕྱག་ན་པདྨའི་རྣམ་འཕྲུལ་བརྩེ་ཆེན་ཀུན་དགའ་སྙིང་པོའི་དུས་མཆོད་ས་བསྐོར་ལ། བདག་དགེ་སློང་དཔལ་ཆོས་འདུས་པ་རྒྱ་མཚོ་དང་བཅས་པའི་མཆོད་པའི་རྣམ་གྲངས་དུ་མས་མདུན་བསུས་ཏེ་རྗེ་ཉིད་ཀུང་ཕེབས་པར་གྱུར་ཏོ། དེ་ཉིན་ནམ་མཁའ་མདངས་གསལ་ཞིང་ཉི་མའི་དཀྱིལ་འཁོར་དངས་པས་འོད་ཟེར་གྱི་དྲ་བ་ཕྲོགས་བཅུར་ཁྱབ་པ་དང་། བསེར་བུའི་རླུང་གིས་རྡུལ་ཀྱང་མེད་པར་ཐམས་ཅད་ཀྱང་ཐུགས་སྤྲོ་ཞིང་། ཡ་མཚན་པའི་གཏམ་གྱིས་དུས་འདའ་བར་གྱུར། རིམ་གྱིས་བླ་བྲང་གི་རྩིས་འབུལ་རྣམས་ཞུས། ལོ་དེར་སྟོད་སྨད་ཀྱི་འབུལ་སྙེལ་མང་རབ་དང་། ཁྱད་པར་དགེ་བའི་བཤེས་གཉེན་མཚུངས་མེད་དཔོན་སངས་རྒྱས་ཡེ་ཤེས་པ་ཕེབས་ཤིང་།

རྒྱལ་བའི་བཀའ་འགྱུར་རིན་པོ་ཆེས་གཙོས་སྐུ་གསུང་ཐུགས་རྟེན་མཆོད་པའི་ཡོ་བྱད་འབུལ་ནོད་བརྗོད་ཀྱིས་མི་ལང་བ་ཕུལ། རིམ་གྱིས་གསུང་ངག་གི་གཙོས་དབང་ལུང་མན་ངག་དུ་མ་དང་། བསྟན་པའི་འཛིན་སྐྱོང་སྤེལ་གསུམ་ཟུང་འབྲེལ་དུ། ཐོག་མཐར་དམ་པ་འདི་ཉིད་ཀྱི་མཛད་པས་སྐུ

དྲིན་ལེགས་གསོལ་དུ་དད་ལྡན་པ་བདག་དཔལ་ལྡན་ཆོས་སྐྱོང་ཅན་གྱི། སྐྱབས་མགོན་དམ་པ་ཉིད་ཞབས་པད་ཡུན་དུ་བརྟན་ཕྱིར། ཇི་སྲིད་བར་ཟླ་བ་བཞུང་ངོ་ཅོག་གི་ཆོས་བརྒྱ་བདུན་ལ་དགེ་འདུན་གཞུག་མར་གནས་པ་རྣམས་ལ་མང་ཇ་རེའི་རྟེན་དུ་ངོས་ནས་བླ་བྲང་རྩིས་སྤྱོད་ཀྱི་ཐོག་ཏུ་སྤྱམ་སྤྱོད་ཇ་དངུལ་དར་རས་རྩམ་ནས་སོགས་ཕོན་ཆེ་བ་དང་། སླར་རྒྱབ་སོར་ཕན་ཁང་དུ་མ་འོངས་དུས་རྟེན་ཇ་བརྒྱ་དང་ཉི་ཤུ་ཕུལ། ལོ་དེར་ཆོས་འཆད་ཉན་བསྟན་པའི་འཛིན་སྐྱོང་ཕུན་སུམ་ཚོགས་པ་གནང་ཞིང་། ལྷུགས་སྤྲེལ་ལོར་གདན་ས། སངས་རྒྱས་དཔལ་བཟང་ལ་མངའ་གསོལ་གྱི་རྩིས་སྤྲད་ཞུས་ནས། ཕུན་ཚོགས་ཁང་སར་དུ་བཞུགས་གདན་འཛུགས། མགོན་འདིས་གཞུག་མར་གནས་པའི་དགེ་འདུན་གྱིས་མཆོན། ཕྱོགས་དང་ཕྱོགས་མཚམས་ནས་འོངས་པའི་ཆོས་དོན་གཉེར་བ་དག་ལ་དབང་ལུང་ཁྲིད་གསུམ་སོགས་སོ་སོའི་འདོད་པ་ཇི་ལྟར་བཞིན་སྐོང་ཞིང་། ཐོས་བསམ་སྒོམ་གསུམ་གྱིས་དུས་འདའ་བའི་ངང་དུ་བཞུགས་ཤིང་།

མདོ་ཁམས་གླིང་དཔོན་གྱི་མཆོད་གནས་སུ་དཔོན་རིན་པོ་ཆེ་ངག་དབང་ཆོས་སྐྱོང་བཟང་པོ་བཞུགས་པ་འབྲུག་ལོར་ཡར་འཕྲལ་དུ་ཕེབས་ན་ལེགས་ཚུལ་དང་། འདིར་ལོར་གླེབ་པར་མ་གྱུར་ཆེ་བདག་བགྲང་བྱ་མང་ཞིང་ལུས་བབ་ལྷི་བ་བཅས་རྟག་མིན་ཇི་ལྟར་འགྱུར་ཆོད་མེད་གསུངས་པའི་ཞུ་ཡིག་བཙུགས། བླ་མ་བསྟན་པ་རྒྱལ་མཚན་སོགས་ལའང་ཞབས་དྲུང་འདི་ལོར་ཕེབས་ན་དང་། མ་ཕེབས་ན་མི་མཛལ་བར་གདའ་གསུངས་དེ་མཚུངས་ངེད་ཀྱང་སྟེ་དགེར་ཡོད་སྐབས་ཡིན་པའི་འདི་ལོ་ཞབས་དྲུང་དབུས་སུ་ཆིབས་བསྒྱུར་མ་གནང་ཆེ་ཁྲུ་བོ་མཁན་ཆེན་ཞབས་པད་རིང་པོར་བརྟེན་པའི་ངོ་མ་ཤར་བས་འཕྲལ་ཕེབས་ལེགས་ཚུལ་སོགས་ཀྱིས་བསྐུལ་བར་བརྟེན། འཕྲན་ས་འབྲུག་ཟླ་༧ཚེས་༡༠ལ་ཁམས་ནས་ཞབས་དྲུང་ཀྱང་འདིར་ཕེབས།

དམ་པ་དེ་ཉིད་ཤིན་ཏུ་དགེས་པར་མཛད། ལོ་དེའི་ཟླ་༡༡ཚེས་༢༥ལ་ས་སྐྱོང་སྟེ་དགེ་བླ་མ་བློ་གྲོས་རྒྱ་མཚོ་མིང་ལྷུམ་ཀྱང་ཕེབས། ཚེས་༢༨ཉིན་སྦྲིན་བདག་ཆེན་པོ་སྐུ་འཁོར་བཅས་ལ་ཚེ་དབང་གྲུབ་རྒྱལ་མ་ཞིག་གནང་། ལྷུམ་སྲིང་ག་ལའང་སྒོ་འབོར་བའི་ཞིང་ཐོག་ཏུ་ཚེ་དབང་ཞིག་བཀའ་དྲིན་སྐྱོང་། དེ་ལོའི་ཁམས་མངའ་རིས་ཀྱི་གྲྭ་རྒྱུན་སོགས་ལ་མཇལ་ཁ་ཞིབ་པ་མཛད། དགུང་ལོ་རེ་གཅིག་

པ་ས་སྤྲུལ་ཤར་ནས་སྐུ་ཁམས་ཅུང་ཟད་བསྐྱེལ་བའི་ཚུལ་བསྟན་པར་ཞབས་བརྟན་སོགས་གང་ཟབ་དང་། འཚོ་བྱེད་ཞལ་དཀར་སོགས་ལས་གསོལ་སྨན་འདྲ་བཞེས་ཀྱང་། ཕན་སྐྱིད་ཆེར་མ་བྱུང་ཞིང་། དམ་པ་ཉིད་ཀྱི་ཞལ་ནས་སྐུ་ཚེའི་སྡོད་ལ་བསྟན་དོན་དང་འགྲོ་དོན་འདྲ་ཅུང་ཟད་རེ་བྱུང་། ད་ཆ་ན་ཚོད་སྨིན་ཅིང་ལྷག་པར་སྐུ་ཡི་བབ་ལྟ་བས་ལུགས་གཉིས་ཀྱི་ཤོགས་ཐོན་པ་དཀའ་འདུག་པ་མ་ཟད། མ་ཏི་འཁོར་ལོ་བཞེང་དགོས་བསམས་པ་སྔོན་དུ་མ་གྲུབ། གཞན་བློའི་ལྷག་མ་ལུས་རྒྱུ་ཅུང་ཟད་ཀྱང་མེད། མ་ཏི་འཁོར་ལོ་རྗེས་སུ་བཞེངས་ཤིག་གསུངས། སྐུ་དཔོན་ནས་ཉིད་ཀྱི་ཞབས་འབྲིང་བ་རེ་གཉིས་ནས་སྐུ་ཆས་ཤིན་ཏུ་རྒྱུད་ཐོས་ཆེར་འདུག་པས་འདི་རིགས་ཧ་ཅང་བག་ཡངས་གནང་ན་མི་འོང་བས། རྟད་བཅད་ཅུང་ཙམ་བྱས་ན་ཞུས་པར་ངོར་གྱི་བླ་བོ་ཚུལ་ཁྲིམས་བསྟན་པ་བཙོས་སྐུ་སེར་ཕལ་ཆེར་སྐུ་ཚེ་སྔོན་མའི་ལེན་ཆགས་འདེད་པ་འདྲ་ཞིག་འདུག་པས་གང་མོས་ལ་ཞོག་ཅེས་གསུངས། གཞན་ལུགས་གཉིས་ཀྱི་བྱེད་སྒོ་སོགས་ཕལ་ཆེར་ཡང་ཡང་ཞལ་ཆེམས་སུ་སྩལ་ཞིང་། སྐུ་རིམ་དྲུག་ཅུའི་གཏོར་རྒྱབ་ལ་གཏོར་ལྷས་ལེགས་པོ་བྱུང་ཚུལ་ཞུས་པ་ལའང་། དེ་རང་དྲག་ཁྱོད་རང་རྗེས་འཇུག་རྣམས་ལ་ཕན་ཞེས་གསུང་།

ངོར་གྱི་མདུན་རི་སྤང་པོ་རི་ཡི་ངོས་ལ་གྲོག་ཤུར་སྡིགས་པ་རྣ་ཅན་གྱི་གཟུགས་འདྲ་བ་ཞིག་བྱུང་བས་འདི་ང་ལ་ལྟ་བ་འདྲ་གསུངས། གཙུག་ལག་ཏུ་མང་ཇ་སོགས་ཆེད་དུ་དམིགས་པ་སྐུ་རིམ་ཟབ་པར་གནང་། བླ་གཉིས་པའི་བླ་ཕྱེད་ནས་ཉིན་རེ་བཞིན་གཞའ་སྤྲིན་སྣ་ཚོགས་དགོན་པའི་སྟེང་དུ་བྱུང་། ལྷག་པར་ཚེས་ཉེར་ལྔ་ནས་གཞའ་སྤྲིན་ཁ་དོག་སྣ་ཚོགས་འཁྲིགས་ཤིང་སྦུམ་ཆགས་པ་དང་། སྐུ་ཁམས་ཀྱང་ཉོག་པས་ཡོན་ཆབ་དང་སྤོས་སོགས་སྤྱིར་ལྡེ་ཚར་རྣམས་གསོས་ཤོག་གཏོར་བསྔོ་སྔ་ཙམ་ལ་བྱེད་དགོས་གསུང་གཞན་གསུང་གླེང་སོགས་ཆེར་མ་གནང་། བླ་བ་གཉིས་པའི་ཚེས་༢༠ལ། ཉི་མ་ནུབ་རིར་ཁྱོན་ཚར་ཙམ་ལ། སྣང་གཞི་གཟེར་ཟུགས་སོགས་ཏིལ་འབྲུ་ཙམ་ཡང་མེད་པའི་ངང་ནས། ཞིང་འདི་གདུལ་བྱའི་འགྲོ་དོན་རྫོགས་ནས། གཟུགས་སྐུ་ཆོས་དབྱིངས་སུ་བསྡུ་བའི་ཚུལ་བསྟན། བླ་བ་གསུམ་པའི་ཚེས་གསུམ་ལ་དབུ་གཡས་ཕྱོགས་སུ་ཡོ་ཞིང་ཤངས་བུག་ནས་བྱང་སེམས་དཀར་དམར་མང་རབ་བྱུང་བ་བཅས་ཐུགས་དམ་གྲོལ་བའི་རྟགས་བྱུང་།

དེ་ཉིན་ས་སྐྱ་གོང་མ་འཇམ་དབྱངས་ཆེན་པོ་ནས་སྨྲ་དྲི་ཀུན་རིག་གི་ཆོ་ག་དང་། ཕྱི་མ་རེད་རྡོ་རྗེ་རྣལ་འབྱོར་མའི་སྒྲུབ་མཆོད་བཅས་དང་འདུས་ཚོགས་དུ་མང་འགྱེད་གནང་གྲུབ་པ་བྱུང་། དཔོན་རིན་པོ་ཆེ་དང་བསྟན་པ་རྒྱལ་མཚན་གཉིས་ཚོགས་པ་ཉུང་ཤས་ཀྱིས་ཀུན་རིག་ཆོ་ག་ཞིག་སྐུ་མདུན་དུ་ཕུལ་རྗེས། སྐུ་གདུང་མཆོད་པ་གང་ཟབ་དང་། ཀྱཻ་རྡོ་རྗེ་སྒྲུབ་མཆོད་གཏོང་མི་དཔོན་རིན་པོ་ཆེ། དཔོན་སློབ་དབུ་མཛད། བསྟན་པ་རྒྱལ་མཚན། གླིང་བླ་དཔལ་འབྱོར་སོགས་བཅུ་ཡིས་ཆོས་བཅུའི་བར་ལ་མཆོད་འབུལ་ཞུས། ཞལ་ཆེམས་ལྟར་ཀླུ་སྡིངས་སྐུ་ཞབས་ནས་ཆོས་བཅུའི་ནུབ་མོ་ནས་སྔ་གོན་དང་། ཆོས་བཅུ་གཅིག་གི་ཐོ་རངས་སྐུ་གདུང་མེ་མཆོད་ཕུལ། སྐུ་གདུང་གི་ཞབས་ཏོག་ཞུ་མི་བླ་མ་བསྟན་པ་རྒྱལ་མཚན། ཕྱག་མཛོད་ཕུན་ཚོགས་འབྱུང་གནས། ལྷུན་གྲུབ་ཆོས་འཕེལ། ཀུན་དགའ་ཆོས་འཕེལ། བསོད་ནམས་ཕུན་ཚོགས་རྣམས་ཀྱིས་དང་ལེན་ཞུས། མེ་ཤི་ནས་གདུང་རུས་ལག་ལེན་ལྟར་བསྒྲུབས་ནས་གདུང་ཚ་མང་བར་བཏབ། འདུས་ཚོགས་སུ་ཞལ་ཆེམས་ལྟར་ཀུན་རིག་སྒྲུབ་མཆོད་ཉིན་བདུན་བཙུགས། བདུན་མཚམས་ལ་ཆོ་ག་བཏང་མི་སོགས་དགོངས་པ་རྫོགས་ཐབས་གང་གྲུབ། དུས་ཐང་ཐོག་ཚད་མ་གསར་རིས་དང་། སྐུ་བརྙན་སྨན་འདམ་ལས་གྲུབ་པ་གཉིས་བཞེངས། ཚོན་གསོལ་ནས་ཉི་མ་ལ་སྐམས་པས་སྐུ་བརྙན་ལ་འཇའ་འཚོན་གསལ་པོར་ཤར་བའི་ཡ་མཚན་ཆེ་བ་བྱུང་། བཀྲ་ཤིས་ལྷུན་པོ་སོགས་ལ་དགོངས་རྫོགས་དང་། ལོ་མཆོད་ལ་མ་ཧཱ་འཁོར་ལོ་བཞེངས་རྒྱུ་སོགས་དམ་པ་དེ་ཉིད་ཀྱི་དགོངས་རྫོགས་གང་གྲུབ་ཞུས།། ༎

བདག་ཅག་གི་འདྲེན་པ་དམ་པ་མཚུངས་བྲལ་རྡོ་རྗེ་འཛིན་པ་ཀུན་གྱི་གཙུག་རྒྱན་འཇམ་མགོན་བཀྲ་ཤིས་ལྷུན་གྲུབ་ནི། འབྲུངས་ཡུལ་རང་ཞབས་མདོ་མཁར་ཞེས་པ་ཀུན་མཁྱེན་གོ་རམ་པ་ཆེན་པོའི་གདན་ས་བྱང་ཆུབ་ཆོས་རྫོང་གི་ཉེ་འདབས་སུ། རུས་གཞུང་ཆོས་རྒྱལ་གཙང་རིང་པ་ལས་ཆད་པ་དགེ་བ་ལ་གཅིག་ཏུ་དཀར་བ། ཡབ་རབ་བརྟན་ལགས་ཞེས་པ་དང་། ཡུམ་ནི་སློབ་དཔོན་རིན་པོ་ཆེའི་རྗེ་འབངས་ཉེར་ལྔ་ལས་དྲན་པ་ནམ་མཁའ་ཞེས་གྲགས་པ་སོགས།

སྙིང་པོན་གྱི་གྲུབ་ཐོབ་མང་དུ་བྱུང་བའི་རིགས། གཡུང་དྲུང་བྱ་ཁྲིད་ཞེས་པ་གཉིས་ཀྱི་སྲས་སུ། བི་རོ་ཧྲ་ཀྲིཏ་ཞེས་པ་ལྟུགས་ཕག་ལ་ཡུམ་གྱི་ལྟུམས་སུ་ཞུགས་ནས། ཡོངས་འཛིན་ཞེས་པ་ཆུ་ཕོ་བྱི་

བའི་ལོར། ཡུམ་ལ་བདེ་བ་དང་བཅས་སྐུ་བལྟམས། ཆུང་དུ་ནས་བྱིས་པའི་སྤྱོད་པ་མི་མངའ་ཞིང་རྩེད་མོའི་སྐབས་སུའང་ཆོས་འཆད་པ། གླེགས་བམ་འབྲི་ཀློག་དགོན་པ་རྩིག་པ་སོགས་ཀྱི་ཚུལ་མཛད། རྡོ་ལ་རི་མོ་ངོ་མཚར་ཅན་སྣ་ཚོགས་འབྲི་བ། ཏིང་ངེ་འཛིན་ལ་བཞུགས་ཚུལ་སོགས་ངོ་མཚར་བའི་སྤྱོད་པ་ཁོ་ན་མཛད། སྐྱེ་བ་སྔོན་མ་ཐུགས་རྗེ་ཆེན་པོའི་རྣལ་འབྱོར་པ་ཞིག་ཡིན་པ་ཐུགས་ལ་མངའ། སྐུ་ཞང་བོན་པོ་བགྲེས་པ་ཞིག་དང་། སྲུ་མོ་བསམ་གྲུབ་ཆོས་སྡིངས་དགོན་གྱི་བྱང་འདྲེན་བཙུན་མ་ཞིག་ཡོད་པ་གཉིས་ཀས་ཡིག་ཀློག་ཕུལ་བས་ཚེགས་མེད་དུ་མཁྱེན། དགུང་ལོ་བདུན་བརྒྱད་ཙམ་ཕེབས་པའི་ཚེ་ཡབ་འདས། དེ་ནས་སྐུ་མཆེད་གསུམ་ཡོད་པའི་བར་པ་དེ་འདས། ཞང་པོ་ཚང་ལའང་ན་ཚ་མང་དུ་བྱུང་བས། ཡུམ་སྲས་གཉིས་མྱ་ངན་མ་བཟོད་ནས། ཁང་གཞིས་སྤྱངས་ཏེ་བྱོན། སྲས་རྡོར་དུ་ཆོས་ལ་བཙུག　　།མཁན་ཆེན་ལྷུན་གྲུབ་དཔལ་ལྡན་ལ་གཙུག་ཕུད་ཕུལ་བས་མཚན་བྱམས་པ་བཀྲ་ཤིས་ལྷུན་གྲུབ་ཏུ་གསོལ་ལོ། །

ཡུམ་རྡོར་འདབས་སུ་འདུག་ཅིང་། དེ་དུས་རྡོར་ན་ཉེ་འབྲེས་སོགས་ཡོད་མོད་མི་ཆེན་དུ་སོང་བ་དང་། ལ་ལ་གདུང་སེམས་ཞན་པས་རྗེ་འདི་ལ་ཕན་པ་མ་བྱུང་བར་བརྟེན། ཐུགས་མྱ་ངན་ཇེ་ཆེར་སོང་ནས་ལོ་གསུམ་ཙམ་གྱི་བར་དུ་སྤྱན་ཆབ་ཁོ་ན་མཛད་ཅིང་། ལྷག་པར་གཙུག་ལག་ཁང་གི་སྒོ་འགྲམ་དུ་བྱོན་པས། དགེ་འདུན་རྣམས་ཀྱིས་གོང་མ་ལྟ་བསྐོད། རབ་སྟེ་བྲ་གསུམ་སོགས་ཚིག་དང་གདངས་སྙན་པོར་འདོན་པ་གསན་ཆེ། ངེད་ཀྱང་འདི་དག་གི་གྲལ་དུ་འཁོད་ནས་འདི་ལྟ་བུའི་ཁ་འདོན་ཤེས་པ་ཞིག་ཡོང་སྲིད་དམ་དགོངས་ནས་རྒྱུན་དུ་སྤྱན་ཆབ་དང་ཐུགས་ཁྲལ་མཛད། འོན་ཀྱང་སྔར་ཡབ་ཡུམ་གྱི་འབྱུལ་འབྲེལ་ཡོད་པར་བརྟེན། ཤར་པ་ཡེ་ཤེས་བཟང་པོ་ཁུ་དབོན་ནས་མགོ་འདྲེན་མཛད། ལྷན་མ་དགེ་རྒན་ཀུན་དགའ་བསྟན་འཛིན་པས་ཆོས་སྤྱོད་ཚིག་སོགས་ཚོགས་འདོན་ཕལ་ཆེར་བསླབས། དགུང་ལོ་ཉེར་གསུམ་པ་ལེགས་སྦྱར་སཾ་སྐྲི་ཏའི་སྐད་དུ་བྷ་བ་སྟེ་དངོས་པོ་ཞེས་པ་ཤིང་མོ་བྱ་ལོའི་ནག་པ་ཟླ་བའི་ཚེས་བཅོ་ལྔའི་ཉིན། ཤར་ཆེན་ཆོས་ཀྱི་རྒྱལ་པོ་ཡེ་ཤེས་བཟང་པོས་མཁན་པོ། །མཁས་གྲུབ་སངས་རྒྱས་ཕུན་ཚོགས་ལས་སློབ་དཔོན། གར་དབང་བསོད་ནམས་ལྷུན་གྲུབ་གསང་སྟེ་སྟོན་པ། མུས་ཆེན་ཆོས་རྗེ་ཀུན་དགའ་རྒྱ་མཚོ་གྲིབ་ཚོད་པ་སྟེ། དགེ་འདུན་གྲངས་ཚང་བའི་དབུས་སུ་

བསྙེན་པར་རྫོགས་ནས། ཐུགས་ཞི་བ་དང་། དུལ་བ་དང་། ཉེ་བར་ཞི་བ་ལོ་བརྒྱ་ལོན་པའི་དགེ་སློང་དགྲ་བཅོམ་པའི་སྤྱོད་ལམ་ལྟར་གྱུར་ཅིང་།

རྒྱ་བ་བཞི་ཆང་སོགས་ཉེས་ལྟུང་གི་དྲི་མ་ཕྲ་མོས་ཀྱང་མ་གོས་པར་མཛད་པས། ཚུལ་ཁྲིམས་ཀྱི་དྲི་བསུང་བཟང་པོས་ཁོ་ར་ཁོར་ཡུག་ཁྱབ་པ་ཉིད་དོ། །

འཇམ་མགོན་སངས་རྒྱས་ཕུན་ཚོགས་ལ་ཐོག་མར་བདེ་མཆོག་ལོ་ཧི་པའི་དབང་བསྐུར་ཞུ་བའི་དབང་གྲལ་དུ་རྗེ་འདི་ཞལ་སྐྱུགས་ཤོར་བས། རྗེ་བླ་མའི་ཞལ་ནས་གྲུབ་ཆེན་ལཱུ་ཧིས་རྣམ་ཐར་གྱི་དཔེ་འདྲེན་དང་། དམན་པར་ཆེན་པོ་རེ་བ་བཙུན་པ་ཡིན། ད་རེས་རྟེན་འབྲེལ་ཤིན་ཏུ་ལེགས། མ་འོངས་པ་ན་ཨེ་ཝཾ་པའི་བསྟན་འཛིན་ཞིག་ཡོང་སྲིད་གསུངས་ནས་ལུང་བསྟན་མཛད། གཞན་ཡང་རྗེ་བླ་མ་དེ་ཉིད་ལ་གསུང་ངག་ལམ་འབྲས་སོགས་དབང་། ཁྲིད། ལུང་། མན་ངག་བཅས་མང་དུ་གསན་ནས་བསྙེན་སྒྲུབ་རྡོ་རྗེ་སློབ་དཔོན་གྱི་ལས་རུང་ཙམ་གྲུབ་འཕྲུལ། གླུ་སྡིངས་ཀྱི་བཀའ་དང་ལེན་གྱིས་རྣམ་ལུང་སྔར་དུ་ཕེབས་ཏེ། རྗེ་འདི་ཐུགས་རུས་ཤིན་ཏུ་ཆེ་བས་དེ་ཉིད་དུ་རྒྱུད་ཆུང་བཞི། སྔགས་རྒྱུད། དགོངས་རྒྱན། དགོངས་གསལ་བཅས་ཐུགས་འཛིན་དང་། གཞུང་བདུན་སོགས་བཀའ་དང་བསྟན་བཅོས་རྣམ་ཐར་བཀའ་འབུམ་དཔག་ཏུ་མེད་པ་ཞིབ་གཟིགས་མཛད། མི་ཉག་དགེ་རྒན་རིག་འཛིན་དང་། མཁས་གྲུབ་བསྟན་འཛིན་ལྷུན་གྲུབ་སོགས་ལ་གཏུགས་ཏེ། གཞུང་ལུགས་མང་པོ་ལ་ཐོས་བསམ་གྱིས་སྒྲོ་འདོགས་ལེགས་པར་བཅད། དེ་གར་ལོ་བཞིར་དགེས་པ་རྡོ་རྗེ་ལ་སོགས་པའི་ཡི་དམ་ཆོས་སྐྱོང་དུ་མའི་བསྙེན་སྒྲུབ་ལས་གསུམ་ལ་ཆིག་སྒྲིལ་ཁོ་ན་མཛད་དོ། །

དེའི་ཚེ་སྦྱིན་བདག་རྣམས་ཀྱང་ཤིན་ཏུ་དད། བསྙེན་བཀུར་རྒྱ་ཆེན་པོ་ཞུས། གླུ་སྡིངས་སུ་འབུལ་སྐྱེལ་སྣ་ཕྱིར་ཅི་རིགས་པ་ཕུལ། སླར་ཡང་ཤར་ཆེན་ནས་ཐར་ལམ་སྔར་དུ་ཁྱབ་བདག་བསྟན་འཛིན་ལྷུན་གྲུབ་ཀྱི་གདན་ཚབ་དགོས་ཚུལ་ཕེབས་པ་བཞིན། དེར་བྱོན་པས་དཔོན་སློབ་ཐུགས་ཡིད་གཅིག་ཏུ་འདྲེས་ཏེ། དམ་པ་དེ་ཉིད་ལ་མངའ་བའི་ཟབ་ཆོས་རྣམས་སྣ་ཕྱིར་བུམ་པ་གང་བྱོའི་ཚུལ་གསན། གཞན་ཡང་མཁན་ཆེན་སངས་རྒྱས་ཕུན་ཚོགས། ཤར་ཆེན་སངས་རྒྱས་བསྟན་འཛིན། ཁྱབ་བདག་བསོད་ནམས་དཔལ་ལྡན། བྱམས་པ་བསོད་ནམས་བཟང་པོ། །ཤར་ཆེན་བློ་གྲོས་གྲགས་པ་

སོགས་ཡོངས་འཛིན་དུ་མ་ལ། ཟབ་པ་དང་རྒྱ་ཆེ་བའི་དམ་པའི་ཆོས་མང་དུ་གསན་པའི་ཚུལ་ནི་གསན་ཡིག་ལོགས་སུ་ཤེས་པར་བྱའོ། །གསན་པའི་དམ་ཚིག་དང་སྡོམ་པ་ཐ་དག་ལ་ཉེས་ལྟུང་ཕྲ་མོས་ཀྱང་མ་གོས་པར་སྲུངས་ཤིང་།

བསྒོམ་པས་ཉམས་སུ་མྱོང་བའི་ཚུལ་ནི། ཉིན་ཞག་རེར་ཡང་རྒྱུན་ཆད་མེད་པར། དཔལ་དགེས་པ་རྡོ་རྗེ། རྡོ་རྗེ་རྣལ་འབྱོར་མ། སྒྲོལ་དཀར། མགོན་དཀར། རྡོ་རྗེ་འཇིགས་བྱེད། པིར་སྲུང་ཕྱི་ནང་། ཞལ་གྱི་ཚེ་སྒྲུབ། མགོན་པོ་ཆེ་ཆུང་སོགས་བསྐྱེད་རྫོགས་ཟུང་དུ་འཇུག་པའི་ཏིང་ངེ་འཛིན་གྱིས་དུས་འདའ་བར་མཛད་དོ། །

སྨྲ་ཕྱིར་དགེས་རྡོར་གཞི་བསྙེན་སྦྱིན་སྲེག་བཅས་དང་། ཀུན་རིག །མི་འཁྲུགས་པ། ཚེ་དཔག་མེད། སྒྲོལ་དཀར། མགོན་དཀར། འཇམ་དབྱངས་དམར་སེར། འཇམ་དཔལ་དཀར་པོ། སླ་སེང་། སྤྱན་རས་གཟིགས། འཇིགས་བྱེད་ལས་གཤེད། མགོན་པོ་བྲག་རྫོང་སོགས་ཡི་དམ་མང་པོའི་བསྙེན་སྒྲུབ་མཐར་ཕྱིན་པར་མཛད་པས། དངོས་ཉམས་མཚན་ལམ་བཅས་སུ་ཞལ་གཟིགས་ཤིང་ལུང་བསྟན་པས་རྟགས་དང་རྟེན་འབྲེལ་ཁྱད་པར་དུ་འཕགས་པ་བྱུང་བ་སོགས་ངོ་མཚར་རྣམ་ཐར་མང་དུ་སྣང་བ་རྣམས་ནི་ལོགས་སུ་ཤེས་པར་བྱའོ། །གཞན་ཡང་དོན་གྲུབ་གླིང་དུ་གཙུག་ལག་ཁང་དང་། མགོན་ཁང་གསར་བཞེངས་གནང་། ཐར་ལམ་དུ་མགོན་པོ་དཀར་ནག་གི་སྐུ་བརྙན་ཁྱད་པར་དུ་འཕགས་པ་བཞེངས་པ་དང་། ཐ་དང་ལྡན། འདམ་ཐོག་ཡན་གྱི་དགོན་གནས་རྣམས་སུ་ཟབ་རྒྱས་ཆོས་འཁོར་བསྐོར་བས་སྐལ་ལྡན་གྱི་སློབ་མ་རྣམས་ཚིམ་པར་མཛད་པས་རྒྱལ་བསྟན་ཡར་ངོའི་ཟླ་བ་ལྟར་རྒྱས་པར་གྱུར་ཏོ། །

ཀླུ་ལྡིངས་སུའང་འབུལ་སྐྱེལ་སྨྲ་ཕྱིར་མང་དུ་རྒྱ་ཆེ་བ་ཕུལ་ནས། དགོངས་པ་ཞུས་ཏེ་ཨེ་ཝཾ་གཟིམས་ཕུག་ཁང་དུ་བཤད་སྒྲུབ་ཁྲི་ན་མཛད་ཀྱིན་བཞུགས་པའི་ཚེ། གཞུང་ས། གདན་སའི་བཀའ་ཤོག་བཅས། ངོར་བླ་བྲང་ཁག་གྲྭ་ཚང་ཀུན་གྱིས་གསོལ་བ་བཏབ་སྟེ། བྱམས་པ་བསོད་ནམས་བཟང་པོའི་རྒྱལ་ཚབ་ཏུ། དགུང་ལོ་ང་གཅིག་པ་ཆུ་སྟག་ལོར་ཆོས་ཀྱི་ཁྲི་ཆེན་པོར་བྱོན་ནས། གསུང་ངག་ལམ་འབྲས་གཙོས་རྒྱུད་སྡེ་དུ་མའི་དབང་། ཁྲིད་ལུང་མན་ངག་སོགས་དང་། སོ་སོར་ཐར་པའི་སྡོམ་

པ་སྟུལ་བ་བགྲང་ལས་འདས་པ། དགོན་སྡེ་འདིས་གཙོས་དབུས་གཙང་ཁམས་གསུམ་དུ་སྔ་ཕྱིར་ཟབ་རྒྱས་ཆོས་ཀྱི་དགའ་སྟོན་དཔག་ཏུ་མེད་པ་སྟུལ་བས་གདུལ་བྱ་རྣམས་སྐལ་བ་བཟང་པོར་མཛད་ཅིང་། བསྟན་འཛིན་གྱི་བུ་སློབ་ནི་གཙོ་ཆེར་ཤར་པ་བདག་ཆེན་ཞབས་དྲུང་རིན་ཆེན་མི་འགྱུར་རྒྱལ་མཚན། གླིང་ཁ་བདེ་བ་ཅན་གྱི་མཁན་པོ། ཡར་ལུང་བཀྲ་ཤིས་ཆོས་སྡིངས་ལྷ་རིགས་གནས་སར་དཔོན་རིན་ཆེན། དགེ་སློང་སངས་རྒྱས་དཔལ་བཟང་། རྗེ་རང་གི་སྐུ་དཔོན། ཁང་གསར་དཔོན་པོ་སོགས་སྐྱེས་ཆེན་དུ་མ། ས་སྐྱོང་བསྟན་པ་ཚེ་རིང་ཡབ་སྲས་སོགས་བདག་ཅག་སྐལ་ལྡན་གྱི་སློབ་མ་གྲངས་མེད་པ་ཞིག་བསྐྲུན་པ་མཛད་དོ། །

ལྷ་བྲང་དུའང་རྗེ་གཙལ་ལྷ་ཁང་དུ་ལྀཔེ་རིས་སུ་མདོ་སྡེ་གསེར་འོད་ནས་གསུངས་པའི་ཕྱོགས་བཅུའི་སངས་རྒྱས། བདེ་གཤེགས་མཆེད་བརྒྱད། བྱང་སེམས་ཉེ་བའི་སྲས་བརྒྱད་སོགས་སེམས་དཔའ་དང་སེམས་མའི་ཚོགས། འཕགས་པ་གནས་བརྟན་བཅུ་དྲུག །ཆོས་སྲུང་རྒྱལ་ཆེན་བཞི་སོགས་ངོ་མཚར་བའི་བཀོད་པ་དང་བཅས་བཞེངས་ཏེ། རབ་གནས་བཀྲ་ཤིས་མངའ་གསོལ་རྣམ་པར་དག་པ་སྒྲུབ་པར་མཛད་ཅིང་། མདོར་ན་སྦྱིན་བདག་དང་ཕྲིན་ལས་རྒྱ་ཆེ་བས་དཔལ་འབྱོར་རྣམ་ཐོས་ཀྱི་བུ་ལ་འགྲན་པ་མངའ་ཡང་། ལྷ་བྲང་རྩིས་སྦྲོད་དུས་མི་འབྲལ་བའི་དམ་ཚིག་རྡོ་རྗེ་དྲིལ་བུ། མཆོད་ཞལ། འཕྲལ་གྱི་གསོལ་ཆས་ཀྱི་མཐུན་རྐྱེན་དུ་དངུལ་སྲང་བཅོ་ལྔ། གུར་གུམ་ཐུམ་ཆུང་གཅིག །སྐུ་ལ་གསོལ་བའི་ན་བཟའ་ཙམ་མ་གཏོགས། གཞན་དངོས་རྫས་དར་ཁ་གང་དུ་ལོངས་པ་ཡང་མ་བསྣམས་པར་རྗེ་གོང་མ་རྣམས་ཀྱི་དུས་མཆོད་ཀར་མེར་དམིགས་ནས་ལྷ་བྲང་དུ་སྦྱོར་འཇགས་མཛད་ཅིང་།

སྤྲུལ་ལོར་འཇམ་མགོན་ཚུལ་ཁྲིམས་ལྷུན་གྲུབ་ལ་གདན་ས་རྩིས་འབུལ་གནང་ནས། སྒྲུབ་ཁང་ལྷ་བྲང་དུ་ཆོས་འཁོར་རྩེར་ཟུར་དུ་བཞུགས། ཐུགས་དམ་བཤད་སྒྲུབ་ལ་ཚིག་སྤྲོལ་མཛད་བཞིད་ལ། སྡེ་དགེ་ནས་ས་སྐྱོང་བསྟན་པ་ཚེ་རིང་གིས་སྤྱན་འདྲེན་པའི་ཕོ་ཉ་བྱུང་སྟེ་ནན་ཆེར་གསོལ་བ་བཏབ་པ་དང་། ས་སྐྱ་ནས་ཀྱང་བཀའ་སྟུལ་གནང་བར་བརྟེན། སྤྲེལ་ལོར་ཤར་ཕྱོགས་སུ་ཆིབས་ཁ་བསྒྱུར་ནས་བྱང་ལམ་བརྒྱུད་དེ་ཕེབས་པས། ལམ་བར་རྣམས་སུ་བླ་ཆེན་དཔོན་ཆེན་དགོན་སྡེ་མི་དམངས་སོགས་ཆེས་མང་བས། མཆོད་པའི་ཡོ་བྱད་སྣ་ཚོགས་དང་བཅས་བསུ་བ་སེར་ཕྲེང་དང་འབུལ་ནོད་རྒྱ་ཆེན་པོ་

ཕུལ་ཞིང་རིམ་གྱིས་ལྷུན་གྲུབ་སྟེང་གི་རྒྱལ་ཁབ་དང་ཉུང་དུ་འབྲེལ་བའི་ཆོས་ཁྲིར་ཕེབས། ས་སྐྱོང་དབང་པོས་འབུལ་ཚན་སྟོང་ཕྲག་གིས་གཙོས་མངའ་འོག་ཐམས་ཅད་ཀྱིས་འབུལ་བ་བསྙེན་བཀུར་ཚད་མེད་པ་ཕུལ། རྗེ་ཉིད་ནས་ཀྱང་གདུལ་བྱ་རྣམས་ཀྱི་བློ་དང་འཚམ་པའི་དམ་པའི་ཆོས་ཀྱི་དགའ་སྟོན་སྩལ་ཞིང་།

རྗེ་ཉིད་ཀྱི་ཞལ་ནས་བདག་འཛམ་མགོན་སངས་རྒྱས་ཕུན་ཚོགས་ཀྱི་སློབ་མའི་ཐ་ཆུང་ཙམ་ལགས་པས། རང་རེ་མཆོད་ཡོན་རྣམས་ཀྱང་དམ་པ་དེའི་མཛད་ཕྲིན་གྱི་རྒྱུན་ཅི་ནུས་བསྐྱང་དགོས་གསུངས་པར་བརྟེན། ས་སྐྱོང་ཆེན་པོ་ནས་ཀྱང་བཀའ་བཞིན་སྒྲུབ་པར་ཞལ་གྱིས་བཞེས་ཏེ། གཙུག་ལག་ཁང་གསར་བཞེངས། དགེ་འདུན་གྱི་སྡེ་སྤེལ་བ། རྒྱལ་བའི་སྐུ་བརྙན་གསེར་ཟངས་ལས་གྲུབ་པ་ཁྱད་དུ་མཚར་བ། གསེར་དངུལ་གྱིས་བྲིས་པའི་བཀའ་འགྱུར། བསྟན་འགྱུར་ཡོངས་རྫོགས་ཀྱི་གླེགས་བམ། གསེར་དངུལ་དང་ཙནྡན་སོགས་ལ་མཆོད་རྟེན་མང་པོ། ལྷག་པར་ས་སྐྱ་བཀའ་འབུམ་པུ་སྟི་བཅོ་ལྔའི་པར་གསར་བསྒྲུབ་སོགས་སྐུ་གསུང་ཐུགས་རྟེན་དཔག་ཏུ་མེད་པ་བཞེངས་ཤིང་། གཙང་དབུས་ཁམས་གསུམ་གྱི་གྲུབ་མཐའ་རིས་མེད་པ་ལ་མང་འགྱེད་བསྙེན་བཀུར་ཞུ་བ་དང་། བཀའ་གང་ཁྱབ་ཀྱི་ཁམས་ཕྱོགས་ཐམས་ཅད་དུ། ཟང་ཟིང་གི་གནང་སྦྱིན་བཅས་མཆོད་ཡོན་གཉིས་ཀའི་བཀའ་ཆེ་བཙན་ཀུན་ལ་གནང་སྟེ། དགོན་གནས་ཉམས་དམའ་བ་རྣམས་སྐྱོང་ཞིང་སྤེལ་བ་སོགས།

བསྟན་པ་དར་རྒྱས་སུ་མཛད་ཅིང་། སྐབས་འགར་ཆོས་སྡེ་རྫོང་འགོ་སོ་སོ་ནས་སྤྱན་དྲངས་ཏེ། ཡུལ་དགོན་ཕལ་ཆེར་ཞབས་ཀྱིས་བཅགས་ཤིང་སེར་སྐྱ་རྣམས་ཆོས་ཀྱིས་ཚིམ་པར་མཛད། ཕྱག་ཏུ་ཕོགས་པའི་དངོས་རྫས་རྣམས་ཕལ་ཆེར་ཁམས་ཕྱོགས་ཀྱི་དགོན་སྡེ་རིས་མེད་ལ་བསྙེན་བཀུར་མཛད་ཅིང་། གཙོ་ཆེར་ས་ངོར་ཚེ་གསུམ་སོགས་གཙང་དབུས་ཀྱི་དགོན་སྡེ་ཆེ་ཕྲན་ཀུན་ལ་འབུལ་བ་མང་འགྱེད་སྟ་ཕྱི་གཉིས་ཀྱི་ཕྱི་མར། གཉེར་པ་དམ་ཆོས་བཏང་བ་གནང་ནས། གསེར་ཞོ་སྟོང་ཕྲག་གཅིག་དང་ཉག་མ་སུམ་ཅུ་སོ་གསུམ། དངུལ་སྲང་བརྒྱ་ཕྲག་ཕྱེད་གཉིས། ཇ་འཁོར་དྲུག་ལྔ་བརྒྱ་ལྷག །གོས་བཟང་སྣ་ཚོགས་བསྒྲིགས་པའི་ཕྱེ་ཕུར་ཆེ་བ་ཆ་གཉིས། གོས་ཆེན་ཁྱད་དུ་འཕགས་པའི་

ཟླ་ཕྲེ་བཅུ་ཕྲག་གཉིས། གཞན་ཡང་མཆོད་རྫས་གོས་དར་རས་སོགས་བསམ་གྱིས་མི་ཁྱབ་པ་བཅས་འབུལ་བ་བསྟེན་བཀུར་རྒྱ་ཆེན་པོ་ཕུལ་ཞིང་།

ཨེ་ཝཾ་ བླ་བྲང་གི་ལྷ་ཁང་གསར་པའི་སྟེང་དུ་ཟངས་གསེར་གྱི་རྒྱལ་མཚན་ཆ། གཉྫིར་ཆེ་ལེགས། བླ་བྲང་མཛོད་ནག་དུ་ཨིནྡྲ་ནཱི་ལའི་ཕྲེང་བ་རྒྱན་ལྡན་གཙོས་མཆོད་རྫས་དུ་མ་སྦྱོར་འཛུགས་སོགས་མཛད་པ་རླབས་ཆེན་དང་། གཞན་ཡང་དཔལ་དགེས་པ་རྡོ་རྗེའི་སྒྲུབ་ཐབས་ཀྱི་འགྲེལ་པ་ཟླ་ཟེར་གྱི་པར་གསར་དུ་བཞེངས་པ་དང་། རྒྱལ་བའི་བཀའ་འགྱུར་རོ་འཚལ་པར་བཏབ་ནས་བཞེངས་པ་སོགས་བཤད་སྒྲུབ་ཀྱིས་དུས་འདའི་སྨད་དུ་བྱུང་བའི་མཛད་པ་དཔག་ཏུ་མེད་པས་རྒྱལ་བསྟན་རིན་པོ་ཆེ་ཕྱོགས་ཀུན་ཏུ་དར་ཞིང་རྒྱས་པར་མཛད། དགུང་ལོ་དྲུག་ཅུ་རེ་བརྒྱད་པ་ས་མོ་ལུག་གི་ཟླ་བ་གཉིས་པའི་ཚེས་ཀྱི་ཉིན་ཞིང་གཞན་དུ་གཤེགས་པའི་ཚུལ་བསྟན། གདུང་ཞུགས་འབུལ་རྗེ་ཉིད་ཀྱི་དབོན་འཇམ་དབྱངས་ཆོས་ཀྱི་བླ་མ། རྡོ་རྗེ་འཛིན་པ་བཀྲ་ཤིས་བཟང་པོ། བསྟན་འཛིན་འབྱུང་གནས། ནམ་མཁའ་དཔལ་བཟང་རྣམས་ཀྱིས་མཛད་དེ། གདུང་འབུམ་རིན་པོ་ཆེ་དང་བཞུགས་གནས་ལྷ་ཁང་གསར་བཞེངས། དུས་མཆོད་རྒྱུན་འཛུགས་སོགས་དགོངས་རྫོགས་ཀྱི་རིམ་པ་རྒྱ་ཆེར་སྒྲུབ་པ་དང་། སླར་ཡང་དབོན་འཇམ་དབྱངས་ཆོས་ཀྱི་བླ་མ། མཛོད་དམ་ཆོས་བཅས་གདན་ས་གོང་འོག་ཏུ་བྱོན་ཏེ། འབུལ་ནོད། མང་འགྱེད་བཅས་གྱ་ནོམ་པ་དང་། ལམ་འབྲས་སྐུ་ཁ་བསྐངས་སྐུ་བརྙན་གསེར་ཟངས་ལས་བསྒྲུབ་པ་མདའ་ཚད་ཁྲི་རྒྱབ་ཡོལ་བཅས་ཀྱི་མདུན་དུ་མཆོད་རྫས་ཀྱི་རིགས་དང་། ཟླ་བ་བྱུང་རོ་ཙོག་ཏུ་གཙུག་ལག་ཁང་ལ་དགྲམ་རྒྱུའི་དུས་ཐང་ཐོག་ཚད་མ། དུས་ཇ་གཏན་འཛུགས་སོགས་རྣམ་དཀར་དགེ་རྒྱུན་དཔག་ཏུ་མེད་པ་སྒྲུབ་པར་མཛད། དམ་པ་འདི་ཉིད་སྤྲུ་ཕྱིས་བསྟན་པ་ལ་སྐུ་དྲིན་ཆེ་ངེས་པར་གྱུར། གཞན་ཡང་བསྟན་པའི་འཛིན་སྐྱོང་། འགྲོ་དོན་ཕྲིན་ལས་སྤེལ་བ། ཞབས་བརྟན་སྐུ་རིམ་སྒྲུབ་པ། མུ་ངན་ལས་འདས་ནས་སྐུ་གདུང་གི་བྱ་བའི་སྐབས་སུ་ངོ་མཚར་བའི་རྟགས་སོགས་བསམ་གྱིས་མི་ཁྱབ་པ་བྱུང་ཚུལ་རྣམས་རྗེ་ཉིད་ཀྱི་རྣམ་ཐར་དཔག་བསམ་ལྗོན་པ་ལས་རྟོགས་པས་གཟིགས་འཚལ།། །།

འཇམ་མགོན་ཚུལ་ཁྲིམས་ལྷུན་གྲུབ་ནི། རྒྱ་བོད་ཀྱི་སྐྱེ་བོ་དུམ་འདུ་བའི་ཡུལ་དར་རྩེ་མདོ་ཞེས་པ།

ཡབ་ཡུམ་ལས་འཕྲོ་དང་ལྡན་པ་གཉིས་ཀྱི་སྲས་སུ་དགེ་མཚན་དུ་མ་དང་བཅས་ཏེ། ཨ་ན་ལ་ཞེས་པ་མེ་འབྲུག་ལོར་སྐུ་འཁྲུངས། མཚན་ལུགས་ཐར་ཞེས་གསོལ་ནས་ཡབ་ཡུམ་གཉིས་ཀྱིས་བསྐྱེད་བསྲིང་ནས་ཆ་ཆེར་ཕེབས་པ་དང་། རྫོ་གྲགས་སྣར་དུ་ཕེབས་ནས་དེ་གའི་བླ་མའི་དྲུང་དུ་ཡིག་གློག་རྣམས་བསླབས་པས་དཀའ་ཚེགས་མེད་པར་མཁྱེན། དགུང་ལོ་བཅོ་བརྒྱད་པ་ཆུ་མོ་བྱ་ལ་ཨེ་ཝཾ་དུ་ཕེབས་ཏེ་མཁན་ཆེན་ལྷུན་གྲུབ་དཔལ་ལྡན་གྱིས་མཚན་ཚུལ་ཁྲིམས་ལྷུན་གྲུབ་ཏུ་གསོལ། མུས་པ་ཆོས་རྗེ་ཀུན་དགའ་རྒྱ་མཚོ་སོགས་མཁས་བཙུན་གྱི་སློབ་དཔོན་མང་དུ་བསྟེན་ཏེ་མདོ་སྔགས་ཀྱི་གཞུང་ཆེ་ཆུང་དུ་མའི་སྒྲོ་འདོགས་བཅད། ཐོས་སྦྱོང་གི་སྐབས་སུ་ཉིན་རེར་ཡང་དཔེ་ཤོག་རིང་གྲྭས་ལྔ་དྲུག་རེ་འཛིན་པའི་ཐུགས་ཤེར་འགྲན་ཟླ་བྲལ་བ་ཞིག་ཡིན་པར་གྲགས་ཤིང་། བར་སྐབས་སུ་ལྷ་ས་ཛ་བོ་སོགས་དབུས་ཕྱོགས་ཀྱི་གནས་ཆེན་དུ་མ་ལ་ཞབས་བསྐོར་དང་། གདན་ས་ཆེན་པོ་དཔལ་ལྡན་ས་སྐྱར་མཇལ་ཁ་དང་། རྟེན་གསུམ་རྣམས་ལ་མཆོད་འབུལ་བསྔོ་འགྲོའི་དོན་དུ་སྨོན་ལམ་རྒྱ་ཆེར་སོགས་མཛད་ནས་ཕེབས། བཅུ་དགུ་པ་ཤིང་ཕོ་ཁྲི་ལོར་འཇམ་མགོན་སངས་རྒྱས་ཕུན་ཚོགས་ཀྱིས་མཁན་པོ། ལས་ཀྱི་སློབ་དཔོན་དབུ་མཛད་ཕྲིན་ལས་རྒྱ་མཚོ། གསང་ཏེ་སྟོན་པ་གར་དབང་བསོད་ནམས་ལྷུན་གྲུབ་སྟེ་དགེ་འདུན་གྲངས་ཚང་བའི་དབུས་སུ་བསྙེན་པར་རྫོགས་ཤིང་།

མཁན་ཆེན་དེ་ཉིད་ལས་བྱང་ཆུབ་སེམས་དཔའི་སེམས་བསྐྱེད། གསུང་ངག་ལམ་འབྲས་ཀྱི་གཙོས་དབང་ཁྲིད་ལུང་མན་ངག །ཐེག་པ་ཆེ་ཆུང་གི་གདམས་པ་ཟབ་མོ་མང་དུ་གསན་ཞིང་། གཞན་ཡང་ཤར་པ་ཡེ་ཤེས་བཟང་པོ། བདག་ཆེན་ཀུན་དགའ་བཀྲ་ཤིས། མཁན་ཆེན་བྱམས་པ་ཚུལ་ཁྲིམས་དཔལ་བཟང་པོ། མཚུངས་མེད་བསོད་ནམས་དཔལ་ལྡན་སོགས་དམ་པ་དུ་མའི་ཞབས་པད་བསྟེན་ཏེ་ཟབ་ཅིང་རྒྱ་ཆེ་བའི་དམ་པའི་ཆོས་མང་དུ་གསན་ཞིང་དམ་ཚིག་དང་སྡོམ་པ་རྣམས་གཙེས་པར་སྐྱོང་བའི་སྒོ་ནས། དགེས་པ་རྡོ་རྗེ་སོགས་ཡི་དམ་གྱི་ལྷ་མང་པོའི་བསྙེན་སྒྲུབ་བཅས་མཐར་ཕྱིན་པར་མཛད། དུས་རྒྱུན་དུའང་དགེས་རྡོར། རྣལ་འབྱོར་མ། སྒྲོལ་དཀར་སོགས་ཡི་དམ་གྱི་ལྷ་དུ་མའི་རིམ་གཉིས་ཀྱི་རྣལ་འབྱོར་དང་། ཤེས་རབ་ཀྱི་ཕ་རོལ་ཏུ་ཕྱིན་པ་སྟོང་པ་སོགས་ཆོས་སྤྱོད་གཏོར་མའི་རིམ་པ་ཁོ་ནས་དུས་འདའ་བར་མཛད་དོ། །

སོ་དྲུག་པ་ལྷུགས་ཡོས་ལོར་འཛམ་མགོན་བསོད་ནམས་དཔལ་ལྡན་གྱིས་བཀའ་སྩལ་དང་ལེན་གྱི་སྒོ་ནས། སྟོད་མངའ་རིས་རབ་རྒྱས་གླིང་ཞེས་ཆོས་དཔལ་བཟང་པོས་བཏབ་པ། མཁས་གྲུབ་དུ་མའི་གདན་ས་དེར་ཕེབས་ཏེ་རྟེན་གསུམ་གསར་བཞེངས། ཉམས་གསོས། དགེ་འདུན་གྱི་སྡེ་སྤྱིལ་བ། འཆད་རྩོད་སོགས་ལུགས་གཉིས་ཀྱི་སྒོ་ནས་བསྟན་འགྲོའི་དོན་རྒྱ་ཆེར་མཛད་ཅིང་ཡུན་རིང་དུ་བཞུགས། གདན་ས་འདི་ཉིད་གཙོས་གྲགས་ཆེའི་དགོན་སྡེ་རྣམས་ལ་འབུལ་སྐྱེལ་གྲལ་འགྱེད་སོགས་ལན་གྲངས་མང་དུ་མཛད། ཞེ་དགུ་པ་ཤིང་འབྲུག་ལོར་ཁྲི་ཐོག་པ་བྱམས་པ་བཀྲ་ཤིས་ལྷུན་གྲུབ་ཀྱིས། གཞུང་ས་མཆོད་ཡོན། གདན་ས་གོང་བཅས་ལ་བཀའ་ཤོག་ཞུས་ནས་སྤྱན་འདྲེན་པའི་ཕོ་ཉ་བཏང་སྟེ། སཾ་སྐྲི་ཏར་བི་ཤྭ་བཛྲ་སྟེ་སྣ་ཚོགས་དབྱིག་ཅེས་པ་ཤིང་མོ་སྦྲུལ་ལོར། ཤྲཱི་ཨེ་ཝཾ་ཆོས་ལྡན་གྱི་དགོན་གནས་འདི་ཉིད་དུ་ཕེབས་ནས་འབུལ་བ་གྲལ་འགྱེད་སོགས་རྒྱ་ཆེན་པོར་མཛད། ལོ་དེའི་དབྱུག་པ་ཉའི་ཡར་ཆེས་བརྒྱད་ལ་རྒྱལ་ཚབ་ཏུ་མངའ་གསོལ་ཏེ། གདན་ས་ལོ་ལྔ་གནང་ལམ་འབྲས་ཚར་ལྔ་སོགས་བཤད་སྒྲུབ་ཀྱི་སྒོ་ནས་རྒྱལ་བའི་བསྟན་པ་རིན་པོ་ཆེ་ཉིན་མོ་ལྟར་གསལ་བར་མཛད། བསྟན་འཛིན་གྱི་སློབ་མ་ཡང་ཞབས་དྲུང་ནམ་མཁའ་བསམ་འགྲུབ། ཤར་པ་བདག་ཆེན་རིན་ཆེན་མི་འགྱུར་བསྟན་པའི་རྒྱལ་མཚན། ཁང་གསར་དཔོན་པོ་བསོད་ནམས་ལྷུན་གྲུབ་སོགས་ཡོངས་སུ་གྲགས་པ་དང་མ་གྲགས་པའི་སྐྱེས་ཆེན་བགྲང་ལས་འདས་པ་བསྐྲུན་པར་མཛད་དོ། །

གཞན་ཡང་ལུགས་གཉིས་ཀྱི་སྒོ་ནས་བསྟན་པ་འཛིན་སྐྱོང་སྤེལ་གསུམ་ཁྱད་པར་དུ་འཕགས་པ་མཛད་ཅིང་། བླ་བྲང་དུའང་གཡབ་ཆེན་དུ་སྟོན་པའི་སྐུ་བརྙན་ཟངས་གསེར་ལས་གྲུབ་པ། སྟེང་དུ་གསེར་ཟངས་ལས་གྲུབ་པའི་རྒྱལ་མཚན་ཆ་གཅིག་དང་། ལམ་འབྲས་ལྷ་ཁང་གི་སྟེང་དུ་རྒྱལ་མཚན་ཆེ་ལེགས་ཆ་གཅིག །གཉྫིར་གཅིག་དང་། མདུན་གྱི་བད་རྒྱའི་ངོས་སུ་མཉྫལ་ཨེ་ཝཾ་མ་ཆ་གཅིག །དབང་ཁང་དུ་རྡོ་ཆེན་གསེར་རིས་མ་སྤྲུས་ལེགས་བཅུ་གཅིག །བཀའ་འགྱུར་ལྷ་ཁང་དུ་ཙནྡན་གྱི་སྐུ་སྒྲོམ་གཙང་དུ་མ་བཞུགས་ཁྲི་བཅས་དང་། མཚོད་ནག་དུ་སྤྱན་གཟིགས་སོགས་སྔ་ཕྱིར་རྡོ་ཉིད་ཀྱི་ཕྱག་ཏུ་བྱུང་བའི་དངོས་རྫས་རྣམས་ཕལ་ཆེར་བླ་བྲང་དུ་སྦྱོར་བ་གནང་བ་སོགས་བཀའ་དྲིན་ཁྱད་པར་དུ་འཕགས་པ་ཉིད་དོ། །

དགུང་ལོ་ང་ལྔ་པ་ལྕགས་ཕོ་ཁྱི་ལོའི་ཧོར་ཟླ་གཉིས་པའི་ཚེས་བཅུ་བཞི་ལ་ཞི་བར་གཤེགས་ནས། བྱམས་པ་བསོད་ནམས་བཟང་པོས་སློབ་མ་རྣམས་ལ་ཆོས་འཕྲོ་སྐྱོང་བ་དང་། སྐུ་གདུང་ཞུགས་འབུལ་སོགས་ཀྱང་རྗེ་དེ་ཉིད་དང་ཐར་རྩེ་ནམ་མཁའ་བསམ་འགྲུབ་སྟེ་མཁན་ཆེན་རྣམ་གཉིས་གཙོར་སློས་ཀྱིས་མཛད། དགོངས་རྫོགས་ཀྱི་ལག་ལེན་དོ་དམ་པ་ཞིང་གཤེགས་རང་གི་ཕྱག་མཛོད་དཔོན་པོ་བསྟན་འཛིན་ལྷུན་གྲུབ་རང་ནས་ཐུགས་ཁུར་བཞེས་ཏེ་གདན་ས་ཆེན་པོས་གཙོས་འདི་ཁའི་མཁན་སློབ་དགེ་འདུན་བཅས་ལ་མང་འགྱེད་སོགས་འབུལ་བ་བསྙེན་བཀུར་རྒྱ་ཆེ་བ་དང་། གཞན་ཡང་ལམ་འབྲས་ལྷ་ཁང་དུ་བླ་མ་བརྒྱུད་པའི་ཁ་སྐོང་དུ་རྗེ་ཉིད་ཀྱི་སྐུ་བརྙན་དང་། མཆོད་རྫས་ཁྱད་པར་དུ་འཕགས་པ་དུམ། གཙུག་ལག་ཁང་དུ་དུས་ཐང་ཆེ་ལེགས་བཞེངས་པ། དུས་ཟའི་རྟེན་སོགས་རྗེ་ཉིད་ཀྱི་སྐུ་ཆས་རྣམས་ཕལ་ཆེར་བླ་བྲང་རང་དུ་སྤྱར་བ་དང་། བདག་དཔལ་ཆོས་ནས་ཀྱང་དཀྱིལ་ཧྲ་སྨིག་མཇོ་ཚད་གཉིས་དང་། ཇ་འཁོར་དྲུག་བརྒྱ་ཐམ་པར་སྤྱོར་འཛུགས་ཞུས་ཤིང་། གདན་སར་ཐར་པ་རྩེ་མཚུངས་མེད་ནམ་མཁའ་བསམ་འགྲུབ་པ་སྤྱན་དྲངས་ཏེ། རྩིས་འབུལ་ཡང་དག་པར་ཞུས་པ་སོགས་ཐུགས་ཀྱི་དགོས་པ་ཡོངས་སུ་རྫོགས་པའི་ཐབས་མཆོག་བླ་ན་མེད་པར་བསྒྲུབས་པས་ཞིང་འདིའི་མཛད་པ་རེ་ཞིག་མཐར་ཕྱིན་པ་ཉིད་དོ།། ||

བདག་སོགས་འགྲོ་བ་རྣམས་ཀྱི་སྐྱབས་མགོན་བྱམས་པ་ནམ་མཁའ་བསམ་འགྲུབ་དཔལ་བཟང་པོའམ། མཚན་གཞན་ཀུན་དགའ་མཚན་དཔེས་རྒྱལ་མཚན་དུ་གྲགས་པ་འདི་ཉིད་ནི། ཞབས་དྲུང་ནམ་མཁའ་སངས་རྒྱས། ནམ་མཁའ་རིན་ཆེན། ཞྭ་ལུ་མཁན་ཆེན་ཤེས་རབ་རྒྱ་མཚོ་སོགས་སྐྱེས་ཆེན་དུ་མའི་འཁྲུངས་ཡུལ་ཤབ་སྟོད་རྗེ་ལུང་ཞེས་པར། ཡབ་བྲང་ཏི་པའི་དཔོན་རིགས་ལས་གྱེས་པ་འཇམ་དབྱངས་ཤེས་བྱ་བཟང་པོའི་སྐུ་མཆེད་རྒྱལ་པོ་ལགས་ཞེས་པའི་སྲས་དཔོན་པོ་གཡང་འཛོམ་དུ་གྲགས་པ་དང་། ཡུམ་རྒྱལ་མཁར་རྩེ་པ་ཆོས་རྒྱལ་རབ་བརྟན་ཀུན་བཟང་གི་རིགས་རྒྱུད་ཞལ་དཀར་མས་སངས་སུ་གྲགས་པའི་སྲས་མོ་དཔོན་ས་ཚེ་བཀྲས་ཤེས་གཉིས་ཀྱི་སྲས་སུ། འཛིན་བྱེད་ཅེས་པ་མེ་ཕོ་བྱི་བའི་ལོ་སྟོད་དུ་རེས་གཟའ་ལྷའི་བླ་མས་སྐར་མ་སྨིན་དྲུག་ལ་སྤྱོད་པའི་དུས་ཚེས་བཟང་པོར་སྐུ་འཁྲུངས། མཚན་པདྨ་ཞེས་གསོལ་ནས་ཡབ་ཡུམ་གྱིས་བསྐྱེད་བསྲིངས་ཏེ། དགུང་ལོ་

བཞི་ཙམ་དུ་ཕེབས་དུས་ཁྲུ་བོ་ཤེས་བྱ་བཟང་པོ་ཨེ་ཝཾ་བླ་བྲང་གདན་ས་གནང་སྐབས། ཆབ་ཚན་ལ་ཆིབས་སྒྱུར་གནང་བ་དང་ཞལ་མཇལ་ཏེ་ཕྱག་དབང་དང་བྱིན་རླབས་སློན་ལམ་རྒྱ་ཆེར་སྩལ། སྐུ་ཆུང་དུ་ནས་སྔོན་གོམས་བག་ཆགས་བཟང་པ་སད་པས་ཆོས་ལ་འདུན་ཞིང་། བཙུན་པ་ཞིག་ལ་སློམ་པ་ཀྱུ་འདོད་ལྟར་གདུངས་ཀྱང་ཡབ་ཡུམ་ནས་ལོ་བཅུ་གསུམ་ལ་ཁྲུ་བོ་རྣམས་ཆོས་ལ་ཕེབས་པའི་འཕྲོད་ལམ་ཡིན་ཟེར་ནས་མ་གནང་། བཅུ་གཉིས་ཀྱི་བར་ཁྱིམ་དུ་བཞུགས་དགུང་ལོ་བཅུ་གསུམ་པ་ས་ཕོ་བྱི་ལོ་ཧོར་ཟླ་ལྔ་པའི་ཚེས་ལྔ་གཟའ་སྐར་འཕྲོད་སྦྱོར་ལེགས་འཛོམ་གྱི་ཉིན་ཨེ་ཝཾ་ཆོས་ལྡན་དུ་ཕེབས། དགོན་པ་གཟིགས་པ་ཙམ་གྱིས་བཙོས་མིན་གྱི་དད་པ་ཐུགས་རྒྱུད་ལས་འཁྲུངས་པས་ཕྱག་མང་དུ་ཕུལ་ནས་དགོན་ནང་དུ་ཕེབས། དེ་སྐབས་སུ་ཞྭ་ལུ་མཁན་ཆེན་ཤེས་རབ་རྒྱ་མཚོ་དང་། ཤེས་བྱ་བཟང་པོ་རྣམ་གཉིས་ནི་ཞིང་དུ་གཤེགས།

གཞན་ལེགས་སྟོན་ཉེས་སྤང་སློབ་པའི་གཤེས་གཉེན་རེ་ཞིག་བར་མ་བྱུང་ཡང་། དམ་པ་འདི་ཉིད་སྔོན་གོམས་ཀྱི་ལས་འཕྲོ་སད་པས་ཆོས་རྣམས་རང་གྲོལ་དུ་མཁྱེན་པར་འགྱུར་མོད། འོན་ཀྱང་མཁས་བཙུན་རྡོ་རྗེ་བསྟན་འཛིན་སོགས་བཤེས་གཉེན་འགའ་ཞིག་བསྟེན་ཚུལ་གྱི་ཡིག་ཀློག་ནས་བཙམས་ཏེ་འདོན་སྐྲིག་ཀུན་སྤྱོད་ཐེག་པ་ཆེ་ཆུང་གི་གཞུང་ལུགས་ལག་ལེན་ཕྲ་མོ་ཚུན་སྣ་ཕྱིར་ཅི་རིགས་པ་བསླབ་སྦྱངས་གནང་བའི་ཚུལ་བསྟན་པས་མཁས་པ་ཆེན་པོར་གྱུར་ཏོ། །

དགུང་ལོ་བཅུ་བཞི་པ་མེ་གླང་ལོར་བྱམས་པ་ཚུལ་ཁྲིམས་དཔལ་བཟང་པོས་མཁན་པོ་དང་། མཚུངས་མེད་བསོད་ནམས་དཔལ་ལྡན་ལས་སློབ། གསང་ཏེ་སྟོན་པ་བསྟན་འཛིན་ལྷུན་གྲུབ་དཔལ་བཟང་པོ། དུས་བགོ་བཤེས་གཉེན་རྡོ་རྗེ་བསྟན་འཛིན་བཅས་དགེ་འདུན་གྲངས་ཚང་བའི་དབུས་སུ་རབ་ཏུ་བྱུང་སྟེ་མཚན་ནམ་མཁའ་བསམ་འགྲུབ་དཔལ་བཟང་པོར་གསོལ། ལོ་རེ་ཞིག་གི་བར་ཨེ་ཝཾ་པའི་ཚོགས་འདོན་ཆོས་སྤྱོད་ཆོ་ག་རྣམས་དང་། བྲིས་ཐིག་དབྱངས་རོལ་སོགས་སློབ་གཉེར་གནང་ཞིང་གཙུག་ལག་ཁང་དུ་སྒྲིག་རྒྱུག་ཀྱང་མཛད། དགུང་ལོ་བཅུ་དགུ་པར་ཤར་ཆེན་བློ་གྲོས་གྲགས་པས་མཁན་པོ། མཚུངས་མེད་བསྟན་འཛིན་ལྷུན་གྲུབ་པས་ལས་སློབ། སློ་ལུང་མཁན་ཆེན་རྡོ་རྗེ་བརྟན་པས་གསངས་ཏེ་སྟོན་པ། བྱམས་པ་བསོད་ནམས་བཟང་པོས་དུས་བགོ་བ་སྟེ་དགེ་འདུན་

གྲངས་ཚང་བའི་དབུས་སུ་བསྐྱིན་པར་རྫོགས་ཤིང་། བསླབ་གསུམ་ཁྲིམས་ཀྱིས་མཛེས་པའི་བསྟན་པའི་རྒྱལ་མཚན་དུ་གྱུར་ཏོ། །

ཁྱད་པར་རྡོ་རྗེ་འཆང་བསོད་ནམས་དཔལ་ལྡན་པའི་དྲུང་དུ། རྣལ་འབྱོར་དབང་ཕྱུག་བིར་ཝ་པའི་བཞེད་སྲོལ་གསུང་ངག་རིན་པོ་ཆེ་ལམ་འབྲས་བུ་དང་བཅས་པའི་ཁྲིད། ཀྱེ་ལམ་གྱི་དབང་། བྱིན་རླབས་རྒྱབ་ཆོས་ལུང་ཕལ་ཆེར་ཡོངས་རྫོགས་བཅས་ཤིན་ཏུ་ཟབ་རྒྱས་དང་། སྒྲུབ་ཐབས་བརྒྱ་རྩ། རྗེ་དཀོན་མཆོག་ལྷུན་གྲུབ་ཀྱི་བཀའ་འབུམ་སོགས་དབང་ལུང་མན་ངག་མང་དུ་གསན། གཞན་ཡང་ཁྱབ་བདག་བླ་མ་བསྟན་འཛིན་ལྷུན་གྲུབ་དཔལ་བཟང་པོ། མཁན་ཆེན་བསོད་ནམས་བཟང་པོ། སྤྱི་ལུང་བསོད་ནམས་ཆོས་འཕེལ། སྨྲས་པའི་རྣལ་འབྱོར་རྒྱ་རིང་པ་སངས་རྒྱས་བསྟན་པ་སོགས་དམ་པ་མང་པོ་བསྟེན་ནས་དམ་པའི་ཆོས་མང་པོ་གསན་པའི་ཚུལ་ནི་གསན་ཡིག་ལོགས་སུ་ཤེས་པར་བྱའོ། །

དེ་སྐབས་ཤིག་ན་མདོ་ཁམས་ཐང་སྐྱ་ཞེས་པར་མར་མེ་དུས་རྟེན་འབུལ་སྤྱད་ལ་ཕེབས་དགོངས་ཡོད་ཀྱང་། ཞབས་དྲུང་ནམ་མཁའ་རྒྱལ་མཚན་ཞི་བར་གཤེགས་པར་བརྟེན། ཕྱག་མཛོད་སྟོང་བཟང་བས་གཙོས་གྲྭ་ཚང་རྣམས་ཀྱིས་གསོལ་བ་བཏབ་ནས་ཐར་རྩེའི་གདན་སར་མངའ་གསོལ་ཏེ། རྗེ་ཉིད་ཀྱིས་ཁྱད་པར་དུ་འཕགས་པའི་མཛད་པས་གདན་ས་སྐྱོང་ཞིང་ཐོས་བསམ་ཀྱང་ཕུལ་དུ་བྱུང་བ་གནང་ནས། བསྒོམ་པས་ཉམས་སུ་མྱོང་བའི་ཚུལ་ནི། དུས་རྒྱུན་དུ་དཔལ་ཀྱེ་རྡོ་རྗེ། རྡོ་རྗེ་རྣལ་འབྱོར་མ། བིར་སྲུང་། ལམ་ཟབ་ཕྱི་ནང་། སྒྲོལ་དཀར། མགོན་དཀར། ཁྲོ་བཅུ་སོགས་ཡི་དམ་ཆོས་སྐྱོང་མང་པོའི་བསྐྱེད་རྫོགས་བཟླས་བསྒོམ་མཆོད་གཏོར་སོགས་ལ་བརྩོན་ཞིང་། ཁྱད་པར་དགེས་རྡོར་བཞི་ཡི་བསྙེན་པ། ཀུན་རིག །འཇིགས་བྱེད། སྒྲོལ་དཀར། ཚེ་དཔག་མེད། གུར་གྱི་མགོན་པོ་སོགས་ཡི་དམ་ཆོས་སྐྱོང་དུ་མའི་བསྙེན་སྒྲུབ་བཅུ་ཚའི་སྦྱིན་སྲེག་བཅས་མཐར་ཕྱིན་པར་སོགས་བཤད་སྒྲུབ་ཁོ་ནས་དུས་འདའ་བར་མཛད་དེ། བར་སྐབས་སུ་གདན་ས་ཆེན་པོ་སོགས་གཙང་དབུས་ཀྱི་གནས་གཟིགས་ཕལ་ཆེར་དང་མཆོད་འབུལ་སྨོན་ལམ་སོགས་རྒྱ་ཆེར་མཛད་ཅིང་སྤྱི་ལུང་དུ་མང་ཐོས་བསོད་ནམས་ཆོས་འཕེལ་མཇལ་དུ་ཕེབས་པའི་ཚེ། རྗེ་དེ་ཉིད་གཟིམས་ཁང་གི་སྒོར་སྤྲོས་སྣ་མཇལ་དང་བཅས་བསུ་བ་དང་བཀུར་སྟི་དཔག་མེད་མཛད། ཚེ་དབང་ཞིག་ཞུས་པས་ཚེ་བུམ་ལ

བདུད་རྩི་བབས་པ་སོགས་སྐུ་ཆེ་དང་བསོད་ནམས་རྒྱས་པའི་རྟེན་འབྲེལ་ཤིན་ཏུ་ལེགས་པར་བྱུང་ངོ་། །

སླར་གནས་ས་ཐར་པ་རྩེ་ར་ཕེབས་ཏེ་ལུགས་གཉིས་ཀྱི་སྒོ་ནས་འཛིན་སྐྱོང་དང་བཤད་སྒྲུབ་སྤྱེལ་མས་མཛད་ཕྲིན་བཟང་པོ་གོང་འཕེལ་དུ་བཞུགས་སྐབས། ས་མོ་བྱ་ལོར་ཁྲི་ཐོག་པ་མཁན་ཆེན་ཚུལ་ཁྲིམས་ལྷུན་གྲུབ་ཞིང་ལ་ཕེབས་ཏེ། བླ་བྲང་ཁག་དང་གྲྭ་ཚང་རྣམས་ཀྱིས་གསོལ་བ་ནན་ཆེར་བཏབ་ཅིང་། གཙོ་ཆེར་ས་སྐྱོང་མི་དབང་ཆེན་པོ་གདན་ས་གོང་སོགས་ཀྱི་བཀའ་ཕེབས་པ་དང་བཅས། བསྟན་དོན་ཐུགས་ལ་བཅངས་པའི་སྒོ་ནས་ལྕགས་ཕོ་ཁྱི་ལོ་ཧོར་ཟླ་བཅུ་གཉིས་པའི་ཚེས་བཅོ་ལྔའི་ཉིན། རྡོ་རྗེ་འཆང་ཆེན་པོའི་ཆོས་ཀྱི་ཁྲི་ག་ལ་བ་དེར་མངའ་གསོལ་ཞིང་གོང་ས་ཡན་ཕྱིན་ཀྱི་སྐུ་ཚབ་རྣམས་དང་བླ་བྲང་ཁག་འདུས་ཚོགས་བཅས་ཀུན་གྱིས་བཀྲ་ཤིས་དགའ་སྟོན་རྒྱ་ཆེན་པོ་ཕུལ། རིམ་གྱིས་ལམ་འབྲས་བུ་དང་བཅས་པའི་གདམས་པ་ཟབ་ཁྲིད་སྨིན་རྒྱས་སྤུ་ཕྱིར་ཚར་གསུམ། སོ་སོ་ཐར་པའི་སྡོམ་པ་དགེ་བསྙེན་དགེ་ཚུལ་དགེ་སློང་རིམ་ཅན་དུ་སྩལ་བ་བགྲང་ལས་འདས་པ་དང་། བྱང་ཆུབ་སེམས་དཔའི་སེམས་བསྐྱེད་ཀྱང་དུ་མ་སྩལ་ཞིང་སྟོན་དུ་ཐར་རྩེར་བཞུགས་སྐབས་རྡོ་རྗེ་ཕྲེང་བའི་དབང་བསྐུར་ཚར་གཉིས་དང་། ངན་སོང་སྦྱོང་རྒྱུད་བཅུ་གཉིས་ཀྱི་དབང་ལུང་གྲངས་དུ་མ། གཞན་ཡང་སྤུ་ཕྱིར་རྡོ་རྗེ་ཐེག་པའི་དཀྱིལ་འཁོར་མང་པོའི་དབང་བསྐུར་སྒྲུབ་ཐབས་བརྒྱ་རྩ་རྒྱ་མཚོ་སོགས་རྗེས་གནང་དཔག་མེད། གྲོལ་ལམ་ཁྲིད་མན་ངག་གི་གནད། ཐེག་པ་ཆེ་ཆུང་གི་ཕྱག་ཁྲིད་ལུང་སོགས་ཟབ་ཆོས་དཔག་ཏུ་མེད་པས་སྐལ་ལྡན་གྱི་གདུལ་བྱ་རྣམས་ཚིམ་པར་མཛད་ཅིང་།

དེའི་ཚེ་བསྟན་འཛིན་གྱི་སློབ་མ་ཡང་གཙོ་བོར་སྨོས་ན། གངས་ཅན་གྱི་མགོན་པོ་དཔལ་ས་སྐྱ་པ་སྔགས་འཆང་བསོད་ནམས་རིན་ཆེན་ཡབ་སྲས། ཞབས་དྲུང་གླུ་སྡིངས་པ་རིན་ཆེན་མི་འགྱུར་རྒྱལ་མཚན། ཁང་གསར་དབོན་རིན་པོ་ཆེ་བསོད་ནམས་ལྷུན་གྲུབ། རྗེ་རང་གི་སྐུ་དབོན། བྱམས་པ་བཀྲ་ཤིས་ལྷུན་གྲུབ་ཀྱི་སྐུ་དབོན་སངས་རྒྱས་ཡེ་ཤེས་སོགས་མཁས་བཙུན་བཟང་གསུམ་དུ་མ་དང་། བདག་དཔལ་ཆོས་ཁྱུ་དབོན་སོགས་ཡོངས་སུ་གྲགས་པ་དང་མ་གྲགས་པའི་ཐོས་བསམ་གྱིས་ཕྱུག་པའི་དད་ལྡན་གྱི་སློབ་མ་བགྲང་བ་ལས་འདས་སོ། །གཞན་ཡང་ཨེ་ཝྃ་པའི་བསྟན་པ་སྤྱི་སྒེར་ལུགས་གཉིས་ཀྱིས་འཛིན་སྐྱོང་སྤེལ་གསུམ་འགྲན་ཟླ་དང་བྲལ་བ་མཛད་ཅིང་། བླ་བྲང་དུ་སྦྱོར་འཛུགས་མང་

པོ་གནང་ཞིང་ཁྱད་པར་ཆོས་དུང་རིན་པོ་ཆེས་དཀྱིལ་གཡོག་གསར་བསྒྲོན་ལ་ཕྲ་རྒྱན་ངོ་མཚར་བ། གཙུག་ལག་ཁང་གི་དགེ་འདུན་གྱི་གསོལ་ཇའི་སྣོད་དུ་འགྲིམ་རྒྱུའི་ཟངས་ལྷིབ་སྤུས་ལེགས་ཆ་དྲུག ། མཛོད་ནག་ཏུ་སྤྱན་གཟིགས་དུ་མ། གཟིམས་ཆུང་དུ་སྣམ་གསེར་རིས་མ་སྤུས་ལེགས་ཆ་གསུམ་ཁྲི་དང་བཅས་པ། ལྷག་པར་ས་སྐྱོང་མི་ཡི་དབང་པོའི་ཞབས་དྲུང་ནས་གཏན་ཚིགས་རིན་པོ་ཆེ་ཐུགས་སྨོལ་གནང་བ་འདི་ཁོ་ནའང་བླ་བྲང་རིམ་བྱོན་རྣམས་ལ་བཀའ་དྲིན་གཞལ་དུ་མ་མཆིས་པ་བཅས་བསྟན་སྤྱི་ལ་ཐུགས་རྗེ་ཤིན་ཏུ་ཆེ་བར་བཞུགས་ཀྱང་། ཐར་རྩེའི་གདན་སར་འཛིན་སྐྱོང་རྒྱ་ཆེ་བར་བརྟེན་གཞུང་ས་སོགས་སུ་དགོངས་ཁྲོལ་ཞུས་ནས་བླ་བྲང་གི་གདན་ཚབ་དཔལ་ཆོས་ཀྱིས་ཞབས་འགྱུར་ཞུས་ཤིང་། ཚུལ་གླང་ཟླ་བ་བརྒྱད་པའི་ཚེས་བརྒྱད་གཟའ་སྐར་བཟང་པོ་འཛོམ་པར་དཔོན་སློབ་རྣམས་བཀྲ་ཤིས་པའི་དགའ་སྟོན་དང་བཅས་ཏེ།

ཐར་རྩེར་ཟུར་བཞུགས་མཛད་པའི་ཕེབས་འཕྲལ་རྒྱལ་བའི་བཀའ་བསྟན་བཅོས་འགྱུར་རོ་འཚལ་ཚང་མ་ཕྱག་ཏུ་འབྱོར་བ་སོགས་སྐུ་བསོད་རྨད་དུ་བྱུང་ཞིང་གླེགས་ཤིང་གདོང་དར་བཞུགས་ཁང་ཀུན་དགའ་ར་བ་སོགས་ཁྱད་དུ་འཕགས་པའི་བཀུར་སྟི་བཅས་མདོར་ན་མཛད་པ་དང་འཕྲིན་ལས་བཟང་པོ་བསྟན་འགྲོའི་དོན་ལ་གཡེལ་མེད་དུ་ཡུན་རིང་བཞུགས་པ་མཛད་ཅིང་སྐུ་ཚེའི་སྨད་ མཇུ་ངན་ལས་མ་འདའི་གོང་ལོ་བཞི་ལྔ་ཙམ་ནས་མཆོག་དམན་གང་ལའང་རྟག་པ་མི་འདུག་ཅིང་། དུས་སྙིགས་མར་སོང་བའི་ཆོས་དང་འཇིག་རྟེན་གྱི་བྱ་བྱེད་སོགས་དང་། ཉེ་བར་གདན་ས་འདི་སྐོར་གྱི་སྒྲིག་ལམ་ཀུན་སྤྱོད་ཐམས་ཅད་འགྱུར་ཞིང་སྔར་ཤུལ་མི་གནས་པ་དང་། དགེ་འདུན་རྣམས་ཀྱང་ཐུགས་སྤྱོད་འཚུབས་ལ། དམ་ཚིག་གཅེས་སྤྲས་ཆུང་བ་འདི་རྣམས་སེམས་སྐྱོ་ཤས་ཤིན་ཏུ་ཆེ་བར་འདུག་གསུངས། སྐུ་དཔོན་བགྲེས་གཞོན་གཉིས་དང་རྗེས་སློབ་རྣམས་ལ་ཞལ་ཆེམས་ལྷ་བུའི་གསུང་རིགས་ཁོ་ནར་མཛད་ཅིང་།

ཆོས་དང་འཇིག་རྟེན་གྱི་བྱ་བཞག་དང་། ཐེ་ཚོམ་གཅོད་དགོས་རིགས་ང་ལ་དྲིས་དང་སྐྱོན་མེད་གསུངས་ཤིང་། སྐབས་འགར་ས་སྐྱའི་གདུང་བརྒྱུད་སྐུ་མཆེད་འདི་རྣམས་ལ་ལམ་འབྲས་སོགས་དབང་ལུང་འགའ་ཞིག་ད་དུང་དབུལ་དགོས་བཀའ་ཡང་ཡང་ཕེབས་རྒྱུང་བགྲང་བྱའི་སྐབས་དགོངས

བཞེད་ལྟར་འབུལ་མི་ཐུབ་འདུག་པའི་སེམས་ལས་ཆེ། གང་ལྟར་ས་སྐྱར་མཇལ་ཕྱག་ལ་མ་བཅར་ན་ཐབས་མི་འདུག་གསུང་ཞིང་། ཕྱུགས་ལུག་ཟླ་ཚེས་ལ་ས་སྐྱར་ཕེབས། གོང་མ་རིན་པོ་ཆེ་བདག་ཆེན་དགེས་རྡོར་གྱི་ལྷུགས་བསྙེན་གྲོལ་བ་དང་འགྲིགས་པས་ཐུགས་དགེས་པར་མཛད། བླ་མ་ཡི་དམ་དབྱེར་མེད་དུ་སྒྲུབ་པ་འདི་འགྲུབ་པར་རང་ཡིན་རྟེན་འབྲེལ་ཤིན་ཏུ་ལེགས་གསུང་། རིག་འཛིན་པོ་བྲང་དུ་སྐུ་ཚེ་ཚེ་སྒྲུབ་ཀྱི་བཅད་རྒྱ་ཟླ་བ་གསུམ་ལྷག་ཙམ་གནང་། མཚམས་བར་རྣམས་སུ་གོང་མ་སྐུ་མཆེད་ལ། གདུགས་དཀར་གྱི་རྗེས་གནང་དང་བྱད་འགྲོལ་སོགས་དབང་ལུང་འགའ་ཞིག་ཕུལ་བ་རྣམས་གསང་བ་ལྟར་མཛད། སླར་ཡང་ཨེ་ཝཾ་དུ་ཕེབས། ཆུ་བྱི་ལོར་ས་སྐྱ་བདག་མོ་ཕེབས་པའི་ལེགས་འབུལ་སོགས་གང་སྤྱིར་ས་སྐྱ་ལ་ཅིས་ཀྱང་འགྲོ་དགོས་གསུངས་ས་སྐྱར་ཕེབས་ཏེ། མཇལ་འཕྲད་གསུང་མོལ་ཤིན་ཏུ་ཐུགས་ཡིད་ཚིམ་པར་མཛད། རྟེན་འབྲེལ་ཆེ་བ་རྣམས་ལ་གསེར་ཆབ། བརྒྱ་མཆོད་རྒྱས་པར་ཕུལ། བསྟན་པ་རྒྱས་པའི་སྨོན་ལམ་ཡང་དག་པར་གནང་། སྒོ་རུམ་གྱི་གཙོས་མགོན་ཁང་སོ་སོར་ཕེབས་ཏེ། བསྐང་གསོ་ཕྲིན་བཅོལ་རྒྱས་པར་མཛད། གོང་མའི་ཞབས་བརྟན་ཚེ་སྒྲུབ། བྲག་རྫོང་མའི་སྲུང་བཟློག་སོགས་བཅད་རྒྱར་རིག་འཛིན་པོ་བྲང་དུ་ཟླ་བ་དགུའི་བར་ལ་བཞུགས།

དེ་སྐབས་ནས་སྐུ་ཁྲག་དང་སྐུ་བད་ལ་བརྟེན་པའི་སྙུན་གཉིས་འགྲིབ་ཚབས་ཆེ་ཞིང་སྐུ་གཟུགས་འང་བབ་ལྷི་བ་བཅས་ཡང་ཡང་བགྲོད་དཀའ་བའི་ད་འཆི་བ་ནམ་བྱུང་གི་བར་སྒྲུབ་པ་དང་ཁ་དོན་ཁོ་ནར་དབེན་པ་འདི་སྐོར་ཞིག་ལ་བཞུགས་དགོས་གསུངས་ཀྱང་། ངོར་ནས་སྐུ་དཔོན་རྣམས་ཀྱིས་ཕེབས་བསྐུལ་ནན་ཆེར་ཕུལ་བར་གསན་ཏེ་ཕེབས་པའི་ཞལ་བཞེས་གནང་། གོང་མ་སྐུ་མཆེད། ཡུམ་རྗེ་བཙུན་ཕྱག་མཛོད་རྣམས་ལ་སོ་སོར་བསྟན་སྤྱིའི་བྱ་གཞག་དང་། དུས་དང་གནས་སྐབས་འདི་དག་བསྟུན་པའི་མཛད་ཁྲབ་ཐུགས་བསྐྱེད་བརྩེ་བཞེས་དགོས་ཚུལ་དང་། འདས་མ་འོངས་སོགས་ཀྱི་ཞལ་ཆེམས་ལྟ་བུའི་གསུང་གླེང་མང་དུ་གནང་། ད་ནི་རྒན་པོའི་ཚེ་འདིར་མཇལ་ཐུབ་པ་ནི་མི་འོང་གསུངས། ཡུམ་དང་རྗེ་བཙུན་རྣམས་སྤྱན་ཆབ་ཉིལ་བར་མཛད་ཅིང་ཐུགས་ཤིན་ཏུ་བྲེང་པས་དཔོན་སློབ་འབྲལ་མི་ཕོད་པ་ཙམ་མཛད། ཟླ་༡༠ཚེས་ལ་ངོར་དུ་ཕེབས་ཏེ། ད་ས་སྐྱའི་ཕྱོགས་ཀྱི་བྲེལ་བ་

ཚོད་པ་ཡིན་བློ་བདེ། ན་སོ་རྒས་མིག་མི་གསལ་ཀྱང་བསྟན་པའི་བྱ་བ་བྱས་ཟིན་པ་ཡིན། ཁྱེད་རང་རྗེས་འཛིན་རྣམས་སློབ་གཉེར་སོགས་ལ་ཧུར་བསྐྱེད་དང་གདན་ས་འགན་ཁུར་གྱིས་གསུངས་ཏེ་ཐུགས་དམ་ཁོ་ན་བཞུགས།

ཤིང་ཁྱི་ནས་བཟུང་སྤྱན་གཉིས་བསྡུང་བབ་ཁོ་ནས་སྐུ་གཟུགས་ཅུང་ཟད་བབ་ལྷི་བར་གྱུར། དེ་སྐབས་བདག་དཔལ་ལྡན་ཆོས་སྐྱོང་གི་གཙོས་མདོ་ཁམས་ནས་འགྱུར་བའི་སྐལ་ལྡན་དད་ཅན་ཕལ་ཆེར་ལ་ཞལ་མཇལ་གསུང་སྒྲོས་མཛད། དཔལ་ས་སྐྱ་པ་དང་རྗེ་དབོན་རྣམས་ནས་ཞབས་བརྟན་རྒྱས་པར་བསྒྲུབས། ཟླ་༧ ༢ཚེས་༢ཉིན་ཉི་མ་རྩེ་ཤར་ནས་ཤར་གྱི་ཉི་གཟིགས་ཀྱི་ནམ་མཁའ་དཀར་སང་འགྲོ་ཁྲུས་ཤིག་བྱེད་པ་ཡིན་ཁམས་དངས་པར་འོང་གསུངས་ཏེ་ཁྲུས་མཛད་ཐུགས་སྤྲོ་བའི་ཚུལ་གྱིས་བཞུགས་ཏེ་དེའི་ཉིན་མདུན་ཐད་ཀྱི་ཉིན་ནམ་མཁའ་གཞའ་སྤྲིན་གྱིས་ཁེངས་པ་དང་ལྷག་པར་ཤར་ཕྱོགས་ནས་འཇའ་སྤྲིན་ཀུ་ཤའི་རྒྱན་པོ་འདྲ་བ་ཞིག་ཤར་གྱིས་དཔྱངས་འདུག་སྐབས་སྤྱན་ནམ་མཁའ་གཅེར་གྱིས་གཟིགས་ནས་ཕྱག་ཐལ་མོ་མཛད་སྤྱན་ཆབ་བསིལ་ཞིང་། རྒྱལ་བ་རྡོ་རྗེ་འཆང་ཀུན་དགའ་བཟང་པོ། གུ་རུ་གཙོ་འཁོར་དང་། རྒྱལ་བ་བྱམས་པ་རྣམས་ཕེབས་འདུག །སྨོས་སྨོར་མཆོད་པ་ཕུལ་གསུངས་ད་དུང་ནམ་མཁར་གཟིགས་ཏེ་ཞལ་འཛུམ་འཛུམ་པ་མཛད་པ་སྐུ་མདུན་དུ་སྡོད་མི་རྣམས་ཀྱི་དངོས་མཐོང་ཡིན་འདུག་ཅིང་། རིམ་གྱིས་གཟིམས་མལ་དུ་ཕེབས་ཞག་བཞིའི་བར་རགས་པའི་གསོལ་ཟས་སྤྱངས་ཏེ་ཐུགས་དམ་ཁོ་ན་རང་དུ་བཞུགས།

རྗེས་སྒྲུབ་དང་སྐུ་ཕུར་སྦྱང་སོགས་ཀྱི་ཞལ་ཏ་ཞིབ་པར་མཛད། ཆོས་བཅུ་གཉིས་ཀྱི་སྔ་དྲོ་གདོང་སྤྲས་བླ་མ་སྐུ་སྐྱེ་ཕེབས་ཡོད་ན་མྱུར་དུ་ཐོངས། ངེད་རིང་ལས་སྡོད་བདོག་མི་འདུག །གཟའ་སྐར་དེ་འབྲིང་ཙམ་ཞིག་ལ་ཁེལ་བ་ཡོད་པ་ཁྱེད་རང་ཚོ་ཅུང་བསོད་ནམས་ཁེལ་བ་ཡིན་ནམ་གསུངས། སྐུ་སྐྱེ་ལ་ཕྱག་དབང་མཛད་ཁྱེད་དམ་ཚིག་མ་ལོག་པ་ཡིན་གསུངས་བཀའ་འདྲི་ཅུང་ཟད་གནང་། སྐུ་དབོན་རྣམ་གཉིས་ལ་སྤྱན་གཟིགས་ཤིང་ཞོག་གསུངས་པའི་ཕྱག་བཟ་གནང་སྟེ་ཕྱག་ལ་འཛུས་དབུ་གུག་གུག་ཐུགས་དགོངས་འདྲ་བ་རེ་མཛད་ནས། རིམ་གྱིས་ལྷགས་དབུགས་དྲག་པོ་མ་ཡིན་པའི་དལ་བུའི་ནར་ནར་ཕྱུང་དེ་འཕྲུལ་ཕྱག་མཉམ་བཞག་མཛད། དབུ་གཡོན་དུ་ཕྱོགས་སུ་ཅུང་ཞིག་ཡོན་

ཙམ། ཞབས་གཉིས་རྒྱལ་པོ་རོལ་པའི་སྟབས་ཀྱིས་ཅོག་པུར་བཞུགས་ཏེ་ནམ་གྱི་ཐུན་བར་མར་གཟུགས་སྐུ་ཆོས་དབྱིངས་སུ་ཐིམ། ཤངས་གཡོན་ནས་བྱང་སེམས་དཀར་པོ་ཞིག་འཛག་ཅིང་དབུ་གཙུགས་ནས་ཟིལ་པ་ཕྲོམ་མེར་སྐུ་གཟུགས་དྲང་ཐལ་ཏེ་སོང་ནས་ཞག་གསུམ་སོང་བ་དང་དབུ་ཚུང་གུག་ཙམ་ལས་གདུང་ཆེར་ཡོ་བ་སོགས་མི་འདུག །གཤེགས་པ་དེ་ནུབ་ནས་བཟུང་ཀྱི་རྟོར་སྒྲུབ་མཆོད་ལམ་ཟབ་བླ་མཆོད་སོགས་རྒྱུན་ལྡན་དང་། གདན་ས་ཆེ་ལའང་བསྔོ་སྨྲེང་ཞུ་རྟེན་དང་གནས་རྩལ་སོགས་ཕུལ་བར། འཇམ་དབྱངས་མཁྱེན་ནས་ཀྱང་དགོངས་པ་རྫོགས་པའི་ཐུགས་བསྐྱེད་བླ་མེད་གནང་ཞིང་། དམ་པ་དེ་ཉིད་ཀྱི་ཞལ་ཆེམས་ལྟར། སྐུ་གདུང་ཞུགས་འབུལ་གྱི་རིམ་པ་དག་དགེ་སློང་དཔལ་ལྡན་ཆོས་སྐྱོང་གི་གྲུས་པས་བསྒྲུབས་ནས། གདུང་རུས་རྣམས་ཕྱུག་ལེན་རྣམ་པར་དག་པའི་སྒོ་ནས་བཏུས་ཏེ་བླ་མ་ཡི་དམ་གྱི་སྐུ་བརྙན་དང་སཱཙྪ་སོགས་མང་དུ་བསྒྲུན། གདུང་རུས་ཕལ་ཆེར་གདན་ས་ནས་བཀའ་ཕེབས་ལྟར་ཕུལ། དགོངས་རྫོགས་ཀྱི་རིམ་པ་རྒྱ་ཆེ་བ་དང་། ཨེ་ཝཾ་གཙུག་ལག་ཏུ་དགྲམ་རྒྱུའི་དུས་ཐང་གསར་བཞེངས། དུས་ཇ་རྒྱུན་འཛུགས་སོགས་དང་། ཁྱད་པར་སྐུ་གདུང་མཆོད་རྟེན་གསེར་དངུལ་ར་མ་ལུག་ལ་རིན་ཆེན་དུ་མའི་ཕྲ་རྒྱན་གྱིས་སྤྲས་པ་ཐོག་ཚད་ཙམ་བཟོ་བཀོད་ཆེད་དུ་མཚར་བ་དང་། ལམ་འབྲས་སུ་ཁ་སྐོང་སྣང་བརྙན། དེ་དག་གི་མདུན་དུ་མཆོད་པའི་བྱེ་བྲག་བསམ་གྱིས་མི་ཁྱབ་པ་འབུལ་བ་སོགས་མདོར་ན་རྣམ་དཀར་གྱི་ཕུང་པོ་ཧི་སྙེད་ཞིག །དཔོན་རིན་ཆེན་རྣམ་གཉིས་ནས་ལེགས་པར་སྒྲུབ་པ་མཛད་པ། དམ་པ་དེ་ཉིད་ཀྱི་དགོངས་པ་ཆོས་དབྱིངས་སུ་རྫོགས་པ་དང་། བདག་གཞན་སེམས་ཅན་ཐམས་ཅད་ལ་ཡེ་ཤེས་གཟིགས་པའི་བྱིན་རླབས་འཇུག་པའི་རྒྱུར་གྱུར་ཅིག །།

བདག་དགེ་སློང་དཔལ་ལྡན་ཆོས་སྐྱོང་ནི། ཐོག་མེད་དུས་ནས་ལས་འབྲས་ས་བོན་དཀར་ནག་ཁྲ་གསུམ་སྤེལ་མ་ཞིག་གི་མཐུས། སྐྱེ་ཡུལ་ངོར་ཨེ་ཝཾ་གྱི་བྲེ་འདབས་སུ། ཇ་དཔོན་ནུར་ཁང་པའི་ཁྱིམ་དུ། རིགས་རུས་སོགས་ཀྱི་རྒྱུ་མཚན་བཤད་པའི་ལྟེ་ཐུང་དུར་སོང་པ། ཕ་ཀུན་དགའ་རྡོ་རྗེ་དང་། མ་དཔལ་བུ་ཁྲིད་གཉིས་ཀྱི་བུར་ཆུ་ཕོ་རྟ་ལོར་སྐྱེས། མིང་རྡོ་རྗེ་ཕུན་ཚོགས་སུ་བཏགས་འདུག །ཁྱིས་པའི་སྐབས་ཀྱི་སྤྱོད་པ་བཟང་ངན་སྣ་ཚོགས་ཞིག་ཡོད་འདྲ་བའི། ལ་ལས་བཟང་པོ་བྱེད་ཟེར། ལ་

ལས་ངན་པ་བྱེད་ཟེར་སྐད་འདུག །ལོ་ལྔ་ལོན་སྐབས་ཁུ་བོ་བླ་མ་མཚུངས་མེད་བསྟན་འཛིན་ལྷུན་གྲུབ་དཔལ་བཟང་པོའི་སྐུ་དྲུང་དུ་ཀླུ་སྦྱིངས་སུ་སྦྱོད་པ་སོགས་དགོན་པ་རང་ལ་མོས། བདུན་ལོན་སྐབས་གཟིམས་ཁང་འོག་ཏུ་ཁུ་བོ་བླ་མ་སྦྲོས་ནས་བཞུགས་སྐབས་སུ། གཙུག་ཕུད་ཕུལ་བའི་མིང་དཔལ་ལྡན་ཆོས་སྐྱོང་དུ་བཏགས་ཤིང་རྟེན་འབྲེལ་ལེགས་པར་བྱུང་གསུངས། བྱིས་པ་འཇུག་པའི་སྒོ་ནས་ཆོས་སྤྱོད་རིམ་པར་སློབ་པ་མཛད།

ལོ་དེར་མཁན་པོ་བྱམས་པ་ཚུལ་ཁྲིམས་དཔལ་བཟང་དང་། མཚུངས་མེད་བསོད་ནམས་དཔལ་ལྡན་ལས་སློབ། གནས་བརྟན་འདུལ་བ་འཛིན་པ་བསྟན་འཛིན་ལྷུན་གྲུབ་དཔལ་བཟང་པོ་བཅས། དགེ་འདུན་གྲངས་ཚང་བའི་དབུས་སུ་དགེ་ཚུལ་གྱི་སྡོམ་པ་ནོས། མདར་གསུམ་གྱི་དཀའ་སྟོན་བཅས་གནང་། ཤ་ཆང་གི་སྲེད་ཞེན་སྤང་ཞིང་སློབ་གཉེར་ལ་བརྩོན་པ་གྱིས་གསུངས།

དམ་པ་དེ་ཉིད་ཀྱིས་དཔལ་དགེས་པ་རྡོ་རྗེའི་རྒྱུ་ལམ་གྱི་དབང་དང་། ཁྱད་པར་ཉིས་ལྡན་གྱི་སེམས་བསྐྱེད་ཀྱི་སྡོམ་པ། མགོན་པོད་མི་འབར་མའི་ལུང་སོགས་ལུགས་གཉིས་ཀྱི་བཀའ་དྲིན་ཆེ་བ་སྩལ། རང་ལོ་བཅུ་སླེབས་པ་ནས་ཆོགས་སྒྲིག་རྒྱུགས། ཚོགས་འདོན་རིམ་པ། བརྟག་གཉིས། ཚུལ་ལྡོན། སྡོམ་གསུམ། སྣང་རྒྱུད། རྒྱལ་སྲས་ལམ་བཟང་། བླ་མ་མཆོད་པ་སོགས་བལྟ་ཁུལ་བྱས། རྗེ་བཙུན་བྱང་ཆུབ་ཀྱི་སེམས་དཔའ་བསོད་ནམས་དཔལ་ལྡན་ལ་ལམ་འབྲས་བུ་དང་བཅས་པའི་སྟོན་འགྲོ་དངོས་གཞིའི་ཁྲིད། རྒྱུ་ལམ་གྱི་དབང་། རྒྱབ་ཆོས་སྐོར། བདེ་མཆོག །ལོ་ནག །གུར་སམ། ཕུར་པ། འཇིགས་བྱེད། མགོན་པོའི་བཀའ་བབས་ལྔ། སྒྲུབ་ཐབས་བརྒྱ་རྩ་གཙོ་བོར་གྱུར་པའི་རྗེས་གནང་ཟུར་ཁ་རིགས་དུ་མ། འཕགས་པ་བརྒྱད་སྟོང་པ། དཀོན་མཆོག་ལྷུན་གྲུབ། པཎ་ཆེན་བུདྡྷའི་བཀའ་འབུམ་བཅས་ཀྱི་ལུང་སོགས་བཀའ་དྲིན་ཚོགས་མེད་གྱུར། རང་ལོ་བཅུ་དགུ་པར་ཐུབ་དབང་གཉིས་པ་མཁན་ཆེན་བསོད་ནམས་བཟང་པོའི་ཞལ་སྔ་ནས་དང་། འདུལ་བ་འཛིན་པ་བློ་གྲོས་ཕུན་ཚོགས་སོགས་དགེ་འདུན་གྲངས་ཚང་བའི་དབུས་སུ་བསྙེན་པར་རྫོགས།

དགེས་རྡོར་སྨིན་གྲོལ་གྱི་དབང་། གྲུབ་བརྒྱའི་བྱིན་རླབས་མཁའ་སྤྱོད། བིར་སྲུང་། ལམ་ཟབ་ཕྱི་ནང་། སྒྲུབ་ཐབས་རྒྱ་མཚོ་གཙོ་བོར་གྱུར་པའི་ཡི་དམ་ཆོས་སྲུང་ནོར་ལྷའི་རྗེས་གནང་དུ་མ་བཀའ

དྲིན་ནོས། གཞན་ཡང་བསྟན་འཛིན་གྱི་སྐྱེས་ཆེན་དམ་པ་བློ་བཟང་བསྐལ་བཟང་རྒྱ་མཚོ་སྟེ། བློ་བཟང་དཔལ་ལྡན་ཡེ་ཤེས་དགའ་ལྡན་ཁྲི་རིན་པོ་ཆེ་རབ་འབྱམས་པ་བྱམས་པ། སསྐྱ་པ་ཡབ་ཆེན་ཀུན་དགའ་བཀྲ་ཤིས། དེས་སྲས་ཀུན་དགའ་བསོད་ནམས་རིན་ཆེན། ཀུན་དགའ་བློ་གྲོས། གཙུང་མཐུ་སྟོབས་དབང་ཕྱུག །རྡོ་རྗེ་འཛིན་པ་མཚུངས་མེད་བསྟན་འཛིན་ལྷུན་གྲུབ། ཤར་ཆེན་བློ་གྲོས་གྲགས་པ། རྨོར་ཆེན་ལྷ་རིགས་གནས་སར་དཔོན་རིན་པོ་ཆེ། སྦྲོ་ལུང་པ་ཆེན་པོ། ཀརྨ་པ་ཞྭ་དམར་ནག །སིདྡྷི་སྤྲུལ་སྐུ་རིན་པོ་ཆེ། འབྲི་གུང་ཞབས་དྲུང་རིན་པོ་ཆེ། འབྲུག་པ་ཐམས་ཅད་མཁྱེན་པ། ཡོངས་འཛིན་རིན་པོ་ཆེ། རིག་འཛིན་སྨིན་གྲོལ་གླིང་པ། ཁམས་རྫོགས་ཆེན་སྤྲུལ་པའི་སྐུ་སོགས་སྟེ་ཕྱིར་དམ་པ་བཅུ་ཕྲག་གཉིས་ཀྱིས་གསུང་གི་བདུད་རྩི་མྱོང་བའི་སྐལ་བ་སྦོམ་པོར་གྱུར་ཞིང་།

དགེས་རྡོར། འཇིགས་བྱེད། ངན་སོང་སྦྱོང་བ་སོགས་ཀྱི་ཡི་དམ་ཞི་ཁྲོས་དབང་དྲག་གི་བསྙེན་པ་སྒྲིན་སྲེག་བཅུ་ཕྲག་གཅིག་དང་ཉག་མ་ལྔའི་སྐོར་བགྱིས། གཙང་དབུས་ཐ་དག་གི་གནས་བསྐོར་གྱི་སྐབས་སུ་འང་སློབ་མ་དད་ལྡན་རྣམས་སུ་འདོད་ཆོས་ཅི་རིགས་པའི་སྦྱིན་པ་བྱས། རང་ལོ་ཉེར་ལྔའི་སྐབས་རྡོ་རྗེ་འཛིན་པ་ཁུ་བོ་བསྟན་འཛིན་ལྷུན་གྲུབ་ཞིང་གཞན་དུ་གཤེགས་པའི་སྐུ་གདུང་གི་ཞབས་ཕྱི་དང་མཆོད་འབུལ་དགོངས་རྫོགས་ཀྱི་རིགས་རྒྱ་ཆེར་བསྒྲུབས། རང་ལོ་ཉེར་ལྔ་ནས་ཉེར་བརྒྱད་ཀྱི་བར་ཨེ་ཝཾ་དུ་དགེ་འདུན་པ་རྣམས་སུ་ཞབས་ཏོག་དང་། ཆོས་ཀྱི་སྦྱིན་པ་བགྱིས། ས་བྱ་ལོར་ཀླུ་སྡིངས་པའི་ཤར་ཆེན་གོང་མའི་དུས་རྟེན་དུ་ཐར་ལམ་སྣར་འཛིན་འགྲོ་དགོས་ཚུལ་ཕེབས་པ་ལྟར་ཞབས་དྲུང་རིན་པོ་ཆེའི་བཀའ་དང་ལེན་གྱིས་སོང་བར། ཁུ་བོ་དམ་པ་དེ་ཉིད་ཀྱི་ཐུགས་དྲིན་དང་། རང་ཉིད་ལའང་སྔོན་ལས་འཕྲལ་རྐྱེན་ཇི་ལྟར་ཞིག་གི་སྟོབས་བདོ་བ་ཡིན་རུང་། ཡུལ་དགོན་འབྲོག་གསུམ་གྱི་མཆོག་དམན་ཀུན་གྱིས་དད་ཅིང་འདུན་པའི་འབུལ་ནོད་ཀྱི་ཚོགས་ཀྱང་གྱ་ནོམ་པ་བྱུང་ཞིང་། དེ་སྐབས་སྡེ་དགེར་མཁན་ཆེན་བཀྲ་ཤིས་ལྷུན་གྲུབ་དང་། ཆོས་རྒྱལ་བསྟན་པ་ཚེ་རིང་བཅས་ཀྱི་མཇལ་ཞུ་ཞིག་ལའང་རྨི་ལམ་གྱི་སྐབས་ཙམ་བཅར་བ་མཆོད་ཡོན་ཟུང་གི་བདག་རྐྱེན་ཆེ་བར་བྱུང་། ཐར་ལམ་སྣར་དུ་ལོ་གསུམ་བསྡད་ནས་སླར་ཡང་ཨེ་ཝཾ་དུ་འོང་བའི་ཡར་ལམ་ལྷ་ལྡན་དུ་མི་དབང་ཆེན་པོར་མཇལ་ཕྱག་ཏུ་བཅར་བ་སོགས་ལའང་སྟབས་བདེ་སྐབས་གཟོས་ཀྱི་བདག་རྐྱེན་ཆེ་བར

གནང་། རིམ་གྱིས་ངོར་དུ་འཁྱོར་སླེབས་པའི་ཉིན་རྟེན་འབྲེལ་ལེགས་པ་བྱུང་།

དངོས་ཆས་གང་ཡོད་ཕལ་ཆེ་བ་ནི་ཀླུ་སྡིངས་རང་དུ་ཕུལ། དེ་འཕྲོས་ཀྱི་དངོས་ཚོགས་གང་ཡོད་ལྷག་མེད་ཀྱི་ས་སྐྱ་གོང་། བཀྲ་ཤིས་ལྷུན་པོ། ངོར་བླ་བྲང་ཁག་སོགས་སུ་འབུལ་བ། དགོན་སྡེ་བརྒྱ་ཕྲག་ཕྱེད་གཉིས་ཙམ་ལ་མང་ཇ་མཆོད་འབུལ་སོགས་ཞུས། ལོ་དེར་ཕན་ཁང་སྐྱིལ་བུ་རང་དུ་བསྡད། ཡང་བསྐྱར་ཁམས་སུ་འགྲོ་རྐྱེན་ལ། ཞལ་བཞི་པ་མི་མཉེས་ཚུལ་དང་། ལྷ་མོ་རེ་མ་ཏི་མཉེས་ཚུལ་གྱི་རྨི་ལྟས་ངོ་མཚར་བ་བྱུང་བའི་ཁམས་འགྲོས་བློ་བཤོལ་ཏེ་བསྡད། མི་རིང་བར་མཁན་ཆེན་ནམ་མཁའ་བསམ་འགྲུབ་གདན་སར་དགོངས་ཁྲོལ་ཞུས་པའི། མི་དབང་བསོད་ནམས་རབ་རྒྱས་ཀྱི་བཀའ་ཕེབས་དང་། ངོར་བླ་སྤྱི་ཐུན་མོང་གི་འདོད་གཅིག་ལྟར་གྱི་བླ་བྲང་གི་གདན་ས་རང་ལོ་སོ་གཅིག་པ་རྒྱུ་གླང་ཟླ་༢ཚེས་༢ལ་འགན་ཁུར་བཞེས། རྒྱལ་བ་གོང་མའི་བཀའ་དྲིན་ཡིད་ལ་བཅངས་པའི་འཛིན་གྲས་སློར་ལ་ཆོས་དང་ཟང་ཟིང་སྤྱིལ་མའི་ཝེ་ལོ་གང་ལོས་ནམ་ཟླ་དུས་ཆོད་ཝེ་ཆོལ་བཞེས། སྐབས་དེར་སྡེ་དགེ་ཆོས་རྒྱལ་ཆེན་པོ་ཁྲི་ཆེན་བླ་མ་ཕུན་ཚོགས་བསྟན་པ་སོགས་དད་ལྡན་གྱི་མི་ཆེན་བླ་ཆེན་སློབ་མ་སྦྱིན་བདག་གི་ཚོགས་མང་རབ་འདུས། ལུགས་སྲོལ་ལོར་སྡེ་དགེར་མཁན་ཆེན་བཀྲ་ཤིས་ལྷུན་གྲུབ་དག་ཞིང་དུ་གཤེགས་པའི་གདན་ཚབ་པར་བདག་སྡེ་དགེའི་མཆོད་གནས་སུ་གནང་དགོས་ཚུལ་གྱི་སྡེ་དགེ་བླ་མ་ཕུན་ཚོགས་བསྟན་པས་མི་དབང་ཆེན་པོར་སྙན་སྒྲོན་ཕུལ་བར། དོན་སྨིན་གྱིས་ཕྲན་ལ་སྡེ་དགེར་འགྲོ་དགོས་ཀྱི་བཀའ་ཤོག་ཕེབས་པར་བརྟེན། གདན་ཚབ་ཏུ་བྱམས་པ་བསོད་ནམས་བཟང་པོ་མངའ་གསོལ།

བླ་བྲང་གི་རྐྱེན་འབུལ་སོགས་རྒྱས་པར་ཕུལ། རང་ལོ་སོ་བརྒྱད་པར་སྡེ་དགེར་སོང་། ལྷུན་གྲུབ་སྟེང་དུ་ཡོན་མཆོད་ཞལ་མཇལ་དང་གང་སྐྱིའི་རྟེན་འབྲེལ་སྒྲོ་བཟང་བར་བྱུང་། ལོ་གྲངས་བཅོ་ལྔ་བར་བསྡད་པའི་སྐབས་གང་དུའང་གཙོ་བོར་སྡེ་དགེ་ཚང་གིས་མཆོན་པའི་བོད་ཆེན་པོའི་ལྗོངས་ཡོངས་སུ་རྫོགས་པའི་རིས་བྲལ་བསྟན་པའི་ཞབས་འཛུར་དང་། འགྲོ་བ་མཆོག་དམན་ཀུན་ལ་རྣམ་བཞིས་སྤྱིན་པས་ཚིམ་པའི་འགྲོ་དོན་དང་ཕྲིན་ལས་ནི་མཁའ་ཡི་བུ་མོས་ཕ་མཐར་ཕྱེད་པ་གྲུར། རང་ལོ་ང་གསུམ་པར་དབུས་ཕྱོགས་སུ་འོངས། རྒྱལ་བ་ཡབ་སྲས། དཔལ་ས་སྐྱ་པ་ཆེན་པོ། ཨེ་ཝཾ་བླ་བྲང་

ཁག་སོགས་རིས་བྲལ་གྱི་བསྟན་འཛིན་བླ་ཆེན་རྣམས་སུ་འབུལ་ཆེན། གཙང་དབུས་ཐ་དག་གི་རིས་བྲལ་དགོན་སྡེ་རྣམས་སུ་མང་ཇ་གྲལ་འགྱེད། ལྷ་ས་བསམ་ཡས་ཀྱིས་མཚོན་གནས་ཆེན་གཙུག་ལག་ཁང་བཅས་ཀྱི་ལུས་མེད་ཐུལ་གྱི་རྟེན་གསུམ་ལ་མཆོད་འབུལ། མཆོད་རྫས་ཀྱི་བྱེ་བྲག །སྟོན་དར། གསེར་ཆབ་སོགས་དང་། གཞན་ཡང་དབུལ་པོར་སྦྱིན་བཏང་བཅས་ཚང་མར་དབྱུལ་ཐོག་ཏུ་བསྔོམས་པར་སྲུང་གྲངས་སོགས་བརྗོད་ཀྱིས་མི་ལང་བ་ཙམ་གྱིས་ཚོགས་གཉིས་ཡོངས་སུ་སྤེལ་ཁྱུལ་བགྱིས་པ་ལ། གཙོ་བོར་རྒྱལ་བ་ཡབ་སྲས་དཔལ་ས་སྐྱ་པ་ཆེན་པོ་སོགས་ནས་ཀུང་ཁྱོད་ཀྱིས་དངོས་ཆས་རྣམ་ཐོས་སྲས་ཀྱི་བང་མཛོད་ཁ་དབྱེ་བ་ལྟ་བུས་རྣམ་དཀར་གྱི་ཚོགས་བསམ་གྱིས་མི་ཁྱབ་བ་སྒྲུབ་པའི་སྟོབས་འདི་བཞིན་ལ་རྗེས་སུ་ཡི་རངས་ཀྱི་བཀའ་མཆིད་གསེར་གྱི་ཙོད་པན་ཀུང་སྤྱི་བོར་སྩལ། དེ་མཚུངས་དབུས་གཙང་གི་སེར་སྐྱ་ཚང་མས་ཀུང་མགྲིན་གཅིག་པས་བསྟན་པའི་ཞབས་ཏོག་སོགས་ལེགས་རབ་ཀྱི་བསྔགས་བརྗོད་གླེང་པ་ལས་གཞན་དུ་མ་གྱུར་པ་སྙོ་བཏགས་ཀྱིས་མཚན་མ་བྲལ་ཞིང་མཆོག་དམན་གྱི་ཀློག་གྱུར་མིན་པའི་ཆོས་ཅན་ནོ། །

བར་སྐབས་སུ་འཕྲེལ་བ་གང་བྱུང་རྣམས་བཅད། སླན་ཆད་མི་ཚེ་སྟོང་ཟད་དུ་མི་འགྲོ་བའི་དགེ་སྦྱོར་ཞིག་བསམ་རྒྱུང་། ཀློ་རྩེ་ཟུང་གི་རི་དྭགས་ཀྱི་ངང་དུ་ཆོམ། ཕྱིན་ཆད་ཅིའང་། ནམ་འཆི། གར་སྐྱེ་སོགས་ཀྱི་ངེས་པ་ནི་མ་ཤེས། །ཞིབ་པར་གཟིགས་འདོད་རྣམས་ཁོ་བོའི་བྱུས་བྱུང་པོད་གཉིས་ཡོད་པས་དེར་གཟིགས་ཞེས་པའི་མདོར་བསྡུས་འདིའང་གདན་རབས་ཁ་སྐོང་གི་གྲས་སུ་དགེ་སློང་དཔལ་ཆོས་ཀྱིས་སོ།། །།

མཁན་ཆེན་བསོད་ནམས་ལྷུན་གྲུབ་པ་ནི། སྐུ་འཁྲུངས་པའི་ཡུལ་དབུས་གཙང་རུ་བཞིར་གྲགས་པ་ལས་གཡས་རུའི་སའི་ཆ་ནུབ་ཆོས་ལུང་གི་ཉེ་འདབས་གླིང་མ་མཁར་དུ་ཡབ་སྡེ་པ་བློ་བཟང་ལགས་དང་། ཡུམ་དཔོན་བཟའ་དྲུང་ལ་ཤིང་ཕོ་རྟའི་ལོར་འཁྲུངས། རུས་ནི་གྲིམ་ཤང་རོར་གྱི་རུས་ཏེ་རྗེ་རིགས་སོ། །རྗེ་འདི་ཉིད་གཞོན་ནུའི་དུས་ནས་བྱིས་པའི་སྤྱོད་པ་ལས་འདས་པ་ཞིག་སྟེ། ཆེར་སོན་དགུང་ལོ་བརྒྱད་པ་ལྕགས་གླང་ལོར་ཁྲུ་བོ་མཚུངས་བྲལ་བྱམས་པ་བསོད་ནམས་བཟང་པོས་བཀའ་བསྐུལ་བས། ཡབ་དང་འགྲོགས་ཏེ་ངོར་དུ་ཆོས་ལ་ཕེབས། ས་སྐྱ་གོང་མ་རིན་པོ་ཆེ

ཆིབས་བསྒྱུར་སྐབས་ཀྱི་དགེ་འདུན་སེར་ཕྲེང་བ་རྣམས་གཡག་ར་མགོར་འགྲོན་པ་དང་སྟབས་འགྲིགས་པས་རྗེ་ཉིད་ལ་སེར་ཕྲེང་བསྒྲིགས་པ་ལྟར་བྱུང་བས་ཀུན་གྱི་རྟེན་འབྲེལ་ལེགས་ཚུལ་གླིང་། ཁྲི་བོ་བླ་མ་དམ་པ་དེ་ཉིད་བླ་བྲང་ཁྲིར་བཞུགས་ཀྱང་།

ཐོག་མའི་རྟེན་འབྲེལ་གྱིས་ཕྱུན་ཚོགས་ཁང་སར་དུ་ཕེབས། རིམ་གྱིས་གཟའ་སྐར་ལེགས་པའི་ཉིན་བླ་བྲང་དུ་ཁྲི་བོ་མཇལ་དུ་བྱོན། ན་བཟའ་སོགས་གནང་ཁང་སར་དུ་སྡོད་སློབ་གཉེར་ལ་བརྩོན་པ་གྱིས་གསུང་དོན་ལྟར། བྱིས་པ་འཇུག་པའི་སྒོ་ནས་བཟུང་ཐོས་བརྩོན་མཛད། ཟབ་ཆོས་ནོད་པའི་ཐོག་མར་དཔལ་ས་སྐྱ་པ་ཆེན་པོ་དེ་ཉིད་ཀྱི་དྲུང་དུ་ཨེ་ཝཾ་གཙུག་ལག་ཁྲི་རྒྱལ་འབྱུང་པོ་འདུལ་བྱེད་ཀྱི་རྗེས་གནང་བཀའ་དྲིན་ཐོབ། ཕྱིར་ལོ་མཁན་ཆེན་བསོད་ནམས་བཟང་པོ་ལས་རབ་ཏུ་བྱུང་། མཚན་བསོད་ནམས་ལྷུན་གྲུབ་ཏུ་གསོལ། ཁྲི་བོ་ཉིད་དང་བཤེས་གཉེན་དམ་པ་མི་ཉག་བསྟན་པ་རྒྱལ་མཚན། དགེ་སློང་བསོད་ནམས་དར་རྒྱས་སོགས་བསྟེན་ནས་ངོར་གྱི་ཆོས་སྤྱོད། རྒྱུད་རྩུང་གསུམ། གསུང་རབ་དགོངས་གསལ་དབྱར་ཆོས་སོགས་སྒྲིག་ལམ་ཐམས་ཅད་མཛད། མི་ལུག་ལོར་བྱམས་པ་བསོད་ནམས་བཟང་པོ་གློ་བོར་ཆིབས་བསྒྱུར་གནང་། ཁང་གསར་དུ་དབོན་འདི་དང་ཞང་པོ་ཆོས་རྗེ་གཉིས་ཀྱི་འཛིན་རྒྱུར། ཞང་པོ་ཆིབས་སྐྱེལ་བསུར་ཕེབས་སྐབས་རྣམས་སུ། ཕན་ཁང་གི་སྐུ་ཞབས་དཔལ་ལྡན་ཆོས་སྐྱོང་གི་སློབ་དཔོན་དང་། གཉེར་ཚང་གི་ཐུགས་འགན་བཞེས། ས་བྱི་ལོར་ཁྲི་བོ་ཡང་ཕེབས་གྲུབ་ཅིང་། སྣང་གསུམ་སོགས་ཐུགས་གཉེར་མཛད། ཀྱེ་རྡོ་རྗེ་ལྡུགས་བསྙེན་སོགས་བཞུགས། དགུང་ལོ་བཅུ་དགུ་པ་ཡོངས་འཛིན་ཞེས་པ་ཆུ་བྱི་ལོ་ནག་པ་ཟླ་བའི་ཕྱོགས་སྔ་མའི་རྒྱལ་བ་གཉིས་པ་གཟའ་སྐར་འགྲུབ་སྦྱོར་བཟང་བའི་ཉིན། ཨེ་ཝཾ་བླ་བྲང་དུ་མཁན་པོ་ནམ་མཁའ་བསམ་འགྲུབ་དཔལ་བཟང་པོ་དང་། མཚུངས་བྲལ་མི་ཉག་དབུ་མཛད་སངས་རྒྱས་ཚུལ་ཁྲིམས་ལས་སློབ། བཤེས་གཉེན་ཆོས་འཕེལ་རྣམ་རྒྱལ་གསང་ཧེ་སྟོན་པ། འདུལ་བ་འཛིན་པ་དཔལ་ལྡན་རྒྱ་མཚོ་གྲིབ་ཚོད་པ། གྲོགས་ལྡན་པ་དགེ་སློང་དཀོན་མཆོག་བཟང་པོ་སོགས་དད་པའི་དགེ་སློང་ཁ་བསྐང་དང་བཅས་པའི་དབུས་སུ་བསྙེན་པར་རྫོགས་སོ། །

དེ་ནས་བཟུང་དགེ་སློང་གི་སྡོམ་པ་རྣམ་དག་མིག་འབྲས་ལྟར་གཅེས་པ་བསྲུངས། གཞན་ཡང་

དཔལ་ས་སྐྱ་པ་ཆེན་པོ་ཀུན་དགའ་བློ་གྲོས་རྒྱ་མཚོ། བྱམས་པ་བསོད་ནམས་བཟང་པོ། ཚུལ་ཁྲིམས་ལྷུན་གྲུབ། བཀྲ་ཤིས་ལྷུན་གྲུབ། མཁན་ནམ་མཁའ་བསམ་འགྲུབ། དཔལ་ལྡན་ཆོས་སྐྱོང་། སངས་རྒྱས་དཔལ་བཟང་། ཁམས་སྟོན་བསོད་ནམས་དབང་ཕྱུག་སོགས་མཁས་ཤིང་གྲུབ་པ་བརྙེས་པའི་སྐྱེས་ཆེན་དམ་པ་དུ་མ་ལས། གསུང་ངག་རིན་ཆེན་གཙོར་གྱུར་དབང་ལུང་། ཁྲིད་བྱིན་རླབས་སྐོར། རྗེས་གནང་ཟབ་རྒྱས་བཀའི་རིགས་དཔག་ཏུ་མེད་པ་གསན། ལྕགས་ཕག་གླིང་དཔོན་མོ་བསོད་ནམས་སྐྱིད་ས་དོར་གྱིས་མཆོན་དབུས་གཙང་གི་མཆོག་གསུམ་སྲི་ཞུ་སྒྲུབ་པའི་ཡོན་སྦྱོར་དུ་ཕེབས་སྐབས། སྤྱིར་ས་དོར་དང་གླིང་ཡོན་མཆོད། སྒོས་སུ་ཁང་སར་དམ་པ་རིམ་བྱོན་དང་ཡོན་མཆོད་ལུ་གུ་རྒྱུད་དུ་འབྲེལ་པའི་གཞིས། ད་ལམ་སྐྱབས་མགོན་བྱམས་པ་བསོད་ནམས་བཟང་པོ་གླིང་གི་མེ་ཏོག་ཕོག་པའི་ལྷ་སྐལ་དུ་ཕེབས་དགོས་ཚུལ་ཞུལ་བར། དམ་པ་ཉིད་སྐྱ་ན་བགྲེས་པ་བཅས་ཕེབ་མི་ཐུབ་ཚུལ་དང་། དཔོན་རིན་ཆེན་འདི་ཉིད་རྗེ་དང་པ་ཞལ་གྱིས་བཞེས། གླང་ལོར་གླིང་དྲུང་པ་བསྟན་འཛིན་མཆོག་གྲུབ་སྤྱན་འདྲེན་འབྱོར་ཞིང་།

བླ་དཔོན་ཚང་མའི་ཞུ་ཡིག་སོགས་ཕུལ། སྟག་ལོ་ཟླ་བ་བཞི་པའི་ཚེས་བཅུ་དགུ་ལ་ངོར་ནས་བཏེག །ལམ་བར་ཀུན་ནས་ཀྱང་སྦྱིན་བདག་དད་ལྡན་གྱི་ཚོགས་ལ་བཀའ་དབང་། བྱིན་རླབས་སོགས་བགྱིས་བསྙེན་བཀུར་འབུལ་ནོད་ཆེ་ཞིང་རིམ་གྱིས་གླིང་དཔོན་དགོན་བཅས་ཀྱི་ཆིབས་བསུ་ཇ་འདྲེན་ལ་སོགས་པ་ཆེག་ཏུ་སྣ་རྟེང་གི་འགྱོར་པས་མདུན་བསུས་ཏེ། གྲོ་བཞིན་ཟླ་བའི་ཚེས་བཅུ་བདུན་ཉིན་པར་ཤིས་འཕྲོད་དང་བསྟུན་དགེ་འདུན་གྱིས་སེར་ཕྲེང་དང་བཅས་ཆོས་གྲྭ་ཆེན་པོ་མགོ་ཟེ་དགོན་བླ་བྲང་དུ་ཕེབས། དེ་ནས་བཟུང་དེ་ཕྱོགས་ཀྱི་བླ་མ་དཔོན་པོ། དགོན་སྡེ། ཡུལ་འབྲོག་ཚང་མས་དད་འདུན་གྱིས་འབུལ་ནོད་སོགས་དངོས་སྨྲམ་ཆེ་བར་བྱུང་ཞིང་། ཕྲིན་ལས་རྒྱས་པར་གྱུར། སྤྱིལ་ལོར་ས་དོར་སོགས་ལ་འབུལ་སྐྱེལ་གནང་། སྡེ་དགེར་མཁན་ཆེན་བཀྲ་ཤིས་ལྷུན་གྲུབ་དང་། ཆོས་རྒྱལ་བསྟན་པ་ཚེ་རིང་བཅས་ཀྱི་མཇལ་ཁ་ལ་ཕེབས་པས་མཁན་ཆེན་ནས་ཀུན་དགའ་བཟང་པོས་རྒྱལ་ཚབ་ཏུ་མངའ་གསོལ་བའི་རྟེན་འབྲེལ་ཡོད་ཚུལ་སོགས་ལུང་བསྟན། མཆོད་ཡོན་གཉིས་ཀས་བདག་རྐྱེན་ཆེ་བར་གནང་། བཀྲ་ཤིས་ཆོས་རྫོང་དཔོན་མོ་ཚེ་དབང་མཚོ་འདུས་པའི་སྐྱབས

འཇུག་བསྔོ་སྨོན་སོགས་ཞུ་བའི་འབུལ་ནོད་བཟང་ཞིང་། ལྷུན་གྲུབ་སྟེང་འདུས་ཚོགས་ནས་ཀྱང་ཆོས་འབྲེལ་ཞུས། ཤིང་སྟག་ནས་ལྟུགས་སྤྲོལ་བར་ཁམས་སུ་བཞུགས།

ལོ་དེར་དབུས་ཕེབས་གྲྭ་སྒྲིག་མཛད། དགོན་ཡུལ་གྱི་སྦྱིན་བདག་ཚང་མར་སོ་སོའི་འདོད་པ་ཚུལ་བཞིན་བསྐང་བའི་བཀའ་ཆོས་དབང་ལུང་སོགས་ཀྱིས་ཆིམ་པར་གནང་། སྐུ་རྫོང་གིས་མཆོན། ཟང་ཟིང་གི་འབུལ་ཚོགས་གྲུ་ནོམ་པ་བྱུང་། ཆུ་སྟོད་བླ་བ་བཞི་པའི་ཆོས་ཉེར་དགུ་ལ་གཙང་དུ་བཏེག །བླ་དཔོན་དགོན་སྡེ་བཅས་ཀྱི་ཆིབས་སྐྱེལ་བ་རྣམས་ལའང་ལུགས་གཉིས་ཀྱི་བཀོད་ཁྲབ་མཛད། རིམ་གྱིས་ཕེབས་པའི་རུ་རྟབ་གོང་དུ་བདག་དཔལ་ལྡན་ཆོས་སྐྱོང་སྡེ་དགེའི་བླ་མཆོད་དུ་ཡོང་སྐབས་དང་མཇལ་ནས། ད་ལམ་ཡར་ཨེ་ཝཾ་དུ་ཕེབས་པ་ལེགས་ཚུལ་གྱི་མགུལ་དར་དང་། ངོས་སུ་བསོད་ནམས་བཟང་པོའི་སྐུ་པེར་གནང་བ་དེ་ཕུལ་ནས། རྡོ་རྗེ་འཆང་གི་ཁྲི་ལ་བཞུགས་པའི་རྟེན་འབྲེལ་ཡོད། སླར་རིམ་གྱིས་འབུལ་སྐྱེལ་སོགས་ཀྱང་གཏང་ཞུས། རིམ་གྱིས་ཨེ་ཝཾ་དུ་ཕེབས་པར་བླ་བྲང་གསར་རྙིང་། སྐུ་ཞང་མི་ཉག་དགེ་རྒན་སོགས་ཀྱིས་ཆིབས་བསུ་དང་མཇལ་དར་ཕུལ། ཨེ་ཝཾ་དུ་ཕེབས་ནས་བླ་བྲང་གཞུང་། བླ་བྲང་ཟུར་པ་ཁག །སྤྱི་སྒེར་གང་དུའང་སོ་སོར་འོས་བབ་ཀྱི་འབུལ་བ་དང་གནང་ཆ་རྒྱས་པར་མཛད། དགེ་འདུན་ལ་ཉིན་བཅུའི་བར་བསྙེན་རྒྱས་བཏང་བཞིན་འགྱེད་བལ་ཏཾ་ལག་སྤྲད། སྐར་ཕྱེད་བརྒྱད་ལག་སྤྲད། ཉི་ཤུར་ཇ་སྤྲག་འགྱེད་སོགས་གནང་། སླར་ཡང་ཁྲུ་པོས་བཀའ་གནང་ལྟར་ཁམས་དུ་ཕེབས་རྩིས་ཀྱི་ས་སྐྱར་བྱོན།

གོང་མ་རིན་པོ་ཆེར་འབུལ་བ། དཀར་པོ་རྒྱང་གྲགས་གསུང་བསྐུལ། ལྷ་ཁང་རྣམས་སུ་མཆོད་འབུལ་སོགས་ཕུལ། གདན་ས་ནས་ཀྱང་ལུགས་གཉིས་ཀྱི་བདག་རྐྱེན་བཀའ་དྲིན་སྐྱུལ། ངོར་དུ་ཕེབས་ཟླ་བ་བཞི་པའི་ཚེས་གསུམ་ལ་ཁམས་སུ་བཏེག་ནས་བྱང་ཐབས་མདུན་དུ་སླེབས་ཚེ། གླིང་དགེ་རྒན་ཚུལ་རབ་པ། བཀྲ་ཤིས་ཕུན་ཚོགས་བཅས་ཀྱི་ཁྲུ་པོས་ཐུགས་དམ་བཀའ་ཤོག་དང་། བླ་བྲང་གི་འབུལ་ཚན་བཅས་མཁན་ལས་ཐོག་པ་བསྟུང་བབ་ཀྱི་འགན་བཞེས་མི་ཐུབ་པ་བཅས། བླ་བྲང་དུ་བཞུགས་དགོས་ཞུ་བ་ནན་ཆེར་མ་གསན་པར་ཤར་གྱིས་ཕེབས། ཡང་བསྐྱར་གླིང་པ་དགེ་རྒན་གྱིས་ཡངས་པ་ཅན་དུ་རྗེས་ཟིན་པའི་མི་དབང་ཆེན་པོས་མཁན་པོ་བསྐོས་བཞག་གི་བཀའ་ཤོག

བཅས་ཆབས་གཅིག་ཏུ་གསོལ་བ་བཏབ་ཀྱང་མ་གནང་བ་ལམ་སློང་། དེ་སྐབས་མི་དབང་ཆེན་པོ་གཙང་དུ་ཆིབས་སྒྱུར་དང་འཁྲིགས་ནས་ངོར་པས་ནན་གྱི་སྐན་སྦྲོན་ཞུ་བར་བརྟེན། བཀའ་རྒྱ་འཕྲུལ་ཕེབས་ཀྱིས་ཧ་ཟམ་བརྒྱུད་དེ་ནག་ཆུ་དབུ་སྐོར་སར་གནང་བའི་དོན་གྱིས་ནག་ཆུ་རང་དུ་བཀོད་པ་བྱུང་བ་བཅས། བྲུ་ཐབས་མ་མཆིས་པར་ཁམས་འགྲོས་པ་གཞན་རྣམས་ཕྱིར་རྫོང་གི། རྗེ་ཉིད་དཔོན་སློབ་ཚང་མར་སླར་ཡང་ཨོ་ཐོག་དུ་ལོག་སྟེ་ཕེབས། ལྟུགས་བྲུ་ཟླ་བ་བརྒྱད་པའི་ཚེས་བཅོ་ལྔ་གཟའ་སྐར་འཕྲོད་བཟང་བར་རྒྱལ་བ་རྡོ་རྗེ་འཆང་ཀུན་དགའ་བཟང་པོའི་རྒྱལ་ཚབས་སུ་མངའ་གསོལ།

རྩིས་སྦྱོད་ལེན་སོགས་བྱས་པར་དངོས་ཚོགས་སྦྱོད་ལེན་རྒྱུ་དཀའ་ཚོགས་ཆེ་བའི་ཉག་ཕྲ་ཙམ་འདུག་སྐད་བཤད། ལོ་དེར་གསུང་ངག་རིན་པོ་ཆེས་མཚོན་ཕྱོགས་ཀྱི་གྲྭ་རྒྱུན་དང་གཞུག་མར་གནས་པ་བཅས་ལ་གང་འཚམ་གྱིས་ཆོས་ཆར་ཕབ། ཕག་ལོ་དགུན་སྟེ་དགེ་རྒྱལ་པོ་བསོད་ནམས་མགོན་པོ་ཕེབས། འབུལ་ཚོགས་བསམ་གྱིས་མི་ཁྱབ་པ་ཕུལ་བར་ཆུད་མི་ཟ་ཕྱིར་འཁོར་གསུམ་གྱི་རྗེས་འདེབས་དང་། གཞན་ཡང་བཀའ་ཆོས་ཀྱི་རིམ་པ། ཟང་ཟིང་གི་གནང་ཆ་སོགས་ཕུལ། ལོ་དེའི་སྟོན་གདན་ས་གོང་དུ་མཇལ་ཕྱག་ལ་ཕེབས་པ་དང་། གཞུང་ས་རྒྱལ་བ་མཆོད་ཡོན་མཇལ་ཞུ་ལ་ཕེབས་ཤིང་། བདག་རྐྱེན་གནང་སྦྱིན་སོགས་ཀྱང་ཚད་མེད་པ་བྱུང་། དེ་དག་གི་སྐབས་སུ་ངོར་ནང་དུ་འང་ལོ་ལེགས་སྐྱ་རྒྱལ་སོགས་ཀུན་གྱིས་ལེགས་ལམ་གླེང་བའི་སྐབས་ཟློས་པར་གྱུར། སོས་ཀ་གོང་མ་རིན་པོ་ཆེ་ལྷ་ལྡན་ཆིབས་བསྐྱོད་ཀྱི་ཡར་ལན་ཨོ་ཐོག་དུ་ཕེབས་བཞུགས་ཞག་དྲུག་གནང་། དཔོན་སློབ་གྲྭ་རིགས་ཆིབས་དྲེལ་ཕྱོན་ཆེ་རུང་གང་སྤྱིས་ཞབས་འགྱུར་ཕུན་སུམ་ཚོགས་པར་ཞུས། ལོ་དེར་ངོར་དུ་འབྲུམ་པ་བྱུང་ཀྱང་རྗེ་འདི་ཉིད་འབྲུམ་པ་སྔོན་དུ་མ་བཞེས་རུང་ཉེས་སྐྱོན་གྱིས་མ་གོས་པ་སོགས་ཡ་མཚན་པར་གྱུར།

འདི་ལོ་ཐོར་པའི་དམ་གྲགས་ཆེས་བས་གྲྭ་རྒྱུན་ལ་ལྷོ་ཆས་སོགས་ཉི་སྨྲས་དཀོན་པར་གྱུར་ཀྱང་བླ་བྲང་ནས་གསོལ་རས་གནང་སྦྱིན་གྱིས་ཆེམ་པར་མཛད། དེ་དག་གི་སྐབས་སུ་ཆོས་འཆད་པ་དང་། བསྟན་འཛིན་གྱི་བུ་སློབ་བསྐྲུན་པ་ནི། གསུང་ངག་ལམ་འབྲས་ཚར་གསུམ་ཆ་ལག་བཅས།

སྒྲུབ་ཐབས་བརྒྱ་རྩ། རྒྱ་མཚོ། སྒྲོལ་མ་ཉེར་གཅིག་བཅས་ཀྱི་རྗེས་གནང་ལུང་རྒྱ་གཞུང་བོད་གཞུང་བཅས་དང་། གཞན་ཡང་རྗེས་གནང་ཟུར་པ་ཁ་ཤས་དང་། གུར་རིགས་བསྡུས། སམྦུ་ཊ། གཤེད་དམར། འཇིགས་བྱེད་བཅས་ཀྱི་དབང་། གཞན་ཡང་ཆོས་སྐྱོང་གི་སྐོར་གྱི་རྗེས་གནང་ཁྲིད་སོགས་སོ་སོར་གང་ལ་གང་འཚམ་གྱི་དབང་ལུང་མན་ངག་ཁྲིད་སོགས་ཀྱིས་སྐལ་ལྡན་རྣམས་ཚིམ་པར་བྱས། རབ་བསྙེན་གྱི་སློབ་བུ་ལ། སུམ་སྟོང་སྐོར་བྱུང་། སློབ་བུ་གཙོ་བོར་གྱུར་པ་ནི། རྗེ་གདོང་སྤྲུལ་སྐུ་རིན་པོ་ཆེ། མཁན་ཆེན་དཔལ་ལྡན་ཆོས་སྐྱོང་གི་སྐུ་ཚ་རིན་ཆེན་མཆོག་གྲུབ། དྲེད་སྤྲུལ་སྐུ། བྱ་གཤོངས་སྤྲུལ་སྐུ་པདྨ་བསྐལ་བཟང་ཕྲིན་ལས། གུར་པ་གྲྭ་ཚང་དཔོན་སློབ་ཀུན་དགའ་ཕུན་ཚོགས། ཐར་པ་ཆོས་སྡེའི་དབུ་མཛད། ལུས་ཐུབ་བསྟན་རྣམ་རྒྱལ་མཁན་པོ། གསེར་མདོག་ཅན་གྱི་ཤངས་པ་དཔོན་སློབ། ཧ་ནག་ཐུབ་བསྟན་མཁན་པོ། གཞན་ཡང་གསང་སྔགས་ཀྱི་སློབ་བརྒྱུད་དུ་གཏོགས་པ་ནི་མཐའ་ཡས་མོད་ཀྱང་རགས་པ་ཙམ་ཞིག་བརྗོད་པ་ནི། གོང་དུ་སྨོས་པའི་སྐྱེས་ཆེན་རྣམས་དང་། མདོ་ཁམས་ཀྱི་ཕྱོགས་སུ་བླ་མ་ཤེས་རབ་དཔལ་ལྡན། ཀརྨ་ཆོས་གྲགས། དྲའུ་སྐུ་སྐྱེ། གཞན་ཡང་བསྟན་འཛིན་གྱི་བླ་མ་སོགས་མང་དུ་བསྐྱུན་ཞིང་བྱེ་ལོ་དང་གླང་ལོའི་སྐབས་འགའ་རེར་ངོར་གྱི་རྒྱབ་མདུན་གྱི་རི་དྭུར་བ་སོགས་འགའ་ཞིག་བྱུང་།

རྗེ་ཉིད་ཀྱི་ཞལ་ནས་ཀྱང་ཕྱི་ནང་གི་མཚན་ལྟས་སོགས་གང་སྤྱི་ནས་བརྟགས་ན་རྒྱུན་རིང་སྐུ་ཚེ་མེད་པའི་གསུང་འཕྲོས་ཞབས་ཕྱི་རྣམས་དང་། གཞན་དག་ལའང་གསུང་མོ་ལ། གླང་ལོའི་དབྱར་སྟོན་གྱི་ཆོས་གནང་། ཟླ་བ་བཅུ་པའི་ནང་དུ་མགུལ་ཆམ་ཞིག་བཞེས་པར། ག་ཟི་ཨན་ཆི་དཔལ་ལྡན་ཕྲིན་ལས་བསྟེན་པའི་གསོལ་སྨན་སོགས་ཞུས། དགོན་འདི་ཉིད་ཀྱིས་མཆོད་ཉེ་སྐོར་དགོན་གནས་རྣམས་སུ་ཞབས་བརྟན་སྐུ་རིམ་སོགས་བསྒྲུབས་ཀྱང་དངས་སྐྱིད་ཆེར་མ་གྱུར། ཟླ་བ་དེའི་ནང་དུ་མཁའ་ལ་འཇའ་སྤྲིན་འཁྲིགས་པ་དང་། ངོར་ལུང་ནང་དུ་སྒྲ་མི་སྙན་པ་འགའ་རེ་གྲགས་ཤིང་ཐམས་ཅད་ཐེ་ཚོམ་དུ་གྱུར། འོན་ཀྱང་མཇལ་ཁ་དང་གསོལ་ཟས་སོགས་ནི་སྔར་རྒྱུན་ལྟར་གནང་འདུག་ཉེར་ལྔའི་ཉིན་འཇའ་སྤྲིན་དཀར་པོ་གདུགས་དང་རྒྱལ་མཚན་དང་བ་དན་དང་། ཐེམ་སྐས་ཀྱི་ཚུལ་དུ་བྱུང་བ་ཀུན་གྱིས་ཇི་ལྟའི་ལྟས་ཡིན་ཞེས་གླེང་། དེའི་ཉིན་ཀྱང་རྗེ་ཉིད་ཀྱི་སྐུ་གཟུགས་ནི་སྔ་མ་ཇི་ལྟར་ལས

གསར་དུ་ཟུགས་སོགས་མེད་གསུངས། དེ་རིང་ལྷ་མཆོད་ཀྱི་མཆོད་པ་ཟབ་རྒྱས་སུ་ཤོམ་གསུངས། དེ་ནུབ་ཐུགས་དམ་གཏོར་བཟློས་ཀྱི་རིམ་པ་སོགས་ཅི་རིགས་པར་གྲུབ་ནས། མ་ཆེན་པས་བཞེས་ཐུག་ཞུས་སྐབས། བླ་བྲང་གི་རྩིས་འཁྲིག་སོགས་ཀྱི་དཔོན་པོ་ལ་འོ་བརྒྱལ་ཚུལ་མང་ཙམ་གསུངས། ད་ང་ཡང་ཆེ་དེ་ཙམ་ཡིན་པ་འདྲ་ཕེབས། ཕིར་སྲུང་ཐུགས་དམ་དང་། ལམ་ཟབ་བླ་མའི་རྣལ་འབྱོར་སོགས་མཛད་གྲུབ་འཕྲལ། ཡུད་ཙམ་ཞིག་ནས་ཞིང་འདིའི་གདུལ་བྱ་རྫོགས་ནས་ཞིང་གཞན་དུ་གཤེགས་པའི་ཚུལ་བསྟན། ཞག་བདུན་བར་དུ་ཐུགས་དམ་བཞུགས་ཤིང་།

གྲོལ་ལྟས་སུ་ཤངས་བུག་གཉིས་ནས་བྱང་སེམས་དཀར་དམར་མང་དུ་བྱུང་། གདུང་མཛལ་རིམ་གྱིས་བཏང་ནས་རང་གཞན་ཀུན་གྱིས་མཆོད་པ་སོགས་རྒྱས་པར་ཕུལ་རྡོ་རྗེ་སློབ་དཔོན་དཀོན་མཆོག་གྲགས་པ་དང་། བསྟན་པ་རྒྱལ་མཚན་བཅས། དགེ་འདུན་བཅོ་ལྔ་སྐོར་གྱིས་སྔ་ཆོག་བླ་མཆོད་ཕྱི་ཆོག་ཀྱི་རྗེར་བཅས་བཏང་། སྐུ་གདུང་ཞུགས་འབུལ། ཐར་རྩེ་མཁན་ཆེན། རྡོ་རྗེ་སློབ་དཔོན་དཀོན་མཆོག་གྲགས་པ་གཉིས་ཀྱིས་མཛད་འཇའ་སྤྲིན་སོགས་ཡ་མཚན་ལྟས་ཀྱང་མང་དུ་བྱུང་། དགོན་གནས་འདི་ཉིད་ཀྱིས་མཚོན་ཉེ་སྐོར་གྱི་ཆོས་སྡེ་རྣམས་སུ་མང་འགྱེད། རྟེན་གསུམ་ལ་མཆོད་འབུལ། བླ་ཆེན་ཚང་མར་འབུལ་བ་སོགས་དགོངས་རྫོགས་རྒྱ་ཆེ་བ་སྒྲུབ་པ་དང་། དུས་ཐང་། ལམ་འབྲས་ཁ་སྐོང་གི་སྣང་བརྟན་སྨན་འདམ་ལས་བསྒྲུན་པ། ཁང་བུ་བརྩེགས་པ་སོགས་བཞེངས། གཙུག་ལག་ཏུ་གཏན་བཞག་ཟངས་ལྤིབ་ཆེ་ལེགས་སྤུས་གཙང་བཅུ་གཉིས་བཞག་པ་བཅས་ཐུགས་ཀྱི་དགོངས་པ་ཡོངས་སུ་རྫོགས་པར་ཞུས། ཅུང་ཟད་སྤྲོ་བས་བལྟ་བར་འདོད་ན་རྣམ་ཐར་དད་ལྡན་དགའ་སྐྱེད་ལ་གཟིགས་འཚལ།། ||

དཔལ་ལྡན་དཀོན་མཆོག་ཡིད་བཞིན་ནོར་བུ་གསུམ། །མཁྱེན་སྙམ་ཡིད་ལ་དྲན་པ་སྐལ་བ་བཟང་། །དགེ་ལེགས་སྣང་བ་འཕེལ་བ་རྟེན་འབྲེལ་གྱི། །ཆོས་ཉིད་འོད་གསལ་དཀོན་མཆོག་གསུམ་ལ་འདུད། །ཡོན་ཏན་མི་ཟད་པའི་གཏེར་མཛོད་རྒྱལ་བ་ཀུན་དགའ་བཟང་པོ་ལྟ་བུས་ཀྱང་། བླ་མ་བསམ་འགྲུབ་རྒྱལ་མཚན་གྱི་དྲིས་ལན་དུ། ངེད་ཀྱི་རྣམ་ཐར་མདོར་བསྡུས་ཤིག་བསྐུར་གསུང་བ། དཀོན་མཆོག་གསུམ་ལ་ཞེ་ནས་སྐྱབས་སུ་འགྲོ་ཞིང་། མདོ་སྡེ་མཛངས་བླུན་ལ་སྙིང་ནས་དད་པ་རྙེད

པ་ཙམ་མ་གཏོགས་གཞན་ཡོན་ཏན་གྱི་ཁྱད་པར་གང་ཡང་མེད། ཅེས་གསུངས་གདའ་ན། ཁོ་བོ་ལྟ་བུའི་རྣམ་ཐར་འགོད་པ་བཞད་གད་ཀྱི་རྒྱུ་ལས་མ་མཆིས་ཀྱང་། མཁན་ཆེན་བྱང་ཆུབ་པའི་བཀའ་གནང་གྱེན་ཟློག་མ་ནུས་པས། དངོས་པོའི་གནས་ལུགས་ཙུང་ཟད་བརྗོད་ན། བདག་རིན་ཆེན་མི་འགྱུར་རྒྱལ་མཚན་ཡུལ་བཞད་ཆོས་སུ་གསེར་འཕྱང་ཞེས་པ་མེ་མོ་བྱའི་ལོ། ཕ་ཤར་ཆེན་དམ་པའི་རིགས་ཕུན་ཚོགས་རབ་བརྟན་དང་། མ་ཆེ་བརྟན་བུ་ཁྲིད་གཉིས་ཀྱི་བུར་སྐྱེས། མནོ་མི་ཤེས་པའི་སྐབས་ཧ་ཧྲང་པ། ཆ་ལང་བཀྲོལ་ཚུལ་དང་། དབྱངས་འཐེན་ཚུལ་བྱེད་པ་ཞིག་ཡོད་པས། ལ་ལས་ཆོས་བཙུ་པ་ཞིག་གི་སྐྱེ་བ་ཡིན་ནམ་ཟེར། ལ་ལས་བསྙང་གསོ་གཏོང་མཁན་ཞིག་གི་བག་ཆགས་ཡིན་པ་འདྲ་ཟེར། གང་ལྟར་དགེ་བའི་བག་ཆགས་ཙུང་ཟད་ཡོད་པ་ཞིག་ཡིན་པར་མངོན། ལ་ལས་ཁྱོད་ཞབས་དྲུང་བློ་གྲོས་གྲགས་པའི་སྐྱེ་བ་ཡིན་ཟེར་ན་འང་། དེ་ཉིད་ནི་དགའ་ལྡན་ལྷ་ཡུལ་དུ་བྱམས་པའི་ཞབས་དྲུང་དུ་འཁྲུངས་པ་ལས་ཁོ་བོ་ལྟ་བུར་སྐྱེ་བ་བཞེས་པ་ག་ལ་སྲིད། ལོ་བརྒྱད་ལོན་ནས་ངོར་དུ་ཡོང་། དགེ་རྒན་སངས་རྒྱས་ཚུལ་ཁྲིམས་ཀྱི་ཡི་གེའི་མ་མོ་བསླབས། རེ་ཞིག་ནས་ས་སྐྱར་ཕྱིན། སྔགས་འཆང་ངག་དབང་ཀུན་དགའ་བསོད་ནམས་རིན་ཆེན་ལ་གཙུག་ཕུད་ཕུལ་མིང་རིན་ཆེན་མི་འགྱུར་རྒྱལ་མཚན་དུ་བཏགས། ཀྱེ་རྡོ་རྗེ་འབྲེལ་གྱི་དབང་གནང་བ་སོགས་བདག་རྐྱེན་ཡང་དག་པར་མཛད།

དེ་ནས་ངོར་དུ་ཡོང་། འདི་སྐབས་མཚན་མོ་ཧོབ་ལངས་བྱེད་རྒྱུ་ཡོད་པར། མཁན་ཆེན་བཀྲ་ཤིས་ལྷུན་གྲུབ་ལ་གཤེད་དམར་གྱི་དབང་ཞུས་པས། བར་ཆད་ཀྱི་མཚན་མ་མངོན་སུམ་དུ་ཞི། ནུབ་གཅིག་གཉིད་འཚོལ་ལ་འཇམ་དཔལ་མཚན་བརྗོད་འདོན་གྱིན་འདུག་ཟེར། དེའི་ནང་པར་དགེ་རྒན་སངས་རྒྱས་ཚུལ་ཁྲིམས་ན་རེ། ཨ་ཡ་མཚན་ལ། མདང་མཚན་བརྗོད་འདོན་གྱིན་འདུག་པ། ད་ནང་སྐྱོར་དང་ཟེར་ཡང་སྐྱོར་རྒྱུ་མི་འདུག །དེ་སྐབས་བློར་འཛིན་པ་ལྟ་ཅི། དཔེ་སྒྲོགས་བྱས་པའི་བག་ཆགས་ཀྱང་མེད། དགེ་རྒན་གྱི་ཞལ་རྫུན་ནི་མིན་ལས་ཆེ། དེ་ནས་མཁན་ཆེན་བཀྲ་ཤིས་ལྷུན་གྲུབ་ཀྱིས་མཁན་པོ། བྱམས་པ་བསོད་ནམས་བཟང་པོས་སློབ་དཔོན་མཛད་ནས་བདག་རབ་ཏུ་བྱུང་།

བསྙུང་སྡོམ་ཡང་སྤྱི་མཐུན་ཙམ་བྱས། མཁན་ཆེན་བཀྲ་ཤིས་ལྷུན་གྲུབ་སྐུ་སྟེངས་སུ་གདན་

དྲངས་ནས་དབང་ལུང་ཇེས་གནང་མང་དུ་ཞུས། ཨེ་ཝཾ་གཙུག་ལག་ཁང་དུ་འཇམ་མགོན་ཚུལ་ཁྲིམས་ལྷུན་གྲུབ་ལ་ལམ་འབྲས་ཞུས། གསུང་དབང་མཐོ་ཞིང་གོ་བདེ་བས། སྣང་གསུམ་སྐབས་འཁོར་བ་ལ་སྐྱུགས་ལོག་པ་དང་། དེ་ལས་ཐར་འདོད་ཀྱི་བློ་ཙུང་ཟད་སྐྱེ་བ་བྱུང་། རྒྱུད་གསུམ་སྐབས། ཡེ་ཤེས་རྒྱལ་མཚན་གྱི་ཟླ་བོ་བྱས་ནས་ནུབ་རེ་བཞིན་མཉྒལ་གྱི་ཉལ་འཁྱེར་བྱས། རང་ཉིད་ན་གཞོན་དར་ཡམ་པས་སློབ་གཉེར་ནི་ཆེར་མེད། སློ་ལུང་མཁན་ཆེན་རྡོ་རྗེ་གདན་པ་ལ་ཚེ་དབང་གྲུབ་རྒྱལ་མ་བརྒྱ་ཚར། སེང་གདོང་སྔོན་མོའི་རྗེས་གནང་། ས་སྐྱ་བཀའ་འབུམ་ཡོངས་རྫོགས་ཀྱི་ལུང་ཞུས། བྱང་ཆུབ་སེམས་དཔའ་དཔལ་ལྡན་ཆོས་སྐྱོང་ནས། གསང་འདུས་མི་བསྐྱོད་པ། འཇིགས་བྱེད་ས་ལུགས། ཀུན་རིག ། དུག་དབང་། བརྒྱད་སྟོང་པའི་ལུང་སོགས་ཞུས། བྱམས་པ་བསོད་ནམས་བཟང་པོ་ལ་སྒྲུབ་ཐབས་རྒྱ་མཚོ་རྒྱ་གཞུང་བོད་གཞུང་གི་ལུང་སོགས་ཞུས། སློབ་གཉེར་ལ་ཆོས་སྤྱོད་ཡོངས་རྫོགས། དབྱར་ཆོག་སྐོར་དང་། ངོར་ལུགས་བདུན་དུ་གྲགས་པའི་ཀྱེ་རྡོར། གསང་འདུས་མི་བསྐྱོད་པ། འཇམ་རྡོར་སམྦུ་ཏ། གུར་རིགས་བསྡུས་བདེ་མཆོག་ལོ་ནག་གཉིས། ཚུལ་ལྡོན། སྡོམ་གསུམ་རབ་དབྱེ། བརྟག་གཉིས་རྣམས་ཀྱི་ཚིག་བློར་བཟུང་ནས་བཏང་། སྣང་གསུམ་མཛེས་རྒྱན་དང་། རྒྱུད་གསུམ་མཛེས་རྒྱན་གཉིས་བློར་བཟུང་ནས་བྱང་ཆུབ་སེམས་དཔའ་དཔལ་ལྡན་ཆོས་སྐྱོང་གི་དྲུང་དུ་རྒྱུགས་འབུལ། དོན་ནི་ཡེ་མ་གོ། འཇམ་དབྱངས་དཀར་པོ། ཚེ་དཔག་མེད། ཀུན་རིག ། མགོན་པོ། འཇིགས་བྱེད་རྣམས་ཀྱི་བསྙེན་པ་སྒྲ་དག་པར་བྱས། སློབ་དཔོན་བློ་གྲོས་བརྟན་པས། ཐོག་མར་སྒྲ་ལ་མཁས་པ་ཡིས། ། ཚིག་དོན་རྣམ་པར་ཕྱེ་སྟེ་བསྟན། ། དེ་ནས་དོན་ལ་མཁས་པ་ཡིས། ། ལྷག་ཆད་འཁྲུལ་པ་མེད་པར་བཤད། །

ཅེས་གསུངས་པ་བཞིན་སྒྲ་འདི་ཤེས་ན་སྙམ་ཡང་། མཚམས་སྦྱོར་ལྡ་པ་ཙམ་ལས་སློབ་ཐུབ་པའི་སྐབས་འགྲིག་པ་ཞིག་མ་བྱུང་། སྐབས་དེར། བྱམས་པ་བསོད་ནམས་བཟང་པོའི་ཞབས་དྲུང་དུ་བསླབས། དོན་རྒྱན་སོ་ལྔའི་རྩོམ་རྒྱུགས་ཚར་གཅིག་ཕུལ་ནས་ཤེས་ཁྱུལ་བྱས། སྐར་རྩིས། ལྔ་བསྡུས། གཟའ་ལྔ། དུས་སྦྱོར་བཅས་བསླབས། འབྱུང་རྩིས་གྲས་ནས་རྫེའུ་ཞེ་བདུན་མ་བསླབས། འགའ་ཞིག་སྐར་རྩིས་འདི་གཡེང་བ་ཆེ་བས་སློབ་མི་རུང་ཞེས་དང་། ཁྲིས་བསྒུབས་བྱས་པའི་རྣམ་

སྨིན་ཡིན་ཞེས་སྨོད་ཀྱང་།   དུས་འཁོར་རྒྱལ་བས་གསུངས་པས་དེ་ལ་སྨོད་པ་ཡང་ངབ་ཙམ་དུ་ཟད། རང་གིས་བསམས་པར་རྒྱུད་གསུམ་མཛེས་རྒྱན་ལས། རྟེན་འབྲེལ་གྱི་གནད་ཤེས་ན་ཉོན་མོངས་དང་རྣམ་རྟོག་ཀྱང་ལམ་དུ་འགྱུར་ལ།   གནད་མ་ཤེས་ན་ལྷ་དང་སྟོང་ཉིད་བསྒོམ་པ་ལ་སོགས་པ་རྣམས་ཀྱང་བར་ཆད་དུ་འགྲོ་བའི་སྐབས་སྲིད་པས་རྟེན་འབྲེལ་ཉིད་གནད་དུ་ཆེ་བར་བཞེད། ཅེས་གསུངས་པས་རྟེན་འབྲེལ་ལ་ཁྱད་གསོད་མི་རུང་བར་གོ། ལོ་ཆེན་ཧྲཱུྃ་ཤྲཱིས། ཆོས་ཀུན་དོན་དམ་གཤིས་ཀྱི་གནས་ལུགས་ལ། །རྒྱུ་དང་འབྲས་བུའི་སྤྲོས་པ་ཀུན་བྲལ་ཀྱང་། །ཀུན་རྫོབ་རྟེན་འབྲེལ་མི་བསླུ་ར་གསུངས་པའི་ཕྱིར། །བདག་ལེགས་འདོད་པ་རྣམས་ཀྱིས་བླང་བར་འོས། །ཞེས་གསུངས་པའི་ཕྱིར་རོ། །

སློབ་དཔོན་སངས་རྒྱས་གསང་བས། གལ་ཏེ་རྣལ་འབྱོར་གཟའ་སྐར་འཇུག་ཡོད་དང་། །དུས་དང་ལོ་ཟླ་བཟང་ངན་རྩི་བྱེད་ན། །དབྱེར་མེད་མཉམ་པ་ཉིད་དང་འགལ་བས་ན། །བྱང་ཆུབ་ཐོབ་པ་རབ་ཏུ་དཀའ་བར་འགྱུར། །ཞེས་བཤད་པ་ནི་ཐོས་བསམ་གྱིས་སྒྲོ་འདོགས་ཆོད་ཟིན་ནས་ཡུན་རིང་བསྒོམ་པའི་སྒོམ་ཆེན་ལ་གསུངས་ཀྱི། གཞན་ལ་སློབ་མི་དགོས་པར་བསྟན་པ་མ་ཡིན་ཏེ། གསང་བ་སྤྱི་རྒྱུད་ལས། ཉི་མ་ཟླ་བ་གཟའ་འཛིན་དང་། །ཡ་མཚན་ཆེ་ལྟས་བྱུང་བ་དང་། །ཆོ་འཕྲུལ་གྱི་ནི་ཟླ་བ་ལ། །བསྒྲིགས་ཏེ་དཀྱིལ་འཁོར་བྲི་བར་བྱ། །ཞེས་དང་། རབ་གནས་ཀྱི་རྒྱུད་ལས། །དབང་བསྐུར་དང་ནི་རབ་གནས་ཉིད། །ཡར་གྱི་ངོ་ལ་བརྟག་པར་བྱ། །གཟའ་དང་སྐར་མ་འཛོམ་གྱུར་ན། ། མར་ངོ་ལ་ཡང་ཉེས་པ་མེད། །ཅེས་བརྩི་དགོས་པར་གསུངས། བརྩི་བ་ལ་རྩིས་ཤེས་མཁན་དགོས་པས་སོ་སྙམ་མོ། །རྩིས་འདིས་ཁ་འདོན་ལ་སད་བྱེད་ཀྱི་ན་ཡོད་འགྲོ་སྣང་བ་འགའ་ཞིག་ལ་འཆར་གིན་འདུག་ཀྱང་། སྤྱོད་འཇུག་ལས། ནད་ཀྱིས་དཀྲུགས་པའི་མི་དག་ནི། །ལས་རྣམས་ཀུན་ལ་མཐུ་མེད་པ། །ཞེས་པ་ལྟར། རང་ཉིད་ལུས་གཙང་བ་དང་། ལེ་ལོ་ཆེས་པས་སྐྱོན་མ་གཏོགས། ཉིན་གྱུང་ཆོས་གྲངས་གསུམ་རེ་ཙམ་བཏོན་པའི་ས་རིས་ཀྱི་ཐུགས་དམ་མ་བྱེད་ཟེར་མི་ཡང་འདུག་ལགས། ཤེས་བྱ་རིག་པའི་གནས་ལྔ་ལ་མཁས་པའི་སྔོན་གྱི་པཎྜི་ཏ་རྣམས་ཞལ་འདོན་མཛད་ཀྱིན་ལོས་ཡོད་ཀྱང་།

ཤེས་བྱ་མཁྱེན་པས་ཐུགས་དམ་ལ་གནོད་པའི་སྒྲིབ་ཡེ་མི་སྣང་། དེང་སང་ཤེས་བྱ་ཕྱོགས་རེའི་ཆ་ཤས་ཙམ་ཤེས་པས་ཐུགས་དམ་ལ་གནོད་པ་བཞད་གད་ཀྱི་གནས་སོ། །འཕགས་པ་ལྡོན་ཤིང་གི

མདོ་ལས། བསམ་པ་མེད་པར་ཉལ་ཏེ་གཉིད་ལོག་ན། །འཇིག་རྟེན་འདི་ཡི་ཉི་མ་སྨྲོ་རུ་ནུབ། །ཅེས་དང་། སློབ་དཔོན་ཟླ་བ་གྲགས་པས་དབུ་མ་འཇུག་པ་ལས། ཡོན་ཏན་ཐམས་ཅད་བརྩོན་འགྲུས་རྗེས་འགྲོ་ཞིང་། །བསོད་ནམས་བློ་གྲོས་ཚོགས་ནི་གཉིས་ཀྱི་རྒྱུ། །ཞེས་གསུངས་པའི་དོན་གང་ཡིན་རུང་གཙོད་དགོས་པར་སྣང་། མདོར་ན་སློབ་དཔོན་ཨཱརྱ་དེ་བས། བསམ་པས་བྱང་ཆུབ་སེམས་དཔའ་ཡི། །དགེ་བའམ་ཡང་ན་མི་དགེ་བ། །ཐམས་ཅད་དགེ་བ་ཉིད་འགྱུར་ཏེ། །གང་ཕྱིར་སེམས་དེ་གཙོ་བའི་ཕྱིར། །ཞེས་གསུངས་པ་བཞིན། བསམ་པ་སེམས་བསྐྱེད་ཀྱི་རྩིས་ཟིན་ན་གང་ཡང་དགེ་བའི་ཆོས་ཡིན་སྙམ་མོ། །མཁན་ཆེན་བྱམས་པ་བསོད་ནམས་བཟང་པོས་མཁན་པོ། ཐར་རྩེ་མཁན་ཆེན་ནམ་མཁའ་བསམ་འགྲུབ་ཀྱི་ལས་སློབ། དབུ་མཛད་སངས་རྒྱས་ཚུལ་ཁྲིམས་ཀྱི་གསང་སྟོན། ཡར་རྒྱས་བླ་མ་སངས་རྒྱས་བསྟན་པས་དུས་བསྒོ་བ། གཞན་ཡང་དགེ་བའི་བཤེས་གཉེན་བླ་མ་སངས་རྒྱས་དཔལ་བཟང་སོགས་དགེ་འདུན་གྲངས་ཚང་བའི་དབུས་སུ་བསྙེན་པར་རྫོགས།

དེ་སྐབས་དགེ་སློང་གི་ཁྲིམས་ཉིས་བརྒྱ་ལྔ་བཅུ་རྩ་གསུམ་གང་ཡིན་ནི་ཧ་མ་གོ། འོན་ཀྱང་རྩ་བ་བཞི་གང་ཡིན་རུང་བཅད་ནས་བསྲུང་ཞུལ་བྱས། འཕགས་པ་ཀླུ་སྒྲུབ་ཀྱིས། ཁྲིམས་ནི་རྒྱུ་དང་མི་རྒྱུའི་ས་བཞིན་དུ། །ཡོན་ཏན་ཀུན་གྱི་གཞི་རྟེན་ལགས་པར་གསུངས། །ཞེས་དང་། དགེ་སློང་ལ་རབ་ཏུ་གཅེས་པའི་མདོ་ལས། ཤིན་ཏུ་ལེགས་པར་ཚུལ་ཁྲིམས་གང་། །བསྡམས་པའི་མི་དེ་མཛེས་པའི་གཟུགས། །འདུལ་བ་ལ་ནི་ཉེ་བར་གནས། །ཚུལ་ཁྲིམས་བསླབ་པར་རང་ཡིད་ཆེས། །མི་དེ་ཉི་མ་གཅིག་ལ་ཡང་། །བསོད་ནམས་ཕུང་པོ་དཔག་ཏུ་མེད། །གསོག་ཅིང་སངས་རྒྱས་འབྲས་བུ་འགྲུབ། །ཅེས་དང་། ཚུལ་ཁྲིམས་འདི་ནི་བདེ་བའི་མཆོག །ཚུལ་ཁྲིམས་འདི་ནི་ཐར་པའི་ལམ། །ཚུལ་ཁྲིམས་འདི་ནི་ཡོན་ཏན་གཞི། །ཚུལ་ཁྲིམས་འདི་ནི་སངས་རྒྱས་རྒྱུ། །ཞེས་སོགས་ཕན་ཡོན་དཔག་ཏུ་མེད་པ་གསུངས་པས། གལ་ཤིན་ཏུ་ཆེ་བར་གོ་ཡང་། ཚུལ་ཁྲིམས་བཤད་ཚོད་དང་མཐུན་པ་བསྲུང་ནུས་པ་དང་། བསྲུང་ལུགས་ཤེས་པ་གཉིས་ཀ་དཀའ་མཉམ་དུ་མཆིས། འོན་ཀྱང་རློམ་སེམས་མེད་པའི་ཚུལ་ཁྲིམས་དང་ལྡན་པར་བླ་མ་དང་དཀོན་མཆོག་གི་བྱིན་གྱིས་རློབས་ཤིག་ཅེས་ཡིད་སྨོན་རྒྱུན་དུ་བགྱིས་སོ། །

ཀྱེ་རྡོར་གཞི་བསྙེན་ཟླ་བ་བརྒྱད་ཙམ་ཞིག་བྱས། མཇུག་ལ་ལས་བཞིའི་སྦྱིན་སྲེག་ཞུགས།

ཟད་བྱེད་ཅེས་པ་མེ་ཕོ་སྟག་གི་ལོ་ངོར་གྱི་མཁན་པོ་བྱེད་དགོས་ཚུལ་བྱུང་བ་བཞིན་ཟླ་བ་བརྒྱད་པའི་ཚེས་ཉེར་ལྔ་དགེ་བའི་ཉིན་ཨེ་ཝཾ་གཙུག་ལག་ཁང་དུ་ཕྱིན་ལོ་ལྔའི་བར་རང་འཁོས་ལ་དཔགས་པའི་འཛིན་སྐྱོང་བྱས། རྒྱལ་བ་ཀུན་དགའ་བཟང་པོས་ཀྱཻ་ཁོ་བོའི་རྗེས་སུ་སློབ་པ་རྣམས། །ཤ་ཆང་ལ་སོགས་མ་དག་འཚོ་བ་སྤངས། །སྨད་བྱུང་ཡོན་ཏན་ཀུན་གྱི་གཞི་གཅིག་པུ། །ཚུལ་ཁྲིམས་རིན་ཆེན་སྲོག་བས་གཅེས་པར་བཟུང་། །ཞེས་དགེ་སློང་གི་ཁྲིམས་ཉིས་བརྒྱ་ལྔ་བཅུ་རྩ་གསུམ་ལས་དུས་དབང་གི་ཤ་ཆང་གཉིས་ལ་བཀར་ཏེ་གསུངས་དགོས་བྱུང་འདུག་ཅིང་། དེ་ལའང་དེང་སང་ཉན་མཁན་དཀོན་པའི་ཁར། ཐབས་ལ་ཉེས་དམིགས་ཤིན་ཏུ་ཆེ་བའི་ཐ་མ་ཁ་འཐེན་མཁན་ཤིན་ཏུ་མང་། ཆང་དང་ཐ་མ་ཁ་གཉིས་ཆེ་ཕྱི་མ་རྣམ་སྨིན་ལྟི་བར་མ་ཟད། ཚེ་འདིར་ཡང་ལད་ཚབས་ཤིན་ཏུ་ཆེ་བར་མཐོང་བས་ཉན་མཁན་ཡོད་མེད་ཇི་ལྟར་རུང་། ཕན་ཏུ་རེ་ནས་འདི་སྐད་སྨྲས་སོ། །

ཆང་ཐ་མ་ཁ་ལ་དགའ་བའི་མི། ། བློ་ལད་ཚབས་ཆེ་བ་དངོས་སུ་མཐོང་། །ཚེ་འདི་ལ་མི་མཛེས་ཕྱི་མར་སྡུག །སྐྱོན་འདི་དག་སྤངས་ན་བསོད་ནམས་འཕེལ། །ཆང་བག་མེད་འཐུང་ཞིང་དུག་འཐེན་མཁན། །རང་གཅིག་པུ་ཕུང་བར་མ་ཟད་པར། །མི་གཞན་ཡང་མང་པོ་ལད་འགྲོ་འདུག །ཕན་མ་ཐོགས་ན་ཡང་གནོད་མ་སྐྱེལ། །ཞེས་སོགས་ཀྱིས་མཚོན་སྐོ་ཡིག་མང་དུ་སྦྱར། ཆང་བག་མེད་མི་འཐུང་བ་དང་། ཐ་མ་ཁ་མི་འཐེན་པ་གནད་ཤིན་ཏུ་ཆེ་བར་གོ། མདོ་ལས། འཆི་བའི་སྲོག་ལ་ཀུན་ཀྱང་འཛེམ། །འཚོ་བའི་ཟས་ལ་ཀུན་ཀྱང་འདུ། །རང་གི་ལུས་ལ་དཔེ་ལོང་ལ། །གཞན་ལ་གནོད་པ་མ་བྱེད་ཅིག །ཅེས་པ་འདི་རང་གཞན་གྱི་དྲན་པའི་གསལ་འདེབས་སུ་ཡང་ཡང་སྨྲས། རྒྱལ་སྲས་ཞི་བ་ལྷས། འཇིག་རྟེན་བདེ་བ་ཇི་སྙེད་པ། །དེ་ཀུན་གཞན་བདེ་འདོད་ལ་བྱུང་། །འཇིག་རྟེན་སྡུག་བསྔལ་ཇི་སྙེད་པ། །དེ་ཀུན་བདག་བདེ་འདོད་ལ་བྱུང་། །མང་དུ་བཤད་ལྟ་ཅི་ཞིག་དགོས། །བྱིས་པས་རང་གི་དོན་བྱེད་དམ། །ཐུབ་པས་གཞན་གྱི་དོན་མཛད་པ། །འདི་གཉིས་ཀྱིས་ནི་ཁྱད་པར་ལྟོས། ། ཞེས་གསུངས་པའི་གནད་མ་འཕྱུགས་པར་ཉམས་སུ་ལེན་ཁུལ་བྱས། རྒྱས་སྲས་ཐོགས་མེད་བཟང་པོ་དཔལ་གྱིས། ཡུལ་ཕྱི་རོལ་གྱི་ལོག་སྣང་སྣ་ཚོགས་པ། །རང་ང་རྒྱལ་གྱི་ཁོང་ཡུས་ཆེས་པས་ལེན། ། ང་རྒྱལ་གྱི་ཁོང་ཡུས་སྟོང་ཅན། །རྐྱེན་ལོག་སྣང་ལམ་གྱི་གྲོགས་སུ་འཆར། །ཞེས་དང་། ལུགས་ཀྱི

བསྟན་བཅོས་ལས། ཆེ་ཕྲའི་བྱ་བ་གང་ལའང་རང་གི་འདོད། །ཇི་ཙམ་ཆེས་ན་ཁ་དཔེ་མི་འཚོངས་པའི། །ཕྱུགས་སུ་རང་ལ་གནོད་པས་འདོད་ཉེ་དང་། །ཕྱོགས་ཆ་ཉེ་རིང་ནམ་ཡང་མེད་པར་མཛོད། །ཅེས་གསུངས་པ་བཞིན། རང་འདོད་ཆུང་ཞིང་སྤྱི་ལ་ཕན་སེམས་ཆེ་བ། གནད་ཆེ་ཤོས་ཤིག་ཏུ་གོ། ལག་ལེན་ཐམས་ཅད་ཀྱང་དེའི་སྟེང་ནས་བྱེད་ཐུལ་བྱས། རྒྱས་སྲས་སེམས་དཔའ་ཆེན་པོས། གང་དང་འགྲོགས་ན་དུག་གསུམ་འཕེལ་འགྱུར་ཞིང་། །ཐོས་བསམ་སྒོམ་པའི་བྱ་བ་ཉམས་འགྱུར་ལ། །བྱམས་དང་སྙིང་རྗེ་མེད་པར་སྒྱུར་བྱེད་པའི། །གྲོགས་ངན་སྤོང་བ་རྒྱལ་སྲས་ལག་ལེན་ཡིན། །ཞེས་གསུངས་པ་བཞིན། སྡིག་གྲོགས་ཀྱི་དབང་དུ་ཡང་མ་ཤོར་བའི་ཐུལ་བྱས། དཔལ་མར་མེ་མཛད་ཀྱིས། མང་པོའི་ནང་དུ་ངག་ལ་བརྟག །གཅིག་པུར་འདུག་ན་སེམས་ལ་བརྟག །ཅེས་གསུངས་པ་བཞིན། མང་པོའི་ནང་དུ་ངག་ལ་མ་བརྟགས་པར་ཁ་ནས་སྣ་ཚོགས་སླས་ན། ལ་ལའི་དབུ་ལ་ཕོག །ལ་ལའི་ཞབས་ལ་ཕོག་ནས་ལས་ངན་གྱི་རྒྱུར་འགྲོ་བ་མང་བས་ངག་བཙུན་པ་གལ་ཆེ་བར་གོ། རྗེ་ས་པཎ་གྱིས། ཚིག་ངན་བརྗོད་པའི་འཇིག་རྟེན་དུ། །འདོད་པ་འགྲུབ་པ་མི་སྲིད་ཀྱི། །ཡིད་ལ་རང་འདོད་བསྒྲུབས་ན་ཡང་། །ངག་གི་ཀུན་དང་མཐུན་པར་གྱིས། །རང་དང་གཞན་གྱི་དོན་འགྲུབ་ན། །འཇམ་རྩུབ་ཇི་ལྟར་བྱས་ཀྱང་རུང་། །ཐབས་ལ་མཁས་པའི་སྤྱོད་པ་ལ། །གཡོ་སྒྱུ་ཐུབ་པས་མ་གསུངས་སོ། ། ཞེས་པའི་དོན་ཡིད་ལ་འཇགས་པར་བྱས། བསྟན་དོན་ལ་རྒྱུར་གནོད་ངེས་ཀྱི་གནད་མཚམས་གལ་པོ་ཆེར་མི་བྱེད་དབང་མེད་བྱུང་ན་མ་གཏོགས། མཐུ་མདོ་སྒྲུབ་འདི་ཡང་མང་ན་རང་གཞན་ཀུན་ལ་གནོད། དགའ་མི་དགའ་ཙུང་ཟད་རེའི་ཆེད་དུ་དྲག་ལས་བྱེད་པ་ནི། རང་བསམ་པ་ངན་པའི་རྟགས་སུ་གོ། ཁ་བསྟན་དོན་ལ་རྒྱུར་སྟད་བཏགས་ནས། །དོན་རང་གི་ཆེད་དུ་མཐུ་མདོ་སྒྲུབ། །གཞན་བརླག་ཕྱིར་བྱེད་པ་འདི་རིགས་ལ། །རྒྱུ་བདེན་པའི་འབྲས་བུ་སྨིན་པ་བདེན། །ཞེས་ཀྱང་སྨྲས་སོ། །

སྤྱོད་འཇུག་ལས། ནད་ཀྱིས་དཀྲུགས་པའི་མི་དག་ནི། །ལས་རྣམས་ཀུན་ལ་མཐུ་མེད་པ། །ཞེས་པ་ལྟར་རང་ཉིད་ལུས་གཅོད་པ་དང་། བློ་སྨྱོངས་པ་སོགས་གང་སྤྱིའི་ཐད་ནས་ས་སྟོང་བཀག་ནས་སྤྱོད་པ་ཙམ་མ་གཏོགས་བསྟན་པ་ལ་ཕན་སླེབས་ཆེ་བ་ཞིག་མི་འདུག་པ་ནས། རྗེ་ས་པཎ་གྱིས། གང་ཞིག་ཤེས་པའི་བྱ་བ་བསྒོ། མི་ནུས་པ་ལ་འགའ་མི་སྒྱུར། །ཆུ་ལ་ཤིང་རྟས་མི་བགྲོད་ན། །ཐང་ལ་

གྲུ་ཡིས་རྡི་ལྟར་བགྲོད། །ཅེས་པ་ལྟར། ངེད་རང་མི་ལྷོགས་པས་དགོངས་གྲོལ་ཞུས་ཤིང་། ཆོས་རྗེ་སངས་རྒྱས་ཡེ་ཤེས་པ་ཆོས་འཆད་ཉན། ཞི་དུལ་གྱི་ཡོན་ཏན་སོགས་གང་ཅིའི་མཚམས་ནས་མཁན་པོའི་འོས་སུ་འདུག་པ་བཞིན། སྐྱེས་བདག་ཅེས་པ་ལྦུགས་མོ་ལུག་གི་ལོ་ཆོས་ཁྲིར་མངའ་གསོལ་ཡང་། མདོ་སྡུད་པ་ལས། རིན་ཆེན་ཆོས་ཀྱང་དཀོན་ལ་རྟག་ཏུ་འཚེ་བ་མང་། །ཞེས་གསུངས་པ་བཞིན།

རང་ཅག་བསོད་ནམས་དམན་པས་བར་ཆད་ཀྱི་དབང་དུ་སོང་བ་བྱ་ཐབས་བྲལ་ཞིང་། འཁོར་བའི་ཆོས་ཉིད་ལ་ཡིད་སྐྱོ་བར་གྱུར་ནས། རང་ཉིད་ལ་སླུས་པ། ནམ་ཤི་འགྲོ་ངེས་པ་མ་མཆིས་ཤིང་། །ཤི་སོང་ན་གར་སྐྱེའི་ངེས་པ་ཅི། །དུས་ད་ལྟར་རང་དབང་ཡོད་སྐབས་སུ། །ལས་དགེ་སྡིག་བླང་དོར་ཚུལ་བཞིན་མཛོད། །ཅེས་ཀྱང་སླུས་སོ། །དཔེ་ཆོས་རིན་ཆེན་སྤུངས་པ་ལས། བླ་མའི་གདམས་ངག་ཐམས་ཅད་མ་ལུས་པར་ཤེས་སྙམ་ཡང་། ད་དུང་བརྒྱ་ཚར་སྟོང་ཚར་ཞུས་པས། ཐེབས་རེ་དང་ཐེབས་རེ་མི་འདྲ་བར་བློ་ལ་བསྐྱེད་དང་ཕོགས་མི་ཡོང་མི་སྲིད། ཅེས་གསུངས་འདུག་པ་བཞིན། ཐོས་བསམ་རྒྱ་ཆེན་པོ་བྱ་བ་ཤིན་ཏུ་གལ་ཆེ་ཡང་། རང་ཉིད་ལུས་གཙོང་ལེ་ལོ་དང་མི་ནུས་པ་འདི་གཉིས་དབང་ཆེ་དྲག་ནས། ཐོས་བསམ་བསྒོམ་གསུམ་ཡིད་ཆེས་པ་ཞིག་བྱ་རྒྱུ་མ་བྱུང་། བཙུན་འགྲུས་རྒྱལ་ཆེན་དཔོན་གཡོག་རྣམས་འདིར་ཕེབས་དང་བསྟུན་ནས་དགའ་མོ་ཡོང་ལ་རེ་ཆེ་ཞིག་ཡོད། ཡིད་སྨོན་འགྲུབ་པ་བླ་མ་དཀོན་མཆོག་མཁྱེན། གཤིན་གསོན་གྱི་དཀོར་གྱི་སྨུན་པ་འདི་ཤིན་ཏུ་ལྕི་བ་ཞིག་འདུག །འོན་ཀྱང་བསྔོ་སྨོན་གྱི་ཉི་མ་ཤར་ན་བློ་བདེ་འཐོལ་གྱི་འགྲོ་འདུག་པ་རྟེན་འབྲེལ་གྱི་ཆོས་ཉིད་དུ་གདའ། ལྷག་པར་གཤིན་པོའི་བསྔོ་རྟེན་བྱུང་སྐབས། དཔལ་འཕགས་པ་སྤྱན་རས་གཟིགས་དབང་མཁྱེན། །བདག་རིན་ཆེན་མི་འགྱུར་རྒྱལ་མཚན་ལ། །བློ་གཏད་པའི་གཤིན་གསོན་མང་པོ་ཡོད། །ཀུན་ཁྱེད་ཀྱིས་ཐུགས་རྗེས་བཟུང་དུ་གསོལ། །ཨོཾ་མ་ཎི་པདྨེ་ཧཱུྃ། །ཞེས་གསོལ་བ་འདེབས་ཁུལ་བྱས། མདོར་ན་སྐྱིད་སྡུག་ལེགས་ཉེས་ཅི་བྱུང་ཡང་། དཀོན་མཆོག་ལ་བློ་གཏད་ནས་ཅི་བྱེད་དགེ་བའི་ཆོས་ནས་བཤད་པ་བཞིན་བྱས་ཁུལ་ལགས། ཅི་བྱེད་དགེ་བའི་ཆོས་དང་བསྟུན་ན་ཡང་། །ཡང་དག་རང་ཞིག་ག་འདྲས་བྱུང་ཡོད་དམ། །དམ་ཉམས་ཁྲིམས་འཆལ་ཉེས་ལྟུང་ཐམས་ཅད་བཤགས། །བཤགས་བློ་སྐྱེས་པས་ཉེས་ལྟུང་འདག་པར་ཤོག །མི་ཚེ་ཕྱེད་ལྷག་ཙམ་ཞིག་སོང་ན་ཡང་། །ཡང་དག་དམ་ཆོས་བྱས་པའི་

རྗེས་ནི་ཅི། །ཅི་ཤེས་ཉམས་ལེན་ད་ནི་རན་འདུག་གོ། གོ་བ་སྐྱེས་ནས་ཉམས་ལེན་བྱེད་པར་ཤོག །རང་གི་གནས་ཚུལ་བལྟས་ན་མཐོང་ནུས་འདི། །གཞན་ལ་ཕན་ཕྱིར་བྲིས་པའི་དགེ་བ་ཡིས། །ཚེ་རབས་ཀུན་ཏུ་གཞན་ལ་མི་འཚེ་ཞིང་། །གཞན་ཕན་བྱང་ཆུབ་སེམས་དང་མི་འབྲལ་ཤོག །ཅེས་རང་གི་གནས་ཚུལ་བལྟས་ན་མཐོང་ནུས་འདི་ཡང་རིན་ཆེན་མི་འགྱུར་རྒྱལ་མཚན་གྱིས་སྤྱར་བ་དགེ་ལེགས་འཕེལ། སརྦ་མངྒ་ལཾ། །ཤྲཱ་ཡནྟུ།། །།

མཁན་ཆེན་རྡོ་རྗེ་འཛིན་པ་དཀོན་མཆོག་གྲགས་པ་ནི། མདོ་སྨད་ཀྱི་ཡུལ་བཞག་བྲག་ལྷ་རྩེའི་བྱང་ངོས་སུ་དཔག་ཚད་གཅིག་ཙམ་བགྲོད་པ་ན་སྟག་ར་ཕ་ཚོ་བཅུ་གཉིས་ཀྱི་ཡ་གྱལ་རྒྱལ་བཟང་ཞེས་པའི་ཡུལ་ན། ཡབ་གཟི་རྒན་ཨ་འབུམ་པདྨ་དང་། ཡུམ་ཨ་འཚོ་མ་ཞེས་པ་གཉིས་ཀྱི་སྲས་སུ་སྤྲུལ་ལོར་འཁྲུངས་ཤིང་།

ཁུ་བོའི་བླ་མ་ནས་མིང་ཉི་མ་བཏགས་ཤིང་། མཁན་ཆེན་ལྷུན་གྲུབ་དཔལ་ལྡན་གྱི་དབོན་པོར་གཏོགས་པ། ཁུ་བོ་བླ་མ་སྐུ་མཆེད་གཉིས་ཡོད་པ་ལས། གཅེན་ལ་ཀུན་དགའ་ཤེས་རབ་ཟེར་ཞིང་། མཁན་ཆེན་ལྷུན་གྲུབ་དཔལ་ལྡན་གྱི་སློབ་མ་དགུང་ལོ་བརྒྱད་ཅུ་ཙམ་བཞུགས་པའི་གྲུབ་ཐོབ་ཅིག་སྟེ། ཞལ་འདོན་ལ་ཤིན་ཏུ་བརྩོན་པའི་ལྷགས་སྔགས་དང་ལྷགས་ཆུ་ཙམ་གྱིས་ཡང་སེམས་ཅན་ནད་གདོན་ལས་གྲོལ་ཞིང་། སྐུ་གཤེགས་ཚེ་སྐུན་གཞི་གང་ཡང་མེད་ཀྱང་གདུང་ཁང་བཙུགས་ནས་དེ་ནང་དུ་བཞུགས་ཏེ་སྐུ་མདངས་ཀྱང་སྔར་གྱི་དེ་འགྱུར་ནས་དཀར་པོར་གྱུར་ཞིང་། སྐུ་གདུང་གི་མེ་མཆོད་འབུལ་ལུགས་སོགས་རྗེས་ཀྱི་བྱ་བ་རྣམས་མཁན་ཆེན་རང་གི་གཅེན་པོ་རྣམས་ལ་ཞལ་བསྒོས་བགྱིས་ཏེ་དབུས་གཙང་ཕྱོགས་སུ་ཞལ་གཟིགས་ནས་འདས་པས་ཞག་གསུམ་མེ་ཏོག་གི་ཆར་རྒྱུན་མ་ཆད་པ་སོགས་འདས་རྟགས་ངོ་མཚར་རྨད་དུ་བྱུང་བའི་སྲིག་ཚོག་པ་མང་བརྟེན་ཆོས་རྗེ་སོགས་ཀུན་ལ་མཚན་དུ་གྱུར་སྐད་དོ། །

དེའི་གཅུང་བསོད་ནམས་དཔལ་འབྱོར་ནི་མཁས་གྲུབ་སངས་རྒྱས་ཕུན་ཚོགས་ཀྱི་སྐྲ་བཅད་ལུགས་གཉིས་ཀྱི་མཁྱེན་སྒོ་ཤིན་ཏུ་ཡངས་ཤིང་ཤེས་བྱ་མཐའ་དག་གི་རྒྱུད་ཕྱུག་པ་གསུང་བཟང་ཞིང་གཟི་བརྗིད་ཆེ་བའི་ཀུན་ཡིད་འཕྲོག་པའི་བག་དང་ལྡན་པ་ཞིག་བཞུགས་པ་དེ་ཉིད་ཀྱི། ཡུལ་དེ་རས

དཔྱད་ཕུན་སུམ་ཚོགས་པ་བྱ་རྒོད་སྐྱིད་ཉལ་རྒྱག་པའི་སྐྱི་གཙུག་ཏུ་ནོར་བུ་རིན་པོ་ཆེས་བརྒྱན་པ་འདྲ་བ་ལྷ་བུའི་སྟེངས་ན་སྤུར་མེད་ཀྱི་གཙུག་ལག་ཁང་གསར་བསྐྲུན་མཛད་པ་སོགས་ཡུལ་དེར་ཨེ་ཝཾ་པའི་བསྟན་འཛིན་སྟོབས་ཆེན་ཞིག་ཡིན་ཅེས་གླེང་འདུག་ཅིང་། དགོན་པའི་མིང་ཡང་རྒོད་འདྲ་བྱང་ཆུབ་གླིང་ཞེས་ཟེར་བའི་ད་ལྟ་ཡང་མཁན་པོ་ཉིད་ཀྱི་གཅེན་པོ་ཞིག་གི་དགོན་བདག་བྱས་ནས་ཡོད་འདུག །གཞན་ཡང་དེའི་ཉེ་འཁོར་དུ་དར་མདོ་ཕ་རི་སྣར་པ་ཞེས་ཡོངས་སུ་གྲགས་པས་རིགས་རྒྱུད་ཕུན་སུམ་ཚོགས་པ་གཏུམ་དབོན་པ། གནམ་བསྐོས་འཛམ་དབྱངས་གོང་མ་བདག་པོའི་གསེར་དམ་གྱི་བདག་པོ་བླ་ཆེན་དམ་ཆོས་པ་དང་། དེའི་དབོན་སངས་རྒྱས་དཔལ་ལྡན། མཁན་རང་གི་རྩ་བའི་བླ་མ་གྲགས་པ་འོད་ཟེར་བཅས་དབོན་རིམ་བརྒྱུད་ཀྱི་བཞུགས་གནས་གཏུམ་ཡུལ་ཞེས་པའི་གྲོང་ཁྱེར་གྱི་དབུས་ན་རི་སེང་གེ་འགྱིང་སྟབས་འདྲ་བའི་སྟེངས་སུ་ལྷ་ཁང་ནང་རྟེན་ཁྱད་འཕགས་དུ་མ་བཞུགས་པ་ལ་འབུར་འགོ་ཅེས་གྲགས་པ་དང་། དེའི་དགོན་ལག་གི་ཆར་གཏོགས་དཔལ་ལྡན་རགས་པར་མང་བརྟན་རྣམ་གྲོལ་གླིང་། ར་ཧོ། རྫས་ཚུག །སྟག་རྩེ། སྤྱང་བཟང་སོགས་ཨེ་ཝཾ་པའི་དགོན་པ་བཟང་རབ་འགའ་ཞིག་ཀྱང་ཡོད་འདུག་ཅིང་། ཁྲུ་བོའི་བླ་མ་གཉིས་ཀྱི་རྒོད་འདྲ་བྱང་ཆུབ་གླིང་གི་འཛིན་བདག་གམ། ཁོ་རང་ཟླུང་གི་རྗེས་འཇུག་ལྷ་བུ་འཕྲུལ་ལ་ཡོང་རེས་མཁན་ཆེན་པའི་ཡབ་པདྨ་ལ་བུ་བཞི་ཡོད་པའི་ཆེ་བ་གསུམ་ལ་རིམ་བཞིན་ཆོས་སློབ་ཀྱང་གསུམ་ཀ་ཆོས་མགོ་མ་ཐོན་ནོ། །

དེ་དག་གི་ནང་ནས་ཆུང་ཤོས་དམ་པ་འདི་ཉིད་དེ་རང་ལོ་བརྒྱད་པར་ཆོས་བྱས། བཅུ་གསུམ་ལ་ཁྲུ་བོའི་བླ་མས་དར་མདོ་ཕ་རི་སྣར་དུ་སྦྱོར་གཏད་ཞུས་བླ་ཆེན་གྲགས་འོད་དང་མཇལ་མིང་ཉི་མ་འོད་ཟེར་གནང་། ཞག་ཤས་ནས་ཆོས་སྤྱོད་ཀྱི་རིམ་པ་རྣམས་རྒྱུགས་ཕུལ་བའི་མིང་ཤེས་རབ་བཟང་པོ་སྦྱོས། བཅུ་བདུན་ལ་ཨེ་ཝཾ་དུ་འབྱོར། རྡོ་རྗེ་འཆང་བསོད་ནམས་བཟང་པོ་དང་ནམ་མཁའ་བསམ་འགྲུབ་སོགས་མཇལ། མཁན་ཆེན་ནམ་མཁའ་བསམ་འགྲུབ་ཀྱི་དྲུང་དུ་ལོ་དེར་རབ་ཏུ་བྱུང་མཚན་དཀོན་མཆོག་གྲགས་པ་གནང་། གཉིས་ཀ་ལ་གསུང་ངག་ལམ་འབྲས་ཡོངས་རྫོགས་རེ་དང་། དབང་ལུང་རྗེས་གནང་རིགས་གསན།

ཕྱིས་རང་ལོ་ཉི་ཤུ་པར་རབ་བྱུང་མཁན་པོར་བསྙེན་པར་རྫོགས་ཤིང་། དགེ་རྒྱན་ཆོས་མཐུན་

བསྙེན་པ་བཟང་སྟབས། རྒྱུད་འདོན་བཞི། སྔང་རྒྱུད། གཞུང་བདུན། ཐུབ་པའི་དགོངས་གསལ། དགོངས་རྒྱན་རྣམས་རྒྱུགས་འབུལ་གནང་། དེ་མཚུངས་བསྙེན་པའི་རིགས་ཀྱང་དགེས་པ་རྡོ་རྗེའི་བསྙེན་པ་བཅུ་ཆའི་སྦྱིན་སྲེག་ཚོགས་འཁོར་བཅས་པ། འཇིགས་བྱེད་བསྙེན་ཆེན་བཅུ་ཆའི་སྦྱིན་སྲེག་ཚོགས་འཁོར་སྒྲུབས་པ། ཀུན་རིག །མི་འཁྲུགས་པ། ཚེ་དཔག་མེད། འཇམ་དབྱངས་དཀར་སེར། སྒྲོལ་དཀར། སེང་གེ་སྒྲ། མགོན་པོ་ཕྱག་རྫོང་མ། གཉན་མགོན། ལས་གཤིན། དམར་པོ་སྐོར་གསུམ། དབྱུག་གུ་མཆེད་གསུམ་རྣམས་ཀྱི་བསྙེན་ཚད་རེ་བྱས་ཤིང་རྗེས་སུ་ཁ་སྐོང་བཅས་གནང་། དེ་དག་གི་སྐབས་སུ་ཉམས་རྟོགས་ཆེར་འཕེལ་ཞིང་བླ་མ་ལྷས་བྱིན་གྱིས་བརླབས་པའི་རྟགས་མཚན་མནལ་ལམ་སོགས་ཀྱང་ཡ་མཚན་ཆེ་བ་མང་རབ་བྱུང་འདུག་ཅིང་། དགུང་གྲངས་ཉེར་ལྔ་པ་ཨེ་ཝཾ་འདུས་པ་རྒྱ་མཚོས་རྡོ་རྗེ་སློབ་དཔོན་དུ་བླ་སྤྱི་ཀུན་གྱི་མོས་བསྒུར་གྱི་གསོལ་བ་བཏབ་པ་ལྟར་འཁོད་ཅིང་། བསྟན་པ་རིན་པོ་ཆེའི་མིག་རྒྱན་དུ་ཆེ་བའི་སྒྲིག་ལམ་ཀུན་སྤྱོད་ཚོ་ག་ཕྱག་ལེན་ཆོས་འཆད་ཉན་སོགས་འགྲན་བྲལ་གྱིས་སྐྱ་དྲིན་ཤིན་ཏུ་ཆེ་བ་ཅིག་ཏུ་གྱུར། སོ་བདུན་པ་ལྕགས་མོ་ལུག་གི་ལོར་ས་གཞུང་གཉིས་ཀྱི་བསྒོ་གཞག་གི་བཀའ་ཤོག་རིན་པོ་ཆེའི་དགོངས་དོན་ལྟར། རྒྱལ་བ་རྡོ་རྗེ་འཆང་ཀུན་དགའ་བཟང་པོའི་ཆོས་ཀྱི་ཁྲི་མཐོན་པོར་མངའ་གསོལ།

གསུང་ངག་རིན་པོ་ཆེས་ཟབ་རྒྱས་སུ་ལོ་ལྟར་སྩལ་བ་དང་། ཁམས་མངའ་རིས་དབུས་གཙང་ཕྱོགས་ཀྱི་སློབ་མ་བགྲང་ལས་འདས་པ་ལ་སོ་ཐར་གྱི་སྡོམ་པ་འབོགས་པ། སྨིན་གྲོལ་གྱི་དབང་ཁྲིད་རྒྱབ་ཆོས་སོགས་གང་ལ་གང་འཚམ་གྱི་རྣམ་པར་དཀར་བའི་མཛད་ཕྲིན་ཕུན་སུམ་ཚོགས་པ་དང་། ལྟར་བཅས་སྐྱེ་དགུའི་གཙུག་ནོར། རྒྱལ་དབང་ཐམས་ཅད་མཁྱེན་གཟིགས་ཆེན་པོས་བཀའ་གནང་གསེར་པ་སྤྱི་བཅིངས་ཀྱིས་གློ་འཛུམ་ལེགས་འདུམ་དུ་ཆིབས་བསྐྱོད་གནང་བ། མཆོག་གསུམ་སྤྱི་དང་། བྱེ་བྲག་དཔལ་ལྡན་ས་ངོར་གཉིས་ཀྱི་དམ་ཅན་སྲུང་མའི་མཐུ་སྟོབས་ཀྱིས། ཕན་རྩུན་ཟློས་པ་མེད་པའི་ཆིང་སྒྲིལ་ལེགས་ལམ་དུ་གྲུབ་ཅིང་། གློ་འཛུམ་གཞུང་གི་ས་སྣའི་མི་སྡེས་མཆོན་ཚང་མར་དམག་འཁྲུག་གཡོར་ལོང་སོགས་ཀྱི་ཉམ་ཉེས་ལས་བསྐྱབས་ཤིང་། སླར་ཡང་ངོར་དུ་ཆག་ཕེབས་ཚེ་ཞབས་དྲུང་ཁག་གི་རྣ་ཐབ་ཀྱི་བསུ་བ་དང་། འདུས་པ་རྒྱ་མཚོའི་ཚོགས་ཀྱི་མཆོད་པའི་ཡོ་བྱད་དང་ཆབས་ཅིག་

པའི་སེར་ཕྲེང་དང་བཅས་ཕེབས་བསུ་ཕོག །ལུགས་གཉིས་ཀྱི་བཀོད་པ་ཧ་ཅང་ལྷག་པར་མཛེས་པ་ཞིག་ཡོད་ཅིང་། ཆོས་སྡེ་དེ་ནི་ངོར་ཨེ་ཝཾ་ཆོས་ལྡན་ཞེས་པ་ཡིན་ནོ།།

ལྷ་ལྡན་རི་བོ་གྲུ་འཛིན་དུ་སྐྱབས་མགོན་ཆེན་པོའི་མཇལ་ཕྱག་ཏུ་ཕེབས། གཙོ་བོ་གོང་ས་མཆོག་དང་། བཀའ་མགྲོན་གྱིས་མཆོན་ཚང་མས་སྤྱན་རྒྱང་བདག་རྐྱེན་ཨེ་ཝཾ་བའི་བསྟན་དོན་ལར་རྒྱའི་སྔོན་གྱི་བཀའ་བསྟན་རིམ་པར་རྒྱབ་གཉེན་གཙང་ཆོད། དངོས་པོ་གྱ་ནོམ་པའི་གནང་སྦྱིན་སོགས་བཀའ་དྲིན་སྐྱུལ་བ་བཅས་སྐུ་བསོད་དང་ཕྲིན་ལས་མི་དམན་པ་གྱུར། བདག་ཅག་གིས་ཀྱང་འབུལ་སྒྲོམ་སོགས་མི་དམན་པ་སྟོན་ཕུལ་གྲུབ་ཀྱང་ལྷ་ལྡན་དུ་དངོས་མཇལ་གྱི་ཐོག་ལ་ཞུས། སླར་ཡང་ངོར་དུ་ཕེབས་ཏེ། རྒྱལ་བ་གོང་མའི་རིང་ལུགས་རྗེས་སུ་སྐྱོང་བའི་ལུགས་གཉིས་ཀྱི་སྒོ་ནས་བླ་བྲང་གི་འཛིན་གྲྭའི་སྒོར་སྟར་རྒྱུན་ལྡར་གནང་། དེ་སྐབས་དཔལ་ས་སྐྱ་པ་ཆེན་པོ་ཉི་ཟླ་ཟུང་འབྲེལ་དབུས་ཕེབས་ཆིབས་སྐྱོད་བཀའ་དྲིན་ཆེ་བའི་ཡར་ལམ་ཞར་ངོར་དུ་ཆག་ཕེབས་པར། ཆིབས་བསུ། སེར་ཕྲེང་སོགས་ཀྱི་བཀོད་གནང་དང་། བླ་བྲང་ནས་གསོལ་སྟོན་ཟུར་ཆས་ཀྱི་རིམ་པ། དངོས་པོའི་འབུལ་ནོད་ཆིབས་སྐྱེལ་བཅས་གྲ་གང་འགྲིག་ཞུས་པར། སྐྱབས་མགོན་མཆེད་ཀྱང་དགྱེས་པ་ཆེན་པོས་སྒོ་འཕར་བྱེ་པའི་ལེགས་ལམ་ཕུན་སུམ་ཚོགས་པར་གྱུར། མཁན་འདི་ཉིད་ནས་དམ་པ་དུ་མར་ཟབ་ཆོས་ཀྱི་རིགས་དུ་མ་གསན་པ་རྒྱ་ཆེ་བ་དང་། ཁོ་བོ་ཅག་ལའང་རྗེ་བཙུན་ས་སྐྱ་པའི་གདམས་པ་ཁྱད་པར་ཅན་གསུང་ངག་གི་ཆོས་སྐོར་དང་། གསེར་ཆོས་ཀྱི་རིགས་དབང་ལུང་། རྗེ་གནང་ལུང་གི་ཚོགས་གང་དགོས་ཕུལ། གཞན་ཡང་དགེ་ཚོགས་ཅི་ཆེ་སྤེལ། དེ་ལྟ་བུའི་བྱས་བྱུང་རགས་བསྡུས་འདི་འང་དགེ་སློང་དཀོན་མཆོག་གྲགས་པས་སོ།། །།མངྒ་ལཾ།། །།

༄༅། །ཤྲཱི་ཨེ་ཝཾ་པའི་གདན་རབས་ནོར་བུའི་ཕྲེང་བའི་ཞལ་སྐོང་བདུད་རྩིའི་ཐིགས་ཕྲེང་ཞེས་བྱ་བ།

འཇམ་དབྱངས་བློ་གཏེར་དབང་པོ།

ཨོཾ་སྭ་སྟི་སིདྡྷཾ། གཟོད་ནས་ཤིན་ཏུ་རྣམ་པར་དག་པས་སྲིད་པའི་མུན་པ་ཀུན་ཟློས་ཏེ། །ཁ་སྦྱོར་བདུན་གྱི་སྣང་བ་ཆེར་རྫོགས་བླ་ན་མེད་པའི་རྩེ་ར་འཛིགས་ཀྱང་། བྱམས་པའི་གཟི་ཡིས་འགྲོ་ཀུན་དགའ་སྟེར་བསྟན་པའི་རྒྱལ་མཚན་སྒྲེང་བ་པོ། །དཔལ་ལྡན་བླ་མ་དགྱེས་པ་རྡོ་རྗེ་བྱང་ཆུབ་བར་དུ་སྙིང་དབུས་མཆོད། །སྲིད་པའི་བརྟན་ཀུན་གདོད་ནས་བསྐམས་ཀྱང་སྙིང་རྗེ་འོ་མའི་ཆུ་གཏེར་ཕྱུར། །ཡོན་ཏན་འབྲས་བཟང་ཉིད་ཀྱིས་འཛིན་ཡང་ཕན་བདེའི་འདོད་རྒུ་ཀུན་ལ་སྩོལ། །རྒྱལ་བས་ཚངས་དབྱངས་གླིང་བུས་བསྒྲགས་པས་ཡང་ཡང་བསྐོར་ཞིང་དམ་དུ་འཁྲུད། །འཇིག་རྟེན་དབང་ཕྱུག་ཀུན་དགའ་བཟང་པོ་རྒྱ་མཚོའི་བློ་ལ་ལྷ་ཕྱག་བརྩེག །ལུང་དང་རིག་པའི་ཆུ་གཏེར་ལ་གནས་རྩོད་དང་རྩོམ་པའི་ཕུད་སྒྲ་སྒྲོགས། །བསླབ་གསུམ་ནོར་བུའི་གདེངས་ཀ་འབར་བས་ལོག་རྟོག་དབུལ་ཕོངས་ཡོངས་སུ་བཅིལ། །སྨིན་གྲོལ་བདུད་རྩིའི་ཆར་རྒྱུན་འབེབས་པས་སྐྱ་བཞིའི་ལོ་ཐོག་རྒྱས་མཛད་པ། །དཔལ་ལྡན་བླ་མ་ཀླུ་རྒྱལ་ཚོགས་ཀྱིས་ཤིས་པའི་མེ་ཏོག་ཆར་དུ་སྩོལ། །

ཞེས་པའི་ཚིག་གི་མེ་ཏོག་ཉུང་ངུ་འཐོར་བས་མདུན་བསུས་ཏེ། གང་ཞིག་བརྗོད་པར་བྱ་བའི་སྙིང་པོར། རྣམ་པར་སྣང་མཛད་གང་ཆེན་མཚོའི་ཕྱག་མཐིལ་གྱི་རྡུལ་ཕྲ་རབ་ལ་གནས་པའི་གཞི་དང་སྙིང་པོ་མེ་ཏོག་གིས་བརྒྱན་པའི་ཞིང་ཁམས་ཀྱི་ནང་གསེས། སྟོང་གསུམ་གྱི་སྟོང་ཆེན་པོ་མི་མཇེད་འཇིག་རྟེན་གྱི་ཁམས་ཞེས་གྲགས་པའི་བྱེ་བྲག་དབུས་ཀྱི་གླིང་ཆེན་པོ་བཞི་པའི་འཇིག་རྟེན་གྱི་ཁམས

ཞེས་བྱ་བ་ལས། ལྷོ་ཕྱོགས་འཛམ་བུའི་གླིང་གི་བྱང་ཕྱོགས་ཁ་བ་ཅན་གྱི་ལྗོངས་འདིར་སྤྲུལ་པའི་རྒྱལ་བློན་རྣམས་ཀྱི་བདག་རྐྱེན་ལས་ལོ་པཎ་རྣམས་ཀྱིས་དམ་པའི་ཆོས་ཀྱི་སྲོལ་བཏོད། དར་ཞིང་རྒྱས་པར་མཛད་པ་ལས། རྗེ་བཙུན་འཇམ་དཔལ་དབྱངས་འོད་གསལ་འཆི་མེད་རིགས་ལས་བསམ་བཞིན་དུ་སྐྱེ་བའི་འཕྲི་ཤིང་བཟུང་བ་རྗེ་བཙུན་གོང་མ་ལྔ་ལ་སོགས་པ་རྣམས་ཀྱིས་ལུང་རྟོགས་ཀྱི་བསྟན་པ་རིན་པོ་ཆེ་གོང་ནས་གོང་དུ་འཕེལ་བར་མཛད་པ་ལས། ཕྱིས་སུ་ཐུབ་པའི་བསྟན་པ་སྤྱི་དང་། བྱེ་བྲག་རྗེ་བཙུན་ས་སྐྱ་པ་རྣམས་ཀྱི་བཞེད་སྲོལ་འཛིན་པ་རྣམས་ཀྱི་ནང་ནས་གཙུག་གི་ནོར་བུ་ལྟར་གྱུར་པ། སྔགས་ཀྱི་བསྟན་པ་འཛིན་པ་ལ་ངོར་ཛྫོང་གཉིས་སུ་གྲགས་པའི་ནང་ནས་ཆེས་མཆོག་ཏུ་གྱུར་པ་ནི། བཅོམ་ལྡན་འདས་ཐུབ་པའི་དབང་པོས་ལུང་བསྟན་གྱི་མི་རྟོག་ལན་གཅིག་མ་ཡིན་པ་ཡང་ནས་ཡང་དུ་འཕོར་བའི་ངོར་ཆེན་རྡོ་རྗེ་འཆང་ཀུན་དགའ་བཟང་པོ་ཞེས་མཚན་སྙན་གདུགས་དཀར་པོ་གཅིག་གིས་སྲིད་པ་དང་ཞི་བའི་ཕྱོགས་ཐམས་ཅད་ཡོངས་སུ་ཁེབས་པ་དེ་ཉིད་འདིག་རྟེན་དུ་བྱོན་ཏེ། དེ་བཞིན་གཤེགས་པའི་བསྟན་པ་ལ་སྟོན་པ་གཉིས་པ་ལྟ་བུའི་མཛད་པ་རླབས་པོ་ཆེའི་སྒོ་ནས། རྒྱལ་བའི་བསྟན་པ་རིན་པོ་ཆེ་སྤྱི་དང་། བྱེ་བྲག་རྡོ་རྗེ་ཐེག་པའི་ཆོས་སྐོར་ཐམས་ཅད་སའི་སྟེང་ཕལ་ཆེ་བར་དར་ཞིང་རྒྱས་པར་མཛད་པ་ཡིན་ནོ། །

དེ་ནས་ཀྱང་རྗེ་དེ་ཉིད་ཀྱི་རྒྱལ་ཚབ་ཏུ་མི་འཇིགས་གདོང་ལྔས་བརྟེག་པའི་ཆོས་ཀྱི་ཁྲི་འཕང་མཐོན་པོར་མངའ་གསོལ་བའི་བསྟན་འཛིན་གྱི་སྐྱེས་བུ་བར་མ་ཆད་པ་མུ་ཏིག་བསྟར་ལ་བརྒྱུས་པ་ལྟར་བྱོན་པ་ལས། མུས་ཆེན་འཁོར་ལོ་སྡོམ་པ་ནས་གདན་རབས་ཉེར་དྲུག་པ་མཁན་ཆེན་ཤེས་བྱ་བཟང་པོའི་བར་གྱི་རྣམ་ཐར་མདོར་བསྡུས་རེ་འཛམ་མགོན་སངས་རྒྱས་ཕུན་ཚོགས་ཀྱིས་མཛད་པ་གདན་རབས་ནོར་ཕྲེང་དུ་གྲགས་པ་དེའི་ཁ་སྐོང་འཛམ་མགོན་སངས་རྒྱས་ཕུན་ཚོགས་ནས། གདན་རབས་སོ་གསུམ་པ་བྱམས་པ་དཔལ་ལྡན་ཆོས་སྐྱོང་བར་གྱི་རྣམ་ཐར་དཔལ་ཆོས་ཀྱིས་མཛད་པ་རྟོགས་བརྗོད་འདོད་རྒུའི་དཔལ་སྟེར་དང་། གདན་རབས་སོ་ལྔ་པ་ཁང་སར་མཁན་ཆེན་བསོད་ནམས་ལྷུན་གྲུབ་ཀྱི་རྣམ་ཐར་དཔལ་ཆོས་པས་མཛད་པ། གདན་རབས་སོ་དྲུག་པ་ཤར་ཆེན་མི་འགྱུར་རྒྱལ་མཚན་གྱི་རྣམ་ཐར་རྗེ་རང་ཉིད་ཀྱིས་མཛད་པ། གདན་རབས་སོ་བརྒྱད་པ་འཇམ་དབྱངས

དཀོན་མཆོག་གྲགས་པའི་རྣམ་ཐར་རྗེ་རང་ཉིད་ཀྱིས་མཛད་པ་བཅས་སྟར་དུ་བཞུགས་པའི་ཞལ་སྐོང་འབྲི་བ་ལ། ཕྱག་ཆེན་ཐིག་ལེ་ལས། གང་ཞིག་དབང་བསྐུར་སྨིན་བྱེད་པ། །

དེ་ནི་རྡོར་སེམས་ལྷ་བུར་བལྟ། །བླ་མ་སྟོན་པ་བས་ལྷག་བལྟ། །ཡིད་བཞིན་རིན་ཆེན་མཉམ་པར་བལྟ། །ཞེས་དང་། གུར་ལས། དབང་བསྐུར་ཐོབ་པའི་སློབ་དཔོན་ལ་ཇི་ལྟར་བལྟ་བར་བགྱི། བཀའ་སྩལ་པ། སློབ་དཔོན་སྟོན་པར་གྱུར་པ་ནི། །སངས་རྒྱས་ཀུན་གྱིས་ཕྱག་མཛད་པ། །བདག་ཅག་རྣམས་ཀྱི་ཕ་དང་མ། །འདི་ཉིད་ཡིན་པར་བསམ་པར་བྱ། །ཞེས་དང་། ས་པཎ་གྱིས། བླ་མ་སངས་རྒྱས་ཉིད་ཡིན་ཞེས། །བྱ་བ་དབང་བསྐུར་ཐོབ་ནས་ཡིན། །ཞེས་གསུངས་པ་ལྟར་དབང་བསྐུར་གཙོ་བོར་གྱུར་པའི་སྡོམ་པ་གསུམ་གྱི་ཆོས་ཀྱི་བཀའ་དྲིན་ཐོབ་པའི་རྩ་བ་དང་བརྒྱུད་པའི་བླ་མ་རྣམས་ཀྱི་རྣམ་ཐར་བརྗོད་པ་ནི། དུས་གསུམ་གྱི་རྒྱལ་བ་སྲས་དང་བཅས་པའི་ཡོན་ཏན་བརྗོད་པ་ལས་ལྷག་པའི་བསོད་ནམས་ཐོབ་པ་སོགས་དོན་ཆེ་བ་ཡང་དག་པའི་ལུང་ཚད་མས་གྲུབ་པའི་ཕྱིར་སྙིང་པོའི་དོན་མདོར་བསྡུས་ཏེ་བརྗོད་པ་ལ། །

༄ གདན་རབས་སོ་བཞི་པ་མཁས་གྲུབ་སངས་རྒྱས་དཔལ་བཟང་ནི། མདོ་ཁམས་གོ་འཇོའི་ཡུལ་དུ་བཀྲ་ཤིས་པའི་དགེ་མཚན་དུ་མ་དང་བཅས་ཏེ་སྐུ་འཁྲུངས། སྐུ་ཆུང་དུའི་དུས་ནས་དམ་པའི་རིགས་སད་ཅིང་། ཆོས་སྤྱོད་དང་ཐོས་བསམ་ལ་བརྩོན། ནར་སོན་པ་ན་ཨེ་ཝཾ་ཆོས་ལྡན་གྱི་གྲྭ་སར་གཟི་ཁང་ཚན་དུ་ཞུགས། བྱམས་པ་བསོད་ནམས་བཟང་པོ། མཁན་ཆེན་བཀྲ་ཤིས་ལྷུན་གྲུབ། བྱམས་པ་ཚུལ་ཁྲིམས་ལྷུན་གྲུབ། ཐར་རྩེ་ནམ་མཁའ་བསམ་འགྲུབ། མཁན་ཆེན་དཔལ་ལྡན་ཆོས་སྐྱོང་རྣམས་གཙོ་བོར་བསྟེན་ནས། སྡོམ་པ་གསུམ་གྱི་གཙོས་ཟབ་རྒྱས་ཀྱི་གདམས་པ་རྒྱ་མཚོ་ལྟ་བུར་གསན། མ་ཧཱ་པཎྜི་ཏ་ཚུལ་ཁྲིམས་རིན་ཆེན་སོགས་ལས་སྒྲ་སྙན་སོགས་རིག་གནས་དུ་མར་བསླབ་སྦྱངས་མཛད། དགེས་པ་རྡོ་རྗེ་སོགས་ལྷག་པའི་ལྷའི་བསྙེན་སྒྲུབ་མཐར་ཕྱིན། བྱམས་པ་བསོད་ནམས་བཟང་པོས་མཁན་སའི་ལས་ཁུར་སྟ་ཕྱི་གཉིས་མཛད་པའི་ཕྱི་མའི་གདན་ཚབ་ཏུ་ཀུན་མཁྱེན་ཨེ་ཝཾ་པའི་ཆོས་ཀྱི་ཁྲི་ལ་མངའ་གསོལ། སྡོམ་པ་གསུམ་དང་གསུང་ངག་རིན་པོ་ཆེ་སོགས་ཟབ་རྒྱས་ཆོས་ཀྱི་འཁོར་ལོ་བསྐོར་ནས་མཁན་ཆེན་བསོད་ནམས་ལྷུན་གྲུབ། ཤར་ཆེན་མི་འགྱུར་རྒྱལ་མཚན།

འཇམ་མགོན་སངས་རྒྱས་ཡེ་ཤེས། སྨྲ་བའི་སེང་གེ་ཚུལ་ཁྲིམས་རིན་ཆེན་སོགས་སྐལ་ལྡན་གྱི་སློབ་ཚོགས་མཐའ་ཡས་པ་བསྐྱུན། མཁན་པོའི་ལས་ཁུར་ཁང་སར་མཁན་ཆེན་བསོད་ནམས་ལྷུན་གྲུབ་ལ་ཕུལ་ནས། ཁམས་སྡེ་དགེའི་ཕྱོགས་སུ་ཕེབ། ཆོས་ཀྱི་རྒྱལ་པོ་བསྟན་པ་ཚེ་རིང་དང་མཆོད་ཡོན་དུ་འབྲེལ། ཁྲི་ཁོག་ཏུ་འཁོར་མདོ་དགོན་དང་། རྫོང་ཆེན་དགོན་གཉིས་གསར་བཞེངས་ཀྱི་བདག་རྐྱེན་མཛད་པ་སོགས་རྣམ་དཀར་གྱི་མཛད་ཕྲིན་ཆེས་ཆེ་བར་མངའ་བའི་བསྟན་འཛིན་གྱི་སྐྱེས་བུ་དམ་པ་ཞིག་གོ།

༄ གདན་རབས་སོ་བདུན་པ་འཇམ་མགོན་སངས་རྒྱས་ཡེ་ཤེས་ནི། མཁན་ཆེན་ཐམས་ཅད་མཁྱེན་པ་བཀྲ་ཤིས་ལྷུན་གྲུབ་ཀྱི་དབོན་རིགས་སུ། རང་ཞབས་མདོ་མཁར་ཞེས་པར་སྐུ་འཁྲུངས། ཆུང་དུ་ནས་ངོར་གྱི་ཆོས་གྲྭར་ཐོན། ཆོས་སྤྱོད་འདོན་ཚོག་སྐོར་དང་། རྒྱུད་ཆུང་བཞི་སོགས་ཐུགས་འཛིན་མཛད། བྱམས་པ་བསོད་ནམས་བཟང་པོ། མཁན་ཆེན་བཀྲ་ཤིས་ལྷུན་གྲུབ། འཇམ་མགོན་ཚུལ་ཁྲིམས་ལྷུན་གྲུབ། ཐར་རྩེ་ནམ་མཁའ་བསམ་འགྲུབ། མཁན་ཆེན་དཔལ་ལྡན་ཆོས་སྐྱོང་སོགས་དམ་པ་མང་པོ་ལས་སྡོམ་པ་གསུམ་དང་། གསུང་ངག་རིན་པོ་ཆེ་སོགས་ཆོས་ཚུལ་མཐའ་ཡས་པ་གསན། གཞུང་ལུགས་རབ་འབྱམས་ལ་བསླབ་སྦྱངས་དང་གཟིགས་རྟོག་མཛད། ཀྱཻ་རྡོ་རྗེའི་གཞི་བསྙེན་སོགས་ལྷག་པའི་ལྷ་དུ་མའི་བསྙེན་སྒྲུབ་མཐར་ཕྱིན། ཤར་ཆེན་བྱང་ཆུབ་སེམས་དཔའ་རིན་ཆེན་མི་འགྱུར་རྒྱལ་མཚན་གྱི་གདན་ཚབ་ཏུ་དཔལ་ཀུན་དགའ་བཟང་པོའི་ཆོས་ཀྱི་ཁྲི་ལ་མངའ་གསོལ། སྡོམ་པ་གསུམ་དང་ངོར་ལུགས་དཀྱིལ་འཁོར་བདུན། གསུང་ངག་རིན་པོ་ཆེ། སྒྲུབ་ཐབས་བརྒྱ་རྩ་དང་རྒྱ་མཚོ། བླ་མ་གོང་མའི་པོད་ལུང་སོགས་དམ་པའི་ཆོས་ཀྱི་ཆར་སིལ་མར་ཕབ་པས་སྐལ་བཟང་གི་ཤེས་རྒྱུད་འཛིན་མའི་དཀྱིལ་འཁོར་ལ་མངོན་མཐོ་དང་ངེས་ལེགས་ཀྱི་འབྲས་བཟང་སྨིན་པའི་སློབ་ཚོགས་ཀྱང་། ངག་དབང་ཆོས་སྐྱོང་བཟང་པོ། མཁས་གྲུབ་སངས་རྒྱས་གྲགས་པ། དཔལ་ས་སྐྱ་པ་ཆེན་པོ་སྔགས་འཆང་བླ་མ་ཐམས་ཅད་མཁྱེན་པ་ངག་དབང་ཀུན་དགའ་བློ་གྲོས། མ་ཧཱ་པཎྜི་ཏ་ཚུལ་ཁྲིམས་རིན་ཆེན་སོགས་དུ་མར་བསྐྱུན། ལྷར་བཅས་འགྲོ་བའི་སྐྱབས་གནས་དམ་པར་གྱུར་ཀྱང་སྐུ་ཚེ་རིང་པོར་མ་བཞུགས་པ་ཞི་བའི་དབྱིངས་སུ་གཤེགས་སོ། །

༄ གདན་རབས་སོ་དགུ་པ་ངག་དབང་ཆོས་སྐྱོང་བཟང་པོ་ནི། བྱམས་པ་བསོད་ནམས་བཟང་

པོ་དང་། བསོད་ནམས་ལྷུན་གྲུབ་སོགས་དམ་པ་མང་པོའི་དབོན་རིགས་སུ་གཙང་རོང་གླིང་མ་མཁར་དུ་སྐུ་འཁྲུངས། རིགས་རུས་ཀྱི་ཡོན་ཏན་དུ་མར་མངའ། ཁྲིམས་ཀྱི་བྱ་བ་དུག་སྦྲུལ་གནས་པའི་ཚང་ཚིང་དང་། རབ་ཏུ་བྱུང་བ་ནི་ལྷའི་ཁང་བཟང་དུ་གནས་པ་ལྟ་བུར་གཟིགས་ནས། ངོར་ཨེ་ཝཾ་ཆོས་ལྡན་དུ་ཕེབ། མཁན་ཆེན་གྲུབ་དབང་དཔལ་ལྡན་ཆོས་སྐྱོང་གཙོས། མཁས་གྲུབ་སངས་རྒྱས་དཔལ་བཟང་། མཁན་ཆེན་བསོད་ནམས་ལྷུན་གྲུབ། རིན་ཆེན་མི་འགྱུར་རྒྱལ་མཚན། འཇམ་མགོན་སངས་རྒྱས་ཡེ་ཤེས་སོགས་དམ་པ་མང་པོ་ལས་སྡོམ་པ་གསུམ། གསུང་ངག་རིན་པོ་ཆེའི་ཆོས་སྐོར་ཡོངས་རྫོགས། དགྱེས་པ་རྡོ་རྗེ་སོགས་དཀྱིལ་འཁོར་མང་པོའི་དབང་ལུང་ཁྲིད་གསུམ། གཞན་ཡང་སྒྲུབ་ཐབས་རྗེས་གནང་། ས་སྐྱ་བཀའ་འབུམ་སོགས་པོད་མང་པོའི་ལུང་བཅས་གསན་ཅིང་། ཐོས་པ་དང་བསམ་པས་སྒྲོ་འདོགས་ཆོད་པར་མཛད། ཀྱེ་རྡོར། འཇིགས་བྱེད། ཀུན་རིག་སོགས་ཡི་དམ་མང་པོའི་བསྙེན་སྒྲུབ་ཚུལ་བཞིན་བགྱིས། འཇམ་དབྱངས་དཀོན་མཆོག་གྲགས་པའི་གདན་ཚབ་ཏུ་ངོར་ཆེན་རྡོ་རྗེ་འཆང་གི་ཆོས་ཁྲི་ལ་མངའ་གསོལ། གསུང་ངག་ལམ་འབྲས། སོ་བྱང་སྡོམ་གསུམ་སོགས་ཟབ་ཆོས་མཐའ་ཡས་པ་ལོ་གྲངས་དུ་མའི་བར་དུ་སྐྱོབ་ཚོགས་རྒྱ་མཚོ་ལྟ་བུའི་རྒྱུད་སྨིན་པར་བྱ་བ་སོགས་ཀྱིས་ཐུབ་བསྟན་ཕྱོགས་བརྒྱར་འཕེལ་བའི་དཔལ་དུ་གྱུར། བྱམས་པ་ཕུན་ཚོགས་དོན་གྲུབ། མཁས་གྲུབ་ཀུན་དགའ་བསོད་ནམས། བྱམས་པ་ནམ་མཁའ་འཆི་མེད་སོགས་མཁས་གྲུབ་ཀྱི་སློབ་མ་དུ་མར་སྤེལ། སྐུ་ཚེའི་མཇུག་ཏུ་བོད་ཆེན་པོའི་ལྗོངས་སུ་བྱོན་ནས་སྡེ་དགེ་ཆོས་རྒྱལ་ཆེན་པོ་དང་། གླིང་གདུང་བརྒྱུད་སོགས་མི་ཆེན་མང་པོའི་མཆོད་གནས་མཛད། དཔལ་ལྡན་ལྷུན་གྲུབ་སྟེང་སོགས་ཆོས་སྡེ་མང་པོར་བཤད་སྒྲུབ་སྤེལ་བར་མཛད་པ་སོགས་འཕྲིན་ཚད་དོན་ལྡན་གྱི་སྐྱེས་བུ་དམ་པ་གདོན་མི་ཟ་བ་ཞིག་གོ།

༈ གདན་རབས་བཞི་བཅུ་པ་མཁས་གྲུབ་སངས་རྒྱས་གྲགས་པ་ནི། མདོ་སྨད་མི་ཉག་གི་ཡུལ་བཞག་ར་ལྷ་རྩེའི་རྒྱབ་ཤ་གྲོང་ཞེས་པར་དམ་པའི་རིགས་སུ་མཚན་དཔེའི་མེ་ཏོག་བཞད། སྔོན་གྱི་དགེ་བའི་བག་ཆགས་ཀྱིས་བསྐུལ་ནས་གཙང་སྟོད་འོག་མིན་ཨེ་ཝཾ་ཆོས་ལྡན་དུ་ཕེབ། བྱམས་པ་ནམ་མཁའ་བསམ་འགྲུབ་དཔལ་བཟང་པོའི་དྲུང་ནས་སྡོམ་པ་གསུམ་གྱི་བདུད་རྩི་ཐོག་མར་གསོལ། རྒྱུད་ཆུང་བཞི་དང་། ཀུན་ཏུ་དགོས་པའི་གཞུང་བདུན་སོགས་ཐུགས་འཛིན་ཆེ། དེ་ནས་མཁན་ཆེན་དཔལ་

ལྡན་ཆོས་སྐྱོང་། མཁས་གྲུབ་སངས་རྒྱས་དཔལ་བཟང་། འཇམ་མགོན་བསོད་ནམས་ལྷུན་གྲུབ་སོགས་དམ་པ་མང་པོ་ལས་ངོར་ལུགས་དཀྱིལ་འཁོར་བདུན་སོགས་དབང་ཆེན་དང་། སྒྲུབ་རྗེས་དུ་མར། བདེ་ཀྱེ་གསང་འདུས་སོགས་ཀྱི་ཁྲིད་དང་བྱིན་རླབས། གོང་མ་ལྔ། ངོར་ཆེན་ཡབ་སྲས་སོགས་ཀྱི་བཀའ་འབུམ་ལུང་སོགས་དམ་པའི་ཆོས་ཀྱི་བདུད་རྩི་དཔག་ཏུ་མེད་པར་གསོལ། མདོ་སྔགས་ཀྱི་གཞུང་ལ་ཐོས་བསམ་གྱིས་དཔྱད་པ་ཚུལ་བཞིན་མཛད། ཟབ་དོན་གྱི་གནད་ལ་སྒོམ་པས་ཉམས་རྟོགས་རྒྱས། ངག་དབང་ཆོས་སྐྱོང་བཟང་པོའི་གདན་ཚབ་ཏུ་ཐུབ་མཆོག་བསྟན་པའི་གསལ་བྱེད་ངོར་ཆེན་རྡོ་རྗེ་འཆང་གི་ཁྲི་ལ་མངའ་གསོལ་གྱི་མེ་ཏོག་བཀྲམ། དབུས་གཙང་ཁམས་གསུམ་ནས་འོངས་པའི་སྐལ་ལྡན་གྱི་སློབ་བུ་རྣམས་ལ་སྡོམ་པ་གསུམ་དང་། གསུང་ངག་རིན་པོ་ཆེ་སོགས་ཆོས་ཀྱི་འཁོར་ལོ་རྒྱ་ཆེ་བར་ཡུན་རིང་དུ་བསྐོར། མཁས་གྲུབ་ཀུན་དགའ་བསོད་ནམས། བྱམས་པ་ནམ་མཁའ་འཆི་མེད། མཁས་གྲུབ་ངག་དབང་དམ་ཆོས་སོགས་བསྟན་འཛིན་གྱི་སློབ་ཚོགས་དུ་མར་སྨིལ་བར་མཛད་པ་སོགས་རྣམ་དཀར་གྱི་ཕྲིན་ལས་གདུལ་བྱའི་བློའི་སྤྱོད་ཡུལ་ལས་འདས་པའི་རྡོ་རྗེ་འཛིན་པ་ཆེན་པོ་ཞིག་གོ།

༄ གདན་རབས་ཞེ་གཅིག་པ་ངག་དབང་ཕུན་ཚོགས་དོན་གྲུབ་ནི། འཇམ་དབྱངས་དཀོན་མཆོག་གྲགས་པའི་དབོན་རིགས་སུ་མི་ཉག་བཞག་ར་ལྷ་རྩེའི་བྱང་ངོས་རྒྱལ་བཟང་ཞེས་པར་བསམ་བཞིན་སྲིད་པ་ཉེ་བར་བཟུང་། སྐུ་ཆུང་དུ་ནས་བསྟན་ལ་ལྷག་པར་དད་དེ་ཁྱིམ་ཐབས་ཀྱི་བྱ་བ་གཞི་མདོའི་རྩ་བཞིན་དོར་ནས། བསྟན་པ་རིན་པོ་ཆེའི་སྒོར་འཛུག་པར་བྱ་བའི་ཕྱིར་དུ་དཔལ་ཨེ་ཝཾ་ཆོས་ལྡན་གྱི་གནས་སུ་ཕེབ། རྒྱུད་ཆུང་བཞི་དང་། ཀུན་ཏུ་དགོས་པའི་གཞུང་བདུན་སོགས་ཐུགས་ལ་མངའ། འཇམ་དབྱངས་དཀོན་མཆོག་གྲགས་པ། ངག་དབང་ཆོས་སྐྱོང་བཟང་པོ་སོགས་རིགས་བདག་ཏུ་བསྟེན་ནས། ཆོས་ཞུང་བརྒྱད་ཁྲིའི་སྙིང་པོ་སྡོམ་པ་གསུམ་དང་། གསུང་ངག་ལམ་འབྲས། བདེ་ཀྱེ་གསང་གསུམ། དམར་ནག་འཇིགས་གསུམ། སྒྲུབ་ཐབས་རྒྱ་མཚོ་དང་བརྒྱ་རྩ་སོགས་གསན་ཅིང་ཐུགས་ཉམས་སུ་བཞེས། ཐོས་བསམ་སྒོམ་པས་རང་རྒྱུད་ཚུལ་བཞིན་སྨིན་པར་མཛད་པའི་མཐུས། མཁས་གྲུབ་སངས་རྒྱས་གྲགས་པའི་གདན་ཚབ་ཏུ་ཀུན་མཁྱེན་ཨེ་ཝཾ་པའི་ཁྲི་ལ་མངའ་

གསོལ། སྙན་བརྒྱུད་ཚད་མ་བཞི་ལྡན་གྱི་ཟབ་ཁྲིད་གསུང་ངག་རིན་པོ་ཆེས་གཙོས་དབང་ཁྲིད་ལུང་སོགས་འཆད་པས་བློ་གསལ་སློབ་བུའི་ཚོགས་མཐའ་ཡས་པ་སྨིན་པར་མཛད། མཁས་གྲུབ་ངག་དབང་དམ་ཆོས། མཁན་ཆེན་བསོད་ནམས་དཔལ་འབྱོར་སོགས་བརྒྱུད་འཛིན་གྱི་དམ་པ་མང་པོ་བསྐྱེད་པ་སོགས་བསྟན་པ་རིན་པོ་ཆེ་ལ་ཕྱག་རྗེས་རླབས་ཆེན་མཛད་པའི་དམ་པ་ཞིག་གོ།

༈ གདན་རབས་ཞེ་གཉིས་པ་མཁས་གྲུབ་ཀུན་དགའ་བསོད་ནམས་ནི། མདོ་སྨད་བྲག་མགོ་ཧྲ་དམར་ཞེས་པར་ཡ་རབས་དྲྭ་མའི་རིགས་སུ་སྐུ་འཁྲུངས། དལ་འབྱོར་གྱི་རྟེན་ལ་རང་གཞན་གྱི་ཕན་བདེ་རླབས་པོ་ཆེ་བསྒྲུབ་པའི་ཆེད་དུ། དཔལ་ཨེ་ཝཾ་ཆོས་ལྡན་གྱི་དགོན་པར་བྱོན། ཆོས་སྤྱོད་འདོན་ཚོག །རྒྱུད་ཆུང་བཞི། ཀུན་ཏུ་དགོས་པའི་གཞུང་བདུན་སོགས་སྦྱངས་པ་མཐར་ཕྱིན། འཇམ་དབྱངས་དཀོན་མཆོག་གྲགས་པ། ངག་དབང་ཆོས་སྐྱོང་བཟང་པོ། མཁས་གྲུབ་སངས་རྒྱས་གྲགས་པ་སོགས་ཆོས་ཀྱི་སྤྱན་ལྡན་དམ་པ་མང་པོ་སྤྱི་བོའི་ཅོད་པན་དུ་བཀོད་དེ། རབ་འབྱམས་སྡེ་སྣོད་རྒྱུད་སྡེའི་ཉིང་ཁུ་སོ་བྱང་སྡོམ་གསུམ། གསུང་ངག་རིན་པོ་ཆེ་སོགས་ཟབ་ཁྲིད་དུ་མ། དགྱེས་པ་རྡོ་རྗེ་བཀའ་བབས་བཞི་སོགས་དབང་དང་རྗེས་གནང་བྱིན་རླབས་སྐོར་དུ་མ། དམ་པ་སྔ་མའི་བཀའ་འབུམ་སོགས་ལུང་རྒྱུན་བཞུགས་རིགས་ལེགས་པར་གསན་ཏེ། སྒོམ་པས་ཉམས་མྱོང་གི་ཡོན་ཏན་གོང་འཕེལ་དུ་གྱུར། ངག་དབང་ཕུན་ཚོགས་དོན་གྲུབ་ཀྱི་གདན་ཚབ་ཏུ་འོག་མིན་ཨེ་ཝཾ་ཆོས་ལྡན་གྱི་ཆོས་ཁྲི་ལ་མངའ་གསོལ། སྡོམ་པ་གསུམ་དང་། དགྱེས་པ་རྡོ་རྗེའི་ཟབ་ཁྲིད་ལམ་འབྲས་བུ་དང་བཅས་པའི་གདམས་ངག་སོགས་གང་ལ་གང་འདོད་ཀྱི་སྨིན་གྲོལ་བསམ་གྱིས་མི་ཁྱབ་པ་ཞིག་སྩལ་ནས། གདུལ་བྱ་རིགས་ཅན་སྣ་ཚོགས་སྲིད་པའི་མཚོ་ལས་བསྒྲལ་ཏེ་ཐར་པའི་གྲོང་ཁྱེར་མཆོག་ཏུ་ཕྱིན་པ་དང་། མཁས་གྲུབ་ངག་དབང་དམ་ཆོས། མཁན་ཆེན་བསོད་ནམས་དཔལ་འབྱོར་སོགས་དགེ་བའི་བཤེས་གཉེན་མང་པོ་འཕེལ་བར་མཛད་ཅིང་བླ་མ་ལྷ་དང་བཅས་པས་རྗེས་སུ་བཟུང་བའི་གྲུབ་པའི་དབང་ཕྱུག་ཆེན་པོར་གྱུར་པ་ཞིག་གོ།

༈ གདན་རབས་ཞེ་གསུམ་པ་བྱམས་པ་ནམ་མཁའ་འཆི་མེད་ནི། སྔོན་གྱི་དུས་སུ་ཆོས་རྒྱལ་སྲོང་བཙན་སྒམ་པོའི་བློ་སྣན་མི་དགུའི་ཡ་གྱལ་བྲང་ཏི་རྒྱལ་གཉེན་མཁར་ཕུག་ནས་བཟུང་དངོས

གྲུབ་བརྙེས་པའི་དམ་པའི་སྐྱེས་བུ་བར་མ་ཆད་པར་བྱོན་པའི་རྒྱུད་དུ་སྐྱེས་ཏེ་སྔོན་གནས་རྗེས་སུ་དྲན་པ་སོགས་ཡོན་ཏན་བསམ་གྱིས་མི་ཁྱབ་པ་མངའ། ཤྲཱི་ཨེ་ཝཾ་ཐར་པ་རྩེར་ཕེབ་ནས་ཕྱི་ནང་གི་རིག་གནས་དང་། ཀུན་ཏུ་དགོས་པའི་གཞུང་བདུན། རྒྱུད་ཆུང་བཞི་སོགས་མདོ་སྔགས་ཀྱི་གཞུང་དུ་མ་ཐུགས་ལ་བཟུང་། ཁང་སར་མཁན་ཆེན་ངག་དབང་ཆོས་སྐྱོང་བཟང་པོ་ལས་ལམ་འབྲས་ཚོགས་བཤད་གསན། དཔལ་ལྡན་ས་སྐྱའི་མཁན་པོ་སྤྲིན་པ་བཀྲ་ཤིས་ལས་བསྙེན་རྫོགས་ཀྱི་སྡོམ་པ་ནོད། འཇམ་མགོན་ངག་དབང་ཀུན་དགའ་བློ་གྲོས་ལས་ལམ་འབྲས་ཚོགས་སློབ་གཉིས་ཀྱིས་ཐོག་དྲངས་པའི་སྨིན་བརྒྱུད་ཚད་མ་བཞི་ལྡན་གྱི་གདམས་པ་མཐའ་དག་ལ་ཐོས་བསམ་སྒོམ་གསུམ་གྱིས་གཏན་ལ་ཕབ། ཕན་ཁང་སྐུ་དབོན་དང་སྐྱོ་མདའ་བླ་མ་སོགས་ཡོངས་འཛིན་དམ་པ་བཅུ་ཕྲག་ལྔ་ལས་ལྷག་པ་ལས་ཟབ་རྒྱས་ཀྱི་གདམས་པ་རྒྱ་མཚོ་ལྟ་བུར་གསན། ཕྱག་ལེན་ཕྲ་མོ་ཙམ་ལའང་མ་འདྲེས་པར་སོ་སོའི་ལུགས་བཞིན་མཛད། རྗེ་རྡོ་རྗེ་འཆང་གི་ཁྲི་ལ་ཞབས་པད་བཀོད་དེ་ལོ་གྲངས་དུ་མའི་བར་དུ་སྐལ་ལྡན་རྣམས་སྨིན་གྲོལ་ལ་བཀོད། སྡེ་དགེ་ཆོས་རྒྱལ་ཆེན་པོའི་དབུའི་མཆོད་གནས་སུ་ཕེབ། སློབ་དཔོན་ཆེན་པོ་པདྨ་ཀཱ་ར་སོགས་ལྷག་པའི་ལྷས་ཞལ་གཟིགས། བྲག་ལ་ཕྱུར་པ་བཏབ་པ་སོགས་གྲུབ་པའི་ས་ལ་བཞུགས་པའི་མཚན་རྟགས་མངོན་སུམ་དུ་བསྟན། ཕྱོགས་དེར་གཏོགས་པའི་ཨེ་ཝཾ་པའི་རྗེས་འཇུག་ཆོས་གྲྭ་ཆེ་ཆུང་ཐམས་ཅད་ལ་དབང་ལུང་མན་ངག་གི་འཆད་སྤེལ་དང་། ཆོ་གའི་ཕྱག་ལེན། དབྱངས་གདངས་རོལ་མོ། རིམ་གཉིས་ཀྱི་རྣལ་འབྱོར་སོགས་བཤད་སྒྲུབ་ཀྱི་བསྟན་པ་འཁྲུལ་མེད་དུ་བསྐྱངས་པའི་ཕྱག་རྗེས་ད་ལྟའི་བར་དུ་གནས་པ་ཁོང་གི་སྐུ་དྲིན་ཡིན། སྔ་ཕྱི་ཀུན་ཏུ་གསུང་ངག་ཚོགས་བཤད་དུ་མ་དང་། སློབ་བཤད་ལན་གཉིས་ཀྱིས་མཚོན་པའི་ཟབ་རྒྱས་ཆོས་ཀྱི་གདམས་པ་དུ་མ་སྤེལ་བས་བསྟན་འཛིན་གྱི་སྐྱེས་བུ་མང་དུ་བསྐྲུན་པའི་ངང་། རེ་ཞིག་ཞིང་འདིའི་གདུལ་བྱ་དེ་ཙམ་དུ་གཟིགས་ནས། སྐུ་དབོན་རྣལ་འབྱོར་འཇམ་དཔལ་བཟང་པོ་དང་། ས་དབང་བླ་ཆེན་སོགས་ལ་ཞལ་ཆེམས་ལྷུག་པར་སྩལ་ཅིང་། དགུང་ལོ་ལྔ་བཅུ་རྩ་དྲུག་པར་ངོ་མཚར་བའི་ལྟས་དུ་མ་དང་བཅས་ཏེ། སྐུའི་བཀོད་པ་བསྡུ་བའི་ཚུལ་བསྟན་པས། ཆོས་རྒྱལ་བླ་སློབ་རྣམས་སྔར་ལས་ཀྱང་དད་མོས་ཇེ་ཆེར་གྱུར་ནས་གཤེགས་རྫོང་རྣམས་མཐར་ཕྱིན་པར་མཛད་དོ། །འདི་ཉིད་ཀྱི་རྣམ་ཐར་རྒྱས

པ་ཐམས་ཅད་མཁྱེན་པ་བྱམས་པ་ཀུན་དགའ་བསྟན་པའི་རྒྱལ་མཚན་གྱིས་མཛད་པ་ལས་རྟོགས་པར་བྱའོ། །

༄ གདན་རབས་ཞེ་བཞི་པ་མཁས་གྲུབ་ངག་དབང་དམ་ཆོས་ནི། རོང་ཡུལ་ཕོ་སྣང་སྟེང་ཞེས་པར་མཁས་གྲུབ་མང་པོ་བྱོན་པའི་བརྒྱུད་དུ་སྐུ་བལྟམས། སྐུ་ཆེ་དུ་མ་ནས་དམ་པའི་ཆོས་ལ་སྦྱོད་པའི་འབྲས་རྟགས་ཐེག་ཆེན་གྱི་རིགས་སད། ངེས་འབྱུང་གིས་རྒྱུད་བསྐུལ་ཏེ་ངོར་ཨེ་ཝཾ་ཆོས་ལྡན་གྱི་གནས་སུ་བྱོན། རྒྱུད་ཆུང་བཞི་དང་ཀུན་ཏུ་དགོས་པའི་གཞུང་བདུན་སོགས་ལ་མཁྱེན་རབ་རྒྱས། མཁན་ཆེན་སངས་རྒྱས་གྲགས་པ་ལས་བསྙེན་པར་རྫོགས། བྱང་ཆུབ་མཆོག་ཏུ་ཐུགས་བསྐྱེད། སྨིན་གྲོལ་གསེར་འགྱུར་རྩེ་ས་སྐོ་གསུམ་ལྷ་ཐུགས་ཡེ་ཤེས་ཀྱི་རང་བཞིན་དུ་བསྒྱུར། ངག་དབང་ཕུན་ཚོགས་དོན་གྲུབ། མཁས་གྲུབ་ཀུན་དགའ་བསོད་ནམས། ཐར་རྩེ་ནམ་མཁའ་འཆི་མེད་རྣམས་ལས་སྨིན་བྱེད་དབང་། གྲོལ་བྱེད་ཁྲིད། རྒྱབ་བརྟེན་ལུང་གི་སྐོར་དཔག་མེད་གསན། གཞི་ཚུལ་ཁྲིམས་རྣམ་དག་ལ་བརྟེན་ནས། ཐོས་བསམ་སྒོམ་གསུམ་མཐར་ཕྱིན་པའི་གྲུབ་འབྲས་བྱམས་པ་ནམ་མཁའ་འཆི་མེད་ཀྱི་གདན་ཚབ་ཏུ་ཆོས་སྲིད་ལུགས་བཟང་གི་མངོན་པར་མཐོ་བའི་ཁྲི་ལ་ཞབས་ཟུང་གཡོ་མེད་བཀོད་དེ་གསུང་ངག་ལམ་འབྲས་ཀྱི་དབང་ལུང་ཁྲིད་སོགས་ཀྱི་སྐོར། རྒྱུད་སྡེ་བཞིའི་སྨིན་གྲོལ་གྱི་རྒྱུན་གང་བཞུགས། སོ་བྱང་གི་སྡོམ་པ་སོགས་ཟང་ཟིང་མེད་པའི་ཆོས་ཀྱི་སྦྱིན་པས་སློབ་ཚོགས་མཐའ་ཡས་པ་ཚིམ་པར་མཛད། གསུང་ལས་སྐྱེས་པའི་ཆོས་ཀྱི་སྲས་ངག་དབང་བློ་གྲོས་བཟང་པོ། ཡོངས་འཛིན་དཔལ་ལྡན་ཆོས་ཀྱི་རྒྱལ་མཚན་སོགས་ཁྱད་པར་འཕགས་པའི་བསྟན་འཛིན་མང་པོ་བྱོན་པའི་རྩ་ལག་དམ་པར་གྱུར་བ་ཞིག་གོ།

༄ གདན་རབས་ཞེ་ལྔ་པ་མཁན་ཆེན་བསོད་ནམས་དཔལ་འབྱོར་ནི། མདོ་སྨད་ལིའུ་ཐང་མོ་ལ་གཤིས་ཞེས་པར་སྐུ་འཁྲུངས། ཆུང་ནས་བྱིས་པའི་སྤྱོད་པ་ལས་འདས་ཏེ་དད་པ་སྙིང་རྗེ་ཤེས་རབ་སོགས་ཡོན་ཏན་གྱི་རྩ་བ་རབ་ཏུ་བརྟན། ངོར་ཨེ་ཝཾ་ཆོས་ལྡན་གྱི་གྲྭ་སར་ཞུགས། རྒྱུད་ཆུང་བཞི་དང་། ཀུན་ཏུ་དགོས་པའི་གཞུང་བདུན་སོགས་ཐུགས་འཛིན་མཛད། ངག་དབང་ཕུན་ཚོགས་དོན་གྲུབ། མཁས་གྲུབ་ཀུན་དགའ་བསོད་ནམས། བྱམས་པ་ནམ་མཁའ་འཆི་མེད་སོགས་བསྟེན་ནས་སྡོམ་པ་

གསུམ་དང་གསུང་ངག་རིན་པོ་ཆེས་གཙོས་སྨིན་གྲོལ་རྒྱ་མཚོ་ལྟ་བུ་གསན་ཏེ་ཐོས་བསམ་ཚུལ་བཞིན་མཛད། དགྱེས་རྡོར་སོགས་ཡི་དམ་དུ་མའི་བསྐྱེད་རྫོགས་ལ་དབང་འབྱོར་པའི་སྲུམ་ལྡན་རྡོ་རྗེ་འཛིན་པ་ཆེན་པོར་གྱུར་ཏེ། མཁས་གྲུབ་ངག་དབང་དམ་ཆོས་ཀྱི་གདན་ཚབ་ཏུ་ཁྲབ་བདག་རྡོ་རྗེ་འཆང་གི་ཁྲི་ལ་མངའ་གསོལ་ཏེ་རབ་བྱུང་བསྐོན་རྫོགས། བྱང་སེམས་ཆོ་ག །སྔགས་ཀྱི་སྨིན་གྲོལ་སོགས་སྡོམ་པ་གསུམ་ཆ་ལག་དང་བཅས་པས་འོས་སུ་གྱུར་པའི་གདུལ་བྱ་ཐམས་ཅད་ཡང་དག་པའི་ལམ་ལ་དགྱི་བར་མཛད། བྱམས་པ་ཀུན་དགའ་བསྟན་འཛིན། བྱམས་པ་དཔལ་ལྡན་བཟང་པོ་སོགས་སློབ་མ་བཟང་ལ་མང་བར་བྱོན། ཆོས་སྲིད་ལུགས་བཟང་གི་ཕྲིན་ལས་རབ་ཏུ་རྒྱས་པས་བསྟན་འགྲོར་སྨན་པར་མཛད་པའི་སྐྱེས་བུ་དམ་པ་ཞིག་གོ།

༄ གདན་རབས་ཞེ་དྲུག་པ་མཁན་ཆེན་བྱམས་པ་ཀུན་དགའ་བསྟན་འཛིན་ནི། རབ་བྱུང་བཅུ་གསུམ་པའི་མེ་སྤྲེལ་ལོར་བྲང་ཏེ་མཁས་པའི་རིགས་སུ་འཁྲུངས། གཞོན་ནུའི་དུས་ནས་ཡོན་ཏན་དུ་མས་བརྒྱན་པ། ཁྲིས་པའི་སྤྱོད་པ་ལས་འདས་པ། ཨེ་ཝཾ་ཆོས་ལྡན་གྱི་བླ་བྲང་ཐར་པ་རྩེར་ཕེབ། རྒྱུན་གྱི་བྱ་བ་ཆོས་སྤྱོད་ནས་བརྩམས་ཏེ་ཀུན་ཏུ་དགོས་པའི་གཞུང་བདུན་སོགས་མདོ་སྔགས་ཀྱི་གཞུང་ལུགས་ཆེན་པོ་རྣམས་དཀའ་བ་མེད་པར་ཐུགས་སུ་ཆུད། རྡོ་རྗེ་འཆང་ནམ་མཁའ་འཆི་མེད་ལས་སྡོམ་པ་གསུམ་གྱི་བཀའ་དྲིན་ནོས་ཏེ་ཐུབ་བསྟན་ཡོངས་རྫོགས་ཀྱི་བདག་པོར་གྱུར། སྐྱེ་བ་དུ་མར་བཅས་རང་ཉེས་པའི་ཚོགས་ཀྱིས་མ་གོས་པའི་ཕྱིར་ཚུལ་ཁྲིམས་ཀྱི་དྲི་བསུང་ཞིམ་པོས་གར་བཞུགས་ཀྱི་ཕྱོགས་ཐམས་ཅད་ཁྱབ་པ་ཀུན་གྱིས་མངོན་སུམ་དུ་གྱུར། ཡོངས་འཛིན་གྱི་བླ་མ་ཉི་ཤུ་རྩ་ལྔ་ལས་རྗེ་བཙུན་ས་སྐྱ་པའི་སྐན་བརྒྱུད་ཀྱི་གདམས་པ་རྒྱ་མཚོ་ལྟ་བུར་གསན་པ་རྣམས་ཀྱང་ཚིག་དོན་དང་ཕྱག་ལེན་ཕྲ་མོ་དག་ཀྱང་འཁྲུལ་མེད་དུ་མཁྱེན། དཔལ་ཀྱེ་རྡོ་རྗེའི་བསྙེན་པ་ལན་གཉིས་དང་། མགོན་པོ་ཆེ་ཆུང་སོགས་ཀྱི་བསྙེན་པ་མཐར་ཕྱིན་པར་མཛད་པས་ཡི་དམ་ལྷས་དངོས་གྲུབ་ཀྱི་གནང་བ་དང་། ཆོས་སྐྱོང་སྲུང་མས་ཕྲིན་ལས་སྒྲུབ་པའི་མཚན་མ་མང་པོས་ཐུགས་རྒྱུད་གཏམས། ཐུབ་དབང་གནས་བརྟན་བཅུ་དྲུག་དང་། སློབ་དཔོན་སངས་རྒྱས་གཉིས་པ་སོགས་ཀྱིས་དགྱེས་པའི་འཛུམ་ཞལ་བསྟན། རྗེ་རྡོ་རྗེ་འཆང་གི་ཆོས་ཀྱི་ཁྲི་ལ་བགྲང་བྱ་དགུའི་བར་དུ་འཆད་རྩོད་རྩོམ་གསུམ་དང་། མཁྱེན་བརྩེ

ནུས་པའི་ཕྲིན་ལས་ཀྱིས་རྒྱལ་བ་གཉིས་པའི་བསྟན་པ་སྤར་ལས་ཀྱང་རྒྱས་པར་མཛད། སྡེ་དགེ་ཆོས་རྒྱལ་ཆེན་པོས་ལན་གཉིས་ཀྱི་བར་དུ་སྤྱན་དྲངས་ཏེ་འབྲེལ་ཚད་དོན་ལྡན་གྱི་ཕྲིན་ལས་བསྐྱངས། ཆོས་རྒྱལ་ཆེན་པོ་ལ་བསྙེན་པར་རྫོགས་པའི་དགེ་སློང་གི་སྡོམ་པ་སྩལ། སྔ་ཕྱིར་ལམ་འབྲས་ཚོགས་བཤད་ཚར་བཅུ་དང་། སློབ་བཤད་ཚར་བཞི། རྡོ་རྗེ་ཕྲེང་བ་ཚར་གཉིས་སོགས་ཆོས་ཀྱི་འཁོར་ལོ་བར་མེད་དུ་བསྐོར། གསུང་གི་གསང་བ་འཛིན་པའི་ཐུགས་སྲས་སུ་སྐྱ་བདག་ཆེན། ཡར་ཀླུང་མཆོག་སྤྲུལ། སྐུ་དབོན་རྣམ་གཉིས། ཐམས་ཅད་མཁྱེན་པ་མཁྱེན་བརྩེའི་དབང་པོ། འཇམ་མགོན་ངག་དབང་ལེགས་གྲུབ་གནས་ལྔ་རིག་པའི་པཎ་ཆེན་ཁྱུན་ཤེས་རབ་རྒྱལ་མཚན། ས་དབང་བླ་ཆེན། མཁས་དབང་ཀུན་དགའ་དཔལ་ལྡན་སོགས་མཁས་པའི་གཙུག་རྒྱན། གྲུབ་པའི་ཁྱུ་མཆོག་གསེར་ཕྲེང་ལྷ་བུ་ལ་སྨིན་གྲོལ་གྱི་བཀའ་དྲིན་ཧ་སྣེད་སྩལ། དཔལ་ལྡན་ས་ངོར་ཚར་གསུམ་གྱི་བསྟན་འཛིན་རྣམས་ཀྱི་གཙུག་ན་སངས་རྒྱས་གཉིས་པ་ལྟར་མཛད། སྡེ་དགེའི་རྒྱལ་ཁབ་རྣམས་སུའང་ལུགས་གཉིས་ཀྱི་ཁྲིམས་སྣ་མུ་ལས་བཟང་དུ་སོང་བ་སོགས་འགྲོ་ཕན་རྒྱ་ཆེན་མཛད། སླར་ཡང་ཨེ་ཝྃ་ཆོས་ལྡན་དུ་བྱོན་ནས་བླ་བྲང་ཐར་པ་རྩེ་པའི་དབུ་འཕང་ཇེ་མཐོར་སོང་བ་འདི་རྗེ་རྡོ་རྗེ་འཆང་འདིའི་སྐུའི་བསོད་ནམས་ལས་བྱུང་བ་ཀུན་གྱིས་མངོན་སུམ་དུ་གྱུར་ཅིང་། དེ་ནས་བཟུང་སྟེ་དགུང་གྲངས་གྱ་བདུན་པར་ས་སྐྱར་བཀའ་ཆོས་ཞུལ་ལ་ལན་གྲངས་འགའ་ཙམ་དང་། ཆབ་ཚན་དུ་རི་ཐུང་ཕེབ་པ་མ་གཏོགས་ཨེ་ཝྃ་རང་དུ་བཞུགས་འཛུགས་ཀྱིས་བཤད་སྒྲུབ་རྣམ་པ་གཉིས་ཁོ་ནས་དུས་འདའ་བར་མཛད་ལ། དེ་ནས་ཡོངས་འདིའི་སྐྱེ་འགྲོའི་བསོད་ནམས་དེ་ཙམ་དུ་ཟད་པ་དང་། ཞིང་ཁམས་གཞན་གྱི་གདུལ་བྱར་གཟིགས་ནས་དགུང་གྲངས་གྱ་བདུན་པ་ཆུ་ཁྱི་ལོ་ཧོར་ཟླ་དང་པོའི་ནང་ནས་སྐུ་ཁམས་ཇེ་ཉོག་གི་ཚུལ་བསྟན་ཏེ། སྐབས་ཤིག་སྦྱོར་ལམ་རྩེ་མོ་ཐོབ་པའི་རྟགས་སུ་ལུས་ལ་སྲིན་བུའི་རིགས་མེད་པ་དང་། སྦྱོར་ལམ་བཟོད་པ་ཐོབ་ནས་ངན་སོང་དུ་མི་འགྲོ་བར་བཤད་པ་དང་། གཞན་ཡང་སྦྱོར་ལམ་དེ་དག་ཐོབ་པའི་རྟགས་སུ་ཇི་འདྲར་བཤད་པ་ཡོད་ཅེས་ཡང་ཡང་བཀའ་འདྲི་སྩལ་བར། བདག་ཅག་གི་རྡོ་རྗེ་འཆང་དེ་ཉིད་ཀྱིས་མངོན་རྟོགས་རྒྱན་གྱི་འགྲེལ་པ་ལྷེབ་རེ་གཉིས་གཟིགས་རྟོག་ཞུལ་བས། དེ་ལའང་ཞིབ་པར་གཟིགས་པ་སོགས་ནན་ཏན་ལྷ་བུར་མཛད་འདུག་པ་ནི། སྦྱོར་ལམ་དེ་དག་གང་རུང་

ཞིག་ཐོབ་པར་ཞལ་གྱིས་བཞེད་པར་ངེས་སོ། །ལོ་དེའི་ཟླ་བ་གསུམ་པའི་ཚེས་བཅོ་ལྔ་ལ་དེ་རིང་ཚེས་བཅོ་ལྔ་ཡིན་པས་སངས་རྒྱས་ཀྱི་འཕེལ་གདུང་ཞིག་ཀྱང་གསོལ་དགོས་ཚུལ་གསུངས་པ་ལྟར་ཕུལ་བས་ཐུགས་སྨོན་དང་བཅས་ཏེ་གསོལ་ནས། དེའི་ནུབ་མོ་ཞབས་སྐྱིལ་ཀྱང་དང་། སྐུ་དྲང་པོར་བསྲངས། ཆོས་བཅུ་བདུན་ཉི་མ་ཤར་ཙམ་ན་རྗེ་རང་གི་ཕྱག་མཛུབ་ནམ་མཁར་གཏོད་ཅིང་། སྐུ་འཁོར་བ་རྣམས་ལ་འདིར་མ་སྡོད་ཅེས་པའི་བརྡ་མཛད། བདག་གི་འདྲེན་པ་དམ་པས་ད་ནི་ཞི་བར་གཤེགས་པ་ལགས་པས་ཐུགས་དམ་གྱི་རིགས་ལ་མི་ལྷོད་པར་ཞུ། ཞེས་ལན་གསུམ་ཙམ་ཞུས་པས་དབུ་གུག་ཙམ་ཞིག་མཛད་དེ་གཟུགས་སྐུའི་བཀོད་པ་དབྱིངས་སུ་བསྡུས་སོ། །དེའི་ཚེ་ནམ་མཁའ་ལ་འཇའ་ཁ་དོག་སྣ་ཚོགས་ཤར་བ་སོགས་ངོ་མཚར་བའི་ལྟས་དུ་མ་གསལ། ཞག་གསུམ་གྱི་བར་དུ་སྐུའི་གཟི་མདངས་རྒྱས་པས་ལེགས་ཤིང་སྐུ་ཤ་དཀར་བ་དང་། ཞལ་རས་ཀྱི་ངོས་སུ་གཉེར་མའང་ཆེར་མེད་པའི་གཞོན་ཤ་ཆགས། ཞག་གསུམ་འགྲོ་མཚམས་ཞལ་མདངས་གློ་བུར་བ་དེ་ཡལ་ནས་དབུ་མདུན་དུ་ཅུང་ཟད་གུག་པ་དང་། ཤངས་བུག་གཡས་ནས་བྱང་སེམས་དམར་པོ་ནར་ཙམ་ཞིག་བབས་འདུག་པས། སླར་འོད་གསལ་ལས་ཟུང་འཇུག་གི་སྐུར་བཞེངས་ཏེ། དཔའ་བོ་དང་རྣལ་འབྱོར་མ་བསམ་གྱིས་མི་ཁྱབ་པ་གནྡྷའི་གླུང་གི་བྱེ་མ་སྙེད་ཀྱི་གྲངས་དང་མཉམ་པ་རྣམས་ཀྱིས་མཆོད་པའི་ཁྱད་པར་སྣ་ཚོགས་པས་མཆོད་ཅིང་། སངས་རྒྱས་དང་བྱང་ཆུབ་སེམས་དཔའི་ཚོགས་དཔག་ཏུ་མེད་པ་རྣམས་ཀྱིས་བཀྲ་ཤིས་པའི་ཚིག་དང་བཅས་པའི་སྒོ་ནས་མཆོག་གི་གྲོང་ཁྱེར་དུ་གཤེགས་ཏེ་རྡོ་རྗེ་འཛིན་པའི་ཡེ་ཤེས་ཀྱི་སྐུ་མངོན་དུ་མཛད་པར་གདོན་མི་ཟའོ། །ཞུགས་ཕུལ་བའི་ཚེའང་སྐུ་ལས་ཡེ་ཤེས་ཀྱི་མེ་རང་འབར་དུ་གྱུར་ཅིང་། གདུང་གི་དུད་པའང་ནམ་མཁའ་ལས་འཇའ་ཁ་དོག་སྣ་ཚོགས་འཁྲིགས་པ་དང་བསྡོངས་ནས་ཡལ་སོང་བས་ཀུན་གྱི་སྙིང་ལ་དད་གུས་སྤྲོ་གསུམ་གྱི་ཐ་རླབས་ཆེས་ཆེར་གཡོས་པར་གྱུར་ཏོ། །རྗེས་ཀྱི་དགོངས་རྫོགས་རིགས་སྤྱི་བླ་བྲང་ཆེན་མོའི་སྔར་ལམ་དང་བསྟུན་པ་གཟབས་རྒྱས་ཀྱི་ཚུལ་དུ་བདག་ཅག་གི་འདྲེན་མཆོག་ངེས་པ་དོན་གྱི་རྡོ་རྗེ་འཆང་བྱམས་པ་ཀུན་དགའ་བསྟན་པའི་རྒྱལ་མཚན་གྱི་ཞལ་སྔ་ནས་མཐར་ཕྱིན་པར་མཛད་དོ། །འདི་ཉིད་ཀྱི་རྣམ་ཐར་རྒྱས་པ་ཐར་རྩེ་རྡོ་རྗེ་འཆང་གིས་མཛད་པ་ལས་རྟོགས་པར་བྱའོ། །

གདན་རབས་ཞི་བདུན་པ་མཁན་ཆེན་ངག་དབང་བློ་གྲོས་བཟང་པོ་ནི། ཁང་སར་མཁན་རིན་པོ་ཆེ་ངག་དབང་ཆོས་སྐྱོང་བཟང་པོའི་དབོན་རིགས་སུ་འཁྲུངས། དམ་པ་ལ་གུས་ཤིང་དམན་ལ་བརྩེ་བའི་བྱང་ཆུབ་སེམས་དཔའི་རིགས་ཀྱི་རྟགས་རྫོགས། ཨེ་ཝཾ་ཆོས་ལྡན་དུ་ཕེབ། ཞབས་དྲུང་གི་བསླབ་སྦྱངས་རིགས་དཔྱིས་ཕྱིན་པར་མཛད། བྱམས་པ་ནམ་མཁའ་འཆི་མེད། མཁས་གྲུབ་ངག་དབང་དམ་ཆོས། བྱམས་པ་བསོད་ནམས་དཔལ་འབྱོར་རྣམས་གཙོ་བོར་བསྟེན་ནས། སྡོམ་གསུམ་བདུད་རྩིའི་བློ་གྲོས་ཀྱིས་ལུས་སྟོབས་རྒྱས་པ་དང་། རྒྱུད་སྡེ་བཞི་དང་འབྲེལ་བའི་དམ་པའི་ཆོས་འབབ་རྩོལ་གྱི་སྒོ་ནས་གསན་ཅིང་། གཞུང་ལ་ཐོས་བསམ་ལེགས་པར་མཛད། ཟབ་དོན་ལ་སྒོམ་པའི་གློང་བརྡོལ། གྲུབ་པའི་རྟགས་མཚན་དུ་མ་མངའ། བྱམས་པ་ཀུན་དགའ་བསྟན་འཛིན་གྱི་གདན་ཚབ་ཏུ། མཁས་གྲུབ་བྱེ་བའི་གཙུག་རྒྱན་ངོར་ཆེན་རྡོ་རྗེ་འཆང་གི་ཆོས་ཀྱི་ཁྲི་ལ་ཞབས་ཟུང་འཁོར་ལོས་མཚན་པ་ལྟར་བཅས་འགྲོ་བའི་མཆོད་གནས་སུ་འགྱུར་བ་མེད་པར་རིང་དུ་བཀོད་དེ། འཇིགས་བྲལ་རྣལ་འབྱོར་དབང་ཕྱུག་གི་བཞེད་སྲོལ་གསུང་ངག་རིན་པོ་ཆེ་སོགས་ཐེག་གསུམ་རྒྱུད་སྡེ་བཞིའི་དགོངས་དོན་དབང་ལུང་ཁྲིད་བཅས་དུ་མས་དབུས་གཙང་ཁམས་གསུམ་གྱི་སློབ་ཚོགས་སྨིན་པར་མཛད་པ་དང་། འཇིག་རྟེན་ཁམས་སུ་ཕན་བདེའི་སྒོ་བརྒྱ་ཕྲག་འབྱེད་པའི་ཕྱིར་དུ། རྟེན་གསུམ་དྲུང་མཆོད་སྦྱིན་དཔག་མེད་སྒྲོ་བ་སོགས་མཉམ་རྗེས་ཐམས་ཅད་དུ་གསང་གསུམ་ལྷ་སྔགས་ཡེ་ཤེས་ཀྱི་རྣམ་རོལ་ལས་མ་གཡོས་བཞིན་དུ་རྒྱལ་སྲས་བྱང་ཆུབ་སེམས་དཔའི་སྤྱོད་པ་ལ་བསླབ་པ་དང་། ངག་དབང་བློ་གྲོས་བསྟན་འཛིན། ཆོས་རྗེ་རིན་ཆེན་ལྷུན་གྲུབ། བཤེས་གཉེན་ངག་དབང་བསྟན་པ་སོགས་བུ་སློབ་མང་པོ་བསྐྱུན་པ་བཅས་དམ་པའི་མཛད་ཕྲིན་གྱིས་ས་གསུམ་ཁྱབ་པའི་བཤེས་གཉེན་དམ་པ་འབྲེལ་ཚད་བསླུ་བ་མེད་པ་ཞིག་གོ།

གདན་རབས་ཞི་བརྒྱད་པ་ཡོངས་འཛིན་དཔལ་ལྡན་ཆོས་ཀྱི་རྒྱལ་མཚན་དྲི་མེད་ལེགས་པའི་བློ་གྲོས་ནི། མི་ཉག་བསེའུ་རྒྱལ་པོའི་སྲས་ལ་ཨ་ཙ་སྤྱན་བདུན་སྐྱེས་པ་དབོན་ཁག་བདུན་དུ་གྱེས་པའི་ཡ་གྱལ་འགའ་ཐར་དབོན་གྱི་གདུང་རྒྱུད་ལ་འགའ་ཐར་མ་འཛུ་བྲག་ཞབས་སུ། ཡབ་དམ་པའི་ཡོན་ཏན་མངའ་བ་ཞིག་དང་། ཡུམ་ཆོས་ལ་དད་པ་ཨ་ལ་པདྨ་ཞེས་ཟེར་བ་ཞིག་ལས་ངོ་མཚར་

བའི་ལྷས་དང་བཅས་དེ་སྐུ་བལྟམས། ཤེས་རབ་སྙིང་བརྗེ་སོགས་ཐེག་ཆེན་གྱི་རིགས་ཕུན་སུམ་
ཚོགས་པའི་རྟགས་རྫོགས། འབྲི་གློག་སོགས་ཆོགས་མེད་དུ་མཁྱེན། གསོ་དཔྱད་ཀྱི་གཞུང་རྒྱུད་བཞི་
བསླབས་ཤིང་ཕྱག་ལེན་དུ་བསྟར་ནས་གཞན་དོན་མཛད། བཞག་ར་ལྷ་རྩེར་སྐོར་བ་ཕེབ་པས་མ་
འོངས་པར་ངོར་གྱི་མཁན་པོར་བྱོན་པའི་རྟེན་འབྲེལ་འགྲིག །དགུང་ལོ་ཉི་ཤུ་སྐོར་ངོར་དུ་བྱོན་པས།
རྗེ་བབས་མཆོད་རྟེན་དུ་ཕེབ་པ་དང་ཆོས་དུང་འབུད་པ་དུས་མཉམ་པས་ཆོས་ཀྱི་གྲགས་པས་སྲིད་
ཁོངས་འགེངས་པའི་སྟུ་ལྟས་སུ་གྱུར། མཁན་ཆེན་ངག་དབང་དམ་ཆོས་ལས་བསྙེན་རྫོགས་ཀྱི་སྡོམ་
པ་བཞེས་ཤིང་ཚུལ་ཁྲིམས་སྲུང་འབྲས་བཞིན་བསྲུངས། སེམས་བསྐྱེད་དང་རྡོ་རྗེ་ཐེག་པའི་དབང་
བསྐུར་གསན་པས་སུམ་ལྡན་རྡོ་རྗེ་འཛིན་པ་ཆེན་པོར་གྱུར། མཁས་གྲུབ་ངག་དབང་དམ་ཆོས་གཙོས་
ཡོངས་འཛིན་དུ་མ་ལས་དཔལ་ལྡན་ས་སྐྱ་པའི་ཟབ་ཆོས་རྣམས་ཀྱི་དབང་ཁྲིད་ལུང་སོགས་རྒྱུན་གང་
བཞུགས་ལེགས་པར་གསན། ངོར་གྱི་འདོན་ཆ་སྐོར། རྒྱུད་ཆུང་བཞི། ཀུན་ཏུ་དགོས་པའི་གཞུང་
བདུན་སོགས་ཐུགས་འཛིན་དང་ཐོས་བསམ་མཛད་ཚུལ་ཙམ་ལས་རིག་པའི་བརྡ་འདབ་སྟོང་གྲོལ་
བས་གཟིགས་པ་ཙམ་གྱིས་ཚིག་དོན་ཐུགས་སུ་ཆུད། རིགས་གཞུང་མཁྱེན་པའི་མཁས་གྲུབ་འགའ་
ལས་སྒྲ་ཀ་ལཱ་པ། སྡེབ་སྦྱོར་རིན་འབྱུང་། སྙན་ངག་མེ་ལོང་མ། རྩིས་དཀར་ནག་སོགས་རིག་གནས་
དུ་མ་སྦྱངས། ལཉྫ་ ཝརྟུ་ལ་སོགས་ཡིག་རིས་སྣ་ཚོགས་བསླབས། ཐུབ་བསྟན་རྟ་ནག་ཏུ་ཕེབ་ནས་
མཁན་པོ་རབ་འབྱམས་པ་འགའ་ལས་བསྡུས་གཞུང་ནས་བཟུང་པོད་ཆེན་ལྔ་གསན་སྦྱངས་མཐར་
ཕྱིན་པར་མཛད་པས་དྲུང་རམས་པའི་མཚན་གསོལ། ས་སྐྱར་གྲྭ་སྐོར་མཛད་ཅིང་། རྡོའི་སེང་གེ་ལ་
ཆིབས་པ་དང་། ཟ་ཆེན་བརྟུང་བ་སོགས་ཀྱིས་ཕྱིར་རྒོལ་གྱིས་མི་འཇིགས་པའི་དྲིལ་བསྒྲགས། མཁས་
པའི་གྲགས་དཀར་ཕྱོགས་མཐར་ཁྱབ། བལ་ཡུལ་མཆོད་རྟེན་རྣམ་གསུམ་ལ་ཕྱོགས་ལས་རྣམ་པར་
རྒྱལ་བའི་དངོས་གྲུབ་ཞུས་པས་གནང་བ་ཐོབ། ངོར་གྱི་དཔོན་སློབ་ཡུན་རིང་བཞུགས་སྐབས་སྡེ་དགེ་
ཆོས་རྒྱལ་དབུས་བྱོན་རྐྱེན་གྱིས་ལྷ་ལྡན་སྨོན་ལམ་ཆེན་པོར་མཇལ་རྒྱས་བཤད་དང་པོད་ཆེན་ལྔའི་
དམ་བཅའ་བཞག །ཡུམ་རྒྱས་པ་ཐུགས་ནས་གསུངས་པས། རྒྱལ་བས་ཡོངས་འཛིན་གྱི་ཆོ་ལོ་སྩལ།
སྐྱབས་མགོན་ཚུལ་ཁྲིམས་རྒྱ་མཚོ་ལ་ཚེ་སྒྲུབ་དང་། རྒྱལ་པོ་སྟག་ཚལ་ལ་སྒྲ་གཞུང་ཕུལ། ལྕགས་པོ་

རིར་སྨན་གྱི་རྒྱུད་བཤད་མཛད། སེར་འབྲས་དགའ་གསུམ་གྱིས་རང་གི་བླ་མ་བཞིན་དུ་བཀུར། དཀྱིལ་གྲངས་བཞི་བཅུ་ནང་ངག་དབང་བློ་གྲོས་བཟང་པོའི་རྗེས་སུ་ངོར་ཆེན་གྱི་ཁྲིར་ཕེབ་ནས་ལོ་བདུན་བཞུགས་རིང་། སྡོམ་པ་གསུམ་དང་། གསུང་ངག་རིན་པོ་ཆེས་གཙོས་ཟབ་ཆོས་རྒྱ་མཚོ་ཙམ་གསུངས་པས། གསུང་ལས་སྐྱེས་པའི་སློབ་མ་བྱམས་པ་དཔལ་ལྡན་བཟང་པོ། ངག་དབང་བློ་གྲོས་བསྟན་འཛིན། ཞབས་དྲུང་བསོད་ནམས་བསྟན་འཛིན། འཇམ་དབྱངས་ཤེས་རབ་རྒྱལ་མཚན། འཇམ་དབྱངས་ནམ་མཁའ་རྒྱལ་མཚན། ངག་དབང་བསོད་ནམས་རྒྱལ་མཚན། འཇམ་དབྱངས་ཤེས་རབ་རྒྱ་མཚོ། འཇམ་མགོན་ངག་དབང་ལེགས་གྲུབ། ཐམས་ཅད་མཁྱེན་པ་འཇམ་དབྱངས་མཁྱེན་བརྩེའི་དབང་པོ། བྱ་བྲལ་བསོད་ནམས་བཟང་པོ། མཐུ་ཆེན་འཇམ་དཔལ་བསྟན་འཛིན། སོགས་སློབ་ཚོགས་མཐའ་ཀླས་པ་བསྐྲུན། གསུང་རྩོམ་རིགས་དབུ་མ་འཇུག་འགྲེལ་དང་། སྨན་བླ། གནས་བརྟན་མདོ་ཆོག་སོགས་མང་དུ་བཞུགས་ཀྱང་། རང་གི་ཡོན་ཏན་གཙིགས་མེད་དུ་མཛད་པས་ཕྱིན་ཟར་ཤོར་རྐྱེན་སོགས་ཀྱིས་དཔེ་རྒྱུན་མི་བཞུགས། ཆག་མེད་བཞི་སོགས་ཐུགས་དམ་ལ་རྩེ་གཅིག་བརྩོན་པས་འོད་གསལ་ཕྱག་རྒྱ་ཆེན་པོའི་ཡེ་ཤེས་མངོན་དུ་གྱུར། ཁྱད་པར་རྗེ་བཙུན་སྒྲོལ་མའི་ཆོ་ག་དང་བསྟོད་པ་ཁོ་ནར་ཐུགས་ཉམས་སུ་བསྟར་བས་འཕགས་མའི་དགྱེས་ཞལ་འབྲལ་མེད་མཇལ་ཞིང་ཡེ་ཤེས་གཟིགས་པའི་སྣང་ངོར་དུས་གསུམ་གྱི་ལེགས་ཉེས་ཐམས་ཅད་མ་བསྒྲིབས་སར་མཁྱེན་པས། ལུང་བསྟན་དུ་སྟུལ་བའང་མངོན་པར་ཤེས་པ་ལ་དབང་འབྱོར་པའི་རྟགས་སུ་གོ། སྐུ་ཚེའི་སྨད་དུ་འདྲ་སྐུ་གདུང་རྟེན་ཆེ་ལེགས་བཞེངས། བྱ་བྲལ་རྣལ་འབྱོར་པའི་ཚུལ་དུ་ངོར་དང་གསེར་མདོག་ཅན་སོགས་རེས་མོས་སུ་བཞུགས། དགུང་ལོ་བདུན་ཅུ་པ་ལ་བསྟུང་གཞི་ཆེན་པོར་བཞེས་པའི་ཚུལ་བསྟན་སྐབས། བྱམས་པ་ཀུན་དགའ་བསྟན་འཛིན་གྱིས་ཞབས་བརྟན་སྟུལ་བཞེས་རྟེན་འབྲེལ་དགེ་མཚན་ལས་ལོ་གཅིག་སྐུ་ཚེའི་འདུ་བྱེད་བྱིན་གྱིས་བརླབས། དོན་གཅིག་པར་དགོངས་རྫོགས་ཀྱི་རིགས་ཐམས་ཅད་ཞལ་བཀོད་ལེགས་པར་མཛད་དེ། ལམ་འབྲས་ཀྱི་སྒྲུབ་འཕོ་བའི་འདའ་ཁ་མའི་རྣལ་འབྱོར་ལ་བརྟེན་ནས་དག་པའི་ཞིང་དུ་གཤེགས། གདུང་ཞུགས་ལ་ཕུལ་བ་ན་དབུ་ཐོད་འཕར་བའི་དུམ་བུར་ཨ་རང་གྲུབ་ཏུ་བྱོན་པ་སོགས་མཆོག་དམན་ཀུན་གྱི་མཐུན་སྣང་དུ

གྲུབ། ཉིན་ཞག་བདུན་གྱི་རིང་ལ་ངོར་གྱི་གླིང་ཐམས་ཅད་དྲི་བཟང་གིས་ཁྱབ་པས་ཟག་མེད་ཀྱི་ཕུང་པོར་མངའ་བརྙེས། མདོར་ན་མཁས་གྲུབ་སངས་རྒྱས་ཕུན་ཚོགས་ཚུན་ཆོད་དུ་མཁན་ཆེན་ཞིག་ལ་མཁས་པའི་ཡོན་ཏན་བཅུ་ཕྲག་རིག་པའི་མ་ཧཱ་པཎྜི་ཏར་གྲགས་ཤིང་། གྲུབ་པའི་རྣམ་ཐར་བློ་འདས་སུ་སྟོན་པ་འདི་ལྟ་བུ་མ་བྱུང་བ་སོགས་མཁས་གྲུབ་ཀྱི་མཚན་དོན་དང་ལྡན་པ་ཞིག་གོ།

༄ གདན་རབས་ཞེ་དགུ་པ་བྱམས་པ་དཔལ་ལྡན་བཟང་པོ་ནི། གཙང་གི་ཆར་ཆོས་གྲྭ་དགའ་བ་གདོང་གྲགས་པའི་ཉེ་འདབ་པད་ནང་ཞེས་པར་ཆོ་རིགས་མཆོག་ཏུ་གྱུར་པའི་བརྒྱུད་དུ་འཁྲུངས། མཁན་ཆེན་དཔལ་ལྡན་ཆོས་སྐྱོང་གི་དབོན་པོ་རིན་ཆེན་མཆོག་གྲུབ་ཀྱི་སྤྲུལ་སྐུ་འཁྲུལ་མེད་ཡིན་པ་ཡེ་ཤེས་གཟིགས་པ་དག་གིས་ལུང་བསྟན། ངོར་ཨེ་ཝཾ་ཆོས་ལྡན་དུ་ཕེབ། ཕན་བདེ་བླ་བྲང་དུ་བཞུགས་ནས་ཀློག་པ་ཐོས་བསམ་གྱི་འཁོར་ལོས་རང་ལུགས་ཀྱི་གཞུང་རྣམས་ལ་བསླབ་སྦྱོང་མཛད། བྱམས་པ་ཀུན་དགའ་བསྟན་འཛིན། ངག་དབང་བློ་གྲོས་བཟང་པོ། དཔལ་ལྡན་ཆོས་ཀྱི་རྒྱལ་མཚན་སོགས་དམ་པ་རྣམས་ལས་སྤྱིར་སྡོམ་པ་གསུམ། བྱེ་བྲག་གསུང་ངག་ལམ་འབྲས་གཙོ་བོར་གྱུར་པའི་རྒྱུད་སྡེ་བཞིའི་སྨིན་གྲོལ་གྱི་བཀའ་སྲོལ་ཇི་སྙེད་ཡོད་པ་ཕལ་ཆེར་གསན། སྔོང་བ་བསམ་གཏན་གྱི་འཁོར་ལོས་ལྷག་ལྷ་བགྲང་ཡས་ཀྱི་བསྙེན་སྒྲུབ་ཚུལ་བཞིན་བགྱིས། ཡོངས་འཛིན་པཎྜི་ཏའི་རྒྱལ་ཚབ་ཏུ་ཀུན་མཁྱེན་ཨེ་ཝཾ་པའི་གསེར་ཁྲི་ལ་ཞབས་པད་བཀོད་དེ། བྱ་བ་ཆོས་སྤྱོད་ཀྱི་འཁོར་ལོ་སོ་བྱང་སྡོམ་གསུམ་དང་། ལམ་འབྲས་ལ་སོགས་པའི་རྒྱུད་སྡེ་རྣམས་ཀྱི་དབང་ཁྲིད་ལུང་བཅས་ཀྱིས་སྐྱེ་འགྲོ་ཕན་བདེའི་ལམ་ལ་བཀོད། འཇམ་མགོན་ངག་དབང་ལེགས་གྲུབ། ཀུན་དགའ་བསྟན་པའི་བློ་གྲོས། འཇམ་དབྱངས་མཁྱེན་བརྩེའི་དབང་པོ། བྱམས་པ་ཀུན་དགའ་བསྟན་པའི་རྒྱལ་མཚན་སོགས་ཞལ་སློབ་ཁྱད་འཕགས་མང་དུ་བྱོན། མུས་སྟག་མོ་གླིང་ཁར་སྐུ་ཆེ་དང་སྒྲུབ་པ་མཐར་ཕྱིན། སྐུ་ཚེའི་མཇུག་ཏུ་རྡོ་རྗེ་རྣལ་འབྱོར་མས་རྗེས་སུ་བཟུང་སྟེ། ཞིང་གཞན་དུ་གཤེགས་ཁར་བྱེ་རུའི་ཐེམ་སྐས་བཙུགས་པ་དང་། མཁའ་འགྲོས་བསུ་བར་མཛད་པ་སོགས་དག་སྣང་བསམ་གྱིས་མི་ཁྱབ་པ་ཤར་བ་དང་། ཡོངས་འཛིན་པཎྜི་ཏས་ལུང་བསྟན་སྤྲུལ་བ་སྐོ་ཀུན་ནས་འགྲིག་ཅིང་། རྣམ་ཐར་བླ་ན་མེད་པ་མངའ་བའི་བཤེས་གཉེན་མཆོག་གོ།

༄ གདན་རབས་ལྔ་བཅུ་པ་རྣལ་འབྱོར་འཇམ་དཔལ་བཟང་པོ་ནི། རབ་བྱུང་བཅུ་གསུམ་པའི་ནང་གསེས་ས་མོ་བྱའི་ལོར་བྲང་ཧི་མཁས་པའི་རིགས་སུ་སྐུ་འཁྲུངས། སྐུ་ཆུང་ངུ་ནས་ཐེག་ཆེན་གྱི་རིགས་སད་པས་བསྐུལ་ཏེ་ཨེ་ཝཾ་ཐར་པ་རྩེ་ར་ཐེབ། འདོན་ཆོག་དང་། རྒྱུད་ཆུང་བཞི་སོགས་ཐུགས་འཛིན་མཛད། བྱམས་པ་བསོད་ནམས་དཔལ་འབྱོར་གྱིས་མཁན་པོ་དང་། དཔལ་ལྡན་ཆོས་ཀྱི་རྒྱལ་མཚན་གྱིས་ལས་སློབ་སོགས་དད་པའི་དགེ་འདུན་གྲངས་ཚང་བའི་དབུས་སུ་ཚིགས་གསུམ་རིམ་ནོས་ཀྱི་བསྙེན་པར་རྫོགས། རང་ཉིད་ཀྱི་གཙེན་བྱམས་པ་ཀུན་དགའ་བསྟན་འཛིན་སོགས་ཡོངས་འཛིན་དུ་མ་ལས་རྒྱུད་སྡེ་བཞི་དང་འབྲེལ་བའི་དབང་། རྗེས་གནང་། རིག་གཏད་སོགས་དུ་མ་དང་། བེའུ་བུམ། བཀའ་འབུམ་སོགས་རྒྱ་ཆེར་གསན། ཀྱཻ་རྡོར་གཞི་བསྙེན་སོགས་སྒྲུབ་པའི་རྒྱལ་མཚན་མཐོན་པོར་བསྒྲེངས། ཁྱད་པར་གསུང་ངག་རིན་པོ་ཆེ་ལམ་འབྲས་བུ་དང་བཅས་པའི་གདམས་ངག་གཙོས་ཆག་མེད་རྣམ་བཞི་གསན་ནས་ཐུགས་དམ་གྱི་མཐིལ་མཛད་པས་ཟབ་གསལ་དབྱེར་མེད་ཀྱི་ཡེ་ཤེས་མངོན་དུ་གྱུར། བྱམས་པ་དཔལ་ལྡན་བཟང་པོའི་གདན་ཚབ་ཏུ་འོག་མིན་ཨེ་ཝཾ་ཆོས་ལྡན་གྱི་ཆོས་ཁྲི་ལ་མངའ་གསོལ་ཏེ། སྡོམ་པ་གསུམ་དང་། དགྱེས་པ་རྡོ་རྗེའི་ཟབ་ཁྲིད་ལམ་འབྲས་བུ་དང་བཅས་པའི་གདམས་ངག་སོགས་གང་ལ་གང་འདོད་ཀྱི་སྨིན་གྲོལ་བསམ་གྱིས་མི་ཁྱབ་པ་སྩལ་ནས་གདུལ་བྱ་རིགས་ཅན་སྣ་ཚོགས་སྲིད་པའི་མཚོ་ལས་བསྒྲལ་ཏེ་ཐར་པའི་གྲོང་ཁྱེར་མཆོག་ཏུ་དགྲེ་བ་དང་། ཁྱད་པར་གསུང་ལས་སྐྱེས་པའི་ཐུགས་སྲས། མཁན་ཆེན་བྱམས་པ་ཀུན་དགའ་བསྟན་པའི་རྒྱལ་མཚན། འཇམ་དབྱངས་མཁྱེན་བརྩེའི་དབང་པོ། དཔོན་སློབ་ངག་དབང་ལེགས་གྲུབ་སོགས་མཁས་ཤིང་དངོས་གྲུབ་བརྙེས་པ་དུ་མ་བྱོན། གདན་ཚབ་ཏུ་ངག་དབང་བློ་གྲོས་བསྟན་འཛིན་མངའ་གསོལ་ཏེ་སྡེ་དགེ་ཆོས་རྒྱལ་ཆེན་པོའི་མཆོད་གནས་སུ་བྱོན་པས་འབྲེལ་ཚད་དོན་ལྡན་དུ་མཛད། ལྷུན་གྲུབ་སྟེང་དུ་ས་སྐྱ་པའི་ཟབ་ཆོས་རྣམས་ལྷུག་པར་སྩལ། རྨད་ཤོད་ཧ་ལར་རྡོ་ལ་མ་ཊི་ཕྱག་མཛུབ་ཀྱིས་བྲིས་པ་སོགས་གྲུབ་པའི་རྣམ་ཐར་བློ་འདས་སུ་སྟོན། སླར་དབུས་གཙང་དག་པའི་ཞིང་དུ་བཏེག །མཆོད་པའི་སྤྲིན་ཕུང་འབྱམས་ཀླས་པར་སྤྲོས། དེ་ནས་བཟུང་ཐུགས་དམ་ལ་རྩེ་གཅིག་ཏུ་བརྩོན་པས་དགུང་གྲངས་དོན་དྲུག་པ་ལ་སྐུ་ཚེ་དང་སྒྲུབ་པ་མཉམ། ཞིང་བྱེ་ཧོར་ཟླ་གཉིས་པའི་ཚེས་ལ་རྡོ་རྗེ་རྣལ་

འབྱོར་མའི་འཕོ་བའི་སྒོ་ནས་གཟུགས་སྐུའི་བཀོད་པ་དབྱིངས་སུ་བསྡུས། དགོངས་རྫོགས་རིགས་བླ་བྲང་ཆེན་པོས་སྟར་ལམ་ལྟར་མཐར་ཕྱིན་པར་མཛད་དོ། །འདི་ཉིད་ཀྱི་རྣམ་ཐར་རྒྱས་པའང་ཐར་རྩེ་རྡོ་རྗེ་འཆང་གིས་མཛད་པ་ལས་རྟོགས་པར་བྱའོ།། །།

༄ གདན་རབས་ང་གཅིག་པ་ཁང་སར་མཁན་པོ་ངག་དབང་བློ་གྲོས་བསྟན་འཛིན་ནི། ངག་དབང་བློ་གྲོས་བཟང་པོའི་དབོན་རིགས་སུ་འཁྲུངས། ཕུན་ཚོགས་ཁང་སར་ཞབས་དྲུང་གི་གོ་སར་བཞུགས་ནས་རིགས་རུས་ཀྱིས་དྲེགས་པ་འགོ་བའི་ནད་བཞིན་སྤྱངས་ཏེ། བྱམས་པ་ཀུན་དགའ་བསྟན་འཛིན། ངག་དབང་བློ་གྲོས་བཟང་པོ། ཡོངས་འཛིན་པཎྜི་ཏ། བྱམས་པ་དཔལ་ལྡན་བཟང་པོ་རྣམས་རྩ་བའི་རིགས་བདག་ཏུ་བསྟེན་ནས་ཐེག་གསུམ་ཆོས་ཀྱི་སྙིང་པོ་སྡོམ་པ་གསུམ་ལམ་འབྲས་ཆེ་ཆུང་གཙོས་ས་ངོར་གྱི་ཡབ་ཆོས་རྒྱ་མཚོ་ཙམ་གསན་སྦྱོང་མཛད་ཅིང་ཐུགས་ཀྱི་བུམ་བཟང་ཡོངས་སུ་གཏམས། ཨཥྚ་གཞི་བསྙེན་སོགས་སྒྲུབ་པའི་རྒྱལ་མཚན་མཐོན་པོར་བསྒྲེངས། རྣལ་འབྱོར་འཇམ་དཔལ་བཟང་པོའི་བཀའི་ཅོད་པན་གཙུག་ཏུ་མཆོད་ནས། རྒྱལ་བ་རྡོ་རྗེ་འཆང་གི་ཆོས་ཁྲིར་ཐེབ། སྡོམ་པ་གསུམ་གསུང་ངག་རིན་པོ་ཆེ་ཆ་ལག་དང་བཅས་པའི་ཆོས་འཁོར་ཡུན་རིང་དུ་བསྐོར་བས་འོས་སུ་གྱུར་པའི་གདུལ་བྱ་རྣམས་སྨིན་པར་མཛད། འཇམ་མགོན་ངག་དབང་ལེགས་གྲུབ། དཔོན་སློབ་ངག་དབང་དགེ་ལེགས། འཇམ་དབྱངས་ཤེས་རབ་རྒྱ་མཚོ་སོགས་གསུང་ལས་སྐྱེས་པའི་སློབ་ཚོགས་མང་དུ་འཕེལ་བ་སོགས་ས་ཆེན་པོ་ལ་གནས་པའི་བྱང་ཆུབ་སེམས་དཔའ་སེམས་དཔའ་ཆེན་པོ་ཞིག་གོ།

༄ གདན་རབས་ང་གཉིས་པ་ཕན་ཁང་མཁན་པོ་ཀུན་དགའ་བསྟན་པའི་བློ་གྲོས་ནི། ཨེ་ཝཾ་ཆོས་ལྡན་གྱི་རྒྱབ་ཕྱོགས་སུ་རྟོགས་ལྡན་དགོན་བཀྲ་ཤིས་ཆོས་ལྡིང་གྲགས་པ་ན། དཔའ་བོ་ཧཱུྃ་རི་བའི་བརྒྱུད་ཡབ་ཀུན་བཟང་པདྨ་རིག་འཛིན། ཡུམ་གང་ལེགས་བུ་ཁྲིད་གཉིས་ཀྱི་སྲས་སུ་ཆུ་རྟ་ལོར་སྐུ་འཁྲུངས། འཆི་མེད་བསྟན་པའི་ཉི་མས་དཔལ་ལྡན་ཆོས་སྐྱོང་གི་དབོན་རིན་ཆེན་ཆོས་མཛད་ཀྱི་སྐུ་སྐྱེ་ཡིན་ཚུལ་གྱི་ལུང་བསྟན་སྩལ། རང་ཉིད་ཀྱིས་ཀྱང་སྔོན་གནས་རྗེས་དྲན་གྱི་ཞལ་བཞེས་མཛད། བགྲང་བྱ་དགུའི་ཐོག་ཕན་བདེ་ཟླ་བྲང་དུ་ཕྱོན། བྱམས་པ་དཔལ་ལྡན་བཟང་པོ་ལས་ཟབ་ཆོས་འགའ

ཞིག་གསན། ཆོས་སྤྱོད་ཆོ་ག་སོགས་བསླབ་སྦྱོང་བགྱིས་པས་རིག་པའི་ཕུལ་ཕྱིན། ནལ་འབྱོར་འཇམ་དཔལ་བཟང་པོ་ལས་སྡོམ་པ་གསུམ་དང་གསུང་ངག་རིན་པོ་ཆེའི་ཆོས་སྐོར་རྣམས་ཞུས་ནས་རྒྱ་བའི་རིགས་བདག་ཏུ་འཛིན། རྒྱུད་ཆུང་བཞི་སོགས་བསླབ་སྦྱང་མཛད། གཞི་བསྙེན་སོགས་མཐར་ཕྱིན་ནས་གདུལ་བྱའི་དོན་དུ་ཁམས་སྒ་ཁོག་ཏུ་ཕེབ་ནས་སློབ་ཚོགས་བགྲང་ཡས་སྨིན་གྲོལ་ལ་བཀོད། སླར་དགུང་ལོ་ཉེར་ལྔ་ལ་ངོར་དུ་ཕེབ། མཆོད་སྦྱིན་རྒྱ་མཚོ་མངོན་པར་སྤྲུལ་པས་ཚོགས་གཉིས་རྒྱ་ཆེར་སྤེལ་བ་སྟོན་དུ་བསྒྲུབས་ནས། ཉེར་བདུན་ནས་སོ་གཅིག་བར་མཁན་པོའི་ལས་ཁུར་བཞེས། བྱམས་པ་ཀུན་དགའ་བསྟན་འཛིན་མཆེད་ཞལ། ཡོངས་འཛིན་པཎྜི་ཏ་འཇམ་མགོན་ངག་དབང་ལེགས་གྲུབ་སོགས་ལས་ཀྱེ་རྡོར་བཀའ་བབས་བཞི་སོགས་ཟབ་ཆོས་རྒྱ་མཚོ་ལྷ་བུར་གསན། ཟླ་བྲང་རྗེས་བཞེས་སྐོར་ཐར་རྗེ་ལ་ཕུལ་ནས། མདོ་ཁམས་སུ་བྱོན། སྒ་ལྡན་གཉིས་དང་ཁྲིད་པར་སྡེ་དགེ་ཆོས་རྒྱལ་སོགས་སྐྱེ་རྒུ་ཆེ་ཕྲ་རྣམས་ཀྱི་མཆོད་གནས་མཛད། ཉག་རང་དམག་ཟིང་སྐབས་བསམ་གཏན་གྱི་ཆེར་མ་ཆེན་པོ་བྱུང་ཡང་། ཧིང་ངེ་འཛིན་སྟོབས་ཀྱིས་བར་ཆད་ཀྱི་གཡུལ་ལས་རྒྱལ། འཇམ་དབྱངས་མཁྱེན་བརྩེའི་དབང་པོའི་དྲུང་ནས་མཁའ་སྤྱོད་སྐོར། ཀྱེ་རྡོར་རྒྱུད་བཤད་སོགས་གསན། མཁས་གྲུབ་ཀུན་དགའ་དཔལ་ལྡན་དྲུང་ནས་གསུང་ངག་སློབ་བཤད། རྭ་ཁྲིད། མགོན་པོ་ཆེ་ཆུང་གི་པོད་ས་ངོར་ཚར་གསུམ་གྱི་སྐད་བརྒྱུད་ཡོད་དོ་ཅོག་བུམ་པ་གང་བྱོའི་ཚུལ་དུ་གསན། སྐུ་ཆུང་དུ་ནས་དངོས་སམ་རྨི་ལམ་དུ་ཡི་དམ་ཆོས་སྐྱོང་མང་པོས་ཞལ་གཟིགས། སྐུ་ཚེའི་སྨད་དུ་སྒ་ཐག་ལུང་དགོན་དང་ཉེ་བའི་བཀའ་འགྱུར་སྒར་ཞེས་པའི་དབེན་གནས་སུ་སྒྲུབ་པ་ཁོ་ན་ལ་བཞུགས་པས་ཉམས་རྟོགས་ཀྱི་བརྙི་རབ་ཏུ་བཞད། སྐྱེ་རྒུ་དོན་གླིང་སོགས་སུ་གསུང་ངག་སློབ་བཤད། མགོན་པོ་ཆེ་ཆུང་སོགས་ཆོས་འཁོར་ཟླ་ན་མེད་པ་བསྐོར། རྗེ་བཙུན་ཏྲ་མགྲིན་དབང་མོ། མཁན་ཆེན་ངག་དབང་བསོད་ནམས་རྒྱལ་མཚན། དཔལ་ལྡན་བློ་གྲོས་རྒྱལ་མཚན། ངག་དབང་བསྟན་པའི་རྒྱལ་མཚན། སྡེ་དགེ་ཆོས་རྒྱལ་དཔལ་ལྡན་འཆི་མེད་རྟག་པའི་རྡོ་རྗེ་སོགས་སློབ་ཚོགས་མཐའ་ཡས་པ་སྤེལ། རྗེ་ཉིད་དགུང་གྲངས་རེ་གསུམ་བཞེས་པ་ཤིང་སྤྲེལ་ལོ་ཧོར་ཟླ་དགུ་པའི་ཚེས་བཅུ་བཞིའི་ཐོ་རེངས་ངོ་མཚར་བའི་ལྟས་དང་བཅས་གཟུགས་སྐུའི་བཀོད་པ་ཆོས་དབྱིངས་སུ་བསྡུ་བའི་ཚུལ་བསྟན་པ་མཁན་རིན་པོ་

ཆེ་དཔལ་ལྡན་བློ་གྲོས་རྒྱལ་མཚན་གྱིས་མཛད་པ་ལས་ཞེས་པར་བྱའོ། །

༄ གདན་རབས་ང་གསུམ་པ་བདག་ཅག་གི་རྩ་བའི་ཡོངས་འཛིན་ངེས་པར་དོན་གྱི་ཐམས་ཅད་མཁྱེན་པ་ཐར་རྩེའི་མཁན་ཆེན་རྡོ་རྗེ་འཆང་བྱམས་པ་ཀུན་དགའ་བསྟན་པའི་རྒྱལ་མཚན་ནི། རབ་བྱུང་བཅུ་བཞི་པ་ས་གླང་ལོར་བྲང་ཧྲི་མཁས་པའི་རིགས་སུ་ངོ་མཚར་བའི་ལྟས་དང་བཅས་མཚན་དཔེའི་མེ་ཏོག་གསར་དུ་བཞད། གཞོན་ནུའི་དུས་ནས་སེམས་ཅན་བསད་པའི་ཤ་ཁྲག་གཟིགས་པ་ཙམ་གྱིས་སྙིང་རྗེ་ཆེན་པོས་སྤྱན་ཆབ་བསིལ་བ་དང་། དབེན་པའི་གནས་ལ་ཆེས་དགའ་བ། དབང་བསྐུར་ཆོས་འཆད་ལ་སོགས་པ་དམ་པའི་བག་ཆགས་འདོར་མི་བཟོད་པ། རབ་ཏུ་བྱུང་བའི་ཕྱོགས་ལ་ཐུགས་ལྷག་པར་གཞོལ་བས་དགུང་ལོ་བཞི་པར་དཔལ་ཨེ་ཝཾ་ཆོས་ལྡན་དུ་ཕེབ། ཡི་གེའི་མ་མོ་ནས་བརྩམས་ཏེ་ཨེ་ཝཾ་པའི་འདོན་ཆོགས། ཀུན་ཏུ་དགོས་པའི་གཞུང་བདུན་སོགས་ཐུགས་འཛིན་གནང་བར་དུས་ཐུང་ངུས་དཀའ་བ་མེད་པར་ཁོང་དུ་ཆུད། འཁོར་བའི་ཕུན་ཚོགས་ལ་ཞེན་ལོག་གི་ངེས་འབྱུང་དྲག་པོས་བརྟན་མཁས་ཀྱི་ཡོན་ཏན་ཡོངས་སུ་རྫོགས་པ་ཁུ་བོ་མཁན་ཆེན་བྱམས་པ་ཀུན་དགའ་བསྟན་འཛིན་གྱིས་མཁན་པོ་དང་། རྣལ་འབྱོར་འཇམ་དཔལ་བཟང་པོས་ལས་ཀྱི་སློབ་དཔོན་སོགས་ཀྱི་ཞལ་སྔ་ནས་ཚིགས་གསུམ་རིམ་ནོད་ཀྱིས་བསྙེན་པར་རྫོགས་པ་དགེ་སློང་གི་དངོས་པོར་བསྒྲུབས། གནང་བཀག་གི་བསླབ་གཞི་ཕྲ་རགས་ཐམས་ཅད་སྤྱན་འབྲས་བཞིན་བསྲུང་མཚམས་ལས་མི་འདའ། ཐེག་པ་ཆེན་པོའི་སེམས་བསྐྱེད་སྲོལ་གསུམ་གྱི་སྡོམ་པ་ཡང་ནས་ཡང་དུ་བཞེས། རྗེ་བོ་བཀའ་གདམས་པའི་བཀའ་སྲོལ་བྱང་ཆུབ་ཀྱི་སེམས་རིན་པོ་ཆེ་ལ་བློ་སྦྱོང་བའི་གཞུང་། གདམས་ངག །མན་ངག་གི་སྐོར་བཞུགས་སོ་ཅོག་གསན་ཅིང་ཐུགས་དམ་གྱི་མཐིལ་དུ་མཛད། མཁན་ཆེན་རྡོ་རྗེ་འཆང་མཆེད་ཞལ་སོགས་ལས་རྒྱུད་སྡེ་བཞི་དང་འབྲེལ་བའི་དབང་ཁྲིད་མན་ངག་གི་སྐོར་བཞུགས་སོ་འཚལ་གསན་པས་ཐུགས་རྒྱུད་ཡོངས་སུ་གཏམས་པ་སོགས་སུམ་ལྡན་རྡོ་རྗེ་འཛིན་པ་ཆེན་པོར་གྱུར། ཉི་ཟླ་ལྔ་བུ་བཅུ་ཕྲག་རིག་པའི་མ་ཧཱ་པཎྜི་ཏ་འཇམ་དབྱངས་མཁྱེན་བརྩེའི་དབང་པོ་དང་། འཇམ་པའི་དབྱངས་ངག་དབང་ལེགས་གྲུབ་རྣམ་པ་གཉིས་ལས་སྒྲ་ཚད། །སྙན་ངག །སྡེབ་སྦྱོར། མངོན་བརྗོད། གསོ་རིག་སོགས་ཕྱིའི་རིག་པ་ཆ་ལག་དང་བཅས་པ་གསན་པས་བཅུ་ཕྲག་

རིག་པའི་མ་ཏྲཱ་པཎྜི་ཏ་ཞེས་གྲགས་པའི་རྒྱུད་མངས་སྲིད་པའི་རྩེ་མོར་བསྒྲེངས། བཀའ་འགྱུར་རོ་ཅོག་དང་བསྟན་བཅོས་ལུང་བཞུགས་ཚད། དུས་འཁོར། བརྟག་གཉིས། མཚན་བརྗོད་སོགས་རྒྱུད་ཀྱི་བཤད་བཀའ་གྲགས་ཆེན་བཅོ་བརྒྱད་སོགས་དང་། བཀའ་གདམས་གསར་རྙིང་གི་གདམས་ངག་གཞུང་བེའུ་བུམ་གྱི་རིགས་དུ་མ་གསན་པས་མདོ་སྔགས་ཀྱི་གླེགས་བམ་གཅིག་པུར་གྱུར། དེ་ལྟར་གསན་པ་ཙམ་དུ་མ་ཟད་ཉིན་མཚན་ཁོར་ཡུག་ཏུ་ཟབ་པ་དང་རྒྱ་ཆེ་བའི་ཆོས་ཚུལ་མཐའ་དག་ལ་གཟིགས་རྟོག་རྒྱུན་མི་འཆད་པར་མཛད་པས་གྲུབ་མཐའ་རང་རང་གི་ལྟ་སྒོམ་གྱི་བཞེད་ཚུལ། ཕྱག་བཞེས་ཀྱི་སྤྱོད་པ། མན་ངག་གི་གནད་གསང་། གྲུབ་མཐའི་ཁས་ལེན། གཞི་ལམ་འབྲས་བུའི་རྣམ་གཞག་ལ་སོགས་པ་མ་འདྲེས་པར་གཟིགས་ཏེ། རྩོད་པ་དང་ཐེ་ཚོམ་གྱི་གནས་ལ་མི་འཇིགས་པའི་སྤོབས་པ་རྙེད་པས་སྨྲ་བའི་ཁྱུ་མཆོག་ཆེན་པོར་གྱུར། རྡོ་རྗེ་འཆང་མཆེད་ཞལ་ལས་གསུང་ངག་རིན་པོ་ཆེ་ཚོགས་སློབ་ཀྱིས་མཚོན་པའི་སྨིན་བརྒྱུད་ཚད་མ་བཞི་ལྡན་གྱི་གདམས་པ་མཐའ་དག་གསན་བསམ་མཐིལ་ཕྱིན་པར་མཛད། དེའང་གསན་ལོ་ཙམ་དུ་བཞག་པར་ཕྱག་ལེན་ཕྲ་མོ་ཚུན་ཆད་ཀྱང་བྱང་ཆུབ། འཆད་རྩོད་རྩོམ་གསུམ་གྱི་སྐབས་མ་གཏོགས་ཐུན་བཞིའི་རྣལ་འབྱོར་ལས་ནམ་ཡང་མི་འདའ་བའི་ཚུལ་གྱིས་ཉམས་སུ་བླངས་པས་རིམ་གཉིས་ཀྱི་དྲོད་རྟགས་མངོན་དུ་གྱུར། ཆོས་ཉིད་གཉུག་མ་ལྷན་ཅིག་སྐྱེས་པའི་ཡེ་ཤེས་རྗེན་པར་གཟིགས། ཆོས་ཅན་གྱི་སྣང་བ་ཐམས་ཅད་ལྷའི་འཁོར་ལོར་ཤར། རྡོ་རྗེའི་ཆོས་སྐྱོང་རྣམས་ཀྱིས་བྲན་བཞིན་དུ་བྱ་བ་བྱེད། གསུང་ངག་ཚོགས་བཤད་ཚར་བརྒྱད། སློབ་བཤད་ཚར་ལྔ་གཅོས་པའི་ཟབ་ཁྲིད། གཞན་ཡང་ཁྲིད་བརྒྱ། རང་ལུགས་ཀྱི་ཁྲིད་ཆེན་བརྒྱད། ལམ་རིམ་དང་བློ་སྦྱོང་སོགས་ཐུན་མོང་དང་ཐུན་མོང་མ་ཡིན་པའི་ཁྲིད་རིམ་མང་པོ། ངོར་དཀྱིལ་བདུན་ལན་གྲངས། རྡོ་རྗེ་ཕྲེང་བ། སྦྱོང་རྒྱུད་ཚར་གཉིས། ཟུར་བཀའི་རིགས་མཐའ་ཀླས་པ་སོགས་ཀྱི་དབང་བཀའ་དཔག་ཏུ་མེད་པ། སྒྲུབ་ཐབས་རྒྱ་མཚོ་ཚར་གསུམ་གྱིས་གཙོས་པའི་རྗེས་གནང་གི་རིགས་ཤིན་ཏུ་མང་བ། གཞུང་ལུགས་རྣམས་ཀྱི་བཤད་བཀའ། ཐུན་མོང་སྒྲ་སྙན་སོགས་ཀྱི་ཕྱག་ཁྲིད། བསྟན་འགྱུར་དང་། བོད་ཀྱི་ཤིང་རྟ་ཆེན་པོ་རྣམས་ཀྱི་གསུང་འབུམ་གཙོས་བཀའ་འབུམ་བེའུ་བུམ་གྱི་རིགས་ཏེ་རྒྱབ་བརྟེན་ལུང་གི་སྐོར་བགྲང་བ་ལས་འདས་པ་སོགས་ཟབ་ཅིང་རྒྱ་ཆེ་བའི་

ཆོས་བཀའ་འཆད་སྤེལ་ལ་རྟག་ཏུ་གཞོལ། སྨད་དུ་བྱུང་བའི་གསུང་རྩོམ་གྱི་རིགས་ཀྱང་པུསྟ་ཀ་ལྔ་ཙམ་བཞུགས། གངས་ཅན་གྱི་ལྗོངས་འདིར་བཞུགས་སོ་འཚལ་གྱི་རྒྱུད་སྡེ་རིན་པོ་ཆེའི་ཤིང་རྟའི་སྲོལ་ཆེན་པོ་བཏོད། གསུང་ལས་སྐྱེས་པའི་བསྟན་འཛིན་གྱི་སློབ་མའང་མཁས་ཤིང་དངོས་གྲུབ་བརྙེས་པ་མང་དུ་བྱོན་ཅིང་། དེ་དག་ལས་གྱེས་པའི་དངོས་སློབ་དང་ཉིང་སློབ་ཀྱི་ཚོགས་བགྲང་དུ་མེད་པར་བྱོན་པས་དེང་སང་གི་སྐབས་འདིར་ས་ཆེན་པོ་འདི་ཡོངས་སུ་གང་སྟེ། ཐམས་ཅད་ཀྱིས་ཀྱང་བསྟན་པ་རིན་པོ་ཆེ་ཕྱོགས་ཐམས་ཅད་དུ་སྤེལ་ཞིང་སྐྱེ་རྒུ་མ་ལུས་པ་མངོན་མཐོ་དང་ངེས་ལེགས་ཀྱི་གོ་འཕང་མཐོན་པོར་སྦྱོར་བ་ལ་ཆེད་དུ་བརྩོན་པར་ལྷུར་བཞེས་པ་ཤ་སྟག་གོ། ཁྱད་པར་གསུང་ངག་སློབ་བཤད་ཀྱི་བསྟན་པ་གཏོད་ཅིང་ཐུགས་ཀྱི་སྲས་སུ་གྱུར་པ་ནི། ཁང་སར་མཁན་ཆེན་འཇམ་པའི་དབྱངས་ངག་དབང་བསོད་ནམས་རྒྱལ་མཚན་དང་། མཁན་ཆེན་སླ་བའི་ཉི་མ་འཇམ་དབྱངས་ཤེས་རབ་རྒྱ་མཚོ། ཕན་ཁང་མཁན་རིན་པོ་ཆེ་ཕྱིར་མི་ལྡོག་པའི་བྱང་ཆུབ་སེམས་དཔའ་ཆེན་པོ་དཔལ་ལྡན་བློ་གྲོས་རྒྱལ་མཚན། སྐུའི་གཉེན་དུ་གྱུར་ཅིང་སྐུ་ཚེ་རིལ་པོར་མཉེས་པ་གསུམ་གྱིས་སྲི་ཞུ་སྒྲུབ་པ་མཁན་ཆེན་འཇམ་དབྱངས་རིན་ཆེན་རྡོ་རྗེ། སླ་བའི་ཁྲུ་མཆོག་ཆབ་མདོ་རྒྱ་སྤྲུལ་རིན་པོ་ཆེ་འཕགས་མཆོག་ཐུབ་བསྟན་འཇིགས་མེད་ཆོས་ཀྱི་དབང་ཕྱུག །ཀུན་མཁྱེན་བུ་སྟོན་རིན་པོ་ཆེའི་བསྟན་འཛིན་གྱི་སྐྱེས་བུ་རི་ཟུར་བླ་མ་རིན་ཆེན་བློ་བཟང་མཁྱེན་རབ། མངའ་རི་ཆོས་རྗེ་སྙན་བརྒྱུད་བསྟན་པའི་སྲོག་ཤིང་ཀུན་དགའ་འཇམ་དབྱངས། གནས་ལྔ་རིག་པའི་མ་ཧཱ་པཎྜི་ཏ་འཇིགས་མེད་དཔལ་ལྡན་གཙོས་སྨྲ་ཕྱིར་མཁས་པའི་གཙུག་རྒྱན། གྲུབ་པའི་ཁྲུ་མཆོག་བརྒྱ་སྐོར་ཙམ་དང་། ལུགས་གཉིས་ཀྱི་ཐ་ཤལ་བ་བདག་ལྟ་བུའང་སྐལ་བ་བཟང་པོའི་གྲལ་མཐར་ཚུད་པ་སྟེ། དེ་རྣམས་ཀྱི་ནང་ནས་འགའ་ཞིག་ནི་བསྒོམས་པས་གྲུབ་འབྲས་མངོན་དུ་གྱུར་ལ། བསྟན་འཛིན་གྱི་སྐྱེས་བུ་རྣམས་ཀྱིས་ནི་སློབ་བཤད་ཀྱི་བསྟན་པ་ཉི་མ་ཤར་བ་ལྟར་གསལ་བར་མཛད་དོ། །དུས་དེ་ཙམ་ན་སྟོད་མངའ་རི་སྐོར་གསུམ། བར་དབུས་གཙང་རུ་བཞི། སྨད་མདོ་ཁམས་སྒང་དྲུག་གི་སའི་ཆ་ཐམས་ཅད་ཞལ་སློབ་ཀྱིས་གང་བ་རྣམས་ཀྱིས་ནི་ཨེ་མ་བདག་ཅག་ས་ལ་སངས་རྒྱས་དངོས་སུ་བྱོན་པ་ལྟ་བུའི་ཞལ་གྱི་བདུད་རྩི་མྱོང་བ་འདི་ལྟ་བུ་ནི་སྟོན་བཅོམ་ལྡན་འདས་ཀྱི་འཁོར་ལྔ་སྡེ་བཟང་པོ་དང་འདྲ་བས་ཨ་ལ་ལ་ཧོ་ཞེས་པའི་སྒྲས་

ཕྱོགས་ཀྱི་ཁོར་ཡུག་འགེངས་པ་ཙམ་དུ་གྱུར་ཏོ། །དེ་ལྟར་སྐུ་ཆེ་རིལ་པོར་བཞད་སྒྲུབ་གཉིས་ཀྱི་སྒོ་ནས་བསྟན་པ་རིན་པོ་ཆེ་ཕྱོགས་ཐམས་ཅད་དུ་སྤེལ་ཏེ། གདུལ་བྱ་རྟག་འཛིན་ཅན་རྣམས་ཆོས་ལ་བསྐུལ་བ་དང་། འཇིག་རྟེན་གྱི་ཁམས་གཞན་གྱི་གདུལ་བར་བྱ་བ་རྣམས་དུས་ལ་བབ་པར་གཟིགས་ནས་དགུང་གྲངས་ཞེ་གཉིས་བཞེས་པ་ལྷུགས་ཧྲ་ཟླ་བ་དགུ་པ་ཕྱི་མའི་ཚེས་བཞིའི་ཉི་དྲོས་སུ་བླ་མ་རིན་ཆེན་འབྱུང་ལྡན་གྱི་སྐབས་སུ་བཞུགས་ཏེ། དབང་བཞིའི་བརྡ་ཐུན་མོང་མ་ཡིན་པ་རྣམས་མཁའ་འགྲོ་མར་བསྟན་ནས་གཟུགས་སྐུའི་བཀོད་པ་དབྱིངས་སུ་བསྡུས་ཤིང་། དེའི་མོད་ལ་ཞལ་གྱི་དཀྱིལ་འཁོར་སྟེར་ལས་གསལ་ཞིང་སྐུ་ལུས་གཟི་བརྗིད་དང་ལྡན་པ་སོགས་བླ་ན་མེད་པའི་ཡེ་ཤེས་ཀྱི་བདུད་རྩི་ཐོབ་པའི་གང་ཟག་རྣམས་ཀྱི་དབང་པོ་ཡོངས་སུ་གསལ་ཞིང་བཞིན་གྱི་མདོག་ནི་དག་ལ། པགས་པའི་མདོག་ནི་དཀར་བ་ལ་སོགས་པ་སྟེར་ལས་གནས་ཡོངས་སུ་འགྱུར་བར་གསུངས་པ་དང་ཚུལ་མཚུངས་པར་གྱུར་ཏོ། །སློ་བུར་དུ་ཆར་ཟིམ་བུའི་རྒྱུན་དང་། འཇའ་སྤྲིན་ངོ་མཚར་བ་མང་པོ། ཁྱད་པར་ཤར་ཕྱོགས་ནས་མཆོད་རྟེན་གྱི་དབྱིབས་ཅན་གྱི་སྤྲིན་བྱུང་། ཆོས་བརྒྱད་ཀྱི་སྤྱ་དྲོར་ཞིབ་ཏུ་མཇལ་བ་ན་ཤངས་བུག་གཉིས་ནས་བྱང་སེམས་དཀར་པོ་བབས་པས་སྐུ་ལུས་ཐམས་ཅད་ཁྱབ་པ་ནི་འཆི་བ་འོད་གསལ་ཆོས་ཀྱི་སྐུ་ལས་སླར་ཡང་ཟུང་འཇུག་ལོངས་སྤྱོད་རྫོགས་པའི་སྐུར་བཞེངས་ཏེ་ས་བཅུའི་བྱང་ཆུབ་སེམས་དཔའ་རྣམས་ལ་ཐེག་པ་ཆེན་པོའི་ཆོས་ཀྱི་འཁོར་ལོ་རྒྱུན་མི་འཆད་པར་བསྐོར་བའི་རྟགས་སུ་མངོན་ནོ། །ཟླ་བ་བཅུ་པའི་ཚེས་ལ་གདུང་ཞུགས་སུ་ཕུལ་བར་མེ་རང་འབར་དུ་གྱུར། དེར་ཡང་མཆོད་རྫས་ཀྱི་དབྱིབས་འདྲ་བའི་འཇའ་སྤྲིན་དང་། དྲི་བཟང་གོས་ཕྱོགས་ཀུན་ཁྱབ་པ་སོགས་འཇིག་རྟེན་དང་འཇིག་རྟེན་ལས་འདས་པའི་ལྟས་དང་ངོ་འཕྲུལ་བསམ་གྱིས་མི་ཁྱབ་པ་མངོན་དུ་བསྟན། རྗེས་ཀྱི་དགོངས་རྫོགས་རིགས་སྤྱི་བླ་བྲང་ཆེན་མོའི་སྟེར་ལམ་དང་བསྟུན་པ་གཟབས་རྒྱས་ཀྱི་ཚུལ་དུ་ཐུགས་སྲས་འཇམ་དབྱངས་རིན་ཆེན་རྡོ་རྗེ་གཙོས་ལས་འཛིན་རྣམས་ཀྱིས་བཀའ་དྲིན་དྲན་པའི་དད་གུས་ཀྱི་སྒོ་ནས་འབད་རྩོལ་ཆེན་པོས་བསྒྲུབས་ཏེ། དགོངས་པ་རྫོགས་པའི་ཐབས་ཚུལ་སྒོ་ཐམས་ཅད་ནས་ལྷུར་བཞེས་པར་མཛད་དོ། །

༄ གདན་རབས་ང་བཞི་པ་མཁན་ཆེན་ངག་དབང་བསོད་ནམས་རྒྱལ་མཚན་ནི། གཙང་རོང་

རྒྱ་སྟོན་ཞེས་པར་ངག་དབང་བློ་གྲོས་བསྟན་འཛིན་གྱི་སྐུའི་དབོན་དུ་མཚན་དཀྱིལ་གསར་དུ་འཆར། སྐུ་ཆུང་ངུ་ནས་དམ་པའི་རིགས་སད་དེ་ངོར་ཁང་སར་དུ་བཞུགས། མཁན་ཆེན་ཀུན་དགའ་བསྟན་པའི་བློ་གྲོས་ལས་སྡོམ་པ་གསུམ་དང་ལམ་འབྲས་སོགས་ཀྱི་བདུད་རྩི་གསོལ། གནང་བཀག་གི་བསླབ་གཞི་རྣམས་གཙེས་སྐྱུས་ཀྱིས་བསྲུངས། སློབ་དཔོན་རྡོར་འཛིན་ངག་དབང་དགེ་ལེགས་བསྟེན་ནས་འདོན་ཆོག །རྒྱུད་ཆུང་བཞི་སོགས་ཚིགས་མེད་དུ་མཁྱེན་པས་ཐུགས་རབ་ཤིན་ཏུ་ཆེ་བར་གྲགས། བྱམས་པ་ཀུན་དགའ་བསྟན་འཛིན། རྣལ་འབྱོར་འཇམ་དཔལ་བཟང་པོ། དཔལ་ལྡན་ཆོས་ཀྱི་རྒྱལ་མཚན། ངག་དབང་ལེགས་གྲུབ་སོགས་ཡོངས་འཛིན་དུ་མ་ཞིག་ལས་ཟབ་ཆོས་གསན། ཁྱད་པར་བྱམས་པ་ཀུན་དགའ་བསྟན་པའི་རྒྱལ་མཚན་གྱི་ཞབས་པད་ཡུན་རིང་དུ་བསྟེན་ནས་སྔན་ངག་གི་གཞུང་གསན་ཏེ་རྩོམ་རྒྱུག་རྣམས་ཤ་ར་ར་ཕྱུལ་བས་བྱང་ཆུབ། རྒྱུན་དུ་གསུང་རྩོམ་ཐམས་ཅད་ཐུགས་བསམ་བཞིན་མི་དགོས་པ་ལྷ་བུ་གསུང་སྙོ་ཤིན་ཏུ་ཡངས། མདོ་སྔགས་ཀྱི་གཞུང་ལུགས་རྒྱ་མཚོ་ལྟ་བུར་གསན། གསན་ཡོ་ཙམ་དུ་མ་བཞག་པར་གཞུང་རང་རང་གི་དཀའ་གནད་དོགས་གཅོད། གྲུབ་མཐའི་ཞལ་བཞེས་འཛོག་མཚམས་སོགས་ཀྱི་སྦྱངས་པ་ཕུལ་དུ་སོན། མཁན་ཆེན་དེ་ཉིད་ཀྱི་མདུན་ནས་གསུང་ངག་རིན་པོ་ཆེ་སློབ་བཤད། ཁྲིད་ཡིག་གཉིས་ཀྱི་སྟེང་ནས་གསུང་བཤད་ཞིབ་རྒྱས་དང་། འཁོར་འདས་དབྱེར་མེད་ཀྱི་ལྟ་བ་རིག་ཐོག་ནས་ངོ་སྤྲོད་དེ་བཏྲར་ཤ་ཆོད་ངེས་སོགས་དབང་ཁྲིད་བྱིན་རླབས་རྗེས་གནང་ལུང་བཅས་ཚང་ཞུགས་དང་། ངོར་ལུགས་དཀྱིལ་འཁོར་བདུན་དང་རྡོར་ཕྲེང་སོགས་སྤྱི་ནུར་གྱི་དབང་རྒྱུན་ངོར་པ་རང་ལ་ཞུགས་སོ་ཅོག་དང་། སྒྲུབ་ཐབས་བརྒྱ་རྒྱམ་སོགས་རྗེས་གནང་རིག་གཏད་ཀྱི་བཀའ་ཤིན་ཏུ་མང་པོ། ངོར་པའི་ཁྲིད་ཆེན་བརྒྱད་དང་། རྫོ་ནང་ཁྲིད་བརྒྱ། བློ་སྦྱོང་སོགས་ཁྲིད་ཡིག་ཤིན་ཏུ་མང་པོ། བསྟན་འགྱུར་དང་། ས་ངོར་བཀའ་འབུམ་གཙོས་རང་ལུགས་ཀྱི་གསུང་འབུམ་བཞུགས་ཚད། དམར་པོ་སྐོར་གསུམ། མགོན་པོ་ཆེ་ཆུང་སོགས་ཀྱི་བེའུ་བུམ་བཞུགས་སོ་ཅོག་གསན། ཀྱེ་རྡོར་གཞི་བསྙེན་སོགས་ཡི་དམ་མང་པོའི་བསྙེན་སྒྲུབ་མཐར་ཕྱིན། ཁྱད་པར་རྡོ་རྗེ་དབྱངས་ཅན་མ་དཀར་མོ་བསྒྲུབས་པས་མཁྱེན་རབ་ཀྱི་རྩལ་རྫོགས་པས་མདོ་སྔགས་རིག་གནས་དང་བཅས་པ་གཟིགས་པ་ཙམ་གྱིས་ཐུགས་སུ་ཆུད། ངོར་ཆེན་རྡོ་རྗེ་འཆང་གི་ཆོས་ཀྱི་ཁྲི་ལ

ཞབས་པད་བཀོད་དེ་བགྲང་བྱ་བརྒྱད་ཙམ་རིང་ལ། སྟོད་མངའ་རི་ནས། སྨད་རྒྱ་མཚམས་ཡན་གྱི་སྐལ་ལྡན་གྱི་སློབ་མ་ཉི་ཟེར་གྱི་རྡུལ་ལྟར་ལྷགས་པ་རྣམས་ལ་གསུང་ངག་རིན་པོ་ཆེས་གཙོས་ཟབ་པ་དང་རྒྱ་ཆེ་བའི་ཆོས་ཀྱི་འཁོར་ལོ་བར་མེད་དུ་བསྐོར་བས་སྨྱུངས་སྨིན་གྱི་ས་བོན་ཁྱད་པར་ཅན་ཐེབས་པར་མཛད། མཁན་ཆེན་འཇམ་དབྱངས་ཤེས་རབ་རྒྱ་མཚོ་རྒྱལ་ཚབ་ཏུ་མངའ་གསོལ་ཏེ། ཆེན་པོ་གླིང་བར་དང་། སྡེ་དགེ་ཆོས་རྒྱལ་ཆེན་པོའི་མཆོད་གནས་སུ་མ་ཧཱ་རྡོ་ཏའི་ལྡོངས་འདིར་ཆིབས་ཀྱི་ཁ་ལོ་བསྒྱུར། སྡེ་དགེ་ཆོས་རྒྱལ་ཉིད་ཀྱིས་གཙོས་ལྷུན་གྲུབ་སྟེང་གི་བླ་མ་ལས་སྣེ་སོགས་ཀྱིས་བསུ་བའི་བཀོད་པ་བཅས་སྐྱབ་ཁང་ཀུན་ཁྱབ་གླིང་གི་སེང་ཁྲི་བཞུགས་གདན་འདིང་བས། རིམ་གྱིས་ཆོས་རྒྱལ་ཆེན་པོ་ལྕམ་སྲས་བཅས་བློ་གྲོས་དང་ལྡན་པ་རྣམས་ལ་བསྟན་བཅོས་སྡོམ་གསུམ་རབ་དབྱེའི་གསུང་བཤད་མཐའ་དཔྱོད་དང་བཅས་པ་དང་། གསུང་ངག་རིན་པོ་ཆེ་ཐུན་མོང་མ་ཡིན་པའི་སློབ་བཤད་ཐར་རྩེ་རྡོ་རྗེ་འཆང་གི་ཕྱག་བཞེས་ཇི་ལྟ་བ་ཁྲིད་ཡིག་གཉིས་ཀའི་སྟེང་ནས་གསུང་བཤད་ཤིན་ཏུ་རྒྱས་པ་དང་། འཁོར་འདས་དབྱེར་མེད་ཀྱི་ལྟ་བ་རིག་ཐོག་ནས་ངོ་སྤྲོད་པ་སོགས་དབང་ཁྲིད་བྱིན་རླབས་ལུང་བཅས་ཚང་སྒྲུབས་སུ་སྩལ། འཇམ་མགོན་མཁྱེན་བརྩེའི་མདུན་ནས་དཔལ་དུས་ཀྱི་འཁོར་ལོའི་དབང་བཀའ་ཡོངས་རྫོགས་དང་། གཞན་ཡང་གསར་རྙིང་གི་ཆོས་བཀའ་ཤིན་ཏུ་མང་པོ་གསན། ཐུབ་བསྟན་ཆོས་ཀྱི་གྲགས་པ་ལས། འདུལ་བ་མདོ་རྩའི་གཞུང་བཤད་དང་། བླ་མ་ཤེས་རབ་ལས་སྤྱོད་འཇུག །འཇམ་མགོན་བློ་གྲོས་མཐའ་ཡས་ལས་ཤེས་བྱ་ཀུན་ཁྱབ་སོགས་གཞུང་བཤད་རིགས་དུ་མ་གསན། སྡེ་ཕྱིར་ས་དོར་དགོན་ཁག་རྣམས་ལ་ཟབ་རྒྱས་ཆོས་ཀྱི་བདུད་རྩི་ལྷུག་པར་སྩལ། ལྷུན་གྲུབ་སྟེང་གི་དབྱར་གནས་ཚོགས་དབུར་ཕེབ་སྟེ་སྡོམ་གསུམ་འཇམ་དབྱངས་བླ་མའི་དགོངས་རྒྱན་གསུང་བཤད་དཔྱིས་ཕྱིན་པར་མཛད། གསུང་རྩོམ་གྱི་རིགས་ཀྱང་སྔན་ངག་དཔེར་བརྗོད་ཉམས་འགྱུར་ཕུན་སུམ་ཚོགས་པ། ལམ་དབང་སོགས་ཆོག་བསྒྲིགས་མང་པོ། འཁོར་འདས་དབྱེར་མེད་ཀྱི་ལྟ་བ་ཉམས་མགུར་དུ་བཞེངས་པ། ཆབ་ཤོག་དང་། དགོན་སྡེ་སོ་སོར་བསླབ་བྱའི་བཅའ་ཡིག །སྡོམ་གསུམ་འཇམ་དབྱངས་བླ་མའི་དགོངས་རྒྱན་གྱི་རང་འགྲེལ་མཇུག་རྩོམ་འཕྲོ་ར་ལུས་པའི་ཁ་སྐོང་། ས་གཞུང་སྦྲགས་མ། གཞི་གསུམ་གསལ་བྱེད། དུས་འཁོར་དབང་ཆོག་གསལ་བྱེད། སྨྱུང་གནས་ལ་གཞན་པོ་རྗེས་

འཛིན་སྤྱིར་ཚོག །ཆོས་སྐྱོང་གི་བསྐང་བ་རིགས་མང་པོ། སྨན་བླའི་མདོ་ཆོག་སོགས་ཆོ་ག་ཚན་མང་བཅས་གསུང་འབུམ་རྨད་དུ་བྱུང་བའི་ལེགས་བཤད་པུསྟ་ཀཿགཉིས་ཙམ་བཞུགས། རྗེ་མཁྱེན་རྩེའི་ཞལ་ནས། ཕྱིས་ཀྱི་མཁན་ཆེན་ཞིག་ལ་རྗེ་འདི་རབ་པཎྜི་ཏའི་མཚན་གསོལ་ནའང་ཆོག་གསུངས། ཉག་དགྲས་བརླག་ཤུལ་རང་ལུགས་ཀྱི་ཆོས་སྡེ་ཉམ་ཐག་མང་པོར་ལུགས་གཉིས་ཀྱི་སྒོ་ནས་ཉམས་གསོ་མཛད་དེ་བསྟན་པའི་སྲོག་མཐུད་པས་ད་ལྟ་རང་ལུགས་དགོན་སྡེ་རྣམས་ཀྱི་མཚན་ཆགས་པ་འདི་འང་རྗེ་འདི་ཁོ་ནའི་བཀའ་དྲིན་དུ་ངེས། ཁྲོམ་རྗོ་དགོན་དུ་བདེ་མཆོག་ནག་པོ་པའི་སྒྲུབ་མཆོད་གསར་འཛུགས་སློབ་གྲོལ་དང་། རྟེན་ཐེབས་རྒྱ་ཆེར་སྐྱུལ། དེ་ཕྱོགས་ཀྱི་སྐྱེ་རྒྱུ་མཐའ་དག་ཡང་དག་པའི་ལམ་ལ་བཀོད། ལྷུན་གྲུབ་སྟེང་སོགས་བསྟན་པའི་རྩ་བ་འདུལ་ཁྲིམས་དང་འགལ་བའི་དྲི་མ་དྲུང་ནས་འབྱིན་ཞིང་དག་ཐེར་བསྐྱངས་པ་སོགས་རང་བསྟན་ལ་གཅེས་སྤྲས་མཛད་ཆེས་པས་དུས་དེར་ཡིད་བསྲུབས་སྙིང་ལ་ཞུགས་པ་རེ་ཟུང་གི་བློ་ར་མ་ཤོངས་ཀྱང་། ད་ལྟར་ཐམས་ཅད་ཀྱིས་བཀའ་དྲིན་ཆེན་པོའི་རྒྱུར་གོ་ནས་དད་པའི་ཀུནྡ་སྙིང་དབུས་སུ་བཞད་པར་གྱུར། ལྷུན་གྲུབ་སྟེང་དུ་དཔལ་དུས་ཀྱི་འཁོར་ལོའི་དབང་མོ་ཆེ་རྗེ་མཁྱེན་བརྩེའི་ཕྱག་བཞེས་ཇི་བཞིན་སྐྱུལ། གཞན་ཡང་དབང་ཆོས་ཇི་སྐྱུལ་ཐམས་ཅད་ཐུགས་ཐོག་ནས་ལྷུགས་བཤད་ཁོ་ནས་བཀྲོལ། གསུང་ལས་སྐྱེས་པའི་སློབ་མའང་། འཇམ་དབྱངས་ཤེས་རབ་རྒྱ་མཚོ། ངག་དབང་བློ་གྲོས་སྙིང་པོ། མཁན་ཆེན་པདྨ་རྡོ་རྗེ། ཐུབ་བསྟན་ཆོས་ཀྱི་གྲགས་པ། དགེ་བཤེས་ཕན་བདེ་བཟང་པོ། དཔོན་གཞན་ཕན་ཀུན་དགའ། གདོང་ཐོག་སྤྲུལ་སྐུ། མདའ་རི་ཆོས་རྗེ། ལྷུན་གྲུབ་སྟེང་ཤར་ནུབ་ཆོས་རྗེ་གསར་རྙིང་། ཆོས་རྒྱལ་དཔལ་ལྡན་འཆི་མེད་རྟག་པའི་རྡོ་རྗེ་སོགས་མཁས་བཙུན་གྲུབ་པའི་ཁྱུ་མཆོག་གྲངས་མང་། བགྲང་བྱ་བརྒྱད་ཙམ་ལ་འཁྲིལ་ཚད་དོན་ལྡན་དུ་མཛད་ཅིང་། སྔར་གདན་སར་བཏེག་པ་ན་ཕྱག་རྫས་ཆེས་ཕྲ་བར་གྱུར་པའང་དད་རྫས་བྱུང་རིམ་བཞིན་སྒོར་དག་ཏུ་བསྟན་འགྲོའི་དོན་ཁོ་ནར་སྨིན་པས་བདག་འཛིན་གྱིས་འབྲི་བའི་དྲི་མ་གཏན་བྲལ་དུ་གྱུར་པ་གོར་མ་ཆག །སྐྱེ་རྒྱུ་དོན་གླིང་དུ་འདུལ་བ་གཞི་གསུམ་གྱི་རྟེན་ཐེབས་སྐྱུལ། དབུས་གཙང་དུ་མཆོད་འབུལ་སྤྲོས་ཏེ་གདན་སར་འཛེག །ལོ་གཉིས་ཙམ་ལ་བཤད་སྒྲུབ་འཁོར་ལོ་གཉིས་ཀྱིས་དུས་འདས། བསྟན་གེགས་དབང་བླ་ཁག་ཡར་མར་ཟློས་གཞི་བྱུང་བས་ཐུག་

ཕྱུང་སྟེ། ཀྱི་རོང་ཇོ་བོ་ཝ་ཏི་བཟང་པོའི་དྲུང་དུ་བཞུད། དེར་འདུལ་བ་གཞི་གསུམ་དང་བར་མཛད། བལ་ཡུལ་མཆོད་རྟེན་རྣམ་གསུམ་ལ་བསྟན་འགྲོའི་ཕན་བདེ་སྤེལ་སླད་མཆོད་འབུལ་སྨོན་འདུན་ཡང་དག་མཛད། གློ་བོ་རྒྱལ་པོས་རྩ་བའི་རིགས་བདག་ཏུ་བཀུར་ཡང་རིང་པོར་མ་བཞུགས། སྐུ་ཆེ་རིལ་པོར་བྱ་བྲལ་སྤྲོས་མེད་ཀྱི་རྣམ་ཐར་ཁོ་ནར་བསྐྱལ། སླར་ཀྱི་རོང་དུ་ཕེབ། ཉིད་ཀྱི་བསམ་གཏན་ཁང་བུར་སྐུ་ཆེ་དང་སྒྲུབ་པ་མཉམ་པས་གྲུབ་པའི་གོ་འཕང་མཐོན་པོར་འཛེགས་ནས་ཟབ་གསལ་གཉིས་མེད་ཀྱི་ཡེ་ཤེས་མངོན་དུ་གཟིགས། ཞལ་གཟིགས་ལུང་བསྟན་སོགས་ནི་ཇོ་བོ་བཀའ་གདམས་པའི་སྤྱོད་ཚུལ་བཞིན་སྦུམ་ནང་གི་མར་མེ་ལྟར་སྦས་པས་བདག་ལྟས་སྤྲོ་བར་ག་ལ་ནུས། ཐར་རྩེ་རྡོ་རྗེ་འཆང་གི་བཤད་སྒྲུབ་ལས་གསུམ་གྱི་ཕྲིན་ལས་ཐམས་ཅད་རྗེ་འདི་ལ་སྤྱར་བཏབ་པ་བཞིན་རྫོགས་པས་ཐུགས་སྲས་གཅིག་ཆོག་ཏུ་ངེས། དགུང་གྲངས་ང་དགུ་པར་ཅུང་ཟད་བསྙུང་ཚུལ་བཞེས་པ་ན་དགོངས་རྫོགས་རིགས་ཞལ་ཆེམ་དུ་སྩལ། ཐར་རྩེ་རྡོ་རྗེ་འཆང་གིས་ཞིང་འདིའི་མཛད་པ་དེ་ཙམ་ལ། ཞིང་གཞན་དུ་འབྱོན་ཞེས་བསྐུལ་བའི་བརྡར་མཚན་དཔེའི་དཀྱིལ་འཁོར་མངོན་སུམ་མཇལ་བའི་གསུང་ཡང་ཡང་སྩལ། མཐར་ཇོ་ཐོག་ནས་བྱ་འཕུར་བ་བཞིན་འདའ་ཁ་མའི་རྣལ་འབྱོར་ལ་བརྟེན་ངོ་མཚར་བའི་ལྟས་བཅས་གཟུགས་སྐུའི་བཀོད་པ་དབྱིངས་སུ་བསྡུས། གདུང་ཐལ་ལས་རིང་བསྲེལ་མང་དུ་བྱོན་པ་སོགས་རྣམ་ཐར་རྒྱས་པ་གཙུག་ལག་སློབ་འཇམ་དབྱངས་ཆོས་འཕེལ་གྱིས་བྲིས་པ་ལས་རྟོགས་པར་བྱའོ། །

༄ གདན་རབས་ང་ལྔ་པ་འཇམ་དབྱངས་ཤེས་རབ་རྒྱ་མཚོ་ནི། གཙང་རོང་སྣན་ཐང་པར་ངག་དབང་བློ་གྲོས་བཟང་པོའི་ཡེ་ཤེས་སྒྱུ་འཕྲུལ་དུ་རྗེ་དེ་ཉིད་ཀྱི་དབོན་རིགས་ལས་ངོ་མཚར་བའི་ལྟས་དང་བཅས་སྐུ་བལྟམས། ཞལ་དང་པོ་ཕྱེ་ཙམ་ལ་ངོར་ནས་བཅར་བ་རྣམས་ཀྱི་མིང་ཐོགས་མེད་དུ་གསུངས། སྐྱེས་ཆེན་རྣམས་ཀྱིས་སྤྲུལ་པའི་སྐུར་ལུང་གིས་ཟིན། དམ་པའི་རིགས་སད་ནས་ངོར་ཁང་གསར་བླ་བྲང་དུ་གདན་དྲངས། འདོན་ཆོག་རྒྱུད་ཆུང་བཞི་སོགས་ཚེགས་མེད་དུ་མཁྱེན། བྱམས་པ་ཀུན་དགའ་བསྟན་འཛིན་གྱིས་མཁན་པོ་དང་། རྣལ་འབྱོར་འཇམ་དཔལ་བཟང་པོས་ལས་སློབ་སོགས་སྐྱེས་ཆེན་འབའ་ཞིག་གིས་དང་པའི་དགེ་འདུན་གྲངས་ཚང་བའི་དབུས་སུ་ཚིགས་གསུམ་རིམ་

ནོས་ཀྱི་བསྙེན་པར་རྫོགས། སེམས་བསྐྱེད་ཀྱི་སྡོམ་པ་བཞེས་ཏེ་གླང་དོར་གྱི་གནས་རྣམས་སྤྱན་འབྲས་བཞིན་བསྲུངས། མཁན་ཆེན་དེ་ཉིད་ལས་སློབ་བཤད་དང་། རྣལ་འབྱོར་འཇམ་དཔལ་བཟང་པོ་ལས་ཚོགས་བཤད་ཡོངས་རྫོགས་གསན། གཞན་ཡང་དཔལ་ལྡན་ཆོས་ཀྱི་རྒྱལ་མཚན། ངག་དབང་བློ་གྲོས་བསྟན་འཛིན། ཀུན་དགའ་བསྟན་པའི་བློ་གྲོས་སོགས་ལས་དབང་ཆོས་དུ་མ་གསན། ཀྱེ་རྡོར་སོགས་ཀྱི་གཞིའི་བསྙེན་པ་མཐར་ཕྱིན། ཆེན་པོ་གླིང་གི་མཆོད་གནས་སུ་གདན་དྲངས། ལོ་དུ་མ་ལ་འབྲེལ་ཚད་དོན་ལྡན་དུ་བསྐྱངས། ཉག་དགྲའི་རྒྱབ་འགྱུར་ཆེད་དུ་དགོངས་པའི་ཚུལ་གྱིས་དབུས་གཙང་དུ་བཏེག །དད་རྫས་རྣམས་མཆོད་འབུལ་ཁོ་ནར་སྨིན། ངོར་ཆེན་རྡོ་རྗེ་འཆང་གི་ཆོས་ཀྱི་ཁྲི་ལ་མངའ་གསོལ། སྟོད་མངའ་རི་ནས་སྨད་རྒྱ་མཚམས་ཡན་དུ་སྐལ་ལྡན་བསམ་གྱིས་མི་ཁྱབ་པ་སྡོམ་པ་གསུམ་གྱིས་སྨིན་པར་མཛད། ཐར་རྩེ་རྡོ་རྗེ་འཆང་བྱམས་པ་ཀུན་དགའ་བསྟན་པའི་རྒྱལ་མཚན་གྱི་དྲུང་ནས་གསུང་ངག་སློབ་བཤད་ཁྲིད་ཡིག་གཉིས་ཀྱི་སྟེང་ནས་གསུང་བཤད་ཞིབ་རྒྱས་དང་། འཁོར་འདས་དབྱེར་མེད་ཀྱི་ལྟ་བ་རིག་ཐོག་ནས་ངོ་སྤྲོད་པ་སོགས་དབང་ཁྲིད་བྱིན་རླབས་ལུང་བཅས་ཚང་ཕྲུགས་སུ་གསན། གནས་ལྔ་རིག་པ་འཇིགས་མེད་དཔལ་ལྡན་དྲུང་ནས་དབྱངས་ཅན་སྒྲ་གཞུང་དང་། སྙན་ངག་ལེའུ་གསུམ་མཐར་ཕྱིན་སྦྱང་བར་མཛད། ཡང་མཁན་ཆེན་དེ་ཉིད་ཀྱི་དྲུང་ནས་ངོར་ལུགས་དཀྱིལ་འཁོར་སོགས་རྒྱུད་སྡེ་རབ་ཏུ་མང་པོ་དང་། མཁའ་སྤྱོད་མ་སོགས་བྱིན་རླབས་རྗེས་གནང་རབ་ཏུ་མང་པོ། ས་སྐྱ་དང་། ཞུ་དག་སོགས་ཀྱི་གསུང་འབུམ་དང་། ཐུན་མོང་མ་ཡིན་པའི་བེའུ་བུམ་སྐོར་དང་། ཁྲུ་ན་མཆོག་སྤྲུལ་སོགས་དམ་པ་མང་པོ་ལས་བཀའ་ཆོས་དུ་མ་གསན། གསུང་རྩོམ་རིགས་སྙན་ངག་ལེའུ་གསུམ་གྱི་དཔེ་བརྗོད་ཚིག་རྒྱན་ཉམས་འགྱུར་ཕུན་སུམ་ཚོགས་པ་དང་། ཆབ་ཤོག་རིགས་འགའ་ཞིག་བཞུགས། སྐྱེས་སྦྱངས་ཀྱི་མཁྱེན་རབ་མི་ལོང་དྭངས་པས་གཞུང་ལུགས་རྣམས་གཟིགས་པ་ཙམ་གྱིས་ཐུགས་སུ་ཆུད། གསུང་ལས་སྐྱེས་པའི་སློབ་མ། ངག་དབང་བློ་གྲོས་སྙིང་པོ། སྡེ་དགེ་ལྷ་སྲས་བླ་མ། གླིང་ལྷ་སྲས། འཇིགས་མེད་དཔལ་ལྡན་སོགས་མང་དུ་བྱོན། མཉམ་རྗེས་དབྱེར་མེད་ཀྱི་སྒྲུབ་པ་སྙིང་པོར་མཛད་པས་གྲུབ་པའི་རྟགས་ངོ་མཚར་བ་མང་པོ་ཤར། ཆོས་བརྒྱུད་རིང་དུ་སྤྱངས་པས་བྱང་ཆུབ་ཀྱི་སེམས་གཉིས་འབྱོངས། ཐུགས་རྗེ་དང་མཁྱེན་རབ་ཕུལ་དུ་སོན་ཀྱང་

སྐུ་ཚེ་ཧ་ཅང་རིང་པོར་མ་བཞུགས་པས་མཁས་ཚུལ་གསུམ་གྱི་ཕྲིན་ལས་ཆེར་མ་རྒྱས། བྱ་ལོར་ཧོར་ཟླ་བཅུ་པའི་ཚེས་ལ་ངོ་མཚར་བའི་ལྟས་དང་བཅས་གཟུགས་སྐུའི་བཀོད་པ་དབྱིངས་སུ་བསྡུས་པ་སོགས་རྣམ་ཐར་མདུན་དྲུང་འཇམ་དབྱངས་ཆོས་འཕེལ་གྱིས་བྲིས་པ་ལས་རྟོགས་པར་བྱའོ༎ ༎

༄ གདན་རབས་ང་དྲུག་པ་དཔལ་ལྡན་བློ་གྲོས་རྒྱལ་མཚན་དཔལ་བཟང་པོ་ནི། གཙང་པད་ནང་དུ་བྱམས་པ་དཔལ་ལྡན་བཟང་པོའི་རིགས་སུ་ཡབ་ཡུམ་སྔོན་སྨོན་ལེགས་བྱས་ལས་བསྡུས་པའི་སྲས་སུ་ལྷུགས་བྱི་ལོར་དགེ་མཚན་དུ་མ་དང་བཅས་སྐུ་བལྟམས། སྐུ་ན་ཆུང་དུས་ཞྭ་སེར་ཅོད་པན་འཆང་བ་དགའ་བ་གདོང་གི་གྲྭ་སར་ཞུགས་པར། མཁན་ཆེན་ཀུན་དགའ་བསྟན་པའི་བློ་གྲོས་ཀྱི་དགོངས་པ་ཡེ་ཤེས་གཟིགས་པའི་མེ་ལོང་ངོས། རྒྱལ་བ་རྡོ་རྗེ་འཆང་ངུར་སྨྲིག་འཆང་བའི་རྣམ་རོལ་ཏུ་བྱོན་པ་ཨེ་ཝྃ་པའི་མི་འཛིགས་སེང་ཁྲིར་འཛེགས་ཏེ་ཟབ་རྒྱས་གདམས་པའི་བཅུད་ཀྱིས་སྐལ་ལྡན་བགྲང་ཡས་ཐར་པར་དྲི་བའི་རྣམ་འདྲེན་ཁྱུ་མཆོག་ཆེན་པོར་གཟིགས་པས་བྱམས་པ་དཔལ་ལྡན་བཟང་པོའི་དབོན་རིགས་ཡིན་ཚུལ་གསུངས། བདག་ཐོབ་ཀྱི་ཁུར་བཞེས། ངོར་ཕན་བདེ་བླ་བྲང་དུ་སྤྱན་དྲངས། ངོར་པའི་ཚོགས་འདོན་སྐོར། རྒྱུད་ཆུང་བཞི། ཀུན་ཏུ་དགོས་པའི་གཞུང་བདུན་སོགས་སློབ་གཉེར་ཕུལ་བས་ཐུགས་རིག་ཟབ་པའི་རྩེར་སོན། རྗེ་བོ་བཀའ་གདམས་པའི་སྤྱོད་ཚུལ་གདོང་ནས་ལྷན་ཅིག་སྐྱེས། ཐོག་མར་བྱམས་པ་ཀུན་དགའ་བསྟན་འཛིན་གྱིས་འཆི་བདག་བདུད་ལས་རྒྱལ་ཞིང་སྐུ་ཚེ་མཛད་ཕྲིན་མཐར་ཕྱིན་པའི་རྟེན་འབྱུང་དུ་རྡོ་རྗེ་འཇིགས་བྱེད་ལྷ་དགུའི་དབང་བཞི་སྩལ་བཞེས། བྱམས་པ་ཀུན་དགའ་བསྟན་པའི་རྒྱལ་མཚན་དྲུང་ནས་རབ་ཏུ་བྱུང་ཞིང་བསྙེན་པར་རྫོགས། ཁྱད་པར་གཉིས་ལྡན་གྱི་སེམས་བསྐྱེད་ཞུས། གནང་བཀག་གི་བསླབ་གཞིའི་མཚམས་ལས་ནམ་ཡང་མ་འདས། ཀྱེ་རྡོར་བཀའ་བབས་བཞི་ལམ་འབྲས་ཚོགས་བཤད་སོགས་བཀའ་ཆོས་མང་དུ་གསན་ཏེ་སུམ་ལྡན་རྡོ་རྗེ་འཛིན་པ་ཆེན་པོར་མངོན་དུ་གྱུར་ཀྱང་ཞབས་དྲུང་གི་མཚན་གསོལ། མདོ་སྨད་སའི་ཆར་འདིའི་གདུལ་བྱ་དད་པའི་སྐྱ་རེངས་ཀྱིས་བསྐུལ་བས་མ་འདྲིས་མཛའ་བཤེས་མཛད་པའི་བཀའ་དྲིན་ཅན་ལུང་རྟོགས་ཆོས་ཀྱི་ཉི་མ་སྲིད་འདིར་མཆོད་ཞིང་དུ་ཕེབ། ཀུན་དགའ་བསྟན་པའི་བློ་གྲོས། འཇམ་མགོན་ངག་དབང་ལེགས་གྲུབ། ཆོས་རྗེ་ཀུན་དགའ་དཔལ་ལྡན་རྣམས་ལས་བཀའ་ཆོས་ཟབ་

གདན་ཅན་འགའ་ཞིག་གསན། ཁྱད་པར་ཐམས་ཅད་མཁྱེན་པ་འཇམ་དབྱངས་མཁྱེན་བརྩེའི་དབང་པོའི་ཞལ་སྔ་ནས་སྒྲུབ་ཐབས་ཀུན་བཏུས། དཔལ་ཀྱེ་རྡོ་རྗེའི་རྒྱུད་ཀྱི་བཤད་བཀའ་ཡོངས་རྫོགས། མཁའ་སྤྱོད་ཁྲིད་སོགས་ལོ་ཤས་གསན། མཁས་མཆོག་འཇམ་དབྱངས་ཡོན་ཏན་དྲུང་ནས་སུམ་རྟགས་དང་། སྙན་ངག །གནས་ལྔ་རིག་པ་འཛིན་པ་མེད་དཔལ་ལྡན་དྲུང་ནས་དབྱངས་ཅན་སྒྲ་མདོ། སྡེབ་སྦྱོར་རིན་འབྱུང་སོགས་སྔ་ཕྱིར་སྦྱངས་སྟོབས་རྒྱ་ཆེར་བསྐྱངས། ཁྲིམ་གཉེན་ཤུལ་དུ་སྐལ་ལྡན་སློབ་ཚོགས་ལ་ལམ་འབྲས་ཚོགས་བཤད་ཀྱི་དགའ་སྟོན་སྩོལ། འདི་སྐབས་ཉག་དགྲས་བསྟན་དང་འགྲོ་ལ་སྡུག་སྦྱོར་གྱི་བྱ་བ་བརྩོལ་ཡང་སྐུ་ཉིད་ཆོས་སྲུང་འཕྲིན་ལས་ཀྱི་ནུ་བ་བརྟན་པས་བར་ཆད་ཀྱིས་ཉེར་མ་ནུས། ལོ་བཅུ་ཕྲག་སྐོར་བཞུགས། སྐུ་རྒྱུར་འབྲེལ་ཚད་དོན་ལྡན་གྱི་ཕྲིན་ལས་སྩོལ། སླར་གདན་སར་ཕེབ། དངོས་པོ་གྱ་ནོམ་པའི་ཀུན་བཟང་མཆོད་སྤྲིན་ལ་ཙོ་འདྲི་བ་མཆོད་ཞིང་སྦྱིས་པས་ཚོགས་ཟུང་རྒྱ་མཚོ་མངོན་པར་བསྒྲུབས་ཏེ་རྡོ་རྗེ་འཆང་གི་མི་འཛིགས་སེང་ཁྲིར་མངའ་གསོལ། བགྲང་བྱ་རྒྱལ་སྲིད་གྲངས་ལྡན་རྒྱལ་བ་རྡོ་རྗེ་འཆང་གི་ཕྲིན་ལས་ལ་དབང་བསྒྱུར། སྐལ་ལྡན་འདུས་ཚོགས་ལ་སོ་བྱང་སྡུགས་གསུམ་ལམ་འབྲས་སོགས་སྟོན་སྤྲོལ་ལྷར་ཉམས་མེད་སྩལ། ལྷག་པར་རྡོ་རྗེ་འཆང་བྱམས་པ་ཀུན་དགའ་བསྟན་པའི་རྒྱལ་མཚན་གྱི་གནང་བ་སྩལ་བཞིན་དབྱར་ཆོས་ཆེན་མོའི་རྒྱུན་གསར་སྤེལ་མཛད། མཁན་ཆེན་དེ་ཉིད་ཀྱི་དྲུང་ནས་སློབ་བཤད་ཁྲིད་ཡིག་གཉིས་ཀྱི་སྟེང་ནས་གསུང་བཤད་ཞིབ་རྒྱས། འཁོར་འདས་དབྱེར་མེད་ཀྱི་ལྟ་བ་དགོངས་པའི་དབྱིངས་སུ་ངོ་སྤྲོད་སེམ་པ། དབང་ཁྲིད་བྱིན་རླབས་ལུང་བཅས་ཚང་ཕྱུགས་སུ་སྩལ་བས་མཆོན་རྡོ་རྗེ་འཆང་གི་ཐུགས་རྒྱུད་ཟབ་རྒྱས་གདམས་པའི་བཅུད་ཀྱིས་ཡོངས་སུ་འགེངས་པའི་བུམ་བཟང་ལ་ལོངས་སུ་སྤྱོད་པའི་སྐལ་བར་ལྡན། དེ་ནས་མཁན་པོའི་འགན་བཞེས་ཐར་རྩེར་ཕྱུལ། སླར་ཁམས་ཕྱོགས་འདིར་ཕེབ་ལམ་སྐྱེ་རྒུ་དོན་གྲུབ་གླིང་དུ་རྡོ་རྗེ་ཕྲེང་བའི་ཆོས་འཁོར་བསྐོར་བས་མཚོན་འགྲོ་དོན་ཤིན་ཏུ་ཆེ། རིམ་བཞིན་སྡེ་དགེ་ལྷུན་གྲུབ་སྟེང་འཆགས་ཕེབ་བཞུགས་ཁྲིར་འཛེགས། མཁས་གྲུབ་ནོར་བསྟན། ལི་ཐང་ཆོས་རྗེ་མཁས་གྲུབ་རྒྱ་མཚོ། ལྷ་རིགས་སྒྲུབ་འཇམ་དབྱངས་ཡོན་ཏན། ལྷུན་གྲུབ་སྟེང་ཤར་ནུབ་ཆོས་རྗེ་སོགས་འདུས་ཚོགས་བརྒྱ་ཕྲག་ལྔ་ཙམ་ལ་སྒྲུབ་ཐབས་ཀུན་བཏུས་ཁ་སྐོང་བཅས་སྔ་ཕྱིར་སྩལ། ཁྲིམ་

སྟེ་གཞུང་མཁས་གྲུབ་ཆེན་པོ་ལུང་རིག་ཉི་མས་གཙོས་སྐལ་ལྡན་གྲངས་མང་ལ་སྒྲུབ་བརྒྱུད་དང་སློབ་བཤད་སོགས་སྤྱི་ཕྱིར་དགོངས་པ་འགེངས་ངེས་བཀའ་དྲིན་སྣང་ཡུལ། དར་མདོ་མགོ་ཐམ་སོགས་སུ་གདུལ་བྱ་འདུལ་བར་འཟིགས་པས་ཕེབ། སྐྱེ་རྒྱུའི་མོས་སྣང་ཆོས་ལ་བསྒྱུར་པས་ཐར་པའི་ས་བོན་རྨ་མེད་སྣང་ཡུལ། གཞན་ཡང་འཇམ་མགོན་ཡོན་ཏན་རྒྱ་མཚོ། ཆོས་རྗེ་ཀུན་དགའ་འཇམ་དབྱངས། ཁྲི་ཆེན་ཀུན་དགའ་བསོད་ནམས། དཔལ་ལྡན་ཕྲུགས་ཀྱི་གླང་པོ། རྗེ་བཙུན་ རྟ་མགྲིན་དབང་མོ། འཇམ་དབྱངས་མི་ཕམ་རྣམ་རྒྱལ་སོགས་དམ་པ་དུ་མའི་མདུན་ནས་དབང་ལུང་ཁྲིད་སོགས་རང་ལུགས་གྲུབ་མཐའ་རྒྱ་མཚོར་སྲིད་དོ་ཅོག་གསན་བཞེས་མཛད་པ་ཕུལ་ཕྱིན། གསུང་རྩོམ་རིགས། སྙན་ངག་དཔེར་བརྗོད་སྙན་འཇེབས་ཕུན་སུམ་ཚོགས་པ། རིགས་གསུམ་སྤྱིའི་རྗེས་གནང་གི་ཆོག །ཆབ་ཤོག་རིགས། དགོན་སྡེ་སོ་སོར་བསླབ་བྱའི་བཅའ་ཡིག །ཉིད་ཀྱི་བླ་མའི་རྣལ་འབྱོར་སོགས་མཁས་རྣམས་མགུ་ཞིང་སོར་བཅུའི་ཐལ་མོ་སྤྱི་བོར་སྒྲུར་འོས་ཅན་གྱི་གསུང་རྩོམ་ཀྱང་མང་བར་བཞུགས། སྟེ་དགེ་དང་མཆོད་ཡོན་ཐུགས་ནང་ཤིན་ཏུ་གཤིམ་པས་སླར་ཡང་མཆོད་ཡོན་གཉིས་ཀ་དབུས་གཙང་དག་ཞིང་དུ་ཕེབ། རྗེ་འདིའི་ཨེ་ཝཾ་གཙུག་ལག་ དྲི་གཙང་ཁང་དུ་མཆོད་ཆ་ཡོད་བྱད་རིགས་རྟེན་གཞག་རྒྱ་ཆེར་མཛད། ངོར་དགོན། ས་སྐྱ་གོང་། བཀྲ་ཤིས་ལྷུན་པོ་སོགས་དབུས་གཙང་དགོན་གནས་བཞུགས་སོ་འཚལ་ལ་དངོས་པོ་བཟང་ནོམ་ལྡན་པའི་མཆོད་སྤྲིན་སྤྲོས། གོང་མ་འཇིགས་མེད་དབང་རྒྱལ། འཛམ་གླིང་ཆེ་རྒུ་དབང་སྡུད། རྒྱལ་དབང་རིན་པོ་ཆེ་སོགས་འཛམ་གླིང་སྐྱབས་ཀྱི་གཙོ་བོ་དེ་དག་ལའང་མཆོད་སྤྲིན་སྤྲོ་བ་དང་སྐལ་བ་བཟང་བའི་དགའ་སྟོན་དུ་ཆོས་ཀྱི་བཀའ་དྲིན་རེ་སྣུལ་བཞེས་མཛད། ལྷ་ལྡན་ཇོ་ཤཱཀ་རྣམ་གཉིས་དྲུང་སྟོང་མཆོད་རྒྱས་པ་ཕུལ་ཞིང་བསྟན་པ་དར་རྒྱས་དང་སེམས་ཅན་བདེ་སྐྱིད་འབྱུང་བའི་ཐུགས་སྨོན་རྣམ་དག་མཛད་པས་བསོད་ནམས་ཀྱི་ཚོགས་ཆེན་སྤེལ་བར་མཛད། སླར་ཡང་མཆོད་ཡོན་ལྷན་ཅིག་སྡེ་དགེ་ལྷུན་གྲུབ་སྟེང་དུ་ཕེབ་སྟེ་བཞུགས་ཁྲིར་འཇགས། གྲོལ་བ་བཞི་ལྡན་དུ་གྲགས་པའི་རྟེན་མཆོག་དྲི་མེད་རྣམ་གཉིས་ཀྱི་མཆོད་རྟེན་ཁྲུད་འཕགས་འགྲོ་ཀུན་བསོད་ནམས་བསག་པའི་མཆོད་སྟོང་དུ་བཞེངས། མཉམ་རྗེས་ཀུན་ཏུ་ལྟ་བ་ཟབ་མོ་ལས་ནམ་ཡང་གཡོ་བ་མེད་བཞིན་པས་ཆག་མེད་རྣམ་བཞི་སོགས་ཟབ་གསལ་ཏིང་ངེ་འཛིན་ལས་ཉིན་མཚན་

ཁོར་ཡུག་ཏུ་བརྒྱན་པ་ལྟར་བཞེངས་པས་གྲུབ་པའི་ཉམས་རྟོགས་རྒྱས། ལྷ་དང་བླ་མས་མངོན་སུམ་རྗེས་སུ་བཟུང་བ་སོགས་ནི་ཐུགས་སྒམ་པའི་དབང་གིས་མཆོག་དམན་སུ་ལའང་གསུངས་པའི་སྐབས་བ་མ་བྱུང་བས་འདིར་མ་སྤྲོས། ཞལ་སློབ་མཁན་ཆེན་ངག་དབང་བློ་གྲོས་སྙིང་པོ། ངག་དབང་ཀུན་དགའ་བསྟན་པའི་རྒྱལ་མཚན། མི་ཕམ་འཇམ་དབྱངས་རྣམ་རྒྱལ། ལེགས་བཤད་བཟང་པོ། ལྷུང་རིག་ཉི་མ། འཇམ་དབྱངས་མཁྱེན་རབ། ཉི་མ་ཆོས་འཕེལ། མཁས་གྲུབ་རྒྱ་མཚོ། བླ་མ་ཆོས་རྗེ། སྡེ་དགེ་ཆོས་རྒྱལ་སྐུ་མཆེད་ཡབ་སྲས་སོགས་བསྟན་པ་འཛིན་པའི་སྐྱེས་ཆེན་དུ་མ་ཞིག་བསྐྲུན། དགུང་གྲངས་རེ་གཅིག་བཞེས་པ་ལྕགས་བྱི་ལོར་ཟླ་བ་དང་པོའི་ནང་ནས་རིམས་སྒྲ་འབྱིན་པ་སོགས་རྟགས་འཚུབས་མང་པོ་བྱུང་བ་མཆོག་དམན་ཀུན་གྱི་ཧེ་ཡིན་སྙམ་དོགས་ཀྱང་རྗེ་འདི་ཉིད་ཞིང་གཞན་དུ་གཤེགས་པའི་སྔ་ལྟས་སུ་ཕྱིས་ནས་གོ། དེ་སྐབས་སྐུ་ཚུང་ཟད་བསྙུང་ཚུལ་བཞེས་པར་རིམ་གྲོ་རྒྱ་ཆེར་བསྒྲུབས་ཀྱང་བསྟན་འགྲོའི་དོན་དེ་ཙམ་གཟིགས་པས་མ་བཟློག་པའི་ཚུལ་གྱིས་ཟླ་བ་གཉིས་པའི་ཚེས་ཉེར་གཉིས་ཉིན་དགོང་མོ་འདའ་ཁ་མའི་རྣལ་འབྱོར་ལ་བརྟེན་ཏེ་ཞི་དབྱིངས་མཉམ་པར་གཞག་པ་དང་དུས་མཉམ་ས་གཡོ་བ་སོགས་སྐྱེས་བུ་དམ་པ་གཤེགས་རྟགས་ངོ་མཚར་ཅན་ཀུན་གྱིས་གསལ་བ་དང་། ཞག་གསུམ་པའི་ཐོག་ཁོ་བོས་ཐུགས་དམ་རྒྱལ་བཀྱོལ་ཞུས་པའི་སྐུ་དྲོ་ཉིན་ཐང་ལས་ཞལ་དཀྱིལ་དང་ཞིང་གཟི་བྱིན་རྒྱས་པ་དང་། སྐུ་དྲང་པོར་བཞུགས་པར་ཞུས་ཟིན་ནས་དབུ་ཙུང་ཟད་གུག་པ་དང་མདངས་ཡལ་བ་སོགས་འོད་གསལ་ལས་ཟུང་འཇུག་གི་སྐུར་བཞེངས་པའི་རྟགས་མངོན་པར་མཛལ། གདུང་ཞུགས་འབུལ་སྐབས་གདུང་རུས་དུམ་གཅིག་གིས་མེ་མ་བཞེས་པ་ཕྱིས་ཐུགས་དམ་སྙིང་པོའི་སྣང་བརྙན་རང་བྱོན་འབྱུངས། དགོངས་རྫོགས་ཟབ་རྒྱས་བསྒྲུབས། གདུང་རྟེན་གསེར་ཟངས་དང་། རིན་ཆེན་གཉིས་པ་ལས་གྲུབ་པ་ནང་གཞུག་ཚད་ལྡན་བུམ་སྒོར་ཡེ་ཤེས་སེམས་དཔའི་ཚུལ་དུ་གོང་གི་གདུང་རུས་རང་བྱོན་བཞུགས་པ་བཅས་ཤིན་ཏུ་རྒྱ་གྲས་བསམ་འགྲུབ་མཐོང་གྲོལ་ཆེན་པོར་བཞུགས་པ་འདི་ཉིད་དོ། །

༄ གདན་རབས་ང་བདུན་པ་འཇམ་དབྱངས་རིན་ཆེན་རྡོ་རྗེ་ནི། གཙང་གི་ས་ཆར་གཞིས་ཀ་ཆེན་པོ་བསམ་འགྲུབ་རྩེར། ཡབ་བླ་མ་པད་རྡོར། ཡུམ་བྲང་ཏིའི་རིགས་ལས་སོན་པ་སྐྱིད་པ་བཟང་མོ་

གཉིས་ཀྱི་སྲས་སུ་མི་བྱ་ལོར་སྐུ་འཁྲུངས། ཨེ་ཝཾ་ཐར་རྩེར་ཕེབ་ནས། ཡི་གེ་འབྲི་ཀློག་སོགས་རིམ་པར་བསླབས། བྱམས་པ་ཀུན་དགའ་བསྟན་འཛིན་ལས་དགེ་བསྙེན་གྱི་སྡོམ་པ་དང་། འཇམ་དཀར། དབྱངས་ཅན་མའི་རྗེས་གནང་སོགས་གསན་པས་མཁྱེན་རབ་པདྨའི་འདབ་ལྟར་བཞད། ཁྱབ་བདག་རྡོ་རྗེ་སེམས་དཔའ་དངར་སྒྲིག་གར་གྱིས་རོལ་པ་མཁན་ཆེན་བྱམས་པ་ཀུན་དགའ་བསྟན་པའི་རྒྱལ་མཚན་དཔལ་བཟང་པོའི་དྲུང་ནས་ཚིགས་གསུམ་རིམ་ནོས་ཀྱི་དགེ་སློང་གི་སྡོམ་པ་དང་། བརྒྱུད་པའི་ཁྱད་པར་གཉིས་ལྡན་གྱི་སེམས་བསྐྱེད། ཀྱེ་རྡོར་མན་ངག་ལུགས་ཀྱི་དབང་བཞི་ཡོངས་རྫོགས་གསན་ཏེ། སུམ་ལྡན་རྡོ་རྗེ་འཛིན་པ་ཆེན་པོར་གྱུར། སྡོམ་པ་གསུམ་གྱི་བསྲུང་བྱ་མཐའ་དག་མིག་འབྲས་བཞིན་གཅེས་པར་བསྐྱངས། མཁན་ཆེན་དེ་ཉིད་དང་ཞྭ་ལུ་བློ་གསལ་བསྟན་སྐྱོང་སོགས་དམ་པ་མང་པོ་གུས་པས་བསྟེན་ནས་རྒྱུད་སྡེ་བཞི་དང་འབྲེལ་བའི་སྨིན་གྲོལ། རྗེས་གནང་། བྱིན་རླབས་དུ་མ། རྡོ་རྗེ་ཕྲེང་བ། གསུང་ངག་རིན་པོ་ཆེ་ཚོགས་སློབ་གཉིས་སོགས་ཟབ་ཁྱད་མང་པོ། བསྟན་འགྱུར། གོང་མ་ལྔ། ངོར་ཆེན་སོགས་དམ་པ་མང་པོའི་བཀའ་འབུམ། ཡི་དམ་ཆོས་སྐྱོང་ནོར་ལྷ་རྣམས་ཀྱི་བེའུ་བུམ་སོགས་མདོར་ན་ཐར་རྩེ་རྡོ་རྗེ་འཆང་ལ་མངའ་ཚད་ཀྱི་དམ་པའི་ཆོས་མཐའ་དག་བུམ་པ་གང་བྱོའི་ཚུལ་དུ་གསན་པས་རྒྱ་མཚོ་ལྟ་བུའི་ཕ་རོལ་ཏུ་སོན། ཡི་དམ་མང་པོའི་བསྙེན་སྒྲུབ་མཐར་ཕྱིན། སྒྲངས་རྟོགས་ཀྱི་ཡོན་ཏན་རབ་ཏུ་རྫོགས་ཏེ་ཟླ་བའི་དཀྱིལ་འཁོར་ཉ་གང་བ་ལྟར་གྱུར་པས་ན། རྒྱལ་བ་གཉིས་པའི་ཆོས་ཀྱི་རྒྱལ་ཚབ་ཏུ་མངའ་གསོལ། ཆེ་རྒྱ་མང་པོས་བསྙེན་བཀུར་གྱིས་གཟེངས་བསྟོད། ལོ་བརྒྱད་དུ་ཁྲི་བསྐྱངས་སྐབས། དགུན་ཆོས་སྡོམ་གསུམ་ལམ་འབྲས་ཆ་ལག་བཅས། དབྱར་ཆོས་ངོར་དཀྱིལ་བདུན། རྡོར་ཕྲེང་སོགས་ཆོས་ཀྱི་ཆར་པ་ཕབ་པས་སྐལ་བཟང་གི་སློབ་ཚོགས་མཐའ་ཡས་པའི་སྣོ་གསུམ་ལྷ་སྔགས་ཡེ་ཤེས་ཀྱི་རོལ་པར་བྱིན་གྱིས་བརླབས། ཐུན་མིན་སློབ་བུ་འགའ་ལ་སློབ་བཤད་སྩལ། མཁན་ཆེན་དམ་པའི་དགོངས་རྫོགས་བུ་སྟོན་བཀའ་འབུམ་གསར་བཞེངས་མཛད་པ་སོགས་བསོད་ནམས་ཀྱི་ཚོགས་རླབས་ཆེན་བསྒྲུབས། ཁྲིའི་འགན་བཞེས་ཁང་སར་ལ་ཕྱུལ་ནས། དམ་པ་ཉིད་བོད་ཆེན་པོའི་སྐྱེ་རྒྱུ་རྣམས་ཀྱི་བསོད་ནམས་ཀྱི་མགྲོན་དུ་ཕེབ། སྟོད་སྨད་དུ་ཞབས་བཀོད་པས་སྐྱེ་འགྲོ་ཐམས་ཅད་ལ་གང་ལ་གང་དགོས་ཀྱི་ཆོས་སྦྱིན་བླ་ན་མེད་པར་སྩལ་བས་ཀུན་གྱི་

རྒྱུད་སློབ་གྲོལ་ལ་བཀོད་པར་མཛད། ཁྱད་པར་འཇམ་པའི་དབྱངས་མིའི་སྲིད་པ་བཟུང་བ་མཁྱེན་བརྩེའི་དབང་པོའི་ཞབས་དང་། ཞབས་དྲུང་ནམ་མཁའ་རྒྱལ་མཚན། འཇམ་མགོན་ངག་དབང་ཡོན་ཏན་རྒྱ་མཚོ་རྣམས་ལས་སྒྲུབ་ཐབས་ཀུན་བཏུས་སོགས་ཟབ་ཆོས་དུ་མ་གསན། ལྷུན་གྲུབ་སྟེང་དུ་སྡེ་དགེ་ཆོས་རྒྱལ་ཡབ་སྲས་རྣམས་ལ་འདོད་ཆོས་དང་། བླ་མ་ཆོས་རྗེའི་རིགས། དགེ་འདུན་གྱི་སྡེ་རྣམས་ལ་ངོར་ལུགས་དཀྱིལ་འཁོར་བདུན་སོགས་དབང་། བྱིན་རླབས། རྗེས་གནང་རིགས་དཔག་མེད་གནང་། ལྷག་པར་རྒྱུད་སྡེ་གསུམ་པ་རྣལ་འབྱོར་རྒྱ་བཤད་ཆ་མཐུན་གྱི་རྒྱུད་ལས་བསྟན་པའི་དཔལ་རྩེ་དབྱིངས་གསུམ་སོགས་ཀྱི་དབང་སུམ་ཅུ་ཙམ་གྱི་རྒྱུན་འཆད་ལ་ཉེ་བ་ན་ཁོ་བོ་ལ་ལུང་བཅས་ཡོངས་རྫོགས་སུ་སྩལ་ཏེ་རྒྱུད་སྡེ་རིན་པོ་ཆེ་ཀུན་ལས་བཏུས་པའི་དཀྱིལ་གྱི་སྙིང་པོར་བཞུགས་པས་བསྟན་པའི་སྲོག་མཐུད་བཀའ་དྲིན་རི་ལྟར་ལྕི་བར་འགྱུར། སྐྱེ་རྒུ་དོན་གླིང་དུ་ལམ་འབྲས་སློབ་བཤད་ཀྱི་དགའ་སྟོན་རྒྱ་ཆེར་སྤེལ། སླར་དབུས་གཙང་དུ་ཆིབས་བསྒྱུར་ཏེ་ཇོ་ཤཱཀ་གཙོས་རྟེན་གསུམ་རྣམས་དང་། སྐྱབས་མགོན་མཆོག །ས་སྐྱ་གོང་མ་ཡབ་སྲས། ས་ངོར་གཙོས་དགེ་འདུན་གྱི་སྡེ་རྣམས་ལ་མཆོད་འབུལ་རྒྱ་ཆེར་མཛད། ཐུགས་སྲས་གཙང་པཎ་ཆེན་རིན་པོ་ཆེ། ཞབས་དྲུང་རྣམ་པ་བཞི། ཞྭ་ལུ་རི་ཟུར་སོགས་བགྲང་ལས་འདས་པ་བསྐྱུན། རྗེ་མཁྱེན་བརྩེའི་ཞལ་ནས་མཁན་ཆེན་འདིའི་སྐུ་ཚེ་སྟོད་སྨད་ཕལ་ཆེར་ཐར་རྩེ་རྡོ་རྗེ་འཆང་གི་ཞབས་འབྲིང་ལ་བརྟེན་པས་བླ་མའི་ལམ་གྱིས་གྲོལ་བའི་སྐལ་ལྡན་ཅིག་ཅར་བ་ཡིན་ཅེས་གསུངས་པ་དང་། ཆགས་སྡང་ཕྱོགས་ལྷུང་གི་རྣམ་རྟོག་འགག་པ་ཀུན་གྱི་མཐོང་སྣང་དུ་གྲུབ་པ་འདི་འང་ངོ་མཚར་གྱི་གཞི་གཅིག་ཏུ་རྟོགས། མཉམ་རྗེས་ཀུན་ཏུ་འཁོར་འདས་དབྱེར་མེད་ཀྱི་ལྟ་བའི་རོལ་པ་ལས་ནམ་ཡང་མི་འདའ། དགུང་ལོ་དྲུག་ཅུ་བཞེས་པ་ན་སེམས་ཅན་རྣམས་ཀྱི་ལས་བདག་གིར་བཞེས་པའི་དོན་སྟོན་པའི་ཕྱིར། སྙུན་གྱིས་མི་གཟིགས་པའི་ཚུལ་བསྟན་ཀྱང་། ཐུགས་དམ་ཟབ་མོ་ལ་རྩེ་གཅིག་ཏུ་བཞུགས་པས་ཉམས་རྟོགས་ཀྱི་ཡོན་ཏན་ཉི་ཟླ་ལྟར་གསལ་ཞིང་གོང་འཕེལ་དུ་བཞུགས་པའི་ངང་སྐུ་ཚེ་དང་སྒྲུབ་པ་མཐར་ཕྱིན། དགུང་གྲངས་དྲུག་ཅུ་རྩ་ལྔ་པ་ལྕགས་གླང་ལོར་འདའ་ཁ་མའི་རྣལ་འབྱོར་ལ་བརྟེན་ནས་ངོ་མཚར་བའི་ལྟས་དང་བཅས་པས་ཞིང་གཞན་དུ་གཤེགས་པའི་ཚུལ་བསྟན་པ་སོགས་རྣམ་ཐར་རྒྱས་པ་ཁོ་བོས་ལོགས་སུ་བཀྱིས་པ་

ལས་རྟོགས་པར་བྱའོ། །

༄ གདན་རབས་ང་བརྒྱད་པ་ངག་དབང་བློ་གྲོས་སྙིང་པོ་ནི། ལོ་རྩ་བ་ལྕེ་ཁྱི་འབྲུག་སོགས་དམ་པ་མང་པོ་བྱོན་པའི་རིགས་བརྒྱུད་དུ་སྐུ་འཁྲུངས། ངག་དབང་བློ་གྲོས་བསྟན་འཛིན་ཀྱི་སྤྲུལ་པའི་སྐུར་ངོལ་པས་ངོར་ཕུན་ཚོགས་ཁང་སར་དུ་གདན་དྲངས། བྱམས་པ་ཀུན་དགའ་བསྟན་འཛིན་དྲུང་དུ་གཙུག་ཕུད་ཕུལ། འབྲི་ཀློག །ཆོས་སྤྱོད། ཆོ་ག་རིགས། རྒྱུད་ཆུང་བཞི་སོགས་ཐུགས་འཛིན་མཛད། བྱམས་པ་ཀུན་དགའ་བསྟན་པའི་རྒྱལ་མཚན་ལས་སྡོམ་པ་གསུམ་གྱི་བཀའ་དྲིན་ནོས། དམ་པ་དེ་ཉིད་དང་། ངག་དབང་བསོད་ནམས་རྒྱལ་མཚན། འཇམ་དབྱངས་ཤེས་རབ་རྒྱལ་མཚོ། དཔལ་ལྡན་བློ་གྲོས་རྒྱལ་མཚན། གོང་མ་ངག་དབང་འཇིགས་མེད་དབང་རྒྱལ། ཞྭ་ལུ་རི་སྦུར་སོགས་དམ་པ་མང་པོ་བསྟེན་ནས་སྔ་ཕྱིར་གསུང་ངག་ཚོགས་སློབ། ངོར་དཀྱིལ་བདུན། རྟོར་ཕྲེང་། སྒྲུབ་ཐབས་ཀུན་བཏུས། རྡོ་རྗེ་ཕུར་པ། ས་སྐྱ་བཀའ་འབུམ་སོགས་དབང་ལུང་ཁྲིད་རྗེས་གནང་བྱིན་རླབས་སྐོར་མང་དུ་གསན། ཀྱེ་རྡོར། ཕུར་པ་སོགས་ཡི་དམ་མང་པོའི་བསྙེན་སྒྲུབ་མཐར་ཕྱིན། ཞབས་དྲུང་སྐབས་ཁམས་སུ་ཕེབ་ནས་འགྲོ་དོན་མཛད། སླར་དབུས་གཙང་དུ་བཏེག་ནས་བལ་ཡུལ་སོགས་སྟོད་མངའ་རིས་སྐོར་གསུམ་དུ་བྱོན། གདུལ་བྱ་ཕྲིན་ལས་རྒྱས། དེ་ནས་ངོར་ཆེན་རྡོ་རྗེ་འཆང་གི་ཆོས་ཀྱི་ཁྲི་ལ་ལོ་བཅུ་ཙམ་བཞུགས་ནས་གསུང་ངག་རིན་པོ་ཆེ་སོགས་བཀའ་ཆོས་བསམ་གྱིས་མི་ཁྱབ་པས་སྐལ་བཟང་གི་སློབ་བུ་དུ་མ་ཡང་དག་པའི་ལམ་ལ་བཀོད། སོག་ཡུལ་དུ་བྱོན། རྡོ་རྗེ་ཕུར་པའི་སྒོ་ནས་འགྲོ་དོན་རྒྱ་ཆེར་མཛད། སྐུ་འཆམ་བཞེས་པ་ན་བླ་མ་རྡོ་རྗེ་ཕུར་པའི་ཉམས་གར་དུ་འགྱུར་བ་བསྟན་པ་གདུལ་བྱའི་འདྲེན་བྱེད་ཀྱི་སྤྱོད་ཡུལ་དུ་གྱུར་པས་སྐྱེ་རྒུའི་ཡིད་དབང་དད་སྤྲོས་གཡེང་། དངོས་པོའི་མེ་ཏོག་ཆར་དུ་བསྐྱིལ་བས་འབྲེལ་ཚད་དོན་ལྡན་གྱི་ཕྲིན་ལས་བསྐྱངས། སླར་ཡང་མདོ་ཁམས་སྟོད་སྨད་དུ་ཕེབ། གདུལ་བྱ་གང་ལ་གང་འདོད་ཀྱི་ཆོས་གསུངས། ཕྲིན་ལས་ཤིན་ཏུ་ཆེ། རྒྱལ་ཆེན་རྡོ་རྗེ་ཤུགས་ལྡན་བྲན་དུ་འཁོལ་བས་གདུག་པ་ཅན་སུས་ཀྱང་བཀའ་ལས་འདའ་མི་ནུས། སླར་དབུས་གཙང་དུ་བཏེག་ནས་མཆོད་འབུལ་དང་། གདན་སར་འཛེགས། ཐུབ་བསྟན་ཡངས་ཅན་མཁན་པོས་ཞུས་ངོར་ངག་དབང་མཁྱེན་རབ་འཇམ་དཔལ་སྙིང་པོ་སོགས་འདུས་པ་མང་པོར་ལམ་འབྲས་སློབ་བཤད

མཁྱེན་བརྩེའི་ཁྲིད་ཡིག་ནས་སྨྲས། གསུང་རྩོམ་རིགས་སྣ་ཚོགས་དང་། རྡོ་རྗེ་ཕུར་པས་ཁོག་ཕུབ་པའི་ས་བསྐང་དང་ངོར་བསྐང་བསྲེས་པ་འདུག་བདེར་མཛད། ངག་དབང་བསོད་ནམས་རྒྱལ་མཚན་གྱི་འདྲ་སྐུ་གདུང་རྟེན་བཞེངས། སློབ་མ་མཁན་ཆེན་ངག་དབང་མཁྱེན་རབ་འཇམ་དཔལ་སྙིང་པོ། ཡངས་ཅན་མཁན་པོ། སྐྱེ་རྒུ་དོན་གླིང་དབོན་སྤྲུལ། སོག་པོ་ཐོག་རྒོད་རྒྱལ་པོ། སྡེ་དགེ་ཆོས་རྒྱལ། ལྷུན་གྲུབ་སྟེང་ཤར་ནུབ་ཆོས་རྗེ། མཁས་དབང་བླ་མ་འཇམ་དབྱངས་མཁྱེན་རབ། དབྱར་གནས་མཁན་པོ་སོགས་ཞལ་སློབ་མཐའ་ཡས་པ་ཞིག་མཆིས་ཤིང་། ད་ལྟ་བསྟན་འགྲོའི་དཔལ་མགོན་དུ་ཞབས་པད་རྡོ་རྗེའི་ཆོས་སུ་བརྟན་བཞིན་པའོ། །

༄ གདན་རབས་ང་དགུ་པ་ངག་དབང་མཁྱེན་རབ་འཇམ་དཔལ་སྙིང་པོ་ནི། ངག་དབང་བློ་གྲོས་སྙིང་པོའི་དབོན་རིགས་སུ་འཁྲུངས། དམ་པ་དེ་ཉིད་ལས་སྡོམ་པ་གསུམ་གསུང་ངག་རིན་པོ་ཆེ་ཚོགས་སློབ་སོགས་བུམ་པ་གང་བྱོའི་ཚུལ་དུ་གསན། ཁྲི་ཆེན་འཛིགས་མེད་དབང་རྒྱལ་སོགས་དམ་པ་མང་པོ་ལས་དབང་ཁྲིད་ལུང་སོགས་གསན། དགྱེས་པ་རྡོ་རྗེ་སོགས་བསྙེན་སྒྲུབ་དུ་མར་བགྱིས། ཨེ་ཝཾ་པའི་ཆོས་ཁྲིར་ཕེབས་ནས་སྡོམ་པ་གསུམ་ལམ་འབྲས་སོགས་སྤར་སྤྲོལ་ཉམས་མེད་མཛད། ཁམས་སུ་བྱོན་ནས་སྡེ་དགེ་ཆོས་རྒྱལ་སོགས་ཆེ་རྒུ་མང་པོའི་མཆོད་གནས་མཛད། ཁྲོམ་རྡོ་དགོན་དུ་ཕུར་པའི་སྒྲུབ་མཆོད་བཙུགས། རྡོ་རྗེ་ཕུར་པ་ཁོ་ནས་འགྲོ་དོན་རྒྱ་ཆེར་མཛད། བཟོ་རིགས་རང་བབས་སུ་མཁྱེན་པ་ལྷ་བུར་མངའ། ད་ལྟ་ཞབས་པད་བརྟན་ཅིང་བསྟན་འགྲོའི་དོན་ཆེན་མཛད་བཞིན་པ་འདིའོ། །

༄ གདན་རབས་དྲུག་ཅུ་པ་ངག་དབང་ཀུན་དགའ་བསྟན་པའི་རྒྱལ་མཚན་ནི། ཐུབ་བསྟན་ཡངས་ཅན་ཉེ་འདབ་མཁན་ཆེན་དཔལ་ལྡན་ཆོས་སྐྱོང་གི་དབོན་བརྒྱུད། བླ་བྲང་དཀར་པོའི་མཁན་སློབ་དུ་མ་བྱུང་བའི་རིགས་སུ་ཆུ་ཕག་ལོར་སྐུ་བལྟམས། དགུང་ལོ་བཅུ་གཉིས་བཞེས་པ་ཤིང་ཁྱི་ལོར་ངོར་ཕན་བདེ་བླ་བྲང་དུ་ཕེབ། ཞབས་དྲུང་གི་གོ་སར་བཀོད། འདོན་ཚོག་སྐོར། རྒྱུད་ཆུང་བཞི་རྣམས་ཐུགས་འཛིན་རྩེར་སོན། མཁན་ཆེན་འཇམ་དབྱངས་རིན་ཆེན་རྡོ་རྗེ་ལས་སྡོམ་པ་གསུམ་དང་གསུང་ངག་རིན་པོ་ཆེ་སོགས་ཀྱི་བདུད་རྩི་བཞེས། ཚུལ་ཁྲིམས་ཀྱི་ཕུང་པོ་ཡོངས་སུ་རྫོགས། དམ་ཚིག་རྣམ་

པར་དག །བསྙེན་སྒྲུབ་རིགས་ཚུལ་བཞིན་བགྱིས། དགུང་གྲངས་བཅོ་ལྔ་སོན་པ་མེ་གླང་ལོར་ཁམས་སུ་ཕེབ། སྐྱ་ཁོག་ཏུ་མཁན་རིན་པོ་ཆེ་ཀུན་དགའ་བསྟན་པའི་བློ་གྲོས་དྲུང་ནས་སྔ་ཕྱི་ཆོས་བཀའ་མང་ཙམ་གསན། ལྷུན་གྲུབ་སྟེང་དུ་བཞུགས་གདན་འཛུགས། སྡེ་དགེ་ཆོས་རྒྱལ་ཡབ་སྲས་ཀྱི་དབུའི་མཆོད་གནས་མཛད། འཇམ་དབྱངས་མཁྱེན་བརྩེའི་དབང་པོ་ལས་སྒྲུབ་ཐབས་ཀུན་བཏུས་དང་སློབ་བཤད་ཀྱི་ཆ་ལག་དུ་མ་གསན། མཁན་རིན་པོ་ཆེ་དཔལ་ལྡན་བློ་གྲོས་རྒྱལ་མཚན་དྲུང་ནས་བདེ་གསང་། འཇིགས་བྱེད། རྣལ་འབྱོར་མ་རྣམས་ཀྱི་སྒྲུབ་ཐབས་བཏུས་སོགས་བཀའ་ཆོས་མང་པོ། རང་ནས་གྱུར་རིགས་བསྡུས། གཤེད་དམར་ལྷ་ལྔའི་དབང་ཁྲིད། ས་སྐྱ་བཀའ་འབུམ། དབུ་མ་འཇུག་པའི་བཤད་ཁྲིད་སོགས་ཕུལ། མངའ་རི་ཆོས་རྗེ་ཀུན་དགའ་འཇམ་དབྱངས་ལས་སློབ་བཤད། རྣམ་སྲས་དབང་སོགས། སྒྲུབ་བརྟོན་བསོད་ནམས་རབ་རྒྱས་ལས་མགོན་པོ་ཆེ་ཆུང་སྐོར་སོགས། གཞན་ཡང་གོང་སྤྲུལ་ཡོན་ཏན་རྒྱ་མཚོ། འཇམ་དབྱངས་མི་ཕམ་རྣམ་རྒྱལ། གདོང་གཱ་ངག་དབང་དམ་ཆོས་རྒྱལ་མཚན། སྐྱོ་མདའ་ངག་དབང་ཆོས་འཛིན། སྨན་གྲགས་ལུང་རིགས་ཉི་མ་སོགས་དམ་པ་མང་པོ་ལས་དབང་། ཁྲིད་རླབས། རྗེས་གནང་། ལུང་སོགས་སྔོར་ཚར་གསུམ་ལ་རྒྱུན་ཇི་བཞུགས། བཀའ་གདམས་ཆོས་སྐོར། ཞི་བྱེད་སྐོར་སོགས་དུ་མ་གསན་ཅིང་ཐུགས་ཉམས་སུ་བཞེས། མཁས་དབང་བླ་མ་འཇམ་དབྱངས་མཁྱེན་རབ་ལས། སུམ་རྟགས། བརྡ་དག །སྡོམ་གསུམ་རབ་དབྱེ་ཁ་སྐོང་བཅས། འཇམ་དབྱངས་བླ་མའི་དགོངས་རྒྱན། སྤྱོད་འཇུག །དབུ་མ་རྒྱན་སོགས་བསླབ་སྦྱང་མཛད། སྐྱ་ཁོག །མགོ་ལོག །ཧོར་ཁྲོམ། སྡེ་དགེའི་མངའ་ཞབས་སོགས་གདུལ་བྱར་ཕེབ། སྐྱི་རྒྱུ་མང་པོའི་རྒྱུད་ལ་རྣམ་དཀར་གྱི་ས་བོན་བཏབ། ལྷུན་གྲུབ་སྟེང་དྲུག་འདུ་ཆེན་མོའི་དབུ་བཞུགས་ལོ་དུ་མར་མཛད། ཀྱེ་རྡོར་རྒྱུ་ལམ་གྱི་དབང་སོགས་ངོར་དཀྱིལ་བདུན། གཤིན་རྗེའི་གཤེད་དམར་ནག་འཇིགས་གསུམ། མགོན་པོ་ཆེ་ཆུང་སོགས་བཀའ་ཆོས་དུ་མ་ཞུ་བ་པོ་སོ་སོའི་ངོར་གསུངས། དགུང་ལོ་སོ་གསུམ་བཞེས་པ་ཤིང་ལུག་ལོར་བོད་དུ་ཕེབ། དེའི་དགུན་ཆོས་སྐབས་ངོར་ཆེན་རྡོ་རྗེ་འཆང་གི་ཆོས་ཀྱི་ཁྲིར་བཞུགས་ནས་བཟུང་། ས་ཁྲི་བར་ལོ་ལྔར་མཁན་པོ་མཛད། བཀའ་ཆོས་སྟོན་སྤྲོལ་ཇི་ཡོད་ཐོག་ས་སྐྱའི་ཆོས་སྡེ་རྣམས་སུ་ཉེར་མཁོ་ཆེ་བའི་རིགས་མང་པོའི་ལུང་གནང་བ་དང་། དབྱར་ཆོས་ཀྱི་རྫོར། མགོན་པོ།

འཛིགས་བྱེད། ཚེ་དཔག་དབང་། སངོར་ཞུ་གསུམ་གྱི་བཀའ་འབུམ་ལུང་པོད་སོགས། དུས་རྒྱུན་ཞུ་བ་པོ་སོ་སོའི་བློ་དང་འཚམས་པའི་ཆོས་བཀའ་དྲུ་མ་གསུངས་པ་སོགས་བསྟན་པ་རིན་པོ་ཆེ་ལ་སྨན་པའི་མཛད་པ་བླ་ན་མེད་པ་ལྷུར་བཞེས། ཞལ་སློབ་ཐར་རྩེ་ཞབས་དྲུང་རྣམ་གསུམ། ཀླུ་སྡིངས་རྒྱལ་སྲས། བྲའུ་དཔོན་ཚང་བླ་མ། བྱེའུ་ཆོས་གླིང་བླ་མ། ཧོར་ཉ་བྲག་སྤྲུལ་སྐུ། ལྷུན་གྲུབ་སྟེང་དབྱར་གནས་མཁན་པོ་རྣམ་གཉིས། ཤར་ནུབ་ཆོས་རྗེ་གསར་རྙིང་། སྡེ་དགེ་ཆོས་རྒྱལ་ཡབ་སྲས་སོགས་མང་ངོ་།། འདི་འང་གཞུང་ལུགས་ལ་ཐུགས་བརྩོན་དང་གསན་རྒྱ་ཆེའང་སྐུ་ཚེ་མ་རིངས་བས་བསྟན་ལར་ཆེར་སྨིན་མ་ཁོམ། དགུང་གྲངས་སོ་བདུན་བཞེས་པ་ས་ཕག་ཟླ་བ་གསུམ་པའི་ཚེས་བཅུ་གཅིག་ལ་ཞི་བར་གཤེགས། དགོངས་རྫོགས་རྣམས་མཛོད་འཛམ་དཔལ་བློ་ལྡན་དང་། ཕན་བདེ་བླ་བྲང་མཁན་རིན་པོ་ཆེ་སློབ་འཁོར་གྱིས་བསྒྲུབས་པའོ།། །།

༄ གདན་རབས་རེ་གཅིག་པ་བྱམས་པ་དཔལ་ལྡན་ཆོས་མཛད་ནི། མཁན་ཆེན་དཔལ་ལྡན་ཆོས་སྐྱོང་གི་དབོན་བརྒྱུད་འཁྲུལ་མེད་སྤྲིས་གྲོང་ཟུར་ཁང་ཞེས་པར་འཁྲུངས། ཕན་ཁང་བླ་བྲང་དུ་བཞུགས། འཛམ་དབྱངས་རིན་ཆེན་རྡོ་རྗེ་ལས་རབ་བྱུང་། བསྙེན་རྫོགས། སེམས་བསྐྱེད། ཀྱེ་རྡོར་རྒྱུ་ལམ་གྱི་དབང་། ལམ་འབྲས། མཁའ་སྤྱོད་མ་སོགས་དྲུ་མ་དང་། དཔལ་ལྡན་བློ་གྲོས་རྒྱལ་མཚན། མཆོག་སྤྲུལ་ཤེས་རབ་རྒྱ་མཚོ། ངག་དབང་བློ་གྲོས་སྙིང་པོ་རྣམས་ལས་བཀའ་ཆོས་དྲུ་མ་གསན། ངག་དབང་བསྟན་པའི་རྒྱལ་མཚན་གྱི་གདན་ཚབ་ཏུ་མཁན་པོ་ལོ་ཤས་མཛད་སྐབས་སྟོད་སྨད་ཀྱི་བླ་སྤྲུལ་མང་པོ་ཕེབ་པ་དང་། ལོ་ལེགས་སྐུ་རྒྱལ་བ་སོགས་དགེ་མཚན་གྱི་རི་མོ་རྣམ་པར་བཀྲ་ཞིང་། ད་ལྟ་ཞབས་པད་བརྟན་བཞིན་པའོ། །

༄ གདན་རབས་རེ་གཉིས་པ་འཛམ་དབྱངས་ཀུན་དགའ་བསྟན་པའི་རྒྱལ་མཚན་ནི། ཡབ་བྲང་ཧེ་མཁས་པའི་གདུང་བརྒྱུད་ཤེས་རབ་སེང་གེ་དང་། གསང་བདག་སྒྲོལ་ཕྱུག་པའི་རིགས་ལས་ཆད་པའི་ཡུམ་ལ་ཐར་རྩེ་རྡོ་རྗེ་འཆང་བྱམས་པ་ཀུན་དགའ་བསྟན་པའི་རྒྱལ་མཚན་སླར་ཡང་ཡེ་ཤེས་སྒྱུ་འཕྲུལ་དྭ་བའི་རོལ་གར་དུ་སྐུ་བལྟམས། ཆུང་དུ་ནས་དམ་པའི་རིགས་སད་ཅིང་ཐུགས་དཀྱིལ་ཆེ། ངོར་ཐར་རྩེ་བླ་བྲང་དུ་ཕེབ། ཁུ་བོ་མཁན་ཆེན་འཛམ་དབྱངས་རིན་ཆེན་རྡོ་རྗེའི་དྲུང་དུ་གཙུག་ཕུད་

ཕུལ། ཨེ་ཝཾ་པའི་ཚོགས་འདོན། རྒྱུད་རྒྱུང་བཞི་སོགས་ཐུགས་འཛིན་གྱི་རྩེར་སོན། མཁན་ཆེན་དེ་ཉིད་ཀྱིས་མཁན་པོ་དང་། ལས་སློབ་སོགས་དད་པའི་དགེ་འདུན་གྲངས་ཚང་བའི་དབུས་སུ་ཚོགས་གསུམ་རིམ་ནོད་ཀྱིས་བསྙེན་པར་རྫོགས། བརྒྱུད་པའི་ཁྱད་པར་གཉིས་ལྡན་གྱིས་སེམས་བསྐྱེད། གསུང་ངག་སློབ་བཤད་སོགས་སྨིན་གྲོལ་བྱིན་རླབས་ལུང་སོགས་རྒྱ་ཆེར་གསན། དཔལ་ནཱ་ལེནྡྲའི་མཁན་པོ་སྟན་གྲགས་ཐར་པ་ལས་སྲུམ་རྟགས། སྟན་ངག་དང་། དབང་ལུང་མང་དུ་གསན། ཀྱེ་རྡོར་སོགས་ཡི་དམ་དུ་མའི་བསྙེན་སྒྲུབ་མཐར་ཕྱིན། རྒྱལ་བ་རྡོ་རྗེ་འཆང་གི་ཁྲི་ལ་མངའ་གསོལ་ནས་སྟོད་སྨད་ཀྱི་སྐལ་ལྡན་གདུལ་བྱའི་ཚོགས་ལ་སྨིན་གྲོལ་ཆོས་ཀྱི་འཁོར་ལོ་བསྐོར་བས་སྐུ་བཞིའི་ས་བོན་ཐེབས་པར་མཛད་བཞིན་དུ་བཞུགས་པ་འདི་ཉིད་སླར་ཡང་གསང་གསུམ་མི་ཤིགས་རྡོ་རྗེ་ཚེ་མཐའ་ཡས་པའི་ངོར་འཚོ་ཞིང་གཞིས་ལ་ཟབ་རྒྱས་ཆོས་ཀྱི་འཁོར་ལོ་རྒྱུན་མི་འཆད་པར་བསྐོར་བའི་ཕྲིན་ལས་རྟག་ཙིང་ཁྱབ་ལ་ལྷུན་གྱིས་གྲུབ་པར་གསོལ་བ་འདེབས་པ་ལགས་སོ། །

རྒྱལ་བས་རྒྱལ་བའི་གོ་སར་མངའ་གསོལ་བ། །གང་དེའི་གདན་རབས་ནོར་བུའི་ཕྲེང་བ་ཡི། །ཞལ་སྐོང་བདུད་རྩིའི་ཐིགས་ཕྲེང་འདི་སྦྱོར་ལ། །ཉེས་པ་མཆིས་ན་སྙིང་ནས་མཐོལ་ཞིང་འཆགས། །ལྷག་པས་བྱས་པའི་དགེ་ཚོགས་གཏྭའི་རྒྱུན། །གཞན་ཕན་ནོར་བུའི་ཐ་རླབས་འཁྲོ་བ་ཡིས། །འགྲོ་བའི་ཡིད་ཀྱི་དྲི་མ་ཀུན་བསལ་ནས། །ཐམས་ཅད་བྱང་ཆེན་རྒྱལ་སར་ཕྱིན་གྱུར་ཅིག །ཁྱད་པར་ལམ་གྱི་ཡང་རྩེ་བླ་མ་ཡི། །གསང་ལམ་ཟབ་མོ་མིག་འཕྲུལ་ལྷ་བུ་ཡིས། །མྱུར་བར་བགྲོད་དེ་ཚེ་འདི་ཁོ་ན་ལ། །སྐུ་བཞི་ཡེ་ཤེས་ལྷ་ལྡན་ཉིད་གྱུར་ཅིག །

ཅེས་གདན་རབས་ནོར་བུའི་ཕྲེང་བའི་ཞལ་སྐོང་བདུད་རྩིའི་ཐིགས་ཕྲེང་ཞེས་བྱ་བ་འདི་འང་། གཞི་སྟོན་མཁན་ཆེན་འཇམ་པའི་དབྱངས་ངག་དབང་བསོད་ནམས་རྒྱལ་མཚན་དེ་ཉིད་ཀྱིས་མཛད་པ་ཞིག་ཡོད་སྐད་ཐོས་ཀྱང་དཔེ་ཅིའང་ལོན་རྒྱུ་མེད་པར་བརྟེན། གསུང་ངག་རིན་པོ་ཆེ་ལམ་འབྲས་བུ་དང་བཅས་པའི་ཆོས་སྐོར་གྱི་བཀའ་བསྡུ་བ་ཆེན་པོ་བགྱིད་སྐབས་གསུང་ངག་ཚོགས་བཤད་ཁོག་ཕུབ་ཀྱི་ཉེར་མཁོའི་ཡན་ལག་ཏུ་དམིགས་ནས་བློ་གཏེར་དབང་པོས་སྦྱལ་བ་དགེ་ལེགས་འཕེལ།། །།

༄༅། །ཨེ་ཝཾ་པའི་མཁན་རབས་རིམ་བྱོན་གྱི་གདན་རབས་ནོར་བུའི་ཕྲེང་བའི་ཡང་སྙིང་ནོར་བུའི་ཕྲེང་རྒྱན་ཞེས་བྱ་བ་བཞུགས་སོ། །

འཇམ་དབྱངས་བསྟན་པའི་ཉི་མ།

རྒྱལ་བས་ལུང་བསྟན་ཨེ་ཝཾ་པའི། །རྒྱལ་ཚབ་མཁན་རབས་རིམ་བྱོན་གྱི། །གདན་རབས་ནོར་བུའི་ཕྲེང་བ་ཡི། །ཡང་སྙིང་ནོར་བུའི་ཕྲེང་རྒྱན་བྲི། །དེ་ཡང་རྒྱལ་བ་རྡོ་རྗེ་འཆང་ཆེན་པོའི་རྒྱལ་ཚབ་རིམ་པར་བྱོན་པ་རྣམས་ཀྱི་གདན་རབས་ནོར་བུའི་ཕྲེང་བ་སངས་རྒྱས་ཕུན་ཚོགས་ཀྱིས་མཛད་པ་དང་། དེའི་ཁ་སྐོང་འཇམ་མགོན་བློ་གཏེར་ཞབས་ཀྱིས་མཛད་པ་དང་། ཡང་སྙིང་བླ་མ་ཕྱི་མ་རྣམས་ཀྱི་རྣམ་ཐར་མདོར་བསྡུས་སུ་བྲི་བ་ལ། གདན་རབས་རེ་བཞི་པ་ཕན་བདེ་མཁན་རིན་པོ་ཆེ་འཇམ་དབྱངས་ཀུན་བཟང་ཐུབ་བསྟན་ཆོས་ཀྱི་རྒྱལ་མཚན་ནི། འཁྲུངས་ཡུལ་སྨ་སྟོད་ཐར་ལམ་དགོན་པའི་ཉེ་འདབས་མགྲོན་འདའ་ཞེས་པའི་གྲོང་གི་གད་ཐོག་ཚང་ཞེས་པའི་ཁྱིམ་དུ་འཁྲུངས། སྐུ་ཆུང་ངུ་ནས་ཕན་བདེ་བླ་བྲང་གི་ཞབས་དྲུང་དུ་མཚན་གསོལ་གྱིས་གསན་བསམ་མཐར་ཕྱིན་པར་མཛད། ཨེ་ཝཾ་པའི་ཕྱག་སྲོལ་ཞབས་དྲུང་གི་མཛད་རིམ་རྣམས་དང་ལྷག་ལྷ་རབ་འབྱམས་ཀྱི་བསྙེན་སྒྲུབ་སོགས་མཛད་དེ། རྒྱལ་བ་རྡོ་རྗེ་འཆང་གི་རྒྱལ་ཚབ་ཏུ་མཁན་ཁྲི་ལོ་གསུམ་མཛད་ཅིང་གསུང་ངག་ལམ་འབྲས་ཀྱིས་གཙོས་པའི་ཟབ་ཆོས་མཐའ་ཡས་པ་བསྐྱལ་ཏེ་གདུལ་བྱ་དཔག་ཏུ་མེད་པ་སྨིན་པ་སུམ་ལྡན་གྱིས་རྒྱུད་སྨིན་པར་མཛད། དེ་ནས་ཁམས་ཕྱོགས་སུ་ཕེབས་ཏེ་སྐྱེ་རྒུ་དགོན་དུ་སྒྲུབ་ཐབས་ཀུན་བཏུས་ཀྱིས་གཙོས་པའི་དབང་ཆོས་མང་པོ། གཞན་ཡང་དགོན་ཁག་རྣམས་སུ་བཀའ་ཆོས་རྒྱ་ཆེན་གནང་། སྡེ་དགེ་དགོན་ཆེན་དུ་དྲུག་འདུ་ཆེན་མོའི་དབུ་བཞུགས་གནང་བ་སོགས་བསྟན་འགྲོའི་དོན་

རྒྱ་ཆེར་མཛད་དེ་མཐར་རྟག་འཛིན་ཅན་རྣམས་ཆོས་ལ་བསྐུལ་བའི་ཕྱིར་ངོ་མཚར་བའི་ལྟས་བསམ་གྱིས་མི་ཁྱབ་པ་དང་བཅས་ཆོས་ཀྱི་དབྱིངས་སུ་གཤེགས་པ་ལགས།། །།

གདན་རབས་རེ་ལྔ་པ་ཁང་གསར་མཁན་ཆེན་དམ་པ་རིན་པོ་ཆེའམ་མཁན་ཆེན་ངག་དབང་བློ་གྲོས་གཞན་ཕན་སྙིང་པོ་ནི། སྤྲུལ་འགྱུར་དུས་སུ་གྲུབ་བརྙེས་རིག་འཛིན་མང་དུ་བྱོན་པའི་གནྱབས་ཀྱི་གདུང་རིགས་ཁྱད་པར་ཅན་ལས་རོང་སྨན་ཐང་དུ་རབ་བྱུང་བཅོ་ལྔ་པའི་མེ་ཕོ་བྱི་བའི་ལོར་སྐུ་བལྟམས། ངོར་ཁང་གསར་བླ་བྲང་དུ་གདན་ཞུས་ཀྱིས་ཞབས་དྲུང་གི་མཚན་གསོལ། ཨེ་ཝཾ་པའི་ཆོ་ག་ཕྱག་ལེན་ཕྲ་མོ་ཚུན་ཆད་ཐུགས་ལ་ངེས་པ་ནས་རྒྱུགས་ཆུང་བཞི་དང་། ཀུན་ཏུ་དགོས་པའི་གཞུང་བདུན་སོགས་ཞབས་དྲུང་གི་མཛད་རིམ་རྣམས་ཡང་དག་པར་གནང་བཞིན་ཁང་གསར་མཁན་ཆེན་ངག་དབང་བློ་གྲོས་སྙིང་པོའི་མདུན་ནས་གསུང་ངག་རིན་པོ་ཆེ་ལམ་འབྲས་བུ་དང་བཅས་པའི་གདམས་ངག །བྱང་ཆུབ་སེམས་སྡོམ། སོ་སོར་ཐར་པའི་དགེ་ཚུལ་དགེ་སློང་སོགས་སྡོམ་པ་གསུམ་ལྡན་གྱི་བཀའ་དྲིན་མནོས་ཤིང་། གཞན་ཡང་ཟབ་ཆོས་མན་ངག་མཁན་ཆེན་རྡོ་རྗེ་འཆང་ལ་མངའ་བ་ཀུན་ བུམ་པ་གང་བྱོའི་ཚུལ་དུ་གསན་ཏེ་ཐུགས་སྲས་དམ་པར་གྱུར། གཞན་ཡང་མཁན་ཆེན་གཞན་དགའ་རིན་པོ་ཆེ། དཔོན་སློབ་བློ་གཏེར་དབང་པོ། བྲག་ར་ཆོས་ཀྱི་ཉི་མ་སོགས་མཁས་གྲུབ་ཀྱི་བླ་མ་བགྲང་ལས་འདས་པ་བསྟེན་ཏེ་གཞུང་ལུགས་རིག་གནས་དང་བཅས། རྒྱུད་སྡེ་ཀུན་བཏུས། སྒྲུབ་ཐབས་ཀུན་བཏུས་སོགས་དབང་དང་རྗེས་གནང་སྙན་བརྒྱུད་མན་ངག་དང་བཅས་པ་མཐའ་ཡས་པར་གསན་པ་རྒྱ་མཚོའི་ཕ་རོལ་ཏུ་སོན་པར་མཛད་པས་གངས་ཅན་མཁས་གྲུབ་ཀུན་གྱི་གཙུག་རྒྱན་དམ་པར་གྱུར། རྒྱལ་བ་རྡོ་རྗེ་འཆང་གི་རྒྱལ་ཚབ་ཏུ་ཕེབས་ཏེ་ངོར་གྱི་མཁན་ཁྲི་ལོ་གསུམ་རིང་གསུང་ངག་ལམ་འབྲས་ཀྱིས་གཙོས་པའི་དབང་ཆེན་ཤིན་ཏུ་མང་པོ་བསྐྱལ། གཞན་ཡང་གདན་ས་ཆེན་པོ་དཔལ་ལྡན་ས་སྐྱ་སོགས་བླ་མ་གོང་མ་རྣམས་ཀྱི་གདན་ས་མང་པོར་རྒྱུད་སྡེ་ཀུན་བཏུས་ཚར་གསུམ། ལམ་འབྲས། སྒྲུབ་ཐབས་ཀུན་བཏུས་བཅས་ཚར་གྲངས་དང་། སྙན་བརྒྱུད་མན་ངག་སྐོར་སོགས་མཐའ་ཡས་པ་གནང་། ཞབས་དྲུང་གི་དུས་ཁམས་ཕྱོགས་སུ་ཕེབས་ཏེ་བསྟན་འགྲོའི་དོན་རྒྱ་ཆེན་མཛད། གསུང་ལས་སྐྱེས་པའི་སློབ་མའི་ཚོགས་དཔལ་ས་སྐྱའི་སྐྱབས་མགོན་རྣམ་པ་དང་། ཕན་བདེ་

མཁན་ཆེན་ངག་དབང་མཁས་གྲུབ་རྒྱ་མཚོ། གླུ་ལྡིང་མཁན་ཆེན་འཇམ་དབྱངས་ཐུབ་བསྟན་ལུང་རྟོགས་རྒྱལ་མཚན། བཅོ་བརྒྱད་ཁྲི་ཆེན་ངག་དབང་མཁྱེན་རབ་ལེགས་བཤད་རྒྱ་མཚོ། ཁང་གསར་མཁན་ཆེན་ངག་དབང་མཁྱེན་བརྩེ་ཐུབ་བསྟན་སྙིང་པོ། དཔལ་ས་སྐྱའི་མཁན་ཆེན་འཇམ་དཔལ་བཟང་པོ། ཧ་ནག་མཁན་ཆེན་ངག་གི་དབང་ཕྱུག་བཅས། དེ་དུས་ཀྱི་རིས་སུ་མེད་པའི་བླ་མ་མཁན་པོ་སོགས་རྗེ་འདི་པའི་ཞལ་སློབ་ཏུ་མ་གྱུར་པ་མེད་པ་ལྟ་བུ་རེད། སྦྱིན་བདག་རྣམས་ནས་ཕུལ་བའི་དངོས་རྫས་རྣམས་དོན་མེད་ཆུད་ཟོས་སུ་མ་སོང་བར་ཆོས་ཕྱོགས་ཁོ་ནར་གཏོང་གནང་མཛད་དེ་ངོར་ཨེ་ཝཾ་དུ་འདུ་ཁང་གསར་པའི་ནང་སྟོན་པའི་སྐུ་ཁྲི་རྒྱན་ཅན་ཐོག་ཚད་གསུམ་ཅམ་དང་། ཁང་གསར་བླ་བྲང་དུ་མི་འཁྲུགས་པ་དེ་མཚུངས། གཞན་ཡང་། བླ་མ་ཡི་དམ། སངས་རྒྱས་བྱང་སེམས། ཆོས་སྐྱོང་སོགས་ཆེ་ཆུང་མང་པོ་དང་། གསུང་རྟེན་རྒྱུད་སྡེ་ཀུན་བཏུས། ལམ་འབྲས་སོགས་གླེགས་བམ་མང་པོ་དེ་རྣམས་ཚང་མ་དར་གོས་ཀྱི་དཔེ་སྒྲིལ་དང་། ལྷ་ལྡན་དུ་ཇོ་བོ་ཡིད་བཞིན་ནོར་བུས་དབུས་གནས་རྟེན་ཁྱིན་ཆེན་རྣམས་ལ་མར་མེ་འབུམ་ཕྲག་མང་པོ་འབུལ་གནང་མཛད། དཔལ་ཞིང་སྐྱོང་དབང་པོ་སོགས་ཆོས་སྐྱོང་སྲུང་མ་ཐམས་ཅད་བྲན་བཞིན་དུ་བཀའ་ལས་འདའ་བར་མི་ནུས་པ་མངོན་མཐོང་སོགས་མཛད་པ་རྣམ་ཐར་བརྗོད་པའི་ཡུལ་ལས་འདས། མཐར་རྟག་འཛིན་ཅན་རྣམས་ཆོས་ལ་བསྐུལ་བའི་ཕྱིར་རབ་བྱུང་བཅུ་དྲུག་པའི་ཆུ་མོ་སྦྲུལ་གྱི་ལོ་ཟླ་བ་བཞི་པའི་ཚེས་བཅུ་གཉིས་ཉིན་ཁང་གསར་བླ་བྲང་དུ་དགོངས་པ་ཆོས་དབྱིངས་སུ་ཞི་བར་གཤེགས་པའི་ཚུལ་སྟོན་སྐབས་འཛའ་འོད་ཀྱི་གུར་ཁྱིམ་སོགས་ངོ་མཚར་བློ་ཡི་ཡུལ་ལས་འདས། སྐུ་གདུང་ཞུགས་འབུལ་སོགས་དཔལ་ས་སྐྱའི་ཁྲི་ཆེན་རྡོ་རྗེ་འཆང་ཆེན་པོ་མཆོག་དང་། ཕན་བདེ་མཁན་ཆེན་རིན་པོ་ཆེ། ཐར་རྩེ་མཁན་རིན་པོ་ཆེ། ཁང་གསར་ཞབས་དྲུང་རིན་པོ་ཆེ་སོགས་དབུར་བཞུགས་ངོར་དགོན་འདུས་ཚོགས་ནས་མཆོད་འབུལ། གསོལ་འདེབས་བཅས་རྒྱ་ཆེར་མཛད། སྐུ་གདུང་རིན་པོ་ཆེར་ཐུགས་ལྗགས་སྤྱན་གསུམ། རིང་བསྲེལ་སོགས་བློ་ཡི་ཡུལ་ལས་འདས། ཞབས་དྲུང་རིན་པོ་ཆེ་དང་། ཕྱག་མཛོད་སོགས་ནས་གདུང་རྟེན་བཞེངས་རྒྱུ་སོགས་དགོངས་རྫོགས་བླ་ན་མེད་པ་སྒྲུབ་པར་མཛད། རྣམ་ཐར་རྒྱས་པ་ལོགས་སུ་བཞུགས་པས་གཟིགས་པར་ཞུ།། །།

གདན་རབས་རེ་དྲུག་པ་ཤར་ཆེན་རྒྱལ་སྲས་འཇམ་དབྱངས་ཆོས་ཀྱི་ཉི་མ་ཐུབ་བསྟན་རྒྱལ་མཚན་དཔལ་བཟང་པོ་མཆོག་ནི། གང་གི་ཡོངས་འཛིན་བྱང་ཆུབ་བཟང་པོས་མཛད་པའི་རྣམ་ཐར་གསོལ་འདེབས་ལས་ཞུང་བསྡུས་ཟུར་དུ་ཕྱུང་བ། གང་དུ་འཁྲུངས་པའི་རིགས་ནི། ཡབ་ཤར་ཆེན་དམ་པའི་སྲས་ཞབས་དྲུང་འཇམ་དབྱངས་ཤེས་རབ་རྒྱ་མཚོ་ཞུ་བ་དང་། ཡུམ་རིགས་རུས་ཕུན་སུམ་ཚོགས་པ་སྡེ་དགེ་ཧོ་ཚོ་ཚང་གི་སྲས་མོ་གཉིས་ལས། རབ་བྱུང་བཅོ་ལྔ་པའི་ཆུ་ཕོ་སྤྲེའུའི་ལོར་ངོ་མཚར་བའི་ལྟས་མང་པོ་བཅས་སྐུ་བལྟམས། རྒྱ་གར་དུ་ཚད་མ་རིག་པའི་སྒོ་འབྱེད་ཕྱོགས་ཀྱི་གླང་པོ་དང་། གྲུབ་པའི་དབང་པོ་ཤྲཱི་སིང་ཧ་དང་། སློབ་དཔོན་ཆེན་པོའི་ཐུགས་སྲས་སྣ་ནམ་བདུད་འཇོམས་སོགས་འཕགས་བོད་ཀྱི་སྐྱེས་ཆེན་མང་པོར་འཁྲུངས་པ་མ་ཟད། མཆོག་གི་སྐུ་གོང་མ་དཔལ་ས་སྐྱ་པ་ཆེན་པོ་ཕྱོགས་ཀྱི་གླང་པོས་ང་ཕྱིད་ཀྱི་བུ་ལ་ཡོང་གི་ཡིན་གསུངས་པའི་མ་འོངས་ལུང་བསྟན་གནང་ཞིང་། ཡུམ་གྱི་ལྟུམས་སུ་བཞུགས་དུས་དཔལ་ས་སྐྱ་པའི་ཁྲི་ཆེན་འཇིགས་མེད་དབང་གི་རྒྱལ་པོས་ཕྲུ་གུ་འདི་བསྟན་པ་དང་སེམས་ཅན་ལ་ཕན་ཐོགས་པ་ཞིག་ཡོང་རྒྱུ་ཡིན་པས་གཙང་མ་གྱིས་མིང་ལ་རྒྱལ་སྲས་འཇིགས་མེད་བསོད་ནམས་དབང་གི་རྒྱལ་པོ་ཐོགས་གསུངས་ཏེ་ཕྱིང་མིང་གནང་བ་དང་། སྐུ་ཆུང་དུ་ནས་བྱིས་པའི་སྤྱོད་པ་ལས་ཡོངས་སུ་འདས་པ། ཐོག་མར་ཡིག་ཀློག་ནས་བཟུང་ཐོས་བསམ་མཛད་པ་རྣམས་ཀྱང་ཚེགས་མེད་པར་མཁྱེན། སྐུ་ཆུང་དུ་ནས་ཡུམ་དང་ལྷན་དུ་སྡེ་དགེར་ཕེབས། རྗེ་བླ་མ་འཇམ་དབྱངས་མཁྱེན་བརྩེ་དབང་པོ་དང་མཇལ་བས་སྔོན་གྱི་སྨོན་ལམ་གྱིས་ཡབ་སྲས་ཐུགས་ཡིད་གཅིག་ཏུ་འདྲེས་ཏེ་ཐུགས་སྲས་ཀུན་གྱི་གཙོ་བོར་གྱུར། ཡིད་ལྷུང་ལྷ་རྒྱལ་དགོན་པའི་རྐན་བྱང་ཆུབ་བཟང་པོ་ཞུ་བ་མཁས་བཙུན་བཟང་གསུམ་འཛོམས་པ་དེ་དགེ་རྐན་དུ་བཞག་གནང་སོགས་ཐུགས་བརྩེའི་གཟིགས་པ་བླ་ན་མེད་པས་བསྐྱངས། འཇམ་མགོན་རྣམ་གཉིས་ལས་ཟབ་ཆོས་རྒྱ་མཚོ་ལྟ་བུ་གསན་བཞེས་དང་། ངོར་ཕན་བདེ་གླིང་བྲང་གི་མཁན་ཆེན་ངག་དབང་ཀུན་དགའ་བསྟན་པའི་རྒྱལ་མཚན་ལས་ལམ་འབྲས་སོགས་སྡོམ་པ་གསུམ་ལྡན་གྱི་བཀའ་དྲིན་ནོད། དེ་རྗེས་ངོར་ཆེན་སྡོམ་རྒྱུན་འདི་ཉག་ཕྲ་བར་གཟིགས་ཏེ་སྣ་སྟོད་ཐར་ལམ་དགོན་པར་ཉེ་བའི་འཛིན་འདའ་རི་ཁྲོད་དུ་བཞུགས་པའི་སྒྲུབ་བརྩོན་དམ་པ་འཇམ་དབྱངས་བློ་གྲོས་ལས་ངོར་ཆེན་སྡོམ་རྒྱུན་བཞེས། གཞན་

ཡང་མཁས་གྲུབ་ཀྱི་བླ་མ་བགྲང་ལས་འདས་པ་བསྟེན་ཏེ་མདོ་རྒྱུད། མན་ངག་སྔགས་བརྒྱུད། རིག་གནས་དང་བཅས་པའི་གསན་པ་རྒྱ་མཚོའི་ཕ་རོལ་ཏུ་སོན། ཡིད་ལྷུང་ལྷ་མཚོ་ཁར་ལོ་གྲངས་བཅུ་ཕྲག་ལྷག་པ་སྐུ་མཚམས་བཞུགས་ཏེ་ལྷག་ལྷ་རབ་འབྱམས་ཀྱི་གྲངས་དང་མཚན་མའི་བསྙེན་པ་མཐར་ཕྱིན་པར་མཛད། དེ་ནས་དགུང་གྲངས་ལྔ་བཅུ་ང་གསུམ་ཤིང་བྱི་ལོར་ངོར་ཨེ་ཝཾ་ཆོས་ལྡན་དུ་རྒྱལ་བ་རྡོ་རྗེ་འཆང་ཀུན་དགའ་བཟང་པོའི་རྒྱལ་ཚབ་ཏུ་ཕེབས་ཏེ་གསུང་ངག་ལམ་འབྲས་ཀྱིས་གཙོས་པའི་རྒྱུད་སྡེ་རྒྱ་མཚོའི་ཆོས་ཆར་ཕབ། ངོར་གྱི་དབང་ཁང་ཆེན་མོའི་ནང་གི་ལོགས་བྲིས་ཚང་མ་ཉམས་གསོ་དང་། གཙུག་ལག་ཁང་གི་སྦུག་ཏུ་བླ་མ་རིན་འབྱུང་མི་ཚད་ལྷག་པ་འཁོར་ནོར་ལྷའི་ཚོགས་ཀྱིས་བསྐོར་བ་གསེར་ཟངས་ཤིན་ཏུ་སྤུས་ལེགས་བྱིན་རླབས་ཀྱི་གཞི་བརྒྱ་འབར་བ་བཞེངས་གནང་མཛད་པ་སོགས་ཆོས་དང་ཟང་ཟིང་གི་ཕྲིན་ལས་མཐའ་ཡས་པ་བསྐྱངས་ཏེ་མཐར་དགུང་གྲངས་ལྔ་བཅུ་ང་ལྔ་མེ་སྟག་ལོ་ཟླ་བ་བཅུ་གཅིག་པའི་ཚེས་༡༡དཀུན་ཆོས་སྣང་གསུམ་གྲུབ་པ་དང་དགོངས་པ་གཞན་དོན་དུ་གཤེགས། གསུང་ཆོས་ལམ་འབྲས་ཀྱི་འཁྲོས་མཁན་ཆེན་དམ་པ་རྡོ་རྗེ་འཆང་ནས་བསྐུལ། སྐུ་གདུང་ཞུགས་འབུལ་སོགས་གདུང་མཆོད་གཤེགས་རྫོང་རྣམས་མཁན་ཆེན་དམ་པ་རྡོ་རྗེ་འཆང་དབུར་བཞུགས་ངོར་དགོན་འདུས་ཚོགས་ནས་གནང་། སྐུ་གདུང་ལ་རིང་བསྲེལ་སྣ་ལྔ་བྱོན་པ་སོགས་ངོ་མཚར་བསམ་བརྗོད་ཀྱི་ཡུལ་ལས་འདས། སྐུ་དབོན་ཞབས་དྲུང་བཀྲ་ཤིས་རྒྱལ་མཚན་དང་ཕྱག་མཛོད་འཇམ་དབྱངས་བསམ་གཏན་སོགས་ནས་གཤེགས་རྫོང་མཆོད་འབུལ་སོགས་ཤིན་ཏུ་རྒྱ་ཆེར་མཛད་པ་ལགས།། །།

གདན་རབས་རེ་བདུན་པ་ཐར་རྩེ་མཁན་རིན་པོ་ཆེ་འཇམ་དབྱངས་ཀུན་བཟང་ཐུབ་བསྟན་ཆོས་ཀྱི་རྒྱལ་མཚན་ནི། ཐར་རྩེ་མཁན་ཆེན་འཇམ་དབྱངས་ཀུན་བཟང་བསྟན་པའི་རྒྱལ་མཚན་གྱི་སྐུའི་སྲིང་མ་ལས་བྲང་ཏེའི་ཤ་རྒྱུད་དུ་གཞིས་ཀ་ཆེན་པོ་པད་གླིང་དུ་སྐུ་འཁྲུངས། སྐུ་ཆུང་དུ་ནས་ཐར་རྩེ་བླ་བྲང་དུ་ཞབས་དྲུང་གི་མཚན་གསོལ་མཛད་དེ་བཞུགས། སྐུ་ཞང་མཁན་ཆེན་རྡོ་རྗེ་འཆང་གི་མདུན་ནས་ལམ་འབྲས་སོགས་སྡོམ་པ་གསུམ་གྱི་བཀའ་དྲིན་ནོད། གཞན་ཡང་ཡོངས་འཛིན་དགེ་བའི་བཤེས་གཉེན་མང་པོ་བསྟེན་ཏེ་མདོ་སྔགས་གཞུང་ལུགས། རིག་གནས་སྔགས་བརྒྱུད་སྐོར་སོགས

མཐའ་ཡས་པ་གསན་ཏེ་མཁྱེན་རབ་ནམ་མཁའ་དང་མཉམ་པར་གྱུར། ལྷག་ལྷ་རབ་འབྱམས་ཀྱི་བསྙེན་སྒྲུབ་མཐར་ཕྱིན་པར་མཛད་ནས་རྒྱལ་བ་རྡོ་རྗེ་འཆང་ཆེན་པོའི་ཆོས་ཀྱི་ཁྲི་ལ་ཕེབས་ཏེ་ངོར་གྱི་གདན་ས་ལོ་གསུམ་མཛད། རྗེས་སུ་ཐར་རྩེ་མཁན་རིན་པོ་ཆེ་བྱམས་པ་ནམ་མཁའ་ཀུན་བཟང་བསྟན་པའི་རྒྱལ་མཚན་མཁན་ཁྲི་ལོ་གཅིག་ནས་དགོངས་པ་རྫོགས་པར་ཡང་བསྐྱར་རྗེ་འདིས་ལོ་གཉིས་མཁན་ཁྲི་མཛད་དེ། སྔ་ཕྱིར་ལོ་ལྔ་མཁན་པོ་ཁྲི་འཛིན་མཛད་དེ་གསུང་ངག་ལམ་འབྲས་སོགས་སྡོམ་པ་གསུམ་གྱི་སྒོ་ནས་སྐལ་ལྡན་གྱི་གདུལ་བྱ་དཔག་ཏུ་མེད་པ་སྨིན་གྲོལ་ལ་འགོད་པར་མཛད། མདོ་ཁམས་ཕྱོགས་སུ་སྔ་རྗེས་ལན་ཁ་ཡར་ཕེབས། གཙོ་བོར་སྐྱེ་རྒུ་དགོན་དུ་བཞུགས་གདན་གྱིས་བསྟན་འགྲོའི་མཛད་པ་རྒྱ་ཆེར་བསྐྱངས། དེ་ནས་ཆུ་ལུག་ལོར་ངོར་ཨེ་ཝཾ་ཆོས་ལྡན་དུ་གཙུག་ལག་ཁང་གསར་པ་སྒོ་འཕྱོར་དང་བཅས་པ་དང་། སྟེང་དུ་ངོར་ཆེན་རྡོ་རྗེ་འཆང་ཆེན་པོའི་གཟིམ་ཆུང་གཡབ་ཆེན་དང་། ཞིང་ཁམས་རྒྱ་མཚོ། གསང་སྔགས་ཕོ་བྲང་། མགོན་ཁང་ཤར་ནུབ་གཉིས། ངོར་ཆེན་དཀོན་མཆོག་ལྷུན་གྲུབ་ཀྱི་གཟིམ་ཆུང་ཕྱིས་སུ་མཁན་པོ་རིམ་བྱོན་གྱི་གཟིམ་ཆུང་མཛད་པ་དེ་དང་། རབ་གསལ་ཁང་སོགས་རྒྱ་ཆེན་བཀོད་པས་མཛེས་པ་ཕུན་སུམ་ཚོགས་པ་བསྐྲུན་པར་མཛད་པ་སོགས་རྒྱལ་བ་ཨེ་ཝཾ་པ་ཆེན་པོའི་བསྟན་པ་རིན་པོ་ཆེར་ཆོས་དང་ཟང་ཟིང་གི་སྒོ་ནས་མཛད་ཕྲིན་བླ་ན་མེད་པར་བསྐྱངས་ཞིང་བཞུགས། མཐར་ཞིང་དང་གདུལ་བྱའི་མཛད་པ་གཞན་དུ་བསྟན་པའི་ཕྱིར་གཟུགས་སྐུ་ཆོས་ཀྱི་དབྱིངས་སུ་མཉམ་པར་བཞག་པའི་ཚུལ་བསྟན་པ་ལགས་སོ།། །།

གདན་རབས་རེ་བརྒྱད་པ་ཕན་ཁང་མཁན་རིན་པོ་ཆེ་ངག་དབང་ཐེག་མཆོག་བསྟན་པའི་རྒྱལ་མཚན་ནི། སྡེ་དགེ་ཕྱོགས་སུ་ཡབ་ཟླ་བ་བཟང་པོའི་སྲས་སུ་འཁྲུངས། སྐུ་ཆུང་དུས་ནས་དམ་པའི་རང་རྟགས་དངོས་སུ་གསལ་ཞིང་། ཕན་ཁང་མཁན་ཆེན་དཔལ་ལྡན་བློ་གྲོས་རྒྱལ་མཚན་གྱི་སྤྲུལ་སྐུར་ངོས་འཛིན་ནས་ཕན་བདེ་བླ་བྲང་དུ་གདན་ཞུས་ཀྱིས་ཞབས་དྲུང་གི་མཚན་གསོལ་མཛད། ཆོས་བཞིན་དུ་སྐྱོང་བའི་ཡོངས་འཛིན་དགེ་བའི་བཤེས་གཉེན་མང་པོ་བསྟེན་ཏེ་ཐོག་མར་ཡིག་ཀློག་ནས། ཆོས་སྤྱོད་ཆོ་ག་གདན་སའི་ཕྱག་ལེན་ཕྲ་མོ་ཚུན་ཆད་དང་། གཞུང་ལུགས་རྒྱ་མཚོར་གསན་བསམ་བླ་ན་མེད་པར་མཛད། ཁང་གསར་མཁན་ཆེན་དམ་པ་རིན་པོ་ཆེ་ལས་གསུང་ངག་ལམ་འབྲས་ཀྱིས

གཅེས་པའི་ཟབ་ཆོས་མཐའ་ཡས་པ་དང་། བྱང་ཆུབ་སེམས་སྡོམ་སོ་སོར་ཐར་པའི་སྡོམ་པ་སོགས་སྡོམ་པ་གསུམ་ལྡན་གྱིས་ཐུགས་རྒྱུད་ཡོངས་སུ་གཏམས་པར་གྱུར། ཡི་དམ་མང་པོའི་བསྙེན་སྒྲུབ་དང་། ཐུགས་དམ་གྱི་རིམ་པ་ལ་གཞོལ་བཞིན་ནས། རྒྱལ་བ་ཀུན་དགའ་བཟང་པོའི་རྒྱལ་ཚབ་ཏུ་མཁན་ཁྲི་ལོ་གསུམ་རིང་གསུང་ངག་ལམ་འབྲས་ཀྱིས་གཙོས་པའི་སྡོམ་པ་གསུམ་གྱི་སྒོ་ནས་གདུལ་བྱ་མང་པོ་སྨིན་གྲོལ་ལ་བཀོད་པར་མཛད། དེ་ནས་མདོ་ཁམས་ཕྱོགས་སུ་ཕེབས་ཏེ་མདོ་སྟོད་སྨད་དགོན་ཁག་རྣམས་སུ་ཞབས་ཀྱིས་བཅགས་པས་བསྟན་དང་འགྲོ་བའི་གསོས་སྨན་དམ་པར་གྱུར། ཕྱིས་སུ་སྨུས་ཀྱི་ཕྱོགས་སུ་བཞུགས་ཏེ་སྟོད་ཁུལ་དུ་བསྟན་འགྲོའི་ཕྲིན་ལས་བླ་ན་མེད་པར་བསྐྱང་བཞིན་ནས་ངོ་མཚར་བའི་ལྟས་བསམ་གྱིས་མི་ཁྱབ་པ་དང་བཅས་གཟུགས་སྐུ་ཆོས་ཀྱི་དབྱིངས་སུ་ཐིམ་པའི་ཚུལ་བསྟན་པ་ལགས།། །།

གདན་རབས་རེ་དགུ་པ་ཁང་གསར་མཁན་རིན་པོ་ཆེ་ངག་དབང་ཡོན་ཏན་རྒྱ་མཚོ་ནི། བླ་མ་འཇམ་རྒྱལ་རིན་པོ་ཆེ་དང་། བླ་མ་དགེ་འདུན་རིན་པོ་ཆེ་སྐུ་མཆེད་སོགས་མཁས་ཤིང་གྲུབ་པའི་སྐྱེས་ཆེན་བསམ་གྱིས་མི་ཁྱབ་པ་བྱོན་པའི་སྣ་སྟོད་དུང་འཁོར་ཞེས་པའི་གྲོང་། ལ་ཁ་ཚང་ཞེས་པའི་ཁྱིམ་དུ་ཡབ་ཀར་དགའ་ཞེས་པ་ཡོན་ཏན་ཕུན་སུམ་ཚོགས་པ་དང་། ཡུམ་སྒྲོན་ལྷ་དབང་མོ་ཞེས་པ་གཉིས་ཀྱི་སྲས་སུ་སྐུ་འཁྲུངས། ཁང་གསར་མཁན་ཆེན་ངག་དབང་བསོད་ནམས་རྒྱལ་མཚན་གྱི་སྤྲུལ་སྐུར་ངོས་འཛིན་བཅས་ཁང་གསར་བླ་བྲང་དུ་ཞབས་དྲུང་གི་མཚན་གསོལ་གྱིས་བཞུགས། སྐུ་ཆུང་དུ་ནས་ངོར་པའི་འདོན་ཆོས་སྦྱོང་། གོང་མའི་ཕྱག་ལེན་ཕྲ་ཞིབ་ཚུན་ཆད་མཐར་ཕྱིན་པ་དང་། རྒྱུགས་ཆུང་བཞིའི་རྒྱུགས་འབུལ་སོགས་ཞབས་དྲུང་གི་མཛད་སྒོ་ཚང་མ་ཡང་དག་པར་མཛད། མཁན་ཆེན་དམ་པ་རྡོ་རྗེ་འཆང་གི་མདུན་ནས་གསུང་ངག་ལམ་འབྲས་ཀྱིས་གཙོས་པའི་དབང་རྒྱུད་མན་ངག་མཐའ་ཡས་པ་དང་། བྱང་ཆུབ་སེམས་སྡོམ། སོ་སོར་ཐར་པའི་སྡོམ་པ་སོགས་སྡོམ་པ་གསུམ་གྱིས་ཐུགས་རྒྱུད་ཡོངས་སུ་སྨྲུག་པར་མཛད། ཁུ་བོ་རྣམ་གཉིས་གཙོ་བོར་བཞུགས་པའི་མཁས་དང་གྲུབ་པའི་ས་ལ་བཞུགས་པའི་བཤེས་གཉེན་མང་པོ་བསྟེན་ཏེ་མདོ་རྒྱུད། རིག་གནས་དང་བཅས་པའི་གསན་པ་རྒྱ་མཚོའི་ཕ་རོལ་ཏུ་སོན། ལྷག་ལྷ་རབ་འབྱམས་ཀྱི་གྲངས་དང་། མཚན་མའི་བསྙེན་པ་མཐར་ཕྱིན་པ

ནས་ངོར་ཆེན་ཨེ་ཝཾ་པ་ཆེན་པོའི་རྒྱལ་ཚབ་ཏུ་མཁན་ཁྲི་ལོ་གསུམ་རིང་གསུང་ངག་ལམ་འབྲས་ཀྱི་གཙོས་སྡོམ་པ་གསུམ་གྱི་སྒོ་ནས་སྐལ་ལྡན་གྱི་གདུལ་བྱ་དཔག་ཏུ་མེད་པ་སྨིན་གྲོལ་གྱི་ལམ་ལ་བཀོད། དགོན་པའི་སྒྲིག་ལམ་ཀུན་སྤྱོད་སོགས་དམ་པ་གོང་མའི་བཅའ་ཡིག་གི་དགོངས་དོན་ཉམས་མེད་དུ་འཛོག་གནང་མཛད། མཁན་ཁྲི་གྲུབ་པ་དང་འབྲུག་རྒྱལ་པོའི་དབུའི་མཆོད་གནས་སུ་ཕེབས། རྒྱལ་པོ་འཁོར་དང་བཅས་ཀྱིས་གཙུག་གི་ནོར་བུར་བསྟེན། མཛད་ཕྲིན་མཐའ་ཡས་པ་བྱུང་། བོད་དུ་ཕེབས་ཁར་ཆོས་རྒྱལ་ཡུམ་སྲས་འཁོར་བཅས་ཐུགས་འཕྲེང་བཞིན་ཡང་ཡང་མཇལ་བའི་གསོལ་འདེབས་སྨོན་ལམ་མཛད། ཕྱིས་སུ་འབྲུག་པ་རྒྱལ་པོའི་དབུའི་མཆོད་གནས་སུ་ཕེབས་པ་རིན་པོ་ཆེ་མ་གཏོགས་མཁན་པོ་སུ་ཡང་མ་བྱུང་བས་ཡོངས་གྲགས་མཚན་ལ་འབྲུག་པ་མཁན་རིན་པོ་ཆེ་ཞུ་བ་ལགས། མཐུ་སྟོབས་ནུས་པའི་མངའ་བདག་སུས་ཀྱང་འགྲན་ཟླ་མེད་པར་བཞུགས། མདོ་ཁམས་ཕྱོགས་སུ་རྒྱུན་རིང་བཞུགས་ཏེ་བསྟན་འགྲོའི་དོན་ཆེན་རླབས་པོ་ཆེ་བསྒྲུབས། ཟང་ཟིང་གི་འབུལ་དངོས་ཇི་བྱུང་ཚད་ཟོས་སུ་གཏོང་གནང་མི་མཛད། ངོར་ཨེ་ཝཾ་དུ་གསེར་དངུལ་དཀྱིལ་མའི་རྣམ་རྒྱལ་མཆོད་རྟེན་ཐོག་ཚད་ཙམ་དང་། ངོར་ཆེན་ང་འདྲ་མའི་མདུན་གསེར་དངུལ་དཀྱིལ་མའི་འབྲུ་ཕོར་ནང་མཆོད། རྒྱ་དྲིལ་ཤིན་ཏུ་སྤྲུས་ལེགས་སོགས་ཕྱུག་ཆས་ཆ་ཚང་། གཞན་ཡང་དུང་ཆེན། རྒྱ་གླིང་། སྤོས་ཕོར་སོགས་གསེར་དངུལ་བཀྲོལ་མའི་མཆོད་ཆས་ཤིན་ཏུ་སྤྲུས་ལྡན་མང་པོ་གཏན་འཛུགས་མཛད། དེ་མཚུངས་དགེ་འདུན་པར་མང་འགྱེད་སྤྱི་རྗེས་སུ་བསྐུལ་བ་བཅས་བསྟན་འགྲོའི་མཛད་པ་ཟླ་ན་མེད་པར་བསྒྲུབས་ཏེ། ཞིང་དང་། གདུལ་བྱ་གཞན་ལ་ཐུགས་བརྩེ་བས་རེ་ཞིག་གཟུགས་སྐུའི་བཀོད་པ་ཆོས་ཀྱི་དབྱིངས་སུ་བསྡུ་བའི་ཚུལ་བསྟན་པ་ལགས།། །།

གདན་རབས་བདུན་ཅུ་པ་བདག་སོགས་འགྲོ་བའི་མགོན་སྐྱབས། རིགས་དང་དཀྱིལ་འཁོར་རྒྱ་མཚོའི་ཁྱབ་བདག་ཕན་བདེ་མཁན་ཆེན་ངག་དབང་མཁས་གྲུབ་རྒྱ་མཚོ་ནི། ཕན་བདེ་མཁན་ཆེན་བྱམས་པ་དཔལ་ལྡན་ཆོས་མཛད་སྣ་སྟོད་འཛིན་ཕུ་ཕན་བདེ་བླ་བྲང་དུ་སྐུ་བཞུགས་ནས། སྐུ་མྱུ་ངན་ལས་འདའ་ཁར་ཞལ་ཆེམས་མ་འོངས་ལུང་བསྟན་ཇི་ལྟར་གནང་བ་བཞིན། སྣ་སྟོད་འཛིན་མདའ་ཞེས་པའི་གྲོང་དུ། ཆོས་ལ་དད་ཅིང་ཡོན་ཏན་དང་ལྡན་པའི་རིགས་ཡབ་བྱང་ཆུབ་བཟང་པོ་དང་།

ཡུམ་དོན་གྲུབ་མཚོ་མོ་གཉིས་ཀྱི་སྲས་སུ་རབ་བྱུང་བཅོ་ལྔ་པའི་མེ་མོ་སྦྲུལ་གྱི་ལོ། ཟླ་བ་བདུན་པའི་ཚེས་གཅིག་ཉིན་ངོ་མཚར་བའི་ལྟས་དུ་མ་དང་བཅས་སྐུ་བལྟམས། སྐུ་ཆུང་དུས་ནས་དམ་པའི་རང་རྟགས་དངོས་སུ་གསལ། ཐོག་མར་ཐར་ལམ་དགོན་དུ་ཆོས་ཞུགས་གནང་། ཁུ་བོ་ཀུན་དགའ་དཔལ་བཟང་ཡོངས་འཛིན་དུ་བསྟེན་ཏེ་འདོན་ཆོས་སྤྱོད་སྐོར་དང་། རྩིས་དཀར་ནག །སྙན་ངག །སུམ་རྟགས་སོགས་ཐུན་མོང་རིག་གནས་ཀྱི་སྐོར་མ་ལུས་པ་གསན་སྦྱོང་གྲུབ་པ་དང་། སྐྱེ་རྒྱུ་དགོན་དུ་བཤད་གྲྭར་ཕེབས། མཁན་པོ་སྟོམ་བརྩོན་དམ་པ་དགེ་འདུན་བཟང་པོ་མཆོག་གི་མདུན་ནས་གཞུང་ཆེན་ཁག་ལ་གསན་སྦྱོང་དཔྱིས་ཕྱིན་པར་མཛད། སྔ་སྟོན་ལེགས་པ་རྡོ་རྗེ་འཆང་། གྲུབ་པའི་དབང་པོ་ཉི་དགའ་རྡོ་རྗེ་འཆང་སོགས་བླ་མ་མང་པོ་ལས་ཟབ་ཆོས་མཐའ་ཡས་པ་གསན། རིམ་གྱིས་ཕན་བདེ་མཁན་ཆེན་བྱམས་པ་དཔལ་ལྡན་ཆོས་མཛད་ཀྱི་སྤྲུལ་སྐུར་ངོས་འཛིན་ནས་ཕན་བདེ་བླ་བྲང་དུ་ཞབས་བྲུང་གི་མཚན་གསོལ། ངོར་དུ་ཞབས་བྲུང་རྣམ་པའི་མཛད་རིམ་ཁག་གནང་བཞིན། མཁན་ཆེན་ཁྲི་པ་ཁང་གསར་མཁན་རིན་པོ་ཆེ་ངག་དབང་ཡོན་ཏན་རྒྱ་མཚོ་མཆོག་ལས་གསུང་ངག་ལམ་འབྲས། བྱང་ཆུབ་སེམས་སྡོམ། སོ་སོར་ཐར་པའི་དགེ་ཚུལ་དང་། བསྙེན་པར་རྫོགས་པ་དགེ་སློང་གི་སྡོམ་པ་བཅས་གསན་ཏེ་བསླབ་བྱ་ཕྲ་མོ་ཙུན་ཆད་ལ་སྲུང་སྡོམ་ཡང་དག་པར་མཛད་པའི་སྡོམ་བརྩོན་བྱེ་བའི་གཙུག་རྒྱན་དུ་གྱུར། ལྷག་ལྷ་རབ་འབྱམས་ཀྱི་གྲངས་དང་། མཚན་མའི་བསྙེན་པ་མཐར་ཕྱིན་པར་མཛད་པས་གྲུབ་པའི་གོ་སར་སོན། མེ་ཕོ་བྱི་བའི་ལོར་རྒྱལ་བ་རྡོ་རྗེ་འཆང་ཆེན་པོའི་རྒྱལ་ཚབ་ཏུ་མཁན་ཁྲིར་ཕེབས། ལོ་ངོ་གསུམ་རིང་དཀྱུན་ཆོས་སུ་ལམ་འབྲས་སོགས་སྡོམ་པ་གསུམ་ལྡན་གྱི་སྒོ་ནས་སྐལ་ལྡན་གྱི་གདུལ་བྱ་དཔག་ཏུ་མེད་པ་སྨིན་གྲོལ་ལ་འགོད་པར་མཛད། དབྱར་ཆོས་ལྟ་བུར་ཁང་གསར་མཁན་ཆེན་རྡོ་རྗེ་འཆང་ངག་དབང་བློ་གྲོས་གཞན་ཕན་སྙིང་པོས་རྟ་ནག་ཐུབ་བསྟན་རྣམ་པར་རྒྱལ་བར་རྒྱུད་སྡེ་ཀུན་བཏུས་གནང་བར་དབང་ལུང་ཁྲིད་ཆ་ཚང་གསན་བཞེས་དང་། གཞན་ཡང་སྔ་རྗེས་སུ་ལམ་འབྲས་སློབ་བཤད། སྒྲུབ་ཐབས་ཀུན་བཏུས། སྙན་བརྒྱུད་སྐོར་སོགས་མཐའ་ཡས་པ་གསན་ཏེ་ཞལ་སློབ་ཀུན་གྱི་གཙོ་བོ་ལྟ་བུ་ཐུགས་གཅིགས་ཆེ་བར་མཛད། ལྕགས་འབྲུག་ལོར་མདོ་ཁམས་ཕྱོགས་སུ་ཕེབས་ཏེ་བསྟན་འགྲོའི་དོན་དུ་ཕྲིན་ལས་སྐྱོང་བཞིན་ནས། ཆུ་ལུག་ཟླ་བ་དགུ

པའི་ཆོས་ཉེར་གཉིས་རྒྱལ་བ་ལྷ་ལས་བབས་པའི་དུས་ཆེན་ཁྱད་པར་ཅན་ནས་དབུ་འཛུགས་གནང་སྟེ། སྐྱེ་རྒུ་དགོན་དུ་རྒྱུད་སྡེ་རིན་པོ་ཆེ་ཀུན་ལས་བཏུས་པའི་དཀྱིལ་འཁོར་ཞལ་ཕྱེ་སྟེ་དབང་ལུང་ཁྲིད་ཡོངས་སུ་རྫོགས་པ་ལོ་གསུམ་རིང་ཞིབ་རྒྱས་ཀྱི་ཚུལ་དུ་བཀའ་དྲིན་བསྐྱལ་ཏེ། ངོར་ལུགས་དཀྱིལ་འཁོར་བདུན་སོགས་ཁག་ཆེ་བ་རྣམས་ཉེར་ལྔའི་སྨྲིག་དབང་མཛད། སློབ་མའི་གཙོ་བོ་ཕན་བདེ་ཞབས་དྲུང་རིན་པོ་ཆེ། སྐྱེ་དགོན་དཔོན་པོ་སྐྱབས་མགོན། མི་ཉག་སྤྲུལ་སྐུ། རྒྱ་ནག་སྤྲུལ་སྐུ། གྲྭའུ་ཚང་བླ་མ་སྐུ་མཆེད་གསུམ། གཞན་ཡང་མདོ་སྟོད་ཕྱོགས་ཀྱི་བླ་སྤྲུལ་མཁན་པོ་མང་པོ་དང་། སྐྱེ་དགོན་མཁན་པོ་ལས་ཟུར། དགེ་འདུན་མང་ཚོགས་བཅས་བཞུགས། བདག་ཀུང་ཞབས་དྲུང་གི་མིང་འཛིན་ནས་ངོར་ལུགས་དཀྱིལ་འཁོར་བདུན་སོགས་ཁག་ཆེ་དབང་ཆོས་མང་ཙམ་ཐོབ་པའི་སྐལ་བ་བཟང་པོར་གྱུར། སླར་ཡང་ས་ཕོ་བྱི་ལོར་མཁན་ཁྲིར་ཕེབས་ཏེ་རྒྱུན་ཆོས་སྡོམ་པ་གསུམ་ལྡན་གྱི་སྒོ་ནས་གདུལ་བྱ་དཔག་ཏུ་མེད་པ་སྨིན་གྲོལ་ལ་བཀོད་པ་དང་། གཉུག་མར་གནས་པའི་དགེ་འདུན་རྣམས་ཀྱི་ཞུས་ངོར། ཀུན་རིག་དང་ངོར་ལུགས་དཀྱིལ་འཁོར་བདུན་སོགས་དབང་ཆོས་མང་པོ་བསྐྱལ་ཏེ། སྤྲ་རྗེས་ལོ་དྲུག་མཁན་ཁྲི་ལོ་དྲུག་མཛད་དེ་ཐར་རྩེ་མཁན་ཞབས་རྣམ་གཉིས། སྟོད་ལ་དྭགས་ཀྱི་རྒྱལ་སྲས་ཕྲིན་ལས་རིན་པོ་ཆེ་སོགས་བསྟན་འཛིན་སྐྱེས་བུ་བསམ་གྱིས་མི་ཁྱབ་པ་བྱོན་པར་མཛད། དེ་ནས་མདོ་ཁམས་ཕྱོགས་སུ་ཕེབས། བསྟན་འགྲོའི་དོན་དུ་ཕྲིན་ལས་རྒྱས། ས་ཕོ་ཁྲི་ཡི་ལོར་ཡང་བསྐྱར་གདན་ས་ཆེན་པོར་ཞབས་སོར་འཁོད་དེ་ཟླ་ཤས་སྐུ་བཞུགས་གནང་། ས་མོ་ཕག་གི་ལོ་མགོར་བོད་དུ་དུས་འགྱུར་ཆེན་པོ་བྱུང་དུས་རྒྱ་གར་དུ་ཆིབས་བསྐྱོད་མཛད་དེ་ཐོག་མར་སྣང་ཏོག །རྡོ་རྗེ་གླིང་། སྡེ་བདུན་རཱ་ཛའི་སྤུར་སོགས་སུ་རིམ་ཕེབས་ཀྱིས་སྐུ་བཞུགས་གནང་བཞིན་གདུལ་བྱའི་དོན་དུ་དབང་ཆོས་སོགས་ཇི་དགོས་བསྐྱལ། ཁྱད་པར་དཔལ་ས་སྐྱའི་ཁྲི་ཆེན་རྡོ་རྗེ་འཆང་ཆེན་མཆོག་ནས་སྤྲ་རྗེས་སུ་ཀྱེ་རྡོར་རྒྱུ་དབང་། ངོར་ཆེན་དཀོན་མཆོག་ལྷུན་གྲུབ་ཀྱི་བཀའ་འབུམ་པོད་བཞིའི་ལྟགས་ལུང་། འཇིགས་བྱེད་ལྷ་དགུའི་དབང་ཁྲིད་ཆ་ཚང་གསན་པར་བདག་ཅག་ཁ་ཤས་ལ་ཡང་སྐལ་བཟང་གི་བཀའ་དྲིན་ཐོབ། མཐར་དགུང་གྲངས་ལྔ་བཅུ་ང་གསུམ་ས་མོ་བྱ་ཡི་ལོ་ཟླ་བ་གསུམ་པའི་ཚེས་བཅོ་ལྔ་ཉིན་ལེ་ལོ་དང་རྟག་འཛིན་ཅན་གྱི་དབང་དུ་གྱུར་པ་རྣམས་ཆོས་ལ་བསྐུལ་བའི་ཕྱིར་དགོངས་པ་ཆོས་

དབྱིངས་སུ་མཉམ་པར་བཞག་པའི་ཚུལ་བསྟན། སྐུ་གདུང་ཞུགས་འབུལ་དང་། དགོངས་རྫོགས་ཀྱི་ཞུ་བྱ་རྣམས་དཔལ་ས་སྐྱའི་ཁྲི་ཆེན་རྡོ་རྗེ་འཆང་ཆེན་པོ་མཆོག་དང་། མཁན་ཆེན་ཨ་པད་རིན་པོ་ཆེ་དབུར་བཞུགས། དཔལ་ས་སྐྱའི་ཆོས་ཚོགས་དགེ་འདུན་རྣམས་ནས་མཛད། མཆོད་དབུལ་གཤེགས་རྫོང་སོགས་གཙོ་བོར་གང་གི་སྐུ་མཆེད་ཕྱག་མཛོད་གཞན་དགའ་དང་། གྲྭའུ་ཚང་ཨ་ཞང་པདྨ་དོན་གྲུབ་སོགས་ཞལ་སློབ་སྦྱིན་བདག་རྣམས་ནས་ཀྱང་རྒྱ་ཆེར་མཛད། སྐལ་དམན་བདག་ནི་དེ་སྐབས་ལ་དྭགས་སུ་ཡོད་པས་ཐ་མའི་མཇལ་ཁ་ཞུ་བའི་སྐལ་བས་དབེན་པ་ལགས། རྗེ་བླ་མ་འཇམ་མགོན་མཁྱེན་བརྩེ་ཆོས་ཀྱི་བློ་གྲོས་སྣང་ཏོག་ཏུ་ཕྲན་ཞལ་མཇལ་སྐབས། ཕན་བདེ་མཁན་རིན་པོ་ཆེ་བླ་མ་གཞན་དང་འགྲན་ཟླ་མེད་པ་གསང་སྔགས་ཟབ་མོའི་ཆོས་ལ་ཕྱག་ལེན་ཁུངས་བཙུན་ལ་ཡང་དག་པར་མཛད་པ། རྒྱུད་སྡེ་ཀུན་བཏུས་ལྷ་ཐུའི་དབང་ཆོས་ཆེན་པོ་འདི་འདྲ་ལ་ཡང་ཉེར་ལྔའི་སྦྲིག་དབང་མཛད་པ་ཁོང་མ་གཏོགས་བྱུང་མ་མྱོང་བ་རེད་ཅེས་དགྱེས་མཉེས་ཆེན་པོའི་ངང་ནས་གསུངས་པ་འཕྲོས་ཞོར་དུ་བྲིས་པ་ལགས། རྣམ་ཐར་ཅུང་རྒྱས་པ་ཟུར་དུ་བཞུགས་པས་དེར་གཟིགས་པར་ཞུ།། ༎

གདན་རབས་དོན་གཅིག་པ་ཐར་རྩེ་མཁན་རིན་པོ་ཆེ་བྱམས་པ་ནམ་མཁའ་ཀུན་བཟང་བསྟན་པའི་རྒྱལ་མཚན་ནི། ཞ་ལུ་སྐུ་ཞང་གི་རིགས་སུ་འཁྲུངས། སྐུ་ཆུང་དུ་ནས་ཐར་རྩེ་བླ་བྲང་དུ་ཞབས་དྲུང་གི་མཚན་གསོལ་གྱིས་བཞུགས། ཡོངས་འཛིན་དགེ་བའི་བཤེས་གཉེན་མང་པོ་བསྟེན་ཏེ་ཨེ་ཝཾ་པའི་མཛད་རྒྱུན་ཆོག་ཆོས་སྤྱོད་ཕྱག་ལེན་ཕྲ་མོ་ཚུན་ཆད་ཐུགས་ལ་ངེས་པར་མཛད། གཞན་ཡང་ཐུན་མོང་རིག་གནས་ཀྱི་སྐོར་དང་། ཐུན་མོང་མ་ཡིན་པ་མདོ་སྔགས་གཞུང་ལུགས་རྒྱ་མཚོ་ལ་གསན་བསམ་མཐར་ཕྱིན་པ་དང་། རྒྱུགས་ཆུང་བཞི་སོགས་ཞབས་དྲུང་རྣམ་པའི་མཛད་རིམ་ལེགས་པར་གྲུབ་ནས། ཐར་རྩེ་མཁན་ཆེན་འཇམ་དབྱངས་ཀུན་བཟང་ཐུབ་བསྟན་ཆོས་ཀྱི་རྒྱལ་མཚན་ལས་ལམ་འབྲས་བུ་དང་བཅས་པའི་གདམས་ངག་སོགས་ཟབ་ཆོས་མཐའ་ཡས་པ་དང་། བྱང་ཆུབ་སེམས་སྡོམ། སོ་སོར་ཐར་པའི་སྡོམ་པ་སོགས་སྡོམ་པ་གསུམ་གྱི་བཀའ་དྲིན་བཞེས། ཀྱཻ་རྡོར་སོགས་ཡི་དམ་མང་པོའི་བསྙེན་སྒྲུབ་མཐར་ཕྱིན་པ་དང་། ཞབས་དྲུང་གི་དུས་སྐོད་ལ་དྭགས་ཕྱོགས་སུ་ཕེབས་ཏེ་བསྟན་འགྲོའི་དོན་རྒྱ་ཆེར་མཛད། བསྟན་སྲུང་རིང་བཙན་རྣམ་གཉིས་ཀྱི་བསྐང་གསོ་རྒྱས་པ་གསར་རྩོམ་བཀའ

དྲིན་བསྐྱངས། དེ་ནས་མདོ་ཁམས་ཕྱོགས་སུ་ཕེབས་ཏེ་སྣ་སྟོད་སྡེ་དགེ་སོགས་མདོ་སྟོད་སྨད་གང་སར་ཞབས་ཀྱིས་བཅགས་ཏེ་མཛད་ཕྲིན་ནམ་མཁའ་དང་མཉམ་པར་གྱུར། གདན་ས་ཆེན་པོར་ཡང་ཕེབས་ནས་ས་མོ་ཡོས་ཀྱི་ལོར། ཨེ་ཝཾ་པ་ཆེན་པོའི་རྒྱལ་ཚབ་ཏུ་མཁན་ཁྲིར་ཕེབས། གསུང་ངག་ལམ་འབྲས་སོགས་སྡོམ་པ་གསུམ་གྱི་སྒོ་ནས་གདུལ་བྱ་དཔག་ཏུ་མེད་པར་ཕྲིན་ལས་སྐྱོང་བཞིན་ནས་ལྕགས་འབྲུག་ལོ་མགོར་དགོངས་པ་གཞན་དོན་དུ་གཤེགས། བསྟན་འགྲོའི་དོན་ཆེན་མཛད་ཐུབ་པའི་བླ་མ་ཁྱད་པར་དུ་འཕགས་པ་ཞིག་ཕེབས་རྒྱུ་ཡང་སྙིགས་དུས་སྐྱེ་འགྲོའི་བསོད་ནམས་ཀྱི་སྐལ་དུ་མ་གྱུར། མཁན་ཁྲི་ལོ་གཅིག་ལས་མཛད་མ་ཐུབ་པར་རྗེས་ལོ་གཉིས་དེ་ཐར་རྩེ་མཁན་ཆེན་འཇམ་དབྱངས་ཀུན་བཟང་ཐུབ་བསྟན་ཆོས་ཀྱི་རྒྱལ་མཚན་གྱིས་སྐྱོང་བར་མཛད། དགོངས་རྫོགས་མཆོད་འབུལ་སོགས་གཤེགས་རྫོང་གི་རིགས་རྣམས་ཐར་རྩེ་བླ་བྲང་ནས་རྒྱ་ཆེར་མཛད་པ་ལགས།། །།

གདན་རབས་དོན་གཉིས་པ་བདག་ཅག་རྣམས་ཀྱི་འདྲེན་མཆོག་བླ་ན་མེད་པ་འཁོར་ལོའི་མགོན་པོ་ཤར་ཆེན་པ་འཇམ་དབྱངས་ཐུབ་བསྟན་ལུང་རྟོགས་རྒྱལ་མཚན་དཔལ་བཟང་པོ་མཆོག་ནི། འོད་གསལ་ལྷངས་རིགས་ཤར་ཆེན་དམ་པའི་གདུང་ལས་ཡབ་མགོན་པོ་ལགས་ཞུ་བ་དང་། ཡུམ་ཆོས་དང་འཇིག་རྟེན་གྱི་བྱ་བས་བསྟན་འགྲོའི་དོན་ཆེན་མཛད་པའི་སྐྱེས་བུ་མང་དུ་བྱོན་པ་པོ་དོང་དཔལ་ཡོན་པའི་སྲས་མོ་བསོད་ནམས་བུ་ཁྲིད་ཞུ་བ་གཉིས་ཀྱི་སྲས་སུ། རབ་བྱུང་བཅོ་ལྔ་པའི་མེ་ཕོ་སྤྲེའུའི་ལོར་ངོ་མཚར་བའི་ལྟས་བསམ་གྱིས་མི་ཁྱབ་པ་དང་བཅས་སྐུ་བལྟམས། ཡུམ་སོ་སོ་ཡིན་པའི་སྐུ་མཆེད་གཅིག་དང་། ཡབ་ཡུམ་གཅིག་པའི་ལྕམ་སྲིང་གསུམ་ལས་རྗེ་འདི་ཆུང་ཤོས་ཡིན། དགུང་གྲངས་བཞི་ལྔ་དུས་ཡབ་ཡུམ་གཉིས་རིམ་པས་སྐུ་གཤེགས་པར་སྐུའི་གཅེན་པོ་དང་གཅེན་མོ་སོགས་ཀྱིས་གསོ་སྐྱོང་མཛད། ཡིག་ཀློག་སོགས་གསན་སྦྱོང་ཆེགས་མེད་པར་མཁྱེན་ཅིང་། རང་ཚུགས་ཟིན་པ་བྱིས་པའི་སྤྱོད་པ་ལས་ཡོངས་སུ་འདས་པར་བཞུགས། དགུང་གྲངས་བཅུ་གསུམ་དུས་སྣ་སྟོད་ཨ་ཁྲོ་དར་རྒྱས་དགོན་གྱི་སྐུ་ཕྲེང་བླ་བྲང་གི་བླ་འཛིན་ཏན་འཇམ་དཔལ་ཞུ་བ་ངོར་དུ་ཕེབས། རྗེ་འདི་ཁམས་ཕྱོགས་སུ་གདན་འདྲེན་ཞུ་རྒྱུར་སྐུའི་གཅེན་པོ་སོགས་དང་བཀའ་སྙོར་དགོངས་མཐུན་གྱིས་ཕེབས་རྒྱུ་མཛད། དེའི་སྐབས་ངོར་པའི་མཁན་ཁྲི་ཁང་གསར་མཁན་ཆེན་ངག་དབང་མཁྱེན་རབ

འཇམ་དཔལ་སྙིང་པོའི་མདུན་ནས་ལམ་འབྲས་སོགས་དང་། དགེ་ཚུལ་གྱི་སྡོམ་པ་བཞེས། མཁན་ཆེན་མཆོག་ནས་ཕུན་ཚོགས་བསྟན་པའི་རྒྱལ་མཚན་ཞེས་པའི་མཚན་གསོལ། ཁང་གསར་མཁན་ཆེན་ངག་དབང་བློ་གྲོས་སྙིང་པོས་ཤར་ཆེན་མི་འགྱུར་རྒྱལ་མཚན་གྱི་སྤྲུལ་སྐུར་ངོས་འཛིན་མངའ་གསོལ་གཟེངས་བསྟོད་བཅས། བསྟན་འཛིན་གྱི་སྐྱེས་བུ་ཁྱད་པར་བ་ཡོང་བ་སོགས་ལུང་བསྟན་མཛད། དེ་ནས་སྣ་སྟོད་ཨ་ཁྲི་དར་རྒྱས་དགོན་དུ་ཕེབས། ཤན་སངས་རྒྱས་བཟང་པོ་ཞུ་བ་མཁས་བཙུན་བཟང་གསུམ་འཛོམ་པ་དེ་ཡོངས་འཛིན་དུ་བསྟེན་ཏེ་འདོན་ཆོས་སྤྱོད་ཀྱི་སྐོར་དང་། ཐུན་མོང་རིག་གནས་ཀྱི་སྐོར་སོགས་གསན་སྦྱོང་མཛད། སྣ་སྟོད་གདོང་སྦྲས་དགོན་པའི་བླ་མ་བློ་གྲོས་བསྟན་འཛིན་ཞུ་བ་དང་། ཁྲོམ་རྫོ་ཁོ་དགོན་པའི་བླ་མ་མཁས་པའི་གཙུག་རྒྱན་བློ་གྲོས་ཕུན་ཚོགས་སམ་ཡོངས་གྲགས་ཀྱི་མཚན་འདུས་པ་ཞུ་བ་སོགས་ཡོངས་འཛིན་མང་པོའི་མདུན་ནས་མདོ་སྔགས་གཞུང་ལུགས་རིག་གནས་དང་བཅས་པར་གསན་པ་རྒྱ་མཚོའི་ཕ་རོལ་ཏུ་སོན་ཏེ། འཆད་རྩོད་རྩོམ་གསུམ་གྱི་སྒོ་ནས་བསྟན་པ་དགུང་དུ་འདེགས་པར་མཛད། ཕན་བདེ་མཁན་ཆེན་བྱམས་པ་དཔལ་ལྡན་ཆོས་མཛད་ཀྱི་ཞབས་ལ་གཏུགས་ཏེ་ཀྱེ་རྡོར། འཇིགས་བྱེད་སོགས་དབང་ཆེན་མང་པོ་དང་། སྒྲུབ་ཐབས་ཀུན་བཏུས་ཀྱི་དབང་ལུང་ཁྲིད་ཆ་ཚང་། གཞན་ཡང་སྙན་བརྒྱུད་མན་ངག་ཟབ་ཆོས་ཀྱི་སྐོར་མཐའ་ཡས་པ་གསན་ཏེ་གཞན་ལས་ཁྱད་པར་འཕགས་པ་གཙུག་གི་ནོར་བུ་ལྟ་བུར་མཛད། དེ་མཚུངས་འཛིན་འདའ་རི་ཁྲོད་དུ་གྲུབ་དབང་ཀུན་དགའ་ཉི་མའི་མདུན་ནས་ཀྱང་མགོན་པོ་ཕྱི་ནང་གསང་གསུམ་གྱི་ཁྲིད་སོགས་ཟབ་ཆོས་མང་པོ་གསན། སྔོན་དུ་བཀའ་ཆོས་གསན་ཡུལ་བློ་གྲོས་བསྟན་འཛིན་གྱི་མདུན་ནས་ལམ་འབྲས་སློབ་བཤད་གསན། ཁོང་བློ་གཏེར་དབང་པོ་དང་གདོང་སྦྲས་དགོན་པའི་བླ་མ་ཆེ་དང་སྒྲུབ་པ་མཉམ་པ་ལམ་འབྲས་ལ་ཤིན་ཏུ་མཁས་པ་འཇམ་དབྱངས་ཆོས་གྲགས་གཉིས་ཀའི་སློབ་མ་ཡིན། དེ་ནས་དགུང་གྲངས་སུམ་ཅུ་ཤིང་གླང་ལོར་གདན་ས་ཆེན་པོ་དཔལ་ཨེ་ཝྃ་ཆོས་ལྡན་དུ་ཕེབས། དེ་སྐབས་གདན་སའི་ཁྲི་འཛིན་སྐུ་ཡི་གཅེན་པོ་ཤར་ཆེན་རྒྱལ་སྲས་འཇམ་དབྱངས་ཆོས་ཀྱི་ཉི་མའི་མདུན་ནས་ལམ་འབྲས་ཚོགས་བཤད་གསན་པ་མཁན་ཆེན་ངག་དབང་ཆོས་གྲགས་དང་། ངོར་ཆེན་དཀོན་མཆོག་ལྷུན་གྲུབ་ཀྱི་ཁྲིད་གཉིས་སྨྲགས་ཏེ་ཤིན་ཏུ་རྒྱས་པར་

གསུང་། བྱང་ཆུབ་སེམས་སྡོམ་དང་། གཞན་ཡང་དབང་ཆོས་མང་པོ་དང་། ངོར་ཆེན་སྡོམ་རྒྱུན་གྱི་དགེ་ཚུལ་དང་། དགེ་སློང་གི་སྡོམ་པ་ཞུས། འཇམ་དབྱངས་ཐུབ་བསྟན་ལུང་རྟོགས་རྒྱལ་མཚན་དཔལ་བཟང་པོ་ཞེས་པའི་མཚན་གསོལ། སྡོམ་བྱའི་ཉེས་བྱས་ཕྲ་མོ་ཙམ་ཚད་ལ་སྲུང་སྡོམ་ཡང་དག་པར་མཛད་ཅིང་། བླ་ཀྲན་རྣམས་ནས་ཚུལ་ཁྲིམས་ཀྱི་དྲི་བསུང་ཡོད་ཚུལ་གསུངས་འདུག་ཀྱང་ཕྲན་རང་ལོན་ཆུང་བ་དང་། རྗེ་བཙུན་རིན་པོ་ཆེས་ཆོས་རྗེ་ས་སྐྱ་པཎྜི་ཏ་ལ་ཁྱོད་ཀྱིས་ཁུ་བོའི་འདུ་ཤེས་མ་གཏོགས་སངས་རྒྱས་ཀྱི་འདུ་ཤེས་མེད་པར་གསུང་སྐྱེ་བླ་མའི་རྣལ་འབྱོར་མ་གནང་བ་ལྟར། ཕྲན་ཡང་ཁུ་བོའི་འདུ་ཤེས་ལྟ་བུའི་བརྐྱས་ཐབས་ཀྱིས་དྲི་བསུང་གི་ཚོར་བ་སོགས་གང་ཡང་མ་བྱུང་། དགོངས་པ་མྱ་ངན་ལས་འདས་པའི་རྗེས་སུ་ན་བཟའ་བཞུགས་གདན་སོགས་སྦྱི་ཤུགས་བྱེད་སྐབས་སྦྱིས་སོགས་བཅོས་མའི་དྲི་མ་མ་ཡིན་པ། རང་བྱུང་གི་དྲི་བསུང་གཞན་དང་མི་འདྲ་བ་ཞིག་འདུག་པས་བླ་མ་ལ་སྙིང་ནས་དད་པ་སྐྱེ་བ་ཞིག་བྱུང་། ངོར་དུ་བཀའ་ཆོས་གསན་གྲུབ་ནས་ཁམས་ཕྱོགས་སུ་ཕེབས་ཏེ་ལོ་ངོ་བཅུ་ཕྲག་ལྷག་པར་སྐུ་མཚམས་ཁོ་ནར་བཞུགས། དེ་ཡང་ཉམ་ཆུང་གྲྭ་པ་གྲྭ་རྒྱུང་ལྟ་བུ་ལས་སྤྲོས་བཅས་ཀྱི་རྣམ་པ་མི་མཛད། དེ་སྐབས་སྤྲིན་སྲིག་ཞིག་གནང་བའི་མེ་ཡི་རྐྱེན་ལྟ་བུའི་བད་ཀན་འགྲུལ་འགག་གི་སྟུང་གཞི་ཚབས་ཆེན་ཞིག་བྱུང་བར། གསོལ་སྨན་ཞབས་བརྟན་སོགས་ཇི་ལྟར་མཛད་ཀྱང་སྐུ་ཁམས་ལ་དྭངས་བསྐྱེད་མ་བྱུང་བར། ནང་ཆེན་ནས་ཡིན་པ་བླ་མ་རག་སྤྲུལ་ཞུ་བ་གཏེར་སྟོན་ཡིན་པ་སྨན་དཔྱད་ལ་ཡང་མཁས་པ་ཞིག་དེ་ཕྱོགས་སུ་ཕེབས་པར། རྗེ་ཉིད་ཀྱི་མནལ་ལྟས་དང་། ཐུགས་དམ་བཟང་ཕེབས་བཅས་ཁོང་ལ་བརྟེན་གནང་སྟེ་སྨན་དཔྱད་ཞུས་པས་སྐུ་ཁམས་ལེགས་དྭངས་བྱུང་། ཉིན་གཅིག་གཉེར་བློ་རྒྱལ་སྐྱེ་རྒྱུར་འགྲོ་སྐབས་གྲྭའུ་བླ་ཀྲན་བསྟན་འཛིན་རྒྱལ་མཚན་ནས་གཉེར་བློ་རྒྱལ་ལ་དེང་སྐབས་རིན་པོ་ཆེ་སྐུ་ཁམས་ཇི་འདྲ་དང་། རིང་མིན་ངོར་དུ་མཁན་ཁྲིར་ཕེབས་རན་པས་མཛད་པ་དགོངས་གཞི་ཇི་ལྟར་ཡོད་གསུངས་པར། གཉེར་བློ་རྒྱལ་ནས་རིན་པོ་ཆེ་སྐུ་ཁམས་ལེགས་དྭངས་ཡིན་ཚུལ་དང་། རིན་པོ་ཆེའི་དགོངས་གཞི་བླ་བྲང་སོགས་སྤྲོས་པ་རྒྱ་ཆེར་མེད་པར་རི་ཁྲོད་ལྟ་བུར་སྐུ་མཚམས་ཁོ་ན་བཞུགས་རྒྱུའི་དགོངས་པ་ཡོད་ཚུལ་ཞུས་པས། གྲྭའུ་བླ་ཀྲན་ནས་ཁོང་བསྟན་པ་དང་། སེམས་ཅན་གྱི་དོན་མཛད་ཐུབ་པའི་སྐྱེས་བུ་ཆེན་པོ་ཞིག་དེ་ལྟ་བུའི

དགོངས་གཞི་ནི་ཁྱེད་བླ་མ་དང་། གཉེར་པ་ཐུགས་ལས་ཆུང་སྐུ་མཚམས་ཡང་རྒྱུན་རིང་ཙམ་བཞུགས་ཟིན། འདི་ག་སྐྱི་རྒྱུ་དགོན་པར་བཀའ་ཆོས་ཡང་ཞུ་དགོས་ཡོད་པས་འདི་གར་ངེས་ཕེབས་དགོས་ཚུལ་ཞུ་རྒྱུ་བཅས་ཕུལ་བས་རིན་པོ་ཆེ་ནས་བསྟན་འགྲོའི་དོན་ལ་དགོངས་ཏེ་སྐྱི་རྒྱུ་དགོན་དུ་ཕེབས། སྐྱབས་ཐབས་ཀུན་བཏུས་ཀྱིས་གཙོས་པའི་དབང་ཆོས་མང་པོ་གནང་བ་སོགས་བསྟན་འགྲོའི་དོན་དུ་མཛད་པ་བསྐྱང་བས་སྐུ་ཁམས་ཀུང་ལེགས་དྭངས་དང་། མཛད་ཕྲིན་ཤིན་ཏུ་རྒྱས་པར་གྱུར། གྲྭའུ་བླ་ཆུན་ནས་གསུངས་པ་ལྟར་བསྟན་འགྲོའི་དོན་མཛད་ཐུབ་པའི་སྐྱེས་བུ་དམ་པ་ཞིག་དེ་ལྟར་དགོངས་བཞེས་ལ་ཆོས་སྐྱོང་སོགས་ཐུགས་མི་མཉེས་པའི་ཚུལ་དུ་སྟོང་གཞི་བྱུང་བ་འདྲ། དེ་ནས་སྨྲ་སྟོད་དགོན་པ་ཚང་མར་ཞབས་ཀྱིས་བཅགས་ཏེ་ཆོས་དང་། ཟང་ཟིང་གི་སྒོ་ནས་བསྟན་འགྲོའི་དོན་བླ་ན་མེད་པར་མཛད། སྡེ་དགེ་ཕྱོགས་སུ་སྔ་ཕྱིར་ཐེངས་ཁ་ཤས་ཕེབས། གཙོ་བོར་སྨྲ་སྟོད་ཕྱོགས་སུ་བཞུགས་པས་དགོན་པ་ཚང་མ་འདུལ་ཁྲིམས་གཙང་ལ། འཆད་ཉན་སྒོམ་སྒྲུབ་ཀྱི་རྒྱུན་དར་རྒྱས་ཡོད་པ་རྗེ་འདི་པའི་སྐུ་དྲིན་ཁོ་ནར་ངེས། རྗེ་འདི་ལ་གཞན་གྱིས་བཀའ་འདྲི་ཞུས་པར་ལན་གསུངས་པ་དང་། འཆད་སྤྱོལ་མཛད་པ། གསུང་རྩོམ་གནང་བ་སོགས་གསན་བསམ་མཛད་པ་གཅིག་པུ་མ་ཡིན་པར། ལྷག་པའི་ལྷས་རྗེས་སུ་བཟུང་བ་ཡིན་པར་ཐེ་ཚོམ་དང་བྲལ་བ་སོགས་ངོ་མཚར་བརྗོད་པའི་ཡུལ་ལས་འདས། དགུང་གྲངས་བཞི་བཅུ་ཞེ་བདུན་ཆུ་རྟ་ལོར་གདན་ས་ཆེན་པོར་མཁན་པོ་ཁྲི་ཕེབས་ཀྱི་མཛད་ཕྲིན་སྐྱོང་བར་ཕེབས། ལོ་དེའི་དགུན་ཆོས་དཔལ་ཨེ་ཝཾ་ཆོས་ལྡན་དུ་གསུང་ངག་ལམ་འབྲས་སོགས་སྡོམ་པ་གསུམ་གྱི་སྒོ་ནས་སྐལ་ལྡན་གྱི་གདུལ་བྱ་རྣམས་སྨིན་གྲོལ་ལ་འགོད་པར་མཛད། དབྱར་ཐོག་གདན་ས་ཆེན་པོ་དཔལ་ལྡན་ས་སྐྱར་མཁན་ཆེན་དམ་པ་རྡོ་རྗེ་འཆང་ནས་རྒྱུད་སྡེ་ཀུན་བཏུས་གནང་བར་གསན་བཞེས་མཛད་དེ་དབྱར་ལོ་གསུམ་ལ་དབང་ལུང་ཁྲིད་ཆ་ཚང་གྲུབ། དགུན་ཆོས་ལམ་འབྲས་སོགས་གནང་བཞིན་ནས། ཤིང་བྱ་ལོར་ཀླུ་ལྡིང་བླ་བྲང་ཉམས་གསོ་གནང་། ཕྱི་ལོ་སྟོན་མཇུག་ལེགས་གྲུབ་ཀྱིས་རབ་གནས་སོགས་མཛད། བར་དེར་བདག་སོགས་གདུལ་བྱ་རྣམས་ལ་བདེ་གསང་སོགས་ཀྱི་དབང་དང་། སྡོམ་གསུམ་རབ་དབྱེ་སོགས་བཀའ་ཆོས་མང་པོ་བསྩལ། མི་ཕག་ལོར་ཁམས་ཕྱོགས་དགོན་ཡུལ་རྣམས་ནས་ཞུ་ནན་ཆེ་བ་དང་། གདུལ་བྱ་ལ་ཐུགས་བརྩེ་བས་ཁམས་ཕྱོགས་སུ་

ཕེབས། ཐོག་མར་ཁྲ་རིགས་དགོན་དུ་མཆོག་སྤྲུལ་རྣམ་གསུམ་དབུས་དང་ལྷན་སེར་སྐྱ་རྣམས་ལ་དབང་ཆོས་དང་། ཞབས་བརྟན་སོགས་མཛད་དེ་གདན་ས་དར་རྒྱས་དགོན་དུ་ཞབས་སོར་འཁོད་པས་དད་ལྡན་སེར་སྐྱ་ཀུན་དགའ་དད་སྤྲོ་གསུམ་གྱི་སྣང་བ་གསར་པས་ཁྱབ། དགུན་དེར་ཁྲི་འདུ་དགོན་ཡུལ་ནས་གདན་ཞུས་ལྟར་ཕེབས་ཏེ་འགྲོ་དོན་མཛད། དེ་ནས་སྐྱེ་རྒུ་སོགས་དགོན་ཁག་མང་པོ་ནས་གདན་ཞུ་ཞུས་པར་སྟོང་ཟླུག་སོགས་ཆེར་མེད་ཀྱང་སྐྱ་བབས་ཏ་ཙང་ལྷི་ཞིང་ཞབས་མི་བདེ་བ་སོགས་ཀྱིས་གང་དུ་ཡང་ཕེབས་མ་ཐུབ་པར་འདི་ག་རང་དུ་སྐུ་བཞུགས་གནང་སྟེ་གདུལ་བྱ་སོ་སོའི་མོས་འདོད་དབང་ཆོས་འདྲ་གནང་། བོད་དུ་གདན་ས་ཆེན་པོར་ཕེབས་རྒྱུའི་དགོངས་བཞེད་ཏ་ཙང་ཡོད་ཀྱང་ཕེབས་མ་ཐུབ་པར། དགུང་གྲངས་ལྔ་བཅུ་ང་བདུན། ཆུ་འབྲུག་ཟླ་བ་གསུམ་པའི་ཚེས་ཉེར་དགུ་ཉིན་ཞིང་འདིའི་གདུལ་བྱའི་ཕྲིན་ལས་རེ་ཞིག་རྫོགས་པའི་རྣམ་པས་དགོངས་པ་ཆོས་ཀྱི་དབྱིངས་སུ་གཤེགས་པའི་ཚུལ་བསྟན་པས། གུས་འབངས་ཞབས་འབྲིང་པ་རྣམས་ཀྱི་ཐུག་ཐང་དཀྱིལ་དུ་ལུས་པ་ལྟ་བུར་གྱུར། སྐུ་མ་གཤེགས་སྔོན་དུ་ཞབས་པད་བརྟན་པའི་ཞབས་བརྟན་དང་། རྗེས་སུ་གཤེགས་རྫོང་གི་རིམ་པ་སོགས་རྒྱ་གང་ཆེ་ཞུས་ཁུལ་དང་། གུས་འབངས་ཞལ་སློབ་རྣམས་ནས་ཀྱི་རྫོར། མཁའ་སྤྱོད། ཀུན་རིག་སོགས་སྒྲུབ་མཆོད་ཁག་གི་རིགས་དང་། བླ་མ་མཆོད་པ་སོགས་ཞུས་ཤིང་། སྐུ་གདུང་ཞུགས་འབུལ་སྐབས་སྐུ་གདུང་ཏ་ཙང་ཆུང་བ་མི་གཅིག་གིས་ལས་སླ་པོར་གདན་འདྲེན་ཞུ་ཐུབ་པ་འདུག །ཞག་བདུན་ནས་གདུང་ཁང་ཞལ་ཕྱེ་སྐབས་གདུང་རུས་ཀྱི་སྟེང་དུ་སེརྐྵ་ར་ལེན་རྒྱུ་ཡོད་པ་ལྟ་བུ་དང་། གདུང་རུས་ཁ་ཤས་ལ་རང་བྱོན་གྱི་རྣམ་པ་ལྟ་བུ་འདུག་ཀྱང་ཞུགས་མེ་ཚ་དྲག་པའི་རྐྱེན་གྱིས་ལག་ཏུ་ལེན་དུས་བྲུལ་འགྲོ་བ་རེད་འདུག །སྐུ་མྱ་ངན་ལས་འདས་པ་ནས་དགོངས་རྫོགས་མ་གྲུབ་བར་ཉིན་ལྟར་འཇའ་ཟླུག་པར་ཁ་དོག་འདྲ་མིན་རྒྱུན་ཆད་མེད་པ་དང་། དེ་ནས་ལོ་འཁོར་རིང་སྐབས་སྐབས་སུ་འཇའ་རྒྱུན་འཆད་མེད་པ་ཤར་བ་སོགས་ངོ་མཚར་བློ་ཡི་ཡུལ་ལས་འདས་པ་ལགས། རྣམ་ཐར་ཅུང་རྒྱས་པ་ཁོ་བོས་བྲིས་པ་ལོགས་སུ་བཞུགས་པས་དེར་གཟིགས་པར་ཞུ།། །།

གདན་རབས་དོན་གསུམ་པ་ཁང་གསར་མཁན་ཆེན་ངག་དབང་མཁྱེན་བརྩེ་ཐུབ་བསྟན་སྙིང་པོ་མཆོག་ནི། གཙང་སྟོད་མྱང་གཞུང་པ་སྣུམ་ཞེས་པར་ཡབ་ཨ་ཁྲུ་ཕྲུར་དོན་དང་། ཡུམ་སྐྱིད་པ་ལྷ་མོ་

གཉིས་ཀྱི་སྲས་སུ་རབ་བྱུང་བཅོ་ལྔ་པའི་ཆུ་མོ་གླང་གི་ལོར་ངོ་མཚར་བའི་ལྟས་དུ་མ་དང་བཅས་སྐུ་བལྟམས། སྐུ་ཆུང་ངུ་ནས་སྟོང་གཞི་མང་པོ་བྱུང་། དགུང་གྲངས་བདུན་པར་ངོར་དུ་ཕེབས་པས་སྐུ་ཁམས་དྭངས་ཤིང་། ཐུགས་དགྱེས་སྤྲོའི་རྣམ་པ་དཔག་མེད་བྱུང་། ཐོག་མར་ཡི་གེ་འབྲི་ཀློག་ནས་བཟུང་སྟེ་ཨེ་ཝཾ་པའི་འདོན་ཆོས་ཕྱག་ལེན་སྐོར་སོགས་ཚང་མ་མཐར་ཕྱིན་པར་མཛད། མཁན་ཆེན་ངག་དབང་མཁྱེན་རབ་འཇམ་དཔལ་སྙིང་པོའི་མདུན་ནས་དགེ་བསྙེན་གྱི་སྡོམ་པ་དང་། ངོར་ལུགས་དཀྱིལ་འཁོར་བདུན་སོགས་དབང་ཆོས་མང་པོ་གསན། མཁན་ཆེན་དམ་པ་རྡོ་རྗེ་འཆང་ལས་ལམ་འབྲས་དང་། བྱང་ཆུབ་སེམས་སྡོམ། དགེ་ཚུལ་སློང་གི་སྡོམ་པ་བཞེས་ཏེ་སྡོམ་པ་གསུམ་དང་ལྡན་པའི་ཡང་དག་པའི་རྟེན་དུ་མཛད། རིམ་པས་མཁན་ཆེན་རྣམ་གཉིས་ནས་ཁང་གསར་མཁན་ཆེན་ངག་དབང་བློ་གྲོས་སྙིང་པོའི་སྤྲུལ་སྐུར་ངོས་འཛིན་ནས། ཞབས་དྲུང་གི་མཚན་དང་མངའ་གསོལ་མཛད། སྔ་རྗེས་སུ་མཁན་ཆེན་དམ་པ་རྡོ་རྗེ་འཆང་ནས་རྒྱུད་སྡེ་ཀུན་བཏུས། ལམ་འབྲས་སློབ་བཤད་སོགས་དབང་ཆོས་མཐའ་ཡས་པ་གསན། རྟ་ནག་མཁན་ཆེན་ངག་གི་དབང་ཕྱུག །ནུ་ལེནྡྲའི་བླ་མ་ངག་བློ་རིན་པོ་ཆེ་སོགས་ཡོངས་འཛིན་མང་པོ་བསྟེན་ཏེ་མདོ་སྔགས་གཞུང་ལུགས་རིག་གནས་དང་བཅས་པར་གསན་པ་རྒྱ་མཚོའི་ཕ་རོལ་ཏུ་སོན། གསང་ཆེན་རྒྱུད་སྡེ་ཁག་གི་བསྙེན་པ་ཚད་ལྡན་ཡང་དག་མཐར་ཕྱིན་པར་མཛད། དགུང་གྲངས་སོ་གསུམ་པ་ཤིང་མོ་བྱ་ཡི་ལོར་རྒྱལ་བ་རྡོ་རྗེ་འཆང་ཆེན་པོའི་རྒྱལ་ཚབ་ཏུ་མཁན་ཁྲིར་ཕེབས་ཏེ། གསུང་ངག་ལམ་འབྲས་ཀྱིས་གཙོས་སྡོམ་པ་གསུམ་གྱི་སྒོ་ནས་སྐལ་ལྡན་གྱི་སློབ་ཚོགས་བསམ་གྱིས་མི་ཁྱབ་པ་སྨིན་གྲོལ་ལ་འགོད་པར་མཛད། ཁང་གསར་བླ་བྲང་གོག་རྡུལ་ཆེ་བར་ཉམས་གསོ་ལེགས་པར་མཛད། དེ་ནས་ཁམས་ཕྱོགས་སུ་ཕེབས་ཏེ་སྣ་སྟོད། ཏེ་ཧོར། སྡེ་དགེ། ལི་ཐང་སོགས་མདོ་སྟོད་སྨད་གང་སར་ཞབས་ཀྱིས་བཅགས་ཏེ་གདུལ་བྱ་རྒྱ་མཚོར་ཕྲིན་ལས་བླ་ན་མེད་པར་བསྐྱངས་ཏེ་དགུང་གྲངས་ཞེ་གསུམ། ཤིང་ལུག་ལོར་གདན་ས་ཆེན་པོ་ཨེ་ཝཾ་ཆོས་ལྡན་དུ་ཕྱིན་ཚོགས་རྣམ་པར་རྒྱལ་བའི་ཕོ་བྲང་དམ་པར་ཞབས་སོར་འཇིགས་པ་མེད་པའི་རང་བཞིན་དུ་ཉེ་བར་བཀོད་དེ། ཨེ་ཝཾ་གཙུག་ལག་རྟེན་གསུམ་རྒྱ་མཚོར་མཆོད་འབུལ་དང་། འདུས་པ་རྒྱ་མཚོར་མང་འགྱེད་བསྙེན་བཀུར། བླ་བྲང་ཁག་ལ་ཕྱག་རྟགས་སོགས་ཡང་དག་པར་བསྐུལ། སླར་

ཡང་དགུང་གྲངས་ཞེ་དྲུག་མེ་བྱ་ལོར་རྒྱལ་བ་ཨེ་ཝཾ་པ་ཆེན་པོའི་ཆོས་ཁྲི་དམ་པར་ཕེབས་ནས་ལམ་
འབྲས་སོགས་རྒྱུན་ཆོས་སྡོམ་པ་གསུམ་གྱི་སྒོ་ནས་ཕྲིན་ལས་བསྐྱངས་ཏེ་ལོ་ངོ་གཉིས་བཞུགས། ས
ཕག་ལོར་དུས་ཀྱི་འཕོ་འགྱུར་བྱུང་བ་དང་རྒྱ་གར་དུ་ཆིབས་བསྒྱུར་གནང་སྟེ་ཐོག་མར་སྒང་ཏོག་དང་།
དེ་ནས་རྡོར་གླིང་དུ་ཕེབས་ཏེ་སྐུ་བཞུགས་གནང་མུར་སྐབས། སྤྱི་ཏི་སྟེང་རྒྱུད་དགོན་ནས་གྲྭ་རྒྱུན་ཆོས
ཞུ་བ་ཁ་ཤས་སླེབས་པར་བླ་ཁག་རྣམས་ནས་ད་ལྟ་ཁང་གསར་མཁན་རིན་པོ་ཆེ་ངོར་མཁན་པོ་ཁྲི
པའི་མཚན་གནས་ཡོད་པར་བརྟེན་རིན་པོ་ཆེའི་དྲུང་ནས་དབང་ཆོས་ཞུས་ན་ལེགས་ཚུལ་གསུངས་
བཞིན། རིན་པོ་ཆེ་ནས་དབང་ཆོས་དང་དགེ་ཚུལ་སློང་སོགས་སྒྲུབ་པར་མཛད། ཁོང་ཚོས་སྤྱི་ཏིར
ཆིབས་བསྒྱུར་ཐུབ་པ་ཞུས་དོན་བཞིན་ཞལ་བཞེས་གནང་བར། ཁོང་ཚོས་དགོན་ཡུལ་དང་སྣང་
བསྒྱུར་གྱི་ཕྱག་ཁྲིར་སྤྱ་སེ་སོགས་བཟོས་ཏེ་དགུང་གྲངས་ཞེ་དགུ་ཤུགས་གླང་ལོར་སྤྱི་ཏིར་ཕེབས། སྤྱ
རྗེས་སུ་ལམ་འབྲས་ཚར་གཉིས། རྣལ་འབྱོར་མའི་བྱིན་རླབས་ཁྲིད་བཅས་ཚར་གྲངས། གཞན་ཡང
རྒྱུད་སྡེ་ཁག་གི་དབང་དང་། རྗེས་གནང་སོགས་གང་ལ་གང་དགོས་སུ་བསྩལ། དབྱར་གནས། གསོ
སྦྱོང་། ཆོ་ག་ཕྱག་ལེན། སྒྲིག་ལམ་ཀུན་སྤྱོད་སོགས་ཡང་དག་པའི་རྒྱུན་འཛུགས་པར་མཛད། ཁྲིམ་པ་
ཕོ་མོ་རྣམས་ལ་ཡང་དབང་དང་། བྱིན་རླབས། ཆོས་དང་མཐུན་པའི་བཀའ་སློབ་སོགས་བསྟན་འགྲོའི་
དོན་བླ་ན་མེད་པར་སྐྱོང་བཞིན་ལོ་ཤས་སྐུ་བཞུགས་གནང་། བར་བར་དུ་རྒྱ་གར་དུ་ཕེབས། རྒྱ་གར
ཤར་ནུབ། ལྷོ་བྱང་དུ་ཡོད་པའི་རང་ཁུངས་ཆོས་ཚོགས་རྣམས་སུ་ཞབས་ཀྱིས་བཅགས་ཏེ་དབང་ཆོས།
དགེ་ཚུལ་སློང་གི་སྡོམ་པ་སོགས་བསྩལ། ཁྱད་པར་ངོར་མ་དགོན་བཞེངས་ཕྱོགས་སྐོར་ལ་དཔལ་ས
སྐྱའི་ཁྲི་ཆེན་རྡོ་རྗེ་འཆང་ཆེན་པོ་དབུ་བཞུགས། ངོར་བླ་བཞིའི་རིན་པོ་ཆེ་རྣམ་པ། ལས་བྱེད། ངོར་
པའི་ཁོངས་དགེ་འདུན་བགྲེས་གྲས། སྦྱིན་བདག་ཁག་རྣམས་བཅས་བཀའ་བསྡུར་ཐེངས་མང་གནང་
སྟེ་མཐར། ས་ཏྭ་ལོར་སྡེ་སྟོན་མདའ་ཁོངས་མན་ཊ་ཝ་ལར་གླིང་ཚང་གཞིས་ཆགས་ནས་ས་ཆ་ཕྱུལ་
བར་ཐུགས་གཏན་ཁེལ་ཏེ་ཁང་གསར་མཁན་རིན་པོ་ཆེ་དབུ་བཞུགས། ཀླུ་ལྡིང་མཁན་ཞབས་རྣམ་
གཉིས། གཞན་དགེ་འདུན་ཁ་ཤས་བཅས་སྒྲོལ་ཆོག །བསྐང་གསོ་སོགས་ཞབས་བརྟན་ཉིན་ཤས་
གནང་། མ་འོངས་དགོན་པའི་འཆར་གཞི་དང་ས་བཀྲ་སོགས་བཟོས་གནང་ནས་འགྲོ་འགྲོན་མ་

དཧུལ་སྟོན་འགྲོ་བླ་ཁག་རྣམས་ནས་གནང་རྒྱུ་སོགས་མཛད། དེ་ནས་ཡང་བསྐྱར་སྒྱི་ཧྲིར་ཕེབས། མེ་ཡོས་ལོར་བོད་དུ་ཕེབས། ཐོག་མར་མདོ་ཁམས་ཕྱོགས་ཀྱི་སྟོད་སྨད་དགོན་པ་རྣམས་སུ་ཞབས་ཀྱིས་བཅགས་ཏེ་གསུང་ངག་ལམ་འབྲས་ཀྱིས་གཙོས་པའི་དབང་ཆོས་རབ་ཏུ་མང་པོ་དང་། དགེ་ཚུལ་སློང་གི་སྡོམ་པ་སོགས་གནང་སྟེ་བསྟན་པའི་མེ་རོ་སླར་ཡང་གསོ་བར་མཛད། དེ་ནས་དབུས་གཙང་ཁུལ་དུ་ཕེབས་ཏེ་དགོན་ཁག་རྣམས་སུ་དབང་ཆོས། དགེ་ཚུལ་སློང་སོགས་སྔར་བཞིན་གནང་། ཁྱད་པར་ཨེ་ཝཾ་ཆོས་ལྡན་གྱི་གཙུག་ལག་ཉིང་པ་རྟེན་དང་བརྟེན་པར་བཅས་པ་དང་། ཁང་གསར་བླ་བྲང་སོགས་ཉམས་གསོ་མཐར་ཕྱིན་པར་མཛད་དེ་གསུང་ངག་ལམ་འབྲས་ཀྱི་གསུང་ཆོས་རྒྱས་པར་བསྐུལ་ཏེ་མཛད་པ་ཐམ་ལྷ་བུ་ནས་དཀྱུང་གྲངས་བདུན་ཅུ་དོན་དྲུག་ས་འབྲུག་ཟླ་བ་གསུམ་པའི་ཚེས་དགུ་ཉིན་དགོངས་པ་མྱ་ངན་ལས་འདས་པའི་ཚུལ་བསྟན་དུས་འཇའ་འོད་ཀྱིས་ནམ་མཁའ་གང་བ་སོགས་ངོ་མཚར་བའི་ལྟས་བསམ་གྱིས་མི་ཁྱབ་པ་བྱུང་། ས་སྐྱ་ནས་བླ་མ་བློ་དགའ་རིན་པོ་ཆེ་གདན་ཞུས་དང་། གཞན་ཡང་ཕྱོགས་ནས་ཕེབས་པ་དང་། གཉུག་མར་གནས་པའི་མཁན་པོ། བླ་སྤྲུལ། དགེ་འདུན་ཞལ་སློབ་རྣམས་ནས་སྐུ་གདུང་ཞུགས་འབུལ་སོགས་དགོངས་རྫོགས་མཐར་ཕྱིན་པར་མཛད། སྐུ་གདུང་ལ་ཐུགས་ལྗགས་སྤྱན་གསུམ་དང་། རིང་བསྲེལ་གྱི་ཕུང་པོ་སོགས་བསམ་གྱིས་མི་ཁྱབ་པ་བྱོན། ཕྱག་མཛོད་སོགས་ཞབས་གྲས་རྣམས་ནས་སྐུ་གདུང་མཆོད་རྟེན་བཞེངས་རྒྱུ་སོགས་དགོངས་རྫོགས་ཀྱི་རིམ་པ་རྣམས་ཡང་དག་པར་མཛད་པ་ལགས། རྣམ་ཐར་རྒྱས་པ་ལོགས་སུ་བཞུགས་པས་གཟིགས་པར་ཞུ།། །།

མཁན་རབས་དོན་བཞི་པ་ཐར་རྩེ་མཁན་རིན་པོ་ཆེ་འཇམ་དབྱངས་ཀུན་དགའ་བསྟན་པའི་རྒྱལ་མཚན་ནི། གཙང་སྟོད་ཧ་ནག་ཤུད་གུད་སྤྱིལ་དུ་རབ་བྱུང་བཅུ་དྲུག་པའི་ཆུ་ཕོ་སྤྲེའུའི་ལོར་སྐུ་བལྟམས། སྐུ་ཆུང་དུ་ནས་ངོར་ཨེ་ཝཾ་ཐར་རྩེ་བླ་བྲང་དུ་གདན་ཞུས། ཐར་རྩེ་མཁན་ཆེན་འཇམ་དབྱངས་ཀུན་བཟང་བསྟན་པའི་རྒྱལ་མཚན་གྱི་སྤྲུལ་སྐུར་ཞབས་དྲུང་གི་མཚན་གསོལ་མཛད། ངོར་དགོན་དུ་ཆོ་ག་ཕྱག་ལེན་མཁས་གྲགས་ཅན་རྒན་བསོད་ནམས་ཆོས་འཕེལ་ཡོངས་འཛིན་དུ་བསྟེན་ཏེ་ཆོ་ག་ཆོས་སྤྱོད་ཕྱག་ལེན་ཕྲ་མོ་ཚུན་ཆད་དཔྱིས་ཕྱིན་པ་དང་། ཨེ་ཝཾ་པའི་ཕྱག་སྲོལ་ཞབས་དྲུང

རྣམས་ཀྱི་དམིགས་བསལ་མཛད་རིམ་ཚང་མ་ཡང་དག་པར་མཛད། རིགས་བརྒྱའི་ཁྱབ་བདག་ཆེན་པོ་ཕན་བདེ་མཁན་ཆེན་ངག་དབང་མཁས་གྲུབ་རྒྱ་མཚོ་ལས་གསུང་ངག་ལམ་འབྲས་ཀྱིས་གཙོས་པའི་ཟབ་ཆོས་མཐའ་ཡས་པ་དང་། བྱང་ཆུབ་སེམས་སྡོམ། རབ་ཏུ་བྱུང་བ་དང་བསྙེན་པར་རྫོགས་པ་སོགས་སྡོམ་པ་སུམ་ལྡན་གྱིས་ཐུགས་རྒྱུད་ཡོངས་སུ་སྨིན་པར་མཛད། མཁན་ཆེན་དམ་པ་རྡོ་རྗེ་འཆང་ལས་ལམ་འབྲས་སློབ་བཤད་ཟབ་མོ་སོགས་དབང་ཆོས་མང་པོ་གསན། ད་ནག་མཁན་ཆེན་ངག་གི་དབང་ཕྱུག་ལས་གཞུང་ལུགས་རབ་འབྱམས་དང་སྙན་ངག་སོགས་རིག་གནས་སྐོར་དང་། རྫོང་གསར་མཁན་ཆེན་མདོ་སྔགས་ཐུབ་བསྟན། མཁན་ཆེན་ཨ་པད་རིན་པོ་ཆེ་སོགས་ཡོངས་འཛིན་དམ་པ་མང་པོའི་ཞབས་ལ་གཏུགས་ཏེ་གསན་བསམ་རྒྱ་མཚོའི་ཕ་རོལ་ཏུ་སོན་པར་མཛད། ལྷག་ལྷ་མང་པོའི་བསྙེན་པའི་རིམ་པ་མཐར་ཕྱིན་པ་ནས་ལུགས་ཡོས་ལོར་ཀུན་མཁྱེན་ཨེ་ཝཾ་པ་ཆེན་པོའི་རྒྱལ་ཚབ་ཏུ་གསེར་ཁྲིར་ཕེབས། ལོ་ངོ་གསུམ་རིང་ལམ་འབྲས་ཀྱིས་གཙོས་པའི་སྡོམ་པ་གསུམ་གྱི་སྒོ་ནས་སྐལ་ལྡན་གྱི་གདུལ་བྱ་མང་པོ་སྨིན་གྲོལ་ལ་བཀོད་པ་དང་། ངོར་དུ་མཁན་ཆེན་ཨ་པད་རིན་པོ་ཆེ་གདན་ཞུས་སོགས་བཤད་གྲྭའི་སྐོར་ལ་མཐུན་འགྱུར་བཀའ་དྲིན་བླ་ན་མེད་པར་བསྐྱངས། ས་ཕག་ལོར་བོད་དུས་འགྱུར་སྐབས་རྒྱ་གར་དུ་ཕེབས་ཏེ། ཐོག་མར་སྒང་ཏོག་ཏུ་འཇམ་མགོན་མཁྱེན་བརྩེ་ཆོས་ཀྱི་བློ་གྲོས་ཀྱི་མདུན་ནས་དབང་ཆོས་འགའ་གསན། རྡོ་རྗེ་འཆང་སྐུ་གཤེགས་དུས་གཤེགས་རྫོང་གི་རིམ་པ་དང་། སྟོན་དུ་ཞབས་བརྟན་སོགས་ཚང་མར་ཞབས་ཞུ་བླ་ན་མེད་པར་མཛད། དེ་ནས་ནོར་གླིང་དུ་ཕེབས་ཏེ་སྐུ་བཞུགས་གནང་མུར་ནས་འཛར་པན་དུ་ཕེབས་ཏེ་བསྟན་འགྲོའི་དོན་རྒྱ་ཆེན་པོ་མཛད་པ་དང་འབྲེལ་ས་སྐྱ་པའི་བསྟན་པ་ཐུགས་དབུས་སུ་བཅང་བས། ས་སྐྱ་བཀའ་འབུམ། ངོར་ཆེན་བཀའ་འབུམ། ཀུན་མཁྱེན་བཀའ་འབུམ་བཅས་དེབ་གཟུགས་ཤིན་ཏུ་སྤུས་ལྡན་སྤར་འདེབས་ཀྱིས་འཛམ་གླིང་ཀུན་ཏུ་ཁྱབ་པར་མཛད། དེ་མཚུངས་རྒྱུད་སྡེ་ཀུན་བཏུས་ཀྱི་དཀྱིལ་འཁོར་ཡོངས་རྫོགས་འཇམ་མགོན་བློ་གཏེར་དབང་པོས་བཞེངས་གནང་མཛད་དེ་དཀྱིལ་འཁོར་འདི་ཉིད་ཀྱི་སྟེང་ནས་རྡོ་རྗེ་འཆང་ཉིད་ཀྱི་རྒྱུད་སྡེ་ཀུན་བཏུས་ཀྱི་དབང་བསྐུར་ཐེངས་ལྔ་གནང་བའི་བྱིན་རླབས་ཀྱི་ཚན་ཁ་འབར་བ་འདི་ཉིད་འབྲུལ་སྤྱར་གྱིས་ཤིན་ཏུ་སྤུས་ལེགས་དཔར་བསྐྲུན་མཛད་དེ་དགོན་སྡེ་ཁག་ལ་

དད་པའི་རྟེན་དུ་གསོལ་ཇ་བཀའ་དྲིན་བསྐྱངས། དཀྱིལ་འཁོར་མ་དཔེ་བྱིན་ཆེན་དེ་ངོར་དགོན་པར་འཇོག་གནང་མཛད་པ་བཅས། སྤྱི་དང་། བྱེ་བྲག་བསྟན་པ་རིན་པོ་ཆེ་ཐུགས་དབུས་སུ་བཅང་བའི་མཛད་ཕྲིན་སྐྱོང་བཞིན་ཕྱིས་སུ་ཨ་མི་རི་ཀར་སྐུ་བཞུགས་གནང་མུར་ནས། དགུང་གྲངས་ལྔ་བཅུ་ང་ལྔ་མེ་ཡོས་ཟླ་བ་བཅུ་པའི་ཚེས་གཅིག་ཉིན་དགོངས་པ་གཞན་དོན་དུ་གཤེགས་པའི་ཚུལ་བསྟན། ཐར་རྩེ་ཟླ་བྲང་ནས་གཤེགས་རྗོང་གི་རིམ་པ་ཡང་དག་པར་མཛད་པ་ལགས།། །།

གདན་རབས་དོན་ལྡ་པའི་མིང་འཛིན་ཀླུ་ལྡིང་པ་འཇམ་དབྱངས་བསྟན་པའི་ཉི་མ་བདག་གི་སྐྱེ་བའི་རིགས་ནི། ཤར་ཆེན་ཀླུ་ལྡིང་པ་བཀྲ་ཤིས་རྒྱལ་མཚན་ཞབ་དང་། བོ་དོང་དཔལ་ཡོན་པའི་སྲས་མོ་སྤྲིན་སྐྱིད་ཞབ་གཉིས་ལས་རབ་བྱུང་བཅུ་དྲུག་པའི་ལྕགས་མོ་ལུག་གི་ལོ་ཟླ་བ་དགུ་པའི་ཚེས་བཅུ་བཞི་ཉིན་སྐྱེས་པར་གྲགས། ལོ་ངོ་བདུན་ནས་ཀ་ཁ་མཁྱེན་བརྩེ་རིན་ཆེན་ལས་ཡིག་ཀློག་སོགས་བསླབ། དེ་ནས་ལོ་ངོ་བཅུ་པའི་དུས་ཁམས་ཕྱོགས་སྒ་སྟོད་དུ་ཁུ་བོ་རྡོ་རྗེ་འཆང་གི་མདུན་སླེབས་པར་འཇམ་པའི་དབྱངས་ཀྱི་དབང་དང་། གཙུག་ཕུད་ཕུལ་བཞེས་ཀྱིས་འཇམ་དབྱངས་བསྟན་པའི་ཉི་མ་ཞེས་མིང་གནང་། དགེ་རྒན་སྐུ་དྲིན་ཅན་ལ་བརྟེན་ཏེ་འདོན་ཆོས་སྤྱོད་སྐོར་དང་། གཞུང་ཐྲན། རྩིས་སྐོར་སོགས་སློབ་སྦྱོང་བྱས། ཁུ་བོ་རྡོ་རྗེ་འཆང་ནས་ཀྱེ་རྡོར་འདྲིགས་བྱེད། ཀུན་རིག་སོགས་དབང་ཆེན་ཁག་དང་། སྒྲུབ་ཐབས་བརྒྱ་རྩ། སྣར་ཐང་བརྒྱ་རྩ་སོགས་དགོས་མཁོ་དབང་དང་རྗེས་གནང་མང་པོ་བསྐུལ་ཏེ་རྡོ་རྗེ་འཆང་ངོར་དུ་མཁན་པོ་ཁྲི་ཐེབས་ཀྱི་མཛད་ཁུར་བཞེས་ཆེད། ཆུ་རྟ་ལོར་ངོར་ཨེ་ཝཾ་ཆོས་ལྡན་དུ་ཆིབས་བསྒྱུར་གནང་། རང་ལོ་བཅུ་གཉིས་པར་ཕྲན་དགེ་རྒན་བཅས་སྣ་སྟོད་དར་རྒྱས་དགོན་དུ་བསྡད། སློབ་སྦྱོང་བྱེད་ཞོར་འབྱུང་འདུལ་གྱི་བསྙེན་མཚམས་གཡར་ཁྲལ་བྱས་བསྒོམ་དོན་སོགས་ནི་མི་ཤེས། བསྙེན་གྲངས་ནི་དགེ་རྒན་ལྡན་བཞུགས་ཀྱིས་གྲངས་ཚད་ཟིན་གནང་བས་གྲངས་ཀྱི་བསྙེན་པ་ཚད་ལྡན་སོང་། མཇུག་ཏུ་སྦྱིན་སྲེག་ཉིན་གྲངས་བྱས། རང་ལོ་བཅུ་གསུམ་ཆུ་ལུག་ལོར། ཕན་བདེ་མཁན་ཆེན་རྡོ་རྗེ་འཆང་ངག་དབང་མཁས་གྲུབ་རྒྱ་མཚོ་མཆོག་ནས་སྐྱེ་རྒྱུ་དགོན་དུ་རྒྱུད་སྡེ་ཀུན་བཏུས་ཀྱི་བཀའ་དབང་གནང་བ་ཞུ་ཕྱིར་ཕྱིན། རྡོ་རྗེ་འཆང་ནས་ཞེན་པ་བཞི་བྲལ། བློ་སྦྱོང་དོན་བདུན་མ་བཅས་བཀའ་ཁྲིད་དང་། ངོར་ལུགས་དཀྱིལ་འཁོར་བདུན། ཀྱེ་རྡོར་བཀའ་བབས་

བཞི་སོགས་དབང་ཆེན་མང་པོ་བཀའ་དྲིན་ཐོབ། དགུན་རིང་བཀའ་ཆོས་ཞུས། དཔྱིད་ཀར་བོད་ནས་ཕྲན་བསུ་མཁན་ཧ་དྲེལ་གཡོག་བཅས་གཏོང་གནང་མཛད་པར། མཁན་ཆེན་རྡོ་རྗེ་འཆང་གི་མདུན་ནས་དགོངས་ཞུས་བཅས་དབྱར་ཐོག་བོད་ལ་ཕྱིན། དེའི་དགུན་དེར་ཁུ་བོ་མཁན་ཆེན་རྡོ་རྗེ་འཆང་གིས། ངོར་ཆེན་རྡོ་རྗེ་འཆང་ཆེན་པོའི་དབང་ཁང་ཞྭའི་ཐོ་ཡིས་སྒེ་ཚེ་ཟླ་བའི་ཉིན་ཕྱིན་ ཉིད་ཀྱི་ལམ་གཞི་བརྒྱ་འབར་བའི་ནང་། དཔལ་ཆེན་དུས་དགྲའི་དབང་པོས་འཇིགས་མེད་རྣ་རྒྱས་མངོན་པར་བཏེག་པར་གྲགས་པའི་བཞུགས་ཁྲི་པདྨ་རྣ་གའི་མདངས་ཅན་ཞེས་པའི་སྟེང་ནས་གསུང་ངག་ལམ་འབྲས་ཀྱི་ཟབ་ཆོས་པཎ་ཆེན་ངག་དབང་ཆོས་གྲགས་དང་། ངོར་ཆེན་དཀོན་མཆོག་ལྷུན་གྲུབ་ཀྱི་ཁྲིད་ཡིག་གཉིས་སྦྲགས་ཏེ་ཤིན་ཏུ་རྒྱས་པར་གནང་། དེ་བཞིན་བརྒྱུད་པའི་ཁྱད་པར་གཉིས་ལྡན་གྱི་བྱང་ཆུབ་སེམས་སྡོམ། བཏན་མཁས་ཀྱི་ཡོན་ཏན་ཡོངས་སུ་རྫོགས་པ་ཁུ་བོ་མཁན་ཆེན་རྡོ་རྗེ་འཆང་ནས་མཁན་པོ། བསྟན་པའི་གསལ་བྱེད་དམ་པ་དཔོན་སློབ་རྣམ་རྒྱལ་ཆོས་འཕེལ་ནས་ལས་སློབ། སློབ་དཔོན་འཇམ་དབྱངས་བློ་གྲོས་ནས་དུས་གོ། སློབ་དཔོན་སྐལ་བཟང་རྒྱ་མཚོ་ནས་གྲོགས་དན་བཅས་དད་པའི་དགེ་འདུན་གྲངས་ཚང་བའི་དབུས་སུ་ཚིགས་སྡོམ་དགེ་ཚུལ་གྱི་སྡོམ་པ་ཞུས། ཕྱི་ལོ་དབྱར་ཐོག་ཨེ་ཝཾ་པའི་ལོ་འཁོར་སྒྲུབ་མཆོད་ཀྱི་རིམ་པ་རྣམས་ཚོགས་ཞུགས་དང་། རྒྱུགས་ཆུང་བཞི་སོགས་རྒྱུགས་སྦྱོད་བཅས་ཞབས་དྲུང་རྣམ་པའི་མཛད་རིམ་རྣམས་ལེགས་པར་ཞུས། བར་དེར་ཁུ་བོ་མཁན་ཆེན་མཆོག་ནས་བདག་ཅག་སློབ་འབངས་ཁ་ཤས་ལ་བདེ་གསང་གི་དབང་དང་། སྡོམ་གསུམ་རབ་དབྱེ་སོགས་ཀྱི་བཤད་ཁྲིད་བཀའ་དྲིན་བསྩལ། མི་ཕག་ལོར་ཁུ་བོ་མཁན་ཆེན་རྡོ་རྗེ་འཆང་ཁམས་ཕྱོགས་སུ་ཆིབས་བསྒྱུར་གནང་བར་ཆིབས་ཞབས་སུ་བཅར། འདི་ལོ་དགུན་ནས་བཟུང་ལོ་ངོ་གསུམ་ལྷག་ཙམ་རིང་གི་རྫོང་གྱིས་གཙོས་པའི་ལྷག་ལྷ་མང་པོའི་བསྙེན་སྒྲུབ་སྟོད་ཁུལ་བྱས། རང་ལོ་བཅུ་དགུ་པ་ས་གླང་ལོར་ཁུ་བོ་མཁན་ཆེན་རྡོ་རྗེ་འཆང་ནས་མཁན་པོ། བསྟན་པའི་གསལ་བྱེད་དམ་པ་མཆོག་སྤྲུལ་ལུང་རྟོགས་རྒྱལ་མཚན་ནས་ལས་སློབ། དགེ་སློང་འཇམ་དཔལ་རྒྱ་མཚོ་ནས་གསང་སྟོན། དགེ་སློང་མཁྱེན་བརྩེ་ནས་དུས་གོ། དགེ་སློང་བསོད་ནམས་ཆོས་འཕེལ་ནས་གྲོགས་དན་བཅས་དགེ་འདུན་རྒྱ་མཚོའི་དབུས་སུ་བསྙེན་པར་རྫོགས་པའི་དགེ་སློང་གི་རྟེན་དུ་གྱུར་པའི་བཀའ་དྲིན་ཐོབ། ལྕགས་ཡོས་ལོར

སྐྱེ་རྒྱུ་བླ་དགོན་ནས་ཁུ་བོ་མཁན་ཆེན་རྡོ་རྗེ་འཆང་གདན་ཞུས་མཛད་ཀྱང་ཕེབས་མ་ཐུབ་པར་ཕྲན་སྐུ་ཚབ་ལྷ་བུར་གཏོང་གནང་མཛད་པར་བླ་དགོན་གྱི་དགོངས་བཞེད་སྒྲུབ། སྒྲིན་བདག་ཁག་གི་དགེ་རིམ་སོགས་བྱེད་བཞིན་ནས་གྲྭ་ཚང་དཔོན་རྣན་འཛིགས་མེད་འདས་གྲོངས་སོང་བར་ཞབས་འཇུག་གི་ཆོ་ག་སོགས་བྱེད་བཞིན་ནས། རང་ལོ་ཉི་ཤུ་རྩ་གཉིས། ཆུ་འབྲུག་ཟླ་བ་གསུམ་པའི་ཚེས་ཉེར་དགུ་ཉིན་ཁུ་བོ་མཁན་ཆེན་རྡོ་རྗེ་འཆང་དགོངས་པ་གཞན་དོན་དུ་གཤེགས་པར་བྱེ་ཕྲུག་ཐང་དཀྱིལ་དུ་ལུས་པ་ལྷ་བུར་གྱུར། དགོངས་རྫོགས་མཆོད་འབུལ། སྐུ་གདུང་ཞུགས་འབུལ་སོགས་གཤེགས་རྫོང་གི་རིམ་པ་རྣམས་ཡང་དག་པར་ཞུས། དེ་ནས་ཕྲན་རང་བསྙེན་མཚམས་འདྲ་བསྡད། སྔོན་མཚམས་ཕྱག་མཛོད་ཆོས་དགའ་དབུས་གཙང་དུ་ས་ངོར་སོགས་གདན་ས་ཁག་ལ་མཆོད་འབུལ་ཞུ་བར་གཏང་། མཁན་ཆེན་དམ་པ་རྡོ་རྗེ་འཆང་གི་མདུན་སྐྱབས་རྟེན་ཞུ་རྒྱུ་བཅས་ཕུལ་ཏེ་མཁན་ཆེན་མཆོག་གི་ཡང་སྲིད་སྐྱབས་མཆོག་རྡོ་རྗེ་འཆང་ནས་བཀའ་ལུང་ཡོང་བར་ཞུས་པའི་བཀའ་ལན་དུ། མཁན་ཆེན་རྡོ་རྗེ་འཆང་ནི་བསྟན་འགྲོའི་དོན་རྒྱུན་ཆད་མེད་པར་མཛད་པ་ལགས། ཀླུ་ལྡིང་པ་ནི་སྔར་ནས་གདུང་བརྒྱུད་ཁོ་ནས་བསྟན་པ་འཛིན་སྐྱོང་མཛད་པར་ཡང་སྲིད་ཀྱི་བྱ་བྲལ་དགོས་པ་མེད་ཅེས་བཀའ་ཕེབས་གཞིར་བཞག་ཤིང་རྟ་ལོར་ཕྲན་རང་ཨེ་ཝཾ་ཆོས་ལྡན་གྱི་མཁན་པོ་ཁྲི་པའི་ལས་འགྱུལ་ཉེར་བསྐོགས་ཀྱིས་ངོར་དུ་ཕྱིན། དགུན་དེར་རྒྱུན་ཆོས་ལམ་འབྲས་སྔར་རང་ཉིད་ཀྱིས་ཁུ་བོ་མཁན་ཆེན་རྡོ་རྗེ་འཆང་གི་མདུན་ནས་ཇི་ལྟར་ཐོབ་པ་བཞིན་བཏོན། བྱང་ཆུབ་སེམས་སྒོམ། དགེ་ཚུལ་སྒྲོང་སོགས་སྒྲུབ་སྟེ་ལོ་གསུམ་རིང་མཁན་པོ་ཁྲི་པའི་ལས་ཁུར་ཞུས། མེ་བྱ་ལོར་ཁང་གསར་མཁན་རིན་པོ་ཆེར་མཁན་ཁྲི་རྩིས་འབུལ་ཞུས་ཏེ་དཔལ་ས་སྐྱའི་ཁྲི་ཆེན་རྡོ་རྗེ་འཆང་ཆེན་པོའི་མདུན་ཕྲན་རང་མཁན་ཁྲི་གྲུབ་པའི་དགོངས་ཞུའི་མཇལ་དར་ཕུལ་རྒྱུ་དང་། གནས་མཇལ་མཆོད་འབུལ་ཞུ་ཆེད་གདན་ས་ཆེན་པོ་དཔལ་ས་སྐྱར་ཕྱིན། གནས་མཇལ་མཆོད་འབུལ་སོགས་ཞུས། ཁམས་གསུམ་འགྲོ་བའི་མགོན་པོ་ཁྲི་ཆེན་རྡོ་རྗེ་འཆང་ཆེན་པོར་བཀའ་དབང་སྨིན་སེང་ལ་ཞལ་བཞེས་བྱུང་དོན་བཞིན་ཕུར་པ་སྟོད་ལས། སྨད་ལས། བཀའ་སྲུང་དཀར་བདུད་ཀྱི་རྗེས་གནང་སོགས་ཆ་ཚང་ཉིན་གསུམ་རིང་བཀའ་དྲིན་བླ་ན་མེད་པར་བསྐྱལ། ས་ཁྲི་ལོ་མགོར་ལྷ་ལྡན་དུ་སྨར་གྱི་མཆོད་འབུལ་འཕྲོས

རྣམས་ཞུ་རྒྱུ་དང་། གཙུང་པོ་སོགས་གནས་རྟེན་ཁྱད་པར་ཅན་རྣམས་མཇལ་ཕྱིར་ཕྱིན། ཡར་སླེབས་ཏེ་བསྙེན་མཚམས་འདྲ་བསྟུད། ལོ་མཇུག་དེར་བོད་དུ་དུས་འགྱུར་ལང་བཞིན་ལ། ལྷ་བླའི་དགོངས་རྟགས་སོགས་རྒྱ་གར་ལ་འགྲོ་རྒྱུ་ལེགས་བཞིན་རྒྱ་གར་དུ་འགྲོ་བསྒྲོད་བྱས་ཏེ། རང་ལོ་ཉི་ཤུ་རྩ་དགུ་ས་ཕག་ཟླ་བ་དང་པོའི་ཚེས་གཅིག་ཉིན། ལ་ཆེན་དུ་འཁྱོར་བར་རྒྱ་གར་གྱི་ས་སྙིང་དུ་སླེབས་པ་དེ་ཡན་ཆད་ཚེ་སྟོད་བོད་ཀྱི་ལོ་རྒྱུས་ལགས། དེ་ནས་ཚེ་སྨད་རྒྱ་གར་གྱི་ལོ་རྒྱུས་བྲི་བ་ལ། ཐོག་མར་སྒང་ཏོག་ཏུ་སླེབས་ཏེ་འཇམ་མགོན་མཁྱེན་བརྩེ་ཆོས་ཀྱི་བློ་གྲོས་ཞལ་མཇལ་གྱི་བཀའ་དྲིན་ཐོབ། བོད་ཟླ་བཞི་པའི་ནང་དཔལ་ས་སྐྱའི་ཁྲི་ཆེན་རྡོ་རྗེ་འཆང་ཆེན་པོ་སྒང་ཏོག་ཏུ་ཞབས་སོར་འཁོད་པར་ཞལ་མཇལ་དང་། བདེ་མཆོག་ལཱུ་ཧི་པའི་དབང་ཆེན་བཀའ་དྲིན་ཐོབ། བོད་ཟླ་ལྔ་པའི་ཚེས་དྲུག་ཉིན་འཇམ་མགོན་མཁྱེན་བརྩེ་རྡོ་རྗེ་འཆང་དགོངས་པ་གཞན་དོན་དུ་གཤེགས་པར་དགོངས་རྫོགས་མཆོད་འབུལ་སོགས་ཞུས་ཏེ་ཟླ་མཇུག་དེར་རྡོར་གླིང་དུ་ཡོང་བས། དཔལ་ས་སྐྱའི་ཕུན་ཚོགས་ཕོ་བྲང་གི་བདག་ཆེན་རིན་པོ་ཆེ་མཆེད་ཞལ་གདུང་སྲས་རྣམ་པ་བཅས་ཞལ་མཇལ་གྱི་སྐལ་བ་བཟང་པོར་གྱུར། དེའི་དགུན་ཁར་རྒྱ་བལ་གྱི་གནས་ཆེན་ཚང་མར་གནས་སྐོར་གྱིས་གསོལ་འདེབས་མཆོད་འབུལ་བྱས། དེ་ནས་ལྕགས་གླང་ལོར་དཔལ་ས་སྐྱའི་ཁྲི་ཆེན་རྡོ་རྗེ་འཆང་ཆེན་པོ་མཆོག་དང་། ངོར་བླ་བཞི་སོགས་བཀའ་བསྟར་སྒང་ཏོག་ཏུ་འགྲོ་དགོས་བཀའ་ཕེབས་བཞིན་ཕྱིན་ཏེ་ས་ངོར་ཆོས་ཚོགས་གསར་འཛུགས་ཀྱིས་ཕྱི་ལོར་དབྱར་གནས་ཐོག་མར་ཚུགས་ཏེ་ལམ་འབྲས་རྒྱས་པ་ཞིག་འདོན། ཆུ་ཡོས་ལོར་སྐྱབས་མཆོག་ཁྲི་ཆེན་རྡོ་རྗེ་འཆང་མ་སུ་རིར་སྐུ་བཞུགས་གནང་བར། སྔེ་སྔོན་མངའ་ཁུལ་དུ་ཡོང་སྐེ་འདི་ནས་སྔེ་སྔོན་མངའ་ཁུལ་དུ་བསྡད་མུར། རཛའི་སྤྱིར་དུ་དཔལ་ས་སྐྱའི་ཆོས་ཚོགས་གསར་ཚུགས་གནང་བར་ཞབས་ཞུ་ནས། ཤིང་འབྲུག་ལོར་ཆོས་ཚོགས་སུ་དབྱར་གནས་གསར་འཛུགས་བྱས། མེ་ལུག་དགུན་ཁར་སྐྱབས་མཆོག་དཔལ་ས་སྐྱའི་ཁྲི་ཆེན་རྡོ་རྗེ་འཆང་ཆེན་པོ་མཆོག་ནས་གནས་མཆོག་ཝཱ་ར་ཎ་སིར་ལམ་འབྲས་ཚོགས་བཤད་རྒྱས་པར་བཀའ་དྲིན་བསྐྱང་བ་དང་། ལྕགས་སྤྲེལ་ལོར་དཔལ་ས་སྐྱའི་མ་དགོན་ཆེན་པོར་ལམ་འབྲས་སློབ་བཤད་ཤིན་ཏུ་རྒྱས་པར་བཀའ་དྲིན་བསྐྱང་བ་སོགས་མདོར་ན་སྟུ་རྗེས་སུ་རྒྱུད་སྡེ་ཀུན་བཏུས་དང་། སྒྲུབ་ཐབས་ཀུན་བཏུས་ཀྱི་དབང་

ལུང་ཁྲིད་སོགས་ཆ་ཚང་། གཞན་ཡང་སྙན་བརྒྱུད་སྐོར་སོགས་མཐའ་ཡས་པ་ཞུ་ནོད་དང་། ཁྲུ་བོ་མཁན་ཆེན་རྡོ་རྗེ་འཆང་ལས་ལམ་འབྲས་སོགས་སྡོམ་པ་སུམ་ལྡན་གྱི་བཀའ་དྲིན་ཐོབ། ཕན་བདེ་མཁན་ཆེན་རྡོ་རྗེ་འཆང་ལས་ངོར་ལུགས་དཀྱིལ་འཁོར་བདུན་གྱིས་གཙོས་པའི་དབང་ཁྲིད་མང་པོ་དང་། བཅོ་བརྒྱད་ཁྲི་ཆེན་རྡོ་རྗེ་འཆང་ཆེན་པོ་ལས་ཀྱང་དབང་ཁྲིད་མཐའ་ཡས་པའི་བཀའ་དྲིན་ཐོབ། དེ་མཚུངས་སྐྱེ་དགོན་མཁན་ཆེན་ངག་དགའ་སོགས་དང་། ངར་དགོན་མཁན་པོ་འཇམ་དཔལ་བློ་གྲོས། མཁན་ཆེན་ཨ་པད་རིན་པོ་ཆེ་སོགས་མདོར་ན་བླ་མ་བཅུ་ཕྲག་གཉིས་ལྷག་ཙམ་བསྟེན་ཏེ་དབང་ལུང་ཁྲིད། མན་ངག །མདོ་སྔགས་གཞུང་ལུགས། རིག་གནས་སྐོར་ལ་ཐོས་བསམ་བྱས་ཚུལ་དང་། ཕར་ལ་ཡང་སྟོད་ལ་དྭགས་སོགས་རྒྱ་གར་ཤར་ནུབ། ལྷོ་བྱང་། བལ་ཡུལ་བཅས་ཀྱི་ས་སྐྱའི་དགོན་སྡེ་ཁག་དང་། ཕྱི་རྒྱལ་ཡུལ་གྲུ་གང་སར་དཔལ་ས་སྐྱའི་ཆོས་ཚོགས་མང་པོ་དང་། བོད་ལ་ཡང་ཐེངས་གཉིས་འགྲོ་བསྐྱོད་བཅས་ཀྱིས་ལམ་འབྲས་ཚོགས་བཤད་ཚར་བཅུ་གཉིས། སློབ་བཤད་ཚར་གསུམ། ངོར་ལུགས་དཀྱིལ་འཁོར་བདུན། རྡོ་རྗེ་ཕྲེང་བ། ཕུར་པ། དུས་འཁོར་སོགས་དབང་ཆེན་ཁག་དང་། རྗེས་གནང་གི་རིགས། རྡོ་རྗེ་རྣལ་འབྱོར་མ། འཇིགས་བྱེད་སོགས་རྒྱུད་སྡེ་གོང་འོག་གི་ཁྲིད་ཀྱི་རིམ་པ་ཚར་གྲངས་འདོན་ཁུལ་དང་། དགེ་ཚུལ་སློང་ཁྲི་ཕྲག་གི་མཁན་པོ་བྱས་པ་དང་། དབྱར་གནས། གསོ་སྦྱོང་། རྒྱུད་སྡེ་ཁག་གི་སྒྲུབ་མཆོད་ཀྱི་རིགས་སོགས་གསར་བཙུགས་བྱས་པ་དང་། ཁྱད་པར་དཔལ་ས་སྐྱའི་ཁྲི་ཆེན་རྡོ་རྗེ་འཆང་ཆེན་པོ་དབུར་བཞུགས། ངོར་གྱི་མཁན་ཆེན་རྣམ་པ་དང་། ཆོས་བརྒྱུད་དགེ་འདུན་བགྲེས་གྲས། སྦྱིན་བདག་གཙོ་ཆེ་ཁག་སོགས་བཀའ་བསྐུར་བཅས། ས་ཏྲ་ལོར་སྡེ་སྟོན་མངའ་ཁོངས། མན་ཊ་ཕ་ལར། མདོ་ཁམས་གླིང་ཚང་གཞི་ཆགས་ནས་ས་ཆ་ཕུལ་འབྱོར་བཞིན་འཕགས་ཡུལ་དུ་ངོར་མ་དགོན་གསར་ཚུགས་བྱུང་། ཀུ་ཕག་ལོར་བོད་བསྐྱོད་དང་པོའི་སྐབས་བོད་དུ་ངོར་མ་དགོན་ཉམས་གསོ་ཞུ་ཆེད་ཆོག་མཆན་ཐེངས་ཁ་ཤས་ཕུལ་བར། ཤིང་གླང་ལོར་ཆོག་མཆན་ཐོབ་སྟེ་རིམ་པས་ཉམས་གསོ་ཞུས་པའི་གོ་སྐབས་བྱུང་། མཁན་ཆེན་རྣམ་པ་སྐུ་རྗེས་སུ་དགོངས་པ་གཞན་དོན་དུ་གཤེགས་པས། ཕྲན་ནས་ངོར་པའི་འགན་ཁུར་ལྷ་བུ་བྱས་ཏེ་རང་ལོ་ཉི་ཤུ་རྩ་བཞི་ལོར་མཁན་ཁྲིའི་མིང་ཁུར་བྱས་པ་ནས་བདུན་བཅུ་ཐམ་པའི་བར་ཏ་ལམ་འགན་ཁུར་ལྷ་བུ་

བྱས། ལོ་དེར་ཀླུ་ལྡིང་ཞབས་དྲུང་དང་། ཕྱི་ལོར་ཐར་རྩེ་ཞབས་དྲུང་བཅས་མཁན་ཁྲི་མཛད་དེ་ཁོང་རྣམ་གཉིས་ནས་ཐུགས་འགན་བཞེས་ཏེ་ཕྲན་རང་ལས་འགན་ཆེན་པོ་མེད་པར་བསྙེན་མཚམས་འདྲ་སྒྲོད་ཁུལ་ཡང་འཕེན་བྱེད་དགེ་བས་འཕངས་ཏེ་ངོར་ཆེན་རྡོ་རྗེ་འཆང་གི་རྒྱལ་ཚབ་ཏུ་མཚན་གྱི་བྱིན་རླབས་ཐོབ་ཀྱང་རྗོགས་བྱེད་སྡིག་པར་གྱུར་པས་ལུས་ཟུངས་ཕྱི་ནང་ཀུན་ནད་གཞི་མང་བས་བསྙེན་མཚམས་སོགས་ཚད་ལྡན་ཞིག་འགྲུབ་པར་དཀའ་བ་འདི་ལྟར་ལགས་སོ། །

དེ་ཡན་ཆད་བོད་དུ་གདན་ས་ཆེན་པོ་དཔལ་ཨེ་ཝཾ་ཆོས་ལྡན་དུ་ཕྱི་ལོ༡༩༥༩བོད་རབ་བྱུང་བཅུ་དྲུག་པའི་ས་ཕག་ལོར་དུས་འགྱུར་མ་བྱུང་གི་མཁན་རབས་རིམ་བྱོན་གྱི་གདན་རབས་རྣམ་ཐར་དང་། འདི་ནས་དེ་ཕྱིན་གྱི་མཁན་རབས་རིམ་བྱོན་གྱི་གདན་རབས་རྣམ་ཐར་འབྲི་བར་བྱ་བ་ལགས། དེ་ཡང་རྒྱ་གར་འཕགས་པའི་ཡུལ་དུ་ཨེ་ཝཾ་ཆོས་ལྡན་གྱི་གདན་ས་གཉིས་པ་ཇི་ལྟར་བཞེངས་པ་ནས་བསྟན་འཛིན་མཁན་རབས་ཕེབས་པ་རྣམས་ཀྱི་རྣམ་ཐར་གདན་རབས་ལ། མཁན་རབས་དོན་དྲུག་པ་ཤར་ཆེན་ཀླུ་ལྡིང་པ་འཇམ་དབྱངས་ཆོས་ཀྱི་རྒྱལ་མཚན་ནི། ཡབ་ཤར་ཆེན་ཀླུ་ལྡིང་པ་རིན་ཆེན་དབང་རྒྱལ་དང་། ཡུམ་དཔལ་ས་སྐྱ་སྒྲོལ་མ་ཕོ་བྲང་པའི་ཁྲི་ཆེན་རྡོ་རྗེ་འཆང་ཆེན་པོའི་སྐུ་ཡི་གཅེན་མོ་འཆི་མེད་ཕྲིན་ལས་གཉིས་ཀྱི་སྲས་སུ་རབ་བྱུང་བཅུ་དྲུག་པའི་མེ་མོ་ལུག་གི་ཟླ་བ་ལྔ་པའི་ཚེས་བཞི་ཉིན་འཁྲུངས། ཆུང་དུ་ནས་ཡིག་ཀློག་སོགས་དཀའ་ཚེགས་མེད་པར་མཁྱེན་པ་དང་། ཆོས་ཀྱི་བག་ཆགས་ཡོད་པར་བཞུགས། ངོར་དགོན་པའི་ཕྱག་ལེན་ཆོས་སྤྱོད་ཀྱི་རིམ་པ་རྣམས་ལེགས་པར་སྦྱངས། དགུང་གྲངས་བཅུ་བཞིའི་དུས་ཕྲན་ནས་མཁན་པོ་དང་། སྡེ་སྣོད་འཛིན་པའི་གཙུག་རྒྱན་སྡེ་གཞུང་མཆོག་སྤྲུལ་ཀུན་དགའ་ཉི་མ་ནས་ལས་སློབ། བསྟན་པའི་གསལ་བྱེད་དམ་པ་ཁྲ་རིགས་མཆོག་སྤྲུལ་འཇམ་དབྱངས་དམ་ཆོས་ཉི་མ་ནས་དུས་གོ་བཅས་དགེ་འདུན་རྒྱ་མཚོའི་དབུས་སུ་ཚོགས་སྡེ་མ་དགེ་ཚུལ་དུ་སྒྲུབ་སྟེ་འཇམ་དབྱངས་ཆོས་ཀྱི་རྒྱལ་མཚན་ཞེས་པའི་མཚན་གསོལ། ཁྱབ་བདག་འཁོར་ལོའི་མགོན་པོ་དཔལ་ས་སྐྱའི་ཁྲི་ཆེན་རྡོ་རྗེ་འཆང་ཆེན་པོ་མཆོག་ལས་སྟེ་རྗེས་སུ་ལམ་འབྲས་ཚོགས་བཤད། སློབ་བཤད། རྒྱུད་སྡེ་ཀུན་བཏུས། སྒྲུབ་ཐབས་ཀུན་བཏུས་ཀྱི་དབང་ལུང་ཁྲིད་སོགས་ཆ་ཚང་དང་། གཞན་ཡང་སྙན་བརྒྱུད་མན་ངག་སྐོར་སོགས་མཐའ་ཡས་པ་གསན། བཅོ་བརྒྱད་ཁྲི་ཆེན་རྡོ་རྗེ

འཆང་ཆེན་པོ་མཆོག་ལས་དབང་ཁྲིད་རབ་ཏུ་མང་པོ་དང་། གདུང་སྲས་སྐུ་བགྲེས་རིན་པོ་ཆེ་ལས་ལམ་འབྲས་སློབ་བཤད་དང་། ཐུན་ལས་ལམ་འབྲས་ཚོགས་བཤད། སློབ་བཤད་བཅས་ཚར་གྲངས་གསན། ཀྱེ་རྡོར་སོགས་ཡི་དམ་ལྷག་པའི་ལྷ་ཡི་བསྙེན་སྒྲུབ་ལེགས་པར་བཞུགས། དགུང་གྲངས་ཉི་ཤུ་རྩ་གཅིག་དུས་བྱོན་དང་འབྱོན་འགྱུར་སངས་རྒྱས་སྟོང་གིས་བྱིན་གྱིས་བརླབས་པའི་གནས་མཆོག་རྡོ་རྗེ་གདན་གྱི་གཙྰོ་ལ་ཆེན་པོའི་ཡང་སྙིང་དུ། རབ་བྱུང་བཅུ་བདུན་པ་ཐོག་མར་ཞར་བ་མེ་ཡོས་ཟླ་བ་དང་པོའི་ཆོས་བཅོ་ལྔ་ཉིན་ཐུན་ནས་མཁན་པོ་དང་། བསྟན་པའི་གསལ་བྱེད་དམ་པ་མཁན་ཆེན་ཀུན་དགའ་དབང་ཕྱུག་ནས་ལས་སློབ། འདུལ་འཛིན་དམ་པ་མཁན་པོ་ལུང་རིགས་སེང་གེ་ནས་གསང་སྟོན། སྡོམ་བརྩོན་དགེ་བའི་བཤེས་གཉེན་ཆོས་ཕུན་ཚོགས་ནས་དུས་གོ་བཅས་དགེ་འདུན་གྲངས་ཚང་བའི་དབུས་སུ་བསྙེན་པར་རྫོགས་པ་དགེ་སློང་དུ་ཡང་དག་པར་སྒྲུབ་པར་མཛད། ས་སྐྱ་མགོ་སློབ་ཏུ་ཕེབས་ཏེ་ཐོག་མར་སྡེ་སྣོད་འཛིན་པའི་གཙུག་རྒྱན་མཁན་ཆེན་ཨ་པད་རིན་པོ་ཆེ། རྗེས་སུ་བསྟན་པའི་གསལ་བྱེད་དམ་པ་མཁན་པོ་མིག་དམར་རམ་ཐུབ་བསྟན་ལེགས་བཤད་མཆོག་ལས་གཞུང་ལུགས་རབ་འབྱམས་ལ་ཐོས་བསམ་མཐར་ཕྱིན་པར་མཛད་དེ་དཀའ་བཅུ་པའི་ལག་ཁྲེར་བསྩལ་ཐོབ་བྱུང་། གཞན་ཡང་མཁན་ཆེན་ཀུན་དགའ་དབང་ཕྱུག་སོགས་ཡོངས་འཛིན་མང་པོ་བསྟེན་ཏེ་མདོ་སྔགས་གཞུང་ལུགས་རྒྱ་མཚོར་ཐོས་བསམ་དཔྱིས་ཕྱིན་པར་མཛད། ཞབས་དྲུང་གི་དུས་ཕྲན་དང་མཉམ་དུ་བོད་ལ་ཕེབས་ཏེ་སྒྲུབ་ཐབས་ཀུན་བཏུས་ཚར་གཉིས་སོགས་རྗེས་གནང་གི་རིགས་དང་། ཀྱེ་རྡོར། མཁའ་སྤྱོད་སོགས་དབང་དང་། བྱིན་རླབས་སྐོར་སོགས་མང་པོ་གནང་། ཐུན་ནས་དགེ་ཚུལ་སློང་སྒྲུབ་པའི་ལས་སློབ་དང་། སྐབས་འགར་མཁན་པོ་སོགས་མཛད། འཕགས་ཡུལ་ཨེ་ཝཾ་ཆོས་ལྡན་དུ་དཔལ་ས་སྐྱའི་ཁྲི་ཆེན་རྡོ་རྗེ་འཆང་ཆེན་པོ་མཆོག་ནས་རྒྱུད་སྡེ་ཀུན་བཏུས་གནང་སྐབས་ལུང་སྐོར་ཚང་མ་གནང་། ལུགས་འབྲུག་ཟླ་བ་གཉིས་པའི་ཚེས་བཅུ་གཉིས་རྗེ་བཙུན་རིན་པོ་ཆེ་གྲགས་པ་རྒྱལ་མཚན་གྱི་དུས་ཆེན་ཁྱད་པར་ཅན་གྱི་ཉིན་དཔལ་ས་སྐྱའི་ཁྲི་ཆེན་རྡོ་རྗེ་འཆང་ཆེན་པོ་མཆོག་ནས་འཕགས་ཡུལ་ངོར་ཨེ་ཝཾ་ཆོས་ལྡན་དུ་ངོར་ཆེན་རྒྱལ་བའི་རྒྱལ་ཚབ་ཏུ་མཁན་ཁྲིར་མངའ་གསོལ་མཛད་དེ་གསུང་ངག་ལམ་འབྲས་ཀྱིས་གཙོས་པའི་དབང་ཆོས་སྣ་རྗེས་སུ་བསྩལ་ཞིང་། དེ་

མཚུངས་མྱི་རྒྱལ་ཡུལ་གྲུ་མང་པོར་ཕེབས་ཏེ་བསྟན་འགྲོའི་དོན་དུ་མཛད་པ་སྐྱོང་བཞིན་ནས། ངོར་པའི་ཕྱི་ནང་ཐུགས་འགན་བཞེས་ཤིང་། ད་ལྟ་སྐུ་འཚོ་བརྟན་ཅིང་མཛད་ཕྲིན་རྒྱས་ཤིང་བཞུགས་པ་ལགས།། །།

གདན་རབས་དོན་བདུན་པ་ཐར་རྩེ་མཁན་རིན་པོ་ཆེ་ངག་དབང་བསོད་ནམས་མཆོག་ལྡན་ནི། ཡབ་འགྱུར་མེད་རིག་འཛིན་དང་ཡུམ་བཅོ་བརྒྱད་ཁྲི་ཆེན་རྡོ་རྗེ་འཆང་ཆེན་པོའི་སྐུ་ཚ་མ་མཐོང་གྲོལ་ལགས་ཞབ་གཉིས་ཀྱི་སྲས་སུ། རབ་བྱུང་བཅུ་དྲུག་པའི་ས་ཕོ་སྤྲེའུའི་ལོ་ཕྱི་ལོ༡༩༦༨ཟླ་བ་བཞི་པའི་ཚེས་༡༨ཉིན་སྐུ་འཁྲུངས། སྐུ་ཆུང་དུ་ནས་ངོ་མཚར་བའི་ལྟས་མང་པོ་མངའ་བ་ཡིན། ཡིག་གློག་སོགས་གསན་སྦྱོང་བླ་ན་མེད་པ་མཐར་ཕྱིན། བཅོ་བརྒྱད་ཁྲི་ཆེན་རྡོ་རྗེ་འཆང་ཆེན་པོའི་མདུན་ནས་དགེ་ཚུལ་གྱི་སྡོམ་པ་བཞེས་ནས་ངག་དབང་བསོད་ནམས་མཆོག་ལྡན་ཞེས་མཚན་གནང་། སྐྱབ་ཐབས་ཀུན་བཏུས་ཀྱི་དབང་ལུང་ཁྲིད་ཆ་ཚང་དང་། གཞན་ཡང་དབང་དང་རྗེས་གནང་མང་པོ་གསན། དགུང་གྲངས་བཅུ་གསུམ་ལྷགས་ཕོ་སྤྲེའུའི་ལོར། དཔལ་ས་སྐྱའི་ཁྲི་ཆེན་རྡོ་རྗེ་འཆང་ཆེན་པོ་མཆོག་ནས་ས་སྐྱའི་མ་དགོན་དུ་ལམ་འབྲས་སློབ་བཤད་ཆེན་མོ་བསྩལ་སྐབས། རིགས་བརྒྱའི་ཁྱབ་བདག་རྡོ་རྗེ་འཆང་ཆེན་པོ་དབུར་བཞུགས། ཐར་རྩེ་མཁན་རིན་པོ་ཆེ་མཆོག་ནས། མཁན་སློབ་འདུས་པ་རྒྱ་མཚོའི་དབུས་སུ་ཐར་རྩེ་ཞབས་དྲུང་གི་མཚན་གྱི་ཅོད་པཎ་བཅིངས་ཏེ་མངའ་གསོལ་མཛད། དེ་ནས་ངོར་མ་དགོན་དུ་ཨེ་ཝཾ་པའི་འདོན་ཆོས་སྦྱོད་སྐོར་སོགས་ཕྱག་ལེན་རྣམ་པར་དག་པའི་གསན་སྦྱོང་དང་། ས་སྐྱའི་མ་དགོན་དུ་བཤད་གྲྭར་མདོ་སྔགས་ལ་གསན་སྦྱོང་མཐར་ཕྱིན་པར་མཛད་ནས་དཀའ་བཅུ་པའི་ལག་ཁྱེར་བཞེས། དེ་ནས་མཁན་ཆེན་ཨ་པད་རིན་པོ་ཆེ་སོགས་ཡོངས་འཛིན་དམ་པ་མང་པོའི་མདུན་ནས་ཐུགས་ཕྱོགས་དང་། རིག་གནས་སྐོར་སོགས་གསན་པ་རྒྱ་མཚོའི་ཕ་རོལ་ཏུ་སོན། ཡིད་ཅན་འགྲོ་བའི་དེད་དཔོན་དཔལ་ས་སྐྱ་པའི་ཁྲི་ཆེན་རྡོ་རྗེ་འཆང་ཆེན་པོ་མཆོག་ནས་གསུང་ངག་ལམ་འབྲས་ཚོགས་བཤད། སློབ་བཤད། རྒྱུད་སྡེ་རིན་པོ་ཆེ་ཀུན་ལས་བཏུས་པ་སོགས་ཀྱི་དབང་ལུང་ཁྲིད་ཆ་ཚང་དང་། ཟབ་ཆོས་སྣན་བརྒྱུད་སྐོར་སོགས་མཐའ་ཡས་པ་གསན། གཞན་ཡང་མཁན་ཆེན་ཀུན་དགའ་དབང་ཕྱུག་སོགས་མཁས་དང་གྲུབ་པའི་གཙུག་རྒྱན་མང་པོའི་མདུན་ནས་སྣན་བརྒྱུད་ཀྱི་

མན་ངག་གསན་པས་ཐུགས་ཀྱི་བུམ་པ་ཡོངས་སུ་གཏམས་པར་མཛད། ཁྲིན་ལས་ཀྱང་ལམ་འབྲས་ཚོགས་བཤད། སློབ་བཤད། དཔལ་ས་སྐྱའི་སྔན་བརྒྱུད་སྐོར་མང་པོ་གསན། དགུང་གྲངས་ཉི་ཤུ་པ། རབ་བྱུང་བཅུ་བདུན་པའི་མེ་མོ་ཡོས་ཀྱི་ལོ་ཟླ་བ་དང་པོའི་ཆོས་བཅོ་ལྔ་ཉིན་སྐལ་བཟང་འདྲེན་པ་སྟོང་གིས་བྱིན་གྱིས་བརླབས་དང་བརླབ་པར་འགྱུར་བའི་གནས་མཆོག་རྡོ་རྗེ་གདན་གྱི་གཙྫོ་ལ་ཆེན་པོའི་ཡང་སྙིང་དུ་ཕྲིན་ནས་མཁན་པོ་དང་། བསླབ་གསུམ་སྡེ་སྣོད་འཛིན་པ་ཡོངས་ཀྱི་གཙུག་རྒྱན་མཁན་ཆེན་ཀུན་དགའ་དབང་ཕྱུག་ནས་ལས་སློབ། འདུལ་འཛིན་དམ་པ་མཁན་པོ་ལུང་རིགས་སེང་གེ་ནས་གསང་སྟོན། སྡོམ་བརྩོན་དགེ་བའི་བཤེས་གཉེན་ཆོས་ཕུན་ཚོགས་ནས་དུས་གོ་བ་བཅས་དགེ་འདུན་གྲངས་ཚང་བའི་དབུས་སུ་བསྙེན་པར་རྫོགས་པ་དགེ་སློང་གི་སྡོམ་པ་བཞེས། ཀྱེ་རྡོར་སོགས་ལྷག་ལྷ་རབ་འབྱམས་ཀྱི་བསྙེན་པའི་རིམ་པ་མཐར་ཕྱིན་པར་མཛད། ཞབས་དྲུང་གི་དུས་ཕྲན་དང་མཉམ་དུ་བོད་དུ་ཕེབས། ཀུན་རིག་སོགས་དབང་ཆེན་དང་། རྗེས་གནང་རིགས། ངོར་ཆེན་བཀའ་འབུམ་ལུང་སོགས་དབང་ཆོས་རྒྱ་ཆེན་གནང་། ཕྲིན་ནས་དགེ་ཚུལ་སློང་སྒྲུབ་པའི་ལས་སློབ་དང་། ཉིད་ནས་དགེ་ཚུལ་སློང་མང་པོ་སྒྲུབ་གནང་སྟེ་མཁན་པོ་སོགས་གནང་། བོད་ངོར་དགོན་ཉམས་གསོ་གསར་བཞེངས་ལ་མཐུན་འགྱུར་ཡང་དག་པའི་བཀའ་དྲིན་བསྐྱངས། ལུགས་སྲུལ་ཟླ་བ་གཉིས་པའི་ཚེས་ལྔ་གཟའ་སྐར་རྟེན་འབྲེལ་དགེ་ཞིང་ཤིས་པའི་ཉིན་འཁོར་ལོའི་མགོན་པོ་དཔལ་ས་སྐྱའི་ཁྲི་ཆེན་རྡོ་རྗེ་འཆང་ཆེན་པོ་མཆོག་ནས། འཕགས་ཡུལ་ངོར་ཨེ་ཝཾ་ཆོས་ལྡན་དུ་རྒྱལ་བ་གཉིས་པ་ཀུན་དགའ་བཟང་པོའི་རྒྱལ་ཚབ་ཏུ་མཁན་ཁྲིར་མངའ་གསོལ་མཛད་ནས་གསུང་ངག་ལམ་འབྲས་དང་། སྡོང་རྒྱུད་དཀྱིལ་འཁོར་བཅུ་གཉིས་ཀྱི་དབང་སོགས་རབ་ཏུ་མང་པོ་གནང་སྟེ་གདུལ་བྱའི་དོན་རྒྱ་ཆེན་མཛད། ཤིང་སྤྲེལ་ལོར་ཡང་བསྐྱར་མདོ་ཁམས་ཕྱོགས་སུ་ཕེབས་ཏེ་སྣ་སྐྱི་རྒྱ་དགོན་དང་། སེ་དགེ་དགོན་ཆེན་སོགས་དགོན་ཁག་མང་པོར་ཕེབས་ཏེ་འདུས་པ་སྟོང་ཕྲག་མང་པོར་རྡོ་རྗེ་ཕྲེང་བ་དང་། སྡོང་རྒྱུད་དཀྱིལ་འཁོར་བཅུ་གཉིས་སོགས་དབང་ཆོས་མཐའ་ཡས་པ་དང་། དགེ་ཚུལ་སློང་མང་པོ་གནང་སྟེ་བསྟན་འགྲོའི་མཛད་པ་རྒྱ་ཆེན་བསྐྱངས། གཞན་ཡང་ཕྱི་རྒྱལ་གྱི་ཡུལ་གྲུ་མང་པོར་ཕེབས་ཏེ་གདུལ་བྱ་དཔག་ཏུ་མེད་པ་སྨིན་གྲོལ་ལ་འགོད་པར་མཛད་བཞིན་ནས་འདི་ག་ངོར་དགོན་པའི་ཁྲི་

ནང་གི་ཐུགས་འགན་བཞེས་ཤིང་ད་ལྟ་སྐུ་འཚོ་ཞིང་མཛད་ཕྲིན་རྒྱས་ཤིང་བཞུགས་པ་ལགས།། །།

དེ་ལྟར་གདན་རབས་ནོར་བུའི་ཕྲེང་བའི་བླ་མ་ཕྱི་མ་རྣམས་ཀྱི་རྣམ་ཐར་ཡང་སྙིང་ནོར་བུའི་ཕྲེང་རྒྱན་ཞེས་པ་རྣམ་ཐར་རྒྱས་བསྡུས་བཞུགས་པ་རྣམས་དེ་ནས་ཚིག་བསྡུས་དང་། རྣམ་ཐར་མ་བཞུགས་པ་རྣམས་རང་གི་མཐོང་ཐོས་བློ་ཡུལ་དུ་ངེས་པ་རྣམས་སྒྲོ་སྐུར་སྤངས་ཏེ་བྲིས་པ་ལགས་པས། འགལ་འཁྲུལ་ནོངས་པའི་ཚོགས་ཀུན་མཆོད་ཡུལ་རྣམས་ཀྱི་སྤྱན་སྔར་བཤགས་ཤིང་། རྣམ་དཀར་དགེ་བའི་འབྲས་བུས་ཡིད་ཅན་རྒྱ་མཚོ་དཔལ་ལྡན་བླ་མ་དམ་པའི་རྣམ་ཐར་རྗེས་སུ་སྐྱོང་བའི་རྒྱུར་གྱུར་ཅིག །

ཅེས་པ་ངོར་ཀླུ་ལྡིང་པའི་མཁན་མིང་འཛིན་པ་འཇམ་དབྱངས་བསྟན་པའི་ཉི་མར་བླ་མ་ཕྱི་མ་རྣམས་ཀྱི་རྣམ་ཐར་སྐོར་བཀའ་འདྲི་གནང་མཁན་མང་པོ་བྱུང་ཡང་ལེ་ལོ་དང་རྣམ་གཡེང་གཉིས་སྟོབས་ཀྱིས་ཡུན་རིང་ལུས་པར་ད་ཆ་གཡར་ཁྲལ་ས་བོན་ཙམ་ཞིག་བྲི་མ་ཐུབ་ཚེ་རྒྱ་མེད་འགྲོ་རྒྱུར་བརྟེན་རང་ལོ་དོན་བདུན་དུ་སླེབས་པར་འཕགས་ཡུལ་ཨེ་ཝཾ་ཆོས་ལྡན་གྱི་རང་གནས་བསམ་གཏན་ཁང་བུར་བྲིས་པའོ།། །།

སརྦ་མངྒ་ལཾ་བྷ་ཝནྟུ། །རབ་འབྱམས་ཕྱོགས་བཅུའི་རྒྱལ་བ་ཐམས་ཅད་ཀྱི། །གསང་གསུམ་གཅིག་ཏུ་བསྡུས་པའི་རྡོ་རྗེ་འཆང་། །རྒྱལ་བས་ལུང་བསྟན་ཀུན་དགའ་བཟང་པོ་ཡི། །བསྟན་པ་ཡུན་རིང་གནས་པའི་བཀྲ་ཤིས་ཤོག །ཨེ་ཝཾ་ཆོས་ལྡན་གཙོ་གྱུར་ཆོས་གྲྭ་ཀུན། །འདུས་ཚོགས་ལི་ཁྲིའི་རྒྱ་མཚོ་ལྟར་རྒྱས་ཤིང་། །ཆོས་སྤྱོད་རླབས་ཕྲེང་སྲིད་པའི་རྩེར་འཕྱུར་བས། །བདུད་སྡེའི་གྲོང་ཁྱེར་འཇིག་པའི་བཀྲ་ཤིས་ཤོག །།།

༄༅། །ངོར་ཨེ་ཝཾ་ཆོས་ལྡན་གྱི་མཁན་རབས་རིམ་བྱོན་གྱི་གསོལ་འདེབས་བཞུགས་སོ། །

ཀུན་མཁྱེན་བསོད་ནམས་སེང་གེ་སོགས།

༈ རྗེ་རྡོ་རྗེ་འཆང་ཀུན་དགའ་བཟང་པོ་ལ་བསྟོད་པ་དང་པོ། སྭ་སྟི། རབ་དཀར་དགེ་བའི་མཚོ་ལས་ལེགས་འཁྲུངས་ཤིང་། །ལེགས་པར་སྦྱང་བའི་བློ་གྲོས་ཆ་ཤས་རྫོགས། །ཕྲིན་ལས་འོད་དཀར་ཕྱོགས་བཅུར་འགྱེད་མཛད་པ། །དཔལ་ལྡན་བླ་མའི་ཞབས་ལ་ཕྱག་འཚལ་ལོ། །རྒྱལ་བ་ཀུན་གྱི་ལེགས་བཤད་སྙིང་པོའི་དོན། །རབ་དགའི་ཏིང་འཛིན་སྟོབས་ཀྱིས་ཡོངས་སུ་རྫོགས། །ཕྲིན་ལས་བཟང་པོས་འགྲོ་བ་རྗེས་འཛིན་པ། །དཔལ་ལྡན་བླ་མའི་ཞབས་ལ་ཕྱག་འཚལ་ལོ། །རིམ་གཉིས་ཟབ་མོའི་ཏིང་འཛིན་བརྟན་པ་ཐོབ། །དབང་བཞིའི་ཆུ་བོས་མཐའ་ཡས་གདུལ་བྱ་ཡི། །ལུས་ངག་ཡིད་ཀྱི་དྲི་མ་སྦྱོང་མཛད་པ། །དཔལ་ལྡན་བླ་མའི་ཞབས་ལ་ཕྱག་འཚལ་ལོ། །དམ་པ་ཉེར་བསྟེན་ལེགས་བཤད་བདུད་རྩི་ཡིས། །ཟབ་མོའི་དོན་ལ་མི་འཇིགས་སྤོབས་པ་ཐོབ། །ནང་རིག་སྡེ་སྣོད་རྫོགས་པ་ཐུལ་དུ་བྱུང་། །དཔལ་ལྡན་བླ་མའི་ཞབས་ལ་ཕྱག་འཚལ་ལོ། །པདྨོའི་མཚོ་ལ་འོད་སྟོང་བདག་པོ་བཞིན། །གདུལ་བྱའི་བློ་གྲོས་ཀུན་ནས་རྒྱས་པར་མཛད། །མི་ཤེས་མུན་པ་རིང་དུ་སྤང་བ་པོ། །དཔལ་ལྡན་བླ་མའི་ཞབས་ལ་ཕྱག་འཚལ་ལོ། །བརྩེ་བའི་ཁུར་ལྡན་མཐའ་ཡས་འགྲོ་བའི་དོན། །གཡེལ་བ་མེད་པར་ཡོངས་སུ་སྒྲུབ་པར་མཛད། །སྤྱན་རས་གཟིགས་དབང་མངོན་སུམ་སྣང་བ་བཞིན། །དཔལ་ལྡན་བླ་མའི་ཞབས་ལ་ཕྱག་འཚལ་ལོ། །དྲི་མེད་ཚུལ་ཁྲིམས་བརྟན་པ་ཡངས་པའི་ཁྱོན། །བྱང་ཆུབ་སེམས་ཀྱི་ལྗོན་པ་རབ་རྒྱས་ཏེ། །སྙིང་རྗེའི་མེ་ཏོག་དཀར་པོ་ཡོངས་སུ་འཛིན། ། དཔལ་ལྡན་བླ་མའི་ཞབས་ལ་

ཕྱག་འཚལ་ལོ། །སྐུ་ཡི་ཆུ་འཛིན་དཀར་པོ་ལྷུན་སྟུག་ཅིང་། །སྨད་བྱུང་སྤོབས་པའི་གློག་ཕྲེང་རྣམ་པར་གཡོ། །མི་ཤེས་གདུང་བ་ཡོངས་སུ་སྐྱོབ་པར་མཛད། །དཔལ་ལྡན་བླ་མའི་ཞབས་ལ་ཕྱག་འཚལ་ལོ། །དྲིགས་ལྡན་གཞན་གྱིས་རྟོགས་པར་དཀའ་བའི་དོན། །རབ་ཏུ་ཞིབ་པའི་བློ་ཡིས་ལེགས་རྟོགས་ནས། །ཕས་ཀྱི་རྒོལ་བ་ཟིལ་གྱིས་གནོན་པ་པོ། །དཔལ་ལྡན་བླ་མའི་ཞབས་ལ་ཕྱག་འཚལ་ལོ། །དཔལ་ལྡན་བླ་མའི་ཡོན་ཏན་ཆུ་གཏེར་ལས། །ཆ་ཤས་ཙམ་ཞིག་བླངས་ནས་རབ་བརྗོད་པའི། །དགེ་ཚོགས་གྲུབ་པ་གང་དེས་འགྲོ་བ་ཀུན། །དཔལ་ལྡན་བླ་མས་རྗེས་སུ་འཛིན་གྱུར་ཅིག །ཅེས་སྐབས་དུས་ཀྱི་རྡོ་རྗེ་འཆང་གཉིས་པ་ས་བཟང་པ་ཀུན་དགའ་བཟང་པོ་ལ་གསོལ་བ་གདབ་པ་འདི་ནི་དགེ་བཤེས་པདྨ་གྲགས་ཀྱིས་བསྐུལ་བའི་ངོར་རང་སྟོན་ཤེས་བྱ་ཀུན་རིག་གིས་ས་ཕོ་རྟའི་ལོ་ཟླ་བ་བཅུ་པའི་ཉ་གང་བའི་ཉིན་ཆོས་གྲྭ་ཆེན་པོ་དཔལ་ན་ལེནྡྲར་སྦྱར་བའི་ཡི་གེ་པ་ནི་རྒྱལ་བ་སེང་གེས་བགྱིས་སོ།། །།

༄ རྗེ་རྡོ་རྗེ་འཆང་ལ་བསྟོད་པ་གཉིས་པ། ཤེས་བྱ་རྗེ་རྡོ་རྗེ་འཆང་ལ་བསྟོད་པ་ཤློ་ཀ་འདི་རྗེ་འདི་ཉིད་ཀྱི་རྣམ་ཐར་མུས་ཆེན་གྱིས་མཛད་པའི་མཆོད་བརྗོད་ལས་འབྱུང་ཀུན་ལ་ལེགས་སྦྱངས་མཐར་ཕྱིན་པས། །མཁས་རྣམས་དགའ་བའི་འཆད་རྩོད་རྩོམ་པ་ཅན། །བསྟན་པའི་ཁུར་ཆེན་རིང་དུ་ཁྱེར་བ་པོ། །ཕྱོགས་ལས་རྣམ་རྒྱལ་བཟང་པོའི་ཞབས་ལ་འདུད། །སྡེ་སྣོད་གསུམ་གྱི་ཆུ་ཀླུང་ཀུན་འདུས་མཚོ། །རྒྱུད་སྡེ་བཞི་ཡི་འདབ་རྒྱས་དགའ་བའི་ཚལ། །ལུང་རྟོགས་བཅུད་གཏམས་བུམ་པ་བཟང་པོ་སྟེ། །དགོས་འདོད་ཀུན་འབྱུང་ནོར་བུ་དེ་ལ་འདུད། །རྣམ་དཀར་ཚོགས་གཉིས་རིན་ཆེན་ལས་གྲུབ་ཅིང་། །རྣམ་དག་དཔག་ཡས་ཡོན་ཏན་ཆུ་བོས་བསྐོར། །རྣམ་མང་བཤེས་གཉེན་གསེར་རིའི་དབུས་ན་བརྗིད། །རྣམ་མཁྱེན་སྐུ་བཞིའི་ལྷུན་པོར་དེ་ལ་འདུད། །ལེགས་བཤད་འོད་ཀྱིས་གསུང་རབ་པད་ཚལ་འབྱེད། །ལེགས་སྨྲའི་ཚ་ཟེར་ཕས་རྒོལ་ཀུནྡའི་དགྲ། །ལེགས་བཀོད་དཀྱིལ་འཁོར་གདུལ་བྱའི་མཁའ་ལ་འཆར། །ལེགས་གསུང་བསྟན་པའི་ཉི་མ་དེ་ལ་འདུད། །རབ་འབྱམས་ཤེས་བྱའི་མཁའ་ལ་ཐོགས་མེད་ཅིང་། །རབ་ཏུ་བརྩེ་བའི་འོད་ཟེར་འབུམ་ཕྲག་ཅན། །རབ་གཏུམ་བདུད་སྡེའི་མུན་པ་འཇོམས་མཛད་པ། །རབ་དཀར་ཐུགས་རྗེའི་ཟླ་བ་དེ་ལ་འདུད། །ཇི་བཞིན་སྨྲ་ལ་གཞན་དྲིང་མི་འཇོག་ཅིང་། །ཇི་སྲིད་ཚུལ་ཁྲིམས་མིག་འབྲས་བཞིན་དུ་བསྲུང་། །ཇི་ཙམ་གནོད་ལ་ལན་དུ་

ཕན་འདོགས་པ། །ཇི་ལྟར་འདོད་པའི་དོན་བསྒྲུབ་དེ་ལ་འདུད། །གང་ཡང་ཕ་མཐའ་མེད་པའི་འགྲོ་བ་ལ། །གང་དང་འཚམས་པའི་ཟབ་རྒྱས་དམ་པའི་ཆོས། །གང་ཞིག་འཁོར་བའི་རྒྱ་མཚོ་གནས་ཀྱི་བར། །གང་གིས་ལྷུན་གྲུབ་སྟོན་པ་དེ་ལ་འདུད། །སྒོ་གསུམ་དང་བས་ཀུན་ནས་ཕྱག་འཚལ་ཞིང་། །དངོས་འབྱོར་ཡིད་ཀྱི་ཀུན་བཟང་མཆོད་པས་མཆོད། །རང་བཞིན་བཅས་པའི་ཉེས་ཀུན་སོ་སོར་བཤགས། །སྐྱེ་འཕགས་དགེ་བ་ཀུན་ལ་རྗེས་ཡི་རང་། །རིགས་གསུམ་འགྲོ་བས་བྱང་ཆུབ་ཐོབ་བྱའི་ཕྱིར། །ཐེག་གསུམ་ཆོས་ཀྱི་འཁོར་ལོ་བསྐོར་བ་དང་། །སྲིད་གསུམ་སེམས་ཅན་མགོན་དུ་རྟག་བཞུགས་འཚལ། །དུས་གསུམ་དགེ་བ་བྱང་ཆུབ་ཆེན་པོར་བསྔོ། །ཉོན་མོངས་འཕེལ་བའི་གནས་དང་གྲོགས་སྤངས་ནས། །དབེན་ཞིང་ཉམས་དགའ་རྒྱལ་བས་བསྔགས་པའི་གནས། །མི་རྟག་འབྲས་བུས་བརྒྱན་པའི་སྨན་ལྗོངས་སུ། །དམ་ཆོས་ཚུལ་བཞིན་སྒྲུབ་པར་བྱིན་གྱིས་རློབས། །ལན་ཅིག་ཙམ་ཡང་རྙེད་དཀའི་དལ་འབྱོར་འདི། །སྐད་ཅིག་མི་རྟག་འཆི་བ་དྲན་བྱས་ནས། །ཐང་ཅིག་ཡུད་ཙམ་དལ་བར་མི་འདུག་པར། །རྩེ་གཅིག་དགེ་ལ་བརྩོན་པར་བྱིན་གྱིས་རློབས། །ལས་འབྲས་སོ་སོར་ངེས་པར་ཤེས་བྱས་ནས། །དགེ་སྡིག་བླང་དོར་ཚུལ་བཞིན་བྱེད་པ་དང་། །སྡུག་བསྔལ་རང་བཞིན་སྲིད་པའི་ཕུན་ཚོགས་ལ། །ངེས་འབྱུང་གཏིང་ནས་སྐྱེ་བར་བྱིན་གྱིས་རློབས། །མཐའ་མེད་འཁོར་བའི་རྒྱ་མཚོ་ཆེན་པོ་རུ། །བཟོད་མེད་སྡུག་བསྔལ་ཆུ་སྲིན་གྱིས་གཟིར་བའི། །མགོན་མེད་སྐྱིགས་མའི་འགྲོ་བ་འདི་རྣམས་ལ། །ཚད་མེད་སྙིང་རྗེ་སྐྱེ་བར་བྱིན་གྱིས་རློབས། །ཐོག་མེད་དུས་ཀྱི་དྲིན་ཆེན་མ་རྣམས་ཀྱི། །དཔག་མེད་ལས་ཉོན་སྡུག་བསྔལ་བདག་སྨིན་ཅིང་། །ལྷག་མེད་བདག་ལུས་བདེ་དགེ་ཀུན་གཏོང་བའི། །བླ་མེད་ལྷག་བསམ་འབྱོངས་པར་བྱིན་གྱིས་རློབས། །དྲི་མེད་ཡིད་ཆེས་ལུང་དང་རིགས་པ་ཡི། །གྲངས་མེད་གཞུང་ལ་ཐོས་པས་མི་ངོམས་ཤིང་། །ཐོགས་མེད་བསམ་པས་སྒྲོ་འདོགས་ལེགས་ཆོད་ནས། །གཡོ་མེད་གནས་ལུགས་བསྒོམ་པར་བྱིན་གྱིས་རློབས། །དམ་ཚིག་སྡོམ་པས་རྒྱས་ལྷ་བའི་མིག་ཡངས་ཤིང་། །རིམ་གཉིས་གཤོག་ཡངས་དཀར་པོ་རྒྱས་གྱུར་ཏེ། །ཤེས་བྱའི་མཁའ་ལ་ཐོགས་མེད་འགྲོ་བ་ཡི། །ཀུན་མཁྱེན་མཁའ་འགྲོའི་དབང་པོར་བྱིན་གྱིས་རློབས། ། ཞེས་པ་འདི་ནི་སྙིགས་དུས་ཀྱི་རྡོ་རྗེ་འཆང་ཆེན་པོ་ཨུ་ནནྡ་བྷ་དྲ་ལ་ཕྱོགས་ཀྱི་བྱ་བྲལ་བ་དཀོན་མཆོག་རྒྱལ་མཚན་གྱིས་གསུང་པའི་སློ་ནས་འདོད

པའི་དོན་གསོལ་བ་བཏབ་པའོ།། །།

༄ རྗེ་རྡོ་རྗེ་འཆང་ལ་བསྟོད་པ་གསུམ་པ། སྭསྟི། མཁྱེན་རབ་ཀྱི་དབང་ཕྱུག་ཀུན་དགའ་བཟང་པོ་ལ་ལམ་འབྲས་བུ་དང་བཅས་པའི་མན་ངག་གི་སྒོ་ནས་གསོལ་བ་འདེབས་པ་དད་པའི་ཐ་རྔབས་ཞེས་བྱ་བ། བླ་མ་དང་ལྷག་པའི་ལྷ་ལ་གུས་པས་ཕྱག་འཚལ་ལོ། །ཚོགས་གཉིས་ཡོངས་རྫོགས་ཐེག་གསུམ་ལམ་སྟོན། །ཚོགས་མཆོག་འདུས་པ་ཀུན་གྱི་གཙོ་བོ། །སྐྱབས་གསུམ་ངོ་བོ་དཔལ་ལྡན་བླ་མར། །གསོལ་བ་འདེབས་སོ་བྱིན་གྱིས་རློབས་ཤིག །མཁས་གྲུབ་ཀུན་གྱི་གཙུག་རྒྱན་དམ་པ། །རྣམ་དག་ཁྲིམས་ཀྱིས་སྒོ་གསུམ་བསྡམས་ནས། །འགྲོ་ལ་བུ་གཅིག་ལྟ་བུར་བརྩེ་བར། ། གསོལ་བ་འདེབས་སོ་བྱིན་གྱིས་རློབས་ཤིག །འཆད་ན་ལེགས་བཤད་སྒྲོགས་པའི་ཛ་ཆེན། །རྩོད་ན་ཕས་རྒོལ་འཇོམས་པའི་གནམ་ལྕགས། །རྩོམ་ན་ཐུབ་བསྟན་གསལ་བའི་ཉིན་བྱེད། །གསོལ་བ་འདེབས་སོ་བྱིན་གྱིས་རློབས་ཤིག །ཐོས་པ་རྒྱ་མཚོའི་དབུས་སུ་གནས་བཅས། །བསམ་བྱུང་རིགས་པའི་གདེངས་ཀ་དང་ལྡན། །ཆོས་དབྱིངས་མཚོ་ལ་གཡོ་བ་མེད་པར། །གསོལ་བ་འདེབས་སོ་བྱིན་གྱིས་རློབས་ཤིག ། མདོ་རྒྱུད་ཀུན་གྱི་གླེགས་བམ་གཅིག་གྱུར། །ཟབ་དོན་མན་ངག་ཀུན་གྱི་རྒྱ་མཚོ། ། ཁྱད་པར་གསུང་ངག་རིན་ཆེན་གཏེར་མཛོད། །གསོལ་བ་འདེབས་སོ་བྱིན་གྱིས་རློབས་ཤིག །རྒྱུད་འབྲིང་ལམ་དང་སེམས་གཉིས་ལེགས་གོམས། །རྣམ་དག་དབང་བཞིས་སྒོ་གསུམ་སྨྲུངས་ནས། ། སྣང་བ་ལྷག་པའི་ལྷ་རུ་ཤར་བར། །གསོལ་བ་འདེབས་སོ་བྱིན་གྱིས་རློབས་ཤིག །རོ་རྐྱང་རླུང་གཉིས་དབུ་མར་ཞུགས་ནས། །གཏུམ་མོའི་དྲོད་ཀྱིས་ཧཾ་ཡིག་ཞུ་བས། །འབར་འཛག་བདེ་དྲོད་དཔལ་ལ་རོལ་བར། །གསོལ་བ་འདེབས་སོ་བྱིན་གྱིས་རློབས་ཤིག །ཤེས་རབ་སྒྱུ་མའི་གཟུགས་ཀྱིས་འཁྱུད་ནས། །ཀུནྡ་བྱང་སེམས་དབབ་ཟློག་གོམས་པས། །དགའ་བཞིའི་ཡེ་ཤེས་ཉམས་སུ་མྱོང་བར། ། གསོལ་བ་འདེབས་སོ་བྱིན་གྱིས་རློབས་ཤིག །ཐ་རྔབས་གསུམ་གྱི་འགྲོས་བཞི་ཐིམ་ནས། །བདེ་སྟོང་ཟུང་འཇུག་མངོན་དུ་གྱུར་ཏེ། །ཡན་ལག་བདུན་ལྡན་གོ་འཕང་བརྙེས་པར། །གསོལ་བ་འདེབས་སོ་བྱིན་གྱིས་རློབས་ཤིག །གང་སྐུ་མཐོང་ན་ལྟ་བས་མི་ངོམས། །གང་གི་གསུང་དབྱངས་དྲུག་ཅུའི་དབྱངས་ལྡན། །གང་ཐུགས་ཟག་མེད་བདེ་ལ་རོལ་བར། །གསོལ་བ་འདེབས་སོ་བྱིན་གྱིས་རློབས་ཤིག །སྟོབས་སོགས

ཡོན་ཏན་ཀུན་ལ་དབང་འགྱུར། །རིགས་གསུམ་གདུལ་བྱའི་ཚོགས་ཀྱི་དབུས་ན། །རིམ་གསུམ་ཆོས་ཀྱི་འཁོར་ལོ་བསྐོར་མཛད། །གསོལ་བ་འདེབས་སོ་བྱིན་གྱིས་རློབས་ཤིག །ཀུན་ཀྱང་ཚུལ་འདིའི་རྗེས་སུ་འཇུག་པར། །དཔལ་ལྡན་བླ་མས་བྱིན་གྱིས་རློབས་ཤིག །སྙིང་དཀའི་དལ་འབྱོར་དོན་ཡོད་བྱེད་པར། །དཔལ་ལྡན་བླ་མས་བྱིན་གྱིས་རློབས་ཤིག །འགྲོའོ། །ལས་འབྲས་བླང་དོར་ཚུལ་བཞིན་བྱེད་པར། །དཔལ་ལྡན་བླ་མས་བྱིན་གྱིས་རློབས་ཤིག །ཁམས་གསུམ་སྡུག་བསྔལ་མཐའ་དག་རིག་པར། །དཔལ་ལྡན་བླ་མས་བྱིན་གྱིས་རློབས་ཤིག །རིག་ནས་བྱང་ཆུབ་སེམས་གཉིས་འབྱོངས་པར། །དཔལ་ལྡན་བླ་མས་བྱིན་གྱིས་རློབས་ཤིག །དེ་ལ་བརྟེན་ནས་མྱུར་ལམ་ཚོར་བར། ། དཔལ་ལྡན་བླ་མས་བྱིན་གྱིས་རློབས་ཤིག །རྣམ་དག་དབང་གིས་སྨོ་གསུམ་སྨིན་པར། །དཔལ་ལྡན་བླ་མས་བྱིན་གྱིས་རློབས་ཤིག །དབང་བཞིའི་ལམ་གྱིས་རང་རྒྱུད་གྲོལ་བར། ། དཔལ་ལྡན་བླ་མས་བྱིན་གྱིས་རློབས་ཤིག །རྣམ་གྲོལ་སྐུ་བཞིའི་གོ་འཕང་འཐོབ་པར། །དཔལ་ལྡན་བླ་མས་བྱིན་གྱིས་རློབས་ཤིག །ཐོབ་ནས་འགྲོ་ཀུན་སྨིན་གྲོལ་བྱེད་པར། །དཔལ་ལྡན་བླ་མས་བྱིན་གྱིས་རློབས་ཤིག །འདི་སྐད་དགེ་བ་གདུལ་འི་རྒྱུན་དེས། །ཀུན་མཁྱེན་རིག་ལྡན་ཤེས་ལྡན་ཀུན་ལ། ། དགའ་བཞིའི་ཆུ་རྒྱུན་རབ་ཏུ་སྤྲོས་ཏེ། །བཟང་པོའི་ལོ་ཏོག་རྒྱ་ཆེར་སྤེལ་ནས། །པོ་ཏ་ལ་སོགས་མཚོ་ཆེན་འཇུག་པར། །དཔལ་ལྡན་བླ་མས་བྱིན་གྱིས་རློབས་ཤིག །མཁྱེན་རབ་ཀྱི་དབང་ཕྱུག་ཀུན་དགའ་བཟང་པོ་ལ་ལམ་འབྲས་བུ་དང་བཅས་པའི་མན་ངག་གི་སྒོ་ནས་གསོལ་བ་འདེབས་པ་དད་པའི་ཐ་རླབས་ཞེས་བྱ་བ་འདི་ནི། རྗེ་དེ་ཉིད་ཀྱི་ཞབས་རྡུལ་གྲུས་པས་ལེན་པ་ཤེས་རབ་རྒྱ་མཚོས་བླ་མའི་ཡོན་ཏན་རྗེས་སུ་དྲན་ནས་ཐུབ་བསྟན་དར་རྒྱས་གླིང་གི་གཙུག་ལག་ཁང་དུ་སྦྱར་བ་དགེ་ལེགས་འཕེལ།། །།

༄ རྗེ་བཙུན་བླ་མ་ཀུན་དགའ་བཟང་པོ་ལ་བསྟོད་པ་བཞི་པ་བསྟོད་དབྱངས་རྒྱ་མཚོ་རྣམ་པར་རོལ་པ་ཞེས་བྱ་བ། མགོན་པོ་འཇམ་པའི་དབྱངས་ལ་ཕྱག་འཚལ་ལོ། །ཚུལ་ཁྲིམས་རྒྱན་གྱིས་ཀུན་ནས་མཛེས་པའི་སྐུ། །ཚངས་དབྱངས་ལྟར་སྙན་དགའ་བ་བསྐྱེད་པའི་གསུང་། །མི་རྟོག་ཏིང་འཛིན་བཟང་པོའི་ཐུགས་མངའ་བ། །འགྲོ་བའི་བླ་མ་ཆོས་ཀྱི་རྒྱ་མཚོ་ལ། །རབ་མཉེན་ལག་པའི་སོར་མོ་སྙིང་གར་ཟུམ། །རབ་སྙན་ངག་གིས་སྒྲ་དབྱངས་ཆེར་སྒྲོགས་ཤིང་། །རབ་དང་སེམས་ཀྱིས་ཡོན་ཏན་

རྗེས་དྲན་དེ། །རབ་ཏུ་བསྟོད་ལ་མཁྱེན་བརྩེའི་ཐུགས་ཀྱིས་དགོངས། །ཁྱོད་ཀྱི་ཡོན་ཏན་དཔག་ཡས
རྒྱལ་བ་དང་། །རྒྱལ་སྲས་རྣམས་ཀྱིས་རབ་བརྗོད་དེ་ལྟ་ནའང་། །ཉིན་བྱེད་དབང་པོ་མཁའ་ལ་རྒྱུ་འོ་
ཞེས། །བྱུང་བ་གཞོག་རྩེ་སྤྱོད་པའང་འདོར་རམ་ཅི། །བློ་གྲོས་རྒྱ་མཚོའི་དབུས་ན་མངོན་མཐོ་ཞིང་། །
རྣམ་དག་བསླབ་གསུམ་གསེར་གྱི་རྣ་བས་བསྐོར། །འཆད་རྩོད་རྩོམ་པའི་བང་རིམ་ཕྲེང་བ་ཅན། །རྗེ་
བཙུན་རི་དབང་ཆེ་ལ་བདག་ཅག་དད། །རྒྱུད་སྡེའི་རིན་ཆེན་ལས་གྲུབ་ལྷུན་པོའི་སྟོར། །རིམ་གཉིས
བདུད་རྩིའི་ཟས་ལ་རྟག་རོལ་ཅིང་། །མན་ངག་གླིང་བཞིར་ལྟ་བའི་མིག་སྟོང་ཅན། །རིག་འཛིན་ལྷ་ཡི་
དབང་པོ་དེ་ལ་འདུད། །ཞལ་བྱུང་མཁྱེན་པ་ཐུབ་བསྟན་གསལ་བའི་འོད། །ཐུགས་རྗེ་དག་པའི་མཁའ་
ལ་རྣམ་རོལ་ཞིང་། །དཔག་ཡས་དགེ་ལེགས་ལོ་ཐོག་སྨིན་མཛད་པ། །དམ་ཆོས་སྨྲ་བའི་ཉི་མ་དེ་ལ་
འདུད། །ཁྱོད་ཀྱི་བློ་གྲོས་ཤེས་བྱ་ལ། །ཐོགས་མེད་འཇུག་པ་དེ་ཡི་དཔེ། །གཟུར་གནས་བློ་ཡིས་དུས་
ཀུན་ཏུ། །རྣམ་པར་བཙལ་ཆེ་འདི་ལྟར་རྙེད། །སྐྱེས་སྟོབས་སྦྱངས་པའི་མཐུ་ལྡན་པས། །ཟབ་དང་
གསལ་དང་རྒྱ་ཆེའི་ཕྱིར། །རྒྱ་མཚོ་ཉི་མ་ནམ་མཁའ་ནི། །ཕྱོགས་ཙམ་མཚོན་པའི་དཔེ་རུ་མཐོང་། །མུ་
མཐའ་མེད་པའི་ཤེས་བྱ་ལ། །ཆགས་ཐོགས་མེད་པར་འཇུག་པའི་ཕྱིར། །འཇམ་དཔལ་དབྱངས་ཀྱི་
མཁྱེན་པ་ནི། །མ་ལུས་མཚོན་པའི་དཔེ་རུ་མཐོང་། །ཀུན་མཁྱེན་གསུང་ལ་མཁྱེན་པ་རབ་རྒྱས་ཀུན་
ལ་བརྩེ་བའི་ཐུགས་མངའ་ཀུན་རྟོག་མ་ལུས་འཛོམས། །དགའ་བའི་འབྱུང་གནས་ཀླུང་སེམས་རྫིང་
བྱུར་དགའ་བཞིའི་འགྲོས་ཀྱིས་དགའ་མགུར་རྩེ་བར་བྱེད་པ་ཅན། །སྨོན་ལམ་བཟང་པོས་བསྐལ་
པར་ལེགས་བསྒྲུབས་བརྟུལ་ཞུགས་བཟང་པོས་གདུལ་བྱ་སྐལ་བ་བཟང་པོའི་དཔེ་ལ་སྦྱོར། །མཐའ་
ཡས་མཁྱེན་བརྩེའི་གཏེར་མངའ་བརྩེ་ཆེན་ཁྱོད་ལ་སྙིང་ནས་འདུད་དོ་བརྩེ་བའི་ལྕུགས་ཀྱུས་ཟུང་། །རབ་
འབྱམས་ཤེས་བྱའི་ནམ་མཁའ་ཡངས་པ་ལ། །རབ་གསལ་བློ་གྲོས་དཀྱིལ་འཁོར་རབ་རྒྱས་ཏེ། །རབ་ཏུ་
བརྗོད་པའི་རྟ་བདུན་གྱིས་དྲངས་ནས། །རབ་རིབ་མ་ལུས་སེལ་བར་བྱེད་པ་འདི། །ངོ་མཚར་ལས་ཀྱང་
འདི་ནི་ངོ་མཚར་ཞེས། །རི་བདུན་གསེར་གྱི་མེ་ཏོག་རབ་བཀྲ་ཞིང་། །མཚོ་བརྒྱད་མཆོད་ཡོན་ཕྲེང་བ་
འཁྲིགས་པ་འདིས། །རྒྱུན་དུ་མཆོད་པའི་ཁྱད་པར་བཀོད་པ་འདྲ། །སྙིགས་དུས་འགྲོ་བའི་དཔལ་དུ་
སུ་འགྱུར་ཞེས། །སྤྱན་རས་གཟིགས་མགོན་ཐུགས་རྗེའི་དབང་ཕྱུག་གིས། །འོད་ཟེར་དྲྭ་བས་ཕྱོགས

བཅུའི་མུན་བསལ་ཏེ། །སྟོང་ཕྲག་ཕྱག་ཏུ་དེ་སྙེད་སྤྱན་སྤྲུལ་ནས། །མི་མཛེད་ཞིང་འདིར་གཟིགས་ཚེ་མགོན་ཁྱོད་ཀྱིས། །བསྟན་ལ་སྟོན་པའི་བྱ་བ་བྱེད་མཐོང་ནས། །ཐུབ་པ་བཞིན་དུ་འདི་ནི་བཀུར་འོས་ཞེས། །འཛུམ་པའི་བཞིན་དང་ཐལ་མོ་སྦྱར་བ་འདྲ། །གང་སྐུ་ཚུལ་ཁྲིམས་འདབ་མ་འབུམ་ལྡན་ཞིང་། །ཞི་ཞིང་དུལ་བའི་གེ་སར་མཛེས་གསལ་བས། །སྡོམ་གསུམ་སྦྲང་རྩིའི་རོ་མཆོག་མྱང་བའི་ཕྱིར། །དོན་གཉེར་བུང་བ་སྤྲིན་གྱི་ཚོགས་བཞིན་འདུ། །དེ་ཚེ་མཁའ་ལ་རོལ་བའི་ལྷ་རྣམས་ཀྱིས། །མཆོད་འོས་འདི་ལ་མཆོད་པ་བྱའོ་ཞེས། །བཀོད་ལེགས་ཉིན་བྱེད་འོད་ཟེར་ལྷབ་ལྷུབ་ཅན། །མཛེས་པའི་གདུགས་མཆོག་གཡས་སུ་བསྐོར་བ་འདྲ། །ཀུན་མཁྱེན་རྒྱལ་བའི་གོ་འཕང་མཆོག་བརྙེས་ཀྱང་། །དགའ་བདེའི་འབྱུང་གནས་བསྟན་པ་སྤེལ་བའི་ཕྱིར། །ཐུགས་རྗེ་བཟང་པོས་མི་ཡི་གཟུགས་འཛིན་པ། །ཁྱོད་ལ་བསམས་པ་དག་པས་བདག་སྐྱབས་འཚི། །གང་སྐུ་མདངས་གསལ་དྲན་པས་བ་སྤུ་གཡོ། །གང་གསུང་རྣར་སྙན་དྲན་པས་མཆི་མ་ལྷུང་། །གང་ཐུགས་མཁྱེན་བཟང་དྲན་པས་དྲན་པ་སྐྱོར། །ཉམ་ཐག་བདག་ལ་ཐུགས་རྗེའི་སྤྱན་གྱིས་གཟིགས། །གང་ལས་ཐོབ་པའི་སྡོམ་གསུམ་ནོར་གྱི་མཆོག །གང་ཡང་བདག་བློའི་མཛོད་དུ་སྦས་པ་རྣམས། །གང་གི་མཁྱེན་བརྩེའི་ལྕགས་ཀྱིས་རབ་བསྡམས་ནས། །གང་ཞིག་བྱང་ཆུབ་བར་དུ་གནས་པར་མཛོད། །རབ་དཀར་བསོད་ནམས་གངས་རི་མཐོན་པོའི་སྤྱིར། །དྲི་མེད་ལུང་གི་ང་རོ་ཆེར་བསྒྲགས་ཏེ། །སླ་ངན་ལྟ་ཚོགས་ཞུམ་ཞིང་བློ་གསལ་གྱི། །རི་དྭགས་སྐྱོང་བའི་སེང་གེར་འགྱུར་བར་མཛོད། །སྟོན་པ་བདེར་གཤེགས་ཆོས་ཀྱི་དབྱིངས་སུ་བཞུགས། །བསྟན་པ་ཉིན་བྱེད་ནུབ་རིར་སོན་དུས་འདིར། །བསྟན་འཛིན་ཁྱོད་ཀྱིས་ཞིང་འདི་སྐྱོང་བའི་ཕྱིར། །བསྟན་ལ་སེམས་པ་མིན་སྙམ་ཐེ་ཚོམ་གྱུར། །འོན་ཀྱང་འདུལ་འོས་གདུལ་བྱ་སྨིན་མཛད་ནས། །སླར་ཡང་སྤྲོས་བྲལ་ཆོས་སྐུར་བཞུགས་པ་ནི། །རྒྱལ་བ་ཀུན་གྱི་དང་ཚུལ་ཡིན་པས་ན། །བདག་གིས་འཁང་པའང་རྒྱུ་མཚན་ཅི་ཞིག་ཡོད། །དཔག་མེད་བསྐལ་པར་བཞུགས་པའི་མཐུ་ལྡན་ཞིང་། །ཐུབ་བསྟན་སྤྲིན་བཞིན་དེངས་པར་རབ་མཁྱེན་ཀྱང་། ། ཞིང་འདི་སྤངས་ནས་ཞིང་གཞན་གཤེགས་པ་ནི། །མཁྱེན་བཟང་ཁྱོད་ལ་བརྩེ་བ་མེད་སྙམ་སེམས། ། འོན་ཀྱང་དགོན་མཆོག་གོ་འཕང་མཆོག་བརྙེས་ནས། །ཐུབ་བསྟན་གསེར་གྱི་རྒྱལ་མཚན་འཛིན་པ་དེ། ། བརྩེ་ཆེན་ཁྱོད་ཀྱི་ཐུགས་ལས་སྤྲུལ་པའི་ཕྱིར། །ཚད་མེད་ཐུགས

རྗེའི་བཀའ་དྲིན་ལྷག་པར་དྲན། །དེ་ལྟར་བསྟོད་པའི་རྣམ་དཀར་དགེ་བ་དེས། །ནམ་ཞིག་ཚེ་འདིའི་
སྣང་བ་ནུབ་མ་ཐག །འགྲོ་མགོན་ཁྱོད་ཀྱི་ཞིང་བཟང་དེར་སྐྱེས་ནས། །འཇམ་དབྱངས་བླ་མའི་ཞལ་
མཆོག་མཐོང་བར་ཤོག །དེར་ཡང་དགེས་པ་ཆེན་པོས་རྗེས་བཟུང་སྟེ། །དཀྱིལ་འཁོར་བཞི་ལ་དབང་
བཞིའི་ཆར་ཕབ་ནས། །ཡང་དག་ལམ་བཟང་བཞི་ཡིས་གྲོལ་བྱས་ཏེ། །སྐུ་བཞིའི་གོ་འཕང་མངོན་དུ་
འགྱུར་བར་ཤོག །འབྲས་བུ་མཆོག་དེ་མ་ཐོབ་དེ་སྲིད་དུ། །ཁྱོད་སྐུ་མཚན་དཔེ་ཀུན་ལྡན་བལྟ་བ་དང་། །
དེའི་གསུང་ལེགས་བཤད་དགའ་སྟོན་རྟག་ཉན་ཅིང་། །གང་ཐུགས་མཁྱེན་བརྩེ་བཟང་པོས་སྐྱོང་བར་
ཤོག །རྒྱུ་རྒྱུད་རང་བཞིན་རྣམ་དག་ལྷུགས་ཀྱི་ཁམས། །ཐབས་རྒྱུད་ནུས་ལྡན་རྩེ་ཡིས་ཟིན་པ་ཡིས། །
འབྲས་རྒྱུད་གསེར་གྱི་ཞུང་པོར་བསྒྱུར་བ་ཡི། །གདམས་པའི་རྒྱལ་པོས་བདག་རྒྱུད་གཏམས་པར་
ཤོག །བླ་ཆེན་ཁྱོད་ཀྱི་ཐུགས་རྗེའི་གཟི་འོད་དང་། །སྐྱབས་མཆོག་རིན་ཆེན་གསུམ་གྱི་བྱིན་རླབས་
དང་། །དཔལ་མགོན་སྲུང་མ་རྣམས་ཀྱི་ནུས་མཐུ་ཡིས། །བདག་གི་སྨོན་ལམ་འདི་རྣམས་འགྲུབ་གྱུར་
ཅིག །དེ་ལྟར་བསྟོད་འདི་བསྟོད་ཡུལ་དེ་ཉིད་ལ། །དད་དང་བསོད་ནམས་ལུས་སྟོབས་རབ་རྒྱས་ནས། །
དེས་བསྟན་གཞུང་ལུགས་རལ་པའི་ཁྲུར་གྱིས་བརྗིད། །དེའི་གསུང་སྨྲ་བའི་སེང་གེ་གང་དེའོ། །ཧྲི་ཏ་ཏི་
དང་རབ་དགའ་བསྟན་འཛིན་དང་། །སླར་ཡང་ཧྲི་ཏ་ཏི་ཡིས་རིམ་བཞིན་དུ། །དུས་མི་ཟླ་བ་མཁའ་
ལག་བསྙེབས་པ་འདི། །ཁྱུ་མཆོག་གོང་གི་ཙནྡྲ་མཁའ་ཟླར་སྦྱར།། །།

༄ རྡོ་རྗེ་འཆང་ཀུན་དགའ་བཟང་པོ་ལ་བསྟོད་པ་ལྟ་བ། ན་མོ་གུ་ར་བེ། ལྟར་བཅས་འགྲོ་བ
ཀུན་གྱི་ཅོད་པཎ་གྱིས། །གང་གི་ཞབས་པད་དགའ་བས་རྟག་བསྟེན་ཅིང་། །དད་པ་བཟང་པོའི་ཡིད
ཀྱིས་གུས་བཏུད་པ། །སྐྱབས་མཆོག་འཇམ་དཔལ་བླ་མ་དེ་ལ་འདུད། །སངས་རྒྱས་ཀུན་གྱི་མཁྱེན་
བརྩེ་གཅིག་བསྡུས་ནས། །དམ་ཆོས་ཀུན་གྱི་སྒྲ་དབྱངས་སྙན་པའི་གསུང་། །དགེ་འདུན་ཀུན་གྱི་
དབུས་སུ་ཆེར་སྒྲོགས་པས། །སྐལ་ལྡན་ཀུན་གྱི་འདྲེན་པར་གྱུར་ལ་འདུད། །བདེ་ཆེན་དགའ་བཞིའི་
དཀྱིལ་འཁོར་ལས་བྱུང་བའི། །ལེགས་བཤད་དགའ་སྟོན་བྱེ་བའི་ཚ་ཟེར་གྱིས། །མཁས་རྣམས་
དགའ་བའི་ཟབ་དོན་རབ་གསལ་ཞིང་། །ཕན་བདེའི་དགའ་ཚལ་རྒྱས་པར་མཛད་ལ་འདུད། །བློ་
གྲོས་བཟང་པོས་ཤེས་བྱའི་དེ་ཉིད་གཟིགས། །ཐུགས་རྗེ་བཟང་པོས་འགྲོ་ཀུན་རྗེས་སུ་འཛིན། །ཕྲིན་

ལས་བཟང་པོས་ཐུབ་བསྟན་རྒྱས་མཛད་པ། །དངོས་གྲུབ་བཟང་པོའི་གཏེར་ཆེན་དེ་ལ་འདུད། །རྣམ་པ་ཀུན་ཏུ་དགའ་ཞིང་དྭངས་པའི་བློས། །འདྲེན་མཆོག་བཟང་པོ་ཁྱོད་ལ་གསོལ་འདེབས་ཀྱི། །ཐོག་མེད་བསགས་པའི་སྡིག་སྒྲིབ་ཀུན་སྦྱངས་ནས། །རིམ་གཉིས་ཟབ་མོའི་རྟོགས་པ་བསྐྱེད་དུ་གསོལ། །གནས་སྐབས་ཀུན་ཏུ་ཁྱོད་ཉིད་བཞེད་པ་ཡི། །ཕྲིན་ལས་དགའ་ཞིང་སྤྲོ་བས་བསྒྲུབ་པ་ལ། །མཐུན་རྐྱེན་བཟང་པོ་དེ་དག་ཕུན་ཚོགས་ཤིང་། །མི་མཐུན་ཕྱོགས་ཀུན་ཞི་བར་མཛད་དུ་གསོལ། །གང་ལ་བསྟོད་ཅིང་གསོལ་བ་བཏབ་པ་དང་། །གཞན་ཡང་དུས་གསུམ་བསགས་པའི་བསོད་ནམས་ཀུན། །མཁའ་མཉམ་འགྲོ་བ་ཀུན་དང་ཐུན་མོང་དུ། །ཤཱཀྱ་སེང་གེའི་གོ་འཕང་ཐོབ་ཕྱིར་བསྔོ། །ཅེས་རྒྱལ་བ་ཁྱབ་བདག་རྡོ་རྗེ་འཆང་དང་དབྱེར་མ་མཆིས་པ་རྗེ་བཙུན་ཀུན་དགའ་བཟང་པོ་ལ་བསྟོད་ཅིང་གསོལ་བ་གདབ་པའི་རབ་ཏུ་བྱེད་པ་འདི་ནི་རྗེ་དེ་ཉིད་ཀྱི་ཞབས་རྡུལ་སྤྱི་བོས་ལེན་པ་དགེ་སློང་བསོད་ནམས་སེང་གེས་གླིང་ཁ་བདེ་བ་ཅན་དུ་སྦྱར་བའི་ཡི་གེ་པ་ནི་རབ་མཆོག་རྒྱལ་པོའོ།། །།

༄ གདན་རབས་གཉིས་པ་རྡོ་རྗེ་འཆང་གི་ཐུགས་སྲས་མུས་ཆེན་སེམས་དཔའ་ཆེན་པོ་ལ་བསྟོད་པ་དང་པོ། ན་མཿཤྲཱི་གུ་ར་ཝེ། ཐུབ་བསྟན་གསེར་གྱི་ཁང་བར་གནས་བཅས་ཤིང་། །བླ་མེད་དཀོན་མཆོག་གསུམ་གྱི་གདུང་བཟུང་ནས། །ཐར་པའི་རྒྱལ་མཚན་སློང་བར་མཛད་པ་པོ། །དཔལ་ལྡན་བླ་མའི་ཞབས་ལ་མགོས་ཕྱག་འཚལ། །སྨོན་ལམ་དག་པའི་ཆུ་ཤེལ་ཁམས་ལས་གྲུབ། །སྡོམ་པ་གསུམ་གྱི་ཆ་ཤས་ཡོངས་སུ་རྫོགས། །གསུང་རབ་ཀུནྟ་བཤད་པའི་གཉེན་གཅིག་པུ། །གདུལ་བྱའི་དཔལ་དུ་འབྱུངས་ལ་མགོས་ཕྱག་འཚལ། །ཡོངས་འཛིན་རྒྱ་མཚོ་ལས་བྱུང་བདུད་རྩིའི་རྒྱུན། །གསན་པའི་སྙིམ་པས་ངོམས་པར་ལེགས་གསོལ་ཏེ། །ཏིང་འཛིན་རོ་ཡི་ཆེམ་པ་དང་ལྡན་པས། །རྟོགས་པའི་ལུས་སྟོབས་རྒྱས་ལ་མགོས་ཕྱག་འཚལ། །ཁྱོད་ཀྱིས་སྲིད་པའི་བདེ་བ་རྩྭ་ནས་སྤངས། །གྲངས་མེད་འགྲོ་བའི་སྡུག་བསྔལ་དང་དུ་བླངས། །གཡེལ་བ་མེད་པར་དགེ་བའི་ངང་ཚུལ་ཅན། །དཔལ་ལྡན་སེམས་དཔའ་ཆེན་པོར་མགོས་ཕྱག་འཚལ། །འཆད་པ་ངག་གི་འབྲུག་སྒྲ་སྟོང་སྒྲོག་ཅིང་། །རྣམ་མང་དགེ་ལེགས་སྤེར་མཛད་རྩོམ་པའི་སྤྲིན། །རྩོད་པ་རྡོ་རྗེའི་མེ་ཆེན་རབ་འབབ་ནས། །ལོག་ལྟའི་རི་བོ་བསྙིལ་ལ་མགོས་ཕྱག་འཚལ། །ཡོན་ཏན་རིན་ཆེན་ཁྲི་ཡི་ཡོངས་སུ་གང་། །མཁས་པའི་ཆུ་ཀླུང་འབུམ་

ཕྲག་དང་གིས་འདུ། །བློ་གསལ་དང་མོ་བྱེ་བའི་བསྟི་གནས་པ། །གཞུང་ལུགས་ཀུན་གྱི་རྒྱ་མཚོར་མགོས་ཕྱག་འཚལ། །མཁྱེན་པའི་སྤྱན་ཡངས་ཤེས་བྱ་ཀུན་ལ་གསལ། །སྙིང་རྗེའི་བ་དན་སྲིད་པ་གསུམ་ན་གཡོ། །རྣམ་དཀར་མཛད་པས་འཁོར་བ་ཇི་སྲིད་བར། །འགྲོ་བའི་གདུང་བ་སེལ་ལ་མགོས་ཕྱག་འཚལ། །དེ་ལྟའི་ཡོན་ཏན་མཆོག་མངའ་བླ་མ་ལ། །གུས་པས་བསྟོད་དོ་ཚེ་རབས་ཀུན་ཏུ་བདག །བཤེས་གཉེན་དམ་པ་ཁྱེད་དང་མི་འབྲལ་ཞིང་། །བརྩེ་བ་ཆེན་པོས་རྗེས་སུ་འཛིན་པར་ཤོག །ཅེས་པ་འདི་བདག་པོ་ཆུ་མིག་པ་བློ་གྲོས་དབང་ཕྱུག་དྲུང་གིས་མཛད་དོ།། །།

༄ གདན་རབས་གཉིས་པ་རྡོ་རྗེ་འཆང་གི་ཐུགས་སྲས་སེམས་དཔའ་ཆེན་པོ་ལ་བསྟོད་པ་གཉིས་པ། དཀོན་མཆོག་གསུམ་གྱི་ངོ་བོ་ཆོས་ཀྱི་རྗེ། །སྡེ་སྣོད་གསུམ་དང་རྒྱུད་སྡེ་བཞི་ཡི་དོན། །སྡོམ་པ་གསུམ་དང་རིམ་གཉིས་ཟབ་མོའི་གནད། །བཤད་སྒྲུབ་བསྟན་པའི་རྒྱལ་མཚན་འཛིན་ལ་འདུད། །ལྷག་བསམ་རྣམ་པར་དག་པའི་བློ་གྲོས་ཀྱིས། །བསྟན་པའི་རྩ་བ་སོ་སོར་ཐར་པ་ཡི། །ཚུལ་གནས་ཐོས་བསམ་སྒོམ་པ་ལྡན་སུམ་ཚོགས། །གནས་བརྟན་འདུལ་བ་འཛིན་པ་དེ་ལ་འདུད། །མ་གྱུར་མཁའ་མཉམ་སེམས་ཅན་ཐམས་ཅད་ལ། །དམིགས་པ་མེད་པའི་བྱམས་དང་སྙིང་རྗེ་ཡིས། །བྱང་ཆུབ་ཐུགས་གཉིས་འབྱོངས་པའི་ཐུགས་རྗེ་ཅན། །རྒྱལ་སྲས་བྱང་ཆུབ་སེམས་དཔའ་དེ་ལ་འདུད། །བྱང་ཆུབ་སེམས་དང་ནམ་ཡང་མི་འབྲལ་ཞིང་། །རྒྱལ་སྲས་སྤྱོད་པའི་ཚུལ་ཁྲིམས་རྣམ་གསུམ་གྱི། །ཐོས་བསམ་སྒོམ་པ་ཁོ་ནའི་ངང་ཚུལ་ཅན། །བྱང་ཆུབ་སེམས་དཔའ་ཆེན་པོ་དེ་ལ་འདུད། །སླར་ཡང་ཤིན་ཏུ་ཟབ་པའི་ཉེ་ལམ་མཆོག །དབང་བཞིའི་ཐབས་དང་བསྐྱེད་རྫོགས་ཟབ་མོའི་མཐུས། །རང་ལྷར་གཟིགས་ཤིང་བདེ་ཆེན་རྡོ་རྗེའི་ཐུགས། །རྡོ་རྗེ་འཛིན་པ་ཆེན་པོ་དེ་ལ་འདུད། །གང་ཡང་ཆོས་སུ་འགྲོ་བའི་མཛད་པ་དང་། །གང་ཤར་རྐྱེན་དུ་འཁྱེར་བའི་སེམས་བསྐྱེད་དང་། །ཅིར་སྣང་ལྷ་དང་བདེ་བའི་ཐབས་མཁས་ཅན། །གྲུབ་ཆེན་སྤྲས་པའི་རྣལ་འབྱོར་དེ་ལ་འདུད། །རྒྱལ་བའི་དགོངས་པ་མཐའ་དྲུག་ཚུལ་བཞི་སོགས། །རྡོ་རྗེའི་ཚིག་དོན་འབྱེད་པའི་རྒྱན་བདུན་གྱིས། །རྒྱུད་སྡེ་ཀུན་ལ་ཐོགས་མེད་མཁྱེན་པ་ཅན། །རྒྱུད་སྡེའི་དབང་ཕྱུག་ཆེན་པོ་དེ་ལ་འདུད། །སྙན་བརྒྱུད་བཞི་དང་ཚད་མ་བཞི་ལ་སོགས། །མན་ངག་རྒྱ་མཚོའི་ཚོགས་ལ་དབང་འབྱོར་པས། །ཉིང་འཛིན་གྲུབ་པའི་བདུད་རྩིས་ཐུགས

རྒྱུད་གཏམས། །སྒྲུབ་པའི་རྒྱལ་མཚན་འཛིན་པ་དེ་ལ་འདུད། །རིམ་གཉིས་ཟབ་མོའི་ངང་ལས་མ་གཡོས་པར། །འགྲོ་ལ་ཕན་དང་བསྟན་པ་ཁོ་ནའི་ཕྱིར། །སྡེ་སྣོད་གསུམ་གྱི་བཤད་སྒྲུབ་ཟབ་མོ་ཡི། །སྨིན་གྲོལ་ཕྲིན་ལས་རྒྱུན་མི་འཆད་ལ་འདུད། །དེ་ལྟར་བསྟོད་ཅིང་གསོལ་བ་བཏབ་པའི་མཐུས། །བདག་གི་རྒྱུད་ལ་བླ་མ་ཡབ་སྲས་ཀྱི། །ཡེ་ཤེས་གཟིགས་པའི་བྱིན་རླབས་འཇུག་པ་དང་། །བཤད་སྒྲུབ་ཟབ་མོའི་བསྟན་པ་འཛིན་པར་ཤོག །ཅེས་པ་འདི་ཆོས་རྗེ་བྱང་པ་ལ་གསོལ་བ་འདེབས་པའི་ཚིགས་སུ་བཅད་པ་པཎ་ཆེན་གུང་རུ་ཤེས་རབ་བཟང་པོས་མཛད་པའོ། །

༄ ལྷ་རིག་པཎ་ཆེན་གུང་རུ་ཤེས་རབ་བཟང་པོ་ལ་བསྟོད་པ། ཤེས་བྱའི་མཁའ་ལ་ཆགས་ཐོགས་མི་མངའ་ཞིང་། །རབ་འབྱམས་གཞུང་ལུགས་འབུམ་ཕྲག་པདྨོའི་གཉེན། །བཟང་པོའི་འོད་སྟོང་གདུལ་བྱའི་མཁའ་ལ་འཆར། །མཚུངས་མེད་བསྟན་པའི་ཉི་མ་དེ་ལ་འདུད། །འཁོར་འདས་ཕུན་ཚོགས་ཇི་སྙེད་ཀུན། །དམ་པའི་ཆོས་ལས་བྱུང་བ་སྟེ། །དེ་ཡང་ཁྱེད་ལས་འབྱུང་གྱུར་པ། །ཕན་བདེའི་འབྱུང་གནས་ཁྱེད་ལ་བསྟོད། །

༄ གདན་རབས་གསུམ་པ་ཐམས་ཅད་མཁྱེན་པ་འཇམ་དབྱངས་ཤེས་རབ་རྒྱ་མཚོ་ལ་བསྟོད་པ། སྭསྟི། མཐའ་ཡས་ཤེས་བྱའི་ཆོས་ཀུན་རབ་ཏུ་མཁྱེན། །དམིགས་མེད་ཐུགས་རྗེ་རྒྱ་མཚོའི་གཏིང་མཐའ་ཟབ། །རྣམ་དཀར་གྲགས་པའི་བ་དན་ཆེར་གཡོ་བ། །དཔལ་ལྡན་བླ་མའི་ཞབས་ཀྱི་པདྨོར་འདུད། །ཤེས་བྱའི་མཁའ་ལ་ཐོགས་མེད་རབ་ཏུ་རྒྱུ། །གདུལ་བྱ་རྒྱ་མཚོའི་རྟུལ་གྱི་པད་ཚལ་སྐྱོང་། །གྲགས་པའི་གཟི་འོད་སྟོང་གིས་དཔལ་འབར་བ། །ཡོངས་འཛིན་སྐུ་ཡི་ཉི་མ་དེ་ལ་འདུད། །ཤེས་རབ་མཆོག་གི་ལུས་སྟོབས་ཡོངས་སུ་རྒྱས། །ལུང་རིགས་རྒྱ་མཚོའི་རལ་ཁྲིང་གཡོ་བས་བརྗིད། །གྲགས་པའི་ང་རོས་ས་གསུམ་འདར་མཛད་པ། །དཔལ་ལྡན་སྨྲ་བའི་སེང་གེ་དེ་ལ་འདུད། །དྲི་མེད་ཡེ་ཤེས་རིན་ཆེན་ཁམས་ལས་གྲུབ། །རབ་འབྱམས་གཞུང་ལུགས་རྒྱ་མཚོའི་དབུས་ན་མཛེས། །མཁྱེན་བརྩེ་གྲགས་པའི་དཔལ་གྱིས་ལྷམ་མེ་བ། །འགྱུར་མེད་ཐུགས་ཀྱི་ལྷུན་པོ་དེ་ལ་འདུད། །ཐབས་ཤེས་ཟབ་མོའི་རྩ་བ་རབ་ཏུ་བརྟན། །དགེ་ཚོགས་རྒྱ་མཚོ་ཡལ་གའི་ཁྱོན་ཡངས་ཤིང་། །གྲགས་པའི་དྲི་བསུང་འཕྲོ་བའི་དཔལ་ཡོན་ཅན། །ཡོན་ཏན་དཔག་བསམ་ལྗོན་པ་དེ་ལ་འདུད། །ཤེས་ལྡན་དུ་མ་རབ་ཏུ

ཆིམ་པར་མཛད། །ཆོས་དབྱིངས་རྒྱ་མཚོའི་ངང་དུ་མཉམ་པར་འཇོག །གྲགས་པའི་དཔལ་གྱིས་ས་དང་མཁའ་ཀུན་ཁྱབ། །སྨད་བྱུང་ཕྲིན་ལས་བཟང་པོ་དེ་ལ་འདུད། །དེ་ལྟར་འཇམ་དབྱངས་ཆོས་རྗེ་བླ་མ་ལ། །རབ་གུས་གདུང་བའི་ཤུགས་ཀྱིས་གསོལ་འདེབས་ན། །བདག་དང་མཐའ་ཡས་སེམས་ཅན་མ་ལུས་པ། །རྟག་ཏུ་བརྩེ་བས་རྗེས་སུ་འཛིན་པར་ཤོག །ཅེས་པ་འདི་བདག་ཆེན་ཚུ་མིག་པ་བློ་གྲོས་དབང་ཕྱུག་གིས་མཛད་པའོ།། །།

༄ གདན་རབས་བཞི་པ་རྒྱལ་ཚབ་དམ་པ་ཀུན་དགའ་དབང་ཕྱུག་ལ་བསྟོད་པ། ན་མོ་གུ་རུ་ཝེ། དཔལ་ལྡན་ཀུན་དགའི་ལམ་བཟང་བྱེད་པོ་ཡིས། །ཡོངས་གཟུང་གསུང་རབ་དོན་ལ་དབང་འབྱོར་ཞིང་། །སྐལ་བརྒྱུད་གདམས་པའི་ནོར་གྱིས་རྒྱུད་ཕྱུག་པ། །རྒྱལ་ཚབ་དམ་པའི་ཞབས་ལ་ཕྱག་འཚལ་ལོ། །མཁྱེན་རབ་ནམ་མཁའི་ཁྱོན་ལྟར་ཟབ་ཅིང་ཡངས། །ཐུགས་རྗེ་ཉི་མའི་འོད་ལྟར་ཀུན་ལ་སྙོམས། །ཕྲིན་ལས་དཔག་བསམ་ཤིང་ལྟར་རྒྱས་གྱུར་པ། །དགེ་མཚན་བྱེ་བའི་གཏེར་ལ་ཕྱག་འཚལ་ལོ། །ཉམས་དང་རྟོགས་པའི་རྣལ་འབྱོར་མཐར་ཕྱིན་ཅིང་། །ངེས་དོན་ཟབ་མོའི་དེ་ཉིད་ལེགས་གཟིགས་ནས། །སྐལ་ལྡན་འགྲོ་ལ་ཚུལ་བཞིན་འདོམས་མཛད་པའི། །རྣལ་འབྱོར་དབང་ཕྱུག་ཞབས་ལ་ཕྱག་འཚལ་ལོ། །ཁམས་གསུམ་འགྲོ་བ་སྲིད་ལས་བསྒྲལ་བྱའི་ཕྱིར། །དུས་གསུམ་རྒྱལ་བའི་བགྲོད་པ་གཅིག་པའི་ལམ། །སྡོམ་གསུམ་ཉམས་ལེན་སྲུང་ལ་གཡེལ་མེད་པའི། །མཆོག་གསུམ་བསྟན་པ་སྤེལ་ལ་ཕྱག་འཚལ་ལོ། །དམ་པ་བརྒྱུད་པའི་བྱིན་རླབས་འདུས་པ་ཡི། །སངས་རྒྱས་ངོ་བོ་བླ་མའི་མནལ་ལམ་དུ། །དོན་ཀུན་འགྲུབ་པའི་བཀྲ་ཤིས་བྱིན་གྱུར་པས། །ཕྱོགས་ལས་རྣམ་པར་རྒྱལ་ལ་ཕྱག་འཚལ་ལོ། །ཕྱི་ནང་རྟེན་འབྲེལ་ངོ་མཚར་བཟབ་མོ་ཡིས། །ས་སྐྱོང་དབང་པོའི་འབྱོར་པས་ལེགས་མཆོད་ཅིང་། །མཁས་བཙུན་འདུས་པའི་ཚོགས་ཀྱིས་གུས་བཏུད་ནས། །མཛད་པ་ལྷུན་གྱིས་གྲུབ་ལ་ཕྱག་འཚལ་ལོ། །དཔལ་ལྡན་བླ་མའི་རྣམ་ཐར་རྒྱ་མཚོ་ལས། །ལེགས་ཚོགས་ཅུང་ཟད་བརྗོད་པའི་བསོད་ནམས་ཀྱིས། །མཁྱེན་རབ་དབང་ཕྱུག་རྗེ་བཙུན་ས་སྐྱ་པའི། །བསྟན་པ་དྲི་མེད་ཕྱོགས་བཅུར་རྒྱས་པར་ཤོག །ཚུལ་འདི་དད་ལྡན་སློབ་མས་རྒྱང་རིང་ནས། །བསྐུལ་བའི་ངོར་ནི་བསོད་ནམས་སེང་གེ་ཡིས། །ལྷུགས་སྤྲག་ས་གའི་རྒྱལ་གྱི་ཉི་མ་ལ། །མདོ་མཁར་ཆོས་རྗོང་དགོན་

པར་སྒྱུར་བ་དགེ། །

༄ གདན་རབས་ལྔ་པ་མཁས་གྲུབ་དཔལ་ལྡན་རྡོ་རྗེ་ལ་བསྟོད་པ་ཀུན་མཁྱེན་གོ་རམས་པས་མཛད་པ། མཐའ་ཡས་རྒྱུད་སྡེ་རྒྱ་མཚོའི་དཔལ་དང་ལྡན། །མན་ངག་གཙུག་གི་ནོར་བུའི་གཟི་འོད་ཀྱིས། །རྡོ་རྗེ་ཐེག་པའི་བསྟན་པ་གསལ་མཛད་པ། །མཁས་གྲུབ་གདེངས་ཅན་དབང་པོ་ལ་ཕྱག་འཚལ། །

༄ གདན་རབས་དྲུག་པ་ཀུན་མཁྱེན་གོ་རམས་པ་ཆེན་པོ་བསོད་ནམས་སེང་གེ་ལ་བསྟོད་པ། རྒྱལ་ཆེན་བསོད་ནམས་ལུས་སྟོབས་རབ་རྒྱས་ཤིང་། །བདེ་གཤེགས་གསུང་རབ་སེང་གེའི་ང་རོ་ཡིས། །ལོག་སྨྲའི་རི་དྭགས་མཐའ་དག་སྐྲག་མཛད་པའི། །ཐུབ་བསྟན་གངས་རི་སྐྱོང་བ་དེ་ལ་འདུད། །

༄ རྒྱ་གར་སྐད་དུ། མ་ཧཱ་པཎྜི་ཏ་ཤུདྡྷ་སིདྡྷི་སྭ་བ་ཛྙཱ་ཡཱ་ནཱ་ཏ་ཤཱི་ཀྵ་ནཱ་ད་ནཱ་མཿབོད་སྐད་དུ། མཁས་པ་ཆེན་པོ་བསོད་ནམས་སེང་གེ་ལ་བསྟོད་པ་འཐད་ལྡན་སེང་གེའི་ང་རོ་ཞེས་བྱ་བ། རྗེ་བཙུན་མཁྱེན་པའི་གཏེར་ལ་ཕྱག་འཚལ་ལོ། །བསོད་ནམས་ཡེ་ཤེས་ནགས་ན་རྣམ་རོལ་ཞིང་། །བདེ་གཤེགས་གསུང་རབ་རལ་པའི་ཁུར་གྱིས་བརྗིད། །དངོས་སྟོབས་རིགས་པའི་གད་རྒྱངས་བྲེ་བ་ཅན། །འཇིགས་མེད་སྨྲ་བའི་སེང་གེ་ལ་ཕྱག་འཚལ། །མཁྱེན་པའི་དཀྱིལ་འཁོར་ལེགས་བཤད་གཟི་འབར་བ། །ལྷག་བསམ་ཤར་རིའི་ཕྲག་པ་ལ་འཇོགས་ཏེ། །རྒྱལ་བའི་རིང་ལུགས་མ་ལུས་གསལ་མཛད་པ། །མཚུངས་མེད་བསྟན་པའི་ཉི་མ་ལ་ཕྱག་འཚལ། །རྣམ་དག་རིགས་པས་ལོག་སྨྲ་ཚར་གཅོད་ཅིང་། །གཞུང་བརྒྱ་འཆད་པས་སྐལ་ལྡན་རྗེས་སུ་འཛིན། །སྡེབ་ལེགས་རྩོམ་པས་མཁས་པ་མགུ་བ་བསྐྱེད། །སྨྲ་བ་ཀུན་གྱི་གཙུག་རྒྱན་ལ་ཕྱག་འཚལ། །སྐལ་མཚམས། ཆོས་མངོན་རྒྱ་མཚོའི་མཐར་སོན་མཁས་པའི་རྗེ། །ལེགས་གསུང་འདུལ་བ་ལུང་ལེན་བཙུན་པའི་མཆོག །ཟབ་མོ་མདོ་སྡེའི་དོན་གཟིགས་བཟང་པོའི་ཞལ། །མ་ཕམ་ཆོས་ཀྱི་སྤྱན་ལྡན་ལ་ཕྱག་འཚལ། །གྲུབ་པ་མཆོག་གི་རིང་ལུགས་གཟིངས་ཆེན་གྱིས། །མཐའ་ཡས་རྒྱུད་སྡེ་རྒྱ་མཚོའི་ཕ་རོལ་སོན། །རིམ་གཉིས་ནོར་བུའི་གླིང་ལ་དབང་འབྱོར་པ། །རིག་པ་འཛིན་པའི་དེད་དཔོན་ལ་ཕྱག་འཚལ། །ལུས་ཀྱི་གདུང་བས་གྲོལ་བར་ལྟ་བ་དང་། །ཚིག་ལ་ལྷུར་ལེན་ཁྲམ་ཟེའི་ཚུལ་སྤངས་ནས། །ཟབ་ཡངས་ནང་གི་དེ་ཉིད་ལེགས

གཟིགས་པའི། །རྒྱལ་བ་དགྱེས་པའི་བཤེས་གཉེན་ལ་ཕྱག་འཚལ། །སྲས་བཅས་རྒྱལ་བའི་ཡོན་ཏན་དྲན་པའམ། །མགོན་མེད་འགྲོ་བའི་སྡུག་བསྔལ་གཟིགས་པའི་ཚེ། །དད་དང་སྙིང་རྗེའི་ཐ་རླབས་ཆེར་གཡོ་བ། །མཆོག་ཏུ་ཕུལ་བའི་མགོན་ལ་གུས་ཕྱག་འཚལ། །མཆོད་སྤྲིན་རྒྱ་མཚོ་རབ་འབྱམས་རྣམས་ཀྱིས་མཆོད། །རང་བཞིན་བཅས་པའི་ཉེས་པ་མཐའ་དག་བཤགས། །དགེ་ལ་ཡི་རང་ཆོས་འཁོར་བསྐོར་བ་དང་། །བསྟན་དང་འགྲོ་བའི་དཔལ་དུ་རྟག་བཞུགས་གསོལ། །དགེ་བས་སྨོན་མཆོག་རི་དབང་ཁྱོད་ཞབས་བརྟན། །མདོ་སྔགས་བསྟན་པ་ཉི་ཟླའི་འོད་གསལ་ལ། །ཁྱོད་ཀྱི་བསྟན་འཛིན་རྐང་འཐུང་ཕྲེང་བ་ཡིས། །རྒྱ་མཚོའི་གོས་ཅན་མཆོག་ཏུ་མཛེས་གྱུར་ཅིག །ཅེས་པ་འདི་ནི་མི་ཉག་གི་སྨོན་པ་པཎྜི་ཏ་གྲགས་པ་རྡོ་རྗེས་དཔལ་ཨེ་ཝཾ་ཆོས་ལྡན་དུ་སྦྱར་བའོ། །

༄ གདན་རབས་བདུན་པ་ཡོངས་འཛིན་དཀོན་མཆོག་འཕེལ་བ་ལ་བསྟོད་པ་དང་པོ། རྗེ་བཙུན་བླ་མ་དམ་པ་བརྒྱུད་པར་བཅས་པ་ལ་གུས་པས་ཕྱག་འཚལ་ལོ། །རྒྱལ་བ་ཀུན་གྱི་རིགས་བདག་རྡོ་རྗེ་འཛིན། །རྗེ་བཙུན་བླ་མའི་ཐུགས་ལས་འཁྲུངས་པའི་སྲས། །དཀོན་མཆོག་གསུམ་དངོས་བསམ་འཕེལ་སྐྱེ་དགུ་ཡི། །གཙུག་གི་རྒྱན་མཆོག་བླ་མའི་ཞབས་ལ་འདུད། །གང་ཞིག་ཁྱོད་ཀྱི་ཡོན་ཏན་རིན་པོ་ཆེས། །འགྲོ་བའི་མི་ཤེས་མུན་པ་ཀུན་སེལ་ཞིང་། །ཐོས་བསམ་སྒོམ་པའི་དཔལ་འབྱོར་སྟོལ་མཛད་པ། །དགོས་འདོད་འབྱུང་བའི་གཏེར་ཆེན་ལ་ཕྱག་འཚལ། །དྲི་མེད་ཐོས་པའི་ཁུར་གྱི་རྣམ་མཛེས་ལ། །རྣམ་དག་བསམ་པའི་ཤུགས་འཆང་དེ་ཉིད་གཟིགས། །རིམ་གཉིས་སྒྲུབ་པའི་ཐེག་པ་སྟོབས་ལྡན་མཆོག །ཐུབ་བསྟན་གཉིས་འཐུང་དབང་པོ་ལ་ཕྱག་འཚལ། །སྨིན་བྱེད་རྒྱུན་འགྲོས་ལུས་ཅན་མ་ལུས་པའི། །ཉེས་པའི་དྲི་མ་ཉེ་བར་སྦྱོང་མཛད་ཅིང་། །གསུང་ངག་གདམས་པའི་འཕྲུལ་མེད་ལམ་བསྟན་ནས། །ཡང་དག་སྐུ་བཞིའི་འབྲས་བུ་སྩོལ་ལ་འདུད། །བརྩེ་ཆེན་ཀུན་དགའི་ལེགས་བཤད་སྙིང་པོའི་དོན། །ལེགས་བྱས་བསོད་ནམས་ཁང་བཟང་རྩེར་བཀོད་ནས། །རྣམ་དཀར་གྲགས་པའི་རྒྱལ་མཚན་འཛིན་མཁས་པ། །གྲུབ་པའི་རིང་ལུགས་དབང་པོ་ཁྱོད་ལ་འདུད། །རྒྱལ་བས་ལུང་བསྟན་དེ་ཉིད་གཟིགས་པའི་ཕྱུལ། །རྒྱལ་བ་གཉིས་པས་བསྟན་པའི་རྒྱལ་ཚབ་ཏུ། །སྲས་ཀྱི་ཐུ་བོ་ཁྱོད་ཉིད་ལུང་བསྟན་ནས། །རྟག་པར་ཆོས་ཀྱི་རྒྱལ་སྲིད་སྐྱོང་ལ་འདུད། །ཟབ་དོན་ཡོན་ཏན་མ་ལུས

འབྱུང་བའི་གནས། །རྒྱལ་བའི་དགོངས་པ་ཇི་བཞིན་སྐད་ཅིག་ཀྱང་། །གཡེལ་མེད་གཞན་གྱི་དོན་ལ་ལྷུར་ལེན་པ། །ཐེག་པ་མཆོག་གི་རྣལ་འབྱོར་ཞབས་ལ་འདུད། །དེ་ལྟར་དམ་པ་ཁྱོད་ལ་གསོལ་བཏབ་པས། །རྒྱལ་བའི་བསྟན་པ་ཡུན་རིང་གནས་པ་དང་། །མཚུངས་མེད་བླ་མ་རྗེ་བཙུན་སྐུ་སྐྱོང་བའི། །ཞབས་པད་བསྐལ་བརྒྱར་གཞེས་བཅས་ཕྱིན་ལས་ཀྱུ་ཅིག །ཅེས་པ་འདི་ནི་རྗེ་བླ་མ་དེ་ཉིད་ལ་དད་པ་དང་ལྡན་པ་དག་གིས་ཡང་ནས་ཡང་དུ་བསྐུལ་བ་དག་གིས་རྐྱེན་བྱས་ནས། བཙུན་པ་བསོད་ནམས་ལྷུན་གྲུབ་ལེགས་པའི་འབྱུང་གནས་རྒྱལ་མཚན་དཔལ་བཟང་པོས་ཨེ་ཝཾ་དགོན་པར་བྲིས་པའོ། །

༈ གདན་རབས་བདུན་པ་ཡོངས་འཛིན་དཀོན་མཆོག་འཕེལ་བ་ལ་བསྟོད་པ་གཉིས་པ། ན་མོ་གུ་རུ་རཏྣ་ཕ་ཏྨ་ཡ། ཕུན་ཚོགས་དངོས་གྲུབ་ཀུན་གྱི་འབྱུང་གནས་ཆེ། །ས་གསུམ་སྐྱེ་དགུའི་གཙུག་གི་རྒྱན་གཅིག་པུ། །དཀོན་མཆོག་གསུམ་དངོས་བསམ་འཕེལ་ཡིད་བཞིན་གྱི། །ནོར་བུ་རིན་ཆེན་བླ་མའི་ཞབས་ལ་འདུད། །སྐྱོན་མེད་ཚུལ་ཁྲིམས་དག་པས་སྐུ་གཙང་ཞིང་། །ལྷག་བསམ་རྣམ་དག་གཞན་ལ་ཕན་པར་བརྩོན། །མཚན་རྟོག་ཉེར་ཞི་རྡོ་རྗེ་གསུམ་གྱི་དངོས། །བསླུ་མེད་ཡོངས་འཛིན་དམ་པའི་ཞབས་ལ་འདུད། །ཟབ་རྒྱས་ཆོས་ཀུན་སྟོན་མཁས་འཇམ་པའི་དབྱངས། །མཐའ་ཡས་འགྲོ་ལ་ཐུགས་རྗེའི་སྤྱན་རས་གཟིགས། །གསང་ཆེན་རྒྱུད་སྡེའི་མངའ་བདག་རྡོ་རྗེ་འཆང་། །འདྲེན་མཆོག་ཆོས་ཀྱི་རྒྱལ་པོའི་ཞབས་ལ་འདུད། །ཚེ་རབས་ཀུན་ཏུ་གུས་པས་ཕྱག་འཚལ་ཞིང་། །ལུས་དང་ལོངས་སྤྱོད་དུས་གསུམ་དགེ་ཚུས་མཆོད། །ལས་ཉོན་སྡིག་པ་ཅི་བགྱིས་སོ་སོར་བཤགས། །ཁྱོད་ཀྱིས་མཛད་སྤྱོད་ཀུན་ལ་རྗེས་ཡི་རངས། །ད་དུང་འགྲོ་ལ་དམ་ཆོས་སྟོན་པ་དང་། །སྲིད་པའི་དཔལ་དུ་བཞུགས་པར་གསོལ་བ་འདེབས། །དགེ་དེས་འགྲོ་ཀུན་བྱང་ཆུབ་ཐོབ་པ་དང་། །རང་གཞན་དོན་གཉིས་འགྲུབ་པར་བྱིན་གྱིས་རློབས། །ཞེས་པ་འདིའང་རྗེ་བཙུན་བླ་མ་དམ་པའི་ཡོན་ཏན་ཡིད་ལ་དྲན་ནས་དགེ་སློང་དཀོན་མཆོག་ལྷུན་གྲུབ་ཀྱིས་དེ་མ་ཐག་ཏུ་སྙིང་ཐག་པ་ནས་གསོལ་བ་བཏབ་པའོ། །

༈ གདན་རབས་བརྒྱད་པ་རྗེ་བཙུན་མུས་པ་ཆེན་པོ་སངས་རྒྱས་རིན་ཆེན་ལ་བསྟོད་པ། ན་མོ་གུ་རུ་བྷྱོ། སངས་རྒྱས་ཀུན་གྱི་ངོ་བོ་རྡོ་རྗེ་འཆང་། །རིན་ཆེན་བྱང་ཆུབ་སེམས་ལྡན་འདྲེན་རྟེན་མགོན། །ཀུན་མཁྱེན་འཇམ་པའི་དཔལ་དབྱངས་བཟང་པོའི་ཞབས། །རྣམ་པ་ཀུན་ཏུ་གུས་པས་བསྟོད་པར་

བགྱི། །གཞོན་ནུ་ཉིད་ནས་སྲིད་པའི་དཔལ་འབྱོར་ལ། །སྨི་ལམ་བཞིན་དུ་ཆགས་པ་མི་མངའ་བ། །འཁོར་བའི་ཕུན་ཚོགས་སྤྱངས་ནས་རབ་ཏུ་བྱུང་། །བསླབ་གསུམ་ཁྲིམས་ཀྱི་མཛེས་པ་དེ་ལ་འདུད། །བདག་གཞན་མཉམ་བརྗེ་འབྱོངས་པའི་ཐུགས་ལྡན་ཞིང་། །ཆོས་ཀུན་སྤྲོས་པ་ཉེར་ཞིའི་ངང་འཛིན་ལས། །ནམ་ཡང་གཡོ་མེད་འགྲོ་ལ་ལྷག་པར་བརྩེ། །སེམས་དཔའ་ཆེན་པོའི་ཞབས་ལ་ཕྱག་འཚལ་ལོ། །ཀུན་རྫོབ་སྣང་བ་ལྷ་ཡི་འཁོར་ལོར་ཤར། །དོན་དམ་ཟུང་འཇུག་ཕྱག་རྒྱ་ཆེན་པོའི་ངང་། །འཁོར་འདས་དབྱེར་མེད་གནས་ལུགས་གསལ་བར་གཟིགས། །རྡོ་རྗེ་འཛིན་པའི་གཙུག་རྒྱན་དེ་ལ་འདུད། །མཐུ་སྟོབས་དབང་ཕྱུག་བླ་མ་གཉིས་མེད་པས། །རྗེས་སུ་བཟུང་ཞིང་ལྷག་པའི་ལྷ་རྣམས་ལས། །ལུང་བསྟན་བརྙེས་པ་གྲུབ་པའི་དབང་ཕྱུག་ཁྱོད། །འབྲལ་མེད་སྙིང་གི་དཀྱིལ་ནས་གསོལ་བ་འདེབས། །དངོས་དང་ཡིད་ལས་བྱུང་བའི་མཆོད་སྤྲིན་གྱིས། །ཀུན་ཏུ་མཆོད་ཅིང་སྡིག་པའི་ལས་རྣམས་བཤགས། །དགེ་ལ་ཡི་རང་གྲངས་མེད་འགྲོ་བའི་དོན། །ཆོས་ཀྱི་འཁོར་ལོ་བསྐོར་ཞིང་བཞུགས་སུ་གསོལ། །བདག་ཀྱང་སྐྱེ་བ་ཀུན་ཏུ་ཁྱེད་ཀྱི་ཞབས། །གུས་པས་བསྟེན་ཅིང་གསུང་གི་བདུད་རྩི་ཡིས། །རང་རྒྱུད་སྨིན་ནས་མཁའ་མཉམ་སྐྱེ་དགུ་ལ། །རྣམ་གྲོལ་ལམ་སྟོན་རྒྱལ་བ་ཉིད་གྱུར་ཅིག །ཅེས་པ་འདི་རྗེ་བཙུན་སངས་རྒྱས་རིན་ཆེན་ལ་བདག་ཆེན་ཆོས་ཀྱི་རྒྱལ་པོ་ས་སྐྱ་ལོ་ཙྪ་བ་ཀུན་དགའ་བསོད་ནམས་གྲགས་པའི་རྒྱལ་མཚན་དཔལ་བཟང་པོས་བསྟོད་པའོ།། །།

༄ གློ་བོ་མཁན་ཆེན་བསོད་ནམས་ལྷུན་གྲུབ་ལ་བསྟོད་པ། བསོད་ནམས་རབ་རྒྱས་ལྷག་བསམ་ལྷུན་གྱིས་གྲུབ། །མདོ་རྒྱུད་ལེགས་པར་འཆད་པའི་འབྱུང་གནས་ཆེ། །ཐུབ་བསྟན་རྒྱལ་མཚན་རྟག་ཏུ་ཆེར་མཐོ་འཛིན། །ཕན་བདེའི་དཔལ་འབྱོར་བཟང་པོར་རྒྱ་ཆེར་འདུད། །

༄ ས་ལོ་ཐམས་ཅད་མཁྱེན་པ་བསྟོད་པ་རྗེ་ཉིད་ཀྱི་མཛད་པ། རབ་མཛེས་ཀུན་དགའི་བསོད་ནམས་ལས་གྲུབ་སྐུ། །གྲགས་པ་རྒྱལ་མཚན་ཆོས་སྒྲ་སྒྲོག་པའི་གསུང་། །སྲིད་ཞིའི་དཔལ་འབྱོར་ཀུན་སྐྱོལ་བཟང་པོའི་ཐུགས། །འཇམ་དབྱངས་ཆོས་ཀྱི་རྗེ་ལ་གསོལ་བ་འདེབས། །

༄ སྭསྟི་རསྟུ། གདན་རབས་དགུ་པ་རྒྱལ་བ་ལྷ་མཆོག་སེང་གེའི་བསྟོད་པ་དང་པོ། ཀུན་ཁྱབ་འཁོར་ལོའི་གདངས། ལྷག་པའི་ལྷ་དང་བླ་མ་མཆོག་རྣམས་ཀྱི། །དམ་པའི་ཆོས་སྒྲ་སེངྒེའི་སྒྲ་སྒྲོག

ཅིང་། །རྒྱལ་བ་ཀུན་གྱི་ཕྲིན་ལས་སྐྱོང་མཛད་པ། །མཉམ་མེད་བླ་མའི་ཐུགས་སྲས་ལ་ཕྱག་འཚལ། །དྲི་མེད་ཚུལ་ཁྲིམས་མཆོག་གིས་རྒྱུད་གཏམས་ཤིང་། །མང་དུ་ཐོས་པའི་རྒྱ་མཚོའི་ཕ་མཐར་སོན། །ཡང་དག་རྟོགས་པའི་དབང་ཕྱུག་གྲུབ་པའི་རྗེ། །འགྲོ་བའི་འདྲེན་པ་མཆོག་ལ་ཕྱག་འཚལ་ལོ། །རྒྱུད་སྡེ་ཀུན་གྱི་གསུང་རབ་ཟབ་མོའི་དོན། །རྣལ་འབྱོར་དབང་ཕྱུག་དགོངས་དོན་ཇི་བཞིན་དུ། །ལྷན་སྐྱེས་ཡེ་ཤེས་ལམ་ལ་འགོད་མཛད་པ། །ཐུབ་དབང་བསྟན་པའི་གསལ་བྱེད་ལ་ཕྱག་འཚལ། །དབང་རྒྱུན་རྣམ་དག་གཏྣྲའི་ཆུ་བོ་ཡིས། །སྐལ་ལྡན་སློབ་མའི་ཞིང་ཁམས་སྐྱེ་མཆེད་རྣམས། །སྐུ་བཞིའི་གོ་འཕང་མཆོག་ལ་ལེགས་བཀོད་ནས། །རྒྱལ་བའི་ཕྲིན་ལས་མངོན་སུམ་མཛད་ལ་འདུད། །འབུམ་ཕྲག་ཆོས་ཀྱི་མཛོད་ལ་དབང་བསྒྱུར་བའི། །རྒྱལ་སྲས་བསྟན་པའི་ཁུར་འཛིན་ཁྱོད་ཉིད་ཀྱི། །རྣམ་པར་དཀར་བའི་དགེ་ཚོགས་དཔག་མེད་ཀྱིས། །འཆི་མེད་ཐར་པའི་བདུད་རྩི་བསྩལ་དུ་གསོལ། །དགེ་སློང་བསོད་ནམས་ལྷུན་གྱི་གྲུབ་པའི་འབྱུང་གནས་རྒྱལ་མཚན་དཔལ་བཟང་པོས་བྲིས་པ་མङ्गलཾ། །

༄ གདན་རབས་དགུ་པ་རྒྱལ་བ་ལྷ་མཆོག་སེང་གེའི་བསྟོད་པ་གཉིས་པ།

༄ ན་མོ་གུ་རུ། མཚུངས་མེད་ཆོས་ཀྱི་རྗེ་ལྷ་མཆོག་སེངྒེ་ལ་བསྟོད་པ་མཚན་རིན་པོ་ཆེའི་ཕྲེང་བ་ཞེས་བྱ་བ། བླ་མ་དང་གཉིས་སུ་མེད་པའི་རྗེ་བཙུན་མཐུ་སྟོབས་ཀྱི་མགོན་པོ་ལ་ཕྱག་འཚལ་ལོ། །ཕན་བདེ་ཀུན་གྱི་འབྱུང་གནས་རིན་པོ་ཆེ། །བྲུ་རམ་ཤིང་པའི་རིགས་འབྱུང་ཁྲིམས་ཀྱི་སྒོར། །ལེགས་ཞུགས་ལྷ་མིའི་འདྲེན་པ་མཆོག་གྱུར་པའི། །དཔལ་ལྡན་སྨྲ་བའི་སེངྒེ་ལ་ཕྱག་འཚལ། །ལྷར་བཅས་སྐྱེ་རྒུ་སྲིད་ལས་བསྒྲལ་བའི་ཕྱིར། །རིན་ཆེན་བྱང་ཆུབ་མཆོག་ཏུ་ཐུགས་བསྐྱེད་ནས། །གཞན་ཕན་སྤྱོད་པས་ནམ་ཡང་མི་ངལ་བའི། །མཐའ་བྲལ་སྟོང་ཉིད་སྨྲ་བའི་སེངྒེར་འདུད། །གྲངས་མེད་ལྷ་དང་མཁའ་འགྲོའི་ཚོགས་རྣམས་ཀྱི། །བྱིན་རླབས་རལ་པའི་ཁུར་གྱིས་ལུས་མཛེས་ཤིང་། །ཐེག་མཆོག་བསྟན་པའི་གངས་རི་ལེགས་སྐྱོང་བའི། །ཟབ་དོན་རྒྱུད་སྡེ་སྨྲ་བའི་སེངྒེར་འདུད། །རང་བྱུང་དགའ་མའི་བདག་པོ་མིག་སྟོང་ཅན། །བདེ་བྱེད་འཁོར་ལོ་ཅན་སོགས་ལྷ་མཆོག་གི། །གཙུག་གི་ནོར་བུས་གང་གི་ཞབས་མཆོད་པའི། །ཤཱཀྱ་སེངྒེའི་སྲོལ་འཛིན་ཁྱོད་ཕྱག་འཚལ། །རྣམ་དཀར་མཛད་པ་ལྷ་ལམ་ལྷར་ཡངས་ལ། །བློ་གྲོས་མཆོག་སྟོབས་ཡོངས་རྫོགས་ཆོས་འཁོར་བསྐོར། །ཡེ་ཤེས་ཆེ་བརྟེན་བཤེས་གཉེན་

སེང་གེ་དེར། །ཞལ་བྱུང་ལུས་འབུལ་དུས་གསུམ་ཀུན་ཏུ་འདུད། །དེ་ལྟར་ཕྱག་འཚལ་མཆོད་པ་ཀུན་གྱིས་མཆོད། །ཉེས་ཀུན་བཤགས་ཤིང་དགེ་ལ་རྗེས་ཡི་རངས། །ཆོས་འཁོར་བསྐོར་ཞིང་བཞུགས་པར་གསོལ་འདེབས་ཀྱི། །འགྲོ་ཀུན་བྱང་ཆུབ་ཆེན་པོ་ཐོབ་པར་མཛོད། །གདུལ་བྱར་གྱུར་པའི་བདག་སོགས་འགྲོ་བ་རྣམས། །ཡོངས་འཛིན་དགེ་བའི་བཤེས་ཀྱིས་རྗེས་བཟུང་ནས། །འབྲལ་མེད་ཐུགས་རྗེ་ཆེན་པོས་ལེགས་སྐྱོང་ཞིང་། །རྣམ་མཁྱེན་ཆོས་ཀྱི་རྒྱལ་པོ་ཐོབ་པར་ཤོག །

༈ གདན་རབས་བཅུ་པ་རྡོར་ཆེན་ཐམས་ཅད་མཁྱེན་པ་དཀོན་མཆོག་ལྷུན་གྲུབ་ལ་བསྟོད་པ་དང་པོ། ཨོཾ་སྭསྟི། དཀོན་མཆོག་གསུམ་དངོས་ཡོངས་འཛིན་མགོན་གྱིས་བཟུང་། །ཁྲིམས་ལྡན་ཐོས་བསམ་སྒོམ་པའི་ནོར་གྱིས་ཕྱུག །ལྷུན་གྲུབ་ཕྲིན་ལས་ཕྱོགས་བརྒྱར་སྤེལ་མཁས་པའི། །བློ་ལྡན་དགེ་བའི་བཤེས་ལ་གསོལ་བ་འདེབས། །རྣམ་མང་ཤེས་བྱའི་རི་མོ་ངོ་མཚར་བ། །རྣམ་དཔྱོད་དཔྱལ་དཀར་དྭངས་པའི་མེ་ལོང་དུ། །རྣམ་དཀར་ཚོགས་གཉིས་དབང་གིས་ལེགས་ཤར་བའི། །རྣམ་མཁྱེན་འདྲེན་པ་མཆོག་ལ་གསོལ་བ་འདེབས། །རྒྱལ་བའི་རིགས་ཀྱི་སྐྱེ་མཆེད་མ་ཉམས་པ། །བྱམས་དང་སྙིང་རྗེའི་མ་མས་ལེགས་བསྐྱངས་ནས། །གཞན་དོན་གསེར་གྱི་འཁོར་ལོ་རྟག་བསྐྱུར་བའི། །བརྩེ་ལྡན་རྒྱལ་བའི་སྲས་ལ་གསོལ་བ་འདེབས། །ཡོངས་རྫོགས་ཐུབ་པའི་རྒྱལ་སྲིད་མཐོན་པོ་ལ། །དབང་བསྒྱུར་ཤིང་རྟ་མཆོག་གི་རྗེས་ཞུགས་ནས། །ནམ་ཡང་བསྟན་པའི་བྱ་བས་མི་ངལ་བའི། །འགྲོ་བའི་འདྲེན་པ་མཆོག་ལ་གསོལ་བ་འདེབས། །སྐུལ་མཚམས། །དེ་ལྟར་དད་དང་འདུན་པའི་རྒྱལ་མཚན་རྩེར། །བསྟུགས་འོས་ཡིད་བཞིན་ནོར་བུ་ལེགས་བཞག་སྟེ། །རབ་དད་གུས་པས་གསོལ་བ་བཏབ་པའི་མཐུས། །འགྲོ་ཀུན་དོན་གཉིས་དཔལ་གྱིས་འབྱོར་པར་ཤོག །ཅེས་འདི་དད་པའི་རྗེས་འབྲང་བ། །རྗོ་གདན་ཡེ་ཤེས་བཟང་པོ་ཡིས། །ཡང་ཡང་བསྐུལ་བའི་ངོར་བྲས་ཀྱི། །ཡོན་ཏན་ཚུལ་དེ་ཡོད་རེ་སྐན། །འོན་ཀྱང་བཤེས་གཉེན་ཞལ་པ་ལ། །སངས་རྒྱས་ལྟ་བུར་བསྟོགས་པ་ནི། །སྐྱོན་ངག་མཁན་ལ་མ་བཀག་ཅེས། །གསུངས་ཕྱིར་འདི་ལ་སྐྱོན་ཡོད་མིན། །

༈ གདན་རབས་བཅུ་པ་རྡོར་ཆེན་ཐམས་ཅད་མཁྱེན་པ་དཀོན་མཆོག་ལྷུན་གྲུབ་ལ་བསྟོད་པ་གཉིས་པ། ན་མོ་གུ་རུ་བྷེ། དཀོན་མཆོག་གསུམ་གྱི་གདུང་འཛིན་འཛམ་པའི་དབྱངས། །སྐུ་གསུང

ལྷུན་གྲུབ་ཕྲིན་ལས་ཆར་རྒྱུན་གྱི། །སྲིད་གསུམ་གདུལ་བྱའི་ཚོགས་རྣམས་སྨིན་མཛད་པའི། །དུས་གསུམ་རྒྱལ་བའི་རྣམ་འཕྲུལ་དེ་ལ་འདུད། །གང་སྐུ་མཚན་དཔེས་རབ་མཛེས་ཡིད་འཕྲོག་ཅིང་། །གང་གསུང་ཚངས་པའི་དབྱངས་ལྟར་ཆོས་སྒྲ་སྒྲོག །གང་ཐུགས་བདེ་སྟོང་མཆོག་ལ་རྣམ་རོལ་བའི། །གང་ཞིག་རྡོ་རྗེ་གསུམ་ལྡན་དེ་ལ་འདུད། །དེ་ལྟར་བསྟོད་ཅིང་གསོལ་བ་བཏབ་པའི་མཐུས། །བདག་སོགས་གདུལ་བྱའི་ཚོགས་རྣམས་ཐམས་ཅད་ལ། །དམ་པ་ཁྱོད་ཀྱིས་ཐུགས་རྗེས་ཉེར་བཟུང་ནས། །མྱུར་དུ་ཧེ་རུ་ཀ་དཔལ་མངོན་གྱུར་ཤོག །ཅེས་དད་པ་རྩེ་གཅིག་པའི་སྒོ་ནས་གསོལ་བ་འདེབས་པའི་ཚིགས་བཅད་འདི་ནི། དཔལ་ས་སྐྱ་པ་སྔགས་འཆང་ངག་གི་དབང་པོ་ཀུན་དགའ་རིན་ཆེན་གྱིས་ཕུལ་བ་དགེ་ལེགས་མཆོག་ཏུ་གྱུར་ཅིག ། ༎

༄ གདན་རབས་བཅུ་པ་ངོར་ཆེན་ཐམས་ཅད་མཁྱེན་པ་དཀོན་མཆོག་ལྷུན་གྲུབ་ལ་བསྟོད་པ་གསུམ་པ། ན་མོ་གུ་རུ་ཝེ། འདོད་དགུའི་དཔལ་འབྱུང་དྲིན་ཅན་ཆོས་ཀྱི་རྗེ། །བསླུ་མེད་དཀོན་མཆོག་གསུམ་གྱི་ངོ་བོ་ཉིད། །ཡོན་ཏན་ལྷུན་རྫོགས་དངོས་གྲུབ་དུ་མའི་གཏེར། །མཚུངས་མེད་བླ་མའི་ཞབས་ལ་གསོལ་བ་འདེབས། །ཉེས་པའི་སྐྱོན་བྲལ་ཞི་ཞིང་དུལ་བའི་སྐུ། །གཞོན་ནུ་ཉིད་ནས་དམ་པའི་མགོན་གྱིས་བཟུང་། །བསླབ་གསུམ་རྣམ་དག་ཐོས་བསམ་སྒོམ་པས་ཕྱུག །རྗེ་བཙུན་བླ་མའི་སྐུ་ལ་གསོལ་བ་འདེབས། །མདོ་རྒྱུད་བསྟན་བཅོས་ལུང་རིགས་མན་ངག་རྣམས། །ཇི་བཞིན་མ་འདྲེས་གསལ་བར་འཆད་མཁས་ཤིང་། །ཀུན་ལ་ཕན་དང་བདེ་བའི་ལམ་སྟོན་པ། །ངག་གི་དབང་ཕྱུག་གསུང་ལ་གསོལ་བ་འདེབས། །གཞན་ལ་གནོད་པའི་བསམ་སྦྱོར་དུག་བཞིན་སྤངས། །ཀུན་ལ་བརྩེ་བའི་བྱང་སེམས་ནོར་བུ་རྙེད། །གསང་ཆེན་སྨྲས་པའི་དོན་ལ་དབང་འབྱོར་པའི། །མཁྱེན་བརྩེ་ལྡན་པའི་ཐུགས་ལ་གསོལ་བ་འདེབས། །དངོས་བརྒྱུད་བླ་མ་རྣམས་ཀྱིས་བྱིན་གྱིས་བརླབས། །སྐལ་ལྡན་འགྲོ་བ་ཆོས་ཀྱི་ཆར་ཆེན་འབེབས། །མཁས་བཙུན་མང་པོའི་གཙུག་གིས་གུས་བསྟེན་པའི། །དཔལ་ལྡན་ཆོས་ཀྱི་རྗེ་ལ་གསོལ་བ་འདེབས། །མ་ནོར་ལམ་སྟོན་རྩ་བའི་བླ་མ་ལ། །ཟོལ་མེད་སྙིང་ནས་ཡང་ཡང་གསོལ་འདེབས་ཀྱིས། །ཚེ་རབས་ཀུན་ཏུ་ཐུགས་རྗེའི་སྤྱན་གྱིས་གཟིགས། །བདུད་ཀྱི་སྤྱོད་ཡུལ་ཀུན་ལས་བསྐྱབ་ཏུ་གསོལ། །དལ་འབྱོར་རིན་ཆེན་ལན་གཅིག་ཐོབ་དུས་འདིར། །འཇིག་རྟེན་བྱ་བ

ངན་པས་མི་གཡེང་བར། །མི་རྟག་འཆི་བ་དྲན་པའི་བརྩོན་འགྲུས་ཀྱིས། །དཀའ་སྤྱད་ཆོས་ལ་ནུས་པར་བྱིན་གྱིས་རློབས། །ཤིན་ཏུ་མི་བཟད་སྡུག་བསྔལ་དུ་མའི་གནས། །འཁོར་བའི་འཇིགས་ལས་ཐར་འདོད་སྐྱོ་ཤས་ཀྱིས། །སྡིག་སྤོང་དགེ་བ་སྒྲུབ་ལ་བརྩོན་པ་དང་། །དམ་ཆོས་ལམ་དུ་ལྡོང་བར་བྱིན་གྱིས་རློབས། །ཐོག་མེད་དུས་ནས་ཡང་ཡང་ཕན་བཏགས་པའི། །ཉམ་ཐག་འགྲོ་ལ་དམིགས་པའི་སྙིང་བརྗེ་ཡིས། །བླ་མེད་བྱང་ཆུབ་འདོད་པའི་བློ་བསྐྱེད་ནས། །རྒྱལ་སྲས་སྤྱོད་པ་སྒྲུབ་པར་བྱིན་གྱིས་རློབས། །འདུ་འཛིའི་གནས་དང་སྡིག་པའི་གྲོགས་སྤངས་ནས། །དབེན་པའི་གནས་སུ་རང་སེམས་འདུལ་བ་དང་། །ཆོས་ཀུན་རང་བཞིན་སྐྱེ་བ་མེད་པའི་དོན། །ངེས་དོན་འཇམ་དབྱངས་མཐོང་བར་བྱིན་གྱིས་རློབས། །མདོར་ན་སྐྱེ་ཞིང་སྐྱེ་བ་ཐམས་ཅད་དུ། །རྗེ་བཙུན་བླ་མའི་ཞབས་པད་གྲུས་བསྟེན་ཅིང་། །རྟག་ཏུ་གསུང་གི་བདུད་རྩི་ལེན་པ་དང་། །རང་གཞན་དོན་གཉིས་འགྲུབ་པར་བྱིན་གྱིས་རློབས། །

༄ གདན་རབས་བཅུ་པ་ངོར་ཆེན་ཐམས་ཅད་མཁྱེན་པ་དཀོན་མཆོག་ལྷུན་གྲུབ་ལ་བསྟོད་པ་བཞི་པ། ན་མོ་གུ་རུ་ཝེ། དཀྱིལ་འཁོར་རྒྱ་མཚོའི་རིགས་བདག་བླ་མ་དང་། །དཀོན་མཆོག་རྣམ་གསུམ་དགེས་པའི་བཤེས་གཉེན་མཆོག །རྣམ་དཀར་ཕྲིན་ལས་ལྷུན་གྲུབ་ཆོས་ཀྱི་རྗེ། །རྒྱ་ཆེན་ཆོས་ཀྱི་སྤྱན་ལྡན་ཁྱོད་ཕྱག་འཚལ། །སྔོན་ཚེ་གོམས་པའི་སྦྱོབས་པ་མི་དམན་པས། །འཆད་རྩོད་རྩོམ་ལ་བསླེངས་བྲལ་བློ་གྲོས་རྒྱས། །ཀུན་སྤྱོད་རྣམ་དག་བྱང་ཆུབ་སེམས་གཉིས་འབྱོངས། །བསྟན་པའི་ཉི་མར་གྱུར་ལ་གསོལ་བ་འདེབས། །ཕྱི་ནང་རྟེན་འབྲེལ་ཟབ་མོའི་གནད་རིག་ནས། །གཞན་ཕན་ལྷུར་མཛད་རྡོ་རྗེ་སློབ་དཔོན་མཆོག །ཁྱོད་ལ་གསོལ་བ་བཏབ་པའི་དགེ་ཚོགས་དེས། །རྒྱལ་བའི་ཕྲིན་ལས་ཀུན་ལ་དབང་འབྱོར་ཤོག །ཅེས་འདི་འཇམ་དབྱངས་རྣམ་སྤྲུལ་ས་སྐྱ་པ། །ཀུན་དགའ་བསམ་གྲུབ་བཀྲ་ཤིས་རྒྱལ་མཚན་དཔལ། །བཟང་པོའི་བཀའ་ཡིས་བསྐུལ་ནས་འབྱུང་རུང་གི། །ཡོན་ཏན་འགའ་ལ་རང་གིས་བསྟོགས་པའོ། །

༄ གདན་རབས་བཅུ་གཅིག་པ་འཇམ་དབྱངས་སངས་རྒྱས་སེང་གེའི་བསྟོད་པ། ཨོཾ་སྭསྟི། ཕུན་ཚོགས་ས་གསུམ་འདྲེན་མཆོག་ཆོས་ཀྱི་རྗེ། །ཀུན་ཁྱབ་དུས་གསུམ་སངས་རྒྱས་ཀུན་གྱི་དངོས། །

མཁའ་ཁྱབ་ཁམས་གསུམ་སྒྲོལ་བའི་ཕྲིན་ལས་ཅན། །ཟབ་རྒྱས་ཐེག་གསུམ་སྨྲ་བའི་སེང་གེར་འདུད། །
སངས་རྒྱས་བསྟན་པའི་ཁང་བཟང་རབ་ཡངས་པར། །འཆད་རྩོད་རྩོམ་པའི་རིན་ཆེན་ཁྲིར་འཁོད་
ནས། །སྐལ་བཟང་འཆི་མེད་བདེ་ལ་རབ་འགོད་པའི། །ཤཱཀྱའི་སྒྲོལ་འཛིན་སྨྲ་བའི་སེང་གེར་འདུད། །
སངས་རྒྱས་ཀུན་གྱི་མཁྱེན་བརྩེའི་རོལ་པས་བཞེད། །ཚུལ་གནས་ཐོས་བསམ་སྒོམ་པའི་ལུས་སྟོབས་
རྒྱས། །མདོ་རྒྱུད་མན་ངག་མཆེ་སྡེར་རབ་རྣོ་ལྡན། །འཇམ་དབྱངས་སྨྲ་བའི་སེང་གེའི་ཞབས་ལ་འདུད།
།དུས་གསུམ་སངས་རྒྱས་ཀུན་བདག་རྡོ་རྗེ་འཛིན། །སྲིད་གསུམ་ཐུགས་རྗེས་དབང་མཛད་སྤྱན་རས་
གཟིགས། །རིགས་གསུམ་མ་རིག་མུན་སེལ་འཇམ་པའི་དབྱངས། །སྐུ་གསུམ་མངོན་གྱུར་སྨྲ་བའི་
སེང་གེར་འདུད། །སྐུལ་མཚམས། དེ་ལྟར་ཕྱག་འཚལ་མཆོད་ཅིང་སྡིག་ཀུན་བཤགས། །ཡི་རང་
བསྐུལ་ཞིང་གསོལ་འདེབས་དགེ་བ་ཀུན། །འཁོར་འདས་དགེ་དང་ལྡན་ཅིག་བསྡོམས་པའི་མཐུས།
།མ་གྱུར་འགྲོ་རྣམས་བྱང་ཆུབ་མཆོག་ཐོབ་མཛོད། །བདག་ཡིད་དད་པ་སྙིང་གི་ཆུ་སྐྱེས་དབུས། །རྩེ་
གཅིག་འདུན་པ་ཉི་ཟླའི་གདན་སྟེང་དུ། །འཇམ་དབྱངས་མི་བསྐྱོད་རྡོ་རྗེ་བརྟན་བཞུགས་ནས། །དོན་
གཉིས་ཕུན་ཚོགས་དངོས་གྲུབ་སྩོལ་དུ་གསོལ། །ཚེ་རབས་ཀུན་ཏུ་རིགས་གཟུགས་འབྱོར་ལྡན་ཞིང་།
།དམ་ཆོས་སྒྲུབ་པའི་མཐུན་རྐྱེན་ཀུན་ཚང་ནས། །དམ་པས་བསྔགས་པའི་ལམ་མཆོག་མཐར་ཕྱིན་ཏེ།
།སྐུ་གསུམ་རིན་ཆེན་གླིང་དུ་བགྲོད་པར་ཤོག །རྣམ་དག་ཐོས་བསམ་སྒོམ་པའི་ཤེས་རབ་ཀྱིས། །རྒྱལ་
བའི་དགོངས་པ་ཇི་བཞིན་ལེགས་རྟོགས་ནས། །སྐལ་ལྡན་འགྲོ་ལ་ཚུལ་བཞིན་འདོམས་མཛད་པ།
།མཚན་ལྡན་དགེ་བའི་བཤེས་ལ་གསོལ་བ་འདེབས། །

༄ གདན་རབས་བཅུ་གཉིས་པ་མཚུངས་མེད་དཀོན་མཆོག་དཔལ་ལྡན་ལ་བསྟོད་པ། ན་མོ་གུ
རུ་ཝེ། དངོས་གྲུབ་ཀུན་འབྱུང་རྩ་བརྒྱུད་བླ་མ་དང་། །དགེ་ལེགས་ཀུན་འབྱུང་དཀོན་མཆོག་རིན་ཆེན་
དངོས། །མདོ་རྒྱུད་ཀུན་འབྱུང་རྗེ་བཙུན་ཆོས་ཀྱི་རྗེ། །བྱིན་རླབས་ཀུན་འབྱུང་དཔལ་ལྡན་བླ་མར་
འདུད། །གང་སྐུ་རྣམ་དཔྱོད་རྒྱས་པའི་བཞིན་རས་ལ། །གང་གསུང་ཚངས་པའི་དབྱངས་ཀྱིས་ཉེར་
མཛེས་ཤིང་། །གང་ཐུགས་ཏིང་འཛིན་སྒོ་བརྒྱ་འབྱེད་མཁས་པའི། །གང་ཞིག་འགྲོ་བའི་འདྲེན་པ་དེ་
ལ་འདུད། །ཁྲིམས་ལྡན་འདུལ་བའི་ཡུ་བ་རབ་བརྟན་ཞིང་། །རབ་དཀར་བྱང་སེམས་དར་གྱིས་ལྷབ་

ལྷུབ་གཡོ། །རིམ་གཉིས་ནོར་བུའི་ཏོག་གིས་ཉེར་མཛེས་པའི། །བསྟན་པའི་རྒྱལ་མཚན་མཆོག་ལ་གུས་པས་འདུད། །མན་ངག་ཟབ་མོའི་གྲུ་ཆེན་ལེགས་བཟུང་ནས། །ལྷག་བསམ་རྣམ་དག་བ་དན་ལེགས་བསྒྲེད་དེ། །ལུགས་བཟང་རིན་ཆེན་ཕྲེང་བ་ལེགས་བླངས་ནས། །སྐལ་ལྡན་གདུལ་བྱའི་དབུལ་བ་སེལ་ལ་འདུད། །སྐུལ་མཚམས། འཆད་ན་ལེགས་བཤད་མཁས་པའི་ཡིད་རབ་འཕྲོག །རྩོད་ན་ཕས་རྒོལ་ལོག་ལྟའི་བྲག་རི་བཤིག །རྩོམ་ན་རྒྱལ་བའི་དགོངས་དོན་ཇི་བཞིན་མཁྱེན། །སྐྱེ་དགུ་ཀུན་གྱི་གཙུག་རྒྱན་དེ་ལ་འདུད། །མཁས་ཀུན་དགའ་མཛད་འདྲེན་པ་བཟང་པོ་དང་། །དཀོན་མཆོག་མཁྱེན་བརྩེའི་ཕྲིན་ལས་ལྷུན་གྲུབ་དང་། །སངས་རྒྱས་སྐུ་དངོས་སྨྲ་བའི་སེངྒེ་ཡི། །ཐུགས་སྲས་རྒྱལ་ཚབ་ཆོས་ཀྱི་རྗེ་ལ་འདུད། །མཁྱེན་རབ་དབང་ཕྱུག་རྗེ་བཙུན་ས་སྐྱ་པའི། །ཡོངས་རྫོགས་བསྟན་པ་མཆོག་ལ་དབང་སྒྱུར་ཅིང་། །ཟབ་དོན་སྙན་བརྒྱུད་འཆད་ལ་ཟླ་མེད་པའི། །གྲུབ་ཆེན་སྦས་པའི་མཆོག་གྱུར་དེ་ལ་འདུད། །དེ་ལྟར་གུས་པས་གསོལ་བ་བཏབ་པའི་མཐུས། །རྒྱལ་བའི་བསྟན་པ་ཡུན་རིང་གནས་པ་དང་། །རྟག་ཏུ་ཞབས་བརྟན་ཐོས་བསམ་འཕེལ་བ་དང་། །ཐུབ་པའི་བསྟན་པ་ཕྱོགས་བཅུར་རྒྱས་གྱུར་ཅིག །ཁྱད་པར་རྒྱལ་བ་གཉིས་པ་ཨེ་ཝཾ་པའི། །ཕྲིན་ལས་བ་དན་དཀར་པོ་རབ་བསྒྲེད་དེ། །ཆོས་མིན་ཆོས་ལྟར་བཅོས་པའི་བདུད་བཅོམ་ནས། །འགྲོ་རྣམས་ཡང་དག་ལམ་ལ་འགོད་པར་ཤོག །དད་ལྡན་སློབ་མས་སྐུལ་བའི་ངོར། །ངོར་དཔོན་རང་གིས་སྦྱར་བའོ། །

༈ གདན་རབས་བཅུ་གསུམ་པ་བྲང་ཏི་པཎ་ཆེན་ནམ་མཁའ་དཔལ་བཟང་ལ་བསྟོད་པ་དང་པོ། རབ་འབྱམས་ཤེས་བྱའི་ནམ་མཁའ་ཡངས་པ་ལ། །རབ་གསལ་མཁྱེན་པའི་འོད་ཟེར་རབ་འཕྲོས་པས། །རབ་མང་བློ་གསལ་པད་མོའི་དཔལ་ཡོན་ཅན། །རབ་མཁས་ཕྲིན་ལས་བཟང་པོ་དེ་ལ་འདུད། །གང་སྐུ་ལི་ཁྲིའི་ལྷུན་པོ་ལྟར་བརྟན་ཞིང་། །གང་གསུང་དབྱངས་ཅན་མགྲིན་པའི་དཔལ་ཐོབ་པ། །གང་ཐུགས་རབ་གསལ་ཏིང་འཛིན་ཆེར་བརྟན་པའི། །གངས་ཅན་བསྟན་པའི་སྒྲོལ་འཛིན་ཁྱོད་ཕྱག་འཚལ། །དེ་ལྟར་བསྟོད་པའི་རྣམ་དཀར་དགེ་བ་དེས། །དེ་བཞིན་གཤེགས་པའི་བསྟན་པ་རྒྱས་པ་དང་། །དེ་འཛིན་བྱེད་པའི་སྐྱེས་མཆོག་ཞབས་བརྟན་པར། །དེ་ལྟར་སྨོན་པ་བཞིན་དུ་འགྲུབ་པར་ཤོག །ཤཱཀྱའི་དགེ་སློང་དཀོན་མཆོག་དཔལ་ལྡན་གྱིས་རྩེ་གདོང་བསམ་གཏན་འཕེལ་རྒྱས་སུ་སྦྱར་བའོ། །

༄ གདན་རབས་བཅུ་གསུམ་པ་བྲང་ཏི་ནམ་མཁའ་དཔལ་བཟང་ལ་བསྟོད་པ་གཉིས་པ། སྭསྟི་བི་ཛ་ཡ། ཐུགས་རྗེས་འགྲོ་བ་ནམ་ཡང་མི་གཏོང་ཞིང་། །གསུང་རབ་མཁའ་ལ་མཁྱེན་པའི་འོད་དཀར་གྱི། །ཟབ་དོན་དཔལ་འབྱོར་བཟང་པོའི་སྣང་བ་ཅན། །ཡོངས་འཛིན་དམ་པའི་ཞབས་ལ་གུས་ཕྱག་འཚལ། །ཐོས་བསམ་སྒོམ་པའི་དཀྱིལ་འཁོར་རབ་ཏུ་རྒྱས། །མཁྱེན་བརྩེ་ནུས་པའི་འོད་ཟེར་འབུམ་ཕྲག་ཅན། །འཆད་རྩོད་རྩོམ་པས་བསྟན་པ་གསལ་མཛད་པའི། །འདྲེན་མཆོག་ཉིན་མོར་བྱེད་པ་ཁྱོད་ཕྱག་འཚལ། །ངེས་འབྱུང་ཚུལ་ཁྲིམས་རྩ་བ་རབ་བརྟན་ཞིང་། །གཞན་ཕན་བྱང་སེམས་ལོ་འདབ་མེ་ཏོག་རྒྱས། །གསང་ཆེན་འབྲས་བུའི་ཁུར་གྱིས་གཡུར་ཟ་བའི། །སུམ་ལྡན་དཔག་བསམ་ལྗོན་པ་ཁྱོད་ཕྱག་འཚལ། །མཐའ་ཡས་རྒྱུད་སྡེའི་དགོངས་པ་བདུད་རྩིའི་རྒྱུན། །སྨད་བྱུང་བརྩོན་པའི་སློམ་པས་ལེགས་གསོལ་ནས། །སྐལ་ལྡན་འགྲོ་ལ་ཚུལ་བཞིན་འདོམས་མཛད་པ། །གསང་ཆེན་མཁས་པའི་དབང་པོ་ཁྱོད་ཕྱག་འཚལ། །སྐྱེ་བ་ཀུན་ཏུ་རྗེ་བཙུན་ས་སྐྱ་པའི། །བཤད་སྒྲུབ་ཉི་ཟླའི་སྣང་བ་ལེགས་བཟུང་ནས། །རྒྱ་ཆེན་ཤེས་བྱའི་མཁའ་ལ་བགྲོད་མཁས་པའི། །ཐུབ་བསྟན་གླིང་བཞི་གསལ་བ་ཁྱོད་ཕྱག་འཚལ། །ཕྱི་ནང་གསང་བ་བླ་ན་མེད་པ་ཡི། །མཆོད་སྤྲིན་རྒྱ་མཚོས་རྟག་ཏུ་མཆོད་པ་འབུལ། །ལུས་ངག་ཡིད་ཀྱི་ཉེས་ཀུན་སོ་སོར་བཤགས། །དུས་གསུམ་དགེ་བ་ཀུན་ལ་རྗེས་ཡི་རང་། །ཟབ་ཡངས་ཆོས་ཀྱི་འཁོར་ལོ་བསྐོར་བར་བསྐུལ། །རྟག་ཏུ་མྱ་ངན་མི་འདའ་བཞུགས་པར་གསོལ། །བདག་དང་གཞན་གྱིས་དགེ་བ་ཅི་བསགས་པ། །མཁའ་མཉམ་འགྲོ་བས་བྱང་ཆུབ་མྱུར་ཐོབ་ཤོག །

༄ གདན་རབས་བཅུ་བཞི་པ་བྱམས་པ་ཀུན་དགའ་བཀྲ་ཤིས་ལ་བསྟོད་པ། ན་མོ་མཻ་ཏྲི་ཨཱ་ནནྡ་མཾ་ག་ལཾ་ཀཱིརྟི་རཏྣ་ཛ་ཤྲཱི་བྷ་དྲཱ་ཡ། བྱམས་པའི་ཐུགས་རྗེས་ཀུན་དགའ་བསྟན་པའི་ལ། །བཀྲ་ཤིས་གྲགས་པའི་རྒྱལ་མཚན་ལེགས་བཟུང་སྟེ། །དཔལ་འབྱོར་བཟང་པོས་སྐལ་ལྡན་སྐྱོང་མཛད་པའི། །འགྲོ་བའི་སྐྱབས་མཆོག་ཆོས་ཀྱི་རྗེ་ལ་འདུད། །རྒྱ་ཆེན་ཤེས་བྱ་ཀུན་མཁྱེན་མཁས་པའི་རྗེ། །ལེགས་གསུང་འདུལ་བའི་ཁྲིམས་ལྡན་བཙུན་པའི་མཆོག །འགྲོ་ཀུན་བུ་བཞིན་ལེགས་སྐྱོང་བཟང་པོའི་ཞལ། །མཁས་བཙུན་གྲུབ་པའི་མཆོག་གྱུར་དེ་ལ་འདུད། །འཆད་པའི་ཉི་འོད་གདུལ་བྱའི་པད་མོའི་གཉེན། །རྩོད་པའི་རིགས་པས་ཕས་རྒོལ་ལོག་ལྟ་འཛོམས། །རྩོམ་པའི་བསིལ་ཟེར་གསུང་རབ་ཀུནྡའི་དཔལ། །

རྒྱལ་བའི་རིང་ལུགས་འཛིན་མཁས་དེ་ལ་འདུད། །སྐལ་མཚམས། སྡེ་སྣོད་གསུམ་གྱི་ཆུ་གཏེར་ཆེར་ཡངས་པར། །ཐོས་དང་བསམ་པའི་གྲུ་ཆེན་རབ་བསྐྱོད་ནས། །ཟབ་དོན་སྒོམ་པའི་ཕ་མཐར་ལེགས་སོན་ཏེ། །དོན་གཉིས་ནོར་ལ་དབང་འབྱོར་དེ་ལ་འདུད། །རྒྱུད་སྡེ་རྣམ་བཞིའི་མ་དྲོས་མཚོ་ཆེན་ལས། །དབང་ལུང་མན་ངག་ཆུ་རྒྱུན་ལེགས་བླངས་ནས། །སྐལ་ལྡན་སློབ་མའི་ཞིང་ཁམས་སྐྱེ་མཆེད་ཀྱི། །ལས་ཉོན་དྲི་མ་སྦྱོང་མཛད་དེ་ལ་འདུད། །དཀོན་མཆོག་ཐུགས་རྗེའི་ཆུ་གཏེར་ལས་འོངས་པའི། །ལུགས་བཟང་སྙན་བརྒྱུད་རིན་ཆེན་ཕྲེང་བ་དེ། །ཁྱོད་ཀྱི་དད་བརྩོན་བློ་གྲོས་ཀྱིས་བླངས་ཏེ། །བློ་གསལ་གདུལ་བྱའི་རེ་བ་སྐོང་ལ་འདུད། །མཁས་གྲུབ་ཀླུ་དབང་དུ་མས་བསྟེན་པའི་གནས། །དད་ལྡན་ཆུ་བོ་རིང་ནས་འདུ་བའི་གཞི། །ཕྲིན་ལས་ཆུ་ཀླུང་ཕྱོགས་བརྒྱུར་ལེགས་འབབ་པའི། །དམ་ཆོས་རིན་ཆེན་འབྱུང་གནས་ལ་ཕྱག་འཚལ། །དེ་ལྟར་སྐྱབས་མཆོག་རྗེ་བཙུན་བླ་མ་ལ། །སྒོ་གསུམ་གུས་པས་ཕྱག་འཚལ་མཆོད་པ་འབུལ། །རབ་ནོངས་ཉེས་པའི་ཚོགས་ཀུན་སོ་སོར་བཤགས། །རབ་དཀར་དགེ་བ་ཀུན་ལ་ཡི་རང་ངོ་། །དོན་དམ་ཟབ་མོ་ལྟེ་བ་རབ་བརྟན་ཞིང་། །ཞུལ་བྱུང་ཐབས་ལ་མཁས་པའི་རྩིབས་སྟོང་ཅན། །མཐའ་ཡས་མཛད་པའི་མུ་ཁྱུད་དང་ལྡན་པའི། །ཐེག་མཆོག་ཆོས་འཁོར་རྟག་པར་བསྐོར་དུ་གསོལ། །དགེ་ལེགས་རིན་ཆེན་ལས་གྲུབ་ལྷུན་པོའི་སྐུ། །མི་མཐུན་ཉེར་འཚེའི་དྲི་བཞོན་གྱིས་དབེན་ཞིང་། །འཆད་རྩོད་རྩོམ་པའི་གཞི་འོད་རབ་འབར་བ། །དད་ལྡན་གསེར་རིའི་དབུས་སུ་རྟག་བཞུགས་གསོལ། །དེ་ལྟར་བསྟོད་ཅིང་གསོལ་བ་བཏབ་པ་ཡིས། །ལེགས་བྱས་དགེ་བ་གང་གཱའི་ཆུ་རྒྱུན་དེས། །ལྷར་བཅས་སྐྱེ་དགུའི་གདུང་བ་ཀུན་བསལ་ཏེ། །ཀུན་མཁྱེན་ཆོས་ཀྱི་རྒྱ་མཚོར་འཛུག་པར་ཤོག །ཅེས་པ་འདི་ནི་དད་ལྡན་གྱི་སློབ་བུ་འགས་ཡང་ཡང་བསྐུལ་བ་ལ་བརྟེན་ནས། ཤཱཀྱའི་དགེ་སློང་བྱམས་པ་ཀུན་དགའ་བཀྲ་ཤིས་གྲགས་པ་རྒྱལ་མཚན་དཔལ་བཟང་པོ་རང་ཉིད་ཀྱིས། ཤྲཱི་ཨེ་ཝཾ་ཆོས་ལྡན་གྱི་གཙུག་ལག་ཁང་ཆེན་མོར་སྦྱར་བའོ། །

༄ གདན་རབས་བཅོ་ལྔ་པ་འཇམ་པའི་དབྱངས་ཀུན་དགའ་བསོད་ནམས་ལྷུན་གྲུབ་ཀྱི་བསྟོད་པ། སྭསྟི། ཀུན་དགའི་ལེགས་བཤད་མཁྱེན་རབ་འདབ་སྟོང་རྒྱས། །བསོད་ནམས་ལྷུན་གྱིས་གྲུབ་པའི་ཟེའུ་འབྲུ་ཅན། །བཀྲ་ཤིས་གྲགས་པའི་རྒྱལ་མཚན་འཛིན་མཁས་པའི། །སྐལ་ལྡན་བུང་བའི་དཔལ་

འཁོར་བཟང་པོར་འདུད། །དཔལ་ལྡན་ས་སྐྱ་ལོ་ཙྪའི་མཁྱེན་རབ་དང་། །ངག་གི་དབང་ཕྱུག་ཐུགས་རྗེའི་གཏེར་ཆེན་མཆོག །ཀུན་དགའ་བསམ་གྲུབ་མཐུ་སྟོབས་མ་ལུས་པ། །གཅིག་བསྡུས་མཁྱེན་བརྩེ་ནུས་ལྡན་དེ་ལ་འདུད། །གང་ལ་དད་པས་གསོལ་བ་བཏབ་པའི་མཐུས། །གང་དེས་བརྩེ་བའི་ཐུགས་ཀྱིས་ཉེར་བཟུང་ནས། །གང་དག་མི་མཐུན་ཕྱོགས་ཀུན་ཞི་བ་དང་། །གང་གི་འདོད་པའི་དོན་ཀུན་འགྲུབ་གྱུར་ཅིག །ཅེས་པ་འདི་རྗེ་དཀོན་མཆོག་དཔལ་ལྡན་པས་མཛད་པའོ། །

༄ གདན་རབས་བཅུ་དྲུག་པ་མཁས་གྲུབ་དཔལ་ལྡན་དོན་གྲུབ་ལ་བསྟོད་པ། ན་མ་སཱ་རྒུ་རུ་བྷྱ། རྣམ་དག་སྨོན་ལམ་རྒྱ་མཚོ་ཆེར་འཕྲུངས་ཤིང་། །བསམ་ཡས་ཡོན་ཏན་གཟི་འོད་རབ་འཕྲོ་བའི། །དཔལ་ལྡན་རྡོ་རྗེ་གསུམ་དངོས་ཡིད་བཞིན་ནོར། །དོན་གཉིས་ལེགས་པར་གྲུབ་མཛད་ཁྱོད་ཕྱག་འཚལ། །ཚུལ་ཁྲིམས་དག་པའི་རྩ་བ་རབ་ཏུ་བརྟན། །རྒྱ་ཆེན་ཐོས་པའི་ཡལ་འདབ་རབ་ཏུ་རྒྱས། །ཇི་བཞིན་བསམ་པའི་མེ་ཏོག་རབ་ཏུ་བཀྲ། །ཏིང་འཛིན་འབྲས་ལྡན་དཔག་བསམ་ཁྱོད་ཕྱག་འཚལ། །གཞན་གནོད་གཞིར་བཅས་དྲི་མ་རིང་དུ་སྤངས། །བྱང་ཆུབ་སེམས་ཀྱི་བདུད་རྩིས་ཐུགས་རྒྱུད་གཏམས། །གཟུང་འཛིན་རྣམ་རྟོག་ལྷ་དང་ཡེ་ཤེས་སུ། །སྒྱུར་མཁས་གདམས་པའི་དབང་ཕྱུག་ཁྱོད་ཕྱག་འཚལ། །མཁྱེན་བཟང་འགྲོ་བློའི་མུན་སེལ་འོད་ཀྱི་མཆོག །བརྩེ་ཆེན་སྡུག་བསྔལ་ནད་འཇོམས་སྨན་གྱི་མཆོག །ནུས་ལྡན་རྣམ་མཁྱེན་སྟོབས་པའི་གྲོགས་ཀྱི་མཆོག །མཚུངས་མེད་བཤེས་གཉེན་དམ་པ་ཁྱོད་ཕྱག་འཚལ། །རྣམ་པ་ཡོངས་སྤྱོད་རྫོགས་སྐུ་བདེ་བ་ཆེ། །རང་བཞིན་སྤྲུལ་པ་ཀུན་ཁྱབ་ལྡན་ཅིག་སྐྱེས། །ཟུང་འཇུག་སྐུ་བཞིའི་དབང་ཕྱུག་དགེས་མཛད་སོགས། །ལྷག་པའི་ལྷ་དང་དབྱེར་མེད་ཁྱོད་ཕྱག་འཚལ། །སྐུལ་མཚམས། ཡོན་ཏན་རྒྱ་མཚོ་ཁྱོད་ལ་ཕྱག་འཚལ་ཞིང་། །མཆོད་སྤྲིན་རྒྱ་མཚོ་གུས་པའི་ཡིད་ཀྱིས་འབུལ། །ཉེས་པའི་རྒྱ་མཚོ་མ་ལུས་སོ་སོར་བཤགས། །དགེ་ཚོགས་རྒྱ་མཚོ་ཀུན་ལ་རྗེས་ཡི་རངས། །རྣམ་དག་ཆོས་ཀྱི་འཁོར་ལོ་བསྐོར་བ་དང་། །རྣམ་མང་འགྲོ་བའི་དོན་དུ་རྟག་བཞུགས་ཤིང་། །རྣམ་དཀར་འདི་དང་འཁོར་འདས་དགེ་བའི་མཐུས། །རྣམ་གྲོལ་མཆོག་གྱུར་རྡོ་རྗེའི་ས་ཐོབ་ཤོག །འདི་དོན་འབྱུང་རུང་སྨོན་པའི་གནས། །ཚིག་སྦྱོར་མི་ཁྱེར་སྤྲང་བུ་དང་། ། བྱི་བ་རྣམས་ལ་ཉེན་བྱེད་དང་། །མཁའ་ལྡིང་གླང་ཆེན་བརྗོད་བཞིན་ནོ། །ཚུལ་འདི་དད་དང་འདུན་ལྡན་པ། །ནོར་

བུ་བཟང་པོས་སྐྱོལ་བའི་ངོར། །བཙུན་པ་དཔལ་ལྡན་དོན་གྲུབ་ཀྱིས། །ཨེ་ཝཾ་ཆོས་འཁོར་རྒྱེ་རུ་བྲིས། །

༄ གདན་རབས་བཅུ་བདུན་པ་རྗེ་བཙུན་ནམ་མཁའ་སངས་རྒྱས་ཀྱི་བསྟོད་པ། ནམ་མཁའ་ལྟ་བུར་ཡངས་པའི་མཁྱེན་རབ་ཀྱིས། །སངས་རྒྱས་བསྟན་པ་རབ་ཏུ་གསལ་མཛད་པ། །མཐའ་ཡས་འགྲོ་བ་སྲིད་ལས་སྒྲོལ་བའི་གཉེན། །མཚུངས་མེད་ཆོས་ཀྱི་རྗེ་ལ་གསོལ་བ་འདེབས། །ནམ་ཡང་བླ་མ་ལྷ་ཡིས་རྗེས་སུ་བཟུང་། །མཁའ་མཉམ་འགྲོ་ལ་དམ་ཆོས་དགའ་སྟོན་འགྱེད། །སངས་རྒྱས་བསྟན་པ་རིན་ཆེན་གསལ་མཛད་པའི། །བཤེས་གཉེན་དམ་པའི་ཞབས་ལ་མགོས་ཕྱག་འཚལ། །རྣམ་དཀར་དགེ་ཚོགས་འོད་སྟོང་རབ་འཕྲོ་ཞིང་། །མར་གྱུར་འགྲོ་བའི་བློ་ཡི་མུན་བསལ་ནས། །ནམ་མཁའི་མཐའ་ཁྱབ་སངས་རྒྱས་བསྟན་པ་མཆོག །ལྷག་པར་འཛིན་པའི་བཤེས་གཉེན་ལ་ཕྱག་འཚལ། །དེང་ནས་བཟུང་སྟེ་ཚེ་རབས་ཐམས་ཅད་དུ། །ནམ་ཡང་འདྲེན་པ་མཆོག་དང་མི་འབྲལ་ཞིང་། །མཁའ་མཉམ་འགྲོ་ལ་དམ་ཆོས་སྟོན་པ་དང་། །དོན་གཉིས་མཐར་ཕྱིན་སངས་རྒྱས་ཐོབ་པར་ཤོག །

༄ གདན་རབས་བཅོ་བརྒྱད་པ་ཤར་ཆེན་ཤེས་རབ་འབྱུང་གནས་ལ་བསྟོད་པ། རྒྱ་ཆེན་ཤེས་བྱའི་ཆོས་རྣམས་མ་ལུས་པ། །ཇི་བཞིན་རབ་ཏུ་གསལ་བར་མཁྱེན་པའི་མཐུས། །དགེ་ལེགས་འབྱུང་གནས་ཐུབ་བསྟན་རྒྱས་མཛད་པ། །འགྲོ་བའི་འདྲེན་པ་མཆོག་ལ་གསོལ་བ་འདེབས། །གྲངས་མེད་རྒྱལ་བའི་མཁྱེན་པའི་མཚོ་ཆེན་ལས། །བསླུ་མེད་དབང་གི་རྒྱལ་པོར་ཁྱོད་སྤྲུལ་ནས། །ཚད་མེད་འགྲོ་ལ་ཕན་བདེ་ཀུན་སྩོལ་བའི། །མཚུངས་མེད་བླ་མའི་ཞབས་ལ་ཕྱག་བགྱིའོ། །རྣམ་དག་སོ་ཐར་རྩ་བ་རབ་བརྟན་ཞིང་། །གཞན་ཕན་བྱང་སེམས་ལོ་འདབ་ཡོངས་སུ་རྒྱས། །ཕུན་ཚོགས་རིག་འཛིན་འབྲས་བུ་དང་ལྡན་པའི། །སྐྱབས་མཆོག་དཔག་བསམ་ལྗོན་པ་དེ་ལ་འདུད། །རབ་མང་ཐོས་པའི་མཁའ་དབྱིངས་ཆེས་ཡངས་པོར། །སྐྱོན་བྲལ་བསམ་པའི་དཀྱིལ་འཁོར་ཡོངས་སུ་རྒྱས། །དྲི་མེད་སྒོམ་པའི་ཚ་ཟེར་རབ་འཕྲོ་བ། །འདྲེན་མཆོག་ཉིན་མོར་བྱེད་ལ་ཕྱག་འཚལ་ལོ། །དེ་ལྟར་གསོལ་བཏབ་དགེ་ཚོགས་ཆུ་རྒྱུན་དེས། །བདག་སོགས་གདུལ་བྱའི་དྲི་མ་ཀུན་སྦྱངས་ནས། །རབ་དཀར་དགའ་བྱེད་རྒྱ་མཚོ་ཆེར་རྒྱས་ཏེ། །རྣམ་གྲོལ་རིན་ཆེན་ཚོགས་ཀྱིས་གང་བར་ཤོག །

༄ གདན་རབས་བཅུ་དགུ་པ་མཁན་ཆེན་ནམ་མཁའ་རིན་ཆེན་གྱི་བསྟོད་པ། མཐའ་ཡས་

གདུལ་བྱའི་ལྷ་ལམ་རབ་ཡངས་ངོས། །སྨིན་གྲོལ་ལམ་བཟང་ཚ་ཟེར་འགྱེད་མཁས་པའི། །ཡོངས་འཛིན་ནམ་མཁའི་ནོར་བུ་རིན་ཆེན་མཆོག །གསོལ་བ་འདེབས་སོ་བདག་རྒྱུད་བྱིན་གྱིས་རློབས། །ནམ་མཁའི་མཐའ་མཉམ་སེམས་ཅན་ཐམས་ཅད་ལ། །དམིགས་པ་མེད་པའི་སྙིང་རྗེ་ཆེན་པོ་ཡིས། །རིན་ཆེན་བྱང་ཆུབ་མཆོག་ཏུ་ཐུགས་བསྐྱེད་ནས། །འགྲོ་ཀུན་འདྲེན་པའི་དབང་པོ་ཁྱོད་ཕྱག་འཚལ། །རྣམ་དག་ཁྲིམས་ཀྱིས་ཐུགས་རྒྱུད་ཡོངས་སུ་གདམས། །རྣམ་དཔྱོད་ཡངས་པའི་བློ་གྲོས་དང་ལྡན་ཞིང་། །རྣམ་དཀར་མཛད་པས་ཐུབ་བསྟན་རྒྱས་མཛད་པ། །རྣམ་མཁྱེན་བླ་མ་མཆོག་ལ་གུས་ཕྱག་འཚལ། །མཁྱེན་པའི་དཀྱིལ་འཁོར་ནམ་མཁའི་ཁྱོན་ན་མཛེས། །བརྩེ་བའི་འོད་ཀྱིས་གདུལ་བྱའི་པད་ཚལ་སྐྱོང་། །ནུས་པས་སངས་རྒྱས་བསྟན་པ་གསལ་མཛད་པ། །སུམ་ལྡན་དགེ་བའི་བཤེས་ལ་གུས་ཕྱག་འཚལ། །ཟབ་ཡངས་རྒྱུད་སྡེ་རྒྱ་མཚོའི་གླིང་དཀྱིལ་ནས། །ཟབ་དོན་གདམས་པའི་ནོར་བུ་དཔལ་བཞེས་ཏེ། །བློ་གསལ་གདུལ་བྱའི་རེ་བ་སྐོང་མཛད་པའི། །ཐར་འདོད་དེད་དཔོན་ཁྱེད་ལ་གུས་ཕྱག་འཚལ། །དེ་ལྟར་བསྟོད་ཅིང་གསོལ་བ་བཏབ་པའི་མཐུས། །རྒྱལ་བའི་བསྟན་པ་ཕྱོགས་བཅུར་རྒྱས་པ་དང་། །བདག་སོགས་གདུལ་བྱའི་ཚོགས་རྣམས་ཐམས་ཅད་ལ། །རྗེ་བརྒྱུད་བླ་མའི་བྱིན་རླབས་འཇུག་པར་ཤོག །

༈ གདན་རབས་ཉི་ཤུ་པ་རྒྱལ་རྩེ་བ་མཁན་ཆེན་ངག་དབང་བསོད་ནམས་རྒྱལ་མཚན་ལ་བསྟོད་པ། ངག༷་དབ༷ང་ལྷ་ཡི་རྗེས་བཟུང་ཀུན་དགའ་བའི། །བསོད༷་ན༷མས་གཏེར་ཆེན་གྲགས་པའི་རྒྱལ༷་མ༷ཚན་འཛིན། །དཔལ་འབྱོར་བཟང་པོས་བསྟན་པའི་སྲོག་ཤིང་ཁྱེད། །གསོལ་བ་འདེབས་སོ་བདག་རྒྱུད་བྱིན་གྱིས་རློབས། །

༈ གདན་རབས་ཉེར་གཅིག་པ་ཆོས་རྗེ་བསོད་ནམས་རྒྱ་མཚོའི་བསྟོད་པ། ཕུན་ཚོགས་དགེ་ལེགས་ཕན་བདེ་ཀུན་གྱི་གཞི། །བསོད་ནམས་ཡེ་ཤེས་ལྡན་གྲུབ་ཆོས་ཀྱི་རྗེ། །ལྷག་བསམ་དུང་སྨྲིག་འཛིན་པའི་རྡོ་རྗེ་འཆང་། །དཀྱིལ་འཁོར་རྒྱ་མཚོའི་ཁྱབ་བདག་ཁྱོད་ལ་འདུད། །ངེས་འབྱུང་ཁྲིམས་ཀྱི་སྒོར་ཞུགས་བསླབ་པའི་གཞི། །སྡོམ་གསུམ་འགལ་མེད་ཉམས་ལེན་བརྩོན་པའི་མཆོག །ཁྲིམས་ལྡན་འདུལ་བ་འཛིན་པ་ཡོངས་ཀྱི་རྒྱན། །ཐུབ་དབང་བསྟན་པའི་སྲོལ་འཛིན་ཁྱོད་ཕྱག་འཚལ། །མཁས་

གྲུབ་དེད་དཔོན་མང་པོའི་གསུང་གི་རྒྱུན། །གང་གི་ཐུགས་མཚོར་ཤར་བའི་སྤྱོད་བཟང་གིས། ། སླིན་གྲོལ་གདམས་པའི་ནོར་གྱིས་རྒྱུད་ཕྱུག་པ། །རིག་པ་འཛིན་པའི་རྒྱན་གྱུར་ཁྱེད་ལ་འདུད། ། མཚུངས་མེད་འདྲེན་པ་མཆོག་ལ་གུས་བསྟོད་པའི། །རྣམ་དཀར་དགེ་དང་དུས་གསུམ་དགེ་ཚོགས་ཀྱིས། ། ཚོགས་གཉིས་རྫོགས་ཤིང་སྒྲིབ་གཉིས་ཀུན་བྱང་ནས། །རྣམ་མཁྱེན་རྒྱལ་བའི་གོ་འཕང་མྱུར་ཐོབ་ཤོག །དེ་མ་ཐོབ་ཀྱི་ཚེ་རབས་ཐམས་ཅད་དུ། །དལ་འབྱོར་ལུས་ཐོབ་དམ་པས་རྗེས་བཟུང་ཞིང་། ། སླིན་གྲོལ་ལམ་གྱི་ཉམས་ལེན་མཐར་ཕྱིན་ནས། །རྒྱལ་བའི་ཕྲིན་ལས་ཀུན་ལ་དབང་འབྱོར་ཤོག ། ཅེས་པ་འདི་ནི་དགེ་བའི་བཤེས་གཉེན་ལྷུན་གྲུབ་དཔལ་ལྡན་གྱིས་ཡང་ཡང་བསྐུལ་བའི་ངོར། བསོད་ནམས་རྒྱ་མཚོ་རང་ཉིད་ཀྱིས་སྨྲས་པའོ། །

༄ གདན་རབས་ཉེར་གཉིས་པ་ཐམས་ཅད་མཁྱེན་པ་དཔལ་མཆོག་རྒྱལ་མཚན་ལ་བསྟོད་པ། རབ་འབྱམས་བདེ་གཤེགས་གཙུག་རྒྱན་བླ་མ་ཡི། །དཔལ་ལྡན་རྩ་བརྒྱུད་ཚོགས་ཀྱིས་ཉེར་བཟུང་ནས། །དཀོན་མཆོག་བསྟན་པའི་རྒྱལ་མཚན་ཆེར་འཛིན་པའི། །རིན་ཆེན་བྱང་ཆུབ་སེམས་ལྡན་ཁྱེད་ལ་འདུད། །རྣམ་དག་ཐོས་བསམ་སྒོམ་པས་རྒྱུད་སྦྱངས་ཤིང་། །རིམ་གཉིས་ཏིང་འཛིན་ཟབ་མོའི་བདུད་རྩིས་གཏམས། །ཆོས་ཚུལ་ཆུ་བོའི་ཕྲིན་ལས་མཐའ་ཡས་སྤེལ། །སྐལ་བརྒྱུད་རྒྱ་མཚོའི་འབྱུང་གནས་དེ་ལ་འདུད། །མཁྱེན་བརྩེ་ནུས་ལྡན་བླ་མ་ཡི་དམ་དང་། །མཆོག་གསུམ་མཁའ་འགྲོ་སྲུང་མའི་བྱིན་རླབས་ཀྱིས། །བསྟན་དང་སེམས་ཅན་དོན་དུ་རྡོ་རྗེ་འཆང་། །ཚེ་འདི་ཉིད་ལ་ཟུང་འཇུག་ཐོབ་པར་ཤོག །

༄ གདན་རབས་ཉེར་གསུམ་པ་འདྲེན་མཆོག་ནམ་མཁའ་དཔལ་བཟང་ལ་བསྟོད་པ། ལེགས་བྱས་དགེ་བ་ནམ་མཁའི་དཀྱིལ་འཁོར་ལ། །དཔལ་ལྡན་ཕུན་ཚོགས་ཉིན་མོར་བྱེད་པའི་སྐུ། །བྱམས་དང་སྙིང་རྗེའི་གཟི་འོད་འབུམ་འཕྲོ་བའི། །འགྲོ་རྣམས་སྐྱོང་མཛད་ཕྲིན་ལས་བཟང་པོར་འདུད། ། རབ་འབྱམས་རྒྱུད་སྡེ་ཀུན་གྱི་གསང་བའི་མཛོད། །དཀྱིལ་འཁོར་རྒྱ་མཚོའི་ཁྱབ་བདག་ཆོས་ཀྱི་རྒྱལ། ། སླིན་གྲོལ་ཟབ་མོའི་དགའ་སྟོན་འགྱེད་མཁས་པའི། །ཚད་མེད་ཐུགས་རྗེའི་གཏེར་ཆེན་ཁྱེད་ལ་འདུད། །དེ་ལྟར་རྩེ་གཅིག་གུས་པས་གསོལ་བཏབ་པས། །བདག་དང་མ་གྱུར་འགྲོ་བའི་ཚོགས

རྣམས་ལ། །དཔལ་ལྡན་རྩ་བརྒྱུད་བླ་མའི་ཚོགས་རྣམས་ཀྱི། །སྐུ་གསུང་ཐུགས་ཀྱི་བྱིན་རླབས་འཇུག་པར་ཤོག །

༄ གདན་རབས་ཉེར་བཞི་པ་འཇམ་མགོན་ལྷུན་གྲུབ་དཔལ་ལྡན་ལ་བསྟོད་པ། ལྷག་བསམ་ལྷུན་གྲུབ་རིན་ཆེན་དབང་གི་རྒྱལ། །དད་འདུན་རྒྱལ་མཚན་རྩེར་མཆོད་གསོལ་བཏབ་པས། །དོན་གཉིས་དཔལ་འབྱོར་དད་ལྡན་འགྲོ་རྣམས་ལ། །སྟོལ་མཛད་བླ་མ་མཆོག་ལ་གསོལ་བ་འདེབས། །མཆོག་གསུམ་ངོ་བོ་ཟུང་འཇུག་རྡོ་རྗེ་འཛིན། །དོན་གཉིས་ལྷུན་གྱིས་གྲུབ་པའི་དཔལ་ལྡན་པས། །མཐའ་ཡས་གདུལ་བྱའི་འགྲོ་བ་མ་ལུས་པ། །འདྲེན་མཛད་བླ་མ་མཆོག་ལ་གསོལ་བ་འདེབས། །གང་སྐུ་མཚན་དཔེས་རབ་མཛེས་ལྷུན་གྱིས་གྲུབ། །གང་གསུང་དྲུག་ཅུའི་དཔལ་དབྱངས་ལེགས་སྒྲོག་ཅིང་། །གང་ཐུགས་བདེ་སྟོང་མཆོག་དང་རབ་ལྡན་པ། །གང་ཞིག་རྡོ་རྗེ་གསུམ་དངོས་དེ་ལ་འདུད། །དེ་ལྟར་བསྟོད་པའི་རྣམ་དག་དགེ་བའི་མཐུས། །སྐྱེ་བ་འདི་དང་ཚེ་རབས་ཐམས་ཅད་དུ། །རྣམ་དག་ཁྲིམས་ལྡན་བྱང་ཆུབ་སེམས་གཉིས་འབྱོངས། །གསང་ཆེན་སྔགས་ཀྱི་ལམ་རིམ་མཐར་ཕྱིན་ཅིང་། །སྐུ་བཞིའི་བདག་ཉིད་ཁྱབ་བདག་རྡོ་རྗེ་འཆང་། །ཆེ་བ་གསུམ་ལྡན་བདག་གིས་ལེགས་ཐོབ་ནས། །མཛད་པ་རྒྱུན་མི་འཆད་པའི་ཕྲིན་ལས་ཀྱིས། །མཁའ་མཉམ་འགྲོ་ལ་དམ་ཆོས་སྟོན་པར་ཤོག །ཅེས་པ་འདི་དད་ལྡན་གྱི་སློབ་མ་འགས་བསྐུལ་བ་ལ་བརྟེན་ནས་སྨྲ་ལས་པ་དགེ་སློང་ལྷུན་གྲུབ་དཔལ་ལྡན་རང་ཉིད་ཀྱིས་སྦྱར་བའོ། །

༄ གདན་རབས་ཉེར་ལྔ་པ་མཁས་གྲུབ་སངས་རྒྱས་ཕུན་ཚོགས་ལ་བསྟོད་པ། མཁྱེན་རབ་འོད་ཀྱི་མ་རིག་མུན་སངས་ཤིང་། །བརྩེ་ཆེན་ཐུགས་རྗེའི་དཀྱིལ་འཁོར་རྒྱས་པ་ཡི། །ནུས་པ་ཕུན༹་ཚོགས་ཐུབ་བསྟན་རྒྱ་མཚོའི་གཉེན། །དགེ་ལེགས་འོད་སྟོང་ལྡན་པ་དེ་ལ་འདུད། །སངས་རྒྱས་ཀུན༹་དངོས་བླ་མ་མཆོག་རྣམས་ཀྱི། །ཕུན་ཚོགས་མཁྱེན་བརྩེ་ནུས་པས་ལེགས་བཟུང་བས། །བཤད་དང་སྒྲུབ་པའི་དཔལ་ལ་དབང་བསྒྱུར་བ། །མང་ཐོས་དྲུར་སྨྲིག་གོས་ཅན་དེ་ལ་འདུད། །འདིས་མཚོན་དགེ་ཚོགས་མ་ལུས་གཅིག་བསྡུས་པའི། །ལྷུན་སྐྱེས་བློ་ཡི་མུན་པ་རབ་སངས་ནས། །ཡང་དག་དོན་གྱི་སྣང་བ་རབ་རྒྱས་ཏེ། །དོན་གཉིས་ཕུན་སུམ་ཚོགས་པའི་བཀྲ་ཤིས་ཤོག །བསྟོད་འོས་ཡོན་ཏན་བདག་ལ

མེད། །འོན་ཀྱང་དབང་ཞུས་དད་ལྡན་འགས། །བསྐུལ་ངོར་སངས་རྒྱས་ཕུན་ཚོགས་ཀྱིས། །ཨེ་ཝཾ་གཙུག་ལག་ཁང་དུ་བྲིས། །འདི་ནི་སྟོན་ངག་བསྟན་བཅོས་ལས། །སྙོ་བདགས་བྱེ་བ་གླང་ཆེན་བཞིན། །ཡིན་ནོ་རང་བཞིན་རྒྱན་གྱིས་དཔེན། །དཔྱོད་ལྡན་རྣམས་ཀྱིས་དེ་དགོངས་མཛོད། །

༄ གདན་རབས་ཉེར་དྲུག་པ་ཤར་ཆེན་སངས་རྒྱས་བསྟན་འཛིན་ལ་བསྟོད་པ་དང་པོ། སྭསྟི། སངས་རྒྱས་བསྟན་པའི་སྙིང་པོ་སྡོམ་གསུམ་གྱི། །བཅུད་འཛིན་ཕན་བདེའི་འབྱུང་གནས་རིན་པོ་ཆེ། །དཔལ་ལྡན་བྱང་ཆུབ་སེམས་ཀྱི་རྡོ་རྗེའི་དངོས། །ཕྲིན་ལས་བཟང་པོའི་ཞབས་ལ་གསོལ་བ་འདེབས། །རྒྱ་ཆེན་ཚོགས་གཉིས་སྦྱོན་བསགས་འབྲས་བུའི་མཆོག །རིགས་རུས་མངོན་མཐོ་གཙང་མའི་སྐུ་བརྙེས་ནས། །ཤེས་ལྡན་གཟུ་བོར་གནས་པའི་རྡོ་རྗེ་འཆང་། །དཔལ་ལྡན་ཆོས་ཀྱི་རྗེ་ལ་གསོལ་བ་འདེབས། །རྩ་བརྒྱུད་བླ་མ་མཆོག་གསུམ་ཐུགས་རྗེ་ཡིས། །བདག་སོགས་གདུལ་བྱའི་ཤེས་རྒྱུད་སྨིན་པ་དང་། །བསྟན་འགྲོའི་དགའ་བ་མི་ཉམས་རྒྱས་པ་དང་། །མཐར་ཐུག་ཐམས་ཅད་གཟིགས་པ་ཐོབ་པར་ཤོག །ཤར་ཆེན་སངས་རྒྱས་བསྟན་འཛིན་ལ་གསོལ་བ་འདེབས་པ་བྱ་བྲལ་བ་སངས་རྒྱས་ཕུན་ཚོགས་ཀྱིས་སོ། །

༄ གདན་རབས་ཉེར་དྲུག་པ་ཤར་ཆེན་སངས་རྒྱས་བསྟན་འཛིན་ལ་བསྟོད་པ་གཉིས་པ། རབ་འབྱམས་ཤེས་བྱའི་མཁའ་དབྱིངས་ཆེས་ཡངས་པར། །རབ་གསལ་མཁྱེན་བརྩེའི་དཀྱིལ་འཁོར་རབ་རྒྱས་ཤིང་། །རབ་མང་གདུལ་བྱའི་པད་ཚལ་རྒྱས་མཛད་པ། །རབ་མཆོག་བླ་མའི་ཞབས་ལ་གསོལ་བ་འདེབས། །བདག་ཏུ་འཛིན་པའི་གཙོང་རོང་ནང་ཞུགས་ནས། །བདག་གཞན་སྡུག་བསྔལ་འཆིང་བས་རབ་བཅིངས་པ། །བདག་སོགས་གདུལ་བྱའི་ཤེས་རྒྱུད་རྨོངས་པའི་ཚོགས། །བདག་མེད་ཡེ་ཤེས་ཟེར་གྱིས་བསལ་དུ་གསོལ། །དེང་ནས་བཟུང་སྟེ་ཚེ་རབས་ཐམས་ཅད་དུ། །དལ་འབྱོར་ལུས་ཐོབ་ཡོངས་འཛིན་དམ་པས་ཟིན། །དམ་ཆོས་རྣམ་དག་བདག་གཞན་དོན་གཉིས་འགྲུབ། །དེ་བཞིན་གཤེགས་པའི་བསྟན་པ་འཛིན་པར་ཤོག །ཅེས་བྱ་བའི་བསྟོད་པ་འདི་ཡང་སློབ་མའི་ཐ་ཆུང་ཞིག་གིས་བསྐུལ་བའི་ངོར། ཤཱཀྱའི་དགེ་སློང་སངས་རྒྱས་ཕུན་ཚོགས་ཀྱིས་སྦྲུས་པའོ། །

༄ གདན་རབས་ཉེར་བདུན་པ་མཚུངས་མེད་ཤེས་བྱ་བཟང་པོའི་བསྟོད་པ། རྒྱལ་བའི་ཡེ་ཤེས

སྒྱུ་འཕྲུལ་གང་འདུལ་གྱིས། །གཟུགས་བཞིན་བཀོད་པ་མཐའ་ཡས་གདུལ་བྱ་ཡི། །ལེགས་བྱས་བསོད་ནམས་དཔག་མེད་ཞིང་གི་མཆོག །དཔལ་ལྡན་འཛིན་པ་བཟང་པོར་གསོལ་བ་འདེབས། །མཁྱེན་རབ་ཤེས་བྱའི་ནོར་ལ་དབང་འབྱོར་ཞིང་། །ལེགས་བཤད་འདོད་དགུའི་དགའ་སྟོན་འགྲོ་ལ་འགྱེད། །བཟང་པོའི་ཕྲིན་ལས་ཕྱོགས་བརྒྱར་སྤེལ་མཁས་པའི། །མཚུངས་མེད་བླ་མའི་ཞབས་ལ་གསོལ་བ་འདེབས། །དེ་ལྟར་གསོལ་བས་རྗེ་བརྒྱུད་བླ་མ་ཡི། །སྨད་བྱུང་ཐུགས་རྗེའི་བྱིན་རླབས་གཟི་འོད་ཀྱིས། །བདག་སོགས་འགྲོ་བའི་སྒྲིབ་མུན་ཀུན་བསལ་ནས། །རྣམ་གྲོལ་འབྲས་བུའི་སྣང་བ་རྒྱས་པར་ཤོག །

༄ གདན་རབས་ཉེར་བརྒྱད་པ་བྱམས་པ་ཚུལ་ཁྲིམས་དཔལ་བཟང་ལ་བསྟོད་པ། ཨོཾ་སྭསྟི། བྱམས་ལྡན་འཛིན་པ་རྒྱ་མཚོའི་ཐུགས་ཀྱི་སྲས། །སྨད་བྱུང་ཚུལ་ཁྲིམས་རིན་ཆེན་རྒྱན་གྱིས་མཛེས། །དཔལ་ལྡན་ཀུན་དགའ་བཟང་པོའི་རྒྱལ་ཚབ་རྗེར། །གསོལ་བ་འདེབས་སོ་བདག་རྒྱུད་བྱིན་གྱིས་རློབས། །ཚུལ་གནས་ཐོས་བསམ་སྒོམ་ལ་དབང་འབྱོར་ཞིང་། །འཆད་རྩོད་རྩོམ་པ་ཁྲིམས་ལྡན་སྤྱོད་དཔལ་གྱིས། །ས་གསུམ་འཛིགས་བྲལ་རིང་ལུགས་བཟང་པོའི་རྒྱན། །སྤྱིལ་མཛད་འཛིན་པ་མཆོག་ལ་གསོལ་བ་འདེབས། །དེ་ལྟར་བསྟོད་པས་དཀོན་མཆོག་ཐུགས་རྗེའི་གཏེར། །རབ་རྒྱས་ཚུལ་ཁྲིམས་དཔལ་གྱིས་དྲི་བཟང་པོས། །མི་ནུབ་བསྟན་པའི་རྒྱལ་མཚན་ཉེར་བཙུགས་ནས། །རིས་མེད་འགྲོ་ལ་དམ་ཆོས་སྟོན་པར་ཤོག །ཁྱད་པར་རྒྱལ་བ་གཉིས་པ་ཨེ་ཝཾ་པའི། །ཕྲིན་ལས་བ་དན་དཀར་པོ་རབ་བསྒྲེད་ནས། །ཆོས་མིན་ཆོས་ལྟར་བཅོས་པའི་བདུད་བཅོམ་ཏེ། །འགྲོ་རྣམས་ཡང་དག་ལམ་ལ་འགོད་པར་ཤོག །ཅེས་བྱམས་པ་ཚུལ་ཁྲིམས་དཔལ་བཟང་རང་ཉིད་ཀྱིས་སྨྲས་པའོ། །

༄ གདན་རབས་ཉེར་དགུ་པ་མཚུངས་མེད་བསོད་ནམས་དཔལ་ལྡན་ལ་བསྟོད་པ། ཨོཾ་སྭསྟི་སིདྡྷཾ། རྣམ་དཀར་ཚོགས་གཉིས་བསོད་ནམས་ལས་གྲུབ་སྐུ། །རྣམ་དག་གསུང་རབ་དཔལ་ཡོན་སྒྲོག་པའི་གསུང་། །རྣམ་གྲོལ་ལམ་སྟོན་བརྩེ་བའི་ཐུགས་ལྡན་པ། །རྣམ་མཁྱེན་བླ་མའི་ཞབས་ལ་གསོལ་བ་འདེབས། །ཕུན་ཚོགས་སོ་ཐར་བསོད་ནམས་རབ་བརྟན་ཅིང་། །གཞན་ཕན་བྱང་སེམས་ཡལ་འདབ་ཕྱོགས་བཅུར་རྒྱས། །ཉིང་འཛིན་འབྲས་བུའི་དཔལ་གྱིས་མངོན་མཐོ་བའི། །སྨུམ་ལྡན་དཔག

བསམ་ལྷོན་པ་ཁྲིད་ཕྱག་འཚལ། །དེ་ལྟར་གསོལ་བཏབ་བསོད་ནམས་དཔག་མེད་མཐུས། །རྒྱལ་བསྟན་སྤྱི་དང་བྱེ་བྲག་ཨེ་ཕྱཾ་པའི། །བསྟན་པ་བདེ་ལེགས་དཔལ་གྱི་འབྱུང་གནས་མཆོག །བསིལ་ལྡན་ལྗོངས་འདིར་རྟག་ཏུ་རྒྱས་བྱེད་ཤོག །ཅེས་པ་འདི་དད་ལྡན་གྱི་སློབ་བུ་འགས་བསྐུལ་བའི་ངོར་ཆོས་མེད་སྨོམ་ལས་མཁན་ཤཱཀྱའི་བཙུན་པ་རང་ཉིད་ཀྱིས་ཨེ་ཕྱཾ་གཙུག་ལག་ཁང་དུ་བྲིས་པའོ། །

༄ གདན་རབས་སུམ་ཅུ་པ་བྱམས་པ་བསོད་ནམས་བཟང་པོ་ལ་བསྟོད་པ་དང་པོ། ཨོཾ་སྭསྟི་སིདྡྷཾ། མཁྱེན་རབ་བྱམས་བརྩེ་ནུས་པ་ཀུན་གྱི་གཏེར། །རྨད་བྱུང་བསོད་ནམས་ཡེ་ཤེས་བདུད་རྩིའི་རྒྱུན། །སྐལ་བཟང་གདུལ་བྱའི་བློ་གྲོས་རྒྱས་མཛད་པ། །དྲིན་གཉིས་བཟང་པོ་སྐྱོལ་ལ་གསོལ་བ་འདེབས། །བགྲང་ཡས་བསོད་ནམས་རྒྱ་མཚོ་ལས་འཁྲུངས་པའི། །ཀུན་དགའི་རིང་ལུགས་ཡིད་བཞིན་རིན་ཆེན་གྱིས། །མཐའ་ཡས་འགྲོ་བའི་རེ་འདོད་སྐོང་མཛད་པ། །དཔལ་ལྡན་སྐལ་པ་བཟང་པོའི་ཞབས་ལ་འདུད། །གང་སྐུ་བསོད་ནམས་དཔལ་ཡོན་རབ་ཏུ་བརྟན། །གང་གསུང་ཕན་བདེའི་ལོ་འབྲས་ཕྱོགས་བཅུར་རྒྱས། །གང་ཐུགས་ཕྲིན་ལས་བཟང་པོ་གཡུར་ཟ་བའི། །གང་ཞིག་སུམ་ལྡན་སྐྱབས་མཆོག་ཞབས་ལ་འདུད། །སྐུལ་མཚམས། དེ་ལྟར་བསྟོད་ཅིང་གསོལ་བ་བཏབ་པའི་མཐུས། །ལེགས་བྱས་བསོད་ནམས་ཡེ་ཤེས་རྒྱུན་བཟང་གིས། །སྐལ་ལྡན་གདུལ་བྱའི་ལས་ཉོན་ཀུན་སྦྱངས་ནས། །བདག་ཉིད་ཆེན་པོ་བླ་མས་རྗེས་འཛིན་ཤོག །བླ་མ་ཡི་དམ་ཆོས་སྲུང་ནོར་ལྷ་ཡིས། །བསྟན་འགྲོའི་རྒྱུད་པའི་འགལ་རྐྱེན་ཀུན་ཞི་ཞིང་། །མཐུན་རྐྱེན་བསོད་ནམས་དཔལ་ཡོན་ལེགས་འཕྱོར་ཏེ། །རྒྱལ་བའི་ཕྲིན་ལས་བཟང་པོ་རྒྱས་བྱེད་ཤོག །ཅེས་པ་འདི་དབང་ཞུ་བ་དོན་གཉེར་མཆོག་དམན་འགས་སྤུ་ཕྱིར་བསྐུལ་ཞིང་ཉེ་ཆར་བླ་མ་མ་ཧེ་རྡྷ་ཛས་བསྐུལ་བ་ལ་བརྟེན་ནས་དགེ་སློང་བསོད་ནམས་བཟང་པོ་རང་ཉིད་ཀྱིས་ཨེ་ཕྱཾ་གཙུག་ལག་ཁང་དུ་བྲིས་པ་ཛ་ཡནྟུ། །

༄ གདན་རབས་སུམ་ཅུ་པ་བྱམས་པ་བསོད་ནམས་བཟང་པོ་ལ་བསྟོད་པ་གཉིས་པ། ཨོཾ་སྭསྟི། མཁྱེན་རབ་བྱམས་ལྡན་ནུས་པ་དཔག་བསམ་དབང་། །ཐུབ་བསྟན་བསོད་ནམས་འདབ་སྟོང་རྣམ་པར་དུད། །སྨིན་གྲོལ་བཟང་པོའི་འབྲས་བུའི་ཁུར་ལྕི་བ། །གདུལ་བྱ་ནོར་འཛིན་དཔྱིད་དེར་གསོལ་བ་འདེབས། །རྒྱལ་བ་ཀུན་གྱི་མཁྱེན་བརྩེ་ནུས་པའི་རྩལ། །རབ་རྫོགས་གཞན་དོན་གསེར་འཁོར་

རྟག་བསྐྱུར་ནས། །ཐར་འདོད་རྣམ་གྲོལ་རྒྱལ་སྲིད་ལ་འགོད་པའི། །རིགས་བརྒྱའི་ཁྱབ་བདག་ཆེན་པོའི་ཞབས་ལ་འདུད། །རིག་བྱེད་ཚོགས་བདག་འདོད་པའི་རྒྱལ་པོ་ཡིས། །སྲིད་ཞིའི་ཕུན་ཚོགས་མ་ལུས་དབང་དུ་བསྡུས། །གུར་མགོན་ལྕམ་དྲལ་ལྷ་ཆེན་གདོང་བཞི་པས། །དོན་གཉིས་ལྷུན་གྱིས་འགྲུབ་པའི་བཀྲ་ཤིས་ཤོག །ཅེས་པ་འདི་མཁས་གྲུབ་ཀྱི་བླ་མ་བསོད་ནམས་རྒྱ་མཚོས་རིང་འཚོའི་རྟེན་འབྲུང་གནང་བའི་ཚེ་བཞེད་བསྐུལ་བཞིན། དགེ་སློང་བསོད་ནམས་བཟང་པོས་གློ་བོ་སྨོན་ཐང་གི་རྒྱལ་ཁབ་ཆེན་པོར་བྲིས་པ་ཛ་ཡནྟུ།

༄ གདན་རབས་སོ་གཅིག་པ་འཇམ་མགོན་བཀྲ་ཤིས་ལྷུན་གྲུབ་ལ་བསྟོད་པ། སངས་རྒྱས་ཀུན་གྱི་མཁྱེན་བརྩེ་ནུས་པའི་གཏེར། །གསང་བ་གསུམ་བདག་དགའ་ཆེན་ཧེ་རུ་ཀ། ཕུན་ཚོགས་ཡོན་ཏན་བཟང་པོའི་མཛོད་འཛིན་པ། །རྣམ་མཁྱེན་འདྲེན་པ་མཆོག་ལ་གསོལ་བ་འདེབས། །ཀུན་རྨོངས་འཁྲུལ་པའི་བག་ཆགས་ཀུན་སངས་ཤིང་། །ཟག་མེད་དགའ་བཞིའི་ལོ་ཏོག་རབ་རྒྱས་ནས། །ལམ་བཟང་བསྟན་པའི་སྙིང་པོའི་བཅུད་འཛིན་པ། །ཕུན་ཚོགས་ཕན་བདེའི་འབྱུང་གནས་ལ་ཕྱག་འཚལ། །དགེ་ལེགས་བཀྲ་ཤིས་རྒྱས་པའི་ལྷ་ལམ་དུ། །མཁྱེན་བརྩེ་ལྷུན་གྲུབ་བློ་གྲོས་དཀྱིལ་འཁོར་ཅན། །རྣམ་དཀར་ཕྲིན་ལས་ཕྱོགས་བཅུར་རྒྱས་མཛད་པ། །སྐལ་བཟང་ཀུནྡའི་གཉེན་དེར་གསོལ་བ་འདེབས། །དེ་ལྟར་དད་འདུན་ཀུན་དགའི་རྒྱལ་མཚན་རྩེར། །བསྟུགས་འོས་བཀྲ་ཤིས་འདོད་དགུའི་གྲུ་ཆར་གྱིས། །འདི་དང་ཕྱི་མར་ཕན་བདེ་ལྷུན་གྲུབ་ཏུ། །རྣམ་ཀུན་སྐྱོལ་མཛད་སྙིང་གི་པདྨོར་བཞུགས། །སྐྱབས་ཆེན་དཀོན་མཆོག་གསུམ་གྱི་བདེན་པའི་མཐུས། །ཀུན་དགའི་རིང་ལུགས་བཟང་པོའི་བཀྲ་ཤིས་རྒྱུན། །མི་ནུབ་སྲིད་མཐར་རྒྱས་ཤིང་འགྲོ་ཀུན་གྱི། །དོན་གཉིས་ལྷུན་གྱིས་འགྲུབ་པའི་བཀྲ་ཤིས་ཤོག །ཅེས་པ་འདི་ནི་དད་ལྡན་གྱི་སློབ་མ་མང་པོས་བསྐུལ་བའི་ངོར་རང་ཉིད་ཀྱིས་བྲིས་པའོ། །

༄ གདན་རབས་སོ་གཉིས་པ་འཇམ་པའི་དབྱངས་ཚུལ་ཁྲིམས་ལྷུན་གྲུབ་ལ་བསྟོད་པ། ཨོཾ་སྭསྟི་སིདྡྷཾ། རྣམ་དག་ཚུལ་ཁྲིམས་ནམ་མཁའི་ཀློང་ཡངས་པར། །བྱང་ཆུབ་སེམས་གཉིས་དཀྱིལ་འཁོར་རབ་རྒྱས་ཤིང་། །ལྷུན་གྲུབ་ཕྲིན་ལས་འོད་ཟེར་སྦྱོ་མཁས་པའི། །མཚུངས་མེད་ཉིན་བྱེད་དབང་པོར་གསོལ་བ་འདེབས། །གང་སྐུ་ཚུལ་ཁྲིམས་རིན་ཆེན་རྒྱན་གྱིས་མཛེས། །གང་གསུང་ཚངས་

དབྱངས་ལྷར་སྣན་ཆོས་སྒྲ་སྒྲོག །གང་ཐུགས་ཟག་མེད་བདེ་ཆེན་ལྷུན་གྱིས་གྲུབ། །གང་ཞིག་འགྲོ་བའི་འདྲེན་པར་གསོལ་བ་འདེབས། །ཕན་བདེའི་འབྱུང་གནས་ཀུན་དགའི་རིང་ལུགས་མཆོག །བཤད་སྒྲུབ་བསྟན་པའི་རྒྱལ་མཚན་ལེགས་བཙུགས་ནས། །ཟབ་རྒྱས་ཆོས་ཀྱིས་མཐའ་ཡས་འགྲོ་རྣམས་ལ། །སྨིན་གྲོལ་འདོད་རྒུ་སྩོལ་ལ་གསོལ་བ་འདེབས། །བླ་མ་ཡི་དམ་མཆོག་གསུམ་ཐུགས་རྗེ་དང་། །བསྟན་སྲུང་ཞིང་སྐྱོང་དབང་པོའི་གཟི་བྱིན་གྱིས། །གདུལ་བྱ་ཚུལ་ཁྲིམས་ཞིང་ས་རབ་ཡངས་པར། །དོན་གཉིས་ལྷུན་གྲུབ་སྐྱེ་མ་གཡུར་ཟ་ཤོག །སྒོ་གསུམ་མི་ཕྱེད་འདུན་པའི་གསོལ་བཏབ་དང་། །མཆོག་གསུམ་བསྟན་སྲུང་ནོར་ལྷའི་ནུས་མཐུ་ཡིས། །རྒྱལ་བས་ལུང་བསྟན་རྗེ་བཙུན་ཨེ་ཝཾ་པའི། །བསྟན་པ་སྲིད་མཐར་རྒྱས་པའི་བཀྲ་ཤིས་ཤོག །ཆོས་མེད་བྱ་བྲལ་བ་ཚུལ་ཁྲིམས་ལྷུན་གྲུབ་ཀྱིས་ས་ག་ཟླ་བའི་ཡར་ཚེས་བཟང་པོའི་ཉིན་སུག་བྲིས་སུ་བཀྲིས་པའོ། །

༄ གདན་རབས་སོ་གསུམ་པ་བྱམས་པ་ནམ་མཁའ་བསམ་གྲུབ་ལ་བསྟོད་པ་དང་པོ། ཨོཾ་སྭསྟི། སྨད་བྱུང་བློ་གྲོས་ནམ་མཁའི་ཀློང་ཡངས་པར། །ཐུགས་རྗེའི་ཆུ་འཛིན་དཔལ་གྱིས་ཆེར་གཏམས་ཤིང་། །བསམ་ཡས་ཕྲིན་ལས་བཟང་པོའི་ཆར་རྒྱུན་གྱིས། །ཐར་པའི་འབྲས་སྟེར་མཁས་གྲུབ་ལ་ཕྱག་འཚལ། །གང་སྐུ་ལྷ་བས་མི་ངོམ་སྐྱོན་བྲལ་ཞིང་། །གང་གསུང་ཟབ་ཅིང་རྒྱ་ཆེན་ཆོས་སྒྲ་སྒྲོག །གང་ཐུགས་གཉིས་མེད་ཡེ་ཤེས་ཆེ་བརྙེས་པའི། །གང་ཞིག་འགྲོ་བའི་འདྲེན་པར་གསོལ་བ་འདེབས། །དེ་ལྟར་དད་ཅིང་གུས་པས་གསོལ་བཏབ་མཐུས། །ནམ་མཁའི་མཐའ་མཉམ་སེམས་ཅན་ཐམས་ཅད་ཀྱི། །བསམ་དོན་ལྷུན་གྲུབ་བཀྲ་ཤིས་ཕུན་སུམ་ཚོགས། །དགེ་ལེགས་གྲགས་པའི་རྒྱལ་མཚན་རྟག་འཛིན་ཤོག །བསྟོད་འོས་ཡོན་ཏན་ཅུང་ཟད་མ་མཆིས་མོད། །འོན་ཀྱང་དད་ལྡན་འགའ་ཡིས་བསྐུལ་བ་དང་། །ཉེ་ཆར་སྐབས་ཤར་བླ་མ་བཀྲས་ཕུན་པའི། །ཞལ་ངོ་མ་ལྡོག་གཡར་ཁྲལ་ཙམ་དུ་བཀྲིས། །ན་མོ་གུ་རུ་བྷྱཿནམ་མཁའི་མཐའ་ཀླས་རྒྱལ་བ་སྲས་བཅས་ཀྱི། །བསམ་ཡས་ཐུགས་བསྐྱེད་སྨོན་ལམ་ལས་གྲུབ་པའི། །མཁས་བཙུན་བཟང་པོའི་ཡོན་ཏན་མི་ཟད་པར། །དབང་སྒྱུར་དཔལ་ལྡན་བླ་མར་གསོལ་བ་འདེབས། །འགྲོ་ཀུན་དགའ་སྐྱེད་མཚན་དཔེས་སྤྲས་པའི་སྐུ། །རྒྱལ་གསུང་མདོ་རྒྱུད་དགེ་མཚན་གསལ་བའི་གསུང་། །ཚོགས་གཉིས་དཔལ་འབྱོར་བཟང་པོའི་ཐུགས་མངའ་བ། །དཔལ་ལྡན་

བླ་མའི་ཞབས་ལ་གསོལ་བ་འདེབས། །དེ་ལྟར་རྩེ་གཅིག་གསོལ་བ་བཏབ་པའི་མཐུས། །བདག་ནི་སྐྱེ་ཞིང་སྐྱེ་བ་ཐམས་ཅད་དུ། །རྗེ་བཙུན་བླ་མ་དམ་པས་རྗེས་བཟུང་ནས། ། བསྟན་དང་འགྲོ་ལ་ཕན་བདེ་སྤྲོལ་བར་ཤོག །ཅེས་གསོལ་བ་འདེབས་པ་ཡོན་ཏན་ལྷུན་པོ་འདིའང་བྱང་ཆུབ་བར་གྱི་རེ་གནས་ཐར་རྩེ་རྡོ་རྗེ་འཆང་ཆེན་པོའི་སྐུའི་དབོན་པོ། དཔལ་ལྡན་ཆོས་སྐྱོང་ནས་ཨེ་ཝཾ་འདུས་སྡེའི་ཞལ་འདོན་ལ་དམིགས་པའི་རྗེ་བཙུན་བླ་མ་མཆོག་ལ་གསོལ་འདེབས་ཤློ་ཀ་གསུམ་ཙམ་ཞིག་རྩོམ་དགོས་ཞེས་གསུངས་པ་བཞིན་གསུང་གི་བདུད་རྩི་ཚེ་འདིར་ཐོམས་པར་འཕྲུངས་ཤིང་ཐུགས་རྗེའི་ལྕུགས་ཀྱིས་སྐྱེ་བ་ཀུན་ཏུ་རྗེས་སུ་བཟུང་བའི་སྐལ་བ་བཟང་པོ་ཅན་ས་སྐྱ་པ་ངག་དབང་ཀུན་དགའ་བློ་གྲོས་སངས་རྒྱས་བསྟན་པའི་རྒྱལ་མཚན་དཔལ་བཟང་པོས་སྦྱར་བ་དགེ་ལེགས་འཕེལ།

༄ གདན་རབས་སོ་བཞི་པ་བྱམས་པ་དཔལ་ལྡན་ཆོས་སྐྱོང་ལ་བསྟོད་པ། ཨོཾ་སྭསྟི། རྒྱལ་བ་ཀུན་གྱི་ཡེ་ཤེས་གཅིག་བསྡུས་པ། །གསང་བ་གསུམ་གྱི་བདག་ཉིད་རྡོ་རྗེ་འཆང་། །དཀྱིལ་འཁོར་རྒྱ་མཚོའི་དབང་ཕྱུག་བླ་མ་མཆོག །དཔལ་ལྡན་ཆོས་སྐྱོང་གྲགས་ལ་གསོལ་བ་འདེབས། །ཚུལ་ཁྲིམས་ལ་སོགས་འཕགས་ནོར་བདུན་གྱིས་བརྒྱན། །ཟབ་དོན་སྣན་བརྒྱུད་བདུད་རྩིའི་དཔལ་ལ་རོལ། ། ཐེག་མཆོག་རྒྱལ་སྲས་ལམ་བཟང་སྤྱོད་ལ་འཇུག །བསླབ་གསུམ་དུར་སྨྲིག་འཛིན་ལ་གསོལ་བ་འདེབས། །གང་སྐུ་ཟབ་གསལ་བསྐྱེད་རིམ་དཔལ་དང་ལྡན། །གང་གསུང་གྲགས་སྟོང་ཆོས་ཀྱི་སྒྲ་དབྱངས་འབྱིན། །གང་ཐུགས་བདེ་སྟོང་བརྗོད་བྲལ་ཆེན་པོ་སྐྱོང་། །སྤྲུལ་པའི་རྣལ་འབྱོར་མཆོག་ལ་གསོལ་བ་འདེབས། །དམ་ཅན་སྲུང་མས་ཕྲིན་ལས་ཐོགས་མེད་བསྒྲུབས། །སྲིད་གསུམ་དྲེགས་པའི་ཚོགས་རྣམས་སྙིང་རྗེས་བཏུལ། །ཡངས་པའི་ས་ཆེན་ཐམས་ཅད་བདེ་ལ་བཀོད། །མཐུ་སྟོབས་ནུས་པའི་གཏེར་ལ་གསོལ་བ་འདེབས། །ཁྱེད་ནི་ཐོག་མེད་སྨོན་ལམ་བཟང་པོའི་མཐུས། །བསྟན་འཛིན་བུ་སློབ་རྣམས་དང་འགྲོ་བའི་ཚོགས། །ཆོས་དང་མི་འཇིགས་འདོད་རྒྱུའི་དཔལ་ཀུན་གྱིས། །སོ་སོར་ལེགས་པར་སྐྱོང་ལ་གསོལ་བ་འདེབས། །དེ་ལྟར་རྩེ་གཅིག་གུས་པས་གསོལ་བཏབ་པས། །དམ་པ་ཁྱོད་ཀྱི་ཐུགས་རྗེའི་བྱིན་རླབས་དང་། །སྟོབས་ལྡན་ཞིང་སྐྱོང་དབང་པོའི་ནུས་མཐུ་དང་། །དྲང་སྲོང་རིག་འཛིན་བདེན་པའི་སྨོན་ལམ་གྱིས། །བསྟན་པ་རིན་ཆེན་ཕྱོགས་བཅུར་རྒྱས་པ་དང་། །བསྟན་

འཛིན་དགེ་འདུན་དར་ཞིང་ཆོས་སྡེ་འཕེལ། །འཇིག་རྟེན་བདེ་ཞིང་དགེ་བཅུས་དུས་འདའ་བའི། །བསམ་དོན་ལྷུན་གྱིས་འགྲུབ་པའི་བཀྲ་ཤིས་ཤོག །ཅེས་གསོལ་བ་འདེབས་པའི་ཚིགས་སུ་བཅད་པ་བསམ་དོན་ཀུན་འགྲུབ་ཅེས་བྱ་བ་འདི་ནི། རང་ཉིད་ལ་དད་ཅིང་འདུན་པའི་སློབ་མའི་གཙོ་བོར་གྱུར་པ་དཔོན་རིན་ཆེན་མཆོག་གྲུབ་དང་། ཞུ་ཆེན་ཚུལ་ཁྲིམས་རིན་ཆེན། འདན་མ་དཔོན་པོ་བཀྲ་ཤིས་དཔལ་བཟང་རྣམས་ཀྱིས་སྐོན་ནས་བསྐུལ་བ་དང་། བསྟན་པའི་སྦྱིན་བདག་ཆེན་པོས་གཙོས་དང་ལྡན་མཆོག་དམན་ཀུན་ལ་ཕན་པར་བྱ་བའི་ཕྱིར་མེ་ཡོས་ཀྱི་ལོ་སྨལ་པོ་ཟླ་བའི་ཚེས་བརྒྱད་མཁའ་འགྲོ་འདུ་བའི་དུས་ཀྱི་ཉིན་རྗེ་བཙུན་གོང་མ་རྣམས་ཀྱི་མཆོད་འབུལ་དུ་དམིགས་ཏེ་ཤཱཀྱའི་དགེ་སློང་བྱམས་པ་དཔལ་ལྡན་ཆོས་སྐྱོང་གིས་ཡོན་མཆོད་ལྷན་ཅིག་ཏུ་ཆིབས་བསྒྱུར་གནང་སྐབས་སྡེ་དགེ་རབ་བརྟན་ཕོ་བྲང་དུ་སྦྱར་ཞིང་། ཚིག་གི་ཐ་སྙད་སོགས་མཁས་པས་གཟིགས་པའི་འོས་སུ་མ་གྱུར་ཀྱང་། འདི་ལ་ཁ་ཏོན་དུ་འབད་ན་གནས་སྐབས་ཀྱི་བར་ཆད་ཞི་ཞིང་མཐུན་རྐྱེན་མ་ལུས་པ་འགྲུབ་པ་དང་། ཚེ་རབས་ཐམས་ཅད་དུ་རྗེ་བླ་མ་དམ་པས་རྗེས་སུ་བཟུང་སྟེ། ཡང་དག་པའི་ཡོན་ཏན་རྒྱུད་ལ་སྐྱེ་བའི་རྟེན་འབྲེལ་ཞིག་ཡོད་པར་ངེས་སོ། །

༈ གདན་རབས་སོ་ལྔ་པ་མཁས་གྲུབ་སངས་རྒྱས་དཔལ་བཟང་ལ་བསྟོད་པ། དུས་གསུམ་སངས་རྒྱས་ཀུན་བདག་རྡོ་རྗེ་འཆང་། །གསང་གསུམ་ཡོན་ཏན་མཛོད་འཛིན་འཁོར་ལོའི་མགོན། །ཟག་མེད་དགའ་བཞིའི་དཔལ་མངའ་ཧེ་རུ་ཀཿདབྱེར་མེད་འདྲེན་པ་བཟང་པོར་གསོལ་བ་འདེབས། །སངས་རྒྱས་ཡེ་ཤེས་གཅིག་བསྡུས་འཇམ་པའི་དབྱངས། །འགྲོ་ལ་སྙིང་རྗེའི་དཔལ་ལྡན་སྤྱན་རས་གཟིགས། །ངེས་དོན་རྒྱུད་སྡེའི་མངའ་བདག་རྡོ་རྗེ་འཛིན། །སྐྱེ་རྒུའི་འདྲེན་པ་བཟང་པོ་ཁྱོད་ཕྱག་འཚལ། །དེ་ལྟར་གསོལ་བ་བཏབ་པའི་བདག་ཅག་རྣམས། །ཚེ་རབས་ཀུན་ཏུ་དལ་འབྱོར་ལུས་ཐོབ་ཅིང་། །རླབས་ཆེན་རྒྱལ་སྲས་སྤྱོད་པ་མཐར་ཕྱིན་ཏེ། །ཀུན་མཁྱེན་རྒྱལ་བའི་གོ་འཕང་མྱུར་ཐོབ་ཤོག །ཅེས་པ་འདི་དང་ལྡན་བཀྲ་ཤིས་ཕུན་ཚོགས་ཀྱིས་བསྐུལ་བའི་ངོར་མཁན་མིང་བྱམས་པ་བསོད་ནམས་བཟང་པོས་སྦྱར་བའོ། །

༈ གདན་རབས་སོ་དྲུག་པ་འཇམ་མགོན་བསོད་ནམས་ལྷུན་གྲུབ་ལ་བསྟོད་པ། ཕན་བདེའི་

འབྱུང་གནས་རྒྱལ་བསྟན་འཛིན་མ་ལ། །རབ་འབྱུངས་བསོད་ནམས་ཡེ་ཤེས་ཡོངས་འདུའི་ལྡོན། །
ལུང་རྟོགས་བྱེ་བའི་ཡོན་ཏན་ལྷུན་གྱིས་གྲུབ། །ཕྲིན་ལས་དཔལ་འབྱོར་བཟང་པོའི་ཞབས་ལ་འདུད། །
རྨད་བྱུང་བསོད་ནམས་ཡེ་ཤེས་ཆུ་གཏེར་ཆེ། །སྔོན་སྨོན་ཐུགས་བསྐྱེད་རི་བོས་བསྲུབས་པ་ལས། །
ཉེར་འབྱུངས་གཞན་ཕན་འོད་ཟེར་ལྷུན་གྲུབ་པའི། །རྒྱལ་སྲས་བསྟན་པའི་ཉི་མར་གསོལ་བ་
འདེབས། །མཐའ་ཀླས་འགྲོ་བའི་བསོད་ནམས་ཞིང་མཆོག་ཏུ། །ཟབ་ཅིང་རྒྱ་ཆེའི་ཆོས་འཁོར་ལེགས་
བསྐོར་ཏེ། །སྐལ་ལྡན་གདུལ་བྱའི་རེ་བ་སྐོང་མཛད་པའི། །དོན་གཉིས་ལྷུན་གྲུབ་བླ་མའི་ཞབས་ལ་
འདུད། །སྐུལ་མཚམས། མཁྱེན་བཟང་མ་རིག་སེལ་བའི་འོད་བརྒྱ་པ། །བརྩེ་ཆེན་འཁོར་ཚོགས་སྐྲོལ་
བའི་དེད་དཔོན་ཆེ། །ནུས་ལྡན་དགེ་ལེགས་དཔལ་སྟེར་འཁོར་ལོའི་མགོན། །སྐྱབས་གནས་ཀུན་
འདུས་ཞབས་ལ་གསོལ་བ་འདེབས། །དེ་ལྟར་བསྟོད་ཅིང་གསོལ་བ་བཏབ་པའི་མཐུས། ། མཆོག་
གསུམ་ཐུགས་རྗེའི་གདུང་འི་རྒྱུན་བཟང་གིས། །སྡུག་བསྔལ་གསུམ་གྱི་འགྲོ་བའི་སྒྲིབ་སྦྱངས་ནས། །ཀུན་
མཁྱེན་ཆོས་ཀྱི་རྒྱ་མཚོར་འཇུག་པར་ཤོག །ཅེས་པ་འདི་ནི་ཤར་མི་ཉག་གི་ཆོས་རྗེ་བསྟན་པ་རྒྱལ་
མཚན་གྱིས་བསྐུལ་བའི་ངོར་བྱམས་པ་བསོད་ནམས་བཟང་པོས་སྨྲས་པའོ། །

༄ གདན་རབས་སོ་བདུན་པ་རིན་ཆེན་མི་འགྱུར་རྒྱལ་མཚན་ལ་བསྟོད་པ། ཚོགས་གཉིས་རིན་
ཆེན་མཛེས་པའི་གསེར་གྱི་ཁྲིར། །སྲིད་ཞིའི་སྐྱབས་གཅིག་མི་འགྱུར་རྒྱལ་བའི་སྲས། །བསྟན་འགྲོ་
ལྷར་བཅས་གདུལ་བྱའི་གཙུག་གི་ནོར། །ཕྲིན་ལས་དགེ་མཚན་འབུམ་ལྡན་ཞབས་ལ་འདུད། །
སྤངས་དང་རྟོགས་པའི་ཡོན་ཏན་མི་ཟད་པར། །དབང་སྒྱུར་འགྱུར་མེད་རྡོ་རྗེའི་སྐུ་བརྙེས་ཀྱང་། །ཚུར་
མཐོང་ཞིང་འདིའི་འགྲོ་རྣམས་སྒྲོལ་བའི་སླད། །ངུར་སྨྲིག་རྒྱལ་མཚན་འཛིན་ལ་གསོལ་བ་འདེབས། །
སྡོམ་པ་གསུམ་གྱི་མཁའ་ལ་རྟག་རོལ་ཞིང་། །གསན་བསམ་སྒོམ་པའི་ཆ་ཤས་ཡོངས་སུ་རྫོགས། །
འཆད་རྩོད་རྩོམ་པའི་བསིལ་ཟེར་སྟོང་འཕྲོ་བའི། །རྣམ་འདྲེན་སྨྲ་བའི་ཟླ་བར་གསོལ་བ་འདེབས། །
ཆོས་ཀུན་གཟིགས་པའི་མཁྱེན་རབ་ཕ་མཐའ་ཡས། །འགྲོ་ལ་བུ་ལྟར་བརྩེ་བའི་ཐུགས་རྗེ་ཅན། །ཕྲིན་
ལས་བཟང་པོས་གདུལ་བྱ་རྗེས་འཛིན་པའི། །རྒྱལ་སྲས་བྱང་ཆུབ་སེམས་དཔར་གསོལ་བ་འདེབས། །
མདོར་ན་སྐྱབས་གནས་ཀུན་འདུས་བླ་མ་ལ། །མི་ཕྱེད་དད་ཅིང་གུས་པས་གསོལ་འདེབས་ན། །ཡེ་

ཤེས་གཟིགས་པས་རྟག་ཏུ་སྐྱོང་བ་དང་། །ཕན་བདེའི་དགེ་མཚན་ཅི་ཡང་འཆར་བར་ཤོག །ཅེས་པ་འདིའི་ཤློ་ཀ་དང་པོ་འདི་བྱམས་པ་བསོད་ནམས་བཟང་པོས་མཛད་ཅིང་། དེའི་ཁ་སྐོང་ཤློ་ཀ་བཞི་པོ་འདི་ཤཱཀྱའི་དགེ་སློང་བྱམས་པ་ཀུན་དགའ་བསྟན་པའི་རྒྱལ་མཚན་གྱིས་དད་ཅིང་གུས་པའི་སྒོ་ནས་བྲིས་ཏེ་གསོལ་བ་བཏབ་པའོ། །

༄ གདན་རབས་སོ་བརྒྱད་པ་འཇམ་མགོན་སངས་རྒྱས་ཡེ་ཤེས་ལ་བསྟོད་པ། རྒྱ་གར་སྐད་དུ། ན་མོ་དེ་ཝ་ན་རཧཱུཾ་ཤི་ཁ་ལཙྪ་ར་མཉྫུ་ན་ཐ་གུ་རུ་བུདྡྷ་ཛྙཱ་ནེ་ཨེ་ཝཾ་ཤཱ་ས་ན་ཧྲ་ཛ་ཤྲཱི་བྷ་དྲ་ཡ། བོད་སྐད་དུ། ལྷ་མིའི་གཙུག་རྒྱན་འཇམ་མགོན་བླ་མ་སངས་རྒྱས་ཡེ་ཤེས་ཨེ་ཝཾ་བསྟན་པའི་རྒྱལ་མཚན་དཔལ་བཟང་པོ་ལ་ཕྱག་འཚལ་ལོ། །སྲིད་ཞི་དགེ་ལེགས་ཀུན་གྱི་སྒོ་གཅིག་པུ། །བདེ་གཤེགས་བསྟན་པ་རིན་ཆེན་སྤེལ་བ་ལ། །བསམ་བཞིན་བྱོན་པའི་རྗེ་བཙུན་ཨེ་ཝཾ་པ། །སངས་རྒྱས་ཡེ་ཤེས་ཞབས་ལ་གསོལ་བ་འདེབས། །ངེས་དོན་ཆོས་ཀྱི་དབྱིངས་ལས་མ་གཡོས་ཀྱང་། །དྲང་དོན་མཆོག་དང་མཆོག་མིན་སྤྲུལ་པའི་སྐུས། །མཁའ་ཁྱབ་འགྲོ་ཀུན་རྗེས་འཛིན་ཨེ་ཝཾ་པ། །སངས་རྒྱས་ཡེ་ཤེས་ཞབས་ལ་གསོལ་བ་འདེབས། །ཁྱད་པར་སྙིགས་དུས་ཆོ་རིགས་རབ་གཙང་ལས། །མི་ཡི་སྲིད་བཟུང་གདོས་བཅས་གཟུགས་སྐུ་ལ། །ངུར་སྨིག་རྒྱལ་མཚན་འཆང་བའི་ཨེ་ཝཾ་པ། །སངས་རྒྱས་ཡེ་ཤེས་ཞབས་ལ་གསོལ་བ་འདེབས། །གང་སྐུ་མཐོང་བ་ཙམ་གྱིས་ཉོན་མོངས་སངས། །གང་གསུང་ཐོས་པས་ལུང་རྟོགས་ཡོན་ཏན་རྒྱས། །གང་ཐུགས་ཡེ་ཤེས་མཆོག་སྟེར་ཨེ་ཝཾ་པ། །སངས་རྒྱས་ཡེ་ཤེས་ཞབས་ལ་གསོལ་བ་འདེབས། །གཞོན་ནུ་ཉིད་ནས་དམ་པའི་རིགས་སད་ཅིང་། །ངོ་མཚར་བདག་མེད་རྟོགས་པའི་ཤེས་རབ་ཀྱིས། །ཆོས་ཀུན་གསལ་བར་གཟིགས་པའི་ཨེ་ཝཾ་པ། །སངས་རྒྱས་ཡེ་ཤེས་ཞབས་ལ་གསོལ་བ་འདེབས། །མཁས་གྲུབ་དུ་མའི་ཞལ་གྱི་བུམ་བཟང་ལས། །གྲངས་མེད་གསན་པ་རྒྱ་མཚོའི་མཛོད་བཟུང་ནས། །ཐེག་གསུམ་ཆོས་འཁོར་བསྐོར་མཛད་ཨེ་ཝཾ་པ། །སངས་རྒྱས་ཡེ་ཤེས་ཞབས་ལ་གསོལ་བ་འདེབས། །རྒྱུད་བཞིའི་ཡི་དམ་ལྷ་ཡི་བསྙེན་རྫོགས་ལ། །ཉིན་མཚན་གཡེལ་བ་མེད་པར་ཐུགས་གཞོལ་བས། །ཏིང་འཛིན་རྒྱ་མཚོའི་མངའ་བདག་ཨེ་ཝཾ་པ། །སངས་རྒྱས་ཡེ་ཤེས་ཞབས་ལ་གསོལ་བ་འདེབས། །གང་གི་ལུགས་གཉིས་ཕྲིན་ལས་སྐྱོང་བའི་དཔལ། །སྡོམ་བརྩོན་བསྟན་པ་

འཛིན་པའི་བཤེས་གཉེན་གྱིས། །མི་མཛེད་འཛིག་རྟེན་ཁྱབ་པའི་ཨེ་ཝཾ་པ། །སངས་རྒྱས་ཡེ་ཤེས་ཞབས་ལ་གསོལ་བ་འདེབས། །ཐུན་མོང་སྣང་བའི་གཟུགས་སྐུ་བསྟུ་བའི་ཚེ། །མཁའ་ལ་མེ་ཏོག་ཆར་དང་འཇའ་འོད་འཁྲིགས། །མཁའ་འགྲོས་འོག་མིན་སྤྱན་དྲངས་ཨེ་ཝཾ་པ། །སངས་རྒྱས་ཡེ་ཤེས་ཞབས་ལ་གསོལ་བ་འདེབས། །ཤར་འདོན། ཀྱེ་མ་དུས་འདིར་འདྲེན་མཆོག་ཆོས་ཀྱི་རྗེའི། །མཛེས་སྐུ་དངོས་མཐོང་སྐལ་པའི་གསུང་ཐོས་པའི། །བསྐལ་བ་བྲལ་ཡང་ཉམས་དང་རྨི་ལམ་དུ། །འཛུམ་ཞལ་ཡང་ཡང་སྟོན་ཅིག་ཨེ་ཝཾ་པ། །ཀྱེ་རྒྱུད་བདེ་གཤེགས་བསྟན་པ་ནུབ་ལ་ཉེ། །དེ་འཛིན་གང་ཟག་མཆོག་རྣམས་གཞན་དུ་གཤེགས། །ལས་ངན་བསགས་པའི་མགོན་མེད་སེམས་ཅན་ལ། །སྐྱབས་གནས་བསླུ་མེད་མཛོད་ཅིག་ཨེ་ཝཾ་པ། །ཐོག་མེད་དུས་ནས་ལས་ངན་བསགས་པའི་འབྲས། །སྐྱེ་རྒ་ན་འཆི་བར་དོའི་འཇིགས་སྐྲག་གིས། །ཚད་མེད་མནར་བའི་མར་གྱུར་རིགས་དྲུག་ལ། །ཐར་པའི་ལམ་སྟོན་མཛོད་ཅིག་ཨེ་ཝཾ་པ། །མཐའ་མེད་འཁོར་བར་འཁྱམས་པའི་ཡིད་ཅན་ཚོགས། །བཟོད་མེད་སྡུག་བསྔལ་དྲག་པོས་གཟིར་བ་རྣམས། །ཚད་མེད་ཐུགས་རྗེའི་ལྕགས་ཀྱུས་མྱུར་བཟུང་ལ། །འཁོར་བའི་དོང་སྤྲུགས་མཛོད་ཅིག་ཨེ་ཝཾ་པ། །སྐྱེ་དང་སྐྱེ་བར་བདག་ཅག་དཔོན་སློབ་རྣམས། །བླ་མ་མཆོག་དང་ནམ་ཡང་མི་འབྲལ་ཞིང་། །ཐུགས་རྗེ་ཆེན་པོས་སྒོ་གསུམ་བྱིན་བརླབས་ནས། །ཟུང་འཇུག་ཡེ་ཤེས་སྩོལ་ཅིག་ཨེ་ཝཾ་པ། །གནས་སྐབས་འདི་ཕྱིའི་འགལ་རྐྱེན་ཀུན་ཞི་ཞིང་། ། མཐུན་རྐྱེན་མ་ལུས་ཕུན་སུམ་ཚོགས་པ་དང་། །བསྟན་འགྲོའི་དོན་ལ་ངལ་བ་ལྟར་ལེན་པའི། །རྒྱལ་སྲས་སྤྱོད་པ་སྩོལ་ཅིག་ཨེ་ཝཾ་པ། །དེ་ལྟར་རྩེ་གཅིག་གསོལ་བ་བཏབ་པའི་མཐུས། །རྗེ་བཙུན་བླ་མའི་ཐུགས་རྗེའི་བྱིན་རླབས་ཀྱིས། །འདི་ཕྱིའི་དོན་ཀུན་ཡིད་བཞིན་མཐར་ཕྱིན་ནས། །ཅི་བསམ་ཆོས་བཞིན་འགྲུབ་པའི་བཀྲ་ཤིས་ཤོག །ཅེས་རྗེ་བཙུན་བླ་མ་དམ་པ་འཇམ་མགོན་སངས་རྒྱས་ཡེ་ཤེས་ལ་གསོལ་བ་འདེབས་པ་འདི་ནི་དམ་པ་དེ་ཉིད་ཀྱི་ལུགས་ཟུང་གི་བདག་རྐྱེན་ཚད་མེད་པས་བསྐྱངས་པའི་ས་སྐྱ་པ་ངག་དབང་ཀུན་དགའ་བློ་གྲོས་སངས་རྒྱས་བསྟན་པའི་རྒྱལ་མཚན་དཔལ་བཟང་པོས། དམ་པ་དེ་ཉིད་སྐུ་ཚེ་མཐར་མ་ཕྱིན་པར་ཞིང་ཁམས་གཞན་དུ་གཤེགས་ཚུལ་བསྟན་པས་ཡིད་འབྱུང་དྲག་པོ་སྐྱེ་བའི་རྐྱེན་བྱས། དངོས་སུ་མཇལ་བའི་བསྐལ་བ་མེད་ཀྱང་སྐྱེ་བ་དང་ཚེ་རབས་ཐམས་ཅད་དུ་རྗེས་སུ་

འཛིན་པའི་ཆེད་དུ་དམིགས་ཏེ་སྙིང་ཁོང་རུས་པའི་གཏིང་ནས་གསོལ་བ་བཏབ་པ་ལ་ཡེ་ཤེས་གཟིགས་པའི་བྱིན་རླབས་འཇུག་པའི་རྒྱུར་གྱུར་ཅིག་ཅེས་པའི་ཡི་གེ་པ་ནི་དམ་པ་དེ་ཉིད་ཀྱིས་རྗེས་སུ་བཟུང་བའི་གཞུ་ལུང་པ་བསོད་འོད་ཀྱིས་བགྱིས་པ་དགེ་ལེགས་འཕེལ། །

༄ གདན་རབས་སོ་དགུ་པ་འཇམ་དབྱངས་དཀོན་མཆོག་གྲགས་པ་ལ་བསྟོད་པ། དཀོན་མཆོག་ཐུགས་རྗེའི་འོད་ཟེར་སྣིགས་དུས་ཀྱི། །འགྲོ་བའི་གདུང་སེལ་དགེ་ལེགས་པད་མོའི་ཚལ། །རྒྱས་མཛད་འཇམ་མགོན་བསྟན་པའི་ཉི་མ་མཆོག །ཆོས་ཀྱི་གྲགས་པར་གྱུར་ལ་གསོལ་བ་འདེབས། །རྨད་བྱུང་བསོད་ནམས་ཡེ་ཤེས་ཆུ་གཏེར་ལས། །ལེགས་འཁྲུངས་དཀོན་མཆོག་གསུམ་དངོས་ཡིད་བཞིན་དབང་། །སྟོབས་བཅུའི་དབང་ཕྱུག་གྲགས་པའི་གཟི་འབར་བ། །ཡོངས་འཛིན་གཙུག་གི་ནོར་བུ་དེ་ལ་འདུད། །མདོ་རྒྱུད་རྒྱ་མཚོའི་དོན་ལ་ཆེར་མཁས་ཤིང་། །སྡོམ་གསུམ་ཉེས་པས་མ་གོས་བཙུན་པའི་མཆོག །བསླུ་དངོས་བཞི་ཡི་མཛད་བཟང་མཐའ་ཡས་པས། །བསྟན་འགྲོའི་དགའ་སྟོན་སྤྱེལ་ལ་གསོལ་བ་འདེབས། །ཁྱད་པར་རྡོ་རྗེ་འཆང་དངོས་ཨེ་ཝཾ་པའི། །ཆོས་ཀྱི་ཁྲི་ལ་ཞབས་སེལ་རྣམ་བཀོད་དེ། །ངོ་མཚར་འཆད་རྩོད་རྩོམ་པའི་ཕྲིན་ལས་ཀྱིས། །ཐུབ་བསྟན་ཉི་བཞིན་མཛད་ལ་གསོལ་བ་འདེབས། །དེ་ལྟར་རྒྱལ་བ་ཀུན་དངོས་བླ་མ་ལ། །རྩེ་གཅིག་དད་གསུམ་བརྟན་པོས་གསོལ་བཏབ་མཐུས། །འགྲོ་ཀུན་ཐུགས་རྗེའི་ཕྱུག་གིས་ཉེར་བཟུང་སྟེ། །ཐམས་ཅད་མཁྱེན་པའི་རྒྱལ་སར་འཕྲིན་པར་ཤོག །ཅེས་པའི་ཤློ་ཀ་གོང་མ་གཉིས་པོ་འདི་འཇམ་དབྱངས་དཀོན་མཆོག་གྲགས་པ་རང་ཉིད་ཀྱིས་མཛད་ཅིང་། དེའི་འཕྲོ་ཁ་སྐོང་ཤློ་ཀ་གསུམ་པོ་འདི་ཤཱཀྱའི་དགེ་སློང་བྱམས་པ་ཀུན་དགའ་བསྟན་པའི་རྒྱལ་མཚན་གྱིས་བྲིས་ཏེ་གསོལ་བ་བཏབ་པའོ། །༄གདན་རབས་བཞི་བཅུ་པ་ངག་དབང་ཆོས་སྐྱོང་བཟང་པོ་ལ་བསྟོད་པ། ན་མོ་གུ་རུ་བུདྡྷ་དྷརྨ་སཾགྷ་བྷྱཿངག་གི་དབང་ཕྱུག་དམ་པའི་ཚེ་རིགས་ལས། །ལེགས་འཁྲུངས་ཆོས་ཚུལ་རྒྱ་མཚོའི་མངའ་བདག་མཆོག །བསྟན་དང་དེ་འཛིན་སྐྱོང་བའི་དེད་དཔོན་ཆེ། །སྐལ་བཟང་སྐྱེ་རྒུའི་མགོན་པོར་གསོལ་བ་འདེབས། །མཁྱེན་རབ་ངག་དབང་ལྷ་ཡི་རྗེས་འགྲོ་ཞིང་། །བརྩེ་ཆེན་ཆོས་ཀྱི་སྤྱན་ཡངས་པད་དཀར་འཛིན། །ནུས་པས་ཐུབ་བསྟན་སྐྱོང་མཛད་རྡོ་རྗེ་འཆང་། །གསུམ་དངོས་འདྲེན་པ་བཟང་པོར་གསོལ་བ་འདེབས། །བཟོད་ལ་རིང་གོམས་གང་སྐུ

སྨིན་གྲོལ་ཞིང་། །ལེགས་པར་འདོམས་པས་གང་གསུང་ཚངས་དབྱངས་ལྡན། །ངེས་དོན་མཆོག་གཟིགས་གང་ཐུགས་བདེ་སྟོང་དང་། །རྒྱལ་སྲས་སྤྱོད་པས་སྐལ་ལྡན་སྨིན་ལ་འདུད། །དགེ་འདིས་ངག་གི་དབང་ཕྱུག་ས་སྐྱ་པའི། །ཆོས་ཚུལ་དྲི་མེད་ཕྱོགས་བཅུར་རྒྱས་པར་ཤོག །མགོན་ཁྱེད་ཐུགས་རྗེས་རྟག་ཏུ་སྐྱོང་བ་ཡི། །དགེ་མཚན་བཟང་པོས་ས་གསུམ་ཁྱབ་པར་ཤོག །ཁྱད་པར་བདག་ཅག་གཞན་ཕན་བྱང་སེམས་ཀྱི། །ས་བོན་བཟང་པོས་བསྐྱེད་པའི་དཔག་བསམ་ལྗོན། །ལུང་རྟོགས་འདབ་རྒྱས་མཁྱེན་བརྩེའི་མེ་ཏོག་དགོད། །དོན་གཉིས་རྣམ་མཁྱེན་འབྲས་བུ་ལྷི་བར་ཤོག །ཅེས་པ་འདི་ནི་རང་ཉིད་ལ་བསྟོད་འོས་ཀྱི་ཡོན་ཏན་ནམ་མཁའི་པདྨོའི་དང་ཚུལ་ལས་མ་འདས་ཀྱང་། བདག་ཉིད་ཆེན་པོ་ས་སྐྱ་པཎྜི་ཏའི་ཞལ་སྔ་ནས། དགེ་བའི་བཤེས་གཉེན་ཕལ་པ་ལ། །སངས་རྒྱས་ལྟ་བུར་བསྟགས་པ་ནི། །སྐྱོན་ངག་མཁས་ལ་བཀག་པ་མེད། །ཅེས་གསུངས་པའི་དགོངས་པ་རྒྱུ་མཚན་དུ་བྱས། རང་གི་གཉེན་དུ་གཏོགས་པ་མཆོད་དཔོན་ཀུན་བཟང་རབ་བརྟན་དང་། མ་ཆེན་ཡོན་ཏན་རྡོ་རྗེ་སོགས་ཀྱིས་སྤུ་ཕྱིར་བསྐུལ་བའི་ངོར། སྣ་ཚོགས་ཞེས་པ་ཆུ་ཕོ་རྟ་ལོའི་ས་ག་ཟླ་བའི་ཡར་ཚེས་བཅུ་གསུམ་ལ་ཨེ་ཝཾ་ཁང་གསར་དུ་ངག་དབང་ཆོས་སྐྱོང་བཟང་པོ་རང་ཉིད་ཀྱིས་སྨྲས་ཏེ་བྲིས་སུ་བཅུག་པ་དགེ་ལེགས་ཕུན་སུམ་ཚོགས་པར་གྱུར་ཅིག །

༈ གདན་རབས་ཞེ་གཅིག་པ་མཁས་གྲུབ་སངས་རྒྱས་གྲགས་པ་ལ་བསྟོད་པ། མཁྱེན་རབ་དཀྱིལ་འཁོར་འོད་སྟོང་འཕྲོ་བ་ཡི། །ནུས་པ་སངས་རྒྱས་ཀུན་གྱི་བསྟན་པ་མཆོག །གསལ་མཛད་གདུལ་བྱའི་དགའ་སྟོན་བཟང་པོའི་རྒྱུན། །སྤྲེལ་མཁས་ས་གསུམ་གྲགས་པ་ཁྱོད་ཕྱག་འཚལ། །གང་སྐུ་མཚན་དང་དཔེ་བྱད་ཀྱིས་སྤྲས་ཤིང་། །གང་གསུང་ཚངས་དབྱངས་དྲུག་ཅུའི་ཆོས་སྒྲ་སྒྲོག །གང་ཐུགས་བདེ་སྟོང་མཆོག་ལས་མ་གཡོས་པའི། །གང་ཞིག་རྡོ་རྗེ་སུམ་ལྡན་ཁྱོད་ཕྱག་འཚལ། །དེ་ལྟར་བསྟོད་པས་མཆོག་གསུམ་ཐུགས་རྗེ་ཡིས། །བདག་ནི་སྐྱེ་ཞིང་སྐྱེ་བ་ཐམས་ཅད་དུ། །གསང་ཆེན་ལམ་གྱི་ཉམས་ལེན་མཐར་ཕྱིན་ཏེ། །ཟུང་འཇུག་རྡོ་རྗེ་འཛིན་པའི་ས་ཐོབ་ཤོག །བསྟོད་འོས་ཡོན་ཏན་མ་མཆིས་མོད། །འོན་ཀྱང་དབང་ཞུས་དད་ལྡན་འགས། །བསྐུལ་ངོར་མཁན་མིང་རང་ཉིད་ཀྱིས། །ཨེ་ཝཾ་གཙུག་ལག་ཁང་དུ་བྲིས། །

༄ གདན་རབས་ཞེ་གཉིས་པ་མཚུངས་མེད་ཕུན་ཚོགས་དོན་གྲུབ་ལ་བསྟོད་པ། སྤངས་རྟོགས་ཡོན་ཏན་ཕུན་སུམ་ཚོགས་པ་ཡི། །རྡོ་རྗེ་འཆང་དངོས་མི་ཡི་སྲིད་བཟུང་བ། །དོན་གཉིས་ལྷུན་གྱིས་གྲུབ་པའི་མཛད་ཕྲིན་ཅན། །དཔལ་ལྡན་བླ་མའི་ཞབས་ལ་གསོལ་བ་འདེབས། །མང་དུ་གསན་པས་ཆོས་ཀུན་ཐུགས་སུ་ཆུད། །དེ་དོན་བསམ་པས་སྒྲོ་འདོགས་ནང་ནས་ཆོད། །ཚུལ་བཞིན་བསྒོམས་པས་དངོས་གྲུབ་མཆོག་བརྙེས་པའི། །འགྲོ་བའི་འདྲེན་པ་མཆོག་ལ་གསོལ་བ་འདེབས། །དེ་ལྟར་གསོལ་བ་བཏབ་པའི་བྱིན་རླབས་ཀྱིས། །ཐུབ་བསྟན་ཡར་ངོའི་ཟླ་བཞིན་འཕེལ་བ་དང་། །འགྲོ་ཀུན་དམ་པའི་ཐུགས་བརྩེས་རྗེས་བཟུང་ནས། །སྐུ་གསུམ་ཡོན་ཏན་བདུན་ལྡན་མྱུར་ཐོབ་ཤོག །ཅེས་པ་འདི་འང་ཤཱཀྱའི་དགེ་སློང་བྱམས་པ་ཀུན་དགའ་བསྟན་པའི་རྒྱལ་མཚན་གྱིས་བྲིས་ཏེ་གསོལ་བ་བཏབ་པའོ། །

༄ གདན་རབས་ཞེ་གསུམ་པ་མཁས་གྲུབ་ཀུན་དགའ་བསོད་ནམས་ལ་བསྟོད་པ། ཀུན་མཁྱེན་ཨེ་ཝཾ་པ་ཡི་བསྟན་པ་ལ། །དགའ་ཆེན་དྲི་མ་མེད་པའི་མཛད་ཕྲིན་གྱིས། །བསོད་ནམས་འགྲོ་ལ་སྤེལ་མཁས་དྲིན་ཅན་རྗེ། །ངོར་ཆེན་རྡོ་རྗེ་འཆང་ལ་གསོལ་བ་འདེབས། །མཁྱེན་པའི་ཡེ་ཤེས་སྤྱན་གྱིས་ཆོས་ཀུན་གཟིགས། །བརྩེ་བའི་ཐུགས་རྗེས་འགྲོ་རྣམས་དགའ་བདེར་སྦྱོར། །ནུས་པས་སྲིད་ཞིའི་རྒུད་པ་སེལ་མཛད་པ། །བསོད་ནམས་དཔག་ཡས་འདྲེན་པ་བཟང་པོར་འདུད། །གང་སྐུ་བསླབ་གསུམ་རིན་ཆེན་ཀུན་གྱིས་བརྒྱན། །གང་གསུང་ཟབ་རྒྱས་ཆོས་ཀྱིས་དགའ་སྟོན་འཕྱེད། །གང་ཐུགས་བདེ་སྟོང་ལྷན་སྐྱེས་ཡེ་ཤེས་ཆེ། །གང་ཞིག་བསོད་ནམས་ཞིང་མཆོག་ཁྱེད་ལ་འདུད། །འདིས་མཚོན་སྲིད་ཞིའི་དུས་གསུམ་དགེ་ཚོགས་དང་། །མཆོག་གསུམ་ཐུགས་རྗེའི་མཐུ་དཔུང་ལྡན་ཅིག་གིས། །བདག་དང་མཁའ་མཉམ་འགྲོ་བ་མ་ལུས་པ། །རྣམ་གྲོལ་སྐུ་བཞིའི་དབང་ཕྱུག་མྱུར་ཐོབ་ཤོག །ཅེས་པའི་ཤློ་ཀ་དང་པོ་འདི་ནི་དཔལ་ས་སྐྱ་པ་ཆེན་པོ་ངག་དབང་དཔལ་ལྡན་ཆོས་སྐྱོང་གིས་མཛད་ཅིང་། འོག་མ་རྣམས་ནི་སྡེ་དགེ་གཉེར་ཆེན་མགོན་པོ་རབ་བརྟན་གྱིས་བསྐུལ་ངོར་རྗེ་རང་ཉིད་ཀྱིས་མཛད་པའོ། །

༄ གདན་རབས་ཞེ་བཞི་པ་བྱམས་པ་ནམ་མཁའ་འཆི་མེད་ལ་བསྟོད་པ་དང་པོ་ཐར་པའི་ས་བོན་དགེ་དམིགས་མེད་བྱམས་དང་སྙིང་རྗེ་ཆེར་ལྡན་པས། །ནམ་མཁའ་དང་མཉམ་མ་གྱུར་འགྲོ་

ཀུན་ལ། །སྐྱེ་འཆི་འགག་མེད་སྨོན་ལམ་ཤུགས་བདོ་བ། །འཁོར་བ་ཇི་སྲིད་བཙན་ལ་གསོལ་བ་འདེབས། །སྙིགས་དུས་འགྲོ་ལ་ཐབས་ཚུལ་སྣ་ཚོགས་ཀྱིས། །ཆོས་དང་ཆོས་མིན་རྣམ་པར་འབྱེད་པའི་གསུང་། །མ་ནོར་ཆོས་དང་ལམ་བཟང་སྟོན་མཛད་པའི། །འདྲེན་མཆོག་བླ་མ་དེ་ལ་གུས་ཕྱག་འཚལ། །ཁྱེད་ཐུགས་འཁྲུལ་བྲལ་ཆོས་དང་རྗེས་མཐུན་ཞིང་། །གཞན་དོན་ལྷུར་མཛད་གཡར་དམ་བརྟན་པོ་ཡིས། །མ་ལུས་འགྲོ་རྣམས་ཐམས་ཅད་མཁྱེན་པའི་སར། །མྱུར་དུ་འགོད་པའི་བཞེད་དོན་ལྷུན་གྲུབ་ཤོག །ཅེས་པ་འདི་ཡང་གཞན་གྱིས་བསྐུལ་བའི་ངོར་ཐར་རྩེ་ནམ་མཁའ་འཆི་མེད་རང་ཉིད་ཀྱིས་མེ་གླང་ཆུ་སྟོད་ཀྱི་ཚེས་ཉེར་ལྔ་ལ་བྲིས།

༄ གདན་རབས་ཞེ་བཞི་པ་བྱམས་པ་ནམ་མཁའ་འཆི་མེད་ལ་བསྟོད་པ་གཉིས་པ། ཨོཾ་སྭསྟི་སིདྡྷཾ། དུས་གསུམ་སངས་རྒྱས་ཐམས་ཅད་འདུས་པའི་དངོས། །ཁམས་གསུམ་འགྲོ་བ་ཀུན་གྱི་གཙུག་གི་རྒྱན། །སྡོམ་གསུམ་བསྟན་པ་སྤེལ་བའི་ཕྲིན་ལས་ཅན། །དྲིན་ཅན་རྩ་བའི་བླ་མར་གསོལ་བ་འདེབས། །བརྟན་མཁས་ཡོན་ཏན་འབུམ་ལྡན་མཁན་པོའི་མཆོག །གཞན་དོན་ལྷུར་ལེན་འགྲོ་མགོན་སེམས་དཔའ་ཆེ། །གསང་སྔགས་གྲུབ་པའི་རྩེ་ར་སོན་སྨིན་གྲོལ་མཛད། །སུམ་ལྡན་མཁས་གྲུབ་དབང་པོར་གསོལ་བ་འདེབས། །ཐོས་བསམ་སྒོམ་པས་ཐུགས་རྒྱུད་ཡོངས་སུ་གྲོལ། །འཆད་རྩོད་རྩོམ་པས་རྒྱལ་བསྟན་གསལ་བར་མཛད། །མཁྱེན་བརྩེ་ནུས་ལྡན་རིས་བྲལ་བསྟན་འགྲོའི་མགོན། །སྨྲ་བའི་ཉི་མ་མཆོག་ལ་གསོལ་བ་འདེབས། །བྱམས་པ་མགོན་དང་ཀླུ་སྒྲུབ་དགོངས་པའི་མཐིལ། །ནམ་མཁའ་ལྟ་བུའི་དབུ་མའི་དེ་ཉིད་གཟིགས། །འཆི་མེད་བསམ་མི་ཁྱབ་པའི་ཡེ་ཤེས་ཆེ། །མངོན་གྱུར་ཐམས་ཅད་མཁྱེན་ལ་གསོལ་བ་འདེབས། །ཐབས་མཆོག་བྱམས་པ་སྙིང་རྗེ་བསྐྱེད་རྫོགས་ལམ། །ཤེས་རབ་ནམ་མཁའ་ཇི་བཞིན་མཚན་རྟོག་ལས། །རྣམ་གྲོལ་འཆི་མེད་ཟུང་འཇུག་གོ་འཕང་བརྙེས། །གྲུབ་བརྒྱའི་གཙུག་རྒྱན་མཆོག་ལ་གསོལ་བ་འདེབས། །བྱམས་པ་ཆེན་པོས་གཡར་དམ་མི་གཡེལ་བར། །ཆོས་སྐུའི་ནམ་མཁར་གཟུགས་སྐུའི་སྤྲིན་བཀོད་དེ། །གྲུབ་གཉིས་འཆི་བ་མེད་པའི་བདུད་རྩིའི་ཆར། །བདག་ཅག་རྣམས་ལ་སྩོལ་མཛད་དྲིན་ཆེན་རྗེ། །བདག་ཀྱང་བྱང་ཆུབ་བར་དུ་མགོན་ཁྱོད་ཀྱིས། །འབྲལ་མེད་རྗེས་བཟུང་གསུང་རབ་མང་པོའི་དོན། །ལེགས་རྟོགས་བཤད་སྒྲུབ་རྣམ་བཞིའི་

ཕྲིན་ལས་ཀྱིས། །འཕྲིན་ཚད་བྱང་ཆུབ་ལམ་ལ་སྦྱོར་ནུས་མཛོད། ། མདོར་ན་འགལ་རྐྱེན་ལས་ཉོན་ཀུན་བྱང་ཞིང་། །མཐུན་རྐྱེན་སྡོམ་གསུམ་རྣམ་དག་དཔལ་ལ་སྤྱོད། ། བསྟན་དང་འགྲོ་ལ་ཕན་བདེ་སྤེལ་བ་ཡི། །དགེ་མཚན་སྲིད་མཐའི་བར་དུ་གསལ་བར་ཤོག །ཅེས་པ་བདག་ཉིད་ཀྱི་སྐྱེ་བའི་ཕྲེང་བ་སྐྱབས་གཅིག་བཀའ་དྲིན་མཚུངས་མེད་གཅིག་ཆོག་རྒྱལ་པོ་འཇམ་མགོན་བླ་མ་ཐར་རྩེ་དོ་རྗེ་འཆང་ཆེན་པོ་ཉིད་གཟུགས་སྐུའི་བཀོད་པ་དབྱིངས་སུ་བསྡུ་བའི་དུས་ཀྱི་ཚེ། གདུང་ཤུགས་ཀྱིས་གསོལ་བ་འདེབས་པའི་ཚིགས་སུ་བཅད་པ་ཐུགས་རྗེ་མྱུར་བསྐུལ་མི་མཐུན་རྒྱུད་སེལ་ཞེས་བྱ་བ་འདི་ཡང་། སྐྱབས་མགོན་གང་གི་བཀའི་སློབ་བུ་ཐ་ཤལ་ས་སྐྱོང་སྡེ་དགེ་ཆོས་རྒྱལ་རིགས་སྐྱེས་ཨཿཡི་མིང་གིས་ལྟགས་འབྲུག་ཟླ་བ་དང་པོའི་ཚེས་ཉེར་དྲུག་ལ་ལྷུན་གྲུབ་སྟེང་གི་ཆོས་གྲྭ་ཆེན་པོར་སྦྲར་བའོ། །

༄ གདན་རབས་ཞེ་ལྔ་པ་མཁས་གྲུབ་ངག་དབང་དམ་ཆོས་ལ་བསྟོད་པ་དང་པོ། ངག་གི་དབང་ཕྱུག་རིགས་བརྒྱའི་འཁོར་ལོས་བསྒྱུར། །ཁྱབ་བདག་རྡོ་རྗེ་སེམས་དཔའི་རྣམ་རོལ་གྱིས། ། རྒྱལ་བ་ཀུན་གྱི་གསང་གསུམ་འཁོར་ལོའི་མཛོད། །འཛིན་མཁས་དམ་ཆོས་རྒྱལ་མཚན་ཞབས་ལ་འདུད། །ཆོས་ཀུན་མཁྱེན་ལ་ཟླ་མེད་ངག་དབང་ལྷ། །ཀུན་ལ་བརྩེ་བའི་བྱང་ཆུབ་སེམས་གཉིས་འབྱོངས། །དཀའ་བཞིའི་ལམ་མཆོག་སྤེལ་ནུས་བཟང་པོའི་ཕུལ། །དམ་ཆོས་རྒྱལ་མཚན་སྙིང་མཁས་ཞབས་ལ་འདུད། །དེ་ལྟར་བསྟོད་འདིས་ཚེ་རབས་ཐམས་ཅད་དུ། །དམ་པས་རྗེས་བཟུང་བསྟན་པའི་སྒོར་ཞུགས་ཏེ། །རིང་མིན་འགྲོ་ཀུན་ཐར་པའི་རྒྱལ་སྲིད་ལ། །འགོད་ནུས་སྨྲ་བཞིའི་དབང་ཕྱུག་ཉིད་གྱུར་ཅིག །ཅེས་བསྟོད་པར་འོས་པའི་ཡོན་ཏན་གྱི་ཆ་ཤས་སྨྲ་རྩེ་བརྒྱར་གཤག་ཙམ་ཡང་མེད་རུང་། དད་ལྡན་གྱི་སློབ་བུ་འགས་བསྐུལ་ངོ་མ་ཆོག་པར་མཁན་མིང་རང་གིས་འཕྲལ་དུ་བྲིས་པའོ། །

༄ གདན་རབས་ཞེ་ལྔ་པ་མཁས་གྲུབ་ངག་དབང་དམ་ཆོས་ཀྱི་སྐུ་བསྟོད་གཉིས་པ། འཇམ་དཔལ་གཞོན་ནུའི་ཡེ་ཤེས་སྒྱུ་འཕྲུལ་གྱིས། །ངུར་སྨྲིག་གར་རོལ་མང་ཐོས་འདུལ་བ་འཛིན། །ངག་གི་དབང་པོ་དམ་ཆོས་སྨྲ་བའི་གཏེར། །ཡོངས་འཛིན་བླ་མའི་ཞབས་ལ་གུས་ཕྱག་འཚལ། །ཉི་མའི་གཉེན་གྱི་ལུང་རྟོགས་ཡིད་བཞིན་ནོར། །མཁས་ཚུལ་གསུམ་གྱི་ངག་གིས་བྱི་དོར་མཁན། །མཁྱེན་རབ་དབང་ཕྱུག་རྗེ་བཙུན་ཨེ་ཝཾ་པའི། །དམ་པ་ཆོས་ཀྱི་རྒྱལ་སྲིད་སྐྱོང་དེར་འདུད། །བསོད་ནམས

འདི་ཡིས་བདག་སོགས་གདུལ་བྱ་རྣམས། །བསླབ་གསུམ་ལྡན་ཞིང་མདོ་རྒྱུད་དགོངས་འགྲེལ་ལ། །ལེགས་པར་སྦྱང་སྟེ་རྒྱལ་བ་གཉིས་པ་ཡི། །རིང་ལུགས་དྲི་མེད་འཛིན་སྐྱོང་སྤེལ་བར་ཤོག །ཅེས་པ་འདི་ནི་རང་གི་མོས་འདུན་ཁར་གཞན་གྱིས་བསྐུལ་བའི་ངོར་དཔལ་ལྡན་ཆོས་ཀྱི་རྒྱལ་མཚན་གྱིས་སྦྱར་བའོ། །

༄ གདན་རབས་ཞེ་དྲུག་པ་བྱམས་པ་བསོད་ནམས་དཔལ་འབྱོར་ལ་བསྟོད་པ། སྟོབས་བཅུའི་དབང་ཕྱུག་ཟས་གཙང་སྲས་པོ་ཡི། །ལུང་དང་རྟོགས་པའི་དམ་ཆོས་བདུད་རྩིའི་རྒྱུན། །སྐལ་ལྡན་འགྲོ་བའི་བསོད་ནམས་ཞིང་མཆོག་ཏུ། །སྤེལ་མཁས་དཔལ་འབྱོར་བཟང་པོར་གསོལ་བ་འདེབས། །ཉེས་སྤྱོད་སྡོམ་པའི་ཁྲིམས་ཀྱི་ར་བ་ན། །དགེ་བ་ཆོས་སྡུད་མེ་ཏོག་མཛེས་འབར་ཞིང་། །བསྡུ་དངོས་བཞི་ཡི་དྲི་བསུང་རིང་འཕྱུལ་བས། །ཕན་བདེའི་དགའ་སྟོན་འགྱེད་ལ་གསོལ་བ་འདེབས། །ཁྱད་པར་འཆད་རྩོད་རྩོམ་པའི་སྣང་བ་ཡིས། །འགྲོ་འདིའི་མ་རིག་མུན་པ་ཀུན་བསལ་ཏེ། །ཡང་དག་རྟོགས་པའི་པད་ཚལ་རྒྱས་མཛད་པའི། །འདྲེན་མཆོག་སླ་བའི་ཉི་མར་གསོལ་བ་འདེབས། །མདོར་ན་རྒྱལ་བ་སྲས་བཅས་འདུས་པའི་དངོས། །དཔལ་ལྡན་བླ་མའི་ཞབས་ཀྱི་པདྨོ་ལ། །མི་ཕྱེད་དད་པས་གསོལ་བ་བཏབ་པའི་མཐུས། །འགྲོ་ཀུན་དོན་གཉིས་ལྷུན་གྱིས་འགྲུབ་པར་ཤོག །ཅེས་པ་ཤློ་ཀ་དང་པོ་འདི་བྱམས་པ་བསོད་ནམས་དཔལ་འབྱོར་རང་ཉིད་ཀྱི་མཛད་ཅིང་། དེའི་ཁ་སྐོང་ཤློ་ཀ་གསུམ་པོ་འདི་ནི་ཤཱཀྱའི་དགེ་སློང་བྱམས་པ་ཀུན་དགའ་བསྟན་པའི་རྒྱལ་མཚན་གྱིས་བྲིས་ཏེ་གསོལ་བ་བཏབ་པའོ། །

༄ གདན་རབས་ཞེ་བདུན་པ་མཁན་ཆེན་ཐམས་ཅད་མཁྱེན་པ་བྱམས་པ་ཀུན་དགའ་བསྟན་འཛིན་ལ་གསོལ་བ་འདེབས་པ་དང་པོ་བྱིན་རླབས་ཆར་རྒྱུན་ཞེས་བྱ་བ་བཞུགས་སོ། །བྱམས་པའི་ཐུགས་རྗེས་སྲས་བཅས་རྒྱལ་བ་ཀུན། །ལྷར་བཅས་དགའ་བའི་བསྟན་འཛིན་མཆོག་གི་སྐྱུར། །ཡོངས་ཤར་རིགས་དང་དཀྱིལ་འཁོར་རྒྱ་མཚོ་ཡི། །ཁྱབ་བདག་རྡོ་རྗེ་སེམས་དཔར་གསོལ་བ་འདེབས། །ངེས་འབྱུང་ཚུལ་ཁྲིམས་ཕུང་པོ་རྣམ་པར་དག །བྱང་ཆུབ་སྤྱོད་མཆོག་རྒྱ་མཚོའི་ཕ་རོལ་སོན། །རིམ་གཉིས་ལས་བྱུང་འོད་གསལ་ཕྱག་རྒྱ་ཆེའི། །ཡེ་ཤེས་མངོན་དུ་གཟིགས་ལ་གསོལ་བ་འདེབས། །མང་ཐོས་མཁས་རྣམས་ཀུན་ཏུ་དགའ་བའི་ཚལ། །བསམ་བྱུང་རིགས་པའི་མེ་ཏོག་མཛེས

འབར་ཞིང་། །རྩེ་གཅིག་སྒོམ་པའི་ཏིང་འཛིན་བདུད་རྩི་ཡིས། །ཕན་བདེའི་དཔལ་འཚོ་སྦྱིན་ལ་གསོལ་བ་འདེབས། །འཆད་རྩོད་རྩོམ་པའི་འཆི་མེད་ལམ་ཡངས་པོར། །མཁྱེན་བརྩེ་ནུས་པའི་འོད་ཟེར་རབ་འཕྲོས་པས། །མཁས་བཙུན་བཟང་པོའི་པད་ཚལ་རྒྱས་མཛད་པ། །ཀུན་གཟིགས་ཆོས་ཀྱི་ཉི་མར་གསོལ་བ་འདེབས། །སྟོ་སྟོད་རྒྱུད་སྟེའི་ངེས་གསང་མཐའ་དག་དང་། །ཁྱད་པར་འཇམ་དཔལ་གཤོན་ནུ་ས་སྐྱ་པའི། །ཟབ་ཆོས་སྨིན་བརྒྱུད་རྒྱ་མཚོའི་དེད་དཔོན་མཆོག །ཡོངས་རྫོགས་བསྟན་པའི་བདག་པོར་གསོལ་བ་འདེབས། །རྟག་ཏུ་གཞན་ལ་ཕན་པ་ལྷུར་ལེན་པའི། །བསྔོ་དངོས་བཞི་ཡི་ཕྲིན་ལས་རབ་འབྱམས་ཀྱིས། །འཇིག་རྟེན་གསུམ་གྱི་རྒྱུད་པ་སེལ་མཛད་པ། །ལྷར་བཅས་འགྲོ་བའི་འདྲེན་པར་གསོལ་བ་འདེབས། །ཤེས་པས་སྲིད་པའི་སྒྱུར་བ་རིང་སྤངས་ཀྱང་། །སྙིང་རྗེས་ཞི་བའི་མཐའ་ལ་གནས་མིན་པར། །ཟུང་འཇུག་སྐུ་དང་ཡེ་ཤེས་དབྱེར་མེད་པའི། །ཀུན་མཁྱེན་གོ་འཕང་བརྙེས་ལ་གསོལ་བ་འདེབས། །སྐུལ་མཚམས། མདོར་ན་ཁྱབ་བདག་དཔལ་ལྡན་བླ་མ་མཆོག །སྐྱབས་གནས་ཀུན་འདུས་ངོ་བོར་ཤེས་པའི་བློས། །སྙིང་ནས་གདུང་ཤུགས་དྲག་པོས་གསོལ་འདེབས་ན། །བྱང་ཆུབ་བར་དུ་འབྲལ་མེད་རྗེས་སུ་བཟུང་། །ཐུབ་པའི་བསྟན་པ་ཕྱོགས་བཅུར་རྒྱས་པ་དང་། །བསྟན་འཛིན་མཆོག་རྣམས་བསྐལ་བརྒྱར་འཚོ་གཞེས་ཤིང་། །བདག་སོགས་འགྲོ་ཀུན་མངོན་མཐོ་ངེས་ལེགས་ཀྱི། །དཔལ་འབྱོར་རྒྱུན་མི་འཆད་པར་བྱིན་གྱིས་རློབས། །ཅེས་པའང་རྗེ་བླ་མ་དེ་ཉིད་ཀྱི་ཞབས་རྡུལ་སྤྱི་བོས་རེག་པའི་བཀའ་འབངས་ཀྱི་ཐ་ཤལ་བ་འཇམ་དབྱངས་མཁྱེན་བརྩེའི་དབང་པོས་གསོལ་བ་བཏབ་པའི་དགེ་བས་བདག་གཞན་རྣམས་ཀྱི་རྒྱུད་ལ་ཁྱབ་བདག་འཁོར་ལོའི་མགོན་པོའི་ཡེ་ཤེས་གཟིགས་པའི་བྱིན་རླབས་འཇུག་པའི་རྒྱུར་གྱུར་ཅིག །

༄ གདན་རབས་ཞེ་བདུན་པ་མཁན་ཆེན་རྡོ་རྗེ་འཆང་བྱམས་པ་ཀུན་དགའ་བསྟན་འཛིན་ལ་གསོལ་བ་འདེབས་པ་གཉིས་པ་བྱིན་རླབས་ཉིན་བྱེད་འདྲེན་པའི་ཤིང་རྟ་ཞེས་བྱ་བ། ན་མོ་གུ་རུ་ཝེ། ཕྱུལ་བྱུང་བྱམས་དང་སྙིང་རྗེའི་སྲིད་པ་ན། །ཉེར་དྭངས་རྒྱལ་ཀུན་འདུས་ཞལ་ཟ་མ་ཏོག །ཕན་བདེའི་དཔལ་སྟོན་སྤེལ་བའི་གཉེན་གཅིག་པུ། །བསྟན་འཛིན་བྱེ་བའི་གཙུག་རྒྱན་ལ་ཕྱག་འཚལ། །ཚུལ་གནས་ཁྲིམས་ཀྱི་ཁང་པར་གནས་བཅས་ཏེ། །ཐོས་བསམ་སྒོམ་པའི་ནོར་ལ་དབང་བསྒྱུར་ཞིང་། །

འཆད་རྩོད་རྩོམ་པའི་འདོད་དགུ་སྩྩིན་མཁས་པ། །ལྷུར་བཅས་འགྲོ་བའི་འདྲེན་པར་གསོལ་བ་འདེབས། །དེ་ལྟར་མི་ཕྱེད་དད་པས་གསོལ་བཏབ་མཐུས། །རྒྱལ་བསྟན་དབྱར་གྱི་མཚོ་བཞིན་རྒྱས་པ་དང་། །དེ་འཛིན་ཞབས་བརྟན་བདག་སོགས་གདུལ་བྱ་ཀུན། །བླ་མས་རྗེས་བཟུང་དོན་གཉིས་ལྷུན་འགྲུབ་ཤོག །ཅེས་པའང་སྔ་ཕྱིར་དོན་དུ་གཉེར་བ་མང་པོས་བསྐུལ་བ་དང་། རང་ཡང་ཤིན་ཏུ་མོས་པས་མཚམས་སྦྱར་ཏེ། རྗེ་དེ་ཉིད་ཀྱི་བཀའ་དྲིན་གྱིས་འཚོ་བ་བྱམས་པ་ཀུན་དགའ་བསྟན་པའི་རྒྱལ་མཚན་གྱིས་མོས་གུས་རྩེ་གཅིག་པས་གསོལ་བ་བཏབ་པའོ། །

༄ གདན་རབས་ཞེ་བརྒྱད་པ་ངག་དབང་བློ་གྲོས་བཟང་པོ་ལ་བསྟོད་པ། ཁྱབ་བདག་ངག་གི་དབང་ཕྱུག་རྡོ་རྗེ་འཆང་། །ཚུར་མཐོང་གདུལ་བྱའི་བློ་གྲོས་སྣང་ངོ་སྲུ །སུམ་ལྡན་འདྲེན་པ་བཟང་པོའི་སྐུར་བཞེངས་པའི། །སྐྱབས་གནས་ཀུན་འདུས་ཞབས་ལ་གསོལ་བ་འདེབས། །ཚུལ་གནས་ཁྲིམས་ཀྱི་སྨན་ལྗོངས་ཉམས་དགའ་བར། །བྱང་ཆུབ་ཐུགས་གཉིས་ལྗོན་པ་རབ་རྒྱས་ཤིང་། །གསང་ཆེན་སྨིན་གྲོལ་གདམས་པའི་འབྲས་བཟང་གིས། །འགྲོ་ལ་འདོད་རྒུ་སྩོལ་ལ་གསོལ་བ་འདེབས། །དེ་ལྟར་བསྟོད་འདེབས་བདག་སོགས་འགྲོ་བ་ཀུན། །ཚེ་རབས་ཀུན་ཏུ་བླ་མས་རྗེས་བཟུང་ཞིང་། །ཐུབ་བསྟན་མདོ་སྔགས་སྤྱི་དང་ཨེ་ཝཾ་པའི། །རིང་ལུགས་དབྱར་གྱི་མཚོ་བཞིན་རྒྱས་པར་ཤོག ། །ཅེས་པ་འདི་འང་ཤཱཀྱའི་དགེ་སློང་ཀུན་དགའ་བསྟན་པའི་རྒྱལ་མཚན་གྱིས་མོས་གུས་རྩེ་གཅིག་པའི་སྒོ་ནས་བྲིས་ཏེ་གསོལ་བ་བཏབ་པའོ། །

༄ གདན་རབས་ཞེ་དགུ་པ་ཡོངས་འཛིན་དཔལ་ལྡན་ཆོས་ཀྱི་རྒྱལ་མཚན་ལ་བསྟོད་པ། ཨོཾ་སྭསྟི། སྐལ་བཟང་རྣམ་འདྲེན་བཞི་པའི་ལུང་རྟོགས་བསྟན། །ཡོངས་འཛིན་དཔལ་ལྡན་ཆོས་ཀྱི་རྒྱལ་མཚན་ཞེས། །འཇམ་དཔལ་དབྱངས་སྙིགས་རྣམ་རོལ་དགེ་བའི་བཤེས། །དྲི་མེད་ལེགས་པའི་བློ་གྲོས་ཞབས་ལ་འདུད། །ཆོས་ཕུང་བརྒྱད་ཁྲི་བཞི་སྟོང་དྲང་ངེས་དོན། །རྣམ་དག་ལུང་དང་རིགས་ལམ་ནས་དྲངས་ཏེ། །འཆད་རྩོད་རྩོམ་པས་ཡོངས་རྫོགས་ཐུབ་པའི་བསྟན། །གསལ་མཛད་འགྲོ་བའི་བླ་མའི་ཞབས་ལ་འདུད། །མཁྱེན་བརྩེ་ནུས་མངའ་དཔལ་ལྡན་བླ་མ་ཡིས། །རྗེས་བཟུང་ཐོས་བསམ་སྒོམ་པ་མཐར་ཕྱིན་ནས། །མཁས་བཙུན་བཟང་པོའི་ཡོན་ཏན་མཐའ་ཡས་པས། །བསྟན་དང་འགྲོ་བའི་དོན་

ཆེན་བྱེད་པར་ཤོག །ཅེས་པ་འདི་ཡོངས་འཛིན་དམ་པ་རང་ཉིད་ཀྱིས་མཛད་པའོ། །

༄ གདན་རབས་ལྔ་བཅུ་པ་བྱམས་པ་དཔལ་ལྡན་བཟང་པོ་ལ་བསྟོད་པ་དང་པོ། མཁྱེན་རབ་ངག་གི་དབང་ཕྱུག་འཇམ་པའི་དབྱངས། །བྱམས་མགོན་བརྩེ་བའི་བདག་ཉིད་སྤྱན་རས་གཟིགས། །མཐུ་སྟོབས་ནུས་པ་རྨད་བྱུང་གསང་བའི་བདག །དཔལ་ལྡན་འདྲེན་པ་བཟང་པོར་གསོལ་བ་འདེབས། །དུས་གསུམ་རྒྱལ་བའི་དགོངས་དོན་ཟབ་བཟང་ནས། །ཟབ་རྒྱས་གདམས་པའི་འཆི་མེད་བདུད་རྩིའི་རྒྱུན། །སྐལ་བཟང་འགྲོ་ལ་སྤེལ་མཁས་ཆོས་ཀྱི་རྗེ། །བཀའ་དྲིན་སུམ་ལྡན་བླ་མ་མཆོག་ལ་འདུད། །དེ་ལྟར་གསོལ་བཏབ་དགེ་ཚོགས་གང་ཐོབ་དེས། །རྒྱལ་བའི་བསྟན་པ་ཡུན་རིང་གནས་པ་དང་། །བདག་སོགས་གདུལ་བྱའི་ཚོགས་རྣམས་ཐམས་ཅད་ཀྱིས། །ཅི་བསམ་ཆོས་བཞིན་འགྲུབ་པའི་བཀྲ་ཤིས་ཤོག །ཅེས་པ་འདི་ནི་དོན་གཉེར་མང་པོས་བསྐུལ་ངོར་དགེ་སློང་ཤྲཱི་མིང་གིས་ཨེ་ཝཾ་ཆོས་གྲྭར་བཀོད་པའོ། །

༄ གདན་རབས་ལྔ་བཅུ་པ་བྱམས་པ་དཔལ་ལྡན་བཟང་པོ་ལ་བསྟོད་པ་གཉིས་པ། ན་མོ་གུ་རུ་བཛྲ་ཀྲ་མཻ་ཏྲི་ཤྲཱི་སུཾ་བྷ་དྲཱ་ཡ། བྱམས་པའི་དཔལ་མངའ་རྒྱལ་སྲས་པད་དཀར་འཆང་། །སྐལ་ལྡན་གདུལ་ཕྱིར་གཟུགས་གཞན་བློས་པའི་གར། །ཐུབ་དབང་གཉིས་པ་ཀུན་དགའ་བཟང་པོ་ཡི། །རིང་ལུགས་དྲི་མེད་སྐྱོང་མཛད་ཞབས་ལ་འདུད། །གང་སྐུ་གདན་གསུམ་ལྷ་ཡི་གྲོང་ཁྱེར་མཆོག །གང་གསུང་ཐེག་མཆོག་རྡོ་རྗེའི་སྒྲ་དབྱངས་ཅན། །གང་ཐུགས་སྟོང་ཉིད་སྙིང་རྗེ་རོ་གཅིག་པའི། །གསང་གསུམ་ཡེ་ཤེས་རྡོ་རྗེར་གསོལ་བ་འདེབས། །འདིས་མཚོན་དགེ་བས་སྲིད་པ་ཐམས་ཅད་དུ། །སྐྱབས་གནས་ཀུན་འདུས་བླ་མས་རྗེས་བཟུང་ནས། །གསང་ཆེན་ཟབ་མོའི་དོན་ལ་དབང་འབྱོར་ཞིང་། །སྐུ་བཞིའི་དབང་ཕྱུག་རྡོ་རྗེ་འཆང་ཐོབ་ཤོག །ཅེས་པ་འདི་ཡང་དད་ལྡན་རྣམས་ཀྱི་ཞལ་འདོན་གནང་རྒྱུར། རྒྱལ་ཁམས་ཕྱོགས་མེད་ཞུལ་བའི་ཕྱ་གིཏྲ་སུ་སིཧྨིས་བྲིས་པ་དགེ་ལེགས་འཕེལ་བར་གྱུར་ཅིག །

༄ གདན་རབས་ང་གཅིག་པ་མཁན་ཆེན་ཐམས་ཅད་མཁྱེན་པ་རྣལ་འབྱོར་འཇམ་དཔལ་བཟང་པོ་ལ་གསོལ་བ་འདེབས་པ་བྱིན་རླབས་མཆོག་སྩོལ་ཞེས་བྱ་བ་བཞུགས་སོ། །ཟུང་འཇུག་རྣལ་འབྱོར་གྲུབ་པའི་ཡེ་ཤེས་སྐུ། །སྲས་བཅས་རྒྱལ་བའི་ཡབ་གཅིག་འཇམ་པའི་དཔལ། །གདུལ་བྱའི

སྣང་ངོར་མཁས་བཙུན་བཟང་པོའི་ཞབས་ལ། །རིགས་ཀུན་ཁྱབ་བདག་ཆེན་པོར་གསོལ་བ་འདེབས། །
ངེས་འབྱུང་བྱང་ཆུབ་སེམས་གཉིས་ཆུ་གཏེར་ལས། །ལེགས་འོང་བསླབ་གསུམ་ཆ་ཤས་ཡོངས་
རྫོགས་པ། །དྲན་པས་སྲིད་ཞིའི་གདུང་བ་ཀུན་སེལ་བའི། །རྣམ་འདྲེན་སྨྲ་བའི་ཟླ་བ་ཁྱོད་ལ་འདུད། །
རྟག་ཏུ་མགོན་པོ་གང་གི་རྣམ་ཐར་ལ། །དང་འདོད་ཡིད་ཆེས་དད་པས་གསོལ་འདེབས་ན། །ཡེ་ཤེས་
གཟིགས་པའི་བདག་སོགས་འགྲོ་བ་ཀུན། །ཕན་བདེའི་ལེགས་ཚོགས་འཕེལ་བར་བྱིན་གྱིས་རློབས། །
ཞེས་པ་འདི་ཡང་འཇམ་མགོན་རྡོ་རྗེ་འཆང་བྱམས་པ་ཀུན་དགའ་བསྟན་པའི་རྒྱལ་མཚན་དཔལ་
བཟང་པོའི་ཞལ་སྔ་ནས་འདི་ལྟར་བྲིས་ཞེས་བཀའི་གནང་བ་སྩལ་བ་ལ་བརྟེན་ནས། བསྔོད་ཡུལ་
དམ་པའི་ཐུགས་རྗེའི་གདུགས་དཀར་གྱི་གྲིབ་མར་ངལ་འཚོ་བའི་བཀའ་འབབས་ཀྱི་ཐ་ཤལ་བ་
འཇམ་དབྱངས་མཁྱེན་བརྩེའི་དབང་པོས་གསོལ་བ་བཏབ་པ་སུ་ཤྲི་ཡོ་ཛ་ཡནྟུ། །

༄ གདན་རབས་ང་གཉིས་པ་ངག་དབང་བློ་གྲོས་བསྟན་འཛིན་ལ་བསྟོད་པ་བྱིན་རླབས་སྤྲིན་
ཕུང་བཞུགས་སོ། །ཨོཾ་སྭསྟི། གསུང་ངག་རིན་ཆེན་གཏེར་ལ་དབང་འབྱོར་ཞིང་། །བློ་གྲོས་གཙུག་གི་
ནོར་བུའི་གཟི་འོད་ཀྱིས། །བསྟན་དང་འགྲོ་བའི་ཕན་བདེའི་དཔལ་འཛིན་པ། །དཀྱིལ་འཁོར་རྒྱ་
མཚོའི་མངའ་བདག་ཞབས་ལ་འདུད། །ཟབ་དང་རྒྱ་ཆེའི་མདོ་རྒྱུད་དགོངས་པའི་བཅུད། །ཚད་མར་
གྱུར་པའི་མཁས་གྲུབ་ཞལ་ལུང་བཞིན། །སྙན་བརྒྱུད་བཞི་ཡི་སྒོ་ནས་གདུལ་བྱ་ལ། །སྤྲོལ་མཁས་
ཕྲིན་ལས་བཟང་པོར་གསོལ་བ་འདེབས། །སྐྱབས་གནས་ཀུན་འདུས་ཐུགས་རྗེའི་སྤྲིན་ཕུང་ལས། །
མཁྱེན་བརྩེ་ནུས་པའི་བྱིན་རླབས་ཆར་ཕབ་པས། །འགྲོ་ཀུན་དགེ་ལེགས་ལོ་ཏོག་རབ་རྒྱས་ཏེ། །བདེ་
སྐྱིད་ནམ་མཁའི་མཛོད་ལ་སྤྱོད་གྱུར་ཅིག །ཅེས་པའི་གསོལ་འདེབས་བྱིན་རླབས་སྤྲིན་ཕུང་འདི་ནི་
སྤྱང་ཤར་སྤྲུལ་སྐུ་ཆོས་རྗེ་ཀུན་དགའ་ཕྱོགས་ལས་རྣམ་རྒྱལ་གྱིས་བསྐུལ་ངོར་ཤྲཱི་མིང་གིས་འཕྲལ་དུ་
སྦྱར་བའོ། །

༄གདན་རབས་ང་གསུམ་པ་ཕན་བདེ་མཁན་རིན་པོ་ཆེ་ཀུན་དགའ་བསྟན་པའི་བློ་གྲོས་ལ་
གསོལ་བ་འདེབས་པ་བྱིན་རླབས་མཆོག་སྩེར་ཞེས་བྱ་བ་བཞུགས་སོ། །རྡོ་རྗེ་འཆང་དངོས་ཀུན་
དགའ་བཟང་པོ་ཡི། །བཤད་སྒྲུབ་བསྟན་པའི་རྒྱལ་མཚན་འཛིན་མཁས་པ། །བློ་གྲོས་མཚུངས་མེད་

མཁྱེན་བརྩེ་ནུས་པའི་གཏེར། །ཁྱབ་བདག་དཔལ་ལྡན་བླ་མར་གསོལ་བ་འདེབས། །སོ་ཐར་ཁྲིམས་ཀྱི་རྩ་གཏེར་ལས་བྱུང་ཞིང་། །བྱང་ཆུབ་སེམས་གཉིས་བདུད་རྩིས་རབ་ཏུ་གདམས། །གསང་ཆེན་སྨིན་གྲོལ་ཆ་ཤས་ཡོངས་གང་བའི། །རྣམ་འདྲེན་སྨྲ་བའི་ཟླ་བར་གསོལ་བ་འདེབས། །དེ་ལྟར་བསྟོད་ཅིང་གསོལ་བ་བཏབ་པའི་མཐུས། །བདག་གཞན་དེང་ནས་བྱང་ཆུབ་སྙིང་པོའི་བར། །དྲིན་ཆེན་བླ་མ་མཆོག་གིས་རྗེས་བཟུང་ནས། །གནས་སྐབས་མཐར་ཐུག་དོན་གཉིས་ལྷུན་འགྲུབ་ཤོག །ཅེས་པའང་དོན་གཉེར་ཅན་དག་གིས་བསྐུལ་ངོར་ཤཱཀྱའི་དགེ་སློང་འཇམ་དབྱངས་མཁྱེན་བརྩེའི་དབང་པོས་ཨེ་ཝཾ་ཐར་པ་རྩེར་བྲིས་པ་དགེ་ལེགས་སུ་གྱུར་ཅིག །

༄ གདན་རབས་ང་བཞི་པ་ཐར་རྩེ་མཁན་ཆེན་ཐམས་ཅད་མཁྱེན་གཟིགས་བྱམས་པ་ཀུན་དགའ་བསྟན་པའི་རྒྱལ་མཚན་ལ་གསོལ་བ་འདེབས་པ་བྱིན་རླབས་ཆར་འབེབས་ཞེས་བྱ་བ་བཞུགས་སོ། །བྱམས་པའི་དཔལ་མངའ་དམིགས་མེད་ཐུགས་རྗེའི་གཏེར། །མཁས་ཀུན་དགའ་བའི་མཁྱེན་རབ་ཕ་མཐའ་ཡས། །ཡོངས་རྫོགས་བསྟན་པའི་རྒྱལ་མཚན་འཛིན་མཛད་པ། །རིགས་བརྒྱའི་ཁྱབ་བདག་ཆེན་པོར་གསོལ་བ་འདེབས། །འཇམ་དབྱངས་སྨྲ་བའི་སེང་གེའི་ཡེ་ཤེས་དང་། །མི་ཕྱེད་མཆོ་བྱུང་དགའ་བའི་ལེགས་བཤད་ཀྱིས། །སྣང་བས་འཇིག་རྟེན་གསུམ་གྱིས་གདུང་སེལ་བ། །རྒྱལ་བ་དགྱེས་པའི་བཤེས་གཉེན་ཁྱོད་ལ་འདུད། །དེ་ལྟར་རྩེ་གཅིག་གུས་པས་གསོལ་བཏབ་མཐུས། །བསྟན་འཛིན་ཞབས་བརྟན་བཤད་སྒྲུབ་བསྟན་པ་དར། །བདག་སོགས་འགྲོ་ཀུན་དོན་གཉིས་དཔལ་ལ་སྤྱོད། །སྲིད་ཞིའི་དགེ་ལེགས་རྒྱས་པའི་བཀྲ་ཤིས་ཤོག །ཅེས་པ་འདི་ཡང་རྗེ་གང་གི་བཀའ་འབངས་ཀྱི་ཐ་ཆུང་འཇམ་དབྱངས་མཁྱེན་བརྩེའི་དབང་པོས་རབ་བྱུང་བཅུ་བཞི་པའི་ཀུན་དགའ་ཞེས་པ་ཤིང་ཕོ་སྟག་གི་ལོའི་ཆོ་འཕྲུལ་ཟླ་བའི་དཀར་ཕྱོགས་ཀྱི་དགའ་བ་དང་པོ་ལ་བྲིས་ཏེ་རྩེ་གཅིག་གུས་པས་གསོལ་བ་བཏབ་པ་དེ་བཞིན་དུ་འགྲུབ་པར་བྱིན་གྱིས་བརླབ་ཏུ་གསོལ།

༄ གདན་རབས་ང་ལྔ་པ་མཁས་དང་གྲུབ་པའི་གཙུག་རྒྱན་ངག་དབང་བསོད་ནམས་རྒྱལ་མཚན་ལ་བསྟོད་པ། ཨ་སྭ་སྟི། རྒྱལ་ཀུན་མཁྱེན་པའི་རང་གཟུགས་ངག་དབང་ལྷ། །གངས་ལྗོངས་བ༵སོད་ན༵མས་སྤེལ་བའི་གཉེན་གཅིག་པུར། །དུར་སྨིག་རྒྱ༵ལ་མ༵ཚན་འཛིན་པའི་སྐུར་བཞེངས་པ། །

ཁྱབ་བདག་དཔལ་ལྡན་བླ་མར་གསོལ་བ་འདེབས། །ཚུལ་གནས་གསན་བསམ་སྒོམ་ལ་དབང་འབྱོར་ཞིང་། །ངོ་མཚར་མཁས་པའི་བྱ་བ་རྣམ་གསུམ་གྱིས། །ཉིན་བཞིན་ཐུབ་པའི་བསྟན་པ་སྤེལ་མཛད་པའི། །སྐྱབས་ཀུན་འདུས་ཞལ་བླ་མར་གསོལ་བ་འདེབས། །དེ་ལྟར་གསོལ་བ་བཏབ་པས་བསྟན་འཛིན་རྣམས། །བསྐལ་བརྒྱར་ཞབས་བརྟན་བཤད་སྒྲུབ་བསྟན་པ་དར། །བདག་སོགས་འགྲོ་རྣམས་ཕན་དང་བདེ་བ་ལ། །སྤྱོད་པའི་དགེ་མཚན་སྣང་བ་རྒྱས་པར་ཤོག །ཅེས་ཁང་གསར་མཁན་རིན་པོ་ཆེ་ངག་དབང་བསོད་ནམས་རྒྱལ་མཚན་ལ་གསོལ་བ་འདེབས་པ་འདི་ཡང་། རྒྱལ་བའི་བསྟན་པ་ལ་ལྷག་བསམ་མཆོག་ཏུ་དགེ་བ་བླ་མ་བསྟན་པ་དར་རྒྱས་ཀྱིས་བསྐུལ་བའི་ངོར་བྱམས་པ་ཀུན་དགའ་བསྟན་པའི་རྒྱལ་མཚན་གྱིས་གསོལ་བ་རྩེ་གཅིག་ཏུ་བཏབ་པའོ། །

༄ གདན་རབས་ང་དྲུག་པ་འཇམ་པའི་དབྱངས་ཤེས་རབ་རྒྱ་མཚོ་ལ་བསྟོད་པ། ཨོཾ་སྭསྟི། འཇམ་དཔལ་དབྱངས་དང་གཉིས་སུ་མི་ཕྱེད་པའི། །ཡེ་ཤེས་གཟིགས་པའི་མེ་ལོང་རབ་དྭངས་པར། །མདོ་སྔགས་རྒྱ་མཚོའི་གཟུགས་བརྙན་འབུམ་འཆར་བའི། །བསྟན་པའི་སྣང་བྱེད་མཆོག་ལ་གསོལ་བ་འདེབས། །སྡོམ་པ་གསུམ་གྱི་གངས་རིར་གནས་བཅས་ཤིང་། །ཐོས་བསམ་སྒོམ་པའི་གཡུ་རལ་ཁྲུར་གྱིས་བརྗིད། །མཁས་ཚུལ་གསུམ་གྱི་གད་རྒྱངས་ཆེར་སྒྲོག་པའི། །དཔལ་ལྡན་མི་ཡི་སེང་གེར་གསོལ་བ་འདེབས། །དེ་ལྟར་དད་ཅིང་གུས་པའི་སོར་རྩེ་ཡིས། །གསོལ་འདེབས་ངག་གི་རྒྱུད་མངས་བསྒྲེངས་པའི་མཐུས། །རྒྱལ་བསྟན་དར་ཞིང་དེ་འཛིན་ཞབས་པད་བརྟན། །འགྲོ་ཀུན་ཕན་བདེའི་དཔལ་ལ་སྤྱོད་པར་ཤོག །ཅེས་པ་འདི་ཡང་ཤཱཀྱའི་དགེ་སློང་བྱམས་པ་ཀུན་དགའ་བསྟན་པའི་རྒྱལ་མཚན་གྱིས་བྲིས་ཏེ་གསོལ་བ་བཏབ་པ་དགེ་ལེགས་འཕེལ་ཞིང་བཀྲ་ཤིས་པར་གྱུར་ཅིག །

༄ གདན་རབས་ང་བདུན་པ་ཕན་ཁང་མཁན་རིན་པོ་ཆེ་དཔལ་ལྡན་བློ་གྲོས་རྒྱལ་མཚན་ལ་གསོལ་བ་འདེབས་པ་དོན་ཀུན་འགྲུབ་བྱེད་ཅེས་བྱ་བ་བཞུགས། ཨོཾ་སྭསྟི་སིདྡྷཾ། དཔལ་ལྡན་སྲས་བཅས་རྒྱལ་བའི་གསང་བ་གསུམ། །གཅིག་བསྡུས་ཚུར་མཐོང་གདུལ་བྱའི་བློ་གྲོས་ངོར། །སུམ་ལྡན་དུར་སྨྲིག་རྒྱལ་མཚན་འཛིན་པའི་སྐུ། །ཡོངས་ཤར་ཁྱབ་བདག་བླ་མར་གསོལ་བ་འདེབས། །བསླབ་གསུམ་དགེ་བའི་རྩ་བ་རབ་ཏུ་བརྟན། །ཕར་ཕྱིན་དྲུག་དང་བསྡུ་དངོས་རྣམ་བཞི་སོགས། །རླབས་ཆེན

ཕྲིན་ལས་འབྲས་བཟང་འབུམ་གཡོ་བས། །ཕན་བདེའི་འདོད་རྒུ་སྩོལ་ལ་གསོལ་བ་འདེབས། །རྩེ་གཅིག་མི་ཕྱེད་དད་པའི་དབྱུག་གུ་ཡིས། །རྟག་ཏུ་གསོལ་འདེབས་རྒྱལ་ཐ་བསྐུལ་བའི་མཐུས། །འདྲེན་པ་མཆོག་རྣམས་ཞབས་བརྟན་ཕྲིན་ལས་རྒྱས། །བདག་སོགས་འགྲོ་བའི་འདོད་དོན་ཀུན་འགྲུབ་ཤོག །ཅེས་པའང་དད་པ་དང་ལྡན་པ་འགའ་ཞིག་གིས་བསྐུལ་བ་དང་རང་ཡང་མོས་པས་མཚམས་སྦྱར་ཏེ། ཤཱཀྱའི་དགེ་སློང་བྱམས་པ་ཀུན་དགའ་བསྟན་པའི་རྒྱལ་མཚན་གྱིས་བྲིས་ཏེ་གསོལ་བ་བཏབ་པའོ། །

ༀ གདན་རབས་ང་བརྒྱད་པ་ཐར་རྩེ་མཁན་ཆེན་ངག་གི་དབང་ཕྱུག་འཇམ་དབྱངས་རིན་ཆེན་རྡོ་རྗེར་བསྟོད་པ། ཨོཾ་སྭསྟི། ངག་གི་དབང་ཕྱུག་འཇམ་དབྱངས་བླ་མའི་ཡིས། །རྗེས་བཟུང་འཆད་རྩོད་རྩོམ་པའི་ཕྲིན་ལས་ཀྱིས། །བསྟན་པ་རིན་ཆེན་ཕྱོགས་བཅུར་སྤེལ་མཛད་པ། །རྡོ་རྗེ་འཛིན་པའི་དབང་པོར་གསོལ་བ་འདེབས། །ངེས་འབྱུང་ཁྲིམས་ཀྱི་ཕུང་པོ་རྣམ་པར་དག །རླབས་ཆེན་རྒྱལ་སྲས་སྤྱོད་མཆོག་ཕ་མཐར་སོན། །རིམ་གཉིས་ཏིང་འཛིན་ཟབ་མོའི་ཐུགས་ལྡན་པ། །སྨྲ་ལྡན་འགྲོ་བའི་མགོན་པོར་གསོལ་བ་འདེབས། །མཁྱེན་པས་ཤེས་བྱའི་ཆོས་ཀུན་ཐུགས་སུ་ཆུད། །བརྩེ་བས་མཁའ་ཁྱབ་འགྲོ་ཀུན་རྗེས་སུ་འཛིན། །ནུས་པས་རྒྱལ་བསྟན་སྤྱི་དང་བྱེ་བྲག་སྐྱོང་། །ལུང་རྟོགས་ཆོས་ཀྱི་ཉི་མར་གསོལ་བ་འདེབས། །ཐོས་པ་རྒྱ་མཚོའི་ཕ་མཐར་ལེགས་སོན་ཞིང་། །བསམ་བྱུང་ནོར་བུའི་དོ་ཤལ་སྲིད་ན་མཛེས། །ཟབ་དོན་སྒོམ་པའི་འབྲས་བུ་གཡུར་ཟ་བའི། །འཇམ་མགོན་བསྟན་པའི་སྙིང་བྱེད་ཞབས་ལ་འདུད། །དེ་ལྟར་གསོལ་བ་བཏབ་པའི་བྱིན་རླབས་ཀྱིས། །བསྟན་པ་རིན་ཆེན་ཕྱོགས་བཅུར་རྒྱས་པ་དང་། །དེ་འཛིན་སྐྱེས་མཆོག་བསྐལ་བརྒྱར་འཚོ་གཞེས་ཤིང་། །བདག་སོགས་འགྲོ་ཀུན་དོན་གཉིས་ལྷུན་འགྲུབ་ཤོག །ཅེས་རང་ཉིད་ལ་བསྟུགས་འོས་ཀྱི་ཡོན་ཏན་པད་རྩ་ལྟར་ཤིན་ཏུ་ཕྲ་ཡང་རང་གི་ཉེ་བར་གནས་པ་འཇམ་དཔལ་རྒྱ་མཚོ་ནས་ལྷ་རེག་རིན་ཆེན་གཉིས་པའི་རྟེན་དང་བཅས་ཏེ་བསྐུལ་བའི་ངོར། ཤཱཀྱའི་དགེ་སློང་ངག་གི་དབང་ཕྱུག་འཇམ་དབྱངས་རིན་ཆེན་རྡོ་རྗེས་འབྱུང་རྫུང་གི་ཡོན་ཏན་ལ་སྨོན་ཏེ་ཤར་མར་སྨྲས་པ་དགེ་ལེགས་སུ་གྱུར་ཅིག །

ༀ གདན་རབས་ང་དགུ་པ་ཁང་གསར་མཁན་ཆེན་ངག་དབང་བློ་གྲོས་སྙིང་པོ་ལ་གསོལ་བ

འདེབས་པ་བྱིན་རླབས་མཆོག་སྩོལ་ཞེས་བྱ་བ་བཞུགས་སོ། །ཨོཾ་སྭསྟི། ན་མོ་གུ་རུ་བཛྲ༔འཇམ་དཔལ་ངག་གི་དབང་པོའི་རྣམ་འཕྲུལ་ལས། །བློ་གྲོས་འདབ་བརྒྱ་གྲོལ་བའི་དཔལ་འཛིན་ཅིང་། །བརྩེ་ཆེན་སྙིང་པོའི་རིང་ལུགས་སྐྱོང་བའི་གཉེན། །འདྲེན་མཆོག་འཁོར་ལོའི་མགོན་ལ་གསོལ་བ་འདེབས། །ངེས་འབྱུང་ཚུལ་ཁྲིམས་དག་པས་རྒྱུད་གཙང་ཞིང་། །ལེགས་གསུངས་མདོ་རྒྱུད་རྒྱ་མཚོའི་ཕ་རོལ་སོན། །གཅིག་ཏུ་གཞན་ལ་ཕན་པའི་ཐུགས་མངའ་བའི། །མཚན་ལྡན་བླ་མ་མཆོག་ལ་གསོལ་བ་འདེབས། །སྐལ་ལྡན་གདུལ་བྱའི་ཞིང་ཁམས་སྐྱེ་མཆེད་ལ། །རྣམ་དག་དབང་བཞིའི་ཆུ་བོ་ལེགས་ཕབ་སྟེ། །དག་པ་ལྷ་ཡི་འཁོར་ལོར་བྱིན་བརླབས་པའི། །རིགས་བརྒྱའི་ཁྱབ་བདག་ཆེན་པོར་གསོལ་བ་འདེབས། །རྒྱལ་བས་ལུང་བསྟན་ཀུན་མཁྱེན་ཨེ་ཝཾ་པའི། །འཇིགས་བྲལ་ཆོས་ཀྱི་ཁྲི་འཕང་མཐོན་པོ་ནས། །ཟབ་དོན་གདམས་པ་རྒྱ་མཚོའི་གྲུ་ཆར་གྱིས། །འགྲོ་ཀུན་སྨིན་གྲོལ་མཛད་ལ་གསོལ་བ་འདེབས། །ཁྱད་པར་རྣལ་འབྱོར་དབང་ཕྱུག་ས་སྐྱ་པའི། །ཚད་མ་བཞི་ལྡན་གསུང་ངག་བདུད་རྩི་ཡིས། །གདུལ་བྱའི་རྨོངས་མུན་དྲུངས་ནས་འབྱིན་མཛད་པའི། །སྟོན་བརྒྱུད་བསྟན་པའི་བདག་པོར་གསོལ་བ་འདེབས། །སྐུལ་མཚམས། དུས་གསུམ་སངས་རྒྱས་ཀུན་གྱི་ཡེ་ཤེས་སྐུ། །རྡོ་རྗེ་འཛིན་པ་མཆོག་གི་སྐུར་བཞེངས་ཏེ། །རྒྱལ་ཀུན་བྱིན་རླབས་སྒོ་བརྒྱར་འབྱེད་པའི་གཙོ། །ལེགས་པར་ཤེས་ནས་རྩེ་གཅིག་གསོལ་འདེབས་ན། །དེང་ནས་བཟུམས་ཏེ་བྱང་ཆུབ་སྙིང་པོའི་བར། །བདག་སོགས་མི་མཐུན་རྒྱུད་པ་ལས་གྲོལ་ནས། །སྲིད་དང་ཞི་བའི་ལེགས་ཚོགས་ཇི་སྙེད་པ། །དེ་དག་མ་ལུས་མངོན་དུ་འགྱུར་བར་ཤོག །ཅེས་པ་འདི་འང་རང་ལ་བསྟགས་འོས་ཀྱི་ཡོན་ཏན་ནམ་མཁའི་པད་མོའི་ངང་ཚུལ་ལས་མ་མཆིས་ཀྱང་། སྟོད་སྨད་ཀྱི་བུ་སློབ་རྣམས་དང་། དད་སྦྱིན་ཁག་གིས་བསྐུལ་ནན་ཆེ་བས་སྨྲ་འཛིན་དབང་པོ་གཙོར་བ་ལ་བརྟེན་ནས་རིགས་ཀུན་ཁྱབ་བདག་མཁན་ཆེན་བྱམས་པ་ཀུན་དགའ་བསྟན་པའི་རྒྱལ་མཚན་དང་། རྒྱལ་ཀུན་འདུས་པའི་སྤྱི་གཟུགས་སྨྲ་དབང་འཇམ་དཔལ་རྡོ་རྗེ་མཁན་ཆེན་ངག་དབང་བསོད་ནམས་རྒྱལ་མཚན་ལ་སོགས་པ་ཡོངས་འཛིན་དམ་པ་རྣམས་ཀྱི་ཞབས་རྡུལ་སྤྱི་བོར་རེག་པའི་ལྷུ་ཡི་བཙུན་པ་ངག་དབང་བློ་གྲོས་སྙིང་པོ་རང་ཉིད་ཀྱིས་ཤྲཱི་ཨེ་ཝཾ་ཆོས་ལྡན་དུ་སྦྱར་བའོ། །

༄ གདན་རབས་དྲུག་ཅུ་པ་ཨེ་ཝཾ་ཁང་གསར་མཁན་ཆེན་ངག་དབང་མཁྱེན་རབ་འཇམ་དཔལ་སྙིང་པོ་ལ་གསོལ་བ་འདེབས་པ་འཆི་མེད་གྲུབ་པའི་བདེན་ཚིག་ཅེས་བྱ་བ་བཞུགས་སོ། །འཆི་མེད་བདེ་ལྡན་མགོན་པོ་ཚེ་མཐའ་ཡས། །གཙུག་ཏོར་ལྷ་མོ་ཡིད་བཞིན་འཁོར་ལོ་དང་། །དྲང་སྲོང་འཆི་མེད་གྲུབ་པའི་ཚོགས་བཅས་ཀྱིས། །མི་ཤིགས་རྡོ་རྗེའི་ཚེ་ཡི་དགའ་སྟོན་སྩོལ། །འགྲོ་བའི་བླ་མའི་གདངས། ངག་གི་དབང་ཕྱུག་མཁྱེན་རབ་འཇམ་དཔལ་དབྱངས། །མཐའ་ཡས་འགྲོ་ལ་བརྩེ་བའི་སྒྱུ་འཕྲུལ་གར། །བརྩེ་ཆེན་སྙིང་པོའི་བསྟན་འཛིན་མཆོག་གི་ཞོལ། །ལྷ་བཙུན་ཆོས་ཀྱི་རྒྱལ་པོར་གསོལ་བ་འདེབས། །འཁོར་བའི་གནས་ཀུན་མེ་འོབས་ལྟར་གཟིགས་པའི། །ངེས་འབྱུང་དྲག་པོས་བསྟན་པའི་སྒོར་ཞུགས་ཏེ། །ཉིས་ལྡང་དྲི་མའི་ཚོགས་ཀྱིས་རབ་དབེན་པའི། །བརྟན་མཁས་ཡོན་ཏན་མངའ་བར་གསོལ་བ་འདེབས། །གཟོད་ནས་ཟབ་ཞིའི་གོ་འཕང་མངོན་གྱུར་ཀྱང་། །དམིགས་མེད་ཐུགས་རྗེའི་གང་གདུལ་ཐབས་མཁས་ཀྱིས། །སྲིད་པ་ཇི་སྲིད་འགྲོ་ལ་ཕན་བརྩོན་པའི། །བློ་ལྡན་རྒྱལ་བའི་མྱུ་གུར་གསོལ་བ་འདེབས། །ངེས་གསང་ཐེག་པའི་ཟབ་དོན་བདུད་རྩིའི་ཆར། །ཡིད་ཅན་རྒྱ་མཚོའི་འཛིན་མར་ལེགས་ཕབ་སྟེ། །རྣམ་གྲོལ་སྨྲ་བཞིའི་འབྲས་བཟང་རྒྱས་མཛད་པའི། །རྡོ་རྗེ་འཛིན་པའི་གཙུག་རྒྱན་གསོལ་བ་འདེབས། །དེ་ལྟར་གསོལ་བ་བཏབ་པའི་བྱིན་རླབས་དང་། ། དཀོན་མཆོག་རྩ་གསུམ་རྒྱ་མཚོའི་ནུས་མཐུ་ཡིས། །བསྟན་འཛིན་ཞབས་བརྟན་ལུང་རྟོགས་བསྟན་པ་འཕེལ། །འགྲོ་ཀུན་ཕན་བདེའི་དཔལ་ལ་སྤྱོད་པར་ཤོག །ཅེས་པ་འདི་ནི་མགོན་པོ་གང་ལ་མི་ཕྱེད་པའི་དད་ལྡན་འཇམ་དབྱངས་མཁས་གྲུབ་དང་མཁྱེན་བརྩེ་ལེགས་གྲུབ་ཟུང་ནས་ལྷ་རྫས་དང་རིན་ཆེན་གཉིས་པའི་སྐྱེས་བཅས་ནན་ཏན་བསྐུལ་ངོར། ཕཾ་ར་ཧི་ཏ་གནྶས་གསོལ་བ་བཏབ་པ་དགེ།

༄ གདན་རབས་རེ་གཅིག་པ་ངག་དབང་ཀུན་དགའ་བསྟན་པའི་རྒྱལ་མཚན་ལ་བསྟོད་པ། ཨོཾ་སྭསྟི། དཔལ་ལྡན་རྡོ་རྗེ་འཆང་དབང་ཆོས་ཀྱི་སྲིད། །ངག་གི་དབང་ཕྱུག་རྣམས་ཀྱིས་སྐྱོང་བའི་ཁྲིར། ། སྐལ་བཟང་ཀུན་དགའི་དཔལ་དུ་ཐུགས་རྗེའི་ཞབས། །འགོད་མཛད་བསྟན་པའི་རྒྱལ་མཚན་འཛིན་ལ་འདུད། །སྲིད་ལས་ངེས་འབྱུང་ཚུལ་ཁྲིམས་རྣམ་པར་དག །བདག་པས་གཞན་གཅེས་བྱང་ཆུབ་ཐུགས་གཉིས་འབྱོངས། །དངོས་ཀུན་ལྷ་སྔགས་ཡེ་ཤེས་འཁོར་ལོར་རྟོགས། །རྒྱལ་བའི་རྒྱལ་ཚབ

དཔལ་ལྡན་བླ་མར་འདུད། །རྡོ་རྗེ་བཞི་ཡི་ཡེ་ཤེས་སྨིན་པར་མཛད། །ཟབ་རྒྱས་རྒྱུད་སྡེའི་གསང་བ་ཇི་བཞིན་སྟོན། །གསུང་ངག་རིན་ཆེན་གདམས་པས་རྗེས་སུ་འཛིན། །མཐའ་ཡས་གདུལ་བྱའི་སྟོན་པ་མཆོག་ལ་འདུད། །སྐལ་བཟང་སྒྲོན་མེ་ཕྱོགས་བཅུར་གང་བཞུགས་དང་། །རྒྱལ་སྲས་སློབ་མ་པཎ་གྲུབ་རྒྱ་མཚོའི་ཚོགས། །གངས་ཅན་བསྟན་པའི་ཤིང་རྟ་ཆེ་རྣམས་བཅས། །སྐྱབས་གནས་རྒྱ་མཚོའི་ངོ་བོར་བཞུགས་ལ་འདུད། །འཇམ་པའི་དབྱངས་ཀྱིས་མངོན་སུམ་རྗེས་བཟུང་བས། །ཤེས་བྱ་ཀུན་གྱི་དེ་ཉིད་མཁྱེན་པའི་མཐུས། །བརྩེ་བའི་ཐུགས་རྗེ་ཕྱོགས་རིས་མེད་འཇུག་པས། །རྒྱལ་བའི་དབང་པོའི་ཐུགས་སྲས་མཆོག་ལ་འདུད། །མདོ་སྔགས་བཤད་སྒྲུབ་བསྟན་པ་སྤེལ་བ་དང་། །རིས་མེད་འགྲོ་བའི་ཕན་བདེ་སྒྲུབ་པ་ལ། །རྒྱལ་ཀུན་ཐུགས་བསྐྱེད་ཕྱོགས་པའི་ཀུན་བཟང་རྗེའི། །ཕྲིན་ལས་ལྷུན་གྱིས་གྲུབ་ལ་གསོལ་བ་འདེབས། །རྩེ་གཅིག་དད་པས་གསོལ་བ་བཏབ་པའི་མཐུས། །བྱིན་རླབས་ནུས་པས་བདག་རྒྱུད་སྨིན་ཅིང་གྲོལ། །སྐུ་བཞིའི་གོ་འཕང་ཚེ་འདིར་ཐོབ་པ་དང་། །བསྟན་པ་ཡུན་རིང་གནས་པའི་བཀྲ་ཤིས་སྩོལ། །ཞེས་མཁན་ཆེན་ཐམས་ཅད་མཁྱེན་པ་གང་གི་སྲི་ཞུ་ཟློལ་མེད་ཀྱི་དད་སྟོབས་མངའ་བ་འཇམ་དཔལ་བློ་ལྡན་ནས་གསུང་བསྐུལ་གནང་བ་རང་གི་མོས་དགེའི་གྲོགས་སུ་གྱུར་ཏེ་རྗེ་ཉིད་ཀྱི་སློབ་འབངས་འཇམ་དབྱངས་མཐུ་སྟོབས་ཆོས་ཀྱི་ཉི་མས་ཤྲཱི་ཨེ་ཝཾ་ཆོས་ལྡན་ནས་གུས་རྟབ་ཏུ་གསོལ་བ་བཏབ་པ། སརྦ་དཱ་ཀཱ་ལྱཱ་ཎཾ་བྷ་ཝནྟུ། དགེའོ། །

༈ གདན་རབས་རེ་གཉིས་པ་བྱམས་པ་དཔལ་ལྡན་ཆོས་མཛད་ལ་བསྟོད་པ། རབ་འབྱམས་རྒྱལ་བའི་མཁྱེན་བརྩེའི་འོད་ཟེར་གྱིས། །སྙིགས་དུས་བདག་སོགས་འགྲོ་བའི་མགོན་ཤར་བས། །ཐེག་གསུམ་ཆོས་ཀྱི་དགའ་སྟོན་འགྱེད་མཛད་པའི། །བཀའ་དྲིན་སུམ་ལྡན་དཔལ་ལྡན་བླ་མར་འདུད། །བྱམས་དང་སྙིང་རྗེ་ཚད་མེད་བཞི་ཡི་ཐུགས། །རྒྱུན་མི་འཆད་པར་ལེགས་སློབ་དམ་པའི་གསུང་། །འཆད་མཛད་དཔལ་ལྡན་ཡིད་བཞིན་ནོར་བུའི་སྐུ། །ཕྲིན་ལས་ཆོས་ཀྱི་དབུགས་དབྱུང་མཛད་ལ་འདུད། །ཟབ་གསང་རྒྱུད་སྡེའི་སྡེ་སྣོད་བསྡུས་པའི་བཅུད། །ཟབ་མོའི་ལམ་ལེགས་ལེགས་པར་མངའ་བརྙེས་ཤིང་། །ཟབ་རྒྱས་ཆོས་རྣམས་རྣམ་པར་སྟོན་མཛད་པ། །ཟབ་ཞིའི་སྤྲོས་ཀུན་ཀུན་ནས་བྲལ་དེར་འདུད། །མདོ་སྔགས་བཤད་སྒྲུབ་བསྟན་པ་ཕྱོགས་བརྒྱར་སྤེལ། །ཕན་བདེའི་སྒྲུབ་པ་

རིས་མེད་འགྲོ་ལ་སྟོན། །རྒྱལ་ཀུན་ཐུགས་བསྐྱེད་རྒྱ་མཚོ་ཡོངས་རྫོགས་པ། །རྡོ་རྗེ་འཆང་དངོས་མི་འཇིགས་སེངྒེའི་ཁྲིར། །འཆི་མེད་མགོན་བཞིན་བསྐལ་འབུམ་རྟག་བརྟན་པ། །རྒྱལ་བའི་རྒྱལ་ཚབ་དམ་པར་གསོལ་བ་འདེབས། །སྐྱབས་གནས་ཀུན་འདུས་དྲིན་ཅན་བླ་མ་ལ། །ནམ་མཁའི་མཐའ་ཀླུས་བདག་སོགས་འགྲོ་རྣམས་ཀྱི། །དང་བས་ཕྱག་འཚལ་ཀུན་བཟང་མཆོད་པས་མཆོད། །ཉེས་ཀུན་བཤགས་ཤིང་དགེ་ལ་རྗེས་ཡི་རངས། །མྱ་ངན་མི་འདའ་ཐེག་གསུམ་ཆོས་འཁོར་བསྐོར། །དུས་གསུམ་དགེ་ཚོགས་བླ་མེད་བྱང་ཆུབ་བསྔོ། །རྙེད་དཀའི་དལ་འབྱོར་མི་རྟག་དྲན་བྱས་ནས། །དལ་མེད་རྩེ་གཅིག་དགེ་ལ་བརྩོན་པ་དང་། །ལས་འབྲས་ངེས་ཤེས་བླང་དོར་མ་ནོར་བ། །ངེས་འབྱུང་གཉིང་ནས་སྐྱེ་བར་བྱིན་གྱིས་རློབས། །རྩེ་གཅིག་གསོལ་བ་བཏབ་པའི་བྱིན་རླབས་ཀྱིས། །མཁྱེན་བརྩེ་ནུས་པས་བདག་རྒྱུད་སྨིན་ཅིང་གྲོལ། །འབྲས་བུ་སྐུ་བཞི་ཚེ་འདིར་ཐོབ་པ་དང་། །སྨོན་ལམ་ཡོངས་སུ་འགྲུབ་པའི་བཀྲ་ཤིས་སྩོལ། །ཅེས་བཀའ་དྲིན་གསུམ་ལྡན་གྱི་རྩ་བའི་བླ་མ་རིན་པོ་ཆེ་ལ་གསོལ་བ་འདེབས་པ་བཀྲ་ཤིས་པའི་གྲགས་ལྡན་འདི་ནི་རྒྱལ་ཁམས་པ་བཀའ་འབབས་ཀྱི་གྲལ་མཐར་འཁོད་པ་སྨོངས་རྟུལ་ཨ་ནནྡ་ཀྵམ་ཀཱིརྟིའི་མིང་གིས་གྲུབ་པས་གསོལ་བ་བཏབ་པ་དགེའོ། །མངྒ་ལཾ། །

༄ གདན་རབས་རེ་གསུམ་པ་ཐར་རྩེ་མཁན་རིན་པོ་ཆེ་འཇམ་དབྱངས་ཀུན་བཟང་བསྟན་པའི་རྒྱལ་མཚན་གྱི་བསྟོད་པ་བཞུགས་སོ། །འཇམ་པའི་དབྱངས་དང་ཀུན་ཏུ་བཟང་པོ་སོགས། །སྲས་བཅས་རྒྱལ་བའི་ཐུགས་བསྐྱེད་སྨོན་ལམ་ཀུན། །བསྟན་པའི་རྒྱལ་མཚན་འཛིན་པའི་རྣམ་པར་སྣང་། །མཁན་ཆེན་ཆོས་ཀྱི་ཉི་མར་གསོལ་བ་འདེབས། །མགོན་ཁྱོད་གདོད་མའི་དབྱིངས་ནས་བསྟན་འགྲོའི་ཕྱིར། །བྱམས་བརྩེའི་གོམ་པ་བཀོད་དེ་གདུལ་བྱའི་ངོར། །ཀུན་དགའ་བཟང་པོའི་བསྟན་པའི་རྒྱལ་མཚན་དེ། །སླར་ཡང་འདིར་སྣང་མཛད་དེ་ལ་འདུད། །ཚུལ་བཞིན་ཁྲིམས་ལ་གནས་པའི་ཡོན་ཏན་གཞིར། །སྟོན་པའི་བསྟན་པ་ཚིག་བཞིན་བཏབ་ནས། །ཉེས་སྤྱོད་སྡོམ་པའི་སྦྱོར་བ་མི་གློད་པའི། །བརྟན་མཁས་བསླབ་པ་གཙང་བ་དེ་ལ་འདུད། །ཐེག་མཆོག་ལམ་གྱི་སྙིང་པོ་བྱང་ཆུབ་སེམས། །གཞན་ཕན་མཐའ་ལ་གནས་པའི་གཏོང་ཕོད་ཅན། །སྲས་བཅས་རྒྱལ་བའི་བཞེད་པ་སྒྲུབ་པ་ལ། །

སྙིང་སྟོབས་བདུད་སྡེས་མི་བསྐྱོད་དེ་ལ་འདུད། །ཟབ་རྒྱས་རྒྱུད་སྡེ་རྒྱ་མཚོའི་བཅུད་ཕྱུང་བ། །ཟབ་རྒྱ་གདམས་པའི་ནོར་བུའི་སྒྲོན་བཏེགས་ནས། །སྐལ་ལྡན་ཆེ་གཅིག་རྡོ་རྗེ་འཆང་གི་སར། །འཁྲིད་མཁས་རྡོ་རྗེ་འཛིན་དབང་དེ་ལ་འདུད། །མདོར་ན་འགྲོ་བའི་མགོན་དང་བསྟན་པའི་སྲོག །བཤད་པའི་ལུགས་དང་སྒྲུབ་པའི་ནན་ཏུར་དང་། །ཕྲིན་ལས་ཕོ་ཉ་ཡོན་ཏན་བཅུད་ལེན་པས། །སུམ་ལྡན་དབང་ཕྱུག་བསྟན་འགྲོའི་དཔལ་ཐོབ་ཤོག །དེ་ལྟར་ལྟག་བསམ་དང་བས་གསོལ་བཏབ་མཐུས། །མཁས་རྩུལ་སུམ་ལྡན་བསྟན་འཛིན་ཞབས་བརྟན་ཅིང་། །བཤད་སྒྲུབ་བསྟན་པ་ཉི་ཟླའི་འོད་བཞིན་གསལ། །འགྲོ་ཀུན་དོན་གཉིས་ལྷུན་གྲུབ་བཀྲ་ཤིས་ཤོག །ཅེས་པ་འདི་རྡོ་རྗེ་འཆང་འཇམ་དབྱངས་བློ་གཏེར་དབང་པོའི་གསུང་ཡིན་ནོ།། །

༄ གདན་རབས་རེ་བཞི་པ་ཕན་བདེའི་མཁན་རིན་པོ་ཆེ་འཇམ་དབྱངས་ཀུན་བཟང་ཐུབ་བསྟན་ཆོས་ཀྱི་རྒྱལ་མཚན་གྱི་བསྟོད་པ་བཞུགས་སོ། །འཇམ་དབྱངས་ཡེ་ཤེས་སྒྱུ་མའི་རོལ་རྩེད་ཀྱིས། །ཀུན་བཟང་རྣམ་ཐར་རྒྱ་མཚོའི་སྤྲིན་ཕུང་གཡོ། །ཐུབ་བསྟན་ཕྱོགས་བརྒྱར་སྤེལ་བའི་ཕྲིན་ལས་ཅན། །ཆོས་ཀྱི་རྒྱལ་མཚན་འཛིན་ལ་གསོལ་བ་འདེབས། །འཇམ་དབྱངས་བདུན་རྒྱུད་མཁྱེན་རབ་ནོར་བུའི་མཛོད། །དབང་སྒྱུར་ཀུན་བཟང་ཐུབ་དབང་གཉིས་པའི་བསྟན། །བཤད་སྒྲུབ་ཆོས་ཀྱི་རྒྱལ་མཚན་མཐོན་པོའི་རྩེར། །རྟག་བརྟན་དགེ་མཚན་ངོམས་མྱོད་གསོལ་བ་འདེབས། །དེ་ལྟར་གསོལ་བའི་རྟེན་འབྲུང་བསླུ་མེད་ཀྱིས། །འཇམ་དབྱངས་ཀུན་བཟང་སྤྱོད་པའི་གྲུར་ཞུགས་ཏེ། །ཐུབ་བསྟན་ཆོས་ཀྱི་རྒྱལ་མཚན་ཆེར་བསྒྲེངས་ནས། །བདག་སོགས་སྲིད་མཚོའི་ཕ་རོལ་ཕྱིན་པར་ཤོག །སྡེ་དགེ་དགོན་ཆེན་མཁན་པོ་བསམ་གཏན་བློ་གྲོས་ཀྱིས་མཛད་པའོ།། །།

༄ གདན་རབས་རེ་ལྔ་པ་ངོར་ཨེ་ཝཾ་ཁང་གསར་མཁན་ཆེན་ངག་དབང་བློ་གྲོས་གཞན་ཕན་སྙིང་པོ་ལ་གསོལ་བ་འདེབས་པ་དང་པོ་ཀ་མ་ལ་ཡི་ཆར་རྒྱུན་ཞེས་བྱ་བ་བཞུགས་སོ། །ངག་གི་དབང་པོའི་བྱིན་རླབས་ཐུགས་ལ་ཤར། །བློ་གྲོས་ཆེན་པོས་རྒྱལ་བའི་དགོངས་པ་རྫོགས། །གཞན་ཕན་ཕྲིན་ལས་ཕྱོགས་བཅུ་ཀུན་ཏུ་རྒྱས། །སྙིང་པོའི་བསྟན་འཛིན་མཆོག་ལ་ཕྱག་འཚལ་ལོ། །དེང་དུས་སྙིགས་མའི་སྐྱེ་བོ་གདུལ་དཀའི་ངོར། །རིགས་གསུམ་སེམས་དཔའི་མཁྱེན་བརྩེ་ནུས་པ་ཀུན། །གཅིག

འདུས་དུར་སླིག་འཆང་བའི་སྐུར་བཞེངས་པ། །མགོན་པོ་ཁྱོད་ལ་གུས་པས་གསོལ་བ་འདེབས། །
གང་གི་རྣམ་ཐར་གཙང་མ་དབྱར་རྔའི་སྒྲ། །དཔྱོད་ལྡན་སྐྱེ་བོའི་རྣ་བར་ལྷུང་བ་ལས། །དད་གསུམ་
འདབ་མ་རྒྱས་པའི་མདོངས་མཐའ་ཅན། །ཡིད་ཀྱི་བློས་གར་ཁྱེད་ཀྱི་ཕྱོགས་སུ་བསྒྱུར། །རྣམ་དག་
ཚུལ་ཁྲིམས་གཙང་མའི་ས་གཞི་ལ། །རྣམ་མང་ཐོས་དང་བསམ་པའི་དཔག་བསམ་ཤིང་། །རྣམ་ཀུན་
མཆོག་ལྡན་རྟོགས་པའི་འབྲས་བུ་ཅན། །རྣམ་བཞིའི་ཕྲིན་ལས་མངའ་བ་ཁྱོད་ལ་འདུད། །ཐེག་པ་
གསུམ་དང་གྲུབ་མཐའ་རྣམ་པ་བཞི། །རྒྱུད་སྡེ་བཞི་དང་སོ་སོའི་དབྱེ་བ་བཅས། །ཆོས་ཉིད་དང་མཉམ་
ཆོས་ཅན་མ་ལུས་པ། །ས་ཆེན་གནས་པའི་འཕགས་ཆེན་སྤྱོད་ཡུལ་ཡིན། །སྙིགས་དུས་འདི་ན་རྒྱལ་
བསྟན་ཕྱོགས་རེར་རྫོད། །རང་བློས་གང་ཟིན་དེ་ལ་མཆོག་ཏུ་འཛིན། །གང་ཁྱོད་ཐེག་པ་གསུམ་ལ་
རབ་མཁས་པའི། །བློ་མིག་རྣམ་དག་འཇམ་དཔལ་དཔའ་བོས་བྱིན། །གྲུབ་མཐའ་སྤྱི་དང་དཔལ་
ལྡན་ས་སྐྱའི་སྲོལ། །གཞུང་ལུགས་སྤྱི་དང་མཐའ་བྲལ་དབུ་མའི་དོན། །ཟབ་དོན་སྤྱི་དང་འོད་གསལ་
སྙིང་པོའི་ལམ། །མངོན་དུ་གཟིགས་པ་གང་གི་རྣམ་ཐར་ལགས། །དེ་སླད་མགོན་ཁྱོད་བསྟན་དང་
འགྲོ་བའི་དོན། །བཤད་སྒྲུབ་འཁོར་ལོ་གཉིས་ཀྱི་མཛད་ཕྲིན་ཀུན། །མཐའ་རུ་སོན་ཅིང་བདག་
སོགས་འགྲོ་བའི་ངོར། །ཆོས་འཁོར་བསྐོར་ཞིང་རིང་དུ་བཞུགས་པར་གསོལ། །རྩ་གསུམ་བཀའ་
སྡོད་རྒྱ་མཚོའི་མཐུ་སྟོབས་དང་། །མཆོག་གསུམ་བསླུ་བ་མེད་པའི་བདེན་པ་དང་། །བདག་གི་ལྷག་
བསམ་རྣམ་པར་དག་པའི་མཐུས། །ཇི་ལྟར་སྨོན་པའི་དོན་ཀུན་འགྲུབ་པར་ཤོག །ཅེས་པ་འདི་ནི་
དཔལ་ཨེ་ཝཾ་ཆོས་ལྡན་གྱི་མཁན་ཁྲིར་ཁང་གསར་མཁན་ཆེན་རིན་པོ་ཆེ་མངའ་གསོལ་སྐབས་གསོལ་
འདེབས་ཞབས་བརྟན་ཞིག་དགོས་ཞེས་རྒྱ་ནག་སྤྲུལ་པའི་སྐུ་ངག་དབང་འཇམ་དཔལ་རིན་ཆེན་གྱིས་
རིན་ཆེན་དང་པོའི་གནང་སྦྱིན་བཅས་བསྐུལ་ངོར་མདོ་ཁམས་ཀྱི་བཙུན་པ་གཞན་ཕན་སྣང་བས་རྩེ་
གཅིག་ཏུ་གསོལ་བ་བཏབ་པ་དགེ་ལེགས་སུ་གྱུར་ཅིག །

༄ གདན་རབས་རེ་ལྔ་པ་ངོར་ཨེ་ཝཾ་ཁང་གསར་མཁན་ཆེན་ངག་དབང་བློ་གྲོས་གཞན་ཕན་
སྙིང་པོ་ལ་གསོལ་བ་འདེབས་པ་གཉིས་པ། ཨོཾ་སྭསྟི། དཔལ་ལྡན་ངག་གི་དབང་ཕྱུག་གདུལ་བྱའི་
ངོར། །བློ་གྲོས་མཚུངས་མེད་གཞན་ཕན་མཐའ་ཡས་པའི། །རྒྱལ་བའི་གདུང་འཚོབ་ཆེན་པོའི་རྣམ་

རོལ་གྱིས། །ངེས་གསང་བསྟན་པའི་སྙིང་པོ་སྤེལ་ལ་འདུད། །ཚུལ་ཁྲིམས་དག་པའི་ལྷ་ལམ་རབ་ཡངས་པར། །ཐོས་བསམ་སྒོམ་པའི་ཆ་ཤས་ཡོངས་སུ་རྫོགས། །འཆད་རྩོད་རྩོམ་པའི་བསིལ་ཟེར་སྟོང་འཕྲོ་བ། །ཐུབ་བསྟན་རྒྱ་མཚོའི་གཉེན་གྱུར་གསོལ་བ་འདེབས། །ཁྱད་པར་སྡེ་སྣོད་རྒྱུད་སྡེ་ཀུན་གྱི་བཅུད། །ཚད་མ་བཞི་ལྡན་གསུང་ངག་རིན་ཆེན་ལ། །རྩེ་གཅིག་སྒྲུབ་པའི་རྒྱལ་མཚན་འཛིན་མཛད་པའི། །རྣལ་འབྱོར་དབང་ཕྱུག་མཆོག་ལ་གསོལ་བ་འདེབས། །དམིགས་མེད་སྙིང་རྗེ་ཆེན་པོའི་གཞན་དབང་གིས། །རྒྱལ་སྲས་སྤྱོད་ཚུལ་རྒྱ་མཚོ་ལྷུར་ལེན་པས། །གངས་ལྗོངས་སྐྱིགས་མའི་རྒྱུད་པ་ཀུན་གསལ་ནས། །ཕན་བདེའི་སྒོ་བརྒྱ་འབྱེད་ལ་གསོལ་བ་འདེབས། །རྒྱལ་བ་ཀུན་དངོས་རྗེ་བཙུན་བླ་མ་ལ། །མི་ཕྱེད་དད་པས་གསོལ་བ་བཏབ་པའི་མཐུས། །སྲིད་ཞིའི་ཕུན་ཚོགས་མཐའ་དག་རབ་རྒྱས་ནས། །དོན་གཉིས་ལྷུན་གྱིས་འགྲུབ་པའི་བཀྲ་ཤིས་ཤོག །ཅེས་པ་འདི་ནི་ཁྲི་འདུ་བསྐལ་བཟང་དགོན་པ་དང་དགོན་གསར་ཆོས་སྡེ་གཉིས་ཀྱི་གྲྭ་རིགས་རྗེ་བླ་མ་ཉིད་ཀྱི་ཞལ་སློབ་ཏུ་གྱུར་པ་མང་པོས་ཡང་ནས་ཡང་དུ་བསྐུལ་བའི་ངོར་ཤཱཀྱའི་དགེ་སློང་ངག་དབང་ལེགས་པས་དགོན་གསར་བཤད་སྒྲུབ་དར་རྒྱས་གླིང་དུ་བྲིས་ཏེ་གསོལ་བ་བཏབ་པ་དགེ་ཞིང་བཀྲ་ཤིས་པར་གྱུར་ཅིག །སརྦ་མངྒ་ལཾ། །

༄ གདན་རབས་རེ་དྲུག་པ་རྒྱལ་སྲས་ཆོས་ཀྱི་ཉི་མ་རིན་པོ་ཆེའི་གསོལ་འདེབས་ཕན་བདེའི་འོད་སྣང་ཞེས་བྱ་བ་བཞུགས་སོ། །རྗེ་བཙུན་འཇམ་དཔལ་དབྱངས་ཀྱི་ཡེ་ཤེས་ཐུགས། །ལུང་རྟོགས་ཆོས་ཀྱི་ཉི་མ་གསལ་བའི་གསུང་། །ཐུབ་བསྟན་དུར་སྨྲིག་རྒྱལ་མཚན་འཛིན་པའི་སྐུ། །བསྟན་འགྲོའི་དཔལ་གྱུར་བཟང་པོར་གསོལ་བ་འདེབས། །ཕྱོགས་དུས་རྒྱལ་དང་དེ་སྲས་ཐུགས་བསྐྱེད་སྟོབས། །ཚུལ་བཞིན་འཛིན་ལ་འཛིགས་མེད་འགྲོ་རྣམས་ཀྱི། །བསོད་ནམས་ཞིང་གྱུར་སུམ་ལྡན་རྡོ་རྗེ་འཛིན། །རྣམ་འདྲེན་དབང་གི་རྒྱལ་པོར་གསོལ་བ་འདེབས། །ཀུན་ཉོན་མ་དག་འཁོར་བའི་འཁྲུལ་སྣང་རྣམས། །རྣལ་འབྱོར་ཉམས་ཀྱི་སྣང་བའི་གྲོགས་ཤར་ཏེ། །བྱང་ཆུབ་སེམས་དང་དག་པའི་སྣང་བས་བསྐུལ། །གསང་ཆེན་ལམ་ལ་འཇུག་པར་བྱིན་གྱིས་རློབས། །རྒྱུ་རྒྱུད་རང་བཞིན་གནས་རིགས་དབང་གིས་སྨྲངས། །དམ་ཚིག་རྣམ་དག་ལྟ་བ་གནད་དུ་སྨིན། །ཐབས་རྒྱུད་རྣལ་འབྱོར་གཉིས་ཀྱིས་གྲོལ་གྱུར་ཏེ། །འབྲས་རྒྱུད་མཆོག་དངོས་འགྲུབ་པར་བྱིན་གྱིས་རློབས། །ཐུགས་རྗེའི་སྤྲིན་ལས་བྱིན་རླབས་ཆར་རྒྱུན་

འབེབས། །དད་པའི་ཞིང་སར་ངེས་འབྱུང་ཆར་གྱིས་བརླན། །སྙིང་རྗེའི་མེ་ཏོག་གྲུབ་གཉིས་འབྲས་བུ་རྫོགས། །རང་གཞན་དོན་གཉིས་འགྲུབ་པར་བྱིན་གྱིས་རློབས། །ཅེས་པ་འདི་ནི་མོས་ལྡན་དགེ་སློང་འཇམ་དབྱངས་ཕུན་ཚོགས་ནས་ལྷ་རིག་བཅས་ལམ་འབྲས་ཀྱི་བསྡུས་དོན་དང་སྦྱར་བའི་གསོལ་འདེབས་ཤིག་དགོས་ཞེས་ཡང་ཡང་བསྐུལ་བ་དང་། སླད་ནས་ཀྱང་མོས་ལྡན་འགས་རིན་ཆེན་གཉིས་པའི་སྐྱེས་བཅས་ཡང་ཡང་བསྐུལ་བར་བརྟེན་ཨཱོཾ་ཀ་དང་པོ་རྗེ་བླ་མ་མཁྱེན་བརྩེའི་དབང་པོའི་ཞལ་གནང་ལྟར་དང་ཕྱི་མ་རྣམས་རང་ཉིད་ནས་སྦྱོལ་བ་དགེ། སརྦ་དཱ་མངྒ་ལཾ། །

༄ གདན་རབས་རེ་བདུན་པ་ཐར་རྩེ་མཁན་འཇམ་དབྱངས་ཀུན་བཟང་ཐུབ་བསྟན་ཆོས་ཀྱི་རྒྱལ་མཚན་ལ་བསྟོད་པ་དད་གུས་ཀུ་མུད་བཞད་པའི་ཟླ་ཟེར་ཅེས་བྱ་བ་བཞུགས་སོ། །འགྲོ་བའི་མགོན་པོ་འཇམ་དབྱངས་ས་སྐྱ་པའི། །བསྟན་འཛིན་བྱེ་བའི་གཙུག་རྒྱན་ཨེ་ཝྃ་པ། །ཀུན་དགའ་བཟང་པོར་གྲགས་པའི་རྒྱལ་ཚབ་ཆེ། །ཐུབ་བསྟན་ཆོས་ཀྱི་རྒྱལ་མཚན་འཛིན་ལ་འདུད། །ཉེས་སྤྱོད་སྡོམ་པའི་ཚུལ་ཁྲིམས་རབ་ཏུ་གཅེས། །བརྩེ་བ་ཆེན་པོས་གཞན་དོན་ཁོ་ནར་དགོངས། །ཟབ་མོའི་རྒྱུད་སྡེ་རྒྱ་མཚོར་མངའ་བརྙེས་པའི། །མཚུངས་མེད་དཔལ་ལྡན་བླ་མར་གསོལ་བ་འདེབས། །དམ་པའི་ཚུལ་དགུའི་ཡོན་ཏན་ནོར་བུ་ཡི། །འབྱུང་གནས་རྣམ་འདྲེན་ཁྱེད་ཐུགས་མ་དྲོས་མཆོ། །ཟབ་རྒྱས་གདམས་པ་རིན་ཆེན་འདྲེན་པའི་གླུང་། །སྐལ་བཟང་དཔྱིད་དུ་འབེབས་མཁས་གསོལ་བ་འདེབས། །དེ་ལྟར་གསོལ་བ་བཏབ་པའི་དགེ་མཚན་གྱིས། །བསྟན་པ་རིན་ཆེན་དབྱར་གྱི་མཚོ་བཞིན་འཕེལ། །བསྟན་འཛིན་ཞབས་པད་རྡོ་རྗེའི་ཁམས་ལྟར་བརྟན། །འགྲོ་རྣམས་རྫོགས་ལྡན་དུས་བཞིན་བདེ་བར་ཤོག །སྐྱབས་མཆོག་རྗེ་བཙུན་བླ་མའི་ཐུགས་རྗེ་དང་། །ཆོས་ལྷ་བཀའ་སྲུང་རྣམས་ཀྱི་ནུས་མཐུར་བཅས། །བདག་གི་ལྷག་བསམ་དག་པའི་བདེན་སྟོབས་ཀྱིས། །ཇི་ལྟར་སྨོན་པ་འགྲུབ་པའི་བཀྲ་ཤིས་སྩོལ། །ཅེས་པའི་གསོལ་འདེབས་ཉུང་ངུ་འདི་འང་བྲང་ཏིའི་སྣག་དབོན་འོད་གསལ་ལྷེའི་རིགས་སྐྱེས་ཐར་རྩེ་མཁན་མིང་བྱམས་པ་ནམ་མཁའ་ཀུན་བཟང་བསྟན་པའི་རྒྱལ་མཚན་དུ་འབོད་པ་དེས། དམ་པ་ཉིད་ལ་གུས་པའི་སྒོ་ནས་རྣམ་འབྱུང་ཞེས་པ་ས་ཕོ་འབྲུག་གི་ལོ་ཆོ་འཕྲུལ་ཟླ་བའི་དཀར་ཕྱོགས་ཀྱི་རྫོགས་པ་གསུམ་པའི་ཚེས་ལ་གསོལ་བ་རྩེ་གཅིག་ཏུ་བཏབ་པ་དོན་དང་ལྡན་པར་གྱུར་ཅིག །

གདན་རབས་རེ་བརྒྱད་པ་ཕན་བདེ་མཁན་རིན་པོ་ཆེ་ངག་དབང་བློ་གྲོས་ཐེག་མཆོག་བསྟན་པའི་རྒྱལ་མཚན་ལ་བསྟོད་པ་བྱིན་རླབས་མཆོག་སྩོལ་ཞེས་བྱ་བ་བཞུགས་སོ། །ངག་དབང་ལྷ་ཡི་བྱིན་རླབས་བློ་གྲོས་ཀྱིས། །ཐེག་མཆོག་བསྟན་པའི་སྙིང་པོ་ལེགས་རྟོགས་ནས། །མི་མཐུན་ཕྱོགས་ལས་རྣམ་པར་རྒྱལ་བ་ཡི། །དགེ་མཚན་འབུམ་དང་ལྡན་པར་གསོལ་བ་འདེབས། །རྣམ་དག་ཁྲིམས་ཀྱི་ཁང་བཟང་རབ་ཡངས་པར། །ཐོས་བསམ་སྒོམ་པའི་ནོར་གྱིས་ཡོངས་གཏམས་ཤིང་། །འཆད་རྩོད་རྩོམ་པའི་བསྟན་འགྲོའི་རྒུད་པ་སེལ། །འདྲེན་མཆོག་བླ་མ་དམ་པར་གསོལ་བ་འདེབས། །གང་སྐུ་ཚུལ་འཆོས་སྤྱོད་ལས་རྣམ་གྲོལ་ཞིང་། །གསུང་གི་རང་བཞིན་བསླུ་བའི་ཚིག་གིས་དབེན། །ཐུགས་ནི་ཟག་མེད་བདེ་ལ་རྟག་རོལ་བའི། །རྒྱལ་སྲས་སྤྲས་པའི་རྣལ་འབྱོར་གསོལ་བ་འདེབས། །དེ་ལྟར་གསོལ་བའི་རྒྱལ་བསྟན་དར་ཞིང་རྒྱས། །དེ་འཛིན་ཞབས་བརྟན་འགྲོ་ཀུན་ཐུགས་མཐུན་གཙང་། །བཤད་སྒྲུབ་བྱ་བས་ཉིན་མཚན་འདའ་བ་དང་། །རྒྱལ་ཁམས་བདེ་ཞིང་དགེ་བཅུས་འཚོ་བར་ཤོག །བདག་འདི་ཆོས་རྗེ་ས་པཎ་གྱི་གསུང་ཡིན། ཀུང་སྐྱེ་ཞིང་སྐྱེ་བ་ཐམས་ཅད་དུ། །ཡང་དག་བླ་མ་དམ་པ་མཉེས་བྱེད་ཅིང་། །བདེ་བར་གཤེགས་པའི་བསྟན་པ་འཛིན་པ་དང་། །འགྲོ་བ་ཀུན་གྱི་སྐྱབས་སུ་འགྱུར་བར་ཤོག །ཚུལ་འདི་ཀུན་མཁྱེན་ཨེ་ཝཾ་པའི་ཡབ་སྲས་བརྒྱུད་པར་བཅས་པ་ལ་གུས་ལྡན་དགེ་འདུན་བཟང་པོས་གསོལ་བ་རྩེ་གཅིག་ཏུ་བཏབ་པ་དགེ།

གདན་རབས་རེ་དགུ་པ་ཨེ་ཝཾ་ཁང་གསར་མཁན་ཆེན་ངག་དབང་ཡོན་ཏན་རྒྱ་མཚོ་ལ་གསོལ་བ་འདེབས་པ་ཐར་པའི་སྒོ་འབྱེད་ཞེས་བྱ་བ་བཞུགས་སོ། །ངག་གི་དབང་ཕྱུག་དགྱེས་པའི་འཛུམ་ཟེར་གྱིས། །དཔག་མེད་ཡོན་ཏན་ཀུན་འབྱུང་ཐུབ་པའི་བསྟན། །དགེ་ལེགས་རྒྱ་མཚོ་སྦྲང་རྩེའི་ཟིལ་མངར་ཅན། །རྒྱས་མཛད་སྨྲ་བའི་ཉི་མར་གསོལ་བ་འདེབས། །སྔོན་གོམས་ཚོགས་གཉིས་རྒྱ་མཚོ་ལས་ཐོན་པའི། །ལྷག་བསམ་དག་པའི་ཆ་ཤས་རབ་རྫོགས་ཤིང་། །སྨིན་གྲོལ་ཕྲིན་ལས་བསིལ་ཟེར་འབུམ་འཕྲོ་བ། །སྐལ་བཟང་ཀུནྡའི་གཉེན་དེར་གསོལ་བ་འདེབས། །མཐའ་ཡས་ཤེས་བྱའི་ཆུ་གཏེར་ཆེས་ཡངས་པར། །གསན་བསམ་སྒོམ་པའི་གྲུ་ཆེན་ལ་བརྟེན་ནས། །གྲུབ་གཉིས་ནོར་བུའི་གླིང་ལ་དབང་འབྱོར་བའི། །གདུལ་བྱའི་དབུལ་བ་སེལ་ལ་གསོལ་བ་འདེབས། །སྐྱབས་གནས་ཀུན་

འདུས་རྩ་བའི་བླ་མ་ལ། །དད་གསུམ་གདུང་བའི་དབྱངས་ཀྱིས་གསོལ་འདེབས་ན། །བརྩེ་ཆེན་ཐུགས་རྗེའི་ལྕགས་ཀྱུས་ལེགས་བཟུང་ནས། །འཇིགས་རུང་སྲིད་པའི་མཚོ་ལས་བསྒྲལ་དུ་གསོལ། །འཁོར་བའི་ཉེས་ཀུན་མཐོང་བའི་ངེས་འབྱུང་དང་། །འགྲོ་ཀུན་ཕ་མར་ཤེས་པའི་ལྷག་བསམ་གྱིས། །རྣམ་གྲོལ་ཆེ་འདིར་ཐོབ་ལ་ཆེས་རིང་བས། །གོང་མའི་ལམ་ལ་འཇུག་པར་བྱིན་གྱིས་རློབས། །གཞི་རྒྱུད་སྦྱོར་བྲལ་གནས་ལུགས་ལེགས་རྟོགས་ནས། །ལམ་རྒྱུད་དབང་བཞི་མངོན་རྟོགས་མཐར་ཕྱིན་ཏེ། །འབྲས་རྒྱུད་སྐུ་དང་ཡེ་ཤེས་དབྱེར་མེད་པའི། །གོ་འཕང་ཆེ་འདིར་ཐོབ་པར་བྱིན་གྱིས་རློབས། །བསླུ་མེད་དཀོན་མཆོག་གསུམ་གྱི་ཐུགས་རྗེ་དང་། །ཆོས་ཉིད་བདེན་དང་ཆོས་ཅན་མི་བསླུའི་མཐུས། །ཇི་ལྟར་སྨོན་པའི་གནས་ཀུན་འགྲུབ་པ་དང་། །འགྲོ་ཀུན་ཕན་བདེའི་དཔལ་ལ་སྤྱོད་པར་ཤོག །ཅེས་པའང་དགེ་སློང་དཀོན་མཆོག་བཟང་པོ་དང་གསེར་མདོག་སྤྲུལ་མིང་གིས་རིན་ཆེན་གཉིས་པའི་སྐྱེས་བཅས་ཡང་ཡང་བསྐུལ་ངོར་འདུ་ཤེས་སུམ་ལྡན་གཞན་ཕན་སྙིང་པོས་ཐོལ་བྱུང་དུ་བྲིས་པ་དགེའོ། །

༄ གདན་རབས་བདུན་ཅུ་པ་ཕན་བདེ་མཁན་ཆེན་ངག་དབང་མཁས་གྲུབ་རྒྱ་མཚོ་ལ་གསོལ་འདེབས་གྲུབ་གཉིས་ཆར་འབེབས་བཞུགས་སོ། །ངག་གི་དབང་ཕྱུག་ཡེ་ཤེས་སྒྱུ་འཕྲུལ་གར། །མཁས་དང་གྲུབ་པའི་ཆ་ཤས་རབ་རྫོགས་ཤིང་། །ཡིད་ཅན་རྒྱ་མཚོར་ཕན་བདེ་ཀུནྡའི་ཚལ། །སྤེལ་མཛད་བཤེས་གཉེན་ཆེན་པོར་གསོལ་བ་འདེབས། །མཐའ་ཡས་ཤེས་བྱའི་ལྷ་ལམ་རབ་ཡངས་པར། །མཁས་ཚུལ་གསུམ་གྱི་འོད་ཟེར་འབུམ་འཕྲོ་བས། །ས་གསུམ་སྐྱེ་དགུའི་རྨོངས་མུན་སེལ་མཛད་པ། །མཚུངས་མེད་བསྟན་པའི་ཉི་མར་གསོལ་བ་འདེབས། །བསླབ་གསུམ་ཁྲིམས་ཀྱི་རོལ་མཚོས་ཡོངས་བསྐོར་བའི། །ཚད་མེད་བཞི་ཡི་བང་རིམ་ལྷུན་ཆགས་ཤིང་། །རིམ་གཉིས་རྣལ་འབྱོར་ཉི་ཟླའི་སྐྱེ་རགས་མཛེས། །ཐེག་མཆོག་བསྟན་པའི་ལྷུན་པོར་གསོལ་བ་འདེབས། །ཟབ་རྒྱས་ཆོས་ཚུལ་རྒྱ་མཚོའི་གསང་བ་ཆེ། །ཚད་མ་བཞི་ལྡན་སྙན་བརྒྱུད་བདུད་རྩིའི་རྒྱུས། །སྐལ་བཟང་སྐྱེ་བཞིའི་པདྨོ་རྒྱས་མཛད་པ། །ཁྱབ་བདག་འཁོར་ལོའི་མགོན་པོར་གསོལ་བ་འདེབས། །དེང་ནས་ཚེ་རབས་ཀུན་ཏུ་བླ་མ་རྗེའི། །གསང་གསུམ་ཡོན་ཏན་རྒྱ་མཚོས་རྗེས་བཟུང་ནས། །གྲུབ་གཉིས་ནོར་བུའི་མཛོད་ལ

དབང་བསྒྱུར་ཏེ། །བསྟན་འགྲོའི་དགེ་ལེགས་འཕེལ་བའི་བཀྲ་ཤིས་ཤོག །དགེའོ། །

༈ གདན་རབས་དོན་གཅིག་པ་ཐར་རྩེ་མཁན་ཆེན་བྱམས་པ་ནམ་མཁའ་ཀུན་བཟང་བསྟན་པའི་རྒྱལ་མཚན་ལ་བསྟོད་པ་བྱིན་རླབས་ཉིན་བྱེད་འདྲེན་པའི་ཤིང་རྟ་ཞེས་བྱ་བ་བཞུགས་སོ། ། བྱམས་དང་སྙིང་རྗེ་ཆེན་པོའི་དཔལ་ལྡན་པ། །ནམ་མཁའ་དང་མཉམ་འགྲོ་བའི་དོན་སླད་དུ། །རྒྱལ་བ་གཉིས་པ་ཀུན་དགའ་བཟང་པོ་ཡི། །བསྟན་པའི་རྒྱལ་མཚན་འཛིན་ལ་གསོལ་བ་འདེབས། །སྡོམ་པ་གསུམ་གྱི་འཆི་མེད་ལམ་ཡངས་པོར། །ཐོས་བསམ་སྒོམ་པའི་ཉིན་བྱེད་བཀྲག་འབར་ཞིང་། །མཁས་ཚུལ་གསུམ་གྱི་ཚ་ཟེར་འབུམ་གཡོ་བས། །ཐུབ་བསྟན་པད་ཚལ་རྒྱས་པར་མཛད་ལ་འདུད། །དུས་གསུམ་རྒྱལ་བ་ཀུན་དངོས་བླ་མ་ལ། །སྒོ་གསུམ་གུས་པས་རྩེ་གཅིག་གསོལ་བཏབ་མཐུས། །ཁམས་གསུམ་འགྲོ་བའི་སྲིད་ལས་བསྒྲལ་བའི་ཕྱིར། །བཅུ་གསུམ་རྡོ་རྗེ་འཛིན་པའི་ས་ཐོབ་ཤོག །ཅེས་པ་འདི་ནི་མཁན་ཆེན་རྡོ་རྗེ་འཆང་དེ་ཉིད་ཀྱི་ཞལ་སློབ་དད་གུས་ཀྱི་ལྷག་བསམ་མཆོག་ཏུ་དཀར་བའི་མཆོག་སྤྲུལ་རིན་པོ་ཆེ་ཀུན་དགའ་བསྟན་པའི་ཉི་མས་ལྷ་གོས་གསེར་གྱི་མེ་ཏོག་དང་བཅས་ཏེ་ཡང་ཡང་བསྐུལ་ཞིང་། ཐར་ལམ་རྣམ་རྒྱལ་གླིང་གི་དབུ་མཛད་འཇམ་དབྱངས་བཀྲ་ཤིས་ཀྱིས་ཀྱང་ནན་ཏན་ཆེན་པོས་བསྐུལ་བའི་ངོར་ཤཱཀྱའི་དགེ་སློང་ངག་དབང་ལེགས་པས་བྲིས་ཏེ་རྩེ་གཅིག་གུས་པའི་ཡིད་ཀྱིས་གསོལ་བ་བཏབ་པའོ། །

༈ གདན་རབས་དོན་གཉིས་པ་ཨེ་ཝཾ་ཀླུ་ལྡིང་མཁན་ཆེན་འཇམ་དབྱངས་ཐུབ་བསྟན་ལུང་རྟོགས་རྒྱལ་མཚན་དཔལ་བཟང་པོའི་གསོལ་འདེབས་བྱིན་རླབས་ཆུ་གཏེར་ཞེས་བྱ་བཞུགས་སོ། ། འཇམ་དབྱངས་མཁྱེན་པའི་ཟབ་དོན་རྒྱ་མཚོའི་དབུས། །ཐུབ་བསྟན་ལུང་རྟོགས་ནོར་བུའི་གདེངས་ཀ་ཅན། །བསླབ་གསུམ་དཔལ་འབྱོར་ཆོས་ཀྱི་རྒྱལ་མཚན་ཆེ། །རྣམ་འདྲེན་ཀླུ་ཡི་དབང་པོར་གསོལ་བ་འདེབས། །གངས་ཅན་མཁས་བཙུན་རྣམ་དག་གྲུབ་པའི་རིགས། །རྒྱ་ཆེན་གཞུང་མང་ལྟ་བའི་བློ་མིག་ལྡན། །ལྟ་སྒྲུབ་འཁྲུལ་མེད་གཙུག་ལག་སྨྲ་བའི་མགྲིན། །ཤར་ཆེན་ཆོས་ཀྱི་རྒྱལ་པོའི་ཞབས་ལ་འདུད། །མགོན་ཁྱོད་ཐུགས་རྗེའི་བཻ་ཌཱུའི་ཏམ་བུ་རར། །མ་སྨད་དད་གུས་སོར་རྩེས་རབ་བསྐུལ་བས། །གྲུབ་གཉིས་མི་ཟད་འཛོ་བའི་སྒྲ་དབྱངས་འབུམ། །གདུལ་བྱའི་ཕན་བདེའི་གསོས་སུ་འཕེལ་གྱུར་ཅིག །

ཅེས་པའང་ཆོས་ཀྱི་འབྲེལ་ལྡན་ཚོགས་ཀྱི་གསུང་གི་དྲི་བཞིན་གྱིས་ཆེད་དུ་བསྐུལ་བ་ན། དད་པའི་ལོ་ཐོག་སྨིལ་ཕྱིར། རང་གི་བློ་གྲོས་སྨིན་བཞིན་ལས་ཚིག་གི་བདུད་རྩིའི་ཐིགས་ཕྲེང་འཕྲུལ་དུ་ཕབ་པའོ། །

༈ གདན་རབས་དོན་གསུམ་པ་དཔལ་ཨེ་ཝྃ་ཁང་གསར་མཁན་ཆེན་ངག་དབང་མཁྱེན་བརྩེ་ཐུབ་བསྟན་སྙིང་པོ་ལ་བསྟོད་པ་མི་ཤིགས་རྡོ་རྗེའི་རོལ་མོ་ཞེས་བྱ་བ་བཞུགས་སོ། །ངག་དབང་སྒྱུ་འཕྲུལ་ཀུན་གསལ་ཡངས་པ་ནས། །མཁྱེན་དང་བརྩེ་བའི་ཚ་ཟེར་འབུམ་ཕྲག་གིས། །ཐུབ་བསྟན་སྙིང་པོའི་གསུང་ངག་འདབས་སྟོང་ཚལ། །རྒྱས་མཛད་བསྟན་པའི་ཉི་མར་གསོལ་བ་འདེབས། །སྭསྟི་སིདྡྷཾ། ངག་གི་དབང་པོའི་མཁྱེན་བརྩེའི་ཆུ་གཏེར་ལས། །ལེགས་འཁྲུངས་ཐུབ་བསྟན་མཁའ་ལ་རྣམ་རོལ་ཞིང་། །སྨིན་གྲོལ་སྙིང་པོའི་འོད་སྣང་སྟོང་གཡོ་བའི། །ཆོས་ཀྱི་ཉི་མ་མཆོག་ལ་གསོལ་བ་འདེབས། །རྣམ་དག་ཚུལ་ཁྲིམས་ཕུང་པོའི་སྐྱ་གདངས་ཤིང་། །ཐེག་མཆོག་གདམས་ཟབ་འབུམ་གྱི་མགྲིན་པ་མཛེས། །རིམ་གཉིས་རྣལ་འབྱོར་བདུད་རྩིས་ཐུགས་བརླན་པའི། །རྡོ་རྗེ་འཛིན་པའི་དབང་པོར༔ ཟབ་ཡངས་མཁྱེན་པའི་གཏིང་མཐའ་མི་མངོན་ཞིང་། །རླབས་ཆེན་ཐུགས་རྗེའི་ཐ་རླབས་ཕྱོགས་བརྒྱར་གཡོ། །ཕྲིན་ལས་ཆུ་ཀླུང་འབུམ་ཕྲག་རྟག་འབབ་པའི། །ཡོན་ཏན་རྒྱ་མཚོའི་གཏེར་ལ༔ དེ་ལྟར་མི་ཕྱེད་གུས་པས་གསོལ་བཏབ་མཐུས། །ཁྱབ་བདག་བླ་མས་རྗེས་སུ་གཟུང་གྱུར་ནས། །སྨད་བྱུང་ཕྲིན་ལས་རྒྱ་མཚོའི་དགེ་མཚན་གྱིས། །བདག་གཞན་དོན་གཉིས་ལྷུན་གྱིས་འགྲུབ་གྱུར་ཅིག །ཁྱད་པར་རྒྱལ་བས་ལུང་བསྟན་ཨེ་ཝྃ་པའི། །རིང་ལུགས་འཁྲུལ་པ་ཟད་པའི་ཉིན་མོར་བྱེད། །འཇིག་རྟེན་གསུམ་གྱི་མིག་ཏུ་རྟག་འབར་བས། །ཕྱོགས་ཀུན་དགེ་ལེགས་སྣང་བས་ཁྱབ་གྱུར་ཅིག །ཅེས་པའང་རྒྱལ་བ་གཉིས་པ་རྗེ་བཙུན་ཨེ་ཝྃ་པ་ཆེན་པོ་ཡབ་སྲས་བརྒྱུད་པ་དང་བཅས་པའི་བཀའ་འབབས་སུ་གཏོགས་པ་མི་ཕམ་ངག་གི་དབང་ཕྱུག་ཏུ་འབོད་པས་གསོལ་བ་བཏབ་པ་དགེ་ལེགས་སུ་གྱུར་ཅིག །

༈ གདན་རབས་དོན་བཞི་པ་དཔལ་ཨེ་ཝྃ་ཐར་རྩེ་མཁན་ཆེན་མཁྱེན་རབ་དབང་ཕྱུག་འཇམ་དབྱངས་ཀུན་དགའ་བསྟན་པའི་རྒྱལ་མཚན་དཔལ་བཟང་པོ་ལ་བསྟོད་པ་དང་པོ་འཆི་མེད་གྲུབ་པའི་ཅོད་པན་ཞེས་བྱ་བ་བཞུགས་སོ། །འཇམ་དབྱངས་སྨྲ་བའི་ཉི་མའི་ཡེ་ཤེས་ནི། །མཁས་ཀུན་དགའ་བའི་དཔལ་དུ་ལེགས་སྣང་བ། །ཡོངས་རྫོགས་བསྟན་པའི་རྒྱལ་མཚན་འཛིན་པའི་གཙོ། །རྗེ་བཙུན་

བླ་མའི་ཞབས་ལ་གསོལ་བ་འདེབས། །བསླབ་གསུམ་བདུད་རྩི་སྙིང་པོས་རྒྱུད་གཏམ་ཤིང་། །བྱང་ཆུབ་སེམས་ཀྱི་སྤྲིན་ཆེན་ཕྱོགས་བརྒྱར་གཡོ། །སྨིན་གྲོལ་འདོད་དགུའི་མཛོད་ལ་དབང་བསྒྱུར་བ། །དཀྱིལ་འཁོར་རྒྱ་མཚོའི་མགོན་ལ་ཞུ་ཐོས་བསམ་སྒོམ་པའི་ཕ་རོལ་མཐར་སོན་ནས། །མཁས་བཙུན་བཟང་པོའི་དཔལ་ལ་དབང་འབྱོར་ཞིང་། །འཆད་རྩོད་རྩོམ་པའི་ཐུབ་བསྟན་རྒྱས་མཛད་པའི། །ཆོས་ཀྱི་དབང་ཕྱུག་མཆོག་ལ་ཞུ་མདོ་སྔགས་རིགས་ཚུལ་ནོར་བུས་ཡོངས་གང་བའི། །དྲི་མེད་མཁྱེན་རབ་ཡིད་བཞིན་ཆུ་གཏེར་ལས། །སྐལ་བཟང་འགྲོ་ལ་ཟབ་རྒྱས་གདམས་པའི་དཔལ། །འདོད་དགུའི་མཆོད་སྤྲིན་འགྱེད་ལ་ཞུ་དེ་ལྟར་མི་ཕྱེད་གུས་པས་གསོལ་བཏབ་མཐུས། །རྗེ་བཙུན་བླ་མ་བསྐལ་བརྒྱར་ཞབས་བརྟན་ཅིང་། །བཤད་སྒྲུབ་ཕྲིན་ལས་དཔལ་གྱིས་ཕྱོགས་ཀུན་ཁྱབ། །ཕན་བདེའི་དགེ་མཚན་རྒྱས་པའི་བཀྲ་ཤིས་ཤོག །ཅེས་པའང་སུམ་ལྡན་རྡོ་རྗེ་འཛིན་པ་ཆེན་པོ་བསོད་ནམས་ཆོས་འཕེལ་གྱི་ཞལ་སྔ་ནས་དང་། གཉེར་ཆེན་བསྟན་འཛིན་ཆོས་གྲགས་ཟུང་ནས་བཀྲ་ཤིས་པའི་ལྷ་རྫས་རིན་པོ་ཆེ་རྟེན་དང་བཅས་གསུང་གིས་བསྐུལ་ཞིང་། རང་ཉིད་ཀྱང་མཆོག་ཏུ་མོས་པས་མཚམས་སྦྱར་ཏེ། ཤཱཀྱའི་དགེ་སློང་མི་ཕམ་ངག་གི་དབང་ཕྱུག་ཏུ་འབོད་པས་རྩེ་གཅིག་ཏུ་གསོལ་བ་བཏབ་པ་དགེ་ལེགས་སུ་གྱུར་ཅིག །སརྦ་དཱ་ཀ་ལྱཱ་ཎཾ་བྷ་ཝནྟུ། །

༄ མཁན་རབས་དོན་བཞི་པ་ཐར་རྩེ་འཇམ་དབྱངས་ཀུན་དགའ་བསྟན་པའི་རྒྱལ་མཚན་ལ་བསྟོད་པ་གཉིས་པ་བཞུགས་སོ། །འཇམ་དཔལ་གཞོན་ནུས་བྱིན་རླབས་ཚངས་པའི་དབྱངས། །ཀུན་ཁྱབ་ཐུགས་རྗེས་འགྲོ་ལ་མཆོག་ཏུ་དགའ། །བསྟན་འཛིན་ཕྲིན་ལས་ཀུན་ལ་དབང་འབྱོར་པའི། །ཆོས་ཀྱི་རྒྱལ་མཚན་མཆོག་ལ་གུས་ཕྱག་འཚལ། །བྱང་ཆུབ་ཐུགས་བསྐྱེད་བརྟན་པའི་འཛིན་མ་ལ། །གསང་ཆེན་གདམས་པ་ཟབ་མོའི་ཡལ་འདབ་རྒྱས། །ཡང་དག་དོན་གཟིགས་འབྲས་བུའི་ཁུར་འཛིན་པ། །ཡོངས་འཛིན་དཔག་བསམ་ལྗོན་པར་གསོལ་བ་འདེབས། །རྩེ་གཅིག་གསོལ་བ་བཏབ་པའི་རྣམ་དཀར་དེས། །རྗེ་བཙུན་ཀུན་དགའི་རིང་ལུགས་རྨད་བྱུང་བའི། །ལྷ་སྤྱོད་དྲི་མེད་སྟོན་པའི་གསུང་རབ་རྣམས། །ཐོས་བསམ་སྒོམ་པས་སྒྲུབ་ལ་བརྩོན་པར་ཤོག །ཅེས་པ་ངོར་ཨེ་ཝཾ་བཤད་གྲྭའི་མཁན་མིང་ཐུབ་བསྟན་སྙིང་པོས་གསོལ་བ་བཏབ་པའོ། །

༄༅། གདན་རབས་དོན་ལྡ་བ་ཤར་པ་ཀླུ་དབང་ལྷིང་ཅན་གྱི་མཁན་རིན་པོ་ཆེའི་སྐུ་བསྟོད་དང་པོ་སེང་གེའི་ཁ་འབབ་བཞུགས་སོ། །འཇམ་དཔལ་དཔའ་བོས་སྐྱོབས་པའི་གཏེར་ཆེན་ཚོགས། །དབྱངས་ཅན་དགའ་མས་གཅིག་ཏུ་སྐྱུངས་པའི་དབྱིད། །བསྟན་པའི་སྤྱི་ནོར་སྲིད་མུན་དྭངས་འབྱིན་པའི། །ཐེག་ཆེན་ཆོས་ཀྱི་ཉི་མ་འཚོ་བཞེས་གསོལ། །བྲམས་པའི་དཔལ་གོས་བརྩེ་བའི་གོ་སར་ཅན། །དམིགས་མེད་སྙིང་རྗེའི་ཡལ་འདབ་འབོལ་བའི་ཁྲིད། །ཟབ་དགུའི་མཁྱེན་རྟོགས་འདབ་སྟོང་དགོད་པའི་ཕྲུལ། །རྣམ་འདྲེན་བྱེ་བའི་གཙུག་རྒྱན༔། །ཆོས་ཅན་ཀུན་རྟོག་སྣང་ཆ་ཇི་སྙེད་ཚོགས། །གཞན་དབང་གདན་གསུམ་དཀྱིལ་འཁོར་རོལ་མོར་འཆར། །ཆོས་ཉིད་ཡོངས་གྲུབ་བདེ་ཆེན་ཡེ་ཤེས་ཀྱི། །དོན་སྟོན་གསུང་གསང་འཛིན་པར༔ ཚོགས་གཉིས་ནོར་འཛིན་མ་མས་སྐྱེད་སྲིང་པའི། །རྣམ་གསུམ་ཁྲིམས་ཀྱི་ནོར་བུའི་རྐང་འཐུང་མཆོག །དོན་གཉིས་འབྲས་བུ་གཡུར་ཟ་ཁུར་ལྡན་སྐུ། །མི་ཤིགས་རྡོ་རྗེའི་ཆོས་བདུན་འགྲུབ་པར་སྨོན། །རྩེ་གཅིག་གསོལ་བའི་མ་ལ་ཡ་རླུང་གིས། །རྗེས་བརྩེའི་སྤྲིན་སྟོན་ཕུང་པོ་གཡོ་བ་ལས། །གྲུབ་གཉིས་བདུད་རྩིའི་ཐིགས་ཕྲེང་འབེབས་པ་དང་། །སྐུ་བཞིའི་འབྲས་བཟང་མཆོག་གི་སྨིན་པ་སྩོལ། །ཞེས་པའང་སློབ་བུ་འགས་བསྐུལ་ངོར་ཤར་པ་མཁན་མིང་རང་གིས་སྨྲས་པས་འགྲོ་ཀུན་བྱང་ཆུབ་ཐོབ་པའི་རྒྱུར་གྱུར་ཅིག །

༄༅། གདན་རབས་དོན་ལྡ་བ་དཔལ་ངོར་ཨེ་ཝཾ་ཆོས་ལྡན་གྱི་མཁན་ཆེན་[ལ] ཀླུ་ལྷིང་རྡོ་རྗེ་འཆང་ཆེན་པོའི་སྐུ་བསྟོད་གཉིས་པ་མི་འགྱུར་རྡོ་རྗེའི་སྒྲ་དབྱངས་ཞེས་བྱ་བ་བཞུགས་སོ། །ཨོཾ་སྭསྟི། རྒྱལ་ཀུན་ཡེ་ཤེས་གཙུག་ཏོར་ལྷ་མོའི་སྐུ། །རབ་དཀར་འཆི་མེད་བདུད་རྩིའི་ཟེགས་མ་ཅན། །འཆི་བདག་བདུད་ལས་རྣམ་པར་རྒྱལ་མ་དང་། །དབྱེར་མེད་འཇམ་མགོན་བླ་མས་ཤིས་པ་སྩོལ། །འཇམ་དབྱངས་མཁྱེན་པའི་ལྷ་ལམ་རབ་ཡངས་པར། །སྨིན་གྲོལ་གདམས་པའི་ཚ་ཟེར་འབུམ་གཡོ་བས། །གསང་ཆེན་བསྟན་པའི་དགའ་ཚལ་རྒྱས་མཛད་པ། །མཚུངས་མེད་སྨྲ་བའི་ཉི་མ་ཞབས༔ ངེས་འབྱུང་ཚུལ་ཁྲིམས་ནོར་འཛིན་གཙང་མའི་དབུས། །གཞན་ཕན་བྱང་ཆུབ་སེམས་ཀྱི་ཡལ་འདབ་རྒྱས། །གསང་ཆེན་སྨིན་གྲོལ་འབྲས་བུ་གཡུར་ཟ་བའི། །ཡོངས་འཛིན་དཔག་བསམ་དབང་པོ་ཞབས༔ མང་ཐོས་མཁྱེན་རབ་རྒྱ་མཚོ་ཡངས་པ་ལས། །བསམ་བྱུང་རིག་པའི་འདབ་བརྒྱ་དུས་གཅིག་གྲོལ། །རྩེ་

གཅིག་སྒོམ་པའི་ཟབ་དོན་བདུད་རྩི་ཡིས། །སྐལ་ལྡན་བུང་བ་ཚིམ་མཛད་ཞབས༑ སྒྲུབ་བརྒྱུད་ཤིང་རྟ་
ཆེན་པོའི་ཚུ་ཀླུང་ཀུན། །གང་ཐུགས་མཁྱེན་པའི་སྣོད་དུ་འཁྱིལ་བ་ལས། །ཡོན་ཏན་མི་ཟད་གཏེར་ལ་
དབང་འབྱོར་པའི། །ཕྲིན་ལས་རྒྱ་མཚོའི་མངའ་བདག་ཞབས༑ གསང་ཆེན་རྒྱུད་སྡེའི་ཡན་ལག་རབ་
རྫོགས་ཤིང་། །ཕྱི་ནང་རྟེན་འབྲེལ་རལ་པའི་ཁྲུར་གྱིས་བརྫིད། །སྨན་བརྒྱུད་ཚད་མ་རྣམ་བཞིའི་མཆེ་
སྡེར་ཅན། །བཤེས་གཉེན་གདོང་ལྔའི་དབང་པོ་ཞབས༑ རྒྱུ་རྒྱུད་ལྡན་སྐྱེས་ཚུ་ཤེལ་ལས་གྲུབ་ཅིང་། །
སྨིན་གྲོལ་ཐབས་ཀྱི་ཆ་ཤས་ཡོངས་སུ་རྫོགས། །གནས་གྱུར་འབྲས་བུའི་ཡེ་ཤེས་འོད་དཀར་ཅན། །
དགེ་ལེགས་ཀུན་དའི་གཉེན་གྱུར་ཞབས༑ སྐྱ་བཞིའི་ས་བོན་འཕྲུལ་མེད་དབང་གིས་སྨིན། །རྣམ་དག་
རིམ་གཉིས་ཟབ་མོའི་ལམ་ལ་གོམས། །ལྟ་བའི་ཉམས་མྱོང་གྲུབ་མཐའི་རྟགས་སུ་ཤར། །རྣམ་གྲོལ་
འབྲས་བུ་མངོན་གྱུར་ཞབས༑ ཁྱད་པར་མོས་གུས་བླ་མའི་རྣལ་འབྱོར་གྱིས། །རབ་འབྱམས་དཀྱིལ་
འཁོར་རྒྱ་མཚོའི་ལྷག་པའི་ལྷ། །དགྱེས་པའི་འཛུམ་ཞལ་ཁྱེད་ལ་བསྟན་པ་ཡི། །ངོ་མཚར་གྲུབ་པའི་
དབང་ཕྱུག་ཞབས༑ བརྩེ་བ་ཆེན་པོའི་སྨན་བརྒྱུད་གདམས་པའི་སྒྲོལ། །ཚུལ་བཞིན་འཛིན་པ་ཀུན་
མཁྱེན་ཨེ་ཝཾ་པའི། །ཁྱད་དུ་འཕགས་པའི་མཛད་བཟང་ལྷུན་གྱིས་གྲུབ། །འདྲེན་མཆོག་ཡིད་བཞིན་
ནོར་བུ་ཞབས༑ ཁྱབ་བདག་བླ་མའི་ཐུགས་རྗེའི་བྱིན་རླབས་དང་། །རྟེན་འབྲེལ་རྒྱུ་འབྲས་བསླུ་བ་མེད་
པ་དང་། །ཟོལ་མེད་མོས་གུས་དྲག་པོའི་བདེན་སྟོབས་ཀྱིས། །ཇི་ལྟར་གསོལ་བའི་འདོད་དོན་འགྲུབ་
གྱུར་ཅིག །ཅེས་པ་འདི་ཡང་བདག་ཅག་གི་དྲིན་ཅན་རྩ་བའི་བླ་མ་ཁྱབ་བདག་རྡོ་རྗེ་འཆང་ཆེན་པོ་
དཀྱུང་གྲངས་བརྒྱད་ཅུར་ཕེབས་པའི་སྐུའི་འཁྲུངས་སྐར་ལ། འཕགས་ཡུལ་ངོར་མ་དགོན་འདུས་སྡེ་
ནས་གཙོ་གཉེར་གནང་སྟེ། མགོན་པོ་གང་ཉིད་བསྟན་འགྲོའི་སྐྱབས་མགོན་དམ་པར་ཞབས་པད་
བསྐལ་པ་རྒྱ་མཚོར་བརྟན་ཅིང་བཞུགས་པར་གསོལ་བའི་རྟེན་འབུལ་ཟབ་རྒྱས་གནང་བཞིན་ཡོད་པ་
དང་སྟབས་བསྟུན་གྱིས། འཕགས་ཡུལ་ངོར་ཨེ་ཝཾ་འདུས་སྡེ་ནས་ནན་ཏན་གྱིས་བསྐུལ་མ་གནང་བ་
ལྟར་མགོན་པོ་གང་གི་ཞབས་རྡུལ་སྤྱི་བོས་ལེན་པ་ངོར་བཤད་གྲྭའི་མཁན་ཟུར་པ་ཐུབ་བསྟན་སྙིང་
པོས་རྩེ་གཅིག་གསོལ་བ་བཏབ་པ་དགེ་ལེགས་སུ་གྱུར་ཅིག །

༄ གདན་རབས་དོན་དྲུག་པ་ངོར་མཁན་ཆེན་ཀླུ་ཕྱིང་པ་ཆེན་པོ་འཇམ་དབྱངས་ཆོས་ཀྱི་རྒྱལ་

མཚན་ལ་བསྟོད་པ། ངག་ལ་དབང་བསྒྱུར་འཛམ་དབྱངས་སྐྱ་པའི། །ཟབ་རྒྱས་ཆོས་ཀྱི་རྒྱལ་མཚན་སྲིད་ཞིའི་རྩེར། །བསྒྲིང་སླད་མཁས་བཙུན་དཔལ་ཡོན་བཟང་པོ་ཅན། །ཞབས་པད་བརྟན་ཅིང་ཕྲིན་ལས་རྒྱས་གྱུར་ཅིག །ཅེས་པ་འདི་དཔལ་ས་སྐྱའི་ཁྲི་ཆེན་རྡོ་རྗེ་འཆང་ཆེན་པོའི་རྡོ་རྗེའི་གསུང་བྱིན་ཅན་ནོ།། །།

༈ གདན་རབས་དོན་བདུན་པ་ངོར་མཁན་ཆེན་ཐར་རྩེ་བ་ཆེན་པོ་ངག་དབང་བསོད་ནམས་མཆོག་ལྡན་ལ་བསྟོད་པ། ངག་དབང་ལྷ་ཡི་ཐུགས་རྗེའི་སྒྱུ་འཕྲུལ་གར། །བསོད་ནམས་རྒྱ་མཚོའི་དཔལ་ལས་ལེགས་འཁྲུངས་ཤིང་། །མཆོག་གྱུར་རྒྱལ་བ་གཉིས་པའི་རྒྱལ་ཚབ་རྗེ། །དཔལ་ལྡན་ཆོས་ཀྱི་རྒྱལ་པོ་ཞབས་བརྟན་གསོལ། །ཞེས་པ་འདི་ངོར་མཁན་ཆེན་ཀླུ་ལྡིང་རྡོ་རྗེ་འཆང་འཇམ་དབྱངས་བསྟན་པའི་ཉི་མས་གནང་བའི་གསུང་བྱིན་ཅན་ནོ།། །།

༈ གདན་རབས་དོན་བརྒྱད་པ་འཇམ་དབྱངས་ཐུབ་བསྟན་སྙིང་པོའི་ཞབས་བརྟན།

ངོར་ཨེ་ཝཾ་ཆོས་ལྡན་གྱི་༧མཁན་ཆེན་རྡོ་རྗེ་འཆང་ཐུབ་བསྟན་སྙིང་པོ་མཆོག་གི་ཞབས་བརྟན་གསོལ་འདེབས་བཞུགས་སོ། །

རྣམ་ཀུན་མཆོག་ལྡན་ཨེ་དབྱིངས་སྟོང་པའི་ངོར། །ཟག་མེད་ཝཾ་ཡིག་བདེ་ཆེན་ཡེ་ཤེས་སྐྱུ། །ཟུང་འཇུག་ཨེ་ཝཾ་ཆོས་ལྡན་བསྟན་པའི་བདག །མཁན་ཆེན་རྡོ་རྗེ་འཆང་ཆེན་ཞབས་བརྟན་གསོལ། །ཐུབ་དབང་བསྟན་པའི་རྒྱལ་ཚབ་ཨེ་ཝཾ་པའི། །ལྷ་གྲུབ་ཡང་རྩེ་གསུང་ངག་སློབ་བཤད་ཀྱི།།སྙིམ་དོན་སྙིང་པོ་གསལ་བའི་འོད་སྟོང་ཅན། །གསང་ཆེན་སྨྲ་བའི་ཉི་མ་ཞབས་བརྟན་གསོལ། །ལྷ་བ་འཁོར་འདས་དབྱེར་མེད་མངོན་དུ་གཟིགས། །སྒོམ་པ་རིམ་གཉིས་ཟུང་འཇུག་བདུད་རྩི་སྙེད། །སྤྱོད་པ་སྡོམ་གསུམ་རྣམ་དག་རྡོ་རྗེ་འཛིན། །ངེས་དོན་གྲུབ་པའི་དབང་ཕྱུག་ཞབས་བརྟན་གསོལ། །རྒྱལ་བའི་མཛད་པ་དབང་བཞིའི་ཆུ་རྒྱུན་གྱིས། །རྩ་ཡིག་ཐིག་རླུང་དྲི་མ་ཀུན་སྦྱངས་ནས། །རིམ་གཉིས་རྫོགས་པའི་སྨྱུ་གུ་རྒྱས་མཛད་པ། །དྲིན་ཆེན་རྩ་བའི་བླ་མ་ཞབས་བརྟན་གསོལ། །རླབས་ཆེན་ཐུགས་བསྐྱེད་འོད་སྟོང་འབར་བ་ཡིས། །ཨེ་ཝཾ་ཆོས་སྲིད་པདྨོ་རྟག་བསྐྱངས་ནས། །རིག་སྨྲའི་བྲུ་ཚོགས་སྤེལ་བའི

ཕྲིན་ལས་ཅན། །ཀུན་བཟང་རྒྱལ་བ་གཉིས་པ་ཞབས་བརྟན་གསོལ། །དེ་ལྟར་རྩེ་གཅིག་གསོལ་བས་མགོན་པོ་ཁྱོད། །གསང་གསུམ་བྱིན་རླབས་བདུད་རྩིའི་བཅུད་ལེན་གྱིས། །འཆི་མེད་ཚེ་ལྷའི་ངོ་བོར་ཡོངས་བཞེངས་ནས། །སྲིད་མཐའི་བར་དུ་བསྟན་པ་སྐྱོང་བར་ཤོག།

ཅེས་པ་འདི་ཡང་མགོན་པོ་གང་གི་སློབ་བུའི་གྲལ་མཐར་སྤྱོད་པ་ཚུལ་ཁྲིམས་རིན་ཆེན་གྱིས་སྙིང་ཁོང་ནས་གསོལ་བ་བཏབ་པ་དགེ་ལེགས་འཕེལ།། །།

༄༅། །ངོར་ཨེ་ཝྃ་ཆོས་ལྡན་གྱི་གདན་རབས།

མཛད་པ་པོ།	ངོར་ཆེན་སངས་རྒྱས་ཕུན་ཚོགས་སོགས།
འཚོལ་བསྡུ་ཞིབ་སྒྲིག་མཁན།	སི་ཁྲོན་ཞིང་ཆེན་བོད་ཡིག་དཔེ་རྙིང་བསྡུ་སྒྲིག་ཁང་།
རྩོམ་སྒྲིག་འགན་འཁུར་བ།	པ་སངས་དབང་ཆེན།
མདུན་ཤོག་མཛེས་འཆོས་པ།	ནོར་བཟང་བཀྲ་ཤིས།
དཔེ་སྐྲུན་འགྲེམས་སྤེལ་ཚན་པ།	བོད་ལྗོངས་མི་དམངས་དཔེ་སྐྲུན་ཁང་། (ལྷ་ས་གླིང་སྐོར་བྱང་ལམ་སྒོ་ཨང་20པ།)
པར་འདེབས་ཚན་པ།	ཁྲིང་ཏུའུ་ཏུང་ཅན་པར་འདེབས་ཚད་ཡོད་ཀུང་སི།
དེབ་ཚད།	787×1092 1/16
པར་ཤོག	29.5
ཡིག་གྲངས།	ཁྲི་37
པར་གཞི།	2019ལོའི་ཟླ་5པར་པར་གཞི་1བསྒྲིགས།
པར་ཐེངས།	2019ལོའི་ཟླ་6པར་པར་ཐེངས་1བཏབ།
པར་གྲངས།	01-2,000
དཔེ་རྟགས།	ISBN978-7-223-06288-6
རིན་གོང་།	སྒོར་80.00